北京海淀年鉴

2022

《北京海淀年鉴》编纂委员会　编

当代中国出版社
Contemporary China Publishing House

图书在版编目(CIP)数据

北京海淀年鉴 . 2022 /《北京海淀年鉴》编纂委员会编 . -- 北京 : 当代中国出版社 , 2022.12
ISBN 978-7-5154-1237-5

Ⅰ . ①北…　Ⅱ . ①北…　Ⅲ . ①海淀区— 2022 —年鉴
Ⅳ . ① Z521.3

中国版本图书馆 CIP 数据核字(2022)第 253083 号

出 版 人　冀祥德
责任编辑　战盈彤
责任校对　康　莹
印刷监制　刘艳平
装帧设计　刘临川
出版发行　当代中国出版社
地　　址　北京市地安门西大街旗勇里 8 号
网　　址　http://www.ddzg.net
邮政编码　100009
编 辑 部　(010)66572154
市 场 部　(010)66572281　66572157
印　　刷　北京圣美印刷有限责任公司
开　　本　889 毫米 × 1194 毫米　1/16
印　　张　41.25 印张　36 插页　1710 千字
版　　次　2022 年 12 月第 1 版
印　　次　2022 年 12 月第 1 次印刷
定　　价　280.00 元

编辑说明

一、《北京海淀年鉴》以马克思列宁主义、毛泽东思想、邓小平理论、“三个代表”重要思想、科学发展观、习近平新时代中国特色社会主义思想为指导，坚持辩证唯物主义和历史唯物主义的立场、观点和方法，存真求实，力求全面、客观、系统地记述区域发展情况。

二、《北京海淀年鉴》是由北京市海淀区人民政府主办、北京市海淀区党史地方志办公室承编的地方综合年鉴，是系统记述海淀区自然、政治、经济、文化、社会、生态等方面情况的年度资料性文献。自2002年起一年一卷并公开出版，本卷为第21卷。

三、《北京海淀年鉴》以内容年之次年年份为卷号。本卷记述时限为2021年1月1日至12月31日（部分内容根据实际情况，时限略有前后延伸）。凡2021年事项，均直书月、日；“年内”指2021年。涉及其他年份的均标明年份。

四、本年鉴采用分类编辑法，由类目、分目、条目组成，部分分目增设次分目。分文章体和条目体两种体裁，以条目体为主，用规范的语体文、记述体，直陈其事。全书条目标题统一用粗体加【 】表示。本卷设区情概览、特载、专文、大事记、中国共产党成立100周年庆祝活动、“相约北京”系列赛事、领导调研考察、中共海淀区委、海淀区人民代表大会、海淀区人民政府、政协海淀区委员会、中共海淀区纪委 海淀区监委、民主党派、人民团体、法治、军事、中关村科学城、“两区”建设、三山五园建设、经济管理、农业农村、商贸服务业、旅游业、城市建设与管理、应急管理、生态环境、交通 邮政 通信、科技、教育、文化、卫生健康、体育、社会建设、社会生活、街道 镇（地区）、人物荣誉、统计资料、附录38个类目。

五、本卷框架有所调整：增设领导调研考察、中国共产党成立100周年庆祝活动、“相约北京”系列赛事3个类目；在中共海淀区委类目下增设党史学习教育分目；在法治类目下增设政法队伍教育整顿分目；“三山五园”历史文化景区类目更名为三山五园建设；在三山五园建设类目下增设三山五园国家文物保护利用示范区建设分目；金融服务管理分目更名为金融，下增设区属主要金融企业简介次分目；新农村建设分目更名为美丽乡村建设；通信分目下增设中国电信股份有限公司北京分公司次分目；科技类目下增设智慧海淀建设分目；教育类目下增设“双减”工作分目。

六、文中除“民主党派”类目部分外，“党”均指中国共产党，“区”均指海淀区，“市委”均指中共北京市委，“区委”均指中共海淀区委，“党员”均指中共党员，“党建”工作均指中国共产党建设工作。

七、中国共产党成立100周年，简称建党百年或建党100周年；“两区”指国家服务业扩大开放综合示范区和中国(北京)自由贸易试验区科技创新片区。海淀区“两区”建设特指中国(北京)自由贸易试验区科技创新片区海淀组团、海淀服务业扩大开放综合试点示范区。新型冠状病毒感染的肺炎，简称新冠肺炎；新型冠状病毒肺炎疫情，简称新冠肺炎疫情、新冠疫情、疫情。

八、本年鉴收录海淀区党、政、军，区各民主党派、团体、街道、镇负责人名录，均以2021年内任职为限，其中有任免情况的分别予以注明。

九、本年鉴中计量单位名称的使用，除特例外，一律采用中华人民共和国法定计量单位。“亩”在其后括注相应公顷数；记述体育赛事时，采用行业通例“公里”和“公斤”。

十、入鉴资料均由各撰稿单位提供，并经主要负责人审核。部分资料由编辑部收集。主要数据和统计资料由海淀区统计局提供，部分数据由各相关部门提供。由于统计口径不同等原因，相关部门的个别数据与统计资料不一致的，请以统计资料为准。

十一、《北京海淀年鉴》配有双重检索系统：书前刊有详细目录，书后附有索引，并收录在海淀区党史地方志办公室电子资料库(hdszb. bjhd. gov. cn)中。

北京市海淀区行政区划图

图　例

◎	区人民政府驻地	G1	高速公路 快速路、环路
⊙	街道办事处 镇人民政府驻地	G102	主干路、国道
冷泉村 玉海园	居民点		次干路、市道
	区界		支路、县道
	街道、镇界	▲	山峰

比例尺　1∶122000

省、直辖市界
区　界

审图号：京S(2020)024号

北京市海淀区民政局　北京市测绘设计研究院2019年12月联合编制

审图号：京S(2020)024号

北京市测绘设计研究院2020年6月编制

庆祝中国共产党成立100周年
The 100th Anniversary of the Founding of The Communist Party of China
1921
2021
—北京市海淀区—
红色地图
/ 线路一 / 初心之旅
/ 线路二 / 抗战之行
/ 线路三 / 赶考之路
贝家花园
大觉寺
温泉显龙山
黑龙潭
百望山黑山扈战斗纪念园纪念碑和游击队之林纪念碑
(一二·九运动纪念地)
香山革命纪念地(香山革命旧址、香山革命纪念馆)
李大钊烈士陵园
颐和园益寿堂
三一八烈士公墓
清华大学
北京大学
清华园火车站
北京师范大学
海淀区人民政府
西山无名英雄纪念广场
阳台山自然风景区
鹫峰国家森林公园
百望山森林公园
北京植物园
香山公园
稻香湖公园
上庄镇
苏家坨镇
西北旺镇
温泉镇
上地街道
马连洼街道
清河街道
西三旗街道
香山街道
青龙桥街道
燕园街道
清华园街道
万柳地区
海淀街道
中关村街道
东升地区
学院路街道
花园路街道
曙光街道
北下关街道
北太平庄街道
四季青镇
紫竹院街道
田村路街道
八里庄街道
甘家口街道
永定路街道
羊坊店街道
万寿路街道
北清路
初心之旅
/ 线路一 /
全长约19公里，可乘坐331路/579路转424路转563路
北京师范大学
五四纪念碑
三一八遇难烈士
范士融、刘和珍、杨德群纪念碑
一二·九纪念碑
北京大学
三一八遇难烈士纪念碑
革命烈士纪念碑
清华大学
圆明园
三一八烈士公墓
李大钊烈士陵园
抗战之行
/ 线路二 /
全长约24公里，可乘坐584路转346路
北京大学
百望山
黑龙潭
温泉显龙山
大觉寺
贝家花园
赶考之路
/ 线路三 /
全长约13公里，可乘坐331路/129路转563路/932路
清华园火车站
颐和园益寿堂
(一二·九运动纪念地)
香山革命纪念地

中共北京市海淀区委宣传部　北京市海淀区党史地方志办公室　　2021年3月制

数字海淀

每日创造（万元）
Daily Production (10000 yuan)

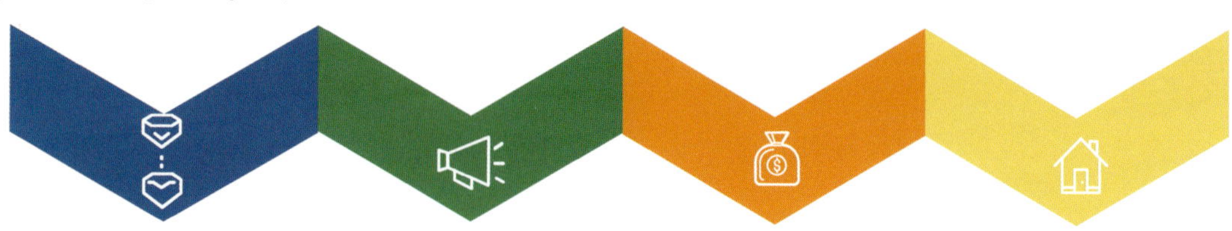

80022.6	13430.3	17451.1	964302.2
每天社会消费品零售额	区级一般公共预算收入	区级一般公共预算支出	高新技术企业总收入

每日地区生产总值（亿元）
Daily Gross Domestic Product (100 million yuan)

2010年	2011年	2012年	2013年	2014年	2015年	2016年	2017年	2018年	2019年	2020年	2021年
8.5	9.8	11.0	12.4	13.6	14.7	16.2	18.1	20.2	21.8	23.2	26.0

每日社会消费品零售总额（亿元）
Daily Total Retail Sales of Consumer Goods (100 million yuan)

2010年	2011年	2012年	2013年	2014年	2015年	2016年	2017年	2018年	2019年	2020年	2021年
4.1	4.7	5.3	5.8	6.4	6.9	7.3	7.7	7.9	8.1	7.4	8.0

地区生产总值
260321.6

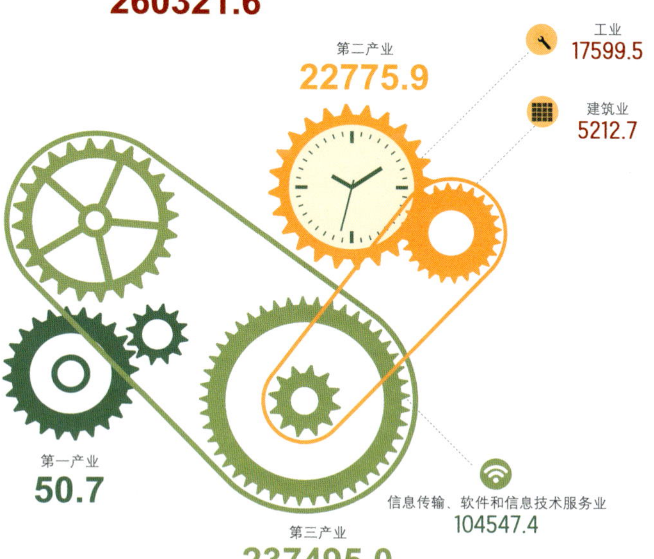

区级一般公共预算收入（万元）
Daily General Public Budget Revenue of Haidian (10000 yuan)

2010年	2011年	2012年	2013年	2014年	2015年	2016年	2017年	2018年	2019年	2020年	2021年
5158.2	6526.1	7187.3	7984.9	8661.8	9794.6	10549.4	11422.6	12219.4	12232.9	12400.8	13430.3

区级一般公共预算支出（万元）
Daily General Public Budget Expenditure of Haidian (10000 yuan)

2010年	2011年	2012年	2013年	2014年	2015年	2016年	2017年	2018年	2019年	2020年	2021年
5920.3	6688.1	8349.1	10639.6	10784.1	13608.6	15775.9	16960.9	18063.7	19096.6	16739.6	17451.1

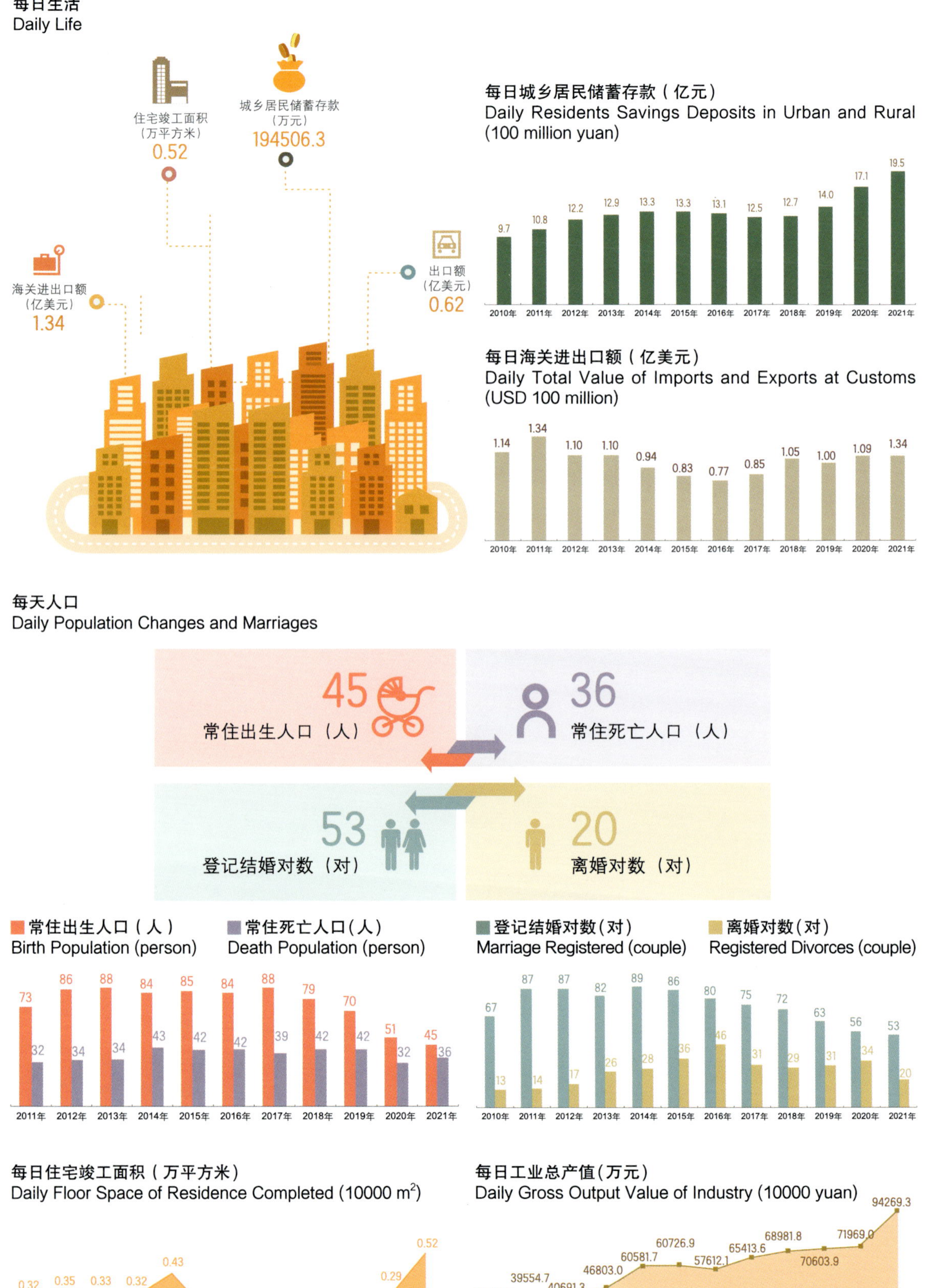

每日生活
Daily Life
住宅竣工面积
（万平方米）
0.52
城乡居民储蓄存款
（万元）
194506.3
海关进出口额
（亿美元）
1.34
出口额
（亿美元）
0.62
每日城乡居民储蓄存款（亿元）
Daily Residents Savings Deposits in Urban and Rural (100 million yuan)
9.7 10.8 12.2 12.9 13.3 13.3 13.1 12.5 12.7 14.0 17.1 19.5
2010年 2011年 2012年 2013年 2014年 2015年 2016年 2017年 2018年 2019年 2020年 2021年
每日海关进出口额（亿美元）
Daily Total Value of Imports and Exports at Customs (USD 100 million)
1.14 1.34 1.10 1.10 0.94 0.83 0.77 0.85 1.05 1.00 1.09 1.34
2010年 2011年 2012年 2013年 2014年 2015年 2016年 2017年 2018年 2019年 2020年 2021年
每天人口
Daily Population Changes and Marriages
45
常住出生人口（人）
36
常住死亡人口（人）
53
登记结婚对数（对）
20
离婚对数（对）
常住出生人口（人）
Birth Population (person)
常住死亡人口（人）
Death Population (person)
73 32 86 34 88 34 84 43 85 42 84 42 88 39 79 42 70 42 51 32 45 36
2011年 2012年 2013年 2014年 2015年 2016年 2017年 2018年 2019年 2020年 2021年
登记结婚对数（对）
Marriage Registered (couple)
离婚对数（对）
Registered Divorces (couple)
67 13 87 14 87 17 82 26 89 28 86 36 80 46 75 31 72 29 63 31 56 34 53 20
2010年 2011年 2012年 2013年 2014年 2015年 2016年 2017年 2018年 2019年 2020年 2021年
每日住宅竣工面积（万平方米）
Daily Floor Space of Residence Completed (10000 m²)
0.32 0.35 0.33 0.32 0.43 0.24 0.18 0.16 0.19 0.23 0.29 0.52
2010年 2011年 2012年 2013年 2014年 2015年 2016年 2017年 2018年 2019年 2020年 2021年
每日工业总产值（万元）
Daily Gross Output Value of Industry (10000 yuan)
36793.7 39554.7 40691.3 46803.0 60581.7 60726.9 57612.1 65413.6 68981.8 70603.9 71969.0 94269.3
2010年 2011年 2012年 2013年 2014年 2015年 2016年 2017年 2018年 2019年 2020年 2021年

区级一般公共预算收入与支出（亿元）
Local Public Budget Revenue and Expenditure (100 million yuan)

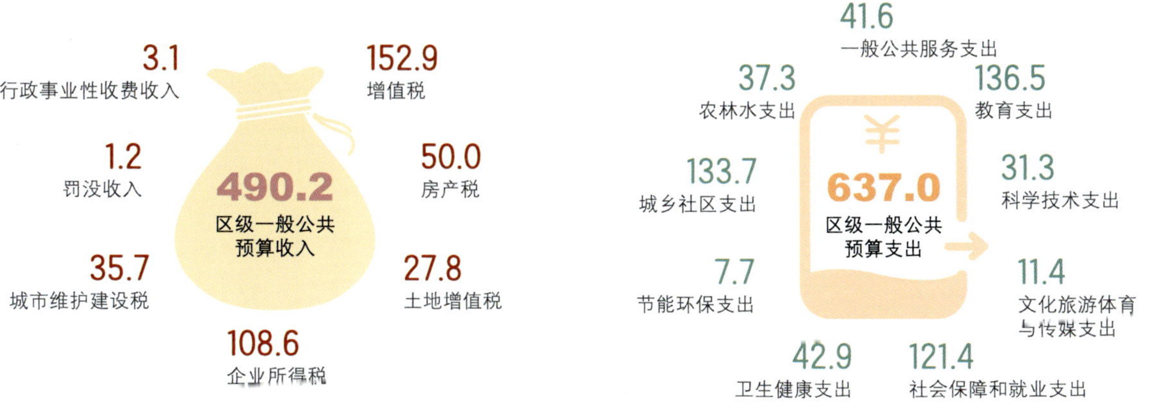

海淀区地区生产总值三次产业构成图
Gross Domestic Product of Haidian

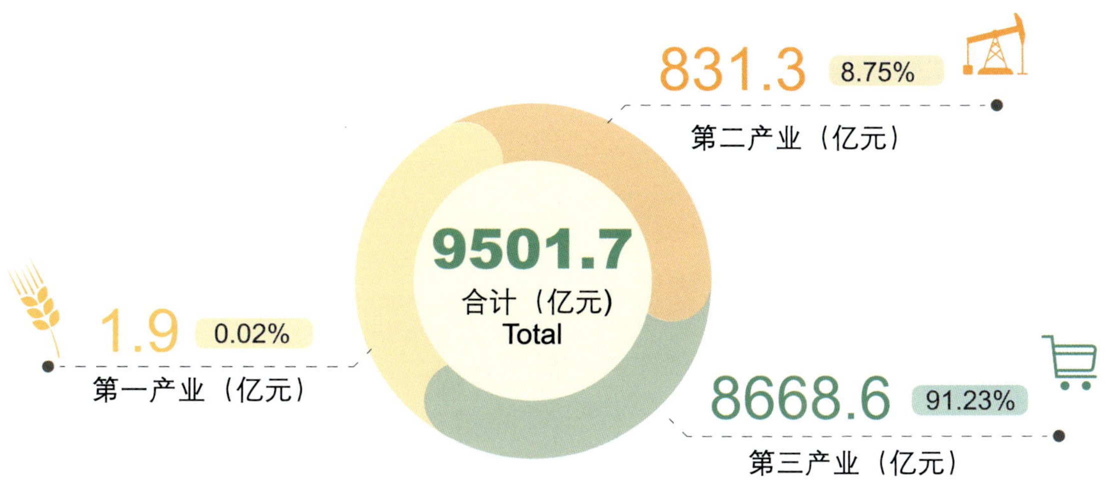

海淀区分行业增加值构成图（亿元）
Distinguish Between Haidian Industry Added Value Proportion Chart (100 million yuan)

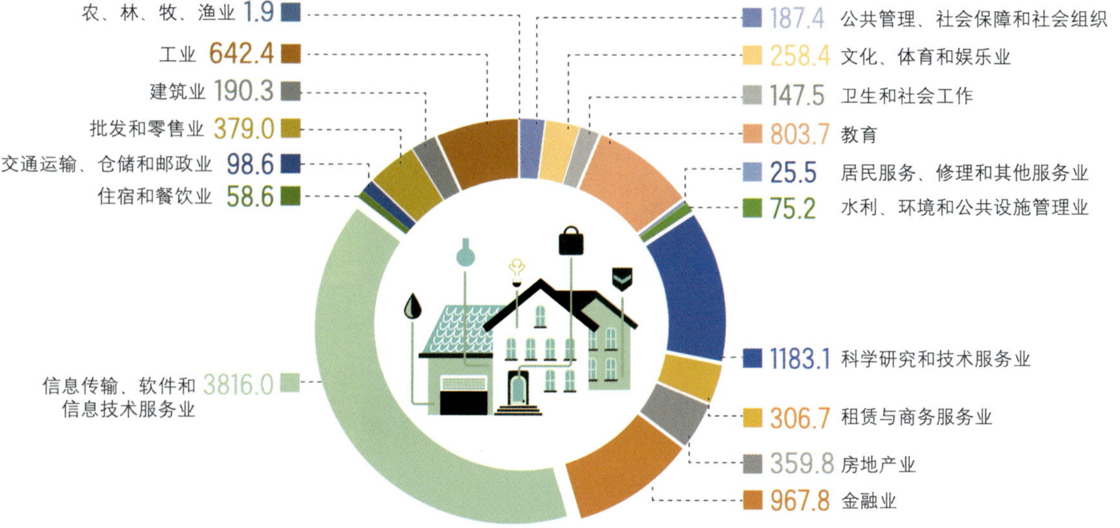

人均地区生产总值（美元）
Per Capita Gross Domestic Product (dollar)

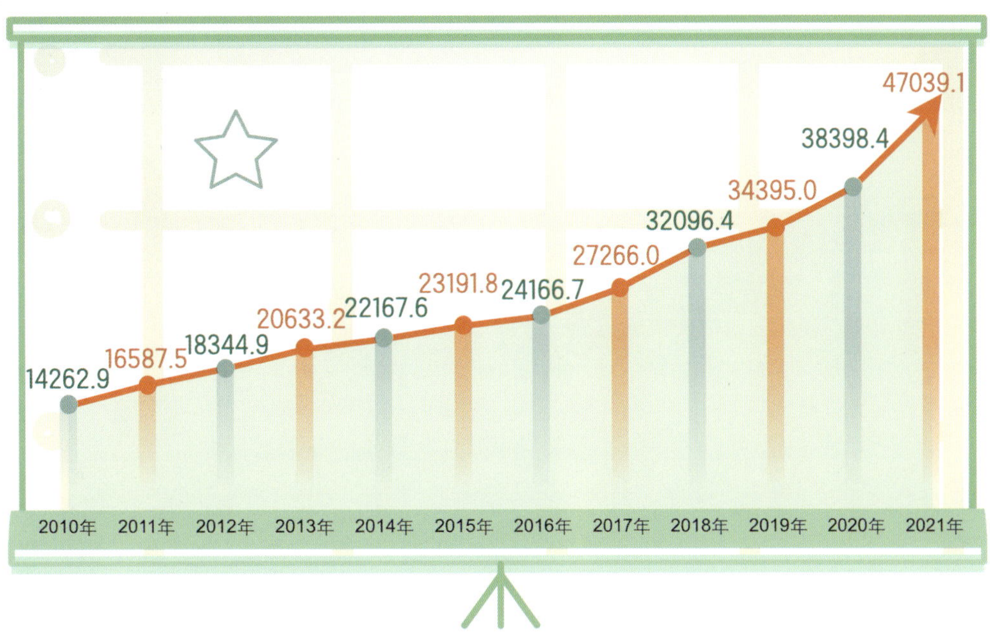

社会消费品零售总额（亿元）
Total Retail Sales of Consumer Goods(100 million yuan)

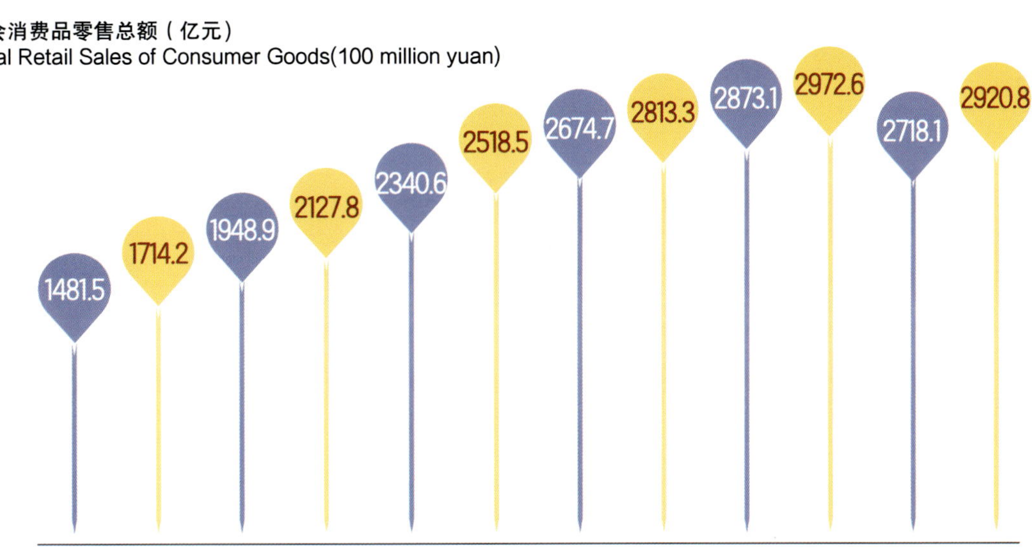

固定资产投资（不含农户）增速（%）
Speed of Investment in Fixed Assets(%)

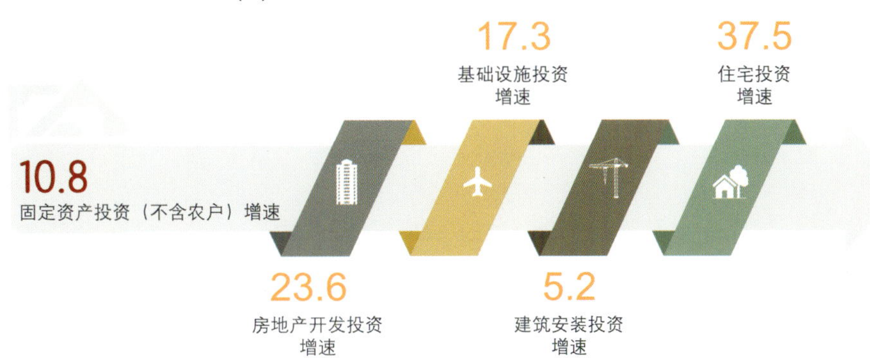

2010—2021年全区居民家庭人均可支配收入及增速(元、%)
2010—2021 Per Capita Annual Income of Total Households (yuan,%)

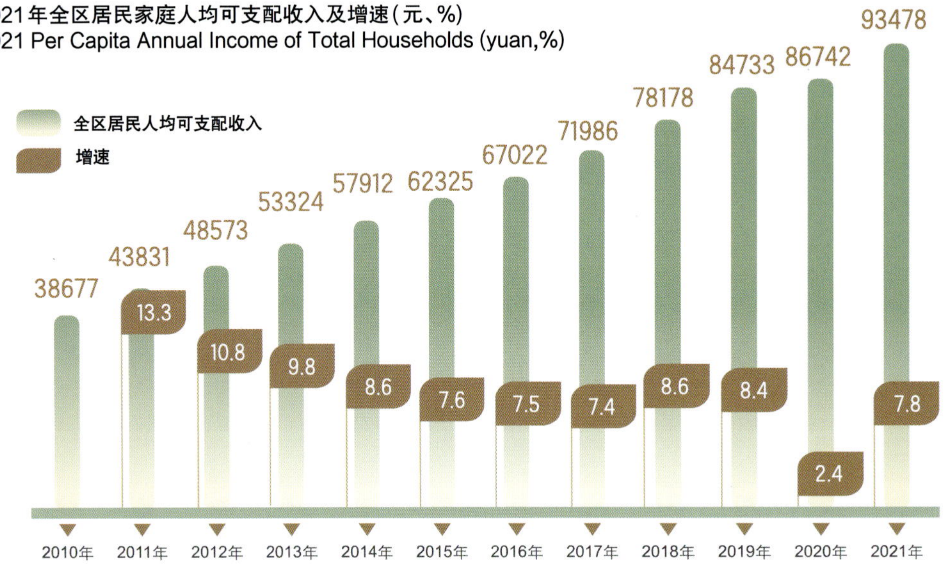

2021年全区居民家庭人均可支配收入构成(元、%)
2021 Per Capita Annual Income Composition of Total Households (yuan, %)

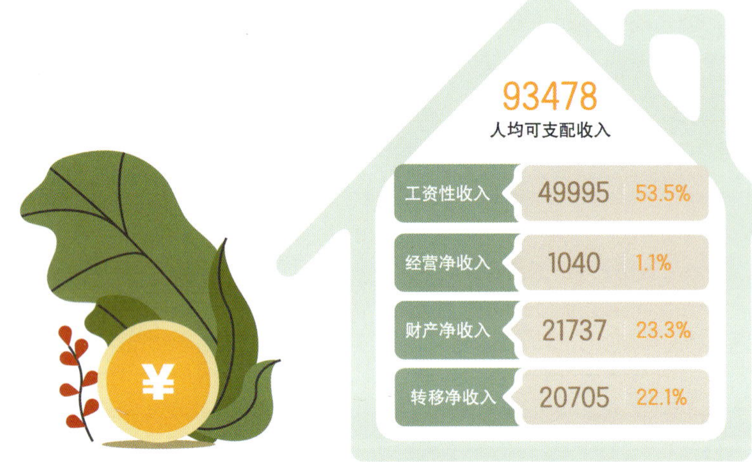

2010—2021年全区居民家庭人均消费支出及增速(元、%)
2010—2021 Per Capita Annual Expenditures of Total Households (yuan,%)

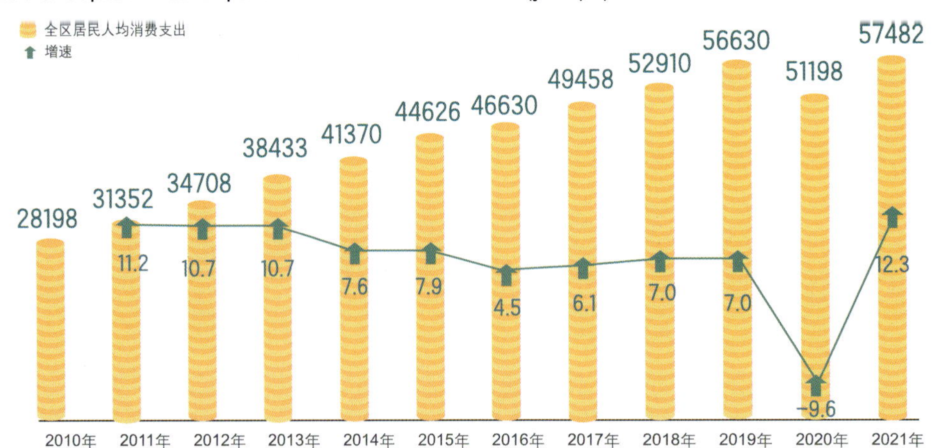

2021年全区居民家庭人均消费支出构成及占比(元、%)
2021 Per Capita Annual Expenditures Composition of Total Households(yuan, %)

2021年全区居民家庭每百户主要耐用消费品拥有量
2021 Number of Main Durable Consumer Goods Per 100 Total Households

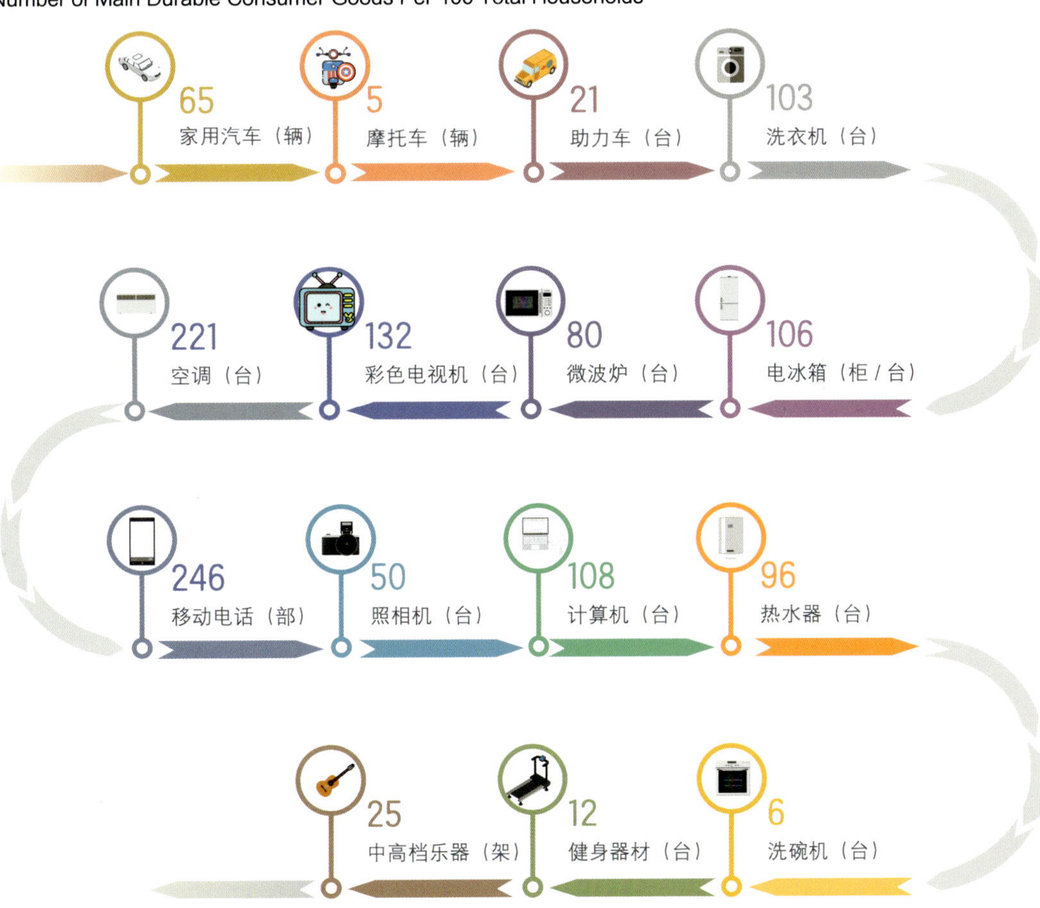

海淀区专利授权数（个）
Grants for Patents (unit)

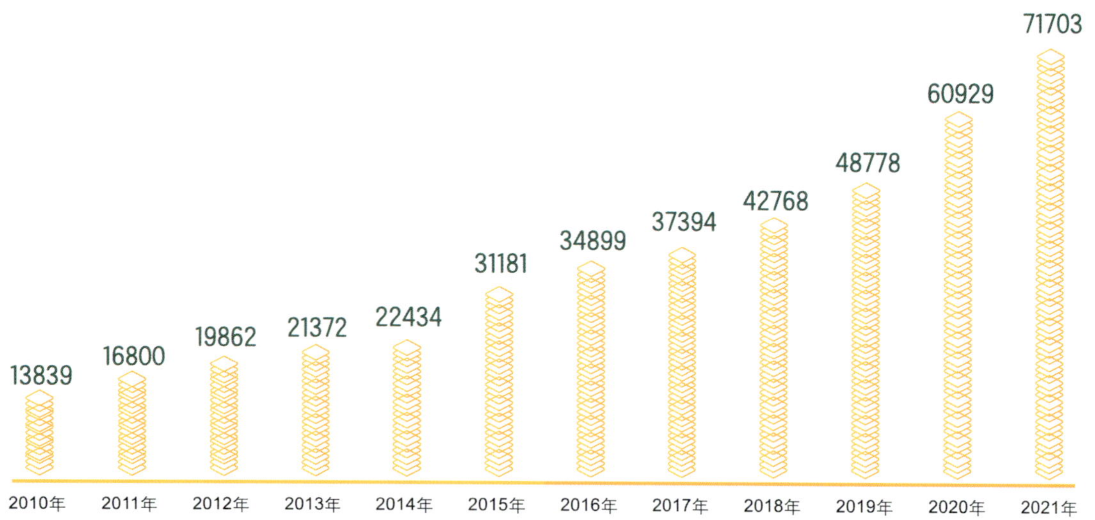

高新技术企业数（家）
Number of High-tech Enterprises of Haidian (unit)

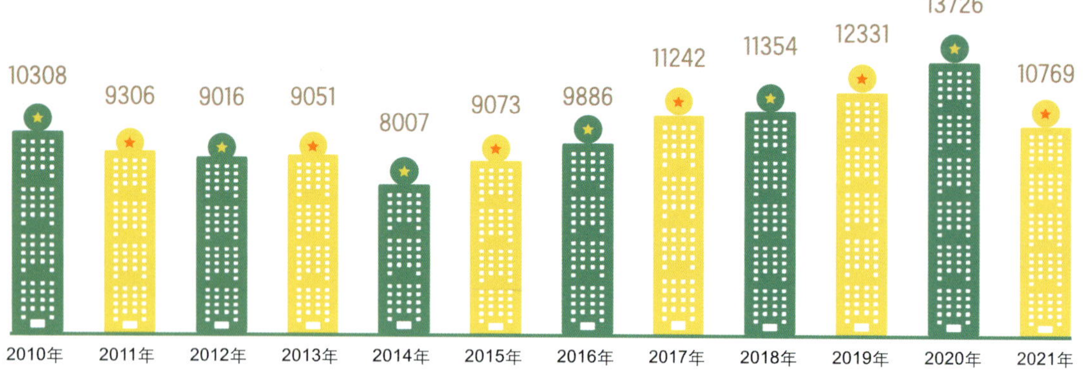

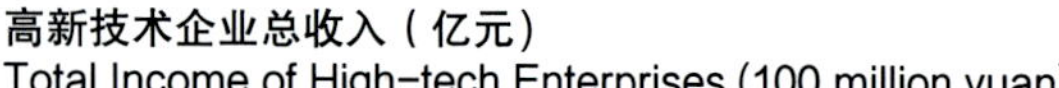

高新技术企业总收入（亿元）
Total Income of High-tech Enterprises (100 million yuan)

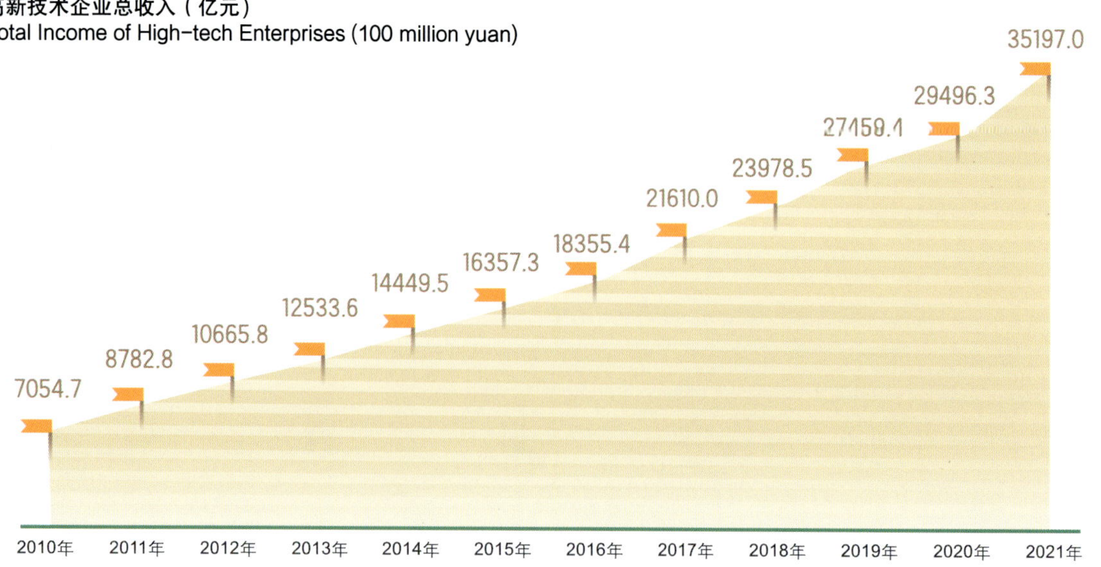

按收入规模划分的高新技术企业总收入（亿元）
The Total Income of High-tech Enterprises Grouped by Income Scale (100 million yuan)

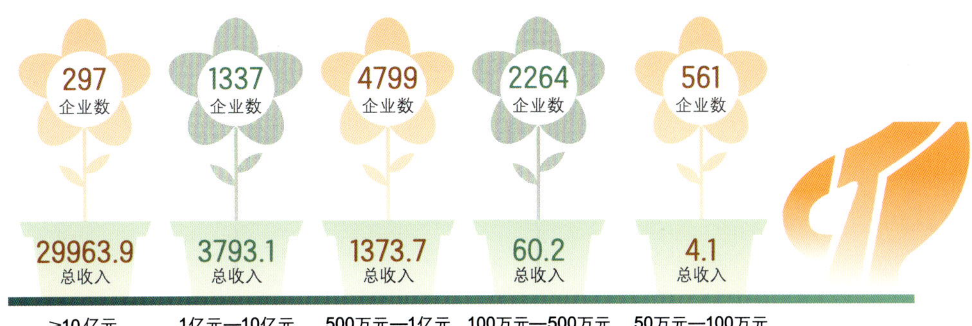

高新技术企业从业人员文化程度（人）
Literacy Degree Employed Persons of High-tech Enterprises (person)

文化相关产业收入（亿元）
Cultural and Related Industry Income (100 million yuan)

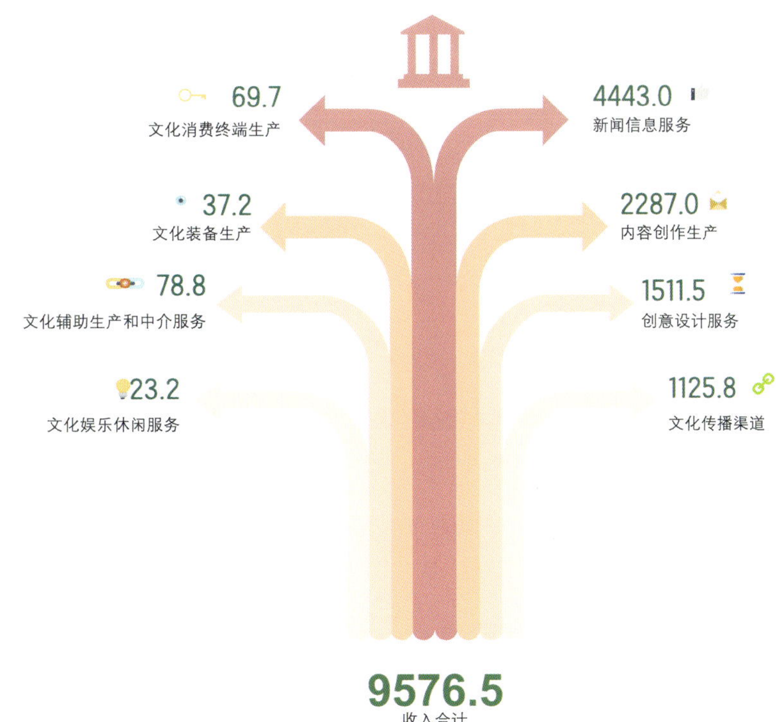

信息传输、软件和信息技术服务业收入（亿元）
Information Transmission, Software and Information Technology Services Business Revenue (100 milion yuan)

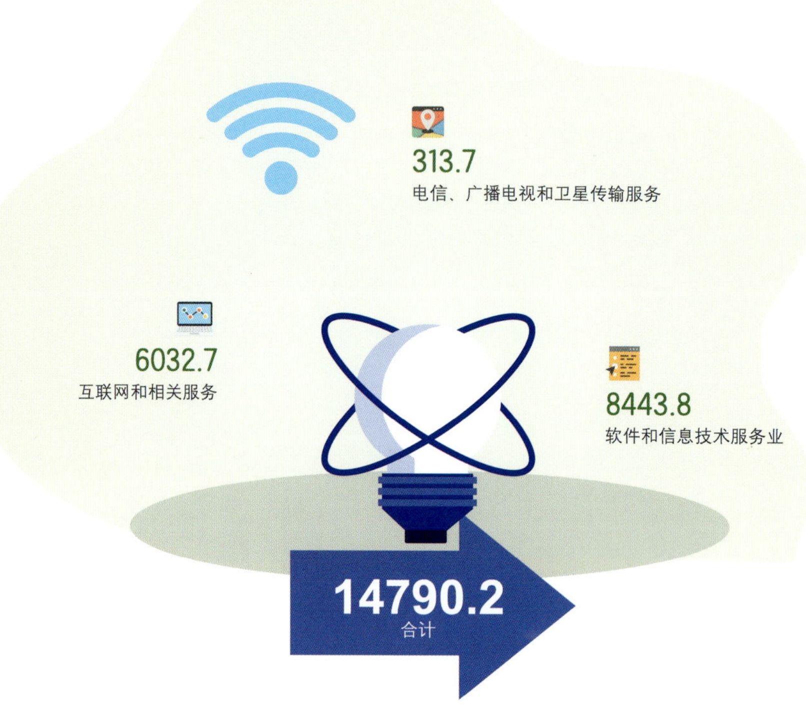

环境治理能力
Environment Management

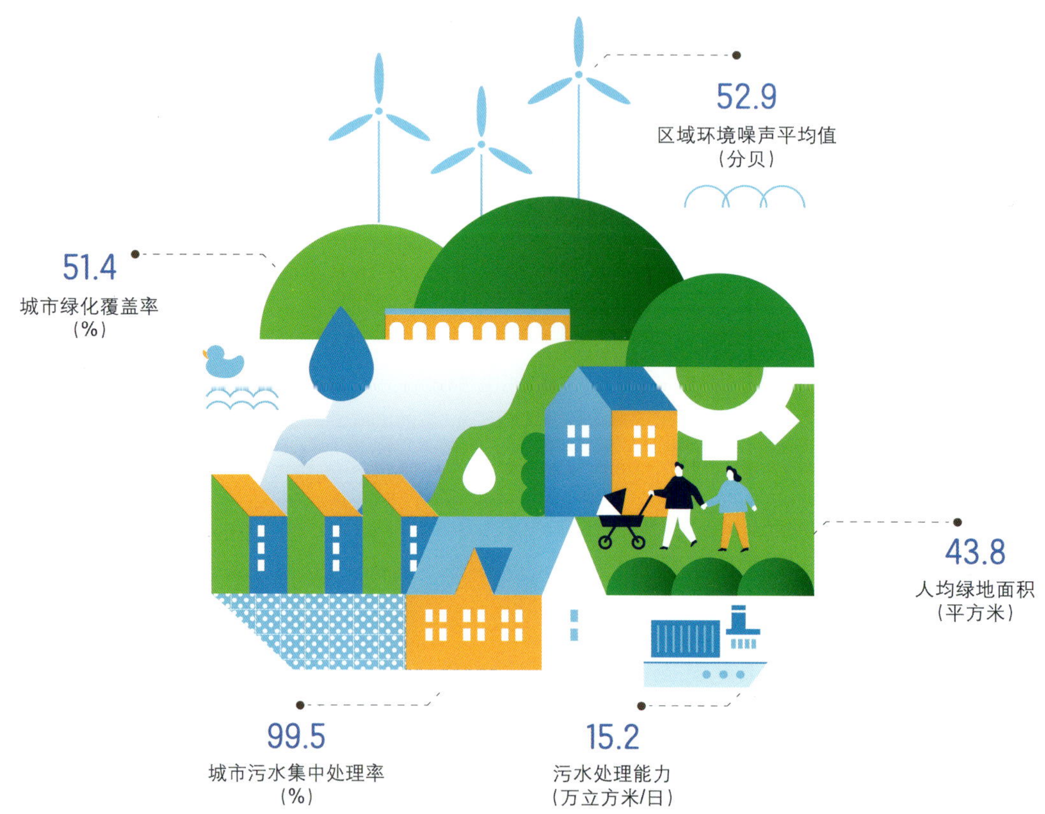

主要污染物排放量
Emission of Main Pollution

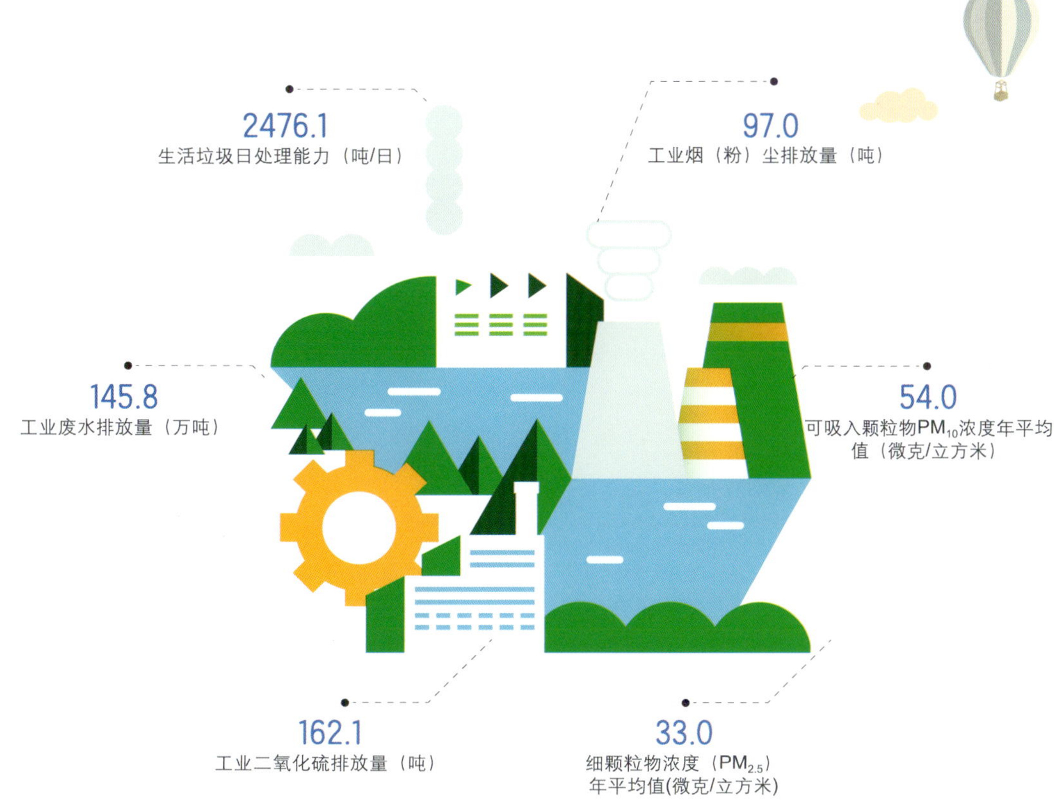

普通中小学在校学生数（万人）
Number of Students of Regular Secondary and Primary Schools (10000 persons)

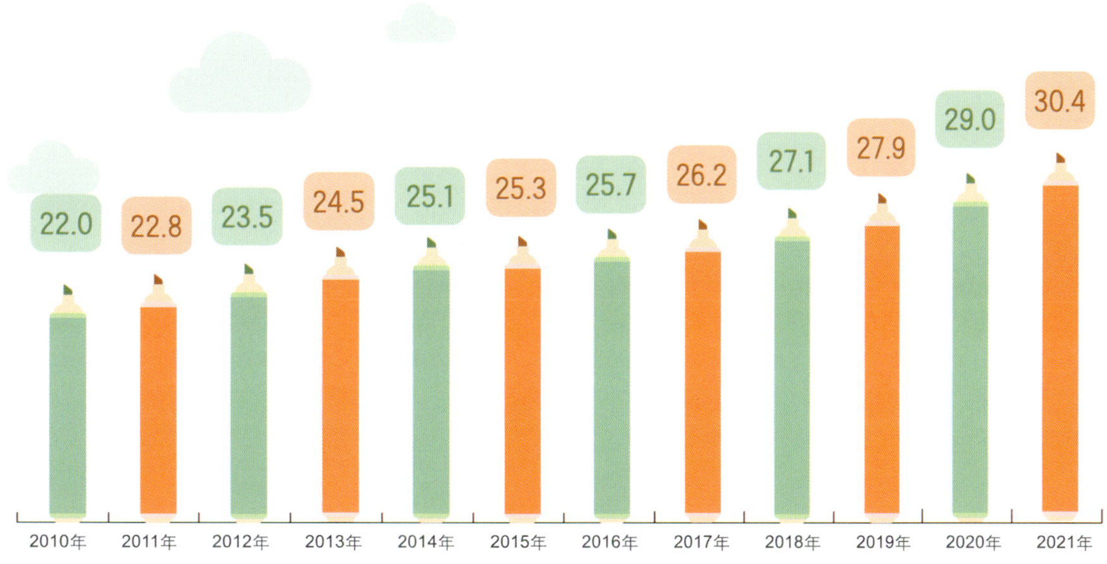

中小学学校数（个）
Number of Secondary and Primary Schools (unit)

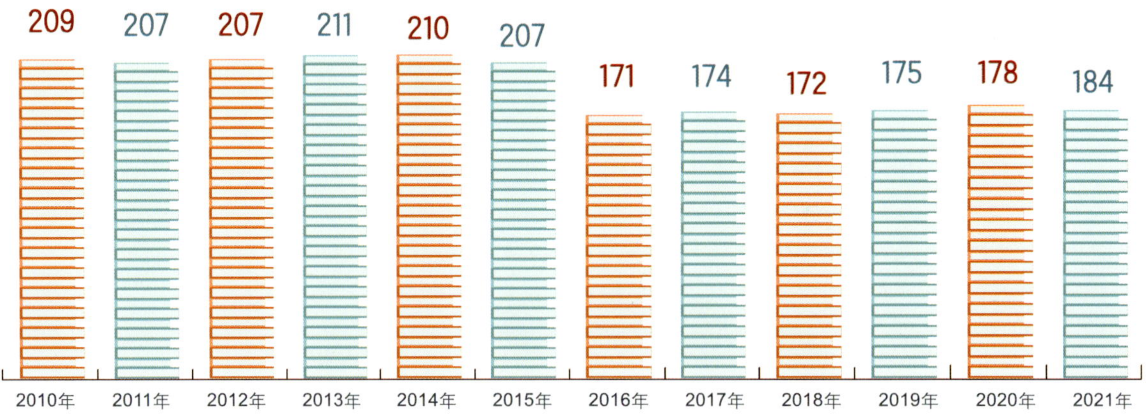

中小学毕业生数（万人）
Number of Graduates of Secondary and Primary Schools (10000 persons)

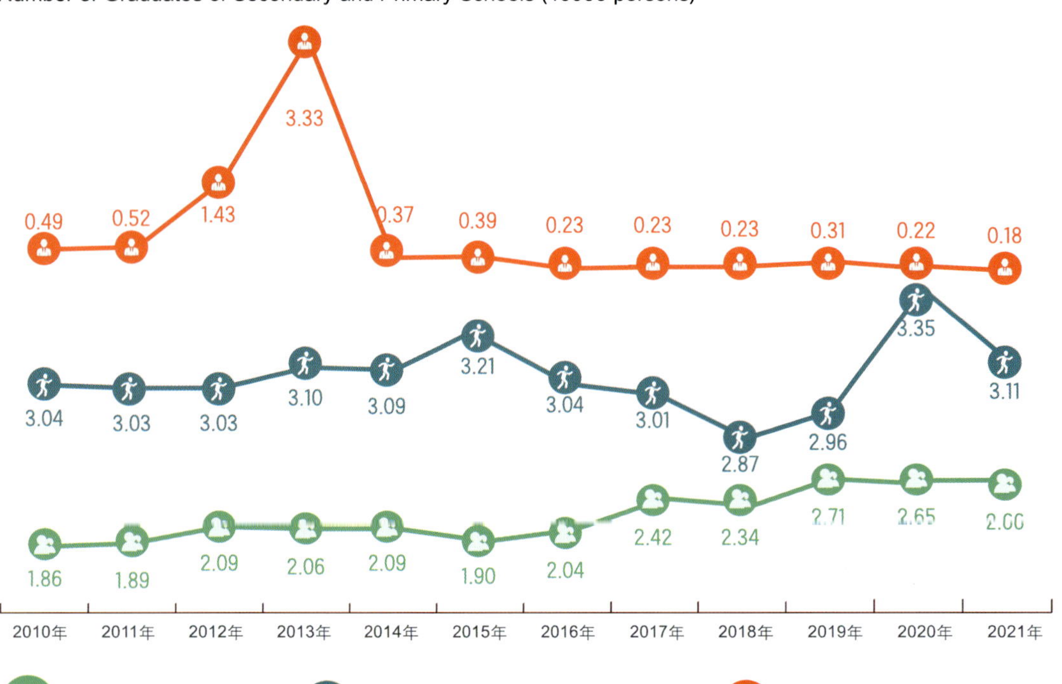

小学 Primary School
普通中学 Regular Secondary School
职业中学 Secondary Vocational School

辖区面积：430.77平方千米
年末户籍人口：244.1万人
年末常住人口：313.0万人
地区生产总值：9501.7亿元
地区生产总值同比增长：8.8%
第一产业实现增加值：1.9亿元
第二产业实现增加值：831.3亿元
第三产业实现增加值：8668.6亿元
规模以上工业企业总产值：3440.8亿元
农村经济总收入：9638.6万元
区域财政收入：490.2亿元
社会消费品零售总额：2920.8亿元
海关进出口总额：490.6亿美元
实际利用外资额：62.4亿美元
合同外资额：148.2亿美元
全区居民人均可支配收入：93478元
全区居民人均消费支出：57482元
人均绿地面积：43.8平方米
中关村科学城总收入：35197.0亿元
高新技术企业数：10769家
中关村科学城实缴税费总额：930.0亿元
专利授权数：7.17万件

技术合同成交金额：2920.8亿元
高考本科录取率：90.4%
幼儿园数：223所
小学学校数：89所
普通中学学校数：87所
中等职业学校数：8所
区域内高等院校数(含分部)：37所
卫生机构：1361个
每千人拥有医院床位数：4.4张
农村社会养老保险参保覆盖率：96.0%
地区售电量：160.80亿千瓦时
地区总用水量：3.2亿立方米
银行人民币存款：39384.0亿元
银行人民币贷款：12181.2亿元
银行个人存款：7099.5亿元
房屋施工面积：1086.2万平方米
房屋竣工面积：304.8万平方米
商品房销售面积：100.5万平方米
私人汽车：931062辆
科学技术支出：31.34亿元
教育支出：136.5亿元

海淀区以走在“北京国际科技创新中心建设最前头、中关村先行先试最前头、全市高质量发展最前头”的目标要求为指引，牢牢把握资本市场深化改革契机，切实做好各项服务保障驻区企业上市（挂牌）工作并取得优异成绩，2012年12月至2022年9月，海淀区上市企业从140家增至263家，呈现良好的增长趋势。

本专题图片、文字均由《海淀报》提供

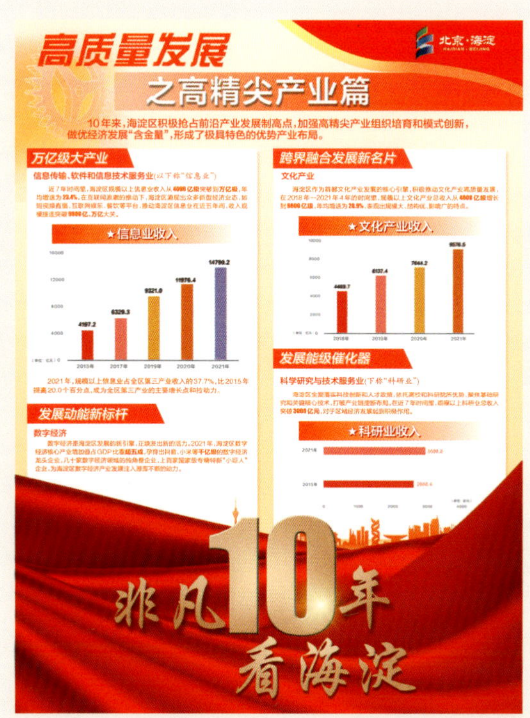

住房问题事关民生福祉，构建住房保障体系是满足群众基本住房需求的重要措施。十年间，海淀区加快完善以公租房、保障性租赁住房和共有产权房为主体的住房保障体系，累计建设各类保障性住房10.6万套，竣工10.7万套。

十年间，海淀重点推进区域基础设施、民生改善、科技创新及高精尖产业等项目建设，实现投资约4000亿元。香山革命纪念馆、中关村论坛会场改造项目、清河站交通枢纽、冬季运动管理中心综合训练馆、中关村壹号、中国国家画院等一大批国家、市级、区级重点项目顺利投入使用。

十年间，海淀区累计新修道路通车里程达163.5公里。十年来，海淀区加快推进市政道路基础设施建设，助力中关村科学城高质量发展。

十年间，海淀区轨道交通建设取得丰硕成果。截至目前，海淀区轨道交通通车里程达到126.3公里，占北京市轨道交通通车里程的16.1%。经过十年的努力，海淀区已基本形成六横八纵的轨道交通网，以16号线为中轴线，串联起山前山后，形成轨道交通大动脉。海淀区围绕首都功能，不断完善优化布局，加密轨道线网，为首都高质量发展提供了良好的交通基础设施条件。

海淀区将老旧小区项目改造与群众需求“共情共融”，粘贴保温层、更换门窗、更换室内上下水、加装电梯、道路翻新、绿化补植等，累计实施改造441个小区、2358栋楼，惠及居民17.3万户，老旧小区展新颜，百姓住得更舒心。

2021年，海淀区优良天数累计287天，优良率78.6%，与2013年相比，达标天增加了133天，优良率提升了36.4个百分点，重污染减少了66天。优良率提前达到“十四五”目标。2021年海淀区生态环境质量指数（EI）为65.2，居城六区首位，海淀区也在中心城区率先荣获“国家生态文明建设示范区”称号。

2021年，海淀区第三产业增加值占地区生产总值（GDP）的91.2%，比2012年提高4.4个百分点，其中信息传输、软件和信息技术服务业，科学研究和技术服务业，金融业占第三产业比重合计达到68.8%，比2012年提高了14.8个百分点。近十年时间里，海淀经济总量从4000亿级增长到9000亿级。其中2018年至2021年4年间，经济总量接连突破7000亿、8000亿、9000亿大关。

4月22日，“首都职工心向党　同心接力绣党旗”活动收针仪式举行　（中关村科学城总工会 供图）

6月8日，“使命传承 科创领航”中关村科学城庆祝建党100周年主题活动举办　（张洪军 摄）

6月18日，海淀区庆祝建党100周年文艺汇演现场 （张洪军 摄）

6月21日，香山公园庆祝建党100周年花卉布景 （王雪涵 摄）

6月24日，海淀区"光荣在党50年"纪念章颁发仪式举行 （张洪军 摄）

6月25日，海淀区新党员代表集中入党宣誓暨传承弘扬香山革命到底精神活动举办 （张洪军 摄）

6月25日，“青春在云端绽放”——百家企业礼赞百年大型文化活动举行

（张硕 摄）

7月1日，庆祝中国共产党成立100周年大会在北京天安门广场隆重举行，北京大学600余名师生参与盛会

（北京大学 供图）

9月16日，海淀区庆祝建党100周年重点剧目——原创舞剧《长城》在国家大剧院首演 （区委宣传部 供图）

4月13日，海淀区党史学习教育主题系列活动启动仪式在中关村西区广场举行
（张洪军 摄）

4月22日，区侨联在海淀创业园举办“侨之家”党史学习大讲堂
（冀敏 摄）

6月16日，党史学习教育市委第四指导组来海淀区开展第一轮第一次督导见面座谈会
（张洪军 摄）

6月17日，海淀区“永远跟党走”党史知识竞赛决赛现场

（区直机关工委 供图）

6月23日，区环卫中心在西山无名英雄纪念碑前开展党史学习教育

（区环卫中心 供图）

6月24日，海淀区“两优一先”表彰大会召开

（高政 摄）

1月25日，五棵松冰球训练馆顺利通过白冰验收
（田峰　摄）

3月26日，区领导与北京冬奥会组委会座谈：向世界传递“双奥城市”海淀声音
（张洪军　摄）

4月，“相约北京”测试赛期间，区供电公司工作人员巡视检查首都体育馆临时供电设备（区供电公司　供图）

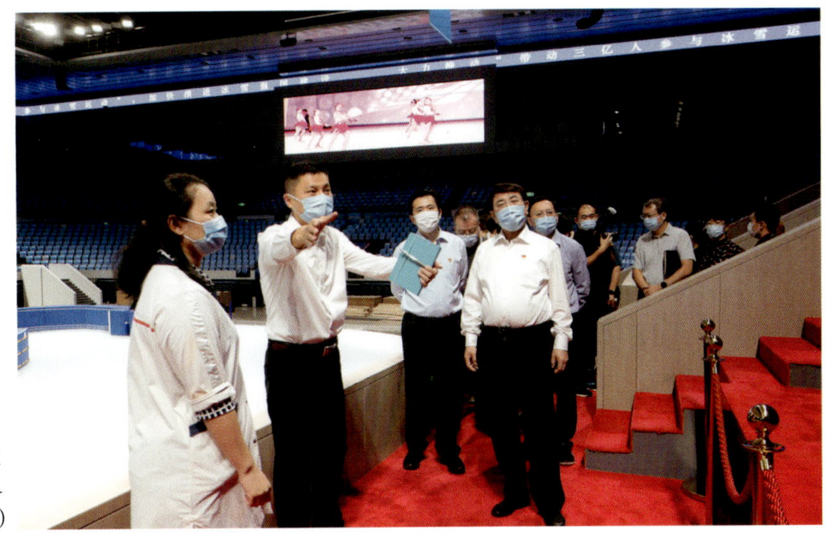

9月6日，区委书记于军（前右一）调研首都体育馆冬奥场馆设施 （张洪军 摄）

10月13日至17日，“相约北京”2021亚洲花样滑冰公开赛测试赛在首都体育馆举行 （《海淀报》供图）

年内，首都体育学院教师完成2020—2021赛季全国高山滑雪、雪橇、雪车和钢架雪车邀请赛执裁任务 （首都体育学院 供图）

4月28日，区长王合生主持2021年海淀区推进“两区”建设重点项目签约仪式（张洪军 摄）

5月18日，中关村科学城北区“创新合伙人”大会举行（张洪军 摄）

6月3日，中国科学院 北京市海淀区（中关村科学城）深化战略合作协议签约（张洪军 摄）

8月2日至3日，以“创新引领 数据驱动——建设全球数字经济标杆城市”为主题的2021全球数字经济大会在北京举办

（中关村科学城 供图）

9月3日，2021海淀之夜推介交流活动举办

（区商务局 供图）

9月24日，2021中关村论坛开幕。论坛升级为面向全球科技创新交流合作的国家级平台

（《中关村年鉴》编辑部 供图）

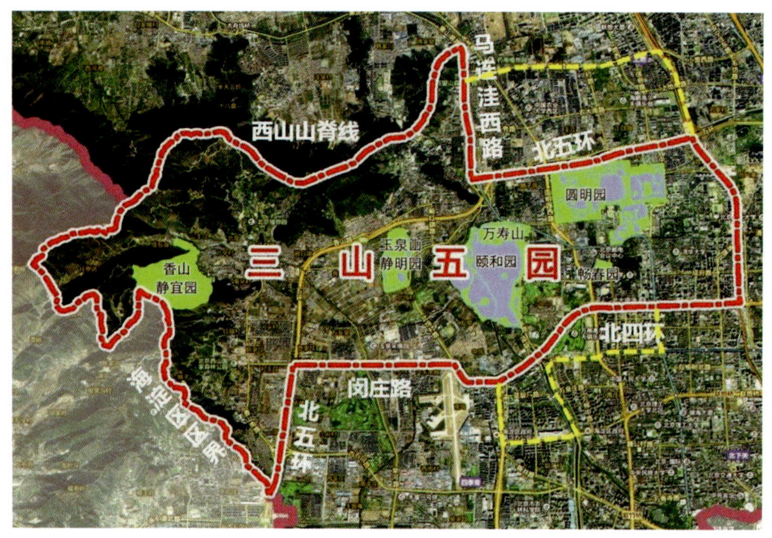

"三山五园国家文物保护利用示范区"创建范围示意图
（区文旅局 供图）

2月22日，市民康睦向圆明园捐赠1933年版《实测圆明园长春图万春园遗址形势图》（田峰 供图）

10月11日至12日，全国重点文物保护单位部分第三十一届学术研讨会暨颐和园研究院第二届学术研讨会在颐和园召开
（颐和园 供图）

目 录

区情概览

特 载

专 文

大事记

中国共产党成立100周年庆祝活动

“相约北京”系列赛事

“相约北京”系列赛事服务保障

"相约北京"系列赛事测试活动

领导调研考察

党和国家领导人与海淀

省部级领导调研考察

中共海淀区委

综述

党史学习教育

重要会议和活动

组织工作

组织建设

干部培训

区直属机关党建

高新技术企业党建

社会领域党建

老干部工作

宣传工作

统战工作

政策研究

网络安全与信息化

机构编制

巡察工作

党史研究

海淀区人民代表大会

综述

重要会议与决议、决定

监督工作

人事任免

视察与调研

人大代表工作

专门委员会工作

海淀区人民政府

综述

政务服务管理

人事人才

外事　港澳事务

信息化城市服务管理

“接诉即办”工作

信访

重要民生实事

政协海淀区委员会

综述

重要会议

政治协商

视察与监督

参政议政

提案和社情民意信息

专门委员会工作

中共海淀区纪委　海淀区监委

综述

重要会议

监督执纪

反腐倡廉

民主党派

中国国民党革命委员会北京市海淀区工作委员会

中国民主同盟北京市海淀区委员会

中国民主建国会北京市海淀区委员会

中国民主促进会北京市海淀区委员会

中国农工民主党北京市海淀区委员会

中国致公党北京市海淀区委员会

九三学社北京市海淀区委员会

台湾民主自治同盟北京市海淀区工作委员会

人民团体

总工会

共青团

妇女联合会

科学技术协会

归国华侨联合会

青年联合会

工商业联合会

法 治

政法委

政法队伍教育整顿

法治政府建设

公安

·案例选辑·

检察

法院

司法行政

仲裁

军 事

人民武装部

人民防空

中关村科学城

综述

高精尖产业

概述

医药健康产业

空天产业

新材料及能源环保产业

区块链技术示范应用

人工智能与机器人

交流合作

中关村科学城北区

中关村软件园

中关村西区

中关村科学城指挥部

新冠疫情防控科技保障

“两区”建设

科技创新片区

海淀服务业扩大开放综合试点示范区

三山五园建设

综述

三山五园国家文物保护利用示范区建设

环境建设与修复

文物保护与利用

历史文化研究

经济管理

经济社会发展与综合调控

财政

税务

金融

市场监督管理

统计

审计

国有资产监管

中关村海关

烟草专卖与管理

区属传统工业管理

农业农村

农业

农村经济

美丽乡村建设

商贸服务业

商业服务业

对外经济贸易

旅游业

综述

旅游景点

旅游设施建设

旅游活动

旅游行业管理

城市建设与管理

规划与自然资源管理

房地产开发

市政基础设施建设

房屋管理

市容环境

环境卫生

城市管理综合执法

电力供应

气象

消防救援

防震减灾

应急管理

综述

安全生产监管

应急救援

防灾减灾救灾

宣传培训

生态环境

环境保护

园林绿化

水资源保护与管理

交通 邮政 通信

交通管理

交通运输管理

教 育

综述

学前教育

基础教育

高等教育

职业教育和继续教育

民办教育

特殊教育

教育督导

“双减”工作

文 化

综述

文化设施

文化产业

区域特色文化

文化活动

文化市场监管

文化遗产保护

媒体传播

档案

地方志

文联活动

卫生健康

综述

卫生监督与管理

基层卫生

疾病防治

妇幼保健

计生服务

新冠疫情防控医疗保障

体　育

综述

竞技体育

群众体育

青少年体育

冰雪运动

体育业训

社会建设

精神文明建设

社区建设与管理

社会组织工作

社区工作者队伍建设

社会生活

就业和社会保障

医疗保障

民政事务

退役军人事务管理

居民生活

民族宗教事务

残疾人事业

红十字事业

街道　镇（地区）

万寿路街道

羊坊店街道

甘家口街道

八里庄街道

紫竹院街道

北下关街道

北太平庄街道

海淀街道

中关村街道

学院路街道

清河街道

青龙桥街道

香山街道

西三旗街道

马连洼街道

花园路街道

田村路街道

上地街道

曙光街道

燕园街道

清华园街道

永定路街道

东升镇（东升地区）

海淀镇（万柳地区）

四季青镇（四季青地区）

西北旺镇（西北旺地区）

温泉镇（温泉地区）

苏家坨镇（苏家坨地区）

上庄镇（上庄地区）

玉渊潭农工商总公司

人物　荣誉

先进人物

先进集体

统计资料

附 录

索 引

CONTENTS

District Situation Overview

Special Reports

Specialized Documents

Chronology

Celebration of the 100th Anniversary of the Founding of the Communist Party of China

"Meet in Beijing" Series Events

Leadership Investigation and Inspection

Haidian District Committee of the CPC

People's Congress of Haidian District

People's Government of Haidian District

People's Political Consultative Conference of Haidian District

Commission for Discipline Inspection of the CPC in Haidian District

Democratic Parties

People's Organizations

Rule of Law

Military Affairs

Zhongguancun Science City

"Two Districts" Construction

"Three Hills and Five Gardens" Construction

Economic Management

Agriculture and Rural Area

Commercial and Trade Service Industry

Tourism

Urban Construction and Management

Contingency Management

Ecological Environment

Transportation Post Communication

Science and Technology

Education

Culture

Hygiene and Health

Sports

Social Construction

Social Life

Subdistrict Town (area)

Figures and Honors

Statistical Information

Appendix

Index

区情概览

基本地情

海淀名字由来。据考古发现，距今7000—4000年前，海淀区现辖域已有人类居住和活动。海淀镇一带在古代是一片浅湖区，后来在湖边逐渐形成居民聚落。“海淀”在历史文献中亦称为“海甸”“海店”。在现存史料中最早见于元初王恽所撰《中堂事记》(见明叶盛《水东日记》)。

历史沿革与行政区划。历史上海淀区现辖地区没有设置单独的行政建置，分属不同的行政区域。自秦、汉以来，南半部成为历代北京城附廓县的辖地。金、元时，一部分地区是金中都、元大都的城区。至近代，大部分成为北京市辖行政区域。北半部历来属于以北京为中心的大行政区的属县(州)。1949年7月，在海淀地区正式设置单一行政区域，称北平市第十六区。后两次更名，于1952年9月1日命名为海淀区。海淀区行政区域经过多次变动，至1963年形成现辖域。2021年，海淀区辖7个镇(地区)、22个街道、53个村委会、593个社区居委会。

海淀区位于北京市城区的西部和西北部，跨北纬39° 53′—40° 09′、东经116 °02′—116° 23′，面积430.77平方千米，约占北京市总面积的2.62%。东接朝阳区、西城区，南接丰台区，西接石景山区、门头沟区，北接昌平区。地势西高东低，兼有山地、平原。辖域呈不规则平行四边形，南北纵向长于东西横向。从北极点双塔村至南极点吴家场，距离约30千米；从东极点河北村至西极点阳台山，距离约29千米。区人民政府驻海淀区长春桥路17号。

海淀区位于北京市区西北部、华北平原北部边缘与太行山余脉西山山脉交会地带，大地构造处于阴山东西向复杂构造带南缘、祁吕贺兰山字形构造东翼反射弧与新华夏构造带三构造交接部位，西部山区为北京西山隆起带，东部平原为北京平原沉降带，故地质构造发育、构造形迹复杂。西部属中山(海拔500—1000米的山)山区边缘，东部为冲积扇平原，局部为平原洼地，地势西高东低。西部、中部为海拔100米以上的山地，面积约占辖区总面积的16.4%。有大、小山峰60余座，最高峰为阳台山，海拔1278米。香山以南、以东诸山海拔在200—600米之间。京西西山山系多呈南北走向，海淀区境内的西山支脉大体为东西走向，横亘于中部，成为辖域南、北两部分的天然分界，习称南半部为“山前”、北半部为“山后”。东部、南部和北部为海拔100米以下、向东微倾斜的平原，面积约占辖区总面积的83.6%。山前平原为永定河冲洪积扇，山后平原为南沙河、南口冲洪积扇。东北部的黑泉村，海拔35米，为最低处。有河流35条，总长204.7千米；河道一部分为自然形成，后经人工改造；一部分属于人工开挖。2021年水资源总量1.9亿立方米，比上年增长1.2%。全年总用水量3.2亿立方米，比上年增长8.6%；其中生活用水2.5亿立方米，比上年增长10.6%；工业用水824万立方米，比上年增长5.8%；农业用水341万立方米，比上年下降242.2%。

海淀区地处暖温带半湿润半干旱大陆性季风气候区，四季分明。春季风大，湿度低；夏季炎热，降水集中；秋季凉爽，光照足；冬季寒冷，雨雪少。冬季最长，夏季次之，春、秋季较短。夏季多刮偏南风，春、秋、冬季盛行偏北风。3月至5月为大风集中季节，夏季有短时雷雨大风出现。雨量等气象要素年内差异明显，时空分布不均，暴雨、雷电、冰雹、大风、雪害等灾害性天气较常发生。2021年平均气温13.2℃。降水受季风气候影响，年季变化很大，多集中在夏季。年降水量1255.3毫米，日照时数2183.3小时。

海淀区矿产资源有煤、泥炭、砖用黏土及砖用页岩、建筑砂、砂砾石、制灰灰岩、花岗岩、石墨、矿泉水等。2016年，除矿泉水开采和地热利用外，所有固体矿产开发开采全部停止。有野生植物5门，其中国家二级保护植物6种、北京市二级保护植物4种。有野生动物4门(亚门)9纲、83科、268种，其中国家一级保护动物6种、北京市一级保护动物18种。

2021年，全区常住人口313.0万人，比上年末减少0.2万人。其中，常住外来人口107.1万人，占常住人口的比重为34.2%。常住人口出生率5.28‰，死亡率4.16‰。自然增长率1.12‰。年末全区户籍人口244.1万人，比上年末增加3.2万人。

海淀区地处北京市的“上风上水”地区。有“三山五园”等中国古代皇家园林，是中华民族悠久历史文化遗产的重要组成部分。有为皇家建筑做出重要贡献的建筑世家“样式雷”，近代教育家英敛之、熊希龄、李石曾等；有曹雪芹、纳兰性德、顾太清、杨沫等遗著和诗文；有双清别墅、孙中山纪念堂、李大钊烈士陵园等独具历史文化价值的纪念性文物。海淀区在京城政治生活中具有重要地位。

自清康熙年间（1662—1722）起，皇帝每年有很多时日住在西郊御园处理政务，这里成为紫禁城外又一政务中枢。中华人民共和国成立前夕，中共中央和中国人民解放军总部从西柏坡进驻香山，筹备建立中华人民共和国。一部分中央党政机关、解放军总部驻在海淀区，一些具有重大历史意义的会议在此召开。1949年后，海淀区逐步发展成为全国著名的文化教育中心、科研基地。有世界文化遗产1处、人类各级非物质文化遗产130项、文物保护单位133处，体育场、影剧院等公共文化资源丰富。聚集有以中国科学院为代表的科研院所100余家、国家工程研究中心31个、国家重点实验室107个、普通高等院校37所（部）、两院院士共659人占全国的1/3。入选国家级、市级海外高层次人才项目的数量均居全市首位。拥有大中型文艺演出场所100余个，图书馆、博物馆300余家。

创新引领高质量发展

2021年，海淀区实现地区生产总值9501.7亿元，比上年增长8.8%，经济总量和对全市经济增长贡献连续6年全市第一。区级一般公共收入490.2亿元，比上年增长8%。高新技术企业收入3.51万亿元，占全市的40%以上。有国家高新技术企业9776家，有中关村高新技术企业11170家，上市企业256家，独角兽企业50家。绘制人工智能、集成电路、医药健康、空天等10个领域的产业图谱。在人工智能、集成电路、医药健康等11个领域开展底层创新技术布局。中关村国家实验室揭牌，支持智源、微芯、量子、通研院、启元实验室等重大创新平台和新型研发机构发展，发布“悟道2.0”、量子超导芯片、96核区块链专用加速芯片等重大成果。实施研发投入倍增计划，有国家级“专精特新”小巨人企业117家，占全市的45.9%。启动数字经济发展三年行动计划，数字经济呈现“大、多、强、新”的显著特色，即“规模大、企业数量和龙头企业多、科技创新动能强、新业态新模式不断涌现”。截至年末，数字经济核心产业增加值约4750亿元，占全区GDP的比重达到50%；计算机、通信和其他电子设备制造业完成工业总产值2260.1亿元，比上年增长33.5%。数字经济核心产业已成为经济发展的支柱力量。平台经济是海淀区的特色经济业态和优质发展力量。有平台企业164家，其中包括小米系、字节系、快手系、美团系、百度系、腾讯系等辐射全国市场的超级平台。平台企业全年营业收入1.24万亿元，比上年增长22.7%；研发费用合计845亿元，比上年增长47.8%；实现总税423.5亿元，比上年增长21.6%，总体保持收入高增长、研发高增长、税收高增长的显著特征。推进中关村科学城北区规划建设，第二个中长期开发计划实施方案获市政府批复，新增产业空间64万平方米。中关村论坛成功举办，成为面向全球科技创新交流合作的国家级平台。开展国家双创示范基地建设，“双创”工作连续5年获国务院通报表扬。

出台重要改革文件23个，完成年度改革任务。推进“两区”建设，搭建“4+3+5”任务推进模式，实施84项任务。健全项目评价、引入、推进机制，投用清单，梳理政策清单39项、可利用空间962万平方米，出台38项扶持措施，举办8批集中签约，落地拟未科技等99个项目。推进科技成果赋权改革试点，国家纳米科学中心首个案例落地。深化“放管服”改革，实现电子营业执照和电子印章同步发放，140项企业生产经营和个人服务高频事项实现“跨省通办”。实施企业大走访、“服务管家”和“服务包”制度，全周期精准服务企业，营商环境名列全市第一。一批微改革举措落地见效，形成一批市委关注的改革典型案例。出台国企改革三年行动实施方案，持续推进国资国企改革。完成全国乡村治理体系建设试点任务。持续扩大开放，聚集跨国公司北京地区总部18家，实际利用外资近60亿美元，比上年增长25.4%，居全市首位。全力服务支持北京城市副中心和雄安新区建设，主动对接推进“三城一区”联动发展、合作共赢。

中关村科学城

2021年，高新技术企业总收入3.5万亿元，比上年增长19.3%，占全市的40%以上；信息传输、软件和信息服务业收入3816.0亿元，比上年增长12.6%；规上工业总产值3340.8亿元，比上年增长30.6%，发明专利授权量40455件，比上年增长19.6%，占全市的51.1%；技术合同成交额2920.8亿元，比上年增长43.2%，占全市的41.7%。实现出口总额1183.9亿元，比上年增长10.3%；利润总额1565.1亿元，比上年增长18.4%；实缴税费总额790.6亿元，比上年增长14.9%；研究开发费用合计1258.14亿元，比上年增长21.6%。

中关村实验室揭牌，完成核心区16栋楼宇主体结构施工。京津冀国家技术创新中心与清华大学、北京航空航天大学、美国西北大学签署协议，优质项目立项45个，带动社会投资6亿余元，实现产业化项目11个。支持智源研究院建设超大规模人工智能模型训练平台，发布全球最大智能模型“悟道2.0”。支持微芯研究院建设区块链先进算力实验平台，发布全球首款96核区块链专用加速芯片。支持腾讯建设区块链先进算力商用平台。支持量子研究院组建20支科研团队、建设17个实验室，单个超导量子比特退相干时间创世界纪录。支持石墨烯研究院成功完成A3薄膜2.5代工艺，实现制造流程标准化。实施研发投入倍增计划，支持236家企业研发经费1.72亿元。在人工智能、区块链、智能制造等11个领域开展底层创新技术布局，重点支持114家企业发展。发布国家自然科学基金区域创新发展联合基金（北京）申报指南，组织区内企业联合高校院所申报27项。扩大北京—海淀联合基金参与企业和研究领域，遴选纳通科技集团、北京数字工软科技有限公司加入联合基金。

强化“三单”管理，梳理政策14项、空间资源30项、目标企业130家。组织5批次集中签约，落地小米、字节跳动、荣耀等企业75个重点项目。完成中关村科学城“两区”建设21项主责，“京津冀联动的全球化协同创新服务模式”被商务部选入“北京市建设国家服务业扩大开放综合示范区的首批最佳实践案例”向全国推广。开展中关村推进科技自立自强先行先试政策研究，形成政策建议方案并将在海淀开展试点。开展“云上外事”系列活动，加强与欧洲先进创新型国家以及科技园区间的创新交流活动。举办“中日创新环境交流研讨会”。邀请各驻华使领馆、国际组织、国际商会协会参加“海淀之夜”。组织10家企业云上参展，达成意向合同金额140万美元。成功举办2021中关村论坛和首场分论坛，以及2021全球数字经济大会海淀分会场。

围绕“十四五”规划编制，做好主导产业和前沿产业、智慧海淀、底层技术、创新服务体系建设4个专项规划以及中关村西区、中关村科学城北区产业规划研究。依托产业情报综合支撑平台开展企业动态监测，完善精准化产业服务体系。发布数字经济三年行动计划，实施5个方面15项具体行动，配套92个项目。动态完善高精尖项目库，入库重点项目733个，其中促签约140个、促投产55个。建设人工智能标志性聚集区，入驻微软小冰、奇岱松等企业和平台。加强RISC-V生态构建，推进RISC-V开源芯片源码创新中心建设。强化“长安链”生态联盟场景应用研究，成员规模达到50家。发展网络安全产业集聚，落地网络安全卓越示范中心平台、中资网安、圣博润等项目。推进自动驾驶示范区建设，开放全域测试道路，形成二期道路开放实施方案。建设国家数字化设计与制造产业创新中心北京中心，推进高端装备和智能制造产业发展。建设全球健康药物研发中心，落地百放英库、巢生实验室、寻济制剂平台、高端医疗器械CDMO平台等一批医药健康产业服务平台。建设“星谷”空天产业集聚区，推进项目30余个。推进碳基研究院、国家石墨烯产业创新中心建设。推动京津冀氢燃料电池汽车示范城市群建设，推进60辆氢燃料电池汽车示范应用。推动超高清视频示范应用，完成国家大剧院2021新年音乐会8K制播、2021服贸会冬奥特别节目《冬奥来啦》等示范应用项目。严格落实“1+3”高精尖产业空间政策，重点推进34个产业空间项目，空间需求约380万平方米。支持45个重点产业园区建设。健全监测预警系统，定期分析研判重点企业运行态势，开展经济运行调度。聚焦平台经济和教培平台企业规范健康发展，制定精准帮扶方案。建立高新技术企业培育库，开展高新技术企业培育与认定辅导，完成3278家高新技术企业认定受理工作。梳理18个工业固投项目，并推动其纳统。

实施“海英计划”升级版，实行人才举荐、人才待遇让渡制度，支持范围拓展至产品经理、技术经纪人、财务法务等科技服务人才；依托驻区新型研发机构探索“海英学者”计划；91名中学生和53名大学生被评为“海英之星”。发挥“双站”平台引才作用，博士后进站99名，出站61名，超过半数留在海淀继续科研工作。实施第二期“薪火共燃”计划，培训60名科技企业创始人、负责人、高管。支持建设23家高价值专利培育运营中心，累计构建高价值专利组合63个，培育高价值专利3000余件，新增专利运营收益近8亿元。支持建设北京知识产权交易中心，推动知识产权交易和证券化。依托中关村知识产权保护中心，专利审结授权率93.72%。推进知识产权保险试点，全区投保企业60家，投保专利521件，位列全市首位。推进科技成果赋权改革试点，国家纳米科学中心首个案例落地，中国农科院完成14项科技成果的赋权协议签署。推进概念验证中心建设，北航概念验证中心完成3个项目验证工作，清华概念验证中心首批4个项目进入概念验证环节，中科院概念验证中心4个项目完成产业化公司注册。加强重点企业和驻区央企服务，开展高管子女入学、高管体检、公租房配租、疫苗接种等工作。加速链接全球创新资源，奇绩创坛创业加速中心、红杉中国数字科技创新中心落地。筹备设立“中国（北京）自由贸易试验区科技创新片区创新创业服务中心”。

推动“三城一区”融合发展，支持30家创业服务机构在经开区开展科技成果转化、科技项目咨询等服务，与未来科学城围绕应用场景建设、楼宇运营托管等开展合作，加强与怀柔科学城的信息共享与产业对接。组织80余家企业、协会组织对接城市副中心和雄安新区，推动11个科技项目落地城市副中心、20余家企业在雄安设立分支机构。加强与首钢园区、延庆区等区域的合作，推荐2家无人机企业入驻延庆无人机园。组织40余家企业和联盟协会，与湖北丹江口市、内蒙古科右前旗、科右中旗、敖汉旗开展产业对接。

城市建设与管理

年内，海淀区推进规划实施，组织街镇责任规划师，发挥“1+1+N”制度优势，打通规划落地“最后一公里”。组织编制《北京海淀区西北旺镇HD00-0403街区控制性详细规划（街区层面）（2020年—2035年）》获北京市政府批复（全市首个获批的新编街区控规）。编制《海淀区河湖蓝线规划（2019年—2035年）》《海淀区综合管廊规划（2019年—2035年）》。完成综合审批工作，受理审批服务事项284件，其中受理建设项目228件，地名16件，受理国有建设用地划拨决定书18件，划拨决定书补充条款2件，乡镇（村）企业使用集体建设用地2件，受理社会投资简易低风险项目18件。核发287件，核发各类建设项目230件，地名17件，核发国有建设用地划拨决定书18件，划拨决定书补充条款2件，乡镇村企业使用集体建设用地2件，核发社会投资简易低风险项目18件。“3个100”市政府重点工程建设项目中涉及海淀区房建项目共12项，其中需要规划自然部门审批事项8项，核发建设工程规划许可证。

开展“一网通办”“区块链”工作，社会投资房屋建筑工程规划许可证、市政交通基础设施工程规划许可证、政府投资房屋建筑工程规划许可证和临时建设工程规划许可证4个事项的区块链应用场景落地方案，通过“海淀通App”平台直接办理，实现网上报件。落实社会投资简易低风险工程改革，累计办理完成38件简易低风险建设项目的建设工程规划许可证，完成全流程案例8个。完成城镇建筑工程规划核验事项101件，共计708项单体，总建筑规模约524.43万平方米；完成城市地下管线规划核验备案事项42件，备案管线总长度约25217.468延米。完成海淀区地理国情监测工作，共计监测调查变化图斑1200余块；完成2020年度海淀区国土变更调查图斑共计1672块，面积41567.74亩，与“三调”统一时点地类相比，维持原地类图斑746块，变化图斑共计926块。发布北京市海淀区第三次全国国土调查主要数据公报。编制完成海淀区落实全民所有自然资源资产所有权委托代理机制试点实施方案。完成全区城乡建设用地净减量任务120公顷。

海淀区围绕总体规划落实和分区规划实施，聚焦“一村三山五园”建设，依托“一专班两平台”（供地专班、科指办固投平台、市区协作规划平台），纳入“3个100”项目共计17个，中关村论坛永久会址项目的设计方案取得市委、市政府批复同意，完成三山五园艺术中心项目等16个项目的规划手续。组织编制《海淀区北下关五塔寺地区规划综合实施方案》，对历史遗留问题形成“一揽子”解决方案，获市委、市政府批复。统筹调度固定资产计划投资项目总计26个，全年计划固定投资约53亿元、计划建筑安装约43.4亿元。实际完成固定资产投资约65.2亿元，占全年计划的122%，完成建筑安装约45.3亿元，占全年计划的104%。京张铁路遗址公园约13.03公顷铁路权属用地获铁路授权，一期作为“北京城市公共空间改造提升试点项目”获得北京市发展改革委批复。

实现“违建别墅专项整治”等5个市级专项任务，其中颐和府、颐和九州2个挂账中纪委督办台账的重点项目完成拆除，得到市领导肯定。整合违法项目及各类专项底账，创新建立“海淀区规自领域违法用地违法建设一本账”，搭建“落点落图”区执法综合管理平台系统，上账449个项目，整改274个项目，整改到位率为61.02%；累计腾退土地1175.73亩，累计拆违19.7万平方米。全年完成219个项目的整改工作，督察整改重点工程项目未批先建和“一会三函”政策执行不规范问题项目6个，限期整改类问题共456个，整改到位416个，到位率91.2%；梳理汇总规自领域问题156项，整改完成130项。

受理不动产登记业务124797件、不动产登记档案查询业务129000余件、权籍调查204件，权属审查112件，配合公检法机关办理司法查询190972人次，完成103824件不动产登记证书、证明的制作和发放，新增不动产登记档案101111卷。新增解决商品房类15个历史遗留项目18400余套，超额完成市级下达的任务指标41%，实现商品房类遗留项目“清零”，解决总量排全市第二。不动产登记事务中心受理“12345”案件共计1592件，响应率接近100%，满意率约为90%，解决率约为70%。办理完成存量房买卖全程网上办理业务企业间2378笔，个人间159笔。网上办理抵押首次登记业务24542件，解押业务16938件。完成全市首例全程网办社会投资低风险项目取得不动产权证书。解决历史遗留登记问题被纳入海淀区第六批“强基础、解难题、促发展”党建工作组工作台账，五福玲珑居3000余户回迁安置小区，建立海淀不动产登记大厅“红绶带”服务小组，做到登记服务零距离。

海淀区上庄镇前章村翠湖智慧农业创新工场——绿色示范工场成为全市第一例高效设施农业试点项目，取得市级备案意见；配合完成“266大棚房清理整治”工作中上庄蔬艺园、东北旺3-4、东北旺3-5、苏家坨镇后沙涧经济合作社设施农业项目等设施农业用地备案。全年共取得永丰产业基地（新）L地块土地一级开发项目等7个项目的市政府用地批复，共涉及用地面积148.2213公顷，新增建设用地65.4157公顷；完成永丰产业基地（新）L地块土地一级开发项目等11个项目征地结案，结案面积157.6019公顷。开展区片综合地价制定工作，发布《北京市海淀区人民政府关于公布本区征收农用地区片综合地价比例的通知》，完成3个区片的划分。完成土地供地面积140.11公顷，其中商品住宅用地27.38公顷，商服用地12.02公顷，研发设计用地23.55公顷，公共管理与公共服务及公用设施用地25.64公顷，交通运输用地51.52公顷。完成租赁房用地供应任务17公顷，完成比例100%。商品住宅年度供应量为14公顷，树村棚户区改造项目B-1南、北地块，京昌路楔形绿地棚改项目（二期）631-1、631-2、633地块及永丰F1地块项目0003、0004、0005地块等6个商品住宅地块已完成供应，供应面积共计28公顷，完成比例200%。

完成高德项目《土地使用合同》的签订及不动产登记，是海淀区首批办理军队资产划入手续。完成学院路科技园东升园（G、H、I）地块项目和中关村软件园二期N5地块项目协议出让合同签订工作。完成六郎庄拆迁安置用房项目南地块、北地块2个保障房营利性配套项目出让合同签订工作。

建立健全闲置土地整改制度，形成《海淀区闲置土地处置专班工作方案》。完成整改10宗，面积62.2亩，处置率为82.7%，处置率位居全市第三名。闲置土地共16宗，面积75.2公顷，全年完成24宗出让合同变更和现状出让现场踏勘工作。海淀区土地动态巡查率为98.32%，位居全市前列。完成海淀北部地区永丰产业基地（新）L地块土地一级开发项目等5个耕地项目占补平衡项目，补充耕地面积2.6846公顷；完成《海淀区开展“十三五”时期耕地保护责任目标履行情况暨2020年度耕地保护目标考核自查工作报告》；完成区镇、镇村耕地保护目标管理暨永久基本农田保护责任书33份的签订工作，涉及四季青等5个镇、26个村集体经济组织及2家国有农场。翠湖科技园（新）A1地块城乡建设用地增减挂钩项目拆旧区土地复垦工作取得市级验收；温泉镇太舟坞村土地复垦项目（一期）取得区政府规划设计及项目预算等的批复。

全年平均气温13.2℃，接近常年同期（13.1℃）。年极端最高气温37.3℃，出现在6月20日；年极端最低气温-18.7℃，出现在1月7日。其中，1月、5月、6月、7月、8月、10月气温偏低，4月、9月气温接近常年，11月、12月气温偏高，2月、3月气温明显偏高，2月20日极端最高气温21.5℃，21日极端最高气温26.7℃，连续打破海淀2月极端最高气温纪录。全年高温日数8天，比常年（9.0天）偏少。3月15日、3月28日、4月15日、5月6日出现严重沙尘天气。年降水量1255.3毫米，较常年（586.3毫米）偏多669.0毫米，比上年（704.4毫米）偏多550.9毫米。其中7月降水量542.0毫米，居海淀有气象观测记录以来历史同期第2位；9月降水量284.7毫米，居海淀有气象观测记录以来历史同期第1位。7月1日出现两次冰雹，最大冰雹直径20毫米。全年暴雨日数7天，最大日降水量为139.6毫米，出现在9月4日。年日照时数2095.1小时，比常年（2350.3小时）偏少255.2小时。完成苏家坨区域自动气象站建设，布设20套包含气温、湿度、气压、风向、风速、雨量、雨感七要素观测和全天空成像功能的小型智慧气象观测站。全年办理行政审批4件，其中防雷装置设计审核2件，防雷装置竣工验收2件。为企业和个人开具气象灾害证明服务117件，理赔金额估损值达11667万元。

海淀区空气中细颗粒物（$PM_{2.5}$）年均浓度为33微克/立方米，比上年下降8.3%；二氧化硫（SO_2）、二氧化氮（NO_2）和可吸入颗粒物（PM_{10}）年均浓度分别为3微克/立方米、31微克/立方米和54微克/立方米，保持稳定达标；降尘量4吨/平方千米·月，比上年下降21.6%；优良天数287天，比例达到78.6%，提前完成“十四五”目标；重污染天数4天，比上年减少5天，排名全市第一。

建设“三山五园”地区水网循环系统，启动《海淀区“水务大脑”规划建设方案（2021—2023）》项目建设。海淀区新水计划指标30618万立方米，实际使用新水总量28066.58万立方米，结余2551.42万立方米。监测河流10条（段），总长79千米；监测湖泊6个，水域面积427万平方米。受污染耕地、污染地块安全利用率均达到100%。建成区域环境噪声、道路交通噪声平均值分别为52.9分贝和70.3分贝。电磁辐射年均值远低于国家规定的控制限值。

完成中央党校东南角住宅区、北京科技大学教学区、安河家园小区、怡丽南园小区、蓝旗营小区、中国农业大学绿苑小区6处小区（单位）的自备井置换。完成52家区级节约型机关认定，完成32家市属事业单位创建及核查工作，完成21家节水型高校创建工作，完成10处示范性节水载体建设。完成水利工程项目建设11个，涉及河道治理、水系连通、生态修复、景观提升、防洪排涝等方面。共完成金河、北长河、玉泉山路引水渠、南长河等一批河道治理工程5.3千米、建设慢行滨水走廊20千米、缝合周边公园，实现108公顷的蓝绿融合。完成全社会固定资产投资4.2亿元，建安投资3.6亿元。修订并印发《北京市海淀区水利工程运行管理标准化建设制度汇编》。开展海淀区试点站——上庄新闸管理站“场区文明、人员行为规范和工程运行安全”的建设工作。落实区属河道养护经费2856.79万元，出动河道养护保洁人员5800人次，车辆10800台次，清理垃圾17980吨，解决河道及周边环境问题1351件。海淀区5座再生水厂、23座污水处理站、20座临时污水处理设施稳定运行，日均处理污水16万吨；北部地区污水处理设施共计处理污水5843.0704万立方米，实现化学需氧量削减量7323吨，氨氮削减量1422吨。完成再生水配置量（经由再生水管线泵送的再生水量：工业用水200万立方米，环卫绿化100万立方米，河道补水3800万立方米）。完成76个水评项目的水保跟踪调查和报告编制工作，推进37处疑似水保违法图斑的核查与查处工作。开展2021年全区“清管行动”专项整治工作，参与人员共计2000余人次，清掏雨水管线共计334.75千米、雨水口（雨59水箅子）12239处、检查井7528处，清掏垃圾污染物2000余立方米。共处置乱排污、违法洗车等进行处罚，累计执法82次，共出动165人次。完成雨污混接错接点整治90处，整治率达50.8%。区级河长巡河20人次，街镇级河长巡河2819人次，村级河长巡河3624人次，利用“海淀区智慧河长信息管理平台”和“智慧水务App”系统，实时关注河长巡河情况，整合河湖及水利设施基础信息、河湖问题上报处置、考核管理等功能。组织河道巡查、沿岸垃圾清理等志愿服务5次。完成界桩标识设立189个（北旱河26个、南旱河34个、叉河10个、柳林河27个、白家疃排洪沟37个、沙涧河26个、前沙涧排洪沟29个）。组织编制8个现有小区的海绵化改造设计方案，总占地面积20.75公顷。启动海绵展览馆建设。完成积水点位工程治理28处。城市管理承办案件3043个，2个第一、2个第二，全区总评前列。组织管线应急抢险20余次。开展执法检查18291件，比上年增长28.9%；办结案件221件，比上年增长16.9%；行政处罚额388.00万元，比上年增长16.7%，行政处罚额全市排名第二。

民生保障

海淀区紧扣“七有”要求和“五性”需求，着力保障改善民生，34项区级重点实事落地见效。完善社会救助体系，拓展多元养老服务模式，新增家庭养老照护床位13944张，新建社区养老服务驿站20家。实施教育强区行动计划，深化办学模式改革，新增普惠学前教育学位1500个、中小学学位4320个。完善“六年一学位”、多校划片实施细则。落实“双减”政策，坚持校内提质增效、校外强化培训机构治理，减轻家长和学生负担。深化国家卫生区建设，推进公立医院综合改革，完善家庭医生签约服务，卫生健康服务体系优质高效。

全年采集空岗信息7.55万个，帮助2.7万余名城乡登记失业人员实现就业，其中2万余名就业困难人员通过再就业援助实现就业。登记失业率长期控制在2.3%以下，连续8年保持北京市充分就业区。建立用人需求档案6683户，新增参保创业单位7043户，创业带动就业岗位52002个。全区城镇登记失业率1.97%。海淀区养老保险、失业保险、工伤保险、医疗保险、生育保险五项社会保险基金累计收缴1054.97亿元，比上年增长50.88%；累计支出483.57亿元，比上年增长14.95%。全区参保单位12.64万户，比上年减少2.79%；参保人数352万人，比上年增长3.03%。为34.18万企业退休职工调整养老金，调整后人均养老金达到4676.49元/月；为162名工伤职工调整定期待遇，人均增加387.5元/月；为501人调整工亡职工供养亲属抚恤金，每人每月增加200元；为1.4万人调整福利养老金，调整后人均达到784.3元/月；调整城乡居民养老金，基础养老金标准为64岁及以下1230元/月，65岁1240元/月，65岁以上1250元/月，比全市标准高出380元，基础养老金水平位居全市第一。检查用人单位4600家，查处劳动保障违法案件4600件，做出行政处罚105件，行政处理4件，受理社保稽核案件4986件，完成工伤认定3295件，办理行政复议82件、行政诉讼89件。受理劳动人事争议案件24231件，其中进入办案程序21768件，案外调解2463件，结案率95.53%，调解率64.29%，终结率72.52%。全年线上办案2287件，其中线上开庭105件，线上调解343件，线上撤诉1839件。

政策性住房开工建设4585套、竣工3777套，配租公租房2086套，集体土地租赁房建设有序推进。实施34个小区、133.9万平方米老旧小区改造。通过趸租、收购等方式新筹集房源446套。为保障家庭提供住房2919套，为企业人才和社会单位提供住房保障共计6757套。全年督促项目物业、工程部高效开展维修服务3.2万余次。深入推进保障房项目“一刻钟社区服务圈”建设。新建南区服务站点，扩大服务站辐射项目范围；对观林园等公租房项目进行社区环境优化提升；对三嘉信苑、福美苑等廉租项目设施进行安全性维护更新；推进租金收缴工作，追缴收回长期欠缴租金1442.08万元，全年实收租金6.88亿元；推进智慧社区建设，打造保障性住房“海悦”品牌。完成上庄馨禧家园、天合家园等保障房建设收购项目存续贷款的提取工作，筹措资金23.3亿元。

教育 文化 卫生 体育

开展“智慧教育示范区”“基于教学改革、融合信息技术的新型教与学模式试验区”“人工智能助推教师队伍建设”试点工作和北京市“互联网+基础教育”建设工作。合作建立北京市大中小学思政课一体化建设示范区，成为北京市第一个“大中小思政课一体化建设研究基地”。精准施策，提升教育质量，优质均衡发展成效显著。实施“教育强区行动计划”，深化办学模式改革。新增普惠学前教育学位1500个、中小学学位4320个。优化区域教育资源配置，完成19项中小学、幼儿园新建改扩建项目，新建改扩建面积17.42万平方米。

围绕庆祝建党100周年主线深挖海淀特色资源，赓续红色血脉，统筹协调区级各馆、各街镇、相关委办局及社会单位，将红色文化+旅游+文物紧密融合，举办“百年百人百事”活动，“音乐党课”“百家企业礼赞百年”“开往新中国的列车”等特色主题文化活动2168项，覆盖2267万人次。

深化国家卫生区建设，推进公立医院综合改革，完善家庭医生签约服务。全区有卫生机构1361个，有卫生技术人员4.01万人，其中执业医师1.55万人，注册护士1.78万人。医疗机构总诊疗3166.48万人次。婴儿死亡率1.35‰。全年报告甲、乙类传染病发病率0.87‰。

投入2.8亿元用于体育事业发展，全力保障“相约北京”测试赛及测试活动。新建多功能运动场地43片，更新全民健身路径300余套。全区公共体育场地达372个，全民健身工程1532个，群众参与各类体育活动39.3万人次。指导创建全民健身示范街镇6家。

民主法治和平安建设

以确保建党100周年庆祝活动和北京冬奥测试赛绝对安全为主线，推进市域社会治理现代化试点，深化政法领域改革，开展政法队伍教育整顿，维护区域政治安全、社会大局稳定。建立四项机制，引入内外部监督，组织编发区级层面每日动态和综合信息80余篇，组织召开座谈会60余场，征求社会各界意见建议300余条，形成6份具有海淀特色的群众知晓率统计分析报告，舆论宣传工作排名居全市首位。推广“一箱一包”学习模式，倡导“一把手”讲党课，组织开展各类学习教育研讨会、读书会、报告会、交流会等共计70余次，提出“跟、自、研、线、悟、实、测”七字诀学习法，确保学习效果。集中开展邪教人员教育转化去存量工作，“清零”进度全市名列前茅。妥善审理涉疫情劳动争议、房屋租赁、教育培训、旅游合同、买卖合同等民事纠纷。完善平安海淀建设工作体制机制，构建1办3专项11个行业组的工作体系。开展市域社会治理现代化试点工作，打造“六治一体”的新时代海淀“枫桥经验”，建立100个彰显“四度”（理念要有领先度、内容要有辐射度、推动要有标识度、创新要有有效度）的重点治理创新项目，实施“小项目”带动“大治理”专项行动。健全完善综治中心建设，社区（村）综治样板间，搭建共治共享的社会治理平台。深化重大决策社会稳定风险评估工作，三级挂账社会治安重点地区整治工作取得明显成效。完成572个智慧平安小区建设任务，开展数据采集工作。制定印发《海淀区委关于常态化开展扫黑除恶斗争巩固专项斗争成果的实施意见》，构建重点行业平安建设协调机制、线索发现流转核查机制、严格依法办案机制等九大机制，建立专项斗争全覆盖工作体系。2人荣获“全国扫黑除恶专项斗争先进个人”称号。海淀区被授予“2017—2020年度平安中国建设示范区”称号。海淀区委常委、区委政法委书记、区委办主任吴计亮参加表彰大会，并受到习近平总书记的接见。

创建“2+1+2”防护型少年审判海淀模式，打造未成年人权益保护立体化格局。举办“‘两区’建设专家谈”高端论坛，形成司法助力“两区”建设合力。制定《关于为海淀“两区”建设提供司法服务和保障的意见》，全面提出25项司法保障措施。用时39天“一揽子”化解企业间总标的额超1.5亿元的系列广告合同纠纷，入选最高法院“人民法院助推民营经济高质量发展典型民商事案例”。组织开展“公共法律服务精细化管理年”活动，开通“疫情防控法律服务”等专线专窗，成立“中小微企业法律服务团”。涉及“双减”工作教育机构员工讨要劳动报酬案件全部纳入法律援助范畴，受理各类教育机构法律援助申请982人次。启动海淀区“八五”普法工作，利用新媒体开展普法宣传，“海淀微说法”微信公众号发布普法信息460条，多部作品被司法部官方抖音转发。全年开展各类法治宣传活动9200余场次，发放宣传资料和宣传品344万余份，惠及群众335万余人次。深化民主法治示范区（村）建设，海淀街道海淀南路北社区被司法部、民政部命名为第八批“全国民主法治示范社区”。

推进网上立案规范化建设，制定《海淀区法院网上立案工作办法》。优化司法确认程序，编写《当事人申请线上司法确认操作指南》《法官办理申请线上司法确认操作指南》。扩大小额程序适用和独任制适用范围，适用率19.27%，位居全市前列。组织开展“公共法律服务精细化管理年”活动，全年区公共法律服务中心平均开放窗口15个，中心累计接待来访3414人次，电话咨询19717人次，受理指派法律援助案件3171件，办理各类事项2209件。

宣传思想文化建设

海淀区委理论学习中心组开展专题学习39次，持续推动习近平新时代中国特色社会主义思想走深走实。召开区委常委会扩大会议，传达学习贯彻党的十九届六中全会精神及市委常委会扩大会议精神，开展交流研讨。组织参观学习“伟大征程——庆祝中国共产党成立100周年特展”、“不忘初心 牢记使命”中国共产党历史展览、“不朽的功勋——李大钊生平事迹展”等。学习《中国共产党简史》《习近平论中国共产党历史》《习近平法治思想概论》等重要理论读物，落实巡听旁听制度，督促提升学习质量。开展新时代中关村精神、加快将中关村建设为世界领先的科技园区、利用红色资源开展海淀党史学习教育的路径探析等专题研究，形成多篇理论研究成果，在《光明日报》《前线》等权威报纸杂志刊发。围绕宣贯党的十九届五中全会精神，区领导带头、区委宣讲团深入各街镇、各系统广泛宣讲19场，全区共开展宣讲120余场，受众80万人次。深入社区、村开展“周末大讲堂”“理论走基层”等宣讲主题活动，组织学习“七一”重要讲话精神系列专题宣讲报告会，采取线下线上相结合方式，直播平台场观看人数超6万人次。

全力做好中国共产党成立100周年庆祝活动海淀区服务保障工作，成立新闻宣传和文明创建指挥部、党史学习教育和群众性主题宣传教育活动指挥部、志愿者指挥部，构建有力领导指挥体系。组织全区机关企事业单位和代表性企业代表2300余名参加庆祝活动文艺演出观演、庆祝大会等活动。组织区内十一学校、八一学校等5所学校235名优秀师生完成合唱献词任务。完成北京舞蹈学院附属中学300余名演职人员封闭管理工作。全区15个城市志愿服务站、35个重点社区、近3000名志愿者开展“喜迎建党100周年”系列特色志愿服务活动100余场，服务群众13万人次。开启中钢大厦、e世界大厦灯光秀，营造喜庆祥和节日氛围。

开展5场专题理论宣讲报告会，微信、抖音、快手点击量累计超过530万次，组织党员领导干部、基层党组织书记、先进典型党员开展专题党课1452次，召开专题组织生活会1029次。组建区委党史学习教育指导组10个，按照全面覆盖、分类指导的原则对全区96家单位进行督导。发布“永远跟党走”群众性主题宣传教育活动实施方案，部署开展7大类32项主题活动，线上线下受众超750万人次。在100所文明实践基地和220家友邻驿站设立“新思想加油站”，开展40余项志愿服务，构建辖区志愿服务“15分钟生活圈”。全区爱国主义教育场所接待党员干部群众参观达350万人次。推出原创舞剧《长城》荣登国家大剧院首演；推出广播剧《播火者》、纪录片《百年历程》、红色歌曲《新征程》《海淀告诉你》等文艺作品和《中国共产党北京市海淀区历史》《五湖四海》等出版物。支持温泉镇话剧《周时》、文联话剧《同生书店》创排。“两弹一星与海淀”巡回展亮相北部文化中心。举办庆祝建党百年主题征文、楹联、绘画、诗歌朗诵会、百景图巡展。

强化意识形态监督检查，对区政府办等19家单位开展专项巡察，对各单位意识形态巡察整改情况开展日常督查。完善意识形态阵地台账，开展意识形态阵地专项审查工作，建立健全公共空间艺术品台账，实现动态巡查。开展广播电视非法接收传输和“黑广播”专项整治、文娱场所专项整治、网络文化专项整治行动，开展“正道”“新风”等专项治理行动，文化执法系统检查各类场所6658家次，立案90件，收缴非法出版物230册，依法吊销4家出版物发行单位《出版物经营许可证》，维护区域意识形态安全和文化安全。

在《人民日报》《北京日报》专版报道海淀区“十三五”时期取得的重要成就。区委主要领导接受北京电视台“一把手话‘两区’”节目专访。推出专题片《中关村科学城·北区蝶变》。扎实做好相约北京测试赛及2022北京冬奥会主题宣传，设立海淀赛区新闻中心，加强赛事保障新闻发布，组织海淀赛区专题新闻发布会6场。“海淀准备好了”主题新闻发布会和海淀新闻发布工作受到市委主要领导点名表扬。《新闻联播》播出《北京海淀：科技赋能 为冬奥会服务保障提供有力支撑》，时长2分14秒。《焦点访谈》播出《冬奥，我们准备好了》，区委书记接受中央广播电视总台专访。截至年底，中央及市属媒体发布海淀区内容报道共计2344条，中央媒体报道464条（《新闻联播》6条、《焦点访谈》1条），市属媒体报道1880条。

北京市首家区级平台“学习强国”海淀区学习平台获批上线运营，获颁《信息网络传播视听节目许可证》，海淀镇、甘家口街道、公安分局、工商联融媒体分中心相继挂牌。传播矩阵涵盖“一报（《海淀报》）一台（海淀数字频道）一网（海淀网）一刊（《中关村》）一端（掌上海淀）”等自有平台和“学习强国”、人民号、央视频、现场云、北京号等中央、市属媒体账号，以及微博、微信、抖音、快手、百家等商业平台账号。传播矩阵用户突破1400万。推出海淀首届网络春晚“我在海淀过大年”系列活动、升级“接诉即办”栏目、举办“才聚云端”第二季17场线上招聘等活动，累计访问量近1.5亿。打造品牌探索“新闻+政务服务商务”模式，承办2021两岸青年交流合作北京峰会、海淀区“两优一先”表彰大会暨“光荣在党50年”纪念章颁发仪式。布局先进技术驱动高质量发展，在“5G+4K/8K”超高清制播平台建设、“海淀云”应用、转播车升级、三山五园国家文物保护利用示范区官方网站开发等方面取得新进展。

推出《海淀邀你云过年》、《江初说疫苗》、“相信相信的力量　全国科技工作者日，海淀首发《未来之光》MV！”、“海淀邀你来拆冬奥科技盲盒”、“我在国兴家园”H5长图等系列爆款产品，总播放量超3600万。聚焦国兴家园两次解封，海淀融媒微博话题总浏览量达422万。《海淀扶贫印迹》系列纪录片全网播放量超过1200万次，荣获2021年第2期全国县级融媒体中心优秀作品双月赛一等奖。党史教育系列专题片《红耀海淀谱新篇》，首轮播出全网播放量超过1000万次。

完成北京市“1+9”系列展览之一李大钊烈士陵园改陈提升工程。开展国庆主题系列文化活动18项42场，覆盖约230万人次。中关村国家自主创新示范区展示中心、航天科技空间技术研究院展示中心2家获评全国爱国主义教育示范基地，中国少年英雄纪念碑、北京市六一幼儿园、颐和园益寿堂3家获评市级爱国主义教育基地。制作红色地图，推出“初心之旅”等主题红色线路。策划开展“中国共产党人精神谱系在海淀”系列宣传。

开展道德模范评选表彰活动和道德宣传实践活动。成立海淀区科技先锋志愿服务总队，举办“科技为民，志愿有我——我为群众办事”主题实践活动。“海淀友邻”宣讲团560余支宣讲队伍差异化发展文明实践宣讲活动。便利蜂92个门店设立文明实践友邻志愿驿站。

打造“欢迎来淀”品牌，设立网易新闻客户端“海淀时政”专题。开设“百年红心印海淀”“2022海淀与冬奥同行”“三山五园冰雪情”等网络话题讨论，制作推广网络安全宣传周主题宣传片，推出“红色海淀VR行”等活动，总阅读量突破2亿次。组织网络评论引导，征集发布优秀网评文章109篇。

开展网络安全风险排查整治，处置网络安全突发事件15起。开展违法违规收集使用个人信息专项治理，约谈辖区企业54家，涉及App66个，整改问题78个。协调中央网信办批复4家企业开通国际学术网站访问权限，推动2家企业参与数据跨境流动安全管理试点，构筑区域坚强网络安全屏障。

《北京海淀三山五园国家文物保护利用示范区建设实施方案》正式获批。制定三山五园传播推广工作方案。推进三山五园艺术中心建设。推进圆明园澹泊宁静遗址考古发掘（二期）等7个项目文物修缮及保护进度。举办海淀文化沙龙。出版《红色海淀记忆》，举办第十二届曹雪芹文化艺术节之“红迷嘉年华”活动，开展《听见·三山五园》原创音乐征集推广，运营和维护贝家花园，助推区域特色文化高品质呈现。

举办“海之春”新春文化季、庆祝建党百年“开往新中国的列车”“音乐党课”等群众文化活动和“我们的节日”等高品质文艺演出及文化惠民活动1460余场次，线上线下惠及群众430万人次。采取慕课教学方式开展全民艺术普及教育。推动原创舞剧《人生若只如初见》《曹雪芹》《长城》巡演。在全球首个光科技馆建成拾光书店，国内第一家体育类综合书店冠军书店落地海淀。建成驹然书社、乐府书局、PAGE ONE等特色书店，成为新的文化网红打卡地。开展“金牌阅读推广人”“书香家庭”“书香社区”等评选，营造浓郁阅读氛围。

中关村科学城数字文化产业园——北京市精品游戏研发基地吸引聚集81家游戏企业，推动在京过审游戏版号19款。第九届英雄联盟高校联赛全国总决赛、使命召唤大师赛S2赛季总决赛和2021VR电子竞技国际大赛总决赛落地海淀。组织开展2021中关村舞剧节。举办第二届北京国际游戏创新大会、2021年中国文化产业新年论坛海淀对话会、服贸会文旅专题海淀区展览等重要文化节展活动，支持举办第五届中国“网络文学+”大会、2020亚洲数字艺术展，提升海淀国际影响力。完成冬奥测试活动住宿接待和餐饮保障任务。办理新闻出版审批事项近2500件。办理行政许可事项617件，审批营业性演出398台、2300场次。高效推进软件正版化工作。

党的建设

区委坚持以习近平新时代中国特色社会主义思想为指导，全面贯彻党的十九大和十九届历次全会精神，深入贯彻习近平总书记对北京一系列重要讲话精神和对中关村重要指示精神，按照市委对海淀“三个走在最前头”要求，团结带领全区各级党组织、广大党员干部群众，主动担起世界科技强国建设的海淀使命和北京“五子”联动的海淀责任，深化落实海淀区“两新两高”战略，聚焦“一个开局”“两件大事”“三项任务”，弘扬伟大建党精神和新时代中关村精神，深耕改革创新试验田，在更高起点上开创北京国际科技创新中心核心区建设新局面，奋力打造以首都发展为统领的现代化强区高品质海淀。按照中央、市委部署，在全区开展党史学习教育。策划开展“初心向党庆百年 科技领航再出发”“十二个一批”主题活动，组织“永远跟党走”群众性主题宣传教育和专题理论宣讲报告会，开展“我为群众办实事”实践活动，推进党史学习教育走深走实。健全区委对重大工作领导的体制机制，完善区人大常委会、区政府、区政协、区法院、区检察院党组向区委常委会报告工作制度。压紧压实管党治党政治责任，建立区、处两级抓党建工作责任清单，推进党务公开等工作。制定党委（党组）意识形态工作责任制实施细则，开展3轮巡察，实现十二届区委任期内巡察全覆盖。完成区、镇、村（社区）党组织换届。统筹推进农村、机关、国企、教育、卫生、“两新”组织等领域党建工作，打造“红帆”“红创”“红舫”等一批阵地品牌。

区人大常委会依法有效履职，全年召开区人民代表大会会议2次、常委会会议9次、主任会议10次，听取和审议区“一府两院”专项工作报告43项，督办议案1项，跟踪督办议案2项，作出决议、决定10项，形成审议意见书11份。截至年底，有区人大代表450名，市人大海淀团代表96名。

区政府全面加强自身建设，开展党史学习教育，深入学习领会习近平新时代中国特色社会主义思想。坚定不移地推进政府系统党风廉政建设和反腐败斗争，严格落实中央八项规定精神，坚决纠治形式主义、官僚主义，抓落实能力、抓工作深度明显提升。推动依法治区、法治政府建设各项工作不断向纵深发展。严格执行区人大及其常委会决议决定，自觉接受区人大工作监督、法律监督和区政协民主监督，办理全国、市、区人大代表建议、政协提案502件，均按期办复。

区政协履行政治协商、民主监督、参政议政职责，全年召开党组会议18次，研究议题67个。重点围绕“两区”建设、数字标杆城市、绿色海淀建设等内容，开展协商议政活动23次。聚焦北京国际科技创新中心核心区建设，就关键性指标体系开展专题调研。重点聚焦养老、义务教育供给、接诉即办、区域文化软实力建设、物业管理、垃圾分类、交通治理、生态环境改善、美丽乡村建设等问题开展调研视察、协商建言，助推涉及群众切身利益的民生问题得到解决。

新冠肺炎疫情常态化防控

2021年，海淀区启用集中隔离医学观察点49个，常态运行区级集中隔离点13个，可用医学观察房间1923间。全面重启25个街镇级集中隔离点，储备可用医学观察房间1911间。医学观察人员37811人，接收15批次入境进京人员12628人。统筹调配7家区属二、三级医院，29家社区卫生服务中心的3000人次专业技术人员，用于集中隔离点的力量支撑和服务保障。全区落实医疗机构工作人员定期核酸检测工作制度，对医疗机构工作人员定期核酸检测实现全覆盖，对辖区各级各类医疗机构开展感染防控检查工作，确保病原微生物实验室生物安全稳定。全面严格管理病原微生物实验室生物安全，累计督导检查994户次；对37家开展新冠病毒核酸检测的实验室逐一进行实验室生物安全评估和指导检查、培训。根据北京市要求，区卫生健康委制定海淀区重点人群新型冠状病毒疫苗接种工作方案；建立“41+29+N”疫苗接种点体系，抽调2400余名医护人员，成立29支街镇临时接种点常驻接种队和31支上门服务接种队伍开展接种服务。抽调16家二、三级医院人员，8个院前急救车组负责接种点现场保障，指定6家医疗救治定点医院，组建医疗救治专家组，开通救治绿色通道，累计接种8868231剂次，基础免疫全程接种率94.16%。区卫生健康委构建“2+29+12+1”共44家传染病检测实验室网络，其中2家疾控中心，29家二三级医院、12家第三方实验室、1家门诊部，日核酸检测能力达28.9万份。全年检测1638.7万人次。

（林琳）

特 载

海淀区第十三次党代会报告①（节选）

区委书记 于 军

（2021年12月5日）

中国共产党北京市海淀区第十三次代表大会，是在“两个一百年”历史交汇的关键节点，在全面建设社会主义现代化国家的开局之年，在海淀发展深刻转型的重要时期，召开的一次十分重要的会议。大会的主题是：高举中国特色社会主义伟大旗帜，坚持以习近平新时代中国特色社会主义思想为指导，深入贯彻落实习近平总书记对北京重要讲话和对中关村重要指示精神，按照市委对海淀“三个走在最前头”要求，团结带领全区各级党组织、广大党员干部群众，主动担起世界科技强国建设的海淀使命和北京“五子”联动的海淀责任，深化落实“两新两高”战略，弘扬伟大建党精神和新时代中关村精神，深耕改革创新试验田，当好高质量发展排头兵，在更高起点上开创北京国际科技创新中心核心区建设新局面，奋力打造以首都发展为统领的现代化强区高品质海淀！

一、五年砥砺奋进探索突破，海淀区域创新和跨越式高质量发展取得历史性成就

五年奋斗历程，我们主动谋划了一批功在当今、有利长远的大事，突破了一批关系大局、引领全局的要事，办好了一批造福人民、群众满意的实事，解决了一批艰巨繁重、彰显担当的难事。我们精益求精圆满完成庆祝中国共产党成立100周年、新中国成立70周年等重大政治活动服务保障任务，深切感受到党的伟大、光荣、正确和祖国的繁荣、富强、昌盛，增强了党员干部群众对中华民族伟大复兴光明前景的高度自信与自豪。我们沉着应对突如其来、百年不遇的新冠肺炎疫情“极限大考”，闻令而动、尽锐出战、科技助力，众志成城打响惊心动魄、艰苦卓绝的疫情防控人民战争、总体战、阻击战，维护了人民群众身体健康、生命安全、家园安宁，书写了可歌可泣的伟大抗疫故事。我们坚定担起东西部扶贫协作和对口支援政治责任，用心用情服务党和国家脱贫攻坚大局，助力6个对口支援地区近16万人口全部提前实现脱贫摘帽，同全国人民一道亲身见证了“全面小康”千年梦圆的世界奇迹。我们热烈庆祝改革开放和中关村创新发展40周年，汇聚各方智慧，制定实施弘扬新时代中关村精神的意见，充分激发干部群众创新创业的热情和攻坚克难的信心，以锚定创新发展高质量发展不动摇的战略定力，科学研判“时”与“势”，辩证把握“危”与“机”，主动服务融入新发展格局，于危机中育先机、在变局中开新局，生动验证了中关村改革创新基因的强大生命力。我们全力以赴筹办冬奥会冬残奥会，国际测试赛事圆满完成，各项服务保障工作全面就绪，为北京即将举办一届简约、安全、精彩的奥运盛会贡献了力量。我们举区域之力、创优争先、志在必得，在法治政府建设、公共文化服务、卫生健康、生态文明等领域摘得四块“国字号”金字招牌，在创新驱动发展领域连续五年获得国务院通报表扬。五年披荆斩棘、高歌猛进，成为海淀发展史上最令人振奋、最值得记忆的时期之一。

我们坚持以习近平新时代中国特色社会主义思想为指导，全面学习贯彻党的十九大和十九届二中、三中、四中、五中、六中全会精神，深入贯彻习近平总书记对北京重要讲话精神，以强烈的“答卷意识”对标对表，坚决做到“总书记有号令、中央市委有部署、海淀见行动”，先后召开17次区委全体会议、249次常委会会议，紧紧围绕加强首都“四个中心”功能建设、提高“四个服务”水平，抓好“三件大事”、打好“三大攻坚战”等事关全局的重大问题研究谋划、狠抓落实。坚定不移聚焦中关村科学城砥砺前行、探索突破，统筹推进疏功能、转方式、稳增长、促改革、调结构、治环境、补短板、惠民生、防风险、保平安各项工作，胜利完成区第十二次党代会确定的主要目标任务，谱写了区域创新和跨越式高质量发展新篇章。海淀发展又一次站在了历史高点，开启了全面建设社会主义现代化新航程。

① 报告标题为《深耕试验田 当好排头兵 加快建设北京国际科技创新中心核心区 奋力打造以首都发展为统领的现代化强区高品质海淀》。

五年来，我们坚持主动变革抓纲带目，发展战略思路更加清晰。坚持一张蓝图绘到底与顺势而为、主动求变相结合，直面人口资源环境“紧平衡”带来的严峻挑战，顺应首都从聚集资源求增长到疏解功能谋发展的重大转变，敏锐洞察科技回归都市的创新规律，深刻反思科技园区与城市“两张皮”割裂式发展的旧有格局，探索突破经济结构、空间结构、产业结构、人才结构、生态结构等结构性优势和结构性矛盾交织的复杂困局，坚决以思维方式和行为模式的深刻变革引领科技园区向科技城市深度转型。自觉把新时代海淀发展置于国家战略和首都大局中谋划，综合考量创新生态培育、经济高质量发展和首都“四个中心”功能需求，找准发展方位和使命担当，前瞻性拓展完善发展思路，形成了既符合首都城市战略定位又契合海淀发展实际、既破解当前矛盾又引领未来发展的“两新两高”战略，引导区域力量全面聚焦中关村科学城、挖掘文化与科技融合新动力、构建新型城市形态，推动高质量发展、打造高品质城市，进一步明确了发展取向、工作导向和奋斗方向。坚持“科学+城”理念，对接首都建设国际一流和谐宜居之都目标和中关村科学城“三地”功能定位，确立了建设集多维价值于一体的科学智慧之城、创新引领之城、人文活力之城、生态优美之城、和谐宜居之城的奋斗目标。精准对标中央和市委战略部署，高起点编制“十四五”规划、科学谋划二〇三五年远景目标，主动肩负起建设北京国际科技创新中心核心区的责任使命，凝聚起全区党员干部群众同心同向、共谋发展、奋勇前行的强大合力。

五年来，我们坚持瞄准定位聚力创新，科技创新能级显著跃升。主动服务国家战略，坚持世界一流目标，编制实施中关村科学城规划，进一步理顺管理体制机制，推动区域创新治理格局又一次转型。锚定最优创新生态下足功夫，充分发挥地方党委政府组织作用和服务优势，制定实施“创新发展16条”等系列支持政策，构建以创新合伙人为支撑的区域“创新雨林”生态体系，创新环境持续优化。聚焦“最先一公里”勇闯“无人区”，围绕人工智能、集成电路、生物医药等领域，加强基础前沿和底层技术布局，落地国家实验室，建成智源、微芯、量子研究院和全球健康药物研发中心等一批战略性、引领性新型研发机构，“悟道2.0”、量子超导芯片、96核区块链专用加速芯片等重大成果发布，一批前沿领域从“并跑”走向“领跑”。突出“最后一公里”提速成果转化，建设综合性国家技术创新中心，率先打造概念验证服务体系和前孵化创新中心；主动引领和服务“三城一区”协同联动。聚集高端要素稳固创新基底，中关村知识产权保护中心、北京知识产权交易中心落地运营；“海淀创新基金系”作用不断凸显；中关村国际人才社区建设取得重大进展，区域人才资源总量达197.4万人，占全市25%。国家双创示范基地建设全国领先。积极参与全球科技治理，引进落地前沿技术项目，建设跨境产业创新中心。中关村论坛成为全球性、综合性、开放性科技创新国家级高端国际论坛。五年耕耘，政产学研用协同创新实现质的飞跃，创新策源能力积厚成势，正在从点的突破向系统能力提升迈进，在支撑经济发展、城市治理和改善民生等诸多领域发挥了显著作用，中关村科学城正以北京“三城一区”领头羊的姿态阔步前行，昭示海淀高水平科技自立自强未来可期的光明前景。

五年来，我们坚持稳中求进提质增效，经济总量质量领跑全市。坚决贯彻新发展理念，坚持稳中求进工作总基调，以稳应变、以进固稳、进中提质，以中关村科学城建设“加速度”赋能经济高质量发展，奏响经济质量效率动力变革最强音。地区生产总值从2016年5908亿元预计增加到9500亿元，占全市24%，五年实现4个千亿级大跨越，正在向“万亿俱乐部”强势挺进。强化项目带动聚集发展“硬核力量”，狠抓重点产业、基础设施、民生保障等领域重大项目投资，做实稳增长“基本盘”，字节跳动、小米等近100个重点项目落地投产。发挥内需支撑作用，优化生活性服务业布局，调整消费结构、提升消费能级，市场总消费稳居全市第一。抢占前沿产业发展制高点，加强高精尖产业组织培育和模式创新，做优经济发展“含金量”，人工智能、大数据、生物医药等细分领域保持全国领先，新材料、智能制造、能源环保等领域占据高价值环节。建立高精尖产业用地全生命周期管理“1+3”政策体系，西郊汽配城等一批传统空间业态实现“腾笼换鸟”。东升科技园、中关村壹号等一批特色产业聚集区发展能量不断释放。在经济下行压力增大和外部环境不确定性因素增多的复杂背景下，经济呈现出总量更大、结构更优、增速更稳、韧性更强的鲜明特点，年均增速达7.0%，高于全国、领跑北京；率先形成具有独特内涵和价值体系的高精尖经济结构，信息、科研、金融业占经济总量70%以上；数字经济核心产业增加值占地区生产总值比重50%以上。国家高新技术企业增加3021家，总数达10604家，占全市37%；抓住科创板、北交所设立契机，上市企业总数达252家；国家级专精特新企业58家，占全市54%。一串串亮眼数据，充分彰显了海淀经济在大变局中搏击风浪的强大潜力和定力！我们以厚实的经济底座和高质量发展成色巩固了在首都经济发展中的主支撑地位。

五年来，我们坚持科学规划精细治理，城市颜值品质焕然一新。深入贯彻京津冀协同发展战略，编制实施海淀分区规划、三山五园地区整体保护规划、中关村科学城北区发展行动计划，试点街镇责任规划师制度，城市设计和有机更新改造取得重大成果。实施中关村大街和北清路沿线改造提升工程，一批关键节点区域亮出新形象。完成三山五园保护利用三年行动计划，功德寺、东西红门、荷叶山等村庄全部腾退，以玉泉山为中心的重点区域功能织补、整体绿化和景观提升取得新突破，初步形成全新水生态基底和滨水绿廊景观。建立大城管工作体系，开展“疏整促”专项行动，拆除违法建设1163万平方米，破解二河开21号院、京张铁路沿线等一批历史遗留难题。实施城市功能修补，重塑街区生态，推进魏公村、东西水磨等11个重点棚改项目，454个背街小巷旧貌换新颜，一批公共空间拓展提升。织补8类生活性服务功能网点1万个，社区基本便民商业服务功能全覆盖，城市生活品质明显改善。优化交通网络布局，新增轨道交通里程32公里，形成七横八纵127公里轨道网；打通一批断头路，新建城市道路38.5公里，增加停车位3.6万个，群众出行更加便捷。坚决打好污染防治攻坚战，美丽海淀生态底色更亮丽，蓝天白云、绿水青山常在。坚决打赢蓝天保卫战，全面实现“无煤化”，细颗粒物年均浓度累计下降51%，空气质量优良天数增加43%，连续7年保持城六区最优。坚决打赢碧水保卫战，制定实施“水清岸绿”行动计划，南沙河断面水质达到Ⅳ类，初步形成全域水网大循环体系。坚决打赢净土保卫战，受污染耕地、污染地块安全利用率达92%，实现垃圾分类知晓率、桶站设置、收运能力三个全覆盖。实施一批美丽乡村建设工程，获批全国乡村治理首批试点。大尺度“留白增绿”，公园绿地500米服务半径覆盖率91.52%，森林覆盖率35.78%，居城六区首位。探索城市治理科技之路，“城市大脑”成为北京样本，建成全国首个科技主题公园，中关村西区成为集功能性、舒适性、科技感于一体的科技城市“样板间”，科技让城市更美好成为海淀亮丽名片。

五年来，我们坚持深化改革扩大开放，发展动力活力强劲释放。主动担起试验田的责任使命，深入开展改革创新探索实践，一批重点领域和关键环节改革取得重大突破。深化党建引领“吹哨报到”改革，构建简约高效基层治理体系。党政机构改革全面完成。深化“放管服”和商事制度改革，率先实现企业登记全程电子化并在全国推广应用，推出“区块链+企业登记”新模式，探索企业登记“证照联办”“跨省通办”；实施企业大走访、“服务管家”和“服务包”制度，全周期精准服务企业，营商环境名列全市第一。完成第三次全国农业普查和第四次全国经济普查。完成镇村两级农村集体产权制度改革，获评全国农村集体产权制度改革试点典型单位；农村集体总资产、净资产双居全市首位；整建制农转居历史性圆满收官。主动摸着石头过河，科技创新、产业培育、国资国企、基层党建以及重大民生领域一批微改革举措落地见效，形成一批中央和市委关注的改革典型案例。建设普惠金融体系，设立全国首家中小企业续贷中心。坚持以深化改革促进开放、以扩大开放倒逼改革，充分释放高质量发展新动能。推出109项改革举措。自贸区科创片区建设高位开局，任务实施率超过80%，引进落地企业项目96个。率先探索技术转让所得税优惠等先行先试制度，推进一批产业基础设施和重大平台项目建设，形成11个创新实践案例，建立中关村科学城共建联席会制度。京津冀联动全球化协同创新服务模式、确权融资中心运作模式等实践案例向全市乃至全国复制推广。聚集跨国公司北京地区总部18家，预计2021年实际利用外资近60亿美元，增长25.4%，稳居全市首位。在惊涛骇浪的百年未有之大变局下，海淀改革开放迎风疾驰、高歌猛进，逆势迈向更高水平。

五年来，我们坚持守正创新凝聚力量，宣传思想文化动能澎湃。坚持以新思想定向领航、以新理念引领新发展，区委理论中心组集体学习141次，持续推动习近平新时代中国特色社会主义思想往深里走、往实里走、往心里走。压实意识形态工作责任，建立与驻区高校、互联网企业意识形态风险联动机制，实现对全区党委（党组）意识形态工作巡察全覆盖。构建网上网下一体、内宣外宣联动的主流舆论格局，推动媒体深度融合发展，围绕中关村科学城建设等主题展开正面宣传，中央和市属主流媒体报道海淀工作连续五年居全市前列，党的好声音和海淀新形象广泛传播。深入践行社会主义核心价值观，中共中央北京香山革命纪念地成为全国爱国主义教育和红色旅游打卡地，新时代文明实践中心建设成为全国示范，蝉联全国文明城区荣誉称号。全国文化中心建设重点项目落地实施，获批创建“三山五园国家文物保护利用示范区”，开工建设三山五园艺术中心。圆明园晋升国家5A级景区。海淀主题文艺精品创作成果丰硕。建成中关村国际舞蹈中心、海淀北部文化中心，120家实体书店落户，公共文化设施覆盖率100%，举办中关村舞剧节等系列文化品牌活动4万余场次，成功创建国家公共文化服务体系示范区，人民群众文化获得感不断增强。实施文化产业数字化战略，完善数字文化产业支持政策，在中关村科学城数字文化产业园挂牌北京市精品游戏研发基地，中关村软件园、清华科技园获评市级文化产业示范园区。规模以上文化产业收入占全市比重突破50%，居全市之首，文化软实力对区域发展硬支撑作用全面凸显。

五年来，我们坚持发扬民主依法治区，干事创业氛围心齐气顺。坚持总揽全局、协调各方，巩固生动活泼、安定团结的政治局面和充满活力、和谐有序的社会局面。召开区委第五次人大工作会议、第六次政协工作会议，制定区人大常委会党组工作规则、区政府党组工作规则、区政协党组工作规则，区委常委会定期听取区人大常委会、政府、政协、法院、检察院党组工作汇报，党的领导核心作用充分发挥。支持区人大及其常委会依法履职，组织开展监督检查和专题询问，践行和发展全过程人民民主。支持区政协依章程履职，围绕改革发展重大问题开展协商议政、建言献策，最大限度凝聚共识、汇聚力量。巩固发展最广泛的爱国统一战线，构建大统战工作格局，加强新的社会阶层人士和民营经济统战工作，港澳台和民族、宗教、侨务工作创新发展。深化工会、妇联、共青团等群团组织改革，桥梁纽带作用充分发挥。服务国防和军队改革大局，军民融合深度发展，夺取全国双拥模范城“九连冠”。落实总体国家安全观，坚决打赢防范化解重大风险攻坚战。“平安海淀”建设纵深发展，完善立体化社会治安防控体系，扫黑除恶专项斗争三年为期目标圆满完成并常态化推进，政法队伍教育整顿取得重大成果，人民群众安全感满意度保持全市前列。深化司法体制改革，聚焦“执行难”等突出问题，推进民诉繁简分流，完善诉源治理机制，一批首创司法实践为全国做出示范。成为首批全国市域社会治理现代化建设试点城区。实施物业管理“社区伙伴行动计划”，业委会（物管会）组建率98%，物业服务覆盖率97%，党的组织覆盖率100%。打造“红管家”等一批基层治理品牌。压实安全生产责任，开展安全隐患大排查大清理大整治行动，成功创建北京市食品安全示范区，安全生产形势持续稳定向好。

五年来，我们坚持人民至上共建共享，民生福祉改善可圈可点。深入践行以人民为中心的发展思想，落实“七有”要求和“五性”需求，让人民群众得到更多实惠、共享发展成果。一般公共预算支出80%以上投向民生领域。居民人均可支配收入比2016年增加2.6万元。建立就业创业“1+11”政策体系，登记失业率长期控制在2.3%以下，连续8年保持北京市充分就业区。坚持教育优先发展战略，召开教育工作大会，做强“命根子”、擦亮“金名片”，完成第二、第三期学前教育三年行动计划，普惠性学位增加1.64万个。深化教育综合改革，扩大优质教育资源覆盖面，36个教育集团覆盖140个校址，22对中小学实现按比例对口直升，引进12所优质学校在北部开办分校15所，学区制改革被评为全国促进义务教育均衡发展典型案例。落实“双减”政策，坚持“五育”并举，探索特色育人模式，促进学生全面发展。构建涵盖全学段的涉外教育服务体系，教育国际化达到新水平。卫生健康城区建设成效显著，建立6个综合医联体、5个专科医联体，家庭医生签约服务实现全覆盖，公立医院综合改革获国务院通报表扬。率先实现“国家卫生区”“国家卫生镇”两个全覆盖。制定实施公共卫生应急管理体系建设三年行动计划，城市卫生防疫应急能力逐步提升。社会保障体系不断完善，五项社会保险参保人数和参保单位分别增长22%、48%。企业职工养老金增长31.9%，城乡居民基础养老金等多项社保待遇增长60%以上。低保标准月人均提高到1245元。试点利用集体产业用地建设租赁房，竣工政策性住房4.2万套，配租公租房2.7万套。建成养老机构63家、社区养老服务驿站101家。完成第七次全国人口普查。在工单量持续高位的背景下推动接诉即办向主动治理、未诉先办深化，办理群众诉求难题100余万件，以破解操心事、烦心事、揪心事的速度和力度彰显为民服务温度。

五年来，我们坚持聚焦主业扛起主责，从严管党治党迈向纵深。坚决落实从严管党治党政治责任，把政治建设摆在首位，认真开展“两学一做”学习教育、“不忘初心、牢记使命”主题教育和党史学习教育，不断提高政治判断力、政治领悟力、政治执行力，切实增强“四个意识”、坚定“四个自信”、做到“两个维护”。加强区委常委会自身建设，严格执行区委工作规则和常委会议事规则，充分发挥党把方向、管大局、作决策、保落实的作用。坚持新时代好干部标准，完善干部选用制度，制定实施加强领导班子管理办法和加快年轻干部成长措施，调整处级干部1683人次。统筹推进农村、机关、国企、教育、卫生、“两新”组织等领域党建工作，打造“红帆”“红创”“红舫”等一批阵地品牌，开展街镇党组织书记抓基层党建工作述职评议，基层党组织组织力显著提升。加强区域化党建，成立三级协调委员会，形成共商共建共治共享新格局。成立全市首家党支部书记学院，组建区委党校基层分校33家和党群服务中心765家，培训党员干部260万人次。率先成立独角兽企业党建联盟和众创空间党建联盟，中关村科学城综合党委被中央授予“全国先进基层党组织”荣誉称号。圆满完成镇、村和社区党组织换届。深化纪检监察体制改革，率先成立区监察委，完善监督体系，实现对区级党和国家机关派驻监督全覆盖和对所有行使公权力的公职人员监察全覆盖。严格落实中央八项规定及其实施细则精神，深入整治形式主义、官僚主义突出问题，锲而不舍纠治“四风”，切实为基层减负松绑。深化运用监督执纪“四种形态”，严肃查处一批违纪违法案件。坚持系统施治、标本兼治，一体推进“不敢腐、不能腐、不想腐”，立案1190件、党纪政务处分779人、移送检察机关132人，追回在逃人员14人。抓好市委巡视组反馈意见整改工作，政治巡察实现全覆盖，管党治党从宽松软进一步走向严紧硬。坚持以案促改、以案促治，保持警钟长鸣、震慑常在，风清气正的政治生态持续巩固发展。

二、深耕试验田当好排头兵，开启全面建设以首都发展为统领的现代化强区高品质海淀新征程

当前和今后一个时期，海淀正处于“两个大局”交织、“两个百年”交汇的关键历史节点和在更高起点接力开拓中关村之路的重要历史时期。面向未来，我们必须科学审视海淀发展的阶段性特征和所处的历史方位，深刻把握内外部环境之变带来的机遇和挑战，切实担当好中央和市委赋予的责任使命，奋力开启全面建设以首都发展为统领的现代化强区高品质海淀新征程。

进入新阶段，我们要把握新形势，抢抓新机遇。未来五年，是海淀科技创新能级的全面提升期、经济发展质量效率动力的重大变革期、园区与城市融合发展的深度转型期、文化与科技相互渗透的动能重塑期、城市治理效能迈向更高水平的关键突破期、基本实现社会主义现代化阶段性目标的强力攻坚期。综观“时”与“势”，我们仍然拥有顺势而为的有利条件、乘势而上的宝贵机遇、聚势而强的良好基础。从国际形势看，世界百年未有之大变局加速演变，经济全球化遭遇逆流，“黑天鹅”“灰犀牛”还会不期而至，不稳定性不确定性因素明显增加，既面临严峻复杂挑战，更蕴含重大发展机遇。特别是新一轮科技革命和产业变革深入发展，全球创新版图正在重构，经济结构正在重塑，海淀发展迎来了参与全球创新竞争与合作的广阔空间。从国内大势看，我国经济发展进入新常态，面临周期性因素和结构性因素、短期问题和长期问题交织的多重挑战。但继续发展具有多方面优势和条件，特别是中央作出构建新发展格局重大战略抉择，把高水平科技自立自强作为国家发展的战略支撑，海淀发展迎来了科技强国、网络强国、数字中国等系列重大国家战略的多重利好叠加。从首都趋势看，党的十八大以来，习近平总书记9次视察北京、16次对北京发表重要讲话，为首都工作定向领航、指明方向，特别是“五子”联动全面发力、京津冀协同发展纵深推进，“四个中心”“四个服务”能量集中释放，首都正在向国际一流和谐宜居之都阔步迈进，海淀发展迎来了前所未有的安定团结、开放繁荣大好局面。从海淀态势看，经过几代人的不懈奋斗，创新生态逐步完善，科技实力正从量的积累迈向质的飞跃，创新驱动之路越走越宽广，经济体量即将跨越万亿级，为在更高起点实现更大发展打下了雄厚基础，各方面正在从发展“高原”向“高峰”加速突进。同时也迎来了“三区”政策叠加的黄金机遇期。我们必须把握大势，准确识变、科学应变、主动求变，拉高标杆、加压奋进，充分发挥资源优势、产业优势、创新优势，放大比较优势，补齐短板弱项，在新赛道上抢先突围，在抢抓机遇中赢得新一轮区域创新和跨越式高质量发展的战略主动。

开启新征程，我们要领会新要求担当新使命。历史长河不息，时代考卷常新。一部波澜壮阔的中关村发展史，就是一部追求卓越的科技自立自强史、先行先试矢志探索的不懈奋斗史。党中央国务院对中关村创新发展历来高度重视、寄予厚望，改革开放40年里，先后8次作出重大决策部署。党的十八大以来，从2013年习近平总书记率领中央政治局到中关村集体学习，发出中关村要向具有全球影响力的科技创新中心进军的伟大号召，向2021年中关村论坛开幕式视频致贺，掷地有声地宣布中国支持中关村开展新一轮先行先试，激励中关村加快建设世界领先的科技园区，再到中央深改委审议通过支持中关村开展高水平科技自立自强先行先试改革若干措施；从2016年要求北京加强全国科技创新中心建设，到党的十九届五中全会提出支持北京形成国际科技创新中心，从向全球“进军”到世界“领先”、从“全国科技创新中心”到“国际科技创新中心”，一脉相承，视野更宏阔，内涵更丰富，标准和期待更高远！市委要求中关村科学城率先建成国际一流科学城，赋予海淀在北京国际科技创新中心建设、首都经济高质量发展、中关村先行先试三个方面走在全市最前头的重大责任使命，支持海淀加快建设北京国际科技创新中心核心区。我们要把思想和行动统一到习近平总书记、党中央对中关村发展的殷切期望上来，统一到市委对海淀发展和海淀工作的要求上来，以高度的责任感、使命感、紧迫感铆足干劲再出发，瞄准实现高水平科技自立自强最突出短板、最紧迫任务，在做强创新主体、聚集创新要素、优化创新机制上求突破、谋创新，在“没有先例”的领域率先做出成功案例，在“普遍在做”的领域做出最优水平，为国家开展新一轮改革创新积累鲜活经验，着力打造承载北京国际科技创新中心功能的核心载体和全球创新网络的中国坐标，矢志不移建设好世界领先科技园区和创新高地。

面向新未来，我们要明确新方向锚定新目标。面对新形势新使命，我们提出打造以首都发展为统领的现代化强区高品质海淀总目标，紧扣习近平总书记和党中央对中关村发展的巨大关怀和殷切期望，紧扣北京建成国际一流和谐宜居之都、率先基本实现社会主义现代化的目标和市委对海淀工作一以贯之的更高要求，既与区“十四五”规划目标一脉相承、紧密衔接，又进一步丰富和发展，是开启全面建设社会主义现代化新征程的海淀选择，是深化落实“两新两高”战略的意图所在，是区域创新和跨越式高质量发展的时代标志，是海淀干部群众的共同意志，契合全区人民的共同期待。现代化强区，就是要在实现社会主义现代化的过程中，把科技大区、经济大区、文化大区、教育大区、人才大区推向科技强区、经济强区、文化强区、教育强区、人才强区的新高度；由“大”变“强”是贯彻新发展理念、推动高质量发展的根本要求，是城市发展能级“质”的飞跃，是新时代海淀城市转型发展的首要指向。高品质海淀，就是要在城市治理品质、文化文明品质、生态环境品质、公共服务品质、人民生活品质等各方面实现全方位提档升级，这是完善首都“四个中心”功能、提高“四个服务”水平的必然要求，是塑造极具吸引力、辐射力、竞争力、影响力、宜居宜业城市的必由之路。

未来五年，全区工作的指导思想是：坚持以习近平新时代中国特色社会主义思想为指导，全面贯彻党的十九大和十九届二中、三中、四中、五中、六中全会精神，深入贯彻习近平总书记对北京重要讲话和对中关村重要指示精神，认真落实中央关于支持中关村开展高水平科技自立自强先行先试改革措施和市委对海淀“三个走在最前头”要求，统筹推进“五位一体”总体布局、协调推进“四个全面”战略布局，立足新发展阶段、贯彻新发展理念、服务融入新发展格局，实施人文北京、科技北京、绿色北京战略，深化落实“两新两高”战略，弘扬伟大建党精神和新时代中关村精神，聚焦“一村三山五园”，以中关村科学城建设为“强劲引擎”，以推动高质量发展为主题，以深化供给侧结构性改革为主线，以开展新一轮先行先试改革为根本动力，以满足人民日益增长的美好生活需要为根本目的，以疏解非首都功能为“牛鼻子”推动京津冀协同发展，以更高水平开放提升全球资源配置能力，统筹发展与安全，深耕改革创新试验田，当好高质量发展排头兵，加快建设北京国际科技创新中心核心区，着力打造以首都发展为统领的现代化强区高品质海淀。

未来五年，我们确定的奋斗目标是：

——建设高能级创新引领城区。初步建成国际一流科学城和北京国际科技创新中心核心区。中关村科学城在北京“三城一区”主平台中的示范引领作用全面彰显。依托中关村论坛国家级平台，形成具有全球影响力和全球资源配置能力的多元协同“创新雨林”生态。建成一批国家战略科技力量，落地一批国家重大科技项目、新型研发机构和平台，涌现一批前沿科技成果，攻克一批关键核心技术，创造一批充分彰显试点突破和压力测试效应的高水平科技自立自强先行先试改革样本，成为全球创新网络的关键枢纽。

——建设高质量发展典范城区。综合经济实力和产业竞争力、劳动生产率和地均产出明显提高。经济总量突破1.3万亿元并保持稳定增长态势，主要经济指标增速居全国前列，国家级高新技术企业总量达到1.2万家，数字经济增加值年均增长8%以上。新产业、新业态比重持续增加，未来产业初具规模，基本形成具有海淀特色以高精尖产业为主体的现代产业体系。南北区域均衡协调发展，科学城北区发展纵深和战略腹地强势崛起，南区局地产业功能有效补足，经济高质量发展引领带动区域全面高质量发展的能力再上新台阶。

——建设高颜值生态宜居城区。在京津冀协同发展新格局中发挥先行示范作用，首都功能明显提升。三山五园地区重现“十里青山行画里，双飞白鸟似江南”的美丽盛景。基本形成生产空间集约高效、生活空间舒适宜居、生态空间山清水秀的城市空间新格局。科学城南区品质提升、北区功能完善成果显著。减污降碳协同增效，碳减排碳中和迈出坚实步伐，基本消除重污染天气。生态环境容量持续扩大，水清岸绿、蓝绿交织的生态网络全面形成，国家生态文明建设示范区迈向更高水平。

——建设高水平开放示范城区。改革系统性、整体性、协同性显著增强，经济社会发展各方面体制机制更加完善，重要领域和关键环节改革取得重大突破，产生一批“含金量”高、全国可复制可推广的制度性开放成果。“两区”建设走在全市前列，对外窗口和辐射带动作用充分发挥。形成要素有序自由流动、资源高效配置、市场深度融合的开放型经济体系和全方位高水平开放新格局。

——建设高品质民生幸福城区。民生保障水平居全市前列，共同富裕取得明显实质性进展。数字社会、数字政府建设以及数字化改革形成一批标志性成果，“城市大脑”成为全国样板。建成高质量教育体系，教育公平、优质、均衡、特色发展水平迈上新台阶。公共卫生和基本医疗服务能力明显增强，突发公共卫生事件防控能力全面提升。多层次社会保障体系更加健全。民主法治建设和市域社会治理现代化水平显著提升，防范化解重大风险机制更加完善，平安海淀建设达到更高水平。

——建设高素质人文活力城区。社会主义核心价值观深入人心，人民群众思想觉悟、科学素质、文明素养、身心健康素质和社会文明程度达到新高度。中关村精神大力弘扬，成为新时代海淀城市鲜明品格。高质量公共文化服务供给能力持续增强。建成三山五园国家文物保护利用示范区。文化与科技融合所形成的新发展动力全面彰显。数字文化产业成为全国示范品牌。文化软实力的硬支撑作用被生动诠释。

三、深入贯彻新发展理念，以高水平科技自立自强和高质量发展建设现代化高能级城市

坚持创新在现代化建设全局中的核心位置，以高水平科技自立自强催生新发展动能，以优化城市布局提升承载力，以现代化经济体系支撑高质量发展，助力北京率先探索形成新发展格局。

（一）提升科技创新能级，打造科技创新高地

坚持“四个面向”，瞄准“四个占先”“四个突破”，以突破关键核心技术和优化创新生态为主线，全面提升科技治理能力。

搭建高能级创新载体。建设好国家实验室、综合性国家技术创新中心，支持区域内国家重点实验室重组，积极争取国家重大科技项目，强化国家战略科技力量，提升原始创新策源能力。围绕信息技术等优势前沿领域，建设若干世界一流新型研发机构，形成创新平台体系。聚焦人工智能、量子信息、生命科学等关键领域，建设未来智能系统平台、基于区块链的可信算力平台等公共底层技术平台和中试平台。支持领军企业和驻区高校院所组建产业创新中心，超前部署颠覆性领跑技术研发，协同攻关突破一批底层技术、关键核心技术。支持驻区高校院所用好赋权政策，探索科技成果高效转化、就地产业化“海淀模式”。

培育高效能创新生态。探索发挥地方党委政府组织作用和服务优势的新路径新模式，构建紧密稳定高效的“创新合伙人”机制，打造多元互动、生机勃勃、活力迸发、国际一流的“创新雨林”生态。实施高端要素再聚集行动，加快形成创新要素“强磁场”。实施创新体系结构再优化行动，疏通基础研究、应用研究和产业化双向链接的快车道。完善支撑创新的资金链，探索建立从实验研究、中试到生产全过程科技创新融资模式。面向企业全生命周期精准匹配政策和资源，打造大企业和中小企业融合互动的产业集群，催生更多新业态。建立高水平知识产权保护制度，打造知识产权服务高地。探索建立创新攻关“揭榜挂帅”机制，鼓励揭榜企业开展技术攻关“赛马”。

汇聚高精尖创新人才。实施更加开放包容的人才政策，形成梯度合理的国际一流人才体系。实施战略科技人才培育工程、产业领军人才培优工程、杰出青年人才培养工程，引进一批国际一流战略人才，汇聚一批顶尖战略科学家和高水平创新创业团队，培养一批创新思维活跃、敢闯“无人区”的优秀青年人才，打造全球人才高地。构建“高精尖缺”人才开发目录库，建立柔性引才机制。支持新型研发机构开展人才使用、管理和激励等创新试点，打通高校院所与企业人才流动通道。建成中关村国际人才社区，让人才在海淀工作安心、生活舒心、办事顺心。

（二）优化城市空间格局，构建新型城市形态

全面实施北京城市总规和海淀分区规划，聚焦全域中关村科学城，以大手笔规划建设推动东西贯通、南北联动、城乡融合，形成“三轴支撑、两核引领、一带环绕、多点聚集、组团发展”新格局，构建均衡协调、清朗有序、智慧韧性、绿色人文、宜居宜业的新型城市形态。

“三轴”支撑形成中关村科学城新骨架。沿长安街西延长线及两侧辐射地带打造长安街首都功能轴，建设海淀南部政务服务区；沿北清路聚集高端创新要素、完善服务配套，升级城市功能，打造集创新交流、产业聚集、对外交通、生态景观于一体的前沿科创发展轴，形成辐射带动“三城”的重要支撑；沿中关村大街梳理空间、更新改造、功能织补和生态修复，提升中关村西区、北大西门、京张铁路遗址公园、昆玉河沿线区域等一批重要节点，增加友好交流空间，建设高端创新功能集聚发展轴，链接南北形成知识创新、技术创新到产业培育的创新走廊，辐射东西实现金角银边区域科技成果转化与创新势能有效传递。

“两核”引领形成中关村科学城动力源。三山五园地区生态文化绿核与中知学区域科技文化智核相互交织联动，文化、科技、生态完美融合，历史传统文化与现代文明交相辉映、历史文脉与科技创新相得益彰，形成集服务保障中央政务功能、科技创新功能、文化传承功能、生态涵养功能于一体的城市发展动力引擎，打造承载首都“四个中心”功能的典范区域。

“一带”环绕形成中关村科学城生态屏障。以三山五园核心区域为圆心辐射周边大西山沿线，聚集山水林田湖草绿色生态资源和历史文化资源，通过重塑生态系统与人文发展骨架，拓展绿色生态空间，建设大西山绿色生态文化旅游风景带，形成与中关村大街主纵轴、北清路沿线主横轴动静相宜、明晦相依的互动格局。

“多点”聚集形成中关村科学城重要节点。科学城南区以街区为单元，若干节点星罗棋布，通过城市更新、空间优化、环境整治，盘活利用现有资源，织补创新要素，打造功能各异的产业聚集区，形成多点爆发、“繁星闪烁”的创新街区和产业集群发展格局。

“组团”发展形成中关村科学城新增长极。科学城北区以自贸区科创片区为龙头，以翠湖科技园、永丰科技园、上地软件园三大功能组团为主体，通过深化集体建设用地和乡村治理改革，差异化推进四镇新型城市化，实现资源整合、要素聚合、功能复合，建设一批以科技元素为主题，融合特色产业功能、生态功能、文化功能、交流功能于一体的国际化创新社区，塑造一批展现科技治理试验田和农村现代化图景的产业聚集区，带动农村面貌“蝶变”、集体经济“裂变”、创新要素“聚变”，建设以生态为底、创新引领、科技示范、产业高端、品质一流、宜居宜业的未来城市典范，成为首都高质量发展新增长极。

（三）建设现代产业体系，做强经济发展引擎

把握产业转型升级和变换发展赛道机遇，打好产业基础高级化、产业链现代化攻坚战，提升产业链供应链韧性和竞争力。

筑牢高精尖产业体系。按照更高水平“一产融合、二产做强、三产更优”的思路，促进产业链与创新链深度融合、新业态持续迭代更新，形成以科技服务业为基础、大信息为支柱、大健康为突破、先进智造业为支撑、面向未来的特色现代产业体系。实施产业基础再造工程，聚焦人工智能、量子信息、区块链、生物医药等领域系统规划布局，打好关键核心技术攻坚战，培育高精尖产业新动能。实施服务型制造领航工程，促进“两业”深度融合，优化制造业内部结构，发展服务型制造，推动产业链条向“微笑曲线”两端延伸。实施未来产业头雁工程，围绕前沿领域前瞻性部署一批应用场景，打造未来产业发展高地，形成新的产业梯队和增长点。加快推动生产性服务业向专业化和价值链高端延伸、生活性服务业向高品质多样化升级。放大整建制农转居效应，壮大集体经济，推动美丽乡村与中关村科学城深度融合发展。

深化市场主体培育。实施“十百千”工程，抓实千亿产业、百亿企业、十亿项目，以战略眼光招引高精尖项目，推动一批重点项目建设，集聚壮大一批“链主”企业，形成“大产业集群、大企业集聚、大项目集成”的发展格局。实施企业“登峰”工程，做好高成长企业跟踪服务、统筹布局，构建以“链主”企业带动、单项冠军跟进、专精特新“小巨人”梯次有序、融通发展的产业生态。实施龙头企业与专业化园区融合发展工程，聚焦重点园区，主攻细分领域，引进、培育、建设一批龙头企业，建好中关村壹号、集成电路设计园、“星谷”等一批特色产业集聚区，形成龙头企业引领、专业园区支撑、产业集群发展态势。

打造数字经济发展标杆。抢占数字经济新赛道，强化创新组织和协同，推动数字技术与实体经济深度融合，以数字化赋能产业高质量发展。实施新基建新场景建设工程，布局5G、卫星互联网等新型基础设施。加快传统基建数字化改造和智慧化升级，形成场景牵引的数字经济、智慧便捷的数字社会、智能高效的数字政府协同发展新格局。发展数字新技术、新产业、新业态、新模式，培育2家具有全球竞争力的五千亿级企业，3—5家千亿级企业，10家以上高成长、高价值数字经济隐形冠军、独角兽企业。

强化产业空间管控利用。实施综合效益提升攻坚行动，建立园区企业分类综合评价机制。加强全域产业空间资源统筹和全生命周期管理，打好“腾笼换鸟、凤凰涅槃”攻坚战，提升空间经济密度和产出效益。推动现状国有工业用地、仓储用地、低效楼宇等存量空间升级改造。加强城中村、棚户区等低效建设用地整理，释放土地空间。深化产业用地“标准化”出让方式改革，增加混合产业用地供给，提升空间整体利用效益。加强与未来科学城、怀柔科学城、北京经济技术开发区以及雄安新区合作联动，实现差异化跨区域协同发展，拓展未来发展空间。

（四）深化改革开放，服务融入新发展格局

完善全链条全周期全区域改革推进机制，注重若干微改革与重大牵引性改革相结合，谋划实施一批综合性、标志性、关键性、引领性改革举措，形成以改革促开放、以开放倒逼改革的良性循环态势，构建国内大循环重要节点、国内国际双循环重要链接。

深化重点领域和关键环节改革。高标准落实中央关于支持中关村开展高水平科技自立自强先行先试改革措施，走通一批首创性科技创新改革案例。以“企业侧”眼光深化“政府侧”改革，健全企业全生命周期服务机制，滚动推出营商环境改革升级版。实施政府权责清单和市场准入负面清单管理制度，加强新产业新业态新模式包容审慎监管，打造“放管服”改革示范区。深化预算管理和财税体制改革，严格政府债务管理。加强统计现代化改革。推动国资国企改革，促进国有企业做强做优做大，提升抗风险能力。深化城市管理、农业农村以及重大民生领域改革，增强人民群众改革获得感。

高水平推进“两区”建设。发挥“三区”政策叠加优

势，围绕外资准入、数据流动、资金进出、人才支持和税收优惠等领域扩大开放与先行先试，构建与国际先进规则相衔接的制度框架，构筑首都改革开放新高地。探索接轨国际、适用性强的跨境数据流动规则和监管机制，建设数字贸易港。支持驻区高校院所、高科技企业建设国际科技合作基地、海外离岸创新中心，融入全球创新网络，链接全球创新资源。深化国家级金科新区和科创金融试验区建设，形成首贷续贷办理、供应链金融确权、投融资对接多位一体的金融服务综合体。紧紧抓住北京证券交易所机遇，助力企业有效利用资本市场，拓展创新型中小企业成长空间。以全球视野、国际标准规划建设好中关村论坛永久会址，打造面向全球高科技创新交流合作的国家级平台。

做强国际消费中心城市节点功能。实施扩大内需战略，在合理引导消费、投资等方面进行有效制度安排，形成扩大内需长效机制。实施消费升级行动，突出科技特色，支持消费新业态新模式发展，推动传统商业综合体、大型超市数字化升级，打造一批智慧街区、智慧商圈新地标。优化消费配套设施品质，营造安心便捷的消费环境，提升消费体验感。升级改造一批传统商圈，推动一批大型商业项目建设，形成一批特色商业街区，培育一批夜间经济示范街区，提升城市开放度和活跃度。

四、践行以人民为中心的发展思想，以高品质民生供给和高效能治理建设现代化魅力城市

站在"人民生活幸福是国之大者"的战略高度，为人民群众提供更宜居宜业的生态环境和更高品质的公共服务，推进城市高效能治理，让海淀更有颜值、有内涵、有气质、有魅力，让工作和生活在海淀的每个人都能感受到城市的温度、生活的美好。

（一）做足绿水青山大文章，刷新城市生态颜值

深入践行"两山"理念，坚持生态优先、绿色发展，构建现代环境治理体系，擦亮美丽海淀生态底色，建设人与自然和谐共生美丽家园，让绿水青山造福人民泽被子孙。

改善生态环境质量。深入打好污染防治攻坚战，坚持减污降碳协同增效一体谋划，开展细颗粒物和臭氧"双控双减"协同治理，稳步提升空气质量优良天数比率。强化"三水"统筹，实施"水清岸绿"计划，加强污水处理设施建设，消除劣Ⅴ类水体。系统推进历史文脉传承、生态环境修复、岸线景观塑造、绿色经济发展，全面恢复三山五园地区、大运河文化带和西山永定河文化带水系景观。加强河湖生态修复和自然型水岸改造，构建滨河绿色空间，建设一批滨水慢行走廊，形成互连互通、亲水宜居、水城协调、蓝绿交织的水生态格局，让海淀重现"水韵之美"。加强土壤污染源头管控，保障农用地和建设用地安全利用。提高垃圾分类准确性、投放便利性和资源化利用水平。

修复绿色生态空间。全域构建山水林田湖草生命共同体，布局高品质绿色空间体系，建设更多可进入、可参与、多功能休闲游憩和绿色开敞空间，推动"城市中的公园"向"公园中的城市"升级，实现公共空间与城市环境相融合、休闲体验与审美感知相统一。建好一道绿隔公园环、二道绿隔公园环、楔形绿色廊道。聚焦京张铁路、五道口等重要节点，建设一批大型带状绿色空间。开展多元增绿，打造多层级、互联互通的城市生态绿地系统。推进融入科技、文化、艺术元素的城市主题公园建设，形成特色公园体系。实施一批重点绿化工程，注重生物多样性保护，创建国家森林城市，提升生态碳汇能力。

实施最严生态文明制度。深化生态文明体制改革，落实生态环保党政同责、一岗双责，协同推进经济高质量发展和生态环境高水平保护。实施生态环境损害赔偿制度，健全生态保护补偿机制。全面推行"河湖林长制"。严格企业环保主体责任，推进用能权、碳排放权、排污权、水权等市场交易。完善生态环境资金投入机制，建立现代化生态环境监测体系。开展生态环境治理全民行动，推动形成绿色低碳生产生活方式和消费习惯。

（二）涵养服务民生大情怀，率先实现共同富裕

始终把民生温度作为高质量发展的价值刻度，围绕"七有"要求和"五性"需求，统筹推动普惠性、基础性、兜底性民生和品质民生建设，形成共建共治共享共同富裕的民生发展格局。

提高社会保障水平。增加居民收入，扩大中等收入群体比重。完善公共就业服务体系，推动创业带动高水平就业、多渠道灵活就业和劳动技能型就业，扩大就业容量，提升就业质量。统筹老龄事业发展，做好养老产业发展中长期规划，培育养老新业态，增加养老服务和产品供给。保障妇女儿童合法权益。落实三孩生育养育配套支持政策，健全普惠托育服务体系，促进人口长期均衡发展。重视发挥第三次分配作用，鼓励高收入人群和企业更多回报社会，发展慈善等公益事业。做好东西部协作和对口支援，助力结对地区实现巩固拓展脱贫攻坚成果同乡村振兴有效衔接。坚持"房住不炒"，完善租购补并举的住房保障体系，加强集体土地租赁住房规划建设与管理，保障低收入群体住有所居。

建设现代化教育强区。坚持教育公益性原则，落实立德树人根本任务和义务教育"双减"政策，推进学前教育优质普惠发展、义务教育优质均衡发展、高中教育多样化特色发展，形成与高品质海淀相适应的高质量教育体系，办好人民满意的教育，厚植教育"命根子"内涵，让海淀教育"金名片"持续绽放耀眼光芒。坚持"五育"并举、"减""增"协同，大幅提升课堂教学质量，健全学校、家庭、社会协同育人机制，促进学生德智体美劳全面发展。深化拓展集团化、教育联盟办学模式，提升教育治理现代化水平。加强师德师风建设，锻造一批专心为党育人、为国育才、能够塑造学生品格、品行、品位的"大先生"，以教师强支撑教育强。加强国际学校建设。完善特殊教育、专门教育保障机制，促进民办教育健康发展。支持教育数字化发展，完善终身学习体系。

深化健康海淀建设。实施健康海淀行动，构建现代化公共卫生体系，建成全国健康促进区。深化医药卫生体制

改革，加强“三医”联动。健全现代医院管理制度。完善分级诊疗服务体系，推进紧密型医联体建设。加强医疗卫生基础设施建设，完善区级和社区卫生健康指导中心功能，构建更加均衡优质的卫生健康服务体系。加强公共卫生应急管理体系建设，提升基层医疗机构传染病预测预警预防和应急处置能力。推进疾控中心标准化建设，抓好常态化疫情防控。发展中医药事业。开展爱国卫生运动，推动养成文明健康生活方式。

畅通城市交通网络。适应创新功能和生活品质需求，构建国家交通枢纽、区域对外枢纽、片区活力枢纽三级综合交通体系，提高交通出行可达性和便利性。立足长远、科学规划，逐步打通南北现状交通瓶颈。实施一批疏堵工程。加密翠湖、永丰、上地等创新组团之间道路网络，优化提升局部路网连通性。完善微循环线路网络，打通科学城南区轨道站点、公交站点与周边楼宇链接。加强交通慢行系统规划建设，推动慢行交通回归城市。实施停车治理专项行动，加强社会停车规划与共享管理，构建可持续发展停车系统。

（三）构建城市治理大格局，打造市域治理样板

坚持系统观念，以全周期管理重塑城市治理体制机制，构建科技治理、经济治理、社会治理、城市治理统筹推进和有机衔接的治理体系，建设安全韧性城市。

全面推进依法治区。弘扬社会主义法治精神，一体推进法治城市、法治政府、法治社会建设，让人民群众感受到正义可期待、权利有保障、义务须履行，让法治成为全社会的共同信仰。深化全国法治政府示范区建设，加强行政执法体制改革，严格规范公正文明执法。巩固政法队伍教育整顿成果，提升政法队伍凝聚力、战斗力。深化司法体制综合配套改革，全面落实司法责任制，完善行政执法与刑事司法衔接机制。开展“八五”普法，健全公共法律服务体系，营造尊法学法守法用法的良好法治环境。

深化平安海淀建设。坚决打好防范化解重大风险攻坚战，确保政治安全、社会安定、人民安宁。加强经济安全风险预警和防控机制建设，以大概率思维应对小概率事件。履行金融监管责任，守住不发生系统性风险底线。完善立体化社会治安综合防控体系，常态化推进反恐防暴、扫黑除恶专项斗争，使人民群众安全感更加充实、更有保障、更可持续。创新发展新时代“枫桥经验”，完善矛盾纠纷多元预防调处化解综合机制。创建全国市域社会治理现代化试点合格城市。压实安全生产责任，加强安全生产监管执法，遏制重特大安全事故。健全食品药品安全治理体系，建成国家食品安全示范城区。完善应急指挥体系，提高防灾减灾抗灾救灾能力。

增强城市治理效能。深化街道管理体制改革，完善党建引领简约高效的基层治理机制。构建三级党组织联动、横向到边、纵向到底的社区治理网络，切实为社区增权赋能、减负减压。加快智慧城市建设，实施“数字孪生”工程，升级“城市大脑”，巩固提升大城管工作体系，实现全领域智慧治理，以治理数字化推动治理现代化。健全党建引领社区治理框架下的物业管理体系，整治物业管理突出问题，提升物业服务水平。贯彻实施接诉即办工作条例，聚焦共性问题完善为民服务长效机制，让主动治理、未诉先办成为基层治理常态，以城市治理革命传递更多温暖、守住初心民心。

（四）推动思想文化大繁荣，厚植城市精神动力

深入挖掘文化与科技融合所蕴涵的思想、理念、知识、制度、技术、创意等要素形成的新发展动力，全面促进人民精神生活共同富裕，充分彰显海淀城市品格和文化软实力。

构筑新时代城市文明新高度。以社会主义核心价值观凝心铸魂，深化习近平新时代中国特色社会主义思想和“四史”学习教育，弘扬爱国主义、集体主义、社会主义精神，让红色文化浸润人心。实施新时代公民道德建设工程。探索以新时代中关村精神感召人、激发人、凝聚人的有效路径，再造一个热火朝天、敢闯敢试、创新创业、挺立潮头的新中关村，建设全球创新思想和创新文化荟萃之地，让海淀持续迸发无穷创造力、展现无限可能性。完善全国文明城区建设长效机制，拓展新时代文明实践中心建设，推动形成适应新时代要求的思想观念、精神面貌、文明风尚、行为规范。开展志愿服务品牌实践，让志愿者文化成为城市最美的文化积淀。加强家庭、家教、家风建设，弘扬诚信文化，发展积极健康网络文化。

加快公共文化服务上水平。推进区域公共文化服务协同化建设，完善公共文化服务设施规划布局，提升国家公共文化服务体系示范区建设质量。建成三山五园艺术中心。打造一批城市书房、城市会客厅，形成有特色、多样化、高品位公共文化空间，建设书香海淀。推动公共文化服务数字化、智能化发展。实施文化惠民工程，加强中关村题材文艺创作和传播，深化“大戏看北京”的海淀实践，让中关村科学气息、人文精神春风化雨、润物无声。深化区域媒体融合。做好西山永定河文化带、大运河文化带保护利用，塑造传统文化与现代文明交相辉映的城市风貌。加强非物质文化遗产活态传承，建成区非遗展示中心。实施借势冬奥行动，推进科技冬奥成果在后冬奥时代应用，科学布局冰雪产业。开展全民健身运动，打造百姓身边“一刻钟健身圈”。

促进文化产业高质量发展。深化文化供给侧结构性改革，完善文化产业规划，扩大优质文化产品供给，建设文化产业高质量发展引领区。建好国家级文化与科技融合示范基地，推动文化产业规模化、品牌化、国际化发展，提升文化产业整体竞争力。培育新型文化业态和文化消费模式，促进文化与科技、金融、旅游等跨界融合发展。实施文化产业数字化战略，加快数字文化产业园发展，形成若干拥有自主品牌、国际竞争力强的龙头文化企业，建设数字文化产业高地。拓展文化产业空间，建成一批优势文化创意产业聚集区，促进文化产业园区高质量发展。推动优秀文化产品和服务“走出去”，提升国际传播能力。

五、坚定不移推进全面从严治党，以高质量党建凝聚现代化强区高品质海淀建设的磅礴伟力

实现奋斗目标，根本在坚持党的领导，关键在加强党

的建设，出路在培养用好党的干部。要弘扬伟大建党精神，以党的政治建设为统领，推进全面从严治党纵深发展，为建设以首都发展为统领的现代化强区高品质海淀提供坚强政治保证。

（一）加强党的政治建设，筑牢绝对忠诚政治品格

深入践行“看北京首先要从政治上看”，严守党的政治纪律和政治规矩。巩固拓展“不忘初心、牢记使命”主题教育和党史学习教育成果，倍加珍惜党百年奋斗的重大成就和历史经验，坚持不懈用习近平新时代中国特色社会主义思想武装头脑，不断提高政治判断力、政治领悟力、政治执行力，切实把“两个确立”转化为做到“两个维护”的思想自觉、政治自觉、行动自觉，坚定不移推动习近平总书记对北京重要讲话、对中关村重要指示精神和中央、市委各项决策部署在海淀落地生根。严格执行民主集中制和重大事项请示报告制度。深入整改中央和市委巡视以及各类督察检查反馈问题。严格落实意识形态工作责任制，加强网络意识形态管理，牢牢掌握意识形态工作主动权和主导权。严肃党内政治生活，营造积极健康、团结向上的党内政治文化。

（二）坚持党的全面领导，凝聚共同奋斗强大合力

坚持把党的领导贯彻体现到经济社会发展和党的建设各方面，确保党始终总揽全局、协调各方。加强党对人大工作的领导，支持和保障区人大及其常委会依法行使职权，践行和发展全过程人民民主，聚焦中央、市委重大决策部署落实和人民群众所思所盼所愿，推动解决制约经济社会发展的突出矛盾和问题。加强党对政府工作的领导，支持区政府依法行政，优化行政执行系统，建设法治政府、数字政府、服务型政府、高效能政府。加强党对政协工作的领导，支持区政协充分发挥协商民主重要渠道和专门协商机构作用，提高政协建言资政和凝聚共识水平。加强党对区“两院”工作的领导，支持区法院、检察院依法独立公正行使职权，维护法律权威，保障司法办案高效、安全、廉洁。巩固和发展新时代最广泛的爱国统一战线，完善大统战工作格局，支持各民主党派更好履行职能，做好党外知识分子、党外代表人士、新的社会阶层人士、民营经济人士以及港澳台、海外统战工作，画好最大同心圆。加强区工会、共青团、妇联等群团组织建设，发挥好桥梁纽带作用。薪火相传做好新时代老干部工作，激励老干部为区域发展贡献力量。加强党管武装工作，深化国防后备力量建设，推进军民深度融合发展，开创军政军民团结新局面。

（三）优化选贤任能机制，打造堪当重任干部队伍

重塑干部工作体系，统筹好干部选拔、培养、管理和使用各环节，着力锻造适应海淀当前和长远发展要求、忠诚干净担当的高素质专业化干部队伍。坚持新时代好干部标准，严把选人用人政治关、品行关、能力关、作风关、廉洁关，树立重实干、重实绩、重担当的鲜明导向，以更宽视野、更高境界、更广胸怀、更大气魄，不拘一格选贤任能，让一批敢于负责、勇于担当、善于作为、实绩突出、群众公认的优秀干部得到提拔重用，使各项事业在优秀干部推动下长足发展，让干部在事业兴旺发达中健康成长。练就识才慧眼，精准识别想干事、能干事、干成事的好干部，做到以事择人、依岗选人、人岗相适，建立能者上、优者奖、庸者下、劣者汰的制度机制，充分激发干部队伍活力。注重发现和培养优秀年轻干部，统筹做好女干部、少数民族干部和党外干部培养选拔。坚持严管和厚爱结合、激励与约束并重，健全正向激励、容错纠错和澄清保护机制，让苦干实干的好干部得到激励和关爱，形成干部为事业担当、组织为干部担当的良性互动，全面提升干事创业精气神，引领带动更多干部勇挑重担、奋发有为。发挥区委党校主渠道主阵地作用，用好科技创新干部学院、党支部书记学院，加强党员干部教育培训，促进党员干部整体素质形象与现代化强区高品质海淀相匹配。

（四）织密建强组织体系，夯实坚强有力战斗堡垒

牢固树立大抓基层鲜明导向，抓实基层党组织建设，增强基层党组织政治功能和组织力。加强区域化党建，健全驻区单位常态化沟通协商机制，提升城市党建整体效能，形成齐抓共管的基层治理合力。统筹抓好农村、机关、国企、中小学校、卫生、“两新组织”等领域基层党建，提升“两个覆盖”质量，推动基层党组织全面进步、全面过硬。深化新业态新就业群体党建工作，抓好园区、商务楼宇等重点区域和律师、互联网、民办学校等行业领域党建，扩大党在新兴领域和新就业群体中的影响力号召力。实施“党建品牌创建”工程，叫响一批彰显科技特色、中关村特点的基层党建示范品牌。整顿提升后进基层党组织。实施党组织书记“头雁领航”四大工程，提升基层党建队伍能力素质。推进党支部标准化规范化建设，抓好党员发展、教育、管理和服务工作，让党旗在基层一线、各条战线高高飘扬。

（五）持续正风肃纪反腐，巩固风清气正政治生态

把“严”的主基调长期坚持下去，一以贯之管党治党、一刻不停正风反腐。锲而不舍落实中央八项规定及其实施细则精神，驰而不息纠治“四风”特别是形式主义、官僚主义顽瘴痼疾，实打实为基层减负松绑、赋能鼓劲，让基层干部把更多时间和精力放在谋发展抓落实上。严肃整治不担当不作为、庸政懒政怠政等行为，让求真务实、担当作为、清正廉洁的新风正气更加充盈。完善权力运行制约和监督体系，加强对“一把手”和领导班子监督。精准运用监督执纪“四种形态”，深化政治巡察，用好问责利器，实现由“惩处极少数”向“管住大多数”转变。坚持无禁区、全覆盖、零容忍，强化系统施治、标本兼治，一体推进不敢腐、不能腐、不想腐。聚焦重点领域腐败问题敢于亮剑、一查到底。深化以案为鉴、以案促改、以案促治，开展法纪教育，加强制度建设，健全责任落实机制，推动知责明责、履责督责、考核问责等各环节形成闭环，确保全面从严治党各项任务落地落实见成效，巩固干部清正、政府清廉、政治清明、社会清朗的良好政治生态。

政府工作报告（节选）

——在海淀区第十七届人民代表大会第一次会议上

区长　王合生

（2021年12月15日）

一、过去五年工作回顾

五年来，在市委、市政府和区委的坚强领导下，在区人大、区政协的监督帮助下，我们坚持以习近平新时代中国特色社会主义思想为指导，深入贯彻落实习近平总书记对北京重要讲话和对中关村重要指示精神，把握新发展阶段，贯彻新发展理念，融入新发展格局，推动高质量发展，统筹发展和安全，聚焦中关村科学城，对标“三个走在最前头”目标要求，攻坚克难、锐意进取，统筹推进疏功能、转方式、稳增长、促改革、调结构、治环境、补短板、惠民生、防风险各项工作，做好“六稳”“六保”，推动“五新”政策和“五子”落地，实现“十三五”规划主要目标任务，区域创新和跨越式高质量发展写就新篇章、开启新征程。

——五年来，我们坚持把服务国家和首都大局摆在首位，“四个服务”水平实现新跃升。牢固树立首都意识，紧紧围绕首都发展要求，立足首都“四个中心”城市战略定位，坚持首善标准，抓好“三件大事”，打好“三大攻坚战”，圆满完成党的十九大、新中国成立70周年和建党100周年庆祝活动等重大活动服务保障任务，北京2022年冬奥会和冬残奥会筹办服务高标准开展。坚决落实中央和市委、市政府疫情防控决策部署，全力保卫首都安全和人民生命安全。

——五年来，我们坚持稳中求进工作总基调，高质量发展迈上新台阶。地区生产总值由2016年的5908亿元预计增至9500亿元，全市占比由21.8%增至24%，经济总量和对全市经济增长贡献连续6年全市第一。高精尖经济结构持续优化，信息、科研、金融业增加值占地区生产总值的70%以上。常住人口由2016年的364万减至313.2万。劳动生产率由2016年的25万元/人预计增至35万元/人。单位地区生产总值水耗、能耗预计分别下降45.4%、27.9%。2020年高质量发展综合绩效评价全市第一。

——五年来，我们坚持以人民为中心的发展思想，小康社会高水平全面建成。获评全国卫生城区，蝉联“全国文明城区”荣誉称号。城镇登记失业率控制在2.3%以内，连续8年获评“北京市充分就业区”。居民人均可支配收入稳步增长，由2016年的6.7万元预计增至9.3万元。群众安全感满意度15个季度名列城六区第一，2019年和2020年平安建设考核均居全市第一。全国双拥模范城创建实现“九连冠”。

——五年来，我们坚持生态优先、绿色发展，高质量发展底色更加鲜亮。全力推进打赢污染防治攻坚战，成功创建国家生态文明建设示范区。空气质量连续7年城六区最优，地表水环境质量持续改善。全区实现无煤化，农村取暖生活方式发生历史性变革。森林覆盖率35.78%，居城六区首位。绿色发展指数始终位居全市前列。

——五年来，我们坚持精治共治法治，城市治理体系和治理能力现代化加快推进。以基层党建引领社会治理创新，“吹哨报到”改革成效凸显，“接诉即办”机制更加完善。赋能智慧城市建设，“城市大脑”建设走在全市前列。在全市率先全面实施街镇责任规划师制度，“大城管”体系不断健全，城市精细化治理水平明显提升。

五年来，我们主要做了以下工作：

（一）创新驱动，高质量发展态势更加稳固

以新发展理念引领发展实践，立足区域功能定位，以国家战略需求为导向，坚持稳中求进工作总基调，扎实推进供给侧结构性改革，北京国际科技创新中心核心区建设取得重大进展。

综合经济实力显著提升。2021年，地区生产总值预计增长10%以上，五年年均增长7.6%；全社会固定资产投资预计1000亿元，五年年均增长3%；区级一般公共预算收入预计490.2亿元，增长8%，五年年均增长4.9%；规模以上工业总产值预计3100亿元，五年年均增长12.3%；社会消费品零售额预计2960亿元，五年年均增长2.1%；实际利用外资预计61.7亿美元，占全市的40%，五年年均增长26.7%；出口额预计1300亿元，五年年均增长19%。

产业结构更加优化。高精尖产业“压舱石”作用显著。2021年，高新技术企业收入预计3.4万亿元，占全市的40%以上，增长14%，五年年均增长13.1%；软件和信息服务业收入预计1.3万亿元，五年年均增长17%；数字产业化增加值占地区生产总值的50%。累计新增国家高新技术企业4504家，现有10604家，占全市的37%。累计新增上市企业76家，现有上市企业252家，其中境内上市企业165家，

占全市的39.2%。围绕产业链关键环节，绘制人工智能、集成电路、医药健康、空天等10个领域的产业图谱，涉及企业655家。在人工智能、集成电路、医药健康等11个领域，开展底层创新技术布局，重点支持114家企业发展。组建人工智能、集成电路工作专班，重点关注企业141家。加快推进智能网联汽车产业发展，建设中关村自动驾驶创新示范区。

发展新动能加速壮大。立足国家战略需求，放大“三区”政策叠加效应，抢抓基础前沿布局，中关村国家实验室揭牌，支持智源、微芯、量子、通研院、启元实验室等重大创新平台和新型研发机构发展，“悟道2.0”、量子超导芯片、96核区块链专用加速芯片等重大成果相继发布。全市首家自由贸易业务专营银行——农业银行北京自贸试验区分行挂牌运营。实施研发投入倍增计划，推行“揭榜挂帅”“赛马制”，培育国家级“专精特新”小巨人企业117家，占全市的45.9%。发挥智源论坛、巢生实验室等创新平台作用，充分链接全球创新资源。实施数字经济创新发展三年行动计划，大力发展数字经济。加快国家新型工业化产业示范基地建设，推动先进制造业和现代服务业融合发展。开展“监管沙箱”和数字人民币试点，北京金融科技与专业服务创新示范区建设加快推进。主导研制标准预计9422项，占全市的47.5%。培育独角兽企业48家、潜在独角兽企业57家。中关村论坛成功举办，论坛影响力明显提升。2021年，签约落地重点项目90余个；发明专利授权预计累计3.7万件，占全市的50%，五年年均增长10%；每万人发明专利拥有量预计550件；技术合同成交额预计2200亿元，占全市的30%，五年年均增长7.6%。

创新体系不断完善。发挥组织优势，组建中关村科学城管理机构，形成以“龙头企业+中小创新企业+公共平台+高校科研院所”为主体、以“创新合伙人”为支撑的创新生态体系。推动先行先试改革措施落地，出台“创新发展16条”“人工智能15条”，创新政策体系更加完善。支持知名科学家设立奇绩创坛等5支科学家基金。成立全市第一家民营银行——中关村银行。北京知识产权保护中心、中关村知识产权保护中心、北京知识产权交易中心、北京（中关村）国际知识产权服务大厅先后落地运行。扎实开展国家双创示范基地建设，“双创”工作连续5年获国务院通报表扬。建设4个概念验证中心，成立长安链生态联盟。在全市率先启动建设科技创新成果应用场景21个。实施“胚芽企业培育计划”，设立全国首家中小企业续贷中心，着力破解创业企业发展难题。强化人才支持，实施“薪火共燃计划”，建设国际人才社区，启动升级版“海英计划”，打造首都人才发展高地。高新技术企业从业人员140万，其中研发人员47万。

中关村科学城北区建设实现新突破。实施中关村科学城北区发展行动计划。累计开复工1203万平方米，竣工548万平方米。重点产业项目竣工27个，有序推进18个。加快实施交通、能源等基础设施项目和教育、医疗及商业配套项目。“一镇一园”建设取得实质性进展，西北旺、温泉和苏家坨集体产业项目建成46.5万平方米、开工71.6万平方米。加快推进农村城市化进程，15个村庄实施拆迁腾退。

（二）规划引领，城市功能持续优化

狠抓分区规划落地实施，坚持减量发展、创新发展，统筹推进南区城市更新、三山五园地区品质提升、北区集约发展，高质量发展空间格局基本形成。

规划编制实施科学规范。以北京城市总体规划为统领，科学编制、严格实施分区规划和各专项规划。完成全区生态保护红线优化调整工作。街区指引编制取得阶段性成果，控规编制加快推进。24个保留村村庄规划编制全部完成。实施“马上清（青）西”地区城市提升行动计划。三山五园地区整体保护规划获市政府批复，做好建筑规模的“减法”和环境提升的“加法”，腾退土地170公顷，减量140万平方米。扎实开展三山五园国家文物保护利用示范区创建，三山五园艺术中心开工建设，香山革命纪念地建成开放。加快推进中关村论坛永久会址建设。规划自然资源领域问题整改深入开展。

城市面貌持续改善。正确处理“都”与“城”、“舍”与“得”的关系，深入实施“疏解整治促提升”专项行动，各年度任务全部完成，实现从聚集资源求增长到疏解功能谋发展的重大转变。推进“基本无违法建设区”创建，拆除违法建设1190万平方米，腾退土地1410公顷。违法群租房、占道经营、开墙打洞“动态清零”。退出一般制造业企业、疏解整治有形市场各65家。制定城市双修计划，实施城市更新行动，京张铁路遗址公园启动建设，清河滨水绿廊规划有序推进。落实街巷长制，整治提升背街小巷464条，4条街巷先后入选年度十大“北京最美街巷”。农村人居环境整治三年行动任务全面完成，罗家坟、西闸村完成美丽乡村建设。实施“揭网见绿”行动、施工围挡专项整治，城市景观品质明显提升。优化生活性服务业网点布局，新建、升级改造便民商业网点530处，建成社区商业e中心57个，8项基本便民商业服务功能实现社区全覆盖。

生态环境品质不断提升。深入开展“蓝天保卫战”“碧水保卫战”“净土保卫战”，主要污染物削减总量目标任务超额完成。细颗粒物年均浓度较2016年预计下降51%，空气质量优良天数增加43%。实施“水清岸绿”行动计划，建成慢行滨水走廊和亲水岸线40千米，强化“河长制”，南沙河水质由2016年的劣Ⅴ类提升至Ⅳ类，新增常年有水河道13条、水面面积66公顷，全区生态补水网络初步建成，城镇污水处理率99.5%，地下水回升6.66米。土壤环境质量良好。高标准、大尺度拓展绿色生态空间，实施新一轮百万亩造林工程，新增、改造绿化面积12300亩，加大湿地生态功能保护修复力度，翠湖国家城市湿地公园被列入第一批市级湿地保护名录。

基础设施加快建设。16号线海淀段、6号线西延、有轨电车西郊线等轨道线路开通运营，新增轨道交通里程32

千米。竣工通车道路79条，打通断头路26条，完成136条代征道路移交，新增通车道路里程59.7千米，清河交通枢纽建成投用，实施300万平方米道路大中修和40项疏堵工程，道路通行能力、智能化水平和交通管理能力明显提升。强化静态交通管理，实施智能管理、错时停车、车位共享，挖潜新增停车位3.7万个。坚持慢行优先、公交优先、绿色优先，构建高效绿色出行体系，回龙观—上地自行车专用路建成投用，南展项目加快推进。永丰调蓄水厂通水，上庄再生水厂建成运行，稻香湖再生水厂二期开工建设。自备井置换完成219处，香山地区、安河家园小区实现市政供水。

土地管理更加精准。作为综合性、基础性工作，推动土地一级开发向土地整理转变、项目平衡向区域平衡转变。坚持“用途管制、成本控制、精准供应、循环利用”，实行“先定项目后供土地”，确保土地、空间与科技、产业精准匹配，实施产业用地全生命周期管理，降低科技创新和产业发展用地成本。对新增产业用地，鼓励区属平台公司开发持有、量身定制产业空间，为中小企业发展创造条件。支持企业盘活自有用地，置换引入新的高精尖项目。印发施行“村地区管”办法，统筹农村生产、生活、生态空间管控利用。制定实施农村宅基地及房屋建设管理办法。

（三）优化供给，民生福祉保障能力不断增强

紧扣“七有”要求和“五性”需求，践行以人民为中心的发展思想，以“接诉即办”为抓手，解决群众“急难愁盼”问题，168项区级重点实事落地见效。

疫情防控取得重大战略成果。坚决贯彻习近平总书记重要讲话和指示批示精神，坚决落实党中央、国务院和市委、市政府决策部署要求，坚决把人民群众生命安全和身体健康放在第一位，坚持“三防”“四早”“九严格”，坚持“外防输入、内防反弹”，坚持党建引领、压实“四方责任”，统筹做好常态化防控、流调溯源、核酸检测、应急物资保障，科学精准抓好疫情防控。构建传染病检测实验室网络，日核酸检测能力28.9万份。疫苗接种安全有序开展，抽调2400多名医护人员，组建29支常驻接种队和31支上门服务接种队，建立起覆盖所有街镇、满足不同需求的疫苗接种点体系。

公共服务体系日趋健全。实施教育强区行动计划，新建改扩建中小学校址35个、幼儿园12个，新增中小学学位26560个、幼儿园学位13080个；实施学区制改革，持续推进集团化办学，教育资源布局更加优化；制定实施“双减”工作方案，减负提质取得初步成效。扎实推进健康海淀、全国健康促进区建设，建成6个综合医联体、5个专科医联体，7镇全部获评“国家级卫生镇”，新建社区卫生服务站40个，家庭医生重点人群签约率98%，院前急救呼叫满足率97%，公立医院综合改革获国务院通报表扬；建设体育健身活动场所359处，“一刻钟健身圈”实现全覆盖，人均体育场地面积2.63平方米，国民体质监测合格率93%，冰雪运动蓬勃发展，“相约北京”系列冬季体育赛事北京赛区（海淀）测试赛、测试活动成功举办。全面推进文化文明建设，圆明园成为全市第九家5A级景区，建成中关村科学城数字文化产业园，在全市率先上线区级“学习强国”平台，公共文化设施与新时代文明实践中心实现社区（村）全覆盖，入选国家公共文化服务体系示范区、“全国十大新时代文明实践中心建设重点联系区”。

社会治理体系更加完善。强化垃圾综合整治，严格落实生活垃圾管理条例，形成由垃圾分类信息感知网、专题数据库和物联网服务、三级监管、社会单位信息服务、市民服务四个平台组成的“一网一库四平台”体系，大工村再生能源发电厂建成投运，海淀垃圾填埋处理的历史彻底结束，再生资源预处理中心和垃圾终端处理设施建设加快推进。加强社区治理，全面落实物业管理条例，发挥业委会（物管会）、物业企业党组织作用，业委会（物管会）组建率98.1%，党组织和物业服务覆盖率分别达100%、97.3%，建成区级社区议事厅60个、市级“一刻钟社区服务圈”374个，全国社区治理和服务创新实验区建设顺利通过验收。圆满完成村（居）委会换届选举。积极推进国家食品安全示范区建设，重点食品安全监测抽检合格率99%、药品安全监督抽检合格率100%。稳步推进市域社会治理现代化试点建设，平安海淀、法治海淀建设成效显著，城市韧性不断增强。

社会保障水平持续提升。坚持就业优先战略，构建城乡统筹、覆盖全面的就业创业政策体系。持续提升社会保险待遇水平，企业退休职工人均养老金4688元/月，城乡居民养老保险基础养老金平均1333元/月，多层次医疗保障体系不断完善。城乡低保救助标准逐年提高，社会救助兜底保障能力稳步提升。建成养老机构63家、社区养老服务驿站101家，以“优秀”等次通过第五批中央财政支持开展居家和社区养老服务改革试点验收，7个社区获评“全国示范性老年友好型社区”。保障性住房开工建设3.4万套、竣工4.2万套，配租公租房2.7万套，为17600户保障家庭发放补贴，集体土地租赁住房建设有序推进。实施75个小区、431栋楼、275.7万平方米老旧小区改造，惠及居民34400户，棚户区改造完成14800户，老楼加装电梯612部，居民居住品质有了质的提升。完成第七次全国人口普查。

（四）深化改革，区域发展竞争力进一步彰显

聚焦体制机制创新，深化“放管服”和重点领域改革，区域竞争优势显著增强。

营商环境持续优化。推进“一网、一窗、一门、一次”改革，在全市率先实现企业登记全程电子化，率先实现电子营业执照和电子印章同步发放，率先构建统一规范的公共资源交易平台，清理规范区级行政审批中介服务事项36项，非行政许可审批事项全面取消。完善“接诉即办、按需速办”和“服务管家+服务包”长效机制，服务精准化不断提升。深入推进“区块链+政务服务”，605个政务服务区块链场景落地，1407个事项全程网办，183个企业生

产经营和个人服务高频事项“跨省通办”。完善“双随机、一公开”，加强事中事后监管。全面落实国家减税降费政策，为企业减免税费650亿元。营商环境综合考评连续三年全市第一。

重点领域改革不断深化。在全市率先完成区级机构改革，及时更新、公布区政府部门权力清单。深化事业单位改革，区级经营类事业单位实现事企分离。实施综合行政执法改革，完成街镇大部制改革，街镇责任清单编制完成。持续推进国资国企改革，出台国企改革三年行动实施方案。积极推进财政管理改革，强化成本控制和预算绩效管理。用好地方政府债券政策，发行地方政府债券417亿元，强化重点任务财力保障，严格政府债务管理。全面落实乡村振兴战略，整建制农转非全面完成，全区已基本没有身份上的农民，农村集体产权制度改革圆满收官，获评全国农村集体产权制度改革试点典型单位。试点实施村庄准物业化管理，将城市精细化、标准化管理理念引入农村。全国乡村治理体系建设试点工作加快推进。

五年来，我们全力服务支持北京城市副中心和雄安新区建设，主动对接推进“三城一区”联动发展、合作共赢。深化扶贫协作和支援合作，助力7个对口支援地区全部摘帽、15.99万贫困人口全部脱贫。妇女儿童、残疾人事业、民族、宗教、侨务等各项工作取得新进展。

五年来，我们全面加强政府自身建设。始终把政治建设摆在首位，认真开展“两学一做”学习教育、“不忘初心、牢记使命”主题教育和党史学习教育，深入学习领会习近平新时代中国特色社会主义思想。坚定不移推进政府系统党风廉政建设和反腐败斗争，严格落实中央八项规定精神，坚决纠治形式主义、官僚主义，抓落实能力、抓工作深度明显提升。严格执行区人大及其常委会决议决定，自觉接受区人大工作监督、法律监督和区政协民主监督，累计办理各级人大建议1551件、各级政协提案1268件，解决了一批民生热点难点问题。坚持依法行政，制定实施区政府工作规则，大力推进严格规范公正文明执法，入选首批全国法治政府建设示范区。在全市率先开展“政务开放日”活动，被国务院纳入全国基层政务公开标准化规范化试点单位。

二、今后五年奋斗目标和2022年主要任务建议

今后五年的奋斗目标：深耕中关村改革创新试验田，当好首都高质量发展排头兵，加快建设北京国际科技创新中心核心区，着力打造以首都发展为统领的现代化强区高品质海淀。我们要不断巩固海淀经济强区、科教强区、人才强区优势地位，始终走在国际科技创新中心建设的最前头，走在中关村先行先试的最前头，走在全市高质量发展的最前头，让城市品质更精致、生态环境更优美、民生保障更全面，人民群众获得感幸福感安全感显著增强。

2022年，区政府工作的总体要求：坚持以习近平新时代中国特色社会主义思想为指导，全面贯彻党的十九大和十九届历次全会及中央经济工作会议精神，深入贯彻习近平总书记对北京重要讲话和对中关村重要指示精神，以首都发展为统领，完整、准确、全面贯彻新发展理念，推动新发展格局“五子”落地，统筹疫情防控和经济社会发展，统筹发展与安全，围绕区十三次党代会确定的今后五年奋斗目标，以推动高质量发展为主题，以深化供给侧结构性改革为主线，以改革创新为根本动力，以满足人民日益增长的美好生活需要为根本目的，聚焦“一村三山五园”，深化落实“两新两高”战略，坚持稳中求进工作总基调，加快建设北京国际科技创新中心核心区，为建设国际一流和谐宜居之都作出积极贡献。

2022年全区经济社会发展主要预期目标：地区生产总值超过1万亿元，增长6%以上；区级一般公共预算收入增长4%；高新技术企业总收入增长10%以上；居民人均可支配收入稳步增长；完成市政府下达的万元地区生产总值能耗、水耗和空气质量改善任务。

重点做好以下几方面工作：

（一）聚焦中关村科学城，推动区域高质量发展（略）

（二）突出规划引领，构建新型城市形态（略）

（三）紧扣“七有”“五性”，改善群众生活品质（略）

（四）着力生态环境改善，厚植高质量发展底色（略）

专 文

中关村科学城数字经济创新发展三年行动计划（2021—2023年）

为深入贯彻落实国家、北京市关于促进数字经济发展的战略部署，深入推进“两新两高”战略落实落地，充分发挥海淀区作为北京国际科技创新中心核心区的排头兵作用，巩固提升中关村科学城数字经济创新引领水平，加快打造全球数字经济创新引领区，为北京建设全球数字经济标杆城市提供核心引擎和强力支撑，制定本行动计划。

一、总体思路

坚持以习近平新时代中国特色社会主义思想为指导，全面贯彻落实党的十九大和十九届二中、三中、四中、五中全会精神，牢牢把握首都城市战略定位和国际科技创新中心核心区的功能定位，以加快高质量数字化发展为主题，以打造先进网络基础设施和数据智能基础设施为抓手，筑牢数字基础设施根基；以攻关人工智能、量子通信等数字前沿技术、卡脖子技术为突破口，构筑数字技术持续引领优势；以建设更高水平创新生态为支撑，培育壮大高端特色数字产业；以充分释放数据要素价值、牢牢把握经济增长新变量为导向，探索数字经济制度创新，推进数字化赋能治理能力现代化，着力建设数字技术主导力强、数字产业高端特色、数字化高效赋能的全球数字经济标杆城市引领区，打造具有全球影响力的数字经济创新策源地和数字经济制度创新引领区，为北京市建设现代化国际化创新型宜居宜业城区和国际科技创新中心提供有力支撑。

二、主要目标

到2023年，数字经济创新发展取得显著成效，数字经济增加值年均增长8%以上。建成一批广覆盖高性能数字新基建，实现数字领域若干前沿技术占先，突破一批关键核心技术。力争在数字经济领域培育1—2家具有全球竞争力的五千亿级企业和3—5家千亿级企业，培育10家左右高成长、高价值数字经济隐形冠军、独角兽企业，发展壮大一批数字经济领域骨干型创新企业，形成国际一流的新兴数字产业集群。数字经济、数字贸易领域制度创新取得重要突破，在数据开放、数据流动、数据交易、数字贸易等领域形成一批具有示范意义的改革成果。经济数字化、生活数字化、治理数字化应用场景全面布局，数字化治理水平全国领先，打造数字化生产、生活、生态、生命新空间，成为全球数字经济创新策源地。

三、重点任务

（一）加快布局新型数字基础设施

1.升级打造先进网络基础设施。支持企业积极参与千兆固网建设，加大千兆固网普及力度。大力推进5G基站建设，扩大5G网络建设规模，提升5G网络覆盖率。推进5G开放云与工业网络生态试验基地建设，支持国家卫星互联网重大项目落地，加快工业互联网和卫星互联网建设速度。通过供给科技应用场景等方式，着力推动车联网、物联网、智慧电网等新型网络基础设施建设。

2.大力建设数据智能基础设施。围绕打造全球人工智能创新发展高地，支持建设开源和共性技术平台等人工智能开放创新平台，推动计算与训练平台建设，并逐步向特色行业应用拓展。围绕做强大数据产业，推进数据中心基础架构从“云+端”集中式架构向“云+边+端”分布式架构演变、服务能力从存储型到计算型升级，支持在数据量大、时延要求高的应用场景加快部署边缘计算节点。围绕打造区块链技术创新和应用高地，加快推进区块链基础设施建设，搭建面向政务、金融、电商等领域区块链支撑服务平台，发展政务服务、安全监管、数据安全共享与交易、数据隐私保护等区块链基础服务。

（二）着力加强引领性数字技术攻关

3.前瞻布局数字前沿技术。加强深度学习、新型机器学习等原型算法研究，突破人工智能芯片、传感器、智能应用及系统集成等关键核心技术，提升核心算法研发能力和应用水平。发展密码学、共识机制、智能合约、零知识证明、跨链技术等区块链关键技术，重点部署区块链专用芯片及硬件系统，加快区块链和人工智能、大数据、物联网等前沿信息技术的深度融合。发展量子通信、下一代移动通信等新一代通信技术，突破射频器件、处理器芯片、高端模数/数模转换器等高端器件、中高频核心器件等关键技术和设备产品。支持有实力的创新主体对接国家重大科技战略，发挥好海淀原始创新联合基金和区域创新发展联合基金作用，着力强化数字前沿技术领域基础研究布局。

4.攻坚突破“卡脖子”数字技术。开展新型显示、汽车电子、移动终端、工业控制等重点领域专用芯片，以及存储器、处理器、传感器、数字信号处理等高端通用芯片研发设计，推动全新高速高性能CPU芯片实现突破，提升高端芯片技术供给能力。加强芯片设计系统软件（EDA）研发应用，突破开源架构、开发工具、核心IP等，夯实自主可控集成电路产业基础。引入揭榜挂帅、择优支持等新机制，加快物联网终端操作系统、跨平台操作系统、分布式数据库等关键技术研发，提升关键基础软件技术支撑能力。加快关键及新型电子材料研发和产业化。发展基于MEMS工艺的新型生物、气体、液体、光学、超声波等智能传感器，重点布局工业机器人、智能网联汽车、医疗设备、消费电子等领域智能传感器规模化应用。

5.大力拓展数字核心技术优势。开展大数据采集传输、存储处理、分析应用、可视化和安全等关键技术攻关，发展云计算应用服务开发和运行环境、用户信息管理、安全管理与防护、应用服务交互等共性支撑技术，重点突破多源异构数据库、云网融合、边缘计算等技术。融合新一代信息技术，实现“5G+8K”前端产品自主可控、终端产品技术领先。重点发展智能感知、高精度定位与地图、通信与信息交互平台、车载智能终端及人机交互等细分领域。持续加强网络安全、物联网、数字孪生等高精尖领域核心技术研发。加快数字化共性标准、关键技术标准的制定和推广，不断提升数字经济创新领域的影响力和话语权。

6.加快建设协同创新平台体系。加快推进国家实验室、综合性国家技术创新中心等重大创新平台建设，打造若干强力带动数字经济领域创新发展的国家战略科技力量。加快建设一批聚焦数字技术前沿创新、数字产业化及产业数字化的新型研发机构，完善数字经济协同创新平台体系。推动行业龙头企业、平台企业建设各类创新载体，全面整合技术、数据、平台、市场等创新资源，促进融合创新项目快速孵化和应用推广。持续支持中关村自动驾驶创新示范区建设，以自动驾驶创新应用场景示范为导向推动基础设施、资源要素、体制机制互通，促进自动驾驶技术快速应用和迭代创新。

7.积极引导开源生态建设。鼓励有实力的创新主体牵头搭建关键底层技术开源平台，加强基于自主技术能力的开源技术、工具和平台研发。支持开源基金会建设，提升技术孵化、项目运作、法务咨询、标准研制等一体化服务能力，培育发展一批优质开源项目。鼓励发展专业化开源社区，加快聚集培育开发者，共享技术、数据、代码、工具和开发环境，促进形成协同研发和快速迭代创新生态。

（三）全力打造高端特色数字产业

8.构筑硬核数字产业体系。充分发挥科技和人才优势，聚焦人工智能、5G、大数据、区块链、超高清视频、智能网联、集成电路、卫星互联网、网络安全等有基础、有优势、有潜力的硬核领域，加强空间、资源、政策等要素供给，完善产业创新生态，培育若干引领支撑数字经济发展的核心产业。支持领军企业搭建创新联合体，推动大中小企业融通发展。搭建一批数字产业共性技术平台和公共服务平台，引进落地一批优质企业、重大项目，培育一批硬科技创新型企业，打造国际一流的硬核数字产业集群，成为全球高精尖数字产业创新中心，在提升区域乃至全国数字产业能级中发挥集聚引领、产业协同、辐射带动等核心牵引作用。

9.培育数字产业新业态新模式。通过监管创新、场景供给、示范带动多措并举，大力发展互联网教育、互联网医疗、远程协同办公、云上会展等，形成一批具有引领示范作用的数字新业态新模式。围绕促进文化与科技深度融合发展，加大资金支持力度、扩大政策覆盖面，加快发展数字创意、数字艺术、数字出版等数字文化产业，用数字技术加速催化形成文化科技融合新动力。引导实体企业更多开发数字化产品和服务，鼓励实体商业通过直播电子商务、社交营销开启“云逛街”等新模式。创新无接触式消费模式，推广“生鲜电子商务+冷链宅配”“中央厨房+食材冷链配送”等服务新模式，探索发展智慧超市、智慧商店、智慧餐厅、无人零售等新零售业态。

10.加强数字金融服务创新。推进金融机构数字化转型，支持基于大数据、云计算、人工智能、区块链等技术的金融产品创新，为行业发展提供突破性的技术方案，推动普惠金融向纵深发展，全面提升金融服务效能。深化续贷中心和确权中心建设，探索基于区块链的供应链数据确权融资服务体系，加强政务数据赋能。加快推进国家级金科新区建设，深入开展沙箱监管创新试点，探索建设数字货币试验区，构建数字人民币应用生态，在商业贸易、公共服务、跨境支付等领域建立数字人民币应用场景。

11.支持数字化赋能传统产业转型。实施智能制造专项，聚焦卫星、医疗器械及机器人等高端智能制造领域，引领制造业数字化、智能化、网络化转型。支持先进制造业和现代服务业融合项目建设，在若干细分领域形成引领示范和辐射带动效应。实施农业数字化赋能工程，加快人工智能、大数据、物联网等数字技术在育种、都市农业等领域的应用，率先形成农业数字化转型和农村数字经济发展的海淀模式。

（四）积极探索数字经济制度创新

12.加快释放数据要素价值。积极推动公共数据开放，鼓励企业、行业协会、科研机构、社会组织等主动开放数据，充分释放数据价值。结合“智慧海淀”建设，推动公共数据资源集中开放，促进政务数据与社会化数据平台对接。鼓励企业开放搜索、电商、社交等数据，推动大数据资源以服务新模式多种价值形态参与社会生产活动。积极开展数据交易商业模式创新，推动构建数据交易生态。研究数据价值评估、流通交易规则，建立有效的监管运营机制，保证数据交易规范进行。

13.大力推动数字贸易制度创新。立足中关村软件园国家数字服务出口基地，打造数字贸易港，探索创新数字贸易管理制度。率先开展跨境数据流动试点，分阶段推进跨境数据流动有序开放。持续跟踪国际主要经济体的前沿研究和实践经验，探索构建接轨国际、适用性强的跨境数据流动规则。探索建立以软件实名认证、数据产地标签识别为基础的监管体系。依托中关村论坛等平台，联合国家相关部门策划数字经济、数字贸易领域高峰论坛，更大力度推动数字经济领域跨境开放，积极推动全球数字经济领域合作。

（五）全面推进数字化治理方式变革

14.打造高品质数字化生活。结合新基建和新场景供给，加快推动数字技术在教育、医疗健康、交通出行、文娱、体育、旅游等民生领域应用，满足市民对美好生活的向往。坚持数字生产、数字生活统筹推进、融合发展，加快城市公共设施的数字化转型升级，建设一批数字园区、数字校园、数字公园、数字田园，打造数字化生产、生活、生态、生命新空间。加快发展数字化消费新业态新模式，打造科技消费体验场景。推动生活性服务业数字化智能化转型。支持面向社区的智慧运营服务体系建设，打造智慧社区样板。

15.建设高效能数字政府。围绕构建新型城市形态，发挥数字技术创新和应用的领先优势，探索面向未来的数字化、智能化、精准化的城市治理新范式。优化升级“城市大脑”，建立健全各类数据共享协调机制，丰富城市大脑智慧应用，全面支撑“智慧海淀”建设。加快搭建城市数字化治理新平台新载体。深化数字化治理技术和手段集成创新，组织实施一批数字化治理的示范项目。探索数字化时代背景下知识产权运营与保护新机制。优化数字经济营商环境，争取新一轮事权下放试点，进一步简化商事服务流程，依托“一网通办”“接诉即办”等工作体系，全面实现各种商事事项全流程电子化申报。创新“互联网+监管”手段，完善重大风险的快速处置和多元风险化解机制，实行主体失信行为联合约束惩戒。

四、保障措施

16.细化落实重点项目清单。聚焦数字新基建建设、数字技术创新、数字产业化和产业数字化、数字经济数字贸易管理制度创新、生活数字化和城市治理数字化等五方面任务，制定重点项目清单。各重点项目牵头单位制定年度工作计划，明确进度安排，全力推进项目建设。

17.强化资金投入保障。加大财政资金投入，发挥“海淀基金系”优势，广泛吸引社会资本投入，形成市场化、多元化的数字经济发展投入机制。针对重大工程、关键技术、重点产业、重点项目，采取股权投资、专项支持等方式，持续加大资金倾斜力度，提升财政资金使用效率。

18.加强人才供给保障。发挥国际科技创新中心核心区人才集聚优势，加快引进和培养一批具有国际竞争力的数字经济领域相关技术人才和技能型人才。面向新产业、新基建、新场景需求，探索人才培养新机制，加快供给一批掌握数字技术、熟悉数字经济相关制度规则、了解市场需求的复合型人才。完善人才支持长效机制，深化创新合伙人关系，支持各类人才长期扎根中关村科学城，合力建设全球数字经济创新引领区。

关于促进中国（北京）自由贸易试验区科技创新片区海淀组团产业发展的若干支持政策

为加快建立更高水平开放型经济新体制，深入贯彻《深化北京市新一轮服务业扩大开放综合试点建设国家服务业扩大开放综合示范区工作方案》和《中国（北京）自由贸易试验区总体方案》的总体部署，发挥服务业扩大开放综合试点与自贸试验区政策叠加优势，聚焦重点领域，带动全区产业开放和项目落地，特在中国（北京）自由贸易试验区科技创新片区海淀组团范围内制定以下措施：

一、支持人工智能产业创新发展

1.集中支持关键技术源头创新。大力支持企业围绕人工智能芯片、核心算法、操作系统及基础软件、智能传感器等基础核心技术和关键共性技术开展攻关，对引领产业发展或取得颠覆性突破的项目，根据技术创新性和投资额给予最高1000万元资金支持。

来源：海行规发〔2019〕5号《关于加快中关村科学城人工智能创新引领发展的十五条措施》第二条。

2.建设开源开放创新平台。鼓励创新主体建设开源开放创新平台，为人工智能研发应用提供基础支撑。支持新型研发机构行业龙头企业联合高校院所和产业链上下游企业共同建设人工智能协同创新平台，面向行业开展技术和产品创新；鼓励企业围绕重点领域及视觉、语音识别、自主决策控制等关键共性技术搭建人工智能开源及共性技术平台；支持行业龙头企业建设人工智能公共计算平台并向行业开放计算资源。对人工智能产业链上下游企业技术提升起到突出支撑和带动作用的平台，给予最高1000万元资金支持。

来源：海行规发〔2019〕5号《关于加快中关村科学城人工智能创新引领发展的十五条措施》第三条。

二、支持智能网联汽车产业创新发展

3.推动关键技术创新突破。支持智能网联汽车关键核心技术研发及产业化，聚焦车载智能感知、处理器芯片等核心器件，提升车载计算平台、操作系统、集成控制及执行系统、通信和信息交互系统、定位与导航系统、车载智能终端及HMI系统、云控平台系统、信息安全系统、自动驾驶系统、智能座舱等多个领域研发实力，根据项目研发水平和产业化情况，给予最高1000万元资金支持。

来源：海行规发〔2019〕6号《关于支持中关村科学城智能网联汽车产业创新引领发展的十五条措施》第二条。

4.支持初创企业开展自动驾驶相关测试，给予最高200万元资金补贴。

来源：海行规发〔2019〕6号《关于支持中关村科学城智能网联汽车产业创新引领发展的十五条措施》第五条。

三、支持企业研发能力提升

5.支持企业加大研发投入。对连续3年（含）以上增加研发投入、且研发投入强度高于当年核心区同规模企业平均水平的企业，按其上年新增研发经费的30%给予补贴，最高补贴金额300万元。

来源：海行规发〔2014〕9号《海淀区提升企业核心竞争力支持办法》第五条及海淀区企业研发费用补贴专项。

6.引导驻区创新型企业、新型研发平台与高校、科研机构开展跨界协作，提升企业、新型研发平台创新能力，促进原创知识和技术产出。对获得新认定国家和北京市创新平台，承担国家和北京市重大科技项目和获得国家和北京市科技奖的企业、新型研发平台给予支持。最高补贴金额200万元。

来源：海行规发〔2014〕9号《海淀区提升企业核心竞争力支持办法》第六条及海淀区重大科技项目和创新平台奖励专项。

四、提高企业创新国际化水平

7.支持企业开展国际合作研发。对企业围绕重点产业领域与境外企业、外资研发机构合作开展技术研发而产生的研发费用、关键技术设备购置费用及购买用于引进消化吸收再创新的知识产权费用等，按照合同实际支出额的50%给予补贴，最高补贴金额100万元。

来源：海行规发〔2014〕9号《海淀区提升企业核心竞争力支持办法》第十条。

8.支持企业拓展境外市场。对企业在建立海外研发基地、实施海外并购等国际化经营过程中所发生的中介费用，按照50%的比例给予补贴，最高补贴金额200万元。

来源：海行规发〔2014〕9号《海淀区提升企业核心竞争力支持办法》第十条。

五、支持知识产权创造、保护和运用

9.开展知识产权质押融资，对企业以知识产权质押方式向银行成功贷款，并还款完毕的企业，按照其融资成本的50%进行补贴，最高补贴100万元。

来源：海园发〔2019〕11号《海淀区知识产权运营服务体系建设专项资金实施细则》第二十五条。

10.鼓励企业、高校院所等创新主体发明创造，对获得国家、北京市专利奖的项目给予最高50万元的奖励。

来源：海园发〔2019〕11号《海淀区知识产权运营服务体系建设专项资金实施细则》第十五条。

11.支持高价值专利培育。支持企业、高校院所、知识产权服务机构等合作，围绕人工智能、新一代信息技术、新材料、生物医药等重点产业建立高价值专利培育运营中心，对于运营良好、成效显著、具有较强示范引领作用的高价值专利培育运营中心，给予最高不超过800万元的资金支持。

来源：海园发〔2019〕11号《海淀区知识产权运营服务体系建设专项资金实施细则》第十二条。

12.加强知识产权国际合作，提升企业知识产权国际化布局能力，促进企业知识产权提质增量。对通过专利合作条约（PCT）保护工业产权巴黎公约向国（境）外申请发明专利并进入国家阶段，且获得发明专利授权的企业进行补贴，每家企业年度补贴金额不超过300万元。

来源：海园发〔2019〕11号《海淀区知识产权运营服务体系建设专项资金实施细则》第十四条。

13.鼓励产业园区、孵化器等联合专业知识产权服务机构开展企业知识产权托管服务，对为企业提供知识产权托管服务的产业园区及各类孵化器等给予最高不超过100万元的支持。

来源：海园发〔2019〕11号《海淀区知识产权运营服务体系建设专项资金实施细则》第二十条。

14.促进知识产权服务业集聚发展，支持高端知识产权服务机构入驻知识产权集聚区，鼓励机构为创新主体开展技术转移、知识产权运营等特色知识产权服务，根据其服务绩效给予最高50万元支持。

来源：海园发〔2019〕11号《海淀区知识产权运营服务体系建设专项资金实施细则》第二十三条。

15.支持企业开展细分产业领域和企业专利分析与预警，对企业开展国内外专利预警工作的，根据其实际发生费用按照最高不超过100%的比例进行补贴。其中对开展国内专利预警的，补贴额度最高不超30万元；对开展国外专利预警的，补贴额度最高不超50万元。

来源：海园发〔2019〕11号《海淀区知识产权运营服务体系建设专项资金实施细则》第十九条。

16.支持多主体联合开展标准制定。对于制定和修订符合核心区重点产业领域的国际、国家、行业标准的负责单位及主要参与单位，分别给予最高50万元、20万元、10万元奖励。

来源：海行规发〔2014〕9号《海淀区提升企业核心竞争力支持办法》第八条。

六、科创基金

17.设立总规模50—55亿元的中关村科技创新基金，通过项目投资等方式，支持中关村科学城前沿技术和高精尖产业发展，发挥对科技创新和产业发展的激励和引导作用。

来源：〔2019〕4号《中共海淀区委全面深化改革委员会会议纪要》、2020年7月《中关村科学城科技创新基金管理办法（试行）》。

七、支持创新创业服务

18.以深化全国双创示范基地建设为核心，推动创业服务提质增效发展。支持海淀组团区域内围绕北京十大高精尖产业领域和海淀重点产业领域，开展科技成果转化、创业企业孵化、创业投资、创业培训等服务，为科创企业、项目赋能，推动企业发展壮大、增强企业区域黏的创业孵化平台载体，根据评价结果给予最高200万元的奖励。

来源：京海发〔2018〕1号《关于加快推进中关村科学城建设的若干措施》第七条。

19.实施胚芽企业培育专项，降低科技型初创期企业发展成本，推动科技型初创期企业加速发展。对在海淀组团区域内注册纳税，符合北京市十大高精尖产业、且融资符合一定条件的初创期科技型企业，给予一次性资金支持。

来源：《2020年海淀区胚芽企业培育专项申报指南》。

20.支持产业联盟、行业协会等主体开展创新服务。鼓励社会组织参与产学研合作、科技成果转化、标准制定、完善服务体系、产业交流、市场拓展、智库咨询、区域合作，并且能够加强自身建设、工作绩效突出、创新服务能力强，按照综合评估结果给予资金支持。对符合《关于中关村科学城人工智能创新引领发展的十五条措施》第十一条的社会组织，资金支持上限可适当提高。

来源：海行规发〔2014〕9号《海淀区提升企业核心竞争力支持办法》第六条。

八、支持金融领域发展

21.在海淀组团内新设立或新迁入的符合区域发展定位的金融机构及类金融机构租用办公用房从事金融业务的，连续三年给予房租补贴；结合对海淀区经济社会发展及重要经济指标的支撑作用，对入驻特色金融楼宇的科技金融机构，连续三年给予房租补贴（补贴面积等标准在楼宇招商方案中予以明确）。

22.结合对海淀区经济社会发展及重要经济指标的支撑作用，对在海淀组团区域内新设立或新迁入的总部型金融机构给予一次性资金补助（具体执行标准参照市级政策，市区两级财政各负担50%）。对在海淀组团区域内注册设立且已获得一次性资金补助的总部型金融机构，实收资本增资10亿元（含）以上的，给予增资奖励（具体执行标准参照市级政策，市区两级财政各负担50%）。对在海淀组团区域内新设立或新迁入的总部型金融机构购买办公用房从事金融业务的，给予一次性购房补贴；租用办公用房的，连续三年给予房租补贴。

23.支持符合条件的企业申请银行、保险、证券、金融租赁、财务公司、消费金融、个人征信、第三方支付、银行理财子公司、公募基金等经国家金融监管部门批准的相关业务资质（或金融牌照）。单家企业获得（含新迁入海淀区）单个资质（或牌照）一次性补贴50万元（或100万元）。

24.对在海淀组团区域内新设立或新迁入的外资金融机构，参照内资金融机构给予其相关政策支持；对在海淀组团区域内新设立或新迁入的外资金融机构中国总部、外资控股金融机构给予最高500万元的一次性落户奖励。对引进重点外资金融机构区域总部做出突出贡献的非政府组织和单位给予最高100万元的引进奖励。

25.支持金融科技底层关键技术创新，支持金融科技领域重大基础设施建设，支持拓展金融科技应用场景，对符合条件的金融科技机构，按照项目投入30%的标准给予支持，支持标准参照市级部门相关政策。入驻金融科技主题楼宇且注册资本在1000万元（含）以上的依法合规经营的金融科技机构可享受房租补贴，符合条件的金融科技企业可同时享受科技企业相关政策支持。

26.对在海淀组团区域内新设立或新迁入，经国家、北京市相关主管部门审核、登记的公司制股权投资基金或管理机构（其发起设立的基金在海淀组团注册并纳税，在海淀管理的基金规模1亿元人民币以上），结合对海淀经济社会发展及重要经济指标的支撑作用，给予房租补贴。对在海淀组团成功实现退出的基金管理人，结合对海淀组团经济社会发展及重要经济指标的支撑作用，根据其在京实际投资规模给予激励（具体执行标准参照市级政策，市区两级财政各负担50%）。

第21—26条来源于海行规发〔2018〕11号《关于促进国家科技金融创新中心建设发展的若干意见》。

九、支持人才培育和引进

27.鼓励外籍高端人才来海淀组团发展，A类外籍人才办理外国人来华工作许可时学位认证、工作资历等非核心要件可采取“容缺受理”，无犯罪记录证明可采取承诺制。对办理延期、注销、信息变更等基础性业务实现全程“线上”办理。

来源：《国家外国专家局关于印发外国人来华工作许可服务指南（暂行）的通知》（外专发〔2017〕36号）。

28.海淀组团高新技术企业、重点企业、新型研发机构、重点引进企业、支持中关村科学城创新的第三方服务机构以及为海淀组团做出特别贡献且具有公共管理服务性质的企业事业单位、社会团体等单位的在职人员，符合相应条件的，可以家庭为单位，通过所在单位申请人才公租房。

来源：《关于印发〈海淀区人才公共租赁住房管理暂行办法〉的通知》（海住保办字〔2019〕1号）。

29.在海淀组团内注册的企业、事业单位中从事工程技术工作的专业技术领军人才，不受学历、资历、职称限制，满足下列条件之一可直接申报正高级工程师专业技术资格：（1）曾取得国家级人才表彰奖励；（2）曾获得国家级科技奖项；（3）曾担任国家级重大科技项目负责人；（4）在自主创新和科技成果转化过程中取得突出成绩。

来源：《中关村国家自主创新示范区高端领军人才专业技术资格评价办法》（京人社专技发〔2013〕180号）。

30.在海淀组团内高新技术企业、创新型总部企业、新型研发机构等科技创新主体承担重要工作，符合近3年8倍社平收入、硕士及以上学位、高级专业技术职称等条件之一的，可申请办理人才引进。

来源：《关于印发〈北京市引进人才管理办法（试行）〉的通知》（京人社调发〔2018〕38号）。

31.在海淀组团内高新技术企业、创新型总部企业、新型研发机构等科技创新主体工作，具有两年以上工作经历、在海淀组团内注册企业工作满1年以上、有合法稳定住所的人员，符合近3年4倍社平收入、本科及以上学位、中级专业技术职称等条件之一的，可申请办理《北京市工作居住证》。

来源：北京市政府办公厅转发市人事局《关于实施北京市工作居住证制度若干意见》的通知（京政办发〔2003〕29号）。

十、支持游戏和电竞产业发展

32.支持技术平台建设。支持创新主体建设游戏开发共性技术平台、开源开放创新平台、公共技术服务平台、游戏引擎研发平台；支持游戏研发中心、技术中心落地海淀组团；支持与5G、VR、AR、人工智能等软硬件技术融合。根据创新性和投资金额，最多给予1000万元人民币资金补贴。

33.支持富含中华优秀传统文化内涵的精品原创游戏开发，鼓励融入海淀元素。对经国家主管部门批准，正式上线运营，达到一定影响力的原创游戏软件，按照不高于软件开发投资额的30%给予资助，支持金额不超过500万元人民币。对行业影响力大或被选为重大电竞赛事的游戏，原则上支持金额不超过1000万元人民币。

34.支持国内外影响力巨大的龙头游戏企业、俱乐部、赛事直播公司、赛事运营公司等企业落户，在区域内形成产业闭环，带动产业发展。根据需求，可采取“一事一议”的方式配套落户措施。建设中关村科学城数字文化产业园，吸引国内外一流游戏企业研发机构聚集，对入驻中关村科学城数字文化产业园办公企业的办公用房给予补贴。

35.优秀俱乐部奖励。在重要赛事中取得优异成绩的俱乐部，最高奖励不超过200万元人民币。

36.支持企业及机构在海淀组团内举办注册登记的电竞赛事，鼓励电竞赛事与传统产业结合促进大众消费，设立绿色审批通道，并按照不超过赛事经费的30%进行奖励，金额原则上不超过500万元人民币。

37.支持企业和机构积极参与行业研究，制定电竞场馆建设、运营服务、直转播等规范及电竞赛事体系标准，对于获准发布的国际标准、国家标准和行业标准的制定单位，参照《关于支持中关村科学城标准创新发展的措施（试行）》，给予最高300万元人民币资金支持。

38.对于区域内创新主体举办的展览、论坛、发布等行业交流活动，在业内具有较强影响力的，按照不超过实际投入的50%比例给予补助，最高不超过300万元人民币。

第32—38条来源于：海新发〔2020〕2号北京市海淀区新闻出版局关于印发《海淀区支持数字文化产业发展扶持资金管理办法（电竞产业篇）》的通知；海文建办发〔2020〕3号海淀区推进全国文化中心建设领导小组办公室关于印发《海淀区关于支持数字文化产业发展的若干措施（电竞产业篇）》的通知。

附则

本政策适用于工商注册地、税收征管关系在中国（北京）自由贸易试验区科技创新片区海淀组团范围的企业。

对既适用国家和市级相关扶持规定，又适用本意见的，一律先执行国家和市级规定。本意见中政策与区级其他各项政策按“从优不重复”原则执行。

大事记

1月

5日　中国共产党北京市海淀区第十二届委员会第十五次全体会议召开。全会总结2020年工作，安排2021年重点任务。区委书记于军代表区委常委会作工作报告，区委副书记、代区长王合生作关于全区经济社会发展工作的报告。全会审议区委常委会抓党建工作情况报告。

6日　海淀区被全国爱国卫生运动委员会命名为2018—2020周期国家卫生城市（区）。

6日至8日　中国人民政治协商会议北京市海淀区第十届委员会第五次会议举行。会议审议通过区政协常务委员会工作报告和提案工作报告，表决通过《中国人民政治协商会议北京市海淀区第十届委员会第五次会议决议》；听取并讨论区政府工作报告和《北京市海淀区国民经济和社会发展第十四个五年规划和二〇三五年远景目标纲要（草案）》。

8日　市委书记蔡奇围绕国际科技创新中心建设到中关村科学城调研。

12日至14日　北京市海淀区第十六届人民代表大会第七次会议举行。会议表决通过关于海淀区人民政府工作报告的决议、关于2020年预算执行情况和2021年预算的决议、关于2020年国民经济和社会发展计划执行情况与2021年国民经济和社会发展计划的决议、关于国民经济和社会发展第十四个五年规划和二〇三五年远景目标纲要的决议、关于海淀区人民代表大会常务委员会工作报告的决议、关于海淀区人民法院工作报告的决议、关于海淀区人民检察院工作报告的决议。会议听取海淀区第十六届人民代表大会第七次会议议案审查委员会关于代表议案的审查报告。王合生当选为海淀区人民政府区长。

18日　习近平总书记到首都体育馆，考察北京2022年冬奥会、冬残奥会筹办工作情况。

20日　根据市委编办《关于同意海淀区文化和旅游局加挂海淀区文物局牌子的批复》，海淀区文化和旅游局加挂北京市海淀区文物局牌子。12月21日，海淀区文物局挂牌。

27日　北京微芯区块链与边缘计算研究院发布国内首个自主可控区块链软硬件技术体系——“长安链”（ChainMaker）。

30日　由天天电竞联合北京五矿君澜酒店打造的5G电竞中心落地海淀，成为国家级电竞赛事CMEL指定比赛空间。

是月　中关村东升科技园三期开工建设，总规划建设用地面积约11.2公顷，总建设规模约30万平方米。

2月

2日　海淀区“两区”建设工作领导小组召开第一次全体会，审议《关于2020年海淀区“两区”建设工作情况及2021年重点任务的汇报》《海淀区“两区”建设工作领导小组工作规则》和《海淀区“两区”建设工作领导小组办公室工作细则》。

5日　商务部副部长王受文到海淀区调研国家服务业扩大开放综合示范区建设工作。

7日　海淀（中关村科学城）城市大脑智能运营指挥中心（IOCC）系统正式投入运行。中心聚合全区13个委办局的35个业务系统。

同日　2020年度暨第十届“感动海淀”文明人物颁奖活动举行，10人获2020年度“感动海淀”文明人物提名奖，5个团队获2020年度“感动海淀”文明集体奖。

同日　十二届区委第十一轮巡察工作动员部署会召开。本轮巡察共派出10个巡察组，对区委办等19个单位党组织开展常规巡察。

9日晚　主题为“人民至上春潮百年，云帆扬海福牛万家”的2021年“海之春”新春文化季启动。本届文化季持续至3月中旬。

10日　教育部办公厅公布2020年度全国“智慧教育示范区”创建项目名单，海淀区入围。

同日　腊月二十九，主题为“共筑家国梦，共拼幸福年”的海淀首届网络春晚举行。

22日 市民康睦向圆明园管理处捐赠家藏的1933年版《实测圆明园长春园万春园遗址形势图》。

26日 市委副书记、市长陈吉宁到中关村软件园调研海淀区科技园区建设发展工作，强调加快产业转型升级，助力北京国际科技创新中心建设。

同日 区纪委十二届八次全会召开。会议表决通过《中国共产党北京市海淀区第十二届纪律检查委员会第八次全体会议工作报告》《中国共产党北京市海淀区第十二届纪律检查委员会第八次全体会议决议》。

3月

2日 2021年海淀区推进“两区”建设重点项目签约仪式举行，小米集团、字节跳动等13个重点项目签约。

8日 海淀区“两区”建设工作领导小组印发实施《关于促进中国（北京）自由贸易试验区科技创新片区海淀组团产业发展的若干支持政策》，包括10个方面38条措施，最高补贴1000万元。

11日 海淀区党史学习教育动员会召开。会议传达中央、北京市党史学习教育动员大会精神，部署全区党史学习教育工作任务。

15日 《北京市海淀区海绵城市专项规划》印发。

17日 区委全面深化改革委员会第十四次会议召开。会议审议《北京市海淀区贯彻落实〈关于深化矛盾纠纷源头预防前端化解，加强诉源治理的工作措施〉的实施细则》和《社会事业与民生保障改革专项小组设置调整及设立文化体制改革专项小组方案》，书面审议《海淀区2020年全面深化改革工作总结与2021年改革工作思路》和《关于进一步加强区委深改委会议议题管理，提高会议质量的若干措施》。

19日 区长王合生主持召开2021年海淀区深化“疏解整治促提升”促进首都生态文明与城乡环境建设推动首都高质量发展动员大会暨深入推进北京冬奥会冬残奥会筹办决战决胜动员部署大会。

同日 海淀区政法队伍教育整顿动员部署会召开。会议按照中央、市委的部署要求，对全区政法队伍教育整顿工作进行全面动员部署。

23日 蔡奇到海淀区调研数字经济发展情况，强调培育更多数字经济标杆企业。

同日 海淀区“气象大脑”初步建成，气象数据正式落地城市大脑智能运营指挥中心（IOCC）。

24日 海淀区2021年党建工作会议召开。会议总结2020年全区组织、宣传思想文化、统战和政法工作，全面部署2021年重点工作任务。

30日 全国人大常委会副委员长、全国妇联主席沈跃跃到海淀调研科技创新巾帼行动等相关工作。

31日 “相约北京”系列冬季体育赛事测试活动新闻发布会举行，宣布北京冬奥会和冬残奥会冰上项目测试包括冰球、冰壶、花样滑冰、短道速滑、速度滑冰、残奥冰球、轮椅冰壶7项冰上赛事，其中位于海淀区的首都体育馆、五棵松体育中心承担亚洲花样滑冰公开赛、短道速滑世界杯、冰球国内测试3项赛事和活动。

3月至12月 区档案馆开展“百名党员话党史”系列口述史采集活动，共收集照片千余张，音视频超200G，百名党员手写感悟语百余条。

4月

1日 《北京市海淀区国民经济和社会发展第十四个五年规划和二〇三五年远景目标纲要》印发。

2日 区政府印发《北京海淀三山五园国家文物保护利用示范区建设实施方案》，明确北京海淀三山五园国家文物保护利用示范区创建范围总面积约68.5平方千米，包括9项主要任务和示范项目，其中有关文物保护利用的主要任务占7项。

8日 由海淀人力资源公共服务中心主办的“中关村百校联盟校园招聘团”2021春季首场校园招聘会在北方工业大学开启。为期一个月的春招入校招聘为12所驻区高校毕业生提供1.3万个岗位。

11日 海淀企业北京紫光展锐科技有限公司宣布全球首款6nm 5G芯片虎贲T 7520实现量产。

13日 海淀区全面启动“十二个一”主题系列活动，庆祝中国共产党成立100周年。

15日 海淀区政务服务管理局与广东省佛山市政务服务数据管理局签订《政务服务“跨省通办”合作协议》，确定首批196项通办事项清单，在全国率先实现应用自主可控的长安链推进政务服务“跨省通办”。

18日 主题为“阅百年辉煌·谱科创新篇”的2021海淀区全民阅读活动启动。活动紧扣中国共产党成立100周年主题，推出“百书万人读，重温百年路”等区级重点活动和近千场主题活动。

19日 在清华大学建校110周年校庆日即将来临之际，中共中央总书记、国家主席、中央军委主席习近平到清华大学考察，代表党中央向清华大学全体师生员工和海内外校友致以节日的祝贺，向全国广大青年学生致以诚挚的问候。

20日 区政府与清华大学签署合作备忘录，双方在战略咨询与智库建设、科技创新与成果转化、人才培养与交流、教育合作与服务保障、文化创意与校园开放等领域展开深度合作。

同日 全国政法队伍教育整顿中央第一督导组北京小组第三下沉组到海淀开展督导工作，听取海淀区政法队伍教育整顿工作开展情况汇报，对教育整顿工作取得的成效予以肯定。

同日 中关村科技创新干部学院正式揭牌，学院为不定人员编制、不定领导职数、不定经费形式的事业单位，实行市场化运作。

21日 全区村和社区“两委”换届选举结束。换届选举涉及55个村、586个社区，共选出“两委”成员5682人。

22日 海淀“两区政策服务包”正式上线，集纳北京市“两区”建设100项政策和海淀区“两区”建设38项政策。

24日 百度公司联合中国火星探测工程发布全球首个火星车数字人。

26日至12月24日 2021中国·海淀高价值专利培育大赛举行。8个项目入围决赛，分获一、二、三等奖。

28日 2021年海淀区12个“两区”建设重点项目签约。其中，央企板块5个项目，重大基础设施和创新平台3个项目，领军企业新板块1个项目，人工智能领域独角兽企业1个项目，前沿科技企业2个项目。

同日至年底 以“悦动海淀”为主题的2021年系列促消费活动举办。活动围绕“3+1+N”框架展开，即3大主力活动平台、1项行业传统赛事、各行业领域企业的N项促消费活动，市场总消费同比增长13.2%。

29日 海淀区庆祝“五一”国际劳动节大会举行，表彰1名全国五一劳动奖状获得者、2名全国五一劳动奖章获得者、2个全国工人先锋号集体，表彰3名首都劳动奖状获得者、16名首都劳动奖章获得者、6个北京市工人先锋号集体。

5月

7日 蔡奇围绕减轻义务教育阶段学生作业负担和校外培训负担到海淀区调研，分别与中小学校长、校外培训机构代表座谈。陈吉宁一同调研座谈。

7日至8日 京津冀协同发展六城市（区）政协合作机制第三次会议在海淀召开。三地六城市（区）政协围绕“健全完善履职机制，助力高质量发展”“以京唐城际高铁建成开通为契机，共建京唐协同合作走廊”“发挥好专门协商机构作用，为京津冀协同发展贡献政协智慧和力量”等主题交流发言。

11日 四川省常务副省长罗文到小米科技园、快手科技、百度公司、君联资本、中关村并购母基金公司调研。市领导崔述强、区领导王合生一同调研。

12日 海淀区“智慧教育示范区”启动大会召开，“智慧教育示范区”创建项目正式揭牌，首批29所示范项目创建学校获得授牌，涵盖中、小、幼、职各个学段。

13日 全国政法队伍教育整顿中央第一督导组到海淀区下沉督导，听取海淀区政法队伍教育整顿工作汇报。

14日 北京2022年冬奥会和冬残奥会海淀区运行保障指挥部第一次全体会议召开，对测试活动进行总结，就下一步冬奥筹办工作再动员再部署。

18日 《中关村科学城数字经济创新发展三年行动计划（2021—2023年）》发布，涵盖5个方面15项具体行动，配套92个重点项目。

21日 区政务服务管理局与怀柔区政务服务管理局签署《政务服务“跨区通办”合作协议》，196个政务事项跨区通办。

22日 蔡奇围绕推动重大项目开工建设到海淀区北京通用人工智能创新园调研，陈吉宁一同调研。

22日至28日 全国科技活动周暨北京科技周主场活动在中关村国家自主创新示范区展示中心启动，150余个项目参展。北京“云上”科技周虚拟展厅同步上线。

23日至29日 科技教育·创享未来第七届“互联网+教育”创新周举办。创新周线上线下同步开展，包括开幕大会、10场平行论坛、3个教育工作坊以及名企考察、创新成果情景体验等内容。

25日 海淀区与湖北省丹江口市对口协作高层联席会召开。两地表示要更广泛地开展多层次、宽领域的务实合作，推进对口协作各项工作落地见效。

26日 区生态环境局与国网北京海淀供电公司签署《电力环保数据共享与创新合作框架协议》，探索“生态环境+电力”合作新模式。

28日至6月21日 第十五届海淀区商业服务业职业技能风采大赛举办，共举办168场比赛，67万人参赛，推出130个行业标准。

28日至9月28日 以“匠心智造·创领应急”为主题的首届全球智能应急装备大赛在海淀举办。来自海内外的160余个项目参赛，北京力升高科科技有限公司、大陆智源科技（北京）有限公司两家海淀企业获二等奖。

31日 《海淀区“十四五”时期老旧小区综合整治实施方案》印发。

同日 中国民主同盟北京市海淀区第六次代表大会召开，选举产生民盟海淀区第六届委员会和领导班子。

是月至12月28日 2021第九届“东升杯”国际创业大赛举行。大赛设32个国内分赛区和瑞士、俄罗斯、韩国、以色列等国际分赛区，覆盖30余个国家，在全球招募生命科学、数字经济、新能源/新材料三大领域的创新创业项目2160个。通过初赛—复赛—全球半决赛—全球总决赛的赛事体系，8个项目入围总决赛。

6月

1日（瑞士日内瓦时间） 世界卫生组织（WHO）宣布，中关村科学城企业——北京科兴中维生物技术有限公司研制的新冠灭活疫苗正式列入“紧急使用清单”（EUL），成为中国第二个被世卫组织列入“紧急使用清单”的新冠疫苗。

1日 北京智源人工智能研究院发布全球最大超大规模智能模型“悟道2.0”。“悟道2.0”在模型规模上达到1.75万亿参数，是GPT-3的10倍，创下全球最大预训练模型纪录。

同日 中国首个原创虚拟学生“华智冰”在海淀诞生。

2日 《2020年海淀区生态环境状况公报》（简称《公报》）发布。《公报》显示，2020年全区空气中细颗粒物（$PM_{2.5}$）年均浓度为36微克/立方米；累计优良天数292天，优良率79.8%；空气重污染天数为9天。

3日 海淀区（中关村科学城）与中国科学院签署深化战略合作协议，双方将在中关村科学城建设、打造人才高地、促进科教融合、加强社会治理等领域展开深度合作。

5日 中国民主促进会北京市海淀区第五次代表大会召开，选举产生民进海淀区第五届委员会和领导班子，审议通过决议。

6日 由中宣部、中央文明办举办的“文明在这里”主题采访报道启动仪式在海淀区新时代文明实践基地——宋庆龄青少年科技文化交流中心举行。采访报道将聚焦新时代文明实践中心试点建设重点工作，宣传各地特别是基层推进精神文明建设的新举措、新进展，讲好群众身边模范人物的故事。

同日 台盟北京市海淀区第六次盟员大会召开，宣布台盟北京市委对台盟北京市海淀区第六届工作委员会领导班子和领导机构的任命。

7日 海淀区第七次全国人口普查公报发布。此次普查以2020年11月1日零时为标准时点。公报显示：海淀区常住人口与2010年第六次全国人口普查相比减少14.8万人，年均下降0.5%。

8日 中国致公党北京市海淀区第五次代表大会召开，选举产生中国致公党北京市海淀区第五届委员会，审议通过决议。

10日 全国政协副主席刘奇葆率全国政协调研组，围绕“不可移动文物综合保护利用”主题，在圆明园遗址公园开展专题调研。

同日 全球首款96核区块链专用芯片在海淀发布。

11日 建党100周年庆祝活动海淀区服务保障动员部署会召开。会议强调要提高政治站位，高标准高质量出色完成好庆祝活动服务保障各项任务，向党和人民交上一份满意的答卷。

13日至14日 由腾讯游戏英雄联盟主办的第九届《英雄联盟》全国高校联赛总决赛在北京科技大学举办。来自全国的4支高校战队和8名选手参赛。江西软件职业技术大学HMG战队夺得冠军奖杯，武汉科技大学朱鎔浩获得总冠军。

16日 中国国民党革命委员会北京市海淀区第八届工作委员会成立大会召开，宣布民革海淀区第八届工作委员会组成人员的任命决定。

17日 区市场监管局发布20条创新创优服务措施，其中属于争取率先探索实施的创新措施12条、争取领先的创优措施8条。

19日 九三学社北京市海淀区第六次代表大会召开，选举产生九三学社海淀区第六届委员会和领导班子，审议通过决议。

20日 中国农工民主党北京市海淀区第五次代表大会召开，选举产生农工党海淀区第五届委员会和领导班子，审议通过决议。

21日 北京市海淀区乡村振兴局挂牌成立，海淀区农业农村局加挂“海淀区乡村振兴局”牌子，负责统筹推进全区实施乡村振兴战略工作。

22日至12月28日 海淀区“工匠杯”职业技能大赛举办，共评出55名行业工匠。

23日 海淀区18家“两新”组织党建品牌项目入围北京市100个“党建强、发展强”党建品牌项目。

24日 海淀区“两优一先”表彰大会暨“光荣在党50年”纪念章颁发仪式举行，表彰优秀共产党员、优秀党务工作者和先进基层党组织，向2.8万余名老党员颁发“光荣在党50年”纪念章。

25日 于军为全区党员干部上党史学习教育专题党课。

26日 中国民主建国会北京市海淀区第六次代表大会召开，选举产生民建海淀区第六届委员会和领导班子。

7月

2日 区委理论学习中心组举行学习（扩大）会议，围绕习近平总书记在庆祝中国共产党成立100周年大会上的重要讲话精神开展专题交流研讨，进一步感悟党的百年光辉历程和丰功伟绩，持续推动党史学习教育走深走实。

4日 由航天科技集团五院抓总研制的中国空间站核心舱机械臂托举航天员刘伯明到指定位置完成出舱操作，中国空间站阶段航天员首次出舱活动取得圆满成功。

8日 《海淀区国家森林城市建设总体规划（2021—2035年）》印发。

8日至10月底 主题为“千秋基业百年追寻”的第十届中关村国际青年艺术季举办，包括55项100余场活动。

12日 蔡奇通过“四不两直”方式到海淀区检查强降雨应对工作。11日至12日，京津冀地区出现大范围强降雨天气，全市普降暴雨到大暴雨。

13日 蔡奇到海淀区走访调研高科技企业，强调政府要当好“服务管家”，不断完善“服务包”制度，为企业在京发展营造一流营商环境。

17日9时22分 长征二号F运载火箭点火起飞。由海淀区企业利亚德提供LED指挥显示系统的酒泉卫星发射中心和北京航天飞行控制中心，实现多指挥厅协同控制与多部门信息互联互通，全方位保障发射任务顺利进行。

20日 主题为“新时代·新征程·新作为”的2021两岸青年交流合作北京峰会在中关村壹号举行。本届峰会包括主论坛、京台青年参访体验、交友联谊会等活动。

21日 海淀区红色资源传承利用新闻发布会举行，策划推出“红色海淀VR行”活动，发布“地图+党史+VR”海淀红色遗存地图和《中国共产党北京市海淀区历史（1922—2012）》。

22日 海淀企业北京未来智安科技有限公司发布国内首个XDR扩展威胁检测与响应平台产品XDR2.0，该产品有效填补了扩展威胁检测和响应产品的国内市场空白。

22日至12月 主题为“青创北京·联动梦想”的2021年“创青春—中关村U30”活动举行。在30位年度优胜选手中，包括5位女性创业者，73%的获胜选手受教育水平在硕士及以上，11位拥有海外求学背景。超过80%的获胜选手从事与技术、科研相关的初创项目，行业覆盖人工智能、大数据、智能制造、医疗健康、节能环保等，为社会提供超2000个就业机会。

23日 2021年“北京消费季”暨“北京智能消费节北京信息消费节”在中关村壹号启动。其间，全市10余个重点商圈、300余家品牌企业、2000余家门店，联动开展百余项促消费活动，发放10亿元智能消费券、信息消费券。消费节持续至9月底。

28日 北京市首个爱心驿站——青龙桥街道“家缘驿站”揭牌，将为新就业群体提供休息、饮水、充电、学习、活动等服务。

同日至12月 2021中关村金融科技系列活动举办，包括10余次金融机构、科技企业“10+10”系列对接会以及需求发布、技术路演等。金融科技国际创新大赛同时启动。

29日 中国共产党成立100周年海淀区庆祝活动服务保障工作总结大会召开。

是月至12月 “2021北京消费季·悦动海淀”第十七届海淀品牌消费节以线上线下相结合的方式举行。

8月

2日至3日 2021全球数字经济大会举行，海淀区分会场以“数字创新核心引擎”为主题，举办启动仪式和6场平行论坛。

3日 《海淀区“十四五”时期生态文明建设规划》印发。

同日 在2021全球数字经济大会航天卫星与空间大数据论坛上，海淀企业航天宏图信息技术股份有限公司发布国内首个分布式商业雷达卫星星座——“航天宏图一号”卫星星座，采用由一颗主星三颗副星伴飞的干涉雷达遥感卫星的模式，一发三收；海淀企业北京国电高科科技有限公司正式宣布国内首个低轨物联网星座——“天启星座”第一阶段组网完成。

5日 蔡奇到海淀区国兴家园小区检查疫情防控工作，了解居民生活必需品供应情况。

9日 海淀水务大脑“水生态环境驾驶舱”完成建设，实现辖区水环境问题“监测—预警—事件—派发—处置”全流程监管。

10日至13日 “创客北京2021”创新创业大赛海淀区级赛举行。赛事全程采用线上云路演方式进行，共有549个项目参赛，海淀区100个企业和项目晋级北京市级赛，其中高精尖产业领域项目占比78%。

18日 北京市规划和自然资源委员会发布本年度第二批次商品住宅用地挂牌公告，海淀区4宗商品住宅地块正式挂牌，总用地规模11.5公顷，建筑规模16.98万平方米。

19日 北京碧水源科技股份有限公司开发的国内首条全部国产化的PENF（聚乙烯基纳滤膜）高效选择性纳滤膜生产线建成投产。

22日 区政府印发《关于在全区开展法治宣传教育的第八个五年规划（2021—2025年）》。

23日 瑞泽家园共有产权房项目主体结构正式完成封顶。该项目总用地面积约6.5万平方米、建筑规模约22万平方米，建设房屋1518套、车位1837个。

24日 海淀区召开“两区”（海淀组团）建设一周年新闻发布会，一年累计签约重大项目67个，18项数字新基建项目稳步推进。

25日 陈吉宁调研金融科技企业和金科新区建设工作。

26日 市人大常委会主任李伟到上地街道人大代表之家基层立法联系点开展调研，听取对《北京市接诉即办工作条例（草案二次审议稿）》及相关工作的意见建议。

30日 国际标准化组织（ISO）和国际电工委员会（IEC）官网发布国际标准《医用电气设备第2-90部分：高流量呼吸治疗设备的基本安全和基本性能专用要求》（标准号：ISO 80601-2-90：2021）。该项标准是中国主导制定的首个新冠肺炎疫情防控医疗器械国际标准，海淀企业北京怡和嘉业医疗科技股份有限公司陈兴文为项目召集人。

9月

2日至7日 以“数字开启未来，服务促进发展”为主题的2021年中国国际服务贸易交易会（简称服贸会）在京举办，海淀区主办央视北京对话会、2021数字贸易发展论坛和“海淀之夜”推介发布会3项活动。全区有325家企业线上参展，28个项目达成合作意向，意向签约金额超过15亿美元。

3日 2021年服贸会“海淀之夜”专场推介活动举办。活动现场进行海淀“两区”建设情况介绍及营商环境推介，发布海淀“两区”一周年建设观察，举行“两区”建设重点企业签约仪式。

6日 2021“智汇·海淀”人才主题周开幕式暨“星耀海淀”人才峰会举办。现场发布《北京市海淀区人才资源统计报告（2020）》和海淀“人才链接”行动计划，“中关村科学城科学家创新服务平台”合作签约，“海淀区国际人才对接服务平台”揭牌。人才主题周持续至10日，开设“1+3+6”十大特色主题活动板块，70余场主题活动。

同日 海淀区发布《关于加快推进“十四五”北京国际科技创新中心核心区建设深化央地人才一体化发展的若干措施》，涵盖人才智库建设、人才交流合作、人才联合培养、科技成果转化等方面，共12条。

7日 陈吉宁到海淀区调研高科技企业创新发展情况。

同日 海淀区“未来农业”人才会客厅启动，发布海淀区发展“未来农业”、推进乡村振兴人才工作10项任务举措。

13日 市委常委、统战部部长孙梅君，市人大常委会、市委统战部有关领导和市相关单位负责人，到海淀区专题调研《北京市宗教事务条例》贯彻实施情况。

13日至17日 “大V冬奥行”首站在五棵松体育中心举行，来自巴西、俄罗斯、英国等国家的“大V”们，走进北京、延庆、张家口三大赛区，传播中国声音、讲好冬奥故事。

16日 庆祝中国共产党成立100周年暨海淀区人大设立常委会40周年大会召开。

17日 北京市首个工商联融媒体中心——海淀工商联融媒体中心（海淀融媒工商联分中心）揭牌成立，海淀工商联融媒体发布厅同步启动。区工商联发布“2021北京民营企业百强榜单海淀上榜情况”，海淀企业获140个奖项，占全市的近三分之一。

24日 国家主席习近平向2021中关村论坛视频致贺。

同日 “2021中关村论坛区块链与数字经济发展论坛”举行。论坛上，发起成立长安链生态联盟，发布国内首个自主可控区块链软硬件体系长安链及区块链专用芯片等重大成果。

同日至26日 BIGC2021北京国际游戏创新大会在海淀召开。大会以“创新·引领·融合”为主题，围绕6个主题举行百余场主题分享会，为全球游戏产业创新发展提供思路和解决方案；伽马数据发布《2021中国游戏创新及发展趋势报告》。

同日至28日 2021中关村论坛在海淀举行。本届论坛以“智慧·健康·碳中和”为年度主题，重点围绕论坛会议、展览展示、成果发布、前沿大赛、技术交易、配套活动等6大板块，开展各类活动60场，同时举办贯穿全年的常态化系列活动。中关村论坛升级为面向全球科技创新交流合作的国家级平台。

25日 由海淀区人民政府等主办的2021中关村论坛金融科技平行论坛举行。论坛以“数字经济下的金融科技治理”为主题，发布国内首家金融科技开发测试平台——北京金科新区开发与测试平台。

25日至26日 北京市海淀区第八次归侨侨眷代表大会召开，选举产生区侨联第八届委员会。

26日 2021中关村论坛平行论坛“量子科技发展与未来论坛”举办。北京量子信息科学研究院发布长寿命超导量子比特芯片，突破500微秒大关，创造新的世界纪录。

27日 全球首款城市大脑实体产品“脑库”面世。“脑库”是由中关村科学城城市大脑股份有限公司开发的、集软硬件一体化的产品，让城市大脑在全球范围内首次实现具象化。

同日 中关村国际技术交易大会发布百项新技术、新产品，包括新一代信息技术及集成电路领域28项、人工智能14项、智能制造5项、生物医药10项、高端医疗器械15项、新能源新材料16项、节能环保10项以及高端装备2项。

同日 庆祝中国共产党成立100周年暨海淀区政协成立40周年大会召开。

同日 海淀区“七五”普法总结表彰暨“八五”普法启动大会召开，总结交流“七五”普法经验，部署“八五”普法工作任务。

27日至28日 联合国《生物多样性公约》缔约方大会第十五次会议（COP15）非政府平行论坛发布“全球生物多样性100+案例”，海淀区“中关村众享荟生境花园”和“北京大学校园自然保护小区”2个项目入选。

27日至10月22日 2021年中关村5G创新应用大赛在海淀举办。大赛共征集项目330项，筛选100项优质项目进入分领域决赛，决出一等奖2名、二等奖4名、三等奖4名。

29日 陈吉宁到蓝润大厦调研经济社会发展情况。

10月

9日 海淀区生物多样性保护成果发布，区内共有野生植物614种，其中蕨类植物20种、裸子植物2种、被子植物592种；有10余种哺乳动物，鸟类470种，两栖爬行动物10种。

9日至11日 第五届中国“网络文学+”大会在海淀举行。大会以“网颂百年文谱新篇”为主题，包括开幕式、论坛、文创市集、闭幕盛典等系列活动。大会发布《2020中国网络文学发展报告》。报告显示：2020年，中国网络文学市场规模达到249.8亿元，网络文学用户规模达到4.6亿人，创作2905.9万部网络文学作品，网络文学作者累计超过2130万人。

13日至16日 北京2022年冬奥会测试赛“相约北京”系列冬季体育赛事之2021至2022赛季亚洲花样滑冰公开赛在首都体育馆举办。公开赛设男子单人滑、女子单人滑、双人滑、冰上舞蹈4个小项，来自9个国家和地区的31名运动员参赛。

14日18时51分 由北京航空航天大学牵头的亚太空间合作组织大学生小卫星项目北航亚太一号（APSCO-SSS-1）在太原卫星发射中心搭乘长征二号丁运载火箭成功发射。

同日 海淀区被生态环境部授予第五批“国家生态文明建设示范区”称号。

同日至15日 在上海举办的2021全球智慧城市大会上，海淀城市大脑获全球智慧城市大奖中国区“使能技术大奖”。

19日 首届中国北京国际种业论坛在海淀举办。国内外嘉宾围绕种业政策创新与保障、种质资源开发与利用、前沿技术应用与监管、种业知识产权保护与维权、国际贸易与合作、企业创新与发展等内容进行研讨。

19日至25日 2021年全国大众创业万众创新活动周（简称“双创周”）北京会场暨中关村创新创业季举行。“双创周”北京会场以“高质量创新创造，高水平创业就业”为主题，包括举办启动仪式、主题展示、创新创业成果发布、大赛路演等系列活动。

20日 十二届区委召开第五次议军会，研究国防后备力量建设、支持驻区部队发展等工作。

21日至24日 2021至2022国际滑联短道速滑世界杯在首都体育馆举办。赛事共设9个小项，来自37个国家和地区的232名运动员参赛。

22日 昆明湖、广源闸入选北京市第一批水利遗产名录。

25日 中国电建集团科技创新产业园项目开工建设，建筑面积约33.1万平方米。

28日 中共海淀区第十二届纪律检查委员会第九次全体会议召开。会议表决通过《中国共产党北京市海淀区纪律检查委员会向中国共产党北京市海淀区第十三次代表大会的工作报告（审议稿）》和《中国共产党北京市海淀区第十二届纪律检查委员会第九次全体会议决议（草案）》。

31日 北京市海淀区人民政府办公室加挂北京市海淀区人民政府港澳事务办公室牌子。

是月 北京市重点工程——中关村移动智能服务创新园项目通过竣工验收。园区总建筑面积约34万平方米，定位为移动互联及高智能高科技创新产业。

11月

2日 2021年北京市“3个100”重点工程（100个重特大基础设施建设项目、100个重特大改善民生项目、100个科技创新及高技术产业链项目）——北京协同创新园项目（一期）开工建设，建筑面积11.14万平方米。

3日 2020年度国家科学技术奖励大会在北京举行。北京市共有64个项目获国家科学技术奖，其中海淀区驻区单位（第一完成单位）主持完成的42个项目获奖，占北京市获奖项目总数的66%，占全国获奖项目总数的16%。

5日晚 中央广播电视总台《新闻联播》播出《北京海淀：科技赋能为冬奥会服务保障提供有力支撑》新闻，播放区委书记于军接受中央广播电视总台《新闻联播》《焦点访谈》栏目采访，就海淀区筹办保障冬奥测试赛、科技赋能冬奥等情况回答记者提问。

7日至10日 冰球国内测试活动在五棵松体育中心举办，4支北京男子冰球队参加。

11日 《北京市海淀区“十四五”时期农村城市化规划》印发。

13日 市委书记、北京冬奥组委主席蔡奇到北京冬奥会、冬残奥会北京赛区，检查场馆疫情防控和筹办工作。

15日 文化和旅游部公布第一批国家级夜间文化和旅游消费集聚区名单，华熙LIVE·五棵松上榜。

18日 海淀区国家数字农业创新应用基地建设项目（设施蔬菜）启动，是海淀区首次承接的国家级农业建设项目。

19日 海淀区通过北京市核酸检测组织实施能力验收。

24日 中关村科学城“十四五”时期主要目标和重点工作发布。主要目标：基本建成国际一流科学城；经济总量突破1.3万亿元并保持稳定增长态势，国家级高新技术企业总量达到1.2万家；数字经济核心产业基本形成特色现代产业体系。重点工作：进一步强化基础前沿布局；引领产业高能级发展；突出企业创新主体地位；完善“创新雨林”

生态体系；深入推进创新政策先行先试。

25日 中关村科学城企业——摩尔线程智能科技（北京）有限责任公司宣布，首颗国产全功能GPU芯片研制成功，完成芯片的逻辑设计项目。

同日 海淀企业小马智行科技有限公司获北京市智能网联汽车政策先行区首批“自动驾驶出行服务商业化试点许可”，获准向公众提供商业化的自动驾驶出行服务。

26日 蔡奇到清华大学宣讲党的十九届六中全会精神。

27日至28日 区长王合生率队赴内蒙古自治区兴安盟科右前旗、科右中旗考察对接东西部协作工作。

29日 陈吉宁到北京大学宣讲党的十九届六中全会精神。

同日 区委召开全区“以案为鉴、以案促改”警示教育大会。

同日至30日 区委书记于军率队赴内蒙古自治区赤峰市敖汉旗考察对接东西部协作工作。

下旬 北京通用人工智能创新园正式开工建设。园区建筑面积9.7万平方米，建筑高度13.4米，建成后主要用于承载通用人工智能模型算力平台以及相关技术成果产业化落地。

12月

1日 中国红十字会党组成员、副会长尹德明到海淀区调研“博爱家园”项目建设情况。

2日 《海淀区“十四五”时期宣传思想文化旅游发展规划和二〇三五年远景目标纲要》印发。

同日 北京市学习贯彻党的十九届六中全会精神宣讲团报告会在海淀区举行，通过视频系统以区委理论学习中心组学习（扩大）会形式在全区范围内召开。

5日至7日 中国共产党北京市海淀区第十三次代表大会召开。于军作题为《深耕试验田 当好排头兵 加快建设北京国际科技创新中心核心区 奋力打造以首都发展为统领的现代化强区高品质海淀》的报告。大会选举产生中共北京市海淀区第十三届委员会委员、中共北京市海淀区第十三届纪律检查委员会委员，于军当选为书记，王合生、张强当选为副书记；通过《中国共产党北京市海淀区第十三次代表大会关于中国共产党北京市海淀区第十二届委员会报告的决议》和《中国共产党北京市海淀区第十三次代表大会关于中国共产党北京市海淀区第十二届纪律检查委员会工作报告的决议》。

8日 国家药品监督管理局应急局批准海淀企业腾盛华创医药技术（北京）有限公司的新冠病毒中和抗体联合治疗药物安巴韦单抗注射液（BRII-196）及罗米司韦单抗注射液（BRII-198）的注册申请。此药为中国首个抗新冠病毒特效药。

9日 2021海淀高科技高成长项目“海淀明日之星”名单揭晓，25家高科技企业上榜，覆盖软件、硬件、生命科学、新媒体、通信、互联网和相关服务。

10日至12日 中国人民政治协商会议北京市海淀区第十一届委员会第一次会议举行。大会通过《中国人民政治协商会议北京市海淀区第十一届委员会第一次会议决议》，选举产生政协北京市海淀区第十一届委员会主席、副主席、秘书长、常务委员。

15日 在平安中国建设表彰大会上，海淀区被授予“2017—2020年度平安中国建设示范区”称号。

15日至18日 北京市海淀区第十七届人民代表大会第一次会议举行。会议表决通过海淀区第十七届人民代表大会第一次会议关于海淀区人民政府工作报告的决议等6项决议；选举海淀区第十七届人民代表大会常务委员会主任、副主任和委员，海淀区人民政府区长、副区长，海淀区监察委员会主任，海淀区人民法院院长，海淀区人民检察院检察长；表决通过海淀区第十七届人民代表大会各专门委员会主任委员、副主任委员、委员名单。王合生当选为海淀区人民政府区长。

16日 全球首个AI辅助诊断眼科多病种临床试验在海淀完成。

21日 海淀区印发《海淀区“十四五”时期法治政府建设规划》。

24日 北京市海淀区工商业联合会（商会）第十一次代表大会召开，选举产生第十一届执行委员会。

27日 于军、王合生到延庆区开展结对协作工作，围绕《北京市生态涵养区生态保护和绿色发展条例》和推动结对协作、加速协同发展，与延庆区进行交流研讨。

同日 百度在线网络技术（北京）有限公司发布首个国产元宇宙产品——“希壤”。用户可通过手机App、VR一体机、PC桌面版客户端进入体验。

同日 《“十四五”时期“智慧海淀”建设规划》印发。

同日 《海淀区“十四五”时期妇女儿童发展规划》印发。

31日 《海淀区“十四五”时期教育改革和发展规划》印发。

是月 中关村西三旗（金隅）科技园一期通过竣工验收，项目总建筑面积约22.5万平方米。园区被列入“全国科技创新中心建设重点任务”名单。

年底 区重点民生工程——天合家园2310套安置房交付入住。

至年底 海淀区“两区”建设84项任务落地。在库项目313个，其中外资项目114个；形成11项创新实践案例，其中《京津冀联动的全球化协同创新服务模式》案例入选“北京市建设国家服务业扩大开放综合示范区的首批最佳实践案例”，并向全国复制推广。

年内 14项重点改革任务和46项专项改革任务完成。

年内 海淀区完成34件重要民生实事项目，分为8个方面，其中优化基本公共服务7项、改善群众居住条件3项、提升生活便利性3项、方便群众出行4项、营造生态宜居环境5项、丰富文体生活2项、保障群众安全5项、提高保障水平5项。

年内 《“水清岸绿”行动计划（2020—2025年）》完成11个项目、在施9个项目、提前启动1个储备项目。

年内 海淀区安排区级财政帮扶专项资金8000万元，支持6个东西部扶贫协作结对地区的47个区级援助项目。

年内 全区拆除违法建设236.4万平方米，腾退土地面积248.3公顷，超额完成拆违腾地市政府折子任务。

年内 西北旺镇屯佃村、永丰屯村，温泉镇温泉村、白家疃村，苏家坨镇西小营村、后沙涧村，上庄镇西闸村，东升镇马坊村共8个村完成美丽乡村建设工程。

年内 全区继续开展新冠肺炎疫苗接种、核酸检测、医疗救治等新冠肺炎疫情常态化防控工作。

（钟冷）

中国共产党成立
100周年庆祝活动

2022
北京海淀年鉴

【概况】 2021年，海淀区开展庆祝中国共产党成立100周年系列活动。开展“初心向党庆百年 科技领航再出发”十二个一批主题活动。聚焦习近平总书记“七一”重要讲话精神，组织党员领导干部、基层党组织书记、先进典型开展专题党课1452次，召开专题组织生活会1029次。搭建区理论宣讲直播平台，邀请专家学者开展5场专题理论宣讲报告会，微信、抖音、快手点击量累计超过530万人次。开展“永远跟党走”“弘扬新时代中关村精神”“我为群众办实事”“决战脱贫攻坚”等主题宣讲，构建现场、网络宣讲立体化格局，线上线下受众超750万人次。

创新活动形式。推出微故事党课，开展“海淀红色记忆”微故事征集展示活动，组织党员以支部主题党日活动形式，月月有主题。在香山革命纪念地组织新党员代表集中宣誓活动，各基层党组织就近就便利用红色资源举行新党员入党宣誓仪式和党员重温入党誓词活动，教育引导广大党员坚定理想信念，进一步增强政治自觉和行动自觉。向全区2.8万余名老党员颁发“光荣在党50年”纪念章。组织全区党员干部群众参观“不忘初心、牢记使命”“不朽的功勋——李大钊生平事迹展”等重点专题展览。全区爱国主义教育场所接待党员干部群众350万人次。开展“唱支山歌给党听”主题线上歌曲展演活动。推出原创舞剧《长城》，广播剧《播火者》，纪录片《百年历程》，宣传片《永远跟党走 逐梦薪火传》，红色歌曲《新征程》《海淀告诉你》等文艺作品和《中国共产党北京市海淀区历史（1922—2012）》《五湖四海》等出版物。依托“红色海淀”公众号创办《建党百年》专刊，推广鲜活经验，固化经验做法，形成长效机制。举办庆祝建党100周年主题征文、楹联、绘画、诗歌朗诵会、百景图巡展。

推选全国先进基层党组织1个，北京市优秀共产党员24名、北京市优秀党务工作者9名、北京市优秀基层党组织书记7名、北京市先进基层党组织16个，命名表彰海淀区优秀共产党员100名、优秀党务工作者100名、先进基层党组织100个。

（王文彦 韩松）

【农村系统建党100周年系列活动】 年内，区农业农村局组织7个镇和玉渊潭总公司共计360余人，完成农村系统参加建党100周年天安门广场庆祝活动和文艺演出观演活动服务保障任务。5月至6月，完成建党100周年庆典和平鸽（信鸽）天安门广场放飞演出活动的产地检疫工作。举办“大美乡村”美术作品展，引导各镇村党员群众文艺爱好者通过诗词书画等作品，展示海淀乡村的美好变化。策划“我的村庄”原创歌会，8位村民推介《风过稻香小镇》等8首村歌，在北京电视台播出，唱出对家乡的热爱、对党的感恩之情。制作整建制农转非纪录片、纪实册，留存这一伟大民生工程的经典瞬间。组织党员干部走进海淀镇乡情村史馆等红色教育基地，感受党领导下海淀农村地区的巨大变化。指导农村系统7个镇组织丰富的庆祝活动，共庆百年华诞。

（潘高峰）

【庆祝中国共产党成立100周年系列活动方案发布】 3月23日，“百年辉煌 我心向党”——海淀区组织系统庆祝中国共产党成立100周年倒计时100天系列活动在香山革命纪念地启动，发布《“百年奋进初心路 风华正茂新征程”海淀区组织系统庆祝中国共产党成立100周年系列活动方案》（简称《方案》）。《方案》以“学党史、悟思想、办实事、开新局”为主线，设置“学习”“活动”“榜样”“实干”4个篇章，包括“云瞻圣地、党性铸魂”云端党课和“打卡红色地标·同绘红色地图”“百名英才话初心”“做‘三牛’话‘三心’”微展示等18项主题活动。“学史力行办实事”专项行动、“学百年党史、汲奋进力量”线上学习答题活动同时启动。“学史力行办实事”专项行动是落实开展“我为群众办实事”实践活动的具体举措，通过“七个一批”聚焦“民生建设”、聚焦“接诉即办”、聚焦“政务服务”、聚焦“企业发展”、聚焦“文明实践”、聚焦“为民服务”，组织全区基层党组织、广大党员立足本职，紧扣“七有”要求和“五性”需求，着力解决一批群众身边的操心事、烦心事、揪心事，让群众有更多获得感和幸福感。区委书记于军，区委副书记张强，区委常委、组织部部长张若冰出席活动。

（钟冷 王文彦）

【线上接力为党祝福活动】 3月23日，区委组织部开展“星火传递 为党祝福”线上接力祝福活动。区领导于军、张强、鲍雷、吴计亮、张若冰，中华人民共和国成立前的老党员代表李守忠，香山革命纪念地老党员肖士国，全国脱贫攻坚先进个人马向涛，全国抗疫先进个人贾秀杰，非公企业党员代表邵泽营共同启动线上接力祝福活动。活动号召全区党员共同将为党祝福的声音通过网络互动，从香山革命纪念地出发，传递至全区、全市乃至全国。

（钟冷）

【“三百”党课进基层活动】 4月8日，海淀区“三百”党课进基层活动在中关村互联网教育创新中心中关村学习强国线下体验空间启动。张若冰出席活动并作动员讲话。“三百”党课进基层活动为全区庆祝中国共产党成立100周年系列活动的18项特色主题活动之一。区委组织部、区委党校依托全区33家基层分校，以专题党课形式，开展党员教育培训，在全区开展“三百”党课进基层活动。组织百名领导干部上讲台、百名理论骨干下基层、百堂优秀党课进村居，通过讲理论、话思想、谈奋斗，把广大党员干部的思想认识和决心意志，凝聚到“奋斗‘十四五’、奋进新征程”上来。活动持续至7月。

（钟冷）

【千名职工绣党旗】 4月22日，由北京市总工会主办、中关村科学城总工会协办的“首都职工心向党，同心接力绣党旗”活动收针仪式在新浪公司举行。绣党旗活动是中关村科学城总工会“学党史、听党话、跟党走”职工主题宣传教育的一项重要内容，由11家非公企业的千余名职工同心接力，用30余万针绣制而成。党旗长10米、宽6.7米，向中国共产党百年华诞献上一份特殊礼物。活动现场，面对绣制的鲜红党旗，全体党员重温入党誓词，齐声合唱《没有共产党就没有新中国》，续写对党的忠诚。

（钟冷）

【中关村科学城庆祝建党百年主题活动】 6月8日，中关村科学城举办庆祝中国共产党成立100周年主题活动。活动以“使命传承 科创领航”为主题，分为“忆·百年”“传·初心”“领·发展”三大篇章。在第一篇章“忆·百年”中，80米的党史百年长廊，回顾和展示中国共产党百年光辉历史；中关村科学城党建展板，展示从“电子一条街”到科学城的发展轨迹，讲述在党的领导下中关村人的创新奋斗史；《庆百年华诞》视频中，科学城党员干部、职工群众，以传递党旗、传递祝福的方式，表达对党的祝福。第二篇章“传·初心”是重点，《颂世纪华章》视频回顾新中国的发展历程；主题视频《使命传承科创领航》通过采访多名党员代表，将企业和党员如何在党的引领下创造出源源不断的科技成就娓娓道来；举办百个先进基层党组织、百名优秀共产党员、百名优秀党务工作者、百个党建挚友以及创新工匠颁奖仪式；在数十万针绣出的巨幅党旗下，科学城预备党员代表进行庄重的入党宣誓，在场全体党员重温入党誓词。在第三篇章“领·发展”中，一场科技旗帜秀展现科学城科技企业立于潮头、改革创新、自立自强的奋斗精神；原创诗歌《红色的科创》，表达党建引领科技创新的初心和信心；北京海淀中关村科学城创新合伙人党建联合会正式启动。市委组织部有关领导，区委书记、中关村科学城党工委书记于军，区委副书记、中关村科学城党工委副书记、管委会副主任张强出席会议。区四套班子其他领导，各委办局、街镇主要领导，企业职工代表600余人参加主题活动。

（钟冷　万清）

【“百年壮丽百年辉煌”文艺汇演】 6月8日，区直机关工委在海淀工人文化宫举办“百年壮丽百年辉煌”文艺汇演，拉开区直机关系统“永远跟党走 奋进新征程”主题宣传活动序幕，来自全区27个部门的400余名党员干部参加演出。文艺汇演运用音乐、舞蹈、诗朗诵、多媒体等舞台手段，重温红色经典，感悟中国共产党百年辉煌。区领导于军、王合生、刘长利、刘勇、张强、鲍雷、任武军、吴计亮等，区人大常委会、区政府、区政协、区总工会相关领导以及区直机关系统党员干部、群众代表观看演出。

（杜宇）

【“两新”组织庆祝建党百年主题活动】 6月23日，以“奋进百年路，礼赞新时代”为主题的海淀区“两新”组织庆祝中国共产党成立100周年主题活动在中关村逐梦启航地——中关村西区举办。市委组织部副部长、市委“两新”工委副书记徐颖，区领导于军、王合生、张强、鲍雷、任武军、吴计亮、张若冰参加。活动包括主题展览、主题活动两部分。在主题展览·百年“新语”篇章，与会领导参观庆祝建党百年主题展。该展览通过内容翔实的陈列，展示中关村探索创新驱动、坚持创新发展的发展史。在主题活动·时代“新海”篇章，开场视频《“新”帆之程——海淀区“两新”组织党建发展历程》全面回顾海淀区“两新”组织党建工作的努力和探索；来自海淀区民办学校、民办医院、律师行业党组织的党员代表们演唱《山河已无恙》《党旗飘扬的方向》《向往》等歌曲。非公企业家代表和社会组织代表，生动讲述创新创业历程，讲述企业在爱党、爱国、创新、诚信、社会责任和国际视野等方面的做法。“百名英才话初心”活动同时开启，来自全区各行各业的100余名专家人才代表，以视频方式为中国共产党成立100周年献上祝福。现场举行100家“党建强、发展强”“两新”组织党组织颁奖仪式。海淀街道携手非公企业和社会组织、驻区高校、科研院所等各领域“创新合伙人”，共同发出“弘扬新时代中关村精神，百年起点再出发”的集体倡议。于军代表区委区政府讲话，强调要深入学习贯彻习近平总书记关于非公有制经济发展和非公企业党建等重要论述，不断提高“两新”组织党建工作质量，使党建工作成为“两新”组织发展的持久动力和重要保障。

（王文彦　钟冷）

【海淀区“两优一先”表彰大会暨“光荣在党50年”纪念章颁发仪式举行】 6月24日，由区委组织部主办的海淀区“两优一先”表彰大会暨“光荣在党50年”纪念章颁发仪式在中关村国家自主创新示范区展示中心举行。于军、王合生、刘长利、刘勇、张强等区领导在主会场出席活动。活动分为“传精神、学榜样、办实事”3个篇章。张强宣读区委关于表彰海淀区优秀共产党员、优秀党务工作者和先进基层党组织的决定，授予张庆彬等100名共产党员“海淀区优秀共产党员”称号、黎越等100名党务工作者“海淀区优秀党务工作者”称号、海淀区万寿路街道永定路西里社区党委等100个党组织“海淀区先进基层党组织”称号，区领导为“两优一先”代表颁奖。王合生宣读致敬词，与会人员观看宣传片《永远跟党走 筑梦薪火传》，与会领导为老党员代表颁发“光荣在党50年”纪念章。受表彰的先进集体和个人代表进行交流发言。中国人民解放军309医院原副院长邓传福、北京市长河工业公司原党总支书记王淑贤、原炮兵管理处幼儿园园长肖士国3位老党员分别结合自身经历，寄语全区广大党员。党中央决定2021年首次颁发“光荣在党50年”纪念章。全区有2.8万余名老党员获颁纪念章。现场向第六批“强基础、解难题、促发展”党建工作组授旗，将继续解决群众身边的“急难愁盼”问题，进一步提升人民群众的获得感和幸福感。8位“两优一先”代表发言。全体党员面对党旗，由于军领誓，重温入党誓词。会议以视频形式在全区范围内召开，区委、区人大常委会、区政府、区政协领导，区委党建工作领导小组成员，区“两优一先”表彰对象代表和“光荣在党50年”纪念章颁发对象代表在主会场参会，全区各单位领导班子成员在分会场观看海淀融媒的网络直播。

（王文彦　钟冷）

【新党员代表集中入党宣誓活动】 6月25日，海淀区举行新党员代表集中入党宣誓暨传承弘扬香山革命到底精神活动，区领导于军、刘长利、刘勇、张强、鲍雷、张劲林、任武军、吴计亮参加。在第一阶段“重走进京路、忆先辈印迹”活动中，区领导们以进京赶考第一站“清华园车站”为起点，沿“清华园车站—颐和园益寿堂—西郊机场—香山双清别墅”的主路线，重走先辈进京之路，重温海淀红色历程，追忆老一辈革命家的伟大革命精神。第二阶段活动，香山街道介绍进一步传承弘扬香山革命到底精神行动方案，与会领导共同为海淀区“红色之旅”第一站揭牌，于军带领全区各领域、行业新党员代表进行入党宣誓，全场党员重温入党誓词。活动进一步教育引导全区各级党组织、广大党员干部铭记香山革命历史，弘扬伟大革命精神，以“赶考”状态继续前进，为加快建设现代化国际化创新型宜居宜业城区和北京国际科技创新中心核心区作出更大贡献。

（钟冷）

【百家企业礼赞建党百年大型文化系列活动】 6月25日，由区文旅局主办、区文化馆（北馆）承办、实创股份公司协办的“百年伟业正青春”——海淀区驻区企业礼赞建党百年大型文化主题活动举行，副区长陈朝晖出席活动。活动发布由区文旅局策划出品，著名作曲家姚峰全新编配，海淀区百家企业、千名员工共同唱响的《没有共产党就没有新中国》歌曲MV。活动现场为参与的优秀企业颁发优秀组织奖，为表演突出的个人颁发演唱奖及人气奖。区文化馆（北馆）历时4个月，完成百家企业千人合唱的团队组建、歌曲学唱、分镜头和整体镜头的拍摄工作。本次活动是区文旅局献礼建党百年和第十届中关村国际青年艺术季的重要项目，航天集团五院、华为北京科研院、小米、联想、用友、神舟软件、中公教育等知名企业及中关村壹号、中关村留创园、中关村环保科技园等园区企业参加活动。为庆祝中国共产党成立100周年，区文旅局深挖海淀红色资源，以“百年、百人、百事”为主线，以文旅融合的新视野、新格局，举办“开往新中国的列车”“追寻红色足迹”“音乐党课”“青春在云端绽放——百家企业礼赞百年”“百家企业颂百年”“百家企业千名员工共唱一首歌”和“E企唱吧”线上K歌擂台赛等50余项100余场系列群众文化活动，集中展现海淀青春高地特色与新时代奋进精神，构建新时代中关村精神的文化高地，激发青年们丹心向党的热情。

（钟冷　徐雅琪）

【建党百年庆祝活动服务保障工作总结大会】 7月29日，中国共产党成立100周年海淀区庆祝活动服务保障工作总结大会召开。会上，通过观看海淀区庆祝活动服务保障工作纪录专题片和听取相关工作机构代表发言等形式，全面展现全区上下按照党中央和市委、市政府的决策部署，科学组织、精益求精，高标准高质量完成好庆祝活动服务保障工作的生动实践；充分彰显全区各级基层党组织和广大共产党员发挥战斗堡垒和先锋模范作用，为完成好各项任务提供坚强的政治和组织保障；集中表现服务保障过程中人民群众和社会各界的大力支持和参与热情。于军代表四套班子向参与庆祝活动服务保障工作的工作人员和参训参演人员给予表扬。于军强调，要切实把庆祝活动收获的宝贵精神财富转化为前进动力，推进各项工作深入落实，为“十四五”规划和第二个百年奋斗目标开好局、起好步贡献海淀力量。区领导刘长利、刘勇、张强出席会议。李俊杰、任武军、梁爽、刘传忠等区四套班子领导，各指挥部牵头部门、区相关单位、各街镇主要负责人以及建党活动各指挥部代表参会。

（钟冷）

【“永远跟党走”百姓宣讲网络宣讲活动】 8月31日，由区委宣传部主办的“永远跟党走”百姓宣讲网络宣讲开播。中国铁道科学研究院机车车辆研究所主任蔡田、海淀培星小学音乐教师姜蕴珂、德尔康尼骨科医院院长贾斌、温泉镇政府职员吴康乔、海淀区人民法院综合审判庭庭长王志勇5位宣讲员走进直播间，讲述各自在平凡岗位做出不平凡业绩的感人事迹。活动吸引快手、抖音、今日头条、知乎、百度等平台198.78万名网友观看。此次活动通过“宣讲+线上平台”“宣讲+区域资源”“宣讲+身边故事”相结合的方式，进一步扩大海淀区“百姓宣讲”品牌影响力和覆盖面。

（钟冷）

“相约北京”系列赛事

2022
北京海淀年鉴

“相约北京”系列赛事服务保障

【概况】2021年，海淀区作为“相约北京”系列冬季体育赛事测试活动（简称“相约北京”系列赛事）的重要举办地之一，3月成立2022年冬奥会和冬残奥会海淀区运行保障指挥部，由区四套班子主要领导任指挥长，构建“1办15组”（指挥部下设办公室、新闻宣传及文化活动工作组、安全保卫工作组、交通运行保障组、技术服务保障组、人力资源及志愿者工作组、城市运行及环境保障组、应急保障工作组、赛事综合保障组、五棵松体育中心外围保障组、首都体育馆场馆群外围保障组、清河高铁站交通枢纽外围保障组、医疗防疫工作组、测试活动赛事组织执行工作组、火炬接力保障组、监督组）工作体系，全力落实“双进入”工作机制，确保组织运行高效有序。指挥部全年共召开8次全体会议，研究部署测试活动和北京冬奥会测试赛事宜。设立“相约北京”系列冬季体育赛事北京赛区（海淀）新闻中心，全方位发布海淀赛事信息。区体育局推出歌曲《燃烧的雪花》，以“冬奥”为叙事背景，以情境再现的形式展现海淀冰雪项目的历史瞬间。

区体育局为北京2022年冬奥会和冬残奥会海淀区运行保障指挥部办公室及“相约北京”系列冬季体育赛事北京赛区（海淀）测试活动赛事组织执行工作组牵头部门，按照“应测尽测、能测尽测”的原则和“简约、安全、精彩”的办赛要求，统筹赛会服务保障和疫情防控工作，完成“相约北京”冬季体育系列测试活动女子冰球、花样滑冰、短道速滑3项测试活动及“相约北京”2021亚洲花样滑冰公开赛、2021/2022国际滑联短道速滑世界杯和国内冰球测试活动的服务保障任务。各项测试赛及测试活动包含200余项测试要素，实现全要素、全领域、全流程测试，为北京冬奥会和冬残奥会服务保障打下坚实基础。首都体育馆、五棵松体育中心和各工作组高质量完成“相约北京”系列冬季体育赛事和北京冬奥会测试活动的服务保障任务。

（钟冷　郭君兮　高鑫鑫）

【场馆安全运营保障】年内，海淀区按照冬奥会和冬残奥会赛时运行标准，制订落实疫情防控工作方案，全面检验赛时运行各项准备工作。作为冬奥会开幕前最重要的筹备工作之一，“相约北京”系列冬季体育赛事开展全要素测试。海淀区围绕首都体育馆、五棵松体育中心，搭建科技冬奥信息平台，以冬奥场馆智慧运营中心为底座，搭载全员健康管理系统、智能体温计与大数据体温预警平台、智慧安全出入管理系统、智慧安全防卫管理系统、光场阵列相机解决方案，匹配公共空间生物气溶胶新冠病毒监测系统、病原体空气消杀系统，实现对于场馆和酒店的人员健康管理、通行权限管理、防疫数据回溯、人员出入感知、智慧安防管理、病毒检测消杀等功能，主要服务涉奥人员管控、涉奥环境管理、安全防卫、服务型机器人四大应用场景。

（郭君兮）

【“相约北京”赛事组委会主席专题会议】2月3日（北京2022年冬奥会开幕倒计时1周年），“相约北京”系列冬季体育赛事北京赛区（海淀）组委会（简称“相约北京”赛事组委会）主席专题会议召开。会议学习贯彻落实习近平总书记关于冬奥筹办系列重要指示精神，牢牢把握“简约、安全、精彩”的办赛要求，研究部署疫情防控和各项冬奥测试活动筹办工作；听取区体育局、首都体育馆群场馆运行团队、五棵松体育中心场馆运行团队整体筹备工作情况汇报，6项具体工作提交书面汇报。于军主持会议并提出要求，王合生、张强、鲍雷、张劲林、吴计亮、梁爽、张若冰等区领导出席会议。

（高鑫鑫）

【区委常委会研究冬奥筹办和服务保障工作】3月10日，区委常委会召开会议，区委书记于军主持会议。会议专题研究《2022年冬奥会和冬残奥会海淀区运行保障指挥部工作方案》，要求深入学习贯彻习近平总书记在北京河北考察并主持召开北京2022年冬奥会和冬残奥会筹办工作汇报会时的重要讲话精神，以新动力新形态赋能冬奥筹办，突出海淀特色，加强新技术在冬奥场景的落地应用，用高质量、高品质办奥向世界传递海淀声音。

（郭君兮）

【区领导与北京冬奥组委座谈】3月26日，区委书记于军，区委副书记、区长王合生，区人大常委会主任刘长利，区政协主席刘勇，区委副书记张强等区领导赴北京冬奥组委，围绕“落实习近平总书记重要讲话精神，按照北京冬奥组委、市委市政府部署要求，全力做好冬奥筹办和各项服务保障工作”进行座谈。副市长、北京冬奥组委执行副主席张建东要求坚持“四个办奥”理念，统筹抓好疫情防控和冬奥测试活动筹办工作，切实完成好场馆周边交通组织、环境提升等各项服务保障任务。于军表示，海淀区全区上下要按照北京冬奥组委、市委市政府部署要求，不折不扣履行好属地责任，以更高标准、更严要求、更实举措有力有序推进各项冬奥筹办和服务保障工作。

（高鑫鑫　郭君兮）

【冬奥运行保障指挥部首场专题调度会】3月30日，海淀区冬奥运行保障指挥部召开首场开赛前专题调度会，听取区体育局“相约北京”系列冬季体育测试活动筹办情况的汇报，听取五棵松体育中心外围保障组、首都体育馆场馆群外围保障组关于场馆外围保障工作开展情况的汇报；与会各单位负责人就相关工作开展情况进行交流；对“相约北京”系列冬季体育测试活动全区保障情况进行汇总协调，对重点区域保障工作进行再部署、再要求。区委副书记张强主持会议，区委常委、政法委书记、区委办主任吴计亮出席会议。

（高鑫鑫　郭君兮）

【“相约北京”系列赛事住宿保障】3月31日至4月12日，区文旅局完成

"相约北京"冬季体育测试活动（海淀）赛事住宿保障任务。完成住宿、餐饮、车辆安全、医疗防疫、应急处置等工作，完成370人的保障任务。对2022北京冬奥会7家签约饭店的保障人员进行岗位培训，完成首都体育馆测试活动的住宿保障任务。10月10日至11月17日，完成"相约北京"系列冬季体育赛事（海淀）测试活动住宿保障任务，完成925人的保障服务任务。在40多天的闭环工作中，美泉宫饭店工作组承担测试赛首体场馆和五棵松场馆相关工作人员的保障任务，保障697人的住宿接待任务。完成2022北京冬奥会保障人员培训工作，培训24家住宿保障酒店抽调的保障组工作人员。11月至12月，区文旅局完成7场冬奥住宿保障培训，全区24家保障酒店、各工作组长和工作人员参训。邀请冬奥组委住宿处、区疾控中心、区市场监管局、区生态环境局等单位的领导和专家，从住宿、防疫、安保、餐饮等不同角度为保障酒店和工作组人员进行培训。

（于文艳　周辉）

【区领导检查冬奥测试赛服务保障工作】 4月2日，区政协主席刘勇、副区长陈朝晖到西苑饭店、新世纪日航酒店、北京得利兴斯食品有限公司、北京众泽宏达餐饮管理有限公司，调研检查冬奥测试赛的住宿及餐饮保障工作。4月3日，区委副书记张强、区政协副主席陈双，到西苑饭店、首都体育馆周边、五棵松体育中心周边及场馆，实地调研"相约北京"测试赛服务保障工作，查看五棵松体育中心馆内新闻混合区、新闻发布厅和场馆内部安保及运行工作情况。

（郭君兮）

【"相约北京"系列赛事测试活动总结评估】 4月10日，区委书记于军主持召开视频指挥调度会议，对测试活动进行总结评估，对冬奥筹办工作进行再强调、再部署。于军通过视频指挥调度系统听取首都体育馆场馆群、五棵松体育中心场馆运行团队以及相关部门、街道关于"相约北京"系列冬季体育赛事测试活动竞赛组织、场馆运行、赛会服务以及外围保障等相关情况的总结汇报。于军强调，要认真总结测试活动中形成的好经验、好做法，将长效机制和有效措施融入城市日常管理，促进城市精细化治理水平显著提升；要紧抓冬奥机遇期，持续加快全区冰雪运动产业发展，交出服务保障好冬奥会和地区高质量发展两张优异答卷。

（郭君兮）

【北京2022年冬奥会和冬残奥会海淀区运行保障指挥部第一次全体会议】 5月14日，北京2022年冬奥会和冬残奥会海淀区运行保障指挥部第一次全体会议召开，对4月初的"相约北京"系列冬季体育赛事测试活动进行总结。会议指出，测试活动期间，区四套班子领导高度重视，全面落实主体责任，动员各方力量完成好服务保障任务。全区各有关单位对各项工作进行全要素、全环节测试，在实战中进行全员练兵、全面检验，不断提高办赛能力水平，对筹办好测试赛打下坚实基础。全区将围绕冬奥筹办重点任务，加强组织，统筹协调，综合施策，确保按照既定部署抓好各项工作，确保下半年的赛事如期举办。指挥部全年共召开8次全体会议，研究部署"相约北京"系列冬季体育赛事测试活动和北京冬奥会测试赛事宜。

（钟冷　郭君兮）

【"相约北京"体育赛事抵离服务保障】 9月3日，区委统战部牵头成立"相约北京"系列冬季体育赛事北京赛区（海淀）抵离服务保障组，承担涉及海淀人员的抵离服务保障工作。9月26日接抵第一批外籍人员入境；至11月17日，完成花样滑冰、短道速滑以及冰球赛事的所有人员的抵离交通保障任务。

（许建振）

【北京2022年冬奥会和冬残奥会涉外服务保障工作培训会】 9月23日，海淀区召开2021年涉外突发事件应急指挥部工作会暨北京2022年冬奥会和冬残奥会涉外服务保障工作培训会，来自52家成员单位的主管领导及联络员参加。常务副区长、指挥部总指挥李俊杰做工作部署并提出具体要求；市外办涉外处副处长贾文杰围绕涉外案（事）件处置政策、处置方法、案例分析进行专题培训；海淀公安分局就冬奥会保障的涉外安全工作进行培训；万寿路、北下关街道分别汇报冬奥测试赛辖区内涉外服务保障工作筹备情况。

（郭君兮）

【北京市迎冬奥社区宣传系列活动】 9月24日，"践行绿色低碳共建美丽家园"迎冬奥社区宣传系列活动启动仪式暨"垃圾分类助力冬奥"活动在万寿路街道举行。启动仪式上，万寿路街道介绍迎冬奥、建设美丽家园情况，街道把冬奥场馆周边保障建设和冬奥社区创建、垃圾分类示范小区建设工作结合起来，推进场馆周边环境建设项目治理，完成3条道路的环境整治提升，推进6条背街小巷环境整治，完成87个无障碍设施点位改造提升和场馆周边外语标识整改，更新复兴路沿线道路护栏，拆除场馆周边3200平方米违法建设，规范场馆周边非机动车停放等。以垃圾分类、冬奥宣传等志愿服务为抓手，开展贴近市民群众、形式多样的社区宣讲活动，宣传垃圾分类、绿色出行、光盘行动等低碳冬奥理念，共同美化城市环境，引导全社会特别是涉奥重点区域居民群众进一步增强"我家门前办冬奥"的东道主意识。万寿路街道的万寿园小区等10个涉奥重点街道小区被授予北京市生活垃圾分类示范小区、村称号。

（郭君兮）

【北京2022年冬奥会和冬残奥会海淀区运行保障指挥部专题调度会】 10月13日晚，北京2022年冬奥会和冬残奥会海淀区运行指挥部召开专题调度会。会议对当日赛事运行保障工作进行复盘评估，听取测试赛首日运行情况以及竞赛场馆运行团队、各工作组、各保障酒店有关负责人每日工作总结汇报，协调解决测试赛中出现的关键问题，安排部署相关重要事项。区委书记于军强调，全区上下要以时不我待的行动自觉、勇于担当的精神状态、全力以赴的高昂斗志，精益求精完成测试赛服务保障任务，在实战中检验并提高筹办北京冬奥会、冬残奥会的能力和水平。区委副书记张强出席会议，区领导张劲林、张小川、陈双参加会议。

（钟冷）

【“相约北京”系列赛事海淀组委会专题调度会】 11月5日，北京2022年冬奥会和冬残奥会海淀区运行保障指挥部暨“相约北京”系列冬季体育赛事北京赛区（海淀）组委会专题调度会召开。会议听取10月测试赛总结评估情况的汇报，全面总结赛事运行服务保障经验，并对下一阶段测试活动有关工作进行再动员、再部署。区委书记于军指出，要继续办好11月测试活动，对照冬奥人标准进行全要素测试，扎实推进疫情防控和运行保障工作，确保北京冬奥会如期安全顺利举办。区委副书记张强出席会议，区领导李俊杰、张劲林、吴计亮、牟晓春、林剑华、林航、徐振涛、胡淑彦参加会议。

（钟冷）

【“相约北京”系列赛事抵离服务保障工作总结会】 11月24日，“相约北京”系列冬季体育赛事北京赛区（海淀）抵离服务保障工作总结会召开。区委常委、统战部部长牟晓春，副区长徐振涛参加会议。抵离工作是海淀区冬奥测试赛、测试活动的重要保障环节，自9月26日接抵第一批外籍人员入境至11月17日所有人员离开，完成花样滑冰、短道速滑以及冰球赛事的抵离交通保障任务。测试赛期间，调度车辆163台，接抵送离43个航班，服务出入境961人次，累计安排班车、专车4893个班次，累计保障36468人次。

（郭君兮）

“相约北京”系列赛事测试活动

【概况】 2021年，作为北京2022年冬奥会和冬残奥会海淀区运行保障指挥部办公室及“相约北京”系列冬季体育赛事北京赛区（海淀）测试活动赛事组织执行工作组牵头部门，区体育局按照“应测尽测、能测尽测”的原则和“简约、安全、精彩”的办赛要求，完成“相约北京”系列冬季体育赛事测试活动。花样滑冰和短道速滑等项目测试赛和测试活动共举行比赛92场，接待来自海外30余个国家和地区的运动员。

“相约北京”系列冬季体育赛事包括上半年举行的“相约北京”系列冬季体育冰上项目测试赛、下半年举行的冬奥测试赛和测试活动。冰上项目测试于4月1日至10日举行，包括冰球、冰壶、花样滑冰、短道速滑、速度滑冰、残奥冰球、轮椅冰壶等7项冰上赛事，分别在首都体育馆、五棵松体育中心、国家游泳中心、国家体育馆、国家速滑馆5个竞赛场馆举行，位于海淀区的首都体育馆、五棵松体育中心承担3个冰上项目。其中，4月1日至5日，冰球比赛项目在五棵松体育中心举行；4月1日至8日、4月3日至10日，花样滑冰比赛项目和短道速滑比赛项目在首都体育馆举行。冬奥测试赛和测试活动，在海淀区有三项赛事：10月13日至17日亚洲花样滑冰公开赛，在首都体育馆举行；10月21日至24日短道速滑世界杯，在首都体育馆举行；11月7日至10日短道速滑世界杯及冰球国内测试活动，在五棵松体育中心举办。花样滑冰项目测试赛报名人数103人，短道速滑测试赛报名人数395人。冰球项目为国内测试活动，国内4支冰球队伍112名运动员及随队官员参加。3项赛事入境人员494人，涉及场馆团队工作人员2981人。

（钟冷　郭君兮　高鑫鑫）

【“相约北京”系列冬季体育赛事测试活动】 4月1日至10日，“相约北京”系列冬季体育测试活动冰上项目测试活动举行。本次测试包括冰球、冰壶、花样滑冰、短道速滑、速度滑冰、残奥冰球、轮椅冰壶7项冰上赛事，分别在首都体育馆、五棵松体育中心、国家游泳中心、国家体育馆、国家速滑馆5个竞赛场馆举行。其中，首都体育馆、五棵松体育中心承担冰球、花样滑冰、短道速滑3个冰上比赛项目。共计220名运动员、129名随队官员、119名技术官员参加3个测试活动的34场比赛。其中，首都体育馆进行7次场地转换演练和4次冰面转换演练。

（郭君兮　高鑫鑫）

【“相约北京”2021亚洲花样滑冰公开赛】 10月13日至17日，在首都体育馆举办“相约北京”2021亚洲花样滑冰公开赛（北京冬奥会花样滑冰项目测试赛）。设男子单人滑、女子单人滑、双人滑、冰上舞蹈4个小项。海淀“双奥场馆”首体场馆群通过首次全要素测试。比赛进行8场，来自9个国家和地区的31名运动员参赛，产生12枚奖牌，其中4枚金牌。

（高鑫鑫）

【2022年北京冬奥会短道速滑测试赛】 10月21日至24日，“相约北京”系列冬季体育赛事之一的2021—2022赛季国际滑联短道速滑世界杯暨2022年北京冬奥会短道速滑测试赛在首都体育馆举办。两项赛事对标冬奥赛时，采用冬奥会赛时计时计分系统，24名境外技术人员参与测试赛，4名体育展示国际专家赛事期间现场指导。北京站共设9个小项，分别是男女500米、1000米、1500米和男子5000米接力、女子3000米接力、男女混合2000米接力。45场比赛，来自37个国家和地区的232名运动员参赛，其中女子运动员102人、男子运动员130人。产生9枚金牌，27枚奖牌。

（高鑫鑫　郭君兮）

【“相约北京”冰球国内测试活动】 11月7日至10日，冰球国内测试活动在五棵松体育中心场馆举行。测试赛进行5场比赛，来自北京的北京首钢队、中国冰上运动学院队、北京极狐队和首都体育学院队4支队伍参赛，包括88名运动员、24名随队官员，共计112人。外籍入境人员39人，其中体育业务领域21人，包括国际冰联官员、技术代表、主制冰师等；技术业务领域14人和体育展示领域4人。

（高鑫鑫　郭君兮）

领导调研考察

党和国家领导人与海淀

【习近平考察首都体育馆冬奥会冬残奥会筹办工作】 1月18日，习近平总书记在中共中央政治局委员、市委书记蔡奇和市长陈吉宁陪同下，到首都体育馆考察北京2022年冬奥会、冬残奥会筹办工作情况。首都体育馆是国内第一座人工室内冰场，经过改扩建已具备冬奥会短道速滑和花样滑冰比赛训练条件。习近平听取参赛备战、群众性冰雪运动开展情况介绍，察看场馆改造情况，同国家花样滑冰队和短道速滑队运动员、教练员代表亲切交流。习近平对首都体育馆的各项筹办工作取得的进展表示肯定，同时指出，要通过举办北京冬奥会、冬残奥会，推动我国冰雪运动跨越式发展，推动新时代体育事业高质量发展。鼓励运动员加强技术创新，学习借鉴国外先进理念和技术，不断提高训练和比赛水平。

（钟冷）

【习近平考察清华大学】 4月19日，在清华大学建校110周年校庆日即将来临之际，中共中央总书记、国家主席、中央军委主席习近平到清华大学考察，代表党中央向清华大学全体师生员工和海内外校友致以节日的祝贺，向全国广大青年学生致以诚挚的问候。习近平在中共中央政治局常委、中央书记处书记王沪宁，清华大学党委书记陈旭、校长邱勇陪同下，参观美术学院校庆特别展。在成像与智能技术实验室，结合展板、电子屏幕察看实验室开展计算光学、脑科学与人工智能交叉科学实验研究和开发新科技应用场景情况，听取实验室理论研究、技术攻关、成果转化应用等情况介绍。在清华大学主楼二层大厅，观看学校近年来重点教学科研成果，听取关于增强自主创新能力、助力世界主要科学中心和创新高地建设、提高人文社会学科教育研究水平等情况介绍，对清华大学取得的成绩给予充分肯定；看望部分老教授、中青年骨干教师代表，向老教授们表示敬意，勉励中青年教师继续在教书育人和科研创新上不断有新进步。在清华大学西体育馆篮球场，习近平同正在训练的篮球运动员亲切交谈，察看荣誉室历史照片、实物展览，了解体育馆保护利用、学校继承发扬优良传统、开展体育教育等情况。最后，习近平出席师生代表座谈会并发表重要讲话，高度肯定清华大学110年来为国家、为民族、为人民培养了大批可堪大任的杰出英才。勉励清华大学要坚持把立德树人作为根本任务，把服务国家作为最高追求，把学科建设作为发展根基，把深化改革作为强大动力，把加强党的建设作为坚强保证，为实现第二个百年奋斗目标、实现中华民族伟大复兴的中国梦、推动人类文明进步作出新的更大的贡献。

（钟冷　徐思羽）

【习近平向2021中关村论坛视频致贺】 9月24日晚，2021中关村论坛在论坛永久会址国家自主创新示范区展示交易中心开幕，国家主席习近平向2021中关村论坛视频致贺。习近平强调，中国高度重视科技创新，致力于推动全球科技创新协作，将以更加开放的态度加强国际科技交流，积极参与全球创新网络，共同推进基础研究，推动科技成果转化，培育经济发展新动能，加强知识产权保护，营造一流创新生态，塑造科技向善理念，完善全球科技治理，更好增进人类福祉。中关村是中国第一个国家自主创新示范区，中关村论坛是面向全球科技创新交流合作的国家级平台。中国支持中关村开展新一轮先行先试改革，加快建设世界领先的科技园区，为促进全球科技创新交流合作作出新的贡献。

（钟冷）

省部级领导调研考察

【蔡奇调研中关村科学城】 1月8日，市委书记蔡奇围绕国际科技创新中心建设，到中关村科学城调研。市委副书记、市长陈吉宁一同调研。北京纵横机电科技有限公司是轨道交通核心装备制造领域领军企业，蔡奇、陈吉宁察看企业核心产品、产业布局，了解中关村科学城北区规划建设进展。蔡奇勉励企业立足核心技术，用好“两区”政策，带动上下游企业发展，形成良好创新生态。北京微芯区块链与边缘计算研究院成功研发的超低功耗边缘计算芯片、可穿戴式医疗级智能体温计等新产品积极助力科技抗疫，蔡奇了解科技研发和人才引进情况，希望企业聚焦细分领域，不断攀登技术、产业高峰。在随后召开的座谈会上，蔡奇强调，中关村要发挥“两区”和国家自主创新示范区的政策叠加优势，大胆先行先试，积极推动科技成果转化和技术创新应用，当好国际科技创新中心建设排头兵！科技部和北京市领导李萌、张家明、隋振江、靳伟，中国国家铁路集团有限公司负责人参加调研。

（钟冷）

【陈吉宁调研科技园区建设发展工作】 2月26日，陈吉宁到中关村软件园调研海淀区科技园区建设发展工作。中关村软件园是中关村国家自主创新示范区专注于软件与信息服务业的专业园区，截至2020年底，入驻企业731家，总产值3366.3亿元，成为国内大信息产业风向标。在园区大赛展示交流中心，陈吉宁了解优质项目转化落地情况，与参赛企业深入交流，强调要做好赛后跟踪服务，通过创业导师辅导等方式，为项目落地和企业发展提供更加有利条件。在23号孵化加速器楼大学生创业园，与入驻企业悬镜安全负责人深入交流，详细询问企业发展现状、融资规模和员工通勤情况。在启科量子公司，实地察看产品展示与测试情况，听取技术研发、发展战略汇报。在数字山谷，察看HI-FIVE孵化器运行情况，了解入驻企业研发进度和发展情况。在召开的座谈会上，陈吉宁听取中关村软件园负责人关于园区总体情况的汇报，强调指出，园区要贯彻新发展理念，优化管理运行机制加快产业转型升级，引导企业积极融入北京科技创新战略布局。相关部门和属地政府要积极对接园区企业需求，提供优质便捷的公共服务，为企业在京发展壮大营造良好环境。市领导靳伟参加。

（钟冷）

【蔡奇调研数字经济发展】 3月23日，蔡奇到海淀区调研数字经济发展。实地走访一流科技有限公司、快手科技有限公司、平凯星辰科技发展有限公司。一流科技有限公司专注于工业级深度学习框架、大数据和人工智能核心平台的研发，蔡奇了解、调研公司的运营发展情况，并指出要聚焦核心底层技术，保持技术领先地位，在全球竞争中取得主动权。快手科技有限公司是一家以人工智能为核心技术的科技公司，蔡奇察看公司地标AR特效技术、语音机器人等产品展示，了解企业发展情况，鼓励公司在算法、人工智能等领域继续加强基础研究。平凯星辰科技发展有限公司成功研发业界领先的开源分布式数据库TiDB，为全球1500余家企业提供服务，蔡奇肯定企业立足自主研发和开源两大战略，勉励公司加速基础软件自主体系建设。蔡奇强调，要加强基础研究，加快数字经济基础设施建设，推进数字产业化、产业数字化，加速构建以北京为核心的国际化开源社区，用好“两区”政策，助力数字经济发展。市领导殷勇、张家明参加。

（孙树昆　程晓荷　钟冷）

【沈跃跃调研海淀科技创新巾帼行动】 3月30日，全国人大常委会副委员长、全国妇联主席沈跃跃就落实科技创新巾帼行动等相关工作到北京旷视科技有限公司（简称旷视科技）调研，召开座谈会。北京市妇联党组书记、主席张雅君，全国妇联妇女发展部副部长杜伟丽，市科协副主席刘晓勘，区委书记于军，区妇联主席吴红蓉等参加调研座谈会。沈跃跃为旷视科技服务大局、主动为疫情防控等提供科技支撑，发挥科技优势服务国家发展，展现民营企业责任担当点赞，强调女科技工作者要在全面建设社会主义现代化国家中奋勇当先、顽强拼搏，并要求妇联组织联合有关部门，继续为女科技工作者成长成才搭建平台、创造条件、提供服务，引导女科技工作者走在时代前列，创造一流业绩。

（唐馨玲）

【蔡奇调研“双减”工作】 5月7日，蔡奇围绕减轻义务教育阶段学生作业负担和校外培训负担（简称“双减”工作）到海淀区调查研究，并分别与中小学校长、校外培训机构代表座谈。陈吉宁一同调研座谈。蔡奇在与中关村中学与中小学校长代表座谈时指出，“双减”需要政府和社会共同推动，校内校外双向发力，关键在校内，落实国家义务教育课程方案和课程标准，规范课堂教学，不超纲、不超标、不超进度。在与校外培训机构代表座谈时指出，校外培训在满足多样化教育需求、促进科技与教育融合等方面发挥了应有作用，也要深刻认识到自身存在问题。蔡奇强调，北京市要带头贯彻党的教育方针，落实立德树人根本任务，把“双减”作为一项重要政治任务抓紧抓好，加强校外培训机构规范管理，办好让人民满意的教育，促进学生全面发展和健康成长。参加座谈会的中小学校长代表来自东城区培新小学、北京市第八中学、朝阳区呼家楼中心小学、北京一零一中学、通州区梨园学校、昌平区天通苑小学，校外培训机构代表来自好未来教育集团、新东方集团、猿辅导、作业帮、网易有道、高途课堂、VIPKID、洋葱学院。市领导殷勇、张家明、夏林茂参加。

（钟冷）

【罗文考察海淀科技创新工作】 5月11日，四川省常务副省长罗文到小米科技园、快手科技、百度公司、君联资本、中关村并购母基金公司考察调研，与企业和机构负责人进行座谈，了解北京市创新创业环境建设情况，学习借鉴北京市在原始创新和区域协同创新方面的好做法好经验。市领导崔述强、区领导王合生陪同调研。

（钟冷）

【蔡奇调研重大项目开工建设情况】 5月22日，蔡奇围绕推动重大项目开工建设到海淀区调查研究。陈吉宁一同调研。北京通用人工智能创新园项目主要用于承载北京智源研究院人工智能模型算力平台，以及相关技术成果产业化落地，蔡奇察看项目现状，详细了解全市和海淀区重大项目开工建设进展情况。蔡奇强调，要进一步加强投资调度，集中抓好一批重大项目开工建设，吸引社会资本参与，推动形成更多有效投资，发挥在推动全市高质量发展中的牵引带动作用。市领导崔述强、隋振江、靳伟参加。

（钟冷）

【刘奇葆到圆明园专题调研】 6月10日，全国政协副主席刘奇葆率全国政协调研组，围绕“不可移动文物综合保护利用”主题，到圆明园遗址公园开展专题调研。调研组在圆明园澹怀堂、含经堂调研保护利用情况，在大宫门考古现场实地考察考古工作。在随后召开的座谈会上，调研组听取北京市文物局加强文物保护利用工作情况介绍，与会的全国政协委员和有关专家学者，对圆明园建设国家考古遗址公园样板、大宫门遗址区保护展示方案、圆明园遗址牌示标识、数字化建设等方面提出意见。副市长杨斌、市政协副主席王宁、市文物局局长陈名杰、副区长陈朝晖、区政协副主席陈双，圆明园管理处主任邱文忠等参加。

（胡晓薇）

【蔡奇检查强降雨应对工作】 7月11日至12日，京津冀地区出现大范围强降雨天气，全市普降暴雨到大暴雨。12日下午，蔡奇通过“四不两直”方式，到海淀区检查强降雨应对工作，沿途察看交通运行和道路排水情况，检查施工工地防汛措施落实、物资储备，向施工负责人、应急抢险队员详细询问防汛和安全保障等情况。要求各区各部门各单位加强值守，排查施工工地深基坑、大型设备等加强风险隐患，备足防汛物资，确保排水设备高效运行；发挥应急抢险队伍作用，调动社会力量参与，共同做好强降雨应对工作。

（郭君兮）

【蔡奇走访调研高科技企业】 7月13日，蔡奇到海淀走访调研高科技企业北京清微智能科技有限公司（简称清微智能公司）、北京中科晶上科技股份有限公司（简称中科晶上公司）。清微智能公司是可重构计算芯片领域知名企业，入选“全球值得关注的新创半导体公司排行”榜单。蔡奇深入了解企业研发运营和发展规划等情况，详细询问企业发展还面临哪些难题，鼓励公司立足自身优势，专注自主创新，努力抢占科技制高点。中科晶上公司是从事面向工业应用的5G终端芯片研制的代表性企业。蔡奇察看公司产品展示，了解技术研发情况，赞赏公司的“绿色引领创造”理念。鼓励公司围绕芯片架构、工艺等底层技术，突破更多“卡脖子”技术，积极参与北京全球数字经济标杆城市建设。蔡奇强调，属地政府要坚持服务跟着企业发展需求走，当好“服务管家”，不断完善“服务包”制度，为企业在京发展营造一流营商环境。

（钟冷）

【蔡奇检查国兴家园疫情防控工作】 8月5日，蔡奇到海淀区国兴家园小区检查疫情防控工作，了解居民生活必需品供应情况。8月2日上午，甘家口街道落实疫情防控措施，封闭管理确诊病例居住的国兴家园小区及周边6个小区，近万人居家隔离。为确保居民正常生活，超市发第一时间启动应急预案，多方筹措货源，重点保障生活必需品和防疫物资供应。于当日下午紧急协调被封闭社区周边的3家门店，安排40余人为居民进行配送，并对十几种蔬菜做出限价供应，每天的销售价格均低于北京市价格监测中心公示价。至4日，累计接收订单548笔，配送商品370余种600余千克。蔡奇表示，超市发作为海淀国企，在关键时刻体现出社会担当，对其疫情防控和物资保障工作给予充分肯定。

（钟冷）

【陈吉宁调研金融科技企业和金科新区建设工作】 8月25日，陈吉宁到海淀区、西城区调研金融科技企业发展和金科新区建设工作。位于海淀区的北京矩阵元虚拟计算技术有限公司是一家专注于隐私计算与数据融合基础技术研发的公司，陈吉宁察看公司数据要素协同计算平台运行和隐私计算产品研发情况，要求相关部门针对比较成熟的技术产品，提供更多应用场景，注重联合研发攻关，加速测试验证和规模化应用。北京中数智汇科技股份有限公司是一家依托大数据、人工智能等科技手段，为金融机构等提供信用科技产品的公司，陈吉宁详细了解公司的科研和经营情况，希望企业助力基于信用的监管机制建设，精准识别和防范风险，为推动优化营商环境、便利企业群众办事提供技术支撑。陈吉宁在西城区政府主持召开座谈会，强调要深化金融和科技融合发展，深化相关区工作融合，共同推动金融科技产业高质量发展。市领导殷勇、靳伟，区长王合生参加。

（钟冷）

【李伟调研听取接诉即办工作条例（草案）意见建议】 8月26日，市人大常委会主任李伟到上地街道人大代表之家基层立法联系点开展调研并召开座谈会，听取各方对《北京市接诉即办工作条例（草案二次审议稿）》及相关工作的意见建议。市人大常委会副主任庞丽娟、区委书记于军、区人大常委会主任刘长利参加座谈。调研中，李伟参观上地街道人大代表之家，听取工作开展情况介绍，并为市人大常委会基层立法联系点授牌。在召开的座谈会上，10位人大代表、部门负责人和居民群众从规范诉求人行为、强化诉求分类处理、明确承办单位职责、细化考评机制、完善监督机制等方面，对接诉即办工作条例草案内容和接诉即办工作提出建议。李伟要求市人大常委会有关机构认真研究、整理吸纳此次征集到的意见建议，把条例修改好，使之真正成为适应市民群众对美好生活向往的“为民服务法”。

（钟冷）

【陈吉宁调研高新技术企业】 9月7日，陈吉宁到海淀区、昌平区调研高科技企业和北京脑科学与类脑研究中心创新发展情况。位于海淀区世宁大厦的Pico公司，是一家专注于VR、AR核心技术与产品研发的高科技企业，具有较强市场竞争力。陈吉宁体验VR产品在超高清观影、互动娱乐、行业应用等场景中的使用效果，与企业负责人就研发创新、市场开发以及产业推广等深入交流。陈吉宁希望企业把握科技和产业前沿，围绕发展定位，加大研发投入，搭建开放合作平台，以底层技术突破，带动上下游创新要素聚集和生态体系塑造，相关部门依托智慧城市建设，提供各种应用场景，助力企业创新迭代升级；强调把握前沿抓好基础，着力打造北京科技创新硬实力。市领导隋振江、靳伟，区长王合生参加。

（钟冷）

【陈吉宁调研经济社会发展情况】 9月29日，陈吉宁到海淀区调研经济社会发展情况。在改造后的蓝润大厦，陈吉宁察看项目功能定位、企业入驻、配套设施升级等情况，并走访楼宇内的芯片设计和人工智能企业，要求相关部门和属地政府加强沟通对接，做好引导支持和创新服务，为企业在京发展营造良好环境。在召开的座谈会上，陈吉宁指出，海淀区紧紧围绕功能定位，为实现“十四五”开好局、起好步奠定坚实基础，较好发挥了引领带动作用，成效应予肯定。强调要深入学习贯彻习近平总书记在2021中关村论坛上的视频致贺精神，发挥科创优势，服务国家战略，加快建设世界领先的科技园区；深化人才发展体制机制改革，吸引科创投资等专业力量落地，发挥人才引领发展作用；加强科技园区系统规划，提升空间资源整体利用效率；注重用好南部空间，推动区域平衡发展。紧抓中关村新一轮先行先试改革等重大机遇，在服务国家改革发展大局中更好发挥示范引领作用。市政府秘书长戴彬彬，区领导于军、王合生、李俊杰参加。

（钟冷）

【蔡奇检查首都体育馆疫情防控和冬奥会筹办工作】 11月13日，市委书记、北京冬奥组委主席蔡奇到北京冬奥会、冬残奥会北京赛区，检查场馆疫情防控和筹办工作。首都体育馆赛时承担短道速滑和花样滑冰比赛项目，蔡奇逐一检查运动员区、新闻发布厅、混采区等场所，了解疫情防控、场馆运行、功能分区等情况。蔡奇为首都体育馆的科技防疫举措点赞，强调疫情防控是重中之重。要求严格按照防疫手册要求，仔细排查风险点，科学设计通风系统，做好场馆重点区域通风、消毒；严格闭环管理，加强服务保障；对“相约北京”测试赛要及时复盘评估、改进提升；加强赛场医疗保障，提高应急救治服务水平；赛区各场馆实行扁平化管理，属地做好外围保障。市委副书记、市长、北京冬奥组委执行主席陈吉宁，市人大常委会主任李伟，市委副书记张延昆一同检查。国家卫生健康委、国家体育总局、北京市和北京冬奥组委领导曾益新、高志丹、张家明、张建东、卢彦、于鲁明、刘伟、杨树安、韩子荣，市政府秘书长戴彬彬参加。

（钟冷）

【蔡奇到清华大学宣讲党的十九届六中全会精神】 11月26日，中共中央政治局委员、中央宣讲团成员、市委书记蔡奇到清华大学宣讲党的十九届六中全会精神。蔡奇系统介绍党的十九届六中全会的重大历史意义和取得的重大成果、作出的重大部署，强调清华大学要学习宣传贯彻好党的十九届六中全会精神，深入贯彻习近平总书记考察清华大学重要讲话精神，发扬优良文化传统和光荣革命传统，与祖国共进、与时代同行，奋力开拓世界一流大学建设新格局，为全面建设社会主义现代化国家作出新的更大贡献。

（徐思羽）

【陈吉宁到北京大学宣讲党的十九届六中全会精神】 11月29日，陈吉宁到北京大学宣讲党的十九届六中全会精神。宣讲前，陈吉宁到北大未来技术学院和集成电路学院，调研科技研发和人才培养等情况；听取北京大学学习贯彻党的十九届六中全会精神等工作情况汇报。陈吉宁在宣讲中指出，党的十九届六中全会全面总结党的百年奋斗重大成就和历史经验，是郑重的历史性、战略性决策。勉励北大师生要深入学习宣传贯彻党的十九届六中全会精神，坚持以习近平新时代中国特色社会主义思想为指导，始终如一坚持和捍卫“两个确立”，更加坚定自觉做到“两个维护”，肩负历史使命、承担时代重任；北京大学要坚持和加强党的领导，坚定社会主义办学方向，培养高水平专业化优秀人才，努力为社会主义现代化建设贡献更多智慧和力量。

（刘鹏）

中共海淀区委

2022
北京海淀年鉴

综述

【概况】2021年，中共北京市海淀区委员会（简称区委）坚持以习近平新时代中国特色社会主义思想为指导，全面贯彻党的十九大和十九届历次全会精神，深入贯彻习近平总书记对北京一系列重要讲话精神和对中关村重要指示精神，深化落实海淀区“两新两高”战略，聚焦“一个开局”“两件大事”“三项任务”，谱写区域创新和跨越式高质量发展新篇章。召开区党代会会议1次，区委全会4次，区委常委会会议42次，区委常委（扩大）会议10次，书记专题会22次。

（张小芸）

【政治建设】年内，海淀区完成中国共产党成立100周年庆祝活动保障任务。服务保障北京2022年冬奥会和冬残奥会筹办，举办国际测试赛事，在服务大局中彰显海淀担当。全面加强对人大、政府、政协工作的领导，支持区人大及其常委会依法履职，践行和发展全过程人民民主。支持区政协依章程履职，围绕改革发展重大问题开展协商议政、建言献策。巩固发展最广泛的爱国统一战线，构建大统战工作格局。军民融合深度发展，获全国双拥模范城“九连冠”。落实总体国家安全观，打赢防范化解重大风险攻坚战。深化司法体制改革，“平安海淀”建设纵深发展，扫黑除恶专项斗争常态化推进，政法队伍教育整顿取得重大成果，全国市域社会治理现代化试点区建设深入开展。海淀区获评“平安中国建设示范区”。推进国家食品安全示范城市创建，开展安全隐患大排查大清理大整治行动，安全生产形势稳定向好。

（张小芸）

【经济建设】年内，海淀区贯彻新发展理念，以中关村科学城建设“加速度”赋能经济高质量发展。地区生产总值实现9501.7亿元，比上年增长8.8%，占全市经济比重达23.6%。区级一般公共预算收入490.2亿元，比上年增长8%。抢抓基础前沿布局，中关村国家实验室揭牌，“悟道2.0”、量子超导芯片等重大成果发布，数字经济三年行动计划、研发投入倍增计划稳步实施，中关村创新能级持续加码。中关村科学城北区规划建设稳步推进，第二个中长期开发计划获市政府批复，交通、能源等一批基础设施和配套项目加快建设。高精尖产业“压舱石”作用显著，有国家高新技术企业9776家、上市企业256家、独角兽企业50家，高新技术企业收入占全市的40%以上。中关村论坛成为面向全球科技创新交流合作的国家级平台。国家双创示范基地建设扎实开展，“双创”工作连续5年获国务院通报表扬。

（张小芸）

【思想文化建设】年内，按照中共中央《关于在全党开展党史学习教育的通知》的要求和市委部署，区委在全区开展党史学习教育。推进党史学习教育走深走实，突出学史明理、学史增信、学史崇德、学史力行，策划开展“初心向党庆百年 科技领航再出发”十二个一批主题活动，组织“永远跟党走”群众性主题宣传教育和专题理论宣讲报告会，开展“我为群众办实事”实践活动。组织区委理论学习中心组学习23次，其中区处联学13次。围绕习近平总书记在庆祝中国共产党成立100周年大会上的重要讲话精神、党的十九届六中全会精神等，开展专题学习44次，出台弘扬和践行新时代中关村精神的意见，进一步凝聚同心同向、共谋发展的强大合力。制定党委（党组）意识形态工作责任制实施细则，对19家单位开展专项巡察。“三山五园”国家文物保护利用示范区建设全面展开。举办系列文化品牌活动1460余场次，公共文化设施与新时代文明实践中心实现社区（村）全覆盖。规模以上文化产业收入占全市比重突破50%，文化软实力对区域发展硬支撑作用凸显。

（张小芸）

【社会建设】年内，海淀区着力保障改善民生，34项区级重点实事落地。深化党建引领“吹哨报到”改革，落实《北京市接诉即办工作条例》，开展“每月一题”专项治理，推动接诉即办向主动治理、未诉先办深化。坚持“外防输入、内防反弹”，统筹做好常态化防控、流调溯源、核酸检测、应急物资保障，果断处置国兴家园等突发新冠肺炎疫情，在防控一线成立战旗党支部，强力阻断病毒传播链条。建立覆盖所有街镇、满足不同需求的疫苗接种点体系。城镇登记失业率控制在2.3%以下。拓展多元养老服务模式。实施教育强区行动计划，落实国家“双减”政策。深化国家卫生区建设，推进公立医院综合改革，家庭医生签约服务实现全覆盖。完成第七次全国人口普查。实施老旧小区改造，加快政策性住房开工建设，集体土地租赁房建设有序推进。安排区级、街镇援助资金1.2亿元，对口支援6个结对地区。

（张小芸）

【城市建设治理】年内，海淀区加快编制重点街区控规，24个保留村庄规划编制完成，“三山五园”地区整体保护规划获市政府批复，覆盖全域的规划管控体系不断完善。实施“疏整促”专项行动，推进“基本无违法建设区”创建，拆除违法建设240万平方米。五塔寺等地区城市更新扎实开展，京张铁路遗址公园启动建设，功德寺、东西红门等村庄全部腾退，农村人居环境整治三年行动任务全面完成，城市面貌持续改善。建成城市大脑智能运营指挥中心，大城管工作体系治理效能增强。新建和升级改造便民商业网点40处，社区基本便民商业服务功能全覆盖。成功创建国家生态文明建设示范区，空气质量、森林覆盖率居城六区之首，地表水环境质量持续改善，绿色发展指数居全市前列。

（张小芸）

【深化改革】年内，区委深改委召开4次会议，出台重要改革文件23个，年度改革任务全面完成。加快推进“两区”建设，搭建“4+3+5”任务推进模式，实施84项任务，梳理政策清单39项、可利用空间962万平方米，出台39项扶持措施，落地99个项目。推进科技成果赋权改革试点，国家纳米科学中心首个案例落地。出台国企改革三年行动实施方案。完成全国乡村治理体系建设试点任务。深化“放管服”改革和商事制度改革，实现电子营业执照和电子印章同步发放，140项企业生产经营和个人服务高频事项实现“跨省通办”。

（张小芸）

【作风建设】 年内，区委聚焦主业扛起主责，从严管党治党迈向纵深。健全区委对重大工作领导的体制机制，完善区人大常委会、政府、政协、法院、检察院党组向区委常委会报告工作制度。压紧压实管党治党政治责任，召开区委党建工作领导小组会议4次，建立区、处两级抓党建工作责任清单，推进党务公开等工作。严格执行重大事项请示报告制度，向市委和相关部门请示报告72件次。坚持新时代好干部标准，完善干部选用制度，制定实施加强领导班子管理办法和加快年轻干部成长措施。完成区、镇、村（社区）党组织换届。统筹推进农村、机关、国企、教育、卫生、“两新”组织等领域党建工作，打造“红帆”“红创”“红舫”等一批阵地品牌，开展街镇党组织书记抓基层党建工作述职评议，基层党组织组织力显著提升。开展3轮巡察，实现十二届区委任期内巡察全覆盖。坚持系统施治、标本兼治，一体推进“不敢腐、不能腐、不想腐”，风清气正的政治生态持续巩固。

（张小芸）

党史学习教育

【概况】 2021年2月1日，中共中央印发《关于在全党开展党史学习教育的通知》，决定在全党开展党史学习教育。按照中央、市委部署，海淀区开展党史学习教育。通过理论学习中心组学习、举办读书班、专题培训、主题党日等形式开展专题学习；开展党史、新中国史、改革开放史、社会主义发展史的宣传宣讲教育；召开专题民主生活会、组织生活会；开展“我为群众办实事”实践活动，解决基层的困难事、群众的烦心事，让群众能够得到实惠。在全区开展“打卡红色地标·同绘红色地图·共建红色矩阵”主题活动，构建“大海淀”党员教育新格局。挖掘基层各类党员、群众活动阵地教育功能，引导各系统、各街镇依托党群活动中心、乡情村史馆等资源，开展学习教育，不断夯实新时代党员教育培训保障体系。挖掘红色资源，传承红色基因，整合各类资源作为生动教材，不断推动党史学习教育广度。在文明实践所、站全覆盖设立“党史读书角”，在100所文明实践基地和220家友邻驿站设立“新思想加油站”，开展40余项志愿服务，构建辖区志愿服务“15分钟生活圈”。组建10个区委党史学习教育指导组，对96家单位进行督导。与遵义市签约《海淀遵义党性锤炼合作框架协议》，两地党员干部人才党性教育基地实现联动。

（钟冷）

【农村系统百姓微宣讲展播】 年内，区委农工委、区农业农村局结合党史学习教育，开展以“学习党史谱新篇　乡村振兴正当时——奋斗在希望的田野上”为主题的农村系统“听党话、感党恩、跟党走”百姓微宣讲展播。展播系列包括乡村治理、农业科技、回乡奋斗6个主题，由“三农”工作者、农村基层干部组成的宣讲员队伍，从新时代海淀区美丽乡村建设和乡村治理成效、党建引领下集体经济的蓬勃发展、渗透着中关村精神的农业科技创新、返乡村书记的一线奋斗、“田长制”体系建立、承载着地区情感的乡情村史馆等方面，讲述展示具有时代特色的乡村振兴建设成果，以及海淀区探索新型城市化发展实践路径的改革成果。宣讲视频在海淀农业农村局公众号展播，浏览量超5000人次。

（潘高峰　钟冷）

【海淀区党史学习教育动员会】 3月11日，海淀区党史学习教育动员会召开。区委书记于军出席会议并讲话，区委副书记张强传达中央、全市党史学习教育动员大会精神。区委副书记、区长王合生，区人大常委会主任刘长利，区政协主席刘勇出席会议。会议学习贯彻市委书记蔡奇部署的8个方面重点学习内容，部署全区党史学习教育工作中抓好个人自学和集中学习、专题培训、研究宣传阐释、“我为群众办实事”实践活动4项任务，把学习教育成效转化为推动全区各项事业高质量发展的生动实践。于军作动员部署。海淀区党史学习教育动员会以视频形式在全区召开，区

3月11日，海淀区党史学习教育动员会召开（张洪军　摄）

委、区人大常委会、区政府、区政协领导，区法院、区检察院主要负责人在主会场出席会议。在党史学习教育中，除知识竞赛、网络学习、百姓宣讲等形式的群众性主题教育实践活动外，还推出“我为群众办实事”实践活动，实施“学史力行办实事”专项行动。

（钟冷）

【党史线上学习答题活动】 3月23日，海淀区“学百年党史、汲奋进力量”线上学习答题活动启动，区委副书记张强与全区各系统党员代表参加启动仪式。活动以《论中国共产党历史》《习近平新时代中国特色社会主义思想学习问答》《中国共产党简史》等为依据，设置100天答题关卡，通过“以赛促学”的方式，引导广大党员积极参与到党史学习教育中，做到学史明理、学史增信、学史崇德、学史力行，不断从党的百年伟大奋斗历程中汲取继续前进的智慧和力量。香山街道党工委主要负责人作为基层代表作表态发言，表示要不断提升服务群众、干事创业的组织力，以“无我”和“赶考”的精神状态走好新时代长征路。

（钟冷）

【“百名党员话党史”系列口述史采集活动】 3月至12月，区档案馆联合区属相关单位开展“百名党员话党史”系列口述史采集活动。采集活动分为组织筹备、口述采集、音视频整理和宣传片创作、画册编辑制作4个阶段，来自全区不同领域的百名党员参与口述史采集活动。共收集照片千余张，音视频超200G，百名党员手写感悟语百余条，形成一批丰富的档案文化素材。为创新展示形式，区档案馆借助视频编辑系统，将几十个小时的音视频精剪并制作成宣传纪录片，编辑制作主题画册和配套光盘，以图文并茂的方式直观展示来自不同行业的百名党员精神风貌，生动讲述内涵丰富的海淀党史和红色故事。12月底，《百名党员话党史》主题画册编印制作完成。

（钟冷）

【党史学习教育主题系列活动全面启动】 4月13日，海淀区“十二个一”主题系列活动、党史学习教育主题系列活动在中关村西区广场全面启动，通过多种形式庆祝建党100周年，不断激发全区各级党组织和广大党员干部的爱党爱国深情，营造团结奋进、开创新局的浓厚氛围。区领导于军、王合生、张强、吴计亮、张若冰、陈朝晖出席活动。活动主题为“初心向党庆百年，科技领航再出发”，包括“百年风华，聚星为火”“科技报国，创新逐梦”以及“凝心聚力，奋勇争先”三个篇章。在启动仪式上，王合生发布“推出一批党史研究成果、推进一批区级革命旧址保护传承利用工作”等“十二个一”主题系列活动，进一步讲好中国共产党故事，讲好中关村故事，讲好海淀故事，推动党史学习教育深入群众、深入基层、深入人心；大北农集团、三正科技、北京潞质大数据科学研究院、北京理工大学、完美世界等代表介绍党史学习教育的新模式、新方法，利用5G、VR等现代电子信息技术打造沉浸式、互动式云上课堂和学习平台，开启党史学习教育智能微党课；中关村科学城企业代表东华软件股份公司发布《凝聚创新力量》倡议书，号召企业大家庭通过党史学习教育，凝聚起推动海淀创新发展的强大动能；区领导为海淀区党史学习教育领学人代表颁发聘书。

（钟冷）

【党史学习教育专题宣讲动员部署会】 4月21日，海淀区委党史学习教育专题宣讲动员部署会举行。区委副书记张强作动员，海淀区党史学习教育专题宣讲工作，要始终以习近平总书记关于党的历史的重要论述作为根本遵循，做到“六个讲清楚”：讲清楚我们党百年奋斗的光辉历史、讲清楚我们党为国家和民族作出的伟大贡献、讲清楚我们党始终为人民的初心宗旨、讲清楚我们党推进马克思主义中国化形成重大理论成果、讲清楚我们党在长期奋斗中铸就的伟大精神、讲清楚我们党成功推进革命建设改革的宝贵经验。根据全区党史专题宣讲工作方案，海淀区配合做好市委宣讲团宣讲。同时，抽调政治素质好、理论水平高、宣讲能力强的领导干部和党史领域专家学者，组成海淀区党史学习教育宣讲团，走进各社区、单位、学校和企业进行巡回宣讲；运用好市级和区级资源，组建特色宣讲团，深入高科技企业、中小学校园和新时代文明实践所（站）开展特色宣讲；组织驻区高校重点建设马克思主义学院师生，走进新时代文明中心（所、站）、当代马克思主义读书活动试点单位和理论宣讲示范基地，开展延伸宣讲；组织基层优秀党员代表走进学校、企业进行宣讲。

（钟冷）

【“我为群众办实事”实践活动工作推进会】 5月11日，海淀区“我为群众办实事”实践活动工作推进会视频会议召开。区委副书记张强主持会议，区委常委、组织部部长张若冰传达全市“我为群众办实事”实践活动工作推进会精神，并对全区“我为群众办实事”实践活动的重点任务、重要环节、实施主体、工作要求等方面进行部署。根据《关于在全区开展“我为群众办实事”实践活动实施方案》《海淀区关于在“我为群众办实事”实践活动中推进“接诉即办”解决重点民生诉求的工作方案》，海淀区“我为群众办实事”实践活动将坚持“六个聚焦”，即聚焦“接诉即办”，聚焦“企业发展”，聚焦“民生建设”，聚焦“政务服务”，聚焦“为民服务”，聚焦“文明实践”；抓好“四个环节”，即深入了解群众需求，建立实事项目清单，集中解决突出问题，建立长效工作机制；用好“三类主体”，即充分发挥基层党组织战斗堡垒作用，充分发挥广大党员先锋模范作用，充分发挥党员领导干部引领示范作用；实施“七个一批”，即领导干部带头推动一批，党委党组集中攻坚一批，基层组织帮扶解决一批，在职党员下沉普办一批，街镇社区聚力破解一批，驻区单位认领自办一批，党员群众参与共解一批。区委书记于军出席并讲话，强调全区上下要深刻学习领会习近平总书记在广西考察时提出的“让人民生活幸福是‘国之大者’”要求，贯彻落实全市“我为群众办实事”实践活动工作推进会精神，用心用情切实解决群众最关心最直接最现实的利益问题，推动“我为群众办实事”实践活动不断走深走实。

（钟冷）

【区委理论学习中心组党史学习教育专题学习会】 5月21日，区委理论学习中心组召开党史学习教育专题学习会，邀请中央宣讲团成员、中央党史和文献研究院院长曲青山，以“从党的百年历史中汲取智慧和力量”为题，作党史学习教育专题辅导报告，运用生动鲜活的案例进行透彻讲解，使全区党员干部深化对党的革命精神和优良传统、党的百年光辉历程的理解和认识，有效推动党史学习教育入脑入心并转化为自觉行动。专题学习会通过视频系统，以区委理论学习中心组学习（扩大）会形式在全区范围召开，于军、王合生、刘长利、刘勇等区委理论学习中心组成员，相关部门主要负责人、全区各单位处级理论学习中心组成员及党员干部代表在主会场和分会场聆听报告。

（钟冷）

【“音乐党课”公开课开讲】 5月28日，“红星闪闪，薪火相传——海淀区‘音乐党课’公开课”在海淀区五一小学举办，以形式新颖、别开生面的音乐上“党课”，用艺术讲解“红色文化”。公开课邀请中国音乐学院著名教授、博士生导师姚艺君主讲，精心选取《红星歌》《没有共产党就没有新中国》两首经典革命歌曲，通过音乐、图片、视频等多媒体方式，从歌曲创作背景、历史影响等音乐概览，讲授歌曲中蕴含的党史知识，让孩子们永远听党话、跟党走。区领导于军、张若冰，区委、组织部、教工委、教委领导班子，全区各系统、街镇党（工）委有关领导，教育系统基层党组织代表300余人参加党课学习。由区委组织部、区委教工委联合发起的海淀区“小手拉大手”音乐党课进家庭推广行动同时启动，以推动党史学习教育深入群众、深入基层、深入人心。此外，海淀区还探索运用“空中课堂”等线上平台，将优质课程向外输送，惠及对口帮扶地区。

（钟冷　宋亚甫）

【市委指导组到区指导党史学习教育工作】 6月16日，党史学习教育市委第四指导组组长何渊到海淀检查指导党史学习教育工作开展情况，市委第四指导组副组长韩从笔及指导组成员，区领导于军、王合生、张强出席会议。市委指导组听取于军关于海淀区党史学习教育工作的情况汇报；何渊传达党史学习教育市委指导组培训暨全市党史学习教育推进会精神，介绍市委第四指导组主要任务和工作安排，要求认真学习领会习近平总书记重要讲话精神，确保党史学习教育切实落到实处。区领导张劲林、吴计亮、张若冰等区委党史学习教育领导小组成员参加。

（钟冷）

【“永远跟党走”党史知识竞赛】 6月17日，海淀区举行“永远跟党走”党史知识竞赛选拔赛，各系统工委组建的8支代表队参赛。区领导张劲林、吴计亮出席活动。竞赛按照市委党史学习教育领导小组办公室的统一部署，广泛动员全区广大党员干部群众参与网上答题，近2000道各种类型的党史知识题目，涵盖中国共产党百年历史的各个时期。在网上答题的基础上，以各系统工委为单位，组建代表队参加线下选拔赛，胜出代表队参加北京市党史知识竞赛复赛。最终，机关工委代表队获得一等奖，政法委代表队、教工委代表队获得二等奖，社工委民政局代表队、农工委代表队、卫健工委代表队、国资委代表队、中关村科学城综合部代表队获得三等奖。竞赛活动现场，来自各行业的代表，用情景讲述、百姓宣讲和民乐演奏等方式，回顾党的百年峥嵘岁月，展望党的璀璨未来，歌颂党的百年辉煌。

（钟冷）

【区委书记讲授专题党课】 6月25日，于军为全区党员干部上党史学习教育专题党课。专题党课以视频会议形式在全区范围召开，党史学习教育市委第四指导组组长何渊，区领导王合生、刘长利、刘勇、张强，区委党史学习教育领导小组指导组成员、处级以上干部、基层党组织书记、党员干部代表分别在主会场、分会场参加。于军从“在学习贯彻习近平总书记重要论述中树牢正确党史观”“在深刻感悟伟大的历史历程中汲取前进原动力”“在首都现代化建设新的航程中昂首走在最前头”3个方面，教育引导全区广大党员干部传承红色基因，弘扬伟大精神。于军指出，海淀作为首都功能的主要承载区，党史事件多、红色资源多、革命先辈多，开展党史学习教育具有独特优势，要在党史学习中做创新理论的忠实实践者、做理想信念的坚定信仰者、做优良传统的自觉传承者，大力弘扬和践行新时代中关村精神，激励和引领全区党员干部群众为海淀新发展贡献智慧和力量。于军强调，要将中国共产党成立100周年庆祝活动服务保障作为最生动、最实际的党史学习教育，高标准、高质量、高水平完成各项服务保障任务。

（钟冷）

【区长讲授专题党课】 7月5日，区委副书记、区长王合生作题为《以习近平新时代中国特色社会主义经济思想为指引，大力推动海淀高质量发展》的党史学习教育专题辅导报告，为全区政府系统各部门、各街镇、企事业单位的党政领导班子成员讲授党史学习教育专题党课。王合生从“中国共产党一贯高度重视经济工作”“深入学习领会习近平新时代中国特色社会主义经济思想”和“以习近平新时代中国特色社会主义经济思想为指引，大力推动海淀高质量发展”3个方面，全面回顾中国共产党领导经济工作历程，重点阐述习近平新时代中国特色社会主义思想的丰富内涵，并对如何学以致用、推动工作提出明确要求，不断从党史学习中汲取智慧和力量，奋力谱写海淀高质量发展新篇章。会议以视频形式召开，党史学习教育市委第四指导组成员，梁爽、沙海江、林航、陈朝晖等区领导在主会场参会。

（钟冷）

重要会议和活动

【区委十二届十五次全会】 1月5日，区委十二届十五次全会召开。区委书记于军主持会议。会议学习贯彻党的十九届五中全会、中央经济工作会议精神，落实市委十二届十五次、十六次全会精神，听取并审议于军代表区委常委会所作的工作报告和区委常委会抓党建工作情况报告，研究区长王合生关于全区经济社会发展工作的报告，总结部署全区经济社会发展和党的建设工作，审议通过《中国共产党北京市海淀区第十二届委员会第十五次全体会议决议》，表决通过《中国共产党北京市海淀区第十二届委员会第十五次全体会议关于同意贺捷、李恺彦、冯志明辞去区委委员职务的决定》。

（张小芸）

【于军与民营企业家座谈】 2月4日，区委书记于军与海淀民营企业家座谈交流，听取对加快建设北京国际科技创新中心核心区建设的意见建议。时代集团总裁王小兰，科兴控股生物技术有限公司董事长兼CEO尹卫东，旷视科技总裁付英波，美团网联合创始人、美团高级副总裁穆荣均，银河航天创始人、CEO徐鸣，度小满金融CEO朱光，好未来教育集团执行总裁万怡挺，北京爱奇艺科技有限公司副总裁、总编辑王兆楠8位企业家围绕推动“两区”建设、挖掘文化科技融合新动力、支持头部企业做强做优、创新创业生态优化、科技应用场景建设、互联网教育发展、弘扬企业家精神等方面，为海淀创新驱动发展建言献策。于军强调，要积极探索发挥地方党委政府组织作用和服务优势的新路径新模式，形成更加强大的政产学研用全要素“创新雨林”生态体系，构建更加紧密稳定高效的“创新合伙人”机制，进一步强化主动服务意识，提高精准服务水平，倾听企业声音，了解企业需求，积极搭建公共服务平台和创新网络体系，持续激发民营企业创新活力，更好发挥各种创新主体作用，为推动区域创新和高质量发展提供更加有力支撑。区有关部门表示，要为各类市场主体在海淀长期稳定发展创造良好条件。区委常委、统战部部长任武军主持会议。谭权、林剑华、陈双等区领导，区法院、区检察院主要负责人参加会议。

（钟冷）

【区委党的建设工作领导小组全体会】 3月23日，区委书记、区委党的建设工作领导小组组长于军主持召开区委党的建设工作领导小组2021年第一次全体会议。会议审议区委党的建设工作领导小组及办公室成员名单、2020年党的建设工作要点完成情况、2021年党的建设工作要点起草情况及关于巩固深化“不忘初心、牢记使命”主题教育成果的工作安排，书面通报社区治理20条落实情况、2020年海淀区“两新”组织“两个覆盖”工作测评结果。万寿路街道党工委、青龙桥街道福缘门社区党支部、温泉镇温泉水岸家园社区党总支和西北旺镇永丰屯村党支部围绕社区治理分别作交流发言。于军强调，要始终把党的政治建设摆在首位，全面推进党的各方面建设，深化党建引领基层治理，不断把全面从严治党引向深入，为“十四五”开好局、起好步提供坚强保障，以优异成绩庆祝中国共产党成立100周年。区委副书记、区委党的建设工作领导小组常务副组长张强，区领导鲍雷、吴计亮、张若冰参加。4月22日，召开区委党的建设工作领导小组办公室会议，传达学习市委党建工作领导小组相关会议、区委党建工作领导小组全体会议精神，并对近期重点工作进行安排部署，区委常委、组织部部长张若冰主持会议。会议传达近期市委党建工作领导小组相关会议及区委党建工作领导小组全体会议精神，研究部署党支部标准化规范化建设整改工作、全区党建调研工作以及党建工作责任清单制定等工作。领导小组办公室副主任和全体成员出席会议，并就近期重点任务开展情况作简要汇报。

（王文彦　钟冷）

【党建工作会】 3月24日，海淀区召开2021年党建工作会议，贯彻落实全国、北京市组织、宣传、统战部长会议精神和中央、北京市政法工作会议精神，总结2020年全区组织、宣传思想文化、统战和政法工作，全面部署2021年重点工作任务。区委书记于军，区委副书记、区长王合生主持会议，区政协主席刘勇、区委副书记张强等区领导在视频会主会场出席会议。区委常委、组织部部长张若冰作全区组织工作报告，区委常委、宣传部部长张劲林作全区宣传思想文化工作报告，区委常委、统战部部长任武军作全区统战工作报告，区委常委、政法委书记、区委办主任吴计亮作全区政法工作报告。会议梳理总结2020年工作，对2021年重点任务进行部署和说明。于军在讲话中强调，要坚持以习近平新时代中国特色社会主义思想为指导，深入贯彻落实习近平总书记对北京重要讲话精神，按照中央、市委部署要求，提高政治站位，聚焦主责主业，弘扬中关村精神，全力推动组织、宣传思想文化、统战、政法工作高质量发展，为深化落实“两新两高”战略、推动“两区”建设出实效树标杆提供坚强保障，以优异成绩庆祝中国共产党成立100周年。对做好2021年各项工作提出要求。

（钟冷）

【区委十二届十六次全会】 7月30日，区委十二届十六次全会召开。区委常委会主持会议。于军代表区委常委会作工作报告并讲话。全会总结上半年工作，部署下半年任务。全会强调，下半年工作要围绕“一个开局”“两件大事”“三项任务”，以推动高质量发展为主题，以中关村科学城建设为“强劲引擎”，突出冬奥筹办大事，突出保障和改善民生，突出绿色低碳发展，确保完成全年目标任务。审议通过《关于召开中国共产党北京市海淀区第十三次代表大会的决议》《中国共产党北京市海淀区第十二届委员会第十六次全体会议决议》。

（张小芸）

【中关村论坛升级为国家级平台】 9月15日，国务院办公厅发布《关于成立中关村论坛组织委员会和执行委员会的通知》，经国务院同意，成立中关村论坛组织委员会（下称组委会）和执行委员会。国务院副总理刘鹤任组委会主任，北京市委书记蔡奇任组委会第一副主任。国家主席习近平在2021中关村论坛开幕式视频致贺中强调，中关村是中国第一个国家自主创新示范区，中关村论坛是面向全球科技创新交流合作的国家级平台；中国支持中关村开展新一轮先行先试改革，加快建设世界领先的科技园区，为促进全球科技创新交流合作作出新的贡献。视频致贺为中关村开展新一轮先行先试改革，促进国际科技创新交流合作指明方向。中关村论坛从“区域创新论坛”升级为“面向全球科技创新交流合作的国家级平台”。

（钟冷）

【2021中关村论坛】 9月24日至28日，2021中关村论坛在永久会址——中关村国家自主创新示范区展示中心举办。24日晚，论坛开幕式举行，国家主席习近平通过视频致贺，塞尔维亚总统亚历山大·武契奇、古巴总理曼努埃尔·马雷罗、世界知识产权组织总干事邓鸿森、上海合作组织秘书长弗拉基米尔·诺罗夫、国际科学理事会主席达亚·瑞迪通过视频致辞，国务院副总理刘鹤出席，市委书记蔡奇主持。有关国家领导人和国际组织负责人在线上会场共同出席开幕式。本届论坛由科学技术部、中国科学院、中国科学技术协会、北京市人民政府共同主办，以“智慧·健康·碳中和”为年度主题，重点围绕论坛会议、展览展示、成果发布、前沿大赛、技术交易、配套活动6大板块，设置各类活动60余场。来自全球66个国家和地区、140个国际组织及创新机构代表等上千名嘉宾，包括政府官员、国际组织代表、顶尖科学家、著名企业家、知名投资人等，围绕全球关注的重大科技议题进行交流合作，线上线下累计10万余人次参与。其间，举行全球知识产权保护与创新论坛、世界绿色设计论坛、人工智能与多学科协同创新论坛、区块链与数字经济发展论坛、第五届中国—中东欧国家创新合作大会、开源创新发展论坛、未来产业创新发展论坛7场平行论坛，与会专家围绕前沿技术发展、知识产权保护、碳中和目标、未来产业培育、数字经济、生命健康、清洁能源、可持续发展等全球共同关注的热点话题展开交流探讨；围绕重大传染病防控、量子信息、人工智能等热点，举办25场平行论坛；举办中关村论坛展览（科博会），500余家中外企业展示最新成果。论坛发布100项新技术新产品榜单、100项国际技术交易创新项目榜单、100项数字化转型需求榜单，发起100亿元规模的北京首发展华夏龙盈接力科技投资基金，合作签约项目56个，主会期现场签约金额超过50亿元。同时举办贯穿全年的常态化系列活动。

（钟冷）

9月23日，2021中关村论坛永久会址主会场夜景（张洪军 摄）

【区委常委会学习贯彻总书记论坛致贺精神】 9月26日，区委常委会召开扩大会议，学习贯彻习近平总书记在2021中关村论坛上的视频致贺精神及市委常委会扩大会议精神。区委书记于军主持会议，区委副书记、区长王合生，区人大常委会主任刘长利，区政协主席刘勇出席会议。会议指出，2021中关村论坛在海淀区举办，习近平总书记向2021中关村论坛视频致贺，充分体现对科技创新的高度重视。全区上下要进一步增强责任感、使命感，切实把思想和行动统一到习近平总书记视频致贺精神上来，努力为建设世界科技强国、实现高水平科技自立自强贡献海淀力量。会议强调，中关村论坛已成为我国面向全球科技创新交流合作的国家级平台，作为论坛永久会址所在地，海淀要按照市委、市政府要求，落实落细各项任务责任，高水平、高质量做好中关村论坛筹办和服务保障工作，不断提升中关村论坛的国际化、权威性、影响力，把这块“金字招牌”越擦越亮，向全球展示海淀科技创新生态与活力，为加快建设北京国际科技创新中心核心区提供有力支撑。鲍雷、李俊杰、张劲林、张若冰、刘传忠等区四套班子领导出席会议。

（钟冷）

【区委书记接受中央广播电视总台采访】 11月5日，中央广播电视总台《新闻联播》播出时长2分14秒的《北京海淀：科技赋能为冬奥会服务保障提供有力支撑》新闻。区委书记于军接受中央广播电视总台《新闻联播》《焦点访谈》栏目采访，就海淀区筹办保障冬奥测试赛、科技赋能冬奥等情况回答记者提问。于军在介绍筹办测试赛整体情况时说，海淀区坚持以赛事为中心，健全扁平化运行指挥体系，及时与北京冬奥组委、市运行保障指挥部沟通对接，围绕疫情防控、餐饮、住宿、抵离等重点事项进行梳理推演，将每项任务“落图、落点、落人”，制定出精确到时点、落实到点位的运行工作安排。针对统筹做好新冠肺炎疫情防控和赛事运行工作，海淀区将疫情防控作为赛事活动筹办的重中之重，将赛事疫情防控纳入全区疫情防控工作体系，紧盯场馆内外，做到同防共治、一体防控，分区分类制定区级工作方案和专项方案、应急预案，坚持闭环内严格封控、闭环外分层管理，真正做到“一场一策”“一馆一策”“一酒店一策”，建立起“全方位、全流程”疫情防控网络，确保无死角全覆盖。于军表示，海淀区要深入贯彻习近平总书记关于北京冬奥会和冬残奥会筹办工作的重要指示精神，按照北京冬奥组委、市委市政府部署要求，始终坚持“四个办奥”理念，按照“简约、安全、精彩”的办赛要求，在系统总结好测试赛经验做法的基础上，进一步统筹抓好疫情防控和冬奥筹办工作，将以“一刻也不能停，一步也不能错，一天也误不起”的使命感和责任感，确保首都体育馆和五棵松体育中心两个场馆运行和保障工作有序高效，圆满完成北京2022年冬奥会和冬残奥会服务保障各项工作。

（钟冷）

【区委十二届十七次全会】 11月26日，区委十二届十七次全会召开。全会听取关于中国共产党北京市海淀区第十三次代表大会筹备情况的报告，讨论通过《中国共产党北京市海淀区第十二届委员会报告》《中国共产党北京市海淀区第十二届纪律检查委员会工作报告》，作关于海淀区第十三届区委委员、候补委员和区纪委委员候选人预备人选情况及区第十三次党代会有关建议名单及相关文件（草案）的说明，书面审议《2021年区委常委会抓党建工作情况报告》。区委常委会主持会议，区委书记于军讲话，区委常委和区委委员出席会议，区纪委委员列席会议。

（张小芸）

【区长到内蒙古考察对接东西部协作工作】 11月27日至28日，王合生率队到内蒙古自治区兴安盟科右前旗、科右中旗考察对接东西部协作工作。在科右前旗，召开海淀区与科右前旗东西部协作工作高层互访联席会，王合生表示，海淀区要按照北京市各项部署，严格落实“三个保持”“四个不摘”要求，援助科右前旗东西部协作资金2400万元，助力科右前旗巩固拓展脱贫攻坚成果。在科右中旗，王合生实地考察哈日道卜水稻基地项目总体情况，召开海淀区与科右中旗东西部协作工作高层互访联席会，援助科右中旗东西部协作资金1300万元。考察期间，王合生看望慰问海淀区在科右前旗、科右中旗挂职的干部。兴安盟领导姜天虎、梁彦君，科右前旗领导王立东，科右中旗领导王海英参加。

（钟冷）

【“以案为鉴、以案促改”警示教育大会】 11月29日，区委召开全区“以案为鉴、以案促改”警示教育大会。大会通过深刻剖析违纪违法案例，教育引导党员干部不忘初心使命，锤炼忠诚干净担当的政治品格，旗帜鲜明反对腐败，坚定不移推进全面从严治党。与会人员集体观看《治“五小”纠“四风”》《“假地址”背后的“真贪婪”》两部警示教育片，深受警醒和教育。大会强调，要深入学习贯彻十九届中央纪委五次全会精神，按照全市警示教育大会部署要求，坚持以案为鉴、以案促改，准确把握进入新发展阶段、贯彻新发展理念、构建新发展格局对全面从严治党的新要求，压紧压实管党治党政治责任，把严的主基调长期坚持下去，推动全面从严治党不断向纵深发展，为海淀跨越式高质量发展提供坚强政治保障。区委副书记、区长王合生主持会议，于军出席并讲话，区人大常委会主任刘长利、区政协主席刘勇、区委副书记张强出席会议。市纪委市监委宣传部部长李固、市纪委市监委负责人到会指导。

（钟冷）

【区委书记到敖汉旗考察对接东西部协作工作】 11月29日至30日，于军率队到内蒙古自治区赤峰市敖汉旗考察对接东西部协作工作。在由海淀区援建的敖汉旗新惠镇惠隆杂粮种植农民专业合作社，于军实地察看加工生产环境，详细询问产品销售情况。在召开的海淀区与敖汉旗东西部协作高层互访联席会上，于军表示，海淀区要充分发挥东西部协作的政治优势和制度优势，坚持“帮当下”和“扶长远”并重，通过深化产业合作、健全消费帮扶长效机制等方式，不断增强内生发展动力。海淀区援助敖汉旗东西部协作资金1200万元。考察期间，于军看望慰问海淀区在敖汉旗挂职的干部。区领导李俊杰、吴计亮，敖汉旗领导杨祥林、王文赞、季旭东参加。

（钟冷）

【区委第十三次代表大会】 12月5日至7日，中共北京市海淀区第十三次代表大会召开。394名代表出席会议。大会主题：高举中国特色社会主义伟大旗帜，坚持以习近平新时代中国特色社会主义思想为指导，深入贯彻落实习近平总书记对北京重要讲话和对中关村重要指示精神，按照市委对海淀“三个走在最前头”要求，团结带领全区各级党组织、广大党员干部群众，主动担起世界科技强国建设的海淀使命和北京“五子”联动的海淀责任，深化落实“两新两高”战略，弘扬伟大建党精神和新时代中关村精神，深耕改革创新试验田，当好高质量发展排头兵，在更高起点上开创北京国际科技创新中心核心区建设新局面，奋力打造以首都发展为统领的现代化强区高品质海淀。于军代表中国共产党北京市海淀区第十二届委员会作题为《深耕试验田 当好排头兵 加快建设北京国际科技创新中心核心区 奋力打造以首都发展为统领的现代化强区高品质海淀》的报告，中国共产党北京市海淀区第十二届纪律检查委员会工作报告以书面形式提交大会审议。大会选举产生中共北京市海淀区第十三届委员会委员46名、候补委员9名，中共北京市海淀区第十三届纪律检查委员会委员29名。审议通过《中国共产党北京市海淀区第十三次代表大会关于中国共产党北京市海淀区第十二届委员会报告的决议》和《中国共产党北京市海淀区第十三次代表大会关于中国共产党北京市海淀区第十二届纪律检查委员会工作报告的决议》。

（张小芸）

【区委十三届一次全会】 12月7日，区委十三届一次全会召开。全会选举产生中国共产党北京市海淀区第十三届委员会常务委员会委员和区委书记、副书记。于军、王合生、张强、鲍雷、李俊杰、张劲林、吴计亮、张若冰、牟晓春、刘传忠、林剑华当选为中国共产党北京市海淀区第十三届委员会常务委员会委员。于军当选为中国共产党北京市海淀区第十三届委员会书记，王合生、张强当选为中国共产党北京市海淀区第十三届委员会副书记。选举鲍雷为中国共产党北京市海淀区第十三届纪律检查委员会书记。全会审议通过《中国共产党北京市海淀区第十三届纪律检查委员会第一次全体会议选举结果的报告》。

（张小芸）

【区领导到延庆区对接结对协作工作】 12月27日，区委书记于军，区委副书记、区长王合生到延庆区开展结对协作工作，双方围绕推动结对协作、加速协同发展进行交流。于军、王合生在冬奥展示中心、高山滑雪赛道中间平台、延庆冬奥村、国家雪车雪橇中心察看冬奥延庆赛区核心区整体规划建设、场馆运行、生态修复、赛道造雪等情况，详细听取“延海协作”项目进展、“妫水农耕”品牌运营等情况介绍。近三年来，聚焦生态建设、产业发展、公共服务和低收入帮扶等领域，两区共同筹划实施33个协作项目，已完工项目17个。在召开的海淀区—延庆区结对协作工作座谈会上，共同听取延海结对协作开展情况介绍。双方表示，在做好疫情防控基础上，抢抓冬奥筹办机遇，同心聚力推动延海协作工作整体取得良好成效。吴计亮、李泉、李伟等区领导参加。

（钟冷）

组织工作

组织建设

【概况】 2021年，全区有基层党组织9107个，中共党员257983名（不包括驻区中央、市级单位和部队等位于海淀区，但组织关系不隶属于海淀区委的党组织和党员）。其中，女党员121431名，占总数的47.07%；少数民族党员10905名，占总数的4.23%；35岁及以下的党员43718名，占总数的16.95%；大专以上文化程度党员198430人，占总数的76.92%。

区委组织部（挂区公务局、区委非公有制经济组织和社会组织工作委员会牌子）组织全区开展党史学习教育。部署全国国有企业党的建设工作会议精神贯彻落实情况“回头看”督导，通报区属企业党组织对照全国国有企业党的建设工作会议精神自查整改情况。牵头完成《海淀区国际人才社区建设路径研究报告》获北京市党的建设研究会2020年度立项课题成果一等奖。苏家坨镇党委完成的《海淀区苏家坨镇培养农村“两委”后备人才的路径探索——以镇“雏鹰计划”为例》，获北京市党的建设研究会2020年度自选课题成果一等奖；中关村街道党工委课题组完成的《超大城市基层治理中应对重大突发公共事件风险研究报告——以海淀区中关村街道为例》，获北京市党的建设研究会2020年度自选课题成果三等奖。区委组织部获“首都文明单位”称号。

（王文彦）

【处级领导班子配备和干部调整】 年内，区委组织部调整处级干部393人次，其中正处级干部102人次、副处级干部291人次。开展处级干部职级、岗位等级晋升202人次。

（王文彦）

【年轻干部队伍建设】 年内，区委组织部制定实施《加快年轻干部成长的若干措施》《优秀年轻干部库动态调整暂行办法》《关于加强年轻干部教育管理监督的通知》等制度文件，年轻干部育选管用全链条工作机制进一步完善。着力拓宽干部来源渠道，全年招录公务员、选调生268人。其中，“双一流”毕业的73人，占27.2%；全日制硕士研究生及以上学历的194人，占72.4%；科技、金融、规划等“两区”建设急需紧缺专业的59人，占22%。全年举办5期年轻干部培训班，培训200余人次。抽调270余名干部参与冬奥服务保障、“两区”建设、疫情防控、对口支援等市、区重点工作。

（王文彦）

【干部教育培训】 年内，区委组织部与区委党校联合举办正处级领导干部学习贯彻党的十九届五中全会精神专题研讨班、3期党员发展对象培训班（2600余名发展对象参训）、7期基层党组织书记轮训班“云课堂”培训（累计19.6万人次线上参训）、首期新任村（社区）党组织书记专题培训班暨海淀区第二十四期党支部书记培训班、区委党校基层分校管理者培训班、海淀区“云瞻圣地、党性铸魂”系列“云端党课”井冈山专场、街镇集中配备年轻干部任职培训班等15期干部培训班，与市规划自然资源委海淀分局联合举办规划能力提升专题培训班。

（王文彦）

【公务员管理】 年内，区委组织部稳步推进公务员队伍建设“八六三”计划，优化公务员招录结构。全年共招录243人，其中研究生学历、双一流高校毕业生及急需紧缺专业结构进一步优化。探索在试点单位开展执法岗位新录用人员体能测试工作，选拔28

名身体素质过硬人员充实基层执法力量。首次引入心理素质测评机制，开展对300名考生心理测评，结果作为录用人员的重要参考。

（王文彦）

【推进村和社区“两委”换届选举】 年内，区委组织部统筹推进村和社区“两委”换届选举工作。成立由区委书记任组长，区长、区委副书记任常务副组长，8位区领导任副组长的换届工作领导小组，统筹推进全区“两委”换届工作开展。两次召开海淀区村和社区“两委”换届工作领导小组办公室会议，研究村（居）委会换届选举工作安排。区委两次召开书记专题会，专题研究“两委”换届和区级重点难点及关注村（社区）工作。全面落实区级领导班子成员包乡走村入户制度，区四套班子领导及法检两长按照所联系街镇分别进行调研。建立“日报、周报、简报”制度，推广经验做法。制定《关于稳妥规范做好村和社区党组织换届的20条工作提示》，指导各街镇规范平稳做好党组织换届工作。组建3个区级换届督导组，对村和社区“两委”换届工作进行全程督导；确定16个区级重点难点及关注村（社区），重点攻坚。建立区党政领导班子成员和人大、政协领导包换届重点难点和区级关注村（社区）制度和“六个一”①、“5+1”②帮扶工作机制，“一村（社区）一策”，逐一推动问题解决，完成党组织换届或撤村工作。逐一审核29家街镇换届方案和全区首家村（社区）党组织选举办法，严格规范换届程序。依托“红色海淀”微信公众号，对全区首家村和社区党组织选举全过程直播，为其他村（社区）党组织换届选举提供借鉴。突出政治标准，注重在疫情防控和垃圾分类、物业管理两个条例落实等重大活动一线考察干部，确保“一肩挑”“交叉任职”等各类指标标准不降，实现党组织班子结构进一步优化。印发宣传海报660套、党组织换届宣传手册12.1万余本。完成9343名候选人资格联审，取消45名“十不能”人员资格。

（王文彦）

【人才工作】 年内，海淀区组建全市首家区级人才发展联盟，建立涵盖政府、园区、企业、协会、人才等多方主体的沟通协作平台。深入高校、园区和企业等各类人才主体调研，建立人才联系走访和需求反馈长效机制。制定重点人才名录并下发至各街镇，建立“属地街镇+成员单位”双渠道人才服务模式。发布全市首份区级人才资源白皮书。深化央地人才协同机制，推动央属人才全面深度参与海淀建设。出台新一轮央地人才协同发展政策措施，建立科技、教育、卫生、农业等多领域央地合作机制，依托“概念验证中心”“中科海淀智汇工场”等一批央地创新平台推动央属人才重要成果落地。举办2021“两区”建设领军企业“才聚云端”系列招聘活动和百校联盟招聘会，面向全球引才聚才。建设全市首家人才工作事权下沉试点园，推动工作居住证、APEC商旅卡等人才事权下沉园区、服务人才。推进高品质人才社区建设，打造“三厅一道”示范点位，中关村西区、上地、学院路国际人才会客厅均实现开厅，成府路示范街区东段一期实现开街。海淀首家外籍人员子女学校已正式投入使用。举办第二届“智汇海淀”人才主题周，开展70余场主题活动，集中展示全区13个领域人才工作成果，覆盖29个街镇、30余所高校、50多个园区、1100多家楼宇，惠及数万家企业，“人才，海淀最美的风景”深入人心。组织开展“星耀海淀”系列人才活动，举办新入选专家新春见面会，组织人才集体观看“建党百年庆祝大会”直播，为高层次人才赠送演出活动门票千余张，密切与人才的联系，强化对人才的政治引领和政治吸纳。

（王文彦）

【“我为群众办实事”实践活动】 年内，区委组织部开展“我为群众办实事”实践活动。坚持“六个聚焦”，实施“七个一批”，建立“1+6”类民生实事项目清单3.4万项。编辑“我为群众办实事”专刊106期，在“红色海淀”开辟“办实事”专栏，实时推送实事信息845条。选派55名骨干组建第六批“强基础、解难题、促发展”10个党建工作组，聚焦办证难、停车难、上学难、看病难、用水难等群众关切，“一对一”聚力攻坚解难题。全区各级党组织依托“每月一题”机制，破解“高频问题”，打通12个历史遗留小区1.9万余户的房产办证通道，一批群众急难愁盼问题得到解决。

（王文彦）

【新业态新就业群体党建工作】 年内，区委组织部全力推进新业态、新就业群体党建工作，创新实施“新就业群体伙伴行动计划”，探索“五强三联五融入”工作路径，形成“党建引领、多方协同、科技支撑、全面融入”的海淀特色模式。集中探索推出一批创新举措，包括组建全市首家新业态伙伴党建工作联盟、在万寿路街道挂牌全市首个温馨“驿”家、开发全市首个线上平台“车骑先锋”等。全区建成868个温馨“驿”家服务中心；打造77个快递站点党建示范阵地；动员482家商户开放门店服务区域，形成“街镇+站点+商户”三级服务阵地。通过建立分拣点“以新管新”自治模式、流动党支部“五个一”运行模式、以党组织为主渠道的诉求

---

① 六个一：每个区级重点难点村（社区）有1名党员区领导直接联系，定期调研解决问题；1名街镇领导班子成员包村（社区）指导，主动帮助化解矛盾；1名包村（社区）干部到村（社区）协助工作，深入党员户中开展具体工作；1个派驻工作组驻点指导，助力工作开展；1个换届督导组全程督促指导，确保符合市、区委要求；1本工作台账动态更新情况，确保底数清、情况明。

② 5+1：每个区级关注村（社区）有1名党员区领导直接联系，定期调研解决问题；1名街镇领导班子成员包村（社区）指导，主动帮助化解矛盾；1名包村（社区）干部到村（社区）协助工作，深入党员户中开展具体工作；1个换届督导组全程督促指导，确保符合市、区委要求；1本工作台账动态更新情况，确保底数清、情况明。同时，有条件的街镇可派驻工作组驻点指导换届工作。

9月24日，区委组织部调研青龙桥街道新业态、新就业群体党建工作（张洪军 摄）

表达模式、“积分赋权”企业与属地联动治理模式等，聚焦住宿难、分拣难、停车难等问题，建设四季青镇西山村小哥公寓、快递集中分拣点、小哥专用停车区域。截至年底，新就业群体“接诉即办”案件响应率、解决率、满意率，较之前分别提升5%、29%、21%。抽样调查2425名新就业群体，80%表示“半年间充分感受到党和政府对行业及小哥们的关注和服务”，95%认为“城市归属感、社会认同感、职业荣誉感”明显提升。

（钟冷）

【新冠肺炎疫情常态化防控】 年内，区委组织部参与处置国兴家园、芙蓉里、富力桃园、菊园、琨御府等涉确诊病例小区封控工作。建立“即接即查，日查日清”工作机制，从严从速从紧做好64.5万人市派大数据人员落位管控。在防控一线成立324个战旗党支部，统领下沉干部、公安干警、社区工作者、志愿者等多方力量主动作为，持续做好“敲门行动”排查和自主报备2.4万余人落位管控。重点关注节假日和重大政治任务关键节点，加强社区防控督导检查力度，抓好问题立行立改。强化工作指导，制定下发23期工作提示，下发《社区疫情防控“十忽视”》，统一印制1.55万份防控宣传海报和640套展板，引导社区防控工作人员落实好各项防控措施。依托“红色海淀”智慧大讲堂开展个人防护线上培训，共有9511人次参加线上学习。研究制定《海淀区各类居家隔离人员核酸检测要求》《海淀区核酸检测采样流程指引》《关于外省市外区横转现住址在我区非密接人员管控工作流程》《海淀区全员核酸检测采样应急方案》等18个制度文件；建立由区委书记、区长任总指挥，区委副书记任第一副总指挥，相关主管区领导任副总指挥的区、街镇、社区（村）三级应急核酸检测指挥体系。按照“统筹兼顾、集约高效、全面覆盖、小型为主、就近就便”原则，储备形成全区“1+48+673+94”核酸检测采样场所。在全市率先建设“疫盾”全员核酸检测平战一体化平台。稳妥处置东升镇奥北科技园，学院路东王庄小区、圣熙八号，田村路百得利汽车园、西三旗富力桃园、马连洼菊园等10余起突发情况下70余万人的应急核酸检测工作；完成全区农村地区、平房区，以及冷链、餐饮、出租车等重点行业人员约60万人的常态化核酸检测工作。

（王文彦）

【优秀组工评论员表彰会】 1月22日，区委组织部举办海淀区2020年十大优秀组工评论员表彰会暨组工评论员专题讲座，表彰10名优秀组工评论员。会上，2个获奖代表海淀镇、青龙桥街道和3名获奖个人代表作经验分享交流；市委研究室经济处处长赵雪松以《准确把握首都“十四五”时期经济社会发展重点问题——率先探索构建新发展格局有效路径》为题作专题讲座。全区各系统、街镇组织部长（科长）、骨干组工评论员70余人参加。

（王文彦）

【2020年度物业管理暨党建引领提升“三率”工作总结会】 1月26日，海淀区召开2020年度物业管理暨党建引领提升“三率”工作总结会。会议对2020年海淀区物业管理和党建引领提升“三率”工作进行总结，对优秀业委会（物管会）、物业服务企业及其党组织进行表彰，对2021年物业管理工作进行部署。区物业管理工作专班各成员单位主要领导在主会场参加会议，各街镇党（工）委书记、街镇主要领导、主管领导、科室负责人、社区代表、业委会（物管会）代表、物业服务企业代表在视频分会场参加会议。

（王文彦）

【村和社区“两委”换届选举完成】 1月30日，海淀区完成全区55个村和570个社区党组织换届选举工作；4月21日，完成55个村和586个社区“两委”换届选举工作。除下派书记外，村党组织书记、村委会主任“一肩挑”比例100%；社区党组织书记、居委会主任“一肩挑”比例达92.49%，比上届高出9.3个百分点；100%实现每个村和社区“两委”班子至少配备1名35岁以下年轻干部；年龄学历均实现“一降一升”，班子结构进一步优化。全区有55个村党组织、570个社区党组织，55个村委会、586个居委会参加换届选举，实现“应选尽选”。共选出村和社区“两委”成员5682人。

（王文彦）

【“人才E+”工作站揭牌成立】 2月10日，中国（北京）自由贸易试验区科技创新片区“人才E+”工作站在中关村壹号园区揭牌成立。“人才E+”工作站以企业和人才需求为导向，为自贸区科创片区内的高层次人才、企业及创新创业团队提供“央地”人才对接交流、人才招聘需求对接、人才下沉事权、人才政策咨询、人才发展专业赋能等全方位服务。

（王文彦）

【书记抓基层党建述职评议会】 2月19日至20日，海淀区召开2020年度海淀区各系统、各街镇党（工）委书记抓基层党建述职评议会，对“一把手”履行党建第一责任人职责情况进行评议。市委组织部副部长张彤军到会指导点评，区领导于军、王合生、张强、任武军、田敬军、吴计亮、梁爽出席会议。会议采取视频形式在全区范围召开，7位系统党（工）委书记、23位街镇党（工）委书记围绕基层党建工作进行现场述职，其他书记按要求以党（工）委名义作书面述职。

（王文彦）

【基层党建工作推进会】 3月12日，区委组织部召开基层党建工作推进会。会议以视频形式召开，全区各系统、各街镇党（工）委副书记、组织部（科）长、各街镇党群服务中心相关工作人员在视频分会场参会。会议对2021年基层党建重点任务进行部署。12月8日，召开基层党建工作推进会，各系统、各街镇分管党建工作主管领导及相关科室负责人参加。对2021年度基层党建重点任务落实情况进行全面梳理，要求加快工作进度，确保按时完成任务。3月30日，召开全市党建引领首都基层治理“月讲坛”暨海淀区“接诉即办”工作经验交流会。区市民服务热线“接诉即办”工作小组办公室成员单位负责人、各街镇分管接诉即办工作主管领导及相关科室负责人、各社区村党组织书记参会。4月28日，召开2021年4月党建引领首都基层治理“月讲坛”暨海淀区基层党建工作重点任务推进会，各系统、各街镇分管党建工作主管领导及相关科室负责人参会。

（王文彦）

【新任组织部部长“帮学提能”行动】 3月16日至17日、3月30日，区委组织部开展新任组织部长“帮学提能”行动，11名街（镇）新任职组织部长（常务副部长）参加。11名组织部长（常务副部长）就任职以来工作开展情况、存在问题、工作思路等方面进行汇报，区委组织部5名科室负责人结合日常工作，对每位街（镇）新任职组织部长（常务副部长）任职以来的工作情况逐一进行点评。10月15日，开展新任组织部长“帮学提能”行动，4名街道新任职组织部长就任职以来工作开展情况、存在问题、工作思路等方面进行汇报，区委组织部4名科室负责人对每位街道新任职组织部长任职以来的工作情况逐一进行点评。

（王文彦）

【海淀区党建研究会会员大会】 5月7日，海淀区党建研究会召开会员大会，总结第一届理事会工作，选举产生第二届领导机构，部署下一阶段重点任务。会议传达市党建研究会第八届理事会第一次全体会议精神，审议通过区党建研究会第一届理事会工作报告、《北京市海淀区党的建设研究会章程（修正案）》和第一届理事会财务工作报告，选举产生区党建研究会第二届理事会、监事会，区委副书记张强当选为理事会会长，区委常委、组织部部长张若冰当选为理事会常务副会长。会议通报区党建研究会2020年度优秀立项课题，西三旗街道党工委、苏家坨镇党委、区委党校交流发言。于军出席会议并讲话，市党建研究所所长、市党建研究会秘书长王大广到会指导。

（王文彦）

【医院党建“创新合伙人”机制】 5月28日，海淀区创新组建医院党建工作指导委员会暨卫生健康系统党建协调委员会，汇集辖区88家有影响力的二三级医院、驻区部队医院、区域“医联体”核心医院和民营医疗机构，构建地区医院党建“创新合伙人”，打造区域一体化医院党建协同平台。

（王文彦）

【区人才工作领导小组会】 5月31日，区人才工作领导小组召开2021年第一次会议。市人才工作局副局长刘敏华到会指导。区委书记、区人才工作领导小组组长于军，区委副书记、区长、区人才工作领导小组副组长王合生，区委副书记、区人才工作领导小组副组长张强，区领导张劲林、张若冰、陈朝晖以及区人才工作领导小组各成员单位、相关单位和各街镇主要负责人参会。会议传达学习中央和北京市近期人才工作精神，重点通报海淀区人才工作领导小组调整方案、2020年全区人才工作情况和人才住房保障工作情况，审议通过《海淀区人才工作领导小组2021年工作要点》、2021年“人才工作十件实事”及《中关村科学城国际人才社区建设2021年工作方案》《2021年人才工作相关项目资金支持建议方案》。中关村科学城综合部、区委卫生健康工委、东升镇等单位围绕本系统、本地区人才工作成效交流发言。9月1日，区人才工作领导小组召开2021年第二次会议，传达学习2021年市人才工作领导小组会议精神，审议通过《北京市海淀区人才工作领导小组工作规则（修订版）》《关于加快推进“十四五”北京国际科技创新中心核心区建设深化央地人才一体化发展的若干措施》《2021“智汇海淀”人才主题周系列活动建议方案》。于军、王合生、张强出席会议。

（王文彦　钟冷）

【海淀遵义党性锤炼合作框架协议签署】 6月1日，《海淀遵义党性锤炼合作框架协议》签约仪式在海淀区政府举行。两区本着“资源共享、优势互补、真诚合作、共同发展”的原则，建立党员教育培训常态化合作机制，深挖红色资源，共同打造红色党建品牌，联合开展红色教育培训及研学活动，不断提高两地党员教育培训的质量和实效，实现两地共同提升。区委常委、组织部部长张若冰，遵义市委常委、组织部部长汪海波出席签约仪式。海淀区“云瞻圣地、党性铸魂”系列“云端党课”遵义专场正式开讲，通过异地教学视频连线方式，带领海淀区党员“云端”走进红色革命圣地——遵义会议会址。

（钟冷）

【庆祝中国共产党成立100周年海淀区组织建设专题展】 7月7日，由区委组织部牵头，区委编办、区委老干部局、区人力社保局以及各系统工委、各街镇党（工）委共同主办的“科创高地 党旗飘扬——庆祝中国共产党成立100周年海淀区组织建设专题展”启动，“光荣在党50年”奖章获得者、市“三优一先”代表、区“两优一先”代表、新党员代表参加现场活动。展览聚焦组织部门基层组织建设、领导班子和干部队伍建设、人才队伍建设三大主责主业，从8个方面系统总结党的十八大以来全区组织建设的大事要事、经验成效、特色亮点，真实反映基层党组织和广大党员干部新时代新担当新作为。展览采用“线下全景展示+线上立体展播”方式，在区政府第一办公区阳光厅集中展出10天，区四套班子领导、全区组工干部、党务干部、人事干部以及部分基层党员干部代表1000余人分批参观。之后，展览依托“红色海淀”微信公众号，以VR形式持续展示到年底。线上线下近万人次参观。

（王文彦）

【海淀区新业态伙伴工作联盟成立】 7月14日，海淀区新业态伙伴工作联盟成立，相关职能部门、属地街镇主管领导，楼宇园区、商圈物业，快递、外卖、网约车等企业代表和从业人员等100余人参加成立仪式。海淀区新业态伙伴工作联盟坚持以“党建引领+服务创新”为主线，吸纳24家区属职能部门、1家垂直管理部门、4家平台企业、15家快递企业、29个街镇以及部分商圈、楼宇园区代表，由政府职能部门、互联网平台企业、快递服务企业、属地街镇等多方主体自愿组成的议事、沟通、交流平台，以共商、共建、共创、共享为特色优势，着力构建政府与新业态组织、新就业群体互融共促的社会治理伙伴关系。

（王文彦）

【《北京市海淀区人才资源统计报告（2020）》发布】 9月6日，在2021“智汇海淀”人才主题周开幕式暨“星耀海淀”人才峰会上，海淀区人才工作领导小组发布《北京市海淀区人才资源统计报告（2020）》，这是全市首份区级“人才资源白皮书”。在全市16个区中，海淀是首个开展人才资源全面测算的区。《报告》显示，海淀区人才有8个特点：人才规模大，到2020年底，海淀区人才资源总量为197.6万人，占全市的四分之一，是全国智力资源最为密集的区域；人才质量高，从业人员中受过高等教育的占73.5%，高出全市平均水平21个百分点，海淀园区比例高达88.1%，高学历成为海淀区劳动者的主要特征；人才结构合理，党政人才有2.5万人左右，专业技术人才和企业经营管理人才总量为178.1万人、占全区人才比例为90.2%，高技能人才有13.8万人、占技能劳动者比例为34.4%，社会工作专业人才有1.4万人、占全市的18.2%。人才贡献突出，人才贡献率为64.3%，同比提高0.4个百分点，比全市平均水平高9个百分点；重点产业人才集聚度高，第三产业人才数量达到182万人、占全部人才总数的92.1%，信息服务、科学研究和技术服务人才总量分别为53.7万人和20.8万人，占人才总量比例为27.2%和10.5%，教育业人才约18万人，金融业人才约5万人；人才区域分布合理，各街道（镇）从业人员和人才数量排名前三位的是上地街道、中关村街道、海淀街道，占全部人才总量超过四成；人才活力充分绽放，非公单位人才总量120.4万人、占人才资源总量的六成以上，中央单位人才总量33.7万人、地方单位人才总量43.6万人，中央和地方单位共占人才资源总量的四成；人才强区特征显著，海淀区人才资源总量占北京市的1/4，每万劳动力中研发人员数量是全市的1.8倍，高技能人才占技能劳动者比例领先全市5个百分点，人才贡献率为64.3%，高于全市9个百分点。

（钟冷）

【央地人才一体化发展措施推出】 9月6日，在2021“智汇海淀”人才主题周开幕式上，区委常委、组织部部长、区人才办主任张若冰发布《关于加快推进“十四五”北京国际科技创新中心核心区建设 深化央地人才一体化发展的若干措施》。《措施》涵盖人才智库建设、人才交流合作、人才联合培养、科技成果转化等方面，涉及科技、教育、卫生、文化、农业等多个领域，共12条。《措施》进一步拓宽央地合作领域，促进海淀区与驻区单位建立完善更深层次、全方位央地人才交流合作机制，为“十四五”北京国际科技创新中心核心区建设提供更坚实的人才智力支持。

（钟冷）

【“智汇海淀”人才主题周】 9月6日至10日，2021“智汇海淀”人才主题周开幕式暨“星耀海淀”人才峰会在中关村国家自主创新示范区展示中心举办。区委书记于军等区领导与市有关部门领导、驻区高校领导和各领域人才代表共同为第二届“智汇海淀”人才主题周揭幕。本届“智汇海淀”人才主题周覆盖29个街镇、50多个园区和1100多家楼宇，设置“1+3+6”十大特色主题活动板块。即“1”场海淀人才工作主题展，相约会客厅、智探园区、才聚云端“3”大特色专题，赛事路演、人才风采、专业论坛、对接交流、大师讲堂、专家培训“6”大系列活动。举办70余场主题活动，8家人才会客厅集中亮相，7场海内外签约连线达成，5场园区主题日活动、3场“才聚云端”招聘活动、5场主题灯光秀接连上演。开幕式现场，全市首份区级“人才资源白皮书”——《北京市海淀区人才资源统计报告（2020）》正式发布。9月10日，“智汇海淀·群星闪耀时”人才峰会暨人才主题周闭幕式在中关村壹号举办。活动现场，举行海淀人才发展联盟分站及专委会揭牌仪式，启动壹号·跨境加速平台，并为2020年度144名“海英之星”颁奖。

（王文彦　钟冷）

【中关村国际人才会客厅周年主题活动】 9月8日，北京首家国际人才会客厅——中关村国际人才会客厅举行开厅1周年主题活动。活动现场，为创新工场、华灿工场、3W咖啡、优府科技服务有限公司、东晟合创科技孵化器等5家中关村国际人才会客厅分客厅代表授牌，为国机集团、北京银行中关村分行、中国民生银行中关村分行、商汤科技、微芯研究院、元心科技、炜衡律师事务所、朗玛峰创投等8家会客厅协作联盟单位授牌。中关村国际人才会客厅运营单位氪星创服与全球知名创新平台Slush完成战略签约，双方围绕中芬科技创新交流达成合作，Slush全球线上路演平台正式入驻中关村国际人才会客厅。开厅1年，中关村国际人才会客厅开展30余场人才交流活动，汇聚50余名创新创业导师、100余名创业企业家、4000余名创新青年参与活动，初步树立中关村国际人才会客厅品牌形象和国际影响力。

（钟冷）

干部培训

【概况】 2021年，中共海淀区委党校（与海淀区行政学院、海淀区社会主义学院合署办公）举办线下培训班51期，培训5874人次；线上培训班14期，培训36371人次。组织指导各基层分校采取线上+线下方式共轮训党员184.3万人次。

推进区委党校新校区建设。区委党校与实创股份公司完成3轮建筑设计概念方案竞赛，邀请专家评审确定新校区建筑设计初步概念方案。区委党校获评北京市党校（行政学院）系统第一届教学管理优秀奖，党史课程《重温香山革命历史 走好新时代“赶考”路》获评北京市党校（行政学院）系统第五届精品课一等奖。

（刘绍波　张洁）

【“基层书记谈党建”系列丛书出版】 年内，区委党校成立课题组，深入街镇、社区、非公企业等80余家单位开展实地调研和访谈，撰写60余万字的调研报告。形成《街镇书记谈基层党建》《社区书记谈基层党建》《非公企业书记谈基层党建》“基层书记谈党建”系列丛书。丛书由中共中央党校出版社联合社会科学文献出版社、中国商务出版社公开出版发行，围绕基层党组织书记如何抓党建和党建如何与基层社会治理、非公经济融合发展两条主线，从街镇书记、社区书记、非公企业书记的视角，以访谈的形式全面真实反映海淀区基层党组织书记抓党建促发展的实践探索。

（钟冷）

【科研成果】 年内，区委党校共立项课题19项，其中省部级课题1项、市级课题8项、区级课题2项、其他课题8项。开展《党的领导在中关村精神形成中的作用和影响研究》《弘扬中关村精神 加快国际科技创新中心核心区建设研究》等系列专题研究。联合怀柔区委党校、昌平区委党校、北京经济技术开发区工委党校开展市委党校《推动“三城一区”融合发展》课题研究。出版《高技术产业竞争力评价理论与实践：以中关村科学城为例》《马克思主义中国化与富强之路》《街镇书记谈基层党建》《社区书记谈基层党建》《非公企业书记谈基层党建》5本著作。发表文章22篇，报送决策咨询报告16篇，其中1篇报告获得区委领导批示。参加市委党校“第二届北京市情论坛”及学术征文活动，4名教研人员应邀在论坛作主旨发言，4篇文稿入选中国社会科学出版社公开出版的《北京市情研究文辑》。参加“全市党校系统庆祝中国共产党成立100周年学术征文”活动，获得一等奖、三等奖、优秀奖各1项。

（刘绍波　张洁）

【主体培训班】 年内，区委党校举办主体培训班65期，培训学员42245人次。中关村科技创新干部学院举办培训班7期，培训学员453人次。

（刘绍波　张洁）

表1　2021年区委党校主体培训班一览表

序号	培训班名称	培训时间	参训人数（人）
1	正处级领导干部学习贯彻党的十九届五中全会精神专题研讨班	2月22日至2月25日	210
2	副处级领导干部学习贯彻党的十九届五中全会精神轮训班（线上）	3月15日至3月31日	610
3	海淀区2021年度党员发展对象培训班（第一期）	3月16日至3月18日	2182
4	海淀区2020年度军队转业干部培训班	3月29日至4月2日	84
5	公务员素质提升云课堂1：2021年全国两会精神解读（线上）	3月30日	4694
6	科级领导职务公务员基层社会治理专题班	4月7日至4月9日	56
7	海淀区2021年第1期公务员初任培训班	4月7日至4月20日	109

续表

序号	培训班名称	培训时间	参训人数（人）
8	事业单位生态文明专题培训班	4月27日至4月29日	58
9	事业单位依法行政专题培训班	4月27日至4月29日	66
10	老干部局“四就近”工作者培训班	4月28日至4月29日	32
11	处级干部进修一班	4月7日至4月30日	50
12	第38期中青年干部培训班	4月7日至6月2日	27
13	民族宗教工作专题培训班	4月19日至4月21日	56
14	网络安全和信息化工作专题培训班	4月26日至4月30日	104
15	事业单位政务公开专题班	5月6日至5月8日	57
16	事业单位经济与信息化建设专题班	5月6日至5月8日	53
17	市域社会治理现代化专题研讨班	5月10日至5月13日	74
18	第41期科级副职领导职务公务员任职培训班	5月10日至5月28日	61
19	第2期科级副职领导职务事业单位人员任职培训班	5月10日至5月28日	44
20	海淀区2021年度党员发展对象培训班（第二期）	5月12日至5月14日	380
21	团干部培训班	5月17日至5月19日	138
22	第2期公务员初任培训班	5月17日至5月28日	102
23	公务员素质提升云课堂2：学党史：看精神，看国家，看道路（线上）	5月18日	5852
24	工会主席培训班	5月24日至5月28日	53
25	第46期科级正职领导职务公务员任职培训班	5月24日至6月11日	53
26	处级干部进修二班	5月24日至6月18日	51
27	第3期公务员初任培训班	6月16日至6月29日	88
28	海淀区2021年专武干部培训班	6月17日至6月18日	54
29	科级干部依法行政专题培训班	6月21日至6月23日	68
30	第47期科级正职领导职务公务员任职培训班	6月21日至7月9日	46
31	第2期正科级领导职务事业单位人员任职培训班	6月21日至7月9日	32
32	海淀区人大培训班	6月23日	60
33	公务员素质提升云课堂3：世界科技前沿发展态势（线上）	6月24日	4907
34	事业单位人员初任班	7月7日至7月20日	100
35	副处级领导干部任职培训班	7月12日至7月16日	50
36	清华大学2021年各区领导干部领导力提升高级研修班	7月12日至8月6日 10月11日至10月15日	10

续表

序号	培训班名称	培训时间	参训人数（人）
37	公务员素质提升云课堂4：以史为鉴 开创未来——学习习近平总书记在庆祝中国共产党成立100周年大会上的讲话（线上）	7月18日	4630
38	消费帮扶企业培训班	7月19日至7月23日	49
39	生态文明建设培训班	7月21日至7月23日	96
40	分校管理者培训班	7月22日至7月23日	70
41	公务员素质提升云课堂5：公务员法与公务员制度（线上）	7月23日	4494
42	第3期正科级领导职务事业单位人员任职培训班	9月6日至9月24日	26
43	第42期科级副职领导职务公务员任职培训班	9月6日至9月24日	54
44	第39期中青年干部培训班	9月6日至11月11日（10月25日至11月3日因疫情停课）	31
45	处级干部进修三班	9月6日至9月30日	35
46	城管执法系统全员培训班（第一期）（线上）	9月8日至9月10日	90
47	海淀区2021年规划能力提升专题培训班	9月13日至9月17日	67
48	公务员素质云课堂6：共同富裕的深刻内涵及实现路径（线上）	9月22日	5195
49	海淀区2021年度党员发展对象培训班（第三期）	9月22日至9月24日	163
50	组织系统2021年信息宣传调研工作培训班	9月26日至9月27日	217
51	中关村科学城融合发展专题培训班	9月29日至9月30日	91
52	老干部局培训班——退休党支部书记培训班	9月28日至9月30日	52
53	法治思维养成与法治政府建设专题培训班	10月11日至10月15日	53
54	第43期科级副职领导职务公务员任职培训班	10月11日至10月29日	64
55	街镇集中配备年轻干部任职培训班	10月13日至10月15日	25
56	老干部局培训班——老党员先锋队	10月13日至10月15日	69
57	正处级领导干部任职培训班	10月18日至10月22日	13
58	第3期科级副职领导职务事业单位人员任职培训班	10月18日至11月5日	35
59	处级干部进修四班	10月18日至11月12日（10月25日因疫情停课）	56
60	城管执法系统全员培训班（第二期）（线上）	10月19日至10月21日	113
61	公务员素质提升云课堂7：碳中和目标下的城市绿色发展与更新（线上）	10月22日	5205
62	城管执法系统全员培训班（第三期）（线上）	10月26日至10月28日	88
63	城管执法系统全员培训班（第四期）（线上）	11月2日至11月4日	111

续表

序号	培训班名称	培训时间	参训人数（人）
64	城管执法系统全员培训班（第五期）（线上）	11月9日至11月11日	203
65	城管执法系统全员培训班（第六期）（线上）	11月16日至11月18日	179
合计			42245

表2　2021年中关村科技创新干部学院培训班一览表

序号	培训班名称	培训时间	参训人数（人）
1	2021年北京一零一中教育集团党史学习教育专题培训班	5月14日至5月15日	83
2	中关村发展集团党的十九届五中全会精神司管干部专题研讨班（第一期）	5月19日至5月21日	45
3	中关村发展集团党的十九届五中全会精神司管干部专题研讨班（第二期）	5月26日至5月28日	51
4	中关村发展集团2021年入党积极分子培训班	5月26日至5月28日	27
5	海淀区“两区”建设专题培训班	7月8日至7月9日	139
6	太原市党校系统决策咨询能力提升培训班	7月13日至7月16日	60
7	和田市2021年党务工作者培训班	7月28日至8月8日	48
合计			453

（刘绍波　张洁）

【处级领导干部党的十九届五中全会精神专题研讨班】 2月22日至25日，区委党校举办2021年正处级领导干部党的十九届五中全会精神专题研讨班。在开班式上，区委书记于军作开班动员讲话和学习贯彻党的十九届五中全会精神专题辅导报告。开班式以视频形式召开，区委副书记、区长王合生主持，区政协主席刘勇等区领导及全区处级领导干部分别在主会场和分会场参加。研讨班采取专题辅导、集体学习、个人自学和研讨交流等方式，进一步深化对党的十九届五中全会精神的领会把握、贯彻落实。区长王合生作学习贯彻党的十九届五中全会精神专题辅导报告。210名正处级领导干部参加培训。3月15日至31日，线上举办副处级领导干部学习贯彻党的十九届五中全会精神轮训班，轮训610人。

（刘绍波　张洁）

【区领导讲专题党课】 4月19日，区委常委、区纪委书记、区监委主任鲍雷为处级干部进修一班和第38期中青班学员讲授《坚定不移推进全面从严治党向纵深发展》专题党课，50名副处级干部和27名中青年干部参加培训。9月9日，区政协主席刘勇为处级干部进修三班和第39期中青班学员讲授《从历史中汲取智慧和力量，奋力开启新时代海淀政协新篇章》专题党课，35名副处级干部和31名中青年干部参加培训。9月10日，区人大常委会主任刘长利为处级干部进修三班和第39期中青班学员讲授《坚持人民代表大会制度，推动新时代人大工作不断创新发展》专题党课，35名副处级干部和31名中青年干部参加培训。10月19日，区委常委、区纪委书记、区监委主任鲍雷为处级干部进修四班和正处级领导干部任职培训班学员讲授《坚定不移推进全面从严治党向纵深发展》专题党课，13名正处级干部和56名副处级干部参加培训。

（刘绍波　张洁）

【中关村科技创新干部学院揭牌】 4月20日，中关村科技创新干部学院成立，市委常委、组织部部长魏小东和区委书记于军为中关村科技创新干部学院揭牌。中关村科技创新干部学院由区委党校举办，采取新理念、新制度、新机制，是不定人员编制、不定领导职数、不定经费形式的事业单位，实行市场化运作。学院着力打造“一个核心、两条主干、十五大模块”的课程体系，以习近平新时代中国特色社会主义思想为核心，以国内培训和国际交流为主干，以国际科技发展前沿问题，“两区”“三平台”建设，国际信息产业发展问题，金融科技与专业服务创新问题，新型业态监管能力，最新商业模式创新与监管等为主要模块，打造极具海淀科技创新特色的课程体系。全年举办专题培训班7期，培训453人次。

（钟冷　刘绍波　张洁）

【举办系列“云端党课”】 5月18日，区委党校配合区委组织部开展的“云

瞻圣地 党性铸魂”系列“云端党课”开班，邀请上海市习近平新时代中国特色社会主义思想研究中心研究员徐学通以异地教学视频连线方式，讲授《中国共产党创建时期的奋斗历程》专题党课，33家基层分校组织学习277113人次。6月1日，贵州省遵义市委组织部与海淀区委组织部签订“海淀遵义党性锤炼合作框架协议”，举办“云端党课”遵义专场，遵义会议陈列馆讲解员带领学员“云游览”遵义会议会址，遵义市委党校教师牛聪以《从遵义会议看民主团结》为题进行点评，33家基层分校组织学习42.4万人次。10月21日，举办“云端党课”江西井冈山专场，江西干部学院易晗菲、廖俊杰等教师带领学员“云打卡”井冈山革命烈士陵园、茅坪八角楼革命旧址群、小井红军医院、黄洋界和大井毛泽东同志旧居5处红色革命圣地，为学员讲授《井冈山精神新的时代光芒》专题党课，33家基层分校组织学习5.7万人次。

（刘绍波　张洁）

【中关村科技创新干部学院战略合作协议签约】 7月8日，中关村科技创新干部学院战略合作协议签约仪式暨海淀区“两区”建设专题培训班开班式在区委党校举行。区委书记、中关村科学城党工委书记于军讲话，区委副书记、中关村科学城党工委副书记、管委会副主任、中关村科技创新干部学院院长张强主持会议。中关村科技创新干部学院与清华大学智库中心、北大科技园、中关村发展集团、北京中科创星科技有限公司、北京市专利代理师协会、北京大北农科技集团、软通动力信息技术集团、深圳改革开放干部学院8家机构签订战略合作协议，各方将在人才培养、搭建政企交流平台、加强新型智库建设等方面进行务实合作，推动学院全方位、多元化建设，把学院打造成为中关村创新发展中集政产学研用金介全要素交流的平台，持续完善海淀区“创新雨林”生态体系。区委常委、组织部部长、中关村科技创新干部学院常务副院长张若冰宣读《中关村科技创新干部学院关于聘请首批特聘专家的决定》，与会领导向首批20位特聘专家颁发聘书。

（钟冷）

【“两区”建设专题培训班】 7月8日至9日，海淀区在区委党校举行中关村科技创新干部学院战略合作协议签约仪式暨海淀区“两区”建设专题培训班，40多家机关单位、29个街镇及重点国企、园区主要领导及相关负责人进行为期两天培训。区委书记、中关村科学城党工委书记于军出席并做开班动员。开班仪式由区委副书记、中关村科学城党工委副书记、管委会副主任、中关村科技创新干部学院院长张强主持，区委常委、组织部部长、中关村科技创新干部学院常务副院长张若冰出席。中关村科技创新干部学院与8家知名机构建立战略合作关系，遴选20位来自人工智能、自贸区建设等领域的院士、顶尖专家、企业家作为首批特聘专家，与会领导为专家代表颁发证书。北京市商务局党组成员、市“两区”办专职副主任刘梅英作《高标准推进“两区”建设的探索与思考》专题报告，从国际、国内、北京层面梳理“两区”建设的时代背景；从产业准入、数据流动、资金进出、人才支持、税收优惠5个方面对“两区”建设的主要内容和成效进行解读；分析推进中的共性问题，提出下一步发展方向和工作建议。培训学员139人。

（刘雅丽　刘绍波　张洁）

区直属机关党建

【概况】 2021年，中共海淀区委区直属机关工作委员会（简称区直机关工委）领导65家单位党组织（13个党委、27个党总支、25个党支部），所属党员9175人，其中在职党员7176人、离退休党员1999人。区直机关工委贯彻落实区委十二届十五次全会精神，以党的政治建设为统领，以庆祝中国共产党成立100周年活动为契机，坚持围绕中心、建设队伍、服务群众，全面推动机关党的建设高质量发展。完成党组织换届、党员发展、组织关系转接、巡察反馈问题整改等工作。举办党组织书记、党务工作者等培训班，组织“升国旗唱国歌”、党员献爱心、干部职工文艺会演、百姓宣讲等活动。

党史学习教育。印发《关于在区直机关开展党史学习教育的实施方案》，拨付200万元党费，作为各单位购买党史学习材料专项经费，配发党史学习笔记本7000余本，依托区直机关党校分校，举办88期“机关大讲堂——百年党史学习”专题培训，受训党员近2万人次。开展“党旗飘扬在一线，党徽闪耀在基层”主题实践活动。

中国共产党成立100周年庆祝活动保障。完成海淀区1822名参加“七一”天安门广场建党百年庆祝大会人员集结、疏散服务保障任务。组织系统55家单位的148名优秀党员干部，完成天安门广场庆祝大会的服务保障任务。

召开“两优一先”表彰大会暨“光荣在党50年”纪念章颁发仪式。授予张林庆等120名共产党员“区直机关系统优秀共产党员”称号、朱嘉孟等60名党务工作者“区直机关系统优秀党务工作者”称号、海淀区委老干部局机关第二党支部等20个党组织“区直机关系统先进基层党组织”称号。向机关系统50年党龄以上的老党员代表颁发“光荣在党50年”纪念章。

（杜宇）

【基层党组织建设】 年内，区直机关工委开展述职评议，65家单位的党组织书记进行现场述职。印发《关于进一步严格党费收缴使用管理工作的通知》，解决纠正机关基层党组织在党费收缴使用管理方面的问题。邀请专家教授分层次、多形式对支部书记、党务工作者、党员进行培训。举办培训班41期，开设线上课堂讲座15期，微信推送学习板块5讲，受训党员干部2.9万人次。指导完成23个机关党组织的委员调整和21个基层党组织的换届工作。审批发展党员226人，预备党员转正88人，转接组织关系747人次，收缴党费约470.93万元。

（杜宇）

【群团活动】 年内，区直机关系统12人获评北京市劳动模范，区纪委监委“追赃追逃监察室”获北京市先进集体。举办区直机关“永远跟党走”百姓宣讲活动“云端”视频展播。举行“铭记历史 奋进未来”升国旗、唱国歌活动，12家单位的20名机关干部承担区委、区政府国旗护卫队任务。组织机关党员干部5000人次参观中国共产党历史展览馆“不忘初心、牢记使命”大型主题展览。举办区直机关系统“百年壮丽，百年辉煌”文艺会演，50余家单位的千余名党员干部参加，通过合唱、朗诵、舞蹈、小品等形式展现爱党爱国情怀。在圆明园遗址公园组织“开启新征程 健康阔步行”为主题的春季职工健步走活动，来自近30家单位的600余名干部职工参加活动。

（杜宇）

【关爱帮扶】 年内，区直机关工委帮扶困难党员99人，发放困难补助金40.3万元；慰问中华人民共和国成立前老党员20人，发放慰问金2万元；慰问因公牺牲家属3人，发放慰问金1.5万元。组织区直系统66家单位的2万余名党员捐款52.8万余元。区直机关工会依托扶贫互助平台购买贫困地区产品，慰问干部职工6250人次，为近900名职工办理公园年票，为2989名干部职工办理4项互助保险。

（杜宇）

【党史学习教育宣讲报告会】 5月27日，区直机关工委举办区直机关系统党史学习教育宣讲报告会，邀请区委党史学习教育宣讲团成员、北京工业大学副教授阚和庆作宣讲报告。阚教授以《中国共产党为什么能》为题，从“中国共产党坚持实事求是原则”“中国共产党具有坚定的理想信念”“中国共产党始终相信和依靠群众”“中国共产党实行集中统一领导”“中国共产党具有自我革命精神”5个方面，深刻阐述中国共产党成功推进革命、建设、改革的宝贵经验，引领大家深刻认识中国共产党为什么“能”、马克思主义为什么“行”、中国特色社会主义为什么“好”的历史规律。区直机关系统66家单位的党员干部代表以及海淀镇党员干部群众共计150余人通过现场和视频会议方式参加报告会。

（钟冷）

【换届选举】 11月15日，区直机关系统党员代表会议召开，选举产生43名出席区第十三次党员代表大会的代表。组织7226名选民，选出第十七届海淀区人大代表2名。

（杜宇）

高新技术企业党建

【概况】 2021年，中共北京市委中关村科学城工作委员会（简称中关村科学城党工委）围绕中关村科学城建设，真抓实干、开拓创新，不断提升党建工作水平。截至年底，中关村科学城党工委所属基层党组织1604个，管理党员约3.2万名。

党组织建设。落实新时代党的组织路线，优化完善“两条主线、三级管理”体系，基层党建质量和水平显著提升。召开科学城综合党委党员代表大会，选举产生32名区党代会代表。成立中关村科学城创新合伙人党建联合会，吸纳小米、旷视科技等119家会员单位。做深做实独角兽企业党建联盟，解决企业实际困难。完善区域党建交流平台，举办红色革命教育、红色之旅学习拓展等共建活动35次。建立科技创新企业目标库，走访规模以上企业、独角兽企业50家，新成立党组织148家，撤销党组织38家，推进32家党组织建制或隶属关系调整。集中开展企业党组织规范化建设突出问题自查自改。做实巡回指导机制，走访企业145家，“一企一策”促进非公企业党组织提质增效。重点培育基层党建典型，13家企业和31家企业分别被认定为市、区级“党建强、发展强”称号，擦亮“红创党建经验”品牌。旷视科技党委、大北农党委等2个党组织的5位党员获北京市“三优一先”表彰。

党员教育管理服务。发展党员320名，其中企业中层以上干部或专业技术骨干占比80%；完成预备党员转正327人。强化警示教育，通报非公企业党员违纪违法典型案例。组织“中关村红色智慧大讲堂”系列线上培训，组织党建指导员集中轮训4次。试运行“红色成长营”学习管理平台，提升党建管理服务效能。“中关村红创空间”服务党员近万人次。组织163位科学城企业代表和机关党员参加天安门广场建党百年庆祝大会。6月28日，中关村科学城综合党委荣获中共中央授予的“全国先进基层党组织”称号。

（万清）

【庆祝建党百年系列活动】 年内，中关村科学城党工委举办“使命传承，科创领航”庆祝建党百年主题活动，开展“庆祝建党100周年”视频征集评比等活动，“中关村科学城”微信公众号发布《回望百年道路，重温“赶考”初心！中关村科学城党史学习教育正式拉开帷幕》《竹刻、水墨、剪纸，中关村科学城创新形式传承红色基因》《中关村科学城开启党史学习教育新方向》等推文20篇，发布基层党史学习动态395条，编发《中关村科学城党史学习教育工作动态》19期，宣传推广典型经验做法。以《党建引领下的中关村科学城》为题，参加北京市“永远跟党走”百姓宣讲调研汇讲。各级党组织书记讲党课1700余次。组织163位科学城企业代表和机关党员参加天安门广场庆祝大会。

（万清）

【“红色管理”进园区活动】 年内，中关村科学城党工委举办“红色管理”进园区活动，将党史中沉淀的红色智慧、创新理论的最新成果与企业管理实践相结合，赋能企业管理者日常工作实践。开展“党史学习进园区，素质拓展聚青年”等活动，将党史学习教育与团队素质拓展相结合，将党史学习教育融合在健步走、登山、沙龙、知识竞赛等活动中，增进团队凝聚力。依托区域党建交流平台，园区企业实现学习资源共享、党建活动共建，开展主题党建联建、红色革命教育、红色之旅学习拓展以及寻找档案中的“建党百年”等39次党建共建活动。借助非公企业巡回指导机制，每周深入企业开展党建工作调研指导。指导北大科技园打造全国首个“智慧党建”样板空间“人民网智慧党建体验中心”。引导非公企业学党史，利用电脑手绘技术呈现经典红色地标，研发智慧党建党史学习网络平台，制作VR红色党建党史学习资源库等，打造学习新方式、新载体，创新学习形式，丰富学习场景，提高学习效率。

（万清）

【“千百十·我在基层”党日活动】 年内，中关村科学城各党支部开展“千百十·我在基层”党日活动。组织医疗专家到社区为居民进行义诊咨询服务；开展社区疫苗接种、防灾减灾宣传等志愿服务；携手社区党委开展“千百十·我在基层”之科学零距离系列活动，参观红创空间、开展女性健康科普讲座等活动。帮助企业建立党组织，与联盟协会、孵化载体、服务企业开展手拉手共建工作；推进中关村科技创新成果展向社会公众开放。举办6期创新创业政策宣讲、2期“红色先锋——企业标杆行之走进创新企业”活动、4期高雅艺术进园区活动、2期非遗文化进园区系列活动。协助量子院二期过渡空间选址。助力企业科技抗疫。

（万清）

【“学史力行办实事”专项行动】 年内，中关村科学城党工委开展“学史力行办实事”专项行动。成立中关村科学城创新合伙人党建联合会，搭建政产学研用金全要素紧密联接的交流平台。推动落实企业生活困难党员和职工帮扶办法和相关政策，小米集团为门头沟区妙峰山镇炭厂村捐献抗疫物资，旷视科技捐赠的100棵果树在阿力得尔苏木落地生根，千方集团志愿服务队慰问快递小哥、环卫工人、交通协管员。面对河南特大暴雨灾害，各企业全力以赴抢险救灾，北京政启汇管理咨询有限公司联合多方力量筹集物资，中国卫通为抗洪抢险提供卫星通信保障，北京科锐配电子公司全力抢修电力，航天宏图研究院利用国产自研软件监测洪水，东软医疗、医准智能、联想医疗及时提供医疗救助。面对新冠肺炎疫情，美团无人配送车为南京封闭小区的居民配送果蔬和快递，卡尤迪公司2台“闪测方舱”支持张家界核酸检测工作，谱尼测试调集移动方舱检测实验室和相关设备支援扬州防疫工作，声智科技开发的新冠疫苗智慧预约平台为河南多家医院提供IDA智能扫码终端和后台数据仓系统。

（万清）

【中关村红色智慧大讲堂】 3月10日，中关村科学城党工委组织开展“中关村红色智慧大讲堂”第二十八讲暨党员轮训第三十五期线上培训，培训内容为：反映时代真实，讲好中国故事——做坚定信念共产党人。4月14日，组织开展“中关村红色智慧大讲堂”第二十九讲暨党员轮训第三十六期线上培训，培训内容为：有个地方叫马兰——中国“两弹一星”强国梦的故事。7月7日，组织开展“中关村红色智慧大讲堂”第三十讲暨党员轮训第三十七期线上培训，培训内容为：深入学习领会习近平总书记“七一”重要讲话精神。3次培训近10万人次参与学习。

（万清）

【党史学习教育系列活动】 3月24日，中关村科学城党史学习教育动员大会在中关村国家自主创新示范区展示中心召开。中关村科学城机关、事业单位处级领导干部、全体党员以及非公企业部分党组织书记、党务工作者和党员代表共计300余人参加会议。中关村科学城党工委委员、管委会专职副主任，中关村科学城综合党委书记吴宝华作大会讲话。5月14日，中关村科学城党工委组织召开党史学习教育专题宣讲会。6月15日，中关村科学城党工委、管委会召开党史学习教育专题研讨会。7月16日，中关村科学城党工委委员、管委会召开党史学习教育第二次专题研讨会。年内，按照中央和市委、区委部署，开展党史学习教育，全体机关事业单位党员干部以及综合党委所属基层党组织3.2万余名党员参加。制订实施方案，召开动员大会，成立领导小组及办公室，层层压实责任、逐级传导压力，推动党史学习教育向纵深发展。领导班子成员深入产业园区、科技企业、协会联盟等多元创新主体开展调研；处级领导干部以及党史学习教育领导小组办公室成员参观“伟大征程——庆祝中国共产党成立100周年特展”“不朽的功勋——李大钊生平事迹展”“不忘初心、牢记使命”等大型主题展览，开展党史学习专题研讨会4次；机关各党支部通过学习参观、集中研讨、传递党旗、支部书记现场讲党课等形式，学习党的历史和成功经验。科学城综合党委所属基层党组织组织学党史、活用资源学党史、专题讲座学党史、常态推进学党史等党史学习教育活动，推动党史学习教育往深里走、向实里去。去哪儿网党委打造红色航班14家高新企业齐上“云端”党课；贝壳找房党委推出爱国主题系列VR博物馆等。各基层党组织开展集中学习2183次、交流研讨1546次、参观学习1032次；邀请专家学者宣讲328场，受众23.7万人次。

（万清　段月）

【“我为群众办实事”实践活动】 5月7日，中关村科学城党工委制定印发《中关村科学城党史学习教育“我为群众办实事”实践活动实施方案的通知》，开展“我为群众办实事”实践活动。建立机关企事业单位“我为群众办实事”项目清单13项、机关党组织项目清单28项、党员领导干部项目清单35项。党员领导干部切实落实“一岗双责”，建立健全处级党员领导干部“双联系”基层党建联系点，深入产业园区、科技企业、协会联盟等多元创新主体，走访28家企业党组织，协调解决企业实际困难。处级党员领导干部均与基层党建工作联系点开展至少2次工作，以实地走访调研、座谈研讨、电话微信等方式，了解掌握企业所需、所求，指导协助解决联系点困难问题。截至年底，3个项目清单全部完成。

（万清）

【中关村科学城创新合伙人党建联合会成立】 6月8日，北京海淀中关村科学城创新合伙人党建联合会（简称联合会）揭牌成立。联合会以"党建引领+科技创新"为主线，搭建政产学研用金全要素紧密连接的平台，创新主体与政府深度互动平台，反映意见建议、促进国家科技创新发展平台，重要荣誉评选表彰和社会职务推荐平台4个平台，着力构建支撑科技创新的更有活力的政产学研用金全要素"创新雨林"生态体系，探索党建引领科技创新和自立自强的海淀路径。首批吸纳110家单位会员和3名个人会员，会员单位主要包括中关村科学城上市企业，深度参与科技创新或研发投入较大的代表性央企和国企、独角兽企业、隐形冠军企业，新型研发机构、科研院所、高校，科技园区运营管理机构、孵化投资机构、科技创新服务机构、社会组织等。中关村科学城创新合伙人党建联合会第一次会员大会选举时代集团总裁王小兰为会长。成立大会上，小米科技有限责任公司代表中关村科学城创新合伙人党建联合会发布《学党史、办实事倡议书》。

（万清　钟冷）

【党史学习教育专题党课开讲】 7月9日，中关村科学城综合党委组织党史学习教育专题党课，以更深入贯彻落实党史学习教育精神内涵，促进党员干部学史明理、学史增信、学史崇德、学史力行。中关村科学城党工委委员、管委会专职副主任、中关村科学城综合党委书记吴宝华作题为《从百年党史中汲取奋进力量谱写中关村科学城辉煌篇章》的党史学习专题辅导报告。报告分为学习习近平总书记在庆祝中国共产党成立100周年大会上的重要讲话精神，回顾党的百年征程、总结党领导人民取得伟大成就的

6月8日，区领导出席中关村科学城创新合伙人党建联合会成立大会（张洪军　摄）

"制胜密码"，中关村科学城党建探索历程三个部分。中关村科学城机关和事业单位全体党员干部、企业党组织书记及党员代表近400人听课。

（段月　钟冷）

【中关村科学城综合委员会党员代表大会】 11月9日，中国共产党北京市海淀区委中关村科学城综合委员会党员代表大会召开。中关村科学城管委会有关领导，中关村科学城机关、非公有制企业102名党员代表出席会议。会议贯彻落实区委关于海淀区第十三次党代表大会代表选举工作的部署要求，采取无记名投票的方式，选举产生32名区第十三次党代会代表。32名当选代表中，领导干部11名，占34%；生产和工作一线人员21名，占66%；女党员14名，占44%；少数民族党员2名，占6%；50岁以下（含50岁）党员22名，占69%。

（万清　段月）

社会领域党建

【概况】 2021年，区委社会工委区民政局统筹推进社会领域党建工作，制定下发《2021年海淀区委社会工委区民政局党建工作要点》和《2021年基层党建工作重点任务清单》，指导街道系统建立社区党组织书记、专职党务工作队伍、社区"两委"后备人才队伍工作台账；进一步加大推动党建引领基层治理创新力度，会同区委组织部研究起草《海淀区村和社区"两委"成员队伍建设五年行动计划（2021—2025年）》，进一步规范村和社区"两委"成员队伍选、育、管、用；新建街道级优秀书记工作室5个，着力在培育新时代基层社会治理"领军人才"、提升基层组织力上善谋划、有作为。

（张安慧）

【社区书记"头雁领航"工程】 年内，区委社会工委区民政局持续深化社区书记"头雁领航"工程。以"优秀书记工作室"为创新载体和抓手，打造"师徒带教"特色品牌，开展社区书记师徒带教工作，围绕基层治理难题，充分发挥优秀社区书记"传帮带"作用，为全区党建引领社区治理打造新"样本"；开展社区骨干轮训精品小班17期，轮训880人次；开设社区精品书记培训班、社区治理培训班、社区后备干部培训班、先锋大讲堂等多期班次，培训社区"两委"干部540人次；实施海淀区优秀社区书记精品培育行动，挑选20名优秀社区书记，利用6个月时间，通过集中授课、课题调研、成果展示等3个环节，着力提升社区书记党建创新和品牌打造能力。

（张安慧）

【党建引领基层治理工作】 年内，区委社会工委区民政局在全区街道系统

直管的502个社区建立社区党建工作协调委员会，按照“365”工作模式和双联系工作机制，链接2532家驻区单位资源，征集1122个社区党建协调委员会需求清单、1017个资源清单，形成884个项目清单，着力破解基层工作难题；探索构建党建引领社区治理框架下的物业管理体系，创新推动党建引领社区治理重点任务落实。

（张安慧）

老干部工作

【概况】 2021年，全区有离休干部403人（含易地来京安置离休干部42人），副处级以上退休干部2077人。区委老干部局下设海淀区老干部活动中心（参公管理事业单位）。海淀区委老干部局持续开展离退休干部“三项建设”[①]，保障离退休干部生活待遇保障。围绕庆祝中国共产党成立100周年，开展“关爱海霞”主题活动、“永远跟党走 海霞共生辉”主题系列活动。

（高燕）

【离退休干部“三项建设”】 年内，区委老干部局加强对全区离退休干部的政治引领。组织离退休干部学习习近平新时代中国特色社会主义思想，组织全区老干部参加北京市委老干部局形势报告会2次、市老干部党校线上课1次，网上推送“云端初心讲堂”24期。指导基层离退休党组织坚持“三会一课”制度、开展党史宣讲、举办“七一”座谈会，为基层党组织中任职的离退休党员发放工作补贴。举办3期“守初心、担使命”培训，培训“四就近”[②]工作者26名、离退休党组织骨干40余名、老党员先锋队队长70余名。在八里庄街道、学院路街道、清河街道、四季青镇、温泉镇5个街镇依托街镇党群服务中心试点建立“老党员之家”，为老党员提供学习和活动场所。

（高燕）

【老党员先锋队】 年内，海淀区成立军休、政法、教育、卫生、科技、国企共6支行业系统的老党员先锋队。老党员先锋队作为“海霞生辉”老干部工作品牌建设的一支重要力量，结合党史学习教育和“我为群众办实事”系列活动，深入社区、学校、机关单位开展宣讲活动，区老党员先锋队队委及工作专员宣讲70余次。有1.4万余名老党员参与新冠肺炎疫情防控执勤站岗和垃圾分类工作。截至年底，全区有老党员先锋队633支，注册队员1.6万余人。

（高燕）

【关心下一代工作】 年内，海淀区关心下一代工作委员会围绕爱国主义教育举办以庆祝中国共产党成立100周年和“关爱海霞”为主题的系列活动。主要组织举办关爱+建党100周年之“从小学党史 永远跟党走”主题系列活动8场，组织举办“科技托起强国梦”主题活动3场。区关工委获2020年度全国“中华魂”（科技托起强国梦）主题教育活动“先进集体奖”。

（高燕）

【离退休干部生活待遇保障】 1月，区委老干部局开展春节走访慰问部分抗战老干部、离退休党支部书记、特困离退休干部、红军遗孀以及住院的老干部，走访慰问离退休干部228人，送去慰问品、慰问金20余万元。4月，按照《关于在建党100周年之际提高抗战时期参加革命工作的部分离休干部医疗待遇的通知》要求，为41名抗战时期参加革命的离休干部提高医疗待遇并办理医疗备案。5月，按照《关于在建党100周年之际提高离休干部生活补贴标准的通知》要求，为离休干部提高生活补贴标准。6月，完成全区1459名离休干部及副处级以上退休干部健康体检工作。7月，利用社区基层卫生机构力量，为有需求的离休干部提供“离休干部社区居家健康服务项目”。8月，根据《关于调整本市去世离休干部无工作配偶生活困难补助费标准的通知》要求，调整去世离休干部无工作配偶生活困难补助费标准，去世离休干部配偶无工作、有子女的生活困难补助费由每人每月1210元调整为1285元，去世离休干部配偶无工作、无子女的生活困难补助费由每人每月1810元调整为1922元。全年走访慰问红军遗孀、离退休干部，看望住院老干部、百岁老人490人次。

（高燕）

【离退休干部文体活动】 4月，区委老干部局举办离退休干部庆祝中国共产党成立100周年诗歌朗诵会暨第二届清明云端诗会。6月3日，举办“永远跟党走 海霞共生辉”——海淀区老干部庆祝中国共产党成立100周年文艺演出暨第三十四届文艺汇演，全区各系统、各街镇的350余名离退休干部及工作人员参加文艺汇演。6月22日，举办“永远跟党走 海霞共生辉”——海淀区老干部庆祝中国共产党成立100周年书画摄影展，来自全区各系统、各街镇200余名离退休干部的书画、摄影作品近600幅参展。7月30日，与区文旅局共同举办“永远跟党走 海霞共生辉”书画摄影巡回展览。9月24日，举办“永远跟党走 海霞共生辉”——2021年海淀区老干部国庆联欢会，近100名老干部代表参加活动。11月底，举办“海霞生辉迎冬奥”——老干部书画摄影线上展览。

（高燕）

【“一老一小话党史”活动】 6月至8月，海淀区关心下一代工作委员会举办“一老一小话党史”主题活动。活动分为“五老”追忆百年、青少年回望百年、“一老一小”共颂百年三个篇章，选取校园、教室等场景，以视频的形式呈现，邀请18位“五老”（老专家、老战士、老模范、老干部、老教师）为青少年进行主题内容分享、红色故事讲述。“五老”故事分

---

① 三项建设：政治建设、思想建设、党组织建设。
② 四就近：就近学习、就近活动、就近发挥作用、就近得到关心照顾。

9月17日，2021年海淀区四套班子领导与老领导暑期座谈会举办（王超 摄）

为红色历史、科技历史、文化历史、海淀发展史4个部分，通过言传身教的方式集中体现海淀科技文化特色。

（钟冷）

【区领导与老领导暑期座谈会】 9月17日，区四套班子领导与老领导暑期座谈会召开。通报全区上半年经济社会运行情况、区级领导人事变动情况和2020年区级老领导在暑期座谈会上所提意见建议办理情况。老领导对区委、区政府的务实精神和工作成效给予充分肯定，围绕海淀区思想文化宣传、党建工作提升、民生精准服务、城市精细治理、人才培养引进等方面提出意见建议。于军、鲍雷、李俊杰、张若冰等区领导，张宝章、张芝田、胡桂枝、陈其耀等老领导参加会议。

（高燕）

宣传工作

【概况】 2021年，海淀区宣传思想文化工作以习近平新时代中国特色社会主义思想为指导，落实全国、北京市宣传部长会议精神和市委、区委工作要求，落实海淀区“两新两高”战略，围绕立足新发展阶段、贯彻新发展理念、构建新发展格局，突出庆祝中国共产党成立100周年，提高政治站位、首都站位，为海淀区加快建设现代化国际化创新型宜居宜业城区和北京国际科技创新中心核心区提供思想保证和精神动力。

庆祝建党百年活动及服务保障。持续开展“初心向党庆百年 科技领航再出发”“十二个一批”主题活动。牵头成立新闻宣传和文明创建指挥部、党史学习教育和群众性主题宣传教育活动指挥部、志愿者指挥部。组织全区机关企事业单位和企业代表2300余名参加庆祝活动文艺演出观演、庆祝大会等活动。组织5所学校的235名师生完成庆祝大会合唱献词任务，组织北京舞蹈学院附属中学300余名师生完成庆祝大会演出任务。组织3000名志愿者开展“喜迎建党100周年”系列特色志愿服务活动100余场，服务群众13万人次。

理论学习宣传。推进习近平新时代中国特色社会主义思想学习宣传贯彻，增强群众理论自信。区委理论学习中心组围绕党的十九届五中、六中全会精神，习近平总书记在庆祝中国共产党成立100周年大会上的重要讲话（简称“七一”重要讲话）精神、构建新发展格局等开展专题学习39次。邀请党史学习教育中央宣讲团、市委宣讲团成员开展党史学习教育专题宣讲。推动党的创新理论对象化、分众化、互动化传播，形成多层次、多渠道、多样式的理论宣传体系。区领导带头、区委宣讲团深入各街镇、各系统开展宣讲2300余场，受众230万人次。开展“周末大讲堂”“理论走基层”等主题活动，深入社区、村等基层单位宣讲。组织线上线下学习“七一”重要讲话精神系列专题宣讲报告会，直播平台场均观看人数超6万人次。联合驻区高校、科研院所，依托北京市哲学社会科学应用对策研究海淀基地，开展新时代中关村精神、加快将中关村建设为世界领先的科技园区、利用红色资源开展海淀党史学习教育的路径探析等专题研究，形成多篇理论研究成果，在《光明日报》《前线》等报刊刊发。

意识形态领域工作。对19家单位开展意识形态专项巡察，对各单位巡察整改情况开展日常督查。开展意识形态阵地专项审查工作，建立健全公共空间艺术品台账，实现动态巡察。开展广播电视非法接收传输和“黑广播”、文娱场所、网络文化专项整治行动和“正道”“新风”等专项治理行动。检查各类场所6658家次，立案90件，收缴非法出版物230册，依法吊销4家出版物发行单位《出版物经营许可证》。

新闻舆论宣传。开展党的十九届五中、六中全会精神，党史学习教育，“相约北京”系列体育赛事等主题宣传活动。《人民日报》《北京日报》专版报道海淀区“十三五”时期取得的重要成就。海淀区作为“庆祝中国共产党成立100周年——发展成就特刊”北京市首站举办地，推出科技成果转化和技术创新应用、农村集体经济产业发展、“疏整促”推动经济高质量发展、生态环境建设等一批专题报道。推出专题片《中关村科学城 北区蝶变》，阐释中关村科学城北区发展经验。组织6场“相约北京”测试赛及2022年北京冬奥会海淀赛区专题新闻发布会。“海淀准备好了”主题新闻发布会和海淀新闻发布工作受到市委主要领导点名表扬。《新闻联播》播出《北京海淀：科技赋能 为冬奥会服务保障提供有力支撑》。中央及市属媒体发布海淀区报道2344条，其中中央媒体报道464条（其中《新闻联播》6条、《焦点访谈》1条），市属媒体报道1880条。

网络宣传。制定《海淀区政务新媒体管理办法》，规范全区政务新媒体备案和管理。出台《海淀区突发事件新闻发布及舆情处置工作应急预案》及各专项应急预案，建立舆情应对口径库并做好动态维护。强化多部门联合会商、快速处置机制，健全重大突发舆情事件“一小时一报告”措施，研判处置舆情事件94起。打造“欢迎来淀”品牌，建好微博、抖音、知乎官方账号，设立网易新闻客户端“海淀时政”专题。开设“百年红心印海淀”“2022海淀与冬奥同行”“三山五园冰雪情”等网络话题讨论，制作推广网络安全宣传周主题宣传片，推出“红色海淀VR行”等活动，总阅读量突破2亿次。征集发布优秀网评文章109篇，获评北京市网评工作先进单位。

培育和弘扬社会主义核心价值观。完成北京市“1+9”系列展览之一——李大钊烈士陵园改陈提升工程。开展国庆主题系列文化活动18项42场，覆盖约230万人次。制作红色地图，推出“初心之旅”等主题红色线路。策划开展“中国共产党人精神谱系在海淀”系列宣传。开展文明新风我践行、文明养犬在行动等主题活动，推进诚信海淀建设。开展文明骑行、礼让斑马线、光盘行动、垃圾分类、文明游园等文明引导行动。开展“扣好人生第一粒扣子”“童心向党”“传承红色基因”主题教育实践活动，3名学生获评首都级“新时代好少年”。

文化建设。统筹推进全国文化中心建设。《北京海淀三山五园国家文物保护利用示范区建设实施方案》正式获批。推进西山永定河文化带和大运河文化带的保护传承利用。开展全域文物资源调查和现状评估。推进三山五园艺术中心建设。办理新闻出版审批事项近2500件。办理行政许可事项617件，审批营业性演出398台2300场次。支持八里庄街道党群文化活动中心等7个基层公共文化设施提升改造项目，为街镇提供图书、培训、文艺演出等服务。促进实体书店发展，建成国内第一家体育类综合书店冠军书店以及驹然书社、乐府书局、PAGE ONE等特色书店。引进电竞娱乐、动漫游戏等优质文化企业。举办“海之春”新春文化季、庆祝建党百年“开往新中国的列车”“音乐党课”等群众文化活动，“我们的节日”等文艺演出及文化惠民活动1460余场次，线上线下惠及群众430万人次。

（韩松）

【全民阅读活动】 4月18日，由区委宣传部、区文旅局主办，北京市国图文化艺术有限公司承办的“阅百年辉煌·谱科创新篇”2021海淀区全民阅读活动启动仪式在国图音乐厅举行，区委常委、宣传部部长张劲林出席开幕式。通过“阅百年辉煌·谱科创新篇”全民阅读活动，营造浓郁的海淀特色阅读氛围，探索文旅融合、文化与科技融合、文图融合的新型文化服务路径，满足社会各界多元化的公共文化需求。海淀区围绕庆祝中国共产党成立100周年，让阅读活动走进街道社区、学校、书店、高新技术产业园区、旅游景区等地，形成具有海淀特色的长效阅读宣传推广体系，并陆续推出“百书万人读，重温百年路”“2021年海淀区阅读盛典”“书海扬帆”“海图讲坛”等活动，营造“爱读书、读好书、善读书”的读书风尚。

（韩松）

【《中关村科学城·北区蝶变》播出】 5月18日，由区委宣传部与北京广播电视台合作完成的专题片《中关村科学城·北区蝶变》在北京广播电视台《北京您早》栏目播出。专题片共2集，从中关村科学城北区代表性地标的今昔对比，以见证中关村科学城北区发展的建设者、受益者等人物故事为切入点，通过故事化、细节化的叙事手法及数据展示等特效手段，展现中关村科学城北区发展的建设实践、丰硕成果及未来蓝图。

（韩松）

【广播连续剧《播火者》播出】 5月30日，区委宣传部、北京广播电视台、北京大学党委宣传部联合出品10集广播连续剧《播火者》。该剧以北京市委党史研究室权威史料为基础，通过讲述早期共产党人李大钊1916年从日本留学回国，研究、践行马克思主义，理论联系实际领导学生和工人运动、促成建党、发展北京党小组、促进国共合作等一系列播火过程，描写北京早期共产党人的群像与历史，展现建党之初北京城风起云涌的觉醒年代。该剧在北京广播电视台交通

6月6日，中央文明办“文明在这里”主题采访启动仪式在海淀区宋庆龄青少年科技文化交流中心举办，中宣部领导为记者授旗（区委宣传部 供图）

台、新闻台、文艺台以及听听FM同步播出，累计听众80余万人。

（韩松）

【李大钊生平事迹展开放】 6月1日，由区委宣传部、市委社会工委市民政局共同策划的李大钊烈士陵园改陈提升工程完成，“不朽的功勋——李大钊生平事迹展”正式开放。展览为长期展，展现李大钊作为中国共产主义运动的先驱、伟大的马克思主义者、杰出的无产阶级革命家、中国共产党的主要创始人之一的光辉一生。该展为北京市“1+9”系列展览重点提升类项目，分为主展室“不朽的功勋——李大钊生平事迹展”和纪念室“永远的典范”两个区域，以图片、展品、原文引用、视频为主要形式展出272张图片、89件/组展品，并设置5组多媒体互动展项、2组制景。首次展出李大钊生前唯一一段1924年9月在莫斯科国家大剧院演讲的视频、2011年从荷兰国家档案馆收集的高清版“李大钊就义前的遗照”等重要展品。展览应用科技手段，用冰屏展示李大钊发表在《新青年》上的《青春》一文的页面，用电子屏展示2.6万字的《我的马克思主义观》。展览安装设置交互大屏，将展览内容全部电子化，通过手动触控，可以在墙面上查阅展览内容，实现展览手段的科技化和形式的多样性。中共中央政治局委员、市委书记蔡奇，市委宣传部部长莫高义，中央党史学习教育领导小组办公室和中宣部等单位领导参观展览后，给予充分肯定。截至年底，接待团体1118批58475人次。

（韩松 徐佳伟 徐支燕）

【“文明在这里”主题采访报道启动】 6月6日，由中宣部、中央文明办举办的“文明在这里”主题采访报道启动仪式在海淀区新时代文明实践基地——宋庆龄青少年科技文化交流中心举行。采访报道组将深入文明实践第一线，聚焦新时代文明实践中心试点建设，宣传全国各地、特别是基层推进精神文明建设的新举措、新进展，讲好群众身边模范人物的故事，让人民群众真切感受到“文明就在这里、文明就在身边”。中宣部副部长傅华为采访报道组授旗并讲话，新华社党组成员、秘书长宫喜祥以及中宣部、中央文明办、中央网信办、市委宣传部、首都文明办有关领导出席活动，区委书记于军介绍海淀区紧密结合党史学习教育，开展精神文明建设的情况。

（郭君兮）

【第五届中国“网络文学+”大会】 9月3日至5日，由区委宣传部支持的第五届中国“网络文学+”大会在中关村国家自主创新示范区展示中心举办。大会以“网颂百年 文谱新篇”为主题，以庆祝中国共产党成立100周年为主线，分为主体活动、长效活动两大板块，贯穿全年。主体活动包括开幕式暨高峰论坛、平行主题论坛、主题展示互动等五大主体活动及9个分论坛，旨在为推动网络文学精品出版，激发网络文学创作生产活力提供支持。本次大会首次在海淀公园专设IP文创市集区，吸引海淀文创市集商户、人民文创、国家图书馆等近50家企业及商户参与，将网络文学IP衍生品从线上搬到线下。长效活动包括围绕庆祝建党百年，组织网络文学企业和作家，策划推出的系列主题活动；搭建立足北京、辐射全国的网络文学创作交流平台；打造资源富集、形式多样的IP推介转化平台；建立内容丰富、融通中外的网络文学国际传播渠道。

（韩松）

【中关村艺术节展演】 9月16日，由区委宣传部主办、中关村国际舞蹈中心承办的国际首个以舞剧为主题的中关村艺术节在国家大剧院开幕，开幕式首演原创舞剧《长城》。舞剧节以“百年印记 大美芳华”为主题，包括线上线下舞剧展演，舞剧进三山五园、进科技园区，大师工作坊，艺术家大会，舞台装备展，舞蹈家专场，年度大奖评选等板块。艺术节精选《曹雪芹》《长城》《英雄儿女》《九重奏》《三段留白：好空、很慢、极简单》《枫叶红了》《生命之舞》《歌唱祖国》等国内优秀舞剧，在国家大剧院、天桥艺术中心、民族剧院等剧场演出。展演持续至10月20日。

（韩松）

【原创舞剧《长城》首演】 9月16日至17日，由区委宣传部出品的原创舞剧《长城》在国家大剧院首演。舞剧《长城》是2021年北京市和海淀区重点文化项目，是海淀区庆祝建党百年的重点剧目，中关村国际舞蹈中心、亚洲大美青年艺术团承担演出任务。

《中关村艺术节展演》舞剧展演剧目海报合集（区委宣传部 供图）

作品以“两弹一星”铸就国防之盾为切入点，讲述新中国面对核大国的核讹诈、核威胁，数十万人历经数十年研制“两弹一星”，共同筑起中华民族科技长城的故事。该剧展现共和国科技工作者勇于拼搏、敢于创新、科技报国的奋斗历程，展现民族的长城、历史的长城、文化的长城、科技的长城。当年参与“两弹一星”研制的众多机构和无数科研人员，都是生活在海淀、从海淀出发的。首演获得“两弹一星”科学家及其后人、中关村企业家、舞蹈艺术家和社会各界的赞誉。舞剧《长城》以影像方式拍摄制作，面向群众公演。线下演出7场，观看人数6000人；线上演出16场。

（韩松）

9月14日，区委宣传部举行2021中关村舞剧展演暨舞剧《长城》新闻发布会（区委宣传部 供图）

【第二届北京国际游戏创新大会】 9月24日至26日，由区委宣传部支持的第二届北京国际游戏创新大会在宋庆龄青少年科技活动中心和中华世纪坛举行。大会以“创新·引领·融合”为主题，设开幕式暨游戏创新峰会、主题分享、年度游戏推优、闭门座谈会、北京国际游戏创新展、北京国际游戏创新大会创作大赛、理论研究论坛、主题交流活动、创新盛典等9大板块，围绕内容创新、制作人、技术应用、平台发行、硬件开发、商业营销6个主题，举行百余场主题分享会。国内外游戏产业研究机构、高校学者、游戏发行平台负责人、著名游戏制作人、游戏技术负责人、游戏硬件厂商代表等参会，就游戏的精品研发、技术应用、传承传统文化等共同关心的产业话题展开讨论，为全球游戏产业创新发展提供思路和解决方案。大会通过举办游戏行业内容管理培训班、签署行业自律公约、举办创新游戏展等多项举措，推动防止未成年人沉迷网络游戏的各项要求落地；伽马数据发布《2021中国游戏创新及发展趋势报告》。截至9月23日，全市524家企业的2176款网络游戏全部完成防沉迷系统接入。

（韩松　钟冷）

【“两弹一星与海淀”巡回展】 10月16日，由区委宣传部、区文明办、海淀区新时代文明实践中心联合主办的“两弹一星与海淀”巡回展开幕式举行。“两弹一星”有关专家、学者及相关街镇、学校、居民代表等280余人出席活动。展览共展出钱学森、朱光亚等46位“两弹一星”人物事迹。海淀是“两弹一星”的出发地和策源地，许多重大历史事件与节点都与海淀息息相关。“两弹一星”元勋朱光亚之子朱明远及“两弹一星”专家学者同与会者分享研制“两弹一星”的感人故事，观看以“两弹一星”为题材的海淀原创舞剧《长城》片段和情景剧《马兰花》等。该巡回展是海淀区为庆祝建党百年，弘扬“两弹一星”精神，讲好新时代中关村科学城的故事，挖掘海淀历史推出的献礼展览，包括“前言”“高瞻远瞩 战略决策”“两弹一星 成功之因”“两弹一星 国家脊梁”“两弹一星 海淀故事”“星空灿烂 强国有我”及“结束语”7个部分。展览在海淀区内巡展3场，参观人数约6000人。巡展至11月中旬结束。

（韩松）

【第六届中关村数字文化产业国际峰会】 10月28日至29日，由中共中央宣传部、国家网信办、市委宣传部、区委宣传部等单位指导的第六届中关村数字文化产业国际峰会在北京朗丽兹花园酒店举办。峰会以“点燃数字引擎，赋能未来世界”为主题，邀请全球数字文化产业领军人物围绕文化资本、游戏、音乐、视频等数字文化热门产业，探讨中国数字文化产业发展机遇与路径。

（韩松）

统战工作

【概况】 2021年，中共海淀区委统一战线工作部（区政府侨务办公室）（简称区委统战部）深入贯彻习近平总书记关于加强和改进统一战线工作的重要思想，全面落实中央、市委各项决策部署，推动统一战线各领域工作取得新成效。

完善大统战工作格局。区委出台《关于贯彻落实〈中国共产党统一战线工作条例〉的实施方案》，将统战工作纳入处级班子考核、政治巡察等，进一步压实各级党组织统战工作主体责任，为统战工作提供强有力的制度保障。在全区学习宣传贯彻《中国共产党统一战线工作条例》，区委常委会、各处级单位专题学习，成立9个宣讲团，深入各街镇、各统战领域开展全覆盖宣讲活动，进一步提升党员干部的统战意识。加强46个“统战工作站”建设，确保在重点楼宇、园区实现全覆盖。组织开展统一战线“不忘百年初衷·共筑百年梦想”庆祝中国共产党成立100周年主题教育实践活动，举办活动80余场。8个民主党派完成换届，产生新一届领导班子。通过与民主党派、人民团体、区属单位、高校科研院所、驻区重点单位等90余家推荐单位广泛协商，产生418名新一届政协委员，实现统战对象全覆盖、新兴产业全覆盖。完成工商联（商会）、侨联、宗教团体换届工作。

服务中心工作。深化“中关村同心荟”品牌建设，赋能海淀新发展。围绕全区重点工作，统一战线成员开展调查研究，建言资政，完成调研课题近40项，报送意见建议类信息1000余篇，为区委区政府科学决策提供重要参考。建立政企座谈会、区领导联系重点民营企业制度，完善营商环境监督员制度，积极为企业解忧纾困。北京市民营企业百强评选中，海淀企业获140个奖项，占全市的近三分之一，科技百强项目占全市的一半。实施民族团结创建“六大工程”（精神家园工程、全覆盖工程、石榴籽工程、民生改善工程、示范引领工程、能力提升工程）。落实宗教场所“双暂停”措施，切实维护区域政治安全和社会稳定。承担建党百年活动服务保障、“相约北京”测试赛以及冬奥服务保障等专项工作。

统战工作品牌建设。新阶层“海芯荟”工作品牌，增设新居住行业分会与西三旗街道旗领分会，建立“1+13”联谊组织体系，不断推动组织有效覆盖。创新疫情常态化下港澳台基层交流方式，举办京港、京台社区网络大讲堂等系列活动10余场。举办第四届两岸青年交流合作北京峰会。海外统战工作实现新突破，首次邀请侨界代表人士列席政协全会，举办“海侨之月情满淀园”诗乐会、海淀·兰辛教育论坛，挖掘涵养侨务资源。

海淀统战信息工作在2021年度中央统战部信息直报点评比中荣获三等奖，在北京市统战系统信息工作评比中荣获二等奖。

（王彩虹）

【民建中央领导调研】 1月12日，全国政协副秘书长、民建中央副主席兼秘书长李世杰到海淀区调研民建基层组织建设情况。参加民建清河支部“民建会员之家”启用仪式，并召开民建基层组织传承发展座谈会。民建中央组织部部长李维平、民建北京市委秘书长王虹参加调研。

（李宁）

【北京台协海淀分会第十一届理事会】 1月15日，北京台资企业协会海淀分会召开换届会，选举产生由26人组成的第十一届理事会。威盛集团中国区行政长徐涛当选会长，北京金远见电脑技术有限公司董事长周志元、北京育青食品开发有限公司董事长黄梅郁当选荣誉会长，北京智装科技有限公司董事长施心木当选常务副会长兼秘书长。

（贾宇飞　胡光飞）

【民营企业家座谈会】 2月4日，海淀区举办民营企业家座谈会。会议邀请时代集团、科兴生物、旷视科技、美团、银河航天、度小满、好未来、爱奇艺8家企业负责人，围绕推动“两区”建设、优化海淀营商环境、升级“创新雨林”生态等交流座谈，并提出意见建议。区委书记于军对全区广大民营企业和民营经济人士在全区疫情防控和经济社会发展中作出的积极贡献表示感谢并致以新春祝福，强调要认真学习领会习近平总书记系列重要指示精神，坚决落实中央、市委对民营经济统战工作的决策部署，以服务“两个健康”为导向，持续优化营商环境，希望企业家们能够加强自主创新和品牌建设，积极融入国内国际双循环，继续弘扬中关村精神，为海淀始终走在国际科技创新中心建设最前头、走在先行先试最前头、走在高质量发展最前头作出更大贡献。区委常委、统战部部长任武军主持会议，区领导谭权、林剑华、陈双，区人民法院院长、区人民检察院检察长参加座谈会。

（王夏晖）

【台胞接种新冠病毒疫苗】 2月28日，区台办、区新冠肺炎疫情防控组、区卫健委、海淀医院、属地街镇等多部门，在中关村国家自主创新示范区展示中心组织台胞接种新冠疫苗专场，为台胞接种新冠疫苗提供服务保障。此后5次在中关村国家自主创新示范区展示中心疫苗接种点为台胞组织接种新冠疫苗专场，184名台胞完成两剂疫苗接种。截至年底，近2000名台胞完成新冠疫苗接种。

（贾宇飞　胡光飞）

【“十四五”专题精品课程线上系列培训班】 3月24日至4月14日，海淀区社会主义学院与清华大学继续教育学院共同组织举办“中华人民共和国国民经济和社会发展第十四个五年规划纲要”（以下简称“十四五”规划）专题精品课程线上系列培训班。通过直播授课对海淀统一战线各领域代表人士、各相关口内单位统战干部共计189人进行培训。培训内容既有“十四五”规划和全国两会精神解读，又有数字经济、创新驱动等产业领域知识。

（刘征）

【统一战线党史学习教育暨庆祝建党100周年主题教育实践活动】 4月1日，海淀统一战线党史学习教育暨庆祝建党100周年主题教育实践活动动员部署会召开。邀请中央社会主义学院统一战线理论教研部原副主任、中央统战部专家咨询组成员李小宁作“百年统战 百年法宝”专题讲座。会议强调，要提高政治站位，深刻认识开展党史学习教育暨主题教育实践活动的重大意义。要深入学习贯彻习近平总书记在党史学习教育动员大会上的重要讲话精神，强化政治担当，承担起建设北京国际科技创新中心核心区的责任使命。要明确任务重点，突出统战工作的鲜明特色，开展好统战各领域主题教育活动，高标准组织开展党史学习教育和主题教育实践活动。要强化组织领导，各民主党派、统战组织、各统战系统单位要积极行动、认真组织、创新载体、统筹推进，把学习的成效转化成凝心聚力推动海淀新发展的实际行动，以优异成绩庆祝建党100周年。

（赵耀）

【“中关村同心荟”活动】4月10日，区委统战部（区侨办）、区侨联在中关村科学城国际人才港联合举办“中关村同心荟”活动暨“海归沙龙”——在京校友会交流会。交流会介绍海淀“两区”建设及国际化人才引进和服务的相关政策，校友会代表围绕各自发展现状及未来工作计划进行交流和研讨。各校友会代表约20人参加。

（王斯雅）

【2021两岸青年骑行活动】4月17日，海淀区台办举办“杏韵花开 畅骑海淀——2021两岸青年骑行美丽乡村活动”。70余名两岸青年沿阳台山、北清路、稻香湖一线，重走红色“自行车驼峰航线”，参观爱国主义教育基地贝家花园，体验美丽乡村建设。9月12日，举办“科技领航 畅骑海淀——2021两岸青年骑行一村三山五园活动”，50余名两岸青年沿中关村国家自主创新示范区展示中心到香山妙云寺公园的“三山五园”绿道骑行，参观中关村国家自主创新示范区的创新成果展，浸入式体验海淀科技创新发展、“三山五园”美景、中华传统文化，提升融入海淀经济社会发展的动力。

（贾宇飞　胡光飞）

【校地统战工作】4月28日，中国人民大学党委副书记、统战部部长郑水泉到海淀区委统战部就民主党派基层组织建设、党外代表人士队伍建设、智库建设、校地统战工作联席制度等工作走访调研。6月17日，海淀区召开校地统战工作联席会全体会议，审议《海淀区校地统战工作联席会议2021年工作计划》，各高校统战部部长就如何促进校地统战联动，共同做好统战工作进行交流。区委常委、统战部部长任武军，33所驻区高校统战部部长及区委统战部、中关村科学城管委会综合部、区民族宗教办、区工商联、区侨联等联席会成员单位主要负责人参加会议。8月31日，任武军到首都师范大学走访调研，了解学校各民主党派、统战组织的基本情况，以及党外人才储备、培养、管理和发挥作用情况。9月2日，任武军到中国科学院直属机关党委走访调研，就民主党派基层组织建设、党外代表人士队伍建设、港澳台侨及海外统战工作、归国留学人员等工作以及进一步加强院地合作联动进行交流。

（李宁　王夏晖）

【困难归侨侨眷调查】5月7日至14日，区委统战部（区侨办）开展2021年困难归侨侨眷情况调查工作。调查显示，全区困难归侨侨眷59人，其中困难归侨23人、困难侨眷36人；属于城乡低保家庭的5人，低于北京市2020年最低工资标准（2200元）的孤寡老人家庭的4人，重大疾病、重度残疾、生活不能自理等情况的家庭50人。

（王斯雅）

【“三侨生”身份确认】5月8日至16日，区委统战部（区侨办）完成“三侨生”（归侨、华侨子女、归侨子女考生）报考高级中等学校身份确认工作，开具证明信34份，涉及归侨子女22人、华侨子女12人，办理量占全市的60%以上。

（王斯雅）

【新居住行业新联会成立】5月20日，海淀区新联会新居住行业分会成立，宗旨是加强新居住服务新的社会阶层人士的交流合作，把广大新居住行业的管理者、服务者和技术人员等为代表的新的社会阶层人士紧密团结在党的周围，增强“四个意识”，坚定“四个自信”，做到“两个维护”，构建网上网下最大同心圆。选举产生由61人组成的首届理事会，贝壳找房（北京）科技有限公司CEO彭永东当选会长。理事平均年龄38岁，具有大学以上文化程度的占96.8%，非中共人士50人占82.0%，女性11人占18.0%。

（王夏晖）

【建言献策信息专题培训班】5月24日，区委统战部联合中共北京市委统战部新阶层处举办建言献策信息专题培训班。市新联会理事代表、海淀区各民主党派、新的社会阶层人士、党外知识分子代表等90余人参加培训。邀请全国政协常委、北京市新联会建言献策专委会主任张连起，市新联会建言献策专委会副主任陈九霖分别结合自身建言献策实践进行经验分享。

（李宁　王夏晖）

【区委统战部领导到海淀区调研】5月25日，市委常委、统战部部长孙梅君到海淀区开展专题调研。调研基督教海淀堂宗教活动场所安全防疫管理情况、旷视科技高科技民营企业发展情况、新浪微博互联网企业发展及新阶层人士统战工作情况，并与海淀区党外代表人士座谈交流。区委书记于军，区委常委、统战部部长任武军，区委常委、政法委书记、区委办主任吴计亮一同调研。

（赵耀）

【京港基层社区视频连线活动】6月29日，中关村街道东里南社区和香港北角居民协会结对基层社区举行“京港社区网络大讲堂”之“百年华诞，邮票传情”京港基层社区视频连线活动，共同庆祝党的百年华诞和香港回归24周年。活动分为忆百年、谈初心、邮真爱、悟家国、庆生日5个环节。北京现场邀请50年党龄的老党员分享入党多年的心路历程，香港现场邀请居民代表分享香港回归24年来的切身感悟及家国常在的深刻情怀。两社区互赠北京、香港两地发售的中国共产党百年华诞纪念邮票，两地居民共同表演歌舞，朗诵诗词，抒发对中国共产党和香港社会的美好祝愿。区委常委、统战部部长任武军参加活动，东里南社区与香港北角居民协会70位居民参加连线。

（王夏晖）

【海淀区社会主义学院师资课程库建设】上半年，区社会主义学院立足海淀区的驻区高校科研院所数量众多、各领域培训资源丰富、统一战线师资力量全国顶尖的区位优势，通过校地统战联席会机制，整合辖区内中央社会主义学院、驻区高校等培训资源，打造包含统战理论、参政议政、能力素养、文化学院、统战实践等5大类别218项课程的师资课程库和香山革命纪念馆、李大钊烈士陵园、中关村智造大街、中关村创业大街、中关村创客小镇、中关村国家自主创新示范区展示中心、海淀街道红帆党群服务中心、圆明园廉政教育基地、贝家花园、北京基督教会海淀堂等10个现场教学点，共涉及师资力量179人。后续，将根据统战工作需要和培训实际效果，对师资课程库等进行适时调整。

（刘征）

【建党百年庆祝大会广场服务保障】7月1日，区委统战部牵头成立海淀区广场参加人员服务保障指挥部，组织全区1840名各界代表到天安门广场参加庆祝大会，完成任务指标的102%；完成圆明园、五棵松地铁站、五棵松体育中心3个远端集结点9200余人的集结疏散任务；完成9个驻地饭店3800余名参会代表的综合服务保障工作。

（许建振）

【各民主党派新老主委谈心会】7月14日，中共海淀区委举行各民主党派新老主委谈心会。区委书记于军就全区重点工作与各民主党派新老主委进行交流沟通，向各民主党派完成换届任务和新当选主委表示祝贺，聘请离任的王玉梅、邓佑玲、徐凤芹担任“海淀统一战线特聘专家”。中共海淀区委副书记、区长王合生，区政协主席刘勇，中共海淀区委副书记张强出席会议。区委常委、统战部部长任武军主持会议。

（李宁）

【港籍代表人士主题教育活动】7月19日，区委统战部组织重点联系的7名在京港籍代表人士到李大钊烈士陵园开展主题教育活动。在李大钊烈士墓前举行纪念仪式，观看“不朽的功勋——李大钊生平事迹展”，召开座谈会。与会港籍人士围绕学习习近平总书记在庆祝中国共产党成立100周年庆祝大会上讲话的心得体会和参观李大钊烈士陵园的感悟进行交流，表示全力支持“爱国者治港”原则，拥护“一国两制”，发挥融通京港的优势作用，为画出最大同心圆贡献力量。区委常委、统战部部长任武军参加活动。

（王夏晖）

【2021两岸青年交流合作北京峰会】7月20日，2021两岸青年交流合作北京峰会在中关村壹号举行。本届峰会由北京市青年联合会、北京市学生联合会、海淀区政府主办，以“新时代·新征程·新作为”为主题。中共中央台办、国务院台办副主任龙明彪，北京市委常委孙梅君，海淀区委书记于军，区委常委、统战部部长任武军，副区长沙海江以及在京优秀台青台生代表和北京市各界青联委员代表约180人参会。峰会包括主论坛、京台青年参访体验、交友联谊会等活动。开幕式上，龙明彪致辞，中国国民党前主席洪秀柱通过视频寄语两岸青年，于军致欢迎词。在主论坛上，北京理工大学副校长王博、台湾爱迪斯通科技有限公司CEO吴明勋等，讲述两岸青年在推进中华民族伟大复兴征程中加强交流合作、促进融合发展、勇于担当作为的认识与体会。峰会邀请市教委，市人力社保局，市科委、中关村管委会，市医保局和中国人民大学相关负责人介绍惠及台青台生在京学习、实习、就业、创业、生活等方面的政策和工作情况，组织京台青年参观海淀区“两区”建设重点区域——中关村壹号科技园区，体验自动驾驶等前沿技术，感受海淀经济社会发展新成就、新气象。峰会向小米科技有限责任公司颁授京台青年实习就业示范基地牌匾，向华灿工场、36氪、创客小镇颁授北京台湾青年创新创业基地牌匾，北京市青联为冬奥会海淀台湾青年城市志愿岗、北京中医药大学暑期社会实践台湾学生授旗，海淀区青年联合会向高雄青工总会捐赠新冠防疫用品。峰会采取线上线下相结合的方式举行，在海淀区政府网、新华社现场云、央视频、快手、微博、今日头条、知乎、百度、爱奇艺等10余家平台同步推送，邀请网络大V加入峰会宣传，开幕式直播累计超过1030万人次在线观看；峰会微博话题阅读量1434.7万次；台青参访体验“两区”建设7条短视频累计播放量达160万次。中共中央台办《对台工作简报》转发海淀的做法。会后，在京高校和民革北京市委、台盟北京市委、市台联、市黄埔军校同学会、海淀区等单位组织两岸青年开展第六届京台青年创新创业大赛暨创青春—中关村U30台湾专场、京津冀台青少年冰雪嘉年华等交流活动。

（贾宇飞　胡光飞　钟冷）

【党史学习教育专题党课】7月27日，区委统战部举办统一战线系统党史学习教育专题党课，区委常委、统战部部长任武军以《学习百年党史发挥法宝作用 不断推进海淀统一战线工作守正创新》为题，讲授党史学习教育专题党课。区委党史学习教育第三指导组，统战系统各单位主要负责人，统战系统各单位党员干部以及统一战线成员代表人士近80人参加。

（赵耀）

7月20日，两岸青年交流合作北京峰会开幕式暨论坛活动现场（张洪军 摄）

【两岸居民视频连线活动】 9月15日，海淀区在学院路街道开展“美丽家园齐共建 花好月圆寄相思”海淀高雄迎中秋视频连线活动，50余名两地居民通过视频网络，交流分享两地人文、历史、习俗以及社区疫情防控经验。9月27日，海淀区在花园路街道举办“京台防疫 社区在行动”——海淀高雄视频连线活动。60余名两地居民通过视频连线的方式互致问候，分享社区在抗疫期间积累的经验及疫情期间防控工作的故事，共饮“平安茶”。9月29日，“垃圾分类净家园 两地青年同努力”海淀高雄社区视频连线活动在紫竹院街道举行，街道社区干部与台湾专家分享交流垃圾分类的治理理念和开展情况。12月8日，“两岸连线话健康，爱心传递续友情”海淀高雄社区线上交流活动在清河街道举行，50余名两地居民共同分享健康养生知识。

（冀伟　张钰慧）

【第二届“海侨之月·情满淀园”诗乐会】 9月25日，区委统战部（区侨办）、区人大常委会、区政协、区侨联、致公党海淀区委联合举办第二届“海侨之月·情满淀园”侨界人士助力国际科技创新中心核心区建设诗乐会。中国侨联党组书记、主席万立骏，市侨联、市欧美同学会等领导出席活动，驻区高校、中关村科学城、侨创园区及各领域侨界人士近300人参加。

（王斯雅）

【党派团体协商会】 10月20日，区委组织部、区委统战部联合召开党派团体协商会，就第十七届海淀区人大代表有关人事安排情况，与各民主党派、人民团体负责人和无党派人士代表进行民主协商，征求意见建议。11月18日，区委常委、统战部部长牟晓春主持召开党派团体协商会，就第十一届海淀区政协委员人事安排情况和十一届一次会议主席团成员、秘书长人选情况，与各民主党派、人民团体负责人和无党派人士代表进行民主协商，征求意见建议。11月23日，区委书记于军主持召开党派团体协商会，就海淀区第十七届人大常委会组成人员，区政府区长、副区长，区监委主任，区法院院长，区检察院检察长候选人建议人选和政协海淀区第十一届委员会组成人员、一次会议主席团常务主席建议人选情况以及海淀区党代会报告（征求意见稿），与各民主党派、人民团体负责人、无党派人士代表、政协委员代表进行民主协商，征求意见建议。

（李宁）

【区委统战部领导调研宗教场所】 10月22日，区委常委、统战部部长牟晓春到基督教海淀教堂、海淀清真寺调研，与宗教场所负责人座谈交流，听取海淀区基督教三自爱国运动委员会副主席兼秘书长、海淀教堂牧师边文爱，海淀区伊斯兰教协会会长、海淀清真寺阿訇王吉惠关于宗教场所常态化疫情防控，“四进”主题和谐寺观教堂创建，坚持宗教中国化方向，加强规范化管理，规章制度建设等工作汇报。

（王斯雅）

【2021·京台基础教育校长峰会】 10月23日，2021·京台基础教育校长峰会开幕式及主论坛举办，峰会由海淀区承办，以“传承中华文化、科技助推融合”为主题，围绕疫情常态化情况下，努力降低民进党限缩与“脱钩”政策对两岸基础教育交流的影响，不断深化京台基础教育交流与合作，促进京台基础教育融合发展，引领京台基础教育发展方向等内容研讨交流。10月15日和10月29日，作为峰会子项目的同课异构教学交流在北京理工大学附属中学、首都师范大学附属小学举办。海淀区教育学会、北京市第十九中学、北京理工大学附属中学及首都师范大学附属小学与台湾中小学校长协会、台北市丽山高级中学、高雄中山小学的师生约400人线上互动。

（贾宇飞）

【2021海淀台湾青年人才实习就业线上推介活动】 10月24日，由海淀区台办主办的2021海淀台湾青年人才实习就业线上推介活动在北京高校大学生创业园（理工园）举办。推介会以线上直播、两岸连线的方式面向台湾青年，共同交流实习、就业与创业经验，京台两地百余位台湾青年通过网络视频参与推介活动。海淀区人力社保局相关领域负责人向台湾青年介绍海淀的实习就业创业环境和惠及台胞的政策。小米集团、用友科技、纳通集团、纬创软件等知名企业，及中关村上市公司协会负责人参加推介会，详细介绍各公司情况、招聘条件及方式、招聘时间与具体流程，与有意向的台湾青年进行线上交流。两名在小米集团就业的台湾青年与两岸的台湾青年分享在北京的求职就业心得。

（贾宇飞　胡光飞）

【市台办领导调研座谈】 11月18日，北京市台办主任霍光峰到海淀区调研指导，与区委书记于军围绕落实对台工作

10月22日，区委统战部调研基督教海淀教堂、海淀清真寺（史军伟 摄）

举措、优化涉台营商环境等方面座谈交流。于军表示，要围绕北京国际科技创新中心核心区建设，结合海淀区域特点，促进两岸在科技创新、文化教育等多领域、多层次交流，探索新形势下做好对台工作新举措。区领导吴计亮、牟晓春、徐振涛参加座谈。

（贾宇飞 胡光飞）

【2021京台港澳青年数字经济线上论坛】 11月26日，海淀区台办主办的“新时代·新征程·新作为”2021京台港澳青年数字经济线上论坛举办。论坛首次通过数字直播技术实现北京、台湾、香港、澳门线上线下互动直播，超过1.1万人次在线观看。论坛以“探索数字经济产业未来”为主题，发布2022年翼氪计划——台港澳青年创业计划。

（贾宇飞 胡光飞）

【海归创业沙龙活动】 11月28日，北京市侨联、海淀区委统战部、海淀区侨联举办云做客——“侨爱无疆·助企发展”海归创业沙龙活动。活动围绕医疗卫生领域企业发展开展研讨交流。20余名国内外医药领域侨界代表人士通过视频连线方式参加活动。北京市侨联、区委统战部、上地街道、区侨联负责人参加活动。

（王斯雅）

【海外侨胞首次列席区政协会】 12月10日，中国人民政治协商会议北京市海淀区第十一届委员会第一次会议开幕。会议首次邀请来自德国、西班牙、新西兰、纳米比亚的4名海外侨胞代表列席开幕会、分组讨论、闭幕会，全面深入了解海淀区区情，参与协商民主。

（王斯雅）

【区委统战工作领导小组全体会】 12月30日，区委统一战线工作领导小组召开全体会议，审议有关文件，研究部署下一阶段重点工作。区委书记、区委统战工作领导小组组长于军主持会议，区委副书记、区委统战工作领导小组常务副组长张强，区委统战工作领导小组副组长牟晓春、徐振涛及区委统战工作领导小组成员单位主要负责人出席会议。会议强调要深入学习宣传贯彻《中国共产党统一战线工作条例》，压实统战工作主体责任。落实海淀区《关于贯彻落实〈中国共产党统一战线工作条例〉的实施方案》，提高各级领导干部统战意识，完善统战工作领导小组运行机制，进一步巩固大统战工作格局。会议强调要紧抓工作重点，确保中央、市委决策部署落地见效。要支持民主党派加强自身建设，要维护民族团结和宗教和谐，要加强民营经济统战工作，要进一步做好港澳台团结凝聚人心工作。会议强调，要发挥统一战线重要法宝作用，为推动海淀新发展贡献智慧和力量。要围绕区委区政府中心工作，充分发挥统一战线优势，引导广大统战成员深入开展调研、积极建言献策，在新征程海淀新发展中献计出力、建功立业。要为高水平建设北京国际科技创新中心核心区，为打造以首都发展为统领的现代化强区、高品质海淀作出统一战线的新贡献。

（赵耀）

【区委对台工作领导小组（扩大）会议】 12月30日，海淀区召开区委对台工作领导小组（扩大）会议。会议由区委对台工作领导小组组长、区委书记于军主持。区委对台工作领导小组副组长、各成员单位负责人和京台基层交流工作10个试点街镇书记参会。区委对台工作领导小组副组长、区委常委、统战部部长牟晓春传达市委对台工作领导小组会议、全市对台工作会议精神，区台办主任王锋汇报海淀区对台工作情况。区委书记于军对对台工作表示肯定，对2022年海淀区对台工作提出要求。

（张钰慧）

政策研究

【概况】 2021年，区委、区政府研究室完成各类文稿260余篇150余万字。负责全区99项调研课题的跟踪管理服务工作。编印《海淀研究》4期。区委区政府研究室被市委市政府评为“第十四届全市调研工作先进单位”，《海淀区“吹哨报到”改革引领基层治理的实践与探索》和《中关村科学城科技创新与场景应用模型研究》分别被评为全市优秀调研成果一等奖、二等奖。

（孙旭）

【文稿撰写】 年内，区委、区政府研究室起草区第十三次党代会报告、四次区委全会报告和区政府政府工作报告。完成区委、区政府主要领导向市委、市政府的汇报材料等各类工作报告和重要文稿。完成区委、区政府主要领导在区委全会、区纪委全会、全区领导干部大会等全区性重要会议上的讲话稿。完成党史学习教育、中国共产党成立100周年庆祝活动、疫情防控、冬奥服务保障、换届督导工作文稿中相关内容的起草任务。完成区委、区政府及主要领导向上级的工作汇报、报告。完成区委主要领导在《前线》《北京工作》《北京日报》等市级以上刊物的约稿、访谈材料。

（孙旭）

【全面深化改革工作】 年内，区委改革办组织召开区委全面深化改革委员会会议4次，审议通过改革议题16项。出台国企改革三年行动实施方案、“双减”工作实施方案、诉源治理实施细则等重要改革文件23项，完成全年60项改革任务（14项重点和46项专项）。聚焦重要领域和关键环节，开展“微改革”“微创新”，形成优秀改革案例21个，其中区块链技术创新应用和诉源治理改革入选北京市典型案例，养老服务改革、电竞产业发展等4篇信息被《北京改革信息交流》刊发。针对民生领域加大督察调研的力度与广度，深入街（镇）、社区调研路侧停车、居家养老、集体土地租赁等老百姓“急难愁盼”问题，探索改革基层实践的新方法、新路径。

（孙旭）

【课题研究】 年内，区委、区政府研究室围绕高水平建设北京国际科技创新中心核心区，启动推进创新雨林生态体系研究、中关村科学城先行先试政策研究、高质量发展现状与对策研究、市域社会治理基层基础建设研究等多项重大课题。调研并起草关于中关村科学城建设、“两区”建设、中关村知识产权保护、疫情防控、冬奥会服务保障、文明城区创建、背街小巷环境精细化整治、人文社区建设、棚户区改造等系列文稿，为区领导决策提供有价值的信息和意见建议，得到区委、区政府领导高度认可，获得批示10余次。起草《关于弘扬新时代中关村精神 深化落实“两新两高”战略加快建设北京国际科技创新中心核心区的意见》，经区委常委会审议通过后印发。统筹调研课题99项，涌现出一批优秀的调研成果，及时进行有效转化。

（孙旭）

【海淀区全面深化改革工作要点】 年内，海淀区全面深化改革工作的总体要求是：坚持稳中求进工作总基调，坚定不移贯彻新发展理念，坚持以首都发展为统领，以推动高质量发展为主题，以深化供给侧结构性改革为主线，以改革创新为根本动力，以满足人民日益增长的美好生活需要为根本目的，围绕落实全市改革部署，加大改革攻坚力度；围绕落实“十四五”规划，完善改革工作布局；围绕北京国际科技创新中心核心区建设，加大“微改革、微创新”探索，确保“十四五”开好局、起好步。具体包括推进京津冀协同发展、深化教育改革与发展、深化科技创新与军民融合改革、深化党的建设改革、深化纪律检查体制与监察体制改革、深化文化体制改革、深化生态文明与新型城镇化领域改革、深化法治建设领域改革、深化经济体制与转变政府职能改革、深化区属国资国企改革、深化社会事业及民生保障改革、深化城市规划建设管理改革12个方面的内容。

（钟冷）

网络安全与信息化

【概况】 2021年，海淀区委网络安全和信息化委员会办公室（简称区委网信办）贯彻区委十二届十五次、十六次、十七次全会精神，抓好网信领域党的建设，发挥网络综合治理体制优势，持续为海淀跨越式高质量发展提供强劲网络正能量、可靠网络安全保障和有力信息化支撑。圆满完成建党百年等重大活动网络应急保障任务。

党史学习教育。组织理论学习中心组集体学习、参观见学等党史学习教育活动38次；开展“我为群众办实事”活动，聚焦网民反映强烈的内容审核、账号管理等问题，建立涉事平台排查调处、信访督办和群众满意度评估制度，网上信访案件的办结率、满意率实现双提升。开展网上“接诉即办”，通报涉民生问题110414件，处置率93.7%。

网络活动。打造“欢迎来淀”品牌，设置“百年红心印海淀”“2022海淀与冬奥同行”“发现美好海淀”等话题讨论，组织“三山五园”网络达人行、“红色海淀VR行”等活动，全网总阅读量突破5亿次。

网络宣传。开展庆祝中国共产党成立100周年活动网上宣传；围绕北京2022年冬奥会和冬残奥会宣传主题，配合区冬奥运行保障指挥部开展网络传播。由区委网信办组织拍摄的短片《家园》在“我学楷模 争做榜样”全国大型短视频征集展示活动中获“最佳视觉效果奖”。

意识形态网络监测。健全网络意识形态监测预警和工作协调机制，落实7×24小时应急值守规范，试点探索网络信息内容监管执法“海淀模式”，全区网络意识形态工作形势保持稳定。成立功能型互联网行业党组织——中共北京市海淀区互联网行业委员会，进一步健全完善党建引领下的网络综合治理、助推数字经济发展体制机制。

网络安全监管。制定完善网络运行维护、年度检查、重保期管理等制度规章，全区网络安全顶层架构基本确立。开展网络安全风险排查整治，成功处置网络安全突发事件18起。开展冬奥会和冬残奥会场馆（五棵松体育中心、首都体育馆）网络安全专项检查。开展违法违规收集使用个人信息专项治理，约谈54家企业，涉及App 66个，整改问题78个，多维度加强网络空间安全治理。建成多功能网络应急综合平台。协调中央网信办批复4家企业开通国际学术网站访问权限，推动2家企业参与数据跨境流动安全管理试点，构筑区域网络安全屏障。建成全市首家区级网络安全应急指挥中心。邀请专家学者走进机关、企业、社区开展网络安全教育培训18次。

（田宬　韩松）

【北京2022年冬奥会和冬残奥会宣传】 年内，区委网信办官方微博“欢迎来淀”实时跟进冬奥会、冬残奥会宣传重点，13个月连续发布奥运主题内容，重点推出100余篇宣传内容，全网总阅读量超1200万次，平均阅读量超20万次。通过短视频、动态海报、直播、动画、图片等形式，持续推进“2022海淀与冬奥同行”核心话题建设，阅读量超550万次。组织调动全区网评队伍3000余人次参与冬奥相关内容日常舆论引导，撰写主题网评文章18篇，在光明网《海淀时评》栏目发布。组织网络大V开展冬奥测试赛微博转评赞和网上互动，依托“海淀大V沙龙”和网络知名人士联谊会，为属地网络达人现场观赛提供渠道。协调抖音、微博、快手、头条、爱奇艺、腾讯等属地互联网平台，助推“燃动冬奥in海淀”“海淀邀你来拆冬奥科技盲盒”等宣传话题流量。

（张赟）

【网络安全系列主题培训】 3月1日，在区人力社保局面向27家辖区互联网招聘机构开展网络安全宣讲工作，支撑党务工作者和基层党员的网络安全宣贯工作。3月17日，区委网信办在七一小学举办网络安全主题培训之校园网络安全宣讲活动，130余名教师参加宣讲活动。区委网信办副主任刘杰分析当前网络安全发展整体态势，结合近年来网络安全案例和国内外网络安全形势，以深入浅出的方式为全校教师讲述网络安全相关政策法规和具体要求。腾讯安全专家从“我们身边的网络安全”角度，以卡通视频形式讲述当今社会个人在使用信息网络时面临的安全风险和应对策略。4月至5月，面向体育局、文旅局、圆明园等单位60余名党务工作者和北京海房投资管理集团有限公司的150名党员开展针对性网络安全意识宣贯；支撑区属国企网络安全宣传培训工作，5月21日，在稻香湖酒店贵宾楼面向50余名区属国有企业网络安全主管负责人开展网络安全工作培训会。应对复杂多变的新时期、新形势，注重将受培方需求、网络安全形势、辖区代表性网络安全事件、各单位网络安全常见问题有机结合，着重向受培各单位宣贯网络安全的重要性、网络安全工作责任制、海淀区代表性网络安全事件、风险点以及安全防护建议、区委网信办工作布局，梳理形成辖区网络安全事件物料库、网络安全制度体系与监管路径等内容，力求统一思想、凝聚共识。

（甄妮）

【网络安全检查】 3月、6月、10月，区委网信办以开展网络安全检查及督查督办，分批次对重要单位和重要信息系统的网络安全管理和技术防护情况进行问询查看和现场指导。共完成33家单位的49个信息系统现场检查，发现风险项616项，制定整改意见584条。

（田歲）

【“百年红心印海淀”网络传播活动】 3月至8月，区委网信办采用视频、图片、主题访谈、评论文章等形式，记录和反映在党的领导下，海淀区的发展成就，全面展现海淀人的“奋斗幸福观”。联合区委宣传部、贝壳找房公司，采用“地图+党史+VR”形式推出“红色海淀VR行”活动，在地图上点亮海淀红色遗存，包括中共中央北京香山革命纪念地、双清别墅、来青轩、李大钊烈士陵园、颐和园水操学堂、百年圆梦马首铜像回归展、铁道兵纪念馆、北京六一幼儿院、贝家花园等10个红色地标，以科技手段实现“用好红色资源，讲好红色故事，搞好红色教育，让红色基因代代相传”。

（张赟）

【网信工作专题培训班】 4月26日至30日，区委网信办举办网信工作专题培训班。邀请中央、北京市和互联网企业专家，就网络舆情应对、网络安全、新媒体运维和网评工作等作专题讲解。各委办局、街镇、企业主管领导100人参加培训。

（田歲）

【违法违规收集使用个人信息专项治理】 6月至11月，区委网信办根据市委网信办专项行动要求，采取一对一的方式，开展违法违规收集使用个人信息专项治理，分批次就辖区72家非公企业所属App违法违规收集使用个人信息问题进行约谈，要求各有关企业落实主体责任，开展App合法合规收集使用个人信息的全面排查工作，督促整改问题143项。

（刘燕明）

【网络招聘服务专项整治】 8月至9月，区委网信办与区人力社保局联合开展经营性人力资源服务机构网络招聘服务专项整治工作，组织辖区31家具有网络招聘资质的人力资源服务机构开展网络安全检查，指出网络安全管理、技术防范、个人信息保护等方面的不足，督促进行整改工作。

（刘燕明）

【中共北京市海淀区互联网行业委员会成立】 9月26日，中共北京市海淀区互联网行业委员会成立暨第一次全体会议召开。行业委员会的主要职责是：贯彻执行党中央、市委、区委关于加强互联网行业党建工作的决策部署，研究拟定全区互联网行业党建工作发展规划、政策措施并组织实施；统筹协调有关单位和街镇推进互联网企业党组织规范化建设、党员群众教育管理和统一战线工作；按权限对辖区互联网企业党组织落实网络意识形态工作责任、网络安全工作责任以及加强行业自律、承担社会责任等情况进行监督指导；加强网络文明建设，推动互联网平台企业深入开展新时代文明实践工作；协调做好网民群众、企业员工、新就业群体等合法权益保护保障工作。会议审议并原则通过《中共北京市海淀区互联网行业委员会工作规则》。与会单位以“党建引领网络综合治理、助推数字经济发展”为主题交流发言。

（王寅贺）

【国家网络安全宣传周暨网信青年说数字反哺活动】 10月15日，区委网信办联合紫竹院街道举办“海淀区2021年国家网络安全宣传周暨网信青年说数字反哺活动”。活动以“网络安全为人民、网络安全靠人民”为主题，采用现场宣讲、发放传单、互动问答等形式进行。来自属地多家互联网企业的公益讲师和网信青年志愿者以“讲解+实操+答疑”的方式，讲授手机使用风险防范、空间清理、实用App操作和手机拍摄小技巧等知识技能。贝壳找房线下220余家门店张贴海报展开网络安全宣传，门店房屋经纪人兼任网络安全宣传大使，实现网络安全社区宣传“全覆盖”。

（张赟）

【跨地域业务培训】 11月22日，区委网信办首次尝试依托互联网，采取“线下+双线上”模式，与内蒙古兴安日报社等6家当地媒体近50人连线，与全区250余名宣传骨干连线，邀请北京字节跳动科技有限公司开展以“短视频时代如何做好政务新媒体”的主题培训。

（张赟）

【网络安全应急演练与培训辅导活动】 11月26日，区委网信办与科信局、政务服务局、八里庄街道、五棵松体育馆等单位，联合开展2021年度网络安全应急实战演练与辅导培训活动。以随机布控抽检不同行业信息系统、真实扫描发现各类型网络安全管理漏洞为背景，现场组织演示多轮“预警通报、分析研判、调度处置、情况反馈、总结评估”等全要素应急演练闭环流程，以沉浸体验、实战参演方式，强化各级网络安全风险防范意识和应急处置能力。开展《中华人民共和国数据安全法》《中华人民共和国个人信息保护法》等法律法规专

12月22日，网信系统宣传学习贯彻党的十九届六中全会精神宣讲报告会举办（张洪军 摄）

题培训，通报全区年度网络安全检查重点问题及典型案例，发布四季度网络安全风险预警报告，分类指导各参演部门升级优化本行业信息系统防护策略，全力筹备做好迎冬奥网络安全保障工作。约40余人参加培训。

（甄妮）

【网络文明系列传播活动】 12月15日至31日，区委网信办联合区文明办开展2021年网络文明系列传播活动。输出海报、明星ID、主题MV等内容，在光明网、京报网等网站，网易、新浪等新闻客户端，微博、抖音、快手、腾讯视频号、B站等新媒体平台进行全网传播。微博话题阅读量近8000万次（两年累计阅读量1.1亿次），主题MV播放量超过2500万次，明星短视频全网播放量破百万次，网民互动超过2.5万次，全网曝光量过亿次。

（张赟）

【党的十九届六中全会精神互联网企业专场宣讲报告会】 12月22日，区委网信办组织召开学习贯彻党的十九届六中全会精神互联网企业专场宣讲报告会。宣讲报告会以“线下+线上”的形式进行，区委书记、区委网信委主任于军，区委副书记、区委网信委副主任张强，党史学习教育市委第四指导组副组长韩从笔，市委网信办、市委互联网企业工委有关领导出席报告会。于军作宣讲报告，并就推动党的十九届六中全会精神在海淀网信系统形成生动实践提出全力抓好全会精神的网上宣传贯彻落实、全力推动“两个责任”在海淀网信系统落地落实、坚持以创新驱动引领高质量发展三点要求。宣讲报告会后，与会领导与互联网企业代表座谈交流。区领导张劲林、吴计亮及区委网信委各成员单位主要负责人以及驻区200余家互联网企业负责人分别在现场和线上聆听宣讲。

（钟冷　田宬）

机构编制

【概况】 2021年，中共北京市海淀区委机构编制委员会办公室（简称区委编办）完成751家事业单位年度报告公示工作。办理事业单位法人设立20家，变更138家，注销240家，证书到期换证191家，重新申领证书1家，收缴印章374枚，接待查询25次。全区273家事业单位申领事业单位电子证照。23家单位办理《统一社会信用代码证》信息变更，6家单位办理《统一社会信用代码证》注销。

区委编办班子开展党史学习教育交流研讨16次，组织全体党员开展线上学习18次、主题党日活动8次。聚焦“我为群众办实事”，确定《“我为群众办实事”实事清单》4项，深入基层调研行政管理体制改革和综合执法改革成效104次，下沉社区助力核酸检测6000人次，服务全区各部门、街镇及事业单位692家次。区委编办被评为海淀区“七五”普法先进集体。

（高宗豪）

【事业单位法人登记清理规范】 年内，区委编办按照“应注销尽注销”原则，采取主管区领导调度、区委编办牵头、部门协同、街镇发挥属地作用的方式，梳理历史遗留问题，完成255家事业单位法人登记清理规范工作。

（高宗豪）

【领导职数增设】 1月20日，区委编办按照市委编办《关于同意为海淀区商务局增加副处级领导职数的批复》，为区商务局增加1名副处级领导职数，专门负责推进中国（北京）自由贸易试验区科技创新片区海淀组团建设相关工作，以加强“两区”建设统筹协调力度。2月18日，区委编办为区政府办公室增加1名副处级领导职数，专职负责“三山五园”地区建设组织协调工作。

（高宗豪）

【海淀区文物局成立】 1月20日，根据市委编办《关于同意海淀区文化和旅游局加挂海淀区文物局牌子的批复》，经区委编委会研究决定，同意区文化和旅游局加挂北京市海淀区文物局牌子。6月18日，区委编办调整区文化和旅游局内设机构，增设文物利用科，增加2个科级职数，主要职责为文物保护、文物利用和文物价值传播。12月21日，海淀区文物局正式挂牌成立。

（高宗豪）

【全区首张《事业单位法人证书》电子证照发放】 1月21日，区委编办为北京市海淀区信息中心发放海淀区首张《事业单位法人证书》电子证照。《事业单位法人证书》电子证照，是载有事业单位法人登记信息的法律电子证件，与现行纸质法人证书并行使用，具有同等法律效力。北京市是全国第一个事业单位电子证照试点省份，区委编办加强电子证照宣传工作，在北京市海淀区人民政府官网刊登《事业单位法人证书》电子证照工作相关要求，鼓励并支持各级各类事业单位主动下载手机软件京事登App，申领电子证照。通过京事登App，事业单位可进行身份认证，办理事业单位设立、变更、注销和提交年度报告等各项登记业务。

（钟冷　郭君兮）

【33项宗教领域行政执法权力划转移交】 2月3日，按照市政府《关于进一步相对集中相关领域行政处罚权的决定》，区委编办制定《海淀区宗教领域行政处罚权等划转移交接法》，完成区民族宗教事务办公室行使的宗教方面31项行政处罚事项、1项行政强制事项及1项其他职权事项划转至区文化和旅游局的移交接收工作。

（高宗豪）

【2020年度机构编制重要事项报告完成】 2月，按照《中国共产党机构编制工作条例》《机构编制报告制度实施办法（试行）》要求，区委编办首次在全区范围内组织72个区级部门、27个街镇开展机构编制报告工作，形成《海淀区2020年度机构编制重要事项的报告》，经报请中共北京市海淀区委机构编制委员会同意，向区委报告后，以中共北京市海淀区委机构编制委员会名义向中共北京市委机构编制委员会作书面报告。

（高宗豪）

【《海淀区机构编制实名制管理办法（试行）》出台】 3月10日，区委编办为全面推进机构编制实名制管理，以区委编委名义印发《海淀区机构编制实名制管理办法（试行）》（简称《管理办法》）。《管理办法》共分为5章18条，对实施范围和管理内容、机构编制实名制管理工作机制、监督检查等事项进行规范明确。

（高宗豪）

【《海淀区机关事业单位用编管理的实施细则（试行）》出台】 3月10日，区委编办为健全完善编制使用核准制度，强化机构编制监督管理，以区委组织部、区委编办、区财政局、区人力资源社会保障局四部门名义联合印发《海淀区机关事业单位用编管理的实施细则（试行）》（简称《实施细则》）。《实施细则》共分为6章21条，对机关事业单位用编审核程序、教育卫生事业编制用编备案程序、机关事业单位编制空缺备案程序、监督检查等事项进一步规范明确。

（高宗豪）

【中关村科学城投资服务中心组建】 3月31日，区委编办将北京市海淀区投资服务中心、北京市海淀区信息中心和中关村科技园区海淀园外事服务中心整合，组建中关村科学城投资服务中心，为中关村科学城管理委员会所属公益一类财政补助事业单位，机构规格相当正处级，事业编制51名，设主任1名、副主任3名。主要职责：协助做好中关村科学城营商环境、投资促进和产业发展的政策宣传工作；协助做好重点企业服务，为国内外投资人和企业提供环境推介和投资咨询等综合服务工作；承担中关村科学城高精尖产业的信息梳理工作，协助机关做好高精尖产业项目的挖掘、培育和服务工作；承担智慧海淀、政务大数据建设及信息化项目运维技术审核、政务信息安全技术监管工作；承担外事、国际人才交流合作、出入境手续及人才服务等事务性工作。

（高宗豪）

【中关村国家自主创新示范区展示交易中心隶属关系调整】 3月31日，区委编办将中关村国家自主创新示范区展示交易中心由区政府直属事业单位，调整为中关村科学城管理委员会所属相当正处级公益一类财政补助事业单位，主要承担中关村新技术、新产品的展示发布，展示中关村形象、宣传中关村创新创业文化、科普宣传和公共安全宣传等职责。

（高宗豪）

【中关村知识产权保护中心（中关村国家自主创新示范区核心区发展研究中心）更名并调整隶属关系】 3月31日，区委编办将中关村知识产权保护中心（中关村国家自主创新示范区核心区发展研究中心）由区政府直属事业单位，调整为中关村科学城管理委员会所属相当正处级公益一类财政补助事业单位，同时更名为中关村国家自主创新示范区核心区发展研究中心（中关村知识产权保护中心），主要职责不变。

（高宗豪）

【综合执法改革】 3月31日，区委编办按照综合执法改革精神，在2019年组建五大领域执法队伍基础上，研究制定住房城乡、农业、生态环境、文化市场、市场监管5支执法大队和城管执法局“三定”规定，结合地域和领域合理设置执法分队（51支执法分队），明确执法职责。

（高宗豪）

【事业单位改革试点工作】 3月，区委编办依照事业单位改革试点工作部署要求，完成年度事业单位改革工作任务。完成26家部门所属事业单位机构调整；完成21家事业单位“三定”规定、政事权限清单和事业单位章程试点工作；推进15家科级参公事业单位“三定”规定，以“三项制度”进一步促进公益服务职能高效发挥。向55家主管部门印发领导职数核定文件。加大事业单位编制精简力度，加强事业编制资源统筹调配，将70%以上的收回事业编制用于教育、民生保障等领域；与组织、人力资源社会保障等部门沟通配合，协助指导人员转隶工作。

（高宗豪）

【街镇行政执法职权调整】 5月10日，按照市政府《关于取消和下放一批行政执法职权的决定》，区委编办印发《取消街道办事处和镇人民政府部分行政执法职权目录》《向街道办事处和镇人民政府下放部分行政执法职权目录（第二批）》，取消区城管执法局、街镇行使的19项行政执法职权，下放21项行政执法职权。调整后，街镇行使的行政执法职权由431项调整至433项，其中行政处罚事项由408项调整至407项、行政强制事项由23项调整至26项。

（高宗豪）

【北京市海淀区儿童福利院成立】 6月18日，区委编委批复成立北京市海淀区儿童福利院，作为区委社会工委、区民政局所属正科级事业单位，承担对孤儿、弃婴的接收、监护以及养育、治疗、康复、特殊教育及技能培训等服务工作。

（高宗豪）

【区教委增设校外培训工作科】 6月，区委编办按照全市减轻义务教育阶段学生作业负担和校外培训负担工作（简称双减工作）要求，为区教委增设校外培训工作科，核定行政编制8名，承担校外培训机构监管职能。

（高宗豪）

【海淀区乡村振兴局挂牌】 7月2日，根据市委编办《关于海淀区农业农村局加挂牌子的批复》，区委编办同意海淀区农业农村局加挂“海淀区乡村振兴局”牌子，北京市海淀区乡村振兴局正式挂牌成立，负责统筹实施乡村振兴战略工作。

（高宗豪）

【街道行政管理体制改革评估完成】 8月，按照市委城市工作委员会《〈关于加强新时代街道工作的意见〉实施三年情况评估工作方案》、市委编办《北京市街道行政管理体制改革评估工作方案》要求，区委编办组织开展20个街道的行政管理体制改革评估工作。评估工作重点围绕街道行政管理体制改革任务完成情况、实际运行情况、改革成效以及工作特色亮点4个方面进行，制定《海淀区街道行政管理体制改革评估实施方案》，采取实地抽查、资料查阅、数据比对、会议座谈、群众认可度调查等方式，2轮次到全部街道实地考评。按照市级评估指标体系，各街道改革评估得分均达93分以上，评估等次达到“好”的标准。

（高宗豪）

【北部地区开发办职能调整】 9月18日，区委编办根据市委编办《关于海淀区规范开发区管理机构促进开发区创新发展实施方案的批复》精神，明确北京市海淀区北部地区开发建设委员会办公室（简称北部地区开发办）为区政府派出机构，机构规格为正处级，主要负责研究制定北部地区的发展战略、具体规划、相关政策和措施，并组织实施；负责北部地区开发建设的组织协调工作。

（高宗豪）

【《北京市海淀区议事协调机构管理办法（试行）》出台】 9月18日，区委编办为规范议事协调机构管理，以区委办公室、区政府办公室名义印发《北京市海淀区议事协调机构管理办法（试行）》（简称《管理办法》）。《管理办法》共6章40条，从制度层面规范明确议事协调机构的设立条件、审批流程、运行制度和监管规则。

（高宗豪）

【第二次全区机构编制核查】 9月，区委编委围绕实现“四清两对应”（实现机构清、编制清、领导职数清、实有人员清，实现具体机构设置与按规定审批的机构相对应、实际配备人员和财政供养人员与批准的编制和职数相对应）的核查工作目标，会同区委保密办、区委组织部、区人力资源社会保障局、区财政局等部门，组织开展第二次全区机构编制核查。核查工作至2022年1月完成。主要取得三方面成效：彻底核清全区机构编制资源的数量、结构、分布等实际配置情况，全面掌握实有人员现状；健全完善了以机构编制为龙头，机构编制、组织人事、财政预算相互配套协调的约束机制，使机构编制管理链条部门沟通协作更加紧密、信息共享机制更加完善；进一步严肃了机构编制纪律，为防范机构编制违法违纪行为打下良好基础。

（高宗豪）

【区政府办公室加挂区政府港澳办牌子】 10月31日，根据市委编办批复，区委编办同意区政府办公室加挂“北京市海淀区人民政府港澳事务办公室”牌子，负责开展港澳事务工作。

（高宗豪）

巡察工作

【概况】 2021年，区委巡察工作全面贯彻“发现问题、形成震慑，推动改革、促进发展”的工作方针，坚定不移深化政治巡察，为区委“两新两高”战略的落实和北京国际科技创新中心核心区的建设提供坚强的政治保障。全年共开展三轮（第十轮至第十二轮）常规巡察和涉粮问题专项巡察，对37家处级单位和334个社区（村）党组织进行政治体检，接待群众来信来电来访1347人次，巡察组个别谈话3572人次，发现问题2859个，向被巡察单位提出意见建议192条，向区纪委区监委移交问题线索10个。圆满完成十二届区委巡察全覆盖任务。

（郝亚茹）

【巡察主体责任落实】 年内，海淀区落实区委主体责任和书记第一责

9月3日，海淀区委巡察工作培训会召开（郝亚茹 摄）

任人责任。按照中央、市委关于巡视巡察工作的部署要求，区委主动在加强巡察工作领导、把准定位、提升质量、用好成果、贯通融合、夯实基础等方面发挥统领作用。召开3次区委常委会、3次书记专题会、4次巡察工作领导小组会，学习领会习近平总书记关于巡视巡察工作重要论述，学习贯彻中央《关于加强巡视巡察上下联动的意见》、市委《关于推进新时代首都巡视工作高质量发展的意见》。区委书记认真履行第一责任人责任，重要工作亲自部署、重大事项亲自过问、重要环节亲自协调，重要问题亲自督办，点人点事103人次。党委班子其他成员坚持“一岗双责”，做好信息情况通报、人员力量支持、提供专业协助等工作，并督促抓好巡察整改落实。巡察工作领导小组按照区委要求，在统筹推进巡察全覆盖、推进巡察监督与其他监督的贯通融合上，积极落实巡察组织实施责任。区委巡察办和各巡察组认真履行工作责任，切实将政治巡察落到实处。

（郝亚茹）

【巡察整改】 年内，区委压实对巡察整改的领导责任，建立健全区委主要领导负总责、分管区领导指导督促，纪检监察机关和组织部门日常监督，被巡察党组织具体落实的整改工作体系，进一步明确整改主体责任、监督责任、工作流程，初步建立整改促进机制、评估机制。结合疫情防控工作，采取巡察工作领导小组集中反馈+巡察组“一对一”现场反馈的方式，区委巡察工作领导小组成员和区纪委区监委、区委组织部分管领导参加巡察反馈会，向被巡察党组织严肃指出问题，明确整改要求。压实被巡察单位整改的主体责任和书记的第一责任人责任，把解决共性问题、突出问题与完善制度结合起来，推动巡察整改和成果运用制度化。压实区纪委区监委和区委组织部对巡察整改的日常监督责任。区委巡察办加强对巡察整改的统筹协调、跟踪督促。

（郝亚茹）

【巡察规范化建设】 年内，区委巡察办完善《关于被巡察党组织配合区委巡察工作的意见》等制度，从巡察工作方案、加强协作配合等方面，对巡察各环节工作进行规范，实现任务清单化、环节流程化、文书模板化、工作标准化。加强巡察队伍建设，探索试行新提拔干部、优秀年轻干部到巡察岗位锻炼的机制，探索把巡察岗位作为区委发现、培养、锻炼干部的重要平台。利用巡视巡察工作网络平台和单机系统，推进巡察工作信息化建设，为进一步提升巡视巡察监督质效、促进上下联动、推动贯通融合提供有力支撑。

（郝亚茹）

【村（社区）巡察全覆盖】 年内，区委巡察机构推进社区（村）巡察全覆盖工作，推动解决群众关切的事情。围绕“三个聚焦”①，细化监督重点，实现全区村（社区）巡察全覆盖。共发现基层党组织落实中央各项决策部署落实不到位问题625个，群众身边的腐败问题和不正之风以及群众反映强烈的问题392个，基层党组织建设、执行党的路线不到位问题1093个。

（郝亚茹）

【涉粮问题专项巡察】 年内，根据中央、市委巡视办《关于组织开展涉粮问题专项巡察的通知》要求，区委批准组建涉粮问题专项巡察组，由肖敏鹏任组长、席秀东任副组长。10月27日至11月26日，对区商务局开展涉粮问题专项巡察。巡察监督的重点是深入了解贯彻落实党中央关于粮食安全决策部署情况，查找基层粮库“靠粮吃粮”问题，着力发现粮食收购、销售、存储等环节存在的腐败问题和不正之风，深入查找制度漏洞和短板。

（郝亚茹）

【巡察监督与其他监督融合】 年内，区委巡察机构推进巡察监督与纪律、监察、派驻监督的统筹衔接，加强与组织、宣传、政法、审计、财政、信访等部门监督协作配合，从情况通报、人员选派、信息沟通、成果运用等方面建立对接机制，实现巡察与纪检监察机关、组织部等部门贯通操作层面的快速衔接。建立信息公开机制，在《海淀报》、海淀新闻、区纪委区监委网站及时公开每轮巡察进驻、反馈、整改情况，主动接受社会各界和广大群众的监督。

（郝亚茹）

党史研究

【概况】 2021年，海淀区党史地方志办公室（简称区史志办）积极落实区委工作部署，出色完成党史学习教育任务。在区党史学习教育专班成立前参与全区党史学习教育方案制定；在全区党史学习教育正式启动后，区史志办既是领导小组办公室成员，也具体承担党史研究组职能，主要负责推荐党史学习材料，生动鲜活讲好中国共产党故事。在党史学习教育期间，区史志办开展党史编写、红色地图设计、组织知识竞赛等多项工作，共报送周计划40余期、专报3期。配合庆祝建党100周年宣传活动，通过党课宣讲、组织征稿以及与多家单位、媒体合作开展多种形式的党史宣传教育活动。编印发行《海淀史志》期刊7期，约75万字；发行《庆祝中国共产党成立100周年》《〈海淀史志〉创刊15周年座谈会等会议》专刊各900本。“海淀党史文化”微信公众号推送79期106条，浏览量14429人次，分享量3155人次。

（徐支燕）

【党史宣讲】 年内，结合全区党史学习教育任务，开展党史宣讲工作。区

① 三个聚焦：聚焦基层贯彻落实党的路线方针政策和党中央决策部署情况；聚焦群众身边腐败问题和不正之风；聚焦基层党组织软弱涣散、组织力欠缺问题。

史志办编写制作《“重温海淀党史 感悟不变初心”——中国共产党带领海淀人民奋斗的光辉历程》《不朽的功勋——李大钊革命事迹》《抗战时期的海淀秘密交通线》《中共中央在香山》等图文并茂的宣讲讲义，讲授海淀革命历史中涉及的重要人物、重要事件、重要活动，在北京信息科技大学、区国资委、区民宗侨办、中关村街道、花园路街道、香山街道、上庄镇、四季青镇、海淀文化书店等单位授课30余次。开设“不朽的功勋——李大钊生平事迹展”网上展厅；在《北京日报》客户端展播《100秒看“不朽的功勋——李大钊生平事迹展”》。通过网易视频、抖音短视频展播《佳伟话“播火”》栏目。推出“回望京华百年 传承红色基因——海淀区早期党组织”“播火——李大钊与海淀”移动网页（H5）。参与编剧、表演并采用沉浸式实景拍摄情景剧《红色西山交通线》，在网络平台和社区展演。区史志办主任李强作为北京新闻广播庆祝建党百年特别报道《丰碑》栏目的特邀嘉宾，录制《贝家花园：自行车上的“驼峰航线”》，收录于“百集京华党史故事”。与区委宣传部合作建设海淀区红色文化数字体验馆，在建馆方向、展陈内容等方面提出指导意见。

（徐佳伟　徐支燕）

【《海淀史志》出刊7期】 年内，区史志办主办的《海淀史志》出刊7期，刊发稿件139篇，65万余字，收录图片260余幅。《海淀史志》为季刊，本年设有《本刊特稿》《人物春秋》《学府忆旧》《园林荟萃》《海淀村镇》《海淀陵墓》《海淀述往》《寺庙观堂》《山川地貌》《史海钩沉》《诗词歌赋》《地名辨析》《史志动态》《撰史修志》《三山五园研究》《感悟七一讲话》16个栏目，《感悟七一讲话》为增设栏目。其中专刊3期，第80期为“庆祝中国共产党成立100周年专刊”，征文弘扬中国共产党带领中国人民为实现中华民族伟大复兴中国梦而奋斗的光辉历程。围绕党史、新中国史、改革开放史和新时代的伟大实践，反映在中国共产党领导下海淀不断繁荣发展的历史巨变，塑造优秀共产党员的典型形象，讴歌党、讴歌祖国、讴歌人民、讴歌英雄，弘扬时代精神。第81期为“海淀区社会生活与民俗现象专刊”，描述海淀在改革开放后，特别是20世纪90年代后，随着经济和社会的快速发展，社会生活、文化、风俗、观念等发生的深刻变化，出现的许多新现象。这些生活与民俗上的变化，海淀区和北京、全国大致相同，然亦有一些地方色彩。第83期为“《海淀史志》创刊15周年座谈等会议专刊”，概述“春华秋实 翰墨飘香——《海淀史志》创刊十五周年作者座谈会”“《中国共产党领导的协商民主与国家治理现代化》学术研讨会”“中共中央党史和文献研究院考察组赴海淀区史志办调研考察全国党史和文献部门先进集体座谈会”3个会议情况。

（宁葆新）

【重走“两道一线”系列活动】 3月25日，由区史志办、白求恩精神研究会、中共保定市委党史研究室、区文促中心、北京西农投资有限责任公司共同主办的庆祝中国共产党成立100周年暨重走“两道一线”系列活动启动仪式在贝家花园举行。4月3日，在河北省级爱国主义教育基地白银坨白求恩学校学子遇难遗址，来自北京、石家庄、保定等地的干部群众100余人举办“祭奠抗战英烈和纪念支援抗战国际友人”的活动。4月14日，海淀区文化发展促进中心在贝家花园主办重走“两道一线”研讨会，相关领域专家研究、总结“两道一线”的历史故事和文化内涵。“两道一线”是京冀地区三条著名援华抗战道路，加拿大大夫白求恩为晋察冀根据地办医院、建学校、救治伤病员、提供医疗卫生支持并献出宝贵的生命，在他经常活动的太行山区形成“白求恩大道”；燕京大学（今北京大学）特聘英籍教授林迈可为晋察冀根据地提供通信技术和设备、培训人才，在北京西山地区形成“林迈可小道”；法国医生贝熙业骑自行车为根据地运送药品，被誉为自行车“驼峰航线”。

（徐佳伟　徐支燕　杨雪飞）

【李大钊烈士陵园展陈布展】 4月12日，区委常委、政法委书记、区委办主任吴计亮到李大钊烈士陵园指导区史志办展陈布展工作。区委宣传部副部长王怿及区史志办有关人员参加。展览利用文物、展品、图片、油画、表格、雕塑、制景、电视视频、多媒体互动展项等多种形式，展现李大钊同马克思主义在中国传播的历史紧密相连，同中国共产党创建的历史紧密相连，同中国共产党领导的为中国人民谋幸福的历史紧密相连的光辉一生。吴计亮要求，布展工作要把握好政治性原则、坚持特色性原则、注重节奏性原则。

（徐支燕）

4月12日，李大钊烈士陵园庆祝建党100周年红色展陈布展（区史志办 供图）

【《海淀红色地图》发布】 5月19日，“中国旅游日”北京海淀主题活动在海淀公园举行，区史志办发布《海淀红色地图》。《海淀红色地图》围绕中国共产党早期北京革命活动、抗日战争、建立新中国三大主题片区，结合海淀地区党的历史，设计“初心之旅”“抗战之行”“赶考之路”等主题红色线路，以“地图+党史”形式标注海淀域内红色遗存。《海淀红色地图》印制8000份，向全区各单位发放，区委社工委区民政局、区教委、香山公园等单位用于开展红色主题活动。《人民日报》《北京日报》《北京晚报》、学习强国平台、北京电视台等多家媒体报道。

（徐佳伟　徐支燕）

【《中国共产党北京市海淀区历史（1922—2012）》出版】 6月，区史志办编写的《中国共产党北京市海淀区历史（1922—2012）》由中共党史出版社出版。全书共12章26万余字，随文插图47幅，是海淀区第一部全面记述地方党史的基本著作。全书以习近平新时代中国特色社会主义思想为指导，坚持辩证唯物主义和历史唯物主义的立场、观点、方法，以实现中华民族伟大复兴为主线，全面系统记述1919年五四运动到2012年党的十八大召开这一时期，党领导海淀人民开展革命、建设和改革的艰辛探索和生动实践。

（徐佳伟　徐支燕）

【《海淀区全面建成小康社会大事记》编写】 6月，区史志办完成《海淀区全面建成小康社会大事记》的编写。全书近500条5万余字，收录中华人民共和国成立后，特别是党的十八大以来，海淀区结合实际在小康进程中统筹推进经济建设、政治建设、文化建设、社会建设、生态文明建设方面的重大事件、重要决策、重大活动，全面准确记录习近平新时代中国特色社会主义思想在京华大地的生动实践。

（徐支燕）

【海淀区红色资源传承利用新闻发布会】 7月21日，海淀区红色资源传承利用新闻发布会举行。发布会详细介绍海淀区在中国共产党成立100周年庆祝活动中突出发挥海淀区红色资源作用，策划推出“红色海淀VR行”活动，以“地图+党史+VR”的形式在地图上点亮海淀红色遗存。介绍整合红色资源，设计“初心之旅”“抗战之行”“赶考之路”三条主题红色线路，打造“红色纪念地、红色党群阵地、红色学校党建”三个红色联盟路线相关情况，重点发布《中国共产党北京市海淀区历史（1922—2012）》以及海淀红色地图。作为科教大区，海淀也是红色资源富集之地，在用好红色资源、传承好红色基因方面优势突出、责任重大。近年来，海淀区主动作为，积极参与北京市重大红色资源保护传承利用工程的建设。海淀区红色资源丰富，在“七一”前夕北京市公布的第一批不可移动革命文物名录中，海淀区有13处入选。海淀区有44家国家级、市级和区级爱国主义教育基地，接待党员干部群众参观达270万人次。作为北京市重大红色资源保护传承利用工程，海淀区全力保障香山革命纪念地建设，以此为核心，大力打造“建立新中国爱国主义教育主题片区”，成为北京市三大爱国主义教育主题片区的重要组成部分。

（徐支燕）

【《海淀史志》创刊十五周年座谈会】 9月9日，区史志办举办《海淀史志》创刊十五周年座谈会，来自北京史地民俗学会、中国未来研究会旅游分会、保定抗战历史研究会的研究学者，海淀二轮区志各位副主编，相关市、区公园研究员，海淀文史爱好者，北京信息科技大学获奖学生代表及区史志办全体人员等60余人参会。与会人员就抓住重大时间节点、强化海淀红色历史文化的研究和宣传、史志研究和社会需求之间的联动关系、史志工作为现实服务的有效路径等方面展开深入探讨，在提高基层党史刊物办刊质量、创新办刊模式、扩大办刊影响等方面广泛交流。

（徐支燕）

【“中国共产党领导的协商民主与国家治理现代化”学术研讨会】 9月25日，区史志办与北京联合大学共同举办“中国共产党领导的协商民主与国家治理现代化”学术研讨会，来自全国人大、全国政协、中央统战部、中央党校、中国社会科学院、中央社会主义学院、北京市政协、中国人民大学、清华大学、北京航空航天大学、山东大学、北京市社科联、香山革命纪念馆等单位的领导、专家学者百余人，通过线下、线上方式参与。会议收到论文40余篇，与会专家学者聚焦协商民主和国家治理现代化主题，发表新观点。会议认为，中国共产党领导的社会主义协商民主是我国社会主义民主政治的特有形式和独特优势，是实现党的领导的重要方

9月25日，“中国共产党领导的协商民主与国家治理现代化”学术研讨会召开（马坤　摄）

式，是党的群众路线在政治领域的重要体现，是深化政治体制改革的主要内容，是全过程人民民主的重要组成部分，是中国共产党执政和决策的重要方式。中国日报网、中国社会科学网、环球网、《北京日报》等媒体进行报道。

（徐支燕）

【第五届西山历史文化研讨会】 12月14日，区史志办联合北京史地民俗学会举办“追忆西山 重温故事——第五届西山历史文化研讨会”。市人大常委会原副主任、《北京志》主编段柄仁，区政协原主席、《海淀区志》主编张宝章，市方志馆馆长刘宗永等应邀出席。来自中国人民大学、北京联合大学、北京市社科院历史所、北京地理学会、北京史研究会、中国长城学会、保定抗战历史研究会、白求恩精神研究会、八路军研究会、北京紫燕堂文化发展有限责任公司、香山公园、贝家花园及北京史地民俗学会、区史志办等近50位领导、专家学者及史志工作者与会。会议围绕北京西山历史文化主题，从“西山新语：《古今妙峰山香道》等新书发布”“西山情缘：纪念历史学家侯仁之诞辰110周年”“西山之友：缅怀援华抗战‘两道一线’国际友人”三个专题，从三个不同视角解读西山蕴含的多元文化元素；在努力把更多的史志研究成果转化为铭记初心使命、践行革命精神的现实推动力、继续搭建北京西山历史文化交流平台、引导社会力量参与海淀史志资源开发利用、提升跨区域史志研究的理论水平和实践能力等方面形成共识。

（徐支燕）

海淀区人民代表大会

2022
北京海淀年鉴

综述

【概况】 2021年，海淀区人民代表大会常务委员会（简称区人大常委会）贯彻落实中央人大工作会议精神，依法有效行使职权，为海淀区经济社会各项事业高质量发展提供坚实的民主法治保障。召开区人民代表大会会议2次、区人大常委会会议9次、区人大常委会主任会议10次，听取和审议区“一府两院”专项工作报告43项，督办议案1项，跟踪督办议案2项，作出决议、决定10项，形成审议意见书11份。截至年底，有区人大代表450名，市人大海淀团代表96名。

（吴向荣）

【区镇人大代表换届选举】 年内，海淀区完成区、镇人大代表换届选举工作，共选出海淀区第十七届人大代表450名、镇人大代表484名。

（吴向荣）

【“四长会”】 2月26日，区人大常委会召开2021年“四长会”。会议对区人大常委会2021年监督工作、议案督办、代表工作、区人大常委会自身建设、区镇人大代表换届选举等重点工作进行沟通和协商。区委书记于军，区委副书记、区长王合生，区人大常委会主任刘长利和副主任杨莉、白建平、陈国启、吴琢如，区人民法院院长邵明艳，区人民检察院副检察长张华伟参加会议。刘长利主持会议。

（吴向荣）

【议案建议交办会】 3月17日，区人大常委会召开海淀区2021年人大议案代表建议交办会。区委副书记、区长王合生，区人大常委会主任刘长利，区人大常委会副主任杨莉、陈国启、吴琢如，区人民法院、区检察院和承办议案、建议相关部门主要负责人等在主会场和分会场参加会议。刘长利代表区人大常委会向区“一府两院”转交人大议案、代表建议，王合生代表“一府两院”接收。区人大常委会代表联络室部署人大议案督办工作和代表建议办理工作。区民政局、区城管委、区教委等部分议案建议承办单位主要负责人作表态发言。刘长利就做好2021年议案建议办理工作提出要求。

（吴向荣）

【全面从严治党工作会暨党史学习教育动员会】 4月2日，区人大常委会召开2021年全面从严治党工作会暨党史学习教育动员会。区委第九巡察组全体组员、驻区委办纪检监察组组长出席会议。会议通报2020年度区人大常委会党组民主生活会情况，传达中央纪委十九届五次全会、市纪委十二届六次全会、区纪委十二届八次全会精神，通报违反中央八项规定精神典型案例，部署2021年区人大常委会机关全面从严治党和党史学习教育工作。刘长利对2020年区人大常委会全面从严治党取得的成效表示肯定，对推动人大机关全面从严治党向纵深发展提出要求。

（吴向荣）

【区人大常委会组成人员读书班】 7月6日至9日，区人大常委会举办区人大常委会组成人员读书班。区人大常委会主任刘长利，副主任杨莉、白建平、陈国启及区人大常委会组成人员，各街道工委主任，各镇党委书记，各镇人大主席，区人大常委会机关全体干部参加。读书班的主题是学习贯彻领会习近平总书记在庆祝中国共产党成立100周年大会上的讲话精神，围绕庆祝区人大设立常委会40周年，回顾和总结本届常委会所取得的成绩、经验和做法，为落实好区委十一届十四次、十五次全会精神、推动“两区”建设、做好人大换届选举工作提出意见建议。邀请中国政法大学教授李树忠作“学习贯彻习近平法治思想，推进法治中国建设”专题辅导讲座、当代著名军事专家徐光裕作“关于中国周边安全形势分析”的专题讲座。其间，区委书记于军与区人大常委会组成人员座谈交流。

（吴向荣）

【庆祝海淀区人大设立常委会40周年】 9月16日，区人大常委会召开庆祝中国共产党成立100周年暨海淀区人大设立常委会40周年大会。区委书记于军出席会议并指出，40年来历届区人大及其常委会交出了“海淀答卷”；新时代要总结40年来区人大及其常委会工作取得的成就和经验，增强“四个意识”，坚定“四个自信”，做到“两个维护”，切实担负起宪法法律赋予的各项职责，推动人大工作不断取得新进展新成效。区人大常委会主任刘长利系统回顾海淀区人大设立常委会40年来的历程，并总结经验、展望未来。大会通过多种形式，全面展示海淀人大设立常委会40年来为推动海淀经济社会发展和民主法治建设迈上新台阶作出的积极贡献。市人大常委会副秘书长、办公厅主任黄强，区四套班子领导出席大会。部分区人大常委会老领导，部分老人大代表、现任区人大代表、区监察委、区法院、区检察院，各街镇、各委办局，区属国有企业主要负责人、区人大常委会机关全体人员参加大会。

（吴向荣　钟冷）

重要会议与决议、决定

【区十六届人大七次会议】 1月12日至14日召开。会议听取并审议《海淀区人民政府工作报告》《海淀区国民经济和社会发展第十四个五年规划和二〇三五年远景目标纲要（草案）》《海淀区人大常委会工作报告》《海淀区2020年预算执行情况和2021年预算（草案）的报告》《海淀区人民法院工作报告》《海淀区人民检察院工作报告》，审议《海淀区2020年国民经济和社会发展计划执行情况与2021年国民经济和社会发展计划（草案）的报告》，通过关于各项报告的决议。会议选举王合生为北京市海淀区人民政府区长，并进行宪法宣誓。会议期间，共收到代表10人或10人以上联名提出的议案17件。经大会主席团批准，决定将孙英等181位代表提出

1月12日，区十六届人大七次会议召开（高政 摄）

的"关于加快创新、补齐短板，推进养老服务高质量发展的议案"等11件议案并案，予以立案，交区人民政府办理。未立案的6件议案，转为"建议、批评和意见"处理。大会收到代表提出的建议201件，方案和"建议"两项共计207件。会后，区人大常委会将议案和"建议"转交区"一府两院"办理。

（吴向荣）

【区十六届人大常委会第三十七次会议】 3月16日召开。会议审定《海淀区人大常委会2021年工作要点》，决定印发全体代表监督执行。听取副区长梁爽所作的《海淀区政府关于2021年重要民生实事项目的情况报告》。经过审议，表决通过《海淀区第十六届人民代表大会常务委员会关于2021年重要民生实事项目的决议》。听取和审议区人大常委会代表联络室所作的《海淀区人大常委会关于2021年代表建议、批评和意见办理工作的意见》。书面审议海淀区政府2020年度法治政府建设情况。

（吴向荣）

【区十六届人大常委会第三十八次会议】 4月20日召开。会议听取和审议区人民法院所作的《海淀区人民法院关于认罪认罚从宽制度专项工作报告》，区人民检察院所作的《海淀区人民检察院关于认罪认罚从宽制度专项工作报告》。听取区人民政府所作的《海淀区人民政府关于2020年环境状况和环境保护目标完成情况的报告》。听取和审议公安海淀分局所作的《北京市公安局海淀分局关于打击办案工作的报告》。会议决定相关人事任免事项。

（吴向荣）

【区十六届人大常委会第三十九次会议】 6月22日召开。会议分别听取区财政局、区审计局、区市场监管局、市规划自然资源委海淀分局、区房管局、区科信局、区人力社保局、区民政局、区退役军人事务局、区医疗保障局、区应急管理局、区体育局所作的各部门关于接受区人大常委会评议工作的自查报告，并开展工作评议。会议决定相关人事任免事项。

（吴向荣）

【区十六届人大常委会第四十次会议】 7月20日召开。会议听取区人大常委会代表资格审查委员会所作的关于个别代表的代表资格的审查报告，表决通过《海淀区第十六届人民代表大会常务委员会关于接受田敬军辞去海淀区第十六届人民代表大会代表职务的决定》，依据相关法律规定，田敬军的代表资格终止，其海淀区第十六届人大常委会委员职务相应终止。听取和审议区财政局局长程培衡所作的《关于海淀区2020年财政决算（草案）的报告》《关于海淀区2021年上半年财政预算执行情况的报告》《关于海淀区2021年新增地方政府债务限额及本级预算调整（草案）的报告》，区审计局所作的《关于海淀区2020年度本级预算执行和其他财政收支情况的审计工作报告》，经过审议，表决通过《海淀区第十六届人民代表大会常务委员会关于批准海淀区2020年区级决算的决议》《海淀区第十六届人民代表大会常务委员会关于批准海淀区2021年新增地方政府债务限额及本级预算调整草案的决议》。听取和审议区发展改革委所作的《关于海淀区2021年国民经济和社会发展计划上半年执行情况的报告》。听取和审议区人民政府所作的《关于"构建多元主体，强化依法垃圾分类，提高城市管理现代化水平"等4件议案跟踪落实情况的报告》。经过审议，表决通过《海淀区人民政府关于"构建多元主体，强化依法垃圾分类，提高城市管理现代化水平"等4件议案跟踪落实情况的报告》。会议决定相关人事任免事项。

（吴向荣）

【区十六届人大常委会第四十一次会议】 8月17日召开。会议听取和审议区人民政府所作的《关于海淀区开展法治宣传教育第八个五年规划（2021—2025年）的工作报告》，表决通过《海淀区第十六届人民代表大会常务委员会关于开展第八个五年法治宣传教育的决议》。审议通过《海淀区人民代表大会常务委员会关于区、镇人民代表大会换届选举若干问题的决定》，审议通过海淀区人民代表大会换届选举委员会组成人员名单、海淀区镇人民代表大会换届选举工作办公室组成人员名单、海淀区各镇人民代表大会换届选举委员会组成人员名单、海淀区各镇人大换届选举代表名额分配方案。

（吴向荣）

【区十六届人大常委会第四十二次会议】 9月14日召开。会议听取和审议区监察委员会所作的《关于开展反腐败国际追逃追赃工作情况的报告》。听取区人民政府所作的《关于"推动美丽乡村建设融入中关村科学城发展”议案跟踪落实情况的报告》。听取和审议区教育委员会所作的《关于北部教育发展情况的报告》、区财政局所作的《关于2020年度国有资产管理情况的综合报告》。

（吴向荣）

【区十六届人大常委会第四十三次会议】 10月12日召开。会议听取和审议区人民政府所作的《海淀区人民政府关于十六届人大七次会议代表建议、批评和意见办理情况的报告》、区人大常委会代表联络室所作的《海淀区人大常委会关于十六届人大七次会议代表“建议、批评和意见”办理及检查情况的报告》，书面审议《海淀区人民法院关于十六届人大七次会议代表建议、批评和意见办理情况的报告》《海淀区人民检察院关于十六届人大七次会议代表建议、批评和意见办理情况的报告》。表决通过《海淀区第十六届人民代表大会常务委员会关于召开海淀区第十七届人民代表大会第一次会议的决定》。会议决定相关人事任免事项。

（吴向荣）

【区十六届人大常委会第四十四次会议】 11月30日召开。会议听取和审议区人民政府所作的《关于海淀区2021年重要民生实事完成情况的报告》。听取和审议区人民政府所作的《关于“加快创新、补齐短板，推进养老服务高质量发展”议案办理报告》。经过审议，表决通过《关于“加快创新、补齐短板，推进养老服务高质量发展”议案办理报告》。听取和审议区审计局所作的《关于海淀区2020年度预算执行和其他财政收支审计查出问题整改情况的报告》。听取和审议区人大常委会法制办公室所作的《关于区十六届人大常委会规范性文件备案审查工作情况的报告》。听取区选举委员会所作的《关于2021年海淀区区、镇人大代表换届选举工作情况的报告》。听取区人大常委会办公室所作的《关于海淀区第十七届人民代表大会第一次会议筹备工作情况的报告》。决定海淀区第十七届人民代表大会第一次会议于12月15日至18日召开。听取区人大常委会研究室所作的《关于海淀区人大常委会工作报告起草情况的说明》。经过审议，通过《海淀区人民代表大会常务委员会工作报告（审议稿）》，决定根据会议意见修改完善后，提请海淀区第十七届人民代表大会第一次会议审议。听取海淀区人大常委会代表资格审查委员会所作的《海淀区人大常委会代表资格审查委员会关于海淀区第十七届人民代表大会代表资格的审查报告》，决定会后将代表名单依法予以公告。会议决定相关人事任免事项。

（吴向荣）

【区十七届人大一次会议】 12月15日至18日召开。会议听取并审议《海淀区人民政府工作报告》《海淀区人大常委会工作报告》《海淀区2021年预算执行情况和2022年预算（草案）的报告》《海淀区人民法院工作报告》《海淀区人民检察院工作报告》，审议《海淀区2021年国民经济和社会发展计划执行情况与2022年国民经济和社会发展计划（草案）的报告》，通过关于各项报告的决议。选举刘长利为海淀区第十七届人民代表大会常务委员会主任，李泉、吴宝华、魏开锋、李卫华、赵晓光为副主任，选出区人大常委会组成人员39人，表决通过海淀区第十七届人民代表大会各专门委员会组成人员名单。选举王合生为海淀区人民政府区长，李俊杰、林剑华、林航（女）、张小川、岳立、徐振涛、程培衡、马光耀为海淀区人民政府副区长；选举鲍雷为海淀区监察委员会主任；选举邵明艳（女）为海淀区人民法院院长；选举刘惠（女）为海淀区人民检察院检察长。会上，新当选人员进行宪法宣誓。会议期间，共收到代表10人或10人以上联名提出的议案16件。经大会主席团批准，决定将吴双等180位代表提出的“关于加快科学城北区道路交通等基础设施建设，推动中关村科学城高质量发展的议案”等7件议案并案，予以立案，交区人民政府办理。未立案的9件议案，转为“建议、批评和意见”处理。大会收到代表提出的建议196件，方案和“建议”两项共计205件。会后，区人大常委会将议案和“建议”转交区“一府两院”办理。

（吴向荣）

【区十七届人大常委会第一次会议】 12月18日召开。会议决定接受王永生辞去北京市第十五届人民代表大会代表职务的请求，补选张利民为北京市第十五届人民代表大会代表，并依法将相关结果报市人大常委会。

（吴向荣）

监督工作

【重点工作监督】 年内，区人大常委会重点督办“关于加快创新、补齐短板，推进养老服务高质量发展”议案，跟踪督办“推动美丽乡村建设融入中关村科学城发展”议案，督促和支持区政府充分发挥“三区”政策叠加优势，全力推动依靠创新驱动的内涵型增长，打造“两区”建设示范标杆。审查海淀区“十四五”时期中关村科学城加强创新服务体系建设规划、海淀区“十四五”时期宣传思想文化旅游发展规划、海淀区“十四五”时期主导产业和前沿产业发展规划、海淀区“十四五”时期农村城市化规划、海淀区“十四五”时期社会建设和民政事业规划、海淀区“十四五”时期生态文明建设规划、海淀区“十四五”时期人力资源和社会保障发展规划、海淀区“十四五”时期卫生健康事业发展规划、海淀区“十四五”时期教育发展规划、海淀区“十四五”时期“智慧海淀”建设规划、海淀区“十四五”时期法治政府建设规划、海淀区“十四五”时期“平安海淀”建设规划、海淀区“十四五”时期网络安全和信息化规划、海淀区“十四五”时期水务发展规划14个“十四五”专项规划，推动督促区政府建立健全以规划纲要为统领、各类规划互为支撑、衔接协调的规划体系，加快落实相关工作。区人大常委会主任会议听取区政府关于优化营商环境工作情况的报告，监督和支持区政府提升服务企业的时效性、精准性和专业性，为企业创造更好的发展环境。

（吴向荣）

【财经工作监督】 年内，区人大常委会会议听取和审议区政府关于海淀区2020年度本级预算执行和其他财政收支情况的审计工作报告、关于海淀区2021年上半年财政预算执行情况的报告、关于海淀区2021年国民经济和社会发展计划上半年执行情况的报告、关于海淀区2020年度本级预算执行和其他财政收支审计查出问题整改情况的报告、关于2020年度国有资产管理情况的综合报告。持续深化部门预算审查，落实人大预算审查监督重点向支出预算和政策拓展改革要求，探索对涉及民生的6项支出政策进行重点审查。推进预算联网监督系统二期建设，横向扩充数据来源，纵向与市级系统贯通。配合全国人大常委会、市人大常委会做好全国人大预算工委基层联系点的沟通指导工作。

（吴向荣）

【民生事项监督】 年内，区人大常委会会议听取和审议区政府关于2021年重要民生实事项目的情况报告并作出相关决议；跟踪督办“关于构建多元主体，强化依法垃圾分类，提高城市管理现代化水平的议案”议案；听取和审议区政府关于北部教育发展情况的报告，听取区政府关于2020年度环境状况和环境保护目标完成情况的报告。区人大常委会主任会议听取区政府关于加快推进区属道路建设情况、“三山五园”地区旅游公共服务情况、有效预防化解争议纠纷、农村“三资”管理情况的报告。区人大常委会继续对保障性住房建设分配与管理情况、社区卫生工作情况、区属国企所属社区配套用房腾退使用情况、农村集体经营性建设用地情况和区法院执行机制综合改革推进情况开展专项跟踪监督。

（吴向荣）

【法治建设监督】 年内，区人大常委会会议听取和审议区人民政府关于制定“八五”普法规划的工作报告并作出决议，听取和审议区监察委关于开展反腐败国际追逃追赃工作情况的报告，听取和审议区法院关于认罪认罚从宽制度专项工作报告、区检察院关于认罪认罚从宽制度专项工作报告，听取和审议区公安分局关于打击办案工作的报告；书面听取区政府关于2020年度法治政府建设情况的报告。区人大常委会主任会议听取区政府关于村（居）民委员会换届选举工作情况报告。区人大常委会修订《海淀区人大常委会规范性文件备案审查工作规程》，对6件区政府发布的规范性文件进行主动审查。配合市人大常委会对《北京市突发公共卫生事件应急条例》《北京市医院安全秩序管理规定》等法律法规贯彻实施情况进行检查，对《北京市乡村振兴促进条例》《北京市接诉即办条例（草案）》等法规的制定开展征求人大代表和法律顾问意见工作；对区财政局、审计局、市场监管局、规划自然资源委海淀分局、房管局、人力社保局、民政局、退役军人事务管理局、医疗保障局、应急管理局、体育局、科信局12个政府部门开展工作评议，实现届内对政府工作部门评议全覆盖。

（吴向荣）

人事任免

【概况】 2021年，区人大常委会在区委领导下，坚持党管干部与人大依法任免干部相结合原则，严格依照法律程序开展人事任免工作。坚持开展任前考试、任前谈话、表态发言、宪法宣誓等制度，进一步提升被任命人员的法律意识、责任意识和接受人大监督意识。全年依法选举任免区国家机关工作人员56人次。

（吴向荣）

【任免事项】 4月20日，区十六届人大常委会第三十八次会议，根据区人大常委会主任会议的提请，决定免去米佳海淀区第十六届人大常委会清河街道工作委员会主任职务，任海淀区第十六届人大常委会学院路街道工作委员会主任；任命文思君为海淀区第十六届人大常委会清河街道工作委员会主任。

根据区人民法院院长邵明艳的提请，决定免去李东民海淀区人民法院复兴路人民法庭庭长、审判员职务，免去李正海淀区人民法院劳动争议审判庭副庭长职务，免去陈争争海淀区人民法院审判监督庭庭长、审判委员会委员、审判员职务，免去周德胜、王会华海淀区人民法院审判员职务。根据区人民检察院检察长刘惠的提请，决定免去罗猛、何柏松、纪敬玲、蒋明海淀区人民检察院检察员职务。

6月22日，区十六届人大常委会第三十九次会议，根据区人大常委会主任会议的提请，决定免去赵德法海淀区人大常委会农村办公室主任职务。根据区人民政府区长王合生的提请，决定免去陈朝晖北京市规划和自然资源委员会海淀分局局长职务，免去黄春明海淀区医疗保障局局长职务；任命张奇为北京市规划和自然资源委员会海淀分局局长，任命曹玉明为海淀区医疗保障局局长。根据区人民法院院长邵明艳的提请，决定免去徐子强、张为民海淀区人民法院审判员职务。根据区人民检察院检察长刘惠的提请，决定免去姜楠、邓超海淀区人民检察院检察员职务。

7月20日，区十六届人大常委会第四十次会议，根据区人大常委会主任会议的提请，决定免去毕淑琴海淀区第十六届人大常委会上地街道工作委员会主任职务，免去米佳海淀区第十六届人大常委会学院路街道工作委员会主任职务。根据区人民政府区长王合生的提请，决定免去邸慧清海淀区人民政府副区长职务。

10月12日，区十六届人大常委会第四十三次会议，根据区人大常委会主任会议的提请，决定任命王俊明为海淀区人大常委会研究室主任，任命张霞为海淀区人大常委会代表联络室主任，任命那梅为海淀区人大常委会财政经济办公室主任，任命王勇禄为海淀区人大常委会法制办公室主任，任命李航为海淀区人大常委会教科文卫办公室主任，任命马朝勃为海淀区人大常委会城建环保办公室主任，任命梁珍为海淀区人大常委会农村办公室主任。免去俞昌吉海淀区人大常委会研究室主任职务，免去孙大钧海淀区人大常委会代表联络室主任职务，免去白莉海淀区人大常委会财政经济办公室主任职务，免去李友成海淀区人大常委会法制办公室主任职务，免去郭景玉海淀区人大常委会教科文卫体办公室主任职务，免去郭少东海淀区人大常委会城建环保办公室主任职务。根据区人民政府区长王合生的提请，决定任命张小川、岳立、徐振涛为北京市海淀区人民政府副区长，免去梁爽、谭权、沙海江、陈朝晖北京市海淀区人民政府副区长职务，免去舒毕磊北京市海淀区科学技术和经济信息化局局长职务，免去王澎北京市海淀区商务局局长职务，免去田桂茹北京市海淀区民族宗教事务办公室主任职务。根据区人民法院院长邵明艳的提请，决定免去单自红、杨丽萍、韩斌海淀区人民法院审判员职务，免去宋硕海淀区人民法院民事审判第四庭副庭长、审判员职务。

11月30日，区十六届人大常委会第四十四次会议，根据区人民政府区长王合生的提请，决定任命何建吾为海淀区科学技术和经济信息化局局长，任命侯育为海淀区商务局局长。根据区人民法院院长邵明艳的提请，决定免去张钢成海淀区人民法院副院长、审判委员会委员、审判员职务，免去吕志强海淀区人民法院审判委员会委员、审判员职务，免去徐立平海淀区人民法院审判员职务。

（吴向荣）

视察与调研

【概况】 2021年，区人大常委会围绕区委中心工作、人大重点工作和群众关心的热点难点问题，组织开展视察调研60余次。

（吴向荣）

【新冠肺炎疫情防控调研视察】 年内，区人大常委会领导先后到四季青镇、北下关街道、温泉镇、八里庄街道、海淀镇，检查新冠病毒疫苗接种工作和疫情防控工作情况。

（吴向荣）

【区镇人大换届选举调研】 年内，区人大常委会领导先后到万寿路街道、永定路街道、曙光街道、四季青镇、温泉镇等选举分会选区，了解区、镇人大代表换届选举宣传、选民登记、选民名单公布、疫情防控、选举投票等工作开展情况。

（吴向荣）

【“我为群众办实事”工作调研】 年内，区人大常委会领导分别到四季青镇、北下关街道、温泉镇、八里庄街道、海淀镇调研党史学习教育和“我为群众办实事”开展情况。

（吴向荣）

【“两新两高”战略落实工作调研】 年内，区人大常委会领导、部分市人大代表到小米科技园、中国钢研科技集团、微软新视界、微梦创科网络技术有限公司、北京碧水源科技股份有限公司调研了解区委“两新两高”战略落实情况。

（吴向荣）

【“加快创新、补齐短板，推进养老服务高质量发展”议案督办】 年内，区人大常委会领导、常委会组成人员、议案领衔代表及部分市、区人大代表，分别到曜阳养老服务中心、清河敬老院、乐老汇养老中心、北安河敬老院、纳兰园老年公寓、和熹会老年公寓、广源长青养老中心、颐居中央党校养老照料中心和曙光久久泰和养老照料中心等地调研海淀区养老工作开展情况，重点督办“加快创新、补齐短板，推进养老服务高质量发展”议案。

（吴向荣）

【“关于构建多元主体，强化依法垃圾分类，提高城市管理现代化水平”议案跟踪督办】 年内，区人大常委会领导、常委会组成人员、部分人大代表到学院路街道二里庄小区和志新村、东升镇奥北社区观景园小区、中关村街道知春公园小区等地，调研各类垃圾处理场景，跟踪督办“关于构建多元主体，强化依法垃圾分类，提高城市管理现代化水平”议案。

（吴向荣）

【“推动美丽乡村建设融入中关村科学城发展”议案跟踪督办】 年内，区人大常委会领导、部分常委会委员、议案领衔代表、农村委委员先后到东升镇、四季青镇、西北旺镇、温泉镇调研海淀区农村“三资”管理情

10月14日，区人大常委会主任刘长利（前左三）到首都体育馆场馆群，实地检查调研冬奥测试赛外围保障工作（区人大常委会 供图）

况、“一镇一园”开发建设情况，跟踪督办“推动美丽乡村建设融入中关村科学城发展”议案。

（吴向荣）

【重点督办、跟踪督办建议调研】 年内，区人大常委会领导、代表建议督办监督员、部分人大代表先后到海淀区循环经济产业园再生能源发电厂，检查吴刚代表“关于做好海淀区垃圾终端处理设施建设以及运营管理的建议”的办理情况。到翠湖南路，了解潘永卫代表“关于加快推进翠湖南路（稻香湖路）西延至六环路建设的建议”的办理进度。

（吴向荣）

【全面依法治区工作调研】 年内，区人大常委会领导、法制委员会委员及部分人大代表先后到区法院、区检察院及公安海淀分局调研相关工作。区人大常委会领导带队到机动车移动式遥感检测设备点和北部医疗中心施工现场，检查《北京市机动车和非道路移动机械排放污染防治条例》落实情况；到海淀医院和八里庄社区卫生服务中心检查《北京市突发公共卫生事件应急条例》和《北京市医院安全秩序管理规定》实施情况。配合市人大常委会到上地街道人大代表之家调研，就《北京市接诉即办工作条例（草案）》征求意见建议。配合市人大常委会到当代商城中关村店、香格里拉饭店、北京嘉源五孔桥农副产品市场、海淀区再生资源回收分拣中心、温泉镇白家疃村开展《北京市物业管理条例》和《北京市生活垃圾管理条例》执法检查。

（吴向荣）

【民生实事调研】 年内，区人大常委会领导、各专门委员会组成人员、部分人大代表先后到圆明园和西苑地区商圈、巴沟路、北京市南水北调工程展室、颐和园西侧三角地绿化工程、北长河书画院拆除地块绿化工程、云和市集、安河家园国象商业街和谱尼测试集团股份有限公司、花园路12号院家庭医生巡诊工作室，检查区政府2021年重要民生实事项目完成情况。

（吴向荣）

【教育优质均衡发展工作视察】 年内，区人大常委会领导、教科文卫委员会委员及部分人大代表，先后到中关村三小万柳北校区、北京市第二十中学、海淀区教育科学研究院未来实验小学、清华大学附属中学永丰学校、北京市第五十七中学上庄分校、上庄中心小学东马坊校区，开展教育优质均衡发展专题视察，推动海淀区南部、北部地区教育同步发展。

（吴向荣）

【冬奥测试赛外围保障工作调研】 10月14日，区人大常委会主任刘长利、副主任杨莉到首都体育馆场馆群周边，检查首都体育馆场馆群外围保障组关于疫情防控、安全保卫、交通设施等服务保障工作开展情况。

（吴向荣）

人大代表工作

【人大代表履职活动】 年内，区人大常委会强化“智慧人大”信息化平台建设，加强对人大代表履职的规范和管理。继续扩大人大代表对区人大常委会工作的参与，依托代表“家”“站”开展活动，密切人大代表与群众的联系，畅通社情民意表达和反映渠道。围绕市人大常委会立法、执法检查等事项，组织市、区、镇三级人大代表联动活动，及时反映代表意见建议。结合代表履职需求，开展市人大代表年中活动、会前集中视察、会前活动以及市人大代表小（联）组视察、调研活动，进一步丰富代表的履职内容。服务保障市人大代表履职活动。

（吴向荣）

【人大代表建议督办】 年内，区人大常委会落实建议督办工作机制，代表建议问卷调查反馈首次实现满意率100%。开展区十六届人大一次会议以来“列入计划解决”的代表建议落实情况“回头看”检查工作。在全部被检查的92件建议中，56件建议解决、19件建议部分解决、17件建议因政策条件限制尚未解决。区十六届七次人代会提出的区属职权范围内办理的196件建议全部办复，其中问题得到解决或取得进展的116件，占59.2%，比上年提高1.4%。

（吴向荣）

【人大代表履职培训】 7月14日，区人大常委会组织“实施积极应对人口老龄化国家战略的思考”“中关村创新与发展”等代表履职学习专题讲座，拓宽代表视野。通过召开区情通报会、区领导与人大代表座谈会、邀请人大代表列席区人大常委会会议、为人大代表订阅书籍和学习资料等多种方式，保障人大代表知情权。

（吴向荣）

7月14日，区人大常委会举办2021年人大代表履职学习专题讲座（区人大常委会 供图）

专门委员会工作

【财政经济委员会】 年内，财政经济委员会召开委员会会议（含扩大会）9次，听取、审议议题21项；协助区人大常委会会议听取、审议议题12项。协助区人大常委会主任会议听取议题9项。对区发展改革委、财政局、国资委、市场监管局、商务局、统计局、审计局、金融办8个政府部门2021年预算编制情况进行初步审查。协助区人大常委会对区统计局、区金融办和区商务局开展工作评议。督促对口政府部门办理代表建议12件，重点督办建议1件，跟踪督办建议1件。

（吴向荣）

【法制委员会】 年内，法制委员会召开委员会会议4次。协助区人大常委会会议听取、审议议题6项，协助区人大常委会主任会议听取议题1项。对区政府报送的6件规范性文件进行备案审查。督促对口政府部门办理代表建议9件。协助市人大常委会开展立法征求意见、专题调研工作9件次。

（吴向荣）

【教育科技文化卫生委员会】 年内，教育科技文化卫生委员会召开委员会会议4次。协助区人大常委会会议听取、审议议题1项，协助区人大常委会主任会议听取议题1项。协助区人大常委会对区科信局开展工作评议。督促对口政府部门办理代表建议47件，重点督办代表建议1件。

（吴向荣）

【城市建设环境保护委员会】 年内，城市建设环境保护委员会召开委员会会议4次。协助区人大常委会会议听取、审议议题3项，协助区人大常委会主任会议听取议题5项。协助区人大常委会对区住建委、人防办开展工作评议。协助区人大常委会跟踪督办“构建多元主体，强化依法垃圾分类，提高城市管理精细化水平”议案。对区住建委、城管委、人防办、园林局、房管局、生态环境局6个政府部门2021年预算编制情况进行初步审查。督促对口联系部门办理代表建议109件，重点督办建议2件，跟踪督办建议5件。

（吴向荣）

【农村委员会】 年内，农村委员会召开委员会会议2次。协助区人大常委会会议完成审议议题1项。协助区人大常委会主任会议听取议题1项。协助区人大常委会跟踪督办“推动美丽乡村建设融入中关村科学城发展”议案。协助区人大常委会对区农业农村局开展工作评议。督促对口政府部门办理代表建议26件，重点督办代表建议1件。组织镇人大主席联席会3次。

（吴向荣）

【社会建设委员会】 年内，社会建设委员会召开委员会会议7次。协助区人大常委会会议完成审议议题1项，协助区人大常委会主任会议听取议题4项。协助区人大常委会督办“关于加快创新、补齐短板，推进养老服务高质量发展”议案。协助区人大常委会对区人力社保局、民政局、体育局、退役军人事务局、医疗保障局、应急管理局6个部门开展工作评议。督促对口政府部门办理代表建议9件。

（吴向荣）

海淀区人民政府

2022

北京海淀年鉴

综述

【概况】2021年，区政府召开会议72次，其中区政府常务会22次、区政府专题会50次；研究议题407项，其中区政府常务会议题134项、区政府专题会议题273项。安排会前学习4次。召开区政府党组（扩大）会23次。

区政府贯彻习近平总书记对北京重要讲话和对中关村重要指示精神，将中国共产党成立100周年庆祝活动服务保障作为重大政治任务和全区工作的重中之重，做好2022年北京冬奥会和冬残奥会筹办服务保障工作，统筹推进疫情防控和经济社会发展，区域创新和跨越式高质量发展取得新成效，"十四五"实现良好开局。

经济高质量发展。北京国际科技创新中心核心区建设取得重大进展。地区生产总值实现9501.7亿元，比上年增长8.8%，占全市的23.6%，经济总量继续保持全市第一位。产业结构更加优化，聚焦人工智能、集成电路、互联网、网络安全、医药健康等优势领域，大信息产业压舱石作用进一步凸显。"两区"建设签约落地重点项目90余个。中关村国家实验室揭牌。2021中关村论坛成功举办，成为面向全球科技创新交流合作的国家级平台。中关村科学城北区新增产业空间74.58万平方米。

城市功能持续优化。狠抓分区规划落地实施，促进减量发展、创新发展，推进南区城市更新、"三山五园"地区品质提升、北区集约发展，高质量发展空间格局基本形成。街区指引编制取得阶段性成果，"三山五园"地区整体保护规划获市政府批复，三山五园艺术中心开工建设，中关村论坛永久会址项目加快推进。完成"疏解整治促提升"专项行动年度任务，推进"基本无违法建设区"创建，加快实施"揭网见绿"[①]行动、施工围挡专项整治。$PM_{2.5}$年均浓度33微克/立方米，空气质量位居城六区第一位，成功创建国家生态文明建设示范区。16号线海淀段等轨道线路开通运营，新增道路通车里程8.03千米。永丰调蓄水厂通水，稻香湖再生水厂二期开工。

民生保障能力不断增强。以"接诉即办"为抓手，着力解决群众"急难愁盼"问题，34项区级重点实事落地见效。疫情防控取得重大战略成果，建立起覆盖所有街镇的疫苗接种点体系，日核酸检测能力达28.9万份。教育强区行动计划深入实施，出台实施"双减"[②]工作方案。健康海淀建设全方位推进，持续深化公立医院综合改革。获评北京市"充分就业区"。群众居住条件不断改善。社会治理创新发展，安全生产形势总体平稳。

（刘蓓蓓　周志毅）

【机关事务管理服务】2021年，区机关事务管理服务中心由纳规事业单位改为普通事业单位，完成岗位设置、岗位套转，中心全体人员签订事业单位聘用合同。7月3日，设立中国共产党北京市海淀区机关事务管理服务中心党组。

机关事务管理服务中心负责管理第一办公区、第二办公区、招商大厦、中关村人才发展中心、曙光办公中心、五路居办公中心、航天桥办事大厅办公区、联想桥办事大厅办公区、新海大厦、上地办公中心、上地政务服务办事大厅、青龙桥办公中心、西北旺办公中心、妇女儿童活动中心、北部文化中心、知春里办公中心、万泉河办公中心17个集中办公区。海体综合楼因北大西门腾退入驻单位整体迁入万泉河办公中心。集中办公区总建筑面积52.5万平方米，入驻117家处级单位和31家处级以下单位，保障6800余名机关干部办公。承办的区机关幼儿园为北京市示范园，教学规模12个班。缓解周边居民子女入园难问题。承办的龙岗路幼儿园通过北京市幼儿园A等级考核。截至年底，区机关事务管理服务中心总资产达到50.18亿元，其中本年新增资产14548.27万元，管理房产总面积76.61万平方米。处置报废资产1863件，处置资产原值1167.69万元。完成北京市机关事务综合服务平台和区各党政机关机构管理、组织机构变更以及办公用房等相关数据的完善调整。完成16套周转房装修改造项目、海淀区龙岗路安居里1号楼外墙改造项目、海淀区安居里、观林园部分周转房维修改造项目、金雅园95套周转房装修改造工程、民兵训练基地周转房外墙及屋面维修改造项目、中关村人才发展中心东侧幕墙玻璃膜更换项目、第一办公区空调水源热泵井改造项目、海淀交通支队指挥中心办公楼局部改造、海淀交通支队指挥中心办公楼外墙改造、妇女儿童活动中心外墙及办公楼局部改造等项目。

完成海淀区103个单位，4351人，725辆公务用车车管平台在线注册，实现公务用车在线申请、审批、调度。建立车辆位置监控检查机制，结合大数据分析和轨迹实时监控，公务用车日常监管能力得到提升。

开展年度节约型机关创建工作，84家单位完成创建任务，占比91%。着力打造海淀公共机构节能品牌，举办主题为"节能降碳 绿色发展——践行碳中和节能我行动"的公共机构节能宣传周系列活动，线上线下同步开展，包括线上打卡碳中和以及线下五大板块主题展览活动，9.7万人次参与线上活动。推进垃圾分类，践行绿色机关建设，运用电子屏、宣传栏、公众号等多种形式进行宣传；结

---

① 揭网见绿：按照"应揭尽揭、宜绿则绿"原则，因地制宜对各类苫盖地块通过临时绿化、永久绿化、简易绿化等多样多元方式实现见绿目标，进一步美化区域环境，持续提升城市景观品质。

② 双减：减轻义务教育阶段学生过重作业负担、减轻校外培训负担。2021年7月，中共中央办公厅、国务院办公厅印发《关于进一步减轻义务教育阶段学生作业负担和校外培训负担的意见》，要求各地区各部门结合实际认真贯彻落实。2021年8月，中共北京市委办公厅、市政府办公厅印发《北京市关于进一步减轻义务教育阶段学生作业负担和校外培训负担的措施》。

合生活垃圾分类示范单位创建工作，联合区城市管理委开展主题为“示范单位共创建 垃圾分类同参与”创建宣传日活动。

负责区新冠肺炎疫情防控工作领导小组及专班运行后勤保障；协调集中留观、医学隔离场所的设置及建设；负责各委办局及事业单位物资保障、组织部社区防控物资保障、区领导联系慰问等防疫物资保障，以及区政府集中办公区疫情防控工作。考察酒店120余家，新启用区级集中医学观察点10个，增加27个街镇点位的供餐任务。向区属89家行政、事业等单位发放各类口罩1641.7万只、消毒液385桶、医用手套3400副。

完成海淀区领导班子换届市委考察组、北京市政法队伍教育整顿督导组、北京市党史教育指导组、海淀区参加中国共产党成立100周年广场庆祝活动保障、北京冬奥会测试赛海淀运行指挥部保障等保障任务。

（王怡）

【领导调研】 年内，市政府主要领导10次专题调研区内各类园区建设工作。区政府主要领导围绕全区重点产业规划及项目建设、城市更新、接诉即办、重点地区环境整治等重点工作，开展主题调研、走访196次。采取“四不两直”方式深入医院、学校、社区（村）等防疫一线调研、检查19次，对发现的问题及时督促落实整改，确保各项防疫措施落到实处；调研走访企业57次，座谈79次，助力企业复工复产。

（刘水）

【政务信息】 年内，海淀区向市政府办公厅报送政务信息1092篇，完成国务院办公厅约稿18篇。被市政府办公厅《昨日市情》普刊、特刊采用169条，其中《微软北京园区推进节能降碳的主要做法》《北京通用人工智能研究院建设取得积极进展》等23篇信息获市委、市政府主要领导及主管领导批示。《海淀信息》围绕科技创新、“两区”建设等重点工作，出普刊229期、专刊57期、特刊21期。

（申东生）

【建议提案办理】 年内，区政府共办理全国、市、区人大代表建议，政协提案502件，均按期办复。其中，全国政协提案1件（会办）；市人大代表建议40件（主办/单办18件、会办22件），市政协提案23件（主办/单办11件、会办12件）；区人大代表建议196件，区政协提案242件。

（李冰）

【督查工作】 年内，区政府主要围绕4项工作开展督查。新冠肺炎疫情防控督办：对全区29个街镇社区（村）疫情防控工作开展抽查检查，确保各项防控措施落到实处；开展疫苗接种专项督查，推动全区接种工作全力提速。决策任务督办：围绕经济社会发展、高质量保障和改善民生，采取一对一日常沟通、点对点实地走访、第三方察访核验等方式进行督办，形成督查专报12期，有力保障283项任务高质量落实。专项任务督办：围绕市、区领导批示事项以及企业服务、城市治理、安全生产等137项领导关注、群众关心事项按期办结事项，向市政府、市政府办公厅反馈工作报告30篇。国务院大督查迎检：统筹全区相关部门，完成调研保障、问题整改、报告反馈等国务院第八次大督查迎检保障工作。国务院办公厅对海淀区在“双创”政策落地、重大政策措施落实等方面工作取得的成效予以督查激励表彰，这是海淀区连续5年获国务院督查激励表彰。

（李诗絮）

【绩效管理】 年内，海淀区贯彻中央、市委和区委关于统筹规范督查检查考核工作和解决形式主义突出问题为基层减负的有关精神，完成市、区绩效管理工作。完善“1+5+N”管理体制，即区考核办，党群、政府、街道、镇、国企五大系统牵头单位分类开展，各专项考评主体具体负责，推动绩效管理的组织化、制度化、专业化。规范“绩效计划编制、绩效任务落实、绩效考核评价、绩效反馈改善”的闭环管理流程，创新实施“四个一”绩效管理机制，即一套绩效考评指标体系、一本个性化绩效任务书、一份绩效考评评分标准、一张成绩单和问题清单，确保“顶层有设计、任务有清单、考评有依据、结果有反馈、问题有改进”，发挥考核指挥棒、风向标、增压器的作用。完善评价分析机制，提升绩效管理效能。强化绩效分析，开展绩效督导，绩效专报17次获得区领导批示。完善“发现问题—整改问题—改进提高”的良性机制。

（张海翔）

【区校合作备忘录签署】 4月20日，清华大学与海淀区政府签署区校合作备忘录。根据备忘录，双方本着“高位统筹、创新引领、资源共享、互惠共赢”的原则，发挥海淀区在资源、政策、创新、发展等方面的综合优势，清华大学在人才智库、尖端科研和前沿技术成果等方面的创新优势，重点围绕战略咨询与智库建设、科技创新与成果转化、人才培养与交流、教育合作与服务保障、文化创意与校园开放等多个领域展开深度合作，共建面向“十四五”时期的新型合作伙伴关系。区委书记于军，副书记、区长王合生，政法委书记吴计亮，副区长梁爽，清华大学副校长吉俊民、杨斌等出席签约仪式。

（孙树昆　程晓荷）

【第七届“互联网+教育”创新周】 5月23日至29日，第七届“互联网+教育”创新周举办。本届创新周由中国教育科学研究院指导，区政府主办，中关村互联网教育创新中心承办，中关村科学城互联网教育产业发展联盟、海淀区工商业联合会互联网教育商会协办。创新周以推动“互联网+教育”高质量发展为主题，邀请教育管理者、专家学者及教育企业家等共同探讨教育高质量发展的新理念、新模式、新路径，以线上线下相融合的方式进行。在开幕大会上，北京师范大学副校长陈丽以《“互联网+教育”的基本原理和着力点》为主题发表演讲；大会设置以“推动‘五育并举’全面育人体系的创新发展”为主题的高端对话环节，嘉宾就“五育”在一线学校的落实现状与存在的问题，构建“五育并举”全面育人体系的建议以及教育科技推动“五育并举”的创新发展路径等话题进行深入探讨；教育部职业技术教育中心研究所副所长曾天山以《深化“三教改革”推行“岗课赛证”综合育人》为题作主题报告。本届创新周还举办10场平行论坛、3个教育工作坊以及名企考察、创新成果情景体验等活动。

（钟冷）

【与中国科学院签署合作协议】 6月3日，海淀区（中关村科学城）与中国科学院签署新一轮深化战略合作协议。中科院党组成员、秘书长汪克强，于军、王合生、吴计亮等区领导以及区有关部门负责人出席签约仪式。根据协议，双方把全面实现中科院“四个率先”发展目标和深化落实海淀区“两新两高”发展战略有机结合起来，在中关村科学城建设、打造人才高地、促进科教融合、加强社会治理等领域展开深度合作，进一步加快优秀人才集聚、推动重大项目落地、建设一流科研机构、打造良好创新环境，促进双方共同发展，共建面向“十四五”时期的新型合作伙伴关系。

（谭修一　钟冷　常青山）

【东西部协作高层视频对接联席会】 8月26日，海淀区与内蒙古自治区赤峰市敖汉旗、兴安盟科右前旗、科右中旗东西部协作高层视频对接联席会召开。区长王合生，区委常委、常务副区长李俊杰以及敖汉旗、科右前旗、科右中旗相关领导出席视频会议。海淀区先后与敖汉旗、科右前旗拟定2021年东西部协作协议，与科右中旗首次开展东西部协作，在资金支持、劳务协作、产业合作等领域制定一揽子工作计划，进一步推动巩固拓展脱贫攻坚成果同乡村振兴有效衔接各项任务落地落实。对口协作地区表示，密切同海淀区沟通对接，携手推进人才交流、产业发展等方面合作，让协作共建不断走深走实。王合生表示，海淀区要认真贯彻落实习近平总书记对深化东西部协作和定点帮扶工作作出的重要指示精神，把巩固拓展脱贫攻坚成果摆在头等重要的位置来抓，与敖汉旗、科右前旗、科右中旗共同谱写乡村振兴的新篇章。

（钟冷）

政务服务管理

【概况】 2021年，海淀区政务服务管理局（简称区政务服务局）深化“放管服”改革和北京营商环境4.0版改革，推进政务服务改革创新。以“一网通办”平台为基础，依托自主可控的“长安链”，探索“海淀特色”跨省通办模式，与天津滨海新区、广东佛山、成都天府新区、北京怀柔等10个市（区）签订通办协议。全区共有14类国家级数据、24类市级数据、6类区级数据链上应用。市公安局、市税务局、市民政局、市规划自然资源委、怀柔区等共计25个单位加入海淀区政务服务区块链联盟，累计实现605个政务服务应用场景落地，平均减少办事人提交材料40%以上。

区政务服务局设3个区级政务服务中心（包括上地政务服务中心、联想桥政务服务中心、航天桥政务服务中心）、7个政务服务分中心和29个街镇政务服务中心，646个政务服务站。全年各级政务服务大厅办理业务630.9万件，满意率达99%。其中网上办理267.8万件，占比42.4%。全区39个政务服务中心建立“早晚弹性办、午间不休息，周末不打烊”的延时错峰服务机制，3个区级综合服务大厅延时服务共接待办事群众131420人次，办理量73278件，其中周六办理19730件。

（李佳雯　季永将　耿昊　秦宇旋　王帆）

【“出生一件事”服务创新】 年内，区政务服务局创新工作举措，选取百姓关注度高、反映强烈的“出生一件事”，将涉及婴儿出生相关的落户、参保、宝妈费用报销等不同部门事项整合优化，推出第一批6集解读导引小视频。视频每集时长控制在1分钟左右，形成秒懂短视频，通俗易懂，让百姓少跑腿、好办事。

（王建强　王宁）

【13项备查制政务服务事项推出】 年内，区政务服务局落实市政府《关于试行开展政务服务事项备查制工作的通知》要求，根据风险较低，通过事中、事后监管可纠正的原则，推出第一批备查制政务服务事项13项①，在区政务服务中心开通办理渠道。有关事项实行备查制后，办事企业群众可按照“标准自行判别、权利自主享受、资料自行留存、责任自我承担”的办理方式，自主登记并签署备查告知承诺书，即可从事申请的相关生产经营活动，实现“申请即获准、承诺即开工”，提高群众办事便捷度。

（左全　秦淮）

【政务服务水平提升】 年内，海淀区推进“区块链+政务服务”，605个政务服务区块链场景落地，1454个事项实现“全程网办”，落地场景不同程度实现“减材料、减时限、减环节、减跑动、促网办”。公租房租金补贴申报、教师资格证申报和民生档案查询服务等政务服务在全国率先实现网上办。探索形成“跨省通办”海淀模式，与11个省、市、地区签订通办协议，开设专窗和线上渠道，部分政务服务事项实现“跨省通办”。建立政务服务联盟链，实现44类证照材料的367个数据项在区政务服务“一网通办”平台应用。将自助服务终端推广至试点街镇政务服务中心和园区服务站，为企业群众提供24小时自助服务。

（钟冷）

① 13项事项分别为：执业助理兽医师备案、环境影响登记表备案、小食杂店备案延续、小食杂店备案注销、多机构执业备案、护士执业机构备案、博物馆陈列展览备案、新申请个体演员备案、新申请艺术品经营单位备案、艺术品经营单位备案变更申请、艺术品经营单位备案补证申请、设立出版物出租企业备案、地震应急预案备案。

【政务服务“跨省通办”】 年内，区政务服务局在政务服务领域大规模应用区块链技术，实现“区块链+跨省通办”。聚焦企业、群众异地办事需求，依托区块链的链上数据核验共享和业务流程共识协同功能，实现异地代收代办、材料智能核验、办事结果互认、审批数据上链、支撑“全环节”通办，形成含3大类214项的办理清单，与广东佛山，四川天府，天津滨海、南开，河北易县、雄安，北京怀柔、昌平、西城、东城、丰台等11个地区签订跨省/跨区通办协议，产生业务量1000余件。海淀区“区块链+跨省通办”创新成果案例获“2021政府信息化管理创新类”奖项，海淀区区块链应用入选“国家区块链创新应用试点名单”。

（王西）

【政府信息公开】 年内，全区各级政府部门优化政府信息公开全清单，规范政府信息主动发布工作。按季度开展政务公开第三方评估工作，形成测评、整改、培训全链条提升机制。采取前期评估、中期主动公开、后期跟踪问效“三步法”，优化信息公开申请工作流程，防范法律风险。主动公开政府信息3.28万条，较上年增长8.5%。受理信息公开申请1800余件，其中区政府受理427件，复议纠错和败诉率为零。集中预公开规范性文件1个、重大行政决策8个，分层级公开政府会议536个。组织政务开放日活动112余场，参与人数超1000万人次。各政务服务中心设立政务公开专区，为企业群众集中提供信息查询、依申请公开受理服务。组织开展“政务开放·你我同行”政策宣传活动，政府部门“一把手”走进直播现场21次，围绕群众关心的重点工作进行解读，直面群众答疑解惑。组织开展“政策公开讲”活动，为30家高新技术企业提供精准政策宣讲。在区政府网站开设《我要找政策》栏目，发布政策50条，点击量超56万次。

（李波　钟冷）

【政务服务方式创新】 年内，区政务服务局聚焦企业群众办事“最先一公里”，开通在线咨询、电话咨询和在线导办等服务。区级综合服务大厅在线咨询接入智能咨询对话11104次，在线客服深度咨询3028个；为群众提供电话咨询指导服务，累计接听电话5725次；提供专属线上“一对一”导办服务，共办理8392件，其中顾问式专业深度咨询8087件、引导办理305件。聚焦“不满意”“没办成”和“有困难”人群，开设反映“办不成事”窗口，通过签署委托文件和免费双向寄递，为“办不成事”的企业群众代交材料、代办业务，发放结果文件，累计解决问题4146个。

（王帆）

【企业信用担保】 年内，区政务服务局深化政银合作，畅通银企担保渠道，利用电子保函全程网办、信用担保、秒审秒开等特点，提高交易效率，降低交易成本，助力优化营商环境。为企业开出电子保函187笔，提供2034.6254万元投标担保，大大减轻企业投标资金占用负担。

（陈海燕　张玉佶）

【小型工程纳入政务考核】 3月，《海淀区小型工程建设项目管理办法》在区政府第153次常务会审议通过正式实施。根据《办法》规定，将小型工程信息公开纳入政务公开考核范围。截至年底，小型工程系统共发包项目500个，交易额2.08亿元，节资率1.2%。

（姜玉琴）

【委托受理事项审批】 3月，区政务服务局与27个部门签订委托受理协议，完成综合窗口由收件职能向受理职能的转变，实现80%区级事项的委托受理。入驻部门赋予派驻人员充足的行政审批权限，完成北京市政务服务事项授权书及首席代表任命书的签订，实现80%入驻区级大厅事项的授权审批。

（侯敬涛）

【自助服务终端进街镇】 6月，区政务服务局在温泉镇、四季青镇、紫竹院街道、西三旗街道4个街镇政务服务中心配备自助服务终端。通过运用区块链、人工智能、大数据等新技术，使其具有自助办理、查询、打印、存取件、人证核验等功能，可自助查询打印111类高频服务事项，可自助交件办理生态农业类、文化类、民生保障类、市场类、安全类等100余项区级事项。

（王素杰）

【海淀区公共资源交易平台】 7月，区政务服务局推进全区场地规范化建设，公共资源交易中心完成交易场地智能升级改造并投入运行，实现管理智能调度、设施智能联动、服务智能引导。与北京市公共资源交易建设工程分平台联合开通场地预约“网上自助办”服务，代理机构可通过市建设工程分平台在线预约海淀区开评标场地操作。8月，北京市政府采购一体化平台在海淀正式落地。使用市政府采购一体化平台的政府采购项目可使用交易中心场地进行开评标，通过一网式办理平台办理入场登记、场地预约及变更，交易中心为进场交易的项目提供场内交易各环节的音视频刻录等服务。构建“一网两端”服务体系，推动交易服务从网上办到掌上办、随时办、快捷办。同月，App手机端“掌上开标”功能正式上线运行，在五塔寺路冬奥会保障区域环境建设项目中首次实现掌上开标。投标单位通过手机移动终端直接参与开标活动，打破区域、空间限制，减轻企业的交易成本。公共资源中心交易项目1144个，交易金额约232亿元，节约资金2.9亿元，节资率1.2%。小型工程系统共发包项目500个，交易额2.08亿元，节资率1.2%。

（陈海燕　姜玉琴　陈娟）

【“证照分离”改革】 9月，区政务服务局联合区市场监管局印发《北京市海淀区关于深化“证照分离”改革进一步激发市场主体发展活力的工作方案》，推动涉及的22个部门的81个事项改革落地，在全区范围内对所有涉企经营许可事项实行全覆盖清单管理。通过取消审批、审批改为备案、实行告知承诺、优化审批服务4种方式进一步精简审批，优化服务。对除涉及国家安全、公共安全、生态安全和公众健康等重大公共利益外的事项，分类推进“证照分离”改革，实现持“照”即可经营，降低市场主体的准入门槛。

（左全　郭越洋）

【优化营商环境】 9月，区政务服务局实行综合咨询窗口双岗制，首席代表现场迎检，业务骨干在岗在位；更新大厅宣传政策解读图片70余张。会同区发展改革委、区政府督查室组成督查小组，对3个大厅进行暗访，查找问题，完成国务院督查组迎检任务。11月，区人力社保上地分中心进驻区政务服务中心上地办公区，设15个综合办事窗口、8台自助服务机，可提供69个政务服务事项，日均办理量300件左右。12月，区医疗保障局13项涉企政务服务事项入驻区政务服务中心上地办公区，设5个综合办事窗口，办理业务4901笔。

（曲利敏）

【区“十四五”政务服务发展规划印发】 11月3日，经区政府研究同意，区政务服务局印发《海淀区“十四五”时期政务服务发展规划》（简称《规划》）。《规划》明确按照能力提升、融合发展和智慧创新3个阶段，推进“六大工程”。主要为改革导向，纵深推进“放管服”，探索现代服务模式；紧盯“数字政务”，突出海淀特色，构建“网办为主、自助为辅、大厅为补”的立体服务架构；打造海淀政务服务品牌，实现增温提质全时服务效果；强化政府信息和政务公开，推进公平透明、运转高效的公共治理；坚持“公开、公平、公正”，持续推进公共资源交易阳光运行；实现“建、评、管”闭环运行，健全政务服务运行监管制度保障。基本实现“网办为主、自助为辅、大厅为补”的服务格局，形成全触达政务服务、全时空数据融合、全立体技术赋能、全生态统筹运营、全贯通组织管理五大体系。

（王素杰）

人事人才

【概况】 2021年，海淀区共有519家事业单位，编制34260名。其中，区教委所属事业单位编制20112名，实有20001人；区卫健委所属事业单位编制6803名，实有5398人。事业单位有专业技术人员24701人，其中区教委有专业技术人员19087人、区卫健委有专业技术人员4917人，两家单位专业技术人员总数占区属单位专业技术人员总数的97.18%。

（张艺璇）

【积分落户】 年内，全区有北京市积分落户业务注册单位10461家，比上年增长0.94%；系统申报41693人，比上年减少0.54%。海淀区申报量占全市申报总量的32.04%。取得积分落户资格1733人，占全市总数的28.67%，比上年减少14.84%；接收落户人员申请材料1594份。

（张艺璇）

【人才引进】 年内，区人力资源社会保障局完成人才引进审核809人，其中人才引进620人、留学人员引进189人；办理北京市工作居住证1.82万个，续签1.42万个，变更2.19万个。

（张艺璇）

【人事考试】 年内，区人力资源社会保障局承接市级、区级16类纸笔化人事考试，涉及考点79个、考场1821个、考生155760人次。承接电子化考试3项，服务考生21358人次。

（张艺璇）

【外国人来华工作许可服务】 年内，区人力资源社会保障局为A类[①]科技领军人才、国际企业家等“高精尖缺”人才提供免预约服务，开通“绿色通道”并提供“容缺受理”服务。受理审核3392份，制发外国人来华工作许可492张，其中A类101人、B类[②]367人、C类[③]24人。

（张艺璇）

外事　港澳事务

【冬奥会筹办涉外服务保障】 年内，完成北京冬奥会和冬残奥会筹办工作的涉外服务保障工作。5月18日，组织全市“外语标识全民纠错月”第四场线下主题纠错活动，对首都体育馆和五棵松体育馆的外语标识、英文菜单，冬奥签约酒店新世纪日航酒店、西苑饭店的外语标识、英文菜单进行实地检查，协助整改现有标识17项267块，支持五棵松冰球馆新制作外语标识39项1269块。4月至6月，组织对10家冬奥签约酒店的1000余名员工进行涉外服务能力测评。9月29日至30日，对区属机关干部、冬奥场馆运行团队、签约酒店等80余人开展北京2022年冬奥会和冬残奥会海淀区涉外服务保障专题培训。9月7日，组建测试赛外国人来华签证邀请函签发工作专班，共为120名来华参加亚洲花样滑冰公开赛、456名来华参加短道速滑世界杯的外国人签发来华签证邀请函。9月13日，组建测试赛外国人抵离工作机场接待专班，共计接待航班41架次，服务出入境外籍人员961人次。9月17日，组建涉外服务保障干部队伍，遴选45名优秀外语干部，选派骨干力量参与酒店住宿服务保障工作。

（王运维）

【企业服务】 年内，持续以APEC商务旅行卡办理工作为抓手，支持驻区企业国际化发展。围绕材料申报、审核、政策咨询等内容对商旅卡服务站服务专员进行培训，共受理23家企业34人次办理卡片业务。做好驻区企业复工复产外籍人员返京的服务保障工作，共受理企业申办外籍人员来华邀请函356人次，解答政策咨询电话400余次。

（王运维）

---

① A类：国家急需的科学家和科技领军人才，“高精尖缺”的外国高端人才。
② B类：属于国家经济社会事业发展急需的外国专业人才。
③ C类：满足国内劳动力市场需求，符合国家政策规定的其他外国人员。

【重大国事活动服务保障】 年内，外事办完成服贸会、中关村论坛等重要国际会议保障，做好约旦、法国、老挝、巴基斯坦驻华大使等重要党宾、国宾来访共计13批85人次服务保障工作。更新区级外事接待资源项目库，37条特色精品路线纳入市级项目平台，居各区前列。

（王运维）

【涉外疫情防控】 年内，分类做好入境外籍人士新冠肺炎疫情防控及外籍人士境外返京集中医学观察点涉外服务保障。统筹做好在京外籍人士新冠肺炎疫苗接种工作，发布中英文版《海淀区外籍人士接种新冠疫苗须知》。对展示中心、海淀医院、怡德医院、小荷门诊进行针对性培训指导，就疫苗接种政策向医护人员宣传解读；及时开通中英文疫苗接种咨询热线，共计接听咨询电话2300余次。外籍人士累计接种疫苗1.1万余剂次。

（王运维）

【国际语言环境建设】 4月12日，2021年海淀区规范公共场所外语标识工作会召开，审议并下发《2021年海淀区规范公共场所外语标识工作方案》。完成36个年度重点公共场所外语标识规范工作，累计整改外语标识1000余块。

（王运维）

【领事保护】 5月12日，在三街坊西社区举办领事保护“进社区”宣讲活动，宣讲的主题是“防范化解灾害风险，筑牢安全发展基础”。7月26日，2021年北京市领事保护宣传月启动仪式在中关村壹号举办。邀请知名专家向50余家外向型企业代表进行宣讲“领事保护与疫情下企业海外安全”。

（王运维）

【对外交往合作】 5月26日，举办海淀·兰辛在线教育论坛，区政府领导与美国兰辛市市长围绕疫情后全球化教育创新人才培养的主题进行深入交流。11月10日至11日，举办2021中国·新西兰地方教育论坛。11月29日，市外办正式批复海淀区与韩国首尔西大门区建立友好城市关系。8月，完成与芬兰萨翁林纳市建立友好城市关系协议书签批备案程序。

（王运维）

【港澳事务】 6月15日，区政府主要领导接待香港特区政府驻京办主任梁志仁，双方就经贸、科技、教育领域扩大合作进行交流。年内，做好在京港澳同胞疫苗接种工作，累计接种4803剂次。10月31日，海淀区政府港澳事务办公室挂牌。

（王运维）

【国际交往中心功能建设】 8月19日，成立海淀区推进国际交往中心功能建设领导小组，健全完善领导小组工作机制，调整专项工作组职能设置。加大对中关村论坛永久会址、翠湖国际人才社区等年度重大项目、重点任务的统筹协调和跟踪调度。

（王运维）

【外事工作委员会全体会议】 8月19日，区委外事工作委员会第三次全体会议召开，审议下发区委外事委2020年工作报告和2021年工作要点，研究部署年度重点对外工作，构建大外事格局。

（王运维）

【维护涉外环境】 9月23日，组织召开年度涉外应急指挥部工作会议暨北京2022年冬奥会和冬残奥会涉外服务保障工作培训会，邀请市外办专家围绕涉外案（事）件处置进行专题培训，为完成赛事筹办任务提供保障。

（王运维）

信息化城市服务管理

【概况】 2021年，海淀区大城管综合业务平台受理各类城市管理问题2297387件，办结2226026件，结案率96.89%。其中受理区级循环案件10961件，占比0.48%；街镇循环案件926048件，占比40.31%；社区（村）循环案件1355717件，占比59.01%。海淀区城市服务管理指挥中心（3月更名为海淀区城市管理指挥中心，简称区城管指挥中心）共承办群众诉求72万余件，在全市“接诉即办”考核中，响应率97.22%、解决率83.65%、满意率88.91%，综合评分89.05分。累计上报《海淀市民热线反映》日报365期、周报49期、月报12期，编制各单位个性化分析报告391份，协调、处理维稳事件1056起，收到群众表扬信2429件。

海淀城市大脑获得社会各界广泛关注，共计接待人民日报社、包头市委、清华大学交叉信息学院、北京大数据研究院及市政府、市政协、市纪委市监委、市经济和信息化局等各级领导、各界人士指导、调研近900场。

4月，区城管指挥中心“海淀区重点安保区域新建高清摄像机点位项目”获评北京市安防优质工程奖。6月，海淀水务大脑“基于量子点光谱传感技术的水环境实时监管系统研究与应用”项目获评“北京水利学会科学技术奖”。7月，海淀城市大脑获2020年智慧城市十大样板工程。10月，海淀城市大脑获人民日报社主办的智能经济高峰论坛“产业智能化先锋案例”；在上海举办的“2021全球智慧城市大会”上，海淀区与苏州姑苏区、天津市共同获得全球智慧城市大奖中国区“使能技术大奖”，海淀区时空一张图项目获评2021地理信息产业优秀工程银奖；在北京召开的政府信息化大会上，海淀城市大脑入选“2021政府信息化创新成果奖”。12月，区城管指挥中心获评2021年度人民网网上群众工作“民心汇聚单位”。依托海淀城市大脑平台开发的水务大脑“生态补水循环水网控制系统”场景被中国互联网协会数字孪生技术应用工作委员会评为2021年数字孪生城市典型案例。

海淀城市大脑完成“1+1+2+N”总体框架基本搭建，完善四轮驱动机制，持续深入推进体系建设。以专班成员单位三年行动规划为抓手，强化全面统筹，促进整体立项工作。主动科技助力疫情防控工作，拓展辐射业务管理领域。聚焦城市治理领域，以业务驱动为抓手，对接市级系统数据和基础各应用场景，横向拓展，联通各业务系统。全力推进重点项目，逐步形成一批典型应用场景，以运营为核心，确保城市大脑持续生长。

（常青山）

【建设城市感知神经网络】 年内，海淀城市大脑规划建设城市感知神经网络。汇聚传感器、视频监控、路侧智能、互联网4类感知数据，支撑城市大脑分析决策，已接入2万余路视频信号、8种2万余个传感器监测点位；建成中关村西区、上地街道、曙光街道地区传感器物联网；建成具备百万级物联网感知设备接入能力的全区物联网管理平台，初步形成城市安全运行监测体系，为城市大脑支撑各类业务应用提供全量、实时的数据支撑。

（常青山）

【建成人工智能（AI）计算处理中心】 年内，人工智能（AI）计算处理中心建成，为城市大脑提供统一集中的基础算力支撑。AI计算中心依托百度飞桨深度学习平台，采用百度技术主导的异构算力服务平台，推动数十家国产AI算法和AI芯片企业首次“组团”适配，全栈国产化适配率达85%。具备1500路视频结构化和转发共享能力，拥有通用基础算法16种，覆盖9个委办局，为22个应用场景、127个应用模型提供服务，具有图像识别、语音识别、语音合成、自然语言分析处理和OCR文字识别能力，能够支撑人体智能分析、人脸识别、车辆智能分析和城市管理案件智能识别等城市治理应用场景。

（常青山）

【完成时空一张图建设】 年内，海淀城市大脑初步构建数字海淀孪生城市雏形。时空一张图汇集城指中心、公安分局、水务局、消防支队、房管局等单位五大类394个图层数据，底图数据调用100多万次，为IOCC指挥调度、重点车辆管理系统、一网统管接诉即办系统、智慧水务整合共享平台、智慧消防应用平台、区域楼宇经济发展监测分析平台、既有建筑物信息动态管理系统等12个业务部门的19个应用系统提供基础应用支持。项目获2021地理信息产业优秀工程银奖。

（常青山）

【海淀（中关村科学城）城市大脑智能运营指挥中心揭牌上线】 2月7日，海淀（中关村科学城）城市大脑智能运营指挥中心（IOCC）揭牌，IOCC系统正式上线运行。IOCC历时一年建成，作为海淀城市治理指挥调度的全视角驾驶舱和智慧中枢，聚合全区13个委办局的35个业务系统和相关数据，整合视频会议、业务系统等功能，使领导调度更加灵活。在空间构造上形成多功能指挥大厅、视频会议室、会商室、网络安全应急指挥中心、技术保障区5个空间的一体化科学布局，成为海淀城市大脑智慧中枢、重大活动保障及城市治理综合指挥调度核心、新型城市形态发展成果会客厅。IOCC实现3个“国内首次”，即国内首次将数字孪生引擎实际应用于超大城市级精细化管理运营，国内率先实现城市级多维异构数据的融合应用，国内首创基于业务场景的人机智能交互工作模式。IOCC采用的51WORLD自主研发的AES数字孪生引擎，可以一比一以城市信息模型还原海淀全域。

（钟冷　常青山　程晓荷）

【城市大脑总体框架基本搭建完成】 2月，海淀城市大脑智能运营指挥中心（IOCC）建成投入使用，随着包括IOCC、时空一张图、AI计算处理中心、大数据中心等基础设施、共性平台搭建完成，标志着以人工智能和大数据作为重要支撑的海淀城市大脑“1+1+2+N”总体框架已基本搭建完成。即一张城市感知神经网络、一个城市智能云平台、两个中心（大数据中心、AI计算处理中心）、N个业务场景应用，主要聚焦于城市管理、城市交通、公共安全、生态环境、智慧能源等5个领域。海淀城市大脑正式进入提升城市治理效果的2.0阶段。

（常青山）

【区政府常务会通报城市管理综合考核情况】 3月5日，第154次区政府常务会召开，通报全区2020年度和2021年1月城市管理综合考核成绩。区长王合生强调，要加强城市管理基础工作，城市环境是地区的“脸面”，各单位要持之以恒抓好；抓好“接诉即办”工作，对于重难点问题，各单位要利用好“挂账”机制，对于复杂问题要及时报区政府统筹解决；坚持考核通报机制，各单位主要领导要重视考核报告，找准自身问题短板，制定整改措施。

（常青山）

【“雪亮工程”建设完成】 3月，“雪亮工程”[①]建设基本完成“全域覆盖、全网共享、全时可用、全程可控”目标，在全市“雪亮工程”2020年度考核中位列各区第二名。

（常青山）

【城市环境建设管理考核评价工作专题培训会】 5月7日，区城市管理指挥中心举办全区首都城市环境建设管理考核评价工作专题培训会。区城管委、区住建委、区市监局、海淀交通支队、区园林绿化局以及全区29个街镇相关负责人员参会。区城管指挥中心副主任严智结合首都城市环境建设管理办公室工作方案的变化，分析城市环境综合治理所遇到的挑战，并提出相应对策。

（常青山）

【“开墙打洞”专项整治行动】 5月31日，区城管指挥中心印发《海淀区2021年“开墙打洞”专项整治行动工作方案》。明确要求全区结合重点活动保障、专项整治提升任务、“接诉即办”等工作，及时将主动摸排、群众举报等途径发现的“开墙打洞”点位纳入台账、动态清零。全年共核实12345市民热线涉及“开墙打洞”问题案件756件，持续加强6543处已整

---

① 雪亮工程：以县、乡、村三级综治中心为指挥平台，以综治信息化为支撑、以网格化管理为基础、以公共安全视频监控联网应用为重点的“群众性治安防控工程”。

治点位和重点区域全面防控，有效巩固整治成效。市市场监管局以“海淀区完善接诉即办机制，保障‘开墙打洞’问题案件降量提率增效”为题，在全市推广海淀经验。

（常青山）

【3件“开墙打洞”问题案件落实督促整改】 7月6日，区城管指挥中心落实市委书记蔡奇在《市民热线要情》2021年第70期上的批示精神，针对市联席办反馈的3件12345热线反映“开墙打洞”问题案件，到3处点位进行实地核实，并督促相关街镇进行整治整改，市联席办领导对案件核实结果表示认可。

（常青山）

【城乡环境建设管理上半年联合检查】 7月13日，市城管委二级巡视员张京生带队，到海淀区检查城乡环境建设管理工作。副区长沙海江、区城管指挥中心等单位主管领导一同检查。首都城市环境建设委员会办公室联合检查组现场检查5个台账点位的整改情况，召开座谈会，听取海淀区2021年上半年城乡环境建设管理工作汇报。张京生对下半年工作提出3点要求：重视冬奥场馆周边环境整治工作；继续推进背街小巷环境整治提升，深化门前三包责任区规范治理；加强城市部件动态化、精细化管理，确保城市部件安全性、功能性和有效性。

（常青山）

【“开墙打洞”问题案件处置工作调度会】 8月11日，区城管指挥中心组织召开12345热线诉求涉及“开墙打洞”问题案件处置工作调度会。区纪委监委、区发展改革委、区住建委、区房管局、规划自然资源委海淀分局、区市场监管局、区城管执法局、区司法局及8个街道主管领导或相关负责人参加。会议进一步明晰案件处置职责措施，合力解决诉求集中点位。

（常青山）

【全球首款城市大脑实体产品“脑库”面世】 9月27日，由中关村科学城城市大脑股份有限公司（简称中科大脑）开发的全球首款城市大脑实体产品“脑库”在2021中关村论坛上首发。“脑库”为软硬件一体化实体产品，是一种构建和输出城市智能的机器，具备自学习、自优化、自演进的特征。该产品内部有识别处理、逻辑计算、知识图谱、时空构建、指令输出五大组件，可完成对城市自身知识、城市规则知识、城市经验知识的构建工作，实现对城市时空的全方位感知、推理，让城市大脑在全球范围内首次实现具象化。“脑库”支持寒武纪MLU、比特大陆TPU等国内主流芯片的优化调度，同时支持城市评价指标537个、城市部件模型111个、城市预测模型25个，预警模型30个。“脑库”作为城市大脑实体产品和人工智能设备，在推广应用中可以为上下游的合作伙伴赋能更多的应用场景，将进一步推动人工智能生态的完善及进化。

（钟冷）

【海淀城市大脑亮相中关村论坛和全国双创周】 9月，海淀城市大脑应邀参加中关村论坛活动，并在会上做城市大脑赋能海淀城市治理主题演讲，分享海淀经验。在中关村论坛“中关村国际技术交易大会”数字化转型供需对接大会未来城市与美好生活专题会上，中关村城市大脑产业联盟举行发起仪式，携手打造城市大脑建设的“中关村模式”。10月，海淀城市大脑亮相全国双创周，再次获得广泛关注。

（常青山）

【中科大脑智慧共享监控杆投用】 9月，中关村科学城城市大脑股份有限公司（简称中科大脑）自主研发的智慧共享监控杆在海淀科技大厦北门的路口处投入使用。中科大脑致力打造全新的监控立杆体系，全面整合路面资源，实现对电、网和设备的智慧化管控。智慧共享监控杆采用城市大脑相关算法模型，搭载高清摄像头，实现对全区域交通、车辆整体情况以及人员行为的实时研判，为各职能部门提供有效支撑。智慧杆可根据季节、时段，实时监测、精准控制区域内路灯，为市政管理提供更优质管理办法，同时还能满足环境监测、一键求助等功能。运营平台实现对监控杆智慧终端统一运维，摆脱传统杆体只建设无运营的困境。智慧共享监控杆的高度一体化、共享兼容接入、多业务形态、可智慧运维特点，可精准对接城市管理、资源节约等需求，减少公共资源重复投入，提高综合管网利用率。

（钟冷　程晓荷）

【全国人大领导检查海淀城市大脑智慧消防工作】 10月28日，中共中央政治局委员、全国人大常委会副委员长王晨率全国人大常委会执法检查组，到海淀城市大脑进行《中华人民共和国消防法》执法检查。检查组听取城市大脑整体建设情况汇报，重点

7月6日，区城管指挥中心对3处“开墙打洞”点位进行实地核实、督促整改（刘春晓 摄）

对城市大脑智慧消防工作在消防救援提速、社会处置力量调用、隐患治理等方面的运用进行检查，并查看社会单位智慧消防建设情况。

（常青山）

【城乡环境建设管理年终联合检查】 12月22日，市城管委副主任徐利带队，对海淀区2021年城乡环境建设管理工作进行检查。首都城市环境建设委员会办公室联合检查组现场检查4个台账点位的整改情况，并以座谈交流方式听取海淀区2021年城乡环境建设管理工作汇报。徐利对海淀区2022年工作提出4点要求：持续提升重大活动服务保障水平；紧盯群众反映强烈的环境问题；深入推进“一网统管”，深化城市部件动态精细管理；统筹发展与安全，持续增强城市运行韧性。

（常青山）

“接诉即办”工作

【概况】 2021年，海淀区市民服务热线系统受理各类群众诉求和咨询案件720215件，实际承办群众诉求612447件，比上年增长54.34%。其中，承办12345群众诉求601907件（市级直派168843件、区中心转派433064件）、人民网3561件、政务舆情1177件、区政务服务大厅209件。区中心直接办理113361件。区城管指挥中心对群众诉求进行全覆盖式回访，共计外呼1286318次。研究起草《海淀区关于进一步深化“接诉即办”改革工作的意见》和《海淀区“接诉即办”奖励和帮扶办法》，并多次向相关单位征求意见，不断完善，为“接诉即办”工作提供制度支撑。协助市人大常委会做好《北京市接诉即办条例》立法意见征集工作。《条例》颁布实施后，区委书记于军召开《条例》实施动员部署会，在全区倡导学条例、讲条例、用条例。按照全市“每月一题”工作部署，确定12类主题共27个重点民生事项专项整治任务，涉及房产证办证难、普惠幼儿园入园难、老旧小区改造等群众反映强烈的急难愁盼问题。

（常青山）

【“接诉即办”工作专题调度会】 1月23日，区委副书记张强、副区长沙海江共同召开“接诉即办”工作会商会。区城管指挥中心、区市场监管局、区房管局、海淀街道、永定路街道、西北旺镇相关领导参会。区城管指挥中心汇报“接诉即办”工作形势，详细分析新的考核规则，并针对当前工作中存在的问题提出建议。会议要求要主动适应规则调整，瞄准突出问题开展专项行动；各单位要研究新的考核规则、梳理工作思路、分析共性问题、深化工作办法，实现政策资源的动态化倾斜，助力“接诉即办”工作的开展。3月6日，张强、沙海江组织召开两会保障暨“接诉即办”工作视频调度会。区应急管理局通报两会保障工作开展情况，区城管指挥中心分析2月考核成绩落后的原因及3月考核周期群众诉求的受理情况。会议提出工作要求。4月8日，张强、沙海江组织召开“接诉即办”工作视频调度会。区城管指挥中心分析3月“接诉即办”工作情况，指出当前工作中的问题及下一步工作建议；街镇、委办局代表作交流发言；区住建委、区房管局分别部署4月“每月一题”工作。8月30日，区委常委、常务副区长李俊杰，副区长沙海江组织召开“接诉即办”工作专题调度会。区城管指挥中心汇报上半年全区“接诉即办”工作考核情况，分析考核排名落后的原因及下一步工作建议；各参会单位汇报目前办理情况和下一步工作计划。9月15日，张强、沙海江组织召开“接诉即办”工作扰民及房屋漏雨类案件专题调度会。区城管指挥中心汇报“接诉即办”房屋漏雨及扰民类诉求的办理情况及下一步工作建议；区房管局汇报房屋漏雨“每月一题”工作推进情况及下一步工作部署；会议分别就两类诉求提出工作要求。

（常青山）

【“接诉即办”业务知识考试】 3月13日，区城管指挥中心举行海淀区“接诉即办”业务知识考试。考试分为两个考场，第一考场为海淀区29个街镇的主要领导、第二考场为海淀区42个委办局的主要领导及宣传部相关负责领导。考试采用闭卷形式，内容涵盖“接诉即办”工作要求、工作机制及现行考核规则。考核督促各委办局、街镇主要领导真正做到学懂、学深、学透，达到以考促学、以学促用的目的。

（常青山）

【区领导调研央产小区“接诉即办”工作】 7月7日，区委副书记张强、副区长沙海江实地走访甘家口街道机械院社区，调研央产小区“接诉即办”工作，并召开调研座谈会，听取

3月13日，区城管指挥中心举行“接诉即办”业务知识考试（张倩 摄）

工作情况介绍。张强强调，央产小区管理是“接诉即办”工作中的难中之难，要作为提升“接诉即办”工作水平的重要抓手。

（常青山）

【接诉即办工作条例实施动员部署会】 10月26日，海淀区召开《北京市接诉即办工作条例》实施动员部署会，对《北京市接诉即办工作条例》宣贯工作进行再部署再动员。区委副书记、区长王合生主持会议，副区长徐振涛对《北京市接诉即办工作条例》宣传贯彻工作进行部署；区教委、万寿路街道、海淀街道、学院路街道代表交流发言。

（常青山）

信访

【概况】 2021年，全区信访系统开展治理重复信访、化解信访积案专项工作，全力解决信访突出问题，维护群众合法权益。全区信访总量、人次分别比上年上升13.5%、6.5%。开展信访听证工作，访调对接、信访代理员机制运行有效，进一步构建起“一轴多翼”[①]信访工作体系。区信访办等7家单位获北京市信访工作先进集体称号，9名信访干部获北京市信访工作先进个人称号。

（刘旸　秦世明　朱德宝）

【网上信访】 年内，全区网上信访总量为29699件次，比上年增长8.05%。其中涉众型经济信访件19428件次，占比为34.58%；涉疫信访件1772件次，占比为5.97%。把建设网上信访主渠道作为工作重点，按照市信访办统一部署，学习“枫桥经验”模式，推广“网上信访代理制”。在全区委办局、各街镇的社区、村设立信访代理服务点50余个，代理录入群众诉求3000多件次，帮助群众解决身边事，把矛盾解决在早在小，坚持源头治理和事心双解，维护群众的合法权益。

（杨方千　李昊远）

【区人大、政协领导指导信访工作】 3月1日，区政协党组副书记、副主席丁志明到区信访办接待大厅，指导信访接待工作并接待信访群众。3月2日，区政协副主席陈双到区信访办接待大厅指导信访接待工作，了解接待场所新冠肺炎疫情防控情况。3月3日，区政协党组成员、副主席胡淑彦到区信访办接待大厅指导信访接待工作，了解接待场所疫情防控情况。3月4日，区委副书记张强到区信访办接待大厅指导信访接待工作，了解大厅第三方律师、心理咨询师团队信访保障工作。3月5日，区政协党组成员、副主席杨剑飞到区信访办接待大厅指导信访接待工作，了解信访大厅接待情况及视频监控系统。3月10日，区人大常委会常务副主任、党组副书记杨莉到区信访办接待大厅指导信访接待工作，了解大厅视频监控系统。3月11日，区人大常委会党组成员、副主任白建平到区信访办接待大厅指导信访接待工作，了解接待场所疫情防控情况。

（单伯印）

【区委常委会研究部署信访工作】 3月3日，区委书记于军主持召开第215次区委常委会。会议传达学习习近平总书记关于信访工作的重要指示批示及2021年北京市信访工作联席会议第一次全体（扩大）会议精神，听取2020年全区信访工作情况汇报，研究全区信访工作形势，对推进集中治理重复信访、化解信访积案专项工作提出具体要求。9月1日，于军主持召开区委常委会。会议研究1月至7月信访工作，要求发挥党员领导干部的示范带动作用，多做纾民困、解民忧、惠民生、暖民心的实事。

（包贵萍　丰霜）

【信访工作联席会议专题会】 3月22日，副区长、区信访工作联席会议召集人沙海江主持召开2021年第一次区信访工作联席会议专题会，研究化解区城管执法局、北太平庄街道、海淀街道、中关村街道、永定路街道突出信访问题。3月25日，沙海江主持召开2021年第二次区信访工作联席会议专题会，研究万寿路街道帮扶救助问题。10月29日，副区长、区信访工作联席会议召集人徐振涛主持召开2021年第三次区信访工作联席会议专题会，研究化解马连洼街道圆明园花园小区雨污水管线等问题。12月24日，徐振涛主持召开2021年第四次区信访工作联席会议专题会，研究区医保局、区卫健委、中关村街道突出信访问题。

（李程　王胜英　温欣）

【信访工作联席会议全体（扩大）会】 4月7日，海淀区召开2021年第一次信访工作联席会议全体（扩大）会。区委常委、政法委书记、区信访工作联席会议召集人吴计亮，副区长、区信访工作联席会议召集人沙海江出席会议，全区各单位信访工作主管领导、信访干部参加会议。会议传达学习中央、市信访工作联席会议精神和领导批示指示，通报全区各单位重复信访治理和信访积案化解专项工作推进情况。5月27日，海淀区召开2021年第二次信访工作联席会议全体（扩大）会，沙海江出席会议。会议传达全国和北京市信访工作会议精神，总结2020年全区信访工作，部署2021年全区信访工作及中国共产党成立100周年庆祝活动信访服务保障工作。

（王丹　温欣）

【信访宣传月活动】 5月6日至6月6日，海淀区以“永远跟党走 共筑连心桥”为主题，在全区范围开展信访条例宣传月活动。区信访办向全区发放宣传法治信访、信访条例的海报4800张。全区各单位通过网络、政务新媒体进行广泛宣传；各街镇深入社区、村发放宣传品，张贴标语，开展

---

① 一轴：以信访工作为主轴；多翼：以律师、心理咨询师、人民调解员、党代表、人大代表、政协委员、各领域专家等多种力量参与信访工作。

群众答题等活动。

（罗永久）

【信访重点矛盾推进会】 5月20日，副区长、区信访工作联席会议召集人沙海江主持召开信访重点矛盾推进会，研究清河文苑信访问题化解方案。副区长陈朝晖及区信访办、区委政法委、公安海淀分局等12家单位参加会议。

（李程　王胜英）

【区领导接访】 6月1日，区政协党组成员、副主席杨剑飞到区信访办接待大厅，接待解决在五棵松奥运场馆拆迁项目中，玉渊潭农工商总公司刘某某代领截留克扣其拆迁款的信访人赵某，并作出批示：要求玉渊潭公司配合落实听证会工作，争取息诉罢访。6月2日，区委副书记张强到区信访办接待大厅，接待反映其儿子因事故身亡要求赔偿的信访人赵某某，要求四季青镇及相关部门要努力做好群众困难帮扶工作，发挥公益律师作用，引导信访人通过司法诉讼解决问题。6月3日，区委常委、区纪委书记鲍雷到区信访办接待大厅，接待反映退休待遇问题的信访人宋某某，强调请区信访办牵头，东升镇发挥主责作用，区人力社保局、区退役军人事务局积极配合，妥善解决其退休待遇问题。6月9日，区人大常委会常务副主任、党组副书记杨莉到区信访办接待大厅，接待反映调剂经济适用房问题的信访人李某某，强调请信访办牵头，房管局发挥主责作用，妥善化解矛盾。6月10日，区人大常委会党组成员、副主任白建平到区信访办接待大厅指导信访接待工作，了解接待场所疫情防控情况。6月11日，区人大常委会党组成员、副主任陈国启到区信访办接待大厅指导信访接待工作，了解信访大厅接待情况及视频监控系统。6月16日，副区长林航到区信访办接待大厅，接待反映其退休待遇问题的信访人宋某某。6月22日，区委副书记张强到区信访办接待大厅，接待反映在金源大饭店游泳馆预付款产生纠纷问题的信访人刘永平，要求曙光街道运用“吹哨报到”机制，会同相关部门，推动矛盾化解。6月29日，区人大常委会常务副主任、党组副书记杨莉到区信访办接待大厅，接待反映孩子幼升小问题的信访人王某，要求区教委进一步核实了解情况，依法依规妥善处理。7月1日，副区长林航到区信访办接待大厅，指导信访接待工作，了解信访大厅接待情况及视频监控系统。11月10日，副区长徐振涛接待信访群众李某华，研究其反映的政策房问题。

（单伯印）

【信访政务开放日活动】 6月8日，区信访办举办以“信访为民办实事”为主题的政务开放日活动。甘家口街道白中社区党支部书记及群众代表20人到区信访办参观接待大厅，了解信访接待流程，观看信访工作宣传片，详细了解“我为群众办实事”工作安排及信访工作发展史、信访部门职能和近几年全区信访工作情况等。

（罗永久）

【信访积案化解工作推进会】 7月28日至29日，区信访办组织召开信访积案化解工作推进会。区退役军人事务局、区教委、公安海淀分局等31家单位参加，研究推动解决涉军、讨薪、幼升小、预付式消费矛盾纠纷等突出信访问题。

（李程　丰霜）

【信访干部心理学基础知识培训班】 8月3日至11月6日，区信访办举办海淀区信访干部心理学基础知识培训班，学习心理学理论知识和操作技能。全区110名信访干部参加。通过学习，部分学员参加中国科学院心理研究所举办的心理咨询师基础培训综合考试，33人获得心理咨询师基础培训合格证书。

（王菁）

【区政府常务会研究信访工作】 8月9日，区委副书记、区长王合生主持召开第165次区政府常务会，审议并通过《关于进一步加强区级党政领导接访下访工作方案》。8月22日，区政府召开专题会议，研究《海淀区2021年上半年信访工作总结和下半年信访工作计划》等事项。

（包贵萍　王丹）

【公共管理综合保险项目培训会】 9月23日至24日，区信访办组织召开2021年海淀区公共管理综合保险项目培训会。介绍海淀区公共管理综合保险项目运行情况、2021年度主要变化及如何使用；针对城市管理中的城市洪涝风险评估及应对聘请风险管理专家进行专题分享，邀请保险从业专家与城市应急管理专业人士，对全区116家委办局、街镇工作人员进行培训。

（李程）

6月8日，区信访办举办信访政务开放日（区信访办 供图）

重要民生实事

【概况】2021年，海淀区围绕“七有”[①]要求、“五性”[②]需求，在统筹抓好建党100周年庆祝活动、常态化疫情防控和2022年冬奥会、冬残奥会筹办等各项工作的同时，完成直接关系群众生活的8方面34件实事。按季度通过区政府网站等渠道向社会公布进展情况和完成情况。

（李诗絮）

【34件民生实事】1.加快推进教育基础设施建设，新增小学学位3280个、中学学位1040个。推进幼儿园普及普惠发展，新增幼儿园普惠学位1530个。加大北部地区优质教育资源供给，设立十一学校北校区，中关村第二小学科学城北区分校、北京十一中关村科学城学校、北京市育英学校科学城学校启动招生并纳入教育集团化办学。北京市海淀区中关村第一小学科学城分校已完成主体建筑施工。

2.中小学资源平台升级改造工作已完成方案设计，资源平台持续更新网上教学、科研、文化等五大类学习资源。截至年底，资源总数达到27608个，总点击量4083万人次。

3.持续优化康养服务，重度失能老人家庭养老照护床位新增3604张。开展高龄老年人家庭适老化改造工作，向2000户80—89周岁老人家庭配发浴凳，完成2034户90周岁以上高龄老人家庭适老化改造。

4.新建海淀区社会心理服务指导中心，打造社会心理服务中心样板间，在万寿路街道、紫竹院街道、北下关街道、海淀街道、清河街道、青龙桥街道、苏家坨镇等7个街镇新建社会心理服务中心，组织专业心理服务人才开展心理宣传教育活动、团体心理活动、个体心理咨询等社会心理服务。

5.在复兴路26号院、花园路12号院、皂甲屯村等10个社区（村）新建家庭医生巡诊工作室和药事服务工作室。开展社区卫生医护人员岗位能力三年达标工程，组织253人开展自学、集中学习和线上考试，达标率达到98%。

6.建立和完善社区卫生服务中心、卫生站向医联体内三级医院转诊机制，实现转诊24875人。共聘请1335名二、三级医院专家深入社区卫生服务中心提供专家门诊、专题教学等服务，达到平均每日约4名专家出诊或服务。

7.提升应对突发公共卫生事件能力，加强院前急救站点配置，双榆树、学院路、甘家口等12个急救工作站已建成并投入使用，30辆院前救护车全部配置到位，保障市民医疗急救需求。

8.加大房源供给，全年开工建设各类政策性住房4585套，通过趸租方式筹集租赁住房506套，着力解决中低收入家庭的住房困难，向2499户家庭发放市场租房补贴5384.16万元。

9.通过加大宣传力度、定期召开推进会、施工现场督导等方式，有序推进既有多层住宅增设（适老化）电梯工作，加装电梯开工280部，投入使用148部。进一步解决老年人和行动不便人员上下楼困难等问题。

10.制定《2021年海淀区住宅物业项目监督考核评价实施方案》，对全区已备案社区物业项目实施考评，经属地评价、行业评价，进一步规范物业服务行为，提升物业管理水平，提高物业服务质量。

11.新建和规范40处便民商业网点，全区所有社区菜篮子等8项基本便民商业服务功能覆盖率达到100%，不断提升区域生活性服务业品质。

12.按照“冬天不冷、夏天不热、全年不臭”的要求，扎实推进公厕革命工作，改善市民如厕环境，提升公厕服务品质，全年共完成115座公厕品质提升，改善群众如厕条件，提升城市环境品质。

13.依托《海淀区鼓励社会力量增加停车设施供给资金奖励办法（试行）》，调动社会力量积极性，宣传引导社会单位挖潜新增停车位，共新增停车位5273个，缓解停车难问题。

14.加快市政交通基础设施建设，巴沟路、阜成路北二街、冷泉二号街等道路建成通车，新增通车里程8.03公里，改善交通出行条件。

15.通过对部分路口进行渠化、改造公交港湾、局部路段拓宽改造等措施，完成5处道路疏堵工程改造，包括文慧园路及文慧园西路疏堵改造项目、魏公村斜街道路完善工程、马连洼南路及周边道路疏堵改造工程、上地南路公交车站至上地东路交通疏堵改造及交通设施完善工程、上地班车接驳1号站。通过调整单行交通组织、设置物防设施等方式，完成小月河东路、小月河西路、东双贝子坟路等11处点位交通组织优化调整。缓解交通拥堵，提升道路安全性和通行能力。

16.通过完善交通设施设备、推广家长交通志愿引导员、安排学校人员疏导交通等方式，完成东升实验小学、六郎庄小学、首师大附属玉泉学校周边交通治理，交通拥堵有效缓解。

17.继续推进道路照明设施建设，完成御风路、怡美路、文慧园路、文慧园北路、慧景路等5条道路路灯安装并实现亮灯，保障群众夜间出行安全。

18.持续开展“控新生、拆既有”违法建设治理工作，拆除违法建设达到场清地净面积207.2万平方米，完成比例138.1%；腾退土地220公顷，完成比例130.2%。营造良好城市环境。

19.围绕拆建还绿、留白增绿，实施北长河北侧书画院拆除地块、

---

① 七有：幼有所育、学有所教、劳有所得、病有所医、老有所养、住有所居、弱有所扶。
② 五性：便利性、宜居性、多样性、公正性、安全性。

海淀镇厢黄旗村拆迁区域、香山颐和东侧三角拆迁地块等7处公园绿地建设，总面积13.76公顷。拓展绿色活动空间。

20.推进道路积滞水点治理，采取提高雨水收水能力、完善雨水管网系统等措施，系统化治理现存积水点，完成天秀北路、香山红枫路、西钓鱼台路、志新西路垃圾楼门前、西顶路东口、成府路29号、西北旺邮局、韩家川村口、厂洼西街10号院南门、玉泉山路西段等10处积滞水点治理。

21.通过更换渠首公园段枯死树，修复园内木栈道东、西两侧碎拼路，恢复园区内植被，完成大寨渠生态治理工程，增加绿化面积9公顷。保障周边地区防洪排水安全，改善河道水质及区域生态环境。

22.制定《海淀区2021年农药包装废弃物回收项目实施方案》《海淀区2021年农业投入品废弃物回收项目实施方案》。开展农药包装、废旧农膜等农业投入品废弃物回收处置工作，全年回收农药包装5吨，覆盖全区所有农田；回收农膜63.09吨，农膜回收率达到90.4%。减少农业生产对土壤和水源的污染。

23.采取线上线下相结合的方式，持续扩大公共文化产品供给，举办高品质文艺演出503场、公益性文艺演出214场，惠及群众404万人次。“海之春”新春文化季、中关村国际青年艺术季、“书香海淀”全民阅读、百姓周末大舞台等活动获得群众广泛认可。丰富市民文化活动。

24.加快体育设施建设，建设多功能运动场地32片，其中轨道棋7片、乒乓球长廊1片、门球场馆4片、网球场地2片、笼式足球10片、笼式篮球8片，更新全民健身路径303套。满足群众健身需求。

25.在全区建设572个智慧平安小区，通过科技手段为公众提供更智慧、高效、便捷的安全保障。

26.继续推进“平安海淀”建设，完成1000路视频监控摄像头安装调试及联网接入，提升城市安全水平。

27.推进医院社区警务工作，强化医院警务室标准化建设，维护良好就医秩序和诊疗环境，完成33家二级以上医院警务室设立。

28.持续加大食品安全抽检监测力度，制定2021年全区食品抽检工作方案，完成9024批次食品采样，实现食品、食用农产品等与群众生活相关的34大类食品抽检监测全覆盖。

29.持续深入开展化肥农药减量工作，通过测土配方施肥、有机肥替代化肥等措施减少化肥使用量，全年配发有机肥6000吨，全区亩均施肥量约25公斤。开展绿控产品补贴和统防统治，减少农药使用量，全区农药用量约6.5吨。确保海淀菜粮果等农产品质量安全水平持续向好。

30.完成各类医疗救助6234人次，救助金额1115.24万元；完成2020年度因病致贫家庭医疗救助32个，救助金额40.64万元。本年度城乡居民大病保险补助已全部发放到位，补助金额1728.60万元。完成城镇职工大病保险补助751人，补助金额927.97万元。

31.落实新一轮促进就业政策，加大对困难群体的就业援助力度，全面提升城乡劳动者就业能力，全区城乡登记失业人员实现就业20744人，完成800名劳动年龄段残疾人职业技能培训，提高残疾人就业能力。

32.举办女性就业技能培训25场，培训城乡创业就业女性750人次；开展女性手工技艺创业项目征选，挖掘有前景、有示范带头作用的城镇妇女创业项目3个、妇女素质提升培训项目2个，提供资金扶持15万元。

33.推进无障碍设施长效管护，完成3005处重点地区、重点领域无障碍改造，提升和维护设施齐备、功能完善、体验舒适的无障碍环境。

34.加大优质医疗资源、著名医疗专家下基层力度，开展专家走基层、中医咨询等形式多样的医疗专家健康服务活动80余场，应急、急救主题健康讲堂25场，为职工提供精准的健康服务。

（李诗絮）

政协海淀区委员会

2022
北京海淀年鉴

综述

【概况】 2021年，区政协召开全体会议2次，常委会会议6次，主席会议8次，秘书长会议1次。完成换届工作，选举产生政协北京市海淀区第十一届委员会主席、副主席、秘书长和常务委员。截至年底，有委员440人。常委会组成人员84人，全年征集提案309件，立案285件，立案提案全部办复。编报社情民意信息135篇，市政协等部门采用39篇。在全国、市、区等各级媒体刊发宣传报道140余篇，微信公众号阅读量突破11万人次，获人民政协网“政协新媒体年度最具潜力奖”。出版《海淀文史》第24辑和《海淀百座名人墓园》。

协商议政。以海淀“十四五”发展目标为重点，重点围绕“两区”建设、数字标杆城市、绿色海淀建设等内容，开展协商议政活动23次。聚焦北京国际科技创新中心核心区建设，就关键性指标体系开展专题调研，为系统性评价奠定坚实基础。以“全球数字经济标杆城市引领区建设”和“政府数字服务”为重点，开展课题研究。围绕农业与科技融合、中小学生体质健康提升工程、静态交通环境提升等问题调研，形成针对性研究成果。

民主监督。关注民生改善，重点聚焦养老、义务教育供给、接诉即办、区域文化软实力建设、物业管理、垃圾分类、交通治理、生态环境改善、美丽乡村建设等问题开展调研视察、协商建言，助推涉及群众切身利益的民生问题得到解决。

走访交流。深化落实主席班子集体走访、分工走访、调研性走访工作制度，走访委员80余人、委员单位30余家，为政协履职、委员发挥作用创造条件。围绕构建大统战工作格局，与区委统战部建立协同协作机制，形成工作合力。重视民主党派、工商联、无党派人士作用，组织开展调研、视察、座谈等活动10余次。组织委员学习贯彻落实中央民族工作会议精神、新修订的《北京市宗教事务条例》，推进民族团结、宗教和睦。加强与新的社会阶层、港澳台侨等人士的联系沟通，深化委员工作站建设，开展服务活动20余场。举办京津冀六城市（区）政协合作机制第三次会议，与九江市政协、山西省政协等10余家地方政协开展工作交流活动。

委员队伍建设。组织委员开展各类学习活动30余次，持续深化“委员沙龙”“委员讲坛”“委员讲堂”三位一体学习履职活动，开展专题活动12期。“委员沙龙”被评为全国、北京市及海淀区“终身学习品牌”。

（赵婧茜）

【“相约北京”系列测试赛服务保障】 年内，区政协牵头完成“相约北京”系列冬季体育冰上项目测试赛海淀区赛事综合保障组工作。调度相约北京2021亚洲花样滑冰公开赛、相约北京2021/2022国际滑联短道速滑世界杯、相约北京冰球国内测试活动共2000余人的住宿和餐饮服务，完成测试赛期间食品安全、外围保障、市场秩序、疫情防控等工作。抽调专职干部协调五棵松体育中心和首都体育馆测试赛期间各项赛事运行服务保障。

（赵婧茜）

【委员沙龙】 年内，区政协共举办5期委员沙龙。1月6日，区政协举办第38期委员沙龙，北京市“两区”工作领导小组办公室特聘专家、海淀区区长助理、区政府特聘专家靳晖，围绕国家服务业扩大开放综合示范区和中国（北京）自由贸易试验区（“两区”）与北京国际科技创新中心核心区的政策叠加优势，从如何强化政策联动，如何突出科技创新、服务业开放、数字经济、区域协同四大特色，如何谋划推出一批国家战略需要、开放度要求高、自身禀赋好的制度创新，以及如何加快形成与北京国际科技创新中心核心区建设相适应的系列制度安排、为持续改革创新开拓更加广阔的空间等方面，与政协委员们现场进行分享和交流。1月26日，区政协举办主题为“拥抱资本市场，分享改革红利”——2021年经济形势分析与投资策略的第39期委员沙龙，中信建投首席投资顾问赵程华、中信建投证券白金投资顾问郝琛通过网易新闻直播间，分别作题为2021年宏观经济形势分析、2021年投资策略的分享交流。2月5日，区委统战部、区政协联合举办第40期委员沙龙，区委常委、统战部部长任武军，就第一、二、三产业的黄金比例划分及新技术应用企业总分部模式等热点问题与主讲嘉宾进行深入探讨。4月22日，区政协举办第41期委员沙龙读书分享会暨区政协委员读书活动，区委常委、统战部部长任武军，北京中医药大学硕士生导师曲黎敏进行读书分享。6月10日，区政协与区委统战部联合举办第42期委员沙龙活动，清华大学人文学院教授、博士生导师沈卫荣分享西藏文化和藏传佛教在当代的发展，藏传佛教与印度教、与汉地

3月30日，区政协党史学习教育推进会召开（区政协 供图）

佛教的联系与异同以及如何从哲学高度使民族研究能够进行拥有更多共性的思考与交流。

（赵婧茜 钟冷）

【村和社区“两委”换届工作调研】 1月中旬，区政协主席刘勇到中关村街道、上庄镇调研街道、村和社区“两委”换届工作，并在中关村街道宣讲党的十九届五中全会精神。在中关村街道，听取街道负责人汇报街道社区“两委”换届工作情况。在上庄镇，刘勇听取镇村和社区“两委”换届工作情况汇报，了解所辖社区及村“两委”换届工作的前期摸排、机制建设、风险防范等情况，以及重难点问题和下一步工作计划。刘勇强调，要高度重视村和社区“两委”换届选举，严肃换届纪律、精心组织推进，确保换届选举工作平稳有序开展。

（钟冷）

【检查指导新冠疫苗接种】 3月2日，区政协主席刘勇到中关村街道新冠疫苗接种点位检查指导工作。在海中市场临时设置的新冠疫苗接种点位，刘勇检查登记区、接种区和留观区，详细询问组织保障工作和疫苗接种情况，看望慰问坚守在一线的医护人员。刘勇强调，要发挥街道党建引领作用，切实组织好辖内企事业单位人员和居民的疫苗接种工作，实现相关人员“应接尽接”。截至3月1日，中关村街道累计为3.9万人接种新冠疫苗第一针，为1.8万人接种第二针。

（钟冷）

【党史学习教育】 3月30日，区政协召开党史学习教育推进会，成立党史学习教育领导小组，制订工作方案，明确目标要求。组织个人自学26次，集体学习7次，座谈研讨活动5次。党组书记、机关党组书记和党支部书记分别在党校、机关、支部开展党史学习专题党课。组织机关干部参观首都博物馆“伟大征程——庆祝中国共产党成立100周年特展”，赴中共八大会址、全国政协文史馆、长辛店二七纪念馆开展主题党日活动，参观李大钊烈士陵园“不朽的功勋——李大钊生平事迹展”。观看红色历史舞剧《情深谊长》，爱国主义影片《革命者》《长津湖》。在海淀政协微信公众号开辟党史学习专栏，推送文章20余篇，制作党史答题2期，推出4期“艺心向党”节目。

（赵婧茜）

【市政协调研海淀党建和委员联系群众工作】 4月2日，市政协党组副书记、副主席杨艺文到海淀实地调研党建和委员联系群众工作，区政协刘勇等领导参加调研。在中关村街道，杨艺文参观、了解中关村地区政协委员工作站运行情况。在学院路街道石油大院街区工作站，杨艺文了解站内平安建设、街区共治、养老救助、退役军人服务工作。在召开的座谈会上，刘勇介绍海淀区政协党的建设和委员联系群众的工作情况。区政协贯彻落实中央政协工作会议精神和全国地方政协工作经验交流会精神，制定出台《海淀区政协关于加强委员联系群众工作的实施意见》。在此基础上，按照“不建机构建机制”的工作思路，以两个平台建设为重点，不断深化委员与所在地区群众联系，在拓展委员联系群众渠道方面做出积极尝试。

（钟冷）

【检查冬奥测试赛的住宿及餐饮保障工作】 4月2日，区政协主席刘勇到西苑饭店、新世纪日航酒店、北京得利兴斯食品有限公司、北京众泽宏达餐饮管理有限公司，调研检查冬奥测试赛的住宿及餐饮保障工作。在西苑饭店和新世纪日航酒店，检查进大门处的扫码登记测温、专用通道和电梯使用、客房、医疗点和防疫隔离室设置以及测试赛期间专用餐厅准备情况。在北京得利兴斯食品有限公司和北京众泽宏达餐饮管理有限公司，刘勇调研两家餐饮公司的中央厨房，全方位监督检查后厨环境卫生、食品采购加工和食品留样等环节。

（钟冷）

【京津冀六城市（区）政协合作机制第三次会议】 5月7日至8日，京津冀协同发展六城市（区）政协合作机制第三次会议在海淀召开。区委书记于军，区政协主席刘勇，天津市滨海新区政协党组书记、主席韩远达，河北省唐山市政协党组书记、主席胡国辉，河北省保定市政协党组书记、主席李俊岭，河北省沧州市政协党组书记、主席宋有洪，通州区政协党组副书记、常务副主席石宝玉等出席会议。区委常委、区政协党组副书记、区委统战部部长任武军介绍海淀区经济社会发展情况。与会领导表示，希望与海淀区加强合作交流，推动京津冀协同发展。区委常委、区委政法委书记、区委办主任吴计亮参加会见，海淀区政协副主席丁志明、陈双、胡淑彦、杨剑飞参加会议。

（钟冷）

【区政协成立40周年大会】 9月27日，庆祝中国共产党成立100周年暨海淀

9月27日，“聚力四十载 奋进新时代”庆祝中国共产党成立100周年暨海淀区政协成立40周年大会举办（区政协 供图）

区政协成立40周年大会召开。区委书记于军出席会议讲话指出，全区广大政协委员和各相关单位要深入学习习近平总书记关于加强和改进人民政协工作的重要思想，切实增强使命感、责任感和紧迫感，不断推动政协工作迈上新台阶，开创海淀政协事业新局面；十届区政协全面履行政治协商、民主监督、参政议政职能，为海淀经济社会发展作出了重要贡献。大会对53名优秀委员、54名建言献策奖获得者、52名爱心奉献奖获得者、30件“具有突出贡献提案”、23家具有突出贡献提案承办单位、31件区政协十届五次会议优秀提案、9家反映社情民意信息工作先进单位、66名优秀信息员予以表彰。市政协副主席杨艺文出席大会。区委副书记、区长王合生，区人大常委会主任刘长利，区政协主席刘勇等区四套班子领导与沈仁道、张宝章、张志田、彭兴业、傅首清、刘恪等区政协老领导出席大会。

（赵婧茜　钟冷）

【“聚力四十载 奋进新时代”主题展览】 9月27日至10月15日，区政协举办“聚力四十载 奋进新时代”主题展览。展览通过50余件实物展品、200余张图片，全面回顾海淀区政协40年来在党的领导下，保持正确方向，锚定使命任务，全面履职尽责，不断加强自身建设的工作成果。区四套班子领导、政协老领导及区属单位累计1000余人参观展览。

（赵婧茜）

重要会议

【概况】 2021年，区政协共召开2次全体会议、6次常务会会议、8次主席会议、1次秘书长会议。

（赵婧茜）

【区政协十届五次全体会议】 1月5日至8日召开。会议审议并通过政协北京市海淀区第十届委员会常务委员会工作报告和提案工作报告，听取并讨论区政府工作报告和区“十四五”规划纲要（草案）。会议期间，区委书记于军，区委副书记、代区长王合生等区委、区政府领导出席大会并参加专题研讨，就“十四五”规划与委员协商议政。听取关于区政协十届五次会议提案征集和审查情况的报告，通过《中国人民政治协商会议北京市海淀区第十届委员会第五次会议决议》。

（赵婧茜）

【区政协十届主席会第三十次会议】 1月7日召开。会议讨论中国人民政治协商会议北京市海淀区第十届委员会第五次会议决议草案。

（赵婧茜）

【区政协十届常委会第二十九次会议】 1月7日召开。会议听取关于中国人民政治协商会议北京市海淀区第十届委员会第五次会议小组讨论情况的汇报；审议中国人民政治协商会议北京市海淀区第十届委员会第五次会议决议（草案）。

（赵婧茜）

【区政协十届主席会第三十一次会议】 3月5日召开。会议审议2021年度区政协常委会工作要点；审议确定2021年区政协重点提案；通报区政协2021年度协商工作计划；研究决定召开常委会第三十次会议有关事宜；审议人事任免事项。

（赵婧茜）

【区政协十届常委会第三十次会议】 3月12日召开。会议听取关于“两区”建设情况的通报；审议2021年度区政协常委会工作要点；通报区政协2021年度协商工作计划；审议人事任免事项。

（赵婧茜）

【区政协十届主席会第三十二次会议】 5月27日召开。会议围绕海淀区养老服务工作协商议政；研究政协北京市海淀区第十届委员会评选表彰“具有突出贡献提案”工作方案。

（赵婧茜）

【区政协十届常委会第三十一次会议】 6月18日召开。会议听取海淀区第七次全国人口普查主要数据成果的通报；围绕“筑牢生态基底，聚焦绿色发展，加快建设美丽海淀”协商议政。

（赵婧茜）

【区政协十届主席会第三十三次会议】 7月9日召开。会议围绕扩大义务教育学位供给协商议政；研究决定召开常委会第三十二次会议有关事宜。

（赵婧茜）

【区政协十届常委会第三十二次会议】 7月23日召开。会议听取关于海淀区推进全国市域社会治理现代化试点和平安海淀建设有关情况的通报；围绕“聚焦发展数字经济，打造全球数字经济标杆城市的引领区”协商议政。

（赵婧茜）

【区政协十届主席会第三十四次会议】 9月14日召开。会议听取海淀区开展数字人民币试点工作有关情况的通报；研究十届区政协表彰有关事宜。

（赵婧茜）

【区政协第十四次秘书长会议】 11月8日召开。会议讨论区政协十一届一次会议议程、日程；讨论十届区政协常委会工作报告；研究区政协十一届一次会议大会发言有关事宜；讨论十届区政协提案工作报告。

（赵婧茜）

【区政协十届主席会第三十五次会议】 11月16日召开。会议审议区政协十一届一次会议议程、日程；审议十届区政协常委会工作报告和提案工作报告；听取2021年试点开展委员提案双向评议工作情况的汇报；研究决定召开常委会第三十三次会议有关事宜；审议人事任免事项。

（赵婧茜）

【区政协十届主席会第三十六次会议】 11月19日召开。会议审议十一届区政协委员的联合建议书和政协委员建议名单；审议区政协十一届一次会议主席团成员人选的联合建议书和建议人选名单；审议区政协十一届一次会议秘书长人选的联合建议书和建议人选名单。

（赵婧茜）

【区政协十届常委会第三十三次会议】 11月19日召开。会议听取海淀区2021年全面从严治党和党风廉政建设工作情况的通报；听取区委、区政府提案办理情况的通报；审议区政协十一届一次会议议程、日程；审议十届区政协常委会工作报告和提案工作报告；审议十一届区政协委员的联合建议书和政协委员名单（草案）；审议区政协十一届一次会议主席团成员人选的联合建议书和建议人选名单；审议区政协十一届一次会议秘书长人选的联合建议书和建议人选名单；审议人事任免事项。

（赵婧茜）

【区政协十一届一次全体会议】 12月9日至12日召开。会议审议并通过政协北京市海淀区第十届委员会常务委员会工作报告和提案工作报告，五年共收到提案1518件，经审查立案1375件，全部办复；听取并协商政府工作报告；以无记名投票方式，选举产生政协北京市海淀区第十一届委员会主席、副主席、秘书长和常务委员，刘勇当选为主席，赵小云（女）、许云、李伟、曹先彬、安雪晖、叶培贵当选为副主席，张启兵当选为秘书长，77人当选为常务委员；听取关于区政协十一届一次会议提案征集及审查情况的报告，通过《中国人民政治协商会议北京市海淀区第十一届委员会第一次会议决议》。

（钟冷）

【区政协十一届主席会第一次会议】 12月12日召开。会议审议关于任命十一届区政协副秘书长有关事宜；审议各专门委员会名单；审议通过地区政协委员活动小组名单；研究确定各专门委员会联系界别分工及各界别召集人；研究确定主席班子成员分工。

（赵婧茜）

【区政协十一届常委会第一次会议】 12月12日召开。会议审议通过关于任命十一届区政协副秘书长有关事宜；审议通过各专门委员会名单；听取小组讨论政府工作报告、常委会工作报告和提案工作报告情况的汇报；听取小组讨论大会决议（草案）情况的汇报。

（赵婧茜）

政治协商

【概况】 2021年，区政协落实海淀区“两新两高”战略，以海淀“十四五”发展目标为重点，围绕“两区”建设、数字经济发展、推进全国市域社会治理现代化试点、人口发展、绿色海淀建设、养老、义务教育供给等重点领域工作开展协商。各专委会搭建协商平台，围绕营商环境改善、接诉即办、区域文化软实力建设、物业管理、垃圾分类、交通治理、生态环境改善、美丽乡村建设等议题进行对口协商、双周协商17次。完善协商成果采纳、落实和反馈机制，把协商成果有效转化为区委、区政府重要决策参考。

（赵婧茜）

【主席会议协商】 5月27日，十届区政协第三十二次主席会议围绕海淀区养老服务工作协商议政。7月9日，十届区政协第三十三次主席会议围绕扩大义务教育学位供给协商议政。

（赵婧茜）

【常委会会议协商】 6月18日，十届区政协常委会第三十一会议围绕“筑牢生态基底，聚焦绿色发展，加快建设美丽海淀”协商议政。7月23日，十届区政协常委会第三十二次会议围绕“聚焦发展数字经济，打造全球数字经济标杆城市的引领区”协商议政。

（赵婧茜）

【专题协商】 年内，区政协开展4次专题协商。3月26日，召开“马上清（青）西”地区联合提案跟踪督办暨十届五次会议重点提案办理协商，听取关于“马上清（青）西”地区联合提案的后续办理情况及2021年提案的办理思路的汇报，围绕打通交通出行节点、优化交通路网、完善配套设施等问题提出意见建议10余条。4月2日，召开城市大脑与数字治理调研协商座谈会，通报城市大脑工作背景、路线图与创新实践以及海淀大脑2020年工作情况，围绕城市大脑功能、实际应用、数据整合、边缘计算、感知网络建设等方面提出意见建议20余条。4月9日，召开“两区”建设专题协商会，通报海淀区“两区”建设工作情况，围绕构建简约高效管理机制、优化审批服务机制体制、吸引和集聚国内外高端创新资源和人才、抓好扶持政策落地等方面提出意见建议。6月3日，召开“公共文化服务效能，增强区域文化软实力”专题协商座谈会，通报公共文化建设及文化惠民活动、“三山五园”地区旅游公共服务提升及三山五园国家文物保护利用示范区创建总体情况等，围绕文物保护平台建设、文化发展、文化人才队伍建设、加大海淀区公共文化场所建设投入、提高公共文化服务效能、增强区域文化软实力等方面提出意见和建议。

（赵婧茜）

【双周协商】 7月29日，区政协围绕“基层卫生服务能力建设”开展调研并召开双周协商座谈会，主管副区长林航参加，听取关于持续推进海淀区社区卫生服务能力建设情况的汇报，围绕引进基层社区服务卫生人才、培养社区卫生服务中心全科专家、促进民营医疗机构与基层卫生服务中心合作、加强社区居民卫生科普宣传等方面向区委区政府报送意见建议20余条。

（赵婧茜）

视察与监督

【概况】 2021年，区政协贯彻落实区委《关于加强和改进政协民主监督工作的实施意见》，完善民主监督机制，充分开展会议监督、调研监督，把民主监督贯穿于各类履职活动的全过程。常委会会议、主席会议增加监督性议题比例，围绕区委政府中心工作，选准专项监督议题。全年组织委员开展视察监督活动20余次，推动重大项目、民生实事的落实及作风效能的提升。

（赵婧茜）

【会议监督】 年内，区政协在常委会会议、主席会议中加大监督性议题比例。主席会议听取海淀区开展数字人民币试点工作有关情况、2021年试点开展委员提案双向评议工作等情况通报，提出监督性意见建议20余条。常委会会议听取“两区”建设、第七次全国人口普查主要数据成果、推进全国市域社会治理现代化试点和平安海淀建设、全面从严治党和党风廉政建设工作情况、区委区政府提案办理等情况通报，提出监督性意见建议50余条。

（赵婧茜）

【专项监督】 4月21日，区政协提案委员会、社会和法制委员会联合开展“物业管理”相关提案办理协商和专项民主监督活动。组织委员到万寿路街道今日家园社区、永定路西里社区进行实地调研，开展座谈交流。委员们围绕物业与业主关系维护、物管会物业工作推动落实、社区自治、物业费收取规定、物业服务培训等方面提出监督性意见建议40余条，完成专项监督报告，提交区委、区政府参考。

（赵婧茜）

【视察监督】 年内，区政协围绕全国文明城区创建、中学体育设施建设、基层卫生服务能力等方面，开展视察调研活动30余次。组织政协委员开展座谈讨论，提出监督性意见建议200余条，帮助政府有关职能部门查找问题、出谋划策，促进相关工作的推进和落实。

（赵婧茜）

【特约监督】 年内，区政协组织各类特约监督活动20余次。与区市场监督管理局联合开展“办实事 提效能 共促进”监督活动，聘请4位政协委员担任社会监督员，开展市场监管领域优化营商环境监督工作。与区法院联合组建政协委员人民调解员队伍，参与诉前调解工作。推荐政协委员列席区政府常务会，参与市政府对各区的绩效考核工作以及区委、区政府年度述职述廉和行风评议等活动。组织委员参加区政法系统、区人防办、各街镇的开放日活动，参加海淀区小升初电脑派位、高考考前巡察等现场监督工作。

（赵婧茜）

参政议政

【概况】 2021年，区政协围绕海淀区“十四五”规划和2035年远景目标建议，组织政协委员深入调查研究，推动建言资政和凝聚共识在服务中心任务中有机融合。加大交流力度，使建言资政的过程成为相互交流、精准建言和宣传政策、凝聚共识的过程。开展多项区级重点课题调研，形成一批调研成果，报送区委、区政府研究参考。围绕中关村科学城建设、数字经济发展等开展专题调研和座谈，向区委、区政府提出意见建议。配合市政协完成“北京市数字经济发展调研”和“新时代乡村振兴背景下的集体经济研究”等专题调研，调研成果上报市政协。

（赵婧茜）

【常委会重点调研课题】 年内，区政协常委会重点调研课题《中关村科学城指标体系研究》完成指标体系框架构建。课题组到珠三角地区，围绕高新技术产业发展、科技创新体制机制等内容进行考察，与当地代表性企业、新型研发机构就科技创新中心打造、科技创新与营商环境培育、人才成长问题进行研讨交流，形成8000字的课题调研报告，提出意见建议12条。

（赵婧茜）

【重点调研】 年内，区政协完成海淀区数字经济发展、农业和科技深度融合、中小学生体质健康提升工程的“海淀模式”研究和海淀区居住区立体停车设施建设调研4项区委、区政府重点调研课题，完成海淀区宗教活动场所规范管理情况调研1项区委、区政府关注课题，提出建议320余条。

（赵婧茜）

【地区政协委员活动小组】 年内，全区29个地区政协委员活动小组开展线下活动70余次，参加委员400余人次。围绕新冠肺炎疫情防控、垃圾分类、环境治理、接诉即办、共享单车等问题提出意见建议60余条。8个地区小组成立政协委员工作站。

（赵婧茜）

【专题议政会】 1月7日，区政协围绕“十四五”期间加快北京国际科技创新中心核心区建设、推动城市建设管理和社会治理两个专题召开专题议政会。围绕创新创业生态体系建设、推动关键核心技术突破、当好“两区”建设示范标杆、生态环境保护、垃圾分类工作等方面进行议政，提出意见建议100余条。

（赵婧茜）

【调研中科智汇工场】 7月22日，区政协主席刘勇率领重点课题调研组，围绕北京国际科技创新中心核心区建

7月22日，区政协主席刘勇（三排左一）调研中科智汇工场（区政协 供图）

设到中科智汇工场开展调研活动。刘勇一行听取中科智汇工场的建设背景及发展情况介绍。中科智汇工场是由海淀区与中科院科技创新发展中心共同打造的科技创新综合体,通过“早期概念验证、中期孵化加速、后期产业推广”的三级孵化体系,以及“CAS概念验证计划、中科院研发实验服务基地、中科营商大脑”等一系列科技服务,促进中科院科技成果转化,服务北京国际科技创新中心核心区建设。刘勇表示,希望持续发挥中科智汇工场的平台优势,将中科院的科技力量注入驻区企业的创新和未来发展中,增强企业核心竞争力,为加快建设北京国际科技创新中心核心区贡献智慧和力量。

（钟冷）

提案和社情民意信息

【提案办理】 年内，区政协征集提案309件，经审查立案285件，全部办复，其中党派团体提案23件、界别提案9件、地区政协委员活动小组提案1件、专委会提案1件、委员提案251件。从类别划分，经济科技类提案73件、城建城管类提案75件、教文卫体类提案82件、社会法制类提案55件。向区委转交提案40件，向区政府转交提案242件，向法院转交提案3件。涉及主办单位55家，其中问题得到解决的163件、解释说明的90件、列入计划的32件。十届五次会议确定重点督办提案50件，全部办复。

（赵婧茜）

【社情民意信息】 年内，区政协编报社情民意信息135篇，其中39篇被全国政协、市政协等上级部门采用。《关于补齐科学普及短板，开创我国创新发展两翼齐飞新格局》的信息被市政协评为优秀社情民意信息，区政协研究室获得“北京市政协系统2021年度信息工作先进集体三等奖”。发挥各民主党派、工商联以及区政协各专委会和特邀信息员的作用，构建信息网络、增强培训力度、搭建交流平台，将信息工作与视察调研等日常工作相结合，及时发布信息工作动态。

（赵婧茜）

专门委员会工作

【提案委员会】 年内，提案委员会围绕疫情防控、物业管理、国际人才创业等提案，通过实地调研、座谈研讨等形式，开展办理协商活动12次。针对“马上清（青）西”地区联合提案进行跟踪办理，推动提案的落实。在年度评选优秀提案的基础上，通过党派、团体、界别、专委会、地区政协委员活动小组推荐委员自荐的方式，开展提案评选工作，评选30件“具有突出贡献提案”和23家承办部门，发挥优秀提案的示范引领作用。试点开展针对委员提案的背靠背双向评议工作，将提案作为委员履职考核的重要内容。

（赵婧茜）

【经济科技委员会】 年内，经济科技委员会围绕区政协常委会重点调研课题《北京国际科技创新中心核心区评价指标体系构建》，组织课题专家组开展专题调查研究。聚焦全区数字经济发展，以“全球数字经济标杆城市引领区建设”“政府数字服务”为重点，组织专委会课题研究。协助市政协经济委员会的《打造北京数字经济标杆城市》课题，围绕“北京数字经济创新供给源建设”开展专题调研。组织委员、课题组与区委党校、城市大脑、商务局、政务服务局、市场监管局等委办局开展交流座谈，走访调研中科院计算所、软件所、信息工程研究所、中国信通院等科研单位，实地调研百度公司、华为公司、腾讯公司、小米公司、北斗星通、康斯特等地区重点企业。全年组织实地调研22次，召开座谈会17次，委员参与300余人次，形成4篇课题调研报告。

（赵婧茜）

【港澳台侨委员会】 年内，港澳台侨委员会围绕重点调研课题《北京国际科技创新中心核心区指标体系研究》，开展2次活动。围绕《数字经济》调研课题进行调研和座谈，参加委员50余人次。与经济科技委员会、提案委员会、区金融办联合召开座谈会，提出意见建议20条；与经济科技委员会、区商务委联合组织委员就“两区”建设召开专题议政座谈会。全年组织专题座谈会4次。到海淀区城市大脑指挥中心、百度公司、东升科技园、中科院计算所、中科院软件所等地开展视察调研6次。组织专委会分党组活动1次，参加委员80余人次。接待市政协“两区”建设专题调研组视察调研活动、山西省政协关于人才特区建设课题组视察调研活动、天津津南区关于高校科技园区建设调研组视察调研活动。

（赵婧茜）

【社会和法制委员会】 年内，社会和法制委员会就海淀区健全议事协商机制工作情况，组织委员视察新建的20个社区议事厅示范点，调研海淀区推进市域社会治理现代化试点工作情况、四季青养老院海淀区养老服务工作。组织委员到北京市公安局公安交通管理局海淀交通支队座谈交流，慰问车管站大厅工作人员。调研街镇落实《北京市接诉即办工作条例》情况。《北京市物业管理条例》实施后，围绕各社区开展物业管理工作的进展情况进行监督视察。就完善企业“接诉即办、按需速办”“服务管家+服务包”长效机制，构建良好营商环境工作进行协商议政，充分收集意见建议，提交区委、区政府参考。

（赵婧茜）

【农业和农村委员会】 年内，农业和农村委员会组织委员到温泉镇开展美丽乡村建设视察，调研农业农村局组培室农业发展、上庄村村庄腾退工作，视察山后地区一镇一园建设，调研农村地区深化准物业化试点工作。组织委员参加海淀区第三十二届农民艺术节开幕式，了解海淀区农业发展情况。走访农林所，研究农产品改良、推广及创收。围绕市政协农业和农村委《进一步扶持壮大农村集体经济，助推新时代乡村振兴》《完善城乡要素融合机制政策，推动农业农村高质量发展》调研课题，开展调研与协商座谈，提出意见建议20余条。撰写《农业和科技深度融合，落实农业现代化》调研课题报告，提交市区相关部门参考。

（赵婧茜）

【人口资源环境和建设委员会】 年内，人口资源环境和建设委员会围绕区委、区政府重点工作，落实重点调研课题《海淀区静态交通环境提升》。组织课题组视察清河街道社区、八里庄街道美丽经典社区、中海雅园社区、马连洼街道兰园社区、百旺商城等地，察看社区立体停车设施建设管理情况并召开座谈会，完成《海淀区静态交通环境提升》专项调研报告，提交区委、区政府参考。围绕海淀区生态环境建设专题，开展2次协商会前调研。组织委员到温泉画眉山雨水湿地公园、翠湖循环泵站、上庄再生水厂（一期）工程、中坞公园、四季青空气质量监测站，实地调研大寨渠生态治理工程实施及画眉山雨水湿地公园段景观建设、翠湖泵站和上庄再生水厂运行、“增绿植绿文化建园”工作、空气质量监测仪器、监测方法及设备运行保障等工作。围绕《筑牢生态基底，聚焦绿色发展，加快建设美丽海淀》协商议政，提出意见建议10余条。组织委员与区生态环境局围绕《海淀区“十四五”时期生态文明建设规划》召开协商座谈会。持续开展垃圾分类重点监督工作，组织委员到八里庄街道美丽经典社区、中海雅园社区、马连洼街道兰园社区，视察垃圾分类驿站和环境整治后的绿化改造工作。接待市政协联合调研组视察调研城市大脑和智能运营工作、石景山区政协视察调研京张铁路遗址公园项目规划建设情况。

（赵婧茜）

【民族和宗教委员会】 年内，民族和宗教委员会就海淀区宗教活动场所规范管理情况开展专题调研。举办调研课题座谈会，听取区民宗办负责人关于海淀区宗教活动场所规范化管理的情况汇报。组织课题组走访区相关部门和宗教界，就依法规范宗教活动场所情况进行座谈交流，广泛征求意见，形成《海淀区宗教活动场所规范管理调研报告》，提交区委、区政府参考。组织委员视察蓝靛厂清真寺、龙泉寺、凤凰岭南侧的中国佛学院新校舍等，围绕视察情况和促进宗教积极健康发展提出意见建议。加强团结联谊、密切联系委员，重要节日组织对宗教界人士和信教群众的走访慰问活动，组织全会期间的民族宗教界座谈会。开展分党组活动，举行“团结在光辉的旗帜下——政协委员永远跟党走”委员健步走活动。

（赵婧茜）

【教文卫体和文史委员会】 年内，教文卫体和文史委员会组织委员开展“基层卫生服务能力建设”专题调研，召开双周协商座谈会。组织委员实地调研双榆树社区卫生服务中心、北太平庄社区卫生服务中心，围绕引进基层社区服务卫生人才、培养社区卫生服务中心全科专家、促进民营医疗机构与基层卫生服务中心合作、加强社区居民卫生科普宣传提出意见和建议30余条。召开“提高公共文化服务效能，增强区域文化软实力”专题协商座谈会，围绕文物保护平台的建设、文化发展，文化人才队伍建设、加大海淀区公共文化场所建设投入、提高公共文化服务效能、增强区域文化软实力等方面建言献策。视察调研好未来教育科技集团、中公教育集团，就互联网教育发展提出可行性意见和建议。视察调研慧科教育科技集团、中央新闻纪录电影制片厂（集团），围绕助推经济社会发展提出意见建议20余条。组织委员视察温泉体育中心并召开座谈会，围绕海淀区冬奥筹备及体育事业发展情况建言献策。组织委员走访区卫健委，跟踪督办重点提案的办理工作。完成调研课题《实现学生体质达标优秀率25%以上目标的方法论和实践研究》。与区政协书画院联合举办“花儿朵朵向阳开——庆祝建党百年画作”“百年历程 世纪辉煌——学习习近平论中国共产党历史百幅书法作品”“峥嵘岁月40载，丹青亮彩写华章——庆祝海淀区政协成立四十周年”书画笔会。

（赵婧茜）

中共海淀区纪委
海淀区监委

2022
北京海淀年鉴

综述

2021年，海淀区纪检监察工作全面落实市纪委市监委和区委工作部署，发挥监督保障作用，围绕全区中心工作，推进全面从严治党、党风廉政建设和反腐败工作。

中共海淀区纪委和海淀区监委（简称区纪委区监委）设派驻机构19家，另有镇、街道纪检监察机构27家，区管企业纪检（监察）机构18家。下属事业单位有海淀区纪委区监委信息技术保障中心、宣传教育中心。

区纪委区监委全年受理检举控告类信访举报1076件次，处置问题线索1092件，立案256件，给予党纪政务处分178人，移送检察机关41人。

（张缤心）

重要会议

【区纪委十二届八次全会】 2月26日，中国共产党北京市海淀区第十二届纪律检查委员会第八次全体会议召开。会议传达学习贯彻习近平总书记在十九届中央纪委五次全会上的重要讲话和中央纪委全会精神及市纪委十二届六次全会精神，回顾2020年纪检监察工作，部署2021年任务。区委书记于军出席并讲话，从7个方面对做好纪检监察工作作出部署。全会表决通过《中国共产党北京市海淀区第十二届纪律检查委员会第八次全体会议工作报告》《中国共产党北京市海淀区第十二届纪律检查委员会第八次全体会议决议》，审议通过区委常委、区纪委书记、区监委主任鲍雷所作的《坚定不移推动纪检监察工作高质量发展，有力保障海淀区开启现代化建设新征程》工作报告。区委副书记、区长王合生，区人大常委会主任刘长利，区政协主席刘勇，区委副书记张强等区领导出席会议。会议以视频形式召开，张劲林、任武军、吴计亮、张若冰等区四套班子领导，区法院、区检察院负责人在主会场和分会场出席会议。

（张缤心）

【区纪委十二届九次全会】 10月28日，中共北京市海淀区第十二届纪律检查委员会第九次全体会议召开。全会总结回顾过去五年的工作，研究提出未来五年的工作建议。鲍雷主持会议并代表区纪委常委会作工作报告。全会审议通过《中国共产党北京市海淀区纪律检查委员会向中国共产党北京市海淀区第十三次代表大会的工作报告（审议稿）》和《中国共产党北京市海淀区第十二届纪律检查委员会第九次全体会议决议（草案）》，同意将工作报告适时提交区委常委会讨论。

（张缤心）

【区纪委十三届一次全会】 12月7日，中国共产党北京市海淀区第十三届纪律检查委员会第一次全体会议召开。全会选举产生中国共产党北京市海淀区第十三届纪律检查委员会常务委员会委员和书记、副书记。鲍雷、张磊、杜陈生、杨科、陈熙、樊中恒、毕鲁宁、刘东辉、于腾飞当选为中国共产党北京市海淀区第十三届纪律检查委员会常务委员会委员，鲍雷当选为中国共产党北京市海淀区第十三届纪律检查委员会书记，张磊、杜陈生、杨科当选为中国共产党北京市海淀区第十三届纪律检查委员会副书记。

（张缤心）

监督执纪

【政治监督】 年内，区纪委区监委围绕巩固拓展疫情防控和海淀区经济社会发展成果、建设现代化国际化创新型宜居宜业城区和国际科技创新中心核心区等一系列重大决策部署，对中关村科学城建设，疏解非首都功能，“六稳”“六保”工作和中国共产党成立100周年庆祝活动服务保障等20项重点工作开展监督检查，确保党中央政令畅通和市委、区委决策部署落地见效。严明政治纪律，监督保障巡视整改任务落实，开展政法队伍教育整顿专项监督执纪，维护干事创业、风清气正的政治生态。会同区委组织部加强对区、镇、村（社区）换届监督，把好政治关、廉洁关。对37家处级单位和334个村（社区）党组织开展巡察监督，发现问题2836个，提出意见建议192条，移送问题线索10件，立案5人。

（张缤心）

【“四风”问题专项监督】 年内，区纪委区监委开展“四风”问题专项监督检查，密切关注“四风”隐形变异新动向。通过突击检查、随机抽查、交互检查、实地暗访等方式，立案61件，给予党纪政务处分30人、组织处理39人。

（张缤心）

1月14日，区纪委监委聚焦农村小微权力进行监督检查，持续整治群众身边腐败和作风问题（区纪委区监委 供图）

【民生领域突出问题监督整治】 年内，区纪委区监委落实“七有”要求、满足“五性”需求开展民生监督，确保各项惠民富民、促进共同富裕政策落实落地。监督整治基层小钱、小事、小节、小便宜、小疏忽“五小问题”，围绕住房救助租房补贴、停车收费等重点领域强化监督检查，促进提升基层精细化治理能力。紧盯乡村振兴领域政策支持力度大、投资密集、资源集中的项目和环节，开展农村集体经济组织廉洁风险问题专项治理和农村腾退领域专项监督，有力纠治农村小微权力腐败问题。强化接诉即办专项监督，整治解决群众诉求不力、行动迟缓、“走过场”等问题。

（张缤心）

【纪检监察体制改革】 年内，区纪委区监委深化派驻机构改革，完善派驻监督体制机制，推动派驻监督向区管企业延伸，符合条件的8家区管企业全部成立监察专员办公室。接受监督、依法履职，区监委向区人大常委会报告专项工作。贯彻落实上级纪委监委加强对下级纪委监委领导，监督执纪执法以上级纪委监委领导为主的要求。探索开展“室组地”[①]联动监督办案机制，整合反腐败资源，凝聚办案合力。整合基层监督力量，推动91.34%的村（居）务监督委员会主任由纪检委员兼任，建立基层监督员台账、强化全员培训和工作指导，提升监督能力。

（张缤心）

反腐倡廉

【概况】 2021年，区纪委区监委坚持理论中心组学习、廉政党课、法院庭审旁听、廉洁文化宣讲等方式，加强海淀区警示教育基地、圆明园廉政文化基地、北京市一中院警示教育基地建设，实现思想道德和党纪国法教育的制度化、经常化。引导党员、干部和行使公权力人员坚定理想信念、严守纪律规矩。夯实宣传阵地、传递反腐声音，通过“学习强国”等媒体宣传海淀区反腐倡廉工作成果。

（张缤心）

【惩治腐败】 年内，区纪委区监委坚持抓早抓小、防微杜渐，运用监督执纪“四种形态”[②]处理1094人次，其中第一、二种形态占比90%，监督执纪由“惩治极少数”向“管住大多数”拓展。深化反腐败国际追逃追赃工作，追回在逃人员2人。

（张缤心）

【警示教育】 年内，海淀区坚持警示教育常态化、制度化。召开“以案为鉴、以案促改”警示教育大会；拍摄并组织全区干部观看《治“五小”纠“四风”》《“假地址”背后的“真贪婪”》警示教育片，筑牢全区干部拒腐防变的思想防线。

（张缤心）

【新冠肺炎疫情防控监督】 年内，区纪委区监委对市、区新冠肺炎疫情防控工作领导小组通报问题、“12345”市民服务热线反映问题及网络舆情反映问题等开展靶向监督，按照防疫监督划片分工制度，交相关部门迅速核实、督促整改。对社区、医院、药店、学校、文化体育场所、集中隔离点、市场商超等重点点位，围绕封控社区管理、重点管控地区管理、风险人员排查管控、核酸检测、院感防控、冷链管理、应急处置及冬奥会保障等关键环节，统筹全区监督力量进行重点监督检查，确保“四方责任”落实到位，严控疫情传播。区纪委区监委结合疫情防控工作特点，深化运用领导带队检查、包片监督、联席会商、情况报告、快查快办、协调内控、舆情宣传7项工作机制，确保监督工作全面覆盖、运行顺畅。与两办督查室、社区防控组、疫情防控督导组、农村疫情防控组、疫情防控指导组等部门沟通协调，定期会商、信息共享，及时解决重点问题，提高监督实效。开展全区疫情防控专项监督数据统计上报及分析研判工作，与区卫生健康委、区教委、区市场监督管理局等单位加强横向联系，确保信息畅通。对监督检查中发现问题、疫情防控不到位的单位进行通报曝光，督促主责单位强化监管、立行立改。对

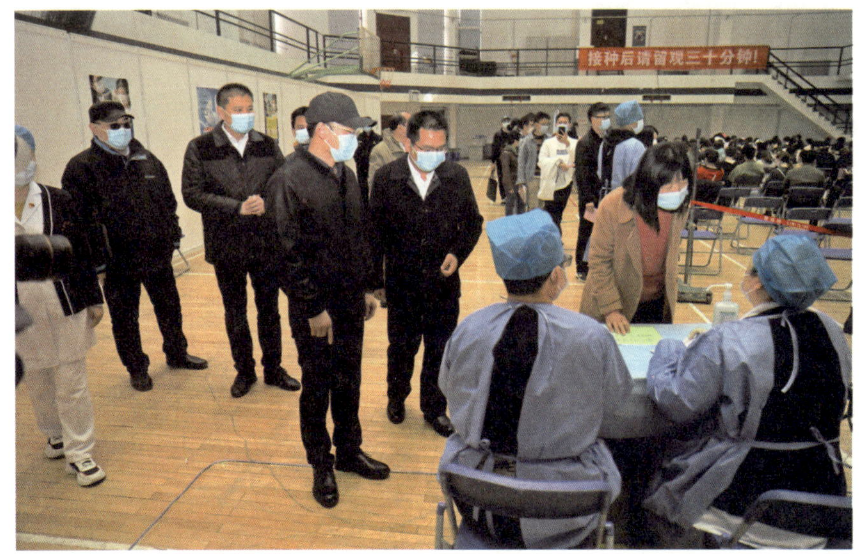

3月28日，区纪委区监委检查中央民族大学疫苗接种工作（刘季辰 摄）

① 室组地：监督检查室、纪检监察组、地方纪委监委。
② 四种形态：经常开展批评和自我批评、约谈函询，让“红红脸、出出汗”成为常态；党纪轻处分、组织调整成为违纪的大多数；党纪重处分、重大职务调整的成为少数；严重违纪涉嫌违法立案审查的成为极少数。

违反防疫纪律、落实防疫责任不力等问题及时调查处置通报。共监督检查25821次，发现并督促问题整改1610个，提出工作建议1374条，约谈提醒132人。

（海淀区新型冠状病毒肺炎疫情防控工作领导小组监督组）

【廉洁文化建设】 年内，区纪委区监委持续推进廉洁文化建设，通过“党旗红 廉洁颂——庆祝中国共产党成立100周年海淀区廉洁文化作品展”“清风传家·廉以治家”家风家训作品征集及系列书本出版、“我的家风故事”视频等活动，营造风清气正的良好氛围。

（张缤心）

6月1日至15日，区纪委区监委举办“党旗红 廉洁颂”书画展（区纪委区监委 供图）

【廉洁文化作品展】 6月1日至15日，由区纪委区监委、区委宣传部、区文明办联合举办的“党旗红 廉洁颂——庆祝中国共产党成立100周年海淀区廉洁文化作品展”在区政府第一办公区举行。区委常委、区纪委书记、区监委主任鲍雷出席开展仪式并讲话。大赛组委会从收到的2000余幅书画和手工作品中评选出优秀作品500余幅，遴选其中200余幅作品参展。6月16日至7月18日，展览在区政府第二办公区、上地行政服务中心、北部文化中心等地巡展。

（钟冷）

民主党派

2022
北京海淀年鉴

中国国民党革命委员会北京市海淀区工作委员会

【概况】 2021年，中国国民党革命委员会北京市海淀区工作委员会（简称民革海淀区工委）有28个支部、1247名党员。党员中，有全国政协委员2人、市人大代表2人、市政协委员7人（常务委员2人）、区人大代表2人、区政协委员17人（常务委员4人）。1人当选民革北京市第十五届委员会副主委、2人当选市委常委、5人当选市委委员。

民革海淀区工委举办庆祝中国共产党成立100周年暨佟麟阁将军纪念馆重新布展开馆仪式，80余人参加。举办主题为“学七一讲话精神、忆先烈气节，创示范支部”的暑期学习班。组织党员集体收看纪念辛亥革命110周年大会，并进行交流研讨。第五、第六、第十二、第十六、第十七、农科院支部通过民革北京市委达标支部验收。

民革海淀区工委获“民革全国助力脱贫攻坚工作先进集体”称号，7人获“民革全国助力脱贫攻坚工作先进个人”称号。

民革海淀区工委获“民革全国组织工作先进集体”称号，中国农科院支部被民革中央授予第二批“民革示范支部”称号，中联书画院民革党员之家获民革中央“优秀民革党员之家”称号。第五、第十六、第十七、中国农科院4个支部获“民革北京市示范支部”称号。

（普云燕　张旭）

【参政议政】 年内，民革海淀区工委向区政协、区委统战部提交调研报告5篇。在区政协十一届一次全会上提交3篇大会发言，其中《关于海淀区中关村科学城医药健康产业建设的建议》被评为区政协第十届委员会突出贡献提案，《关于后疫情期海淀区信息技术产业发展趋势与对策建议》被评为区政协第十届委员会第五次会议优秀提案。3人获评2021年度民革中央全国政协会议发言工作先进个人，1人获评2021年度民革中央提案工作先进个人，3人获评民革北京市参政议政先进个人。

报送信息251条，其中22篇信息被民革中央采用，36篇信息被北京市政协采用，43篇信息被中共海淀区委统战部采用。《关于进一步加强我市远郊农村生活垃圾分类和资源化利用，改善农村人居环境的建议》《警惕落实耕地红线过程中的伤农、毁林、资源浪费等行为》2篇信息得到中共中央政治局委员、北京市委书记蔡奇批示，《关于科学利用小清河分洪区，保障首都防汛安全的建议》得到市长陈吉宁批示。民革海淀区工委获“区政协第十届委员会反映社情民意信息工作先进单位”称号。

（普云燕　张旭）

【社会服务】 年内，民革海淀区工委开展“豫子同袍，同舟共济”行动，发出“民革区工委会为河南防汛救灾献爱心倡议书”，组织海淀民革党员捐款10万余元、防汛救灾物资410件。民革海淀区工委副主委、快手科技副总裁宋婷婷带领公司技术运营等部门，确保救助信息及时传播与响应，组织公司为河南巩义市灾区捐款、捐物。

（普云燕　张旭）

【民革海淀区第八届工委成立大会】 6月16日，中国国民党革命委员会北京市海淀区第八届工委成立大会召开。中共海淀区委常委、统战部部长任武军，全国人大代表、北京市政协副秘书长、民革北京市委监督委员会主任、民革北京市委专职副主委罗瀛，区人大常委会副主任白建平，区政府副区长沙海江、区政协副主席胡淑彦和海淀区各民主党派、工商联有关负责人以及党员代表100余人参会。民革海淀区工委主任汤维建代表民革海淀区第七届工作委员会作《围绕中心 服务大局 凝智聚力 履职担当》的工作报告。罗瀛代表民革北京市委肯定五年来民革海淀区工委取得的成绩，对新一届民革海淀区工委工作提出要求和希望。罗瀛宣布民革北京市海淀区第八届工作委员会组成人员的任命决定。任命吴永常为第八届工作委员会主任委员，6人为副主任委员，张勇兼任秘书长。新一届领导班子平均年龄43岁，研究生以上学历占86%，高级职称占70%。

（普云燕　张旭）

中国民主同盟北京市海淀区委员会

【概况】 2021年，中国民主同盟北京市海淀区委员会（简称民盟海淀区委）下属1个基层委员会、3个总支委员会、49个支部，有盟员1903人。盟员中，有民盟中央委员5人（常委1人），民盟北京市委委员9人（常委1人）；市人大代表1人，区人大代表6人（常委1人）；全国政协委员2人，市政协委员7人，区政协委员13人（副主席1人、常务委员7人、副秘书长1人）。

全年召开主任委员会议12次、全体委员会议2次、调研课题工作会3次。举办“学习中共党史，践行多党合作”主题读书班。选派百余名中青年盟员参加各类学习班。编发《海淀盟讯》1期、《盟务动态》6期。

报送信息161条，135条（次）信息被采用。其中，《引进世界优秀人才 促进新基建中“卫星互联网”飞跃发展》等2篇信息被全国政协采用，14篇信息被民盟中央采用，29篇被市委、市政府、市政协采用，1篇被北京市政协评为优秀信息。《关于高效推进“低碳设计”产品应用 落实低碳办奥运理念的建议》被评为2020年度海淀区民主党派优秀信息。

民盟海淀区委被民盟中央评为思想政治建设和宣传工作先进集体，被民盟北京市委评为先进集体。北京航空航天大学支部、北京体育大学支部、综合三支部、中学一支部被民盟北京市委评为优秀支部，经济四支部、科技一支部被民盟北京市委评为活力支部，首都师范大学委员会第一支部、北京外国语大学支部被民盟北京市委评为暖心支部。3人被民盟中央评为脱贫攻坚先进个人。

（侯悦）

【参政议政】 年内，2名盟员出席全国政协十三届四次会议，并提交个人提案。完成《强化海淀区引领促进作用，做高水平科技自立自强排头兵》《海淀区未成年人法治教育实践探索》《发挥知识产权服务业就业吸纳能力，促进创新创业》《北京冬奥背景下海淀区5G+超高清的体育应用场景构建》《聚焦前沿科技，助推产业发展的建议》《从财税、融资和合规探索中小微企业困境的出路》《提升中小学教育装备信息化、智能化水平，促进海淀基础教育高质量发展》《中关村科学城融入京津冀协同发展的路径与对策研究》8篇调研报告，其中《中关村科学城融入京津冀协同发展的对策与建议》为中共海淀区委区政府调查研究重点课题、《强化海淀区引领促进作用，做高水平科技自立自强排头兵》《海淀区未成年人法治教育实践探索》《发挥知识产权服务业就业吸纳能力，促进创新创业》《北京冬奥背景下海淀区5G+超高清的体育应用场景构建》为中共海淀区委统战部立项课题。在区政协十一届一次全会上，提交《强化海淀区引领促进作用，做高水平科技自立自强排头兵》《中关村科学城融入京津冀协同发展的对策与建议》《提升中小学教育装备信息化、智能化水平，促进海淀基础教育高质量发展》《海淀区未成年人法治教育实践探索》4篇党派团体提案，《强化海淀区引领促进作用，做高水平科技自立自强排头兵》转化为大会发言。《民主党派社会服务工作的性质、理论定位与作用》获2020年度民盟中央理论研究课题二等奖。

（侯悦）

4月16日，民盟海淀区委在北京市盲人学校举办培训讲座（民盟海淀区委 供图）

【社会服务】 4月16日，民盟海淀区委选派专家赴北京市盲人学校举办“信息技术环境下的课堂教学与教师信息素养”专题讲座，盲人学校教师近100人听取讲座。9月7日，到北京市健翔学校座谈交流，围绕海淀特殊教育学校（健翔）帮扶活动方案的设计与实施，开展研讨，助力特殊教育。民盟海淀区委协调资金180万元助力脱贫攻坚，通过民盟中央向河北省广宗县实施，惠及10个村的5600名儿童。向内蒙古赤峰市敖汉旗引入中国扶贫基金会的新长城高中生自强班项目，帮扶资金30万元，连续3年帮扶50名品学兼优的家庭经济困难学生。

（侯悦）

【文化科创系列大讲堂】 5月14日，民盟海淀区委举办文化科创系列大讲堂，邀请专家作题为《临空信息网络关键技术及应用展望》的专题讲座，近80名盟员参加。讲座从通信的重要性、移动通信系统发展历程、卫星互联网3个方面，详细讲述临空信息网络的组成和重要意义，以临空信息技术的结构组成、关键技术、应用场景为切入点，介绍临空信息技术如何助推北京科技与产业的发展。

（侯悦）

【民盟海淀区第六次代表大会】 5月31日，中国民主同盟北京市海淀区第六次代表大会召开。中共海淀区委常委、统战部部长任武军，民盟北京市委专职副主委张振军，海淀区人大常委会副主任白建平，海淀区政协副主席胡淑彦及海淀区各民主党派和工商联领导以及96名盟员代表出席会议。大会听取民盟海淀区第五届委员会工作报告，通过《关于中国民主同盟北京市海淀区第五届委员会工作报告的决议》《中国民主同盟北京市海淀区第六次代表大会决议》，选举产生由21名委员组成的民盟海淀区第六届委员会。在民盟海淀区委六届一次全会上，曹先彬当选为主任委员，王明进、董伟光、张景瑞、葛珂、安晖、王东旭当选为副主任委员，任命王东旭为秘书长。

（侯悦）

【“学习中共党史，践行多党合作”主题读书班】 9月22日至23日，民盟海淀区委举办“学习中共党史，践行多党合作”主题读书班，80余位盟员参加。读书班传达中共海淀区委十二届七次全会精神，通报海淀区2021年各项工作进展和下一阶段工作部署。民盟北京市委领导介绍民盟北京市委2021年的重点工作，对民盟海淀区委下半年的工作提出具体要求。邀请专家作题为《民主党派成员如何做好参政议政工作》专题讲座、党史讲座、海淀区情报告。

（侯悦）

中国民主建国会北京市海淀区委员会

【概况】2021年，中国民主建国会北京市海淀区委员会（简称民建海淀区委）下属基层委员会3个、支部36个，会员1819人。其中，具有大学及以上学历1523人，占会员总数的83.7%；具有中高级职称会员921人，占会员总数的50.6%。会员中，民建中央委员3人（常委1人），民建北京市委委员13人（副主委3人、常委3人）；全国人大代表1人，市人大代表3人，区人大代表8人（副主任1人、常委会委员2人）；全国政协委员2人，市政协委员9人（常务委员3人）；区政协委员28人（副秘书长1人、常务委员6人）；担任特约职务43人。

召开主任委员会议9次、全体委员会议1次、全体委员（扩大）会议2次、基层组织和专委会联席会1次。编印《海淀民建》合刊1期。报送宣传稿件202篇，被民建中央采用78篇、民建北京市委采用197篇。"海淀民建"微信公众号编发消息371篇。民建海淀区委被民建市委评为网站工作先进集体。报送《中国新型政党制度的中国经验和中国智慧》《民建在新发展阶段凝聚共识的路径探讨》《新时代更好运用发展党的统战法宝的思考》3篇理论研究成果。

开展中共党史学习教育暨庆祝中国共产党成立100周年主题教育实践活动。举办习近平总书记在庆祝中国共产党成立100周年大会上的重要讲话精神专题辅导，党史教育，参观香山革命纪念馆、中国共产党历史展览馆、北大红楼，赴河北省阜平县红色之旅，观看爱国主义教育影片等活动30余次。北京民建"会员之家"在中关村机器人产业创新中心揭牌。

（赵欣）

【参政议政】年内，民建海淀区委在政协十届五次全会上提交《〈北京市促进科技成果转化条例〉实施中的问题及建议》《海淀区居民生活垃圾处理问题的几点建议》《发展科学普及产业、形成海淀区发展新动能的建议》3件党派团体提案和22件委员个人提案。在区政协十一届一次会议上，提交《关注企业迁移动向 做细稳企对策建议》《深化完善海淀区住房保障体系的建议》《引领全球科技创新风向，助力国家自主创新示范区建设——关于中关村论坛服务创新驱动发展战略的提案》3件党派团体提案和21件委员个人提案。完成课题79项，多项调研成果转化为政协大会发言和提案，其中《发挥首都科技创新优势助力工业机器人产业高质量发展》得到市委主要领导批示并获市委统战部调研成果一等奖，转化落地组建"中关村机器人产业创新中心"。报送社情民意信息1032篇，95篇被全国政协、中共中央统战部、民建中央、北京市政府、市政协、民建北京市委、区政协、中共海淀区委统战部采用。其中，《警惕"揭榜挂帅"制度走偏》被中央领导批示；《加强青春文学作品价值观正确引导刻不容缓》《保障国家微生物种业安全实现种业可持续发展的建议》《建议以"四去"推动院士群体回归学术本源》《关于解决好种子问题的建议》《〈外商投资法〉及配套制度仍需进一步完善》被全国政协、民建中央采用；《关于北京自贸区推进知识产权证券化业务的提议》《北京打造高质量职业教育体系的相关建议》《长效化治理电动车火灾事故的建议》被北京市政府领导批示。《关于推进海淀区海绵城市建设的建议》评为区政协第十届委员会具有突出贡献提案，《关于发展科学普及产业、形成海淀区发展新动能的建议》《关于进一步优化外籍人才的服务环境的建议》评为区政协十届五次会议优秀提案。

（赵欣）

【社会服务】年内，民建海淀区委召开"庆祝百年华诞、再掀社服新篇"暨第三届"温暖北京"社会服务工作暨志愿服务工作研讨会。"民建海淀同心基金"捐款4万元资助20名中国政法大学在校学生。"科技帮"举办"大企业为主导的科技成果转化模式"主题论坛。民建北京大学委员会举办第九届城市发展论坛、中央财经大学支部民建财经论坛。通过北京民建公益基金同心圆公益计划——"河南汛情专项捐款"通道为灾区捐款。中央民族大学支部、文教二支部、科三支部、清河支部、科技园支部、专业三支部、中国政法大学支部、北师大支部等8个支部会员捐款、捐物折合15.8万元。为贵州省黔西市的中小学生举办"空中课堂"，做防灾减灾科普讲座。对口帮扶河北省丰宁满族自治县土城中学师生，举办特色游学；为丰宁县四间房希望小学捐赠冬季校服价值1.2万元；为丰宁县土城镇土城子村和黄旗镇乐国窝铺村"爱心超市"捐赠6.3万元物资。与平谷区熊儿寨乡签署《乡村振兴村企对接框架协议》，开展村企联建促振兴行动。与民建河南濮阳市委举办友好交流活动。文教二支部与四川省泸州市委直属二支部缔结"友好支部"，签署结对共建协议，赴泸州市开展"携手同行、乡村振兴"学习考察。

（赵欣）

【第九届民建"城市发展论坛"】5月30日，民建北京市委和民建北京大学委员会联合举办主题为"疫情防控下城市发展与公共卫生的机遇和挑战"的第九届民建"城市发展论坛"。民建中央副主席秦博勇出席会议并讲话。论坛邀请北京大学国家发展研究院教授刘国恩作"新冠疫情下的经济增长与健康中国"的主题演讲，北京大学国际关系学院教授查道炯作"新冠疫情与中国发展的国际环境"的主题演讲，北京大学公共卫生学院教授刘继同作"中国现代健康福利财政制度与健康中国、福利中国制度建设"的主题演讲，北京大学第三医院博士王征作"疫情常态化下老年人的健康管理"主题演讲，北京大学第三医院主任医师庄洪卿作"疫情下肿瘤患者就医：问题，原因与改善途径"的主题演讲。民建中央、民建北京市委、

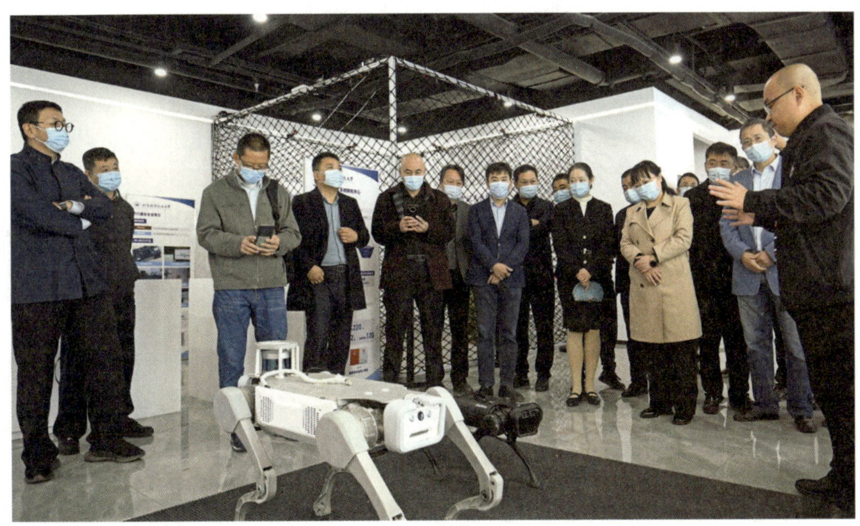

10月16日，民建北京海淀区委与民建河南濮阳市委举办座谈交流活动

中共北京大学党委统战部、中共海淀区委统战部、民建海淀区委有关领导，民建各区级组织及专委会代表，以及光明网等媒体代表共100余人参加。

（赵欣）

【民建海淀区第六次代表大会】 6月26日，中国民主建国会北京市海淀区第六次代表大会召开，85名代表参加会议。民建海淀区委主委王玉梅代表第五届委员会作题为《坚持新发展理念 践行参政党职能 为海淀构建新发展格局而努力奋斗》的工作报告。大会听取并通过《民建海淀区第五届委员会工作报告的决议》，通过《中国民主建国会北京市海淀区第六次代表大会决议》。选举产生由21名委员组成的第六届委员会，赵晓光当选主任委员，5人当选副主任委员。

（赵欣）

【“一起学党史 永远跟党走”读书班】 9月11日，民建海淀区委举办“一起学党史 永远跟党走”2021年读书班。民建北京市委专职副主委李申虹、中共海淀区委统战部副部长王选革、民建海淀区委主委赵晓光出席会议。李申虹充分肯定民建海淀区委在各项工作中取得的成绩，对今后工作提出要求。中央党校（国家行政学院）马克思主义学院副书记、研究员、教授薛伟江作《新时代中国共产党的正式宣言》专题辅导报告，区政协委员、民建海淀区委原副主委王颖作《立足海淀 着眼全球 建言献策》主题报告，民建海淀区委专职副主委李海龙对民建海淀区委工作进行部署。民建海淀区委领导、区委委员、基层组织班子成员、专委会负责人、中青年骨干会员160余人参加。

（赵欣）

【科技成果转化主题论坛】 11月6日，由民建北京市委、民建海淀区委主办，民建海淀区委科技委员会和一综支部共同承办的“大企业牵头、其他主体积极参与的科技成果转化融合发展模式”主题论坛在中关村机器人产业创新中心举办。论坛围绕“建立以大企业牵头、其他主体积极参与的科技成果转化融合发展模式”为主题讨论。民建海淀区委主委赵晓光参加并讲话。民建海淀区委科技委员会副主任、中关村机器人产业创新发展有限公司总裁蒙洋作《建立以大企业牵头、其他主体积极参与的科技成果转化融合发展模式》主题发言。中国航天科工集团二院二〇六所成果转化总师首席科学家孙磊作《科技成果转化三体生态圈》报告，北京航空航天大学知识产权转移办公室副主任张宗科作《高校科技成果转化的思考、内涵与实践》报告，中关村天合成果转化中心主任朱楠作《企业为主体的成果转化实施建议》报告，与会人员围绕“高校人员自主创业难”“初创企业匹配市场难”进行探讨。民建北京市委，中关村科学城管委会，市科委、中关村管委会，民建海淀区委等相关领导参加。

（赵欣）

中国民主促进会北京市海淀区委员会

【概况】 2021年，中国民主促进会北京市海淀区委员会（简称民进海淀区委）有区属基层委员会3个（下属支部14个）、区属支部44个，会员1500人。会员中，有民进中央委员3人（常委1人），民进市委委员8人（常委2人）；全国人大代表1人，全国政协委员1人；市人大代表1人，市政协委员4人；区人大代表4人（常委1人），区政协委员23人（常务委员5人）。

全年召开主委会7次、全委（扩大）会6次、暑期读书班暨新会员培训会1次、机关会11次。组织100余人次参加民进北京市委、北京市社会主义学院、中共海淀区委、区政协、中共海淀区委统战部举办的各类学习班。

民进地大支部获民进中央“中国共产党百年党建经验对中国特色社会主义参政党建设的启示”征文活动一等奖；民进首师大基层委员会举办“同心跟党走”庆祝中国共产党百年华诞书画展、“追忆峥嵘岁月，传承红色基因——开明沙龙活动”“让书香陪伴幼儿快乐成长——庆祝中国共产党成立100周年赠书活动”“永远跟党走”统战知识竞赛、红色歌曲及舞蹈表演活动。民进海淀区委机关支部会员参加天安门广场建党百年华诞庆典大会。民进海淀区委组织会员参加区委统战部《唱支山歌给党听》快闪拍摄活动。

（王玲）

【参政议政】 年内，民进海淀区委立项调研课题9个，报中共海淀区委统战部调研课题5个，其中重点调研课题1个、一般课题4个。调研“双减”政策背景下教培机构人员再就业课题，组织专家调查走访新东方、摩奇英语等教培机构，发放调查问卷，与中国民办教育协会座谈，形成《“双减”政策实施背景下，有关教育培训机构及从业人员的现状调研及建议》报告。该报告获2021年度北京市民主党派参政议政优秀调研成果一等奖，转化为市政协十三届五次会议界别提案，被选为市政协主席年度提案办理协商议题。班子成员全员撰写学习“七一”讲话重要精神感受，全委会交流学习；购买《在庆祝中国共产党成立100周年大会上的讲话》《习近平新时代中国特色社会主义思想学习问答》《中国共产党简史》等书籍作为学习材料。邀请民进海淀区委副主委、中国人民大学教授张立波作题为“新时代、中国梦与中共百年——以习总书记‘七一’重要讲话为蓝本”和《历史性的文本与文本的历史性》的讲座，邀请中共北京市委党校副教授李诗洋作题为《深入领会十九届五中全会精神 推进双循环发展新格局》的报告。民进海淀区委北体大支部、民进海淀区委北科大支部等基层组织组织会员收看十九届六中全会新闻发布会、召开研讨会。民进海淀区委被中共海淀区委评为2021年度民主党派工作优秀单位特等奖。1篇信息被中共中央统战部《零讯》采用，民进地大支部会员彭志坚的《建议政府组织北京冬奥会国际啦啦队》得到中共北京市委主要领导批示，多篇信息被全国政协、市政协采用。民进中国地质大学支部被评为民进全国反映社情民意信息工作先进集体，5人被评为民进全国反映社情民意信息工作先进个人。

（王玲）

【社会服务】 年内，民进海淀小教北支部联合北京民进书画院，到山西长城县革命老区红色霞庄开展“建党百年启新程，踏寻红色足迹，追忆革命先辈”文化、教育帮扶活动，助力脱贫攻坚与乡村振兴，为黎城县教育提供优质课程，为经济发展寻找合作契机。民进会员何强所在企业三好网获“全国脱贫攻坚先进集体”称号。民进海淀企业基层委员会获评“民进全国社会服务暨脱贫攻坚工作先进集体”，8人被评为“民进全国社会服务暨脱贫攻坚工作先进个人”。向山西灾区捐赠价值60万元棉大衣4000件，北体大支部为河南水灾捐款2600元。民进海淀区委获“民进北京市委社会服务先进集体”称号，民进中西医结合医院支部获“海淀区‘三八’红旗集体”称号，11名会员获“民进北京市委社会服务先进个人”称号。

（王玲）

【民进海淀区第五次代表大会】 6月4日至5日，中国民主促进会北京市海淀区第五次代表大会召开。民进中央副主席、市人大常委会副主任、民进北京市委主委庞丽娟，中共海淀区委常委、统战部部长任武军，民进北京市委专职副主委吴森堂，海淀区人大常委会副主任、民进海淀区委主委邓佑玲出席大会开幕式。会议期间，与会代表听取审议邓佑玲代表民进海淀区第四届委员会所作的工作报告，选举产生中国民主促进会北京市海淀区第五届委员会。在随后召开的民进海淀区委五届一次全委会议上，选举产生以廖奕为主任委员的新一届领导班子。廖奕（女）当选主任委员，6人当选副主任委员，14人当选委员。

（王玲）

8月，民进海淀小教北支部走进山西省长胜县革命老区霞庄，开展“建党百年启新程，踏寻红色足迹，追忆革命先辈”文化、教育帮扶活动（民进海淀区委 供图）

中国农工民主党北京市海淀区委员会

【概况】 2021年，中国农工民主党北京市海淀区委员会（简称农工党海淀区委）有支部33个（总支1个），党员1089人。党员中，有农工党中央委员2人，市委委员9人；市人大代表1人，区人大常委会委员1人；全国政协委员4人，市政协委员1人，区政协委员18人；国务院参事2人，中国工程院院士3人，长江学者3人。

上报信息394条，其中全国政协采用13条、中央统战部采用5条、农工党中央采用53条，得到北京市领导批示1条、中共北京市委办公厅采用1条、市政府采用1条、市政协采用113条、中共北京市委统战部采用4条、农工党北京市委采用235条、中共海淀区委统战部采用55条。

（魏明昭）

【参政议政】 年内，农工党海淀区委完成调研课题13个。其中《医联体核心医院社区卫生服务中心的工作现状及专家作用调研报告》被列为2020年海淀区调查研究重点课题并转化为政协党派协商会发言；《海淀“两区”

建设中知识产权保护的对策》《推动海淀区绿色金融发展建议》被推荐作为政协党派提案。

（魏明昭）

【社会服务】 2月至11月，农工党海淀区委与西苑一支部、国家知识产权局支部、北京理工大学支部、人民大学支部、中央财经大学支部、首都师范大学支部、西苑总支各基层组织联合举办“同心沙龙，共筑健康”系列讲座，包括院前急救——心肺复苏法、失眠的中医外治法、肺结节与肺癌相关知识、尿酸、痛风等相关知识、消化道肿瘤防护攻略、耳鸣耳聋的中医防治、心悸、皮肤科常见疾病、了解预防冬季高发呼吸系统疾病等内容。6月6日，农工党海淀区委、昌平总支在昌平高崖口村联合开展农工党“2021年环境与健康宣传周”活动，本市第一家中医健康小院、第一家由中医健康试点基地转型为正式中医健康基地、第一家中医药博士研究生实践基地在昌平区高崖口村挂牌。

（魏明昭）

【农工党海淀区第五次代表大会】 6月20日，中国农工民主党北京市海淀区第五次代表大会召开。农工党北京市委、中共海淀区委统战部、区人大常委会、区政协相关负责人及海淀区各民主党派、工商联领导和54名党员代表出席。会议审议通过农工党海淀区第四届委员会工作报告，选举产生农工党海淀区第五届委员会。曹卫东当选主委，5人当选副主委，21人当选为委员。

（方鹏飞）

【第十六期读书班】 10月30日，农工党海淀区委举办第十六期读书班。农工党海淀区委委员、各专委会负责人、各基层组织骨干、新发展（转入）党员共120余人参加。中共海淀区委统战部副部长王选革介绍海淀区2021年前三季度经济社会发展情况，对外经济贸易大学马克思主义学院教授赵崔莉作题为《顶天立地胸怀伟业 奋勇前进不负人民——学习贯彻总书记“七一”重要讲话精神》的专题讲座，农工党海淀区委副主委芮玉奎作题为《了解农工党党史，做新时代优秀参政党党员》的专题讲座。

（方鹏飞）

【陈竺调研农工党基层组织建设】 12月29日，全国人大常委会副委员长、农工党中央主席陈竺率调研组，到中国农业大学北京食品营养与人类健康高精尖创新中心，就基层组织建设进行调研。调研组一行实地调研中国农业大学流行病学与健康评估中心、人体健康馆、机体代谢室，听取相关情况介绍并召开座谈交流。陈竺对农工党中国农业大学支部在组织建设、参政履职等方面的工作给予充分肯定，对农工党员履职提出3点要求。农工党海淀区委、农工党中国农业大学支部围绕农工党中国农业大学支部工作以及科研和党派工作进行交流发言。

（钟冷　魏明昭）

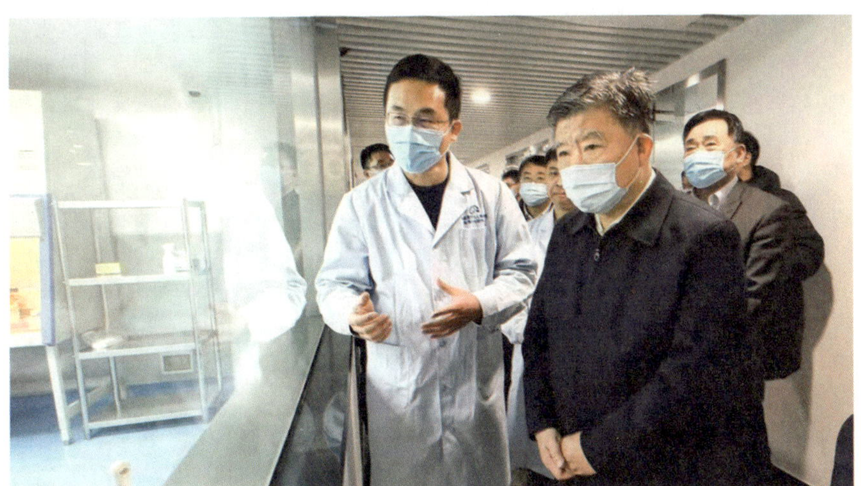

12月29日，全国人大常委会副委员长、农工党中央主席陈竺（前右）到海淀调研农工党基层组织建设情况（农工党海淀区委 供图）

中国致公党北京市海淀区委员会

【概况】 2021年，中国致公党北京市海淀区委员会（简称致公党海淀区委）有支部20个，党员781名。党员中，有中国科学院院士3人，国务院参事1人；全国人大代表2人，全国政协委员3人；北京市政府参事1人，市政府特约人员3人；致公党中央委员6人，致公党中央专委会主任、副主任19人，委员36人。市人大代表1人，市政协委员5人，致公党北京市委委员9人；区人大代表2人，区政协委员17人。1人当选发展中国家科学院院士。

“工业烟气多污染物协同深度治理技术及应用”项目获国家科技进步一等奖，“耳科影像学的关键技术创新和应用”项目获国家科技进步二等奖。1人被生态环境部授予“国家生态环境保护专业技术领军人才”称号。《永恒之轴》获二十七届中国纪录片学术盛典“理想照耀中国”纪念中国共产党建党百年优秀作品。

（李冬妮）

【参政议政】 年内，致公党海淀区委承担中共海淀区委研究室重点课题《发挥中关村论坛金字招牌作用，推动中关村科学城发展》、中共海淀区委统战部关注课题《推动国家实验室和综合性国家科学中心建设》。完成致公党北京市委《重构集体资产监管体系，助推新时代乡村振兴》《构建中国南欧及拉美加勒比地区民间外交圈，为知华友华人士搭建平台，共同讲好中国与世界故事》《北京冬奥会交通铁路、公路、市政接驳的建议》《新冠疫情下中学教育的开展和提高人民生活品质的建议》《关于加强海外统战工作的研究及政策建议》《充分发挥科技冬奥引领，推动一批新技术新产品在冬奥场景落地应用》6项课题报告。在海淀区政协十届五次全会上提交《关于实施全域土地综合整治 推动分区规划落地的建议》《关于建立海淀区人才发展共享服务中心的建议》2件党派提案，作题为《关于海淀区厨余垃圾分类工作的建议》的大会发言。在海淀区政协十一届一次全会上提交了《推动生活服务业数字经济发展与转型的建议》《关于加速中关村科学城医药健康领域成果转化和技术落地的建议》2项党派提案，在全会上作了题为《通过放管服激活人才队伍，推进高水平人才高地建设》的大会发言。多人参加全国、北京市、海淀区的专题调研和座谈会。1人撰写的《总结经验，完善社会大救助体系》调研报告和建议，作为致公党中央建议得到国务院总理李克强批示。

（李冬妮）

【社会服务】 年内，致公党海淀区委与涉侨单位联合主办“海侨之月·情满淀园”——海淀区侨界人士助力国际科技创新中心核心区建设诗乐会。中国农业大学支部党员随致公党市委参与“8+1”行动，赴门头沟区开展民宿及田园综合体考察和“北京百花山国家级自然保护区生物多样性保育项目”。组织党员参与助力致公电商消费帮扶活动。中国农业大学支部获“致公党中央脱贫攻坚先进集体”称号。

（李冬妮）

【致公党海淀区第五次代表大会】 6月7日至8日，中国致公党北京市海淀区第五次代表大会召开，选举产生第五届委员会。致公党北京市委副主委顾行发，中共海淀区委常委、统战部部长任武军，区人大常委会、中共北京市委统战部、致公党北京市委、中共海淀区委统战部有关负责人，海淀区各民主党派、工商联、侨联领导及67名党员代表出席开幕式。大会听取审议致公党海淀区第四届委员会工作报告，选举产生致公党海淀区第五届委员会。召开致公党海淀区第五届委员会第一次全体会议，选举产生致公党海淀区第五届委员会领导班子成员。安雪晖当选主任委员，6人当选副主任委员，14人当选委员。

（钟冷　李冬妮）

九三学社北京市海淀区委员会

【概况】 2021年，九三学社北京市海淀区委员会（简称九三学社海淀区委）有基层委员会8个、支社（小组）64个，社员2259人。社员中，有九三学社中央委员7人（主席1人），九三学社市委委员14人；有全国人大代表1人，市人大代表1人，区人大代表3人；有全国政协委员6人，市政协委员9人，区政协委员31人；有院士2人，长江学者10人，国家杰出青年科学基金获得者11人。

九三学社海淀区委举办全国两会精神专题报告会，邀请全国政协委员传达会议精神。召开第六届二次全体（扩大）会议，专题学习习近平总书记在庆祝中国共产党成立100周年大会上的重要讲话精神及《中国政党制度》白皮书。举办“翰墨飘香颂伟业，一片丹心谱华章”线上主题艺术展。

完成九三学社全国机关规范化建设交叉检查工作。12个支社完成换届，4个支社完成届中调整。

出版《海淀九三》4期，“海淀九三”微信公众号推文259篇。报送信息96篇，被全国政协、中央统战部《零讯》等采用72篇，《京字号果品资源传承和复兴“京字号”特色果业》《加快构建和布局首都北京特色“揭榜挂帅”制度的建议与对策》2篇信息得到中共北京市委书记蔡奇批示。

九三学社海淀区委获“九三学社组织信息系统数据维护工作全国先进集体”称号，获“九三学社全国机关建设先进集体”称号，获“九三学社北京市委成立70周年先进集体、抗击新冠肺炎疫情先进集体”称号。九三学社中国人民大学委员会获九三学社中央脱贫攻坚、民主监督先进单位，2人获脱贫攻坚、民主监督先进个人。19人获九三学社中央参政议政先进个人。1人获九三学社组织信息系统数据维护工作全国先进个人。1人获九三学社全国机关工作先进个人。2人获九三学社中央信息工作突出贡献奖。

（赵国春）

【参政议政】 年内，九三学社海淀区委在区政协十届五次全会、十一届一次会议上提交4件党派提案和3件界别提案，分别作题为《在海淀区加快布局和建设医药健康产业中试基地的建议》《关于海淀区加快建设“国际信息产业和数字贸易港”的建议》的大会发言。《关于在海淀区“十四五”规划纲要中布局攻克卡脖子技术战略的建议》被中关村科学城管委会采纳。《关于在海淀区“十四五”规划纲要中布局攻克卡脖子技术战略的建议》和《关于海淀区数字经济助力稳就业发展的建议》提案获评海淀区十届政协五次会议优秀提案，《关于中关村大街提升改造工程中重视创新文化景观的建议》《关于落实海淀区村庄规划推进美丽乡村建设的建议》《关于利用人工智能提升海淀区街区治理水平的建议》3件提案获评海淀区十届政协具有突出贡献提案。资助13项调研课题，其中重点课题7个、一般课题6个。部分调研成果转化为区政协大会发言、党派提案及界别提案。完成《科技政策促进海淀区优势产业高质量发展的对策研究》《北京自贸区科技创新片区数字贸易港制度框架研究》《海淀区区块链产业发展与实施建议》《三山五园地区水遗产现状与保护利用策略研究》《海淀区推行CSA（社区支持农业）模式调研》5篇调研报告。

（赵国春）

【社会服务】 年内，“九三学社名师工作站”在首都师范大学附属育新学校开设生物科学探索、化学实验研究、地质科学探索等3门研究课程，22位社员参加56次授课。在中国联通研究院举办“小科学大梦想”——极简通讯史科普公益活动，200余人参加。九三学社中国气象局支社举办3期“气象防灾减灾”系列科普讲座，300余人次参加。九三学社首都师大委员会与西城区复兴医院支社联合举办“金属与生命健康”社区科普讲座，100余人参加。九三学社中国农科院委员会与江苏连云港农科院成立花果山农业科学研究中心，在农业科技创新、科技交流、产业孵化、成果转化、人才培养与国际交流等方面开展合作。中国农业大学委员会助力“科技小院”建设，高振江、吴学民等专家走进田间地头“现身说法”。九三学社北京林业大学委员会参与九三学社北京市委“8+1”对口支援活动；海淀第二综合支社社员、北京市林业果树科学研究院葡萄专家孙磊赴陕西渭北开展葡萄产业技术服务。与九三学社呼和浩特市委联合开展“春晓行动”，向内蒙古武川县慈善总会捐款10万元，用于全县敬老机构购买御寒物资。

（赵国春）

【九三学社海淀区第六次代表大会】 6月19日，九三学社海淀区第六次代表大会召开。大会听取并审议九三学社北京市海淀区第五届委员会工作报告，通过《九三学社北京市海淀区第六次代表大会决议》，选举产生由21名委员组成的九三学社北京市海淀区第六届委员会。九三学社中央副主席、九三学社北京市委主委、市政协副主席刘忠范，中共北京市委统战部副部长周景晓，中共海淀区委常委、统战部部长任武军，九三学社北京市委副主委孟安明，区人大常委会副主任杨莉，区政协副主席丁志明、徐凤芹出席大会开幕式。刘忠范代表九三学社北京市委肯定五年来九三学社海淀区委取得的成绩，对新一届九三学社海淀区委工作提出要求和希望。在九三学社海淀区委六届一次全会上，叶培贵当选主任委员，5人当选副主任委员。

（赵国春　钟冷）

台湾民主自治同盟北京市海淀区工作委员会

【概况】 2021年，台湾民主自治同盟北京市海淀区工作委员会（简称台盟海淀区工委）有3个支部，盟员84人。盟员中，有全国人大常委会委员1人；市人大代表1人，市政协委员4人（政协副主席1人）；区人大代表1人（常委会委员1人），区政协委员8人（常务委员1人、副秘书长1人）。

台盟海淀区工委组织骨干盟员参加中共十九届六中全会精神报告会、全国两会精神报告会、中青年骨干盟员培训班、民主党派代表人士培训会。13位盟员及干部参加庆祝中国共产党成立100周年大会。举办学习贯彻习近平总书记“七一”重要讲话精神座谈会暨“分享悦读会”、“学习中国共产党史·讲好多党合作故事”政治共识主题教育观影活动、第五期“传承·筑梦——盟员讲故事”活动、“学六史·筑同心”读书学习活动。组织盟员观看《1921》《长津湖》《我和我的父辈》等爱国主义教育影片，参观“不忘初心、牢记使命”中国共产党历史展览、“中共中央在香山”主题展、台盟盟史回顾展等。2人在台盟北京市委学习习近平总书记在辛亥革命110周年大会上的讲话精神座谈会上发言，2篇征文入选台盟北京市委“光辉的足迹”主题征文，1人书画作品入选台盟中央书画作品展。组织盟员参加台盟北京市委举办的“学中共党史·忆台盟前辈”座谈研讨会。

（曾军）

【参政议政】 年内，台盟海淀区工委在区政协十届五次全会上，提交个人提案10件，提交《关于强化社区治理环境下居家养老水平的提案》等3件党派团体提案，作题为《抓住新基建契机，跑出海淀智慧小区建设“加速度”》的书面发言、《借鉴台湾经验，推动整建制农转居后的海淀乡村振兴》的大会发言。《关于在海淀山后地区建立中小学农业科普及劳动教育实践基地的建议》获评区政协2020年度优秀提案。《关于加强全科医生队伍建设，促进社区医疗体系发展的建议》获评区政协十届具有突出贡献提案，《关于抓住新基建契机，推进海淀智慧小区建设的建议》获区政协十届五次全会优秀提案。区工委荣获区政协十届反映社情民意信息工作先进单位，盟员冼海珍、窦武荣获区政

7月30日，九三学社海淀区委组团到呼和浩特开展科技帮扶（九三学社海淀区委 供图）

协十届优秀委员，盟员孔德硕、陈京荣获区政协十届建言献策奖，盟员杨旭、吴京、张瑜青、陈京、欧云崧、姜亚芳、曹晖、傅健青、窦武等人荣获区政协反映社情民意信息工作优秀信息员。全年报送社情民意信息201件，被台盟中央、全国政协、中共北京市委、市政协、中共北京市委统战部等单位和部门采用34件。其中，《关于做好在陆台胞过年工作的建议》被全国政协采用，《关于医疗DRG改革的相关建议》等5篇信息被台盟中央采用，《老旧小区加装电梯工作存在的问题及建议》得到中共北京市委书记蔡奇重要批示，《关于做好寒假期间在京台生保障工作的建议》得到副市长王红批示。台盟海淀区工委荣获区政协2020年度反映社情民意信息工作先进单位、中共海淀区委统战部2020年度海淀区民主党派信息工作优秀单位二等奖，6位盟员荣获区政协、中共海淀区委统战部2020年度信息优秀个人，《关于做好清明节期间疫情防控的建议》荣获区委统战部2020年度优秀信息。

（曾军）

【社会服务】 年内，台盟海淀区工委采用邮寄方式为温泉镇敬老院14名五保户和孤寡老人送上500元温暖红包和毛巾、洗涤灵、抽纸等生活用品。援助河南抗洪救灾捐款8600元。为“助梦启航”爱心助学捐款4020元。在台盟中央脱贫攻坚表彰中，3人获“全盟脱贫攻坚先进个人”称号。

（曾军）

【台盟海淀区第六次盟员大会】 6月6日，台盟海淀区第六次盟员大会召开，听取台盟海淀区第五届工作委员会工作报告，对台盟海淀区第六届工作委员会领导机构产生情况作出说明，宣读台盟北京市委《关于对台盟北京市海淀区第六届工作委员会领导班子和领导机构的任命决定》，任命7人为台盟海淀区第六届工作委员会委员，杨旭为主任委员，3人为副主任委员。全国人大常委、市政协副主席、台盟北京市委主委、北京社会主义学院院长陈军，中共海淀区委常委、统战部部长任武军，区人大常委会、区政协，台盟北京市委有关领导应邀出席大会。

（曾军）

人民团体

2022
北京海淀年鉴

总工会

【概况】 2021年，北京市海淀区总工会（简称区总工会）下属海淀工人文化宫、海淀区职工服务（帮扶）中心2个直属事业单位。全区有工会组织4789家，工会会员31万余人，其中区总工会直属基层工会127家。有专职工会干部1164人，兼职工会干部8590人。

海淀区共荣获1个全国五一劳动奖状，2个全国五一劳动奖章，2个全国工人先锋号荣誉称号；荣获3个首都劳动奖状，16个首都劳动奖章，6个北京市工人先锋号荣誉称号。

（胡文欣）

【基层工会组织建设】 年内，全区新增建会企业69家，其中百人以上建会企业34家；新增会员63844人。全区26家街镇工会完成换届。区总工会对基层工会主席、副主席开展专项培训；围绕新业态、新就业群体特点，加大网约车司机、快递员、送餐员等“八大群体”职工入会工作力度，将海淀区27个街镇分为6个工作片区，分别召开“两新”工作专项推进会，开展新就业群体专场职工沟通会457场，吸纳新就业群体2.8万人入会。以美团、滴滴为试点，推动成立工会组织，为促进8家互联网头部企业建会发挥示范引领作用。

（胡文欣）

【技能人才队伍建设】 年内，区总工会推广海淀区在职职工职业发展助推计划，推动企事业高技能人才培养及科技成果推广转化，建立8家市级创新工作室、60家区级职工创新工作室。北冶功能材料有限公司获得2020年首都职工自主创新成果二等奖，北京翠微文化发展有限责任公司人像摄影师刘可晶获第二届“北京大工匠”殊荣。开展群众性岗位练兵、技术培训、技能比赛和技术革新、节能减排活动，拓展技能人才成长发展空间，举办开展第四届酒店厨师长大赛、第十五届商业风采大赛、“工匠杯”职业技能大赛、建党百年诗歌大赛等，促进技能人才成长。

（胡文欣）

【集体协商和厂务公开民主管理】 年内，全区集体协商数据库覆盖企业共6396家（含未建制企业2913家），覆盖职工总数685417人。签订集体合同企业5571家，覆盖职工530161人，完成率87.1%；签订工资专项合同企业5577家，覆盖职工523815人，完成率87.2%。在427家百人以上企业开展集体协商质效评估工作，覆盖职工203937人，单独签订集体合同企业393家，覆盖职工170372人，完成92.0%；单独签订工资专项合同企业403家，覆盖职工157004人，完成94.3%。建立并实行职代会和厂务公开制度的企事业单位6963家，职代会和厂务公开建制率分别达到93.4%、93.4%。

（胡文欣）

【法治宣传】 年内，区总工会扩大法治宣传阵地，强化法治公园建设，打造工会法治宣传阵地，投放主题法治宣传展板27家，提高农民工维权意识，构建和谐劳动关系。开展“尊法守法·携手筑梦”法治宣传活动、“12·4”宪法日法治宣传活动等10余场送法律活动。开展6场《中华人民共和国民法典》宣传工作，并贯穿全年。开展线上、线下“三八”妇女节知识竞赛活动，近万人参与。区总工会开通劳动法律咨询服务电话，提供法律咨询服务。制定下发构建和谐劳动关系的工作方案，印发法律宣传材料，做好法规政策咨询。与区人民法院等单位联动，通过摸排做好关口前移，做好庭前调解、多元调解工作。

（胡文欣）

【职工服务帮扶】 年内，区总工会开展元旦、春节慰问活动和各类慰问活动13次，发放慰问金660万余元，覆盖困难职工6.8万人。向全区在库的565名劳动模范发放春节慰问金及困难帮扶慰问金119万余元。开展“工会进万家”调研走访慰问活动，为187名70岁以上劳模发放慰问金和“温暖包”。针对“两新”群体开展中秋节、国庆节送温暖慰问活动，投入经费72万元慰问3000名职工，组织2100名“两新”职工进行免费体检。全年开展“12351”会员服务项目272项，服务职工人数23万人次。开展健康专家走基层活动80场，中医诊疗服务15次，健康讲座36场，服务职工约3500人次。在基层工会建设心灵驿站，开展工会会员心理健康活动。落实《2021年海淀区东西部协作和支援合作工作计划》，全区工会系统完成消费帮扶对口协作地区农副产品共计1262万余元。

（胡文欣）

【职工文体活动】 年内，区总工会以党史学习教育为主题，通过微信公众号、小程序等媒介，举办各类线上文化主题教育活动20余次，3万余人次参与互动。开展“百年筑梦 匠心传承”手工艺课活动、“百年荣光·我们都是奋斗者”主题系列“红”活动、“我心永向党·红色打卡地”参观活动、“忆峥嵘岁月·展奋斗芳华”工会会员观影活动、“奋斗新时代·砥砺新征程”红色革命纪念包免费领取活动等，惠及职工5万余人次。

（胡文欣）

【劳模精神弘扬】 4月29日，海淀区庆祝“五一”国际劳动节大会在海淀工人文化宫举行。区委书记于军等四套班子主要领导及主管领导，以及来自全区各行各业的先进集体代表和个人、职工代表和各级工会工作者300余人出席会议。海淀区荣获1个全国五一劳动奖状、2个全国五一劳动奖章、2个全国工人先锋号荣誉称号；荣获3个首都劳动奖状，16个首都劳动奖章，6个北京市工人先锋号荣誉称号。组织100名劳模参观爱国主义教育基地、雁栖湖国际会都、两弹一星纪念馆、劳模示范村，举办摄影知识讲座等。组织党员劳模向《中国共产党成立100周年》献礼暨百名党员劳模展，以照片形式展现100位党员劳模在工作中的模范作用。举办“弘扬劳模精神 喜迎建党百年”劳模事迹宣讲活动。组织各个年代各个行业有代表性的劳模进行10场事迹宣讲，

6月11日，“百年奋斗路 开启新征程”职工健康体能邀请赛选手合影（区总工会 供图）

覆盖职工3000名。

（胡文欣）

【“百年奋斗路 启航新征程”系列活动】 5月25日，区总工会围绕“建党100周年”，举办以“百年奋斗路 启航新征程”为主题的系列活动。举办“云唱响”职工书画比赛、职工摄影大赛，30多个基层工会选送近200个“云唱响”参赛作品；举办职工书画比赛、职工摄影大赛，累计征集书画、摄影作品千余件。举办“庆祝建党100周年”党史学习教育答题活动，近6000名职工参加，累计答题超过4万人次。在微信公众号推出《风雨百年路，奋进新征程》《红色工运》等新媒体专栏，累计推文110余篇，总阅读量近20万人次。

（胡文欣）

【“安康杯”知识竞赛答题活动】 7月1日，区总工会组织开展“安康杯”知识竞赛答题活动。全区590家单位的71263人参与竞赛活动。区总工会获评2021年度全国“安康杯”职工安全应急技能知识竞赛答题活动优秀组织单位及北京市“安康杯”竞赛优秀组织单位。

（胡文欣）

【滴滴集团（北京）第一次工会会员代表大会】 8月17日，滴滴集团（北京）第一次工会会员代表大会在数字谷黎明大厦召开，大会选举产生了工会第一届委员会、经费审查委员会。北京市中华全国总工会基层工作部部长刘伟，中华全国总工会基层工作部副部长汤洪伟，市总工会党组成员、副主席蒋文云，区总工会党组书记、副主席牛爱忠出席大会，滴滴集团党委副书记陈华江主持会议。

（胡文欣）

【“工匠杯”职业技能大赛】 12月28日，海淀区工匠杯职业技能大赛颁奖典礼在北京朗丽兹西山花园酒店举办。受到表彰的一、二、三等奖得主分别是从程序员、网络安全员、3D数字艺术游戏设计以及快递员四大类比赛项目角逐出来的。比赛历时半年，采用线上题库与线下实操结合的模式，对参赛者的专业技能考察更全面，真正做到了公平公正公开的赛事原则。

（胡文欣）

共青团

【概况】 2021年，共青团北京市海淀区委员会（简称团区委）所属基层团组织4924个，其中团委183个、团工委28个、团总支214个、团支部4499个。在基层团组织中，包括村（居）团组织56个、社区团组织597个、学校团组织1179个、机关事业团组织1093个。有团员48638人，专职团干部323人，兼职团干部4312人。按团市委、区政府相关要求，区未保委办公室由团区委变更到区民政部门。

学院路街道团工委获“全国五四红旗团委”称号，7家基层团委获“北京市五四红旗团委”称号，3家基层团支部获“北京市五四团支部”称号，11家单位获“2020—2021年度北京市青年文明号集体”荣誉，2人获“北京市优秀团员”称号，5人获“北京市优秀团干部”称号，32人获评第十八届“海淀青年五四奖章”。

（李晔晗）

【北京市海淀区志愿服务联合会】 北京市海淀区志愿服务联合会是海淀区十大“枢纽型”社会组织之一，秘书处设在团区委。截至年底，海淀区通过验证的注册志愿者912915人，注册志愿服务团队12870个，登记志愿服务项目66820个。

（焦孟琳）

【青少年思想教育】 年内，团区委组织街镇团工委及社区青年汇开展22场“建党百年正青春·跟党奋进新时代”主题党课活动。通过VR体验的方式学习观看党史教育，了解中国共产党的成立和奋斗过程，引领青年艰苦奋斗、爱国敬业，勇于担当民族复兴大任，不辱时代使命。

（李晔晗）

【社区青年汇】 年内，海淀社区青年汇组织开展“建党百年正青春 跟党奋进新时代”主题系列活动，累计吸引万余名青年参与。组织全区青年汇深入开展“激情冰雪 相约冬奥”主题系列活动，引导青年传承奥运精神，助力全民健身事业，吸引广大青年走进冬奥，了解冬奥。海淀社区青年汇全年共组织开展青少年主题活动14008场，其中思想引领类5200余场。全年吸引、联系、服务青年10余万人，新增服务青年1.6万余人，影响青年百万余人次。

（李晔晗）

【阳光地带社区青年汇】 年内，团区委推进海淀区阳光地带社区青年汇“提质增效”“转型升级”。联合温泉苏家坨学区、区精神卫生防治院等单位，组建学区心理健康教育协作组，搭建青少年心理服务平台，通过开展一对一心理咨询服务和家庭教育讲座，进一步提升青少年心理健康水平和家庭教育质量。依托阳光地带社区青年汇、社会组织、心理咨询服务中心等专业力量，持续开展“阳光筑心桥”心理疏导和海淀区青少年心理关爱服务项目，通过开展一对一心理咨询服务和家庭教育讲座，帮助青少年解决成长过程中遇到的心理困惑、学习压力、人际关系、亲子沟通等问题，进一步提升青少年心理健康水平和家庭教育质量。海淀区青少年心理关爱服务项目全年开展心理咨询服务86人次，服务16名海淀区的涉诉未成年人、未成年被害人和重点青少年；针对青少年及其家长，开展4场亲职教育讲座。

（赵思维）

【青少年零犯罪零受害社区（村）创建】 年内，团区委与区委政法委、区检察院、区妇联、区卫健委等相关单位沟通协调，推动青少年零犯罪零受害社区（村）创建试点工作经验的成果转化，编撰未成年人检察工作社会支持体系建设试点项目制度文件。万寿路街道28号社区、北下关街道大慧寺社区等5个社区创建为全国第二期“双零”社区。为巩固未成年人零犯罪、零受害社区试点工作成果，围绕《宪法》和《未成年人保护法》开展法治宣传和亲职教育等活动7场，覆盖青少年260人次。邀请专业督导对“双零”社区工作开展情况进行定期指导，进一步完善《海淀区创建“双零”社区成果集》和《海淀区“青少年零犯罪零受害”社区试点工作研究报告》。

（赵思维）

【青少年法治教育】 年内，团区委开展法治宣传教育活动510余场，内容涵盖“学习贯彻习近平总书记‘七一’重要讲话精神”“贯彻未成年人保护法，有效应对校园突发事件”“通识少年心理，维护校园安全”等。宪法宣传周期间，团区委面向青少年开展“维护宪法权威 弘扬红船精神”区级党建主题活动、“法治助力冬奥会”主题活动，服务青少年240人次。联合区禁毒办开展“喜迎建党百年 共建无毒家园”主题活动，以“健康人生、绿色无毒”为主题在全区范围内开展全民禁毒宣传月活动，共计开展38场，覆盖5000余人次。

6月20日，“喜迎建党百年 共建无毒家园”2021年海淀区全民禁毒宣传月主题活动启动（莫穷 摄）

（赵思维）

【困境青少年精准帮扶】 年内，团区委对“海淀区重点青少年服务管理系统”中的462名困境青少年开展走访慰问工作，了解、掌握、跟进青少年的思想、生活、学习、心理等情况以及存在的困难和诉求。对36名重点青少年开展300人次个案帮扶，帮助解决青少年在成长过程中遇到的社会融入、关系疏导、能力提升等问题和困惑。围绕团队凝聚力、自信心提升、自驱力发展等方面，设计开展主题小组活动6期24场，服务青少年344人次。为48名重点青少年提供300人次课业辅导服务，帮助青少年提升学业水平。开展党史学习教育、爱国主义教育、冬奥等区级主题活动4场，覆盖青少年128人次。开展“两节”送温暖活动，为480余名青少年家庭送去生活、文体用品和新春祝福，发放市级、区级及北京市青少年发展基金会慰问物资686份。联合北京青少年发展基金会，向12名青少年发放“希望之星1+1”助学金1.45万元。为生活困难家庭优秀大学生60人、中小学生120人发放海淀“树人助学基金”24万元。

（赵思维）

【未成年人权益保护】 年内，团区委动员专业社工力量，对公安、检察院、法院、司法局等单位委托的涉诉未成年人进行观护帮教工作。针对公检法机关委托的142名未成年人开展个案服务1046人次，其中针对55名违法未成年人开展271人次服务、针对39名涉罪未成年人开展320人次服务、针对31名未成年被害人开展182人次服务、针对6名民事案件中的未成年人开展34人次服务；针对项目中未成年人的家长开展239人次家庭教育服务。开展8期60场小组活动。根据学校需求开展预防犯罪宣传讲座4场。针对违法犯罪青少年经常出入的娱乐场所、居住社区等地开展深宵外展服务2场。开展“阳光公益课堂”青少年自护教育活动，围绕科学防疫、预防校园欺凌、预防网络沉迷、居家安全等12个主题开展活动，开展80余场，覆盖青少年1.63万余人次。

（赵思维）

【庆祝中国共产党成立100周年城市志愿服务】 年内，团区委以海淀区志愿服务联合会地区分会为依托，广泛动员各社区（村）开展形式多样的主题志愿服务活动，在全区设置15个城市志愿服务站点和35个重点社区。各城市志愿服务站和重点社区围绕庆祝中国共产党成立100周年、党史学习教育、“我为群众办实事”实践活动、“五大青年行动”等主题，开展形式多样、内容丰富的志愿服务活动。全区累计发布城市志愿服务项目82个，参与志愿者7647人次，累计服务时长23310小时，累计服务群众12.94万人次。

（焦孟琳）

【冬奥测试赛志愿服务】 年内，团区委组织近30名志愿者参加保障冬奥测试赛城市志愿服务，累计上岗志愿者324人次，累计服务时长1160余小时，累计服务约4500人次，普及冬奥知识，解答相关疑问。

（焦孟琳）

【助力“双减”】 年内，做好中小学生课后服务有关要求，团区委以北京市双榆树第一小学为试点，将“社区青年汇”“法治副校长”等团属品牌活动送进校园，设计语言艺术综合素养提升和青少年法治两个社团。共开展30次课程，覆盖1100余名学生，助力“双减”工作顺利开展。

（赵思维）

【海淀区青年工作联席会】 年内，团区委贯彻落实中共中央、国务院印发的《中长期青年发展规划（2016—2025年）》和《中长期青年发展规划》实施试点工作要求，总结提炼海淀区“十三五”时期青少年事业发展成果，在围绕青少年发展重大问题和需求进行调查研究的基础上，开展《北京市海淀区青少年发展“十四五”规划（2021—2025年）》编制工作，推动街镇建立青年工作联席会议制度。持续推动青年工作联席会议制度向街（镇）延伸覆盖，指导海淀区27个街镇建立青年工作联席会议制度。

（赵思维）

【“人大、政协与共青团”面对面活动】 年内，团区委开展“人大、政协与共青团”面对面活动。动员各街镇团（工）委，邀请地区人大代表、政协委员与青年代表开展交流活动，及时了解和研判青少年发展状况，为青少年工作决策提供参考。在全区范围内广泛开展青少年模拟政协提案征集活动，进一步拓展青少年权益表达渠道，引领全区广大青少年参与区域经济社会建设。以“高校青年学生参与社会治理”为主题，邀请海淀区政协委员和青年代表开展两次专题座谈会。围绕“加强新时代青少年爱国主义教育”的主题组织开展区级调研，深入中、小学了解青少年当前爱国主义教育情况，形成《海淀区青少年爱国主义教育基本情况调研报告》。

（赵思维）

【垃圾分类志愿服务】 年内，海淀区志愿服务联合会联合海淀区新时代文明实践中心办公室发出海淀区“垃圾分类我先行 文明城区树新风”志愿服务倡议书，发动29个街镇各社区（村）在青年志愿者服务队账号发布“垃圾分类桶前值守行动”志愿服务项目。全年发布垃圾分类桶前值守志愿服务项目977个，累计发动团员青年志愿者27937人次，服务时长450366小时。

（焦孟琳）

【关心关爱“两新”青年群体】 2月9日，区委书记于军到“暖心驿站”，慰问中国邮政和德邦快递的快递从业青年代表，发放慰问物资和防疫物品90余份。元旦、春节、中秋、“十一”期间，团区委开展为快递从业青年送温暖活动。全年开展4场慰问“两新”青年群体活动，覆盖青年290余人。

（赵思维）

【首都志愿服务项目大赛海淀分赛】 3月，团区委、区志联启动2021年首都志愿服务项目大赛海淀分赛。面向社会公开征集参赛项目，共征集到138个申报项目。6月18日初评，推荐55个优秀项目参加市组委会评选。经北京市大赛组委会评审，海淀区28个项目入围2021年首都志愿服务项目大赛决赛，获3个金奖、5个银奖、7个铜奖、3个创新奖及10个提名奖，获奖数占比18.7%，全市第一位。获奖的志愿者团队涉及卫生健康、科技创新、文化教育等领域。

（焦孟琳）

【共青团海淀区十四届三次全会】 6月4日，共青团北京市海淀区十四届三次全会召开，递补李燮聪、张铁林、马敏慧、陈丽岩、黄秋燕5人为共青团北京市海淀区第十四届委员会委员。共青团北京市海淀区第十四届委员会由33名成员组成，其中委员31名、候补委员2名。

（李晔晗）

【“创青春—中关村U30”活动】 7月22日至12月，“创青春—中关村U30”活动举行。活动由中国科协科学技术传播中心，共青团北京市委员会，市科委、中关村管委会，北京市海淀区人民政府主办，中关村科学城管委会、共青团海淀区委、北京市青

7月22日，2021年“创青春—中关村U30”活动启动（齐康 摄）

年企业家协会、优卅青年服务中心承办，以“青创北京，联动梦想”为主题，设置项目征集、机构初评、专家评审3个环节，分国内活动和海外专区。国内活动分京津冀专区、台湾专区，采取网络评选和现场评选双级晋级规则，具体分为生产性服务业组、生活性服务业组、战略性新兴产业组、文化创意产业组和都市型现代农业组，涵盖战略性新兴产业、生产性服务业、生活性服务业、文化创意产业、都市型现代农业5个产业领域。海外专区评审与国内评审相互独立。最终评选年度百强选手及优胜者30名。活动为获评选手和优胜者提供创业培训、多维度宣传、定期联系机制、对接优质资源等后续支持服务。30位年度优胜选手平均年龄30岁，最小的21岁，包括5位女性创业者，73%的获胜选手受教育水平在硕士及以上，11位拥有海外求学背景，多位优胜者曾经在国际知名期刊发表多篇论文或申请到国内外发明专利授权。超过80%的获胜选手从事与技术、科研相关的初创项目，行业覆盖人工智能、大数据、智能制造、医疗健康、节能环保等，为社会提供超2000个就业机会。2021年，中关村U30共有21人发布融资信息，融资金额超过20亿元。

（莫穷）

【新就业群体服务】 9月26日，团区委联合五棵松华熙，建立五棵松“hi-town”旗舰店，将其作为服务新业态、新就业群体的重要阵地。依托社区青年汇和各种社会资源建立“小哥加油站”，为新就业群体青年提供饮水、热饭、充电、医疗急救等解决基本需求的服务，开设义剪理发、交友联谊等常态化服务项目。在中秋节、国庆节、“双十一”和元旦等节点，开展为新就业群体送温暖、送祝福活动，向“小哥加油站”发放日常保障物资，切实提升新就业群体的获得感和幸福感。

（李晔晗）

妇女联合会

【概况】 2021年，海淀区妇女联合会（简称区妇联）下属事业单位1个：海淀区妇女儿童活动中心（原下属事业单位北京市海淀区三八家务服务中心、北京市海淀区好女子职业技能培训学校、北京市海淀区四强培训学校于12月10日完成事业单位法人注销），法人社团3个：海淀区女企业家协会、海淀区巧娘协会、海淀区家庭教育研究会。新建14个“两新”组织妇联组织。截至年底，有街道妇联22个，镇妇联7个，行政村、社区妇联579个。2名优秀女性、1个集体获全国妇联表彰；区妇联通报表扬200位海淀区“三八”红旗手、100个海淀区“三八”红旗集体。

党史学习教育。编演红色经典剧目、党员微党课进社区，巡演15场。与区女企业家协会、巧娘协会、家教研究会等社会组织联动开展党日主题活动；组织基层妇联干部及执委参观中国共产党历史展览馆，学习感悟百年党史。在家庭教育中融入党史教育，开展“颂党恩 传家风——喜迎建党百年华诞”红色家风故事宣讲活动，举办“童心向党颂家风”——寻找“海淀阅读小达人”活动、“童心向党、筑梦起航”文艺汇演等活动，引导广大家庭和少年儿童学党史感党恩。创新学习教育形式，将党史宣传融入线上百天运动打卡，策划“海淀巾帼跟党走”100天线上运动，将百年党史知识融入到每日的运动打卡中，共计430余家单位，1万余人参与活动。

群众性主题教育活动。以“巾帼心向党、奋斗新征程”为主题，组织各界女性开展线上短视频征集、巾帼宣讲团进基层、红色家风故事会、文艺汇演等庆祝建党百年系列活动。策划“海淀巾帼跟党走”线上运动会、“知美书院”女性数字化学习等线上活动。评选表扬海淀区三八红旗手200名、区三八红旗集体100个，推荐北京市妇女儿童工作先进个人10名、集体4个。

妇女儿童事业发展。完成海淀区“十四五”妇女儿童发展规划编制。推进“平安家庭”建设，开展“维权服务送法到家活动”，在社区、企业和基层各级妇联组织中开展法律宣传和巾帼志愿服务活动。组织开展儿童安全教育系列活动300余场，受益家长儿童超6000人次。开设“海暖妇幼 淀积健康”妇幼健康云课堂，推广普及科学健康知识，不断提升妇女儿童健康水平。将优质线上医疗资源延伸到对口帮扶的新疆和田、内蒙古等地区。协同民政局、卫健委等部门，持续开展免费婚前医学检查。

基层妇联组织建设。加强“两新”组织妇联组织建设，指导小米集团、北京趣拿软件有限公司、北京成美科创国际文化传媒有限公司、汉唐自远有限公司、新浪微博等5家非公企业成立妇联组织。为“两新”组织妇女提供菜单式培训课程，拨款100万元支持妇女之家建设，开展特色妇女之家项目活动。不断丰富社区（村）家长学校、儿童之家功能，在疫情常态化防控下，积极将阵地建设向线上延伸。

落实民生实事。推进落实“春蕾计划——梦想未来”行动，动员社会力量募集56万余元。指导街镇开展以“送家风故事”“送家教服务”“送法治安全”“送社会关爱”为内容的“四送”关爱活动。携手海淀区女企业家协会、去哪儿网，为100余名留京过节的环卫工人及其家庭提供春节期间免费食宿保障。依托海淀区妇女儿童活动中心提供妇女儿童公益服务，开设舞蹈、古琴、京绣、非遗剪纸、茶艺技能等女性素质提升类培训，开设“科技启迪童心”“家庭成长星”亲子课程和“海之星”小志愿者服务等少年儿童公益服务，举办各类活动1000余次。

（唐馨玲）

【“我为妇女群众办实事”实践活动】 年内，区妇联开展“我为妇女群众办实事”实践活动，为妇女创新创业办实事。通过调研了解妇女再就业需求，开设手工技能培训、职业技能考证等服务项目，为妇女创业提供服务平台；实施农村妇女创新创业发展项目，对14个双学双比示范基地的负责人及技术人员进行农业技术指导，赠送优质作物种子；开展女性素质提升培训25场，培训城乡有创业意愿的女性750人次。深化家庭文明建设办实事，常态化开展寻找“最美家庭”活动，营造良好的社会氛围；开展“雏鹰护航”计划、科技伴读活动、阅读推广人活动、家庭教育讲坛等多形式、多维度的家庭教育活动，全方位、立体式为家庭教育提供科学育儿指导。围绕维护妇女合法权益办实事，开展婚姻家庭矛盾纠纷集中排查化解行动，与区委政法委、区司法局联合制发《婚姻家庭矛盾纠纷排查调处集中行动工作方案》，建立由区委政法委、司法局、民政局、信访办、妇联和29个街镇为成员单位的领导小组，统一部署、统筹推进专项行动，并纳入平安海淀建设考核机制。在信访工作机制中引入心理咨询服务，受理群众来访来电209件，其中12345交办31件，均得到妥善解决。立足民生事项办实事，深入科技园区、企业、社区开展讲微党课、主题党日活动、单身青年联谊会、社区疫苗临时接种点志愿服务、技能培训、图书交换等活动37次，线上线下服务妇女群众332万余人次。

（唐馨玲）

【科技创新巾帼行动】 年内，区妇联开展科技创新巾帼行动。深入企业、学校、科研院所调研，启动中关村女性创新蕙智发展项目，整合区域优势资源支持女性科技人才作用发挥及女性科技人才培育。举办“中关村她力量”——女性与创新发展交流研讨会，线上线下观看人数达114万人次。开设中关村女企业家创业创新特训营，创业集训85位女企业家。探索建立人才创业就业引领互助机制，以“老企业家带新企业家+职场老带新+本土带海归”的结对帮扶模式，搭建20组“一对一”结对伙伴。倡导女企协会员企业为女性就业者多开放10%的工作职位，带动更多的女性创新创业。

（唐馨玲）

【新业态、新就业群体领域党建试点】 年内，区妇联开展新业态、新就业群体领域党建试点工作。开展“寻找”行动，调研摸排统计快递、外卖女性从业人员500余人，了解街道、社区、楼宇的服务驿站对新就业群体提供服务的情况，融入妇联元素的服务内容和项目。开展“春风”行动，提供暖心服务，设计制作“妇联温暖守护卡”6000张，将法律咨询、心理疏导、儿童家教等服务热线以及免费孕检、创业担保贷款申请等服务进行打包，分发到全区各驿站；为快递驿姐提供“两癌”筛查体检项目；号召女企业家协会制作300份“驿姐爱心礼包”送到驿姐手中。

（唐馨玲）

【冬奥会服务保障志愿服务】 年内，区妇联动员广大巾帼志愿者和志愿家庭积极参与冬奥会和冬残奥会城市志愿服务工作。在各街镇建立志愿家庭服务队，指导志愿家庭在“志愿北京”平台上进行注册。实现全国和北京市最美志愿服务社区、冬奥示范社区、冬奥重点社区志愿家庭服务队全覆盖。开展巾帼志愿服务，为社会公众提供优质、便捷的家庭志愿服务600余次。开展“走向2022，家庭与冬奥同行”系列活动，在海淀女性微信公众号开辟“冬奥知识一起学”和“助力冬奥·有我精彩”板块，定期推送冬奥小知识；以“12·5”国际志愿服务日为节点，制作海淀巾帼志愿者和志愿家庭服务冬奥宣传片，营造全社会关注、支持、参与北京冬奥的良好氛围。

（唐馨玲）

【家庭家风家教建设】 年内，区妇联开展家庭家风家教建设。深化家庭文明创建，以“家国在心”为主题，评选区级“海淀最美家庭”330户，推荐“全国最美家庭”2户、“首都最美家庭”12户、京津冀“绿色最美家庭”1户。打造“海淀家庭教育”品牌，响应国家“双减”政策，开展“明德致和——海淀区家庭教育论坛”，邀请知名专家每月一次线上、每季度一次线下，将科学的家庭教育理念定期送到海淀家庭。举办“科技伴读”活动，启动“幸福的种子”阅读推广人培训项目，引导广大家庭在阅读中培育亲子陪伴。传承弘扬红色家风，开展“丹青画卷颂党史”主题绘画作品、“最美我的家”清廉家风我传承书法作品、“感恩有你”垃圾分类创意作品等征集活动，在广大家庭、儿童心中厚植“爱党爱国爱家”的家国情怀。

（唐馨玲）

【海淀区女企业家协会成立】 1月16日，海淀区女企业家协会召开成立大会，选举产生北京市海淀区女企业家协会第一届理事会和监事会。海淀区女企业家协会将致力于组织女企业家认真贯彻党和国家的方针、政策、法律、法规；组织多种形式的活动，引导和推动企业改革、创新与发展，宣传女企业家的先进事迹和成功经验；开展培训、咨询、信息等服务，提高女企业家的综合素质；组织会员参与国内外交流合作；多种形式引导会员及企业回馈社会、为社会作贡献；维护女企业家的合法权益等。

（唐馨玲）

【春节关爱环卫女工活动】 2月11日，区妇联携手海淀区女企业家协会、北京趣拿信息技术有限公司（去哪儿网）联合举办“关爱‘她’行动，留京温心年”活动，对接海淀环卫中心，为春节期间坚守岗位在京过节的环卫女工和家庭举办迎新春庆祝活动，送上福袋。

（唐馨玲）

【“海淀阅读小达人”揭晓】 2月，区妇联启动“海淀阅读小达人”活动，经过3个月的征集评选，鞠昕桐、王侯等60人被评为2021年“海淀阅读小达人”。5月30日，区妇联举行2021年“海淀阅读小达人”揭晓仪式，对60名获评2021年“海淀阅读小达人”进行表彰。活动现场，获奖者以朗诵红色诗歌、讲述红色故事、吉他弹唱、述职报告等形式展示报送作品。区妇联、北京外研书店、北京外国语大学马克思主义学院、少儿文学作家海天、全国最美家庭代表卢和生以及海淀区各街镇妇联主席、专职副主席参加活动。

（唐馨玲）

【纪念“三八”国际妇女节主题活动】 3月18日，区妇联在中国宋庆龄青少年科技文化交流中心举行“百年正青春 巾帼竞芳华”——海淀区纪念“三八”国际妇女节大会。全国妇联兼职副主席、北京知识产权法院副院长宋鱼水出席活动。活动播放了妇联制作的宣传片《百年芳华》和对两位九旬海淀老妇救会主任的采访视频，现场通报表扬了200位海淀区“三八”红旗手和100个海淀区“三八”红旗集体。活动还以配乐诗朗诵《爱了一生的国，念了一世的家》、合唱《少年》、舞蹈《相亲相爱一家人》等文艺节目歌颂了不同历史阶段广大女性作出的积极贡献，超过94万网友观看线上直播。

（唐馨玲）

【“海淀最美家庭”揭晓】 5月14日，2021年“海淀最美家庭”风采展示大会在中关村国家自主创新示范区展示中心举行。330户家庭被授予“海淀最美家庭”称号。风采展示大会以“家国在心”为主题，分为“百年家训”“家风传承”两大部分，以朗诵、歌舞、大合唱、风采展示等多种形式，展现最美家庭风采。大会同步线上直播，在线观看人数超百万人次。

（唐馨玲）

【举办海淀区家庭教育讲坛】 5月20日，区妇联携手新东方家庭教育研究与指导中心举办“明德致和·海淀区家庭教育讲坛”。海淀区各级妇联组织、区家庭教育研究会、机关干部、女企业家协会、家长代表及媒体代表共700余人参加讲坛。新东方教育科技集团董事长俞敏洪、中央电视台主持人敬一丹、中国科学院大学基础教育研究院执行院长王金战分别作题为《大教育背景下的家庭教育》《教子背后的教育智慧之思》《新高考背景下家庭教育核心要素》的演讲，倡导新时代父母建立科学的儿童观、教育观、家庭价值观，促进家庭和谐幸福，引领孩子健康成长和全面发展。开幕式以线下及线上直播形式进行。

（唐馨玲）

【庆祝中国共产党成立100周年文艺汇演】 5月29日，区妇联、海淀区妇女儿童活动中心联合举办“童心向党、筑梦起航——庆祝中国共产党成立100周年文艺汇演”活动。来自海淀区140个家庭参加，上演12个节目。通过奏红曲、唱红歌、颂红诗、表红心，共同赞颂中国共产党百岁华诞，并引导广大未成年人在成长路上不忘初心，弘扬社会主义核心价值观，培养未成年人“听党话、跟党走”的坚定信念。6月22日，由区妇联主办，海淀区妇女儿童活动中心承办的“巾帼心向党 奋斗新征程”庆祝建党100周年文艺汇演在海淀工人文化宫举行。通过传承红色经典、讴歌幸福生活、舞动时代旋律，展示海淀女性对党的深情，对祖国、对美好生活的热爱。

（唐馨玲）

3月18日，“百年正青春 巾帼竞芳华”——海淀区纪念“三八”国际妇女节大会举办（区妇联 供图）

【庆祝建党百年主题活动】 6月20日，由区妇联举办、学院路街道妇联承办的“颂党恩 传家风——喜迎建党百年华诞”主题活动举行。活动中，授予31户家庭2021年“学院路地区最美家庭”称号，并通过最美家庭风采展示、红色家风故事宣讲、红歌联唱等环节，激励每个家庭争当“最美”、积极投身海淀建设，为实现中华民族复兴伟大梦想而共同奋斗。中央民族大学教授、全国妇联副主席蒙曼，区妇联、学院路街道有关领导及“学院路地区最美家庭”代表、社区妇联干部、社区居民参加活动。

（唐馨玲）

【庆祝建党百年主题宣讲活动】 6月23日，区妇联在海淀工人文化宫举办“巾帼心向党 奋斗新征程”庆祝中国共产党成立100周年主题宣讲活动。9名巾帼宣讲员有为民服务的基层社区工作者、有抗击疫情守护健康的医护工作者、有投身志愿服务的公共文明引导员，也有在岗位中创新创造的行业女性，她们把在党的领导下国家富强发展的大故事和自己在岗位中拼搏奋斗的小故事结合起来，讲述对党和国家的深情和热爱。此次活动是区委宣传部庆祝中国共产党成立100周年“永远跟党走”群众性主题宣传教育系列活动之一。区妇联、各相关单位有关领导，街镇妇联主席、兼职副主席和基层妇女干部共计100余人参加。

（唐馨玲）

【“中关村她力量”——女性与创新发展交流研讨会】 9月7日，由区委组织部、区妇联、海淀区女企业家协会共同主办的“中关村她力量”——女性与创新发展交流研讨会举行。研讨会围绕“女性与创新发展”“女性在创新发展中的机遇与挑战”等主题，设置TED演讲、圆桌讨论两大环节进行交流研讨。现场进行2021年中关村女企业家创业创新特训营的启动授旗仪式及中关村女性创新蕙智发展项目结对共创导师授牌仪式。项目通过组织创业主题培训、职场成长培训、沙龙参访、交流研讨、结对共创等活动，为区域女性人才搭建学习交流平台，建立凝聚、联系、服务优秀女性人才的长效机制。全国妇联宣传部副部长綦淑娟、北京市妇联副主席陈延平、副区长林航、中科院北京分院副院长李静及海淀区相关委办局、群团单位等领导出席。来自海淀各领域的专家、学者、优秀女性代表、女企业家、女性创业带头人等近百名嘉宾参与现场活动，线上观看直播人数达114万人次。

（唐馨玲）

【黄晓薇到海淀宣讲十九届六中全会精神】 11月18日，全国妇联党组书记、副主席、书记处第一书记黄晓薇到海淀区宣讲党的十九届六中全会精神。黄晓薇一行在中关村科技园参观了新浪总部大厦和小米科技有限责任公司。在调研新浪微博时，强调通过依靠新媒体平台，比如微博话题的设置去讲一讲十九届六中全会精神、讲一讲正能量的故事，引导每一个人在生活当中向善向上。在小米实验室，她指出小米的企业文化正是“自立、自强、守正、创新”中国特色社会主义新时代的具体体现。市委副秘书长李彦来，市妇联主席张雅君、副主席陈延平，区委书记于军、区委副书记张强，中关村科学城综合党委书记吴宝华，区妇联主席吴红蓉参加活动。

（唐馨玲）

【《海淀区“十四五”时期妇女儿童发展规划》印发】 12月21日，《海淀区“十四五”时期妇女儿童发展规划》经区政府第172次常务会审议通过印发。《海淀区“十四五”时期妇女儿童发展规划》分前言，指导思想，促进妇女全面发展的领域、主要目标和策略措施，保障儿童优先发展的领域、主要目标和策略措施，组织实施，监测评估6部分。聚焦与妇女发展密切相关的健康、教育、经济、决策管理、社会保障、家庭建设、环境、法律等8个领域，提出了60项主要目标和63项策略措施；聚焦与儿童发展密切相关的健康、安全、教育、福利、家庭、环境、法律等7个领域，提出了48项主要目标和55项策略措施。

（唐馨玲）

【贯彻落实《家庭教育促进法》工作动员会】 12月30日，区妇女儿童工作委员会组织召开海淀区贯彻落实《中华人民共和国家庭教育促进法》（简称《家庭教育促进法》）工作动员会。区妇女儿童工作委员会常务副主任、副区长林航出席并讲话，区妇联、妇女儿童工作委员会，相关成员单位及相关单位的主管领导及29个镇街道的妇联主管领导、妇联主席、专职副主席、社区（村）妇联主席通过线上、线下的形式参加会议。自2022年1月1日起施行。动员会旨在通过政府发挥主体责任指导家庭教育工作，各部门各司其职密切配合，切实做好家庭教育促进法的学习宣传贯彻各项工作，合力推动家庭教育促进法落地见效，形成共促家庭教育发展、落实立德树人根本任务的生动局面。

（唐馨玲）

科学技术协会

【概况】 2021年，海淀区科学技术协会（简称区科协）强化“四服务、一加强”职能职责，推进全民科学素质提升工作。贯彻落实《中华人民共和国科学技术普及法》《全民科学素质行动规划纲要（2021—2035）》，努力提升海淀科普服务能力和水平，营造良好的科技创新文化氛围，促进公民科学素质建设体制机制不断完善。在全国第十一次中国公民科学素质调查中，海淀区公民具备科学素质的比例达31%，在全国地市级区域位居首位。

举办科普之春、全国科技周、科普之夏、全国科普日等群众性科普活动。组织《海淀创新大讲堂》近200场。提升区域科普教育功能，命名63家区级科普基地，包含科研院所、大专院校、医疗机构、公园、科技企业、教育机构、具有科普功能的委办局等，全区含市级科普基地累计达88家。培养科技创新后备人才，举办青少年机器人竞赛、海淀区青少年科普节、第四届科普科幻创作活动。

2021年，区科协被北京市科协授牌“企业创新服务中心”，全区建立16家企业科协。实施金桥工程，区科协评审推荐28个项目中有9个创新项目获得资助。推荐7家企业申报北京市科协企业创新簇，5家当选。

区科协获评2021年北京市科普工作先进集体、全国科普日优秀组织单位。区科协被评为北京市科协金桥工程优秀组织单位。

（刘传　赵竞雄）

【海淀两院院士调查统计】 年内，区科协开展第八次两院院士调查统计工作。调查统计显示，在海淀区域内工作或居住的中国科学院、中国工程院院士总数为659名，其中中国科学院院士367人、中国工程院院士292人。海淀区两院院士数占全国两院院士总数的35.2%，占北京市两院院士总数的76.8%。其中，新当选两院院士39人，占在京新当选院士的73.58%，占全国新当选院士的26.17%。

（刘传　赵竞雄）

【命名63家区级科普基地】 年内，海淀区命名63家区级科普基地，类型包含科研院所、大专院校、医疗机构、公园、科技企业、教育机构，以及具有科普功能的委办局。

表3 2021年命名“海淀科普基地”名单（排名不分先后）

序号	名称	序号	名称
1	中国科学院力学研究所	33	北京老年医院
2	中国农业科学院 国家农业科技创新园	34	北京市海淀区妇幼保健院
3	中国科学院老科学技术工作者协会植物所分会	35	航天中心医院
4	北京交通大学物理演示与探索实验室	36	北京优颐口腔医院
5	中关村村史馆（中关村众享荟）	37	北京市海淀区甘家口社区卫生服务中心
6	中国宋庆龄青少年科技文化交流中心	38	北下关社区卫生服务中心
7	北京大学第三医院	39	北京市海淀区双榆树社区卫生服务中心（北京市海淀区中医医院）
8	中国中医科学院西苑医院	40	北京市海淀区花园路社区卫生服务中心
9	国家地震紧急救援训练基地	41	北京北控绿海能环保有限公司
10	北京市植物园	42	北京中海投资管理有限公司
11	李四光纪念馆	43	北京百度网讯科技有限公司
12	北京香山公园管理处	44	北京嘀嘀无限科技发展有限公司
13	北京市海淀区气象局	45	联想未来中心
14	北京市海淀区北部地区开发建设委员会办公室	46	北京云迹科技有限公司
15	北京市食品安全监控和风险评估中心（北京市食品检验所）	47	北京鼎普科技股份有限公司
16	北京市海淀科技中心	48	中塔有限责任公司
17	北京市海淀区青少年活动管理中心	49	零空间（北京）科技有限公司
18	北京市海淀区职工大学培训中心	50	北京稻香湖投资发展有限责任公司
19	北京市海淀区中小学综合实践教育中心	51	北京上庄弘源文化旅游服务有限公司
20	北京市海淀科普教育协会	52	北京百旺农业种植园
21	苏家坨镇社区服务中心	53	北京福莱科技发展有限公司
22	海淀区翠湖湿地公园管理处	54	北京市西山农场有限责任公司
23	北京市第一零一中学	55	颐信泰通（北京）信息科技股份有限公司
24	北京理工大学附属中学	56	北京大北农科技集团股份有限公司
25	北京市海淀区西苑小学	57	北京麦斯达夫科技有限公司科学技术协会
26	北京市第二十中学	58	北京凤凰岭景区管理有限责任公司
27	北京市海淀区中关村第三小学	59	北京鑫盛鸿种植技术服务有限公司
28	人大附中航天城学校	60	北京阳台山旅游开发中心
29	北京市海淀区双榆树第一小学	61	海淀区物资回收公司韩家川分拣中心、清华园中转站、万寿路中转站、紫竹院中转站
30	清华大学附属中学永丰学校	62	北京市海淀区馨德社会工作服务中心
31	北京市海淀区第四实验小学	63	北京市海淀区德艺馨残疾人民间艺术社
32	北京市上地医院		

（刘传）

【"科普之春"活动】 3月至5月，区科协开展"科技科普惠农 助力乡村振兴""科普之春"活动。全区共开展活动项目397项，内容涵盖"科技之光点亮垃圾分类"主题宣传活动、智能手机小程序学习活动、新冠疫苗接种知识科普讲座等。线下直接受益人数达5万余人，线上参与人数达19万余人。

（刘传）

【海淀区青少年机器人竞赛】 4月17日，区科协在北京交通大学附属中学举办海淀区青少年机器人竞赛暨首届海淀青少年创意编程与智能设计大赛。169支队伍，408名选手参加现场竞技。大赛包含RIC机器人创新挑战赛、机器人人工智能比赛、MAKE X机器人挑战赛、VEX EDR比赛、VEX IQ比赛、Python创意编程比赛、Arduino智能设计比赛、Micro：bit智能设计比赛以及冬奥会主题特色"极限冰壶"等项目。

（刘传）

【海淀区青少年科普节系列活动】 4月至6月，区科协开展海淀区青少年科普节系列活动，吸引近2万名中小学生报名参加。活动采用线上形式进行，测试设有数学、物理、化学、生物、信息学、探究科学六大科目，科普组、普及组、提高组三大组别。

（刘传）

【全国科技活动周暨北京科技周活动】 5月22日，全国科技活动周暨北京科技周主场活动在中关村国家自主创新示范区展示中心启动。主场活动室内主题展区达1000平方米，户外互动展区4000平方米，共150余个展项。其中，来自海淀的参展企业涉及人工智能、大数据、集成电路等新一代信息技术产业，生物技术、高端医疗器械、医疗保健等医药健康产业，以及商业航天领域。北京"云上"科技周虚拟展厅同步上线。北京科技周采取线上、线下相结合的方式，策划开展面向社会公众、中小学生的各类科普活动100余项，带领公众实地探访科学城、科研院所、高校、科技企业；开展科普进社区、进校园、进农村、科普大篷车巡展等基层科普活动；举办科普讲座、科学实验表演、科学竞赛、科普话剧等活动，充分展现科技成果、科学魅力和科学精神。

（钟冷）

【"众心向党 科技领航"主题活动】 6月10日，由区科协主办的"众心向党 科技领航"主题活动在联想未来中心举行，标志着区科协庆祝中国共产党成立100周年主题活动、全国科技周和全国科技工作者日海淀主场活动拉开序幕。地质学家、中国工程院卢耀如院士，材料科学家、钛合金专家、中国科学院曹春晓院士，数学家、中国科学院林群院士，有机化学家、中国科学院佟振合院士，激光技术专家、中国工程院许祖彦院士，化学家、中国科学院赵宇亮院士，以及来自科研院所、大专院校及街镇科协、企业科协等单位的近100人参加活动。与会人员围绕当前国家科技事业发展形势、国家科研人才培养等多个领域开展交流研讨。

（刘传）

5月22日，2021年全国科技活动周暨北京科技活动周举办（田峰 摄）

【"科普之夏"活动】 8月至9月，区科协深入基层开展近百场"科普之夏"活动，内容涉及中医、民法典、公共安全、亲子沟通、节能减排等，直接受益人数达7000余人，切实满足社区居民的科普需求。

（刘传）

【大学生创新创业交流活动】 9月11日，由区科协主办的大学生创新创业交流活动在中关村智造大街举行。活动采用8分钟路演加7分钟点评的形式开展，吸引来自北京大学、清华大学、中国农业大学等5所高校的创业项目参加。评委们针对各个项目存在的问题分别进行点评，提出创业者们要注意市场细分、找准市场切入点、找到适合自己项目的商业模式、不断将项目打磨完善的建议。活动特别邀请中关村东升科技园产业发展中心工作人员为在场大学生创业者详细讲解大学生创新创业活动政策，小米企业代表就小米生态链发展历程与在场的大学生们进行交流分享。活动同步开展线上直播，观看人数达4.78万人次。

（刘传）

【第四届青少年科普科幻创作征集活动】 11月至12月，区科协举办第四届青少年科普科幻创作征集活动。活动设置科普、科幻两个创作方向，面向青少年征集原创科普科幻作品，来自256所中小学校的近2万名青少年参与。青少年主要围绕未来科技、生态环保、绿色城市、新能源技术、宇宙探索等主题进行想象和创作。共征集作品17664项，其中科幻画16223幅、科幻小说945篇、科学童话496篇。

（刘传）

归国华侨联合会

【概况】 2021年，北京市海淀区归国华侨联合会（简称区侨联）下设海淀园侨联及19个街道侨联组织。

区侨联调动侨智侨力，围绕“两区”建设、香港问题、海创企业发展的机遇与挑战、“一带一路”建设、助力国际国内双循环、数字中国建设等问题开展调研，形成一批调研成果。《港版“国安法”实施后涉港宣传措施研究》被评为北京市侨联系统优秀调研课题成果一等奖，《抓住“两区”建设新机遇，开创侨海人才工作新局面》《后疫情时代，海创企业发展的机遇与挑战》《数字引擎计划：马达加斯加—中国贸促会数字化增值服务研究》被评为三等奖。

推进基层侨联“侨之家”建设。海淀街道侨联“红帆”等4个“侨之家”被评为北京市侨联“示范侨之家”。开展“中国华侨国际文化交流基地”申报工作，圆明园遗址公园、颐和园、香山公园被中国侨联确认为“中国华侨国际文化交流基地”，贝家花园被北京市侨联确认为“北京市华侨文化交流基地”。

开展党史学习教育。在微信公众号推送庆祝中国共产党建党100周年党史知识推文90期、侨界群众文艺作品展示推文18期，浏览量达6000余人次；举办12期线上党史知识竞答活动，1500人参与。

针对新冠肺炎疫情防控常态化新特点以及海内外侨情新变化，区侨联在“凝聚侨心、汇集侨智、发挥侨力、维护侨益”等方面持续发力，实现新侨文化认同感提升、侨资服务品牌效应提升、侨界凝聚力提升、侨益获得感提升。继续加强与50余家海外知名高校在京校友会的联系，通过举办论坛、沙龙等活动，进一步团结凝聚广大留学人员。

组织收集、汇总社情民意、建议信息33篇，其中9篇被中国侨联《侨情专报》采用，《关于借鉴日本轨道交通“公交化”成功经验的建议》被评为中国侨联优秀信息。区侨联信息工作获2021年北京市侨联系统信息工作一等奖。

（冀敏）

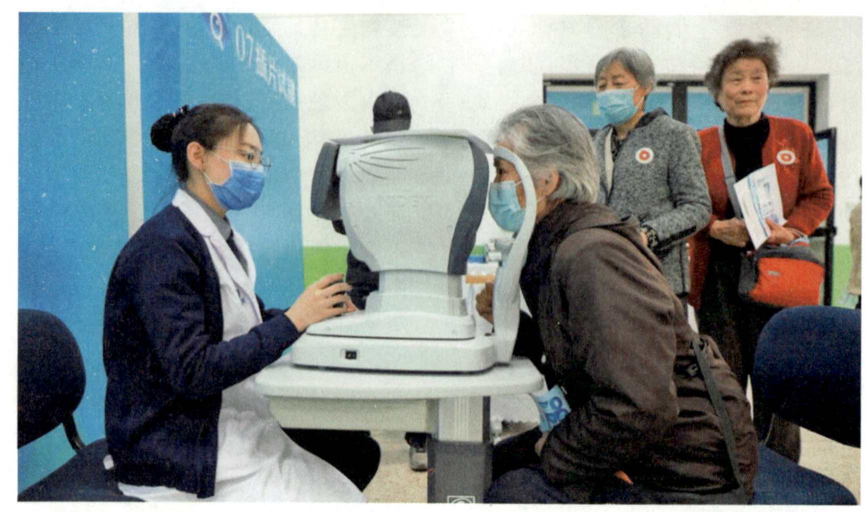

4月15日，“侨爱心·进社区”眼健康公益项目走进西三旗街道社区（冀敏 摄）

【侨胞慰问】 春节、“十一”前夕，区侨联及各街道侨联对辖区内400余户侨界代表人士、困难群众开展走访慰问。全年向418名侨胞送去5万元慰问金和价值6.13万元的慰问品。

（冀敏）

【“迎冬奥”冰雪嘉年华滑雪体验活动】 1月28日，区侨联和区体育局联合举办“迎冬奥”冰雪嘉年华滑雪体验活动，500余名侨创企业员工参加。体验活动分成两个阶段，第一阶段重点由教练进行滑雪基本要领讲解；第二阶段在教练的指导下，进入初级道、中级道、高级道进行畅滑体验。

（冀敏）

【“侨爱心·进社区”眼健康公益项目】 4月15日，区侨联和中国华侨公益基金会、北京市侨联、西三旗街道共同开展“侨爱心·进社区”眼健康公益项目，北京爱尔英智眼科医院的医护团队到西三旗街道育新花园社区、电科院社区、北新集团社区开展眼健康知识宣教，为391名居民进行视力检查、为百余名80岁以上老人安排插片视镜。

（冀敏）

【“侨爱无疆·助企发展”活动】 3月至12月，区侨联与区委统战部（区侨办）联合举办7期“侨爱无疆·助企发展”沙龙活动。以线下沙龙、参观走访、云端连线等形式相结合，围绕产学研协同创新、助力“两区”建设、“医疗创新与平台赋能”等主题进行，中国科学院自动化研究所、诺斯兰德生物技术股份有限公司、推想医疗科技股份有限公司、北京中科赛博标准化技术研究院有限公司、北京航空航天大学、中央民族大学等辖区科研院所、企业、驻区高校、街道侨联等人员参加，进一步搭建沟通交流和分享展示的平台。

（冀敏）

【“益分计划”公益活动】 4月25日、6月8日，区侨联分别在八里庄街道双紫社区、紫竹院街道兵器社区开展“益分计划”公益活动。通过开展垃圾分类微课堂、废弃物手工制作创意秀、互动游戏等系列活动，倡导人人参与垃圾分类，助力社区营造良好生活环境。

（冀敏）

【党史讲座】 4月至7月，区侨联面向海创归国人才和基层街道侨联举办4场党史讲座活动。邀请军事战略专家、央视军事评论员韩旭东，中央党校党史专业博士王芳围绕“开天辟地”“改天换地”“翻天覆地”“惊天动地”及建党百年历程的经验启示等方面进行授课，400余名归侨侨眷、留学归国人员参加讲座。活动让大家感受到党的光辉历程，感悟共产党员的初心使命，坚定跟党走、听党话的信心。

（冀敏）

【承办“侨心向党”诗乐会开幕活动】 5月18日，区侨联承办“侨心向党·同心逐梦”首都侨界庆祝中国共产党成立100周年诗乐会暨“亲情中华·侨韵北京”第十届首都新侨乡文化节开幕活动。中国侨联、北京市侨联、区委区政府有关领导及首都侨界人士近300人参加开幕活动。诗乐会分为《追寻》——寻根·救国·希望，《奋斗》——奋斗·兴国·崛起，《踏上新征程》——同心·强国·逐梦三个篇章，来自海淀等区的侨界业余文艺爱好者，通过舞蹈、歌曲演唱、诗歌朗诵、情景剧等表演形式，回顾了中国共产党与海外侨胞的绵长情义，展现了侨界与祖国同呼吸、共命运、心连心的爱国情怀，再现了侨界为新中国的发展强大作出的重要贡献，表达了侨界对中国共产党和伟大祖国的深情厚谊和美好祝福，唱响了侨界建功新时代、同心共筑中国梦的赤子之歌。诗乐会大力提升了首都侨界党史教育的多样性、参与性和影响力。

（冀敏）

【海淀·兰辛教育论坛】 5月26日，“科技教育·创享未来——第七届‘互联网+教育’创新周”平行论坛——“海淀·兰辛教育论坛：疫情后全球化教育创新人才培养”举办。论坛由区侨联主办，线上、线下同时进行。区长王合生出席活动并致辞，美国密歇根州兰辛市市长安迪·施尔通过视频致辞。区委常委、统战部部长任武军及区政府办、区委统战部、区外办、区侨联、中关村街道、海淀置业集团相关领导和嘉宾出席线下会议。美国密歇根州兰辛市市长安迪·施尔，美国国家小企业协会副主席茉莉·布洛根·戴伊，美国密歇根州商业联盟主席克里斯·霍曼，密歇根法明顿公共校区中学校长艾莉森·罗宾逊，兰辛社区学院校长史蒂夫·罗宾逊等美方嘉宾线上出席会议。与会教育领域专家、校长及学生代表200余人围绕疫情后全球化教育发展趋势、科技创新与教育融合发展的趋势等主题进行交流探讨。论坛邀请中国科学院院士、中国疾病预防控制中心主任、国家自然科学基金委副主任高福就《疫情后公共卫生和教育领域的挑战》发表主题演讲。在《疫情后全球化教育发展趋势》圆桌论坛环节，中美嘉宾围绕K12教育、职业教育、创新人才培养趋势等话题进行跨国对话；在《科技创新与教育融合发展的趋势》圆桌论坛环节，中美嘉宾共同探究科技驱动下的未来教育议题。

（钟冷　王斯雅　冀敏）

【中关村科学城国际创业季系列活动】 6月至9月，区侨联与海淀留创园等单位举办了2021中关村科学城国际创业季系列活动。包括国际创业营、“加拿大之夜”海外学联联谊会、海外人才归国发展政策宣讲、中小企业自主创新论坛、2021年海创投资人见面会等在内的10余场活动，助力海创人才健康发展。

（冀敏）

【网上夏令营海淀营活动】 7月16日至30日，区侨联承办“亲情中华·为你讲故事”2021年网上夏令营海淀营活动。来自北美地区6所华文学校的230名学生参加。线上开启中华文化学习之旅，以微信群和ZOOM网络直播方式，聆听《西游记》、中华经典成语寓言故事，云参观了故宫、长城、冬奥场馆、三山五园和海淀城市大脑科技等，云体验了海淀“五虎棍”、曹氏风筝的上色、剪纸和泥塑等中华非遗文化。中国网、人民政协网、光明网、环球网、千龙网等10家主流网站对海淀营活动进行报道。

（冀敏）

【“云享荟”对话交流活动】 8月27日，区侨联牵头联合中关村互联网教育创新中心、中国教育学会国际教育分会，举办以“未来教育创新服务”为主题的中关村国际教育“云享荟”对话交流活动。在线与美国密歇根州商业联盟、美国红杉国际商业协会等美国行业机构对话，分享教育交流及创新服务经验，挖掘全球教育市场新机遇，研讨中美企业合作新可能。

（冀敏）

【“东升杯”国际创业大赛海归分赛区活动】 9月12日，区侨联承办2021年第九届“东升杯”国际创业大赛海归分赛区（北京·数字经济）活动。入围复赛的11个优质项目在中关村创业大街北京大学创业训练营完成线上+线下路演，创业项目涵盖生命科学、数字经济、新能源、新材料等领域。

（冀敏）

【“海侨之月·情满淀园”诗乐会】 9月25日，区侨联与区委统战部（区侨办）、区人大常委会法制委、区政协港澳台侨委、致公党海淀区委等涉侨部门联合举办第二届“海侨之月·情

5月26日，区侨联举办线上海淀·兰辛教育论坛（韩璐 摄）

满淀园”侨界人士助力国际科技创新中心核心区建设诗乐会，中国侨联主席万立骏、北京市侨联党组书记严卫群、区人大常委会、区政协、区委统战部相关领导及来自驻区高校、科技园区的侨界人士、部分在京海外侨胞300余人参加活动。

（冀敏）

【第八届京港澳学生迎新交流营】 9月25日至26日，区侨联和海淀地区海外联谊会、香港专业人士（北京）协会在稻香湖景酒店联合举办第八届京港澳学生迎新交流营，来自北京大学、清华大学、中国政法大学等高校的130余名港澳台地区大一新生参加。交流营邀请北京市公安局港澳台处领导、香港特区政府驻京办工作人员现场答疑解惑，帮助港澳台新生融入内地生活，增加国家归属感和认同感。通过多个环节的团队游戏和分组竞技活动，加强港澳台生与内地学生间的交流，帮助他们尽快适应在北京学习和生活。

（王夏晖　冀敏）

【第八次归侨侨眷代表大会】 9月25日至26日，海淀区第八次归侨侨眷代表大会召开，来自海淀区各系统、各领域的归侨侨眷代表195人参会。市侨联党组书记严卫群，市侨联党组副书记、副主席李冬娟，区委书记于军，区人大常委会主任刘长利出席开幕式。大会听取并审议海淀侨联第七届委员会工作报告，报告全面总结了区侨联第七届委员会在服务经济发展、依法维护侨益、拓展海外联谊、积极参政议政、弘扬中华文化、参与社会建设等方面所取得的工作成果，对今后5年侨联工作提出新的要求与目标。大会选举产生海淀区侨联第八届委员会的63名委员。选举石岳为区侨联主席，陈建敏为副主席，殷强、王小东、王金宝、辛崇阳、赵新良、廖洪恩6人为兼职副主席，韩璐为秘书长。

（钟冷　冀敏）

【隋军调研“侨之家”】 11月9日，中国侨联党组成员、副主席隋军到海淀创业园，考察走访园区企业和“侨之家”，与基层侨联干部、侨资企业代表、归国留学人员代表进行座谈交流。隋军在座谈讲话中充分肯定北京市侨联、海淀区侨联、园区侨联工作，指出2021年是中国共产党成立100周年，习近平总书记发表“七一”重要讲话，强调要“以史为鉴、开创未来，必须加强海内外中华儿女大团结”；11月8日，党的十九届六中全会召开，这是我们党的历史上极其重要的一次会议，肩负着承前启后、继往开来的伟大使命。侨联系统要深入学习领会习近平总书记重要讲话精神，作为推动侨联事业高质量发展的行动指南，感悟新思想、践行新理念、把握新机遇、融入新格局、推动新发展、作出新贡献。副区长徐振涛等参加调研。

（冀敏）

青年联合会

【概况】 2021年，海淀区青年联合会（简称海淀青联）下设团体会员组，科学教育组，经济金融组，公共管理组，文艺体育组，解放军政法组，医药卫生组，民族、宗教、民主党派组，新的社会阶层组9个界别组，有委员318名。海淀区青联之友联谊会、各系统联谊会和地区青年联谊会是海淀青联的外围组织。海淀青联组织开展疫情防疫工作、对口协作捐款捐物、服务创新创业、参访学习交流、基层志愿服务、参加两岸青年交流合作北京峰会等活动。

（莫穷）

【海淀台湾青年驿站】 年内，海淀青联共有6家青年驿站。各台湾青年驿站参观走访海淀高科技企业等，帮助台湾青年深入了解海淀科技创新创业，积极发掘区内企业就业实习岗位需求，持续探索为台湾大学生在大陆实习就业提供平台。聚焦关注台湾青年在大陆生活中存在的问题和困难，进行全面的梳理和解疑。2021年围绕冬奥会、创新创业等主题，通过台湾青年驿站开展台湾青年走进北京冬奥会活动、2021京台青年企业家创新创业交流会、创客联航活动等。进一步丰富两岸青年交流合作，分享发展机遇，增强台湾青年在海淀的获得感。

（莫穷）

【“千村计划”助力乡村振兴】 年内，海淀青联成立5个“千村计划”服务团，服务东西部协作，为乡村振兴贡献力量。制定“千村计划”服务团服务对口协作地区方案，团区委、区青联动员社会力量，赴内蒙古科右前旗、科右中旗考察调研，与5个嘎查签约结对。在兴安盟及北京乡镇地区援建11个“希望小屋”。青联委员及动员的社会力量全年捐赠资金203.78万元，捐赠物资折合近111.23万元。

（莫穷）

【“青春同心·永跟党走”教育实践活动】 4月13日，海淀青联开展“青春同心·永跟党走”庆祝中国共产党

4月13日，“青春同心·永跟党走”海淀区青年联合会庆祝建党百年学习教育实践活动现场（齐康 摄）

成立100周年学习教育实践活动，邀请老将军为青联委员带来党史学习讲座。区委副书记张强，团区委书记、区青联副主席陈培宇参加启动仪式。

（莫穷）

【青联八届五次常委会】 6月18日，海淀青联八届七次主席会和八届五次常委会召开。会议审议通过《改选北京市海淀区青年联合会第八届委员会主席的提议》《改选北京市海淀区青年联合会第八届委员会秘书长的提议》。陈培宇当选为北京市海淀区青年联合会第八届委员会主席，莫穷当选为北京市海淀区青年联合会第八届委员会秘书长。

（莫穷）

【参与两岸青年交流合作北京峰会】 7月20日，2021两岸青年交流合作北京峰会在中关村壹号会议中心举行。海淀团区委书记、海淀青联主席陈培宇在主论坛作主旨发言。海淀青联承办了晚宴联谊活动，共有京台青年120人参加。

（莫穷）

【青联三十周年活动】 8月1日，“青春同心·永跟党走”海淀区青年联合会庆祝建党百年学习教育实践活动暨海淀青联三十周年活动在圆明园举办。活动回顾海淀青联成立30年来的光辉历程和主要成就，号召全体青联委员积极践行青春使命。

（莫穷）

【海淀青联委员轮训】 9月1日、14日，海淀区青联举办委员轮训，通过《中国共产党百年奋斗与民族复兴——学习总书记在庆祝中国共产党成立100周年大会上的讲话》和《奋斗百年路 启航新征程——党史学习教育为何学、学什么、怎样学》为主题，帮助青联委员深化了习近平总书记在庆祝中国共产党成立100周年大会上的讲话精神的理解和把握。两次轮训共有273名委员参加培训。

（莫穷）

【《习近平扶贫故事》读书分享会】 9月2日，北京市海淀区青年联合会走进商务印书馆，举办“共读扶贫书籍 点燃红色初心”——《习近平扶贫故事》读书分享会。本次读书分享会不仅激发大家的读书热情，更使大家认识到脱贫攻坚和乡村振兴的重大意义，积极谋划全年对口协作工作。

（莫穷）

工商业联合会

【概况】 2021年，北京市海淀区工商业联合会（简称区工商联）有会员单位2118家。有饮食服务行业协会、户外广告协会、海淀区商业联合会、北京市海淀区停车服务行业协会、中关村卓越高成长企业创新联盟、闪联信息产业协会、北京中关村海淀科技金融创新商会、海淀区中小企业协会、中关村海新联新兴产业促进会、中关村跨界创新联盟、海淀区女企业家协会、海淀区四知文化研究会、北京市海淀区生态文明建设联合会、中关村金融科技产业发展联盟、雄安新区科技创新企业联合会、中关村数字文化产业联盟16个协会联盟。有苏家坨镇商会、西北旺镇商会、田村路街道商会、清河街道商会、学院路街道商会、青龙桥街道商会、上地街道商会、中关村街道商会、西三旗街道商会、马连洼街道商会、八里庄街道商会、温泉镇商会、紫竹院街道商会、曙光街道商会、北下关街道商会15个地区基层商会。有留学人员创业园商会、中关村翠湖科技园商会、保福科技园商会3个园区商会。有医药业商会、文化创意产业商会、传统服务业商会、中介服务业商会、互联网教育商会5个行业商会。有青年企业家联谊会1个联谊会。

区工商联开展思想政治引导，打造思想引领主阵地。建立全市首家工商联融媒体中心，与商会、企业、委办局多方打造海淀工商联融媒矩阵。组建50人通讯员队伍，微信公众号编发政策解读、企业动态、商会发展等377篇，阅览人次4.68万。获得全国工商联2021年信息工作先进单位称号。组织民营经济人士学习习近平总书记庆祝中国共产党成立100周年重要讲话精神，学习习近平总书记对新时代民营经济统战工作作出的重要指示精神、《中国共产党统一战线工作条例》、全国民营经济统战工作会议精神以及《关于加强新时代民营经济统战工作的意见》等政策法规。

区工商联宣传和展示海淀企业创新风采，组织231家企业申报北京市民企百强，斩获140个奖项，占全市奖项的近三分之一。

（曹丹宁）

【参政议政】 年内，区工商联走访调研字节跳动、去哪儿网等企业及上地、中关村、八里庄等街道商会，深入了解企业发展情况，积极协调解决企业的困难。整合优势资源，助推企业加快技术创新。分别与北京大学科技开发部、中科院北京国家技术转移中心签订战略合作协议，解决企业在技术创新、改造升级中遇到的实际困难。发挥全国工商联信息直报点作用，为民营企业发展发声。中央“双减”政策出台后，区工商联多方协商，开展专题调研，形成高质量建言信息6篇，分别被国务院办公厅、全国工商联、市委办公厅采用，并得到市委书记蔡奇的重要批示，为更好落实“双减”政策提供了意见建议。

（曹丹宁）

【扶贫协作】 年内，区工商联与湘西自治州州委共商打造特色鲜明方案，助推双方民营经济发展。组织召开“京湘情——乡村振兴直通车”年货大吉推进会，创新产业合作模式，深挖资源价值，优化资源配置，发展特色产业项目，以“京湘情——乡村振兴直通车”活动为契机，把湘西州特色产业、土地资源、旅游资源相结合，共同助推湖南湘西经济社会实现高质量发展。9月23日至25日，海淀区工商联党组成员、副主席曹燕带领部分民营企业家到兴安盟，就推动“京蒙协作”，开展“万企兴万村”行动进行考察对接。考察组一行先后到乌兰浩特市、科右前旗、科右中旗部分乡镇进行实地调研，重点对义勒力特、察尔森、索伦和杜尔基镇文旅行业的发展业态、经营特色、功能定位、运营情况、文化底蕴、宣传模式等情况进行深入了解。座谈会上，双方就下一步工作计划和有关“乡村振兴”工作中的意见建议进行了深入交流。会上，海淀区工商联与科右前旗和科右中旗分别签订友好合作协议，让海淀民营企业用科技的力量赋能兴安盟，让乡村实现“造血式”发展。

（曹丹宁）

【会员服务】 年内，区工商联举办“中关村同心荟”·企业家论坛，围绕“两区”建设与中关村发展，邀请专家为民营企业解读最新的区域政策。与区统计局合作，每季度开展海淀“企业家之声”微调查，为民营企业发展“把脉”。为了更好传递政府支持中小企业发展的决心和信心，优化“专精特新”中小企业发展环境，12月17日海淀区工商联和中关村街道办事处在中关村街道科学驿站共同举办了北交所走进“专精特新”企业系列宣讲会。

（曹丹宁）

【原工商业者困难补助】 年内，区工商联帮助原工商业者解决生活困难，为原工商业者37人发放临时困难补助10万余元。

（曹丹宁）

【庆祝中国共产党成立100周年系列活动】 3月31日，区工商联举办主题为“永远跟党走 筑梦新时代”的庆祝中国共产党成立100周年座谈会，企业家代表结合自身成长经历、学习体会，畅谈对中国共产党、中国特色社会主义、统一战线的认识。通过对国内外疫情防控工作和成果的对比，大家凝聚共识，增强信心，团结在中共中央周围，为实现中华民族伟大复兴的中国梦贡献力量。6月27日，与区委统战部联合主办主题为“坚守创业初心，同庆百年荣光”的海淀区民营企业庆祝中国共产党成立100周年主题活动。市工商联主席燕瑛，区政协主席刘勇，区委常委、统战部部长任武军，区工商联主席陈双，区委办局、群团、党派和街镇相关负责人出席活动，100多位海淀区民营企业家代表参加活动。与会人员回顾中国共产党百年奋斗光辉历程，重温海淀区民营企业家敢为人先、勇于创新、追求卓越、科技报国的精神风貌，进一步汇聚奋进力量。

（曹丹宁 钟泠）

【区工商联与2家科研机构签订合作协议】 4月27日，区工商联分别与北京大学科技开发部、中科院北京国家技术转移中心签订战略合作协议，助力会员企业加快技术创新。根据协议，两家科研机构把科研成果、人才、经验等资源与海淀区工商联会员企业共享，在实现成果转化的同时，为企业在技术创新、改造升级等方面提供服务，解决企业在技术、经营中遇到的实际困难，实现资源共享、优势互补、合作共赢的目标。

（钟泠）

【140家企业入围北京民营企业年度百强榜】 9月16日，北京市工商联发布2021北京民营企业“1+4”百强榜单，即“北京民营企业百强”+“北京民营企业科技创新百强”“北京民营企业文化产业百强”“北京民营企业中小百强”“北京民营企业社会责任百强”。海淀企业获136个奖项，占全市的27%。38家企业上榜北京民营企业百强榜单、43家企业上榜科技创新百强榜单、11家企业上榜北京民营企业文化产业百强榜单、15家企业上榜北京民营企业中小百强榜单、33家企业上榜北京民营企业社会责任百强榜单。

表4 2021年北京民营企业百强海淀上榜名单

序号	企业名称	序号	企业名称
1	联想控股股份有限公司	13	神州数码软件有限公司
2	小米通讯技术有限公司	14	北京国联视讯信息技术股份有限公司
3	北京三快在线科技有限公司	15	神州数码（中国）有限公司
4	百度公司	16	软通动力信息技术（集团）股份有限公司
5	贝壳找房	17	北京微梦创科网络技术有限公司
6	北京快手科技有限公司	18	北京中公教育科技有限公司
7	帝海投资控股集团有限公司	19	北京碧水源科技股份有限公司
8	北京爱奇艺科技有限公司	20	北京千方科技股份有限公司
9	迪信通科技集团有限公司	21	东华软件股份公司
10	腾讯云计算（北京）有限责任公司	22	华扬联众数字技术股份有限公司
11	北京大北农科技集团股份有限公司	23	北京车之家信息技术有限公司
12	新东方教育科技集团	24	用友网络科技股份有限公司

续表

序号	企业名称	序号	企业名称
25	拉卡拉	32	北京石头世纪科技股份有限公司
26	北京高能时代环境技术股份有限公司	33	北京先进数通信息技术股份公司
27	利亚德光电股份有限公司	34	博彦科技股份有限公司
28	北京纳通科技集团有限公司	35	广联达科技股份有限公司
29	北京金山云网络技术有限公司	36	北京华胜天成科技股份有限公司
30	北京趣拿信息技术有限公司	37	北京四方继保自动化股份有限公司
31	北京恒安卫士保安服务有限公司	38	亚信科技（中国）有限公司

表5　2021年北京民营企业科技创新百强海淀上榜名单

序号	企业名称	序号	企业名称
1	百度公司	23	网易有道信息技术（北京）有限公司
2	北京三快在线科技有限公司	24	北京合众思壮科技股份有限公司
3	京东集团	25	亚信科技（中国）有限公司
4	北京北斗星通导航技术股份有限公司	26	北京四方继保自动化股份有限公司
5	小米通讯技术有限公司	27	北京久其软件股份有限公司
6	神州数码软件有限公司	28	瑞斯康达科技发展股份有限公司
7	联想控股股份有限公司	29	北京旋极信息技术股份有限公司
8	用友网络科技股份有限公司	30	随行付支付有限公司
9	广联达科技股份有限公司	31	京北方信息技术股份有限公司
10	北京微梦创科网络技术有限公司	32	北京大北农科技集团股份有限公司
11	北京爱奇艺科技有限公司	33	北京金山云网络技术有限公司
12	软通动力信息技术（集团）股份有限公司	34	利亚德光电股份有限公司
13	完美世界（北京）软件科技发展有限公司	35	大恒新纪元科技股份有限公司
14	腾讯云计算（北京）有限责任公司	36	博彦科技股份有限公司
15	北京车之家信息技术有限公司	37	北京万集科技股份有限公司
16	北京中公教育科技有限公司	38	拉卡拉
17	贝壳找房	39	北京石头世纪科技股份有限公司
18	北京掌趣科技股份有限公司	40	北京高能时代环境技术股份有限公司
19	北京千方科技股份有限公司	41	北京亚鸿世纪科技发展有限公司
20	东华软件股份公司	42	北京昆仑万维科技股份有限公司
21	第四范式（北京）技术有限公司	43	北京纳通科技集团有限公司
22	北京趣拿信息技术有限公司		

表6　2021年北京民营企业文化产业百强海淀上榜名单

序号	企业名称	序号	企业名称
1	北京昆仑万维科技股份有限公司	7	北京爱奇艺科技有限公司
2	完美世界（北京）软件科技发展有限公司	8	北京新意互动数字技术有限公司
3	华扬联众数字技术股份有限公司	9	北京微梦传媒股份有限公司
4	北京中公教育科技有限公司	10	利亚德光电股份有限公司
5	北京趣拿信息技术有限公司	11	北京世纪超星信息技术发展有限责任公司
6	北京新亚天影电影科技股份有限公司		

表7　2021年北京民营企业中小百强海淀上榜名单

序号	企业名称	序号	企业名称
1	北京佳讯飞鸿电气股份有限公司	9	盛威时代科技集团有限公司
2	北京格林威尔科技发展有限公司	10	威讯柏睿数据科技（北京）有限公司
3	北京海泰方圆科技股份有限公司	11	北京众享比特科技有限公司
4	北京天宜上佳高新材料股份有限公司	12	北京世纪超星信息技术发展有限责任公司
5	北京兴科迪科技有限公司	13	北京金山顶尖科技股份有限公司
6	北京慧辰资道资讯股份有限公司	14	北京新亚天影电影科技股份有限公司
7	北京中讯四方科技股份有限公司	15	北京瑞莱智慧科技有限公司
8	北京左江科技股份有限公司		

表8　2021年北京民营企业社会责任百强海淀上榜名单

序号	企业名称	序号	企业名称
1	北京三快在线科技有限公司	11	神州数码软件有限公司
2	贝壳找房	12	软通动力信息技术（集团）股份有限公司
3	小米通讯技术有限公司	13	北京佳讯飞鸿电气股份有限公司
4	北京大北农科技集团股份有限公司	14	广联达科技股份有限公司
5	网易有道信息技术（北京）有限公司	15	北京康辰药业股份有限公司
6	北京高能时代环境技术股份有限公司	16	亚信科技（中国）有限公司
7	用友网络科技股份有限公司	17	国美控股集团有限公司
8	百度公司	18	完美世界（北京）软件科技发展有限公司
9	北京中公教育科技有限公司	19	北京碧水源科技股份有限公司
10	北京纳通科技集团有限公司	20	利亚德光电股份有限公司

续表

序号	企业名称	序号	企业名称
21	东华软件股份公司	28	北京天宜上佳高新材料股份有限公司
22	京东集团	29	北京千方科技股份有限公司
23	北京国联视讯信息技术股份有限公司	30	河豚家族（北京）餐饮管理有限公司
24	保福（北京）科技园投资开发集团有限公司	31	拉卡拉
25	北京四方继保自动化股份有限公司	32	北京金色农华种业科技股份有限公司
26	物美科技集团有限公司	33	博彦科技股份有限公司
27	北京万集科技股份有限公司		

（钟冷　曹丹宁）

【全市首个工商联融媒体中心成立】 9月17日，海淀工商联融媒体中心（海淀融媒工商联分中心）揭牌成立，这是北京市首个工商联融媒体中心。海淀工商联融媒发布厅同步启动。海淀工商联融媒体中心由区工商联与海淀区融媒体中心共同打造，进一步整合和提升工商联的宣传力量，围绕区工商联、区商会改革与发展，深入研究非公经济和民营企业的新特点，讲述海淀优秀民营企业家故事等主题，记录区工商联、商会和民营企业的新形象、新风貌，提升传播力引导力影响力，做好民营经济领域的媒体融合文章。海淀工商联融媒体中心拥有一个网站、一个会刊和海淀工商联、海淀工商联今日、海淀工商联快手短视频号3个新媒体平台，形成“一网一刊三平台”格局传播网。海淀区拥有超20万家民营企业，遍布人工智能、生物医药、商业航天、互联网教育、新媒体平台等多个领域。

（钟冷）

【11家民营企业上榜年度全国500强】 9月25日，在2021中国500强企业高峰论坛上，企业联合会、企业家协会发布“2021民营企业500强”“2021制造业民营企业500强”“2021服务业民营企业100强”榜单，海淀11家（16家次）企业上榜。

（钟冷）

【区工商联第十一次代表大会】 12月24日，区工商业联合会（商会）第十一次代表大会召开。市工商联副主席赵秀德、区委副书记张强出席开幕式。区委常委、统战部部长牟晓春，副区长林航出席会议。区人大常委会、区政协、区工商联、市委统战部、市工商联有关负责人，区有关部门、各民主党派、人民团体、部分街镇领导、区工商联会员代表和嘉宾400余人参加会议。大会审议通过海淀区工商联第十届执行委员会工作报告和《海淀区工商业联合会（商会）第十一次代表大会决议》，选举产生由132名执委组成的区工商联第十一届执行委员会。区工商联聘请中关村科学城综合事务部等23家部门作为顾问单位，聘请王春生等23人作为特邀顾问，聘请14位企业家作为智库顾问并颁发聘书。

（钟冷）

9月17日，海淀工商联融媒体中心揭牌成立（区工商联　供图）

表9　2021民营企业500强海淀上榜名单

序号	企业名称
1	联想控股股份有限公司（计算机、通信和其他电子设备制造业）
2	小米通讯技术有限公司（计算机、通信和其他电子设备制造业）

续表

序号	企业名称
3	北京三快在线科技有限公司（互联网和相关服务）
4	百度公司（互联网和相关服务）
5	贝壳控股有限公司（互联网和相关服务）
6	北京学而思教育科技有限公司（互联网和相关服务）
7	北京爱奇艺科技有限公司（软件和信息技术服务业）
8	迪信通科技集团有限公司（零售业）

表10　2021制造业民营企业500强海淀上榜名单

序号	企业名称
1	联想控股股份有限公司（计算机、通信和其他电子设备制造业）
2	小米通讯技术有限公司（计算机、通信和其他电子设备制造业）
3	北京大北农科技集团股份有限公司（农副食品加工业）
4	奥瑞金科技股份有限公司（金属制品业）

表11　2021服务业民营企业100强海淀上榜名单

序号	企业名称
1	北京三快在线科技有限公司（互联网和相关服务）
2	百度公司（互联网和相关服务）
3	贝壳控股有限公司（互联网和相关服务）
4	帝海投资控股集团有限公司（房地产业）

法　治

2022
北京海淀年鉴

政法委

【概况】2021年，海淀区委政法委（简称区委政法委）以建党100周年庆祝活动安保为主线，结合全国两会、冬奥测试等重大活动安保筹备和专项维稳，准确把握辖区安全稳定形势和治安规律特点，确保区域社会面平稳有序，确保重大活动和重要敏感期间绝对安全。妥善审理涉新冠肺炎疫情劳动争议、房屋租赁、教育培训、旅游合同、买卖合同等民事纠纷。推进市域社会治理现代化试点，深化政法领域改革，开展政法队伍教育整顿，切实维护区域政治安全、社会大局稳定。

开展政法队伍教育整顿，建立四项机制[①]，引入内外部监督，构建科学合理的组织协同体系。组织编发区级层面每日动态和综合信息80余篇，组织召开座谈会60余场，征求社会各界意见建议300余条，形成6份统计分析报告。坚持守正创新，将政治教育、警示教育、英模教育工作贯穿全过程，推广“一箱一包”[②]学习模式，提升政法系统开展学习教育的规范性、便捷性。倡导“一把手”讲党课，各级党组织开展学习教育研讨会、读书会、报告会、交流会等70余次，提出“跟、自、研、线、悟、实、测”7字诀学习法，确保学习效果。以自查自纠拓展线索来源，开展谈心谈话；分级分类施策，以三级研判优化线索办理；全面挂图作战，以三级督办确保高效处置。

开展党史学习教育。组织党史学习教育在线考试、“我当法律服务员”主题活动、党史学习教育系列专题讲座和知识竞赛、“我为群众办实事”实践活动。政法系统2名优秀老党员参加《在党50年，永远跟党走——百名老党员访谈录》访谈。召开“弘扬英模精神，争当忠诚卫士”海淀政法先锋事迹报告会8场次，受教育干警达1.2万余人次。2名法官当选北京市审判业务专家，2人参评北京法院司法实务研究专家。

（朱亮）

【平安海淀建设】年内，区委政法委完善平安海淀建设工作体制机制，构建“1办3专项11个行业组”的工作体系。开展市域社会治理现代化试点工作，打造“六治一体”的新时代海淀“枫桥经验”，建立100个彰显“四度”[③]重点治理创新项目，实施“小项目”带动“大治理”专项行动。健全完善综治中心建设，推进社区（村）综治样板间，搭建共治共享的社会治理平台。深化重大决策社会稳定风险评估工作，三级挂账社会治安重点地区整治工作取得明显成效。升级平安海淀建设信息平台，汇集公安、信访、消防、应急等部门数据形成“平安海淀指数”。完成年度“雪亮工程”建设任务，建成572个智慧平安小区，开展数据采集工作。制定印发《海淀区委关于常态化开展扫黑除恶斗争巩固专项斗争成果的实施意见》，构建重点行业平安建设协调机制、线索发现流转核查机制、严格依法办案机制等九大机制，建立专项斗争全覆盖工作体系。推树扫黑除恶工作典型，2人获“全国扫黑除恶专项斗争先进个人”称号。在12月15日召开的平安中国建设表彰大会上，海淀区被授予“2017—2020年度平安中国建设示范区”称号。

（朱亮）

【司法保障服务】年内，区委政法委围绕中心工作提供司法保障服务。创建“2+1+2”[④]防护型少年审判海淀模式，打造未成年人权益保护立体化格局。举办“‘两区’建设专家谈”高端论坛，制定《区法院关于为海淀“两区”建设提供司法服务和保障的意见》，提出25项司法保障措施。形成司法助力“两区”建设合力。化解企业间总标的额超1.5亿元的系列广告合同纠纷案入选最高人民法院“人民法院助推民营经济高质量发展典型民商事案例”。依托“海淀政务”实现线上线下全时空服务，建成覆盖全区域、全业务法律服务实体网络。组织开展“公共法律服务精细化管理年”活动，开通“疫情防控法律服务”等专线专窗，成立“中小微企业法律服务团”。将涉及“双减”工作教育机构员工讨要劳动报酬案件全部纳入法律援助范畴，受理各类教育机构法律援助申请982人次。启动海淀区“八五”普法工作，利用新媒体开展普法宣传，“海淀微说法”微信公众号发布普法信息460条，多部普法作品被司法部官方抖音转发。开展各类法治宣传活动9200余场次，发放宣传资料和宣传品344万余份，惠及群众335万余人次。海淀街道海淀南路北社区被司法部、民政部命名为第八批“全国民主法治示范社区”。

（朱亮）

【政法领域改革】年内，区委政法委推进网上立案规范化建设，制定《区法院网上立案工作办法》。优化司法确认程序，编写《当事人申请线上司法确认操作指南》《法官办理申请线上司法确认操作指南》。扩大小额程序适用和独任制适用范围，适用率19.27%，位居全市前列。区公共法律服务中心平均开放窗口15个，累计接待来访3414人次，电话咨询19717人次，受理指派法律援助案件3171件，办理各类事项2209件。

（朱亮）

【市域社会治理现代化试点建设】年内，海淀区全国市域社会治理现代化试点建设工作领导小组各成员单位和各街镇不断探索社会治理体制机制创

① 四项机制：书记牵头，党委挂帅，全面强化统筹督导；健全制度，强化联动，协同推进责任落实；工作下沉，督促到人，确保实现全面覆盖；问计于民，接受监督，广泛听取群众呼声。
② 一箱一包：党建工作箱、党员学习包。
③ 四度：理念要有领先度、内容要有辐射度、推动要有标识度、创新要有有效度。
④ 2+1+2：以审判为中心，前置建立警示加强预防审前防御机制；后续设置，帮教加求助，判后保护机制。

新路径，把市域社会治理试点建设与政法工作、平安海淀建设同研究、同部署、同推进。建成全市首家示范性公共法律服务中心，海淀南路北社区被司法部、民政部命名为“全国民主法治示范社区”。弘扬新时代中关村精神，用好“海淀网友”品牌，发动群众参与社会治理。注入治理活力，涌现出“石榴树下议事厅”“平安华熙治理中心”等具有区域特色的基层治理亮点。依托“雪亮工程”、智慧平安小区、“城市大脑”，实现区域社会治理数据高效采集、精准处理。建设社区（村）心理服务单元，做好疫情防控集中隔离点、居家观察人员心理疏导。形成一系列新时代“枫桥经验”生动海淀实践，实现市域社会治理“体制机制更加健全、结构布局更加科学、方式手段更加精准、区域特点更加鲜明”的工作目标。全年，中央政法委、市委政法委、外省市兄弟单位多次到海淀区调研，海淀区两次在全市推进会、一次在全国推进会上做经验交流，《海淀区深化网络安全综合治理》典型经验被中央政法委刊发，《推进基层综治中心实体化实战化、打造新时代平安海淀建设“金名片”》《创新社会治理合伙人机制、积极打造共建共治共享新格局》两项案例入选全国《社会治理创新案例库》。

（朱亮）

【新冠疫情社会面防控】 年内，区委政法委牵头的社会稳定组坚持部门协同、专群结合、群防群治，各项维稳工作力量组织到位、措施细节到位、责任压实到位，打赢疫情防控攻坚战。按照点、线、面三层，重新梳理调整社会稳定组工作职能。落实集中隔离点、核酸检测点、疫苗接种点、涉疫重点区域等涉疫情点位防控措施，梳理汇总工作信息，形成每日工作专报，全面掌握相关情况，发现问题及时跟进处置；全体干部逐一包片与29个街镇对接，协助街镇做好疫情防控维稳保障工作。根据全区疫情情况，动态调整管控等级，在重点地区、重点场地、重点部位，组织发动保安员、巡防员、流管员治安志愿者等群防群治力量，参与社区、村的防控测温验码等社会面防控工作。建立三级、二级、一级响应机制，分别应对突发群体性事件处置、现场大人流应对、突发性社区封闭管控等应急事件。组织公安、卫生健康、人力社保、教委、镇街（地区）等部门，对疫情防控结束后可能引发的安全稳定风险进行风险评估，形成《疫情防控常态化治理长效机制初探——社会稳定风险评估在疫情防控中的作用》调研报告，针对各类风险，逐一落实化解稳控工作措施和责任，确保全区整体稳定。依法查处涉疫案件，严厉打击哄抬物价、囤积居奇，制造假劣药品、医疗器械、医用卫生材料等违法犯罪活动，依法打击恶意造谣滋事、抹黑指责党委和政府、炒作攻击党和国家的各项政策等相关政治安全领域违法犯罪行为。全年采取刑事拘留措施1人，采取行政拘留措施21人，查处妨害疫情防控犯罪案件21件，审理涉疫民商事纠纷909件，涉哄抬防疫物资价格等行政处罚案件7件。

（疫情防控社会稳定组）

【政法系统党的建设工作会议】 2月24日，海淀区政法系统召开2022年党的建设工作会议，学习贯彻市委政法委、区委有关会议精神，总结2021年全区政法系统党建工作，部署2022年五项党建工作任务：加强政治建设、制度建设，政法领导班子，队伍能力素质建设，提升执法司法规范化水平，政法队伍纪律作风建设。区委常委、政法委书记、区委办主任吴计亮主持会议并讲话。

（朱亮）

【总体国家安全观主题教育系列宣传活动】 4月8日，区委政法委（国安办）组织区公安分局、区卫健委、区教委、区体育局等部门在东升镇悦茂购物中心广场，启动总体国家安全观主题教育系列宣传活动。重点向居民普及特勤反恐、反邪教、扫黑除恶专项斗争、国家安全进校园、疫情防控、冬奥会等相关知识，动员社区群众积极参与，共同维护国家安全，树立总体国家安全观。引导居民主动学习国家安全相关法律，了解危害国家安全的违法行为及其本质。

（朱亮）

【2021年市域社会治理现代化专题研讨班】 5月10日至13日，由区委组织部、区委政法委共同举办海淀区2021年市域社会治理现代化专题研讨班。各相关单位及各街镇主管市域社会治理工作的处级领导干部共计80余人参加专题培训。研讨班紧扣市域社会治理现代化主题，围绕文件解读、基础背景、目标任务、问题不足、规划实施等方面内容，采用理论教学、现场教学、专题研讨等多种形式，加深参训学员对当前市域社会治理工作形势和任务的理解，提高理论素养和专业化履职能力。

（朱亮）

政法队伍教育整顿

【政法队伍教育整顿动员部署会】 3月19日，海淀区政法队伍教育整顿动员部署会召开，对全区政法队伍教育整顿工作进行全面动员部署。全市第一批政法队伍教育整顿第三指导组组长高保京，副组长李宁、毕东丽到会指导，区委书记、区政法队伍教育整顿领导小组组长于军作动员部署。会上，区委常委、政法委书记、区委办主任、区政法队伍教育整顿领导小组副组长吴计亮就海淀区政法队伍教育整顿工作的实施方案进行说明。根据中央关于开展全国政法队伍教育整顿的部署和市委安排，全市第一批政法队伍教育整顿第三指导组对海淀区政法队伍教育整顿工作开展驻点指导。全市第一批政法队伍教育整顿第三指导组成员，区领导张若冰、谭权，区法院院长邵明艳，区检察院检察长刘惠，区政法队伍教育整顿领导小组成员、区委政法委及区政法各单位领导班子成员、政法系统干警等在视频会主会场和分会场参加会议。

（钟冷）

【政法队伍教育整顿领导小组第一次会议】 3月23日，海淀区政法队伍教育整顿领导小组召开第一次会议，严格对标对表中央和市委部署要求，深入开展政法队伍教育整顿。区委书记、区政法队伍教育整顿领导小组组长于军主持会议。会议审议通过《海淀区政法队伍教育整顿领导小组职责任务和工作机制》《海淀区政法队伍教育整顿领导小组办公室职责任务和工作机制》和《关于组建区政法队伍教育整顿督导组的建议方案》。区委常委、政法委书记、区委办主任、区政法队伍教育整顿领导小组副组长吴计亮围绕如何处理好教育整顿与日常工作的关系、如何在推进工作中认真落实“四项任务”、如何把握教育整顿工作的政策策略等需要把握的重点问题进行说明。会议要求区委政法委机关、公检法司等直接责任部门以及区纪委监委、组织、宣传等相关成员单位，各司其职，确保工作取得实际成效。区政法队伍教育整顿领导小组副组长鲍雷、张若冰、谭权、邵明艳、刘惠出席会议。

（钟冷）

【政法队伍教育整顿警示教育大会】 4月8日，海淀区召开政法队伍教育整顿警示教育大会暨区纪委监委主要领导作廉政教育报告会议。北京市第三政法队伍教育整顿指导小组副组长李宁，成员赵颖、任韧、顾杨娟出席会议。区委常委、区纪委书记、区监委主任、区教育整顿领导小组副组长鲍雷作廉政教育报告，区委常委、政法委书记、区委办主任、区教育整顿领导小组副组长吴计亮主持会议。区委政法委全体人员、区政法各单位班子成员及干部代表参加会议。会议播放警示教育片《扫黑除恶——为了国泰民安》第三集《打伞破网》。

（钟冷）

【政法队伍教育整顿工作第一次推进会】 4月19日，海淀区召开政法队伍教育整顿工作推进会，贯彻落实北京市第一批政法队伍教育整顿工作推进会部署要求，总结学习教育环节整体情况，全面部署查纠整改环节各项工作。第三政法队伍教育整顿指导小组副组长李宁出席会议并讲话。区委书记、区政法队伍教育整顿领导小组组长于军部署查纠整改阶段重点工作。推进会上，区委常委、政法委书记、区委办主任、区政法队伍教育整顿领导小组副组长吴计亮总结通报海淀区政法队伍教育整顿学习教育阶段工作情况，并完成各项任务，经第三市级指导组批准，转入第二阶段查纠整改环节。李宁充分肯定海淀区政法队伍教育整顿学习教育环节取得的阶段性成效，对查纠整改阶段工作提出要求。第三市级指导组成员，区政法队伍教育整顿领导小组副组长张若冰、邵明艳、刘惠出席会议。区政法队伍教育整顿领导小组成员、区委政法委及区政法各单位领导班子成员、政法系统干警等在视频会主会场和分会场参加会议。

（钟冷）

【全国政法队伍教育整顿中央督导组到海淀督导】 4月20日，全国政法队伍教育整顿中央第一督导组北京小组第三下沉组到海淀开展督导，听取海淀区政法队伍教育整顿工作开展情况汇报，要求海淀区按照党中央决策部署，以强烈的政治自觉和责任担当推动政法队伍教育整顿走深走实。中央第一督导组北京小组第三下沉组成员闵钐，北京市第三政法队伍教育整顿指导小组副组长李宁出席会议。区委书记、区政法队伍教育整顿领导小组组长于军汇报政法队伍教育整顿工作开展情况并进行表态发言。中央第一督导组北京小组第三下沉组成员，第三市级指导组成员，区政法队伍教育整顿领导小组副组长鲍雷、吴计亮、谭权、邵明艳、刘惠出席会议。中央督导组通过召开座谈会、个别谈话、查阅材料、问卷调查、明察暗访、现场交流等形式同步开展督导工作。

（钟冷）

【政法队伍教育整顿第二次警示教育大会】 5月12日，海淀区召开政法队伍教育整顿第二次警示教育大会。北京市第三政法队伍教育整顿指导小组副组长李宁应邀到会指导，北京市第三政法队伍教育整顿指导小组成员赵颖、王晓东参加会议。区委常委、区纪委书记、区监委主任鲍雷，区委常委、政法委书记、区委办主任、区教育整顿领导小组副组长吴计亮出席会议。会议以视频形式召开。观看全国模范法官胡国运同志先进事迹报告会视频和政法干警违纪违法警示教育片。区纪委副书记、区监委副主任张磊通报海淀区政法干警违纪违法典型案例，通过典型案例剖析，以身边人、身边事强化警示教育效果，进一步发挥警示、震慑和教育作用。

（钟冷）

【全国政法队伍教育整顿中央第一督导组下沉督导】 5月13日，全国政法队伍教育整顿中央第一督导组到海淀区下沉督导，听取海淀区政法队伍教育整顿工作汇报。中央第一督导组副组长邓卫平出席并讲话，中央第一督导组北京小组组长房凌春讲话，市人民检察院检察长、市教育整顿领导小组副组长朱雅频以及第三市级指导组组长杨树旗，副组长李宁、毕东丽，区委书记、区政法队伍教育整顿领导小组组长于军等区领导参加。会上，海淀区汇报政法队伍教育整顿工作开展情况，分析存在的问题，提出下一步推进政法队伍的建议。

（钟冷）

【政法队伍教育整顿工作第二次推进会】 5月17日，海淀区召开政法队伍教育整顿工作推进会，深入学习贯彻全市政法队伍教育整顿领导小组扩大会议和全国政法队伍教育整顿中央第一督导组到海淀区下沉督导工作座谈会精神，落实北京市第三政法队伍教育整顿指导小组要求，对全区政法队伍教育整顿工作进行再动员再部署，确保高标准完成教育整顿各项任务。北京市第三政法队伍教育整顿指导小组组长杨树旗、副组长李宁，区委书记、区政法队伍教育整顿领导小组组长于军，区委副书记、区长王合生出席会议。会上，海淀区汇报全区教育整顿查纠整改环节工作推进情况，海淀公安分局、区检察院、区法院、区司法局主要负责人依次作汇报发言。自4月19日转入查纠整改环节以来，海淀区持续深化学习教育，扎实推进自查自纠、组织查处和专项整治，以最坚决的态度、最有力的措施，治沉疴、除积弊，清除害群之马、整治顽瘴痼疾，取得阶段性成果。

（钟冷）

【全国政法队伍教育整顿中央第一督导组到检察院督导】6月22日，全国政法队伍教育整顿中央第一督导组北京小组副组长谢海洋一行，到海淀区检察院对海淀区政法队伍教育整顿评估情况进行督导。北京市第三政法队伍教育整顿指导小组组长杨树旗、副组长李宁一同督导。督导组分别围绕教育整顿直接责任是否全面落实，教育整顿全流程、全环节目标任务是否全面完成，队伍政治生态是否进一步优化，加强队伍教育管理监督的制度机制是否进一步完善，是否向上级机关提出进一步健全完善执法司法制约监督机制等方面的意见建议，政法机关执法司法公信力、人民群众满意度是否提升等六大方面，开展有针对性的督导检查，现场查阅相关资料，询问核实有关问题。

（钟冷）

【政法队伍教育整顿反馈会】7月13日，海淀区召开政法队伍教育整顿反馈会，北京市第三政法队伍教育整顿指导小组向海淀区反馈评估意见。北京市第三政法队伍教育整顿指导小组组长杨树旗，副组长李宁、毕东丽到会指导，区委书记、区政法队伍教育整顿领导小组组长于军作表态发言。第三市级指导组在反馈评估意见时认为，海淀区委深入学习贯彻习近平总书记关于加强政法队伍建设的重要指示精神，在教育整顿工作中积极主动、全面落实主体责任，突出“四项任务”，抓好“三个环节”，教育整顿与政法单位履职有机结合，各环节目标任务完成较好。同时指出存在的问题和整改工作要求。于军表示，对于第三市级指导小组反馈的问题和提出的意见，区委诚恳接受、照单全收，切实把反馈意见整改成效转化为推动政法队伍建设的强劲动力。区政法队伍教育整顿领导小组副组长鲍雷、张劲林、吴计亮、张若冰、谭权、邵明艳、刘惠参加会议。

（钟冷）

【市领导督查政法队伍教育整顿落实情况】7月15日，市委常委、组织部部长、市政法队伍教育整顿领导小组副组长魏小东到海淀派出所、海淀法院，对教育整顿“回头看”“补课”工作及反馈问题整改落实情况进行督查。市教育整顿领导小组办公室副主任鲁为，第三市级指导组组长杨树旗，副组长李宁、毕东丽，区委书记、区政法队伍教育整顿领导小组组长于军参加。

（钟冷）

【政法委机关队伍教育整顿总结会】7月30日，区委政法委召开队伍教育整顿总结会，北京市第三政法队伍教育整顿指导小组副组长李宁到会指导，区委常委、政法委书记、区委办主任吴计亮参加会议。区委政法委常务副书记王勇禄通报政法委机关队伍教育整顿工作情况并宣读《中共北京市海淀区委政法委机关关于向政法系统先进人物学习的号召》，对在教育整顿工作中作出突出贡献的5名先进个人和5个工作专班给予表扬。在队伍教育整顿工作中，区委政法委认真贯彻落实中央、市委和区委决策部署要求，围绕“五个过硬”要求，按照学习教育、查纠整改、总结提升三个环节，扎实推进“四项任务”落地落实，完成政法队伍教育整顿的各项指标任务，实现教育整顿各项任务工作“突破、跃升、提升”的目标。李宁对区委政法委机关队伍教育整顿工作予以充分肯定，并针对不足提出意见。吴计亮表示，以本次教育整顿为新起点，推动政法工作全面发展，进一步推进常态化整改和成效巩固工作进行部署。

（钟冷）

法治政府建设

【概况】2021年，海淀区政府坚持以习近平法治思想为指导，持续推进全国法治政府建设示范区建设，统筹推进依法全面履行政府职能，健全完善依法行政制度体系，有效提升科学民主依法决策水平，持续深化严格规范公正文明执法，不断强化行政权力制约和监督，化解社会矛盾纠纷，法治政府建设各项工作取得积极成效。

区司法局贯彻中央全面依法治国工作会议精神，压紧压实责任，谋划全面依法治区工作。出台《海淀区全面依法治区规划（2021—2025年）》。牵头部署依法治区工作，开展调查研究，梳理分析工作症结和工作难点，形成《海淀区依法治区工作调研报告》《海淀区重大行政决策合法性审核工作调研》，推动依法治区各项工作不断向纵深发展。

区市域社会治理现代化试点建设工作。区司法局作为法治保障组牵头单位，制定《海淀区全国市域社会治理现代化试点建设法治保障组工作方案》《海淀区全国市域社会治理现代化试点建设法治保障组工作规则》。

全国法治政府建设示范区建设。坚持巩固创建成果，持续深化法治政府建设，推进依法行政，把政府工作全面纳入法治轨道。印发《2021年海淀区法治政府建设工作要点》，编制《2021年海淀区依法行政考核指标》。确定10项重大行政决策，通过区政府门户网站向社会公示。制定《海淀区“十四五”时期法治政府建设规划》。全力做好中央依法治国办第一督察组在海淀实地开展法治政府建设督察迎检工作，工作成果受到认可。

（王轶男　钟冷）

【第一责任人职责制】年内，海淀区法治政府建设，实行政府主要负责人履行推进法治政府建设第一责任人职责。压实法治建设责任，区政府党组理论学习中心组认真学习习近平法治思想，将习近平法治思想作为法治建设的根本遵循和行动指南；推动法治政府领域重大改革任务有序开展；进一步明确区政府部门及街镇党政主要负责人推进法治建设主要任务，全面建立基层法治建设领导体制和统筹协调机制。提高法治思维能力，落实区政府常务会前学法制度，开展习近平法治思想和新法治政府建设实施纲要专题学习；将宪法、公务员法及依法行政理论等内容作为公务员初任培训和军转干部培训的基础课程，组织各行政执法单位法治工作分管负责人和法制科室负责人法治思维养成与法治政府建设专题培训班、法治讲座；落实行政机关负责人出庭应诉制度，3位副区长代表区政府出庭应诉，23个单位的行政机关负责人出庭应诉。提升依法行政水平，着力解决制约法治政府建设突出问题；持续推进关系群众切身利益的重点领域执法；着力营造法治化营商环境，维护公平竞争、规范有序的市场体系；推动街镇依法行政能力水平与事权相匹配。

（王轶男　钟冷）

【政府机构职能优化】 年内，海淀区围绕国家文物保护利用示范区创建、乡村振兴战略发展、冬奥筹办服务、民生教育保障等重点工作，调整优化政府机构职责体系。出台《北京市海淀区议事协调机构管理办法（试行）》，规范议事协调机构设置及运行管理。动态调整区政府部门权力清单，对6家区级部门的89项行政职权事项进行调整，其中新增行政职权事项19项、取消行政职权事项11项、调出行政职权事项1项、整合行政职权事项14项、变更行政职权事项44项。坚持推动执法资源向街镇下沉，针对已下放至街镇的431项行政执法职权，根据法律法规规章“立改废”，取消19项、新增下放21项职权，完成街镇行政执法职权动态调整。

（王轶男　钟冷）

【“放管服”改革】 年内，海淀区推进“一网、一窗、一门、一次”改革，在全市率先实现企业登记全程电子化，率先实现电子营业执照和电子印章同步发放。取消行政许可事项4项，承接2项；清理规范中介服务事项13项，保留120项。推动20项证明类事项“告知承诺”改革在全区落地实施，审批事项持续精简。完成402个“办好一件事”主题服务梳理工作，为企业提供线上线下融合服务，累计办理800余件。创新推出6集“出生一件事”（京籍）解读引导小视频，加强政策宣传解读。聚焦企业群众办事“最先一公里”，开通在线咨询、电话办和在线导办等服务。

（王轶男　钟冷）

【优化营商环境】 年内，海淀区实施国家及北京市优化营商环境条例，坚持平等对待各类市场主体。开展公司律师试点工作，完成26家公司律师管理机构备案，规模居全市首位。在北京市率先建成律师远程视频会见分中心和仲裁庭审服务中心。夯实“双随机、一公开”监管工作，完善抽查主体名录库和检查人员名录库。落实行政检查单制度，制作涉企全面检查单模板，切实增强行政检查的科学性、规范性和透明度。全面落实国家减税降费政策，为企业减免税费650亿元。营商环境综合考评位居全市第一。

（王轶男　钟冷）

【政府采购服务效能提升】 年内，海淀区持续提升公共资源交易服务效能，实现公开招标、竞争性磋商、竞争性谈判、询价、邀请招标、单一来源等6种方式政府采购项目的电子化线上运行，支持361个政府采购项目顺利交易。提供“午间不间断”“早晚弹性办”延时服务和重大项目全过程服务保障。落实场内交易见证工作制度，实现见证模式由线下向线上转变。推广应用政府采购投标电子保函，开具保函187笔，累计提供担保2034万元，减轻企业投标资金占用。

（王轶男　钟冷）

【行政执法体制改革】 年内，海淀区实施行政执法体制改革，构建区级综合执法机构体系。在住房城乡、农业、生态环境、文化市场、市场监管5大领域执法队伍基础上，新组建园林绿化、人力资源、水务、应急4支综合执法队伍，强化园林绿化、文化旅游执法保障，有效整合行政执法资源，提高行政执法能力水平。完成教育、民族、宗教方面共92项行政执法职权的划转移交工作。

（王轶男　钟冷）

【规范行政执法行为】 年内，海淀区严格落实行政执法公示、执法全过程记录、重大执法决定法制审核制度。在区政府门户网站设置执法公示专栏，全区57个执法部门按要求公示行政执法基本信息、执法过程和结果信息。各行政执法机关通过文字、音像等记录形式，对行政执法启动、调查取证、审核决定、送达执行等环节实现全过程记录。重大执法决定法制审核制度执行率达100%。开展执法案卷评查及相关培训工作，促进各有关行政执法机关提高行政执法水平。全面落实行政裁量权基准制度，有效预防“权力寻租”。全面实行执法人员持证上岗制度。

（王轶男　钟冷）

【行政执法方式创新】 年内，全区各执法部门广泛运用说服教育、劝导示范、警示告诫、指导约谈等方式，做到宽严相济、法理相容，让执法既有力度又有温度。修订市场监管领域针对轻微违法行为的包容审慎执法处罚清单。进一步发挥行政执法案例对基层执法实践的指导示范和推广借鉴作用，向市级部门报送5件执法案例。强化行政执法协同协作，海淀公安分局依托执法办案管理中心，加强与行政执法机关协作配合，探索推动深化场所资源共享、行刑衔接案件提前介入、前科调取绿色通道、未成年联合办案、律师执业保障、社会矛盾联合化解、跨领域专家咨询及培训等机制。

（王轶男　钟冷）

【2020年法治政府建设年度情况报告通过审议】 3月5日，区长王合生主持召开区政府第154次常务会议，审

议通过《北京市海淀区人民政府2020年法治政府建设年度情况报告》(简称《报告》)。《报告》包括推进法治政府建设情况、法治政府建设中存在的不足、2020年区政府主要负责人履行推进法治政府建设第一责任人职责情况和2021年工作思路4部分内容。3月17日，第217次区委常委会议审议通过《报告》，印发全区。

（王轶男）

【《海淀区全面依法治区规划（2021—2025年）》印发】 8月12日，《海淀区全面依法治区规划(2021—2025年)》(简称《规划》)经区委全面依法治区委员会第三次会议审议通过印发。《规划》包括6个部分19个方面内容。第一部分为推动法治海淀、法治政府、法治社会一体建设，包括3个方面。总体目标是：领导体制机制健全顺畅，政府管理与服务效能不断提升，依法行政能力全面提高，司法公信力明显增强，公民法治观念和守法意识得到强化。第二部分为加强区委对法治海淀建设的领导，充分发挥党总揽全局、协调各方的作用。包括深入学习贯彻习近平法治思想，深入推进党委依法决策，贯彻落实《中国共产党政法工作条例》，全面落实《党政主要负责人履行推进法治建设第一责任人职责规定》4个方面。第三部分为健全完善依法行政制度体系，推进政府工作规范化、法制化。包括强化依法行政制度建设，提高制度建设公众参与度两个方面。第四部分为建设高效的法治实施体系，深入推进严格执法、公正司法、全民守法。包括构建职责明确、依法行政的政府治理体系，建设公正高效权威司法，深入推进全民守法3个方面。第五部分为建设严密的法治监督体系，切实加强对执法、司法工作的监督。包括构建法治监督体系，加强行政执法监督，强化行政复议诉讼监督功能，加强对司法工作监督4个方面。第六部分为建设有力的法治保障体系，为全面依法治区提供全方位支撑。包括加强政治和组织保障，加强法治队伍和人才保障，加强科技和信息化保障3个方面。

（王轶男）

【区委理论学习中心组会前学法】 9月15日，区委理论学习中心组召开专题学习（扩大）会，邀请中国法学会副会长、中国政法大学校长马怀德教授围绕“习近平法治思想”作专题辅导报告，从全面依法治国的政治方向、重点任务、工作布局、重要保障等方面对习近平法治思想的核心要义进行全面系统阐释。区委书记于军主持会议并讲话。区委副书记、区长王合生，区人大常委会主任刘长利，区政协主席刘勇，区委副书记张强参加学习。会议以视频形式召开，鲍雷、李俊杰、任武军、梁爽、张若冰等区委理论学习中心组成员在主会场参加学习。

（王轶男）

【法治政府建设督察迎检工作推进会】 10月11日，区司法局召开海淀区法治政府建设督察迎检工作推进会，相关委办局、29个街镇共56家单位参会。区委依法治区办、区司法局负责人主持会议，副局长韩冰部署迎检相关工作，明确任务分工。

（王轶男）

【第八期处级领导干部法治专题培训班】 10月11日至15日，区司法局、区委组织部、区委党校共同举办第八期处级领导干部“法治思维养成与法治政府建设”专题培训班，62名处级领导干部参加培训。课程围绕法治国家、法治政府、法治社会建设以及领导干部法治思维和法治方式的提升等领域，设置习近平法治思想、民法典解读、加强领导干部法治思维建设、依法治国背景下司法和行政的良性互动、宪法、行政规范性文件合法性审核及备案工作相关问题等课程，旨在提高全区领导干部法治素养和依法办事能力，提升法治思维，增强法治意识，提高依法行政能力和水平。

（王轶男）

【中央依法治国办第一督察组到区督察】 10月13日至18日，中央依法治国办第一督察组到海淀区开展法治政府建设实地督察，重点督察学习宣传贯彻习近平法治思想和中央全面依法治国工作会议精神，推动法治政府建设率先取得突破等情况。督察采取个别谈话、查阅资料、明察暗访等形式。督察组一行分别与于军、王合生、吴计亮、徐振涛等区领导以及区公安分局、检察院、法院、司法局、教委、应急局、住建委、市场监管局、卫健委、生态环境局10个单位的主要负责人进行一对一谈话；查看海淀区组织学习贯彻习近平法治思想和区理论学习中心组、区委常委会、区政府常务会组织学法情况的档案资料及领导干部关于法治政府建设工作的重要批示和法治政府建设相关制度，共查阅工作资料110余份，评查行政执法案卷20卷。督察组对规划自然资源委海淀分局、清河街道办事处、区人民法院进行明察，对区公共法律服务中心和香山街道服务中心等服务窗口进行暗访。

（王轶男）

【区领导出庭应诉】 10月14日，北京第四中级人民法院(简称四中院)线下开庭审理原告李某等3人不服海淀区政府针对海淀镇政府关于督促村务公开答复作出的行政复议决定一案。四中院副院长程琥担任本案审判长。海淀区政府副区长徐振涛作为区政府机关负责人出庭应诉。区属单位主管法制的领导和负责人40余人旁听庭审。11月24日，北京市海淀区人民法院线上审理原告李某诉北京市公安局公安交通管理局海淀交通支队清河大队和海淀区政府分别作出的行政处罚决定及行政复议决定一案。海淀区人民法院党组书记、院长邵明艳担任本案审判长。海淀区副区长、区公安分局党委书记、局长张小川作为区政府机关负责人出庭。公安海淀分局、海淀交通支队、区司法局等单位派人旁听庭审。11月25日，北京市海淀区人民法院线上审理原告许某诉海淀区人力社保局和海淀区政府分别作出的不予增补工伤认定及行政复议决定一案。海淀区人民法院党组书记、院长邵明艳担任审判长。海淀区委常委、区政府常务副区长李俊杰作为区政府机关负责人出庭应诉。区教委、区民政局、区人力社保局、区园林局、区司法局等单位派人旁听庭审。三个案件审理结果均为：驳回原告的诉讼请求。

（王轶男）

【《海淀区“十四五”时期法治政府建设规划》印发】 12月21日，区政府印发《海淀区“十四五”时期法治政府建设规划》（简称《规划》）。《规划》包括总结“十三五”时期海淀区法治政府建设取得的成效、总体要求、主要任务和措施、规划落实保障措施4部分内容。“十三五”时期在法治政府建设组织领导、全面依法履行政府职能、健全依法行政制度体系、依法化解社会矛盾体系等方面取得显著成绩。总体要求：全面建设职能科学、权责法定、执法严明、公开公正、智能高效、廉洁诚信、人民满意的法治政府。到2025年，政府行为全面纳入法治轨道，形成科学完善的依法行政制度体系，全面推进在法治轨道上实现区域治理体系和治理能力现代化。主要任务和措施：通过健全完善政府机构职能、深入推进“放管服”改革、做好事中事后监管、完善接诉即办等工作依法全面履行政府职能；完善依法行政制度体系工作机制，加强行政规范性文件合法性审核，加强行政规范性文件监督管理；深入推进行政决策的科学化、民主化、法治化，全面推进严格规范公正文明执法，强化对行政权力的监督制约，依法有效化解社会矛盾纠纷，健全完善突发事件应急体系，全面加强街镇依法行政能力建设，不断加强法治人才队伍建设，依托海淀区高新技术力量，建立法治政府建设科技保障体系。保障措施：加强党对法治政府建设的领导，加强实施评估和考核评价，在区属部门和街镇层面探索开展示范创建活动，加强理论研究、典型示范和宣传引导，巩固全国法治政府建设示范区成果。

（王轶男）

公安

【概况】 2021年，北京市公安局海淀分局（简称公安海淀分局）准确把握核心警卫、专项安保、疫情防控、“双减”维稳等重点任务交织叠加、贯穿全年的特点，防风险、保安全、护稳定，刑事拘留5581人、治安拘留9694人，分别比上年上升4.7%、22.8%；破案8941起、破现案6947起，命案连续11年100%侦破。刑事、治安警情比上年分别下降28.2%、30.2%，社区可防性案件发案连续10年下降，88.3%的社区实现“零发案”。海淀区获评“平安中国建设示范区”。

接“110”投诉、“12389”举报824件，办结690件，办结率为83.7%；查实和部分查实76件，查实率11%；向责任单位下发《公安督察通知书》42份、《公安督察提示单》53份。

案件侦破。破获黄赌团伙408个，拘留黄赌类违法犯罪人员3232人，比上年上升25.4%；接报黄赌警情334件，比上年下降19.5%。依托“昆仑2021”专项行动，破获环境、食品药品、旅游领域案件78起，抓获嫌疑人278人，其中刑事拘留260人、治安拘留18人。接报盗窃非机动车警情354件，比上年556件下降36.3%；拘留违法犯罪人员768人，打击对称性达到216%。

重大活动安保。完成全国两会、建党百年庆祝活动、中关村论坛、党的十九届六中全会、中央经济工作会以及冬奥系列测试活动等重大安保任务。累计投入警力1.7万余人次。

安全稳定。健全完善校、警、地三方共治格局，快速妥善处置涉高校敏感案事件，应对处置安全领域突出风险，深化打击整治有害信息专项行动，确保网络空间清朗有序；按照“秒级响应、分钟处置”标准，加强五棵松华熙商圈反恐处突力量部署，逐步向全区重点大人流场所推广；全年有320天启动高等级防控方案，24个巡逻警务站、26个社区警务工作站、75个社区警务工作室24小时值守，465处中小幼校园“高宝来爱民服务岗”、63处医院警务室尽责履职；推进“冰锋·2022平安冬奥”等专项行动，维护辖区安全稳定。

智慧公安建设。建成宝山数据中心和警务云平台，汇聚警务、政务、服务等数据4200余万条；新增监控探头5165路，实现冬奥场馆全部可视化，完成572个“智慧平安小区”前端建设和管理平台研发，累计采集数据69.3万人。

法治公安建设。健全完善执法办案全流程监督管理，制定“我为群众办实事”清单4510项。接收办理“12345”派单24517件，综合“三率”为96.3%；海淀分局“接诉即办”创新民生警务建设机制获评首都公安执法规范化建设“十大示范项目”，海淀派出所获得市局十佳接诉即办项目评选一等奖。深化“放管服”改革，增设户籍前置受理窗口，推出“海淀律师预约小程序”，优化出入境智慧受理厅“一桌式”办理服务，开辟老年人办证“绿色通道”等便民举措，惠及群众106万余人次。

文化建设。围绕建党100周年，开展忠诚礼赞、红色唱响、缅怀英烈等政治文化主题活动；开展“最美警察·海淀榜样”评选活动，涌现出一批先进典型。举办“奋斗杯”文体活动，固化文化育警导向。建成海淀公安党史陈列馆、香山初心使命传承教育基地，制作《香山脚下》系列分局党史纪录片。

（陈玉柱　马明男　梁毅　李静）

【建党百年庆祝活动安保】 年内，公安海淀分局搭建“一办、十五组”的组织领导架构和战时指挥体系，制定2个总体方案、37个业务系统分方案、12个勤务执行方案。梳理各条线战时部署，固化形成“整合指令一贯到底、执行流程一表展示、实战手册一本全知”的工作模式，确保牵动有力、组织高效。筹办安保调度会、复盘会等会议12场，围绕4次演练和专场活动拉列负面问题4类26项，明确职责、细化措施、立项上账、协调解决，确保决战前全部问题清零。拉列时间流程表和指挥调度安排267条，梳理警力到达、人员集结、验证安检、车辆驶离、抵达落客、乘车返回、疏散完毕等关键节点15个，实现勤务“前后方”同频共振。投入近1.3万人次警力，保障46处远端集散点、住地和78条途经路线、8场次警卫勤务万无一失，确保系列庆祝活动圆满完成。

（刘金凯）

【冬奥测试赛安保】 年内，公安海淀分局围绕首都体育馆、五棵松体育中心冬奥会测试赛活动，筹办冬奥会安保领导小组调度会、推进会等会议23次，搭建冬奥测试赛、测试活动安保指挥体系，编写每日运行计划，跟进突发情况处置，督导推进工作落实，复盘分析解决疑难问题，完成测试赛、测试活动安保任务。测试赛期间，5处签约酒店累计检查人员19688人次、物品11438件次，查获禁限带物品44件，实现入住人员绝对安全、全程闭环；2个场馆共安检20917人次、车辆2460辆次、物品22256件次，查获禁限带物品1001件，确保126场比赛、103场训练赛安全顺利。测试赛后一场一复盘拉列7类97项负面清单，逐一明确改进措施，逐条整改销账，为各项安保奠定基础。

（刘金凯）

【冬奥会安保筹备】 年内，公安海淀分局根据疫情防控政策调整需要，推进要人警卫、场馆酒店、开闭幕式、火炬传递等冬奥安保筹备工作，研究制订安保筹备方案39个；提交确认人员测算、经费预算等编制情况；优化完善场馆、酒店区域设置、人员流线；组建场馆、酒店、社会面处置小组13支；梳理干扰滋事、“破环”等风险场景及预防应对措施；对承担场馆餐饮服务的2家公司落实相关工作机制和安全监管；对2场馆、7家签约酒店、3家重保单位、3家重点医疗机构全面开展网络安全检查；推动落实正赛锁闭前安保措施，为冬奥会安保工作奠定坚实基础。

（刘金凯）

【冬奥会网络安保专项检查】 年内，公安海淀分局完成2个冬奥场馆网络系统摸排、3轮网络安全检查、应急演练、测试赛值守保障等任务。指导3家重点单位和3家重点医疗机构完成单位自查、两轮远程检测和现场检查工作，发现隐患问题30个，下发整改通知书13份，及时督促主体单位整改。完成7家冬奥组委签约饭店的网络安全检查，发现漏洞隐患46个，并督促整改。

（陈鹏）

【警种融合执法】 年内，公安海淀分局强化实战培训练兵、搭建高效指挥体系、完善监督评估机制，与交警开展警种融合执法工作。处罚电动三轮车、四轮车交通违法10239起，使用综合执法App处罚8252次，融合处置交通拥堵、治安警情16530件。

（刘金凯）

【行业场所安全监管】 年内，公安海淀分局对5008家列入管理的单位检查28826家次，发现整改突出问题1115件，行政处罚448家、责令整改552家、取缔39家、函告60家次。

（苏新）

【养犬管理】 年内，公安海淀分局采取广泛宣传发动、加快登记年检、严格执法检查、加强监督考核等措施，确保全区文明养犬秩序。登记年检犬30947只，办理违规养犬案件1175件，其中罚款623件、金额480350元，警告218件，没收334件，收置社会面无主犬2852只。

（苏新）

【商超市场安保】 年内，公安海淀分局在大中型商场、超市、特色餐饮企业推行“十户联防”工作机制中，逐步探索形成“1+3+10+4”[①]群防群治安保工作模式。完善“三支队伍”建设39支、防控网格477个，配备防恐装备99件、防冲撞设施25个，新增高清视频探头633个，完善方案预案73件。重点节假日落实“一店一警”看控措施安保警力879人次、群防群治力量1.3万人次。

（史希恒）

【社区安全】 年内，公安海淀分局围绕重大安保不间断开展基础摸排，共采集更新社区基础信息363万余条，新登记66.6万人、核销59.8万人，登记率达92.8%；开展集中清整18个波次，累计排查隐患问题2611件，处罚不履责出租房主102人，整改重点出租房屋173户。开展社会面矛盾纠纷排查化解，摸排上账矛盾纠纷588件，化解377件，转递138件，正在工作73件。开展社区安全隐患整治排查，15个挂账重点地区刑事警情、治安警情和刑事立案比上年分别下降26%、45.5%和13%。开展社区精准防范，三类可防立案108起，比上年下降51.4%；电信诈骗警情接报2581件，比上年下降28.6%。投入资金2.51亿元，完成572个智慧平安小区建设，安装智慧门禁等设备14495套，铺设链路632千米。

（于天宇）

【平安医院建设】 年内，公安海淀分局完成医院警务室建设63家，安装安检门30家、X光机52家、手持安检仪231个、“一键式”报警装置3889个，41家二级以上医院视频监控覆盖率达到100%。清整医院周边秩序256次，监督整改隐患105处，稳控精神病人75人次，拘留“号贩子”19人。

（史希恒）

【校园安全建设】 年内，公安海淀分局指导465所中小学幼儿园实现视频监控系统覆盖率100%，配备专职保安、护学岗建设、安装“一键式”报警、封闭式管理实现4个100%。创新“守点、巡线、保面”高峰勤务海淀

① 1+3+10+4：“1”是以社区民警为主体的专业警务力量；“3”是商超企业内部防控“三支力量”，由商户组成的“经营区域联防队”，单位内保力量组成的“重点部位巡控队”“突发事件处置队”；“10”是指导商户原则上每10户为一个防控网格，做到“守望相助、邻里支援”；“4”是落实装备、科技、机制、能力保障四项措施。

新模式，站好“护学岗”，撑起“安全伞”。发动“法制岗”101名法制副校长、455名法制辅导员入校法制宣传650余次，处突演练660次。

（史希恒）

【基层警务平台建设】 年内，公安海淀分局对投入运行的38个“两站”即综治中心平安建设工作站暨社区警务工作站，实行日常运行和内部管理规范化管理。对565个社区警务室开展常态化督导检查，完成116个7×24小时社区警务室的公安网连接和网上督察系统的联入工作。优化调整771个警务网格。依托海云派出所系统和社区警务团队管理平台，实现全区10.5万个社区警务团队力量规范化、系统化管理，共搜集线索73.2万条，部署任务35.2万条。统筹社区民警岗位调整与副书记任职，628名社区民警兼任社区（村）党组织副书记，实现587个行政社区和55个行政村社区民警兼任全覆盖。

（于天宇）

【户籍办理便民服务】 年内，公安海淀分局改善11个户政窗口条件，推行老年人优先，临时身份证就近办理，统一本市农业、非农业夫妻投靠落户政策，缩减门楼牌管理工作流程，规范户口审批事项告知承诺制，户籍派出所设立公共户以及“跨省通办”部分业务等户籍改革便民政策。增加临时身份证前置受理窗口，共受理临时身份证15435件，月均受理1187件。审核制发电子居住证（卡）83737张，全区流动人口居住证（卡）办理人数占流动人口总量的94.5%。

（于天宇）

【公安队伍教育整顿】 年内，公安海淀分局细化时间表、路线图，强化查纠整改，线索核查、案件评查、顽瘴痼疾整治专项攻坚，组织多轮次全员自查谈话，接收线索评查率、电话联系率、线索回复率达“三个100%”，落实户政简政便民、电诈防范宣传、社区警务站建设、告知承诺制等20项“我为群众办实事”实事项目，作为先进单位在全市局介绍经验。

（唐轶南）

【公安队伍练兵】 年内，公安海淀分局组织开展系列战时送教107次、累计培训4476人次，结合冬奥安保细化32项培训账单，大练兵评比考核成绩连续5个季度排名第一。按照全国先进标准升级工作手册、创新“警察训练营2.0”练兵法，完善“一中心+五基地”[①]运转模式，配合市公安局编订醉酒人员、伤害斗殴、精神障碍患者、阻碍执法、多人讨债5类常见警情现场处置教材。在市局全警实战“岗位大练兵、业务大比武”中名列第一，政治处人训科获“全国公安教育训练先进单位”称号。

（唐轶南）

【民警维权】 年内，公安海淀分局受理民警被侵权案件335起，涉及463人；依法处理侵权人员350人，其中刑事拘留187人、行政拘留163人。纠正执法不规范问题79件；为9名民警维权正名，回访民警满意率达到100%。

（梁毅）

【新冠疫情常态化防控】 年内，公安海淀分局配合区卫健委、疾控中心、属地街镇等有关部门，对8个小区、独立单元落实封闭管理措施，累计出动警力2600余人次。支持区卫健委、疾控部门快速流调溯源，精准回溯2.3万余名关联人员轨迹信息，快速核实疫情风险数据31.7万余条。维护核酸检测点、疫苗接种点、集中隔离观察点等重点部位秩序。打击涉疫类违法行为，核查80件，依法刑事拘留4人、治安拘留34人，批评教育36人。

（苏新）

【游园秩序维护】 年内，公安海淀分局针对春季游园、“五一”、端午、国庆、香山红叶节等重要节点，组织相关部门有效维护游园秩序，打击整治不文明游园行为。部署警力1940人次，带动园方安保力量9272人次，维护近700万名游客的游园安全秩序。

（苏新）

【出入境管理】 1月，公安海淀分局出入境双泉堡智慧受理厅对外办公运行，航天桥大厅推出老年人办理证照“绿色通道”等6项举措，13个派出所受理点和部分社区警务站（室）共投放56台自助签注机，提升出入境服务质效。全年办理出入境证件39267件，签注18867件，发放证件18325件，办证量居全市各区第二位。海淀分局出入境工作实现三个提升，即涉外信息核录量提升65.8%，基层涉外线索上报提升47%，涉外问题处理提升31%。

（冯英昌）

【开展联合反恐演练】 3月2日，海淀区反恐办会同区应急管理局在五棵松商圈组织区级反恐应急处置综合演练。演练模拟繁华区域车辆冲撞的情景，涉及防驾车冲撞、车内搜爆、灭火救援、院前急救、电力支援5个演练科目，调动公安、应急、消防、120、电力等专业车辆21部，专业处置力量105人，警犬4只，强化各应急力量在突发事件环境下的应对处置能力，高强度磨合公安与区属专业部门的行动配合机制。

（王伯羊）

【公安海淀分局党史陈列馆揭牌】 6月30日，公安海淀分局党史陈列馆揭牌。党史陈列馆为集展览研究、征集收藏、宣传教育、文化交流于一体的综合性展览馆，建筑面积约230平方米，设1个前厅、5个展厅、5块显示屏，陈列包括7个篇章，展出历史珍贵图片照片649张，图表10个、版面32张，展示实物83件，油画2幅，展示海淀公安分局成立73年来传承红色基因、赓续奋斗的光辉历程和作出的重要贡献。

（唐轶男）

---

① 一中心+五基地：分局警体楼训练中心和分局北院训练楼、四季青派出所、双泉堡派出所、战训一大队、战训二大队训练基地。

·案例选辑·

【“1·27”盗墓案】 1月27日，苏家坨地区一古墓被盗掘。海淀分局经过缜密侦查，于2月26日破获以王某旗为首的涉嫌盗掘古文化遗址、古墓葬罪的盗墓团伙，抓获17名嫌疑人，起获盗掘作案工具10余件、疑似古玩文物类物品百余件。

（周游）

【诈骗老年人案】 3月，海淀分局打击犯罪合成作战中心梳理发现，天作大厦发生多起利用字画、玉器等收藏品对老年人实施诈骗的警情。5月18日开展集中行动，破获以张某等人为首的特大诈骗团伙，抓获犯罪嫌疑人95人，其中刑事拘留73人，涉案金额5000余万元。

（周游）

【北京市首例非接触类犯罪案】 4月14日，海淀分局针对辖区发生的一起网络投资平台诈骗案件，开展代码溯源、域名分析、服务器溯源，查询代码绑定、域名注册变更、DNS反向解析、历史终端连接记录，将涉嫌诈骗罪的胡某涛、柳某灿等11名犯罪嫌疑人抓获。经讯问，嫌疑人对为境外诈骗团伙架设网站、租赁域名、租赁服务器、提供后台维护等犯罪事实供认不讳。通过对53台服务器3T数据的深度梳理分析，初步查明，涉案被骗事主达2.4万人，涉案金额近5亿元。

（周游）

【医院“号贩子”案】 4月15日，海淀分局在北京、天津、内蒙古、江苏、湖北等地开展集中收网，破获以白某明为首的犯罪团伙，抓获涉嫌破坏计算机信息系统罪的犯罪嫌疑人18人（批准逮捕12人），起获作案手机60部、笔记本电脑7台、北医三院抢号软件7套、协和医院抢号软件2套以及相关账本。

（陈鹏）

【“4·24”制作贩卖虚假党员材料案】 4月24日，海淀分局针对某教育咨询机构党组织存在使用虚假介绍信，将多名外省市党员转入该党支部的违法线索，成立专案，抓获涉嫌伪造、变造、买卖国家机关公文、证件、印章罪的张某等7名犯罪嫌疑人，该团伙通过制作、贩卖虚假党员材料犯罪活动，非法获利200万元。

（周游）

【“10·29”非法吸收公共存款案】 4月27日，海淀分局开展“10·29”专案（2020年10月29日立案，此案造成5316名投资人的26.9亿元资金无法兑付）第三波次行动，打掉涉嫌非法吸收公共存款罪的团伙，抓获嫌疑人279人，其中刑事拘留197人。

（齐晓辉）

【两起危害野生动物案】 5月13日，海淀分局在海淀区多地抓获涉嫌危害珍贵、濒危野生动物罪的6名涉案人员（其中刑事拘留5人），起获野生动物活体6条、野生动物制品61件。经鉴定，涉案动物及制品均为国家一、二级保护动物。10月22日，海淀分局抓获并刑事拘留非法狩猎候鸟的赵某、高某芳，起获鸟类活体32只、鸟类死体97只和作案工具捕鸟诱子8只、“粘网”6张。

（曹国玲）

【“5·14”故意杀人案】 5月14日18时30分，海淀分局接到某小区室内疑似发生爆燃并有人员受伤的警情后，迅速组织开展伤员救治、现场勘验、嫌疑人追捕等工作。案发后2小时成功抓获涉嫌故意杀人的石某富，起获匕首、电棍、束缚带等作案工具。经审查，该人对因琐事产生积怨到受害人家实施报复，造成1死3伤的犯罪事实供认不讳。

（周游）

【两起涉税专案】 6月3日，海淀分局与北京市税务局第三稽查局，破获“8·27”虚开增值税专用发票案，打击涉案公司20家，起获发票1000余张，刑事拘留35人。6月16日，海淀分局组织300余名警力，对“3·22”虚开增值税专用发票案受票机构集中收网，刑事拘留77人，涉税发票32533份，税额13亿元。

（齐晓辉）

【出售出入境证件案】 6月9日，海淀分局在办理一起外国人非法就业案中，协调公检法部门提前介入和案件会商，成功破获一起涉嫌出售出入境证件罪的案件，将郭某等3名嫌疑人刑事拘留。

（冯英昌）

【非法利用信息网络犯罪案】 7月14日，海淀分局针对在网络巡控中发现的长期为境外博彩、诈骗集团提供软件开发、运维等技术服务的团伙，经过多维度布控取证工作，抓获以王某为首的涉嫌非法利用信息网络罪的犯罪团伙9人，捣毁窝点2个。

（陈鹏）

【网络平台非法经营案】 8月25日，海淀分局组织120余名警力，对北京掌灵科技有限公司旗下的“掌灵、掌

5月13日，海淀公安分局森林公安大队民警清点缴获的濒危野生动物（曹国玲 摄）

付云支付”网络支付平台，为灰黑产业提供支付结算，涉嫌非法经营罪的违法人员进行抓捕，抓获并刑事拘留36人，涉案金额6500余万元。

（齐晓辉）

【组织考试作弊案】 12月25日，海淀分局根据一名男子携带发射设备，在北京交通大学内帮助硕士研究生招生考试作弊的线索迅速侦办，抓获涉嫌组织考试作弊罪的张某等9名犯罪嫌疑人。

（周游）

检察

【概况】 2021年，海淀区人民检察院（简称区检察院）受理审查逮捕案件2993件4778人，依法批准逮捕2310人，不批准逮捕2532人；受理审查起诉案件3576件4909人，提起公诉4025人，不起诉1314人。办理侵犯知识产权类刑事案件87件202人，办理危害科技创新类案件419件816人。主动服务企业，启动“微微计划”，为小微企业提供集中保护；在北京市两家知识产权中心设立联络站，搭建社会共治平台。发布知识产权、网络安全等检察白皮书。班子成员担任辖区学校法治副校长，组织干警开展送法进校园活动130余次。维护区域金融安全，受理涉众型非法集资类案件266件1085人，挽回损失4亿余元。办理 批虚开增值税专用发票案件。推进平安海淀建设，扫黑除恶斗争转入常态化阶段，完成案件交互复查评查工作。落实认罪认罚从宽制度。办理监委移送的职务犯罪案件23件25人。依法履行对司法人员职务犯罪的侦查权。

诉讼监督。刑事诉讼监督立案93件93人，监督撤案79件96人，针对侦查活动发出书面纠正文书83份。向法院提出刑事审判二审抗诉10件，提出再审检察建议1件。受理民事诉讼监督案件804件。受理行政诉讼监督案件80件，以口头和书面相结合的方式促进法院民事执行活动的规范化。

公益诉讼检察。受理公益诉讼线索88件，公益诉讼立案85件。拓展办案领域，通过启动磋商程序或者制发诉前检察建议的方式，促请区属有关单位加强监管。

特色检察品牌建设。成立知识产权、网络、金融检察办公室，集中统一履行检察职能。推进完善检察管理监督机制，以业务质效分析研判机制和案件评查为抓手，从不同维度对办案质效进行有效监控。推进公开听证工作，确立公开听证常态化机制，邀请人大代表、政协委员、人民监督员等参与，主动提高检察工作透明度。

区检察院办理的“部分经营性互联网文化单位传播违法涉毒品音视频行政公益诉讼案”获评“2020年度检察公益诉讼十大精品案”，“检察官+数据审查员”新型办案模式获评“2021年度中国网络治理十大创新案例”，“海淀区某中心社会保险费核缴违法行政非诉执行监督案”入选2020年全市行政检察典型案例。司法救助案例《六号农场最后的贫困户脱贫了》获评“2021年度北京市十大检察办案好故事”。三起职务犯罪案件文书获评2020年度北京市优秀法律文书。

区检察院获市委市政府授予的“北京市信访工作先进集体”称号。检察官李刚获得首都劳动奖章，检察官许丹、白磊入选首批全国网络犯罪检察人才库。

（付强　徐云）

【检察长讲法治课】 1月11日，区检察院党组书记、检察长刘惠到中关村第三小学，为该校3个校区4000余名一至六年级小学生讲授题为《法律，守护少年的你》的法治课。刘惠通过《中华人民共和国民法典》《中华人民共和国未成年人保护法》《中华人民共和国预防未成年人犯罪法》《中华人民共和国刑法修正案》4部新颁布、修订的法律，通过真实的小案例、有趣的小故事，向孩子们传递法治信仰、规则意识，分享未成年人权益保护、犯罪预防、安全自护方法，并解答同学们关于上网安全、高空抛物、正当防卫、防卫过当、游戏充值、网络主播、个人信息保护等法律问题。

（付强　徐云）

【第二届在押未成年人“团圆日里话亲情”活动】 2月4日，区检察院、海淀区看守所联合举办第二届在押未成年人“团圆日里话亲情”活动。旨在通过此类亲情教育系列活动，搭建未成年人与家人之间的桥梁，促进未成年人与家人的沟通交流，增进未成年人与家人的情感联结，发挥亲情教育感化、挽救涉案未成年人的重要作用。活动共有观看家人视频、为家人制作新春贺卡、分享活动感受、赠送新春礼物4个环节。

（付强　徐云）

【行政诉讼监督案首次公开听证】 3月26日，区检察院对北京市人民检察院交办的两件行政诉讼监督案件分别举行公开听证。两案申请人均为海淀区某村村民，申请人因该村拆迁腾退工作与行政机关产生纠纷，在过去长达10年的时间里，申请人分别提起包括民事、行政诉讼在内的多个诉讼，均未解决。听证会邀请区人大代表张永慧、祖砚铭、马纯骅担任听证员。经过承办人介绍案情、当事人陈述与申辩、听证员提问与发言、听证评议、总结讲评等环节，搭建平等对话、沟通交流的平台。

（付强　徐云）

【公诉首例利用虚拟货币跨境支付结算非法经营案】 4月8日，区检察院依法对全市首例利用虚拟货币跨境支付结算非法经营案向区法院提起公诉。2019年12月至2020年11月，被告人瞿某伙同被告人付某某，未经国家有关主管部门批准，在海淀区为境外电子书网站提供资金支付结算服务，通过注册公司申请对公的支付宝、微信账户，接受该网站的国内用户付费共计人民币140万余元，在按比例扣除服务费后兑换成虚拟货币转向境外。经核实，被告人瞿某、付某某收取服务费共计人民币196001.86元。7月16日，区法院以非法经营罪判处被告人瞿某有期徒刑一年，罚金人民币20万元，判处被告人付某某

4月9日，知识产权检察联络站揭牌（区检察院 供图）

有期徒刑一年，缓刑一年六个月，罚金人民币20万元。判决已生效。

（付强 徐云）

【《知识产权协同保护合作框架协议》签署】 4月9日，区检察院与北京知识产权保护中心签署《知识产权协同保护合作框架协议》。知识产权检察联络站同时揭牌。

（付强 徐云）

【检察官派驻值班工作机制建立】 4月13日，区检察院与海淀分局羊坊店派出所召开建立检察官派驻值班机制座谈会，双方对检察官派驻、案件定性、证据调取等问题进行沟通交流，就建立检察官派驻值班工作机制达成三点共识：建立合成办案信息平台，及时沟通案件情况，形成快速反应机制；区检察院每周选派一个检察官办案组进驻羊坊店派出所，检察干警参与刑事案件从报案、立案到讯问、取证的侦查流程，提升退补侦工作的可操作性和针对性；针对公安机关侦审改革现状，检察官对派出所强化执法司法规范化以及证据意识传导，提升办案质量。

（付强 徐云）

【“万柳法治思辨——轻罪刑事政策与社会治理”学术研讨会】 5月26日，区检察院以“轻罪刑事政策与社会治理”为主题，召开“万柳法治思辨——轻罪刑事政策与社会治理”学术研讨会。研讨会围绕“轻微刑事案件办理和效果实证分析”“犯罪结构变化与我国刑罚体系的冲突和矛盾”两个单元展开。通过对轻微刑事案件办理的实证分析，全面展现当前犯罪结构变化与我国刑罚体系的冲突和矛盾，分别从司法实践、立法完善、理论构建等层面出发，深入探讨怎样回应这种犯罪形势的深刻变化，怎样在办案实践中精准落实宽严相济刑事政策，以实现社会治理的差别化处理和精细化管理。

（付强 徐云）

【“青少年法治教育基地”授牌】 6月1日，区检察院在首都师范大学附属玉泉学校举行“青少年法治教育基地”授牌仪式。“青少年法治教育基地”的建立及导航员团队的成立，是检察机关进校园普法的尝试，以法治教育基地为依托，以导航员团队为抓手，提升学校法治教育的效果。

（付强 徐云）

【“检爱同行 共护未来”主题开放日】 6月1日，区检察院举行“检爱同行 共护未来”主题开放日活动。来自北下关街道南里社区、皂君东里社区的社区干部、家长代表20余人参观区检察院党建工作展、院史展。通过百度律临直播间、快手护苗直播间，直播《彰显司法温度呵护未成年人健康成长》《以法之名 保护少年的你》课程，深度解读《中华人民共和国未成年人保护法》内容，获得300余万名网友关注。

（付强 徐云）

【“检察听证 让公平正义看得见”主题宣传活动】 6月9日，区检察院到四季青镇双新村开展“检察听证 让公平正义看得见”主题宣传活动，为村民讲解检察听证情况、典型案例以及社会公众参与支持检察听证工作等情况，增进村民对检察听证工作的了解，提升检察听证的社会知晓度。通过对具体个案争议焦点的描述、剖析及解决，让村民直观感受检察听证在维护公平正义、化解矛盾纠纷方面的重要意义。村民对检察听证有了更加深入的了解，表示会通过电视、手机资讯等途径持续关注检察听证，表达参加检察听证的意愿。

（付强 徐云）

【全国政法队伍教育整顿中央第一督导组到检察院督导】 6月22日，中央第一督导组北京小组副组长谢海洋一行到海淀区检察院对海淀区政法队伍教育整顿评估情况进行督导。第三市级指导组组长杨树旗、副组长李宁，海淀区委常委、政法委书记、区委办主任吴计亮，海淀检察院党组书记、检察长刘惠等陪同督导。督导组分别围绕教育整顿直接责任是否全面落实，教育整顿全流程、全环节目标任务是否全面完成，队伍政治生态是否进一步优化，加强队伍教育管理监督的制度机制是否进一步完善，是否向上级机关提出进一步健全完善执法司法制约监督机制等方面的意见建议，政法机关执法司法公信力、人民群众满意度是否提升等六大方面，开展有针对性的督导检查，现场查阅相关资料，询问核实有关问题。座谈会上，第三市级指导组组长杨树旗汇报对海淀区、石景山区开展教育整顿评估验收的工作情况，海淀区委常委、政法委书记、区委办主任吴计亮汇报对海淀区教育整顿自评复评的工作情况，海淀检察院党组书记、检察长刘惠汇报海淀检察院教育整顿自评工作情况。谢海洋副组长肯定海淀区政法队伍教育整顿工作成效，对海淀区政法队伍教育整顿下一步工作提出4点要求，参观海淀区检察院党建工作展、检察服务中心以及专业化办案区，充分肯定海淀检察院工作用心、专业规范、敢于担当、勇于创新的工作作风。

（付强 徐云）

【“四叶草微课堂”云普法平台获评终身学习品牌】 7月，区检察院推出的“四叶草微课堂”获评海淀区终身学习品牌。“四叶草微课堂”云普法平台于2020年上线，累计推出15期，在花漾搜索（国内第一款专为青少年定制的搜索引擎）、微信、微博、知乎、抖音、快手等平台播出，获得近千万网友点赞。

（付强　徐云）

【新型办案模式获评2021年度中国网络治理十大创新案例】 9月13日，中国传媒大学文化产业管理学院文化法治研究中心、《中国出版》杂志社共同举办2021年度中国网络治理案例征集活动。经过推荐、初选、公众投票、决选等程序，区检察院“‘检察官+数据审查员’新型办案模式”获评“2021年度网络治理十大创新案例”。“检察官+数据审查员”新型办案模式是依托电子数据审查室，选拔“法律+计算机”复合型人才，以科技犯罪检察团队专业化办理案件经验为积淀，总结推出的检察专业化建设的实践创新成果。“检察官+数据审查员”新型办案模式全年办理网络犯罪案件102件326人，审查电子数据达150余TB。

（付强　徐云）

【“民小检普法进万家”获评市2021年“终身学习品牌项目”】 9月15日，由北京市成人教育协会举办的北京市成人教育学会七届六次理事会在北京开放大学举行，区检察院推送的“民小检普法进万家”检察文化品牌获北京市2021年“终身学习品牌项目”称号。“民小检普法进万家”是区检察院贴近辖区群众开设的一个学习型、互动型、长期型的普法服务项目。该项目自2018年9月启动以来，累计举办普法课堂8次、专栏宣传230余期、直播送法2次，开展法律咨询10余次。现场参与活动1100余人，线上参与活动达600万人次。

（付强　徐云）

【法律实习生“清北育才班”开班】 10月25日，区检察院与清华大学法学院、北京大学法学院联合举办法律实习生“清北育才班”。在为期三个月的实习中，法律实习生在带教检察官指导下，通过理论学习与实践锻炼相结合的方式，与带教检察官合作完成至少一篇检察调研文章，在提升实习生职业基本技能的同时推动检察业务、检察调研向着更专业、更优质的方向发展。

（付强　徐云）

【创设“检察官社工双讲师”机制】 10月，区检察院根据新修订的《中华人民共和国未成年人保护法》和《中华人民共和国预防未成年人犯罪法》，以合适成年人在场、社会调查、观护帮教、观护救助等传统“检社联动”模式为基础，探索在普法教育过程中引入司法社工，创设“检察官社工双讲师”机制，检察官和社工以“双讲师”的形式共同站上法治讲堂，从多维角度充实普法内容。

（付强　徐云）

【网络检察产品线上发布会】 12月2日，区检察院举办以“保卫网络安全、守护科技创新、服务数字经济”为主题的网络检察专业化建设主题活动，召开“网络检察产品”线上发布会，发布《网络安全保护检察白皮书（2016—2021）》《网络科技犯罪典型案例》，总结网络科技犯罪发展态势与案件特点，回顾区检察院网络科技检察专业化建设5年来的发展历程，向社会介绍保护网络安全的“海检模式”、守护科技创新的“海检品牌”和服务数字经济的“海检路径”。

（付强　徐云）

法院

【概况】 2021年，北京市海淀区人民法院（简称区法院）收案122003件，比上年上升21.24%。结案109924件，比上年上升10.19%，其中审结刑事案件2744件、民商事案件61357件、知识产权案件2554件、行政案件1475件，执结案件41794件。法官人均结案555.2件，比上年增加97.6件。一年以上长期未结案比上年下降72.84%，全院案件平均审执天数比上年下降34.77%。“马上玩App”不正当竞争纠纷案和全国首例网盘服务商怠于采取屏蔽措施被判侵权案入选最高人民法院知识产权典型案例，“小度”智能产品语音指令案被写入最高人民法院《人民法院知识产权审判工作情况报告》。于某某抢劫案判后帮教案例入选最高人民法院未成年人司法保护典型案例；优酷网络技术（北京）有限公司与北京百度网讯科技有限公司侵害作品信息网络传播权纠纷案入选“2020年中国法院50件典型知识产权案例”；北京易车互动广告有限公司等与北京新意互动数字技术有限公司广告合同纠纷案入选最高人民法院“人民法院助推民营经济高质量发展典型民商事案例”。“马上玩App”不正当竞争纠纷案、“电视剧《三生三世十里桃花》”侵害作品信息网络传播权纠纷案、“网络爬虫非法抓取电子书”侵犯著作权罪案入选“2020年度北京法院知识产权司法保护十大案例”；《拳皇》游戏角色形象著作权纠纷案、《诛仙》小说游戏改编著作权纠纷案入选“2020年北京法院著作权十大典型司法案例”；优酷诉百度侵害作品信息网络传播权纠纷案，鼎阅文学公司、覃某某等人侵犯商业秘密案入选2020—2021年度“北京市十大优秀版权案（事）件”；首都师范大学附中地区房屋征收系列案件入选北京法院“疏整促”专项行动司法保障优秀案例；北京某科技公司诉台湾地区居民姜某某劳动争议纠纷案入选“人民法院台胞权益保障十大典型案例”。

区法院17个集体、62人次获国家级、省部级荣誉5项，市级荣誉38项，区级荣誉36项。其中，获评“2021年全国两会新闻舆论工作先进集体”“人民法院司法宣传和通联工作先进单位”，张鹏获评“全国扫黑除恶专项斗争先进工作者”，秦硕获评“全国法院先进个人”。区法院被北京市高级人民法院授予“北京法院科技创新审判特色人才高地”称号。新媒体矩阵获评“中国优秀政法新媒体”，官方微博“北京海淀法院”获评中央政法委“四个一百”优秀政法新媒体微博账号。1篇论文获全国法院首届优秀应用法学论文评选一等奖，40篇论文获市级以上奖项，10篇文书分别入选全国、北京市“百篇优秀裁判文书”，中标最高人民法院2021年度司法研究重大课题。

涉疫案件审判。快审快判涉疫犯罪案件4件，审理涉疫民事案件186件。

刑事审判。审理涉西班牙跨国特大电信诈骗案、“钱生钱”非法吸收公众存款案等一批重点案件。创建“2+1+2”防护型少年审判模式①，“于某某抢劫案”判后帮教案例入选最高人民法院未成年人司法保护典型案例。

民商事审判。建成7个“法官工作站”、27个“法官联系点”，推进无讼“四区”②建设。受理“双减”相关案件2594件，调解成功101件，《区法院关于为推进“双减”工作强化司法保障的对策和建议》专项报告受到区长王合生批示肯定。商事案件结、收比保持在100%以上，平均审理天数比上年下降38.33%。探索“放水养鱼”办案模式，182名员工申请执行海淀某网络科技公司案件入选全市落实“六稳六保”工作十大案例。完善“鉴定管理人”制度，实现鉴定评估全流程在线办理，鉴定程序平均用时进一步压缩至30日内。

行政审判。深化“府院联动”，制定“四专”措施③诉前化解多起行政纠纷。行政机关负责人出庭40人次，连续16年发布行政审判白皮书。

知识产权审判。加强知识产权全链条保护，推进“七个平台”建设④知产纠纷“源头回溯”治理机制入选北京市“两区”建设改革创新实践案例，为全市政法系统唯一入选案例。建立精品裁判示范机制，“马上玩App”不正当竞争纠纷案和全国首例网盘服务商怠于采取屏蔽措施被判侵权案入选最高人民法院知识产权典型案例，“小度”智能产品语音指令案被写入最高人民法院《人民法院知识产权审判工作情况报告》。

执行工作。成功执结市级督办的张某超等恶势力团伙刑事涉财产执行案。专项清理违法占用耕地6.77万平方米，完成学校腾房案件10件，其中首都师范大学附中地区房屋征收系列案件入选北京法院“疏整促”专项行动司法保障优秀案例。建立案款清理“7—30—10”节点⑤管控模式，实现超期案款常态化清零。与车管所升级联动机制，线上完成京牌车辆查控时间缩短至2分钟；联合区人力社保局出台“十项举措”，确保涉民生案件执行全程优先。司法拘留17人次，向公安机关移送拒执罪案件16件。

涉诉信访。答复政法民生热线6653人次；院长、庭长接访3572件。办结司法救助案件17件，发放司法救助金160.69万元。

司法改革。落实司法责任制，强化审判监督管理，出台《审判流程节点管理办法》等文件，开展规范审限“六连查”专项行动，⑥建立“一二三”审限监管机制⑦，相关工作得到市高级人民法院院长寇昉批示推广。完善统一法律适用机制，制定《加强案件合议工作办法》《专业法官会议工作规范》，加强发改案件评查，统一裁判尺度。推进民事诉讼繁简分流改革，构建“一型三式”改革模式⑧，设立“专业型”速裁团队，小额诉讼程序适用率居全市法院前列。创新“要素式”裁判方法，强化“跟单式”流程管理，超过七成的民商事案件通过多元调解和速裁方式审结。加强智慧法院建设，扩大电子卷宗随案同步生成深度应用，实现知识产权、金融案件“一键上诉”。在金融审判领域开展全流程无纸化诉讼试点工作。深化司法大数据、区块链技术应用，完成区块链存证操作4万余次。《关于网络直播平台知识产权案件的大数据分析报告》获最高人民法院院长周强批示肯定，“数助决策”项目获最高人民法院专题研究示范应用二等奖。

（王静姝　郭丽娜）

【未成年人保护】 年内，区人民法院聚焦新修订的《中华人民共和国未成年人保护法》，以“预防未成年人沉迷网络”为主题发布网络公开课；举办“点亮星星之火 护卫法律之光”——第二十七届海淀法院“六一”开放日活动；召开未成年人审判典型案例新闻发布会、涉未成年人交通事故典型案例新闻发布会；发布《海淀法院未成年人审判典型案例之家长手

---

① 区法院总结少年审判工作经验，创新建立系统化未成年人司法保护模式。具体包括：坚持以审判为中心，前置“警示+预防”两项审前防御机制，后置“帮教+救助”两项判后保护机制，形成全方位、立体化的未成年人权益保护格局。

② 区法院充分发挥人民法庭立足基层、贴近群众的优势，构建“无讼四区”：一是护航产业发展，建立“无讼园区”；二是优化营商环境，建立“无讼商区”，与上地街道联合设立“云站”，在线解答企业商事法律咨询；三是围绕居民生活，建立“无讼社区”，与甘家口街道、八里庄街道等联合共建，与辖区27个社区完成“一支部一社区”共建；四是立足乡村特点，建立“无讼片区”，山后法庭在西北旺镇、温泉镇白家疃村挂牌“法官工作站”、设立法官工作点，助力乡村法治建设。

③ 区法院切实贯彻最高人民法院《关于推进行政诉讼程序繁简分流改革的意见》，针对行政争议政策性、专业性较强等特点，在立案阶段建立“四专”机制，即专人审核，专人对接，专人调解，专窗确认，并强化府院联动，促进行政争议的诉源治理和实质化解。

④ 区法院立足知识产权审判高地建设，通过建立七个平台强化知识产权协同保护力度。具体包括：搭建知识产权案件巡回审判平台，开放日平台，司法宣传进企业、进园区、进校园平台，典型案例发布平台，年度审判白皮书发布平台，交流研讨平台，全链条保护平台。

⑤ 区法院执行局在案款清理专项行动中，构建该节点管控模式，即案款到账后7日内认领完毕，30天内完成发还或推迟发还、提存审批，阻碍发还事由结束后10日内完成发还。该模式进一步规范了案款发放工作，确保当事人的胜诉权益得到及时兑现。

⑥ 即从2021年7月至12月，对存在延审、扣审的各类案件开展连续六次的评查，进一步巩固审限问题整治成果，确保整治的长效性、彻底性。

⑦ “一个直责”即承办法官直接负责，“二级把关”即院、庭长审批把关，“三层监管”即审判管理部门不定期抽查，纪检监察跟踪监管，院党组定期督查，以此促进司法行为的切实规范。

⑧ 组建专业型审判团队，集中审理类型化和小额速裁案件；推广“云模式”办理方式，促进业务全流程在线办理；创新“要素式”裁判方式，在全部小额案件及劳动争议纠纷、公司纠纷、买卖合同纠纷案件中推广要素式裁判和文书；坚持“跟单式”管理方式，根据诉调对接案件流转、委托鉴定工作规范、《审限管理办法》等规范，加强流程节点管控。

册（亲子关系篇）》，向海淀区妇联、海淀学区管理中心赠送。法官秦硕参与连线《最高人民法院工作报告》解读系列全媒体直播访谈，介绍区人民法院在未成年人保护司法实践中的经验做法。《预防惩治性侵害未成年人犯罪实证研究》专题报告被《中国未成年人法治发展报告（1991—2021）》收录。

（王静姝　郭丽娜）

【执结校舍腾退案】 年内，区法院执结涉中国人民大学附属中学、北京大学附属中学、首都师范大学附属中学等重点学校校舍腾退案件10件，腾退面积达5.4万余平方米，净化学校周边环境。其中，首都师范大学附属中学房屋腾退案为学校增加30余间教室。《海淀法院高效执结首师大附中地区房屋征收系列案件》获评北京市高级人民法院“疏解整治促提升”专项行动开展提供司法保障优秀案例。

（王静姝　郭丽娜）

【知识产权惩罚性赔偿研讨会】 2月26日，区人民法院召开知识产权惩罚性赔偿的适用问题研讨会，采用线上方式召开。总结、梳理惩罚性赔偿在程序性规则、适用条件的考量因素和判断标准、赔偿数额确定、举证责任分配等方面存在的诸多难点问题。中央广播电视总台等16家媒体和企业代表应邀参加研讨。

（王静姝　郭丽娜）

【解纷机制获《人民法院报》报道】 3月5日，《人民法院报》第四版《一站式建设看基层》专栏以《多元发力 凝聚公信——北京海淀区法院聚力深化一站式多元解纷机制》为题，报道区法院一站式多元解纷机制和成果。区人民法院汇聚代表委员调解、律师调解、高校法律援助等多元力量，以“身份公信”“专业公信”“知识公信”凝聚司法公信，大力推进一站式多元解纷工作，满足人民群众多样诉讼需求。2020年区人民法院民商事案件通过多元调解+速裁结案37026件，占民商事结案总数的73.41%，大量矛盾纠纷在前端得以化解。

（王静姝　郭丽娜）

【法治宣传】 3月12日，中央电视台新闻频道《法治在线》栏目“3·15”消费者权益日专题节目报道区法院打击欺诈老年人犯罪的典型案例。4月，开展“法治在心中”活动，邀请北京市信息管理学校中关村校区20余名师生走进法院，感受司法关爱和法律尊严。7月，少年法庭走进北京师范大学附属实验学校、人大附中翠微学校、北京市第十九中学、北京市信息管理学校花园路校区和清河校区等学校，开展“护航假期平安 法治永不缺席”法治宣教系列活动。年内，开展“我为群众办实事”活动，成立“人和海淀”百人宣讲团，组织“法律十进”活动百余次，推动普法资源共享；融合学校社区普法课堂，推动普法人才共享；融合线上线下普法课堂，推进普法平台共享。召开典型案例发布会6场。区人民法院被评为海淀区“七五”普法先进集体，秦硕、周元卿、范静被评为海淀区“七五”普法先进个人；立案庭获“2020年度海淀区法治宣传教育工作先进集体”称号，秦鹏博、王晓丹获“2020年度海淀区法治宣传教育工作先进个人”称号。

（王静姝　郭丽娜）

【诉源治理工作】 3月17日，区人民法院起草的《北京市海淀区贯彻落实〈关于深化矛盾纠纷源头 预防前端化解 加强诉源治理的工作措施〉的实施细则》经海淀区委全面深化改革委员会第十四次会议审议通过。区人民法院的3个人民法庭在马连洼街道、上地东里第二社区、永定路街道办事处设立“法官工作站”，服务基层治理、乡村建设。中关村人民法庭对中铁六局集团有限公司等6家涉诉重点企业进行调研，并召开交流座谈会。立案庭（诉讼服务中心）与区消费者协会就涉消费者权益保护纠纷的诉源治理工作进行座谈，双方在法律宣传、立案指导、诉调对接等方面建立协调联动机制，共同推动类型化纠纷诉前化解；通过“人和海淀”等平台接收、办结诉源治理类工单68件。8月27日，《北京晚报》以“化解邻里纠纷 明断是非曲直 家长里短 法官也管”为题，整版报道“人和海淀”诉源治理需求响应平台为民办实事的事迹。8月，《海淀法院构建“2+N联动联治”诉源治理工作机制 助力市域治理现代化》案例入选北京市委深化改革委员会2021年“微改革、微创新”典型案例。9月24日，副院长张弓在市委政法委召开的全市诉源治理工作创新经验交流会上，分享落实诉源治理机制助力市域社会治理现代化工作情况。

（王静姝　郭丽娜）

【承办北京法院“京法精品课堂”】 3月26日，区人民法院承办北京法院第六期“京法精品课堂”。民事审判五庭（知识产权审判庭）审判团队以《网络不正当竞争纠纷中适用行为保全的审查要点——以安全软件妨碍浏览器正常运行案为例》为题，进行案例教学。全市法院从事知识产权审判工作干警参加培训。

（王静姝　郭丽娜）

【张鹏法官荣获“全国扫黑除恶专项斗争先进工作者”称号】 3月29日，区人民法院法官张鹏被全国扫黑除恶专项斗争领导小组授予“全国扫黑除恶专项斗争先进工作者”称号。

（王静姝　郭丽娜）

【典型案件发布会】 3月29日，区人民法院召开“‘典’亮民生日常、助力权益保护——海淀法院消费者权益保护典型案例发布会”。通报消费者权益纠纷类案件审理情况；发布典型案例，从居住、出行、使用产品、接受服务4个案例出发，对消费者在商品选择、审查内容、订立合同、保存凭证、理性维权等方面的注意事项进行提示。4月23日，召开主题为“维护知识产权交易秩序 助力构建诚信营商环境”新闻发布会，发布知识产权合同纠纷十大典型案例。8月13日，召开“婚恋交友诈骗典型案例发布会”，展示近3年审理的相关案件数量、犯罪形态、骗财手段，助力公众更好地防范婚恋交友中的诈骗行为。12月24日，召开“未成年人案件审判典型案例发布会”，发布《少年法庭典型案例绘本——“不良行为”预防篇》。

（王静姝 郭丽娜）

【法院队伍教育整顿】 3月至7月，在海淀区政法系统队伍教育整顿期间，区法院制定《关于在全院开展队伍教育整顿的实施方案》，召开队伍教育整顿动员部署会、警示教育大会、先进典型事迹宣讲会。落实“开门办整顿”，开展队伍教育整顿“开放日活动”，举行三次征求意见座谈会，征集人大代表、政协委员及各界群众意见67条。建立“三学三结合”[①]“双注重双突出”[②]机制，形成“5+1+1”顽瘴痼疾整治模式[③]，整改问题7大项28小项，建章立制16项，关于规范审限管理的整改举措受到市高级人民法院院长寇昉批示推广。6月23日，北京市第一批政法队伍教育整顿第三指导组、北京市高级人民法院到区法院，对教育整顿总体工作进行评估验收。评估验收意见为合格。

（王静姝 郭丽娜）

【认罪认罚从宽案件审判】 4月20日，区人民法院党组书记、院长邵明艳向海淀区人大常委会就区法院认罪认罚从宽工作开展情况进行专项报告。报告指出，区人民法院推动认罪认罚从宽的适用取得阶段性成果，实现了被告人审前羁押时间明显缩短、被告人服判息诉率明显提升、司法资源配置明显优化等实效；同时，存在受疫情影响导致适用率低、辩护律师会见难、量刑建议与裁判结果有出入、非正常上诉比例较高、非监禁刑执行地难确定等问题。区法院将不断加强信息化建设，提升程序适用、强化有效辩护；凝聚部门合力，促进精准量刑、落实社区矫正；强化说理释法，实现案结事了；加大业务培训，提升法官精准使用法律能力；严格履职监督，确保司法公正。

（王静姝 郭丽娜）

【开展宣传知识产权系列活动】 4月20日，区人民法院民事审判五庭（知识产权审判庭）到中关村知识产权保护中心开展巡回审判，公开审理原告百度网讯科技有限公司与被告深圳一优网络科技有限公司涉“搜索引擎优化”不正当竞争纠纷一案，中关村园区多家企业代表旁听庭审。4月21日，区人民法院到北京知识产权法院进行交流座谈，副院长张弓担任审判长审理原告兰达股份有限公司诉被告北京湘之雅娜商贸有限公司海淀分公司等五被告不正当竞争纠纷案。4月21日，民事审判五庭（知识产权审判庭）与北京市知识产权维权援助中心、北京市海淀区知识产权局联合举办知识产权案件庭审观摩活动，到中关村软件园公开开庭审理原告北京快手科技有限公司、达佳互联信息技术有限公司与被告上海游安网络科技有限公司不正当竞争纠纷案，园区企业、知识产权服务机构代表以及学生代表100余人旁听庭审。4月22日，合议庭在北京知识产权保护中心开展巡回审判活动，公开审理原告赛饰贸易（上海）有限公司与被告莱州市弘宇工艺品有限公司、北京微播视界科技有限公司侵害商标权纠纷案，近30名企业代表旁听；区人民法院与北京知识产权保护中心召开“走进科创企业”座谈会，奇虎公司、三快公司、新东方教育公司、五八技术公司等企业代表参与座谈。4月25日，民事审判五庭（知识产权审判庭）公开开庭审理虎牙平台直播电视剧《琅琊榜》被诉侵害著作权及不正当竞争纠纷案，北京大学附属中学的30余位师生代表旁听，中央电视台《法治在线》栏目等媒体进行报道。4月26日，组织参加2021年中关村知识产权论坛，民事审判五庭（知识产权审判庭）负责人以“维护公平竞争环境 促进区域科技进步”为主题发言。

（王静姝 郭丽娜）

【助力优化营商环境】 4月26日，区人民法院法官陈聪慧做客海淀区融媒体中心，参加“护航企业 政策先行”2021海淀区优化营商环境政策解读活动，以“为企业经营提供优质司法保障相关措施介绍”为题，介绍法院在优化“执行合同”指标方面所采取的具体措施和重点工作。5月13日，区人民法院联合区司法局、海淀区律师协会举办2021优化营商环境政策解读培训会，向法律从业人员、社会公众解读法院优化营商环境的各项改革措施及典型案例。会议在线上同步直播，观看人数达1万余人次。12月22日，与市工商联召开优化法治营商环境专题座谈会，总结并梳理“优化营商环境工作室”挂牌成立近一年半以来取得的经验、成果，就加强双方协作交流、深化机制建设交换意见。

（王静姝 郭丽娜）

【加强新时代少年法庭工作部署会】 5月19日，北京法院加强新时代少年法庭工作部署会在区人民法院召开，最高人民法院院长周强、副院长杨万明出席会议，市委常委、政法委书记齐静出席会议并讲话，市高级人民法院院长寇昉主持会议。北京法院积极探索构建符合少年司法规律的审判新模式，为全国法院少年法庭工作积累了有益经验，涌现出以“法官妈妈”尚秀云为代表的一批先进典型。会前，周强会见并慰问“法官妈妈”尚秀云。会上，周强等有

① 区法院在开展政法队伍教育整顿期间，创新“三学三结合”学习教育机制，扎实推进学习教育入脑入心，筑牢政治忠诚。

② 区法院在开展政法队伍教育整顿期间，坚持“双注重双突出”，推动查纠整改走深走实。“双注重”是指：注重立行立改，增强工作规范度；注重建章立制，增强整改长效性。“双突出”是指：突出强化思想发动，突出正面引领与反面警示相结合。

③ 政法队伍教育整顿期间，北京市高级人民法院对各基层法院的顽瘴痼疾整治要求为“5+1+n”模式，“5”是指规定动作，包括贯彻落实防止干预司法“三个规定”中的突出问题，审判执行工作中存在的突出问题，办理暂予监外执行案件中的突出问题，违规经商办企业和配偶、子女及其配偶违规从事经营活动、违规参股借贷问题，原法院人员违规到律师事务所当律师或在幕后当“法律顾问”、充当司法掮客问题；“1”是指北京市高级人民法院自选动作，为违反审判执行期限管理规定，违规延长、扣除审限问题；“n”是各基层法院自选动作，区法院自选1项，为诉讼群众联系法官难问题。

5月19日，北京法院加强新时代少年法庭工作部署会召开（区法院 供图）

关领导为区人民法院等17家基层法院少年法庭授牌。

（王静姝　郭丽娜）

【审限管理专项整治工作推进会】 5月26日，区人民法院召开审限管理专项整治工作推进会。会议通报专项检查活动自查、抽查情况，纪检组组长王运涛从审限管理与纪律责任方面做出说明与提示，党组书记、院长邵明艳就审限管理专项整治提出确保顽瘴痼疾专项整治取得成效、切实规范司法行为、完善实质审查和动态监控、压实主体责任和审判纪律4点工作要求。

（王静姝　郭丽娜）

【召开人民调解员业务培训会】 6月22日，区人民法院速裁团队召开人民调解员业务培训会。会上第一速裁团队负责人通过案例向人民调解员传授调解经验；第二速裁团队负责人就《北京市海淀区人民法院人民调解案件补贴发放工作实施细则（试行）》修订内容进行解读，对调解员工作提出具体要求。

（王静姝　郭丽娜）

【涉民生案件执行联动机制建立】 6月23日，区人民法院与区人力社保局联合召开新闻发布会，发布《关于进一步深化涉民生案件执行联动机制的十条举措》并现场签约，建立以行政执法、劳动仲裁、法院执行相互配合、有序衔接的“法院执行+劳动维权”联动机制，服务保障“六稳”“六保”，推进执源治理工作。

（王静姝　郭丽娜）

【社区开办普法讲座】 6月25日，区人民法院民事审判二庭（劳动争议庭）党支部与马连洼街道百草园社区党委联合举办普法讲座，法官秦纳杰为社区居民讲解《中华人民共和国民法典》继承编中法定继承、遗嘱继承等相关内容，对老年人立自书遗嘱、代书遗嘱的注意事项进行提示。

（王静姝　郭丽娜）

【中标最高法司法研究重大课题】 6月28日，区人民法院院长邵明艳主持的课题《未成年人保护司法政策研究》中标最高人民法院2021年度司法研究重大课题。课题与中国政法大学共同申报。

（王静姝　郭丽娜）

【“两区”建设法律服务】 6月，区人民法院报送的《知识产权纠纷“源头回溯”诉源治理机制》案例得到专家认可。6月16日，在海淀区“两区”建设主要任务推进工作研讨会上，区法院汇报诉源治理和为金融诉讼提供绿色通道两大任务已基本完成，通过构建完善双主动、多联动“2+N”联动联治诉源治理机制，加强矛盾纠纷源头预防、前端及时化解；成立金融案件速裁团队，率先开展全流程无纸化诉讼试点工作，充分利用现有审判资源，为金融诉讼提供绿色通道。8月24日，发布《北京市海淀区人民法院关于为海淀“两区”建设提供司法服务和保障的意见》，提出25项保障措施。10月12日，《区法院出台“两区”保障意见为海淀区高质量发展提供全面司法保障》专报得到区委书记于军、区委政法委书记吴计亮批示。

（王静姝　郭丽娜）

【“云庭审”专项技能大练兵】 7月27日，区人民法院印发《海淀法院书记员“云庭审”专项技能大练兵工作方案》，围绕业务技能知识、“云庭审”技能、庭审记录开展院内选拔，选出6名书记员参加全市法院“云庭审”专项技能大练兵。次日组织召开2021年北京法院书记员“云庭审”专项技能大练兵动员部署会。12月29日，区法院民事审判一庭书记员姚媛媛获得2021年北京法院书记员“云庭审”专项技能大练兵银奖。

（王静姝　郭丽娜）

【新任人民陪审员宪法宣誓仪式暨任职培训】 7月29日，区法院举行新任人民陪审员宪法宣誓仪式暨任职培训。本次共产生1314名新任人民陪审员，4名干警结合区法院日常管理、纪律规范、工作要求等内容，对300余名新任人民陪审员进行任职培训。

（王静姝　郭丽娜）

【《2020年度行政案件司法审判年度报告》发布】 8月2日，区法院发布《2020年度行政案件司法审判年度报告》（简称《报告》）。《报告》指出，2020年区法院受理涉区属行政机关行政案件830件，占全部行政案件的78.4%，区属行政机关行政案件同比下降22.57%。其中，区属行政机关被诉行政诉讼案件567件，行政机关败诉115件，占比20.3%，败诉率比2019年上升2.5%，主要集中在工商登记类和涉“违建”类案件。案件反映出当前行政执法中存在的6个问题：登记类案件易出现虚假登记、登记机关自撤程序不畅；信息公开类案件易出现信息类型判断错误、答复文书缺乏严谨性；举报答复类案件主要因职业打假人提出，因举报答复内容、期限及程序存在瑕疵被诉；社会保障类案件僵化适用法律条文认定工伤，不能满足社会新形势、新变化的现实需要；不履行法定职责类案件行政机关超期履责、履责不完全，对完全履责缺乏重视；涉“疏整促”类案件主要表现为程序违法、未作出自行清理残值及未制作物品清单等。《报告》就推进法治政府建设提出以案结事了为目标，配合法院依法开展诉源治理工作；以依法行政为导向，建立配套纠错机制；以规范应诉为任务，加强学习培训力度；以良性互动为桥梁，提升依法行政水平的建议。区长王合生对区法院提升依法行政水平、助力法治政府建设作出的努力和贡献予以肯定，并要求全区行政机关及时组织学习研讨。

（王静姝 郭丽娜）

【全国政协领导调研未成年人司法保护工作】 8月25日，全国政协委员、社会和法制委员会副主任、中央政策研究室副主任张季率领全国政协社会和法制委员会调研组到区人民法院，就未成年人司法保护工作情况进行专题调研。最高人民法院副院长沈亮陪同调研。调研组旁听一起被害人为未成年人的寻衅滋事案件，并举行座谈会。会上，沈亮介绍最高人民法院推进少年审判工作的总体情况，区法院、区人民检察院、海淀公安分局、区司法局等单位向调研组汇报未成年人司法保护工作情况。

（王静姝 郭丽娜）

【“‘两区’建设专家谈”交流分享会】 9月15日，区法院召开“丹棱论坛·‘两区’建设专家谈”交流分享会，4名审判业务专家围绕“司法助力北京国际科技创新中心核心区建设”主题，紧扣“两区”建设科技创新、数字经济发展、自由贸易和服务业开放等主要特征，分享在维护网络安全、保护知识产权、规范网络新业态、优化营商环境等重点领域的经验思考和举措成效，就司法助力科技创新、营造国际一流法治化营商环境等方面提出建设性的意见建议。北京市“两区”办特聘专家、海淀区政府特聘专家靳晖，北京市审判业务专家、朝阳法院党组成员、政治部主任刘黎，中国政法大学教授李扬，中央财经大学教授杜颖对主题发言进行点评，肯定区法院对北京市“两区”建设、北京国际科技创新中心核心区建设提供司法服务保障的重要意义和工作成效，并对保障科技创新、加大知识产权保护力度、助力互联网等高新技术产业健康有序发展提出宝贵建议。

（王静姝 郭丽娜）

·案例选辑·

【全国首例智能产品语音指令不正当竞争纠纷案】 1月11日，区法院依法宣判原告百度在线网络技术（北京）有限公司（简称百度在线公司）诉被告北京子乐科技有限公司（简称子乐公司）、北京经纬智诚电子商务有限公司（简称经纬公司）不正当竞争纠纷一案，该案系全国首例智能产品语音指令不正当竞争纠纷案。原告百度在线公司诉称，其是“小度”AI电子产品的开发者和运营者，“xiaodu xiaodu”是百度在线公司用于AI电子产品中具有唤醒和操作功能的语音指令，经长期使用，“小度”商品名称及“xiaodu xiaodu”语音指令均已具有一定影响。子乐公司生产、销售与小度智能音箱相同的AI电子产品杜丫丫学习机，该公司在其官网宣传内容及杜丫丫学习机中突出使用“小杜”指代其产品；在杜丫丫学习机中使用“xiaodu xiaodu”语音指令进行唤醒和操作，并在官网对此进行宣传，上述行为使公众产生混淆，构成不正当竞争。经纬公司系子乐公司产品销售商，销售杜丫丫学习机。百度在线公司要求二被告停止涉案行为，并要求子乐公司消除影响、赔偿经济损失及合理开支300万元。区法院经审理认为，经过百度在线公司广泛使用推广，“小度”作为其智能音箱的商品名称属于反不正当竞争法规定的有一定影响的商品名称；“xiaodu xiaodu”作为特定语音指令，已与百度在线公司及其产品建立起了明确、稳定的联系，具有较高知名度和影响力，应受到反不正当竞争法第六条第四项保护。结合“小度”和“xiaodu xiaodu”的知名度和影响力，小度智能音箱和杜丫丫学习机从功能、受众、销售渠道等方面来看属同类产品，子乐公司实施被诉行为，主观上具有恶意，客观上也易使相关公众误认为杜丫丫学习机与百度在线公司的小度智能音箱及其相关服务可能存在产品研发、技术支持、授权合作等方面的特定联系，导致混淆。子乐公司上述行为违反了反不正当竞争法第六条第一项及第四条之规定，对百度在线公司构成不正当竞争。经纬公司销售杜丫丫学习机亦缺乏合法依据。故判决子乐公司消除影响、赔偿百度在线公司经济损失50万元及合理开支5万元。该案已于2021年1月29日生效。该案通过裁判引导市场经营者以技术创新等途径进行良性竞争，有利于维护人工智能相关产品的市场竞争秩序，该案被写入最高人民法院《人

9月15日，“北京法院科技创新审判特色人才高地”授牌仪式举行（区法院 供图）

民法院知识产权审判工作情况报告》。

（王静姝　郭丽娜）

【“钱生钱”非法吸收公众存款案】1月15日，区法院对“钱生钱”非法吸收公众存款案主案进行宣判。法庭认定该10名被告人均构成非法吸收公众存款罪，其中9名主犯被依法分别判处有期徒刑10年至6年不等刑罚，并处罚金；1名从犯被依法判处有期徒刑2年，并处罚金。该案于4月29日生效。

（王静姝　郭丽娜）

【跨国电信网络诈骗案】4月16日，区法院对从西班牙押解回国的被告人卢某等35人电信网络诈骗案进行公开开庭宣判。法庭认定35名被告人均构成诈骗罪，其中7名主犯被依法分别判处有期徒刑13年至10年不等刑罚，并处罚金；28名从犯被依法判处有期徒刑8年至4年6个月不等刑罚，并处罚金等。判决于5月1日生效。

（王静姝　郭丽娜）

【上市公司股东表决权受限案】5月28日，区法院审结原告某公司、原告李某诉被告某上市公司公司决议纠纷案。该案是一起上市公司股东因表决权受限而申请撤销公司决议的案件。两原告诉称，被告是深交所一家上市公司，原告某公司和原告李某均是被告公司股东。两原告于达成一致行动关系当日，李某通过证交所交易增持被告公司股份，最后一笔交易后两原告合计持股超过5%持股比例152股。3个交易日后，原告李某继续增持被告股票，最后一笔交易成交数量50万股，合计超过10%持股比例179917股。上述两次交易的次日，原告某公司均按规定披露相关情况。此后至被告某上市公司召开案涉股东大会，两原告未再增持股份，两原告合计持股约占被告总股本的10.02527%。被告公司召开股东大会时，限制两原告就超出5%持股比例的股票行使表决权，理由为两原告结成一致行动关系后，未按增持至5%的股份数量下单，也未在超出该比例时及时撤单，该行为违反法律规定，表决权依法应受限制。区法院经审理认为，本案的争议焦点有二：一是被告公司是否有权限制两原告行使超出5%持股比例以上全部股份的表决权；二是如无权限制，案涉公司决议效力如何。关于第一个争议焦点，《证券法》第63条第1、2、4款规定的上市公司收购监管的权益披露规则，其立法目的在于控制收购方买卖股票的节奏，让有关信息通过公开披露得以广泛传播和充分消化，使投资者有时间慎重考虑作出选择，以保护中小股东合法投资权益；而不在于限制收购方的股东权利，防止公司控制权发生变化。结合文义解释，上述条文应理解为投资者增持上市公司股份每达5%持股比例时，其在履行权益披露义务前购买的超过该比例的部分不得行使表决权，但投资人履行权益披露义务后所买入的股份不在表决权限制范围内。即收购人出现违规增持行为后，其在权益披露义务和法定停止交易期间停买股票义务均履行完毕的情况下，再另行购买的股份，不属于应限制表决权的股份。据此，两原告增持达5%时，最后一笔交易虽违规超出权益披露触发点152股，但此后履行了权益披露义务，并在3个交易日内未再行购买，故其在持股5.00002%的基础上继续购买的股份表决权不受限制，被告无权限制两原告就超出5%持股比例的全部股票行使表决权。当两原告再次增持5%股份累计达10%持股比例时，其最后一笔交易超出10%权益增减变动披露点179917股，其后虽也履行了权益披露义务且未再行购买，但该违规超买行为明显不属于计算失误且超出合理幅度，故依据63条第4款规定，两原告就该超出部分的股份不得行使表决权。关于第二个争议焦点，虽被告违法未将两原告的有效表决权计入表决结果，但案涉股东大会的召集程序不存在瑕疵，两原告实际参加并就各议案均按其真实意思表示进行了表决，故违法限制两原告表决权导致的后果系程序瑕疵中的计票错误，可通过重新计票方式弥补。其中，第一、二项议案的投票结果均与两原告的投票方向一致，上述两项决议有效；议案三中的第一项议案按正确的表决权票数重新计算后，两原告被限制的表决权未对该决议产生实质影响，故该项决议亦有效；议案三中的第二项决议，经重新计票后未达公司法或被告公司章程规定的通过比例，故该项决议不成立。综上，海淀法院依法确认议案三中第二项决议不成立，并驳回两原告要求整体撤销案涉公司决议的诉求。9月28日，北京市第一中级人民法院二审判决驳回上诉，维持原判。本案是上市公司收购过程中因新旧股东争夺控制权引发的典型纠纷，通过准确适用《中华人民共和国证券法》第63条，厘清了上市公司收购行为的合法边界和股东表决权受限的法定条件及范围，有益于引导、规范上市公司收购行为，助推市场平稳、有序发展。

（王静姝　郭丽娜）

【全国首例直播平台侵害商标权纠纷案】5月31日，区法院宣判全国首例认定直播带货场景下的直播平台为电商平台的侵害商标权纠纷案。原告赛饰贸易（上海）有限公司（简称赛饰公司）诉称，其通过阿加莎传播有限责任公司（简称阿加莎公司）授权获得“AGATHA”和两枚商标的独占许可使用权。被告一莱州市弘宇工艺品有限公司（简称弘宇公司）未经授权，通过其在抖音直播平台（简称抖音平台）的账号（简称涉案抖音号）进行直播并销售带有涉案商标标识的两款手提包（下称涉案商品），该行为侵害了赛饰公司商标权；被告二北京微播视界科技有限公司（简称微播公司）作为抖音平台运营商，对弘宇公司前述行为未尽合理注意义务，应当与弘宇公司共同承担法律责任。故以侵害商标专用权为由，将二被告诉至法院。区法院经审理认为，结合涉案商标的图样、核定使用的商品类别、涉案商品及其价签上的被诉标识、赛饰公司未将涉案商标转授权给第三人等事实，以及弘宇公司未提交充分的证据证明其行为符合商标法关于销售商免责的规定，弘宇公司销售涉案商品，违反了商标法第五十七条第三项之规定，构成侵权。综合本案中抖音平台用户可通过开通“商品橱窗”功能从事互联网营销活动，抖音平台的直播界面显示有涉案商品的名称、图片、价格等信息，用户点击抖音平台中“商品橱窗”后未跳转至其他平台即直接进入商品页面，抖音用户可在其抖音账号中直接查询其购买涉案商品的订单信息，观看直播时需点击抖音平台界面中的购物车才可进入小店平台完成购物等事实，认定抖音平台系以提供网络直播营销服务的形式在其平台中为交易各方提供了交易撮合、信息发布等服务，供交易各方独立开展交易活动的平台，属于电子商务平台；微播公司作为抖音平台运营者，系电子商务平台经营者。直播带货类电子商务平台中电商活动具有其特殊性，不宜对其采取过于严苛的事前审核标准，而应结合平台是否建立了直播带货准入机制，是否制定并公开了直播营销管理规范或平台公约，是否履行了对直播间运营者资质、商品等的审核，是否制定了负面清单，是否建立知识产权保护规则，是否建立了必要的投诉举报机制，是否事后采取了及时且必要的处理措施，是否积极协助权利人维权等方面，综合判断平台经营者是否已尽合理注意义务；并据此认定微播公司就被诉行为履行了事前审核、提示，以及事后及时处置等措施，已尽到合理注意义务。综上，区法院判决被告莱州市弘宇工艺品有限公司赔偿原告赛饰贸易（上海）有限公司经济损失30万元及合理开支10598元，驳回原告其他诉讼请求。该案系全国首例认定直播带货场景下的直播平台为电商平台的案件，亦是《网络直播营销管理办法（试行）》施行以来对该类平台性质进行认定的首个司法案例。区法院为直播带货场景下的直播平台合理注意义务的界定提供判断规则。该案于6月20日生效。

（王静姝　郭丽娜）

【首例“公共户”迁移民事案】 11月9日，区法院公开开庭审理首例“公共户”[①]迁移民事案件。原告戚某诉称，2019年10月25日，原告母亲陈某与被告妻子高某签订《房屋买卖合同》，约定陈某将坐落于海淀区学院路的房屋出售给高某，成交价款为310万元。根据合同约定，房屋首付132万元，剩余178万元分三期支付：前两期163万于房屋产权转移前3日支付完毕，第三期15万元于房屋内户口迁出当日（户口保障金）支付。同日，陈某和高某签订补充协议，约定将卖方由陈某变更为原告戚某，将买方由高某变更为被告张某。合同签订后，被告支付了前两期购房款，因涉案房屋多次转卖，原房主的滞留户口未迁出，被告至今未支付第三期购房款。因房屋买受人张某拒不协助办理“公共户”迁移手续也不支付剩余房款，房屋出卖人戚某以房屋买卖合同纠纷为由提起诉讼，要求法院判令张某协助办理迁户手续并支付剩余购房款15万元。庭审中，原被告双方就涉案房屋滞留户口在现行公共户政策下能否迁出、户口迁出及付款条件是否成就等争议焦点问题进行法庭辩论。经法庭调解，被告同意庭后十日内配合向派出所提交户口迁出申请材料，能否迁出有待公安部门反馈意见。12月3日，因双方自行达成和解协议，原告撤诉。

（王静姝　郭丽娜）

【罗某铁路“霸铺”名誉权纠纷案】 罗某因认为中央广播电视台（简称央视）报道其在火车卧铺车厢占用他人铺位，侵犯其名誉权，向区法院提起诉讼，提出央视赔偿6万元并赔礼道歉等诉讼请求。2020年1月8日，区法院作出一审判决，认为央视报道内容客观、属实，其批评性评论是履行媒体舆论监督职责过程中对事件的阐述，符合评论行为应遵守的正当性、合理性原则；央视在报道中对罗某进行隐名、打马赛克处理，尽到审慎义务。尽管央视播放涉案视频后，罗某个人声誉确实会在其生活圈内有所下降，但降低的根源在于其在列车上实施的违法行为，而非央视的“以案释法”。在央视不存在违法行为前提下，罗某提出名誉权侵权的主张不能成立，法院不予支持，判决驳回罗某的全部诉讼请求。2021年12月6日，北京市第一中级人民法院作出二审判决，驳回罗某的全部上诉请求，维持原判。该案判决旗帜鲜明地支持正当舆论监督，引导公民遵纪守法、遵守公共秩序。

（王静姝　郭丽娜）

【“以保促调、滚动解封”高效化解系列广告合同纠纷】 北京易车互动广告有限公司（简称易车公司）等因与北京新意互动数字技术有限公司（简称新意公司）合同纠纷案，向法院提出7871万元诉前财产保全，后以要求新意公司支付42份广告合同款为由诉至法院，称双方尚有其他纠纷104件，将陆续起诉并提出财产保全申请。新意公司收到保全裁定书及起诉书后提出复议申请，称涉案42份合同款项大部分已经支付。考虑到保全标的额巨大，诉讼不利于双方利益实现，海淀法院速裁团队法官组成合议庭，开展调解工作：就诉前财产保全组织听证，充分了解争议焦点和双方实际诉求；冻结新意公司款项7871万元，并充分释明经营及法律风险，双方就存在争议的146份广告合同进行逐笔对账，确认尚欠款项金额并快速达成调解意向；在调解款项支付环节，出现易车公司坚持先付款再解封而新意公司因大额资金被冻结无力筹措应付款项的僵局，海淀法院创造性提出“解封一批、支付一批”的滚动式执行方案，在海淀法院速裁团队、执行局、银行部门5个工作日无缝配合下，以566万元为单元、共计14轮解封圆满完成，相应解封款逐笔支付至易车公司账户，前期保全资金顺利转化为和解款。海淀法院创新“以保

---

① 2021年5月28日，北京市公安局发布《关于印发户籍派出所设立公共户工作规定（试行）的通知》，落实市委市政府“简政放权、放管结合、优化服务”工作要求，解决暂不具备市内迁移条件的本市户籍人员落户问题。

促调，滚动解封”工作机制，畅通保全、调解、执行衔接机制，一揽子化解辖区企业间总标的额超过1.5亿元的146件广告合同纠纷，有效避免关联纠纷进入诉讼程序，包括保全期间在内仅用时39天，实现矛盾纠纷“一站式接收、一揽子调处、全链条解决”，取得加速盘活资金、助力企业发展的良好效果。9月3日，该案入选最高人民法院“人民法院助推民营经济高质量发展典型民商事案例”。

（王静姝　郭丽娜）

司法行政

【概况】 2021年，海淀区司法局（简称区司法局）聚焦推进依法行政、开展普法宣传、提供法律服务、深化社会治理，完成各项工作任务。下属海诚、求是、国信3家公证处，有公证员60人、公证员助理44人、辅助人员43人。全区29个街镇司法所配备专职人民调解员58人、社区矫正协管员78人、社区矫正民警24人。在管社区矫正对象368人，在管安置帮教人员2163人。全区有律师事务所480家，律师5935人。海淀区律师行业党委下辖基层党组织155个，其中律师事务所党委2个、党总支1个、党支部152个（独立党支部112个、联合党支部40个），律师党员2304人。全区有人民调解组织708个，人民调解员4447人，其中区公共法律服务中心人民调解专家团1个，街、镇级人民调解委员会29个，社区、村级人民调解委员会643个，行业性、专业性及企事业单位人民调解委员会35个。受理人民调解案件10299件，调解成功9737件，调解成功率94.54%。全区现有鉴定机构28家，司法鉴定人352人。

开展律师、公证、司鉴行业突出问题专项治理，着力做好学习教育、自查核查、回头看、集中整顿等各阶段工作全面推行律师类审批事项告知承诺制。2021年，累计办理许可、备案服务等业务2506件。其中，通过“不见面审批”方式办理1167件，占全部业务量的46.6%。开展公司律师试点工作，完成公司律师管理机构备案26家，已核准公司律师144人，包括字节跳动、小米、快手、新浪、网易等多家区属重点企业，公司律师规模居全市各区首位。围绕“两区”和中关村科学城建设，在区公共法律服务中心建成全市首家“北京市律师远程视频会见海淀分中心”和“海淀仲裁庭审服务中心”，为营造优质高效的法治化营商环境贡献了“海淀力量”和“海淀智慧”。2021年，全区律师行业办理诉讼案件16730件、非诉讼业务24210件。拓展公证行业新型业务领域，北京市知识产权公证服务中心在国信公证处挂牌成立。2021年，区属3家公证处共办理公证事项83680件，其中，国内公证50197件、涉外公证33176件、涉港澳公证307件。加强司法鉴定管理工作规范化、标准化、信息化建设，开展司法鉴定规范年建设活动。2021年，办理司法鉴定机构行政许可初审526件，办结投诉案件82件，全区司法鉴定机构办理司法鉴定业务22587件。

开展党史学习教育和“我为群众办实事”活动，推出“群众的小事就是我们的大事”、“8小时极速法律援助”、优化社区矫正对象离京外出请销假流程、为区域重点企业办理公司律师等便企惠民措施，为群众办成实事好事28件。

海淀街道海淀南路北社区被司法部、民政部命名为第八批“全国民主法治示范村（社区）”。

（王轶男）

【依法行政】 年内，区司法局着力推进严格公正规范文明执法，深入推进行政执法“三项制度”落实。做好新修订《行政处罚法》贯彻落实工作。9月8日，王合生区长主持召开第166次区政府常务会议，审议通过了《海淀区上半年行政执法数据监测情况分析报告》并印发全区。组织开展年度行政执法案卷评查，12月，以区推进依法行政工作领导小组办公室名义向各行政执法部门和各街镇印发《关于2021年海淀区行政处罚案卷质量抽验情况的通报》。全区实施行政处罚22646件，行政检查888608件，行政执法总量为911254件。强化规范性文件审核工作。以区政府名义共印发行政规范性文件7件，审核各委办局征求意见文件590余件，提出法律意见建议920余条；审核涉冬奥各类协议、合同280余份，提出意见建议400余条；办理以区政府为被申请人的履职申请案件50余件，审核以区政府名义责成违法建设强拆案件23件。着力推进行政复议体制改革。经过充分调研，起草《海淀区行政复议体制改革实施方案》，8月7日，经区政府专题会审议通过并印发全区。健全优化行政复议审理机制，不断提高办案质量和效率，充分发挥行政复议化解行政争议主渠道作用。区司法局代表区政府收到行政复议申请612件，比上年增长10%，受理598件，审结508件，纠错50件，纠错率11.2%；办理以区政府为被告和被申请人的行政案件437件，比上年增长51%，审结260件，一审败诉4件，败诉率为1.5%。

（王轶男）

【公共法律服务】 年内，区司法局推进公共法律服务全面提质增效、换挡升级，建成覆盖全区域、全业务法律服务实体网络。区公共法律服务中心聚合融合法律援助、律师、公证、人民调解、司法鉴定、行政复议等全业务职能，横向联通驻公、检、法、人社局站点，纵向贯穿区、街镇、社区（村）三级法律服务实体平台，同时依托“海淀政务”实现线上线下全时空服务。精心组织开展“公共法律服务精细化管理年”活动，着力推进“优质服务五提升”工作模式，开通“疫情防控法律服务”“新业态新就业群体”专线专窗，成立“中小微企业法律服务团”，凝聚公共法律服务助企惠民法治合力。为特殊群体畅通申请渠道，尝试推行容缺受理，做好普惠性法律援助。创新提供7×8小时法律热线、“专家坐诊”，充分体现法律援助的社会价值和功能。为“双减”工作提供优质高效法律服务，将涉及

"双减"工作教育机构员工讨要劳动报酬案件全部纳入法律援助范畴，受理巨人、杰睿、常青藤爸爸、精锐等教育机构法律援助申请1135人次，结案1039人次。2021年，区公共法律服务中心累计接待来访11777人次，接听电话咨询59557人次，受理指派法律援助案件8887件，办理各类事项5010件。区法律援助中心荣获全国总工会、司法部、全国律师协会颁发的"2017—2020年'尊法守法·携手筑梦'服务农民工公益法律服务行动成绩突出集体"荣誉称号。

（王轶男）

【法治宣传教育】 年内，区司法局开展《中华人民共和国民法典》学习宣传活动，组建"民法典专题宣讲团"。"海淀微说法"公众号发布普法信息181期460余条，"海淀普法"抖音号推送普法微视频151部，多部作品被司法部官方抖音转发，观看累计超400万人次。全区开展法治宣传教育活动9200余场次，发放宣传资料和宣传品344万余份，惠及群众335万余人次。区司法局制作的普法动漫《"十一个坚持"推进全面依法治国》获得第二届."京彩"网络正能量精品评选活动优秀奖；海淀街道海淀南路北社区被司法部、民政部命名为第八批"全国民主法治示范社区"。

（王轶男）

【基层社会治理】 年内，区司法局贯彻《社区矫正法》，严格落实"两类"（社区矫正对象和安置帮教人员）人员管控，实行智慧矫正（强化社区矫正中心功能布局，完善技防手段措施。配备自助矫正终端，实现社区矫正对象身份信息、生物信息和法律文书信息采集一体化；社区矫正对象全员安装社矫App，对社区矫正对象实行24小时无间断的电子定位；建立市、区、街镇三级直通视频指挥中心，随时应对、处置突发状况）。2021年，全区接收社区矫正对象289人，解除215人，现在管社区矫正对象368人；接收安置帮教人员223人，解除72人，现在管安置帮教人员2163人。全年开展社区矫正对象社会调查154件次，居住地核查168件次，居住地变更58人次。开展线上分类教育74期，社区矫正对象1.3万人次参加学习，开展心理测评346人次。审批离京请销假131人次，给予社区矫正对象训诫9人次、警告处分7人次、提请收监3人。全年安置"三无"（无家可归、无亲可投、无生活来源）刑释人员33人，开展技能培训152人次，进行就业指导41人次，为33名生活困难的"两类"人员提供临时生活救助金、生活困难救助金和实物生活救助。为服刑人员家属提供监所远程视频会见72人次。强化多元矛盾纠纷排查化解机制。全区各级各类人民调解组织共开展矛盾排查47655次，发现并处理矛盾纠纷隐患3424件。弘扬"枫桥经验"，打造老百姓身边的调解，受理人民调解案件10299件，调解成功9737件，调解成功率94.54%。清河街道司法所被司法部评为"全国模范司法所"，北太平庄街道司法所副所长孙乐被评为"北京榜样·最美法律服务人"标兵。

（王轶男）

【全国首届"金线奖"评选活动】 1月5日，海淀区律师协会倡导发起的全国首届"金线奖"评选活动公布获奖作品。来自全国各地的律师、律师事务所、公司法务部与法律科技公司参与评选，提交近百份申请材料。11位权威评委根据创新性、影响力、可复制性等维度，对每一份材料进行严格打分，最终在4个重磅奖项中，产生19个获奖作品、9个提名奖作品。

（王轶男）

【公共法律服务精细化管理年活动】 1月5日，区司法局制定《关于开展公共法律服务精细化管理年活动实施方案》，开展全区公共法律服务精细化管理年活动，包括制定标准化流程、完善规范化管理和发展个性化服务三方面内容。

（王轶男）

【司法队伍教育整顿】 3月23日，区司法局队伍教育整顿工作正式启动，局机关、区法律援助中心、区阳光中途之家、海诚公证处、求是公证处、国信公证处及街镇司法所全体在编在职干警及社区矫正干警共计235人参加教育整顿。区司法局立足"三个环节"，紧扣"四项任务"，聚焦"五个过硬"，从严从实从细开展工作，教育整顿做到善始善终、善作善成。坚持将党史学习教育与教育整顿工作同步开展，增强学习的情景性动力，以政治教育铸魂、以党史教育强筋、以警示教育醒醐、以英模教育牵引，变"被动学"为"主动学"，变"要我学"为"我要学"。深入开展"我为群众办实事"实践活动，既聚焦完善监狱视频会见帮教系统功能和推进律师远程视频会见中心建设等重点举措，也坚持群众的小事就是我们的大

7月23日，海淀区公共法律服务中心揭牌（区司法局 供图）

事，“8小时极速法律援助”、优化社区矫正对象离京外出请销假流程、为区域重点企业办理公司律师等便企惠民措施相继推出，累计为群众办成实事好事28件。7月16日，海淀区司法局队伍教育整顿总结会召开，第三市级指导组充分肯定了区司法局教育整顿工作成绩。

（王轶男）

【“我为群众办实事”活动】 5月23日，区司法局“我为群众办实事”实践活动在“海淀普法”官方抖音号正式上线，围绕人民群众关注的法律问题，通过“法律援助服务民生”“委托公证小证大用”“探秘司法鉴定”等主题，以小视频方式向社会展示传播，生动诠释基层司法行政机关为群众办实事好事、维护群众合法权益的责任与担当。启动“十件民生实事”惠民活动，即“美好生活、民法典相伴”主题宣传、法治宣讲进基层、法律服务热线周末“不打烊”、8小时极速法律援助、村居法律顾问“小循环”、人民调解业务指引、“郑朝工作室”调解品牌、遗嘱公证周、公证上门送服务、行政复议便民提示等10项，构建“亲民、便民、利民”的服务网络，解决人民群众法律服务需求端“急难愁盼”问题，切实把实事办到群众的心坎上。在“我为群众办实事”实践活动中，区司法局重点解决了5项工作难题：解决监所会见和社区矫正执法难题、解决律师会见难题、解决企业争议化解难题、解决企业法务队伍建设难题、解决司法行政业务难题。

（王轶男）

【普法联盟系列宣传活动启动】 5月28日，《中华人民共和国民法典》颁布一周年之际，区委全面依法治区委员会守法普法协调小组在海淀公园广场启动2021年海淀区普法联盟系列宣传活动。活动以“美好生活 民法典相伴”为主题，标志着“民法典宣传月”活动正式拉开帷幕。在启动仪式上，部署海淀区活动方案，为群众代表发放民法典书籍，普法联盟代表发出活动倡议，海淀区“民法典宣传月”活动正式拉开帷幕。区司法局、区应急局、区总工会、区园林局等区守法普法协调小组主要成员单位主管领导和法宣工作负责人，各街镇司法所所长以及群众代表500余人参加活动。

（王轶男）

【司法部法律援助中心调研法律援助工作】 5月28日，司法部法律援助中心一行在海淀区调研法律援助工作。调研组考察海淀区公共法律服务大厅，12348公共法律服务热线和网络平台，法律援助案卷评估、归档等工作，并就法律援助案卷管理、质量评估、律师培训等工作座谈交流，向区法援中心赠送《中华人民共和国民法典》专题培训光盘。

（王轶男）

【设立市政府行政复议接待咨询点】 6月10日，按照市司法局《关于在各区公共法律服务中心设立市政府行政复议接待咨询点有关工作的通知》要求，区司法局在区公共法律服务中心设立市政府行政复议接待咨询点，在显著位置悬挂“市政府行政复议接待咨询点标牌”。

（王轶男）

【科级干部依法行政专题培训班】 6月21日至23日，区司法局会同区委组织部在区委党校举办2021年科级干部依法行政专题培训班。培训班以习近平法治思想为主线，主要围绕依法行政工作实务设置有关课程。中国政法大学教授曹鎏从时代背景、核心内容及实践意义三个方面对《中华人民共和国行政处罚法》的难点问题进行讲解；区委党校副教授杨璐以“深入学习贯彻习近平法治思想 筑牢基层治理现代化的法治基石”为题，对习近平法治思想进行系统阐述；东元律师事务所律师杨琦燕从社会治理的角度讲解《中华人民共和国民法典》；海淀法院庭长黄志勇深入剖析在依法治国背景下对行政行为的司法审查；市司法局潘肖肖讲解行政规范性文件审核工作的主要内容；法制网副主编于澄结合近期社会热点问题就如何做好舆情处置工作与大家进行交流。38家委办局及29个街镇承担依法行政工作的科室负责人66人参加培训。

（王轶男）

【海淀区律师行业委员会第三次代表大会】 7月10日，海淀区律师行业委员会第三次代表大会召开，全区律师行业党员代表等100余人参会。会议听取并审议通过《第二届海淀区律师行业党委工作报告》，选举产生新一届海淀区律师行业党委委员。大会分别对王志强等11名海淀区律师行业党建突出贡献奖获得者、丁琛等200名优秀共产党员、弓永春等80名优秀党务工作者以及北京市人富律师事务所联合党支部等60个先进基层党组织进行表彰。观看《海淀区律师行业党建工作巡礼》宣传片。

（王轶男）

【律所新媒体矩阵】 7月，区司法局、海淀区律师协会在“海淀律师”微信公众号和区律师协会官网重磅打造海淀律所官方微信公众号矩阵及官网矩阵。矩阵的建立旨在为广大用户提供快捷、方便的信息索引，将一批活跃度高、影响力大、关注度高的律所微信公众号及官方网站与“海淀律师”微信公众号及区律师协会官网实现链接无缝跳转共享资源平台。截至年底，有56家律所入驻官网矩阵、30家律所入驻微信公众号矩阵。

（王轶男）

【《海淀区行政复议体制改革实施方案》通过审议】 8月7日，区委副书记、区长王合生主持召开区政府专题会议，会议审议通过《海淀区行政复议体制改革实施方案》。方案共分总体要求、完成时限、工作安排、工作要求4部分，坚持以习近平法治思想为指导，贯彻优化协同高效原则，构建科学统一行政复议工作体制，完善规范标准行政复议工作机制，打造革命化、正规化、专业化、职业化行政复议专门队伍，以首善标准营造行政复议化解行政争议的良好制度环境和工作运行环境，实现海淀区政府行政复议“一个机构负责”“一个窗口对外”“一套流程办案”“一个标准裁判”，充分发挥行政复议公正高效、便民为民的制度优势和化解行政争议的主渠道作用，提高行政机关依法行政水平和公信力，为海淀开启全面依法治区新征程提供有力法治保障。

（王轶男）

【《关于在全区开展法治宣传教育的第八个五年规划（2021—2025年）》印发】 8月22日，区委、区政府转发《区委宣传部、区司法局关于在全区开展法治宣传教育的第八个五年规划（2021—2025年）》（简称《规划》）的通知。《规划》包括以习近平法治思想引领全民普法工作、明确普法重点内容、持续提升公民法治素养、加强社会主义法治文化建设、推进普法与依法治理有机融合、着力提高普法针对性实效性、加强组织实施7部分内容。《规划》明确主要目标是：到2025年，公民法治素养和社会治理法治化水平显著提升，全民普法工作体系更加健全。公民对法律法规的知晓度、法治精神的认同度、法治实践的参与度显著提高，全社会尊法学法守法用法的自觉性和主动性显著增强。多层次多领域依法治理深入推进，全社会办事依法、遇事找法、解决问题用法、化解矛盾靠法的法治环境显著改善。全民普法制度完备、实施精准、评价科学、责任落实的工作体系基本形成。明确普法的重点内容是：学习宣传习近平法治思想、宪法、民法典、深入宣传与推动高质量发展密切相关的法律法规、与社会治理现代化密切相关的法律法规、党内法规6个方面。

（王轶男 钟冷）

【“七五”普法总结表彰暨“八五”普法启动大会】 9月27日，海淀区召开“七五”普法总结表彰暨“八五”普法启动大会。区守法普法协调小组成员单位主管领导、法治工作负责人，各街镇主管领导、宣传部部长、司法所所长、司法助理员等共计200余人参加会议。会议以加密电视电话会议形式召开，主会场设在区人大报告厅，各街镇设分会场。会议全面总结海淀区“七五”普法工作，对先进集体和先进个人进行表彰，区人民法院、区市场监督管理局、中关村街道和海淀镇4家单位作典型发言。会议对“八五”普法期间全区主要普法依法治理工作任务进行部署。区委全面依法治区委员会守法普法协调小组印发《海淀区“八五”普法规划任务分解》，确定主责单位和协作单位，明确完成时限。指导督促各委办局、各街镇研究制定本部门、本地区“八五”普法规划或实施方案。

（王轶男）

【新就业群体法律服务】 9月，区司法局设置法律援助专窗和咨询62641148专线电话，甄选具有专业优势的律师解答法律咨询，指引办理法律援助，为新就业群体提供更多法律服务保障。定期举办律师研讨会，发现问题，总结为新就业群体服务的经验以及探寻如何帮助新就业群体增强法律意识的方法，维护新业态、新就业群体合法权益。

（王轶男）

【市司法局专题调研首都特色司法所管理建设】 11月10日，市司法局副局长苗林到海淀开展首都特色司法所管理建设新模式专题调研，副区长徐振涛，区司法局负责人等陪同调研。丰台区、石景山区、门头沟区司法局相关领导参加调研。调研组实地参观中关村街道司法所，听取司法所规范化建设新进展的情况介绍。在专题调研座谈会上，区司法局就全区司法所建设总体情况、存在问题和对策建议作专题汇报。中关村街道、海淀镇领导和司法所所长分别根据本地区实际，以不同视角就本街镇司法所管理建设情况作主题发言。丰台区、石景山区、门头沟区司法局领导分别介绍本区司法所管理建设情况。与会人员就机构改革、行政执法权下沉司法所地位作用等热点问题进行深入细致交流，对街镇法治建设、依法行政等工作进行研讨。苗林充分肯定海淀区司法所在依法行政、普法守法、人民调解、社区矫正和安置帮教、基层公共法律服务等方面的成绩和做法，并提出5点工作要求。

（王轶男）

【《公益法律服务合作协议书》签署】 11月17日，海淀区律师协会与区残联签署《公益法律服务合作协议书》。协议约定自2021年11月18日起至2022年11月17日止，区律协指派律师为属地残疾人提供现场讲法，开展法制宣传；答疑释法，提供法律咨询等公益法律服务。

（王轶男）

【“12·4”国家宪法日暨宪法宣传周活动】 11月29日至12月5日，区委全面依法治区委员会守法普法协调小组举办“12·4”国家宪法日暨宪法宣传周活动。其间，全区各单位、各街镇共组织开展“12·4”国家宪法日主题宣传活动710余场次，发放宪法主题宣传材料和宣传品33万余份，惠及群众近百万人次。

（王轶男）

9月27日，海淀区“七五”普法总结表彰暨“八五”普法启动大会召开（区司法局 供图）

【普法微电影《家·法》上线】 12月3日，由区司法局出品、宾臣传媒集团创作的普法微电影——《家·法》在中国网首播，这是海淀区结合疫情防控要求首次采取线上直播的方式开展国家宪法日宣传活动。《家·法》紧扣普法主题，情节包含婚姻家庭、财产继承、合同纠纷等宪法和《中华人民共和国民法典》相关内容，同时涉及疫情防控、北京冬奥会等时事热点，以及邻里纠纷、社区治理等公共话题，在情节设计上融入有利观赏的元素，以求达到真实、生动、喜闻乐见的普法宣传效果。在线直播观影人数13.8万人次，累计观影人数14.4万。

（王轶男）

【市律师行业调研党建工作】 12月17日，北京市律师行业一行到海淀区调研律师行业党建工作，重点调研意识形态工作领域、行业发展规划等方面。调研组实地考察北京律师远程视频会见海淀分中心、海淀仲裁庭审服务中心的建设情况以及党建示范园地工作情况，并召开工作座谈会，听取海淀区律师行业党委关于行业党建整体工作、意识形态工作、党史学习教育、党员队伍建设、组织建设等方面的工作汇报。

（王轶男）

仲裁

【概况】 2021年度，海淀区劳动人事争议仲裁院（简称区仲裁院）办理劳动人事争议案件24231件，其中进入办案程序21768件、案外调解2463件。结案率95.53%，调解率64.29%，终结率72.52%。“接诉即办”办理信件1421件，其中：流程类418件，占41.18%；裁决及按撤诉处理不服类155件，占15.27%；裁决后执行类123件，占12.12%；投诉工作人员类52件，占5.12%；其他类223件，占21.97%。新建中国（北京）自由贸易试验区科技创新片区劳动争议调解中心、中关村智造大街劳动争议调解中心、北京佰才邦技术股份有限公司劳动争议调解委员会、中科软科技股份有限公司劳动争议调解委员会4家劳动人事争议基层调解组织，全区劳动人事争议基层调解组织达96家，有调解员386名。中关村街道劳动人事争议调解中心被授予“北京金牌劳动人事争议调解组织”。

（毛磊　郝晓琳）

【快审快结】 年内，区仲裁院发放要素式裁决文书335份，速裁处理案件936件。通过智慧仲裁院综合服务平台线上办案2287件，送达电子文书1486份。为劳动者移交法院财产保全申请154件。开展网上审查确认工作，审查确认调解协议449件。通过人力社保部“互联网+调解”平台收到网上提交调解申请1873件，调解成功率55.16%。

（毛磊　郝晓琳）

【普法宣传】 年内，区仲裁院深入基层开展“稳就业 促和谐”法律大讲堂、公开庭、流动庭，走进街镇、园区、企业、高校开展活动24次，为100余家用人单位进行劳动用工法律法规培训，培训700余人。受人力社保部调解仲裁管理司邀请，派出调解员参加西藏自治区劳动人事争议调解培训授课。在“北京海淀仲裁”微信公众号发布《仲裁指南》宣传片。

（毛磊　郝晓琳）

【劳动仲裁】 年内，区仲裁院受理劳动人事争议案件24231件，其中进入办案程序21768件、案外调解2463件，结案率95.53%，调解率64.29%，终结率72.52%。全年线上办案2287件，其中线上开庭105件、线上调解343件、线上撤诉1839件。

（张艺璇）

【2个仲裁派出庭揭牌】 4月27日，海淀区劳动人事争议仲裁委员会中关村街道派出庭在中关村街道劳动人事争议调解中心揭牌成立，这是海淀区第一家劳动人事争议仲裁派出庭。当日，区仲裁院现场开庭审理派出仲裁庭的首个劳动争议案件，当庭调解成功，部分企业人力资源负责人观摩庭审。7月15日，海淀区劳动人事争议仲裁委员会中国劳动关系学院派出庭揭牌。区仲裁院将依托派出庭，进一步增加职能、优化服务，形成案件受理、调解、开庭、裁决、送达就地办理的“一条龙”服务模式。

（毛磊　郝晓琳）

【基层调解员工作培训会】 7月21日，区仲裁院举办全区基层劳动人事争议调解员工作培训会，基层调解组织负责人和调解员共129人参加。会上对上年度优秀街镇基层调解组织及优秀调解员进行表彰，并就工资类争议、常见劳动用工知识、调解工作技巧等内容开展业务培训。

（毛磊　郝晓琳）

【区仲裁院马连洼分庭正式办公】 12月13日，区仲裁院马连洼分庭正式办公，提供案件受理、调解、开庭、裁决、送达全流程服务。

（毛磊　郝晓琳）

军 事

2022
北京海淀年鉴

人民武装部

【概况】 2021年，中国人民解放军北京市海淀区人民武装部（简称区人武部）学习贯彻习近平视察卫戍区重要讲话精神，落实北京卫戍区党委和区委、区政府决策部署，依据卫戍区党委“举旗铸魂固根本、聚焦使命强能力、全面从严打基础、深化改革促转型、稳中求进抓落实”抓建思路，按照“铸忠诚、尽职责、抓从严”要求，完成建党百年系列活动、思想政治建设、党管武装、正规化建设、兵员征集、民兵整组整训、战备应急、双拥共建各项工作任务，国防后备力量建设稳步发展。落实党管武装制度，各街镇和区国防动员委员会成员单位履行党管武装职责，党管武装的政治责任感明显增强。

开展党史学习教育和“我为群众办实事”等系列活动，人武部领导到7个基层武装部调研，为基层解决实际问题。完成民兵队伍鸟巢2次观演和天安门广场“七一”庆祝任务。

（张硕　强晓凯）

【思想政治建设】 年内，区人武部围绕学习贯彻中央军委主席习近平重要指示精神，坚持从思想上、政治上掌握和建设部队。持续深化“传承红色基因、担当强军重任”主题教育，每周进行教育授课和理论学习，定期落实遵纪守法、勤俭节约、防间保密、心理辅导、形势政策、理想信念教育，提升全体人员思想觉悟。开展经常性思想工作，每季度上专题党课，组织观看《党内重要法规系列讲座》、《铁纪强军》、基层法纪教育专题片等，进行党的纪律教育；开展“学法规立家规、传新风育家风”活动，确保全部人员思想纯洁巩固。组织开展基础教育，围绕部队基层建设、艰苦奋斗、勤俭节约、弘扬优良传统等方面，组织观看视频光盘，重温学习规章制度，掌握基本理论，打牢思想基础。

（张硕　强晓凯）

【街镇武装部正规化建设】 年内，区人武部推进街镇武装部正规化建设。按照“完善指挥功能（值班室、作战室），规范办公、生活设施，配套保障条件，利于安全保密”的原则，完成“三室一库”、办公楼公共场地、作战值班室升级改造，提高实用性。实现升级视频系统、LED显示系统、信号传输系统、控制系统的总体目标，实现实战化、信息化功能定位。升级改造作战指挥室，建设军官训练一体化操作平台，适应现役军官军事考核相关内容日常训练需要。建立民兵应急营部，增加营部内相关配套设施。对战备库室内器材统一标准，进行细化分类，确保常备常新。

（梁爱祥　张燚）

7月22日，区人武部检查四季青镇武装部正规化建设工作（区人民武装部 供图）

【民兵整组】 年内，区人武部采取区域编、行业编、动态编相结合的方式，建强民兵应急分队、建好民兵专业分队、建精民兵特殊分队、编实普通民兵分队。区和街镇两级完成北京市下达的普通民兵、基干民兵和新质民兵队伍编组任务。

（梁爱祥　张燚）

【民兵应急应战能力建设】 年内，区人武部结合“平时能应急、战时能应战”的使命，按照“建、训、用、管、保”要求，指导街镇优化应急方案，重点抓好区属民兵应急力量建设。依托各街镇综合执法、消防等分队，抓好常备应急力量建设。修改完善战备方案，与驻区部分部队共同完善驻区部队参与海淀区防汛、防火等应急方案。与区气象局、区应急办、区防汛办联合组织现地勘察，完善部队参加防汛工作应急预案。防汛期间，组织驻区部队、民兵参加防汛工作。重大活动执勤期间，3个哨位有效处置来自社会面的突发情况，其中羊坊店街道民兵执勤哨位受到北京卫戍区表扬。

（梁爱祥　张燚）

【双拥工作】 年内，区人武部收到海淀区立功受奖喜报180份，其中李清念荣立一等功、郑嘉麒荣立二等功。协调双拥办落实5名军人子女入学优待工作。接听部队、群众咨询电话300余次。协调20个街镇，为130家驻区部队竖立军事标牌。

（张硕　强晓凯）

【民兵训练比武】 5月17日至28日，区人武部组织曙光街道和香山街道70名民兵参加卫戍区组织的应急分队轮训。10月19日，区人武部组织民兵应急营全员点验。年内，组织部分街镇民兵分队参加北京市民兵比武竞赛，其中炊事民兵取得全市应急保障第四名；2次组织民兵骨干进行实弹射击。

（梁爱祥　张燚）

【兵员征集】 5月，区人武部在全区开展“高校征兵宣传教育周”活动。组织征兵宣讲与退役大学生交流大会，指导部分单位做好征兵动员宣传，印制征兵宣传品3万余件、《给大学新生一封信》5万余份。完成兵役登记任务和征集任务，其中应征入伍男青年大学生比例为98.6%、大学毕业生比例为31.4%，比北京市指标分别高出2.6个百分点、1.4个百分点。

（刘钊 梁爱祥）

【专武干部队伍建设】 6月17日至18日，区人武部组织全区街镇专武干部进行集训。安排国防教育、征兵、整组、训练等业务知识学习，达到提高思想认识、熟悉业务工作、掌握工作方法的集训目的。

（张硕 强晓凯）

【十二届区委第五次议军会】 10月20日，十二届区委召开第五次议军会。会议传达北京市议军会精神，听取并原则同意区人武部关于武装工作和国防后备力量建设及停偿工作有关情况的汇报。会议要求，坚决落实党管武装政治责任，深刻认识新时代加强党管武装工作的重大意义，全力服务保障好国防和军队现代化建设。持续深化国防后备力量建设，强化责任担当，发扬实干精神，提升国防后备力量建设水平。不断提升双拥共建水平，发扬双拥共建的优良传统和政治优势，加强军地相互支持，巩固军政军民团结根基，全力以赴推进落实停偿后续工作。

（张硕 强晓凯）

人民防空

【概况】 2021年，海淀区人民防空办公室（简称区人防办）按照“党建统领、做强主业、聚焦全局、融合发展、务实创新、提质增效”工作思路，推进人防工程管理，建设人防应急指挥系统，开展防空防灾知识宣传教育。完成应急值守、警报维护试鸣、防空袭跨区支援训练演练、人防专业队整组、人防视频监控建设、应急物资库规范化管理等工作。完成应急支援保障任务。组织军事基本技能、人民防空专业技能和防空演练，遂行任务能力得到提升。

开展党史学习教育，理论学习中心组围绕“学史明理明了哪些理”“学史增信应坚信什么”“学史崇德应注重哪些方面的修养”进行12次交流研讨。各支部形成“党组主牵、总支主导、支部主抓、党小组主推、党员主做”五联动五互动的工作模式。编辑党史学习简报63期。

（张金升）

【人防工程管理】 年内，区人防办推进《海淀区关于加强人民防空工程精细化管理的实施意见》，依托街镇的专管队伍，强化人防工程街镇属地管理。全面检查人防工程，消除安全隐患380余处。视频监控平台巡查6480轮次，完成住人的人防工程综合整治，实现“动态清零”。联合市人防工程监督站对在建的人防工程进行全过程的质量监督，未发生人防工程质量事故。

（张金升）

【行政审批】 年内，区人防办受理海淀区建设项目人防工程审批申请42件，审结平台推送审批会商项目32件，验收新建人防工程71处，办理竣工备案31件。推进13处公益便民服务项目，审批充电桩115个。

（张金升）

【行政执法】 年内，区人防办落实“分级督导”，主要领导、主管领导、主责科室分别针对接诉即办案件开展调度研判、分析总结30余次。出动行政处罚人员138人次，执法106次，行政处罚18起，罚款46.25万元。出具法律意见书40余份。受理信访事项30件次，未出现集体访、越级访和群体性事件。

（张金升）

【人防设施建设】 年内，区人防办推进人防工程科技创安工程与“智慧海淀”深度融合。在全区防护单元重要区域的在用人防工程安装视频监控；对6处标清高点监控进行高清视频升级改造，提升人防工程智能化管理。聘请第三方公司对全区29个街镇600余个社区的人防设施建设进行全面考核评估。在100个社区配套建设人防应急亭。完成850处人防指示标识双语化改造，社区人防设施建设达到规范化。

（张金升）

【“我为群众办实事”活动】 年内，区人防办把“我为人防做贡献、我为群众办实事”实践活动与年度重点任务相结合，将人防工程疏整促、惠民再利用、破解停车难、充电桩安装、接诉即办、优化营商环境、人防宣讲“五进”等10件与群众密切相关的实事工作列入《党员领导干部“我为群众办实事”实事清单》。开展“办（局处长）领导走流程”活动，区人防办领导到政务窗口办理人防工程平时利用审批流程事项。向社会提供1161个新增车位。

（张金升）

【防空防灾宣传教育】 “3·1国际民防日”“5·12防灾减灾日”“9·18防空警报示鸣日”等时间节点，区人防

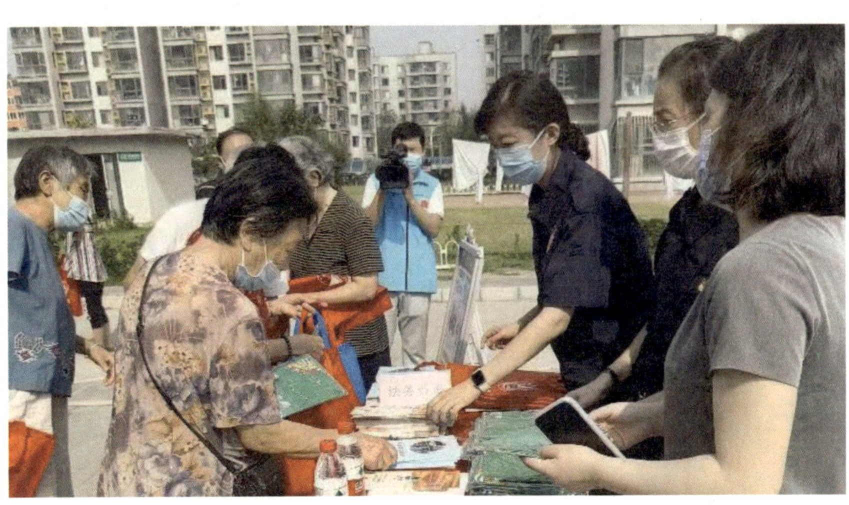

9月16日，区人防办在航天城五院开展人防普法宣传（曲娜 摄）

办开展防空防灾宣传；在宣传平台、报纸杂志发表文章10余篇，发布信息300余条。海淀人民防空展馆等场所接待人防系统、机关、高校、社区人员参观和培训400余人次。

（张金升）

【腾退地下空间再利用工作推进会】 5月18日，海淀区召开2021年度地下空间“疏整促”暨人民防空方案修订部署会，贯彻落实全市“疏整促”腾退地下空间再利用工作推进会精神，提升空袭条件下城市安全保障能力。区地下空间综合整治领导小组组长、区人民防空指挥部总指挥、副区长沙海江参加会议。

（张金升）

【“国防教育日”主题宣传活动】 9月18日，区人防办在海淀区马连洼街道如园社区开展“国防教育日”主题宣传活动。活动通过发放宣传册、摆放展板、现场咨询等方式，向过往居民宣传人民防空相关法律法规、防空防灾应急知识及自救互救技能等。现场活动图像同步传输到北京市防空警报试鸣指挥部现场。活动加大全区防空防灾宣传力度；检验测试防空警报设备性能和鸣放效果，提高其可靠性和准确性以应对重大突发灾害事故。

（张金升）

中关村科学城

2022
北京海淀年鉴

综述

【概况】2021年，中关村科学城实施海淀区“两新两高”战略，全面提升科技创新和产业发展能级，加快建设北京国际科技创新中心核心区。一区十六园四成以上，带动经济增长等增速贡献率47.0%，稳居首位。高新技术企业总收入3.52万亿元，比上年增长19.3%。软件和信息服务业收入14681.6亿元，比上年增长24.5%，占全市的65.5%；规模以上工业总产值3162.6亿元，比上年增长29.8%，占全市总产值的13.2%。发明专利授权量40455件，比上年增长19.6%，占全市的51.1%；技术合同成交额2920.8亿元，比上年增长43.2%，占全市的41.7%。截至年底，全区有国家高新技术企业9776家、中关村高新技术企业11170家、独角兽企业50家、上市企业256家。

基础前沿布局。中关村实验室揭牌。京津冀国家技术创新中心与清华大学、北京航空航天大学、美国西北大学签署协议，优质项目立项45个，带动社会投资6亿余元，实现产业化项目11个。支持智源研究院建设规模人工智能模型训练平台，发布全球智能模型“悟道2.0”。支持微芯研究院建设区块链先进算力实验平台，发布全球首款96核区块链专用加速芯片。支持腾讯建设区块链先进算力商用平台，推进供地手续。支持量子研究院组建20支科研团队、建设17个实验室，单个超导量子比特退相干时间创世界纪录。支持石墨烯研究院成功完成A3薄膜2.5代工艺，实现制造流程标准化。实施研发投入倍增计划，支持236家企业研发经费1.72亿元。在人工智能、区块链、智能制造等11个领域开展底层创新技术布局，重点支持114家企业。发布国家自然科学基金区域创新发展联合基金（北京）申报指南，组织区内企业联合高校院所申报27项。扩大北京—海淀联合基金参与企业和研究领域，遴选北京纳通科技集团有限公司、数字工软科技有限公司加入联合基金。

“两区”建设。强化“三单”管理，梳理政策14项、空间资源30项、目标企业130家。落地小米、字节跳动、荣耀等75个重点项目。完成中关村科学城“两区”建设21项主责任务，《京津冀联动的全球化协同创新服务模式》被商务部选入“北京市建设国家服务业扩大开放综合示范区的首批最佳实践案例”，向全国推广。会同市级部门开展中关村推进科技自立自强先行先试政策研究，形成政策建议方案，在海淀开展试点。开展“云上外事”系列活动，加强与欧洲先进创新型国家以及科技园区间创新交流活动。组织10家企业云上参展“海淀之夜”，达成意向合同金额140万美元。举办2021中关村论坛和首场分论坛、2021全球数字经济大会海淀分会场。

高精尖产业体系升级。围绕中关村科学城建设目标完成《海淀区“十四五”主导产业和前沿产业研究》课题、《海淀区“十四五”主导产业和前沿产业规划》编制工作，同时完成《中关村西区“十四五”产业发展规划》《中关村科学城北区产业高质量发展战略规划》研究等规划编制，做好主导产业和前沿产业、智慧海淀、底层技术、创新服务体系建设4个专项规划以及中关村西区、中关村科学城北区产业规划研究。依托产业情报综合支撑平台，开展企业动态监测，完善精准化产业服务体系。发布数字经济三年行动计划，实施5个方面15项具体行动，梳理重点项目清单百余项动态管理。打造全球数字经济标杆城市引领区。动态完善高精尖项目库，入库重点项目733个，其中促签约140个、促投产55个。建设人工智能标志性聚集区，入驻微软小冰、奇岱松等重点企业和平台。加强RISC-V生态构建，推进开源芯片研究院建设。加快“长安链”生态联盟建设，成员规模达到50家。落地网络安全卓越示范中心平台、中资网安、圣博润等项目。推进自动驾驶示范区建设，加快全域测试道路开放工作，形成二期道路开放实施方案。围绕工业仿真、机器人等领域，支持国家数字化设计与制造产业创新中心北京中心建设，落地中关村机器人产业创新中心，推进高端装备和智能制造产业发展。支持全球健康药物研发中心建设，落地百放英库、巢生实验室、寻济制剂平台、高端医疗器械CDMO平台等一批医药健康产业服务平台，推动百图生科搭建北京生物计算原始创新研究平台，支持深势科技、晶泰、望石等一批AI+新药研发企业发展。建设“星谷”空天产业集聚区，重点推进项目30余个。支持航材院、钢研等新材料企业发展，推进碳基研究院、国家石墨烯产业创新中心建设。落地国际氢能中心，打造以氢能产业化应用为导向的国际氢能创新高地，推动京津冀氢燃料电池汽车示范城市群建设。推动超高清视频示范应用，完成国家大剧院2021新年音乐会8K制播、2021服贸会冬奥特别节目《冬奥来啦》等示范应用项目。落实“1+3”高精尖产业空间政策，重点推进34个产业空间项目，空间需求约380万平方米。支持45个重点产业园区建设，导入高端创新要素和产业要素。健全监测预警系统，定期分析研判重点企业运行态势，开展经济运行调度。聚焦平台经济和教培平台企业规范健康发展，制定精准帮扶方案。建立高新技术企业培育库，开展高新技术企业培育与认定辅导，完成3278家高新技术企业认定受理工作。梳理18个工业固投项目，推动其纳入统计。

优化创新生态。实施“海英计划”升级版，实行人才举荐、人才待遇让渡制度，支持范围拓展至产品经理、技术经纪人、财务法务等科技服务人才；依托驻区新型研发机构落实“海英学者”计划升级版；91名中学生和53名大学生被评为“海英之星”。发挥博士后工作站引才作用，博士后进站99名，出站61名，超过半数留在海淀区继续科研工作。实施第二期“薪火共燃”计划，培训60名科技企业创始人、负责人、高管。支持建设23家高价值专利培育运营中心，累计构建高价值专利组合63个，培育高价值专利3000余件，新增专利运营收益近8亿元。支持建设北京知识产权交易中心，推动知识产权交易和证券化。依托中关村知识产权保护中心，助力创新主体专利快速授权，专利审结授权率86%。推进知识产权保险试点，全区投保企业60家，投保专利521件，位列全市首位。推进科技成果赋权改革试点，国家纳米科学中心首个案例落地，中国农科院签署14项科技成果赋权协议。北航概念验证中心完成3个项目验证工作，清华概念验证中心首批4个项目进入概念验证环节，中科院概念验证中心4个项目在海淀区完成产业化公司注册。加强重点企业和驻区央企服务。加速链接全球创新资源，奇绩创坛创业加速中心、红杉中国数字科技创新中心落地。“双创”工作连续5年获得国务院通报表扬。

融合发展。推动“三城一区”融合发展，支持30家创业服务机构在北京经济技术开发区开展科技成果转化、科技项目咨询等服务，与未来科学城围绕应用场景建设、楼宇运营托管等开展合作，与怀柔科学城的信息共享与产业对接。组织80余家企业、协会对接北京城市副中心和雄安新区，推动11个科技项目落地北京城市副中心、20余家企业在雄安设立分支机构。与首钢园区、延庆区等区域合作，推荐2家无人机企业入驻延庆无人机园。组织40余家企业和联盟协会，与湖北省丹江口市以及内蒙古科右前旗、科右中旗、敖汉旗开展产业对接。

（程晓荷）

【中关村国家自主创新示范区展示交易中心】 2021年，中关村国家自主创新示范区展示交易中心（简称示范区展示交易中心）由展示中心、会议中心和海淀公共安全馆三部分组成，下设综合办公室、公共接待部、创新推介部、展陈管理部、运营保障部、科普宣教部6个部门。完成“2021年全国双创周”北京会场、“2021年全国科技活动周暨北京科技周”、“中关村论坛”等重大活动的场地准备、布展协调、外围保障和接待任务。2021年1月至5月，示范区展示交易中心临展区被列为海淀区常态化疫苗接种场所，为北京市第一轮九类重点人群（社区工作者、特定行业服务人员、网约车司机、外籍人员等）进行疫苗接种，以及重点人群第二针疫苗接种，总计完成接种任务超10万剂次。常设展区集中展示中关村300余家企业的300余项前沿创新成果，年内共接待政府、企业、外宾、社会组织等各类参观团体162批8880人，包括上海市委代表团、巴基斯坦驻华使馆团、天津滨海新区管委会等重要团体。公众开放日接待815人。临时展区主要接待大型展览活动，其中中关村论坛接待4000人、“双创周”主题展接待6600人。海淀公共安全馆全年共接待21437人次，其中团体84批4379人次、散客17058人次。包括部队参观团5批576人、企业参观团62批2675人、学校参观团12批846人。中关村展示中心和海淀公共安全馆两个公众号年度累计访问量44281次，年度访客数25305人，文章上传总数量为3101篇。海淀安全馆编排以垃圾分类为题材的科普剧《误会》并在馆内演出70场，进社区演出1场。“展示中心云展厅”录制并剪辑59集线上讲解视频，推出《安全小课堂》科普系列视频共44集。会议中心服务保障“2021年全国科技活动周暨北京科技周”69场1840人次、“2021年全国大众创业万众创新活动周”104场2620人次，2021中关村论坛升级为国家级论坛，服务保障408场18085人次。示范区展示交易中心在海淀安全馆开展两期红十字应急救护16学时取证培训，近70人参加并取证；开展海淀区红十字取证培训工作，共计培训次数9次，459人取得4学时心肺复苏证。2021年示范区展示交易中心成为全国爱国主义教育基地、北京市首批市级党员教育培训现场教学点，海淀区先进基层党组织。4名讲解员代表北京市参加全国科普讲解大赛获二等奖，多人荣获“全国红十字志愿服务先进典型”“海淀青年五四奖章”等荣誉。

（彭志生）

【北京中关村科学城创新发展有限公司】 4月27日，由北京中关村科学城创新发展有限公司与巢生Nest. Bio联合打造的国际化生物医药创新服务平台启动，为入驻项目提供“空间+投资+孵化+研发”的立体服务。全年巢生实验室签约入驻项目共16个，包括昱言生物、剂泰医药、恩翊生物等14个在孵国际创新项目，益莱生物和北赛鸿升2个毕业项目。9月，位于海淀金隅智造工场的“高端医疗器械CDMO平台”正式投产，该平台由中关村科学城公司投资入股的北京市医疗机器人产业创新中心负责建设运营。科学城公司通过中关村科学城科创基金和海淀金隅科创基金累计出资4000万元，共持有北京市医疗机器人产业创新中心25%股权。平台以医疗机器人为核心，可扩展至二类、三类有源器械，主要为高端医疗器械创新企业、高校院所、医生/医院等机构提供初创期申报与注册、成长期小批次量产、成熟期规模量产等一站式全生命周期的解决方案。9月17日，中关村科技园区海淀园创业服务中心事业单位完成改制工作，新主体北京中关村科学城科创服务有限公司成立，为北京中关村科学城创新发展有限公司全资子公司。年内，中关村科技园区海淀园创业服务中心金种子创业谷被北京股权交易中心评为“2020年度优秀推荐机构”，被北京市政府授予“北京市就业创业工作先进集体”称号。

（武耀亭）

【北京实创高科技发展有限责任公司】 2021年，北京实创高科技发展有限公司资产总额249亿元，负债总额219.4亿元，净资产29.6亿元，其中归属母公司净资产28.9亿元。实现经营收入34.1亿元，完成预算指标的106.56%；利润总额1.36亿元，完成预算指标的107.63%；净资产收益率

3.47%。实现北部开发建设投资8.62亿元。永丰基地重点项目。完成永丰基地（新）一级开发建设投资8.54亿元，其中完成一级开发17.64公顷、供地26公顷，完成土地腾退9.09公顷，拆迁45户、拆除房屋5.05万平方米。永丰基地（新）F1地块完成地块上市，F2地块完成文物考古发掘并取得意见函，L地块一级开发获得立项批复，相关宗地启动考古勘探和考古发掘工作。K地块0411街区控规加快编制。皇后店北一街等4条道路建设完成，其中皇后店东一路正式通车；J地块内部支路完成设计施工监理招投标工作，取得市政管线及道路工程规划许可证，办理施工许可证；F1/F2地块支路完成道路定线和道路普测工作，取得市政管线多规合一意见函；L地块支路完成道路钉桩工作，推进道路方案编制和市政管线设计。C4/C5公租房项目完成规划验收，卫生站、邮政所、幼儿园等配套设施完成实物移交。“马上清（青）西”城市提升行动。加快上地信息产业基地提升改造工作，实现固定资产投资约1720万元。上地信息路重要区域城市空间重塑项目方案取得市发展改革委批复并实施，涉及改造面积4.84万平方米，憩园完成土建施工及乔木栽植，达到总工程量的70%，U型路启动水源、电源申报工作，植物栽植完成总量的50%；上地三街至七街提升改造项目实施方案获得区发展改革委批复，同步完善施工图设计；上地南口至上地三街提升改造项目已启动前期调研和概念设计；上地泵站完成提升改造竣工验收，结算移交；应急抢险中心项目通过人防、园林专项图纸审核，取得多规合一综合会商意见，完成场地平整和管线拆改；优化上地地理信息系统（GIS），校核系统规上企业经济数据和规划数据，启动二期建设；完成G7西侧交通疏堵与环境综合整治项目（一期）工程，完成清河站站前可施工区域环境整体提升。

（王博）

【北京实创科技园开发建设股份有限公司】 2021年，北京实创科技园开发建设股份公司共承担翠湖组团、温泉小城镇11个地块的一级开发工作及供地工作，开发面积283公顷。实现供地7宗，为中关村科学城北区新释放产业空间45.2万平方米，其中5宗建设用地于年底前发布协议出让公示，总建筑规模28.2万平方米。承担19个二级项目建设，开复竣工面积99.7万平方米，其中新开工面积28.6万平方米，竣工31.5万平方米。截至年底，公司总持有物业面积229万平方米，其中建成121万平方米，在建59万平方米，拟建49万平方米。完成启元实验室入驻环保科技园签约及环保科技园289项目楼宇的交付工作，推动中关村国家实验室项目入驻汇智中心，推动中科特思、速度中国、嘉楠捷思、启元世界等15家优质企业落户园区，新签约面积3.95万平方米，实现产业空间租赁回款3.4亿元，完成重点项目航天宏图售楼回款3亿元。中关村科学城北区发展促进会挖掘吸纳园区重点产业优质企业20家，组织5场闭门交流、专项创新需求对接等活动，促成创新主体间达成数字产品合作、投资协议签约等3项业务合作。深化北区创业合伙人招募计划，组织开展29场系列活动，吸引带动153家科创企业深度参与，促进大中小企业分别释放技术、投资需求达40项。推动纳通翠湖协同创新中心、京津冀国家技术创新中心翠湖创业中心落地。与中关村租赁、宁波银行共同推出特色金融产品——“翠湖e租赁”，探索定制化金融产品，促成企业实现融资约1.5亿元。完善环保科技园自动驾驶示范区应用场景，引入华为、超星未来、慧拓科技等企业进行相关技术测试及验证工作，完成测试3.89万余小时。推进示范区测试道路二期82条道路207千米的建设工作。中关村前沿创新中心签约入驻仙途智能、超星未来、轻舟智航等6家创新型企业。完善中关村科学城北区创新生态体系。组建翠湖原始创新基金，基金一期完成工商注册，基金规模1.04亿元；基金二期稳步推进，基金规模约2亿元。截至年底，公司通过基金和直投方式累计投资13亿元，参与设立12只基金，参与基金募资总规模超过60亿元，投资科技企业140余家，其中投资落地园区比例超过35%。永丰园区“企业加速驿站”为不同成长阶段创新主体提供社保、人才工作居住证、知识产权、APEC商旅卡等服务，提供服务7000余次。组织开展“十四五”人才发展规划宣讲、ACCA会员（大型央企、国企高层）进园区、数字货币推广、公租房及子女入学对接等专题活动。

（冯晓璐）

【中关村科学城获评五星级国家新型工业化示范基地】 4月9日，工业和信息化部公布2020年国家新型工业化产业示范基地发展质量评价结果，中关村科技园区海淀园（中关村科学城）被评为五星级国家新型工业化示范基地。北京中关村科技园区海淀园软件和信息服务示范基地2020年销售收入超万亿元；全员劳动生产率超34万元/人/年，是全国平均水平的3倍；平均研发强度达到4.2%，比上年高出0.7个百分点，拥有一大批创新型企业和产品；绿色安全发展与工业化和信息化融合水平较高，单位工业增加值能耗持续下降，规模以上企业关键工序数控化率超85%，明显高于全国平均水平；形成较完善的公共服务体系和良好的营商环境。

（程晓荷）

【“杰青来了”系列活动】 5月8日，北京市自然科学基金委员会办公室、中关村科学城管委会、北京纳通科技集团联合举办首期“杰青来了”系列活动，北京杰青团队成员、50余家高新技术企业、孵化器和投资机构相关负责人共120余人参加。本活动是对接杰青和课题承担方的优秀科研成果，帮助优秀科研成果转化落地。9月8日，举办第二期“杰青来了”系列活动，邀请北京天智航医疗科技股份有限公司和中科院自动化所4位研究员，对创新链与产业链的协同促进等问题展开讨论。“杰青来了”活动是北京杰青“一次资助，终生联系”的追踪服务举措之一，旨在拓宽高校院所成果团队与高新技术企业、孵化器和投资机构的对接渠道，打通创新链与产业链的信息屏障，形成科研成果转化的良性闭环，为北京国际科创中心建设工作提供支撑。

（谭修一）

【《中关村科学城数字经济创新发展三年行动计划（2021—2023年）》发布】 5月18日，在中关村科学城北区“创新合伙人”大会上，《中关村科学城数字经济创新发展三年行动计划（2021—2023年）》（简称《计划》）发布。《计划》涵盖加快布局新型数字基础设施；加强引领性数字技术攻关；打造高端特色数字产业；探索数字经济制度创新；推进数字化治理方式变革5个方面15项具体行动，配套92个重点项目，制定重点项目清单、强化资金投入、加强人才供给3方面保障措施。

（程晓荷）

【市委机构编制委员会调研中关村科学城】 7月23日，中共北京市委机构编制委员会到中关村科学城调研，主要围绕中关村科学城的发展现状，国际科创中心建设中的下一步工作构想；在“三城一区”融合发展中，中关村科学城与怀柔、昌平、经开区的融合发展情况、管理体制机制运行情况、存在的问题和建议开展调研。

（段月）

【全国大众创业万众创新活动周北京会场暨中关村创新创业季】 10月19日至25日，2021年全国大众创业万众创新活动周北京会场暨中关村创新创业季活动在中关村国家自主创新示范区展示中心举行。启动仪式由区委副书记、区长王合生主持，市政府有关部门和各区相关负责人以及在京双创示范基地、创新创业企业代表共256人出席。活动以“高质量创新创造，高水平创业就业”为主题，围绕“五个更加突出”，即更加突出创业带动就业量质齐升、更加突出创业支撑科技自立自强、更加突出改革激发创新创业创造活力、更加突出创新创业促进全民共同富裕、更加突出创业者的参与度和获得感，包括启动仪式、主题展示、创新创业成果发布、大赛路演等多场活动。主题展区面积8000平方米，集中展示一批代表国际国内领先水平，体现科技和实体经济深度融合，具备颠覆性、前沿性、突破性的创新创业成果。围绕双创带动就业、改革激发活力，举办2021年“创响中国”海淀站暨京津冀双创示范基地联盟主站活动、2021年中关村5G创新应用大赛等40余场专题活动，通过直播或录播的形式在北京会场网络平台同步呈现。

（程晓荷）

【《中关村科学城“十四五”主要目标》发布】 11月24日，在市政府新闻发布会上，海淀区发布《中关村科学城“十四五”主要目标》。主要目标是：全社会研发经费支出占GDP达11%以上，基本建成国际一流科学城，在大信息等领域涌现一批前沿科技成果，突破一批关键核心技术。综合经济实力和产业竞争力、劳动生产率和地均产出提高，经济总量突破1.3万亿元保持稳定增长，国家级高新技术企业总量达到1.2万家。数字经济核心产业增加值占GDP50%基础上，保持年均增长8%以上，基本形成特色现代产业体系，南北区域均衡协调发展。

（程晓荷）

高精尖产业

概述

【概况】 2021年，中关村科学城升级产业体系，推进新型基础设施建设与5G基站建设，实现五环内室外区域及五环外重点区域5G商用标准全覆盖。加强产业研究和顶层设计，梳理人工智能、区块链、5G通信等新一代信息技术产业发展思路，明确产业促进组织路径和重点任务，深化产业空间规划布局和集聚区建设，推动产业链、创新链、资金链和政策链深度融合。技术领域收入平稳恢复，其中电子信息领域收入占园区总收入八成以上，新材料领域收入比上年增长23.1%，先进制造业领域收入比上年增长6.5%。新材料、软件和信息服务、新一代信息技术及人工智能产业收入增速均保持在20%以上；集成电路产业受全球芯片短缺影响，兆易创新、比特大陆、嘉楠捷思及圣邦微电子等企业高速增长，营收均超上年同期一倍；智能装备、科技服务、医药健康及节能环保产业总收入维持正增长。

（程晓荷）

10月19日，2021年全国大众创业万众创新创业季启动仪式在中关村国家自主创新示范区展示中心举行（张洪军 摄）

【工业产值】 年内，海淀区规模以上工业企业累计实现工业总产值3162.9亿元，比上年增长29.8%，工业总产值中高技术制造业产值占比达78.5%。实现固定资产投资177.6亿元；实现建安投资29亿元，对外投资461次，占园区企业对外投资总量的35.8%，稳居首位（新一代信息技术、科技服务、节能环保处于第二梯队，占比均在10%—20%之间）；涉及投资金额270.85亿元，占全年对外投资总额的34.5%，排名第二。对外投资次数为114次，投资金额达88.23亿元，均居于行业首位。完成工业和信息化固定资产投资项目备案176项。会同区财政局印发《海淀区一般性制造业调整退出奖励资金办法》，完成11家不符合首都城市战略定位的一般制造业企业调整退出。火灾防控、危险化学品、工厂宿舍等重点安全工作列入安全生产宣传指导内容，现场指导工业企业895家次。推荐同方威视等3家企业申报绿色供应链管理企业，推荐广利核系统工程有限公司申报绿色工厂，推荐联想集团8个型号产品申报绿色设计产品。

（田京京）

【百度在香港二次上市】 3月23日，百度集团股份有限公司在香港联交所主板上市，百度公司在海淀区百度科技园举行上市敲锣仪式。此次香港上市，是百度于2005年登陆纳斯达克后，再次登陆资本市场。在香港的发售价定为252港元，全球发售募集资金总额约为239.4亿港元。此次募集资金中约50%用作持续科技投资，促进以人工智能为主的创新商业化；约40%用作发展百度移动生态，实现多元变现；约10%用作流动资金一般公司用途。

（程晓荷）

【龙芯3A5000处理器发布】 7月23日，龙芯中科技术股份有限公司发布龙芯3A5000处理器。产品是中国首款采用自主研发指令系统LoongArch的处理器芯片，包括中央处理器（CPU）核心、内存控制器及相关端口物理层（PHY）、高速I/O接口控制器及相关PHY、锁相环、片内多端口寄存器堆等在内的所有模块均自主设计，代表国内自主CPU设计领域最新成果。产品在处理器核内设置专门机制防止“幽灵”与“熔断”攻击，并在处理器核内支持操作系统内核栈防护等访问控制机制；集成安全可信模块，支持可信计算体系。内置硬件加密模块，具有极高的安全性。

（孙树昆）

【一流科技OneFlow V0.5.0版上线】 9月27日，在中关村论坛国际技术交易大会上，北京一流科技有限公司宣布深度学习框架OneFlow V0.5.0上线GitHub。OneFlow经过5次版本更迭，重点从优化编译、应用程序编程接口（API）等层面攻关易用性，优化分布式性能。OneFlow V0.5.0的一行代码实现OneFlow与PyTorch切换、一段代码实现动态图与静态图转换、一致性视角实现单机和分布式无缝切换、一套系统支持各种并行模式的“四个一”，兼具深度学习框架易用性和高效性。产品入选2021年度中关村论坛“百项新技术新产品榜单”。

（程晓荷）

医药健康产业

【概况】 2021年，中关村科学城管委会聚焦创新药物、高端医疗设备、智慧医疗等产业细分领域，完善全球健康药物研发中心药物筛选发现及先导优化关键能力，发挥百放创新专业孵化器、巢生孵化器等新药研发平台优势：百放创新专业孵化器公共设备平台投入运行，北京生命科学研究所牵头的康迈迪森（北京）医药科技有限公司入驻，启动6个原创项目，搭建2个技术平台。巢生北京创新旗舰实验室累计签约入驻和战略合作企业10余家，签约入驻企业中超过50%的团队成员是来自MIT、哈佛等知名院校的海外归国人才，并筹划巢生基金在北京落地。推动中关村前孵化创新中心、东升国际孵化园等医药健康孵化器加强与高校科研院所、医疗机构衔接，推动寻济高端制剂平台、高端医疗器械CDMO等一批产业服务平台投入运营，北京茵诺医药科技有限公司、北京昆迈医疗科技有限公司、北京大橡科技有限公司、北京君全智药生物科技有限公司等一批前沿转化项目落地发展，会同市科委推动类器官芯片、基因编辑等一批CGT平台建设。加快贝伦产业园建设，支持百图生科（北京）智能技术有限公司、圆因（北京）生物科技有限公司等企业落地，入住率近100%，产业聚集效应显现。联合上庄镇政府，依托“一镇一园”产业布局，打造中关村科学城国际康谷，完成产业规划方案初稿。推动智慧医疗、数字医疗等应用场景建设，组织取得生物医药、医疗器械许可证的企业对接海淀医院、羊坊店医院等，促进智慧医疗场景落地。

（赵媛）

【科兴新冠灭活疫苗获批附条件上市】 2月6日，国家药品监督管理局依法批准科兴控股生物技术有限公司旗下子公司北京科兴中维生物技术有限公司（简称科兴中维）新型冠状病毒灭活疫苗克尔来福在国内获批附条件上市。这是中国，也是北京市第2支获批上市的新冠病毒疫苗。克尔来福适用于18岁及以上人群，用于预防新型冠状病毒感染所致的疾病，基础免疫程序为2剂次，间隔14—28天，用剂量为0.5毫升/次/人。1月以来，印度尼西亚、土耳其、巴西、智利、哥伦比亚、乌拉圭和老挝等国陆续批准克尔来福在当地紧急使用，多个国家针对医务人员、老年人等高危人群陆续开展疫苗的接种工作。相关国家均认可科兴中维现有临床研究结果，认为该疫苗对于减少COVID-19导致的就医、住院、重症及死亡有明显作用，对疫情防控具有重要意义。科兴中维新冠疫苗原液车间（三期）建成投产，年产能超过20亿剂，有助于缓解全球新冠疫苗供应短缺的问题。2020年6月，克尔来福在中国率先获批，针对特定人群开展紧急使用。

（孙树昆　钟冷）

【中关村科学城生命科技创新论坛】 3月18日，2021中关村论坛首场系列活动——中关村科学城生命科技创新论坛举办。本次论坛由中关村论坛组委会办公室主办、中关村科学城管委会承办、北京中关村科学城创新发展有限公司和北京市海淀区生物与健康产业协会共同协办。市科委、中关村管委会相关领导，区委书记、中关村科学城党工委书记于军等领导出席论坛。论坛聚焦"新药创新走进首创时代"，围绕"寻找首创新药"，针对新药基础研究与应用转化、国内外新药发展路径比较、医药企业融资等热点问题展开讨论。与会嘉宾分享"人工智能驱动新药研发""核酸疗法""合成生物学""生物医药投融资回顾及未来展望"等主题演讲。海淀融媒中心对大会进行全程直播，区政府门户网、央视频、抖音、快手、微博、今日头条、百度等平台累计观看人次超过410万。

（陈晓曦　程晓荷）

3月18日，2021中关村论坛首场系列活动——中关村科学城生命科技创新论坛举办（中关村科学城管委会 供图）

【巢生北京创新旗舰实验室启动】 4月27日，"潮起巢生"2021 Nest.Bio Opening暨巢生北京创新旗舰实验室启动仪式在中关村东升国际科学园举行。巢生实验室是由北京中关村科学城创新发展有限公司与巢生Nest.Bio〔巢生源科（北京）科技管理有限公司〕联合打造的国际化生物医药创新服务平台，依托Nest.Bio的优质资源，围绕生物医药早期创新项目，建设近3000平方米的"国际化""现代范"创新空间，布局中心共享实验室、分子生物学实验室、细胞培养实验室、成像平台等一批专业设备平台，为入驻项目提供"空间+投资+孵化+研发"的立体服务。

（赵媛）

【北京首个新一代原创新药研发平台落户】 5月20日，北京首个面向全球的新一代原创新药发现平台——百放英库正式投入运营。百放英库是一个面向全球孵化优质研究阶段IP项目的医药创新与转化平台，由中关村科学城创新发展有限公司、首都科技发展集团共同投资。百放英库医药科技（北京）有限公司通过专业化的管理团队及对原创项目转化的创新模式，建立针对原始创新项目引进的筛选和评价机制，吸引优质的研究阶段IP（知识产权）进入百放英库，联合多家药物研发平台，对优秀IP项目孵化至产业化初期。平台每年将筛选引进多个原创研发项目，并推动产生"百放衍生公司"，形成独有的鼓励生物医药原始创新的产业生态。百放英库与高校、医院签约开展7个原创新药研发合作项目，覆盖心脑血管代谢性疾病、免疫肿瘤、呼吸系统疾病3个领域，其中3个项目正在进行化合物优化或动物实验，并提交4个全球知识产权申请。

（程晓荷　赵媛　钟冷）

【科兴新冠灭活疫苗被世卫组织列入"紧急使用清单"】 瑞士日内瓦时间6月1日，世卫组织（WHO）宣布，中关村科学城企业——北京科兴中维生物技术有限公司（简称科兴中维）研制的新冠灭活疫苗通过评审，正式列入"紧急使用清单"（EUL），成为中国第2个被世卫组织列入"紧急使用清单"的新冠疫苗。世卫组织免疫战略咨询专家组推荐克尔来福用于18岁及以上成年人，采用两剂注射，间隔时间为2至4周。科兴中维于2020年10月10日正式向WHO提交纳入紧急使用清单申请，并按照WHO的要求先后提交临床研究资料、非临床研究资料、质量和药学研究资料等，供其对疫苗安全性、有效性和产品质量进行持续评价。2021年2月，WHO检查组对科兴新冠疫苗生产线进行现场检查。4月29日，WHO免疫战略咨询专家组对科兴新冠疫苗进行系统审查，并对其在人群中的使用得出结论：整体上，使用科兴新冠疫苗的收益大于已知风险，推荐使用。欧盟药品管理局也启动对科兴新冠疫苗的滚动审查程序。

（钟冷）

【科兴Sabin株脊髓灰质炎灭活疫苗药品注册获批准】 7月12日，北京科兴生物制品有限公司研制的Sabin株脊髓灰质炎灭活疫苗（简称sIPV）获得国家药品监督管理局颁发的药品注册批件，并向市场供应。sIPV主要用于2月龄及以上的婴幼儿，预防由脊髓灰质炎病毒Ⅰ型、Ⅱ型和Ⅲ型导致的脊髓灰质炎（小儿麻痹症）。

（赵媛）

【国内首个口腔手术机器人应用示范中心启动】 9月8日，瑞医博口腔手术机器人应用示范中心启动。作为国内首个口腔手术机器人应用示范中心，由解放军总医院口腔医学博士担任院长，医生团队由北大口腔、解放军总医院、中日友好医院、北医三院等顶尖三甲医院口腔科资深医生构成，承担北京地区口腔手术机器人应用示范落地工作。该中心就诊空间700余平方米，包含6个全科诊室、2个数字化手术室，配备国内首款NMPA认证口腔手术机器人和4K高清手术直播系统。植入的瑞医博口腔手术机器人是国内首款获得NMPA认证的口腔手术机器人产品，医生在瑞医博口腔手术机器人辅助下可完成标准化、高精度、智能化种植牙手术，精度误差控制在1°和0.5毫米以内，大幅缩短手术时间，实现标准化口腔种植。

（赵媛）

【高端医疗器械CDMO平台落地投产】 9月，由北京市医疗机器人产业创新中心打造的创新服务平台——高端医疗器械CDMO平台落地海淀金隅智造工场并投产。该平台面积约6000平方米，建有标准化厂房、专用生产线和柔性生产线，搭建一体化模拟手术室、产品测试间、高精加工车间、3D打印间及三坐标检验室等。平台采用“前店后厂”的模式，二楼设置独立模块化办公空间可提供给合作企业入驻，一楼作为委托生产空间，为以医疗机器人为代表的高端医疗器械领域中的初创企业、经营企业、科研院所、医生/医院机构等提供初创期样品生产、成长期小批量产、成熟期规模量产等一站式、全生命周期解决方案。

（赵媛）

【构建类器官芯片药物研发公共创新平台】 10月，北京大橡科技有限公司（简称大橡科技），共建基于类器官芯片的药物研发公共创新平台。类器官芯片（Organoids-on-Chips）是将生命科学领域前沿方向——类器官（Organoids）和工程制造领域新兴技术——器官芯片（Organs-on-Chips）两者优势相结合，所缔造的次世代高通量、高仿生体外模型构建平台。大橡科技为研发和生产人体类器官芯片的高科技公司，推动和引领类器官芯片在新药研发、疾病建模和个体化精准医疗等领域的应用；提供精准、高效、经济的药物研发解决方案和创新、仿生的临床精准用药标准化平台。已构建正常人体生理器官模型、肿瘤疾病模型等10余种高仿生体外模型。

（赵媛）

【鹰瞳科技在香港联合交易所上市】 11月5日，北京鹰瞳科技发展股份有限公司在香港联合交易所主板挂牌上市。鹰瞳科技致力于提供基于视网膜影像人工智能识别的早期检测、辅助诊断及健康风险评估服务，其核心产品Airdoc-AIFUNDUS获批国家药品监督管理局用于辅助诊断糖尿病视网膜病变，是同类产品中首个获批的Ⅲ类医疗器械。鹰瞳科技本次全球发行2226.72万股，发行价为每股75.10港元，募集资金总额约为16.72亿港元。

（赵媛）

【诺思兰德在北京证券交易所上市】 11月15日，北京诺思兰德生物技术股份有限公司在北京证券交易所上市。诺思兰德成立于2004年6月，是一家专业从事基因治疗药物、重组蛋白质类药物和眼科用药物研发、生产及销售的创新型生物制药企业，拥有多个自主知识产权生物工程新药，具备独立承担药物筛选、药学研究、临床研究与生产工艺放大等药物研发和产业化的技术体系及能力；建立生物工程新药研发和生产技术平台，掌握基因载体构建、工程菌构建、微生物表达、哺乳动物细胞表达、生物制剂生产工艺及其规模化生产技术以及滴眼剂药物开发的核心技术。公司2009年2月挂牌新三板，2020年11月晋级新三板精选层。

（赵媛　程晓荷）

【国内首个全自主研发的新冠特效药获批】 12月8日，国家药品监督管理局应急批准腾盛华创医药技术（北京）有限公司（简称腾盛华创）的新冠病毒中和抗体联合治疗药物安巴韦单抗注射液（BRII-196）及罗米司韦单抗注射液（BRII-198）注册申请。此药为国内首个全自主研发，并经过严格随机双盲对照标准，研究证明有效的抗新冠病毒特效药，用于治疗新型冠状病毒检测结果为阳性，同时伴有进展为重型COVID-19危险因素的成人和青少年（≥12岁，体重≥40千克）患者。研究团队在最初分离中和抗体过程中，特别应用生物工程技术，以降低抗体介导依赖性增强作用的风险，延长血浆半衰期来获得更持久的治疗效果。自6月起，腾盛华创无偿提供近3000人份药物，支持21个城市的22家医院开展患者救治工作，近900例患者接受临床救治，包括轻型、普通型、重症、危重症患者。

（赵媛　程晓荷）

【嘉和美康在上海证券交易所科创板上市】 12月14日，嘉和美康（北京）科技股份有限公司在上海证券交易所科创板挂牌上市。嘉和美康是国内最早从事医疗信息化软件研发与产业化的企业之一，具有自主知识产权的核心技术与产品体系，产品覆盖临床医疗、医院管理、医学科研、医患互动、医养结合、医疗支付优化等产业链环节。电子病历业务范围遍及全国，拥有医疗机构用户1400余家，其中三甲医院450余家。本次上市发行价格为每股39.50元，公开发行3447万股新股，募集资金约13.6亿元。

（赵媛）

空天产业

【概况】 2021年，中关村科学城管委会围绕空天产业链梳理重点企业，跟踪的重点项目20余个。对接国家卫星互联网重大项目，落地星网系统研究院有限公司等3家企业，签订意向协议。推动星谷创新园企业入驻，公共服务平台为企业提供信息服务、产业研究、技术咨询等服务。空天产业集聚区入驻率达85%。其中，星谷创新园入驻企业13家，面积1.2万平方米，入驻率70%；中关村壹号入驻企业26家，入驻率95%。国科天成（北京）科技有限公司、遨天科技（北京）有限公司等企业的中试生产线建设完工。推动长城工业导航公司迁回海淀。梳理无人机产业情况，推动利用海淀机场为无人机企业提供测试服务。北京国电高科科技有限公司、北京航天驭星科技有限公司、北京微纳星空科技有限公司荣获“2021年度商业航天最具影响力企业”称号，占上榜企业的1/5。

（程晓荷）

【和德宇航全球伙伴大会】 4月20日至29日，海淀区空天领域企业北京和德宇航技术有限公司，通过线上会议形式举办3场全球伙伴大会。3场活动分别面向亚太时区、欧洲时区和美洲时区，以英语和西班牙语为宣讲语言，有超过60个国家和地区的120家机构完成在线注册，180人次参加活动。大会详细介绍“天行者”星座的建设运营情况和应用服务案例，展示高景一号、吉林一号等国产先进商业遥感卫星的数据产品以及在农业、环保、林业等领域的解决方案，以促进“天行者”星座天基物联网应用和中国商业遥感卫星产品的海外市场推广，增强海外用户和专业人士对中国卫星应用技术的了解。

（田京京　钟冷）

【全球首个火星车数字人发布】 4月24日，百度公司联合中国火星探测工程发布全球首个火星车数字人。火星车数字人被应用于知识科普、虚拟主持等多个场景。使用百度数字人技术体系，百度智能云设计的轻量深度神经网络模型，以及国内首创的基于高精度4D扫描的口型预测技术，实时生成数字人的口型、表情、动作，准确率接近99%。采集大量高精度训练数据，通过机器学习进行人像驱动绑定和反复迭代调优。采用轻量级的深度神经网络模型，实现端到端的表情和口型实时预测，准确率高于98.5%。百度公司的数字人技术拥有文本驱动、语音驱动、普通RGB摄像头面部驱动、深度摄像头面部采集驱动4种驱动方式。

（孙树昆　程晓荷）

【获第四届“北斗+”创新创业大赛决赛2项奖】 4月26日，第四届“北斗+”创新创业大赛全国总决赛暨颁奖典礼在北京举办。来自清华大学、北京航空航天大学、中山大学的3个高校项目，以及涵盖导航与位置服务、人工智能、5G、卫星遥感、新一代信息技术、物联网等领域的9个企业项目在决赛现场进行路演演讲。清华大学卫星导航团队的北斗三号高精度实时单点定位获得高校组一等奖；飞纳经纬科技（北京）有限公司的Femto-F1紧凑型光纤陀螺超紧组合导航系统项目获得企业组一等奖。海淀企业中科星扬（北京）科技发展有限公司获企业组二等奖。

（田京京　程晓荷）

【海淀企业参与研制4颗卫星升空】 4月27日，长征六号运载火箭将齐鲁一号卫星、齐鲁四号卫星和佛山一号卫星送入预定轨道。搭载发射中安国通一号卫星、天启星座09星、起源太空NEO-1卫星、泰景二号01星、金紫荆一号卫星和金紫荆一号02卫星等6颗国内商业卫星。在这9颗卫星中，4颗卫星由海淀企业参与研制，分别是耕宇牧星（北京）空间科技有限公司的齐鲁四号卫星和佛山一号卫星，北京微纳星空科技有限公司的泰景二号01星，北京国电高科科技有限公司的天启星座09星。

（田京京）

【低轨宽带卫星技术试验】 5月7日，银河航天（北京）科技有限公司与中国信息通信研究院开展一系列低轨卫星星座体制技术试验。试验采用基于5G信号体制，突破卫星通信系统和地面移动通信系统因为信号体制差异而难以融合问题，实现低轨卫星网络与地面5G网络深度融合。该系列技术试验依托银河航天自主研制的低轨宽带通信卫星、信关站、卫星终端和测运控系统，通过中国信通院研制开发的专用测试设备和仪表开展验证。

（田京京）

【国内首次低轨宽带通信卫星与灵巧5G专网融合测试成功】 7月25日，北京银河航天技术有限公司与北京邮电大学在北京、济南开展国内首次低轨宽带通信卫星与灵巧5G专网融合测试。融合测试解决异地专网通信对地面光纤基础设施的依赖问题，实现低轨卫星网络与地面5G专网的融合，验证灵巧5G专网以及低轨宽带通信卫星在通信速率和低时延方面的优势，低轨卫星满足偏远地区无线专网的骨干传输需求。

（田京京）

【微纳星空完成Pre-B轮融资】 8月19日，北京微纳星空科技有限公司完成近3亿元Pre-B轮融资。本轮融资由高能资本有限公司、歌斐资产管理有限公司联合领投，鼎晖投资基金管理公司、宁波梅花天使投资管理有限公司跟进投资。主要用于新一代高分辨率对地观测卫星、融合型通信卫星及有效载荷研发，实现500公斤级卫星研制和批量生产能力。公司在卫星平台产品、卫星部组件、卫星通信地面终端、人才团队建设、技术与商业模式创新等多方面成绩突出。

（田京京　程晓荷）

【中国星网网络系统研究院与区政府签订战略合作协议】 9月3日，中国星网网络系统研究院有限公司与海淀区政府签订战略合作协议。根据协议，双方在中关村科学城北区布局卫星互联网系统规划设计、建设运行等方面开展合作，打造卫星互联网产业高地。

（田京京）

【“天行者”低轨窄带物联网星座项目获奖】 9月4日，中国国际服务贸易交易会“服务示范案例”颁奖典礼在北京举行，北京和德宇航技术有限公司“天行者”低轨窄带物联网星座项目获2021年服贸会“中国服务奖”。“天行者”低轨窄带物联网星座由几十到几百颗小卫星组成，搭载北京和德宇航技术有限公司自主研发的VDES、DCS、ADS-B等载荷，计划2023年部署完成，在全球范围内采集船舶、飞行器以及地面传感器信息，提供应急通信服务，在船舶及飞机监管、应急救灾、海洋经济、环境保护等众多领域发挥重要作用。

（田京京　程晓荷）

【北航亚太一号卫星成功发射】 10月14日18时51分，由北京航空航天大学牵头、中外大学生联合研制、北京微纳星空科技有限公司参与的亚太空间合作组织大学生小卫星项目北航亚太一号（APSCO-SSS-1）在太原卫星发射中心搭乘长征二号丁运载火箭成功发射，运行于517千米的太阳同步轨道。亚太空间合作组织大学生小卫星项目（APSCO-SSS）是APSCO的第一个重大国际项目，由北京航空航天大学建议提出，2015年APSCO理事会正式批准，2016年12月项目启动，北京航空航天大学被任命为项目牵头单位。北航亚太一号小卫星体积为350毫米×350毫米×700毫米，重约36千克，其核心载荷盘绕式伸展臂和离轨装置电推进器完全由北航学生团队自主设计研发。其中，盘绕式伸展臂具有大柔性、高展开收拢比的特点，是国内首个在轨验证的被动式盘绕展开机构；电推进装置具有高比冲、变推力和集成化的特点，是国际上首个容性储电单台自中和电喷雾推力器的在轨应用。此次发射任务对盘绕式伸展臂机构在轨展开技术、ADS-B空管接收机在轨技术进行验证，并进行遥感成像。

（钟冷　田京京　林悦嘉）

【3家企业获“2021年度商业航天最具影响力企业”称号】 11月24日至26日，由武汉市政府、中国航天科工集团有限公司等部门主办的第七届中国（国际）商业航天高峰论坛在武汉市举行。论坛首次开展“商业航天最具影响力企业”评选，经组织评选征集、形式审查、网络初评和专家终审，15家企业获得“2021年度商业航天最具影响力企业”称号。园区企业北京国电高科科技有限公司、北京航天驭星科技有限公司、北京微纳星空科技有限公司入选，占上榜企业的1/5。

（程晓荷）

【百度公司与中国探月航天工程签约】 12月16日，百度公司与嫦娥奔月航天科技（北京）有限责任公司签署合作协议，成为“中国探月航天工程人工智能全球战略合作伙伴”。根据协议，双方在月球探测、行星探测等深空探测领域开展深空探测智能技术研发、战略技术应用平台建设及项目实施、太空科创科普传播和人才培养等方面开展深入合作，助力中国深空探测事业发展。

（孙树昆）

新材料及能源环保产业

【概况】 2021年，中关村科学城管委会发挥航材院、钢研院等龙头企业和北京大学、中科院理化所等高校院所的资源优势，优化在海淀的产业布局，鼓励北京元芯碳基集成电路研究院与多家企业开展产品验证工作；鼓励碳基研究院在集成电路领域的产业化尝试，与多家企业开展产品验证工作。推动航材院座舱透明件等产业项目转化落地。支持国家石墨烯产业创新中心完成中试基地改造并投入使用，促进石墨烯领域关键共性技术转移扩散和首次商业化应用，建设石墨烯应用材料研究及制备、石墨烯材料检测等中试实验室。协调北京北冶功能材料有限公司和北京康美特科技股份有限公司空间、土地等相关事项，推动企业在科创板上市；组织新材料企业模拟仿真交流会，探讨新材料领域模拟计算的新路径，加快新材料研发周期。加大新能源技术培育和产业化，支持国际氢能中心在海淀落地，研发固态燃料电池燃料和微网电子电力设备，引进北京思伟特新能源科技有限公司落地海淀。推动清创人和生态工程技术有限公司、苏伊士智慧水务科技（北京）有限公司在海淀落地；支持北京协同创新研究院建设“新能源协同创新中心”；支持中国科学院工程热物理研究所联合产业内优势企业和知识产权服务机构共建“大容量储能电池高价值专利培育运营中心”，囊括高价值专利近200件，其中发明专利占比94.8%。E20环境平台入选2021年度国家中小企业公共服务示范平台。

（韩焱森　程晓荷　郭戎威）

【A3薄膜2.5代工艺完成】 年内，北京石墨烯研究院完成A3薄膜2.5代工艺，进一步优化产品性能，实现单晶铜上石墨烯晶畴取向一致度95%以上；完成优质单晶晶圆的批量化生产，并实现晶圆产品线制造的标准化流程；完成石墨烯玻璃纤维的批量化工艺攻关，保证装机评审的规定产品数量。

（谭修一）

【国内首条全部国产化的PENF高效选择性纳滤膜生产线投产】 8月19日，北京碧水源科技股份有限公司开发的国内首条全部国产化的PENF（聚乙烯基纳滤膜）高效选择性纳滤膜生产线建成投产，打破关键原材料无纺布和聚砜高度依赖进口局面。碧水源公司历经3年攻关、投入2亿元研发费用，通过锂电池行业技术与水处理技术交叉融合，以国产锂电池用PE隔膜替代纳滤膜生产中的无纺布和聚砜，制备出新型纳滤膜产品，实现年产能500万平方米的生产规模，有效缓解无纺布与聚砜等进口原材料“卡脖子”的问题。碧水源的PENF纳滤膜兼具高选择性、高通量、抗污染、耐溶剂的特性，成本降低约30%，已应用于家用净

12月16日，百度与中国探月航天工程达成人工智能全球合作伙伴签约（中关村科学城管委会 供图）

水器及双膜法自来水处理，在污水资源化利用、化工与生物制品等的生产过程中有较大的应用潜力。

（程晓荷）

【基础科学中心项目“石墨烯制备科学”现场考察会】 9月13日，国家自然科学基金委员会交叉科学部在北京召开基础科学中心项目“石墨烯制备科学”现场考察会。专家组经讨论，建议“石墨烯制备科学”基础科学中心项目立项启动。项目由北京大学、北京石墨烯研究院联合申请，中国科学院院士、北京石墨烯研究院院长刘忠范作为项目主要负责人。项目围绕石墨烯制备的关键科学问题，系统研究石墨烯的制备科学理论，探索通用石墨烯薄膜材料、新型石墨烯材料，以及专用石墨烯材料的制备方法，致力于解决规模化制备所涉及的科学及工程等问题，确保中国在石墨烯材料制备领域的领先优势及石墨烯产业的核心竞争力。

（程晓荷）

【高温气冷堆碳中和制氢产业技术联盟成立】 9月18日，高温气冷堆碳中和制氢产业技术联盟在清华大学成立。该联盟是一个科技、产业、金融相协同的创新联合体，由清华大学、中国核工业集团有限公司、中国华能集团有限公司、中国宝武钢铁集团有限公司、中国中信集团有限公司五方联合发起成立。遵循“立足核能制氢、科技引领、创新驱动、产学研用深度结合”的原则，以中国先进的高温气冷堆技术为基础，通过超高温气冷堆制氢的研发，开发氢冶炼、氢化工等应用技术，将高温气冷堆技术与钢铁冶炼、化工等具体应用场景相结合，打造工业规模示范项目，在国内外开展产业化推广，实现相关行业的二氧化碳极低排放。

（程晓荷）

【北京石墨烯论坛】 10月23日，由北京石墨烯研究院（BGI）主办的“北京石墨烯论坛2021”在北京稻香湖景酒店举行。500余位国内外石墨烯领域专家学者、产业界人士、相关政府部门代表参加会议，交流石墨烯前沿技术和产业最新进展，讨论石墨烯产业未来。院长刘忠范代表北京石墨烯研究院做题为《十年筑根基，三年展雄风》的年度工作汇报。从平台建设到公司运营，从产品研发到项目合作，从人才汇聚到文化建设，回顾过去一年BGI的重点工作及取得的重要突破；“军民融合迈入新天地”“石墨烯材料销售打开新局面”“BGI装备和材料制造基地筹备建设”“智谷中心四号楼建设全面启动”，展现北京石墨烯研究院的发展成绩。在签约和揭牌仪式上，北京石墨烯研究院分别与京东方科技集团股份有限公司、京津冀国家技术创新中心、浙江泰林分析仪器有限公司、北京市春立正达医疗器械股份有限公司4家单位现场合作签约。论坛采用线上+线下同步模式，资源共享，助力产业。参与开幕式直播观众数量约70万人次。

（谭修一　程晓荷）

【国际氢能产业发展论坛暨国际氢能中心启动】 11月15日，国际氢能产业发展论坛暨国际氢能中心启动仪式以线上形式召开。国际氢能中心是北京清华工业开发研究院在市政府支持下与联合国工业发展组织合作，在氢能领域建设的具有全球影响力的技术创新中心。各国氢能领域专家和企业代表围绕全球氢能发展现状与趋势，就水电解制氢技术、固体氧化物电解池（SOEC）电解技术、燃料电池全氟质子膜技术、质子交换膜（PEM）制备技术、氢安全技术和各国在氢能领域相关项目及示范应用进行交流和研讨。来自联合国工业发展组织以及中国、澳大利亚、丹麦等国氢能领域的政府机构、科研机构和领军企业的代表近140人在线参加。

（郭戎威）

区块链技术示范应用

【概况】 2021年，中关村科学城管委会推进区块链技术示范应用。支持微芯研究院聚焦区块链基础理论研究和核心技术攻关，联合清华、北航、腾讯、百度等高校和企业共同研发长安链底层技术与ChainMaker底层技术平台，自主研发抗量子加密算法、可治理流水线共识等核心技术模块。支持微芯研究院牵头建设区块链算力实验平台，发布全球首款96核区块链专用加速芯片，以芯片为核心打造超高性能区块链专用加速板卡，将区块链数字签名、验签速度提升20倍，区块链转账类智能合约处理速度提升50倍。海淀区本年度拨付支持资金1.3亿元，支持腾讯建设区块链商用算力平台，依托长安链自主可控软硬件技术体系，打造绿色节能的碳中和算力平台标杆，为区块链场景应用落地提供算力支撑。围绕长安链生态联盟组织架构、联盟区块链场景应用等深入研究，微芯感知与建设银行共建的首个基于长安链技术央企子公司北京商银微芯科技有限公司在海淀注册落地，长安链生态联盟新增23家大型企业，联盟成员达55家，囊括27家央企和28家“世界500强”企业。

（程晓荷）

【国内首个自主可控区块链软硬件技术体系长安链发布】 1月27日，在长安链生态联盟工作推进会上，北京微芯区块链与边缘计算研究院发布由北京微芯研究院、清华、北航、百度、腾讯等知名高校、企业共同研发的国内首个自主可控区块链软硬件技术体系长安链（ChainMaker）。长安链具有全自主、高性能、强隐私、广协作的特性。独创深度模块化、可装配、高性能并行执行的区块链底层技术架构，实现抗量子加密算法、可治理流水线共识、混合式分片存储等十余个核心模块全部自主研发，基于自主可控的区块链专用加速芯片和运算速度达每秒10万笔以上的区块链底层软件平台，实现运算速度和安全性双升高，位居全球领先水平。为构建高性能、高可信、高安全的数字基础设施提供新的解决方案。

（孙树昆　程晓荷）

【全球首款自主可控96核区块链芯片发布】 6月10日，长安链重大成果发布会在中关村国家自主创新示范区展示中心举办。发布会由市科委、中关村管委会，海淀区政府，北京微芯

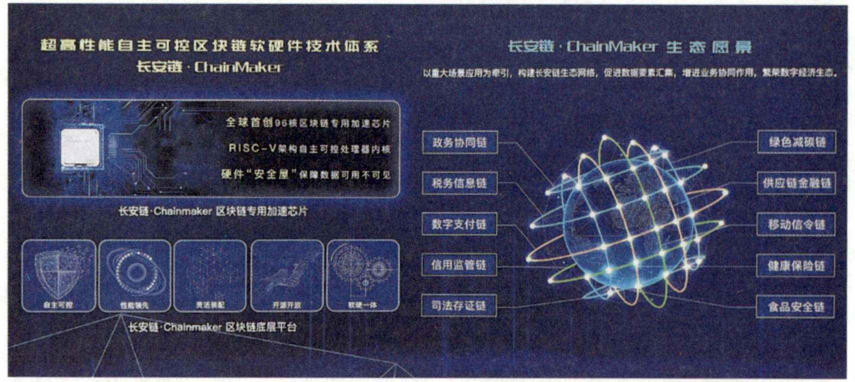

6月10日，全球首款自主可控96核区块链芯片发布（中关村科学城管委会 供图）

区块链与边缘计算研究院联合主办。市长陈吉宁，科技部、工业和信息化部有关领导出席会议并致辞，区领导于军、王合生、吴计亮出席。北京微芯区块链与边缘计算研究院发布全球首款96核区块链专用加速芯片和“长安链·协作网络”等重大成果，中粮集团、中国华电集团、中国通用技术集团、中国联通集团发布食品安全、物资采购、医疗健康、5G信息通信等长安链重点应用场景。本次发布的区块链专用加速芯片基于RISC-V开放指令集定制设计专用处理器内核，保障核心技术自主可控，芯片的强数据隐私保护能力，为实现“数据可用不可见”的落地提供高效实用方案。以芯片为核心打造的超高性能区块链专用加速板卡，经过全面实测，区块链数字签名、验签速度提升20倍，区块链转账类智能合约处理速度提升50倍，为突破大规模区块链网络交易性能瓶颈提供硬科技支撑。

（程晓荷）

【碳基射频器件研究取得突破】 6月21日，北京大学电子学系、碳基集成电路研究院团队在碳基射频电子器件研究中取得重要进展，研究成果以《基于阵列碳纳米管的射频晶体管器件》为题，以封面论文形式在国际著名学术期刊《自然·电子学》发表。该团队制备适合射频应用的半导体阵列碳纳米管材料，在此基础上首次将碳纳米管射频器件的频率上限提升至太赫兹领域，展示碳纳米管器件的高速高带宽和增益线性度优势。北京大学纳光电前沿交叉学科研究院博士生石惠文，北大电子学系、北京碳基集成电路研究院博士丁力、仲东来、工程师韩杰为并列第一作者，北京大学电子系碳基电子学研究中心、北京碳基集成电路研究院教授张志勇、中国科学院院士彭练矛为共同通讯作者。

（田京京　程晓荷　钟冷）

【超高速脉冲相机亮相国家“十三五”科技创新成就展】 10月21日至27日，国家“十三五”科技创新成就展在北京展览馆举。在“深化科技体制改革，激发创新人才活力”的主题展区，脉冲视觉（北京）科技有限公司代表北京大学首次展示超高速脉冲视觉芯片、系统和典型应用，涉及高铁实时监测、高频电弧放电检测、6马赫风洞观测、高隐蔽场景成像等。脉冲视觉“追光逐电，见所未见”的领先性能，是中国视觉信息处理技术从跟踪超越到彻底颠覆的重要标志。在工业（高铁安全、电力巡检、高速轮机不停机监测、智能制造中的机器视觉等）、民用（智能交通、辅助驾驶、司法取证、体育判罚等）和消费电子（相机、影视媒体等）领域具有巨大潜力。

（程晓荷）

人工智能与机器人

【珞石新一代柔性协作机器人亮相】 1月7日，珞石（北京）科技有限公司新一代柔性协作机器人xMate及轻型工业机器人XB，参加在上海举办的中国新品消费盛典大会。珞石新一代柔性协作机器人xMate拥有与传统工业机器人、协作机器人不同的软硬件体系结构，采用基于关节力闭环的力位混合控制技术，每个关节都配置高精度扭矩传感器，兼具高动态性的力控能力和柔顺控制能力，能够最大程度复现人类手臂般的灵活运动，在协作功能上具备真正实用性，能够实现安全的人机交互，落地应用于工业生产、医疗、商业等行业领域。轻型工业机器人XB可以配合打磨工装完成活塞加工后的毛刺清理工作，OptiMotion与TrueMotion运动控制技术可使机器人在任何速度下都具备轨迹精度，柔性抓手设计可以模仿人手上下料更好地保护工件，实现表面零磨损。

（田京京）

【中关村机器人产业创新中心一期投用】 2月8日，中关村机器人产业创新中心成立。创客天下（北京）科技发展有限公司、遨博（北京）智能科技有限公司、珞石（北京）科技有限公司、北京华航唯实机器人科技股份有限公司、四季青镇相关单位联合组建中关村机器人产业创新发展有限公司，承担中关村机器人产业创新中心的建设和运营服务工作。中关村机器人产业创新中心坚持“围绕产业链部署创新链、围绕创新链布局产业链”的核心思路，打造聚焦机器人产业创新生态系统，布局机器人产业链、创新链和公共服务3个板块内容。6月，中关村机器人产业创新中心一期投入使用。中心位于海淀区农科院西路6号，占地1.5万平方米，其中展厅面积约1000平方米，分前沿核心关键技术、产品4个展示区域。遨博、珞石、华航唯实、极智嘉、精雕、软体等产业领军企业的最新机器人产品集中亮相。

（田京京　程晓荷）

【国内首个超大规模智能模型系统“悟道1.0”发布】 3月20日，北京智源人工智能研究院举办“智源悟道1.0 AI研究成果发布会暨大规模预训练模型交流论坛”。市科委、中关村管委会副主任许心超出席会议并致辞。北京大学、清华大学、中国人民大学、中国科学院等高校院所的专家学者，北京三快在线科技有限公司（美团）、北京快手科技有限公司（快手）、北京奇虎360科技有限公司（360）、北京一流科技有限公司、北京智谱华章科技有限公司等AI企业，以及新华社等应用机构代表参会。“悟道1.0”是国内首个超大规模智能模型系统，由智源研究院学术副院长、清华大学教授唐杰领衔，带领来自北京大学、清华大学、中国人民大学、中国科学院等单位的100余位AI科学家团队联合攻关，取得多项国际领先AI技术突破，形成超大规模智能模型训练技术体系，训练出包括中文、多模态、认知、蛋白质预测在内的系列模型，在通用智能发展前沿构建国内人工智能应用基础设施。“悟道1.0”已完成百亿和千亿参数规模的预训练，在多个国际测试中取得世界第一。

（程晓荷）

【全球最大预训练模型“悟道2.0”发布】 6月1日，在2021北京智源大会上，北京智源人工智能研究院发布全球最大的超大规模智能模型“悟道2.0”。“悟道2.0”在模型规模上达到1.75万亿参数，是GPT-3的10倍，创下全球最大预训练模型纪录。“悟道2.0”取得多项世界级创新突破，在预训练模型架构、微调算法、高效预训练框架方面实现原始理论创新，在世界公认的人工智能能力排名榜单上，取得9项能力的领先地位。

（程晓荷）

【第三届北京智源大会】 6月1日至3日，2021中关村论坛系列活动——第三届北京智源大会在中关村示范区展示交易中心召开。大会由北京智源人工智能研究院主办，以国际性、权威性、专业性和前瞻性为特色，是国际性最前沿AI盛会，200余位国内外人工智能领域顶尖专家受邀参会，围绕29个专题论坛展开研讨交流。大会首日发布全球最大的超大规模智能模型“悟道2.0”，智源研究院与新华社、北京三快在线科技有限公司（美团）、小米科技有限责任公司（小米）、北京奇虎360科技有限公司（360）、北京中奥通宇科技股份有限公司等“悟道”大模型产业生态战略合作单位进行签约。会上，AI青年科学家俱乐部“青源会”成立，为国内外AI青年科学家和技术人员建立宽松、活跃的学术交流平台，促进学科交叉，开创新的科学前沿，建立活跃的人工智能学术和技术创新生态；首批“青源会”成员共95人。大会还发布支持AI创业的“智源源创计划”，将为AI创业团队开放大模型、数据集等生态资源，为来自学术界的AI科学家创业团队对接应用场景，为来自产业界的创业团队对接业界领先的AI技术，加快形成可落地应用的AI产品。

（程晓荷）

【钢铁侠公司入选“2021国家机器人发展论坛技术突破示范单位”】 9月25日，2021国家机器人发展论坛会上发布“国家机器人产业年度创新示范单位”。北京钢铁侠科技有限公司入选“2021国家机器人发展论坛技术突破示范单位”。钢铁侠科技公司专注仿人机器人研发，完成五代双足大仿人机器人研发，形成新一代的智能产品。

（程晓荷　田京京）

【思灵机器人完成C轮融资】 9月，北京思灵机器人科技有限责任公司宣布完成2.2亿美元C轮融资，估值突破10亿美元，跻身独角兽行列。公司本轮融资由软银愿景基金2期领投，跟投的财务投资人包括阿布扎比财团、高瓴创投、红杉资本中国基金等，产业投资人包括小米科技有限责任公司、富士康工业互联网股份有限公司等。资金主要用于公司产品研发、规模化量产和全球销售业务拓展。

（田京京）

【思灵机器人亮相进博会】 11月5日至10日，2021第四届中国国际进口博览会举行。北京思灵机器人科技有限责任公司在“2.1汽车展馆”——“创新孵化专区”，展示自主研发的智能力控机器人，为宝马工厂自动化与数字化建设赋能。思灵机器人现场模拟谐波组装场景和力控演示场景，展现机器人高精准力控和力感知技术以及领先的轨迹规划技术。

（田京京）

智能网联汽车产业

【概况】 2021年，中关村科学城管委会加快推动智能网联汽车产业发展。聚焦车载芯片、操作系统、智能感知、车联网等重点领域，梳理一批关键技术突破项目，持续推进智能网联汽车产业发展；加大对智能网联汽车头部企业和创新企业的引入和服务力度，协助百度自动驾驶研发中心实体阿波罗智能技术（北京）科技有限公司办公选址；依托中关村智能网联汽车产业前沿技术创新中心，引入北京娜迦信息科技发展有限公司、航天时代飞

6月1日，北京智源人工智能研究院发布全球最大的超大规模智能模型悟道2.0（中关村科学城管委会 供图）

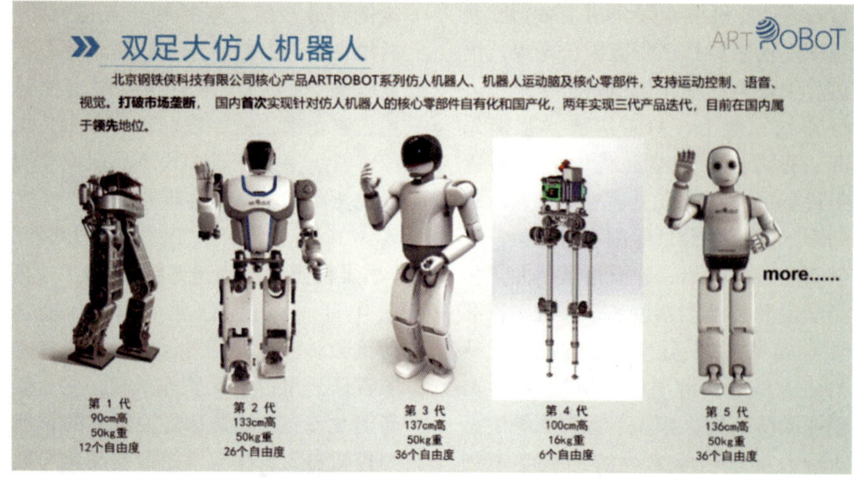

北京钢铁侠科技有限公司部分机器人产品（中关村科学城管委会 供图）

鹏有限公司、北京超星未来科技有限公司等一批自动驾驶前沿技术企业项目，实现前沿中心第一年企业入住率50%的预期目标，获得市科委、中关村管委会2021年度前沿技术创新中心专项资金支持。推进自动驾驶示范区全域测试道路开放，形成二期道路开放实施方案并报区政府审议通过，完成二期82条道路200余千米道路标线工作；在一期道路的部分路段开展无人化、夜间、特殊天气等专项测试，提升测试道路的利用率，为测试企业在夜间、雨天、雾天、雪天等特殊场景提供技术验证和测试条件。完善丰富环保科技园智能网联应用场景建设，推动华为、超星未来、慧拓科技等企业在自动驾驶示范区进行智能网联汽车相关技术测试及验证工作，各类型自动驾驶车辆累计测试运行510余天、完成测试38820余小时，累计完成测试4850余车次；8种类型的测试运营车辆能够在停车场内解决停车充电、车辆测试调试等问题。举办自动驾驶嘉年华、论坛等活动，促进企业交流和产业集聚发展。举办5场中关村智能网联汽车国际创新论坛系列活动、1个前沿创新大赛以及自动驾驶嘉年华活动，体现智能网联汽车产业的良好发展态势和创新引领优势。

（程晓荷）

【克诺尔轨道交通中国创新中心设立】 3月，世界领先的轨道车辆制动系统制造商——德国克诺尔轨道系统在中国发起设立克诺尔轨道交通中国创新中心，落地中关村智造大街。作为克诺尔轨道系统在中国区的首个创新中心，旨在赋能中国轨道交通行业可持续发展。创新中心重点引进德国工业4.0智能制造、轻量化新材料开发及应用、节能减排及绿色制造等学术前沿、国际领先的研发项目，与企业和院校广泛开展合作，打造全球一流的轨道交通行业的创新研发高地。

（程晓荷）

【中关村智能网联汽车前沿技术创新大赛】 9月27日，由市科委、中关村管委会，中关村科学城管委会等单位共同指导的2021年中关村5G创新应用大赛暨中关村智能网联汽车前沿技术创新大赛在北京举行现场路演。大赛为2021中关村论坛六大板块之一的“前沿大赛”板块。超星未来、赛目科技、五一视界、清研宏达、轻舟智航、云驰未来、卓视智通、亮道智能、国汽智控、乙态科技10家企业围绕在5G+智能网联汽车方面的科技创新成果展开路演。8家入围企业从激光雷达、计算平台、仿真测试、软件定义汽车、智能交通、数字孪生、车联网安全、自动驾驶场景应用等角度介绍最新成果。10月19日，2021年中关村5G创新应用大赛暨中关村智能网联汽车前沿技术创新大赛决赛落幕。北京超星未来科技有限公司、北京云驰未来科技有限公司、北京清研宏达信息科技有限公司分别在决赛中获冠、亚、季军。

（程晓荷）

【2021中关村智能网联汽车国际创新论坛】 10月18日至20日，由市科委、中关村管委会，中关村科学城管委会等单位共同指导，以“智车智驾智创未来”为主题的2021中关村智能网联汽车国际创新论坛举办。来自清华大学、北京航空航天大学、英特尔中国研究院等科研机构和近80家硬科技企业的行业大咖、业内领军人士出席，与会人员从智能汽车、智能驾驶、智能汽车硬件、软件、人才和资本助力产业5个维度分享前沿论点，展示创新科技，探讨有关未来出行的创新发展新趋势。活动现场设置自动驾驶“全家桶”展区，多家在无人驾驶领域技术水平突出的企业组成无人物流车、无人售卖车、无人清扫车、无人小巴车等各色自动驾驶车队，向大众开放，以静态加动态相结合的方式进行展示。

（田京京）

大信息产业

【概况】 2021年，中关村科学城管委会加强公共基础设施统筹规划，推进区级大数据平台、统一认证系统、政务外网与互联网安全交换平台等公共基础设施建设，为全区数据共享、数据安全交换提供支撑。保障已建区级信息化基础设施运行稳定，包括区政务云平台、政务云平台备份中心、图像视频存储备份、政务光缆网运维、电子政务机房和网络安全设备、政务外网安全出口、统一视频会议系统、政务办公系统、网络安全监测服务等18项运维项目运行正常可靠。加快政务服务模式创新，通过海淀区一网通办平台三期项目建设，推进电子签章、电子证照在海淀区政务服务的应用，推动海淀区政务服务“一网通办”逐步向“全城通办”“跨省通办”进行服务延伸。建立政企融合区域经济数据资源分中心，重点推进海淀区产业经济发展监测分析平台建设。

（程晓荷）

【软件信息服务业】 年内，海淀区软件和信息服务业收入14681.6亿元，比上年增长24.5%，占全市的65.5%；实现固定资产投资177.6亿元；规上工业企业总产值3162.6亿元，比上年增长29.8%，占全市的13.2%。实现建安投资29亿元，对外投资461次，占园区企业对外投资总量的35.8%，稳居首位（新一代信息技术、科技服务、节能环保处于第二梯队，占比均在10%—20%之间）；涉及投资金额270.85亿元，占全年对外投资总额的34.5%，排名第二。对外投资114次，投资金额达88.23亿元，均居于行业首位。推进智慧海淀建设，推进区级大数据平台、统一认证系统、政务外网与互联网安全交换平台等公共基础设施建设，为全区数据共享、数据安全交换提供支撑。保障已建区级信息化基础设施运行稳定。建立政企融合区域经济数据资源分中心，重点推进海淀区产业经济发展监测分析平台建设。支持百分点等企业在大数据分析、挖掘创新方面发展；支持平凯星辰公司开展开源分布式数据库、华控清交隐私数据等技术研发；推动医疗、金融等领域数据应用。举办2021全球数字经济大会海淀分会场，聚焦数字仿真技术、产业互联网等前沿重点领域，探讨数字经济发展的新动态、新方向，集中展现海淀区数字科技创新和融合应用的发展进程。

（程晓荷）

【集成电路产业】 年内，中关村科学城管委会整合空间、人才、资本、场景等资源，集中力量培育一批龙头企业，支持企业聚焦集成电路关键环节、卡脖子技术，提升自主创新能力，打造高附加值生态链。通过综合统筹产业专项资金，围绕集成电路设计企业流片及掩膜版制作、研发投入、芯片企业与整机企业联动、共性技术和产业服务平台建设、产业集聚等全链条，支持兆易创新、智芯微、圣邦微、昂瑞微等集成电路设计企业持续发展。围绕人工智能芯片等关键领域，支持灵汐科技、清微智能、苹芯科技、知存科技等创新型企业，在类脑芯片、可重构芯片、存算一体芯片等芯片架构和设计方法、器件、工艺创新方面布局。支持快手等企业，结合大规模个性化智能推荐等实际市场需求，研发高效能专用芯片，加强成果转化应用。基于重点研发机构和产业平台，加强前瞻技术布局和产业生态构建。支持北京元芯碳基集成电路研究院开展碳基集成电路技术研发及成果转化，突破90纳米技术节点关键工艺、碳基高频射频技术、碳基高性能数字芯片等技术。支持微芯研究院与中国移动集团等展开合作，联合研发基于RISC-V架构的低功耗物联网芯片，开展规模化应用示范。推动清华大学未来芯片技术高精尖创新中心孵化新忆科技等一批高精尖项目，助力11家芯片企业落地北京。北京智芯微电子科技有限公司联合中关村发展集团等共同建设北京市工业芯片创新中心，推动电网、轨道交通等关键领域国产芯片研发应用，推进低功耗主控芯片研制和检测平台搭建。大规模人工智能模型训练平台支持寒武纪思元、华为昇腾等国产芯片适配验证，区块链算力平台发布全球首款96核区块链专用加速芯片。支持建设中关村集成电路设计园，搭建涵盖EDA、IP、检验检测等芯创技术服务平台，入驻兆易创新、地平线等90余家企业，形成集成电路设计产业集聚。支持翠湖网联公司联合中国信通院、中国长安、国汽智联研究院、绿盟科技、地平线、小马智行等科研机构和企业40余家，搭建中关村智能网联汽车产业协同创新平台，从产业促进、硬件生态、软件生态、信息安全、平台测试5个方面，打造多维度、全链条、一站式的智能网联汽车产业创新培育服务体系。

（程晓荷）

【新技术新产品供需对接会】 6月15日，2021中关村论坛系列活动——新技术新产品供需对接会举行。对接会以“共建创新联合体赋能数字化转型”为主题，聚焦数字化转型领域，以大企业生态伙伴需求为牵引，打通上下游产业链优势资源，搭建数字化转型领域创新企业、相关国有企业、应用需求单位、行业专家之间的交流合作、供需对接平台，打造中关村数字化转型创新联合体，探索数字化转型新技术、新动能、新方向，进一步赋能企业和政府数字化转型，助推数字经济产业发展。会上，发布《中关村数字化转型百项技术解决方案手册》。通过公开征集、项目挖掘、机构推荐等方式，手册共集聚数字新基建及智慧大脑、智慧园区建设与运营、产品和服务创新数字化改造、数字生态建设与运营等七大领域112项中关村数字化转型领域前沿技术产品，打造中关村数字化转型综合技术解决方案。

（张蕾）

【2021年中关村5G创新应用大赛】 6月，2021年中关村5G创新应用大赛暨第四届“绽放杯”5G应用征集大赛京津冀区域赛启动。大赛由中关村科学城管委会等单位承办，以“聚焦硬科技、畅通内循环”为主题，围绕5G+智慧城市（物联网）、5G+工业互联网、5G+融媒体、5G+车联网、5G+应急管理（无人机）等应用场景，面向全球征集优秀项目330项，其中津冀申报项目近90项，项目投资总额近40亿元，由北京提供整体解决方案、津冀复制应用落地的项目超过15项。大赛联合海淀区设5G+智能网联汽车赛道、5G+融媒体赛道及5G+智慧城市赛道，联合石景山区设5G+工业互联网赛道，联合延庆区设5G+无人机赛道。10月22日，2021年中关村5G创新应用大赛总决赛暨第四届“绽放杯”5G应用征集大赛京津冀区域赛颁奖典礼在京举办。10个项目获奖，其中，后疫情时代的5G全连接智能物流科技建设和物流中心应用、基于5G+AI的交通视频融合感知及数字孪生公路系统2个项目获一等奖；智慧化5G无人矿山整体解决方案、基于5G的城市末端无人配送解决方案等4个项目获二等奖；5G+8K沉浸式全场景直播应用解决方案等4个项目获三等奖。大赛覆盖10余个细分领域的共计135个项目同运营商、

国企达成实质性合作，80%以上项目实现商业化落地，项目总投资超过200亿元，60%项目具备落地复制条件。

（钟冷）

【2021全球数字经济大会海淀分会场】 8月2日至3日，由中关村科学城管委会承办的2021全球数字经济大会海淀分会场在中关村国家自主创新示范区展示中心举行。活动以“数字创新核心引擎”为主题，聚焦人工智能安全治理、6G前瞻布局、数字仿真技术、“5G+”创新发展、航天卫星与空间大数据、数字基建与生态发展、产业互联网创新发展等前沿重点领域，举行6场平行论坛，政府部门、企业代表、专家学者探讨数字经济发展的新动态、新方向，集中展现海淀区数字科技创新和融合应用的发展进程。活动采用线上线下相结合的方式进行，吸引超过30万人次在线观看。配合北京市开展数字体验周系列活动，举行数字技术体验活动优秀作品颁布典礼，落地数字经济场景开放日和数字经济网红打卡地活动。

（李海松　钟冷）

【2021全球数字经济大会·数字仿真技术论坛】 8月2日，北京市经济和信息化局、海淀区政府共同举办2021全球数字经济大会·数字仿真技术论坛。论坛以“普惠仿真 数字创新”为主题，来自政府、高校、科研院所和企业界代表共120余名嘉宾现场参加论坛，探讨数字仿真技术创新发展。副区长林剑华出席论坛并致辞，业内专家分别作主题演讲。发布SimCapsule云仿真平台和《仿真工程师技术人才培训标准》。论坛采用线上线下相结合的方式进行，超过17万名观众通过线上观看视频直播。

（程晓荷）

【2021全球数字经济大会“5G+”创新发展论坛】 8月3日，北京市经济和信息化局、海淀区政府举办以“5G赋能数字社会 打造未来新蓝图”为主题的2021全球数字经济大会“5G+”创新发展论坛，探讨5G创新技术、5G网络建设、5G应用以及6G前沿技术发展。论坛采用嘉宾线下演讲和观众线上观看直播的方式，累计17万人次在线观看。中国移动联合中国广电、华为、亚信科技、中信科移动、中国大唐集团、爱立信、仪综所、小米、MTK、诺基亚、OPPO、高通、三星、TCL、vivo、中兴等企业合作伙伴联合发布《5G-Advanced创新链产业链融合行动计划书》。

（孙树昆）

应用场景建设

【概况】 2021年，中关村科学城管委会通过搭建应用场景，将前沿技术发展、需求与应用紧密结合，为科技型企业新技术、新产品提供应用场景和验证平台，发布并完成的21个科技应用场景项目向正式运行状态过渡。对接2022北京冬奥组委、市科技冬奥专班、五棵松体育中心、首都体育馆、海淀区文旅局等单位，推动14个科技冬奥应用场景项目落地；设计开发科技冬奥指挥运营平台，以空间计算操作系统为底座，搭载多模块系统解决方案，为疫情防控提供支持；启用虚拟分身智能语音播报机器人、雾化消杀机器人、安防巡检机器人等产品，提高赛事运行有效性和娱乐性；在冬奥会全部场馆推广使用公共空间气溶胶监测和智能测温手环项目；拓展赛事服务和城市运行保障中科技防疫、智慧服务、全景安防、低碳环保、超高清显示等项目落地应用。推动新基建布局，加强AI+大数据、5G+边缘计算平台等园区新一代基础设施建设，建立AI标准评测和数据分享平台等协同创新平台，为开源创新项目提供基础平台支撑。

（田京京）

【科技冬奥应用场景项目建设】 年内，中关村科学城管委会作为海淀区北京2022年冬奥会和冬残奥会技术服务保障组牵头单位，以科技冬奥工作为抓手，自主探索，不断促进科技创新与冬奥运行保障深度融合。多次组织创新型科技企业与海淀区冬奥场馆、住宿酒店和外围保障组对接，启动海淀区红线内赛事服务保障和红线外城市服务保障场景下10余个科技冬奥项目。制定《2022年冬奥会海淀区科技冬奥应用场景项目方案》《海淀区科技冬奥8K户外大屏保障方案》，组建科学城一项目服务方一科技企业科技冬奥临时调度小组和科技冬奥8K超高清示范推进小组，健全完善技术运行管理制度，全力保障冬奥测试赛顺利进行。组织科技创新企业将前沿技术应用于赛事服务保障，运用新技术、新产品，实现对于场馆和酒店的人员健康管理、通行权限管理、防疫数据回溯、人员出入感知、智慧安防管理、病毒检测消杀等功能，为疫情防控和赛事服务提供科技支持。

（田京京）

【数码视讯实现超高清领域全产业链布局】 7月1日，数码视讯科技集

7月1日，利亚德集团万米屏幕全景显示庆祝中国共产党成立100周年《伟大征程（1921—2021）》文艺演出（中关村科学城管委会 供图）

团在超高清领域实现全产业链布局。超高清编码+5G回传、4K/8K无损传输、AI视频处理、业内首款嵌入式8K编解码器、AVS 8K编码器、超高清大屏操作系统等核心技术，均有成熟应用案例，参与中央广播电视总台5G+4K春晚、全国两会5G+4K直播、新华社首次“5G+8K+卫星”实时报道、全国两会等重大活动及事件报道。

（田京京）

【利亚德万米屏幕首次投用】 7月1日晚，庆祝中国共产党成立100周年文艺演出——《伟大征程（1921—2021）》在国家体育场盛大举行。利亚德集团为晚会舞台提供近万平方米的视效显示设备及全套播控系统，这是国产播控系统首次在国家重大活动上使用。近万平方米的显示屏组合打造全球最大沉浸式舞台，在鸟巢东侧跑道的LED背景主屏幕（12个4K分辨率）长174米、高29.5米，总面积达5133平方米和2300平方米的旗帜形状侧屏形成多媒体立体空间，增加视觉冲击力。主舞台区域地面装置长30米、高9米的LED活动地屏，拉近观演距离，聚焦细节画面，强化戏剧环境，设置摇臂、升降台、多功能台阶等设施，拓展表演的立体空间。搭配700平方米的地屏和旋转屏等辅助屏幕，结合投影、虚拟拍摄等技术，整个鸟巢打造成为全球最大的剧场。

（孙树昆）

【中关村创新院与三大通信企业签约】 8月3日，中关村泛联移动通信技术创新应用研究院（简称中关村创新院）与亚信科技股份有限公司、中兴通讯股份有限公司、北京华宇软件股份有限公司战略合作签约。中关村创新院是由北京邮电大学、中国移动通信有限公司研究院和北京电信技术发展产业协会（TD产业联盟）3家单位发起成立的民办非企业性质的创新联合体。4家单位将围绕6G应用基础研究和B5G技术产业化协同攻坚，探索政产学研用有机结合，助力北京国际科技创新中心建设，推动北京数智经济发展。

（程晓荷）

【海淀·中关村科学城“创新雨林生态”亮相全球创业者峰会】 9月10日至11日，HICOOL 2021全球创业者峰会在北京举行，本届峰会以“创业互联 创新无界”为主题，包括HICOOL全球创业大赛颁奖盛典、HICOOL全球创业者高峰论坛。在HICOOL展示及互动活动中，海淀·中关村科学城“创新雨林生态”亮相，展区设计重点突出“创新雨林生态”的直观效果，雨林效果具象化，打造科技感十足的展位造型。在创新生态展区，以中央生态柱为载体展示中关村科学城“创新雨林生态”建设持续升级，创新创业生态环境进一步优化。方柱的四面分别展现海淀宣传片、创业问答、人才服务建设和产业空间布局。人才服务方面，为创新人才提供各种便利，包括人才公租房、子女入学等；产业空间方面，探索“重点园区+主导产业+项目带动”模式，建成中关村软件园、中关村东升科技园、永丰产业基地、翠湖科技园等产业集聚地；创新服务方面，聚焦核心问题，为创业者、投资者提供全面且细致的回复，拥有以创业会客厅为代表的“一站式”公共服务平台，构建全要素、全层级、全功能的服务体系。在大健康展区，重点推送巢生旗舰实验室、百放孵化器，以及海杰亚（北京）医疗器械有限公司、腾盛博药医药技术（北京）有限公司2家医药健康领先企业。在大信息展区，以科学城标志性的双螺旋造型为载体，展示昆仑芯、清微智能、知存典型企业的核心产品。在互动区域，有几何机器人、DiluAR换脸体验、悟道2.0图灵测试、智能口腔CBCT等互动产品供观众体验。

（程晓荷）

【8K超高清示范应用】 12月，中关村科学城管委会在当代商城、区政府、美丽园社区等10个社区，首都体育馆和五棵松体育中心部署8K LED大屏和8K电视机，推进科技冬奥8K超高清示范应用。北京冬奥会期间，全市有200个落地点位进行8K转播，市民在户外大屏、商业场所大屏、社区活动中心都可观看8K转播的冬奥赛事，8K转播实现规模化应用。

（田京京）

专业园区建设

概述

2021年，中关村科学城管委会专业园区建设围绕中关村科学城发展定位，聚焦大信息、大健康等核心产业，完善产业空间格局，将中关村科学城范围拓展至海淀全域，形成“一轴一带两区”的总体布局。在中关村

9月10日至11日，海淀·中关村科学城“创新雨林生态”亮相全球创业者峰会（中关村科学城管委会 供图）

科学城北区，重点提升北清路的战略腹地轴线功能，叠加“两区”建设优势，推动高端创新要素集聚，构建高精尖产业聚集区。在中关村科学城南区，打造中关村大街创新主轴，加快城市功能重组与空间整合，构建高端创新要素聚集区、国际化创新企业总部集聚区。形成中知学组团、西三旗组团、四季青组团、金科新区组团、永丰组团、上地软件园组团、东升组团、翠湖组团、大学科技园等九大主要产业集聚区。

（梁旭）

产业空间供给

【概况】 2021年，中关村科学城管委会落实海淀区“1+3”高精尖产业空间政策，坚持“用途管制、成本控制、精准供应、循环利用”，实行“先定项目后供土地”，确保土地、空间与科技、产业精准匹配，实施产业用地全生命周期管理，降低科技创新、产业发展用地成本。鼓励区属平台公司开发持有新增产业空间，为重点项目量身定制办公楼宇，增强产业引导和资源管控能力。

（梁旭　任彬容）

【配套空间通过审批】 年内，经区政府审批同意实创环保园项目2.28万平方米、中关村东升科技园三期自持地块2.25万平方米、实创智源项目3252平方米、实创信安项目1.3万平方米配套空间，利用15%配套政策，结合园区（重点楼宇）实际情况、周边配套设置情况和园区需求，鼓励和支持园区适当设置配套设施。

（任彬容）

【产业空间资源】 年内，海淀区实现全区增量和存量产业空间资源台账的动态更新管理。新增空间资源台账30宗产业用地，建筑规模约175万平方米；社会产业空间资源台账18宗，地上建筑规模约353.9万平方米。存量部分，商务办公楼宇共计683个楼宇（项目），建筑规模约3103.7万平方米；乡镇集体产业空间162个项目，建筑规模约418万平方米；重点科技园区45个，楼宇771座，建筑规模约771.7万平方米。

（侯硕　何欢）

【中关村大街沿线改造提升项目】 年内，中关村科学城管委会继续推进中关村大街沿线改造提升项目。中关村城市客厅项目：白石新桥至清华西门7.2千米，约37万平方米公共空间进行改造提升，总投资约5.4亿元，改造内容包括道路交通、园林绿化、城市家具、景观小品、夜景照明、地面铺装等。项目共分三个阶段实施，一期工程数码大厦至魏公村地铁站900米示范段，开工建设；民族大学至神舟大厦600米示范段，实施方案获得市发展改革委批复。农科院国际交流中心项目：改造提升成以农业科技创新、高科技企业孵化为主的“双创中心”，完成主体结构施工，进行二次结构及外立面幕墙安装。百花鞋厂研发办公项目：改造提升为包含科技自用办公、科技文化展示与配套设施于一体的综合性科技办公园区，主要发展卫星遥感、大健康等产业，进行地上1至4层结构施工。魏公村小区棚户区改造项目：北区综合体部分为商业服务，完成主体结构封顶。

（张丛）

【5个城市更新项目启动】 年内，海淀区重点推进产业空间改造升级，梳理字节跳动全球总部、鼎好电子大厦A座、未来科技大厦、龙徽1910文化创意产业园、北分瑞利厂5个项目，列入《2021年海淀区城市更新项目清单》，重点推进产业空间改造升级，提升经济产出密度。以区产业空间资源统筹联席工作组及其办公室为框架，将全区存量产业空间改造项目申报纳入统筹管理并形成动态报送机制。实行“边审批改造方案、边对接需求企业”的良性循环，首农集团原三元华冠、金隅智造工场、魏公村百花鞋厂等项目形成固定工作模式。中关村科学城管委会同上地街道、实创公司和有关部门，研究上地信息产业基地业态调整升级工作，加强产业、街区规划，完善城市配套建设，逐步塑造宜居宜业的新型城市风貌。

（何欢）

【科技园东升园3地块项目签约】 1月20日，区政府与北京新东源中实投资管理有限公司签署履约监管协议，支持企业入驻学院路科技园东升园（G、H、I地块），项目集聚“新一代信息技术产业链上下游”企业，引入“金融科技”“科技金融”和“文化科技融合”企业，为高精尖企业储备产业发展空间。

（任彬容）

【中关村东升科技园三期开工建设】 1月，中关村东升科技园三期开工建设。项目是北京市重点工程，位于东升镇塔院地区，在北京市规划的具有重要生态功能的通风廊道和景观功能的楔形绿地内，东至京藏高速西侧绿化带、南至小月河科技园四号路、西至规划小月河科技园西路、北至规划小月河科技园二号路南侧绿地。项目由清华东路两侧3处规划地块构成，总规划建设用地面积约11.2公顷，总建设规模约30万平方米。项目定位是与自然有机结合的全新生态高科技创新中心，为中关村科学城建设提供新业态融合和产业发展空间。

（韩慧新　钟冷）

【翠湖科技园项目签约】 3月26日，区政府与北京实创信安有限责任公司签署履约监管协议书，支持企业入驻翠湖新增H地块（014、024、051地块），项目重点集聚国际知名新一代信息技术企业，引入信息安全产业相关及上下游企业，培育创新生态，形成创新产业，聚集创新要素，搭建创新平台。同日，区政府与北京实创智源有限责任公司签署履约监管协议书，支持企业入驻翠湖科技园新增A1资源3-2-6005地块，项目为北京智源人工智能研究院代建总部，建设架构设计领先、高速互联、高效并行的AI超级计算系统。凝聚一批顶尖科研团队，探索“大平台+大任务”的AI科研重工业组织模式，形成具有技术先进性、国际引领性的系列大规模预训练模型和高精度生物智能模拟系统。4月25日，中关村科学城管委会与航天宏图信息技术股份有限公司签署履约监管协议书，同意企业入驻翠湖科技园C6–07加速器项目，支持企业进军商业航天、太空服务领域业务，两年内投资6.5亿元建成拥有自主监测数据来源的空间碎片感知服务平台和空间天气保障报务平台。

（任彬容）

【中关村环保园项目签约】 3月26日，区政府与北京实创驭智有限责任公司签署履约监管协议书，支持企业入驻中关村环保园107、121地块，项目重点推进自动驾驶、军民融合、信息技术创新应用产业等细分领域的融合发展；发展能级“国际化”，以“支持北京打造国家服务业扩大开放综合示范区”和“中国（北京）自由贸易试验区总体方案”的加快推进为契机，对标国际一流标准，完善国际功能设施，建立与国际接轨的产业环境，将产业创新优势转化为新发展动力，打造全国乃至全世界的国际领先标准创新应用示范中心，布局高能级新型科技服务平台。11月24日，中关村科学城管委会与新晨科技有限公司签署履约监管协议书，同意项目入驻中关村环保园3–3–263地块加速器项目C4科研用房。

（任彬容）

【西八里庄三地块项目签约】 4月28日，区政府与中国电力建设集团有限公司签署战略合作协议，支持企业在西八里庄0711–652、640、641上市地块，建设以“水（水资源与水生态环境）、能（绿色电力与可再生新能源）、城（城市综合体与城际基础设施联通）”为核心的科技创新总部产业园。

（任彬容）

【中关村创客小镇“数字生态港”亮相】 6月24日，在中关村创客小镇举办的数字经济产业社交峰会上，中关村创客小镇与百度智能云联合打造的“数字生态港”亮相。“数字生态港”位于中关村创客小镇二期，建筑面积30万平方米，聚合数字化赋能全产业链资源，立足数字化技术、服务、解决方案的交互体验、交流与交易服务，推动区域产业集群数字化水平发展和城市智慧化治理水平提升。“数字生态港”是数字城市实验室、活态城市“应用场景测试平台”，呈现15个城市应用测试场景；是产业社交IP，举办产业社交活动，包括论坛、沙龙等，携手百度等数字经济平台级企业共同打造产业创新服务生态新平台，用跨专业、跨行业、跨区域的跨界产业社交创造突破性创新的价值；是产业社交型数字化服务贸易街区，聚集数字化解决方案的展示、交流与交易，形成原始创新、技术创新和产业创新的闭环，用产业创新加速原始创新和技术创新。

（孙树昆）

【东北旺西路项目签约】 9月7日，中关村科学城管委会与科大讯飞股份有限公司签署履约监管协议书，支持企业入驻东北旺西路8号7号楼，建设北京总部。该项目是海淀区首个在法院系统支持下，纳入监管体系的法拍项目，对此后完善产业项目转让办法、规范法拍流程等有重要的参考价值，为企业获得产业空间拓宽渠道。

（任彬容）

【中关村东升科技园二期项目签约】 9月7日、12月27日，区政府与北京海开高科产业发展有限责任公司签署履约监管协议书，同意企业入驻中关村东升科技园二期1813–L25地块、1813–L18地块，为符合产业发展要求的高精尖企业储备产业发展空间。9月24日，区政府与京北方信息技术股份有限公司、九号有限公司签署履约监管协议，同意企业入驻中关村东升科技园二期1813–L18地块，支持企业建设京北方建设创新研发中心项目，业务领域将涵盖信息技术服务、业务流程外包等方面支持企业建设北京总部项目，特别是在智能短交通产品和服务机器人研发、设计等方面的发展给予重点支持，推动九号有限公司成长为全球领军企业，共同支撑海淀区建设国际科技创新中心核心区。

（任彬容）

【中关村移动智能服务创新园项目通过竣工验收】 10月，北京市重点工程——中关村移动智能服务创新园项目通过竣工验收。园区位于西二旗中路29号三元牛奶老厂区，项目总建筑面积约34万平方米，包含14栋单体办公写字楼及配套服务中心，定位为移动互联及高智能高科技创新产业。建设单位为北京首农信息产业投资有限公司。11月24日，中关村科学城管委会与北京快手科技有限公司签署履约监管协议书，同意项目入驻中关村移动智能服务创新园，建设总部园区，在中关村科学城布局多项核心业务，覆盖短视频社交平台快手App、二次元社区AcFun、快影、一甜相机等众多类型产品。

（钟冷　任彬容）

【温泉科技园二期（东区）主体封顶】 11月16日，温泉科技园二期（东区）主体封顶。温泉科技园二期项目是“北京市2020年、2021年市重点工程”，是温泉镇“一镇一园”集体产业的重要组成部分，分为东区、西区两部分，规划总体功能布局涵盖创新创业“全周期”“全要素”和“全配套”的设计理念，提供具有商业、居住、公共服务设施功能等多样配套服务功能的产业空间。项目用地面积11.75公顷，地上建筑面积约19.44万平方米，建设单位为北京兴泉资本有限公司。西区于10月取得施工许可证。

（王丹）

【中关村壹号D1座项目签约】 11月22日，中关村科学城管委会与北京拉卡拉云闪科技有限公司签署履约监管协议书，同意项目在北清路中关村壹号D1座建设拉卡拉集团总部及研发中心。该项目是海淀区为最大限度统筹全区产业空间资源，追溯前期已供应产业空间资源的遗留项目，为全面建设产业空间统筹监管体系具有重要参考作用。

（任彬容）

中关村西三旗（金隅）科技园一期外景（王小民 摄）

【贝伦产业园入驻企业签约】 12月29日，海国投集团旗下贝伦产业园企业入驻仪式举行。13家高精尖生物科技企业入驻，项目涵盖免疫治疗、基因与细胞治疗、癌症治疗、高端医药设备、孵化平台等医药领域。贝伦产业园为中关村科学城首家生命医药产业园区，位于科学城北区的永丰高新技术产业基地内，占地面积28702.44平方米，总建筑面积57695.46平方米，包括18栋独栋楼宇。

（余璐）

【中关村西三旗（金隅）科技园一期通过验收】 12月，中关村西三旗（金隅）科技园一期工程通过竣工验收。金隅科技园项目是北京非首都功能疏解的重点工程、中关村科学城第五批建设项目之一，被列入“全国科技创新中心建设重点任务”名单。项目总占地面积约41公顷，包含6栋主楼及地下车库等，总建筑面积约22.5万平方米。项目规划业态以软件研发应用为核心，重点培育人工智能、工业互联网、智能硬件、未来汽车、新能源和高端装备制造六大产业，配以创业孵化、科技金融、检验检测认证等科技服务，其中科研产业用地仅占39%，其余大量用地将用于学校、医疗、绿地等配套建设。工程由北京住总集团有限责任公司、北京建工集团有限责任公司联合承建。

（钟冷）

主要园区简介

【中国农业大学国家大学科技园】 年内，中国农业大学国家大学科技园入驻企业250家，总产值28亿元，园区获中国技术市场协会金桥奖、第三届三农科技服务金桥奖集体优秀奖，入选第四批“中国留学人员创业园区孵化基地”，通过科技部、教育部《关于国家大学科技园绩效评价》考核。

（侯硕　何欢）

【北京化工大学国家大学科技园】 年内，北京化工大学国家大学科技园入驻企业161家，总产值近6000万元。园区获“中国留学人员创业园区孵化基地”称号，获第十届中国创新创业大赛、第六届创新挑战赛及“创客北京”大赛优秀协办单位、优秀组织奖。园区校友创业企业通过初赛选拔获北京赛区“成长组一等奖”，成功入围第十届中国创新创业大赛全国赛，经过复赛、决赛的层层角逐，最终获全国赛“优秀企业”奖项。

（侯硕　何欢）

【中国矿业大学（北京）国家大学科技园】 年内，中国矿业大学（北京）国家大学科技园依照能源行业勘探、矿建、掘进、开采、洗选、化工等产业关键节点，延伸产业链条，突出清洁能源与节能环保，打造能源安全产业集聚区。深部岩土力学与地下工程国家重点实验室入驻园区，在园企业77家，其中新三板上市企业3家、国家级高新技术企业22家、中关村高新技术企业28家。

（侯硕　何欢）

【中关村生物医药园】 年内，中关村生物医药园建筑面积3万平方米，按功能建设生物技术创新平台、生物制品中试平台、分析测试平台、医疗器械试生产平台和免疫治疗平台。搭建成熟期、成长期、早期创业3类企业梯队。44家生物医药研发型在孵企业，服务企业88家，完成74批次生物制剂加工服务，完成1522个样品的分析检测服务。1家科创板上市企业，1家北交所上市企业。

（侯硕　何欢）

【中关村软件园】 年内，中关村软件园总产值4295.4亿元，每平方千米产值1652.1亿元，单位密度产出居全国领先，在人工智能、大数据、5G、云计算、移动互联、量子科技、元宇宙等方面，形成特色产业集群，是大信息产业发展的风向标。

（侯硕　何欢）

【中关村集成电路设计园】 年内，中关村集成电路设计园有兆易创新、地平线、豪威科技、兆芯等IC龙头企业在内的80多家企业入驻，其中上市公司近10家、准上市企业10余家。实现集成电路设计年产值超200亿元，成为国内领先的集成电路专业园区。园区打造“一平台三节点”产业服务体系，面向IC设计企业提供全生命周期、全链条、一体化的产业服务，搭建北京首个专注于芯片产业的服务平台。

（侯硕　何欢）

【中关村东升科技园（北领地）】 年内，中关村东升科技园（北领地）探索智慧化、数字化园区建设，探索融合发展之路，打破空间限制，开启i站3.0模式的运营工作。通过数据分析精准赋能，园区服务人员依托数字化工具平台更好地服务企业。举办第九届“东升杯”国际创业大赛吸引创新项目2000余个、荣获及维护近10项园区资质等。全年园区企业总产值达304亿元，纳税27亿元，比上年增长13%。

（侯硕 何欢）

【中关村智造大街】 年内，中关村智造大街是以硬科技成果产业化为核心的创新型生态链社区，建筑面积3万平方米，入驻企业62家，总产值15亿元，企业人数1061人。中关村智造大街通过独具特色的“北斗七星专业服务链”为高精尖企业提供企业经营生命周期的全流程服务，通过“线上信息聚合、线下对接服务”的模式，聚集以智能制造和电子信息产业为核心的上下游1000余家企业提供超过5000项专业服务，累计为京津冀地区企业服务超过4万家次，形成服务案例超过5000项。

（何欢）

【奥北科技园】 年内，奥北科技园被纳入中关村人工智能产业园特色园区，荣获中国人工智能联盟“人工智能示范园区”称号和“金梧桐园区企业服务10强”称号。截至年底，园区实现100%出租率，有8家企业被纳入北京市专精特新“小巨人”，15家企业被评为北京市“专精特新”企业，上市挂牌企业8家，准上市企业10家，瞪羚企业14家，拥有各项知识产权2644项，成为为2022年北京冬奥会提供协同办公与会议系统供应商。

（何欢）

【国家网络安全产业园孵化区】 年内，国家网络安全产业园孵化区实现由玉泉慧谷、静芯园、北坞创新园3个园区的合并，完成物理空间上的连通改造。园区总占地面积32.3万平方米，总建筑面积28.7万平方米，由四季青镇农工商总公司负责运营建设。园区重点产业为网络信息安全。北坞创新园：占地10.3万平方米，总建筑面积75350万平方米，有楼宇22栋。入驻企业19家，其中研发中心8家，特色产业研发机构8家，1家国家级实验室。玉泉慧谷：有企业56家，以网络信息安全、高新技术、高科技企业为主。其中，网络安全企业15家，占园区企业的26.78%；上市企业5家，占园区企业的8.9%；拟上市企业3家，占园区企业的5.35%。高新技术企业20家，占园区企业的35.71%。静芯园：占地面积4.41万平方米，总建筑面积41763.12平方米，有楼宇19栋。入驻企业28家，其中上市企业1家。入驻重点企业有北京北信源软件股份有限公司、北京可信华泰科技有限公司、北京致远互联软件股份有限公司、烽台科技（北京）有限公司、长扬科技（北京）有限公司、北京安天网络安全技术有限公司等高精尖企业。

（程晓荷）

【金隅智造工场】 年内，金隅智造工场出租率近98%，入园企业近200家，知识产权量超5000件。7月，金隅智造工场与麻省理工科技评论中国联合举办“数智未来创新峰会”，在业内引起广泛关注。金隅智造工场联合园区企业自主研发的智慧园区管理系统正式启用，项目获得软件著作权21个，编制发布《智慧园区总体框架和建设管理规范》团体标准。园区获中国科协科创中国“优秀项目奖”、北京市十大“书香企业”称号等15项荣誉。

（何欢）

【健康智谷大健康产业园】 年内，健康智谷大健康产业园聚焦预防、治疗、康养、健康金融等大健康产业领域，通过空间运营、专业服务、平台赋能等多种方式，运用产业大数据，“一站式”解决大健康企业产业、资本、创新、融通等难题，促进企业间共通发展。截至年底，健康智谷培育国家高新技术企业13家，均为从事生物医药或与医疗大健康相关业务的科技型中小企业。培育中关村高新技术企业8家、金种子企业6家。

（何欢）

【中关村壹号】 年内，中关村壹号以人工智能、商业航天、金融科技三大产业为主导方向，引入相关领军企业、隐形冠军企业、独角兽企业和种子企业约60家，包括小马智行、华米、Aibee、声智、云丁科技等人工智能标杆企业，拉卡拉、天地融、百望股份等金融科技企业，微纳星空、国科天成、天链测控等商业航天企业，中科创星等硬科技孵化投资平台。通过打造硬科技产业聚集生态、成立N.E.W.壹号硬科技产业联盟、搭建技术交流平台、创建市场服务平台、完善产业投资平台、建设企业品牌推广平台共六大产业举措，全方位赋能企业成长。聚集硬科技前沿产业、引进国际领先企业，推动自动驾驶示范区建设；实现一批应用场景示范工程，推动前沿科技、产品在园区的基础设施、园区治理、企业服务等领域的智慧化应用。

（何欢）

【下一代互联网及重大应用技术创新园】 年内，下一代互联网及重大应用技术创新园入驻企业53家，园区以“一核心、两产业、六平台”的产业服务体系，推动IPv6关键核心技术创新，全力打造以赛尔大厦总部基地与下一代互联网及重大应用技术创新园为基础的下一代互联网国家战略科技力量。

（何欢）

【中关村环保科技示范园】 年内，中关村环保科技示范园（简称环保园）完成一级开发面积85%，产业用地基本全部实现供地；二级项目建成并投产面积181万平方米，正在建设面积2万平方米。信创先导示范区、自动驾驶应用场景示范区坐落环保园。入驻企业近百家，从业人数约2.5万人，年总产值265亿元，实现税收31亿元。

（何欢）

【中关村创新园】 年内，中关村创新园位于海淀区苏家坨镇，总用地面积约360公顷，规划建筑面积192.98万平方米，已建成79.52万平方米，园区已落地10多家国家重点实验室和重点科技企业。

（何欢）

【中关村翠湖科技园——云中心】 年内，中关村翠湖科技园——云中心产业主要包括生物工程与新医药、大数据及云计算、移动互联网与下一代互联网、导航与位置服务、集成电路与电子信息技术、新材料与新能源环保六大板块。截至年底，近150家中小型企业入驻，其中新引进42家科技企业，企业总人数近8000人。其中90%以上为高新技术企业，有近20家主板上市及新三板企业，总市值近300亿元。园区总产值约150亿元，纳税总额约10亿元。4月获批设立北京市知识产权公共服务翠湖云中心工作站，8月获评北京市中小企业知识产权集聚发展示范区。

（何欢）

【北京中关村永丰高新技术产业基地】 年内，北京中关村永丰高新技术产业基地位于海淀区西北旺镇，总用地面积453.65公顷，建成规模305万平方米，园区聚集了电子信息、新材料、智能制造和导航与位置服务产业的相关企业。

（何欢）

服务体系

【概况】 2021年，中关村科学城管委会服务体系建设工作紧扣中关村科学城科技创新出发地、原始创新策源地、自主创新主阵地功能定位，围绕北京市十大“高精尖”产业领域和海淀区优势方向，推进“两区”建设，开展重大项目引进和重点项目签约工作，75个项目落地海淀。优化创新创业环境。以创新合伙人关系为依托，加快建设全国首批“双创”示范基地，“双创”工作连续5年获得国务院通报表扬。支持奇迹创坛、PNP、红杉资本等新型孵化器发展，85个项目入营奇绩创坛机构。与德勤、PNP等机构联合开展国际化开放创新活动，对接龙门创将、宝马车库、SOSV等机构，推动国际优质创新资源落地海淀。中国（北京）自由贸易试验区科技创新片区创新创业服务中心试运营。完成“创客北京2021”创新创业大赛区级赛，为市级大赛推进100个优秀参赛项目；承办2021年全国双创周北京会场暨中关村创新创业季系列活动、创响中国北京海淀站活动；参加HICOOL 2021全球创业者峰会；协助举办中关村论坛交流午餐会。引导和调动社会组织积极性，协助政府持续优化营商环境。支持初创企业发展。聚焦胚芽企业，组织“海淀胚芽企业成长汇”系列活动，为胚芽企业提供人才培养、知识产权、企业融资等方面的培训与交流，协助解决企业成长过程中的痛点问题，为企业加速赋能。支持中核集团、大北农集团、纳通集团等企业打造创新联合体，培育和带动产业链企业创新发展。

（程晓荷）

【实施“胚芽企业培育计划”】 年内，中关村科学城管委会、中关村创业大街等单位推广实施“胚芽企业培育计划”，分别围绕企业成长过程中的焦点问题、期权激励和股权融资的风险防范、知识产权、企业创始人应该具备的财税战略思维、数据安全等主题，举办5期“海淀胚芽企业成长汇”系列活动，涵盖新一代信息技术、集成电路、医药健康、智能装备、节能环保、新能源智能汽车、新材料、人工智能、软件和信息服务、科技服务业10个领域的40余家胚芽企业参加活动。通过“胚芽企业成长汇系列”活动，整合高校、联盟、企业、投资机构等资源，打造区域创新生态，为科技型初创企业提供精准、契合、高效的创业创新服务。截至年底，海淀区胚芽企业达539家。

（史瑞平　程晓荷）

【企业服务培训】 年内，中关村科学城在产业园区开展10余场线上线下专利预审政策宣传培训，为企业提供专利预审服务，企业500余人次参训；新增备案企业近500家，专利预审服务案件2000余件。建立海淀区高新技术企业培育库，对企业开展政策宣讲、申报辅导等培训工作，截至12月底，开展35次线下高新技术企业培育与认定辅导培训和6次线上培训，电话一对一联系企业6213家，集中培训、一对一电话辅导达到5200余人次。出台《高端科技创新活动场租减免优惠政策》，为3家科技企业减免场租费106.8万元。举办9期企业博士后（线上）培训。在数字经济与中关村产业政策宣讲会、2021年第二届“智汇海淀”人才主题周、企业园区开展“两区”政策宣讲，帮助企业了解当前数字经济的发展优势和政策保障。

（万清）

【“诚信建设万里行”“五进”宣传活动】 年内，中关村科学城管委会组织开展“诚信建设万里行”信用进校园、进企业、进商圈、进园区、进社区等“五进”宣传活动，印发《关于加强海淀区信用宣传工作的通知》，印制折页、海报、易拉宝等宣传材料。利用企业信用管理培训、社区诚信活动、微信公众号、微博以及电子屏、宣传栏等途径解读信用政策法规、普及信用知识、宣传信用建设成果等，加大对信用体系建设的宣传和引导力度，增强广大群众信用意识。全年开展“五进”宣传活动1256场。在五棵松华熙、海淀公园举办北京市诚信宣传月主题活动。

（田京京）

【“薪火共燃”计划培训班】 2月22日至6月5日，由清华五道口金融学院与中关村科学城管委会主办的清华五道口全球创业领袖项目特别计划暨海淀区“薪火共燃”计划第一期举办，近60名来自科创领域的独角兽企业创始人、合伙人及公司高管参加。针对海淀区高科技企业特点，清华五道口金融学院与海淀区政府共同研究定制培训方案，围绕金融理论和资本操作，为学员量身打造金融理论和创业管理实践紧密结合的课程体系，使学员快速有效地驾驭资本，驱动创新，为企业发展增添动力。培训班建立跟踪服务机制，及时准确掌握企业的经营状态、经营业绩及其存在的困难，在政策咨询、人才引进、市场拓展、融资上市等方面开展精准服务。在课程之外，打造30分钟企业圈，为发展阶段企业面临的普适问题提供定制化解决方案。9月4日，“薪火共燃”计划第二期举办，来自海淀区的央企、上市公司、独角兽、初创科技企业的60名创始人、合伙人、高管参加。本次培训由海淀区政府发起，北京大学光华管理学院承办，课程内容涵盖宏观趋势、战略管理、金融财务、出海策略等，涉及组织发展、市场营销、领导力等内容。“薪火共燃”计划是海淀区打造的优秀创新型企业培训项目，建立政府引导、高校培养、企业参与的企业家培训机制，旨在培养具有全球战略眼光、市场开拓精神、管理创新能力和社会责任感的优秀企业家。

（钟冷　史瑞平）

【国家双创示范基地建设】 3月8日，海淀区发布实施《关于促进中国（北京）自由贸易试验区科技创新片区海淀组团产业发展的若干支持政策》，聚焦重点领域，带动全区产业开放和项目落地。巩固提升数字经济创新引领水平，打造全球数字经济创新引领区。3月25日，国家发展改革委等6部门联合下发《关于深入组织实施创业带动就业示范行动的通知》，中关村科学城管委会制定《海淀双创示范基地2021年精益创业带动就业专项行动方案》。行动方案紧扣创业带动就业主题，聚焦高校毕业生、农民工等重点群体，依托企业、高校、科研院所、区域4类示范基地，用好资金支持、政策扶持、宣传推广等抓手，组织实施社会服务领域双创带动就业、高校毕业生创业就业“校企行”、大中小企业融通创新、精益创业带动就业等专项行动，力争2021年将示范基地新增就业机会能力提升到110万个以上，在创业带动就业工作中发挥示范作用。5月18日，发布实施《中关村科学城数字经济创新发展三年行动计划（2021—2023年）》，优化营商环境，推出20条创新创优服务措施，涵盖市场准入、食品监管、药械监管、行政执法检查、质量提升、商标保护、互联网新业态监管、产品质量等市场监管业务，为海淀区企业提供“打包”政策支持和精准服务。海淀区作为全国首批双创示范基地，连续5年被国务院通报表扬。

（史瑞平）

【第九届“东升杯”国际创业大赛】 5月，2021第九届“东升杯”国际创业大赛启动。大赛由北京市毕业生就业服务中心、海淀区人力社保局、中关村东升科技园管理委员会联合主办，北京东升博展投资管理有限公司承办，设置初赛—复赛—全球半决赛—全球总决赛赛程，国内设32个分赛区，国外设瑞士、俄罗斯、韩国、以色列、德国、英国、美国、加拿大、荷兰等国际分赛区，覆盖30余个国家。在全球共招募来自生命科学、数字经济、新能源/新材料三大领域的创新创业项目2100余个，其中国内项目1600余个、国际项目500个。大赛共组织与举办创业培训、赛事路演等66场活动。经过层层选拔，405个项目晋级复赛，96个项目晋级全球半决赛，8个项目晋级全球总决赛。12月28日，全球总决赛在中关村国家自主创新示范区展示中心举行。市人力社保局，市科委、中关村管委会领导，区领导吴计亮、林剑华以及国内外相关领域的院士专家、投资机构代表、“共睿蜂鸟伙伴”、分赛区代表、创服机构、优秀企业、高校、媒体及优秀创业者等200余位嘉宾出席。本次大赛设50名奖项，包含特等奖1名，一等奖、二等奖、三等奖、最具创新奖及最具创意奖、优秀奖若干名。在近4个小时的比赛里，晋级全球总决赛的8个项目按照1分钟VCR展示+6分钟路演+6分钟答疑依次路演，最终“冠通”微创血管介入手术机器人研发及产业化夺得特等奖；创新星上AI系统的卫星智能化引领者获得一等奖；英飞智药、VeinWay项目获得二等奖；光场交互：轻量化场景交互基础设施、利普思高性能第三代功率半导体Sic模块、航空特种工艺装备及智能制造系统、3W Turbo 4个项目获得三等奖。特等奖项目获得累计价值百万元奖金奖励的创业大奖，包括100万元奖金、200平方米免费办公场地、免费公司注册地址、“共睿蜂鸟计划”加速赋能服务礼包等奖励，其他获奖项目获得奖金、免费工位等相应奖励。赛后，大赛组委会为创业者提供优质服务，包括优质创业项目的专访及品牌曝光、创业辅导、创业培训、金融支持等优质创新创业服务。

（钟冷）

【2021年奇绩创坛路演活动】 6月6日，2021年奇绩创坛春季路演活动在中关村国家自主创新示范区展示中心举行。本次活动吸引全国700余家投资机构1700多位投资人参与，选取33家企业的创业项目进行现场路演，涵盖先进制造、人工智能、企业服务、医疗、硬件、芯片、ESG、生物技术、航天、开源、农业等23个领域，储备潜力项目“未来之星”26家。项目涉及芯片、新材料、开源、ESG、3D打印、生命科学等26个细

12月28日，2021第九届“东升杯”国际创业大赛全球总决赛暨颁奖盛典举办（张洪军　摄）

分行业。海淀区为奇绩创坛机构协调办公与活动空间，提供房租补贴和绩效奖励支持，参股奇绩创坛一期人民币基金。推动2家创业团队在海淀注册落地，2家上海企业在海淀新设子公司。11月28日，奇绩创坛机构举办2021年秋季路演活动，蚁触科技、达人内推、米茶科技等52家公司的53个项目参与路演，覆盖元宇宙、商业航天、生物科技等30多个主题。入选本期创业营的创业项目“COMICOMI”完成种子轮融资，投资方为奇绩创坛机构。

（史瑞平）

【《2021年中关村科学城社会组织发展报告》完成】 6月，中关村科学城管委会完成编制《中关村科学城社会组织发展报告》（简称《报告》），分析研究2020年中关村科学城社会组织的发展概况、工作成效、存在问题与工作思路等。《报告》显示：2020年，中关村较活跃的160余家社会组织承接课题研究、标准创制及推广、专利池等762项，搭建线上线下公共服务平台171个，开展特色品牌活动1370次，促进区域合作活动133次，服务上万家企业、千万余人次。在抗击疫情当中，社会组织报送企业纾困、复工复产与政策建议信息上万条，其中13条被《昨日市情》采用。组织捐赠款项及募集防护物资价值达数十亿元。中关村科技类社会组织成为中关村科学城和活跃的创新合伙人及创新服务体系的重要组成部分，为中关村科学城产业发展与服务创新提供有力支撑。

（曹雪鸥）

【中关村国际前沿科技创新大赛】 7月15日，北京中关村国际前沿科技大赛正式启动。大赛为2021中关村论坛的重要板块，以“引领前沿科技、助力数字经济”为主题，设立生物医药、人工智能、大数据与云计算、集成电路智能制造与新材料等12个赛道，通过大赛挖掘并支持一批关键核心技术和优秀技术解决方案。赛程包括项目征集、分领域预赛、分领域决赛、总决赛等4大环节，设立北京赛区、津冀赛区、国际赛区3个赛区。根据疫情防控要求，大赛采用“线上线下”相结合的方式进行，在知乎、抖音等多个平台进行直播，近百万人次线上观看。大赛征集海内外硬科技项目近千个，其中七成以上前沿企业的技术或产品在世园会、冬奥会等重大工程和活动中应用，前沿技术对传统产业的转型升级作用凸显。经过24场预赛和决赛，各个分领域TOP 2项目进入总决赛。2022年1月11日，大赛总决赛举行，23个项目参赛。脑胶质瘤精准诊疗创新团队获得冠军，奖金60万元；北京与光科技有限公司获得亚军，奖金30万元；北京星际荣耀科技有限责任公司获得季军，奖金10万元。各赛区的分领域前10名分别获得TOP 10称号。各赛区的分领域前3名中，符合中关村前沿技术项目申报条件的企业，可直接进入项目评审绿色通道，有望获得最高500万元资金支持。各赛区的分领域前10名入驻相关领域中关村前沿创新中心，享有3年房租减免优惠。

（钟冷）

【“创客北京2021”创新创业大赛海淀区级赛】 8月10日至13日，“创客北京2021”创新创业大赛海淀区级赛在海淀创业园举行。大赛由中关村科学城管委会主办，中关村科技园区海淀园创业服务中心（海淀创业园）承办，比赛采用视频会议和网络直播相结合的方式进行。海淀区级赛共征集549个创新创业项目，191个项目晋级复赛，100个企业和项目晋级北京市级赛资格。海淀分赛区被评为“优秀分赛区”。赛后，海淀区级赛执委会举办专场投资对接活动，重点帮助获奖企业及项目对接知名投资机构，解决疫情期间企业融资难题。对晋级复赛的企业，免费帮助其申请登陆北京股权交易中心（北京四板市场）。

（钟冷　史瑞平）

【2021科创中国·中关村科技创新创业大赛总决赛】 9月14日，由中关村产业技术联盟联合会、北京中关村留学人员创业园协会共同主办的2021科创中国·中关村科技创新创业大赛总决赛举行。大赛以“助燃创新活力，赋能产业升级”为主题，200多个项目报名参赛，经过初审、复审、半决赛，20个项目进入总决赛。在总决赛现场，20个项目通过路演，产生TOP 10企业和优秀参赛企业10家。

（史瑞平）

表12　2021科创中国·中关村科技创新创业大赛总决赛TOP10企业名单

序号	公司名称	序号	公司名称
1	华卫恒源（北京）生物医药科技有限公司	6	天津凌视科技有限公司
2	北京兰云科技有限公司	7	北京泓慧国际能源技术发展有限公司
3	北京国电高科科技有限公司	8	百药智达（北京）纳米生物技术有限公司
4	清云智通（北京）科技有限公司	9	国路高科（北京）工程技术研究院有限公司
5	中科慧远视觉技术（洛阳）有限公司	10	北京至真互联网技术有限公司

表13 2021科创中国·中关村科技创新创业大赛总决赛优秀企业名单

序号	公司名称	序号	公司名称
1	华卫恒源（北京）生物医药科技有限公司	6	北京中农弘科生物技术有限公司
2	北京兰云科技有限公司	7	北京连心医疗科技有限公司
3	北京国电高科科技有限公司	8	北京钛星数安科技有限公司
4	清云智通（北京）科技有限公司	9	深源恒际科技有限公司
5	中科慧远视觉技术（洛阳）有限公司	10	戎微（北京）技术有限公司

【全国双创周北京会场暨中关村创新创业季活动】 10月19日至25日，由市发展改革委、中关村管委会、海淀区政府主办的2021年全国大众创业万众创新活动周北京会场暨中关村创新创业季活动在中关村国家自主创新示范区展示中心举行。北京市副市长靳伟、国家发展改革委高技术司副司长孙伟、中国科协科学技术传播中心主任郑浩峻、北京市发展改革委主任谈绪祥、海淀区委书记于军等领导，市政府有关部门和各区相关负责人、在京双创示范基地、创新创业企业代表共同出席启动仪式，区委副书记、区长王合生主持。本届“双创周”北京会场活动以“高质量创新创造，高水平创业就业”为主题，包括启动仪式、主题展示、创新创业成果发布、大赛路演等系列活动。北京会场主题展8000平方米的展览以实物、模型、多媒体等形式展示，设立室外智能装备展区，聚焦智能技术应用，重点突出自动驾驶、无人机、高端装备等领域的新技术新产品，体现科技和实体经济深度融合，具备颠覆性、前沿性、突破性的创新创业成果。在专场活动环节，围绕双创带动就业、改革激发活力等，征集策划40余场专题活动，举办2021年“创响中国”海淀站暨京津冀双创示范基地联盟主站活动、2021年中关村5G创新应用大赛等重点活动10余场，通过直播或录播的形式在北京会场网络平台同步呈现。

（史瑞平）

【2021年“专精特新”科创大赛决赛】 10月21日，由中关村天使投资协会、中关村元和天使研究会联合主办的2021年“专精特新”科创大赛决赛在北京中关村创业大街NO.12全球创新中心举行。大赛以“专精特新”为主题，经过历时半年的初审、复审及半决赛，在300多个参赛项目中，12家优秀科技企业进入总决赛。玻色量子科技有限公司获颠覆性技术奖；适创科技有限公司、吸力奇迹科技有限公司、润方生物科技有限公司、星测未来科技（北京）有限责任公司和洛伦兹（北京）科技有限公司获最佳硬科技奖；罗维智联（北京）科技有限公司、中科海芯科技股份有限公司、致学教育集团、令牌云（北京）科技有限公司、鲜选数字餐饮有限公司、北京万通易居环保设备有限公司获最具发展潜力奖。

（史瑞平）

【新增112家“专精特新”中小企业】 11月1日，北京市2021年度第六批“专精特新”（专业化、精细化、特色化、新颖化）中小企业名单发布，海淀新增112家“专精特新”中小企业，占全市的37.7%。全年海淀区“专精特新”中小企业累计达382家，占全市的38.5%。

（程晓荷）

【“走近‘专精特新’，走向北交所”——线上线下专题对接会】 11月25日，区金融办、中关村科学城管委会联合举办“走近‘专精特新’，走向北交所”——线上线下专题对接会。专题对接会线上超过350家科技创新企业参加。中关村科学城与区金融办、科学城公司、相关科技园区、行业协会，构建“专精特新”企业精准服务长效机制，推动改善企业融资难、融资贵问题，为企业发展创造更加优良的营商环境，在资金支持、人才保障、空间发展等方面给予最大的支持和服务，共同打造世界领先科技园区和创新高地。

（史瑞平）

【2021“海淀明日之星”榜单揭晓】 12月9日，由中关村科学城管委会指导，德勤中国与北京中关村创业大街科技服务有限公司联合主办的2021海淀高科技高成长项目“海淀明日之星”榜单揭晓，发布《2021海淀高科技高成长项目报告》。25家企业荣登“海淀明日之星”榜单，覆盖软件、硬件、生命科学、新媒体、通信、互联网和相关服务，其中软件行业独占鳌头，约占44%，硬件行业占比20%，生命科学占比16%。企业二级行业分类较广，比例最高的是泛AI领域，占比28%；生物制品与大数据领域各占比12%。

（程晓荷）

表14 2021海淀高科技高成长项目“海淀明日之星”榜单

序号	公司名称	所属行业	序号	公司名称	所属行业
1	北京百家视联科技有限公司	软件	14	北京知存科技有限公司	硬件
2	北京百炼智能科技有限公司	软件	15	北京中联合超高清协同技术中心有限公司	新媒体
3	北京超星未来科技有限公司	软件	16	北京中科闻歌科技股份有限公司	软件
4	北京大橡科技有限公司	生命科学	17	飞诺门阵（北京）科技有限公司	软件
5	北京九天微星科技发展有限公司	通信	18	金禾佳农（北京）生物技术有限公司	生命科学
6	北京灵犀微光科技有限公司	硬件	19	开易（北京）科技有限公司	软件
7	北京数牍科技有限公司	软件	20	珞石（北京）科技有限公司	高端装备
8	北京小蝇科技有限责任公司	生命科学	21	北京未来智安科技有限公司	软件
9	北京一流科技有限公司	软件	22	亿景智联（北京）科技有限公司	软件
10	北京艺妙神州医药科技有限公司	生命科学	23	优奈柯恩（北京）科技有限公司	硬件
11	北京易道博识科技有限公司	软件	24	中科驭数（北京）科技有限公司	硬件
12	北京展心展力信息科技有限公司	新媒体	25	中科弘云科技（北京）有限公司	硬件
13	北京知藏云道科技有限公司	互联网和相关服务			

【海淀区“专精特新”中小企业走进建行专场活动】 12月22日，中关村科学城管委会联合区金融办、区工商联、建行北京市分行举办“照亮隐形冠军成长之路——海淀区‘专精特新’中小企业走进建行专场”活动。中关村科学城管委会、区金融办、全国股转公司市场发展部、中国技术交易所知识产权金融部等相关人员出席活动，60多家企业通过线上线下结合的方式参加。海淀区联合各金融机构，在资金支持、营商环境、人才保障等方面给企业提供支持和服务。建行北京市分行针对小微企业，推出信用贷款金额最高为500万元，贷款期限最长可到3年，对中型企业，提供的信用贷款最高可达5000万元，为“专精特新”企业提供普惠金融贷款和其他定制服务，助推企业发展。

（史瑞平）

人才建设

【概况】 2021年，中关村科学城管委会完成全国杰出专业技术人才、北京学者、首都杰出人才奖、第七届“北京市留学人员创新创业特别贡献奖”等市级以上人才工程和奖项的推荐工作，累计推荐60余人。举办“海英之星”评选活动，144名大学生和中学生荣获“海英之星”

4月15日，中关村科学城“才聚云端”大型系列活动举办（高政 摄）

称号，获得奖学金。开展“2021中关村科学城国际创业季”系列活动。发布《关于加快推进“十四五”北京国际科技创新中心核心区建设 深化央地人才一体化发展的若干措施》。新增11家企业博士后工作站分站，园区博士后工作站分站达96家；博士后进站99名，出站61名，超过半数留在海淀继续科研工作。10余名博士后获得国家、北京市各类资助项目支持，总金额391万元；中关村科学城管委会作为首届全国博士后创新创业大赛支持单位，完成参赛博士后、创业导师及评审专家、优秀博士后的相关推荐及博士后工作成果展等工作。开展博士后系列活动，强化博士后站对青年人才支持力度。修订《国际人才服务手册》，为到海淀工作、生活的外国友人提供包含商业服务、出入境、居留、办公、医疗、教育、社交等全方位指导。

（李金波　程晓荷　林琳）

【国际化人才专场招聘会】 5月15日，中关村科学城管委会与区人力社保局共同举办海淀“才聚云端”——“国际化人才专场”招聘会。园区组织华为、度小满、同方威视、联想、用友网络、大恒、航天宏图等38家海淀园博士后工作分站面向博士、博士后及海归人才，提供千余个优质岗位。

（李金波）

【博士后系列活动】 5月至6月，中关村科学城管委会协助区委组织部，组织量子院、智源、同方威视、华为、小米等单位、企业高管及博士后参与“献礼百年·百名英才话初心”短视频拍摄工作。9月，组织38家设站企业参加中关村科学城专场企业博士后招聘会（人才周专场）活动，共发布博士后岗位350余个。组织华为、中科寒武纪、快手、度小满等企业在知乎、快手、抖音和科学城公众号等平台进行线上招聘直播。12月18日至20日，组织量子院、同方威视、北斗星通、方正等企业分站32位博士后报名参加全国博管委组织的首届全国博士后创新创业大赛，3位博士后获3个全国创新赛铜奖。举办7期海淀园博士后沙龙（线上）活动，邀请各领域优秀博士后介绍科研成果，分享行业动态。

（李金波）

【“2021中关村科学城国际创业季”系列活动】 6月5日至9月，由北京市人才工作局、区委区政府、中关村科学城管委会指导，海淀留创园联合研发智库、北美硕博联盟、中关村科学城国际人才交流中心联合主办的“中关村科学城国际创业季”系列活动举办。活动由开幕式、国际创业营、人工智能创新创业论坛、成立海外高校校友会总部、海外学联联谊会、国际创业项目投融资路演、海外高校校友会及学联学会项目推介会、国际创业节等板块组成，来自世界各地的青年创业者、企业家、留学归国人员、国际人才等人员参加，为全球创新创业者搭建学习交流、展示推介、对接合作平台。6月5日至6日，在“中关村科学城国际创业季暨国际创业营”开幕式上，国际孵化协同中心北京基地、海外中国学联驿站北京基地揭牌成立。举办《听大咖——主旨演讲》《她时代——女性创业分享》《引路人——海外留学生组织洽谈会》《留学生之夜》等活动。整合园区优质孵化资源，汇聚行业知名专家导师，采用“创业培训+实操路演+投融对接+沉浸式参观”相结合的体验式方式展开学习。“中关村科学城国际创业营”共收到120位留学归国人员、国际人才的申请，经过选拔，46人成为国际创业营学员，营员平均年龄33岁，毕业于剑桥大学、纽约大学、马里兰大学、名古屋大学等名校，硕士及以上学历占比94%。

（程晓荷　林琳）

【10人获评中关村科学城“创新工匠”】 6月17日，中关村科学城“创新工匠”在中关村科学城庆祝建党100周年主题活动上揭晓，10名新型科技人才获评中关村科学城“创新工匠”，受到表彰。2021年度“创新工匠”科创成果，面向产业重大需求且具有实用性和技术价值的项目和创造显著经济社会效益的科技创新。10名“创新工匠”拥有各项专利、软件著作权217项，获国家科学技术奖、北京市科学技术奖等省部级以上荣誉15项。涵盖领域有信息传输、软件和信息技术服务业占比60%，制造业占比20%，农业占比10%，水利、环境和公共设施管理业占比10%。

6月17日，10名新型科技人才获得中关村科学城“创新工匠”（中关村科学城管委会 供图）

表15 中关村科学城“创新工匠”名单一览表

序号	姓名	工作单位	获得荣誉
1	冯军	北京佳讯飞鸿电气股份有限公司	2001年12月被北京市人民政府授予北京市科学技术进步奖
2	邢悦	博彦科技股份有限公司	2019年4月所带领的集智团队被中华全国总工会授予全国工人先锋号 2021年6月被中关村科学城总工会授予中关村科学城创新工匠
3	朱烨东	北京中科金财科技股份有限公司	2016年12月被中关村互联网金融研究院授予2016年度中国金融科技创新人物 2021年6月被中关村科学城总工会授予中关村科学城创新工匠
4	安晓江	北京海泰方圆科技股份有限公司	2020年12月被中共中央办公厅授予密码科学技术奖三等奖 2021年6月被中关村科学城总工会授予中关村科学城创新工匠
5	余志良	北京清新环境技术股份有限公司	2019年12月被国务院授予国家科学技术进步奖二等奖 2021年6月被中关村科学城总工会授予中关村科学城创新工匠
6	陈昶	北京中保绿农科技集团有限公司	2016年12月被国务院授予国家科学技术进步奖二等奖 2021年6月被中关村科学城总工会授予中关村科学城创新工匠
7	郑彩霞	安方高科电磁安全技术（北京）有限公司	2017年11月被北京市人民政府授予北京市科学技术奖二等奖 2021年6月被中关村科学城总工会授予中关村科学城创新工匠
8	梅红明	北京四方继保自动化股份有限公司	2020年8月被北京市人民政府授予北京市科学技术进步二等奖 2021年6月被中关村科学城总工会授予中关村科学城创新工匠
9	彭时涛	北京旋极信息技术股份有限公司	2012年12月被北京市人民政府授予北京市科学技术奖三等奖 2021年6月被中关村科学城总工会授予中关村科学城创新工匠
10	彭菲	北京汉王智远科技有限公司	2014年12月被北京市人民政府授予北京市科学技术奖二等奖 2021年6月被中关村科学城总工会授予中关村科学城创新工匠

（程晓荷）

【“12条”人才政策出台】 9月6日，区委组织部发布海淀区《关于加快推进“十四五”北京国际科技创新中心核心区建设深化央地人才一体化发展的若干措施》。措施涵盖科技、教育、卫生、文化、农业等领域，共12条，具体内容包含共建央地人才专家智库、深化央地人才交流合作、创新央地人才联合培养、深化青年人才联合培育、强化央属人才落地保障、探索央属科技成果转化新模式、加强央地创新成果交流合作、加大博士后工作站建设力度、深化教育领域央地创新合作、深化卫生领域央地创新合作、深化文化领域央地创新合作、深化农业领域央地创新合作。

（程晓荷）

【中关村科学城企业国际化人才实训班】 12月14日，中关村科学城管委会主办国际化人才实训班。实训班以“后疫情时代，国际化的新机遇”为主题，采取线上、线下相结合的形式。智谱华章、中科驭数、大北农、天智航等58家企业和79家科创机构高管参加。培训内容涵盖国际形势、北京国际环境、外国人视角看中国、国际区域介绍、国际行业专业领域5大模块20余项具体课程。

（李文萍）

【《国际人才服务手册》3.0版修订完成】 12月底，由中关村科学城管委会监制的《国际人才服务手册》3.0版完成修订并印刷。该手册是在2.0版本基础上进行更新补充，为到海淀工作生活的外国友人提供包含商业服务、出入境、居留、办公、医疗、教育、社交等方面全方位的指导。

（李金波）

交流合作

【“国际合作大讲堂”系列讲座】 年内，中关村科学城管委会举办线上线下“国际合作大讲堂”系列活动4期，主题分别为“美国主要对华施压工具及中国企业合规应对”“未雨绸缪 谨防做空陷阱”“海外数字营销”“海外数字营销企业培训（应用游戏类）”，共800人次参加。讲座围绕美国出口管制及中国企业的合规应对、谨防海外上市做空陷阱、海外数字营销等内容，邀请国际知名服务机构、行业专家举办讲座，协助企业了解国际规则，提升企业国际化能力。

（李文萍）

【参加2021年美国电子消费品展数字展（CES展）线上展】 1月11日至15

日，中关村科学城管委会组织园区10家企业参加2021年美国电子消费品展数字展（CES展）线上展。佰才邦、中科创达、声智科技、奥本未来、糖护科技、瑞深航空、轻舟智航、北科天绘、依艾偶艾斯、迪生数字10家线上参展企业涉及人工智能、5G、无人机、远程医疗、AR/VR等相关领域。其间，线上举办由美国华美资讯联盟协会代表、美国行业企业代表、美国投资和金融机构代表等多方参与的“2021中美科技企业美国市场拓展商务交流线上对接会”，达成意向合同20余份，金额近140万美元。

（金燕）

【马德里市线上交流会】 3月10日，中关村科学城管委会与西班牙马德里市政府经济、创新与就业局经济事务处、马德里投促署中国代表处召开线上座谈会，双方分别介绍马德里市和中关村科学城的概况，就产业分布、投资政策和国际合作等情况深入交流。

（李文萍）

【“外交官走进中关村科学城”主题交流活动】 3月30日，马来西亚驻华使馆投资处公使衔参赞、马来西亚投资发展局北京办事处主任许达维一行到中关村集成电路设计园参观交流，就集成电路产业开放创新问题座谈交流。6月8日，约旦驻华大使胡萨姆·侯赛尼（Hussam A.G.Al Husseini）访问中关村科学城企业航天智控（北京）监测技术有限公司（简称航天智控），听取航天智控董事长曾志生介绍航天智控前沿产品的核心技术与行业解决方案，并就企业发展及产品应用情况进行深入交流。7月22日，土耳其大使馆经济参赞查塔伊·穆特鲁、商务参赞赛兹根·塔什肯、土耳其总统府财务办公室分析师杰西卡·杜尔杜一行访问中关村科学城，与4家中关村企业就金融科技发展进行座谈，实地调研第四范式并就数字化如何赋能传统产业转型进行交流。

（李文萍）

【中关村科学城云宣介活动】 4月14日，中关村科学城管委会在启迪之星“云上中国行”发表主题演讲，介绍海淀园情况，欢迎海外团队到海淀创新创业。7月6日，商务部援外项目“国际合作中的财经政策与专业知识培训研修班”线上云参观中关村国家自主创新示范区展示中心。

（李文萍）

【“环球商机”论坛系列活动】 7月28日，中关村科学城管委会与启迪控股联合举办“环球商机LINK THE WORLD 2021——中日创新环境交流研讨会”，邀请政府、金融、法律、科技服务企业等机构参会，解读日本的创新环境与中国企业出海日本、对日合作的要点与注意事项，打造双向合作平台。11月23日，举办线上“澳门商机交流会”，邀请澳门特别行政区驻北京办事处、澳门贸易投资促进局等机构参会，介绍澳门概况及发展机会等内容，以促进中关村科学城科技企业与澳门科技创新主体交流。

（李文萍　程晓荷）

【参加中瑞创新创业合作对接活动】 10月21日，中关村科学城管委会参加由科技部火炬中心与瑞士创新园协调机构共同举办的中瑞创新创业合作启动会。中瑞双方负责人通过线上线下相结合的方式进行需求对接，推动中瑞科技园区间的创新合作交流。11月16日，参加由科技部火炬中心与瑞士创新园协调机构举办的中瑞创新创业合作对接活动（先进制造专场），推荐北京市医疗机器人产业创新中心作为海淀企业代表，进行高端医疗器械CDMO平台项目线上推介，与瑞士阿勒哈畔园区、比尔园区、苏黎世园区的企业进行需求对接。

（李文萍）

【中欧生物健康合作月】 11月29日，由北京市科学技术协会、国家卫生健康委卫生发展研究中心和中关村科学城管委会指导，北京科技国际交流中心和北京中关村科学城创新发展有限公司承办的中欧生物健康合作月开幕，围绕中欧生物健康领域发展现状、合作情况、未来合作发展机遇等议题展开交流研讨，中欧健康科创服务机构代表介绍双方该领域交流合作中寻找合作伙伴，国际合作项目信息和经费，新药、新医疗技术进入中欧市场，特别是欧洲新生物健康技术和新药落地中关村科学城备受关注的问题。活动包括中欧健康合作全景介绍、中欧生物健康合作机遇宣介、中欧生物医药研发和创新产业合作服务推介会、中欧精准医疗合作研讨会等板块以及精准医疗、健康老龄化、临床试验、医疗机械、流行病防治、疫苗研发、工业生物技术等主题领域“一对一”线上合作交流。

（钟冷　李文萍）

【参加2021年中国信息科技（澳门）品牌展】 12月2日至4日，中关村科学城管委会组织声智科技、推想医疗、清微智能、中科驭数、算通科技、一流科技、长亭科技、来也网络、普强信息、分音塔、创泽智慧机器人、光润通、万集科技、灵犀微光、同为科技、奥普维尔、梦之墨、瑞斯康达、普能世纪、白犀牛、真健康21家企业参加2021年中国信息科技（澳门）品牌展，涉及信息通信、数字经济、人工智能、5G和AR/VR等领域。其间，组织企业参加展商对接会、媒体采访等活动，触及意向客户67家。

（李文萍）

中关村科学城北区

【概况】 中关村科学城北区主要指海淀区百望山以北区域，其范围南起马连洼北路及山脊线，北与昌平接壤，东临京新高速，西与门头沟隔西山相望，面积235平方千米，占全区总面积的54%。包括西北旺、温泉、苏家坨、上庄4个镇全部区域和上地、马连洼街道部分区域，下辖63个行政村，常住人口约31万。2021年科学城北区实现开复工面积670万平方米，竣工面积214万平方米；完成开发建设投资464亿元，实现建安投资78亿元。

（韩雨华）

【土地供应】 年内，中关村科学城北区10宗土地实现供应，建设用地面积30.39公顷，建筑规模51.9万平方米。其中永丰F1地块、J部分地块共6宗地挂牌入市，翠湖新增A1项目中的6005宗地以及H项目中的014、024、051地块共4宗地完成协议出让。

（韩雨华）

【重大产业项目】 年内，中关村科学城北区的北京通用人工智能创新园、北京协同创新园等重大产业项目实现开工建设，新开面积22万平方米。中国人寿保险研发中心二期工程、气象园总部基地、中关村移动智能服务创新园等重大产业项目完工，建成产业空间74.58万平方米。

（韩雨华）

【配套设施建设】 年内，中关村第二小学（科学城北区分校）、杨家庄小学等14个教育配套项目建成，实现部分开园办学。北部医疗中心取得初步设计概算，土护降工程全部完成，开展地下室内结构施工。苏家坨中心医院取得施工登记函，正式开工建设。北医附中项目成功完成6户教职工、8个商户房屋清退及拆除工作，取得立项及可研批复，完成勘察设计和拆迁评估招投标工作。永丰调蓄水厂实现通水，上庄再生水厂建成运行，稻香湖再生水厂二期开工建设。翠湖东路、翠湖南路等主干路基本建成，唐家岭路、稻香园中路南段等次干、支路建成通车。紫郡兰园、山屿湖等65万平方米住宅空间实现竣工入住。

（韩雨华　郭欣）

【集体产业项目】 年内，中关村科学城北区启动冷泉村、韩家川村等非宅和上庄村、苏三四村宅基地腾退工作。太舟坞二期安置房、上庄C02安置房、西北旺B3安置房完工，温泉C地块安置房开工建设。“一镇一园”集体产业项目实现开复工100万平方米，其中新开26万平方米。

（韩雨华）

【街区控制性详细规划（街区层面）获批】 1月15日，《北京海淀区西北旺镇HD00-0403街区控制性详细规划（街区层面）（2020年—2035年）》（简称《规划》）获市政府批复，成为北京市新版总规实施后首批获市政府批复的街区控规。西北旺镇HD00-0403街区位于西北旺东北部，南沙河以南，京新高速以西，永丰产业基地以北地区。规划范围北起玉河南路、南至丰润东路、西起永丰路、东至永玉路，总用地面积约120.1公顷。《规划》从服务保障与提升生态宜居品质着眼，支撑永丰产业基地等科创企业发展，优化职住平衡，满足北部地区创新人群需求，推进城乡统筹发展，明确本街区功能定位为海淀北部地区高品质人居环境示范区、产居融合共享休闲活力客厅。

（韩雨华）

【中关村科学城北区第二个中长期开发计划实施方案获批】 5月初，《中关村科学城北区第二个中长期开发计划实施方案（2021年—2025年）》（简称《方案》）获市政府批复。《方案》明确中关村科学城北区未来5年在优化空间布局、聚焦“高精尖”产业、完善城市功能、统筹城乡发展、做好资金平衡5方面的发展思路；建设计划土地一级开发、村庄腾退及安置房、三大设施（年度投资、政府投资、专业公司投资）、土地供应计划及收入预算、收支平衡等重点工作。

（韩雨华）

【中关村科学城北区“创新合伙人”大会】 5月18日，海淀区举办以“初心向党庆百年 科技领航再出发”为主题的中关村科学城北区“创新合伙人”大会。区委书记、中关村科学城党工委书记于军主持大会，区委副书记、区长、中关村科学城党工委副书记、管委会主任王合生，区人大常委会主任刘长利，区政协主席刘勇，区委副书记、中关村科学城党工委副书记、管委会副主任张强出席。大会发布《中关村科学城数字经济创新发展三年行动计划（2021—2023年）》；签约落地16个“两区”建设重点项目；发布2020年中关村科学城北区建设发展成绩单：北区企业总收入6239亿元，比上年增长15%，新设企业超过6200家，高新技术企业3169家，独角兽企业8家，瞪羚企业665家，实现总税收324.9亿元；向“创新合伙人”代表颁发纪念牌。

（钟冷）

【北京协同创新园项目（一期）开工】 11月2日，北京协同创新园项目（一期）正式开工建设。项目为2021年北京市“3个100”重点工程，位于中关村科学城北区翠湖科技园，东至规划稻香园中路、规划科技园纵十二路，南至规划稻香园南街，西至温阳路，北至规划稻香园中街。其中一期项目建筑面积为11.14万平方米，苏家坨镇合作经济联合社作为实施主体，负责开发建设和运营管理。项目为苏家坨镇“一镇一园”集体产业用地项目，旨在进一步解决创新创业人才的刚性需求，打造产城融合、职住平衡的新型科技园区，推动集体产业结构升级。项目建成后，将聚集各类高端科研、教育及产业机构和各类高层次人才，引进和创造具有核心竞争能力的技术，支持企业技术创新，打造技术、人才、创新经济示范的新高地。

（钟冷）

【北京通用人工智能创新园开建】 11月，北京通用人工智能创新园开工建设。项目为北京链接世界人工智能产业与学术资源中心枢纽项目，位于中关村科学城北区的翠湖科技园，东至核心区东侧路，南至创新园纬七路，西至创新园经十路，北至创新园纬三路，建筑面积9.7万平方米，容积率1.2，绿地率30%，建筑高度13.4米。项目建成后，主要用于承载通用人工智能模型算力平台以及相关技术成果产业化落地。

（钟冷）

中关村软件园

【概况】 2021年，中关村软件园入驻企业745家，比上年增加14家；上市企业70家，与上年持平；收入过亿元的企业90家，比上年增加3家。在入驻企业中，国家规划布局重点软件企业27家、中国软件百强企业17

家、独角兽企业11家。新增企业从业人员0.2万人，累计9.65万人。园区企业总收入4295.4亿元，比上年增长27.6%；累计拥有知识产权87439件，比上年增加21807件，其中专利43662件、注册商标21158件、软件著作权20378件；拥有高端人才140人，比上年增加12人，其中院士8人、享受国务院特殊津贴人员16人。企业投入研发经费511.2亿元，比上年增长34.1%，研发投入占企业总收入的11.9%；完成科技成果转化544项，比上年增加18项。

软件园企业支援西安防疫物资。联想集团西安配送中心为西安捐赠529台核酸检测所需IT设备。腾讯公益慈善基金会首期捐赠2000万元，通过企业微信与西安公益组织合作进行志愿者的招募、培训及组织工作，向市民提供疫情及生活的咨询、服务，覆盖全西安市1700个社区、9000个网格。北京中科大讯飞信息科技有限公司捐赠20余吨抗疫物资。网易公益基金会捐赠1000万元。博彦科技股份有限公司向西安市慈善会捐赠万余套防护物资。

中关村软件园当选为“科创中国”联合体首届理事单位。北京中关村软件园孵化服务有限公司、北京中关村国际孵化器有限公司入选“2020年度北京市科技企业孵化器”名单。

（张蕾）

【入选“科创中国”试点建设典型案例】 1月18日，中国科学技术协会2020“科创中国”年度工作会议在京召开。会议全面总结“科创中国”建设以来开展的各项工作，交流展示参与“科创中国”建设有关单位机构总结形成的32个典型工作案例。中关村软件园《设立产业投资基金成立创新示范基地 “三区联动”促进开源生态高质发展》入选“科创中国”试点建设典型案例。2020年5月，中关村软件园获批“科创中国”首批试点城市（园区），成为首批26个试点中唯一入选的园区。软件园区确定“建设开源生态”的试点目标，筹建开源开放创新中心，推动关键技术研发及转化、开源人才培养、双创交流、创新联合体建设、产学研深度合作、大中小企业紧密协同和重大项目落地。

（张蕾）

【跨境创业辅导】 3月26日，中关村德国创新中心联合中关村软件园等机构，举行中德导师联合跨境创业辅导。30个来自德国、英国的创业团队在线互动，超过1700名创业伙伴通过中关村软件园智播厅平台参与活动。北京中关村软件园发展有限责任公司、北京启航投资管理有限公司、德国GMK品牌、海德堡科技园负责人进行培训授课。在模拟路演环节，4名导师分别对来自德国的人工智能教育项目——LEAP AI、英国的VR项目——xSpaces路演进行现场点评，提出改进建议。

（张蕾）

【2021中国仿真技术产业高峰论坛暨中关村工业互联网峰会】 3月27日至28日，由中国仿真技术产业联盟主办、中关村软件园等单位承办的2021中国仿真技术产业高峰论坛暨中关村工业互联网峰会在中关村工业互联网产业园举办。论坛主题为“赋能创新，融合发展”，包括开幕式、主论坛、仿真应用解决方案专题论坛、仿真技术专题论坛及中国仿真技术产业创新成果展等环节。教育部、工信部、北京市、石景山区有关领导及来自国内运载装备、智能制造、工业软件、工业互联网等相关领域的企业、高校、科研院所近500名领导、专家、科技工作者出席。中国工程院院士李伯虎作“新时代建模与仿真技术发展的思考与实践”的主题报告。10余位来自空军指挥学院、德国联邦国防军大学等国内外专家教授作近60场专业报告。

（张蕾）

【中关村科技传播中心成立】 6月29日，由中国科协科学技术传播中心和中关村软件园联合建设的中关村科技传播中心（简称传播中心）正式成立。传播中心立足“科创中国”中关村软件园试点，借助中国科协科技传播平台和中央媒体资源，集科学实验、前沿技术应用、科技成果存证、媒介制作、科技成果展示交流、科普与创新文化传播等功能于一体，面向企业、媒体和公众提供多维度科技创新传播服务，传播北京及中关村科技创新典型案例和创新突破新形象。传播中心建设内容包括：打造中关村科技应用与传播创新实验室；建设全国科技成果加密存证平台；打造源新闻科技传播平台；基于中关村创新创业生态，组织一批产业创新活动；策划深度专题采访和重点事件传播；等。

（张蕾）

【组团参展数交会】 7月22日至25日，由商务部、科技部、中国贸促会和辽宁省政府共同主办的2021中国国际数

6月29日，中关村科技传播中心成立（中关村软件园 供图）

字和软件服务交易会（简称数交会）在大连举行。市商务局联合中关村软件园聚焦数字经济发展新路径、新产品、新技术、新服务，组织26家企业参展。软通动力信息技术（集团）有限公司、亚信科技（中国）有限公司、博彦科技股份有限公司等行业大型领军企业展出在培育数字贸易、数字服务领域领军企业的发展成果，北京捷通华声科技股份有限公司展示智声一体机，广联达科技股份有限公司展示数字项目管理平台BIM+智慧工地系统，北京网易有道信息科技有限公司展示有道智云学业大数据平台和有道智云AI开放平台。

（张蕾）

【第十季创新之源大赛】 7月25日，科技向北系列活动之——第十季创新之源大赛启动。第十季创新之源大赛是中关村软件园Z计划项目之一，由中关村软件园、中关村软件园孵化器、百度、中关村软件园投资公司联合主办，以“AI赋能 智创新生”为主题，聚焦人工智能领域，征集近千个创新项目参赛。延续“赛—会—营—孵—投”特色孵化模式，首次围绕“AI”与园区大企业协同推出产业智能化新尝试，经过多轮路演比拼，20家企业进入决赛。12月16日，第十季创新之源大会在中关村软件园举行。经过两个小时的激烈角逐，北京专铸科技有限公司获得一等奖，北京新享科技有限公司、东和仿真（北京）科技有限公司获得二等奖，北京慧云思创科技有限公司、北京航天启星科技有限公司等企业获得三等奖，北京徙木科技有限公司、北京睿家科技有限公司等10余家企业获得创新之星奖。获奖企业获得价值不等的企业服务大礼包，涵盖项目落地、科技金融、品牌推广、资源对接等方面的支持。

（张蕾 钟冷）

【组织企业参展服贸会】 9月2日至7日，中国（北京）国际服务贸易交易会在国家会议中心和首钢园区举行。北京中关村软件园发展有限公司组织百度在线网络技术（北京）有限公司、联想集团有限公司等7家中关村软件园企业集中亮相，展示无人驾驶、智慧交通、建筑数字化、新视听等北京数字服务与数字贸易成果。百度在线网络技术（北京）有限公司展出飞桨、工业互联网平台“开物”、汽车机器人、VR党建、小度系列、数字人明星运营平台、智慧媒体等多款AI产品，广联达科技股份有限公司展示数字施工、数字造价、数字设计、数字金融、数字供应链、数字政府等全线业务及多领域的数字化成果，北京中科大洋科技发展股份有限公司展示智慧媒资解决方案、8K超高清制作系统、虚拟演播室等数字技术产品。5家园区企业发布创新成果：百度在线网络技术（北京）有限公司发布零门槛AI开发平台EasyDL、百度智能云开物工业互联网，北京中科大讯飞信息科技有限公司发布智慧会议产品（讯飞听见会议）、智慧办公整体解决方案（AI+办公），网易有道信息技术（北京）有限公司发布人教有道词典笔，博彦科技股份有限公司发布博彦物联建筑知识图谱，汉王科技股份有限公司发布全矩阵AI智能终端产品。

（张蕾）

【“科技向北”系列品牌活动】 9月26日，中关村软件园跨界科技盛会“科技向北”启动。“科技向北”系列活动以前沿科技赛事为核心，涵盖产业创新、两大主题板块，开展中关村数字科技联合创新大赛、创新之源大赛、中关村工业互联网国际峰会、中关村数智经济创新发展论坛、音乐节、电竞赛、运动季等活动。“Fire Up超级开发者”中关村数字科技联合创新大赛联合园区内外人工智能和开源领域的企业，打造华为RPA、百度、旷视、科大讯飞、达闼机器人HARIX OS &RDK、智源悟道六大赛道；创新之源大赛通过“赛—会—营—孵—投”的特色孵化模式，围绕“AI”与园区大企业协同推出产业智能化新尝试，为金种子企业赋能；中关村工业互联网国际峰会共创工业互联网创新之城；中关村数智经济创新发展论坛落实“科创中国”试点任务，为数智化产业发展提供行业洞察和前瞻思维。“科技向北”音乐节、“科技向北”电竞赛被海淀区委宣传部纳入数字文化中关村2021系列活动，电竞赛被北京市委宣传部纳入“电竞北京”系列品牌活动。活动期间，战略合作伙伴交通银行联合中关村软件园，面向园区员工发放1万个专属数字人民币红包，实现数字人民币应用场景落地中关村软件园。

（林琳）

【“科技向北”电竞赛】 9月28日，由北京中关村软件园发展有限责任公司主办的2021中关村软件园“科技向北”电竞赛举行。电竞赛是“科技向北”系列活力人文板块的重要组成部分，被市委宣传部纳入电竞北京系列品牌活动，被区委宣传部纳入数字文化中关村2021系列品牌活动。本

9月28日，中关村软件园举办“科技向北”电竞赛（中关村软件园 供图）

届“科技向北”电竞赛面向全国线上用户和科技园区、企业，是集科技、体育、电竞、表演、社交一站式“全要素”“全链条”的科技体育互娱大会，分为个人赛和企业赛，包括初赛和决赛。企业团队赛参赛队伍64支，覆盖北京全域，包含联想、百度、腾讯、快手、滴滴、软通、度小满、中国银联、汉王等，以及中关村科学城北区的科技企业小米、字节跳动、纳通医疗、金山云等。经过4个多小时的激烈角逐，小米CSS战队获企业赛冠军，滴滴休闲王者战队、神州数码小分队、字节跳动王牌战队分别获得第二、三、四名。个人赛参赛者由中关村软件园、永丰产业基地、用友产业园、集成电路设计园等300多名高科技园区科技工作者组成，最终选出个人奖4名，通过数字货币形式发放奖金。活动线下影响近10万用户，1000余名观众到场观赛助阵，200万余名网友在线观看。

（张蕾）

【认股权企业服务暨创新之源项目第二场路演会】 10月20日，由北京中关村软件园发展有限责任公司主办的中关村软件园认股权企业服务暨创新之源项目第二场路演会在中关村软件园孵化器举行，42家企业代表参会，线上观看人数超过1000人。交通银行北京中关村园区支行介绍中小企业债权融资实操。中信证券投资银行委员会成长企业融资部总监介绍北京证券交易所成立的背景及意义、上市规则并对北交所制度（征求意见稿）进行详细解读。中关村资本、中关村领创金融的负责人分别介绍认股权服务内容、中关村发展集团基金体系以及供应链金融如何服务科技企业。北京同源华安软件科技有限公司、北京慧云思创科技有限公司、北京赋乐科技有限公司等企业，从发展情况、投资亮点、市场空间、商业模式、制胜策略等方面，进行科技创新项目路演。认股权企业服务是中关村发展集团和中关村软件园为解决初创企业在孵化加速期面临的融资难等问题提供的特色投融资服务，以认股权为纽带，搭建立体生态服务体系，更好地服务科创型中小企业。

（张蕾）

【区块链技术应用场景高级研修班】 10月27日至29日，由北京市人力社保局指导，中关村软件园人才基地培训中心主办的区块链技术应用场景高级研修班线上直播培训举行。学员来自软通动力信息技术（集团）有限公司、东软集团（北京）有限公司等企业的50余人，覆盖京津冀地区。研修班采用理论授课、案例教学、专题研讨、在线培训的方式进行，主要内容包括《基于Hyperledger的区块链的底层技术初探》《基于Hyperledger的区块链的业务场景落地与展望》《中国产业区块链发展现状及区块链热点分析》。授课专家分享区块链诞生的历史背景和原因、区块链的底层技术；国家对区块链的政策引导及趋势；区块链的应用场景及当前应用趋势和应用情况。通过培训，让学员从业务和技术两个维度，深入了解区块链的本质和适合使用的场景，更准确地把握区块链的项目方向。

（张蕾）

【第十季创新之源大赛项目路演活动】 10月28日，中关村软件园及孵化器举办“中关村软件园Z计划”第十季创新之源大赛项目路演活动（第三期），14支企业和创业团队的32个项目参加路演。路演项目涵盖智能财税、智能决策、教育硬件、工业数字化、AR、安全运维等方面，重点以人工智能为载体，纵向深度聚焦垂类行业，横向链接应用场景。第十季创新之源大赛共计吸引333个创新项目报名参赛，56个项目通过导师团初筛，32个项目进入现场路演环节，评选出20强企业。

（张蕾）

【中英信息技术产学研合作项目对接会】 11月10日，由中关村软件园联合安永（中国）企业咨询有限公司、北京国际交流协会主办，中关村国际孵化器、北京数字贸易协会承办的中英信息技术产学研合作项目对接会在中关村国际孵化器（线下）与ZOOM跨境会议室（线上）举行。对接会以“数造未来、智连世界”为主题，搭建线上+线下“双线融合”路演平台，来自英国的10余家信息技术相关领域企业和线上线下的近30家企业开展对接，路演项目主要聚焦在人工智能、医疗科学、电子信息等英国优势科技领域。会后邀请国内外专家进行线上线下“一对一”交流互动，探讨数字领域前沿技术创新路径及发展机遇。

（张蕾）

中关村西区

【概况】 中关村西区占地面积94.6公顷，东起中关村大街、西至苏州街、南起海淀南路、北至北四环路，建成楼宇75座，现有企业约1万家，从业人员11.5万人，资产总计为1.6万亿元。2021年，规模以上企业共456家，高新技术企业162家，独角兽企业5家，科技型上市公司6家。企业实现营业收入4346.7亿元，实现利润总额223亿元，上缴各项税金合计129亿元。编制《中关村西区“十四五”产业发展规划》。

（周亚松）

【中关村国际人才会客厅】 年内，中关村西区管理委员会办公室（简称西区办）完善中关村国际人才会客厅运营模式，发布《中关村国际人才会客厅开展国际化交流活动支持办法（试行）》及《中关村国际人才会客厅开展国际化交流活动政策申报指南（试行）》。在中关村国际人才会客厅举办中英双边经贸合作与职业发展论坛、北京市志愿者文化主题展、海淀“才聚云端”活动，举办2021中关村百校联盟校园招聘团国际化人才专场招聘会、第十六届“春晖杯”中国留学人员创新创业大赛在线访谈、创业军机处资源对接等22场活动，通过创新年度运营体系和品牌活动，增强国际人才会客厅影响力。

（周亚松）

【电子市场疏解】 年内，西区办协调推进鼎好电子市场B座疏解腾退工作。鼎好大厦小业主约440户，完成收购清退400户，有40余户未签约。协助调处鼎好B座电子市场小业主与鼎固鼎好公司产权矛盾48件。配合国家"双减"政策，教培机构在腾退大部分办公面积，协调引入微芯研究院等科技型企业，巩固业态调整成果。

（周亚松）

【拍摄《中关村西区故事》】 年内，西区办拓展新媒体形式，拍摄《中关村西区故事》，共10集，记录北京多氪信息科技有限公司创始人刘成城、北京朗玛峰创业投资管理有限公司、忠慧律师事务所、中关村创业大街、北京旷视科技有限公司、北京市商汤科技开发有限公司、北京创新工场投资中心、汽车之家、微芯研究院、元心科技工程院10家单位的创业创新故事，在海淀电视台、新浪微博"海淀融媒"、"海淀新闻"、抖音等平台播出。

（周亚松）

【中关村西区环境提升】 年内，西区办继续实施环境提升，种植苫盖宿根花卉等5000余平方米；缺株补植3万余株；乔木、草坪、绿篱修剪工作1万余平方米；更换花箱286个，2次更换中关村中街、大街花卉共计1300平方米。对铺装及挡墙等设施进行维修。做好防火等措施，搭设防护板5400米。道路进行中、小修528次，维修道路9373.3平方米。出动巡查人员1438人次，巡查车辆1438辆次。其中巡养一体人员出动708人次。

（周亚松）

中关村科学城指挥部

【概况】 2021年，中关村科学城指挥部辖6个分指挥部，固定资产投资项目总计25个，完成投资166.01亿元。其中，玉渊潭地区分指挥部固定资产投资项目3个，完成投资1.54亿元；东升地区分指挥部固定资产投资项目7个，完成固投投资17.61亿元；中知学地区分指挥部协调推进3个项目建设，实际完成固定资产投资7.45亿元；四季青地区分指挥部完成固定资产投资项目11个，实现纳统120.59亿元；西三旗地区分指挥部完成固定资产投资项目1个，完成固定资产投资18.82亿元。北下关分指挥部无项目。

（林琳）

【玉渊潭地区建设】 年内，玉渊潭地区分指挥部固定资产投资项目共3个，计划投资13330万元，实际完成投资15470.45万元。

阜石路敬老院项目。计划投资2500万元。主要进行精装修设计、手续办理，第四季度施工。完成投资470.83万元。

西南饭店改造项目。投资3800万元。完成消防验收、规划验收、消防开业验收，取得公共卫生许可证、特种行业许可证、环境监测批复、二次供水、避雷针监测等证件。完成投资9730.63万元。

玲珑巷又一村回迁安置房项目。计划投资7030万元。施工收尾，完成机电、消防、园林景观施工，准备一户一表报装手续。进行大市政道路管线及西侧出口土方施工。实现投资5269万元。

（胡蝶）

【东升地区建设】 年内，东升地区分指挥部固定资产投资项目为7个，计划固投投资12.5亿元，其中计划建安投资12.5亿元。实际完成固投投资17.61亿元，其中完成建安投资14.42亿元。

东升科技园集体租赁房项目。前期手续全部取得，A、B地块完成主体结构施工、二次结构砌筑施工、屋面防水施工、汽车坡道施工等工作，进行精装修施工、外装保温和幕墙施工。完成固定资产投资1.2亿元，其中完成建安投资0.9亿元。

东升科技园二期集体产业项目。取得规划初审意见、立项、会商意见函、规证、施工许可证等全部手续。L20地块部分楼钢结构封顶，L24地块部分楼完成主体结构封顶，各楼承板、二次结构在施工中。完成固定资产投资10.5亿元，其中完成建安投资10.5亿元。

东升科技园三期集体产业项目。取得规划初审、用地预审、立项、会商意见函、规证、施工许可证等全部前期手续，现场开始土护降工程复工及主体结构施工。完成固定资产投资1.18亿元，其中完成建安投资0.9亿元。

清河市场集体租赁房项目。取得规划初审、用地预审、立项、会商意见函、规证、施工许可证等前期手续，完成土护降施工，已完成地下结构的正负零施工。完成固定资产投资0.8亿元，其中完成建安投资0.7亿元。

马坊村集体租赁房项目。取得规划条件、占地批复、建设工程规划许可证和施工许可证，完成施工前期手续，完成工程上土护降施工，进行地下主体结构施工。完成固定资产投资0.3亿元，其中完成建安投资0.3亿元。

永泰安置楼项目B地块项目。完成施工，完成竣工备案验收。完成固定资产投资0.7亿元，其中完成建安投资0.7亿元。

学院路科技园东升园（GHI）地块项目。完成供地主体确认，签订《土地协议出让合同》，完成摘地，取得施工准备函、"多规合一"初审意见、立项等手续。实现开工建设，正在进行土护降施工。完成固定资产投资2.9亿元，其中完成建安投资0.5亿元。

（李珠峰）

【中知学地区建设】 年内，中知学地区分指挥部协调推进3个项目建设，实际完成固定资产投资7.45亿元，其中完成建安投资5.47亿元。

鼎好电子大厦A座升级改造项目。改造面积为83651.34平方米，于10月29日竣工，完成固定资产投资2.07亿元，其中完成建安投资1.73亿元。

中国农业科技国际交流中心项目。建设规模10万平方米，完成主体结构封顶，外幕墙施工完成20%，完成固定资产投资4.32亿元，其中完成建安投资2.68亿元。

中关村南大街11号院项目。总建筑面积10.1万平方米，其中地上5.1万平方米，地下5万平方米，地下结构全部完成，地上结构完成6层。完成固定资产投资1.06亿元，其中完成建安投资1.06亿元。

（熊 疆）

【四季青地区建设】 年内，四季青地区分指挥部完成固定资产投资项目11个，其中中关村科学城平台6个，三山五园平台5个，实现纳统120.59亿元。

巨山创意园项目。位于四季青镇巨山村，用地性质为绿隔产业用地，建设用地面积3.78公顷，建筑使用性质为绿隔产业用房，总建筑面积138635.05平方米，其中地上建筑面积75623.84平方米、地下建筑面积63011.21平方米。项目实施主体为巨山村属企业北京九龙广厦物业管理中心。主体结构完成95%，正在进行装修施工及机电施工。实现纳统投资3.28亿元。

宝山村棚改项目。宝山村回迁安置房地块（一期）项目位于四季青镇宝山村，项目东至101铁路，南临阜石路，西至什坊南路，北临田村路。总用地面积22.18公顷，其中建设用地面积约15.7公顷、地上总建筑面积为32.9万平方米。项目为“一会三函”项目，一标段三函已齐全。按“一会三函”程序推进工程施工，项目分为6个标段，除四、五标段正在申报《施工登记意见函》外，其余标段全面开工，其中一标段2.3万平方米结构封顶。实现纳统投资2.49亿元。

常青回迁安置房项目。位于四季青镇常青村，用于安置常青东冉村村民及西山杜家坟村未安置村民。项目东至常青路，南至部队用地，西至常青西路，北至东冉北街，总用地面积约6.4公顷，其中建设用地面积约5.35公顷，容积率1.5，地上建筑面积约8万平方米。项目正在办理征地手续。按“一会三函”程序施工，完成主体结构，正在进行装修工程、机电工程，2022年底前交付。实现纳统投资3.47亿元。

国家网络完全产业园（核心区）项目。位于四季青镇常青村，项目东至区政府第二办公区，南至东冉北街，西至国家网络安全产业园（核心区），北至变电站办公用地，总用地面积71450.77平方米，总建筑面积172160平方米。因受二级水源保护地限制，无法办理征地，项目停滞，未实现纳统。

巨山医物园养老项目。位于四季青镇巨山村，总用地面积54715平方米，其中建设用地面积34626平方米。总建筑面积13.35万平方米，其中地上建筑面积6.92万平方米、地下建筑面积6.43万平方米，主要建设内容包括养老设施用房。工程方面，出正负零（出1层地坪），局部施工至3层。实现纳统投资2.23亿元。

巨山农场安置房项目。位于四季青镇杏石口桥东南侧，项目主体为北京鑫泰世纪置业投资有限公司，投资2亿元，完成1323万元。纳入市政府“一会三函”程序。取得前期工作函（一函）项目立项核准、方案审查意见（二函）手续、完成总包和监理招标工作。项目共划分4个标段，正在申报一、二标段的施工等级意见书手续。2022年中期开工，暂未纳统。

香山一期安置房项目。位于四季青镇祁家村，东至巨山路，西至祁家村西一路，南至祁家村南街，北至祁家村北路。总建筑面积约58万平方米，其中地上34.3万平方米，容积率1.6，高度18米（局部24米）。项目取得“一会三函”全部手续，工程按照“一会三函”手续推进，进行二次结构及外立面施工。实现纳统投资6.7亿元。

双新棚改项目。位于四季青镇双新村，项目东至规划北辛庄东路、南至双新园南区，西至双新园北区，北至规划双新村北街。规划建设用地约12.5公顷，容积率1.51，地上建筑面积约18.86万平方米。双新平衡资金用地约10.58公顷，容积率1.05，地上建筑面积约11.1万平方米。项目取得“一会三函”全部手续（幼儿园正在申报三函），工程按照“一会三函”手续推进，项目分为4期，全面启动建设，部分楼体封顶。实现纳统投资4.74亿元。

“三山五园”地区（东西红门荷叶山）环境整治项目。位于四季青镇香山村，拆除范围：东至玉泉山西墙，西至香泉环岛，南至玉泉山路，北至五环路，项目拆除房屋及地面硬化约26万平方米，拆除后实施简易绿化。取得“一会三函”全部手续，工程方面按照“一会三函”手续推进，进行二次结构及外立面施工。实现纳统投资2.18亿元。

中坞南地块项目（香山壹号院）。位于杏石口路北侧、巨山路西侧，主体为北京海益嘉和置业有限公司，项目进行外立面工程施工。全实现纳统投资43.9亿元。

中坞北地块项目（颐和金茂府）。位于杏石口路北侧、巨山路西侧，主体为北京青茂置业有限公司，项目进行外立面工程施工。实现纳统投资51.6亿元。

（王雪）

【西三旗地区建设】 年内，西三旗地区分指挥部按照“以发展智能制造为重点产业、科技服务为配套产业”的“1+1”发展思路，通过“腾笼换鸟”“凤凰涅槃”两种建设形式，挖潜产业空间资源，加强对重点项目的统筹协调与服务。中关村西三旗（金隅）科技园一期完成项目规划验收，取得项目竣工备案；二期完成全部主体结构封顶。持续推动金隅智造工场、建金中心、京城尚德智造科技园、照明器材厂等园区的改建和招商，地区产业转型升级初见成效，中关村智能制造基地初具雏形。一期、二期完成固定资产投资188272万元，其中建安投资60805万元，分别完成固投计划和建安计划的362%、145%。

（周天）

新冠疫情防控科技保障

【概况】 2021年，根据区委、区政府的总体部署，中关村科学城管委会牵头区委卫生健康工委、区城市管理委、区城管指挥中心、区应急管理局，成立北京新型冠状病毒肺炎疫情防控工作领导小组科技保障组（简称科技保障组），负责动员和组织中关村科学城科技企业，强化大数据、“互联网+医疗”、人口监测、快速检测、诊断试剂、疫苗研制、应急指挥调度、密接人员管理等疫情防控领域的研发投入，促进科技产品研制及科技场景应用，挖掘防疫新需求，科技力量为全区疫情防控提质增效，提供坚实支撑。

（科技保障组）

【区级疫情防控体系构建】 年内，科技保障组整合疫苗接种、视频监控、隔离人群转运等市、区涉疫相关信息系统，构建区级疫情防控及指挥体系，提升处置效率。搭建疫苗接种摸排登记系统，提供包括登记预约、接种点智能匹配等在内的便捷服务，保障市民正常有序完成疫苗接种。完成疫苗接种点监控视频建设，实现所有视频通过视频专网或者4G单兵设备接入区及雪亮平台，再上传至市级平台；调整海淀区图像视频存储备份系统存储策略，满足疫苗接种点视频90天存储要求。利用京办平台底座，搭建重点人群转运系统，实现重点人群数据自动分发、提报、汇总与分析，促进区卫健委、区疾控中心、各街镇、社区卫生服务机构、120救护、隔离点之间的高效沟通协作。该系统取得良好应用成效，并向全市推广。实施市核酸检测信息统一平台培训及应用保障，按街镇建立保障机制，通过区级培训、街镇演练、采样点现场演示等方式，实现全面覆盖街镇平台及采样点设备使用人员。

（科技保障组）

【重点防疫物资保障】 年内，科技保障组持续建立好包括口罩、防护服、检测试剂、消毒剂、疫苗等重点救治药品、医疗防护物资、医疗救治设备三个方面的应急物资储备库，并根据疫情情况及时灵活调整储备库的防疫物资种类和数量，确保三个方面的应急物资储备库实物储备能力和生产动员能力建设，满足7天至30天的需求。组织区内企业加快新药和疫苗研发。腾盛博药公司与清华大学、深圳市第三人民医院共同成立腾盛华创医药技术（北京）有限公司，成功开发国内拥有首个全自主研发的抗新冠病毒特效药“安巴韦单抗”和“罗米司韦单抗”。建立重点救治药品、医疗防护物资、医疗救治设备应急物资储备库。重点支持11家企业开展实物储备能力和生产动员能力建设，包括中和抗体、疫苗等重点救治药品，口罩、防护服、采样管、核酸检测试剂及方舱、消毒剂等医疗防护物资，呼吸机、负压面罩等医疗救治设备。

（科技保障组）

【疫苗接种】 年内，中关村科学城管委会推动完成200余家中关村科学城企业、园区3.6万人次新冠疫苗紧急接种工作。落实疫苗责任制，会同街镇、园区、区卫建委等单位和部门，采取联合组织、协助推进等方式，统筹近400家制造业企业新冠疫苗接种，接种两针人数48611人，加强针接种人数47006人，接种率96.70%。开展“应接未接”人数“清零行动”，采取分工到人的方式每日开展重点盯询工作，对应接未接人数较多的企业开展电话督促、逐一实地走访等方式，了解企业应接未接原因及接种计划，统筹协调保障相关企业人员接种，共计提升接种人数10927人。统筹组织海淀区重点保障冷链物流人员、从事低温食品等存储配送及经营的一线工作人员等人群第三阶段疫苗接种工作，共计完成4961人次的接种任务。联合区卫健委、西北旺镇、中关村集成电路设计园组织相关园区、企业，开展新冠病毒疫苗加强针专场集中接种，集中接种1059人。科技保障组部署搭建疫苗接种摸排登记系统，提供包括登记预约、接种点智能匹配等在内的便捷服务，全年累计接种956万余剂次，建立个人摸排档案385万余人。

（田京京）

【园区疫情防控】 年内，中关村科学城管委会按照市、区防控工作有关要求，组建12个巡查组，对45个重点产业园区进行全覆盖巡查，填报巡查记录8000余条；对重点工业企业进行全覆盖指导，填报巡查工业企业记录2000余条。发现问题督促园区、企业立查立改，以最快的反应、最严的标准、最强的措施迅速扎紧防护网，避免出现聚集性感染情况。与区疾控中心对接，及时通报产业园区、工业企业的确诊病例、密接人员、次密接等涉疫人员排查情况，相关人员均及时落实管控措施，防止疫情危险扩散。通过电话、微信群、实地走访等方式，向企业、园区开展疫苗加强针接种宣传，定期推送疫苗宣传文案、视频等。

（侯硕　何欢）

【科技产品助力疫情防控】 8月，科技保障组对接区卫健委，根据隔离点（酒店）需求，协调眸视科技有限公司的无人消杀车、真机智能无人配送车、夕阳无忧远程血压监测设备，服务于隔离点（酒店），通过定时分发、自动通知、自主配送等技术，减少服务人员投入并降低交叉感染风险。11月，围绕首都体育馆、五棵松体育中心的三场冬奥测试赛，开展科技冬奥智慧运营平台建设，服务“赛场人员管控”“疫情防控智慧检测”“科技安防布控”“涉奥全场所防控”四大场景。平台全部功能包括由科技企业提供的基于空间操作系统的智慧运营平台，实时轨迹定位设备，核酸检测平台、数字哨点，核酸检测试剂，场馆外围摄像头，重点人群转运平台，空气消杀设备，内场高清监控，安防巡控，虚拟分身语音播报，数显大屏等技术和产品，以及由大学和科研院所提供的气溶胶监测、空气消杀设备，智能体温贴等技术支持。

（科技保障组）

“两区”建设

2022
北京海淀年鉴

科技创新片区

【概况】中国（北京）自由贸易试验区科技创新片区海淀组团面积21.59平方千米，位于海淀区北部；国家服务业扩大开放综合示范区覆盖海淀全域。

2021年，中关村科学城梳理区级层面“两区”①建设有效政策32项。强化“三单”管理，梳理上报政策清单14项、空间资源清单30项、目标企业清单130家。组织成立科技创新、数字经济、高端产业、招商引资4个专项协调工作组，推进科技创新先行先试、数字经济高质量发展、现代高端产业体系建设、目标企业招商引资工作。包括“海英计划（升级版）”支持政策、建立知识产权协同保护体系、建设离岸创新中心、落实技术转让所得税优惠政策等84项任务全部落地，实施率100%；其中牵头任务1项，为数字贸易港，截至年底，落地14个案例。21项主责任务全部完成，并取得多点突破。形成11项可复制可推广案例，《京津冀联动的全球化协同创新服务模式》入选商务部“北京市建设国家服务业扩大开放综合示范区的首批最佳实践案例”向全国复制推广。推进政策先行先试，形成一批可复制可推广案例。

取消信息服务业（仅限应用商店）外资股比限制，苹果广告（北京）有限公司落地。首单专利许可知识产权证券化项目深圳证券交易所成功获批，国家纳米科学中心首个科技成果赋权项目“增强现实用衍射波导器件”成功落地。截至年底，“两区”建设在库项目313个，其中外资项目115个。

召开“两区”建设工作新闻发布会，发布相关政策和重点工作进展。在科学城微信公众号开设“两区”建设宣传专栏，发布文章20多篇，解读政策、展示重点产业和成果。编写《中关村科学城2021年“两区”建设工作案例材料汇编》《中关村科学城“两区”建设工作材料汇编》，总结经验成果。

（宾智慧　刘雅丽）

【清单管理】年内，中关村科学城加强政策清单管理，梳理汇总区级层面“两区”建设有效政策32项，涉及产业资金、人才、居住、教育、科技服务、政府放管服等6个方面。空间清单管理，梳理自贸区产业规划用地总建筑规模1500万平方米，其中已建成和在施项目总建筑规模155万平方米。项目清单管理，梳理世界500强、独角兽、隐形冠军等目标企业近600家。自贸区海淀组团新增工商注册企业数180家，其中新增内资企业177家，外资企业3家。新增内资企业注册资本近20亿元，合同外资金额4035万美元，实际使用外资金额6506.59万美元；“两区”建设方案中的84项任务，有“海英计划（升级版）”、中国（北京）知识产权保护中心、离岸创新中心建设、技术转让所得税优惠政策等12项任务落地；自贸区科技创新片区“人才E+”工作站于2月20日揭牌成立。

（程晓荷）

【中关村科学城北区重点项目建设】年内，中关村科学城北区重点建设任务有158个项目，投资585亿元，开复工638万平方米。其中新开工面积157万平方米，竣工面积212万平方米。海淀区规划展览馆建成开馆，翠湖国际商务中心区启动规划设计，中关村体育休闲公园建设启动。18个教育项目竣工，翠湖东路、翠湖南路、上庄东路完工并具备通车条件。启动新一轮街区控规和综合实施方案编制，推进推动冷泉韩家川地区、海淀区上地0702街区东地块、翠湖国际商务中心区、滨河路等重点区域和支撑项目的规划落地。推动北清路沿线提升改造规划成果转化，加强重要节点城市设计管控，推动村庄规划编制及实施。推进人寿研发中心二期、气象园总部基地、首农移动智能服务创新园竣工交付，释放产业空间75万平方米。加速中关村实验室、启元实验室、智源未来智能系统平台等国家重点实验室落地，加快区块链算力平台等新基础设施建设。

（程晓荷）

【人才工作】年内，海淀区“两区”建设在人才领域聚焦中关村科学城国际人才社区建设、国际人才会客厅建设、整合优化外籍人士政务服务、人才服务事权下沉等8个方面共18项重点任务。中关村科学城优品牌、抓项目，统筹推进人才工作建设。制定五类海英人才、两类人才引进与培育平台申报指南，面向社会公开申报征集。打造海英人才区级品牌，深化落实“海英计划”升级版，完成2020年度海英人才和平台评审、资金拨付等工作，认定47名“海英人才”。推动国际人才社区重点项目，按照首都国际人才社区建设导则，重点研究用市场化手段引进国际高端人才。

（程晓荷）

【知识产权配套服务】年内，中关村科学城建机制、搭平台，完善知识产权配套服务。建立知识产权保护合作机制。优化专利预审服务系统，推进知识产权服务机构备案，获得国家知识产权局审核批准。推进专利预审服务分类精细化，加快赋权改革案例落地，促进科技成果转化政策，推进科技成果赋权改革工作，扩大服务企业的范围。搭建北京IP知识产权质押融资平台，推出知识产权质押贷款创新产品。设立知识产权质押贷款成本补贴专项，对企业知识产权质押融资成本进行补贴。采取专利二次许可模式，以储架申请、分期发行为路径，以服务海淀区科技型企业融资为重点，推进知识产权证券化产品落地。

（程晓荷）

【创新平台建设】年内，中关村科学城深化创新合伙人机制，加快创新平台布局建设。持续推进院地、校

① 两区：国家服务业扩大开放综合试点示范区、中国（北京）自由贸易试验区。海淀区“两区”专指海淀服务业扩大开放综合试点示范区、中国（北京）自由贸易试验区科技创新片区海淀组团，简称科技创新片区。

地协同，推动重点项目落地和跟踪服务。加快北京智源人工智能研究院、海华研究院、北京微芯区块链与边缘计算研究院等重大平台和重点项目建设。推进新型研发平台建设，北京量子信息科学研究院制备的第一批自主知识产权的量子计算芯片达到国际一流研究水平。开展量子光源、量子点级联探测器等35个项目和课题研究工作。参与长安链生态联盟建设，共建长安链生态联盟，发布长安链·ChainMaker软硬件技术体系和供应链金融、碳交易等联盟首批重点应用场景。支持自主可控区块链软硬件技术研发和可信数字基础设施建设，推动驻区央企参与应用场景建设，支持区块链龙头企业、创新型企业积极参与，共同打造区块链产业创新发展生态。

（程晓荷）

【于军参加“两区”建设对话一把手访谈】 1月11日，区委书记于军应邀参加北京广播电视台《“两区”建设对话一把手》访谈节目。节目中，于军介绍海淀区“两区”建设情况及政策优势。中国（北京）自由贸易试验区科技创新片区海淀组团共21.59平方千米，位于海淀区北部；国家服务业扩大开放综合示范区则覆盖海淀区全域。海淀区具有“两区”建设、中关村科技园区、中关村国家自主创新示范区核心区“三区”政策叠加优势，是海淀区和中关村科学城跃升成为国际科技创新中心核心区的重大战略机遇。海淀区“两区”建设中对科技企业最具吸引力的政策，是四项税收优惠政策和数字贸易港试点，包括高端人才个人所得税优惠、技术转让所得税优惠、鼓励长期投资的企业所得税优惠、优化高新技术企业“报备及批准”政策。数字贸易港将探索解决数字领域中国企业走出去和外国企业走进来的痛点、难点、热点问题，力争在跨国合作和规则制定方面树立国际标杆。

（刘雅丽）

【“两区”建设工作领导小组第一次全体会】 2月2日，“两区”建设工作领导小组第一次全体会召开。会议对全年的“两区”建设工作进行动员部署，要求全区上下认真落实市委、市政府部署要求，加紧推动各项任务实施和政策落地，全力做好方案推介和项目签约，确保“两区”建设出实效树标杆，始终走在北京国际科技创新中心建设最前头、走在先行先试最前头、走在高质量发展最前头。会议审议《关于2020年海淀区“两区”建设工作情况及2021年重点任务的汇报》《海淀区“两区”建设工作领导小组工作规则》和《海淀区“两区”建设工作领导小组办公室工作细则》，书面审议数字经济协调组等12个专项协调组工作方案，强调要按照本年“两区”建设工作要点，深耕科技体制改革“试验田”，着力打造新时代科技治理体系和引领经济高质量发展的“海淀样板”。

（钟冷）

【“两区”高端产业协调组成立】 2月18日，中关村科学城管委会牵头组建海淀区“两区”建设高端产业协调组，制定并印发《海淀区“两区”建设领导小组金融及高端产业协调组工作方案——高端产业》，从加快基础前沿和关键核心技术突破，推进高精尖产业融合发展、优化升级和两区项目建设等方面，推动海淀区“两区”高端产业发展。

（田京京）

【科技创新片区“人才E+”工作站成立】 2月20日，中国（北京）自由贸易试验区科技创新片区“人才E+”工作站在中关村壹号正式揭牌成立。“人才E+”工作站整合政府和专业机构的优势资源，为自贸区科创片区内的高层次人才、企业及创新创业团队提供“央地”人才对接交流、人才招聘需求对接、人才下沉事权服务、人才政策咨询、人才发展专业赋能等服务。工作站总面积700余平方米，设有政务咨询服务专区、专业人士指导专区、路演交流分享专区、自助业务办理专区。其中，政务咨询服务专区为海内外高层次人才提供人才政策咨询服务，为自贸区科技创新片区内相关用人主体提供北京市工作居住证、APEC商务旅行卡便捷办理等服务。

（程晓荷）

【《海淀区“两区”建设工作领导小组组成方案》印发】 2月23日，海淀区“两区”建设领导小组办公室印发《海淀区“两区”建设工作领导小组组成方案》，决定设立海淀区“两区”建设工作领导小组（简称领导小组），为区委协调议事机构。其主要职责：负责“两区”重大事项的总体谋划、统筹协调、整体推进、督促落实；根据党中央、国务院及市委、市政府的安排部署，研究讨论“两区”改革创新的重大问题，审议关于“两区”改革创新的管理办法、实施方案、制度创新清单和工作安排部署等；加强与市级部门的协调对接；统筹协调解决“两区”改革创新中的重要事项；向中国（北京）自由贸易试验区科技创新片区（国家服务业扩大开放综合示范区）工作领导小组及其办公室，汇报请示“两区”改革创新的重大问题。区委书记于军任领导小组组长，区委副书记、区长王合生任第一副组长，11名区领导和1名区政府特聘专家任副组长，43家区属单位主要责任人为成员。领导小组办公室设在区商务局，是领导小组的办事机构，负责领导小组日常工作。

（钟冷）

【《海淀区“两区”建设工作领导小组下设机构方案》印发】 2月23日，海淀区“两区”建设领导小组办公室印发《海淀区“两区”建设工作领导小组下设机构方案》，决定领导小组下设办公室。其工作职责：海淀区“两区”建设工作领导小组办公室（简称领导小组办公室）设在区商务局，是领导小组的办事机构，负责领导小组日常工作。领导小组办公室主要负责协调落实领导小组关于“两区”改革创新的各项工作部署，组织、协调、督导区有关部门解决“两区”改革创新中的有关问题，统筹推动各部门协调市级相关部门支持“两区”相关事宜。领导小组办公室设综合协调小组、制度创新小组、项目推进小组、统计宣传小组4个工作小组；设文化旅游协调工作组、人才领域协调工作组、京津冀协同协调工作组、数字经济协调工作组、金融及高端产业协调工作组、体制机制和政策创新协调工作组、科技创新协调工作组、健康医疗协调工作组、教育协调工作组、营商环境优化协调工作组、国际商务服务协调工作组、招商引资协调工作组12个专项协调工作组。

（钟冷）

【“两区”建设54个重点项目签约】 3月2日，海淀区举行“两区”建设重点项目签约仪式。小米、字节跳动、国铁工贸、深信服、拟未科技等13家企业的13个重点项目签约。13家企业包括世界500强企业、独角兽企业、中央骨干企业、金融机构及国内高精尖产业领域企业，海淀区将提供产业空间支持，在产业资金、人才、居住等方面给予政策支持。4月28日，推进“两区”建设重点项目第二次签约，此次签约的12个重点项目包括央企板块5个、重大基础设施和创新平台3个、领军企业新板块1个、人工智能领域独角兽企业1个、前沿科技企业2个。海淀区将在总部基地、研发中心等建设方面提供产业空间支持，同时在产业资金、人才、居住等方面给予相关政策支持。9月3日，在2021年中国国际服务贸易交易会“海淀之夜”活动上，举行“两区”建设重点企业签约仪式，海淀区政府、中关村科学城管委会、北京中关村科学城创新发展有限公司、海国投、海淀置业分别与29家海淀区重点企业签约。

（程晓荷）

【“两区”建设38项支持政策发布】 3月8日，海淀区“两区”建设工作领导小组印发《关于促进中国（北京）自由贸易试验区科技创新片区海淀组团产业发展的若干支持政策》。“政策”聚焦科技、金融、人才、电竞等重点领域，涉及支持人工智能产业创新发展，支持智能网联汽车产业创新发展，支持企业研发能力提升，提高企业创新国际化水平，支持知识产权创造、保护和运用，科创基金，支持创新创业服务，支持金融领域发展，支持人才培育和引进，支持游戏和电竞产业发展共10类38项。

（钟冷）

【“北京自贸试验区”首批境外机构人民币与外汇衍生产品业务落地海淀】 5月17日，在国家外汇管理局北京外汇管理部的指导下，中国农业银行股份有限公司北京自贸试验区分行（简称农业银行北京自贸试验区分行）为海淀区内重点境外企业办理北京自贸试验区首批境外机构人民币与外汇衍生产品业务，办理的结汇资金用于支付境内水电费、仓储费等款项，有效提升了境外企业与境内交易对手的支付结算效率，优化了企业的汇率及财务风险管理，提升了经济效益，有利于吸引更多境外机构在北京开立账户，增强北京自贸试验区的跨境金融活力。

（钟冷）

【“两区”政策线上推介会】 8月4日，海淀“两区”政策线上推介会举行，副区长林剑华和中关村科学城管委会、区商务局、区金融办、区人力社保局、区税务局等相关单位的负责人以及Deloitte德勤、AMD超威半导体、Microsoft微软等30余家国外企业代表参加会议。林剑华通过线上视频介绍海淀“两区”建设的基本情况，聚焦“4+3+5”的任务推进方案，发挥中关村国家自主创新示范区核心区和“两区”政策叠加的独特优势，推进“两区”建设。制定《海淀区外商投资指引》，对标全球化与世界城市（GaWC）、世界500强等国际知名企业，开展全球招商引资活动，吸引优质企业投资发展，充分利用“三区叠加”的先行先试政策，欢迎数字领域的各类企业提供数字贸易港的试点项目需求，探索国际合作，共同推动“两区”建设迈上新台阶。

（程晓荷）

【“两区”建设一周年成果发布会】 8月24日，海淀区召开“两区”建设一周年新闻发布会（海淀组团），总结发布海淀“两区”建设一年来各项工作进展与成果。在全市“两区”建设251项制度创新任务中，海淀组团牵头统筹数字贸易港建设任务，84项重点任务（其中对标市级任务68项）已施行“海英计划（升级版）”支持政策、建立知识产权协同保护体系、建设离岸创新中心、落实技术转让所得税优惠政策等66项，占比78.5%。举办7批次“两区”建设重大项目签约仪式，累计签约重大项目67个，18项数字新基建项目稳步推进，“两区”建设科技创新动能强劲。数十项改革举措不断深化制度创新。海淀区的科技创新片区叠加国家服务业扩大开放综合示范区、自由贸易试验区、中关村国家自主创新示范区等多种政策，科技创新、服务业开放、数字经济、区域协同以及发挥科技人才优势等大胆闯大胆试，制度创新不断深化。“两区”建设科技创新动能强劲。海淀区围绕构建现代高精尖产业体系，推动高质量发展，紧抓产业链关键环节，进一步发挥空间资源对产业发展的支撑作用，加快推动重大项目落地。强化金融对科技创新的支撑作用，推动产业链、创新链、价值链耦合延伸，不断完善现代高精尖产业发展生态，形成多元创新主体合力加快“两区”建设的新局面。小米、字节跳动、美团、快手、爱奇艺等行业龙头企业不断加大在海淀区业务布局；拟未科技、克诺尔轨道交通等外资项目陆续落地，增强数字经济国际竞争力；红棉小冰、奇岱松、阿波罗智能技术、荣耀终端、联影医疗等高精尖企业陆续落地；奇绩创坛、巢生源科、国际氢能中心、医疗机器人产业创新中心CDMO平台等创新创业平台将进一步聚集前沿技术领域人才、资本、产业资源，持续优化海淀“创新雨林”生态；中国电建集团、中国融通科学研究院、中资网安等骨干央企及新业务板块落地。培育金融发展新动能，落地北京市首家以“北京自贸试验区”冠名的银行机构——中国农业银行股份有限公司北京自贸试验区分行，中国银行、工商银行、北京银行等自贸试验区专业服务机构相继设立。推进法定数字货币试验区建设，有超5000家商户可以受理数字人民币，海淀企业拉卡拉支付股份有限公司成为首批获得数字人民币受理服务许可的两家支付机构之一。实施外汇试点政策，落地首批境外机构人民币与外汇衍生产品业务，便利境外机构管理跨境资金汇率风险。65家企业办理便利化外债超50亿美元，每年节约财务成本超13亿元；12家企业办理一次性外债登记近100亿美元，资金效率提升20%以上。

（钟冷）

【科技创新片区创新创业服务中心揭牌】 12月30日，中国（北京）自由贸易试验区科技创新片区创新创业服务中心在中关村壹号揭牌。中心由北京实创亿达科技服务有限公司负责日常运营，采取"一中心、四平台、全覆盖"的服务模式，政府服务托管平台，提供"一站式"电子化政务服务；政策资源对接平台，协助企业获得政策支持、链接政策资源；专业服务集成平台，提供投融资、人才、数据等多种服务；跨境项目加速平台，推动海外创新企业在中国落地。四大平台包含10大类共95项服务项目，为企业提供从创立到发展的全覆盖服务。北京实创亿达科技服务有限公司与轻出行、平方和、伟景智能3家入驻平台的首批企业现场签约。

（程晓荷）

表16 海淀区"两区"建设13项创新实践案例清单一览表

序号	创新实践案例
1	京津冀国家技术创新中心协同创新新模式
2	知识产权纠纷"源头回溯"诉源治理机制
3	知识产权全链条"快保护"服务体系
4	缓解小微企业融资难的"北京样本"——深化续贷中心、确权融资中心建设
5	园区平台产业协同孵化新模式——立足产业需求侧的反向孵化
6	生物医药离岸创新创业全方位服务体系
7	"双驱动"商事审判工作新机制
8	打造中国（北京）自由贸易试验区科技创新片区"人才E+"工作站
9	政务服务全场景区块链技术创新应用
10	建立"多点办，一站办，指尖办"社保经办服务体系
11	北京海关多举措安全高效服务实验动物进口
12	耕好数字贸易创新发展的中关村"试验田"
13	多措并举，构建稳外资全链条服务体系

海淀服务业扩大开放综合试点示范区

【政策宣传】 年内，区商务局制作H5政策服务包，集成市、区两级130余条新出台的政策措施，通过公众号、微信等进行宣传，让企业方便快捷地了解相关政策。举办45场政策宣讲会，覆盖3000余家企业。媒体报道200余篇，其中市级以上媒体报道60篇、北京信息28篇、昨日市情报道6篇。举办两场"两区"建设微博大V行活动，视频点击量突破2.3亿人次。召开34场新闻发布会及推介活动，包括海淀"两区"政策线上推介会、跨国公司走进科创片区、"海淀之夜"等，为特斯拉、格林伯格·特劳里格律师事务所（GaWC榜单企业）、星火资本、富鲁达等近百家外资企业宣传"两区"政策。

（宾智慧 刘雅丽）

【13项创新实践案例】 年内，海淀区"两区"建设形成13项顺应国家改革创新趋势、符合北京"两区"战略目标的创新实践案例。其中，"京津冀联动的全球化协同创新服务模式"案例入选"北京市建设国家服务业扩大开放综合示范区的首批最佳实践案例"，向全国复制推广；便利民营企业和小微企业融资的"续贷中心"和"确权融资中心"运作模式，知识产权纠纷"源头回溯"溯源治理机制两个案例入选"全市

复制推广的‘两区’建设改革创新实践案例”。

（宾智慧　刘雅丽）

【“两区”建设政策服务包上线】 4月22日，在“遇”见未来，数智ONE成果发布会上，海淀区“两区”办正式上线“两区”建设政策服务包。服务包分为市级政策包、区级政策包两大部分，集纳北京市“两区”建设100项政策和海淀区“两区”建设38项政策。“海淀区政策包”包括范围、“三区”政策叠加独特优势、目标、2021年总体情况、工作举措、保障措施等内容，涉及人工智能产业、智能网联汽车产业、企业研发能力提升、提高企业创新国际化水平、知识产权创造和保护及运用、科创基金、创新创业服务、金融领域和人才培育及引进、游戏和电竞产业。

（钟冷）

【“两区”案例入选商务部最佳实践案例】 8月31日，中关村科学城“两区”建设工作案例《京津冀联动的全球化协同创新服务模式》因创新性强、实用性好，具备示范意义，入选商务部“北京市建设国家服务业扩大开放综合示范区的首批最佳实践案例”，面向全国推广，为各地服务业开放、现代服务业发展提供借鉴。“京津冀联动的全球化协同创新服务模式”案例总结了中国第一个综合类国家技术创新中心——京津冀国家技术创新中心打造京津冀联动的全球化协同创新服务模式。中心以重大基础研究成果产业化、发展原始创新为核心，在构建多层次原始创新科研体系，形成多渠道的科技成果转化方式，实行创新人才培养模式和京津冀区域协同创新发展模式等方面探索了首创经验。

（钟冷）

【服贸会“海淀之夜”专场推介活动】 9月3日，由区政府主办、区商务局和北京中关村科学城创新发展有限公司承办的2021年中国国际服务贸易交易会“海淀之夜”专场推介活动在下一代互联网创新园国际会议中心举行。北京市商务局党组成员、市“两区”办专职副主任刘梅英，于军、王合生、张强、梁爽、林剑华等区领导出席活动。活动现场进行海淀区“两区”建设情况介绍及营商环境推介，发布海淀“两区”建设一周年成果展。成果展以“数动海淀·智启未来”为主题，通过数字呈现海淀经济、高精尖产业等发展情况，展示“两区”建设目标、一周年成绩单、“两区”政策、“两区”故事、建设成果等。同步举行“两区”建设重点企业签约仪式。

（赵媛　程晓荷）

【“走近‘两区’——海淀区‘两区’政策速递专题沙龙”系列活动】 10月12日，区商务局和北京中关村科学城创新发展有限公司共同举办“走近‘两区’——海淀区‘两区’政策速递专题沙龙”首期活动。来自科技企业、金融机构、服务机构的50余位观众到场参与，超过3000位观众在线观看。海淀区“两区”建设工作领导小组办公室制度创新组组长宫景文以“两区”建设一周年的“政策、实践与愿景”为主题，详细介绍“两区”的定义、范围和目标。中国银行北京市分行交易银行部和外汇管理团队做“商业银行外汇业务助力企业跨境发展”主题演讲，从货物贸易收支便利化、境内直接投资分红、资本项目使用便利化、高新企业外债便利化、境内企业向境外投资等方面，详细阐述相关业务办理流程及所需资料，以及如何通过外汇业务为企业的跨境发展提供支持。中关村海关分享“北京海关优化营商环境、促进跨境贸易便利化相关政策”，涵盖两步申报、两段准入、主动披露等海关优化营商环境政策，详细阐述针对集成电路行业的税务规范申报要素、减免税政策。沙龙活动共推出3期，邀请权威专家详细介绍《北京市新一轮服务业扩大开放综合试点建设国家服务业扩大开放综合示范区工作方案》《关于促进中国（北京）自由贸易试验区科技创新片区海淀组团产业发展的若干支持政策》等政策，深度解读产业、税收、人才、知识产权领域相关“两区”政策，助力企业更好地享受“两区”政策红利。

（钟冷　刘雅丽）

【“两区”建设项目】 截至12月31日，“两区”建设在库项目313个，其中外资115个，外资项目占比由年初的4.1%上升至36.7%。举办10批项目集中签约，引进101个项目。聘请国际知名商务服务专业公司，对全球500强、重点领域龙头企业、行业隐形冠军及高科技独角兽企业等进行梳理和筛选，向企业推介“两区”政策，中瑞诚会计师事务所、苹果广告（北京）有限公司等8家落地或签约。

（宾智慧　刘雅丽）

三山五园建设

2022
北京海淀年鉴

综述

2021年，海淀区制定《北京海淀三山五园国家文物保护利用示范区建设实施方案》。《北京市海淀区国民经济和社会发展第十四个五年规划和二〇三五年远景目标纲要》明确提出"十四五"期间，要充分发挥"三山五园"生态环境优美、文化底蕴深厚、核心资源集聚的优势，以保护促进首都四个中心功能保障，将"三山五园"建设成为首都功能建设重要承载地区，打造传统文化与现代文明交相辉映、生态环境与国家形象相得益彰的首都亮丽"金名片"。

年内，北京联合大学文理学院教授张景秋负责的《"三山五园文化景观数字场景再造与应用"案例》获"北京教育信息化应用优秀案例及研究成果"称号。

（钟冷　郭君兮）

三山五园国家文物保护利用示范区建设

【概况】3月，国家文物局批复《北京海淀三山五园国家文物保护利用示范区建设实施方案》（简称《实施方案》）；4月2日，《实施方案》由区政府向社会公布；印发《北京海淀三山五园国家文物保护利用示范区创建任务分解表》（简称《任务分解表》），梳理九大类创建任务，细化分解为44项具体任务、65条计划。示范区建设工作正式启动。

示范区创建工作围绕保护类型丰富的文化遗产，建设三山五园文化遗产数据资料中心（含不可移动文物、古树名木、非遗项目、史料档案数据库等）。全面掌握不可移动文物基本情况，分类施策，从以抢救为主的被动式保护转为以预防为主的科学保护。保护山水形胜的整体格局，挖掘三山五园历史水文化内涵，实施功德寺、颐和园西侧三角地、东西红门、西水磨等地区历史景观恢复，恢复颐和园西侧京西稻景观，开展圆明园大宫门遗址区保护展示工程。保护三山五园与北京老城的联系，沿着长河遗产廊道和御道遗产廊道，统一设置遗产标识，丰富游客的文化体验，增强文化获得感。建设京张铁路遗址公园一期工程。构建文物展示交流传播体系，将三山五园艺术中心建设成为集三山五园地区文化遗产保护研究、艺术展览交流、科技创新展示于一体的综合性公共文化新地标。以正觉寺为核心建设圆明园博物馆、文物修复中心，以马首归藏为新起点，促进圆明园流失文物回归。提升颐和园博物馆的综合能力，推出颐和园益寿堂"古都春晓——寻访中国共产党进京赶考之路"红色文化主题展览。持续提升建立新中国（香山革命纪念地）爱国主义主题片区质量水平。构建文物保护利用科技支撑体系，加强三山五园地区数字基础设施建设，建设文物数据库管理平台，将文物资源动态管理平台嵌入海淀城市大脑，努力实现文物管理精准化、数据化、智能化。拓展数字圆明园、数字畅春园应用场景等。

国家文物局到海淀调研示范区创建及文物保护利用工作，给予支持和指导。市文物局领导指导制定《实施方案》，多次对海淀全域文物资源调查、圆明园大宫门保护展示等项目提出推进建议。区委、区政府主要领导、主管领导全年13次召开研究会、专题会、调度会，研究部署相关工作，协调推进全国文化中心建设领导小组、首规委等部门与海淀区加强联动，全面落实各项创建任务。将三山五园国家文物保护利用示范区建设写入区第十三次党代会报告和2022年《政府工作报告》，列为重点改革任务。

区文旅局加挂北京市海淀区文物局牌子，增加文物科室和编制，区文物保护中心增设考古研究部，组建34名文物专职巡查员队伍，为海淀文物事业的长远发展奠定基础。截至年底，对照《任务分解表》中列出的65条年度计划，完成27条，常推进27条，占比83%。

（钟冷　朱玉京）

【全域文化资源调查】年内，海淀区在国家文物局指导下，开展全域文化资源调查工作。通过数据筛选和整合建立资源库，完成第三次全国文物普查复核工作，对区级及以下不可移动文物进行专项调查和现状评估，全面摸清包括文物、历史建筑、工业农业遗产、水文化遗产、古树、非遗等文化遗产，形成海淀区文化遗产名录；对第三次全国文物普查进行复核，对全区不可移动文物进行详细"体检"。健全系统、高效的文化遗产资源管理体系，提升文物信息翔实度和执法精准度，助力多部门工作联动和示范区数字化建设，延展文物资料存储和保护维度，实现文物与海淀"城市大脑"的有效结合。

（钟冷　朱玉京）

【文物保护项目打造】年内，区文旅局与城市大脑专班联合打造文物+科技亮点项目。不可移动文物综合管理系统（城市大脑）通过视频监控与AI算法相结合的方式，完善文物巡查体系，由人工发现变为系统自动提醒，由人工线下巡查和智能线上巡查相结合，实现文物保护的"全覆盖、全过程、全天候"。与区公安分局、消防支队、城市管理等部门有效联动，实现文物从发现预警，到巡查处置，再到确认归档的全流程闭环管理。对文物数据进行统一展示，让业务部门更加精准地掌握文物保护数据，并通过相关数据分析应对文物保护中的突发事件，便于应急调度指挥处理。

（钟冷　朱玉京）

【重大文化设施工程建设】年内，海淀区推进重大文化设施工程建设。三山五园艺术中心是示范区核心任务，项目位于海淀公园、中关村会议中心南侧，规划用地面积0.92公顷，建筑面积2.12万平方米，总投资超4亿元，2021年完成基坑开挖及底板施工。9月28日，颐和园博物馆正式挂牌成立。《圆明园博物馆建设总体方案》编制完成，将呈现以正觉寺为博物馆主体，西洋楼展览馆、同乐园展厅相配合的3处场馆联合的博物馆展览形式。

（钟冷　朱玉京）

【三山五园山形水系再现】 年内，海淀区依托《“水清岸绿”行动计划（2020—2025）》，以金河、万泉河为轴，建设玉泉山片区和圆明园片区两个水网循环系统。北长河、金河河道治理工程完工，万泉河生态治理工程处在敷设河底管线阶段。推进北长河、金河、北旱河、万泉河河道生态治理工程，打造一批生态河道样板，传播三山五园历史水文化内涵，力争重现昔日“泉流似玉虹”的水生态景观。建设三山五园地区绿色生态空间，园外园功德寺地区绿化景观提升一期工程项目总面积11公顷，完成全部绿化工作，功德寺公园建成开放；颐和园西侧三角地绿化景观提升工程全部竣工；京张铁路遗址公园一期工程、园外园东西红门片区绿化建设项目获得市发展改革委批复，京张铁路遗址公园一期项目面积约16.8公顷，完成施工招标。

（钟冷　朱玉京）

【推出文化创意产品】 年内，圆明园重点围绕“百年梦圆马首铜像回归”主题展及圆明园特色IP元素设计生产20余款文创产品。颐和园与京东、阿里巴巴、联想、千叶、朱炳仁等优质品牌对接项目20余项，在餐饮、文教、茶具、服装服饰、电子3C、生活日用6个品类共开发出40余款联名文创产品。在海淀公园、中关村村史馆、圆明园、悦界主题街区等地举办14场“我们的节日”海淀文创市集，成交金额44万余元，参与企业87家。

（钟冷　朱玉京）

【文物保护利用宣传】 年内，区文旅局结合中国共产党成立100周年重大主题，深入挖掘三山五园地区红色文化资源，开展种类多样、内涵丰富的社会宣教活动。打造集三山五园革命文物、全民阅读、红色旅游、优美山水等资源于一体、独具海淀人文标识的文化主题列车，让党史学习“动”起来；推出4条“追寻红色足迹”走读线路，让党史学习“读”起来；推出“百年追寻”音乐党课系列活动，让党史学习“唱”起来。开展文物保护利用相关课程“进校园”，加强三山五园课程资源开发，设计不同年龄学生活动方案，开发学生社会实践活动手册，组织学生开展活动，形成典型案例。海淀现有12所中小学校开设三山五园课程12门，涵盖小学五年级到高中一年级学生。八一玉泉等4所学校的京西稻、清华附中等3所学校的走进圆明园、西苑小学的走进颐和园、双榆树一小的纳兰词、中关村中学的寻找中关村等学生实践活动常态化开展。

（钟冷　朱玉京）

【《北京海淀三山五园国家文物保护利用示范区建设实施方案》印发】 4月2日，区政府印发《北京海淀三山五园国家文物保护利用示范区建设实施方案》（简称《实施方案》）。《实施方案》包括指导思想和建设原则、总体安排、主要任务和示范项目、保障措施4个部分内容，提出坚持“保护为主、抢救第一、合理利用、加强管理”的工作方针；明确创建范围东至地铁13号线（荷清路段），西至海淀区区界，北起西山山脊线和北五环，南至北四环和闵庄路，总面积约68.5平方千米；建设目标是将示范区建设成为国家历史文化传承典范区。此外，将三山五园与北京老城之间的联系廊道作为延伸区域。未来示范区创建经验将逐步向北京历史文化名城全域辐射。根据进度安排，2023年6月至10月完成考核验收。

（钟冷）

环境建设与修复

【颐和园古树管护】 年内，颐和园建立以8项管理制度和8项养护措施为核心的“颐和园古树管护模式”。8项管理制度为：分区管理制度、专家会诊制度、巡检制度、周报制度、一树一档制度、数据监测制度、冬季普查制度和用材检疫制度。8项养护措施为：补控水工作、病虫害防治工作、防寒保护工作、枝条整理工作、立地环境维护工作、设施维护工作、工程避让保护工作及灾害性天气应对保护工作。

（于龙）

【圆明园水生态体系修复】 年内，圆明园修复圆明园水生态体系，完成圆明园小南园前湖、花港观鱼区水生态修复及沉水植物补植、福海水生态环境改善项目，完成4.7万平方米水域的生态修复工作。

（胡晓薇）

【北京植物园取得核心园区不动产权证】 2月，北京植物园取得核心园区不动产权证（土地证），经权籍调查后宗地登记面积689513.64平方米，获得国有建设用地使用权，作为公园与绿地用途，范围：南至香山路，北至卧佛寺广场，东西各沿园区东西环路边界。

（石鑫）

【颐和园春季植物调整工程】 3月16日至4月16日，颐和园完成春季植物调整工程。该项目以全园植物调整和景观优化作为切入点，在尊重颐和园传统景观的基础上，通过适当补植、有机疏散过密植物，对特色植物景观进行调整完善，主要栽植绦柳、山桃、丁香、梅花、榆叶梅、珍珠梅、连翘等苗木。

（黄鑫）

【香山公园黄栌胫跳甲卵块密度调查完成】 3月17日，香山公园完成黄栌胫跳甲卵块密度调查。调查显示：全园平均跳甲卵块率为3.2卵块/每百枝，有卵块枝率为3.2%，有卵块株率为16%。截至年底，香山公园黄栌胫跳甲卵块密度已连续多年呈下降趋势，比2020年减少约80%，比2019年减少约400%。结合本年度调查结果，香山公园继续开展黄栌胫跳甲防治工作，防止虫口密度反弹，确保黄栌林区生态安全及景观呈现。

（王雪涵）

【六郎庄、青龙桥项目启动】 3月，海国投集团启动“一村三山五园”六郎庄、青龙桥项目。组织编写六郎庄和青龙桥地块项目设计任务书，5月启动项目前期策划咨询招投标，与桐乡乌镇古镇联盟景区建设管理咨询有限公司签订项目前期策划咨询合同。10月底，组织咨询有限公司向集团领导汇报六郎庄和青龙桥地块项目的前期规划设计方案。

（余璐）

【颐和园地被改造】 5月17日至6月15日，颐和园完成2600余平方米地被改造工作。为解决湖区沿岸及部分坡地、地被由于游客踩踏严重、草种退化等原因造成大面积斑秃，选用性状良好、节水生态的本土地被植物品种，分别对东堤沿线1680平方米、宿云檐城关东侧900平方米绿地进行更新改造，栽植崂峪苔草。

（闫宝兴）

【颐和园宿根花卉调整工程】 5月17日至10月15日，颐和园完成宿根花卉调整工程。该项目主要是对耕织图、西区内宿根花卉品种适应性差、生长弱的品种进行更换调整，对宿根花卉部分出现斑秃的地段进行补植、调整。选择与环境相适应、节水耐旱、适应性强的乡土花卉品种进行栽植，营建自然、优美的生态环境。该工程调整及新增宿根花卉面积456.7平方米，栽植红运萱草、彩色松果菊、宿根鼠尾草、蛇鞭菊、非洲凤仙等29种花卉品种。

（黄鑫）

【颐和园水生植物管理】 5月至11月，颐和园完成2021年水生植物管理工作。颐和园园内水生植物景观总面积25万平方米，工程主要是对藻鉴堂、高钓湖、谐趣园、后溪河、西堤沿岸等区域水生植物芦苇、荷叶等进行整理性清割，对水边沿岸葎草进行彻底清理，清理水生植物面积10.32万平方米，控制水生植物无序蔓延，维护良好的湿地生态环境和景观效果，减少花粉传播对游客过敏原的侵扰，消除冬季残荷火灾安全隐患。

（闫宝兴）

【三山五园地区（二河开）环境整治项目完成腾退】 6月15日，三山五园地区（二河开）环境整治项目正式启动。至8月31日，项目在第一阶段奖励期内实现宅基地腾退完成率97%以上，集体产业腾退完成率达100%，基本完成腾退任务。二河开项目实施范围为中关村北大街以西，圆明园北围墙以北，五环路辅路以南，占地约10公顷。项目由树村村委会作为腾退主体、由村属企业北京海鹏万霖有限公司作为实施主体，按照村民自治、协议腾退的方式组织实施。三山五园地区（二河开）环境整治项目安置房有现房和期房两种类型，现房位于丽景苑和万和嘉园小区内，期房位于两园之间棚改安置房项目二期内，已交付安置房103套。

（钟冷）

【圆明园宝相寺至转湘帆沿线绿化工程】 6月18日，圆明园宝相寺至转湘帆沿线绿化工程竣工。工程于5月18日开工，整理绿化用地、种植大花萱草、鸢尾、迎春、崂峪苔草并进行后期养护。园林铺地：铺装黄石板路、汀步、山顶平路台阶，做杉木杆挡土墙。

（胡晓薇）

【圆明园小东门至如园沿线绿化工程】 6月23日，圆明园小东门至如园沿线绿化工程竣工。工程于6月17日开工，施工内容包括整理绿化用地、种植早园竹、崂峪苔草并进行后期养护。小东门至如园沿线存在大面积山坡裸露、土壤贫瘠、植被稀疏、景观效果不佳情况。为解决黄土露天问题，对该沿线进行绿化种植，绿化面积约为11394平方米。

（胡晓薇）

【全国林草生物多样性保护成就展】 9月30日至10月30日，为迎接联合国《生物多样性公约》第15次缔约方大会召开，北京植物园举办全国林草生物多样性保护成就展。本次展览由国家林业和草原局主办，北京市野保协会、北京植物园承办，中科院植物所、华南植物园等11家单位协办。植物园中轴路至温室户外区域设置巨幅展板，集中展现在习近平生态文明思想的指导下，全国林草行业为国家生物多样性保护所取得的成绩和为地球生命共同体所作出的贡献。展览面积共计1002.4平方米。

（石鑫）

【颐和园喷灌系统更新改造项目】 11月10日，项目竣工。项目于2020年8月10日开工。项目包括：万寿山及东堤喷灌系统及5个泵站系统组件的更新改造，增设凤凰墩和河南岸区域的灌溉设施。项目的实施使万寿山山顶路一线、东堤沿线喷灌系统覆盖面积达到3.86万平方米，新增运河南岸、凤凰墩区域喷灌覆盖面积5.34万平方米，保障节水型园林建设的推进；更换5座泵站过滤器，并进行水电改造，实现跑水时自动断电功能，提高系统安全性。项目设计单位为中外建华诚工程技术公司，施工单位为北京昌宁智通科技有限公司，监理单位为北京当代工程管理有限公司，审计单位为北京中平建工程造价咨询有限公司、北京中平建华浩会计师事务所有限公司。

（于龙）

【颐和园文昌院博物馆配套用房改造提升工程】 12月14日，工程竣工。工程于10月19日开工，改造提升包括优化调整游客卫生间内部格局，增设文创店以及学术报告厅等使用功能，满足游客的多元化体验。工程施工主要包括：对现状大会议室、东侧卫生间、西侧卫生间、接待室以及文昌院学习室的地面、吊顶、墙面、上下水电进行改造提升，并调整卫生间格局，完善配套空调及新风设施，其中西侧卫生间改造面积33.92平方米，东侧卫生间改造面积80.6平方米，接待室改造面积30.16平方米，学术报告厅改造面积79平方米，文创店改造面积60.6平方米。工程施工单位为北京润锦建筑工程有限公司，设计单位为北京清尚建筑设计研究院有限公司，监理单位为北京佳德建设监理有限责任公司。

（王晨）

文物保护与利用

【颐和园第三轮世界遗产定期监测报告完成】 年内，颐和园完成第三轮世界遗产定期监测报告。按照国家文物局、中国文化遗产研究院中国世界文化遗产监测中心要求，2020年11月，颐和园启动世界文化遗产第三轮定期报告撰写工作。第三轮定期报告内容包括世界遗产数据、保护世界遗产的其他公约/计划、《突出普遍价值陈述》、影响遗产的因素、遗产的保护和管理、财政和人力资源、科学研究和研究项目、教育、信息和意识提升、游客、管理、监测、优先管理需求的识别、总结和结论、世界遗产地位的影响、世界遗产公约实施中的优秀实践、定期报告活动的评估共15大部分230项调查内容，是颐和园2012年以来遗产保护管理状况的全面总结呈现。根据专家评审和各级文物局的审核意见，完成定期报告的修改、确认、压缩、在国家遗产监测总平台的在线填报提交等工作。针对专家提出的遗产清单梳理、承诺事项完善、周边影响监测等内容，完成解释说明和提交工作。市文物局关于《北京的皇家园林——颐和园2020年世界文化遗产保护管理状况监测报告》审议意见为：报告符合中国世界文化遗产监测预警总平台的格式和内容要求，总体对遗产本体、植物景观等的监测工作开展较好。

（赵霞）

【圆明园文物回收】 年内，圆明园管理处从一亩园拆迁区域回收各类文物4818件；开展福缘门拆迁区域流散文物巡查和回收工作，回收文物89件。

（胡晓薇）

【十二生肖喷泉铜马首鉴定为一级文物】 1月7日，圆明园管理处联合国家文物局、故宫博物院，对马首铜像进行三维扫描。10月15日，圆明园管理处邀请北京市文物鉴定委员会专家对圆明园西洋楼海晏堂十二生肖喷泉铜马首进行文物定级鉴定，鉴定意见为一级文物。

（胡晓薇）

【《1933年圆明园实测图》捐赠仪式举办】 2月22日，《1933年圆明园实测图》捐赠仪式在正觉寺最上楼举行。北京市文物研究所研究员赵福生、北京大学历史地理研究中心教授唐晓峰出席仪式并讲话，圆明园管理处副主任李向阳主持仪式。《1933年圆明园实测图》是市民康睦的父亲于20世纪50年代购得。该图是首次采用现代科学测绘手段，以1：2000的比例测绘的圆明三园遗址的总平面图。图中所绘山形水系、桥涵位置等分布格局是最接近原状的，具有较高的研究价值。

（胡晓薇）

【圆明园老照片发布会】 2月24日，圆明园在正觉寺最上楼举办“时光记忆——乾隆本人造像老照片首次发现暨圆明园365张老照片发布会”。拍摄于20世纪20年代的正觉寺文殊亭内文殊菩萨全身照片首次向公众展示。老照片上可见亭内文殊菩萨骑青狮之像，高三丈，左右立二童，其中左为狮奴、右方为韦陀，高均为八尺。文殊菩萨像及其背光均为木质包金，狮与二童均五彩泼金，下承汉白玉石台。本次发布会发布的老照片还涵盖圆明园、长春园、绮春园的相关建筑，其中包括谢满禄在1882年前后拍摄的圆明园木构建筑未被彻底摧毁前的照片，包括圆明园顺木天、北远山村、鱼跃鸢飞、舍卫城、濂溪乐处、汇芳书院、鸿慈永祜、魁星楼，长春园宫门、海岳开襟、法慧寺多宝琉璃塔等建筑群。圆明园管理处副主任李向阳主持发布会，中国人民大学清史所教授、博士生导师何瑜，北京交通大学建筑艺术学院副教授魏昀赟出席活动并介绍老照片。

（胡晓薇）

【西洋楼遗址监测运维项目启动】 2月26日，圆明园启动西洋楼遗址监测运维项目。北京原真在线监测技术有限公司对西洋楼遗址进行驻场运维服务，对圆明园西洋楼遗址监测预警系统进行维护，保证西洋楼遗址监测预警系统正常运行，对西洋楼遗址进行监测，采取人工检查和设备监测相结合，收集监控数据及情况分析报告。

（胡晓薇）

【颐和园遗产保护管理状况调研评估报告完成】 3月15日，颐和园按照国家文物局、中国文化遗产研究院中国世界文化遗产监测中心要求，完成2020年度世界文化遗产保护管理状况监测报告的编写和在线提交中国文化遗产监测总平台工作。监测报告内容包括综述、遗产基本信息概述、遗产分项报告（承诺事项进展情况、机构与能力建设情况、遗产本体保护情况、遗产影响因素情况、保护项目及相关研究）和遗产监测工作自评估等4大部分18大类共40项，约11万字，全面反映2020年遗产保护管理状况。8月15日，完成2021年上半年世界遗产保护管理状况16项指标定期评估工作报告，保护管理状况总体评估为良好，提交至中国世界遗产监测预警总平台。

（高翠萍）

【圆明园文物保护利用工作】 4月2日，圆明园管理处依据海淀区印发《北京海淀区三山五园国家文物保护利用示范区建设实施方案》持续提升建设圆明园国家考古遗址公园，建设圆明园国家级历史纪念地和教育基地，开展圆明园大宫门遗址区保护展示工程，以正觉寺为核心建设圆明园博物馆、文物修复中心，以马首归藏为新起点，促进圆明园流失文物回归。

（胡晓薇）

【颐和园棚壁糊饰修补项目】 5月17日，项目开工。修补工作涉及德和园西看戏廊及西耳室穿堂顶棚，修补面积共计371.81平方米。看戏廊内棚壁糊饰严格遵照古建维修中“不改变原状”“最小干预”“保留原有信息”“传统工艺与现代科技相结合”等相关原则、标准和要求，运用治理与预防结合的科学技术手段，尽最大努力使古建保留更多的原真信息、延长其寿命。7月16日，项目通过北京市文物古建公司验收。

（汪洋）

【“修复1860”圆明园文物修复项目三期、四期】 5月上旬，圆明园管理处开展的“修复1860”圆明园文物修复项目第三期项目结束。该项目于2020年10月9日启动，首次对西洋楼遗址出土的西洋纹饰琉璃构件进行修复，修复文物29件。9月7日至11月25日，开展“修复1860”圆明园文物修复项目第四期工作，修复项目包含瓷器、琉璃两大类，共计21件文物。

（胡晓薇）

【阻止清漪园流失文物在日本拍卖】 5月21日，颐和园收到国家文物局转来日本横滨拍卖行将拍卖“清漪园之条记”铜印一事相关信息，并开展调查研究。经查阅相关档案资料和数据分析对比，确认此印为颐和园前身清漪园时期印信，主要用于钤盖清漪园时期各种相关公文。查明后，上报市公园管理中心，同时与国家文物局共同开展协调处置工作，立即给日本株式会社横滨国际拍卖发《关于要求停止拍卖颐和园流失文物的函》，与横滨国际拍卖北京办事处取得联系，表明立场态度，要求停止上拍此件被非法掠夺的铜印。5月27日，收到日本株式会社横滨国际拍卖回函，该铜印已经撤拍并删除一切相关信息。

（王晓笛）

【颐和园原状殿堂、展厅、库房清消熏蒸】 6月9日至15日，颐和园完成原状殿堂、展厅、库房清消及熏蒸工作。主要对仁寿殿、德和园、乐寿堂、玉澜堂、后九间、清华轩、澹宁堂等全园32处共计3.2万立方米的古建殿堂、展厅、库房进行清消工作，对谐趣园东、西库房共计1656立方米的区域进行熏蒸工作。对地面施药喷洒和空中施药喷雾两种作业方式同时开展。

（汪洋）

【香山革命纪念地（旧址）上线5G+AR虚拟游览场景】 7月15日，香山革命纪念地（旧址）双清别墅、来青轩正式上线5G+AR虚拟游览场景。5G+AR虚拟游览场景由香山公园与华为技术有限公司合作开展，经实景扫描采集数据，呈现包括9处视频、4张图片、房屋院落牌匾、导航及台阶水面安全提示等虚拟场景。游客在安装应用程序后，可在相关区域触发导航、聆听红色故事、观看视频、与虚拟景观拍照合影，做到虚拟场景与真实场景相融合，带给使用者全新的参观体验，使其多元化地了解香山的红色文化。

（吴昊）

【圆明园观水法、海晏堂遗址数字化项目】 7月至11月，圆明园管理处与北京大学合作开展圆明园观水法、海晏堂遗址数字化项目，协助北京大学技术人员对观水法和海晏堂遗址以及遗址上保存的重要石刻文物进行户外三维扫描及摄像工作。

（胡晓薇）

【颐和园仿制替换项目】 9月1日，项目竣工。项目于7月开工，长廊沿线为颐和园重要的参观游览区域，是展示颐和园古建和历史风貌的重要区域。项目选取破损相对严重的匾额，按照历史规制和传统工艺，对其原有文字进行拓印；再对匾额的形制、纹饰和风格进行原样复制、做底、上漆、刻字、描金、贴金等；拆卸原有外檐匾额楹联，完成除尘后入库存放；原位悬挂仿制匾额。仿制替换匾额共计3块，其中清遥亭2块、鱼藻轩1块。合作单位为北京市文物古建公司。

（汪洋）

【圆明园西洋楼残雕沉思展区文物保护展示项目工程】 9月17日，圆明园西洋楼残雕沉思展区文物保护展示项目工程竣工。工程于2020年11月20日开工。西洋楼残雕沉思展区摆放石刻文物86件，将其中15件不适合展示的文物搬运回库房后，重新设计规划该区域的展览路线。对剩余71件文物表面附着的有害物质进行保护清理、加装玻璃保护罩，并制作文物说明牌。

（胡晓薇）

【圆明园澹泊宁静遗址考古发掘（二期）】 9月至12月，北京市文物研究所、圆明园管理处、北京大学、北京联合大学、首都师范大学联合对澹泊宁静遗址进行第二期考古发掘工作，发掘面积500平方米，主要对“田字房”建筑基址的西北部分进行揭露。“田字房”共33间，本次清理10间和两处天井，对天井的建造方式、排水系统有更明确的认识。对上年发掘的皇家稻田遗址进行植物考古研究，发现御稻植硅石，对探讨清代御稻的栽培具有重要意义。

（胡晓薇）

【《双清别墅文物保护规划》工作启动】 9月，香山公园启动《双清别墅文物保护规划》工作。截至年底，6次对公园文物库房进行文物核查及卫生清理；6次巡查露陈文物，发现雨季后公园石质露陈文物多处青苔；研究老照片，发现碧云寺罗汉堂清代挂有宫灯，现场调研发现现存挂环46个，缺失42个，与清代陈设档记载44对宫灯相吻合。

（吴昊）

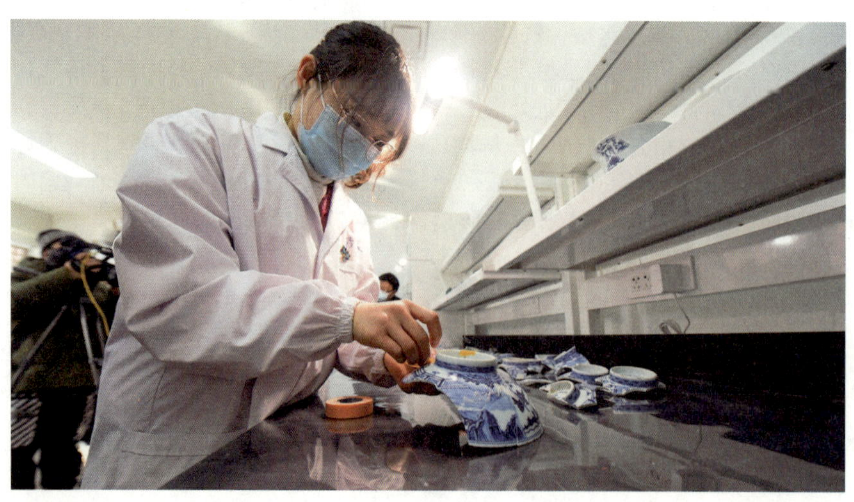

圆明园文物修复（田峰 摄）

【颐和园长廊彩画保护修缮方案编制】 10月，颐和园完成长廊彩画保护修缮初步方案的编制并报送文物主管部门进行方案审批。2017年至2018年，颐和园多次组织专家调研长廊彩画现状情况。2020年，颐和园通过公开招投标与中国文化遗产研究院合作，开展长廊彩画病害调查与勘察设计工作，对长廊彩画开展正射影像测绘，以及详细的病害调查、彩画保存状态评估、颜料与工艺分析，现场局部彩画修复试验，绘制长廊彩画病害图、完成彩画保护试验报告。颐和园长廊沿昆明湖北岸而建，东起邀月门，西至石丈亭，全长728米，共273间。长廊彩画为清官式苏式彩画形式，绘有人物、花鸟、山水、建筑等精美图案，其大部分修复于20世纪50至80年代，尤其是50至60年代的苏式彩画，多为当时工艺高超的画师所绘，是颐和园世界文化遗产价值的重要体现。

（张斌）

【香山公园5G应用场景试点建设完成】 11月2日，香山公园5G应用场景试点建设工作完成，慢直播场景正式投入使用，同时开展为期15天的“5G慢直播 香山云赏红”直播活动，在人民日报客户端、新华网财经客户端、北京日报客户端等多家央媒同步直播，全网累计观看量1070.4万人次。

（金烨）

【颐和园古建筑病害巡查与诊断评估项目】 11月，颐和园完成2021年古建筑病害巡查与诊断评估项目验收。项目于5月开工，是颐和园与中国建筑标准设计研究院有限公司共同合作完成。内容涉及每个古建的监测报告一份，共计39份，病害状态图22份。其中发现重大病害10处，各个单体建筑的一般病害、重大病害和保护建议通过验收会的形式向园属相关科队报告，提出的保护建议包括需要其在管理工作中控制的环境影响因素、保持检查口可用状态、保持古建原貌和原有空间格局、保持古建周围通风干燥状态、使古建不受周围植物生长的影响等。相关病害纳入颐和园管理处次年的古建修缮和日常维修计划中。自2015年开始，颐和园每年对世界遗产区内古建开展病害监测工作，至2021年已经对末次修缮时间在20年前的大古建完成一遍病害监测。

（赵霞）

【颐和园须弥灵境建筑群修缮工程】 11月工程竣工。工程内容包括须弥灵境遗址保护展示，修复宝华楼、法藏楼，修缮慈福牌楼以及须弥灵境建筑群的环境整治工作。其中大殿遗址保护面积1812平方米，修复两配楼建筑面积880平方米（含二层），修缮慈福牌楼建筑面积62平方米，周边环境整治面积6133平方米。须弥灵境建筑群位于颐和园万寿山北麓，为汉地佛寺建筑群风格，自北向南由慈福、梵天、旃林三座牌楼，宝华楼、法藏楼两座配楼，须弥灵境大殿6座建筑组成，占地面积为9410平方米，建筑面积为2816平方米。工程施工单位为北京国文琰园林古建筑工程有限公司，设计单位为北京兴中兴建筑设计有限公司，监理单位为北京方亭工程监理有限公司。工程于2019年9月开工。

（张斌）

【颐和园画中游建筑群彩画修缮项目】 11月竣工。工程内容包括对建筑地仗完好的彩画现状保留，做除尘处理；对地仗局部空鼓的彩画，进行地仗回贴，彩画现状保留；对地仗龟裂的彩画，进行地仗修补，局部补绘；对地仗残损严重大面积空鼓、剥落的，重做地仗，彩画补绘。其中彩画除尘清洗、颜料层加固面积2935平方米，南游廊内外檐包袱及方心彩画重绘面积125平方米。项目方案经国家文物局和北京市文物局批准。工程施工单位为北京市文物古建工程公司，设计单位为北京兴中兴建筑设计有限公司，监理单位为北京清华技科工程管理有限公司。画中游建筑群位于万寿山西部，始建于乾隆年间，光绪时重修，由画中游、澄辉阁、爱山楼、爱山亭、借秋楼、借秋亭、石牌坊、垂花门、湖山真意及游廊组成，总占地面积5200平方米，总建筑面积1021平方米。工程于2020年10月开工。

（张斌）

【“三山五园”达人行活动】 12月8日，由区委网信办主办，市颐和园管理处、区圆明园管理处协办，微博、快手、抖音三大平台承办的“三山五园”达人行活动举行。相关单位负责人、专家学者、媒体记者代表等50余人参加启动仪式。活动邀请文化、旅游、美食、亲子、科技等领域的10位网络达人现场助阵，粉丝总量超过2000万。10位网络达人在颐和园、圆明园的代表性景点，用具有网络特质的语言文字、富有个人特色的影像视频，宣介三山五园。活动全网总浏览量突破1000万、总播放量突破30万，其中单条最高浏览量约30万、互动人数超千人，位居新浪微博“要闻榜”前列。

（张赟）

【圆明园遗址线法桥抢险加固工程】 12月9日，圆明园遗址线法桥抢险加

12月2日，圆明园澹泊宁静遗址考古发掘（二期）现场（圆明园 供图）

固工程竣工。线法桥遗址为石材结构，占地面积约17.8平方米，遗址依附驳岸长度约16.22米。工程于3月17日开工，对台基土衬石、桥身券石、散落构件，以及遗址西侧及南侧条石驳岸等进行抢险加固，同时对线法桥遗址本体及其相邻的护坡、遗址周边30米环境进行施工前、施工中、施工后三个阶段监测。利用微芯方与微芯串对遗址的位移进行实时监测，以传统维修手法，最大限度延长遗址保存环境的稳定性及安全性，保护遗址的真实性；确保不干扰遗址保留、传递信息，加固补强的依附环境部分与原结构有可靠的保护距离。

（胡晓薇）

【香山公园露陈文物保护管理项目】 12月15日，项目完成设备安装，进入运行测试阶段。项目于10月8日开工建设，由北京云智银河科技有限公司负责实施。项目包括西山晴雪碑、梅石、朝阳洞三处石碑、石刻及石刻组群无线监控设备安装，前端设置监控杆探头4个，其中西山晴雪碑2个，梅石、朝阳洞各1个，后端监控显示设备设置于公园监控室内。项目基于5G传输技术、太阳能板供电，具有布设快、无须走线等优点，具有手机端、电脑端随时查询监控画面等便捷功能。

（吴昊）

【国家文物局调研三山五园文物保护利用工作】 12月23日，国家文物局党组成员、副局长胡冰率调研组，到海淀区调研三山五园地区文物保护利用工作开展情况。北京市文物局、海淀区文旅局（文物局）有关领导一同调研。国家文物局调研组在万寿寺、北法海寺、圆明园正觉寺进行现场调研，实地查看相关文物修缮及保护利用情况，听取管理使用单位的介绍。全国重点文物保护单位万寿寺介绍文物腾退及文物保护修缮工程进展情况。在北法海寺，高度关注古建保护利用情况，希望方志书院发挥文物的公益属性，把文物利用这篇文章做好。在圆明园听取圆明园博物馆建设总体方案汇报。调研组对海淀区的文物保护利用工作表示肯定，希望海淀区借助创建北京海淀三山五园国家文物保护利用示范区的重大机遇，继续提升文物综合管理和合理利用水平，切实做大做强文物工作机构和队伍，为文物事业长远发展打下坚实基础。

（胡晓薇　钟冷）

历史文化研究

【参与“了不起的运河”系列Vlog】 年内，北京市文物局与新浪微博共同推出“了不起的运河”系列vlog，特邀文化专家和知名大V沿着运河逛京城，走进运河沿线的文化遗产地和网红打卡地，体验运河新生活、感受运河新变化。颐和园参与海淀站的拍摄任务，参加2021“京杭对话”学术论坛，作题为《昆明湖与大运河700年的渊源》的学术报告。

（赵晓燕）

【圆明园考古遗址公园规划修编项目启动】 年内，圆明园管理处依据《北京海淀三山五园国家文物保护利用示范区建设实施方案》，为持续提升建设圆明园国家考古遗址公园，根据国家政策、三山五园国家文物保护利用示范区的创建以及5A级景区的标准，对国家考古遗址公园建设提出新要求，在《圆明园国家考古遗址公园规划（2015—2049）》基础上启动对原有规划的修编。

（胡晓薇）

【香山公园静宜园“样式雷”图档研究课题完成】 年内，香山公园承担的香山静宜园“样式雷”图档研究课题完成。该课题为北京市公园管理中心《北京皇家园林“样式雷”图档研究》的子课题，以香山静宜园“样式雷”图档为研究内容，通过图档、历史文献及现状调研等相结合的方式，对图档反映的建园信息和静宜园、中宫、梯云山馆等个案样式雷图档进行分析，研究技术路线清晰，史料分析准确，研究成果具有科学性。引入VR、AR技术对香山静宜园内中宫、梯云山馆和水泉院开展虚拟展示一体化研究，通过技术手段重现无法复原的历史建筑风貌，为中心各单位数字化景观建设提供参考依据。课题历时两年，完成《静宜园样式雷图档目录》及41篇《样式雷图档信息采集表》编著，反映现存静宜园“样式雷”图档的基本情况，对静宜园的历史档案和建园历史研究具有重要意义。

（牛宏雷）

【三山五园“一院两馆”合作项目】 年内，区文促中心与北京联合大学应用文理学院持续推进三山五园研究院及其所属的三山五园文献馆和三山五园数字体验馆建设。完善用户的个性化定制功能，开发移动端三山五园数字漫游系统，规划设计“智慧文化景观——三山五园文化”，撰写《“智慧文化景观——三山五园文化”系统建设》研究报告。依据项目建设计划，完成项目在线平台的开发并支持手机端；对前期建设的三维模型进行优化调整，以适应手机端对数字资源的特殊要求。

（吴桐君）

【原创歌曲《三山五园》上线】 年内，区文促中心邀请作曲家林轩，以“三山五园”为主题，制作流行音乐作品《三山五园》并主唱。歌曲邀请先锋混音师李大蜜和高水平的乐手演奏家参与录音打磨，在各音频平台及App全民k歌上线。《三山五园》网易云音乐累计歌曲播放量3.5万次，飙升榜1次。歌曲《三山五园》参与海淀文创市集开幕式3场、音乐演出1场。

（吴桐君）

【设立国家植物园】 1月4日，北京植物园与中科院植物研究所开展国家植物园规划方案研制。2月8日，形成《北京市公园管理中心关于申请设立国家植物园的方案汇报》，上报北京市公园管理中心及市委市政府。市委书记蔡奇、市长陈吉宁分别做出批示。3月22日，北京植物园设立国家植物园筹备办公室，设立4个工作小组。4月23日，副市长卢彦与国家林草局局长关志鸥就设立国家植物园工作专题会谈，同意国家林草局、中科院与北京市政府三方联合共建，成立联合工作领导小组，确定申报名称为“国家植物园”。6月22日，国家林草局、中科院与北京市政府合作共建国家植物园签约仪式暨国家植物园建设领导小组第一次会议在北京植物园举办。9月28日，由自然资源部牵头，联合中科院、北京市上报国务院《关于申请批复设立国家植物园的请示》。12月28日，国务院批复同意在北京设立国家植物园，由国家林草局、住建部、中科院和北京市合作共建，依托中科院植物所和北京市植物园现有相关资源，构建南、北两个园区统一规划、统一建设、统一挂牌、统一标准。

（石鑫）

【《颐和园宫廷插花时令样式及冬季切枝花期》课题完成】 1月10日，颐和园承担的北京市公园管理中心科技课题《颐和园宫廷插花时令样式及冬季切枝花期》通过专家组评审验收。该课题于2019年1月1日正式开题，重点以颐和园宫廷插花时令样式、冬季切枝花期调控技术为研究对象，创作宫廷插花时令样式35件，精选24件完成电子版《颐和园宫廷插花时令样式》集录1册的编撰。同时对冬季梅花、迎春、连翘、桃花切枝催花开花衰老进程进行研究，倒推冬季切枝最佳采集时间，成功应用于颐和园两梅展插花展示，满足生产需求。首次系统地研究宫廷插花时令样式，对“北京宫廷插花”遗产文化挖掘保护具有重要的指导意义。课题研究成果就地转化，服务于各项花卉环境布置任务。

（黄鑫）

【北京植物园科研学术活动】 1月18日，北京植物园和韩国树木园研究所签订合作备忘录，双方就联合开展植物保育研究、科普、植物材料交换、人员与信息交流达成合作意向。1月至3月，北京植物园首席科学家马金双分别以“植物分类学文献介绍”“外来入侵植物的研究以及植物园的作用”“时隔百年——两个爱尔兰青年采集者及他们的中国植物情怀”为题开展专题培训。4月，与南京林业大学联合举办“2021国际海棠学术年会”，园总工郭翎当选学会主席。8月18日，北京植物园“兰科植物防御系统蛋白PRs调控菌根形成的分子机制研究”获批国家自然科学基金项目。9月28日，完成第三批国家花卉种质资源库申报工作。

（石鑫）

【《中国古典园林造园艺术研究——纪念颐和园建园270周年学术论文集》出版】 1月，颐和园编辑的《中国古典园林造园艺术研究——纪念颐和园建园270周年学术论文集》由机械工业出版社出版。论文集以“古典园林造园艺术及保护实践”为主题，汇集颐和园造园艺术方面的重要研究成果，收录论文37篇，共计52.5万字，包括园林历史、造园艺术、园林建筑、园林植物、园林文化5个单元，从不同造园艺术研究角度出发，在古典园林造园艺术的保护与发展、古典园林造园艺术在现代园林中的应用及传播推广、现代技术在古典造园艺术中的应用与实践等方面进行深入探讨与研究。

（刘精）

【“打卡颐和园”节目拍摄】 1月，颐和园协助中央广播电视总台社教节目中心科教频道完成《跟着书本去旅行》之“打卡颐和园”节目拍摄。内容涉及颐和园的园林风景、历史故事、诗词彩画、文物古迹等文化内容。“打卡颐和园”节目共分4集，1月5日至8日每天17：01在中央电视台科教频道播出。该节目通过文化学者及领队带领学生走进颐和园、融合颐和园文化讲述课本内容的形式，讲解知识、解读文化。

（杨华）

【三山五园艺术展】 1月至12月，由区文促中心主办的三山五园艺术展在创业公社、中华世纪坛、首钢园、海淀教师进修实验学校等地举办16场，其中13场小型展览，每场50幅画，共650幅，每场参与2000人次；3场大型展览，每场200幅画，共600幅，每场参与1.4万人次。

（吴桐君）

【“三山五园时光机——穿越古今过大年”主题展】 2月8日，由区文旅局支持，北京联合大学应用文理学院（国家级应用文科综合实验教学示范中心）与北京奇想飞航文化传播有限公司协同合作，青龙桥街道主办的2021年“海之春”新春文化季“三山五园时光机——穿越古今过大年”主题展正式上线。主题展览以清康熙《万寿盛典图》为呈现载体，将三山五园文化景区作为整体宏观呈现，借助于虚拟现实与交互技术，透过清代大型节日庆典活动，向观众展现三山五园地区节日庆典中的古镇街衢、巷陌商铺、胡同寺庙、百姓商贩等别具生趣的历史人文风貌。主题展亦是首次将三山五园文化传播与中华传统节庆文化深度结合，在三山五园研究的基础上，以“回顾历史，传承历史”为立意，通过翔实的文献图像、平实的语言、动感的三维模型营造让观展群众感受到三山五园皇家园林的光影艺术。由于疫情防控需要，展览于春节期间在线上展出，通过线上VR观看的方式，带领群众“乘坐”三山五园时光机穿越古今一览《万寿盛典图》。

（原迪）

【圆明园博物馆筹建】 5月，圆明园管理处成立博物馆筹备小组，建设以正觉寺为核心的圆明园博物馆，促进圆明园流失文物回归。圆明园博物馆选址正觉寺和西洋楼展览馆，其中正觉寺为主展场，西洋楼展览馆配合，展览总建筑面积3649平方米。博物馆筹建工作组实地勘查正觉寺、同乐园、西洋楼遗址区、展览馆展区，点对点研究改造方案；深化正觉寺展览大纲内容，调整上报安技防、消防、电气化改造方案，完成展览馆内常设展陈换展。

（胡晓薇）

【《圆明园水上游线恢复可能性调研》获评优秀】 8月，北京林业大学博士研究生朱强及三山五园研究团队，在教授孟兆祯指导下完成的《圆明园水上游线恢复可能性调研》获评北京市级“双百行动计划”学生组优秀示范项目。该课题聚焦于享誉全球的皇家园林遗产——圆明园（不含长春园、绮春园），以扎实的史料基础和风景园林学的专业方法，通过“考证篇”“现状篇”和“谋划篇”3个篇章2万余字和60幅图表，系统全面地考证和调研圆明园在1860年被毁前和2020年的水上交通体系情况，包括水系、桥闸、码头、航线和船只。课题钩沉湮没已久的历史风貌和皇室园居生活，摸清遗址古今的巨大差异，并通过问卷了解公众对认知史实、水上游览等方面的看法及需求，具有一定的学术和现实意义。课题被拟定为圆明园遗址中长期（2021—2035）水系修复方案。

（朱强）

【“三山五园历史文化景观虚拟再现”项目参展服贸会】 9月2日至7日，在2021中国国际服务贸易交易会上，海淀区以“望三山五园，融科创发展”为主题，在国家会议中心和首钢园区两个展馆设置展区，集中展现“三山五园研究成果”。“望三山五园，融科创发展”主题展按照空间和时间的线索，通过“眺望胜区，乡愁重现”“御园风华，登峰造极”“三山刹园，林泉胜境”和“整体保护，示范全国”4个篇章的32件套数字展品，系统展示三山五园的历史风貌、发展脉络、艺术特色以及今后的发展格局；另有近50部著作和40件文创作品的实物展示。在首钢园区的“文旅服务专题”展区占地420平方米，汇聚北京林业大学园林学院、北京联合大学应用文理学院、北京清城睿现数字科技研究院有限公司等5家高校和企业的优秀代表成果，集中展示海淀区近年来在三山五园历史文化的研究与活化利用、文化与科技融合上取得的成就。主要包括国家文旅部专项——“三山五园历史文化景观虚拟再现”项目中的畅春再现——畅春园数字沙盘交互展示，香山静宜园历史景观数字再现，玉泉山静明园景观虚拟复原以及清康熙朝万寿节盛景——万寿盛典数字展示等，其中以动画方式展示的清康熙五十二年（1713年）万寿盛典图成为展区亮点，受到关注。

（朱强　原迪）

【参加第二届香山精神与历史文化理论研讨会】 9月9日，香山革命纪念馆、香山公园管理处举办“百年征程 香山华章——第二届香山精神与历史文化理论研讨会”，颐和园在分会场作学术发言，选送的《中共中央进京“赶考”的第一天》《香山时期重要党史人物和民主党派代表研究——毛柳诗词之交》两篇文章收入研讨会论文集。

（郜峰）

【颐和园博物馆揭牌】 9月28日，颐和园博物馆揭牌仪式暨“园说Ⅲ——文物中的福寿文化与艺术特展”开幕式举行。展览由北京市公园管理中心主办、颐和园管理处承办、国内18家博物馆支持。作为颐和园博物馆的首展，首次聚焦园林中的福寿文化与艺术，通过“福寿绵长”“寿山福海”“福寿万象”“福寿满堂”“福寿攸同”5个展览，展现园林文物在历史、科学、艺术方面的重要价值。展品从新石器时代的彩陶跨越至民国时期，展出286件/套福寿文化题材的国内文物及外销文物，展期至2022年1月8日。颐和园博物馆原名为颐和园文昌院，展厅面积达2777平方米。

（赵晓燕）

【《北京海淀皇家园林群布局理法研究》发表】 9月，由北京林业大学博士研究生朱强撰写的《北京海淀皇家园林群布局理法研究》一文在《风景园林》2021年第9期发表。文章认为，位于北京“三山五园”地区东部的海淀皇家园林群兴起于清康熙、鼎盛于乾嘉、衰亡于道咸，具有规模庞大、造园技艺高超、水网密布、古今巨变等特点。文章从区域风景规划的视角利用图档与文献全面复原该区域在道咸时期的水—园—田—村—营—路体系，考证其演变历程，统计建设规模并分析其整体的布局理法。研究表明：畅春、圆明二园及马厂连缀成为庞大的皇家禁区并占据主体；宅园与赐园因分列海淀台地上下而形成水旱园差异；园外稻田区在绿化造景和寺庙点缀下彰显皇家特色。最终得出园林、水系、稻田与村民之间在风景与社会上具有紧密关联的结论，并对大遗址保护与利用提出拓展范围、修复关键水系、发展文化公园及构建遗址公园群的4点方略。文章得到北京学研究基地开放课题（编号BJXJD-KT2020-YB03）资助。

（朱强）

【全国重点文物保护单位第三十一届学术研讨会】 10月11日至12日，由市公园管理中心指导、颐和园和中国文物保护基金会罗哲文基金管理委员会共同主办的全国重点文物保护单位第三十一届学术研讨会暨颐和园研究院第二届学术研讨会、庆祝第一批全国重点文物保护单位公布六十周年暨中国四大名园第七届文化交流活动在颐和园和香山饭店举行。来自全国17个城市、54家国家级重点文物保护单位及开展文物保护研究的高等院校、企事业单位、市公园管理中心近100人参加。学术研讨会邀请北京林业大学园林学院院长教授郑曦担任主持人，北京市颐和园管理处党委书记、园长杨华，避暑山庄管理中心主任刘子龙，中央文史馆特约研究员罗杨，中国文物保护基金会罗哲文基金管理委员会主任付清远等分别就文物保护新理念、新技术与新方法，文保单位开展文创研发等方面作主题发言。中国四大名园第七届文化沙龙活动邀请北京林业大学园林学院院长郑曦教授担任主持人，颐和园、承德市避暑山庄管理中心、苏州市拙政园管理处的相关领导分别发言。会议集结论文集并出版。

（杨华）

【“诗化海淀·三山五园”主题绘画作品展】 10月11日至25日，“诗化海淀·三山五园”主题绘画作品展开幕式在圆明园公园正觉寺举行。展览由区文联、北京市海淀区圆明园管理处主办，海淀美协承办，展出画家孙佩杰50件绘画作品。系列作品以传统水墨写意楼阁山水画艺术，以北京“三山五园”作为绘画创作主题，通过对园林古建的大量写生和采风，并结合有关三山五园文史资料的研究，以中国画水墨写意的艺术形式进行创作。展览共接待800余人次。

（王彬　胡晓薇）

【圆明园研究与保护2021国际学术研讨会】 10月17日，“圆明园研究与保护2021国际学术研讨会暨第二届圆明园研究高校联盟成果展”在圆明园管理处举办。研讨会开幕式在圆明园管理处多功能厅召开。8所联盟高校负责人及学生代表参会。会议以“多元价值视野下的圆明园遗产保护与文化传承”为主题，探讨圆明园历史文化研究、建筑与园林研究、遗产保护与展示研究等相关问题。第二届圆明园研究高校联盟成果展在正觉寺最上楼同步开展，展示圆明园研究高校联盟8所成员单位近2年来的研究成果，内容涵盖历史研究、遗产保护、建筑规划、文创设计等领域。

（胡晓薇）

【昆明湖被列入北京市第一批水利遗产名录】 10月22日，颐和园参加在北京艺术博物馆举办的“水利遗产与城市可持续发展”学术论坛。作为中国大运河文化带“京杭对话”活动重要组成内容之一，市文物局、市水务局发布北京市第一批水利遗产名录（共7处），昆明湖入选。

（赵晓燕）

【《颐和园日历·福寿文化（2022）》出版】 10月28日，由颐和园和文物出版社共同推出的《颐和园日历·福寿文化（2022）》在颐和园博物馆举办新书发布会。该书是颐和园日历系列图书的第三本，以园林中的福寿主题为取材对象，按照院落和专类相结合的方式编排，涵盖建筑题名、彩画匾联、砖石构件、内外装修、文物陈设、贴落书画、规制礼仪、诗文典故等内容，配有文字解说和精美图片，融园林游览和文物鉴赏于一体。首次对园内主要殿堂内檐装修和陈设家具的细节进行展示。

（曹慧）

【《全国重点文物保护单位（部分）第三十一届学术研讨会论文集》出版】 10月，由颐和园主编的《全国重点文物保护单位（部分）第三十一届学术研讨会论文集》，由文物出版社正式出版。论文集从颐和园管理处和中国文物保护基金会罗哲文基金管理委员会共同主办的“全国重点文物保护单位（部分）第三十一届学术研讨会”投稿中选出54篇。共设9个领域的研究成果，包括：文物遗产保护利用的前沿理论研究；文物遗产保护与城市文化发展；文物（可移动与不可移动）保护修复（修缮）的新理念、新技术与新方法；革命文物保护与红色基因传承；文物展览交流与文物传播影响力；文物展览中新科技、新技术应用；文保单位开展文化创意产业的经验与理论研究；文物遗产单位开展研学游活动新思路、新形式；其他与文物保护相关的研究。

（刘精）

【第二届三山五园主题艺术展】 11月7日至13日，第二届三山五园主题艺术展在北京中华世纪坛在线举办。展览由北京市文物局、北京联合大学应用文理学院、中共海淀区委宣传部指导，海淀区文旅局、海淀区文联、海淀区史志办、海淀区融媒体中心、海淀区文促中心、艺连网、海淀文化书店等单位联合举办，展览为第十八届海淀文化季重点活动之一，内容涵盖绘画、摄影、圆明园十二兽首、文创、碑帖拓片、影像6大部分，参展40余位艺术家作品，展出三山五园主题绘画作品80幅、摄影作品30幅、碑帖拓片12幅、文创产品100余款。本次展览采用直播形式开幕，线下接受预约限流参观。北京林业大学三山五园研究团队受邀作为支持单位，展出6件代表作品：包括1幅原创的三山五园与北京古城的复原平面图、1幅原创畅春园复原鸟瞰图、1部原创《三山五园盛时图景》复原动画和3幅香山玉泉山和万寿山的古代绘画注释，以及专著《今日宜逛园——图解皇家园林美学与生活》和文创产品。

（郭君兮　朱强）

【《碧云寺植物景观调查与研究》结题】 11月30日，由香山公园承担的《碧云寺植物景观调查与研究》完成结题验收。该课题历时3年，主要完成碧云寺园林景观植物历史记载及现状调查、碧云寺土壤理化性质研究，南北方佛教寺院植物景观调查及应用分析；筛选出适合在碧云寺内生长的本土药用地被植物、蔬菜及芳香植物，以此为基础对碧云寺现有植物景观进行改造，完成水泉院内植物景观示范区建设。

（王雪涵）

【颐和园购得《香山路程图》】 12月2日，颐和园根据《国有博物馆藏品征集规程》完成专家论证、估价等藏品征集流程，从北京荣宝2021秋季艺术品拍卖会“一念莲花开·佛教典籍及古籍善本”专场中征集购得《香山路程图》。《香山路程图》为清内务府彩绘舆图，为宫廷如意馆绘制，长20.5厘米，宽14厘米。图中描绘从北海北门至静宜园宫门御路中相关建筑、风景、园林、水陆、军事设施等内容，其中重点涉及颐和园从新建宫门至北宫门御路段及周边建筑、影壁、桥梁、河流、稻田、屋舍等，是研究颐和园晚清造园史的重要资料。

（王晓笛）

【《颐和园样式雷图档编目与研究》课题完成】 12月13日，颐和园完成北京市公园管理中心科技课题《颐和园样式雷图档编目与研究》专家组评审验收工作。课题完成《颐和园样式雷图档信息表》769张，《颐和园样式雷图档目录》1份，收集国家图书馆、故宫博物院等10余家单位的颐和园样式雷图档目录1120条，结题报告近5万字。完成“颐和园样式雷图档展览”。完成清华轩、介寿堂等4处个案研究和植物景观、内外檐装修及园内航道等3项专题研究，形成研究论文13篇。《颐和园》第十七辑样式雷图档专刊由文物出版社出版。课题于2019年1月1日开题，第一次全面系统地梳理国内外收藏的颐和园样式雷图档。课题以图档为依据，结合历史文献与实地调查开展研究。个案研究对古建筑的保护修缮具有指导意义，专题研究填补颐和园相关领域学术研究空白。

（张鹏飞）

【三山五园创作营开营】 12月19日至23日，由区委宣传部指导，区文促中心和腾讯音乐（北京）有限公司联合主办的“腾讯音乐人×TME音乐学堂——国风新潮·三山五园创作营活动”开营。创作营面向全网音乐人征集原创国风音乐作品，30余位杰出的创作新秀入营。创作营以三山五园文化为主题，音乐人深入颐和园、圆明园、香山等历史文化遗产进行实地采风和创作学习，为中华优秀传统文化的复兴与创新性发展注入新的活力。征集1500多首歌曲，训练营创作29首多种曲风的音乐作品，在腾讯音乐人群体中进行宣传推广。创作营合辑的歌曲融合国风与流行、嘻哈、摇滚等多种音乐形式，分为“飞趋清漪赋”“行叹绝景”“沿湖有回音”“山林音律”4个章节，14首作品传承国风精髓，用最真实的个性表达唱颂土地与历史。

（吴桐君　钟冷）

【《颐和园（第17辑）》出版】 12月27日，颐和园编辑的《颐和园（第17辑）》由文物出版社出版。该专刊为样式雷图档研究专刊，收录《颐和园样式雷图档编目与研究》课题成果论文15篇，约10万字，图片约250幅，汇集颐和园及相关古典园林近年来样式雷研究的最新成果。

（郜峰）

【三山五园楹联文化与书法艺术交流活动】 12月30日，由区委宣传部与区文联指导、区文化发展促进中心主办，海淀区书法协会、海淀区楹联协会、北京孟子书院联合协办的“三山五园楹联文化与书法艺术交流活动”在北京孟子书院举行，来自海淀等地的20余位儒学专家学者、书法楹联艺术家当场献艺。活动现场分发《三山五园楹联文化与书法艺术创作》手册，其中包括论文《以颐和园为代表的三山五园营造艺术的文化特征》《楹联诗词专辑》；拍摄《三山五园楹联文化与书法艺术创作研讨会》视频1集，艺术家代表现场创作楹联笔会作品100余幅。北京电视台、新华网、今日头条等7家媒体采访报道。

（吴桐君）

【“三山五园文化景观数字场景再造与应用”案例】 12月，市教委公示69项北京教育信息化应用优秀案例及研究成果名单，北京联合大学的“三山五园文化景观数字场景再造与应用”成果入选。“三山五园文化景观数字场景再造与应用”案例是国家一流本科专业人文地理与城乡规划专业必修课程《人文地理学》的综合实验教学项目。项目以首批国家文物保护利用示范区创建单位“北京海淀三山五园地区”为典型案例地，依托课程单位在三山五园地区文化遗产保护数字化的前期成果，紧扣文化景观映射的人地关系，深度开展三山五园地区人文地理环境考证与复原，建构三山五园文化景观数字场景再造与应用虚拟仿真实验，以地理信息、虚拟现实与交互技术、场景应用为支撑，体现学科交叉、专业融合的综合性实验特色。

（张景秋）

【“听见三山五园”活动】 12月，北京林业大学三山五园研究团队与区文促中心、腾讯音乐、南海麒麟合作举办“听见三山五园”活动，为国风音乐创作营提供三山五园专题讲座、4条采风线路的策划及专业讲解，以及后期音乐作品指导。

（朱强）

经济管理

2022

北京海淀年鉴

经济社会发展与综合调控

【概况】2021年，海淀区实现地区生产总值9501.7亿元，比上年增长8.8%。实现社会消费品零售总额2920.8亿元，比上年增长7.5%。规模以上工业生产总值3162.9亿元，比上年增长29.8%。固定资产投资（不含农户）比上年增长10.8%；建安投资比上年增长5.2%。地方级一般公共预算收入完成1086.6亿元，比上年增长13.4%；区级一般公共预算收入完成490.2亿元，比上年增长8.0%。实现进出口总额3170.1亿元，比上年增长15.1%，占北京市外贸进出口总额的10.4%。新设外商投资企业343家，实际利用外资62.43亿美元，比上年增长10.3%，占全市的40.1%。全区居民实现人均可支配收入9.3万元，比上年增长7.8%。万元地区生产总值能耗下降3.7%（不变价）。据统计数字显示，数字经济核心产业增加值占全区GDP一半左右，有字节跳动、小米等6家千亿级的数字经济龙头企业，180家数字经济领域的上市企业，40余家数字经济领域的独角兽企业。

区发展改革委完成2020年课题的结项，实现研究成果转化，获得2020年度海淀区调研先进单位，《先进区域创新驱动发展典型案例及海淀区创新发展路径研究》《关于南山区、浦东新区、海淀区三地产业发展比较研究的报告》2篇调查研究报告分别获一等奖和二等奖。完成2021年7项课题立项工作。编辑出版4期《海淀发展与改革研究》。

（王晓华）

【固定资产投资】年内，海淀区完成全社会固定资产投资1077.4亿元（超额完成市级下达1000亿元的任务），比上年增长10.8%，高于全市5.9个百分点。投资规模首次升至全市各区之首，占全市投资总额的13.2%。其中政府投资平台完成固投41.74亿元，建安投资29.89亿元。建安投资与设备购置投资规模占比超过50%；信息业投资177.6亿元，增速达43.5%。

（王晓华）

【政府投资】年内，海淀区安排区政府投资项目175项，其中正式项目165项（续建项目118项、储备转正式项目20项、新增正式项目25项及前期费机动费及尾款项目2项）、预留资金重点项目10项。项目总投资440.1亿元，资金安排137.2亿元，其中市级资金安排10.2亿元、区级资金安排116.7亿元（含三山五园环境整治项目拟发行政府一般债34.5亿元）、市级统筹北部地区重点项目建设资金安排10.3亿元。完成148个项目的拨款工作，共拨付92.31亿元（执行率67.3%）。其中，市级资金安排10.2亿元，拨付8.83亿元（执行率86.6%）；市级统筹北部地区重点项目建设资金安排10.3亿元，拨付3.39亿元（执行率32.9%）；区级资金安排116.7亿元，拨付80.1亿元（执行率68.9%）。一批关系经济和社会发展的项目完工并投入使用或基本建成，形成“推进一批、建设一批、投产使用一批”的良性循环。

（王晓华）

【经济体制与转变政府职能专项改革】年内，区发展改革委会同区财政局、区税务局、区编办、市场监督管理局、区政务服务局、区商务局、区统计局等专项改革小组成员，推动经济体制与转变政府职能专项改革重点任务。优化税收营商环境，从严控制预算调剂事项，压减一般性支出，全成本预算绩效分析工作扩大到公用事业等项目。试点政府购买服务项目成本预算绩效分析，推进国有金融资本出资人改革，推动落实国有金融机构产权登记相关工作，开展金融科技创新监管试点推动。

（王晓华）

【重点投资项目实施】年内，区发展改革委会同区住建委、北部办、规划自然资源委海淀分局、区政府办，共同推进重点投资项目实施。“3个100”市级重点工程涉及海淀区的有14个，通过定期调度、靠前服务、倒排工期等方式，促进市级重点工程、逐季度160项开工纳统，续建项目达产。分3批争取市级固投资金36531.33万元。会同区财政局完成277亿元政府债券项目审核，配合项目单位做好东升朱房、三山五园地区环境整治等项目的申报和手续办理等工作。推动REITs[①]试点项目申报，向市发展改革委上报金隅智造工厂等6个项目，资产总值62.74亿元。

（王晓华）

【政府投资项目监管】年内，区发展改革委联合区财政局、配合区审计局完成五一渠生态治理工程等100项政府投资项目的委派审计及协调管理工作。加强项目成本管控，对项目招标控制价备案及概算调整等实施过程进行监督。完成1次评审公司招标，为22家评审公司提供项目评审服务。委托评审项目172项，完成评审项目102个；其中建筑专业30项，电力专业11项，市政专业14项，农业、林业专业17项，拆迁专业2项，水利专业2项，综合专业26项。出具评审报告103册，审减投资16亿元，审减比例11%。

（王晓华）

【经济监测】年内，海淀区以“全区域、全时空、全场景”为重点开展经济监测，实现对4902栋楼宇的20万家企业以及2.3万家重点关注企业的楼宇经济监测，构建政企一体的区域经济大数据分中心。在全市建立“海淀区楼宇经济大数据分析联席工作机

① REITs：即基础设施领域不动产投资信托基金，指在证券交易所公开发行交易，通过证券化方式将具有持续、稳定收益的基础设施资产或权益，转化为流动性较强的、可上市交易的标准化、权益型金融产品。

制”，与财政、税务部门实现跨部门大数据共享融合、协同共治；构建面向不同管理主体的大屏、中屏、小屏决策支持体系，实现调度、协同、高效的工作。实现区域47个重点园区及自贸区等重点片区的空间及经济运行监测联通。

（王晓华）

【人口调控】 年内，海淀区落实人口管控要求，推进城乡接合部改造、违法建设拆除、群租房治理等重点工作，做好辖区高校外迁腾退工作，提升流动人口管理、出租房屋管理、智慧平安社区建设等人口服务管理工作质量。全区常住人口313.0万人，超额完成市级人口调控指标任务。

（王晓华）

【价格监测】 年内，区发展改革委针对极端天气、疫情及节日效应，组织相关部门会商、共享价格监测数据。研究落实生活必需品保供稳价工作，保障辖区生活必需品市场供应，价格异常波动快速趋于稳定。完成生活必需品和2022年北京冬奥会住宿餐饮价格应急监测工作，组织辖区冬奥场馆、重要商圈周边41个餐饮、住宿价格点位开展价格监测数据采集、报送工作。开展重要节假日生活必需品市场巡查，组织辖区超市、农贸市场、社区菜店等价格监测点位每日报送蔬菜价格数据，及时报送抢购、空架断货等异常情况信息；强化13个生活必需品应急监测点位的价格统计分析，报送的辖区市场供应和价格变动情况信息被市级平台采用、转发200余篇。区发展改革委获全国价格监测先进集体、北京市价格监测工作先进集体称号。

（王晓华）

【价格管理】 年内，区发展改革委转发、宣传上级取消本市工商业用电销售目录电价、调整本市部分公证服务收费等关于定价收费的调整政策，做好水、电、燃气、供暖等政府定价项目价格政策的宣传引导。组织区城管委、区水务局等相关部门，按照国家和北京市清理规范城镇供水供电供气供暖行业收费工作要求清理、规范、取消收费项目。协助市发展改革委开展农村安全饮水工程供水价格调研、道路停车收费调研、校外培训机构、民办中小学校收费调研。会同区城管委完成政协委员《关于充电桩收费需要规范化、服务化、明细化的建议》的提案办理。完成11所公办幼儿园保育费收费备案，指导20余个经营性停车场按要求进行明码标价。联合区文旅局、区民宗侨办，开展贝家花园、大钟寺古钟博物馆、北京石刻艺术博物馆等辖区景区门票价格调研。协调圆明园、西山森林公园、北京石刻艺术博物馆等爱国主义教育基地对未成年人免费开放。累计为司法机关、监察机关办理价格认定案件1552件，鉴定金额8034万元。

（王晓华）

【“疏整促”工作】 年内，全区共拆除违建236.4万平方米，腾退土地248.3公顷，分别完成市级挂账任务的197.0%和182.6%。无证无照、“开墙打洞”等清违治乱任务保持“动态清零”，治理违法群租房559处，处理“无证无照”经营81起。利用腾退土地实现留白增绿15.35公顷。发展老年餐桌85个，建设提升便民网点40个。制定施工围挡设置导则，完成功德寺桥等18处桥下空间清理整治，实现34条代建道路移交。按照“简易低成本”原则“揭网见绿”647万平方米，完成点位数量居城六区第一。推动3个重点项目征拆收尾、温泉镇凯盛家园配建设施移交。市统计局2021年满意度调查显示，全区97.8%的居民对疏整促工作表示满意。

（王晓华）

【京津冀协同发展】 年内，海淀区严格执行新增产业禁限目录，对已疏解退出的64家一般制造业企业“回头看”，完成2家企业绿色化体系改造。实行市场主体登记告知承诺制，覆盖各类登记业务达99%。组织6家协会组织、26家企业赴雄安新区现场对接，推荐3家园区运营单位在雄安新区试点园区托管、合作招商。与通州开展产业对接活动3次，推荐60余家企业与通州园管委会进行对接，推动10个信息化和数字化水平高、示范效应好的科技项目落地通州区。制定海淀区推动“三城一区”联动发展工作方案，与怀柔区、经开区签订战略合作协议，与顺义区研究落实科创中心建设方案，引导10余家社会组织在“三城一区”开展科技成果转化、服务体系搭建等工作。推动中关村海淀园秦皇岛分园建设，北京威卡威汽车零部件股份有限公司、恒业世纪安全技术有限公司等在秦皇岛分园购地建设厂房。推荐30多家农业科技企业与河北省赤城县、易县进行技术对接，助力当地农业、畜牧业转型升级。开展教育交流和结对帮扶，人大附中分校支持“保定市基础教育质量整体提升工程”，翠微小学温泉分校与河北省雄县二小结为联盟校，人大附小为雄安线上送课、联合教研，六一幼儿院雄安院区增设学位200个。推进辖区三级医院与津冀地区医院开展技术合作、建立远程医疗协作网，京津冀地区开展互联网诊疗5480人次，开展肿瘤专科及中医专科诊疗方面远程医疗服务23人次。完成京津冀自贸区跨区域通办事项清单梳理，形成京津冀三地自贸区建设跨区域通办事项设置清单19项。

（王晓华）

【优化营商环境】 年内，围绕市场主体关切，聚焦企业尤其是中小微企业痛点、难点、堵点问题，推进区域营商环境改革向纵深发展，形成一批可复制、可推广经验。在全市各区优化营商环境综合评价中，海淀区连续三年排名首位，“双创”示范基地建设工作连续第5年受到国务院表彰。

（王晓华）

【美丽乡村建设】 年内，海淀区完成9个村的美丽乡村实施方案批复手续，累计安排政府投资8920.77万元。其中，屯佃等6个市级年度美丽乡村建设任务村全部完成工程建设。农村污水骨干管网（第二批）9个村完成批复，新建污水骨干管线44.82千米，累计安排政府投资7784万元（含市级资金3892万元）；农村污水治理工程（第三批）11个村编制完成实施方案并报市发展改革委审批；指导海淀区农村供排水工程（第二批）8个村完成实施方案编制并交付评审。

（王晓华）

【城乡接合部集体产业项目】 年内，海淀区完成调度落实15个列入市城乡办2021年城乡接合部集体经济产业项目清单项目的固投任务。15个项目实现固定资产投资任务24.94亿元，年度固定资产投资任务23.53亿元，完成比率105.9%；完成建安投资24.57亿元，年度建安投资任务23.41亿元，完成比率104.9%。

（王晓华）

【东西部协作和支援合作】 年内，海淀区解除与河北省易县、赤城县的结对关系，与内蒙古科右中旗建立结对关系。结对地区6个，分别为：内蒙古敖汉旗、科右前旗、科右中旗，新疆和田市、兵团第十四师昆玉市皮山农场，湖北省丹江口市。召开11次双边高层联席会议，安排并拨付区级援助专项资金7500万元，街镇结对资金2700万元。全区29个街镇与内蒙古结对地区45个乡镇签订结对协议，实现乡镇结对全覆盖。帮助内蒙古结对地区农村劳动力实现就业6222人，帮助结对地区销售特色产品和农畜牧产品约14.8亿元。

（王晓华）

【优质项目引进】 年内，区发展改革委牵头引进中铁慧生活科技服务有限公司、中资数据科技有限公司等7家重点企业，注册资金累计30亿元。引导企业落地达产，与国铁供应链管理有限公司、国铁国际工贸有限公司等4家央企子公司签署创新合作协议，与3家企业开展实质性落地对接。

（王晓华）

【"服务包"企业服务网络建立】 年内，区发展改革委确定海淀区"服务包"企业名单1584家，范围涵盖市级"服务包"企业、市级部门下发各类清单企业、区重点企业、重点引进企业、重点税源企业、对海淀区各项统计指标有重要支撑作用的企业、平台类企业、上市企业，及成长性好、发展潜力大的中小微企业和初创企业。建立区发展改革委作为"总管家"、街镇作为"服务管家"、行业部门作为"行业管家"的三级服务体系和部门会商、区级统筹和市级支持的三级决策体系，形成覆盖全域企业的服务工作网络。区四套班子领导围绕财政组收、税源建设、重大项目落地、产业培育、"平台行"企业服务等方面，走访服务55家企业，实现各阶段财源目标。全区共服务走访市级企业67家、市级"服务包"企业90家，参加市级领导走访前"一企一组"工作会议35次，提供50家企业备答材料或发展建议70份，办结市级服务事项70项；组织各级领导走访企业1100余次，召开企业服务协调会110余次，解决企业诉求1300余项。"服务包"企业年均增长率明显高于其他企业。

（王晓华）

【企业服务】 年内，区发展改革委完成国家发展改革委和市发展改革委15个专项涉及140余家企业的推荐工作，其中推荐7家企业参与国家企业技术中心（分中心）的申报，3家企业被认定为国家企业技术中心，占市级新认定企业比例的40%；6家企业成功组建北京市工程研究中心，海淀占全市（26家）北京市工程研究中心的四分之一；19家企业的22个项目被列入《北京市首台（套）重大技术装备目录（2021年版）》，占全市入选项目的三分之一。组织60余家驻区企业申报"享受税收优惠政策的集成电路企业或项目、软件企业清单"（重点软件企业享受税收优惠政策）。完成66项上市募集资金、专项备案工作，涉及资金约196亿元。完成小米科技、金山云等9家企业的项目验收工作。为驻区企业争取国拨资金支持，6家企业当年资金到位2.4亿元。完成重点企业服务工作，中国融通资产管理集团有限公司首批规划成立的12家公司有6家落户海淀区，海淀区融通系企业三级税收合计约2.25亿元，比上年增长219%，区级税收4500万元，比上年增长182%。与中国铁路投资有限公司签署补充协议，实现企业支持与企业贡献相匹配的原则。与国药励展展览有限责任公司正式签署创新合作协议，服务异地经营及稳定风险存量企业健康发展。

（王晓华）

【节能减碳】 年内，区发展改革委明确年度目标和重点任务措施，推进重点领域节能。开展节约型机关、绿色家庭、绿色学校、绿色出行等创建行动，引导绿色生活方式。对6个项目实施公共建筑节能绿色化改造，共计46万平方米；对26个新建项目方案进行绿色建筑预评审，对超低能耗项目实创医谷产业园15号楼进行验收。119所区属学校完成绿色学校创建任务。全区节约型机关创建完成率达90%以上。开展区级用能单位节能考核工作，推动用能单位开展清洁生产审核，北京大学口腔医院等6家单位通过市级评估。拨付2020年节能专项资金2200万元，支持用能单位开展节能技术改造，应用节能新技术新产品。开展2021年节能专项资金征集、评审等工作，支持45个项目，支持资金2600万元。北京肿瘤医院空调系统空气消毒杀菌设备改造项目成为全市第一个绿色技术场景应用项目。开展区级新能源和可再生能源利用情况调研，挖掘光伏、热泵等可再生能源利用潜力。推进氢能、光伏、能源互联网和热泵等领域项目建设，完成28个法人单位和5个自然人屋顶分布式光伏发电项目备案，备案规模合计9148.4千瓦。完成首农庄园双塔绿谷地源热泵系统一期工程、三元农业地源热泵工程建设，供暖面积4.1万平方米。组织节能宣传周和低碳日活动，宣传节能减碳知识。

（王晓华）

【海淀区与延庆区结对协作】 年内，海淀区、延庆区在服务保障冬奥、生态建设、产业发展等领域开展合作，完成23件协作实事。延庆区新增5所中小学与海淀区名优学校结对。帮助226人在海淀区就业。开展"优质农产品海淀行"活动，25个经济薄弱村与海淀区企业结对。延海花园二期等

11个重点项目落地见效。设立绿水青山教育基金、绿水青山医疗培训基金、绿水青山助老基金，进一步拓宽生态领域协作范围。

（吴烨睿）

【**复工复产**】 年内，海淀区严格落实中央、市、区防控工作要求，针对新冠肺炎疫情防控发展各阶段特点实施精准防控，构建复工复产“全口径、全范围、全闭环”疫情防控体系。重新梳理复工复产疫情防控措施，发布《关于进一步明确复工复产防控组内设工作小组职责分工等有关工作的安排》《海淀区复工复产疫情防控措施》。梳理整合更新复工复产领域最新防控政策措施，印发《海淀区复工复产场所疫情防控指引》。区发展改革委组成疫情常态化防控专班，开展“全员防控”工作，筑牢复工复产领域防疫生命安全线。做好双清大厦、国兴家园周边楼宇、清华科技园创新大厦、上地颐泉汇等涉疫复工复产场所封控管理及解封复工相关工作。织密疫情防控工作网，更新完善复工复产领域企业、人员防控台账，做到台账清、底数明。建立协调有力、高效运作、响应迅速的应急处置工作体系，出台应急处置工作方案，制定“一书、一图、三表”，科学、精准、规范应对生产经营场所突发疫情处置。全年排查复工复产场所29.5万家次，协助329家企业为760名外籍人员办理来京申请，助力重点企业外籍高管和核心技术人员安全有序入境。持续强化疫情防控执法检查，建立协同机制，部署复工复产防控组各成员单位持续开展常态化防控检查，共检查复工复产场所超过40万处次。加强重点行业进口非冷链货品防控，排查进口非冷链货品数68420件，企业自行抽检1303件，及时封存检测阳性货品，有效阻断疫情传播风险。报送《复工复产防控工作专报》148期。

（复工复产防控组）

【**新冠肺炎疫情常态化防控**】 年内，区发展改革委在春节、全国两会、冬奥测试赛等关键时点及重大活动期间，及时下发防控工作提示，强化社会面防控。通过北京海淀公众号发布商务楼宇科学佩戴口罩等宣传指引信息。开展风险人员排查工作，排查相关人员1672名，完成市级大数据派单风险人员排查信息25280条。实施常态化环境核酸检测，设置采样场所3623处，采样点位数51737个。

（王晓华）

【**《北京市海淀区国民经济和社会发展第十四个五年规划和二〇三五年远景目标纲要》印发**】 1月14日，海淀区第十六届人民代表大会第七次会议审议批准《北京市海淀区国民经济和社会发展第十四个五年规划和二〇三五年远景目标纲要》（简称《规划纲要》）。3月22日，以区政府名义正式印发。《规划纲要》总结海淀区“十三五”发展成就，阐述2035年远景目标以及“十四五”时期海淀区发展的总体思路和发展目标，分领域阐述“十四五”时期九大重点任务，包括高标准服务国家和首都大局、加快建设国际科技创新中心核心区、着力构建创新引领的现代化产业体系、加快构建高品质新型城市形态、全面推进城市治理现代化建设、全力打造高颜值生态环境、全方位提升社会民生福祉、建成全国一流的文化强区、全面深化改革和扩大开放。

（王晓华）

【**老旧小区专业管线统筹改造试点项目**】 2月，北京市老旧小区专业管线统筹改造试点项目海淀区双清路14号院小区基本完工，探索形成老旧小区专业管线统筹改造有效路径，按照“一个各类管线打捆实施方案、一次资金批复、一次施工改造、一个勘察单位、一个设计单位、一个监理单位”的“六个一”模式实施。试点项目的实施是老旧小区专业管线改造创新做法的一次实践检验，为老旧小区专业管线改造全面铺开积累经验。

（李鹏鹏）

【**公共空间改造提升**】 5月10日，区发展改革委作为牵头部门，征集小微城市公共空间改造提升示范试点项目。所有入选项目计划2022年完工，处于项目评审阶段。持续推进8个城市公共空间改造提升工程试点项目。其中，花园路街道牡丹园北里1号楼南侧公共空间项目已完工，紫竹院街道城市公共空间更新改造项目正在进行立项评审工作，京张铁路遗址公共空间提升改造工程（一期）等6个项目正在建设中。

（王晓华）

【**《海淀区“十四五”时期优化营商环境行动计划》**】 5月，区发展改革委制定《海淀区“十四五”时期优化营商环境行动计划》，重点围绕市场环境、政务环境、法治环境、创新环境、人文环境和开放环境等六大环境提出23项重点行动，共包含278项具体任务，其中落实市级要求99项、海淀自身举措179项，通过努力打造活力、通达、公正、前沿、包容、共赢的营商环境，护航辖区企业发展。

（王晓华）

【**海淀区“十四五”规划主要目标与任务分工方案印发**】 8月26日，区政府印发《〈北京市海淀区国民经济和社会发展第十四个五年规划和二〇三五年远景目标纲要〉主要目标与任务分工方案》（简称《分工方案》）。《分工方案》分解出243项主要目标任务，明确每一项目标任务的牵头区领导、主责单位和完成时限。

（王晓华）

【**2019年“一号议案”办结**】 9月14日，2019年区人大“一号议案”——“推动美丽乡村建设融入中关村科学城发展”通过区人大第四十二次常委会审议，议案“一年办理，两年跟踪”全过程收官。议案办理和跟踪落实3年以来，区发展改革委会同区农业农村局及各相关部门，在顶层规划设计、整建制农转非、完善北部城市功能、推进集体产业高质量发展、打造科技农业、实施美丽乡村行动等具体工作中取得成效。议案办理的各项任务基本达成，城乡融合发展的路径和态势全面成型，美丽乡村融入中关村科学城发展成为海淀区落实乡村振兴战略的生动实践。

（王晓华）

财政

【概况】 2021年，海淀区一般公共预算收入总计为713.2亿元，完成调整预算的108.7%。其中，区级一般公共预算收入490.2亿元，完成调整预算的104.9%，比上年增长8.0%；全区一般公共预算支出总计为713.2亿元，完成调整预算的108.7%。其中区本级支出614.1亿元，完成调整预算的104.3%。落实各项减税降费政策，全年为企业减免税费共计236.7亿元，最大限度利企减负。

全年安排区级财政帮扶专项资金8000万元，支持6个结对地区的47个区级援助项目。教育经费投入136.5亿元。投入2.8亿元用于体育事业发展，全力保障“相约北京”测试赛及测试活动、持续优化全民健身公共服务体系、培养竞技体育后备人才。投入9.5亿元，推进养老服务事业发展。拨付资金7.4亿元，用于核酸检测、集中隔离点、传染病检测实验室、疫苗接种等新冠疫情防控工作。

推进“放管服”改革，9月起取消“中介机构从事代理记账业务审批”行政许可事项。

（江珊　钟冷）

【财金协同平台】 年内，区财政局优化财金协同平台，整合金融资源，合作银行为多家小微企业累计放款5118万元。设立的融资担保基金为23家企业提供担保总额1.6亿元。兑现全市首笔中小微企业首贷贴息，降低企业融资成本。中关村科学城城市更新与发展基金正式落地。区政府分别与北京建工集团有限责任公司、中国建筑第七工程局有限公司、上海宝冶集团有限公司签订战略合作框架协议。

（江珊）

【国有金融资本管理】 年内，区财政局推动落实国有金融机构产权登记相关工作，完成11家区属金融企业[①]产权登记工作。制订《完善海淀区国有金融资本管理落实国有金融资本出资人职责的实施方案》，提出完善海淀区国有金融资本管理体制的工作思路。深入贯彻落实党中央、国务院完善国有金融资本管理的相关文件精神，以依法保护各类产权为前提，以尊重市场经济规律和企业发展规律为原则，以服务实体经济、防控金融风险、深化金融改革为导向，加强区属国有金融机构党的领导和党的建设，建立健全国有金融资本管理制度机制，全面优化区属国有金融资本战略布局，理顺管理体制，提高区属国有金融资本效益和区属国有金融机构活力、竞争力和可持续发展能力，促进国有金融资本保值增值，为保障全区金融安全稳定、促进经济社会持续健康发展提供支撑。

（江珊）

【财源建设】 年内，区财政局完善形成“1+5+N”[②]的海淀财源建设工作体系。优化区、委办局、街镇三级财源工作结构，形成统筹决策机制、协同会商机制、信息交互机制、考核奖励机制、走访服务机制5项机制。落实税务专员和市场专员制，设立财源建设工作专班。研究制定《海淀区街镇财源建设工作奖励办法（试行）》《海淀区关于落实中央战略部署做好央企总部疏解服务工作指引》等措施办法，提高对企服务的精准度。京外迁出企业比上年减少134家，比上年下降57.3%，京外迁入企业94家，实现区级入库4567万元。

（江珊）

【压减一般性支出】 年内，区财政局持续调整优化支出结构，压减一般性支出，严格预算执行，新增需求在单位部门预算规模内调剂解决，全区各部门累计压减支出26.2亿元，内部调剂金额17.5亿元，财力优先保障重点项目。

（江珊）

【现代产业体系资金投入】 年内，区财政局拨付资金26.6亿元，支持头部企业产业基础再造和重大技术改造，推动产业链优化升级；发展以大信息、大健康、先进制造业、科技服务业为核心的现代产业体系，统筹推进高精尖产业优化升级；支持实施数字经济发展行动计划，建设全球数字经济标杆城市引领区；支持创新型企业梯度培育机制建设，培育更多国家高新技术企业、上市企业、独角兽企业；加强投资机构和孵化机构合作，完善创新创业服务体系，助力中小企业跨越式发展。

（江珊）

【中关村科学城北区建设资金投入】 年内，区财政局拨付资金168.1亿元，促进中关村科学城北区建设。开展冷泉村、上庄村等村庄非宅腾退工作；推进道路工程、输变电工程以及永丰调蓄水厂、稻香湖再生水厂（二期）建设等项目；完成北部科学城上庄A05地块幼儿园、永靓幼儿园等18个教育设施建设；北部医疗中心土方工程接近尾声；完成7个非保留村美丽乡村建设。

（江珊）

【教育经费投入】 年内，区财政局拨付资金136.5亿元，支持“双新”[③]示范区建设，配合“双减”政策落地，持续增加优质教育资源供给等。保障深化教学改革、培养学生综合素质、建强教研队伍等建设任务，促进信息技术与教育教学融合，推进集团化办学模式创新，培养优秀人才，保障教师工资待遇。

（江珊）

【直达资金监管】 年内，区财政局按照直达资金分配、指标下达、资金

---

① 11家区属金融企业：北京海淀科技金融资本控股集团股份有限公司、北京海淀科技企业融资担保有限公司、北京海金商业保理有限公司、北京鑫泰小额贷款股份公司、北京海汇典当有限公司、北京海鑫资产管理有限公司、北京中技知识产权融资担保有限公司、北京中技商业保理有限公司、北京中技科融小额贷款有限公司、北京市海淀区政府投资引导基金（有限合伙）、北京海科融通支付服务有限公司。

② 1+5+N：一套组织架构、5项体制机制（统筹决策机制、协同会商机制、信息交互机制、考核奖励机制、走访服务机制）、N个重点工作。

③ 双新：普通高中新课程新教材实施国家级示范区示范校建设。

拨付流程开展直达资金监管工作，建立预算单位、代理银行以及代理支库联动，确保直达资金规范高效、直接惠企利民。全区中央直达资金支出35957.4万元，惠及社会保障、居民就业、医疗卫生、义务教育和住房保障等民生领域。依托直达资金监控系统对直达资金实施全链条、全过程跟踪，推动地方对应安排资金纳入直达资金系统。开展直达资金绩效管理，建立直达资金绩效运行监控、项目自评核查机制，强化直达资金财政监督检查，形成“闭环管理”，确保直达资金使用效益。

（江珊）

【政府债券管理】 年内，区财政局推进海淀区政府债券“借、用、管、还”全过程管理，建立债券资金支出进度月报机制，实施债券项目储备库管理，明确债券申报管理流程。全年获批新增地方政府债券203.1亿元，其中一般债券18.8亿元、专项债券184.3亿元；再融资一般债券19亿元、置换专项债券73.6亿元，为三山五园地区环境整治、重点地区棚户区改造等一系列重大项目实施提供保障。有效防范化解债务风险，截至年底，法定债务余额525.7亿元，法定债务率54.6%，保持在政府债务限额以内，债务风险可控。

（江珊）

【预算绩效管理】 年内，区财政局修订预算绩效管理政策，逐步完善“1个实施方案+1个主导性办法+多个实施细则”的预算绩效管理制度体系。选取45个项目开展财政评价，资金规模18.02亿元；财政性资金自评实现全覆盖；99个区级部门开展部门整体支出绩效自评。对公用事业、水务、文化体育等领域的5个项目开展全成本绩效分析。对2022年部门预算中478个项目进行绩效目标重点审核。对2022年部门预算中的55个项目进行事前绩效评估，预算资金6.14亿元。

（江珊）

【政府采购监管】 年内，区财政局与区资源交易服务中心联合出台《海淀区进一步优化政府采购营商环境落实方案》。赋予采购人、采购代理机构自主选择开评标场所的权利，加速电子卖场、电子交易系统的推广和使用，实现公开招标的全流程线上开评标。处理政府采购投诉、举报事项18起。

（江珊）

【财政风险防范】 年内，区财政局紧紧围绕财政中心工作任务，制定《2021年海淀区财政监督工作计划》，推进财政监督工作。通过重点监督与日常监督相结合的监督方式，开展疫情防控资金落实使用情况、政府购买服务、防范化解重大风险等财税政策执行情况检查、会计信息质量检查、街镇三级财政内部控制体系建设、行政事业单位的内控建设等落实情况等检查。完成对44家区属单位的重点监督检查和56家预算单位的日常监督检查，出具33份《财政检查意见书》、1份责令整改通知、1份行政处罚通知，为有效规范区属单位的财政财务管理和保障财税政策法规的落实发挥积极作用。

（江珊）

【行政事业单位内控报告编报】 年内，区财政局通过组织培训等方式，提高内控编报人员内控报告编制水平。全区共有451个行政事业单位完成2020年度内部控制报告编报工作，其中单位内控总体运行情况评分为“优良”的单位达432家，占比95.8%。

（江珊）

【行政事业国有资产管理】 年内，区财政局组织完成2020年度区属行政事业性国有资产年报工作。截至2020年12月31日，海淀区行政事业性国有资产账面资产净值578.54亿元，比上年增加21.47亿元，增长3.85%，其中行政单位319.30亿元、事业单位259.24亿元。办理行政事业单位资产处置审批1029项、出租房产审批3项、行业协会商会与行政机关脱钩有关资产清查批复、国有资产管理工作4项工作。统筹盘活全区闲置、低效运转资产，提高国有资产使用效益。

（江珊）

【国有资本经营管理】 年内，区财政局与区国资委联合开展调研督导，对区教委、区住建委、圆明园等单位所办的8家企业，全部改制为公司或启动司法程序。国有资本收益上缴入库50040万元，执行率为461.5%。其中企业利润上缴收入为43192万元，股利、股息收入为6848万元，完成区国有资本收益收缴工作。

（江珊）

【首次发行柜台地方债】 8月20日，北京市首次通过商业银行柜台市场发行地方政府债券13亿元，其中涉及海淀区四季青镇双新村棚户区改造项目3亿元，由北京市政府统一发行并转贷给海淀区政府。个人和中小机构投资者可认购，起投金额100元，票面利率2.83%。

（钟冷）

【北京市预算管理一体化系统首批资金支付完成】 12月27日至28日，海淀区选取区军队离休退休干部安置

12月28日，海淀区完成北京市预算管理一体化系统首批资金支付（李晨歌 摄）

事务中心作为北京市首个试点运行单位，配合市财政局正式开展预算管理一体化系统2022年资金支付业务，检验系统运行效果。在市财政局、区财政局、技术公司、代理银行等各方的协调、配合下，海淀区军队离休退休干部安置事务中心通过北京市预算管理一体化系统，成功完成全市2022年预算执行第一批资金支付业务，为预算管理一体化系统在全市正式上线运行夯实了基础。

（江珊）

税务

【概况】 2021年，海淀区税务局（简称区税务局）累计登记纳税人56.87万户，包含单位纳税人登记50.75万户；个体经营纳税人税务登记6.12万户，其中处于正常状态的24.46万户。累计完成各项税费收入3817.3亿元，比上年增长46.9%；完成税收收入2693.2亿元，比上年增长14.3%。其中，完成地方级税收收入1010.6亿元，比上年增长16.1%；完成区级收入473.7亿元，比上年增长12%。区税务局、区税务局第三税务所获得“全国文明单位”称号。

（丁琪）

【税收分析成果】 年内，区税务局针对独角兽、数字经济、国际税收“双支柱”等方面，形成10余篇调研分析成果。其中18篇调研专报获上级领导肯定性批示，近40篇调研信息被市级层面采用。

（丁琪）

【税收征管】 年内，区税务局探路新经济业态税收管理服务，通过委托代征方式加强平台企业监管，实现平台减负、运营合规、依法纳税三方共赢。深化办税缴费便利化改革，“票E送”免费邮寄发票7.2万件，为企业节约成本142.75万元；推出电子税务局“在线导办”服务，为5894户次纳税人提供2552小时咨询服务。推进自然人电子税务局知识学院建设。升级智能化税费服务，拓展“非接触式”办税，电子税务局办理30万笔业务。

（丁琪）

【非税收入】 1月1日起，海淀区防空地下室易地建设费和水土保持补偿费划归税务部门征收。全年征收防空地下室易地建设费51万元，水土保持补偿费1856万元。征收各项非税收入53.6亿元。

（丁琪）

【个人所得税】 年内，海淀区共有184.44万人申报个人所得税综合所得汇算清缴。9月11日，个人股权转让“先税后证”业务平稳运转，年内办理“先税后证”业务10791笔。

（丁琪）

【减税降费】 年内，区税务局为1969户次制造业中小微企业办理延缓缴纳税费，金额2.67亿元，助力企业纾困解难。新增减税降费236.7亿元；完成退税116万笔，其中个税占比达93%；退税325.9亿元。辅导企业增值税留抵退税全流程电子化办理，落实留抵退税54.2亿元，惠及企业830户次。

（丁琪）

【智慧税务】 1月21日，区税务局作为国家税务总局、市税务局双直联试点单位，实施专票电子化扩围，开

海淀区税务局税费收入情况（2017—2021年）柱状图

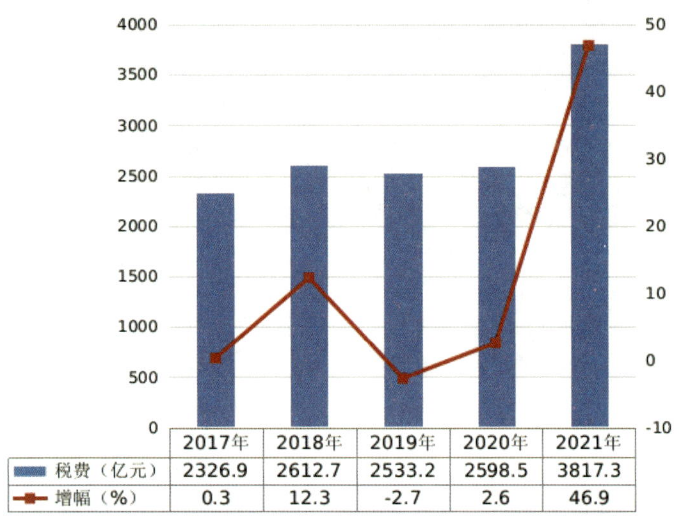

	2017年	2018年	2019年	2020年	2021年
税费（亿元）	2326.9	2612.7	2533.2	2598.5	3817.3
增幅（%）	0.3	12.3	-2.7	2.6	46.9

海淀区税务局税费收入三大组成部分（2021年）饼图

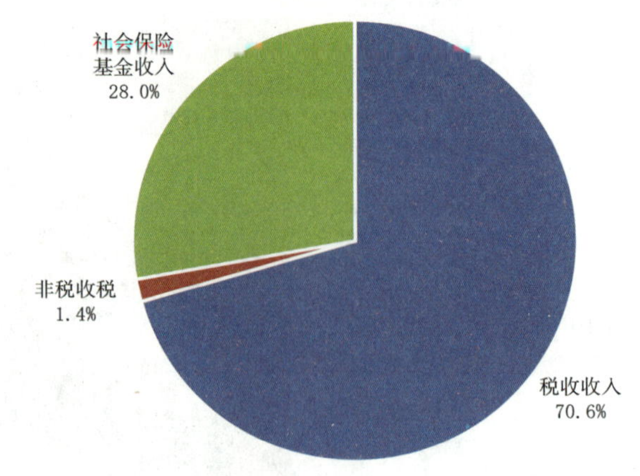

具首都第一份电子专票。落实“一户式”管理机制，全年电子专票核定2550户，开具8572份，价税合计近9亿元。11月，开展网络货运平台试点工作，探索特定行业“全程线上办理、信息不可篡改、税企同步减负”的新型管理模式。12月23日，成功开具北京市首份网络货运代开专票。全年“智能退税”完成5.3万笔，实现企业车船税自动退税，小额退税全链路电子化。

（丁琪）

【国际税收】 3月，区税务局在不增加境内企业负担情况下，组织微软（中国）等企业补缴流失税款，维护国家税收权益。精准送达非居民享受协定待遇、递延纳税、特殊性税务处理等各项优惠税收政策，为外资营造良好营商环境。开具税收居民身份证明653份，助力“走出去”企业和个人在境外减免税款5.1亿元。做好涉奥税收服务和保障工作，为涉奥企业提供税政宣传咨询服务，主动对接首都体育馆、五棵松体育中心两个冬奥场馆以及冬运中心、海淀体育局等涉奥单位，开设咨询专线，主动问需，保障冬奥测试赛及冬奥会进行。加强国际税收服务与管理，全年入库国际税收137亿元，比上年增长40%。

（丁琪）

【企业所得税】 3月，区税务局录制7期“汇算来了”培训视频，在今日头条、爱奇艺等平台播放，播放量超30万次。10月15日，与中关村高新技术企业协会联合举办研发费用加计扣除政策培训会。完成企业所得税汇算清缴，全年参加汇算清缴企业21.5万户，应纳所得税额1112.4亿元。

（丁琪）

【大企业管理】 3月，区税务局完成47个集团2万余户成员企业的财务账套和财务报表采集、核对与上报工作。4月至5月，完成国新控股、中国化工、铁路物资、中国建筑等4个集团企业的入户技术服务，为大企业解决涉税问题。6月至7月，完成56个集团、1.6万户成员企业的登记、股权、经营信息确认，占全市的22.05%。按季度组织区内2500余户重点企业财务报表规范报送、56户千户集团总部企业数据直报工作。全年完成千户集团企业风险分析13户次，共计26个涉税风险点。在市、区两级税务部门支持下，完成三峡集团迁出工作。

（丁琪）

【财产和行为税】 4月1日，区税务局成功受理全市首户企业间非住宅交易卖方税款后置业务，实现不动产登记立等可取。加强房产交易税收管理，优化企业间存量房交易涉税流程，网上审核可当日完成。4月，完成海淀区永靓家园共有产权房契税缴纳工作，探索形成工作经验，为全市共有产权房的税收工作贡献“海淀智慧”。6月1日，财产和行为税“十税合一”[①]申报功能上线。全年共摸底264个房地产开发项目，完成20个土增项目清算，为新旧动能转换预留充分空间。

（丁琪）

【“两区”建设优惠政策落地】 4月9日，区税务局辅导全市首户享受技术转让试点优惠政策的企业，减免企业所得税210万元。高新企业2020年共享受所得税优惠74.59亿元，厚植区域创新根基。落实研发费用加计扣除年中享受新政，9137户企业享受加计扣除金额597.83亿元；16户企业享受“两区”优惠新政，减免金额4.28亿元，享受户数、优惠金额均居全市首位。

（丁琪）

【税收宣传】 4月13日，区税务局通过“实际现场讲解”和“腾讯会议现场直播”方式，为数十家单位的5000余人开展个人所得税汇算培训。4月，区税务局参与大学生电影节“中国税务”特别单元活动，拍摄微电影《一桌团圆饭》获优秀奖。5月16日，联合区商务委、中关村高企协为科技型企业开展政策宣讲。11月23日，联合区财政局，面向486家区级行政事业单位举办个税培训。11月25日，联合区教委面向208家中小学开展个税政策培训。对高校和科研院所、平台企业等不同收入人群开展汇算提示提醒。税收宣传月期间，中央电视台对税务企业所得税汇算清缴退税“报退合一”[②]工作进行深度采访，选取海淀案例作为重点推介，在全国范围内呈现北京、海淀打造一流营商环境的良好形象。全年刊发税收宣传稿件94篇，其中在中央级媒体刊发18篇、《中国税务报》等专业性刊物刊发31篇。《曹老师小课堂》新媒体品牌宣传影响力进一步扩大。“海税云5G直播”为纳税人缴费人在线解读最新政策，“非接触式”办税缴费服务成为主流。

（丁琪）

【税收共治】 4月26日，区税务局、区发展改革委、区财政局联合举行“海淀区楼宇经济大数据分析联系工作机制”签字仪式，在全市率先实现跨部门经济数据共享融合实体落地。与区公安部门、市监局共建税警监联合执法机制，依法严惩涉黑涉恶、虚开等违法行为。与区市监局开展“双随机、一公开”制度管理创新协作。深化“税银互动”，全年签约企业3229户，签约金额37.73亿元。

（丁琪）

【纳税服务】 6月，区税务局开展助力小微企业发展“春雨润苗”专项行动，量身定制个性化辅导服务。全年线上、线下多渠道辅导企业43.5万户次，推送服务、政策提醒561万条。区税务局微信公众号关注人数超33万，阅读量破百万次。完善纳税人

---

① 十税合一：对财产和行为税（含城镇土地使用税、房产税、车船税、印花税、耕地占用税、资源税、土地增值税、契税、环境保护税、烟叶税）进行合并申报，通过精简申报表单，简化办税资料，优化系统功能，进一步减轻办税负担，激发市场主体活力。

② 报退合一：当纳税人完成汇算清缴申报后，对于存在多缴税款的，系统会立即提示其办理退税，自动为纳税人填报退税申请表，自动形成退税文书推送到主管税务机关统一工作平台形成待办事项，启动退税程序。

缴费人合法权益保障，优化“接诉即办”管理机制，主动服务“双减”政策落实，处理工单6000余件，响应率、解决率、满意率均达90%。完善政务服务“好差评”制度体系。推进解决12个历史遗留问题小区的不动产登记证办理业务，保障2万余户居民切身利益。

（丁琪）

【税收风险管理】 7月16日，区税务局依托“信鸽云”通信大数据平台，完成2019年度个人所得税综合所得汇算清缴事后抽查。创新搭建25个税收大数据扫描模型、23张定制查询报表，提高数据运用和数据分析能力。全年累计完成各类风险任务535批次，查补税金2.33亿元，调整企业所得税弥补亏损额5.67亿元。

（丁琪）

【依法治税】 7月，对营利性教育机构企业开展柔性执法，175户企业自查补税2356.35万元。10月，区税务局贯彻落实《京津冀税务行政处罚裁量基准》，落实“首违不罚”清单制度，适用一般程序的行政处罚数量下降90%。强化精确执法，加强内控监督，构建疑点核查工作闭环，重点推进专票电子化内控督导，有效排查和应对网格化管理16大业务环节的内部风险点。完成22件行政诉讼、行政复议应诉工作。

（丁琪）

【货物和劳务税】 8月1日，海淀区增值税、消费税与附加税费整合申报运行。落实增值税税收优惠政策，4.02万户小规模纳税人享受增值税征收率由3%减按1%征收优惠，减税9.49亿元；增值税即征即退2.5万户次，退税50余亿元。优化出口退税管理，完成出口退税135.33亿元，对40户典型出口企业进行出口退税系统整合培训。针对虚拟地址、物业公司集中注册等开展登记户清理，完成发票事后查验等核实任务近3000户，未发现虚开等重大涉税风险。

（丁琪）

【社会保险费】 10月1日，海淀区灵活就业人员和城乡居民社会保险费缴费协议签订等相关征收工作全面划转至税务部门。全年共征收各项社会保险费1070.5亿元，涉及10万余户机关企事业单位、10万余灵活就业人员和47万余城乡居民。

（丁琪）

金融

金融服务

【概况】 2021年，海淀区金融服务办公室（简称区金融办）纳入督查督办范围的工作任务共计9类77项，其中按时完成77项；承办代表委员建议提案17件，均按时限办理完毕，满意度100%。金融业增加值达967.8亿元，比上年增长0.8%，占全区GDP的10.2%。

截至年底，在海淀区注册或纳税的各类金融机构及其分支机构达3546家，其中59家机构受中国人民银行、银保监会和证监会管理。其中，银行类739家、财务公司25家、股权投资1616家、第三方支付机构17家、证券机构155家、其他994家。2093家有税收贡献，零税收企业基本是银行网点、私募基金及其他投资机构。金融业贡献总税收820亿元，比上年下降16.6亿元，主要是中国农业银行总税收下降30亿元。实现区级税收42.14亿元，比上年增加2.4亿元，比上年增长6.0%。从行业税收来看，银行税收14.29亿元、财务公司税收9.13亿元、私募股权税收5.44亿元、第三方支付税收2.25亿元、证券税收2.04亿元，5个行业区级税收均超过2亿元，保持正增长。从重点企业税收来看，19家企业区级税收超5000万元，占区级总税收的45.7%，比上年增加1家企业；80家企业区级税收超千万元，占区级总税收的82.3%，比上年增加8家。“十三五”期间，海淀区金融业增加值从500亿元增长到955亿元，年均增速约14%，占全区GDP的比重稳居10%—11%区间，为第三大经济支柱产业。

（魏秀梅　闫明霞　马也）

【银行业】 年内，海淀区有驻区银行机构及其网点739家，占全区金融机构总数的1/3，其中在本区纳税178家。区域银行存款余额达39384亿元，比上年下降0.62%；区域期末银行贷款余额12181亿元，比上年增长5.23%。银行业存贷差为27203亿元，银行业存贷比为30.93%，比上年同期存贷比高1.72个百分点。银行业总税收687.34亿元（中国农业银行总纳税628.37亿元、区级纳税0.32亿元），比上年下降3.3%；区级税收14.19亿元，比上年增长7.1%。

（徐利燕　马也）

【财务公司】 年内，海淀区有财务公司25家，总注册资本为1016亿元，参保人数共计1436人。

（马也）

【股权投资】 年内，海淀区有股权投资机构1616家，在本区纳税机构1119家。在基金业协会备案的股权投资管理机构达726家，占全市的26.23%；披露金额的管理资本量1.11万亿元，占全市的24.42%。全区股权投资管理企业共发生605起股权融资案例，占全市股权融资案例总数的43.15%。已披露金额股权融资案例获投金额为938.63亿元，占全市股权融资总额的44.57%。股权投资机构贡献总税收26.13亿元，比上年增长2.3%；区级税收5.44亿元，比上年增长8.0%。

（邢蓓　马也）

【第三方支付机构】 年内，海淀区有第三方支付机构17家，全部在本区纳税。贡献总税收10.85亿元，比上年增长30.4%；区级税收2.25亿元，比上年增长47%。

（马也）

【证券机构】 年内，海淀区有证券机构及网点155家，其中在本区纳税机构124家。证券业贡献总税收13.37亿元，比上年增长10.5%；区级税收2.04亿元，比上年增长6.6%。

（马也）

表17　2020—2021年海淀区纳税金融机构及税收汇总表

序号	机构类型	纳税机构数/总数（个）	2021年 总税收（亿元）	2021年 区级税收（万元）	2021年 区级税收行业占比（%）	2020年 总税收（亿元）	2020年 区级税收（亿元）	2020年 区级税收行业占比（%）
1	银行类	178/739	687.34	14.19	33.69	71.05	13.26	34.63
2	财务公司	25/25	43.86	9.13	21.66	40.16	8.43	22.03
3	股权投资	1119/1616	26.13	5.44	12.92	25.53	5.04	13.17
4	第三方支付	17/17	10.85	2.25	5.33	8.32	1.53	4.00
5	证券	124/155	13.37	2.04	4.85	12.10	1.92	5.01
6	其他	630/994	38.45	9.09	21.56	32.81	8.10	21.16
合计		2093/3546	820.00	42.14	100.00	829.43	38.28	100.00

表18　2021年驻区财务公司一览表

序号	企业名称	企业简介	注册资本金（万元）
1	中国铁建财务有限公司	注册及办公地址为北京市海淀区复兴路40号院一号楼中国铁建大厦10层东侧，与中国铁建集团合署办公，税务关系在海淀区，注册资本90亿元，成立于1988年4月，参保人数84人。	900000
2	中国电子科技财务有限公司	注册及办公地址为北京市海淀区复兴路17号国海广场A座16层，税务关系在海淀区，注册资本58亿元，成立于2012年12月，参保人数54人。	580000
3	中国华能财务有限责任公司	注册及办公地址为北京市西城区复兴门南大街丙2号天银大厦C段西区7层、8层，税务关系在海淀区，注册资本50亿元，成立于1988年5月，参保人数73人。	500000
4	招商局集团财务有限公司	注册及办公地址为北京市朝阳区安定路5号院10号楼B栋15层1501号，税务关系在海淀区，注册资本50亿元，成立于2011年5月，参保人数73人。招商局集团财务有限公司（前身为中外运长航财务有限公司）成立于2011年5月17日，注册资本金50亿元，2020年区级收入6700万元，为海淀区重点企业。该公司于2017年6月将注册及办公地址变更为北京市朝阳区安定路5号院10号楼B栋15层1501号，税务关系仍保留在海淀区。	500000
5	中国铁路财务有限责任公司	注册及办公地址为北京市海淀区北蜂窝路5号院1-1号楼，税务关系在海淀区，注册资本100亿元，成立于2015年7月，参保人数76人。	1000000
6	中铁财务有限责任公司	注册及办公地址为北京市海淀区复兴路69号6号中国中铁大厦C座5层，税务关系在海淀区，注册资本90亿元，成立于2014年2月，参保人数74人。	900000
7	中国电建集团财务有限责任公司	注册及办公地址为北京市海淀区西直门外大街168号腾达大厦8层，税务关系在海淀区，注册资本50亿元，成立于2015年12月，参保人数54人。	500000
8	三峡财务有限责任公司	注册及办公地址为北京市海淀区玲珑路9号院东区4号楼，税务关系在海淀区，注册资本50亿元，成立于1997年11月，参保人数106人。	
9	兵器装备集团财务有限责任公司	注册及办公地址为北京市海淀区车道沟10号院3号科研办公楼5层，税务关系在海淀区，注册资本30亿元，成立于2005年10月，参保人数57人。	303300
10	中国电子财务有限责任公司	注册及办公地址为北京市海淀区中关村东路66号甲1号楼20、21层，税务关系在海淀区，注册资本17亿元，成立于1988年4月，参保人数64人。	175094.3

续表

序号	企业名称	企业简介	注册资本金（万元）
11	国机财务有限责任公司	注册及办公地址为北京市海淀区丹棱街3号，税务关系在海淀区，注册资本15亿元，成立于1989年1月，参保人数55人。	150000
12	中冶集团财务有限公司	注册及办公地址为北京市朝阳区曙光西里28号31层和23层2312、2313、2320、2321、2323和30层3017室，税务关系在海淀区，注册资本18亿元，成立于1988年4月，参保人数36人。	180000
13	五矿集团财务有限责任公司	注册及办公地址为北京市海淀区三里河路5号A247–A267（单）A226–A236（双）C106，税务关系在海淀区，注册资本35亿元，成立于1993年5月，参保人数54人。	
14	航天科工财务有限责任公司	注册及办公地址为北京市海淀区紫竹院路116号B座12层，税务关系在海淀区，注册资本43亿元，成立于1988年4月，参保人数79人。	438489
15	清华控股集团财务有限公司	注册及办公地址为北京市海淀区中关村东路1号院8号楼清华科技园科技大厦A座10层，税务关系在海淀区，注册资本30亿元，成立于2015年4月，参保人数29人。	
16	国药集团财务有限公司	注册及办公地址为北京市海淀区知春路20号，税务关系在海淀区，注册资本11亿元，成立于2012年2月，参保人数34人。	110000
17	中国航发集团财务有限公司	注册及办公地址为北京市海淀区西三环北路甲2号院7号楼7层，税务关系在海淀区，注册资本15亿元，成立于2018年12月，参保人数22人。	150000
18	中国化工财务有限公司	注册及办公地址为北京市海淀区北四环西路62号，税务关系在海淀区，注册资本8亿元，成立于1996年5月，参保人数39人。	84122.5
19	国新集团财务有限责任公司	注册及办公地址为北京市海淀区复兴路12号恩菲科技大厦B座一层西侧，税务关系在海淀区，注册资本20亿元，成立于2018年5月，参保人数32人。	
20	中国铁路财产保险自保有限公司	注册及办公地址为北京市海淀区三里河路5号A247–A267（单）A226–A236（双）C106，税务关系在海淀区，注册资本35亿元，成立于2015年7月，参保人数89人。	200000
21	中国建材集团财务有限公司	注册及办公地址为北京市海淀区复兴路17号2号楼9层，税务关系在海淀区，注册资本12亿元，成立于2013年4月，参保人数35人。	120000
22	大唐电信集团财务有限公司	注册及办公地址为北京市海淀区学院路40号大唐电信集团主楼5层，税务关系在海淀区，注册资本10亿元，成立于2011年11月，参保人数27人。	
23	物美商业财务有限责任公司	注册及办公地址为北京市海淀区西四环北路158号慧科大厦9层901、12层1201，税务关系在海淀区，注册资本5亿元，成立于2015年5月，参保人数19人。	
24	北大方正集团财务有限公司	注册及办公地址为北京市海淀区成府路298号方正大厦9层，税务关系在海淀区，注册资本50亿元，成立于2010年9月，参保人数48人。	
25	海航集团财务有限公司	注册及办公地址为北京市朝阳区霄云路甲26号海航大厦19层，税务关系在海淀区，注册资本80亿元，成立于1994年1月，参保人数48人。	

（马也）

【企业上市】 年内，海淀区有存量上市（挂牌）企业896家，境内外上市公司253家（境内166家，境外87家）、新三板挂牌企业351家、四板（不含孵化板）挂牌企业292家。其中，存量境内A股上市公司166家，占全市（423家）的39.2%，占全国（4685家）的3.5%；存量新三板挂牌企业351家，占全市（890家）的39.3%，占全国（6880家）的5%；创新层企业71家，占全市（144家）的49.3%，占全国（1218家）的5.8%；存量四板（不含孵化板）挂牌企业292家，占全市（666家）的43.8%。新增上市企业19家，存量上市公司总数连续多年稳居全国地级市（区）之首。

（李冬）

【小额贷款公司】 年内，海淀区有小额贷款公司17家，占全市（128家）的13.28%；注册资本金40.15亿元，占全市（164.7亿元）的24.38%；

总税收6692.18万元，其中区级税收1738.15万元。发放贷款56.89亿元，占全市（196.17亿元）的29%；贷款余额33.74亿元，占全市（144.98亿元）的23.27%。向农户及农村企业、组织贷款4.81亿元，占全市（41.72亿元）的11.53%；向小微企业客户贷款1.09亿元，占全市（9.65亿元）的11.3%。

（黄晓）

【融资担保公司】 年内，海淀区有融资担保公司总计8家，占全市（56家）的14.29%；其中，国有控股融担公司7家，占全市（35家）的20%。实收注册资本总计278.13亿元，占全市（717.47亿元）的38.77%；担保业务收入21.84亿元；净利润10.77亿元；总税收53551.99万元，其中区级税收10786.56万元。全年担保余额合计3413.64亿元，占全市（6050.02亿元）的56.42%。

（黄晓）

【金融科技领域先行先试】 年内，区金融办加强金融科技，配合市证监局做好资本市场金融科技创新试点落地工作，北京股权交易中心有限公司等4家企业入选首批试点名单。推进法定数字货币试验区建设，有超市发、翠微、七鲜等超5000个市场主体具备数字人民币收款功能，开展圆明园“数字人民币游园会”。举办2021中关村论坛金融科技平行论坛，发布金科新区开发与测试平台；指导举办2021中关村番钛客金融科技国际创新大赛及第四届金融科技全球创业大赛。与工商银行北京分行、光大银行等机构开展4场“10+10”①对接活动，丰富科技与金融对接渠道。

（欧阳小沛）

【金融风险防范】 年内，区金融办开展打击非法集资和非法证券经营活动工作。按照“整改一批、挤压一批、吊销一批、打击一批”的原则，出清在账高风险企业5家，比上年下降38%。防范化解网贷风险，在账149家平台核减20家，累计核减118家，剩余31家。已无在营平台，借贷余额、出借人数、借款人数分别下降45.35%、58.68%和38.03%。区网贷专班现场接待来访752人次，电话接待9408人次，信访件41207件。制定印发《海淀区金融安全宣传教育工作实施方案》，开展金融安全宣传教育活动。推进宣教“七进”②活动，在4处行政办公区域滚动播放金融安全宣教视频；举办线上线下宣教活动6场，参与5万余人次。

（张国兴）

【金融科技“10+10”对接活动】 年内，区金融办组织4场金融科技“10+10”对接活动，推动拉卡拉、中科软等11家金融科技企业与金融机构落地5个合作项目，涉及数字人民币等金融科技核心领域。

（欧阳小沛）

【法定数字货币试验区建设】 年内，海淀区推进法定数字货币试验区建设，围绕交通出行、餐饮住宿、购物消费、旅游观光、医疗卫生、通信服务、票务娱乐7大场景，搭建数字人民币受理环境、推广数字人民币落地应用，全区有超5000家商户支持受理数字人民币。中关村壹号成为海淀首个法定数字货币试验区，支持数字人民币多场景落地应用。拉卡拉支付股份有限公司是国内首批获得数字人民币受理服务许可的两家支付机构之一。

（钟冷）

【紫光同芯数字人民币解决方案首度亮相】 9月2日至7日，2021年中国国际服务贸易交易会金融服务专题展在北京首钢园开展，共有143家国内外金融组织、金融机构、企业参加展览、展示，海淀企业紫光同芯微电子有限公司数字人民币解决方案及其最新技术成果首度亮相。紫光同芯数字人民币解决方案，在交易速度方面，深度优化算法，“碰一碰”即可完成闪付；在安全防护方面，通过国际CCEAL6+安全认证，可保障敏感信息传输与交易全过程的安全；在可靠性方面，擦写次数最高达50万次，数据保持时间最长达25年，契合数字人民币硬件钱包对交易性、安全性、可靠性的高标准严要求。基于数字人民币解决方案，紫光同芯与合作伙伴共同推出多形态硬件钱包、收款终端设备等多款数字人民币相关产品和解决方案。紫光大容量高安全的数字人民币芯片解决方案，支持集成各类行业应用，满足用户多主体、多层次、

9月25日，2021中关村论坛金融科技平行论坛举办（区金融办 供图）

① 10+10：2020年7月，区金融办启动了金融科技“10+10”系列对接活动，活动形式为组织10家左右的金融机构和10家左右的科技企业共同参加活动，以需求发布、技术路演等形式，推动金融与科技发展。目前，已促成华控清交、拉卡拉、中科软等17家金融科技企业与金融机构落地8个合作项目，涉及数字人民币、安全计算等多个金融科技核心领域。

② 七进：进机关、进学校、进企业、进社区、进村屯、进家庭、进网点。

多类别、多形态的差异化需求。

（钟冷）

【中关村论坛金融科技平行论坛】 9月25日，2021中关村论坛金融科技平行论坛在中关村国家自主创新示范区展示中心举办。论坛以“数字经济下的金融科技治理”为主题进行多维度研讨，推动金融与科技深度融合发展，助力北京金融科技与专业服务创新示范区核心区建设。诺贝尔经济学奖获得者迈克尔·斯宾塞（A.Michael Spence），国家金融与发展实验室理事长李扬，香港大学经济与工商管理学院副院长、教授林晨等嘉宾参加。论坛发布北京金科新区开发与测试平台，该平台由海淀区政府与北京金控集团共同搭建，是国内首家基于数据流通、模型验证的金融科技开发测试平台，可用于为金融科技企业开发算力、训练模型提供可信的测试环境，将金融科技测试和业务场景有效整合，形成数据进场和场景验证的示范效应。现场具有代表性的17家金融科技企业与金融机构签署战略合作协议，涉及数字人民币、安全计算等多个金融科技核心领域，包括北京拉卡拉网络技术有限公司与工商银行的数字人民币封闭试验合作项目、中科软科技股份有限公司与诚泰财产保险股份有限公司的核心业务系统开发项目、奇安信集团与北京银行的科技与金融全面战略合作项目等8个项目。

（欧阳小沛）

【海淀区首个投资者教育基地建成】 11月18日，区金融办（区打非办）建成海淀区首个投资者教育基地。投资者教育基地位于曙光街道第二社区警务工作站内，占地3360平方米，分为宣传展示区、专家讲堂区、互动沟通区、意见征集区等区域。基地配有电脑、电视、投影仪、音响等硬件设备，宣传展板30余幅，配备专职讲解服务人员2名以及专家讲堂的咨询专家若干名。区金融办编制防范非法集资口诀，利用展板、宣传单等形式，在基地开展防范金融风险系列知识宣传，为辖区投资者提供一站式的投资专业教育服务场所。

（钟冷）

专项基金

【中关村科学城科技创新基金】 年内，中关村科学城管委会科技创新基金累计审核报送政策性及市场化项目30个，投资规模超过11.88亿元；科技创新基金新增决策股权直投项目2个、子基金项目2个，决策金额7260万元；对9个已决策股权投资项目及15支子基金出资8.12亿元。

（程晓荷）

【金隅智造基金设立】 年内，中关村科学城管委会参与设立中关村科学城金隅智造基金［北京金海诚科创投资合伙企业（有限合伙）］，总规模1.9亿元，中关村科学城创新发展有限公司出资4000万元。

（田京京）

【自然科学联合基金】 年内，中关村科学城管委会扩大北京市自然科学基金——海淀原始创新联合基金的参与和研究领域，通过遴选新增北京纳通科技集团有限公司、北京数字工软科技有限公司加入联合基金，经评审资助项目68项，资助总金额2901万元。发布国家自然科学基金区域创新发展联合基金（北京）申报指南，有效申报89项，区内企业联合高校院所申报27项；完成编制2022年申报指南，14家企业提出的14个科学问题列入指南方向。

（孙猛）

【中关村科学城城市更新与发展基金设立】 5月18日，中关村科学城城市更新与发展基金设立签约仪式在北京纳通科技集团总部基地举行，基金总规模300亿元。设立中关村科学城城市更新与发展基金是海淀区优化提升城市功能，增强产业引导和资源管控能力的重要举措，旨在发挥财政资金杠杆撬动作用，引入社会资本共同推进城市建设，解决区属国企建设产业项目资本金不足问题。签约仪式上，海淀区分别与北京建工集团有限责任公司、中国建筑第七工程局有限公司、上海宝冶集团有限公司签订战略合作框架协议。三家企业分别引入金融机构共同组建基金。按照基金设立框架，在具体投资项目时，由各签约企业组建的基金公平竞争，择优选定，挖掘潜在合作。

（程晓荷）

【中关村科学城科技成长基金设立】 12月，区政府出资设立中关村科学城科技成长基金，首期规模15亿元。截至年底，中关村科学城科技成长基金投资决策北京红棉小冰科技有限公司和北京昂瑞微电子技术股份有限公司等项目，决策资金近2亿元。

（田京京）

区属主要金融企业简介

【北京海淀科技金融资本控股集团股份有限公司】 2021年，北京海淀科技金融基本控股集团股份有限公司资产总额284.73亿元，比上年增长17.08%；负债总额217.54亿元，比上年增长21.68%；净资产67.18亿元，比上年增长4.31%；归母公司净资产635069.95万元，比上年增长4.20%。海科金集团实现经营收入77.03亿元，比上年增长59.79%；实现利润总额9327.65万元，比上年增长133.79%；实现净利润4837.73万元，比上年增长122.27%；实现归属于母公司的净利润3649.94万元，比上年增长645.37%。

（陈晨）

【北京海金商业保理有限公司】 2021年，北京海金商业保理有限公司实现营业收入2828.02万元，总利润亏损1.58亿元，净利润亏损1.19亿元。亏损原因主要是计提资产减值损失1.62亿元所致。

（岳艳文）

【北京海鑫资产管理有限公司】 2021年，北京海鑫资产管理有限公司资产总额120.53亿元，比上年减少8.04%；负债112.36亿元，比上年增长6.14%；净资产8.16亿元，比上年减少67.59%；归属于母公司净资产-3.10亿元，比上年减少241.58%。公司实现经营收入30.12亿元，比上年减少23.95%；实现利润总额-18.14亿元，亏损比上年减少15.82%；实现净利润-17.01亿元，亏损比上年减少12.93%；实现归属于母公司的净利润-5.52亿元，亏损比上年增加13.21%。3月18日，发布《银海通产品管理办法（试行）》。银海通为资产公司创新增信业务，该产品基于银行房抵贷业务，资产公司提供增信服务，通过操作债权项目，可实现无风险增信收益，由中介渠道兜底。

（崔丽雅）

【北京海淀科技企业融资担保有限公司】 2021年，北京海淀科技企业融资担保有限公司新增担保业务规模80.8亿元（不含免责），比上年增长16.46%；委托贷款规模4025万元，比上年减少4.84亿元。完成营业总收入19345万元，比上年下降6.27%。其中担保及委贷业务收入17779万元，担保扶持基金管理费收入及其他收入1566万元，政府补贴收入576万元；实现净利润4576万元，比上年增长25.37%；在保余额70.38亿元，比上年增长14.68%。其中融资类业务在保余额为68.7亿元，比上年增长22.99%。发放超过1000万元创业贷款，惠及20余家科技创新和文化创意企业，解决企业的融资需求。开通绿色审批通道，快速审核放款400万的融资担保贷款服务，放款涵盖技术、文创等性质企业，为创业企业解决初期融资困难，提供精准的普惠金融支持。海淀科技担保和浙江网商银行合作推出基于“大数据风控+互联网技术+数字化担保”的“网商担保贷”，累计发放担保贷款6.52亿元，惠及近6000家微型企业及个体工商户。截至12月31日，海淀科技担保共获得24家银行授信，授信额度总计187亿元。

（徐嘉）

【北京中技科融小额贷款有限公司】 2021年，北京中技科融小额贷款有限公司实现营业收入1868.58万元，上缴税金534.16万元。公司在贷业务项目38个，贷款余额为24683.49万元，发放贷款61笔，金额36505万元；收回贷款89笔，金额35810万元。完成放款笔数8笔，金额6665万元，实现利息收入47万元。

（赵经纬）

【北京中技商业保理有限公司】 2021年，北京中技商业保理有限公司保理资产规模281192万元，比上年末增长25.91%；净资产规模即国有资产净额达30013万元；收入总额9630万元，上缴税金1122万元。公司在反向保理、资产证券化、集团内联动方面持续加大经营投入，开拓蚂蚁金服、中企云链、中铁银信、海淀区政府确权平台、北京市首贷中心等平台类资源，全年放款19户，累计放款26笔，累计放款金额9.86亿元。集团联动业务累计发放12户，累计放款金额7.61亿元。探索公开市场业务新模式，启动北京首单由专业担保公司提供外部增信的供应链证券化产品——“国金—中关村担保创新型企业供应链1号资产支持专项计划”，产品项目主要面向国家战略新兴产业和北京市“高精尖”产业领域核心企业及其上游供应商企业，采用基于应付账款为基础资产的反向供应链ABS模式。首期支持企业为安东石油技术（集团）有限公司合作的19家中小型供应商。被区金融办评为监管A类保理公司。

（赵经纬）

【北京中技知识产权融资担保有限公司】 2021年，北京中技知识产权融资担保有限公司为海淀区国有全资公司，完成产品体系，政采贷产品、房抵贷产品、法拍贷产品、小微快贷（科创\政采）、中企云链担保合作产品设计。实现收入1.13亿元，净利润5702.15万元。期末担保在保余额66.12亿元，期末在保笔数677笔，期末在保户数477户，银行类融资担保业务发生额58.89亿元。其中，海淀区企业融资担保户数为126户，占期末在保户数比重26.42%，融资担保金额为17.66亿元，占期末担保在保余额比重26.71%；科技型企业融资担保户数为212户，占期末在保户数比重44.45%，融资担保金额为17.93亿元，占期末担保在保余额比重27.12%；小微企业融资担保户数为383户，占期末在保户数比重80.29%，融资担保金额为47.76亿元，占期末担保在保余额比重72.23%。公司纳税金额3907.99万元。

（赵经纬）

【北京鑫泰小额贷款股份公司】 2021年，鑫泰小贷营业收入3195万元，利润总额2065万元，净利润1555万元，净资产收益率达到7%。公司入选市科委、中关村管委会2021年瞪羚企业名单。

（王璟）

市场监督管理

概述

新冠肺炎疫情常态化防控。2021年，海淀区市场监督管理局（简称区市场监管局）落实疫情常态化防控措施。对进口冷链食品进行全程防控和追溯闭环监管。核酸检测食品及包装、冷库等生产经营环境17.5万件、市场领域从业人员76.4万人次，推动21类人员新冠疫苗全程接种率达92.9%。开展疫情防控大检查，消除问题隐患7192个。统计分析购买“四类药品”[①]实名登记数据87万条，为新冠疫情流调提供数据支撑。区市场监管局召开农村地区和“七小”场所[②]疫情防控督导检查。每周对农村地区及“七小”场所开展检查，重点检查扫码测温、一米线、规范佩戴

① 四类药品：退热药物；止咳药物；抗感染药物；治疗咽干、咽痛药物。
② “七小”场所：小餐饮店、小食品店、小熟食店、小旅店、小浴室、小理发美容店、小歌舞厅。

口罩等防控措施，确保疫情防控工作落到实处。每日巡查药店，要求落实实名制登记销售退热止咳类药品、顾客进店测温验码等疫情防控措施。排查、检查各镇小饭桌点位及实际经营情况。

证照办理。落实外商投资企业注册登记“一窗办理”模式，实现“跨省通办”。全市首批试点开展“证照联办”改革，实现餐饮企业证照当日办结，准入即准营。落实“证照分离”改革任务，覆盖国家层面523个事项，自贸区范围内69个事项以及本市层面4个事项。推进药品零售经营许可审批改革，颁发全市首张取消350米距离限制的《药品经营许可证》。推进告知承诺制试点工作，实现对各类市场主体登记、股权出质等112项业务全覆盖，选用告知承诺完成的企业登记业务占比超过99.9%。试点海淀全域散装食品（不含熟食）告知承诺制，成功在自动售货设备经营领域实现先行先试。市场主体登记告知承诺制落实情况、登记注册便利化两项指标在全市排名第一。落地实施“一揽子”创新创优服务举措20条，其中争取率先探索实施的创新措施12条、争取领先的创优措施8条。

企业服务。优化升级“海淀企航直通中心”，建成“互联网通信+专属客服+服务团队”的政企沟通平台。企业“接诉即办”分中心接收工单6537件。组织推动中国质量奖申报工作，北京空间飞行器总体设计部和中国核电工程公司“华龙一号”研发设计创新团队获奖。建立10处“质量文化阵地”，推进质量安全知识走进社区和高校。完成海淀区时空质量基础设施“一站式”服务平台试点建设。

标准化建设。50家单位的65个项目获得633万元首都标准化战略补助，单位数、项目数、补助金额均居全市各区第一。设立海淀区标准创新发展专项资金；联想、纳恩博2家单位获批国家级消费品标准化试点建设。推进百城千业万企对标达标专项行动，发布12条依据国际或国外先进标准编制的对标技术方案，90家企业完成122条标准对标。

质量监管。加强食品、药品、特种设备和产品质量安全监管。推进海淀区国家食品安全示范城市创建工作，完成国家验收。开展食品、药品、保健品、医疗器械重点领域重要环节专项整治，加强新冠疫苗接种环节质量监管。科技赋能智慧监管，食品保质期“一码追溯”、阳光药店应用进一步拓展。全年食品抽检合格率98.9%、药品抽检合格率99.7%、化妆品抽检合格率98.4%，医疗器械抽检合格率94%，妥善处置疑似食品药品安全突发事件线索40余起。

经营管理。完成无证无照经营销账60户，销账进度100%。承办上级下派违法广告线索3.8万条次，占全市总量的70%；查处明星代言内衣广告内容“低俗”、在线教育“名师撞脸”等典型案例。指导网络直播平台建立健全侵权假冒违法行为防控机制。落实“双减”政策，查办教育培训机构违法案件。

消费领域监管。组织旅游市场、房地产中介等领域专项整治，加强价格和商务领域执法。办结行政处罚案件11557件，罚没款超过10亿元，其中包容审慎办理案件215件、减轻罚款1175.5万元。接办“接诉即办”工单20万件。承办国家市场监督管理总局、市市场监管局等渠道工单23.7万件，接收投诉举报43.7万件。推进预付式消费问题治理，加大网络消费纠纷问题破解力度。对网络直播平台及平台内经营者进行合规培训，指导“抖音小店”建立健全商品质量承诺和担保制度。开展汽车“三包期限”公示试点，加强汽车售后服务监管。强化缺陷消费品召回监管。培育诚信计量示范单位200余家。发布消费市场监测预警17次。开展消费教育活动，普及维权知识。

（郭洁）

市场主体注册登记

【政务智能客服“小海”全新升级】 年内，区市场监管局实现全市首个应用到政务服务的人工智能客服——“小海”全新升级，新增快递人员“上门取件”模块，应用行业领先的迁移学习技术，服务精准提升。完成人工智能应答75351通，占咨询电话总量的40.7%，实现政务服务成本与企业办事成本双下降。

（郭洁）

【全市首套电子印章发放】 1月20日，区市场监管局发放全市首套电子印章，实现企业开办领域执照、印章、发票“三大件”电子化模式全覆盖，在全新领域实现“简化企业办事流程，提升政务服务效能”，优化营商环境。

（郭洁）

【指导国有企业改制清退】 7月12日，北京首农食品集团有限公司（简称首农集团）下属企业北京市东北旺农场有限公司（简称东北旺农场）因“僵尸企业”注销难问题，向区市场监管局寻求解决建议。区市场监管局协助东北旺农场开展相关企业产权关系的梳理工作，通过对照翻阅涉及30余户企业数百页原始登记档案，理清本次清理涉及的24家企业的产权关系，详细指导企业准备注销登记材料，帮助东北旺农场快速、规范完成“僵尸企业”注销清退工作。

（郭洁）

【个人股权转让“先税后证”改革】 9月10日，区市场监管局与区税务局联动，对全区个人股权转让业务情况进行全面梳理，研判业务风险，对政策变动及时做好培训；企业重新调整业务流程，优化业务办理程序，提升服务质效。截至12月31日，税务部门共受理个人股权转让业务256笔，涉及税款816.16万元；市场监管部门线上线下办结股权转让登记业务14笔。

（郭洁）

【学科类培训机构“营转非”变更】 12月22日，区市场监管局会同区教委、区民政局等相关部门开展学科类培训机构“营转非”专项工作。摸清底数，梳理需要办理营业执照变更登记的义务教育学科类培训机构名单；召开政策宣讲和“一对一”贴身服务，帮助培训机构掌握知悉相关政策。开辟服务专窗，为相关企业开通“专人负责、全程指导、即时办结”绿色通道，优先办理“营转非”业务。优化“营转非”工作办理流程，有效避免“营转非”后企业违规使用原营业执照继续开展经营活动的隐患。通过“全程帮办、容缺受理、延时服务”，为相关企业办理包括名称、住所、经营范围在内的变更登记。海淀区17家义务教育学科类培训机构“营转非”登记注册相关工作全部完成。

（郭洁）

市场主体监管

【“双随机、一公开”监管】 年内，区市场监管局作为“双随机、一公开”[①]监管工作联席会议办公室，牵头制定《关于做好2021年海淀区“双随机、一公开”监管工作的通知》，将原有的17家联席会成员单位扩充至36家，明确考核指标和工作目标。梳理抽查事项清单，将各部门检查频次高、干扰大且适合合并的检查事项全部纳入跨部门联合抽查范围。市场监管、人力社保、民政、公安、海关、交通、生态环境、应急等多部门对经营性人力资源服务机构、机动车维修主体、旅店业、危险化学品经营主体、出口商品生产企业、殡葬用品经营主体等行业主体开展联合双随机抽查。全年组织或参与“双随机”抽查96次，涉及市场主体7800余户次，实现“进一次门、查多项事”，减轻企业负担。

（郭洁）

【企业经营异常名录管理】 年内，区市场监管局为进一步规范企业经营异常名录管理工作，制定《防范经营异常名录管理“两个风险”工作规范》，通过措施强化履职风险和廉政风险防范。全年共有企业、个体经营异常名录列入36574户、移出9557户。

（郭洁）

【联合执法】 年内，区市场监管局加大对无照经营、无证售烟等违法行为的打击力度，共查处无照经营69户次，罚款4.71万元，没收违法所得2.75万元。区市场监管局与区教委共同检查、共同约谈、共同办案，合力重点推进无证教育培训机构治理工作。区教委将在日常检查及受理投诉过程中发现的违规线索移交市场监管部门，移交违规线索241件次，涉及校外培训机构203家，区市场监管局立案187件，并对部分机构处以罚款24.3万元、警告等行政处罚决定。

（郭洁）

【城乡接合部重点村无证无照整治】 年内，区市场监管局组织相关街镇发动基层综治防控、村（居）委员会等自治组织力量，联合有关部门，对重点地区的无证无照经营主体情况开展全面排查，建立2021年城乡接合部重点地区无证无照经营台账并保持动态更新；共挂账无证无照商户32户，整治完成27户，正在整治中5户。结合海淀区2020年无证无照经营治理工作数据分析，4月初组织召开无证无照高风险地区工作交流会，对海淀区目前城乡接合部重点地区无证无照经营治理的成因和现状进行研究探讨，分析梳理存在的整治难点及对策建议。组织四季青镇、西北旺镇等对无证无照餐饮点位较为集中的西山村、永丰屯村等开展密集执法行动；逐户张贴“无证无照经营”警示贴，对无证无照餐饮经营者进行普法宣传，责令立即停止经营活动；综合运用责令停业、没收违法经营工具等多种执法手段，形成高压打击态势；加强检查执法频次，采取不定点检查、错时检查和突击检查等方式，对不配合关停工作的经营户开展执法行动，防止反弹复开。

（郭洁）

【北京市首家时空信息质量基础设施“一站式”服务平台揭牌】 9月23日，海淀区时空信息质量基础设施“一站式”服务平台在中关村空间信息技术产业联盟揭牌成立，这是北京市首家完成试点建设的质量基础设施“一站式”服务平台。该服务平台依托中关村空间信息产业技术联盟，为海淀区时空信息产业链相关企业提供计量、标准、认证认可、检验检测、质量管理、品牌等一揽子服务和解决方案，推动地理信息和遥感产业的发展与跨领域综合应用，统筹各级质量基础设施，强化全产业链、全生命周期的质量基础支撑，让企业少跑腿，多办事。

（钟冷　田京京）

市场监管

【20条创新创优服务措施发布】 6月17日，区市场监管局发布20条创新创优服务措施，从服务新发展格局、助推“两区”建设发展、发挥先行先试政策优势、落实市区两级重点工作任务等方面，持续深化“放管服”改革，进一步优化营商环境。20条服务措施涵盖市场准入、食品监管、药械监管、行政执法检查、质量提升、商标保护、互联网新业态监管、产品质量等各项市场监管业务。在这些措施中，属于争取率先探索实施的创新措施12条、争取领先的创优措施8条。

（钟冷）

【无证无照经营治理】 7月12日，区市场监管局制定《海淀区2021年无证无照经营行为整治专项行动工作方案》，明确整治任务目标、责任分工和工作措施等。理顺销账流程，以现场核查、不定期抽查、暗访检查等方式进行复核验收，降低反弹风险。全区60户无证无照计划整治任务全部完成系统销账，销账率100%。

（郭洁）

【“拒收现金”专项整治】 8月6日，区市场监管局开展“拒收现金”专项整治，排查辖区商场超市、宾馆饭店、公园景区等重点公共场所经营主体942户，严查利用格式条款、通知、

① 双随机、一公开：在监管过程中随机抽取检查对象，随机选派执法检查人员，抽查情况及查处结果及时向社会公开的一种监管模式。

声明、店堂告示等形式拒收现金的违法行为。

（郭洁）

【网络视频营销平台座谈会】 8月6日，区市场监管局组织辖区重点网络视频营销平台抖音、快手召开座谈会、培训会，开展商标保护法律法规宣讲，指导平台增强商标保护意识，避免网络视频营销活动中出现商标侵权假冒等违法行为。建立健全侵权假冒违法行为防控机制，推进平台择优培育“商业推广者商标保护典型”工作。

（郭洁）

【教育机构广告专项整治】 8月7日，区市场监管局坚持“线上线下一体执法”，排查教育机构广告宣传内容，严禁以“名师”“专家”“授权牌”“获奖牌”等为噱头虚假宣传，严肃查办教育机构发布虚假广告等违法行为。对155户学科类教育培训机构开展行政提示，明确告知培训机构在专项许可、价格、格式条款、广告宣传、消费者权益保护等方面的法定义务，要求各经营主体严格履行主体责任，切实保护消费者权益。

（郭洁）

【重大活动服务保障】 9月10日，区市场监管局成立2021服贸会服务保障工作领导小组，制订保障工作方案和应急预案，确保保障措施落实到位。会前加大对大型商场、重点餐饮服务单位以及特色食品街区、城乡接合部等社会面监督检查力度；其间每日对集配送餐企业开展巡查。9月10日，区市场监管局对涉及2022年冬奥会、冬残奥会场所首体场馆群内3个场馆、五棵松场馆群内2个场馆的特种设备建设、使用情况进行跟踪检验，建立场馆设备档案。对涉及冬奥会和冬奥系列测试活动的5家定点医院、2家宾馆酒店的2台特种设备开展执法检查。10月22日，做好测试赛服务保障工作，对场馆及服务商开展食品安全指导，组织开展全覆盖食品安全检查。整改市场防疫大检查发现问题。

（郭洁）

食品药品安全监管

【中药饮片专项整治】 年内，区市场监管局完成中药饮片专项整治，检查中药饮片使用单位212家次，覆盖率136%。专项整治期间（2020年7月至2021年6月）共抽检中药饮片147批次，其中不合格产品4批次，均立案处罚。开展国家集中带量采购中选药品专项检查，共监督检查300家次，质量抽检36批次，合格率100%，未发现违法违规使用。

（郭洁）

【药品不良反应监测】 年内，区市场监管局对辖区一级及以上医疗机构进行药品不良反应监测，100%全覆盖现场检查。报告药品不良反应1552例，比上年增长14%。

（郭洁）

【药械经营违法行为查处】 年内，区市场监管局完成国家药品抽检2批次，合格率100%；完成区级药品流通环节抽检100批次，合格率100%。完成医疗器械国家抽检2批次，不合格1件，对其做出行政处罚；完成区级医疗器械流通环节抽检20批次，合格率100%。

（郭洁）

【药械监管】 年内，区市场监管局运用“互联网+药械监管”应用模式，完善升级阳光药店应用场景，连续两年实现药店分级分类评定无纸化，基础数据实时更新；在电子文书中增加拍照取字功能，减轻录入工作量；开通药品零售企业在线年报，动态掌握全区药品零售行业发展状况；新增药械法律法规辅助查询，内置常用法律法规，方便执法人员一键检索；增加医疗器械产品数据库功能，实现医疗器械产品海量数据收集。

（郭洁）

【食品监管】 年内，区市场监管局利用科技手段实施食品保质期智慧监管。“一码追溯”实现货品从生产、运输、到店、上架、销售全程可溯。对覆盖超市发33家直营店的现制现售区域110余种单品、便利蜂便利店近200种短保质期实行食品智慧监管以及过期食品报警功能，避免消费者购买过期食品。

（郭洁）

【进口冷链监管】 年内，区市场监管局严格落实进口冷链食品“三专四无五不”管理要求，对进口冷链食品全程防控。指导并督促经营者销售进口冷链食品使用“北京冷链”追溯系统并按照《冷藏冷冻食品经营“六规范”》开展经营活动，日常加强对企业规范使用追溯平台的指导，确保“北京冷链”的有效运转。

（郭洁）

【药品零售企业审批改革】 9月1日，区市场监管局为海淀区高远百康大药房有限公司发放第179分店药品经营许可证，该药店成为全市取消药品零售企业之间350米距离限制后海淀区开办的首家药品零售企业。取消“350米间距”门槛可为药店选址提供更多选择，同时取消开办药品经营企业的筹建审批，将“先筹建”“后验收”两个审批流程合并为“新开办”一个流程，缩短审批时限，提升审批效能。

（郭洁）

质量技术监督

【电梯安全监管】 年内，区市场监管局编制《北京市海淀区电梯使用管理规则》，为电梯规范使用和安全管理提供可靠支撑。完成全年老旧电梯评估，推进电梯隐患治理，完成电梯物联网6500台四期建设任务。

（郭洁）

【标准化建设】 年内，海淀区共发布12个依据国际或国外先进标准编制的对标技术方案。50家单位的65个项目获得633万元补助，单位数、项目数和补助金额均居全市第一。海淀区企业——北京怡和嘉业医疗科技股份有限公司主导发布全国首个新冠肺炎疫情防控医疗器械国际标准项目；中机生产力促进中心主导制定国际标准，实现增材制造国际标准零突破。

（郭洁）

【全国首个新冠肺炎疫情防控医疗器械国际标准发布】 8月30日，国际标准化组织（ISO）和国际电工委员会（IEC）在官网发布国际标准《医用电气设备第2—90部：高流量呼吸治疗设备的基本安全和基本性能专用要求》，标准号为ISO80601-2-90：2021。这项国际标准是由海淀区高新技术企业——北京怡和嘉业医疗科技股份有限公司的陈兴文作为召集人，由中国提出并负责完成的首个新冠肺炎疫情防控医疗器械国际标准项目。2020年，新冠肺炎疫情快速蔓延并席卷全球，适用于低血氧症和中轻度单纯低氧性呼吸衰竭治疗的高流量呼吸治疗设备成为救治新冠肺炎患者不可或缺的重要医疗物资之一，但全球均无针对该产品的专用安全标准。2020年3月，全国麻醉和呼吸设备标准化技术委员会向ISO提出这项国际标准的立项申请；6月，ISO和IEC官网宣布立项投票结果，该项目分别以94.4%（18个P成员国中17个赞成）和94.7%（19个P成员国中18个赞成）投票通过；7月，该项目正式批准立项，ISO技术委员会先后召开5次国际工作组会议，来自中、美、德、法、英等13个国家的20多位专家研讨制定。ISO同意按照快速流程制定，历时13个月完成，是疫情以来ISO呼吸麻醉设备技术委员会第一个完全依靠线上会议讨论和制定的国际标准。此项标准既涵盖将空氧混合、加温湿化、气体流量及氧浓度监测集成为一体的集成式高流量呼吸治疗设备，也涵盖由多个部分，如气体混合器、湿化器、流量计等组合而成的设备，为保障高流量呼吸治疗设备的安全有效性起到积极作用，进一步完善了麻醉和呼吸设备领域国际标准体系，为全球疫情防控提供了技术支持。

（钟冷）

消费者权益保护

【消费调解】 年内，海淀消费者协会接收投诉检计15899件，其中96315系统10271件，自接5628件，共计解决投诉9506件。针对围绕预付式消费等领域投诉多发，加大调解力度。重点是针对“双减”政策下教育培训方面的投诉，认真做好咨询、解释和调解工作。解决多起教育培训等方面的投诉，针对北京金百万万城餐饮有限责任公司涉众投诉（371件投诉，涉及金额大概70余万元），基于回应消费者希望委托消协出面进行起诉的需求，与海淀区法院立案庭、速裁庭进行会议沟通。双方就涉众案件立案准备工作进行会商，就消费纠纷人民调解协议的司法确认流程进行务实性沟通。按区司法局部署，开展了人民调解员定级工作。

（郭洁）

【网络平台经营者法规“云培训”】 年内，区市场监管局针对网络视频直播平台投诉举报热点，结合市场监管部门法定监管职责，根据《中华人民共和国消费者权益保护法》《侵害消费者权益行为处罚办法》《网络购买商品七日无理由退货暂行办法》等法规，对“抖音”及其平台内经营者进行法规“云培训”，围绕虚假宣传、售后服务、产品质量、封号销号、打赏充值退费、发货速度、个人信息保护、视频内容、价格欺诈群众9方面内容进行讲解，促进网络视频直播行业健康有序发展。

（郭洁）

【突发舆情监管】 年内，针对北京权金城西八里庄酒店管理有限公司闭店关门，引发大量退费投诉和相关舆情。区市场监管局及时对该企业负责人开展约谈，了解相关情况，指导企业妥善处置消费者退费诉求，保护消费者合法权益。将该企业列入“黑名单”，对其登记注册进行限制，同时对其立案。针对权金城旗下的北京金沙国际品牌管理有限公司、北京权金城品牌管理有限公司、北京权金城上地酒店管理有限公司3家辖区企业进行核实并重点关注，防范相关风险。

（郭洁）

【“3·15”国际消费者权益日活动】 3月15日，区市场监管局开展以“守护安全 畅通消费”为主题的“3·15”国际消费者权益日主题宣传活动。整合区市场监管局各相关科室有关的消费安全提示，编辑《上新了，消费安全提示》宣传册，属地市场监管所开展主题宣传活动，号召企业、大学生志愿者及区市场监管局工作人员将电子版宣传册通过微信群传播；联系“海淀融媒”，在有数十万粉丝的“海淀第一手”快手号、“海淀抖一抖”抖音号平台播放“守护安全 畅通消费”宣传片及消费提示短视频，宣传片发布3天，获赞3000余次。到翠微集团进行“消费者保护工作实务”视频连线培训，对培训前收集的疑难问题，进行精准答疑解惑，取得良好效果。做客北京广播电视台北京城市广播《京城帮帮团》直播节目，讲解消费投诉热点问题，引导消费者规避消费陷阱、理性维权。开展诚信服务承诺活动，公布2021年度“诚信服务承诺单位”名单。

（郭洁）

统计

【概况】 2021年，海淀区统计局队（简称区统计局队）共编发统计报告300余篇，其中38篇获得区领导批示。收到数据需求160余次，提供数据9万余笔。在海淀区政府信息公开大厅发布统计数据信息200余条、指标千余个。完成调查任务40项，收集调查样本13.5万余个。编制《海淀区“十四五”时期统计发展规划》，经区政府审议后在全区印发。统计执法检查单位922家，立案查处77家，认定统计诚信示范企业8家。制作推出统计法律底线“26个不得”系列漫画、二十四节气国风插画，在快手、抖音、今日头条等平台举办海淀统计开放日大型直播活动，后台播放量突破87.4万人次。完成“我为群众办实事”项目295件。完成《抽样调查方法在专项调查样本库选取中的应用》《海淀区高端制造业发展研究》《应用大数据测算海淀区大健康产业规模初探》《海淀区5G产业发展监测研究》等多项研究成果。荣获“第七次全国人口普查先进集体”等称号，连续4年在全市统计系统综合考评中被评为优秀等次，连续13年获得全市优秀统计分析评比一等奖。

（军笑雨）

【建设统计调查数据平台】 年内，区统计局队依托“七人普”“四经普”“三农普”中获得的海量数据资源，搭建局队、街镇、社区（村）三级联动模式统计调查数据平台。平台实现在各街镇、社区（村）、委办局共享，以普查、调查数据和统计年定报数据等为基础，通过对数据精细化处理和深度融合，实现对海淀区产业、空间和人口布局全域感知，向全社会开放。

（军笑雨）

【市统计局调研实体零售企业】 3月2日，市统计局商调队到北京市翠微大厦股份有限公司调研。翠微大厦财务负责人介绍企业的基本情况、业务构成、执行新会计准则情况以及下一步发展规划和思路，提出企业在经营管理中遇到的主要困难、需要政府解决的问题及相关建议。双方就统计方法制度、营商环境、经营模式等方面进行交流。

（军笑雨）

【国家统计局调研组调研经济普查工作】 3月16日，国家统计局调研组到海淀区，调研第四次全国经济普查调查方案执行情况，并召开座谈会。调研组听取海淀统计局对海淀区第四次全国经济普查总体情况、主要做法、特色亮点、存在的问题及解决措施等方面的详细汇报，并就三方单位使用、两员选聘、多部门联动、普查结果应用等问题进行交流。调研组肯定海淀区取得的成绩，认可在数据质量把控、推进科技场景、普查工作中的具体应用。中关村街道、花园路街道、西三旗街道分别汇报辖区经济普查开展情况，社区、统计所、企业代表分别围绕基层工作难点、国家平台使用、查找孵化器企业等方面进行经验分享。

（军笑雨）

【市统计局调研小米公司】 3月23日，市统计局工业处到小米通讯技术有限公司调研生产经营情况，听取小米集团发展历程、经营理念、主营业务、主要产品、生产模式等情况的汇报，了解小米公司委托加工的产值计算、代工情况、芯片国际供需情况、产成品销售情况、利润成本关系等情况，就生产经营、企业发展等方面进行交流。

（军笑雨）

【《北京市优化营商环境条例》执行效果评估】 5月18日，市人大财经办、市统计局到海淀调研《北京市优化营商环境条例》执行效果情况。座谈会邀请度小满、医渡云、快手科技等9家独角兽企业参加，企业代表分别介绍公司的发展状况和遇到的困难，重点反映高端人才北京落户、数字经济、知识产权保护等领域遇到的问题，结合京沪两地的营商环境差异提出意见建议。

（军笑雨）

【《海淀区第七次全国人口普查公报》发布】 6月7日，区统计局、区第七次全国人口普查领导小组办公室发布北京市海淀区第七次全国人口普查公报，数据显示：2020年11月1日零时，全区常住人口为3133469人，与2010年第六次全国人口普查的3280670人相比，减少147201人，下降4.5%，年平均下降0.5%。

（军笑雨）

【统计进社区宣讲活动】 6月23日，区统计局队到学院路街道开展“统计进社区——海淀区七人普数据解读”宣讲活动，全面系统解读海淀区第七次全国人口普查主要数据成果，对社区进一步做好人口数据分析与共享工作提供指引，深刻认识海淀区当前面临的人口问题，对社区各项统计工作的开展起到促进作用。

（军笑雨）

【2021年海淀区养老现状满意度调研】 6月，区统计局开展海淀区养老现状及需求调研。调研结果显示：88.1%的被访老年人表示对目前生活满意。其中，54.5%的被访老年人表示非常满意，33.6%的被访老年人表示比较满意。分年龄段来看，中老年龄段的老人生活满意度高于初老和高老年龄段，中老年龄段老人的满意度合计为91.9%。被访老年人总体健康，在所有被访老年人中，九成以上能够完全自理，调研结果显示，比较健康的被访老人占比42.3%，非常健康的老人占比24.3%，有轻度疾病但能够完全自理的老人占比28.7%。

老年人日常生活追求健康，七成以上爱好外出运动健身。选择外出运动、居家娱乐、照顾家人或操持家务的老人占比位列前三。其中，选择外出运动的老人占比最大，占比为74.1%。被访老年人与家人关系融洽，多月数有家人或子女关爱和陪伴，调研结果显示，95.4%的被访老人表示与家人或子女关系融洽，81.6%的被访老人表示其子女会经常探望陪伴，其中，57.0%的被访老人表示其子女平均每周探望3次以上（含共同居住），24.6%的被访老人表示其子女平均每周探望1至3次。随着互联网时代到来，许多老年人逐步适应并使用智能手机及服务，越来越多老年人脱离智能手机“弱势群体”。被访老人中，智能手机普及率为75.0%。微信、网上购物、看短视频是被访老人主要使用的智能服务，且主要使用微信、网上购物、视频App等服务。

（钟冷）

【京津冀协同发展统计监测】 7月6日，市统计局在海淀召开京津冀协同发展统计监测实地调研座谈会，海淀、丰台、通州、大兴统计局队，中关村科学城管委会和区发展改革委等单位参加座谈。市统计局区域协同调查处介绍京津冀协同发展统计监测工作总体情况，各参会单位分别介绍本区、本部门在疏解北京非首都功能、主动服务河北雄安新区建设，以及围绕重点区域、重点领域开展京津冀协同发展统计监测的具体情况，研讨破解难题、夯实基础、加强协同、提高质量等内容。

（军笑雨）

【市统计局调研电子统计台账】 7月20日，市统计局设计管理处到用友网络科技股份有限公司，调研企业电子统计台账工作情况。听取公司的发展历史、组织架构、核心技术产品及市场占有率等方面的介绍，以及自行建立统计台账的过程和经验；区统计局分享海淀局队构建应交增值税专项指标台账的研究历程和相关成果；就用友财务软件添加统计模块生成电子统计台账的可行性、报表单位范围、台账形式等方面进行交流。

（军笑雨）

【统计开放日活动】 9月24日，区统计局队举办2021年海淀统计开放日活动，在快手平台"海淀融媒"账号、抖音平台"海淀抖一抖"账号、今日头条"北京海淀"账号、知乎平台"海淀融媒"账号、微博"海淀新闻"账号进行直播。活动以"践行统计初心 为群众办实事"为主题，区统计局作题为"科技赋能 数据显能 统计调查数据平台服务区域智能决策"的演讲；展示海淀区第七次全国人口普查数据成果，包括常住人口、户别人口、人口地区分布、性别构成、年龄构成、受教育程度、城乡人口、民族人口8个方面的主要数据；展示原创MV《统计少年》和文创成果。累计观看量87.4万人。

（军笑雨）

【人口抽样调查工作调研】 11月2日，区统计局队到紫竹院街道调研2021年度人口抽样调查工作，实地走访魏南社区，查看人口抽样调查员通过PAD端采集人口信息情况，详细询问抽样调查中遇到的问题。11月8日，市统计局人口和就业统计处到甘家口街道建设部社区居委会调研人口抽样调查工作，实地查看社区地缘性资源利用、疫情期间辖区人口动态监测、社区人口信息档案建立等情况。

（军笑雨）

【《海淀区"十四五"时期统计发展规划》印发】 12月14日，经区政府研究同意，印发《海淀区"十四五"时期统计发展规划》（简称《规划》）。《规划》主要内容包含2个规划背景、3个总体战略、6个重点任务和4项保障措施。6个重点任务包括：完善高效协同合力并进的现代化统计管理体系，改革完善"两级机构三级网络"统计管理体系，加快建设高效能的现代化统计调查体系，推动打造全方位的现代化统计法治监督体系，积极参与统计制度方法改革创新，推进统计工作"数字化"创新。4项保障措施包括加强组织领导，提高工作推动力；加强统计队伍建设，着力培养高素质专业化统计人才；强化投入保障，确保规划顺利实施；强化监督检查评估，确保规划任务圆满完成。

（军笑雨）

【市统计局调研教育事业】 12月21日，市统计局社会处到海淀调研教育事业发展情况。区教委介绍海淀区教育领域生源规模、发展特点、存在的问题等，重点介绍学区制改革与集团化办学成果，向市统计局解答海淀区师资力量及人员编制情况、教育事业费用情况、普惠性幼儿园建设情况、教育资源输出情况及"双减"后教师流动情况等。

（军笑雨）

审计

【概况】 2021年，海淀区审计局（简称区审计局）组织开展审计项目34个，查出主要问题金额36.31亿元，政府投资审减金额7.98亿元，审减率14.13%，发现非金额计量问题95个，审计期间整改金额0.62万元；出具审计报告和专项审计调查报告56篇。审计处理处罚金额5.12亿元，审计促进整改落实有关问题资金1.76亿元。提出审计建议617条，提交审计信息126篇。与区委办等部门形成协作沟通机制，承办2次审委会、1次经济责任联席会。推动出台完善58项区级及部门规章制度，移送相关线索2条。《专业化审计队伍建设》论文获评第五届北京审计青年论坛大会优秀奖；《构建新发展格局中关于政府投资审计转型的思考》《大数据审计环境下如何深化部门预算执行审计全覆盖》等论文入选中国审计学会论文集，占北京市入选数量的50%。

（尹广景）

【预算执行审计】 年内，区审计局在区本级预算执行审计中，对美丽乡村建设、人居环境奖励等专项资金进行绩效审计，揭示财政绩效管理不规范等6类18个问题。对76家一级预算单位预算执行情况进行数据审计，并延伸150个事业单位，审查数据量达352GB，形成新增审计分析模型15个，揭示预决算编制不完整等7类507个问题。对区城管委等4个重点部门所属的9个二级预算单位开展现场审计，发现基层预算单位还存在资产管理不规范、预算执行率低使用效益不高等问题。

（尹广景）

【经济责任审计】 年内，区审计局深化经济责任审计，促进权力规范运行。向区委审计委员会报送《2020年度经济责任审计全年工作报告》。对17家区属单位的28位主要领导干部开展任期经济责任审计，对区水务局、东升镇2家单位同步开展自然资源资产审计，重点对水资源管理、集体土地征用和生态林补偿等情况进行审计，聚焦项目目标实现程度及实施切实效果，进行绩效审计。

（尹广景）

【政府投资审计】 年内，区审计局对三山五园艺术中心、老旧小区环境整治等政府投资重点项目进行审计。组织专业团队，对中关村大街沿线夜景照明工程（二期）项目实施立项审计。紧紧围绕"绿色、共享、开放、廉洁"的办奥理念参与冬奥北京赛区（海淀）测试赛服务保障工作，监督资金使用、采购执行等环节，有效保障资金合理使用。对历年委托项目建立问题清单，加大对中介机构监督力度。组织召开审计报告联审会16次，审核54个项目决算报告，完成审核决算报告批复项目60个。

（尹广景）

【专项资金审计】 年内，区审计局围绕住房、消费、金融产业发展等重点民生领域，开展保障性安居工程资金投入和使用绩效审计、促消费专项资金审计、金融产业发展专项审计，揭示政策制定不完善、执行不规范等问题。对区财政经费支出压减、15家区域行业协会商会收费管理、中央直达资金执行效果等情况进行审计调查。完成保障性安居工程、信息化建设两项市区联动审计项目。

（尹广景）

【审计整改落实】 年内，区审计局出台《海淀区关于进一步深化审计整改工作的方案》，完善审计整改长效机制。自主研发审计项目整改系统模块，对审计整改事项进行动态管理。与人大、纪委、巡察办等多部门建立整改联动工作机制，研究出台《关于区委巡察与审计工作协作机制的意见》等多项协作制度，加强审计整改现场联动检查，促进整改落实。协助24家单位，就市审计局对海淀区领导经济责任审计发现的问题进行整改，提升整改精准度。

（尹广景）

国有资产监管

【概况】 2021年，海淀区人民政府国有资产监督管理委员会（简称区国资委）直接监管企业18家。区属国有及国有控股企业资产总额3468亿元，比上年增长6.66%；所有者权益931亿元，比上年下降1.98%；归属母公司所有者权益742亿元，比上年增长0.77%。实现营业总收入422亿元，比上年下降3.08%；实现归母净利润12.3亿元，比上年下降49.14%；上缴税费25.37亿元，比上年下降3.73%。

表19　2021年海淀区国资委直接监管企业一览表

序号	企业名称	企业简称
1	北京市海淀区国有资本运营有限公司	海国运营
2	北京市海淀区国有资产投资集团有限公司	海国投
3	北京海淀置业集团有限公司	海淀置业
4	北京实创高科技发展有限责任公司	实创高科
5	北京海开控股（集团）股份有限公司	海开控股
6	北京翠微集团有限责任公司	翠微集团
7	北京海融达投资建设有限公司	海融达
8	北京中海投资管理有限公司	中海投资
9	北京西农投资有限责任公司	西农投资
10	北京海工控股集团有限责任公司	海工控股
11	北京绿海能环保有限责任公司	绿海能
12	北京实创科技园开发建设股份有限公司	实创股份
13	北京海淀科技金融资本控股集团股份有限公司	海科金
14	北京市海淀区保障性住房发展有限公司	海保发
15	北京海房投资管理集团有限公司	海房投资
16	北京海淀文化旅游产业发展集团有限责任公司	文旅集团
17	北京市通联实业有限责任公司	通联实业
18	北京市海淀区市政服务集团有限公司	海淀市政集团

（朱锐）

【北京市海淀区国有资产投资集团有限公司】2021年，北京市海淀区国有资产投资集团有限公司（简称海国投集团）以“稳大局、调结构，促转型、谋发展”为主旨任务，优化产业布局，形成城市服务、金融投资、低碳环保、文化教育、资产管理五大核心业务板块。实现营业收入177亿元，资产总额1694亿元，利润总额9.3亿元。

监督管理。参与制定《中介机构管理指引》，负责会计师事务所名录的建设维护工作，对选聘会计师事务所事项进行备案管理。对一级监管企业开展财务尽职调查、银行账户管理专项审计等工作，对所属企业财务收支、经济活动、“三重一大”事项执行情况、内部控制等方面开展内部审计监督；对主要业务部门负责人和下属企业负责人任中和离任进行经济责任审计等。

资产处置。完成大地花园酒店、深圳新闻大厦等非主营业务资产处置。海国投集团控股公司北京海淀科技发展有限公司分立分步骤完成财务性出表，实现不良资产有效剥离，资产结构进一步优化。海国投集团控股公司北京三聚环保新材料股份有限公司和北京石油化工学院等单位共同研发的“基于变温变压径向固定床的吸附法有机废气治理新技术”，获“石化联合会2021年度科技进步奖”二等奖。海国投集团控股公司北京中关村中技知识产权服务集团有限公司以知识产权为核心，打造创业投资、科技担保、商业保理、科技信贷、科技评估、知识产权大数据分析等服务，覆盖企业全生命周期的一体化科技金融服务体系，累计业务规模28.10亿元；小贷模块加大渠道机构业务合作力度，实现放款1.06亿元。

项目建设。承担的国家工信部“绿色制造系统集成项目”、黑龙江省百大重点项目——“龙油550项目”实现全面投产。完成中关村论坛永久会址的规划方案，组织设计单位形成初步的建筑设计方案；中关村论坛永久会址项目01地块麦德龙（万泉河店）搬迁地址杏石口路1号，完成结构检测、方案设计、场地拆除、核酸检测点搬迁、施工招标及工程主要建设任务的90%。推进棚改项目——宝山村、双新村回迁安置房建设（2个）及资金平衡地块上市。宝山村棚改项目回迁安置房完成一标段工程主体结构封顶工作，双新村棚户区改造项目农民回迁安置房一期工程荣获“2021—2022年度北京市建筑结构长城杯金质奖”工程。

（余璐）

【国有企业改革】年内，区国资委制定印发《海淀区国资国企改革发展“十四五”规划》《海淀区国企改革三年行动实施方案（2020—2022年）》，明确未来5年国资国企发展目标和阶段性重点工作。完成第二批事转企改革任务，市政集团基本形成“环卫、路政、园林、固废、公厕”五大主业板块融合协同的新发展态势。翠微集团完成翠微店A座、鼎城店重点调改；收购海科公司持有的翠微股份股权；翠微股份“商业+科技”模式取得实效。海开控股参与中关村科学城北区园区建设，推进东升科技园二期项目、云中心二期项目开发建设。全面完成23家区属全民所有制企业公司制改革任务。

（朱锐）

【国有企业经营发展】年内，区国资委指导区属国资国企推动工业用地、低效楼宇改造，推进中关村科学城北区自贸区科创片区一级开发进程和中关村南区城市更新空间优化。完成全口径投资51.99亿元，供地7宗，新释放产业空间45.2万平方米。围绕中关村科学城北区建设探索形成“空间+服务+投资”运营模式，推进“硬科技”“独角兽”两大创业孵化加速基地项目落地，聚集各类硬科技企业700余家。强化中关村南区产业空间管控利用，收购整合亿世界等物业近6万平方米，双新村、宝山村约58万平方米回迁安置房实现开工。完成蓝润大厦等一批区属重点楼宇改造升级，引入46家高精尖企业。风机二厂、锅炉厂、柳林厂加速向数字文化产业园和专业化科技园区转型。海国投围绕城市更新开拓新业务领域。海开控股圆明天颂、瑞泽家园项目取得预期效果。海淀市政集团与清华大学、国家机关事务管理局达成项目合作协议。中科大脑首创城市大脑逻辑模型，形成“脑库”（TT）城市大脑基础平台、城市管理一网统管、政府服务一网通办三大产品线，为海淀城市治理赋能。

（朱锐）

【国有资产管理】年内，区国资委出台《海淀区区管企业领导人员管理规定（试行）》《海淀区区管企业选聘职业经理人工作办法（试行）》，探索企业领导人员市场化选拔、考核和激励机制；完成翠微集团、海国运营、海工控股、董事会设立工作；完成实创股份、海融达、实创高科董事会换届工作；完成海科金、海国投董事调整工作。组织区属国企上缴国有资本收益49854.08万元。办理人大代表建议提案2件，满意率100%。区国资委受理12345市民服务热线投诉件（“接诉即办”）4188件，承办2353件；办理信访件84件，办结率为100%。开展安全生产督查检查286次，安全生产形势平稳。

（朱锐）

中关村海关

【概况】2021年，中关村海关征收税款8.23亿元。整体通关时间3.94小时，比上年压缩27.8%，提前申报比例97.17%。新注册企业737家，实有企业10359家。开展AEO认证作业10起。审批征免税证明6863份（其中手工单证2131份），减免关税和进口环节增值税41.4亿元。集中审核原产地证书42613份，签证金额28.1亿美元。出口产品节约境外关税约8803万美元。受理出境特殊物品申报2201批次，比上年增长37.04%；货值10407.04万美元，比上年增长116.86%。办结稽查作业42家，其中常规稽查8起、专项稽查34起；补税入库约1.83亿元。核查作业22起，绩效完成率100%。为出境伴侣动物开展检疫632批次704只，涉及美国、德国、俄罗斯、日本、阿根廷等29个国家和中国澳门地区。围绕《中华人民共和国国民经济和社会发展第十四个五年规划和2035年远景目标纲要》中的产业政策在科技创新、农业农村方面开展调研，撰写调研报告，报送税政调研建议16份。

（张宁）

【中关村综合保税区申建】 年内，中关村海关会同区商务局、区发展改革委、清华科技园、中关村软件园等政府部门及园区代表，对数字经济产业、大健康产业、集成电路产业、先进制造、国际贸易和科创服务平台等36家不同领域企业开展调研，了解产业现状，征集企业建议及相关需求。到上海、深圳、海口、大兴国际机场综保区、天竺综保区走访调研，与新航城控股有限公司和天竺综保区管委会就四至规划、土地性质、产业定位、招商引资、区内运营管理及体制机制等申报有关的核心问题进行沟通，并提出建设性意见。协助区政府初步确定打造以集成电路和医疗健康为核心，以人工智能和科技服务为重点，拓展总部经济、数字经济、融资租赁、跨境电商、高端软件服务外包等业态创新为方向的“2+2+N”[①]综保区保税业务谱系，向市政府正式提交中关村综保区申报材料。

（张宁）

【服务“两区”建设】 年内，中关村海关协助海淀区报送“两区”制度创新案例1个，结合数字经济发展现状开展3次数字经济专项调研，完成数字经济调研报告。到海淀区企业龙芯中科技术有限公司，实地调研集成电路前沿领域开展情况，为企业提供政策指导和服务，支持其用好用足科技创新和“两区”建设政策红利。参加由区商务局主办的走进“两区”政策速递专题沙龙第一期活动，为130家企业开展“海关优化营商环境、促进跨境贸易便利化”政策宣讲，向企业推广知识产权海关保护、“单一窗口”等相关内容。

（张宁）

【优化营商环境】 年内，中关村海关落实海淀区服贸会重点工作，撰写《海淀区外商投资指引》中外资企业海关办事指引部分，海淀区相关网站及公众号通过线上与线下中英文双语发布。为海淀区政务服务中心开展线上政策解读答疑专题培训。开展海运集装箱运力运价问题研究调研工作和自主知识产权企业问卷调查。推荐辖区3家企业参与北京海关真空包装等高新技术货物布控查验协同试点工作。开展“走进服务对象”系列活动，为清华大学、北京大学、中国科学院系统相关单位，东方科仪控股集团有限公司等300余家减免税用户单位及相关代理企业举办“减免税管理办法线上专题培训”，在线答疑解惑。到北京大学和北京大学医学部实地调研，指导科研教学设备的减免税进口工作。会同北京海关企管处、天竺海关，就清华大学承担的位于四川锦屏国家重大科技基础设施项目核心仪器设备进口进行通关保障交流，解决项目核心设备及其原材料进出口通关环节的瓶颈问题，保证该项目首批重要原料通过天竺综保区进口。

（张宁）

【出口原产地管理】 年内，中关村海关集中审核出口原产地证书42613份，比上年增长8.3%；涉及出口货物金额28.1亿美元，比上年增长30.1%；现场签发证书14181份。推动实施“零接触出证”“同城邮寄签证”“自助打印签证”“预约取证”等便利措施。对30余家出口企业就《区域全面经济伙伴关系协定》（RCEP）原产地规则及关税优惠等内容开展宣讲。

（张宁）

【特殊物品和生物材料检疫监管】 年内，中关村海关受理特殊物品申报2201批次，涉及货值10407.04万美元。到北京生命科学研究所调研，针对该所拟全国首次进口非洲鳉鱼用于再生医学研究的需求，开展政策指导，共同探索该物种作为新型模式生物引进的可行性，向北京海关上报《科研单位进境模式生物监管调研报告》《进口动物细胞系风险分析》。

（张宁）

3月11日，中关村海关对部分出口企业开展RCEP原产地规则政策宣讲（中关村海关 供图）

① 2+2+N：综保区保税业务谱系即以集成电路和医药健康为核心，以人工智能和科技服务为重点，拓展总部经济、跨境电商、数字文化、融资租赁、高端软件服务外包等N个新型贸易服务业态。

【疫情防控物资出口管理】 年内，中关村海关针对秋冬季新冠疫情反弹后出口量增加的情况，为保证新冠病毒检测试剂出口，针对贴牌生产、原料出口等新需求，调研制订方案。针对后续进入商务部出口防疫物资白名单企业，一对一辅导，逐条讲解政策要求。针对新冠病毒检测试剂HS编码调整情况，及时告知企业，提醒企业规范申报。为本土企业自主研发的新冠疫苗顺利出口建立24小时联系沟通机制，制订现场查验方案，给予鼻喷流感病毒载体新冠疫苗研发企业出口属地申报指导。

（张宁）

【新冠肺炎疫情常态化防控】 年内，中关村海关持续抓好口岸疫情常态化防控工作，顶格落实口岸疫情防控措施，强化人、物同防工作，特别针对冷链运输的生物试剂材料，做好查验人员安全防护工作。

（张宁）

烟草专卖与管理

【概况】 2021年，北京市海淀区烟草专卖局（北京市海淀烟草公司）（简称海淀烟草公司）资产总额132231.33万元，比上年增加8149.65万元，增长6.57%；净资产126011.64万元，比上年增加8110.15万元，增长6.88%；固定资产净值3441.42万元；流动资产128471.91万元。全区有效户3213户，正常经营户3090户。移送公安机关要案4起，移送市场监督局无证经营案件37起。审核行政处罚案件99起，审查行政处罚案卷95本。

（刘奕歌）

【烟草专卖经营】 年内，海淀烟草公司完成销量81308箱，完成年销量计划的93.84%，比上年减少4634箱，下降5.39%。实现税利65482万元，比上年下降2.72%；实现毛利60781万元，比上年减少1032万元，下降1.67%；实现单箱销售额38085元，比上年增加1629元，增长4.47%。一类烟销量比上年增加272箱，增长1.09%；二类烟销量比上年减少931箱，下降4.45%；三类烟销量比上年减少3617箱，下降9.1%。销售重点品牌卷烟73902箱，比上年减少2877箱，下降3.75%；重点品牌销量占比90.89%，比上年上升1.55个百分点。销售低焦油卷烟23798箱，比上年减少1306箱，下降5.2%。

（刘奕歌）

【烟草违法案件查办】 年内，海淀烟草公司与相关职能部门联合执法，查办违法案件156起，其中5万元以上要案22起，查获各类违法卷烟513.81万支，其中假烟92.24万支、走私烟89.12万支。依法向公安机关移送追刑6人。

（刘奕歌）

【烟草行政执法】 年内，海淀烟草公司移送公安局要案4起，移送区工商局无证经营案件37起，抄备区检察院要案4起，案件移送、抄备率达100%。审核行政处罚案件99起，审查行政处罚案卷95本。参评市烟草专卖局组织案卷评查1次，参评案卷5本。区政府参评案卷15本，成绩优秀。

（刘奕歌）

【烟草行政许可】 年内，海淀烟草公司共办理行政许可2314件，其中新办行政许可780件、变更行政许可164件、延续行政许可786件；停业14件；恢复营业2件；补办6件，歇业250件；责令停业整顿0件，审批注销148件；收回165件。全区有效户3213户，正常经营户3090户。

（刘奕歌）

【预警处理】 年内，海淀烟草公司内管部门向营销部门发送《改进建议书》27份；向专卖部门传递《市场反馈单》26份；涉及零售户566户次：外流零售户212户次，违规零售户93户次。

（刘奕歌）

【卷烟市场节日整治行动】 1月9日，海淀烟草公司开展元旦春节卷烟市场集中整治行动，采取错时、交叉、突击检查措施，共出动人员66人次，检查85户次。立案5起，查获违法卷烟10.72万支。

（刘奕歌）

【“3·15”普法宣传活动】 3月15日，海淀烟草公司开展“线上+线下”烟草相关法律宣传活动。活动现场，法制人员和执法人员通过发放宣传手册和卷烟实物样品，向消费者介绍卷烟真伪鉴别方法和举报投诉方式，共发放宣传资料150余份。公司公众号“海淀金叶”设置《法律空中讲堂》专栏，发布“3·15消费者权益保护”专题，通过常见案例，向零售户、社会公众宣传相关法律法规。

（刘奕歌）

【“控烟集中执法月”专项活动】 5月11日，海淀烟草公司启动以“践行金叶职责 守护校园安全”为主题的“控烟集中执法月”专项活动。宣传学习《中华人民共和国未成年人保护法》和涉烟（含电子烟）规定；细化行政许可方面中对幼儿园认定、出入口界定、测量方式、测量次数等制度，确保零售许可证实地核查工作的内容与程序统一规范；对辖区内校园周边零售户重新核查，按是否持证、地理位置、业态规模等要求，分门别类完善台账，对向未成年人销售卷烟、电子烟、未在显著位置设置不向未成年人销售卷烟、电子烟标志等违法行为的监督和处罚；与市场监管部门、区爱卫办协作配合，对销售电子烟零售户进行联合检查，重点查看是否存在向未成年人销售卷烟、发布虚假违法电子烟广告以及无证经营卷烟等情形，合力筑牢未成年人合法权益。

（刘奕歌）

【校园周边无证零售户专项检查】 5月17日至21日，海淀烟草公司联合区市场监督管理局，开展清理校园周边无证零售户专项检查工作。此次联合检查行动重点清理校园周边私藏暗卖的无证零售户，共出动检查车辆33台次，出动执法人员210人次，检查130余户次，立案4起，查获违法卷烟9万支，涉案金额8.99万元。对于许可证即将到期的持证户，联合区市场监督管理局进行相关法律宣传和指导，避免出现到期后继续经营的情形。

（刘奕歌）

5月17日至21日，海淀烟草公司联合区市场监督管理局开展校园周边零售户专项整治活动（海淀烟草公司 供图）

【普法直播进校园】 11月9日，区检察院联合海淀烟草公司等职能部门，面向高校学生开展普法直播进校园活动。海淀烟草公司通过网上直播的形式，向200多名师生介绍电子烟的特点及其危害，结合未成年人吸食电子烟涉毒典型案例，以及新修订的《中华人民共和国未成年人保护法》《北京市控制吸烟条例》，传授自我保护、预防犯罪等内容，强化师生对电子烟危害的认识。

（刘奕歌）

【“宪法宣传周”系列活动】 12月8日，海淀烟草公司组织开展“四方联动，深入学‘宪’，加强宣传，普法共建”宪法宣传周系列活动。利用“海淀金叶”微信公众平台向辖区零售户推送国家宪法日主题内容，在线开展普法专题讲座；深入一线走访零售户，现场讲解宪法相关知识，向消费者发放宣传材料；联合区人民法院行政庭、刑事庭，开展“三项制度”“八项监督检查”等相关制度文件宣贯讲解，组织预防职务犯罪警示教育培训、行政复议专题业务培训；联合区检察院未成年人权益保护部，开展“普法直播进校园守护青年助成长”线上直播活动，与区检察院就辖区未成年人保护、不向未成年人售烟、电子烟管理等问题进行线下座谈，商讨联合专项行动。

（刘奕歌）

【联合执法专项治理行动】 12月底，为落实《海淀区落实〈健康北京行动（2020—2030年）〉实施方案》要求，海淀烟草公司联合区市场监管局共同开展专项治理行动，本次行动建立健全部门联合执法工作机制，有效整合资源，形成闭环管理；双方涉烟投诉举报信息互通及时响应，切实解决群众诉求；落实《中华人民共和国未成年人保护法》有关要求，全面排查校园周围存量零售许可证持证户，建立工作台账，烟草专卖零售许可证到期前共同开展行政提示，告知到期后继续售烟将属于无证经营；面向烟草制品经营者宣传、宣讲新政策，指导显著位置张贴控烟标识；以案说法，要求经营者主动拒绝未成年人购烟要求，对难以判明是否为未成年人的，要进行身份证件查验。

（刘奕歌）

·案例选辑·

【查获2起无证经营卷烟案件】 1月1日，海淀烟草公司联合区市场监督管理局，在辖区某学校周边店铺内查获红塔山（软经典）、红塔山（硬经典）、中南海（焦油含量5毫克）等真品卷烟共计2.1万支，涉案金额1.3万元。在辖区某校园周边无证户店铺查获中华（软）、南京（雨花石）等真品卷烟共计5.16万支，涉案金额7.08万余元。

（刘奕歌）

【查获假私卷烟案】 1月8日，海淀烟草公司根据举报线索，联合海淀公安分局，在海淀区某地查获违法卷烟20.28万支，其中当场查获以南京（炫赫门）、南京（红）等为主的假私烟共计19.64万支，真烟共计0.64万支，涉案金额15.08万余元。4月1日，联合海淀区公安分局，在苏家坨镇某仓库查获非法生产烟草专卖品南京（炫赫门）、玉溪（软）、芙蓉王（硬）共计3个品种29.66万支，涉案金额26万余元，刑拘1人。

（刘奕歌）

【查获无证运输烟草案】 3月8日，海淀烟草公司在辖区某快递点，查获一起涉嫌无烟草专卖品准运证运输烟草专卖品案件。涉案卷烟不再使用传统运输手段，改为单一包裹只装两条卷烟的方式，由同一人寄出，不同人收货，共计400余个包裹。卷烟品种包括利群（软红长嘴）、利群（长嘴）、黄鹤楼（硬峡谷柔情）等共计13个品种1024条，涉案金额33万余元。6月8日，根据群众举报及前期线索，在辖区某物流场站查获无证运输烟草专卖品，被查获的卷烟全部采用印有“蓝色牛肉礼盒”的长方形食品包装箱伪装包装，违法卷烟共计1个品种20万支，涉案违法金额15万余元，经检验违法卷烟均为假烟。

（刘奕歌）

【查获2起非法倒卖卷烟案】 5月27日，海淀烟草公司联合区公安分局环食药旅中队、北太平庄派出所，查获一起非法倒卖卷烟大要案。根据群众举报，海淀区北三环附近1名嫌疑人长期从事假私卷烟分销行为。在前期调查基础上，专案组在嫌疑人车辆、库房等地，当场查获爱喜（焦油4毫克）、金桥（软混）、南京（炫赫门）等假私非卷烟，共计82个品种15.34万支，涉案金额12.24万元，刑拘1人。7月7日夜，联合海淀公安分局环食药旅中队及北太平庄派出所，查获一起非法倒卖卷烟大要案，在嫌疑人车辆、库房等地，查获中华（硬）、中南海（特高）、红塔山（软经典）等非渠道卷烟共计32.84万支，涉案金额44.25万元，涉案卷烟码段均已损坏，2名涉案当事人被刑拘。

（刘奕歌）

【查获走私卷烟案】 6月1日，海淀烟草公司与海淀公安分局环食药旅中队缜密侦查，在属地派出所配合下，于首体南路某库房中查获走私卷烟共计20.38万支，案值15.30万元，主要品种包括玉溪（硬DF）、520（SLIMS）、红双喜（软）等。2名涉案人员被公安机关刑事拘留。

（刘奕歌）

【查获2起违法卷烟案】 6月18日，海淀烟草公司在对辖区内一连锁经营品牌的多家商户进行突击检查，发现大量异常流动真烟、走私卷烟及假烟，包括中华（软）、中华（双中支）、爱喜（MENTHOL）等共计10.74万支，涉案金额25.46万元。此次检查共查办案件4起，其中1起构成“双5”[①]案件。7月8日，联合海淀公安分局环食药旅中队、北太平庄派出所，在辖区西三旗地区、建材城西路等地执法检查，共查获红梅（软黄）、爱喜（焦油4毫克）、紫气东来（祥瑞）等假私非卷烟共计45.54万支，其中真烟38.10万支，真烟卷烟码段均已损毁，假私7.44万支，总涉案金额58.24万元。

（刘奕歌）

【查获违法销售卷烟案】 11月30日，海淀烟草公司联合海淀公安分局，在辖区某商厦地下停车场内查获一起违法销售卷烟案件。查获南京（炫赫门）、贵烟（跨越）、爱喜（焦油4毫克）等非渠道卷烟、非法生产的烟草专卖品及走私卷烟共计41个品种4.32万支，涉案金额约4.2万元。

（刘奕歌）

区属传统工业管理

【概况】 9月，北京市海淀区工业公司改制为北京海工控股集团有限责任公司（简称海工控股），为海淀区国资委一级监管国有独资公司，主营业务为不动产租赁和轻型科技制造产业。有所属企业20家，其中国有及国有控股企业10家、集体企业9家、挂靠党群关系企业1家。合并报表企业完成收入11030万元，完成利润总额1940万元，实现净资产收益率5%。完成国资委经营业绩考核指标和各项管理任务。

表20　2021年海淀区工业公司所属企业一览表

序号	企业名称	企业性质	企业注册地址
1	北京砂轮厂有限责任公司	国有企业	海淀区清河三街99号
2	北京市海佳利企业管理有限公司	国有企业	海淀区车道沟南里A楼商业楼1层
3	北京京海联实业开发有限公司	国有企业	海淀区北四环中路283号
4	北京市海淀区海工湖畔文创有限责任公司	国有企业	海淀区玉渊潭公园北侧东钓鱼台甲1号
5	北京市海淀区铸钢厂有限责任公司	国有企业	海淀区白家疃村东口
6	北京市海淀区水泥厂有限责任公司	国有企业	海淀区北安河乡寨口
7	北京海工物业管理有限公司	国有企业	海淀区东王庄小区33号楼6层
8	北京领先饮食品有限公司	国有参股	海淀区太舟坞408号
9	北京六一生物科技有限公司	国有控股	北京市金融安全产业园内（房山区阎富路69号院25楼）
10	北京市康而富商贸有限责任公司	国有控股	昌平区科技园区中兴路10号
11	北京市华都换热设备厂	集体企业	大兴区黄村镇芦城创新路9号
12	北京市海淀区机电设备厂	集体企业	海淀区南海淀23号
13	北京长城节能锅炉厂	集体企业	海淀区苏家坨镇柳林村
14	北京市第二皮鞋厂	集体企业	海淀区新街口外大街文慧园南路2号

① “双5”案件：本地或者外地持证零售户，违法违规经营卷烟5万支或价值5万元以上已做出行政处罚决定，且存在“二次批发、左右价格、扰乱市场”等行为的案件。

续表

序号	企业名称	企业性质	企业注册地址
15	北京市雪花冷冻箱厂	集体企业	海淀区阜外半壁店77号
16	北京风机二厂	集体企业	海淀区西三旗东路
17	北京中安电子集团	集体企业	海淀区东王庄小区33号综合楼6层
18	北京汽枪厂	集体企业	海淀区西四环北路131号院1号楼215室（新奥特科技大厦2层）
19	北京海淀电子医疗仪器厂	集体企业	海淀区三才堂
20	北京第一机床电器厂有限公司	挂靠非公企业	海淀区中关村大街32号

（李浩文）

【“十四五”规划制定】 年内，海工控股制定“十四五”发展规划。规划总结公司“十三五”期间整体经营发展情况、营收情况以及制度改革情况，结合公司自身条件和市场环境因素，分析公司“十四五”发展趋势，明确深化体制改革、推进转型升级、健全租赁管理等“十四五”期间公司经营发展目标和重点工作任务，明确达成目标的意义和方法，为公司长期发展做出战略规划。

（李浩文）

【公司改制】 年内，北京市海淀区工业公司完成由全民所有制企业转型为国有独资公司的改制工作，名称变更为北京海工控股集团有限责任公司。海工控股建立公司董事会与监事会，修订公司章程制度，进行工商变更登记。改制产生股东会、董事会、监事会“三会”，完成现代企业决策制度，企业法人治理结构初步建立。八一湖旅社完成资产产权的清算及核定，改制为国有一人有限责任公司，名称变更为北京市海淀区海工湖畔文创有限责任公司。康而富商贸中心解决股权不清晰和租金拖欠的历史遗留问题，签署产权（股权）确权四方协议，完成股权确权，改制为有限责任公司，名称变更为北京市康而富商贸有限责任公司。

（李浩文）

【投资海国瑞鑫基金】 年内，海工控股出资1000万元，参与投资设立海国睿鑫基金合伙企业。两次向合伙企业分别缴款100万元、6.17万元，由合伙企业对具体项目进行投资。基金聚焦集成电路、人工智能、新基建、5G信息技术应用、智慧城市、新兴消费等领域，采用一级市场和一级半市场相结合的方式组合投资，尽量让基金尽快形成投资收益，加快资金的流转。

（李浩文）

【《国企改革三年行动方案》出台】 11月，海工控股经党委（扩大）会会议、董事会研究通过，制定海工控股《国企改革三年行动方案》（简称《方案》）并报区国资委备案。《方案》分总体要求、组织领导、具体措施三部分，在具体措施中又包含落实公司制决策运行机制、控股子公司改革工作、创新改革公司经营发展模式、落实企业内控管理和风险管理制度、人才队伍建设与成长、压缩控制企业数量和投资管理层级、推进公司社会化管理职能移交等7部分。

（李浩文）

农业农村

2022
北京海淀年鉴

农业

【概况】 2021年，农业农村工作围绕“促进农业高质高效、乡村宜居宜业、农民富裕富足”的目标，落实“五级书记抓乡村振兴”要求，农业基础持续巩固，农村改革持续深化，人居环境整治取得显著成果，走出一条城乡融合发展道路。全区共有水田、水浇地和果园等各类农用地4.86万亩，其中永久基本农田1万亩、永久基本农田储备区0.11万亩、耕地保有量储备区0.39万亩。粮田面积6512亩，菜田面积6627亩。蔬菜（含食用菌）完成播种面积10067亩，产量19314吨，产值10366.4万元，比上年分别增长6.8%、4.5%、40.5%。瓜果类播种面积627.6亩，产量1019.7吨，实现产值1237.4万元，比上年分别增长35.2%、89.0%、44.6%。农村集体资产总额突破2100亿元。

海淀区农业科学研究所被授予“北京市第二次全国污染源普查先进集体”称号，海淀区农业科学研究所被授予农业农村部“全国星级基层农业推广机构”称号。区农业农村局下属单位海淀区农业科学研究所所长郑禾获“2021年首都劳动奖章”，海淀区农业科学研究所职员张子鹤荣获“北京市第二次全国污染源普查表现突出个人”。

（潘高峰）

【北京西农投资有限责任公司】 年内，北京西农投资有限责任公司实现营业收入1.34亿元，比上年增长47.15%；利润总额8594万元，比上年增长61.71%。拥有7家直属单位和1家合资企业。

公司研究制定《西农投资国企改革三年行动方案》，确定15项重点工作任务。落实“河长制”，实施凤凰岭地块河道治理工程和辖区河道养护管理工作。落实“林长制”，开展林分结构调整工作，全面做好辖区生态林地病虫害防治及森林防火等管护工作。落实“田长制”，定期开展农业土地巡查。

旅游行业持续受新冠肺炎疫情影响，公司下属凤凰岭景区以提升服务和“降本增效”为切入点，以线上和线下相结合的方式，举办凤凰岭第21届杏花节、“文脉传久远 凤凰迎丹霞”非遗金秋游园会系列活动，打造“走千米步道，学百年党史”红色健身步道，推出文创产品杏花雪糕，启动凤凰水、凤凰卡等营销策划，继续提升和完善旅游品牌形象。贝家花园以“学党史，讲党史”为中心，开展“两道一线”[①]系列活动，持续发掘自身文化内涵。聂各庄敬老院严格落实疫情防控责任，实施全封闭管理，启用公共微信视频探视服务，实现管理质量和管理温度双提升。京海龙物业继续提升物业服务质量，深化垃圾分类工作，为凤凰小区居民安装助残扶手和电动自行车充电站。西山农场探索生态农业、科技农业和智慧农业发展模式，信息化、智能化升级改造日光温室大棚，种植高架草莓，努力增产增收。长安园公墓、西山公墓丰富产品层次、提升服务质量、创新服务项目，加强经营性公墓和公益性公墓管理。

（黄弈雄）

【2021年度2项民生实事完成】 年内，区农业农村局高质量完成农业废弃物回收和化肥农药减量增效2件民生实事。农业废弃物回收：在全区开展农药包装废弃物、废旧地膜、棚膜、滴灌带、肥料袋、果袋、育苗盘、遮阳网的回收工作。制定《海淀区2021年农药包装废弃物回收项目实施方案》《海淀区2021年农业投入品废弃物回收项目实施方案》，以绿色生态为导向，谁使用谁交回为原则，建立有偿回收、集中储运、统一无害化处理的工作模式，开展回收处置工作。化肥农药减量增效：选取100个点位进行测土配方施肥，通过测土施肥、以产定肥等技术手段，做到减氮、控磷、稳钾、补充中微量元素、提高肥料利用率，降低化肥使用量，根据土壤条件、主要栽培作物生物学习性和吸收肥料规律等，出具优化施肥配方40个。开展示范推广果树机械化施肥工作，为海淀区各园区提供社会化服务，果树开沟施肥示范面积约260亩，节约生产成本，解决当前人力短缺、人工成本高、生产不规范等难题。为71个园区配送优质颗粒有机肥6000吨、高效水溶有机肥12吨，推广面积1万余亩，减少化肥施用量，提高化肥利用率，减量增效效果显著。引进高效施药器械，对生产园区进行使用技术培训，转变农药使用理念和方式，使海淀区农药利用率维持在45%的较高水平。依托“北京市农药减量使用管理系统”，建立“海淀区植物医院”平台，开展绿控补贴。对海淀区从事蔬菜生产且购买使用补贴产品名录内如天敌、生物农药、理化诱控、授粉昆虫、高效低毒低残留化学农药等产品的农户和生产经营组织给予适当补贴，减少化学农药使用量。针对京西稻、草莓、叶类蔬菜和茄果类蔬菜开展病虫害专业化统防统治工作，完成统防统治服务面积4000亩次，降低农药使用频次和总量。

（林琳）

【农业科技】 年内，区农业农村局成功申报海淀区国家数字农业创新应用基地建设项目（设施蔬菜）。翠湖智慧农业创新工场高效设施农业项目竣工投产，是京津冀地区单体面积最大的智能温室。通过集成应用环境调控、水肥一体化、立体栽培系统、省力化装备、自动控制平台等设备，实现对温室内温湿度、二氧化碳、水肥的智能化管理，可提高劳动生产率50%以上，提升单位面积产量10%以上，水、肥、药等农业投入品使用率降低10%以上，实现相关技术产品集成应用示

① 两道一线：“白求恩大道”“林迈可小道”和“自行车驼峰航线”。

范、中试熟化、标准验证等功能。

（潘高峰）

【休闲农业】 年内，区农业农村局提升改造3个美丽休闲乡村、5个休闲农业园区、6户民俗接待户。全区累计有1个美丽休闲乡村、83个休闲农业园区、3户民俗接待户。

（潘高峰）

【农业新品种】 年内，区农业农村局优化辣椒和茄子一步成苗法。开展种质资源创新和新品种选育，选育出6个辣椒、7个茄子、2个韭菜优势新组合。2个辣椒品种①获农业农村部非主要农作物品种登记证书。优选5种乡土植物，参加上海第十届中国花卉博览会展品竞赛，获金奖1项（白花荆条），银奖1项（紫叶风箱果），铜奖6项（毛茛、东北羊角芹、并头黄芩、木蓝、匙叶小檗和金叶水腊）和优秀奖1项（轮叶婆婆纳）。

（潘高峰）

【粮食蔬菜生产】 年内，完成粮食播种面积6658亩，占北京市下达任务量的100.9%；产量2211吨，占北京市下达任务量的100.5%。完成蔬菜播种面积10067亩，占北京市下达任务量的107.1%；完成产量19314吨，占北京市下达任务量的104.4%。

（潘高峰）

【畜禽养殖】 年内，全区散户畜禽存栏鸡710只、奶牛190头、羊145头、鸭26只、鹅81只。教育系统中37家存在动物饲养情况，其中幼儿园（含办园点）24家、中小学13家，饲养动物种类52种，动物数量866只/头/羽。全区有微型动物园2个，其中稻香湖饲养动物11种、总数1272只/头/羽，实创饲养动物9种、总数142只/头/羽。

（潘高峰）

【渔业管理】 年内，全区共有渔业户24家，其中垂钓21家、观赏鱼养殖2家、苗种场1家。渔业面积369亩（24.6公顷）。完成市级渔业增殖放流任务，在南沙河水域放流草鱼、鲢鱼、鳙鱼鱼苗6500千克。

（潘高峰）

【高标农田建设】 年内，区农业农村局完成2100亩（140公顷）高标农田建设任务。建设项目包括上庄辛西力屯1个片区、前章村3个片区、八家村1个片区、常乐村1个片区、西北旺永丰屯村2个片区、土井村1个片区、唐家岭村1个片区和温泉太舟坞村3个片区共计13个片区，建设内容包括土地平整、灌溉与排水、田间道路、4G太阳能户外摄像头远程监控等。项目实施后土地权属不变，项目区耕地全部整理为高质量水浇地，道路通达率和抵御旱涝等自然灾害的能力显著提升。

（潘高峰）

【农田生态补贴】 年内，区农业农村局修订农田生态补偿政策，将划定的1.5万亩耕地保护空间，视同永久基本农田给予保护利用。执行国家禁止“非粮化”、防止“非农化”的管控措施，享受2500元/亩·年农田生态补贴标准的农用地范围，由1万亩永久基本农田扩大到1.5万亩耕地保护空间，补贴资金总量在原有基础上每年增加500万元，促进海淀区耕地保护和裁量生产保供工作开展。

（潘高峰）

【耕地撂荒治理和闲置设施整改】 年内，市农业农村局下达任务，海淀区疑似撂荒面积3686亩。经核查，实际具备耕种条件的撂荒耕地1483亩，已完成复种1413亩，未完成耕种70亩，复种率达95.3%。尚未完成耕种的70亩主要原因为地块存在法律纠纷、地块权属不明导致无法种植等。市级下达海淀区闲置设施303栋，全部设施均按要求整改完毕，整改率100%。

（潘高峰）

【“大棚房”专项整治】 年内，区农业农村局依据《海淀区建立完善严防“大棚房”问题反弹长效监管机制工作方案》，开展设施农业扫码巡查工作，对存在堆物堆料、撂荒、弃管等现象的责令整改。开展季度联合巡查4次，督促各镇村开展日常检查，建立台账。按照市级要求，开展“大棚房”问题专项清理整治行动“回头看”全面自查自改暨百日专项整治工作，全区共完成三轮巡查，未发现“大棚房”一、二、三类问题②新增反弹。

（潘高峰）

7月8日，区农业农村局工作人员进行耕地质量评价取样（区农业农村局 供图）

① 2个辣椒品种：海丰148、海丰188。

② 一类问题，在各类农业园区内占用耕地或直接在耕地上以设施农业为名违法违规建设非农设施，或按设施农用地审核或备案后，改变土地性质和用途，进行非农经营的。主要包括“私家庄园”、别墅、度假酒店、经营性住宅以及餐饮、住宿、娱乐、会议等设施。二类问题，在农业大棚内违法违规占用耕地进行非农业建设，主要包括住宅、餐饮、娱乐、会议、交易市场、仓储等非农设施。三类问题，农业大棚看护房建设严重超标准［标准为：单层、面积在22.5平方米（含）以内］，以及违法违规改变性质和用途进行住宅类经营性开发和建设餐饮设施等。主要包括以农业大棚名义进行非农业经营性开发的，农业大棚看护房超过两层（含两层）的，农业大棚看护房占地面积超过整改标准的。

【耕地质量监测与评价】 年内，区农业农村局实施耕地分类管理，更新《耕地土壤环境质量类别清单》，涉及耕地2338个地块，土壤均为优先保护类（未受污染），不存在安全利用类和严格管控类。开展耕地质量监测与评价，市级耕地质量长期定点监测点位3个，区级150个。根据全国第三次土地调查数据，2020年海淀区耕地质量等级评定为4.3（处于中上等），2021年耕地质量稳步提升。

（潘高峰）

【化肥减量示范推进工程】 年内，区农业农村局开展化肥减量示范推进工程，全面推广测土配方施肥，推广面积1.6万亩，出具优化施肥配方40份。增施优质颗粒有机肥7530吨，示范机械化施肥260亩；推广水溶有机肥料12吨，高效无机水溶肥10吨，水稻施用新型缓控释肥42吨。肥料利用率达42.8%，单位耕地面积化肥施用量降低至24.6公斤/亩。

（潘高峰）

【农业投入品废弃物回收】 年内，区农业农村局开展农业投入品废弃物回收处置行动，减少农业生产面源污染。农药包装废弃物共回收5.77吨，实现覆盖区域内无废弃农药包装，农田抽检清洁率90%以上。农业农药用量折百量6.42吨，单位耕地农药用量折百量145克/亩，农药利用率45.37%，统防统治覆盖率达45.43%，绿色防控覆盖率达61.97%。建立回收机制，回收农业投入品废弃物149.8吨，控制农业投入品废弃物对土地污染，推动农业绿色发展。

（潘高峰）

【政策性农业保险】 年内，全区政策性农业保险总保费为128.22万余元，区级保费补贴近51.29万元。承保面积3995.73亩、参保375户次；受灾面积2327.54亩、312户次，赔款122.49万元。

（潘高峰）

【种质资源普查】 年内，区农业农村局开展种质资源普查工作。成立农作物种质资源普查与收集行动领导小组，制定《海淀区第三次农作物种质资源普查与收集行动实施方案》。共普查和征集农作物种质资源29份。

表21　2021年海淀区种质资源名录一览表

序号	名称	序号	名称	序号	名称
1	甜核山白杏	11	红梅子杏	21	黑枣
2	玉巴达杏	12	白梅子杏	22	管家岭大杏
3	白樱桃	13	小蜜杏	23	晚熟黄杏
4	马牙枣	14	铁巴达杏	24	野蒜
5	一撮毛杏	15	丁黄巴达杏	25	糖梨
6	早香白杏	16	苦核山白杏	26	西山板栗
7	早黄杏	17	海巴达杏	27	胭脂红水稻
8	黄杏	18	李子	28	板叶心里美萝卜
9	葫芦枣	19	大歪嘴杏	29	鞭杆红胡萝卜
10	串铃杏	20	垛子桃		

（潘高峰）

【畜禽遗传资源普查】 年内，区农业农村局开展畜禽遗传资源普查工作。制定《海淀区畜禽、水产遗传资源普查实施工作方案》，开展畜禽水产种质资源普查培训，完成全区畜禽、水产遗传资源摸排并上报系统。普查结果显示，有畜种18个、品种41个、群体数量2996个。

（潘高峰）

【绿色有机农产品认证】 年内，区农业农村局认证绿色、有机企业及单位7家，绿色有机菜粮总量达485.8吨，发放有机、绿色认证补贴奖励资金35万元。

（潘高峰）

【农产品质量安全监测】 年内，区农业农村局开展农产品质量安全监测工作。制订《2021年北京市海淀区农产品质量安全监测计划》，为各镇配备38台农残快检仪器，发放检测试剂1万余份，区级检测水果、蔬菜等农产品420个，检测综合合格率99.5%；市级抽检蔬菜30余个，合格率100%；国家例行监测农产品16个，合格率100%。建成北京百旺农业种植园、四季青绿色果品采摘园两个全程农产品质量安全标准化基地。参照DB11/T 202、DB11/T 203建立与本基地实际生产相适应的农业企业标准体系，打造海淀农产品质量安全金字招牌。

（潘高峰）

【动物免疫】 年内，全区畜禽重大动物疫病累计免疫9853头（只）次，其中禽类禽流感三价累计免疫1987只次、偶蹄动物口蹄疫疫苗累计免疫3694头次、猪高致病性蓝耳病累计免疫987头次、猪瘟累计免疫2685头次、羊布病累计免疫64只次、小反刍兽疫累计免疫64只次、新城疫累计免疫372只次，应免率达100%。犬狂犬病累计免疫33614条。

（潘高峰）

【农机监管】 年内，区农业农村局开展减排和定位装置安装工作，加装拖拉机和联合收割机污染物减排控制装置13台，加装农机北斗定位终端21台。开展农机购置补贴工作，补贴金额近25.23万元。开展农机报废更新工作，完成农机报废更新1台。

（潘高峰）

【农村地区疫情常态化防控】 年内，海淀区农村防控组内设综合协调（监督检查）、组织动员、农村市场等7个工作组，办公室设在区农业农村局。牵头综合协调（监督检查）组工作，主要负责与市农村防控组、区疫情防控领导小组及各工作机构的协调联络、会议活动、日常工作运转和服务保障；制定工作方案，完善工作机制；承担农村地区疫情防控调研指导和监督检查，协调各成员单位按照责任开展工作，加强监督检查；指导各镇压实防控职责，落实好各项工作。下发工作提示13个、通知40余个。区农业农村局成立7个督导组，督导检查1073村（社区）次，发现整改问题443个。

（潘高峰）

【动物疫病防控】 1月，圆明园遗址公园的野生黑天鹅突发H5N8亚型高致病性禽流感，区防治重大动物疫病指挥部办公室启动应急响应，采取隔离、消毒、巡视排查、采样检测等应急措施，消杀禽流感疫情。5月，与22家动物医院签订病死动物及动物产品无害化处理合同，落实病死动物无害化全覆盖。全年无害化处理病死动物1162只（58986公斤）。对动物疫病进行监测，配合市级采样畜禽场、户、动物医院45个次，采集样品690份，其中禽类样品320份、畜类样品70份、犬猫样品300份，实验检测样品4000余份。社区（村）建立动物防疫协管员，实现社区（村）、镇、区建立三级防控目标。加强动物疫病防控网格化协管员培训，组织开展3期动物防疫协管员培训，培训协管员700余人次。

（潘高峰）

【国内首个5G空中草莓无土栽培系统研发成功】 3月，海淀区成功自主研发国内首个5G空中草莓无土栽培系统。采用5G通信技术、人工智能机器人等技术，把农业生产和科技场景展示有机结合，全生育期实现全程自动模式管控。《空中作物栽培系统》及《空中作物栽培控制系统》取得国家专利。数字黄桃“四系统一平台”体系建设成功，该系统以高品质有机栽培黄桃为模板，首次应用生长环境在线监测系统、物联网水肥一体化系统等技术，搭建数字黄桃云平台，实现“四系统一平台”的扫码追踪体系，促进“科技+农业”融合升级。

（潘高峰）

【海淀区农业综合执法大队挂牌成立】 4月16日，北京市海淀区农业综合执法大队挂牌成立。北京市海淀区农业综合执法大队为区委农工委、区农业农村局管理的行政执法机构，履行动物卫生、兽医兽药、种子、化肥、渔政、农药、农机、农产品质量安全等执法职责。区农业综合执法大队建立1个综合中队+5个片区中队+执法人员多重组配的“1+5+N”执法机制，将全区划分为5个执法片区，分别负责片区内农业领域全行业全方位综合执法。全年累计检查1.6万次，立案199起。执法案件零复议、零诉讼，在2021年度北京市农业行政执法考评中获优秀。

（潘高峰）

【北京市休闲农业“十百千万畅游”行动推介会暨第二十一届海淀区樱桃文化节举办】 5月22日，由北京市农业农村局主办、海淀区农业农村局承办的北京市休闲农业“十百千万”畅游行动推介会暨海淀区第二十一届樱桃文化节在海淀区凤凰岭公园举办。活动以“京华乡韵·醉美樱红”为主题，邀请北京市休闲农业领域知名专家、学者和新农人代表，探讨休闲农业发展趋势，展示北京市休闲农业发展成果，推介京郊各区休闲农业精品线路园区。举办“京华乡韵·京郊休闲农业高质量发展”专家论坛、“最美乡村·乐游在京郊”文艺作品大赛、“乐骑京郊”骑行、京华乡韵·樱桃擂台赛、市民樱桃采摘季、“冠军的假期”等活动，全市60余个优质樱桃样品参加擂台评比，评选出金奖园区1家、银奖园区3家、铜奖园区6家。海淀区钮金杰采摘园获金

3月，区农业农村局种植的5G空中草莓无土栽培内景（区农业农村局 供图）

奖，杨家庄村樱桃采摘园获银奖，王少强采摘园、张兰军采摘园获铜奖。

（潘高峰）

【“田长制”责任体系建立】 5月26日，区农业农村局印发区级“田长制”工作方案，7月20日印发区总田长令，12月1日印发五项配套制度。组建北京市海淀区田长制办公室，明确2021年“田长制”重点任务，明确区级总田长令发布、调度、巡查及考核等制度内容。至年底，区、镇、村三级“田长制”责任体系全面建立，相关配套制度基本形成，工作格局基本确立，形成“区主责、镇负责、村和承包种植主体落实”的工作格局。设立区级总田长和区、镇、村三级田长，区委书记和区长担任总田长，镇党委担任镇级田长，由村（集体经济组织）党组织书记担任村级田长，对责任区内耕地和永久基本农田的监督管理与保护利用工作负责。三级田长定期开展巡田工作，重点巡查“大棚房”、非粮化、非农化、土地撂荒等问题，严格落实耕地保护责任。全年开展镇村巡田1597次，累计出动人员1803人次。

（潘高峰　钟冷）

【农技服务】 6月，区农业农村局下属单位区组培室举办园艺作物新品种展示会，展示不同类型辣椒品种96个、组合318个，不同类型茄子品种14个、组合54个，韭菜品种5个、组合10个；展示甘薯新优品种20个，草莓新优品种3个，樱桃砧木品种3个，甜樱桃新优品种6个；展示乡土植物品种460个。在京津冀地区建立80个园艺作物栽培示范点，其中海淀19个。通过试验示范，推广一批新品种新技术，主要有设施辣椒高效栽培技术、设施茄子高效栽培技术、韭菜无公害栽培技术、甘薯栽培技术、乡土植物配植应用技术等。开展送良种良法到田服务活动，为百旺农业种植园、弗莱农庄、三元农场等20多个农业园区赠送蔬菜种子150多份、韭菜种苗10万株、甘薯和草莓脱毒苗以及樱桃砧木组培苗20多万株，发放栽培技术资料。

（潘高峰）

【“三农”工作重点任务分工方案印发】 7月9日，区委农村工作领导小组办公室印发《2021年“三农”工作重点任务分工方案》，明确48项重点工作的任务内容、责任单位和完成时限。会同区委督查室、区政府督查室，每季度联合督查“三农”工作进展，推动农业农村高质量发展。

（潘高峰）

【家庭农场示范创建】 7月27日，区农业农村局印发《2021年海淀区家庭农场示范镇和示范户创建项目实施方案》，确定“海淀区示范家庭农场评定办法”及海淀区家庭农场示范镇和示范户名额分配情况，并对“全国家庭农场名录”系统中家庭农场信息进行梳理和完善。指导相关镇开展家庭农场示范镇及示范户创建工作，其中，创建2个示范镇（上庄镇、西北旺镇）、5户示范户。

（潘高峰）

【“未来农业”人才会客厅启动】 9月7日，海淀区“未来农业”人才会客厅启动，现场发布海淀区发展“未来农业”、推进乡村振兴人才工作十项任务举措，即党建引领护航乡村人才振兴、建立专家智库加深人才交流、打造“未来农业”创新合作平台、积极探索创新人才培养模式、培育专精尖实用型农业人才、探索建立实用人才奖励机制、积极引进高层次人才和紧缺专业人才、加强社会科学领域人才交流、积极引导返乡人才就业创业、强化乡村人才振兴政策落地保障，着力培养一支懂农业、爱农村、惠农经的人才队伍，为乡村振兴提供人才保障。人才会客厅全年组织培训、云课堂等活动12次。

（潘高峰　钟冷）

【“中国农民丰收节”暨首届乡村文化节举办】 9月23日，由区政府主办，区农业农村局、区乡村振兴局、四季青镇承办的海淀区2021年“中国农民丰收节”暨首届乡村文化节开幕式举行。活动以科技、原创为关键词，以合作、创新为产业助推器，以丰收、喜悦为主旋律，开幕现场有各镇选送大合唱、舞蹈、诗朗诵等文艺作品参演以及云上丰收直播、农产品展卖、互动游戏体验、丰收夜市、零距离体验非遗产品的制作等。市农业农村局、区相关委办局、各镇主要或主管领导及村民代表约150人参加现场活动，通过直播等形式吸引线上4.6万人参与。首届乡村文化节持续至2022年3月30日，包括三个板块、十项活动，即举办一场“乡村大舞台”专场演出；为每个行政村送上2场精品文艺演出；为农村地区组织1场话剧《同生书店》专场演出；组织各镇参与文化季活动；支持各镇开展中秋民俗文化节、民间艺术节、文化科技展、戏曲下基层、民间花会秧歌踩街等活动；策划“听党

9月23日，海淀区举办“中国农民丰收节”暨首届乡村文化节（区农业农村局 供图）

话、感党恩、跟党走”乡村宣讲；编创村歌，记录乡愁；组织乡村健康跑；宣传一批“乡村文化之星”先进事迹；组织文艺指导老师下乡，定期对各镇重点文化团队给予定向指导。

（潘高峰　钟冷）

【首届中国北京国际种业论坛】 10月19日，由区政府和中国种子贸易协会共同承办的首届中国北京国际种业论坛在北京园博园举行。论坛为第二十九届中国北京种业大会四场峰会之一，以“创新驱动发展，合作实现共赢”为主题，邀请政府部门人员，农业、法学领域专家学者，亚太及中国种业协会代表，先正达、拜尔、巴斯夫等国内外知名种子企业负责人等参加。论坛围绕国内外最新种业政策资讯、前沿技术应用与监管、种业知识产权保护与维权、企业创新与发展、国际贸易与合作等内容，设置12场主旨报告。在互动讨论环节，嘉宾围绕“种子企业的创新之路”主题发言、交流讨论，为实现种业振兴提供丰厚的智慧储备。活动现场，海淀企业北京大北农科技集团股份有限公司等多家企业分享创新与国际合作的成功经验，德国的巴斯夫股份公司亚太区介绍在中国业务的未来前景。

（潘高峰）

【国家数字农业创新应用基地建设项目启动】 11月18日，海淀区召开国家数字农业创新应用基地建设项目（设施蔬菜）启动会，正式启动国家数字农业创新应用基地建设项目（设施蔬菜）。该项目是农业农村部推动实施的数字农业建设项目之一，2021年共安排22个国家数字农业创新应用基地建设项目。此项目是海淀区首次承接的国家级农业建设项目，实施地点位于上庄镇和四季青镇，主要是在约6500平方米的工厂化育苗温室中建设1套智能化育苗管理系统，包含LED人工光育苗室、潮汐式气动育苗盘床、智能环境控制系统、水肥一体化系统及种苗生产信息管理系统等；在约10万平方米的智能玻璃连栋温室中，建设环境智能监测控制和生产过程管理系统、农产品质量安全监测系统、采后商品化处理系统及设施农业科技展示系统；在37栋日光温室中建设视频监控系统、环境监测系统、环境智能控制系统、智能卷被卷膜控制系统等，实现生产环境精准调控、远程控制，为设施蔬菜生长提供最佳环境。

12月16日，区农业农村局举办首场“未来农业人才会客厅”线上培训讲座（区农业农村局 供图）

（钟冷）

【“拟备案设施农业”整改完成】 12月6日，在市规划自然资源委海淀分局、区园林绿化局及各镇政府密切配合下，由区农业农村局牵头的“拟备案设施农业”整改工作完成。整改采取疏堵结合的模式，管好设施农业。“疏”——落实设施农业用地备案政策，会同各相关部门指导支持各镇开展设施农业用地备案工作；“堵”——结合“大棚房”问题百日专项整治行动，严格按照区级方案要求，开展区、镇、村三级巡查检查，确保设施农业做到农地农用，不发生“大棚房”问题反弹现象。百旺种植园率先建成农产品质量追溯体系，全面启动农产品合格证制度，通过绿色农产品认证，获批北京市全程农产品质量安全标准化基地，为海淀区农产品质量安全工作和农业生产标准化、现代化起到良好的示范带动作用。

（林琳）

【首场“未来农业人才会客厅”线上培训讲座】 12月16日，区农业农村局以区农技服务中心太舟坞试验基地内5G云端草莓温室为主会场，以线上云端为分会场，举办首场“未来农业人才会客厅”培训讲座。邀请中国农业大学园艺学院蔬菜系教授高丽红，分析设施蔬菜冬季生产的主要问题，提出可有效保障安全生产的设施蔬菜关键环节栽培管理技术；北京市农业机械试验鉴定推广站研究员张京开结合实际案例，介绍蔬菜机械化技术与装备研究现状及发展趋势；山东省果树研究所副研究员牛庆霖以杏树为例，讲解果树栽培管理技术。区农业农村局相关负责人与百旺种植园、玉泉采摘园、西山农场、弗莱农庄、中关村科普农庄等海淀区农业园区代表出席主会场活动并进行座谈。云端上，全国各地的果蔬专家、农业学者、农业园区管理人员、果蔬种植技术人员等近4000人收看讲座直播并参与互动。

（林琳）

农村经济

【概况】 2021年，海淀区农村集体经济总收入143.2亿元，比上年增加19.1亿元，比上年增长15.4%；农村集体所有者权益753.1亿元，比上年增加24.9亿元，比上年增长3.4%；农村集体经济资产总额2107.9亿元，比上年降低1.2%。

（张雪）

【“三资”管理专项考核】 年内，区农经站从落实“村地区管”长效机制、加强农村集体“三资”管理和发展壮大农村集体经济三个方面对全区7个镇和玉渊潭推进乡村振兴工作的情况进行专项考核。其中温泉镇9分、苏家坨镇9分、东升镇8.9分、海淀镇8.9分、西北旺镇8.9分、上庄镇8.9分、四季青镇8.8分、玉渊潭8.8分。整体上看，大部分单位“村地区管”工作落实较好，“三资”监管工作不断强化，农村集体经济不断发展壮大。

（张雪）

【产权制度改革】 年内，区农经站推进、全程指导各镇、玉渊潭股份经济合作社换届工作。印发《关于做好2021年度农村股份经济合作社收益分配工作的通知》，做好镇级收益分配方案及报审资料预审，规范股权管理、加强课题调研，全面做好股份社运行规范管理工作。完成课题《关于海淀区农村股份经济合作社股权管理的探讨》，探索深化股权管理，保障股份社可持续发展，为全国农村股份社股权管理树立样板。

（张雪）

【资产清查及产权流转交易】 年内，区农经站组织开展全区农村集体资产年度清查，清查核实88家农村集体经济组织资产变动情况，同步推进农村产权流转交易工作。

（张雪）

【经济合同管理】 年内，区农经站开展涉地集体经济合同区级联审工作，建立健全涉地集体经济合同区级联审机制，牵头组织相关部门召开11次涉地集体经济合同区级联审会，审核通过15份涉地集体经济合同。修订《海淀区农村集体经济合同管理实施办法（试行）》，规范涉地集体经济合同文本内容。利用信息化管理手段加强经济合同管理，实现市、区两级平台的优化整合。开展涉地集体经济合同清理整改，收集审查涉地合同5633份，发现问题合同1803份，问题合同整改完成1790份，整改率99.28%。

（张雪）

【集体财务管理】 年内，区农经站开展农村集体财务数据公开工作，组织各镇明确各村逐笔公开资金额度，推行村级组织一定额度以上财务支出“逐笔公开”。指导各镇督促所辖36个整建制农转非村完善财务工作流程，规范会计核算基础管理，针对审计中发现的财务管理问题，对相关人员进行针对性辅导。

（张雪）

【审计监督】 年内，区农经站完成全区98个集体经济组织2018年至2021年征地补偿费专项审计和16个村级集体经济组织2019年至2020年度财务收支管理情况抽查审计。推动出台《海淀区村级组织负责人经济责任审计实施办法》，指导各镇建立村级组织负责人经济责任审计领导协调机制。指导7个镇共84个行政村2020年公益事业专项补助资金专项审计工作。指导各镇制定“2021—2023三年全覆盖审计计划”，对年度审计工作完成情况进行考核评价。向各镇发送《审计意见书》及问题台账，指导各镇开展审计问题整改工作。持续开展审计问题整改落实情况“回头看”，督导各镇对照审计问题台账逐项排查，有效推动遗留问题整改。

（张雪）

【资产监督管理服务平台建设】 年内，区农经站实地调研全区农村集体资产监督管理服务平台建设需求，确定需求规格说明书，推进财务公开模块和经济合同管理模块等平台建设，完成平台终验，实现向区属云平台迁移和对平台的阶段性测试。通过线上和线下多种形式开展平台推广培训会，开启外网服务。

（张雪）

【“海淀镇级园区一点通”App上线】 年内，区农经站完成镇级园区信息资源创新应用项目，研发并上线“海淀镇级园区一点通”App。App为每个园区建立动态档案，可即时查阅7个镇41个集体经济组织园区及1031家纳统企业占地面积、入驻企业、出租情况、经营管理等数据，实现信息公开、动态管理、成员监督智能化。

（张雪）

【《2021海淀镇级园区发展综合报告》完成】 年内，区农经站根据镇级园区及入驻企业发展的不同特点，从园区整体情况、经营现状、入驻企业分布情况和重点企业动态信息4个方面完成《2021海淀镇级园区发展综合报告》的撰写，就未来园区集体经济发展，提出加强产业服务体系建设、加大财税优惠政策力度和落实人才服务相关政策等建设性意见建议。

（张雪）

【农村经管人员培训班】 年内，区农经站举办三期农村经管人员培训班。针对镇、村两级经管人员，采取将学习培训“嵌入”具体业务工作环节的形式，开展农村统计、合同管理、财务会计、农村集体经济服务监管平台应用等专题培训，共培训630余人次。

（张雪）

美丽乡村建设

【概况】 2021年，全区农村地区面积261.11平方千米，占全区总面积的60.6%。辖7个镇（地区办事处）、53个行政村和玉渊潭农工商总公司。整建制农转非系列政策运行有效，美丽乡村建设、基层党建、整建制农转非等各项工作取得新成效。苏家坨镇七王坟村入选2021年北京市美丽休闲乡村名单。

（潘高峰）

【美丽乡村工程建设】 年内，31个村庄美丽乡村建设实施方案全部通过区政府审批。东升镇马坊村，西北旺镇屯佃村、永丰屯村，温泉镇温泉村、白家疃村，苏家坨镇西小营村、后沙涧村，上庄镇西闸村8个村完成美丽乡村建设工程，村庄绿化、交通等基础设施进一步完善，整体环境得到提升。

（潘高峰）

【全国乡村治理体系建设试点】 年内，区农业农村局继续推进全国乡村治理体系建设试点建设工作产权制度改革、整建制农转非、理顺基层治理体制机制、强化党对集体经济领导、推进城乡基本公共服务同质化等改革举措取得良好成效，镇村形成大批乡村治理典型案例，推动现代城市治理模式向农村稳健延伸。在2021年度市委农工委试点中期评估和农业农村部试点中期评估复评中，海淀区获得充分肯定。根据2021年12月23日农业农村部办公厅、国家乡村振兴局综合司印发的《关于延长乡村治理体系建设试点示范工作试点期有关工作的通知》要求，全国乡村治理体系建设试点期延长至2022年底。

（潘高峰）

【疏解整治促提升】 年内，区农业农村局实施腾退土地利用专项行动，完成年度农业领域257平方米“留白增绿”任务地块的复种工作，经市农业农村局验收合格后销账。实施重点村庄环境综合整治专项行动，在全区48个现状村全面开展农村人居环境整治。评选首批50户美丽庭院。提升改造公厕15座，移交环卫部门管理。完成整治小微水体6条；完成上庄镇罗家坟村污水管网修缮项目建设，新铺设污水管线4579米，实现村庄污水管网全收集、全处理。

（潘高峰）

【老旧防空洞治理】 年内，区农业农村局采取汛前通知、实地检查、定期会商、专题调研等措施，确保温泉镇白家疃村和西北旺镇韩家川村122户老旧防空洞上危险房屋安全度汛。检查25处防空洞隐患点位，其中温泉镇21处、苏家坨镇4处。根据现场检查结果，依据地勘公司和房屋鉴定部门的专业鉴定结果，制定防空洞及防空洞上危房治理方案，及时做好解危工作。共计拨付专项资金116万元用于防空洞隐患治理。

（潘高峰）

【乡村振兴“五大专班”组建】 年内，区农业农村局为深入贯彻落实中央、市委关于全面推进乡村振兴战略的重大决策部署，区相关部门组建乡村振兴产业、人才、文化、生态、组织振兴“五大专班”，负责统筹协调乡村产业、人才、文化、生态、组织振兴方面的相关工作，编制年度工作计划或要点，定期协调调度成员单位及各镇工作进展。各专班建立挂账推进、督导指导、信息报送等机制，全面加强海淀区对乡村振兴战略实施工作的组织领导。

（潘高峰）

【乡村振兴战略实绩考核】 年内，区农业农村局将24项年度重点任务按分值逐项分解到17个区相关部门；每月收集梳理任务进展跟踪问效；根据进展情况实行“红黄绿”榜标识，针对难点问题会同区相关部门把脉问诊、对症下药，确保各项任务顺利推进。海淀区在全市党政领导班子和领导干部推进乡村振兴战略实绩考核中被评为优秀等次，总分在13个涉农区中排名第三。

（潘高峰）

【农村基层组织建设】 年内，区农业农村局聚焦抓党建促乡村振兴，指导各镇积极探索党建工作有效形式和载体，拨付资金80万元，支持苏家坨镇大西山沉浸式党史学习教育体验基地、四季青镇新就业群体伙伴行动计划、西北旺镇红丰温馨“驿”家服务站等项目，打造具有海淀农村特点的基层党建品牌。常态化推进软弱涣散村党组织整顿，苏家坨镇草厂村、上庄镇后章村完成转化提升。

（潘高峰）

【股份社党建】 年内，区农业农村局指导推动镇村股份社党组织换届和股份社换届，77个村级股份社实现党组织全覆盖。牵头开展股份社候选人资格联审，累计审查9批753人次。

（潘高峰）

【整建制农转非】 3月，区农业农村局牵头完成38个村的2.8万名农民整建制农转非手续办理工作，资金统筹计划首年任务完成，整建制农转非系列政策有效运行，2.8万名农民享受城镇职工同等社保待遇。

（潘高峰）

【村“两委”干部管理】 6月21日，区农业农村局配合区委组织部，制定印发《海淀区村和社区“两委”成员队伍建设五年行动计划（2021—2025年）》，完善农村“两委”干部选育管用全链条机制。配合区委组织部强化指导监督，完成村和社区“两委”换届，实现村书记和主任100%“一肩挑”，每村至少有1名35岁以下年轻干部，“两委”班子学历年龄实现“一升一降”，结构持续优化。落实村党组织书记区级备案管理流程，审批同意四季青镇宝山村和苏家坨镇北安河村党组织书记调整。梳理选拔122名后备干部纳入后备人才库。

（潘高峰）

【农村宅基地及房屋建设管理】 7月5日、7月15日，区农业农村局会同规划自然资源委海淀分局、区住建委等部门制定出台《海淀区农村村民宅基地及房屋建设管理办法（试行）》和《关于进一步加强和规范农村宅基地及建房审批管理的通知》，并按照文件规定，开展宅基地及房屋建设管理培训及执法检查工作。8月16日，区长专题会审议通过《上庄镇农村宅基地及房屋建设管理实施细则（试行）》和《苏家坨镇农村宅基地及房屋建设管理实施细则（试行）》。12月，建立农村宅基地及房屋建设管理联席会议制度，成员单位32家。

（潘高峰）

【农村人居环境整治】 7月6日，区政府办印发《海淀区2021年改善农村人居环境推进美丽乡村建设工作方案》，建立区城市管理指挥中心每月全覆盖检查、区农业农村局不定期抽查、区城管委等部门定期专项查的工作体系，促进农村人居环境改善和美丽乡村建设。全年完成15座公厕改造、18条小微水体治理任务，清理乱堆乱放乱贴乱挂乱画1.6万余处、生活污水粪污直排溢流283处、农业生产废弃物62.5吨、村域河塘沟渠1979处。开展美丽庭院创建行动，评选海淀区首批50户美丽庭院，每户一次性奖励1000元，以庭院“小美”助力乡村“大美”。11月12日，区委农村工作领导小组办公室联合区农业农村局、区财政局、区城管委、区卫健委、区水务局和区园林绿化局印发《海淀区农村人居环境长效管护实施方案》，明确总体要求、工作目标、主要任务、职责分工、保障措施等内容，进一步巩固农村人居环境整治和美丽乡村建设成果。完成罗家坟等6个村庄准物业化管理年度考核验收，及时拨付区级准物业化管理资金。组织区城管委等相关部门开展农村基础设施季度联合检查，确保农村基础设施运行正常。

（潘高峰）

【村卫生室（站）建设】 8月13日，区农业农村局会同区卫健委联合印发《海淀区农村卫生室标准化建设工作方案》，明确卫生室建设总体目标、工作任务、建设流程、时间安排、保障措施等内容。建立“建前调研定点位、建中检查督进度、建后走访解问题”全周期管理模式，高标准推进村卫生室（站）建设。16个村卫生室（站）全部实现实体化运行。村卫生室（站）合理配备全科、中医等诊室，设置厕所、医疗垃圾暂存点等设施，补齐农村公共服务医疗资源短板，打通农村看病“最后一公里”。

（潘高峰）

【农村基层干部培训】 10月20日至21日，区农业农村局举办农村基层党组织书记培训班，全区7个镇的150余名村、社区和股份社党组织书记参加培训，主要围绕农村基层党建、农村集体经济发展、党风廉政建设、农村基层政权建设等内容，村级党组织负责人能力素质不断提升。

（潘高峰）

【“十四五”时期农村城市化规划印发】 11月11日，区农业农村局起草的《北京市海淀区“十四五”时期农村城市化规划》（简称《规划》）以区政府名义印发。《规划》系统阐述区委、区政府关于“十四五”时期“三农”工作的战略意图，明确“十四五”时期农村城市化发展的指导思想、基本要求、发展目标和重点任务以及保障措施，实施年限为2021年至2025年。总体目标：到2025年，以人为核心的高质量农村城市化取得新成效，中关村科学城南北联动均衡协调发展能力显著增强，中关村科学城北区产城融合水平显著提升，农村地区发展纵深和战略腹地作用充分发挥，农村集体产业健康发展，主要经济指标持续增长。重点任务：以高质量农村城市化推动率先全面乡村振兴，全面推进率先基本实现农业现代化，持续推进深化涉农领域各项改革。

（潘高峰　钟冷）

商贸服务业

商业服务业

【概况】 2021年，海淀区多措并举，大力推进国际消费中心城市科技消费核心区和主承载区培育建设，消费水平明显改善。市场总消费额加速增长，增速位居全市第二；服务性消费额、餐饮收入、网上零售额（限上）、居民人均消费、第三产业固定资产投资额5个指标增速均高于全市水平，消费市场逐渐恢复繁荣。社会消费品零售额实现2920.8亿元，比上年增长7.5%，增速低于全市0.9个百分点；总量占全市的19.6%，居全市第二位。市场总消费比上年增长13.2%，2020年、2021年两年平均增长3.8%，占全市的27%；服务性消费比上年增长16.6%，2020年、2021年两年平均增长6.6%，占全市的33%。网上零售继续保持较快增长，限额以上批发零售业、住宿餐饮业网上零售额1039.4亿元，比上年增长20.4%，两年平均增长25.5%。2021年各月累计增速呈前高后低走势。

编制印发国际消费中心城市建设实施方案，围绕6项重点任务打造国际消费中心城市承载区。加快改造提升公主坟、五道口等传统商圈，引导传统商业企业数字化转型。完成北京市2022年重要民生实事任务——新建和升级改造40个便民商业网点。在华熙LIVE、中关村壹号等区域发展特色夜间经济。落实区级生活必需品储备任务，确保生活必需品供应稳定。

推进乡村振兴消费帮扶工作，6个受援地的产品全区销售金额达13亿元。落实“放管服”改革，持续推进优化商务领域营商环境，海淀区在北京市营商环境评价中获得第一名；落实“证照分离”改革措施，方便企业群众办事。

做好疫情防控物资保障工作，召开5次物资保障组协调会，做到医疗物资供应充足、人民群众“米袋子”“菜篮子”充实。

华熙LIVE·五棵松入选第一批国家级夜间文化和旅游消费集聚区，悦界商街入选2021年度北京“深夜食堂”特色街区。

（林琳　钟冷）

【北京市海淀饮服行业协会】 年内，北京市海淀饮服行业协会下设餐饮、洗浴、美容美发、旅店、清真、摄影彩扩、洗衣、商场购物中心餐饮、供应商专委会等9个专委会。发挥协会行业职能，全面落实市、区关于疫情防控工作要求和引导企业复工复产；积极反馈企业复工信息和市场变化，及时发布企业经营指引。在海淀饮服协会的倡议下，海淀辖区内不少餐厅都推出各具特色的面条产品，携手消费者以吃面的形式喜迎党的百年华诞，向伟大的中国共产党表达生日祝福。服务冬奥，对海淀区奥运场馆周边十多家重点餐饮服务单位进行入店培训，培训项目分为食品安全政策解读与现场实操、奥运服务礼仪与现场实操两大部分。

（李利）

【海淀区物资回收公司】 年内，海淀区物资回收公司下属北京市开源技贸总公司、北京市颐顺达物资经营公司2个全资子公司，控股北京市开源物业管理股份有限公司、北京开源爱分类环保科技有限公司。实现总收入8028万元，比上年增长0.27%；净收入7946万元，比上年增长0.27%；费用支出6348万元，比上年增长0.39%；利润总额1721万元，比上年增长0.03%；净利润1286万元，比上年增长0.04%；税金1268万元，比上年增长0.14%；投资收益、资本保值增值率与上年持平。全年回收大件垃圾187224件，其中床垫58008件、家具129216件；处置大件垃圾175260件，其中床垫50063件、家具125197件；分拣资源化循环1560.081吨，其中废钢469.005吨、海绵38.039吨、木头1048.487吨；外运至大工村能源化循环1436.632吨。处置国有资产13.4万件，原值5.2亿元，分拣各类废旧物资287余吨。完成马连洼街道、海淀街道中转站建设和羊坊店街道、万寿路街道、苏家坨镇中转站迁移工作，累计建成28处大件低值回收中转站，实现29个街镇全覆盖，服务2000余个小区的106万户居民。“海淀E回收”信息化智能平台上线运营。开展毕业季回收进校园活动，回收可回收物24.8吨，大件垃圾5184件，有害垃圾573千克；开展超标电动车回收服务，回收电动车106台。

（肖洁）

表22　2020年至2021年物资回收公司经营情况一览表

项目	2020年（万元）	2021年（万元）	比上年增长（%）
总收入	6311	8028	0.27
净收入	6250	7946	0.27
费用支出	4581	6348	0.39
利润总额	1667	1721	0.03
净利润	1232	1286	0.04
税金	1115	1268	0.14

续表

项目	2020年（万元）	2021年（万元）	比上年增长（%）
投资收益	236	236	0.00
资本保值增值率	103%	103%	0.00

1. 本年收入增长，主要原因是房屋租赁增长正常及较上年没有减租。
2. 费用支出增长39%，主要原因是承担海淀区再生资源大件低值回收体系建设支出中经营费用增长。

（肖洁）

【北京翠微集团有限责任公司】 9月30日，北京翠微集团完成公司制改制，由全民所有制企业改制为有限责任公司（国有独资），更名为北京翠微集团有限责任公司，依法设立董事会和监事会。发布《北京翠微集团“十四五”战略规划报告（2021年—2025年）》，推动股权投资平台建设。全年实现投资收益14662.49万元，占公司总体收益的80%。其中，新增直接股权投资9.76亿元，以5.29亿元受让北京海淀科技发展有限公司持有的北京翠微大厦股份有限公司9.97%的股权，持股比例由21.55%升至31.51%；向北京海开控股（集团）股份有限公司增资44108.95万元；向北京稻香湖投资发展有限责任公司增资575.8万元。以基金投资重点布局人工智能、信息技术、先进制造、新能源、智慧城市等科技产业领域，新增基金投资12.21亿元，其中政府投资基金3.5亿元，实现基金投资收益9883.65万元。公司通过北京翠微科创股权投资基金中心（有限合伙）投资的京东物流和百心安项目在香港交易所成功上市，通过北京海国新动能股权投资基金合伙企业（有限合伙）投资的生物谷项目在北京交易所成功上市。完成融智青海扶贫光伏1号私募股权投资基金和融智蓝天1号私募股权投资基金的退出清算。接收北京市海淀区教育考试北戴河培训中心资产划转。

（高梦云）

表23　2020年至2021年翠微集团经营情况统计表

项目	2020年	2021年
总资产（万元）	1372969	1468836
负债（万元）	600707	678636
净资产（万元）	53022	521641
少数股东权益（万元）	242037	268559
销售额（亿元）	41.00	35.15
利润（万元）	45133	20622

（高梦云）

【北京翠微大厦股份有限公司】 2021年，北京翠微大厦股份有限公司（简称翠微股份）拥有翠微百货、当代商城、甘家口百货三大商业品牌共计7家大型百货商场，地跨海淀区、丰台区、石景山区、昌平区，是集百货、超市、餐饮、休闲娱乐等都市品质生活服务于一体的大型商业零售业。获“2021年诚信服务承诺单位”称号、“北京十大商业品牌消费体验奖”荣誉、“海淀区构建和谐劳动关系先进单位”称号。

完成《北京翠微大厦股份有限公司“十四五”规划》，确立“商业+科技”双主业与科技多元产业投资的集群式发展构架。推进“商业+科技”深度快速融合，初步构建数字化营销、系统以及运营体系，激发商圈消费活力，打造“翠微商圈”。深耕主业发展，多元营销，深化线上线下融合。继续拓展投资渠道，获取良好投资收益。

翠微店A座围绕时尚、科技、艺术、绿色生活、健康定位目标，完成调改升级。补充餐饮、影院、电动汽车展售等业态，满足多元消费需求。国际线、时尚线品牌占比有所提升，引入10余个市、区首店品牌，升级20余个概念店、场景店。科技提升服务能力，北京商业行业首个集客流分析、安防监控、停车管理的智慧管理系统上线，3D智慧导览、智能收银、数字货币等科技服务落地应用。打造“科技景观”多元体验场景，行业内北京市首个雕塑数字光影秀、AR沉浸式互动体验、文化光影长廊等项目亮相。鼎城店以宜居宜享型社区商业生活中心为定位目标，形成“室内外互融，双首层空间互达，商住与人文互动”的社区生活消费聚合地，负一层打造“巷左巷右”特色餐饮主题街区。

翠微文化作为翠微股份旗下子公司，依托自身优势，积极探索商业与文旅融合发展新模式。4月“我de房+车”项目进入市场，是北京市首家实现以现代精品民宿+房车优价享为核心的自驾游项目；打造“翠微号”游轮项目，7月23日开启三峡游首航；10月，与丹江口市人民政府就文旅康养项目签署合作框架协议，实现“商业+文化+旅游”跨区域融合发展。

（边玥）

【北京海淀置业集团有限公司】 2021年，北京海淀置业集团有限公司（简称海淀置业）实现营业收入35.03亿元，比上年下降11.85%；利润总额2.30亿元；净资产收益率5.68%；流动资产周转率1.51次。上缴税金2.54亿元，上缴国有资产收益2410.31万元。

房产运营管理。以“去空置化”为目标，吸引保留优质客户。促成炜衡律所、商汤科技等重点客户扩租面积近5000平方米；蓝润大厦转型升级为智源大厦，定位于打造人工智能策源地与创新高地；中海拓草桥7号院完成升级改造，打造芯片技术研究和成果转化基地；768写字楼转型升级为全球创新社区；收购程远商务中心，建筑面积17341平方米；亿世界转型升级继续推进，回购回租铺位44个，面积671平方米；中技大厦与3处个人业主签订租赁协议，回购回租全部完成；北大西门片区东南广场一期工程完工；颐和园路改造、部分楼宇电增容及架空线入地工程完工；完成罗道庄断头桥道路工程和龚村粮店拆迁腾退，收回南安河粮店腾退补偿款。收回中国石油大学欠付房款313万元，收回中湾国际1套公寓。组织马连洼北路1号院32户居民签订房改售房合同，解决办证难问题。

商业便民服务。做好保供稳价工作，推动连锁商业高质量发展，不断提升社区服务质量。“疏整促”行动疏解腾退网点6个1724平方米；业态调整回归便民服务网点12个2438平方米。拆除违建11处682平方米。为商户出具房产证明595份，备案注册地址39处。

科技服务。中关村创业大街科技服务有限公司吸引和承载奇绩创坛、红杉中国数字科技创新中心等一批重大创新平台落地，推动27个奇绩加速项目在海淀注册，7家关联企业入驻创业大街及全球创新社区。引进太琦图形、开元维度等57家优质团队入驻或注册，新增外籍项目46个。帮助2家企业获得债券融资授信，辅导28家企业申报研发补贴，支持95家企业登记注册，协助6家企业10名人才申报人才引进政策，推荐7家企业9名人才申请工信部国家人才计划。中关村互联网教育科技服务有限责任公司服务优化教育创新生态，举办首届中关村互联网教育发展峰会、第七届“互联网+教育”创新周，组织第三届中国教育半程马拉松赛等活动。推动教育企业协同发展，组织教育政策研讨沙龙、“双减”政策座谈等活动。与华为、盛通教育等机构合作开展峰会、赛事、论坛等活动。联合国家智库、知名媒体成立国内首家“元宇宙教育实验室”。

股权投资。海置基金3年投资期届满后展期1年，预期年化收益从6.5%提至7.5%。中关村双创基金投资3个项目，投资额644万元；4个项目完成新一轮融资；开展首个员工跟投项目。京育基金投资200万元的乐步教育成功退出，投资收益117.5%。集团公司对稻香湖公司同比例增资575.8万元，与第一太平戴维斯达成期满续约及收购其10%股权的意向。

安全生产。组织安全教育培训2464次，参训人员73628人次。重大活动期间，开展液化石油气、管道天然气专项安全检查24005店次，出动检查车辆1179车次、检查人员16456人次。安全生产投入2573.27万元。

（耿玉娇）

【北京超市发连锁股份有限公司】 2021年，北京超市发连锁股份有限公司（简称超市发）实现营业收入25.03亿元，比上年下降43.6%；利润总额1476.93万元。位居2020年度中国连锁百强排名第72位、中国超市百强第32位。获“2020北京十大商业品牌评选——扶贫攻坚奖”“2020年度中国零售商业营销最具创意奖”“首都文明单位”等殊荣。

抗疫保供。超市发启动物资储备供应预案，开辟新的进货渠道，启动24小时收货，加大民生必需品储备量。为街道提供物资支援，建立社区居民生活物资线上服务专线，居民可通过线上小程序下单订购商品，确保被隔离社区居民生活正常。为满足市民的冬储需求，多方联系产地、组织货源，在最短时间内完成千余吨耐储蔬菜备货，稳定市场需求。建立健全常态化疫情防控服务保障机制，落实测体温、戴口罩、一米线、防聚集、登记验码、通风消杀、“健康宝”核验等防疫措施，确保购物安全。

经营服务。转变经营方式，发展

12月30日，超市发开展“凝心助帮扶 携手促消费——2021年北京帮扶促消费活动”（范硕 摄）

节约型餐饮文化。推出休闲餐饮、文化餐饮、品鉴餐饮、特色套餐、商务简餐、特价菜等经营品种。调整营销方向，从店内吸客到留客，再到复购；从传统的卖商品向打造生活化购物场景转变，强化线下互动，增加顾客黏性。线下以“餐+厨”为核心，与餐饮老字号合作推出节日家宴；围绕二十四节气策划每周重点推销单品；联合伊利、德芙、乐事、雀巢等知名品牌，进行直播带货销售模式。线上通过顾客微信群、走进社区、走进办公楼等多种形式拓展销售渠道。

商品结构调整。调整商品结构、精简商品SKU、精准客群定位，加大自有品牌商品占比提升门店吸客能力及客单价。围绕生鲜日配品类推出高性价比订制单品，开发月盛斋羊蝎子、盐田大虾等10个系列20余种商品；打造周、月大单品358品。采用直通新品模式，引进新品2817品，开发大桶干果、进口果汁、巧克力、超之鲜混装宝石小柿子、超之鲜云南蓝莓、新疆木纳格葡萄等适销商品。注重品类组合，形成从卖单品向卖生活转化。开发肉禽深加工引流到店，以部位精细分割、丝丁片日常餐厨必备等深加工商品为主，制定40多支单品精加工标准。

帮扶服务。超市发参与“凝心助帮扶携手促消费——2021年北京帮扶促消费活动”，在双榆树店、玉泉路店、学院路店、万泉庄店、天通苑西区店、永定路店六家连锁店开设扶贫商品展区，销售帮扶地区特产商品，为北京百姓带来优质的商品和实惠的价格。同时进行新疆和田、西藏拉萨、内蒙古赤峰等地帮扶商品展卖。通过线上线下销售联动，打造以北京市场为主的帮扶产品主题促消费活动。在店铺面积紧张的情况下，59家店铺拿出地方来建立“暖心驿站”，为快递小哥及各项服务工作人员安置休息区。

（赵燕玲）

【北京稻香湖景酒店】 2021年，北京稻香湖投资发展有限责任公司（简称稻发公司）、稻香湖景酒店实时调控营销策略及产品优惠政策，不断拓宽客群渠道，增加多维度、多渠道收益的营销模式。累计接待医院、公安系统、社区等一线抗疫休养及隔离人员1244余人。完成中关村论坛餐饮配送、驻场服务等接待保障工作。食府餐厅通过国家五钻酒家复评工作；稻香湖公园通过国家AA级景区复评工作。获得国家钻级酒家示范店、北京市首都文明单位、北京市消费者协会诚信服务承诺单位、2021年度最佳婚宴接待餐厅等荣誉。

（李静磊）

【商业重点行业增速良好】 年内，海淀区互联网+电子消费实现零售额801.1亿元，比上年增长15.6%，增幅回落1.5个百分点，拉动社会消费品零售额增长4.0个百分点。大部分限额以上住宿餐饮业实现餐饮收入181.0亿元，比上年增长28.5%，增速高于全市1.0个百分点；居民人均消费支出57482元，比上年增长12.3%，恢复速度高于全市水平。受芯片短缺的持续影响，汽车消费增速持续回落，实现零售额239.1亿元，比上年下降0.5%；综合零售额141.7亿元，比上年下降8.9%。在北京国际消费中心城市培育建设的140家重点服务企业清单中，海淀区限上企业27家，其中商业企业7家，6家有零售业务，实现零售额167.2亿元，比上年下降47.3%，占全区社会消费品零售额的5.7%。

（钟冷）

【夜间经济】 年内，海淀区以北京2022年冬奥会举办为契机，在华熙LIVE打造以体育、娱乐沉浸式体验为中心的夜经济复合生态，在中关村壹号、悦界商街等科学城北区新兴商圈谋划夜经济新亮点。海淀悦界主题街区入选2021年度北京“深夜食堂”特色街区，华熙LIVE·五棵松入选第一批国家级夜间文化和旅游消费集聚区。

（郭晓禹）

【传统商圈改造】 1月1日，海淀区苏家坨镇安河家园国象商业街正式开业，为居民提供“8+N”①项便民商业服务场景，打造生活性服务业主题街区。5月，五道口购物中心完成传统百货商场一店一策改造并开业。12月底，公主坟商圈翠微百货、凯德晶品购物中心、印象城、城乡购物中心4个商业主体完成改造提升和业态调整，其中翠微百货以“新生翠微”的形象为设计概念，围绕时尚、科技、艺术、绿色、健康主题，打造主题消费场景；凯德晶品购物中心对地下一层及精品超市改造升级；印象城对商业体外立面改造并进行外围灯光亮化，内部业态引入电影院和主题美食街区；城乡购物中心对内部各层商业布局和业态进行调整。

（郭晓禹）

【杨晋柏调研节日市场供应】 1月29日，副市长杨晋柏到超市发玉泉路店，调研节日期间市场供应和疫情防控等情况。检查门前登记、测温工作、防护用品、消杀用品、“一米线”距离等疫情防控措施落实情况。杨晋柏表示超市发为百姓过好年提供了充足的保障供应，充分体现国企的担当。

（郭晓禹）

【“海淀E回收”信息化智能平台上线运营】 2月，“海淀E回收”信息化智能平台上线，累计注册用户突破2万人，社区注册率达92%，街道注册率达100%。利用平台资源上门为居民清运大件垃圾187次514件；为党政机关和社会单位提供有害垃圾有偿清运，签订清运合同447份，清运196次；开展织物免费邮寄服务，与京东物流对接，回收链条直达居民端源。

（肖洁）

【北京开源爱分类环保科技有限公司成立】 3月，区物资回收公司与北京爱分类环境有限公司发起成立北京开源爱分类环保科技有限公司，主营业

① 8+N：蔬菜零售、便利店（社区超市）、早餐、快递、便民维修、家政服务、美容美发、洗染等8项基础性服务功能和N项选择性业态。

务为开展城市生活垃圾分类收集处置和资源化利用运营服务，垃圾分类及处置（四桶两大类）资源再利用，在海淀区规划建设运营垃圾分类可回收物收集、运输、处置体系，为政府机关、企事业单位、商业端与居民端的垃圾分类与可回收物再利用提供整体解决方案与服务。海淀区垃圾总量居高不下，“一袋式”回收模式从源头入手，深入居民家中，对于其他垃圾中可回收物，尤其是低值可回收物，采取上门回收方式，促进垃圾减量化，减轻海淀区垃圾终端处理设施压力。至年底，在与甘家口街道住建部社区开展一袋式上门回收试点中，用户注册1840户，注册率达到69.86%，参与用户818户，参与率31.06%，全年实现垃圾减量102吨。

（肖洁）

【2021北京消费季悦动海淀系列活动】 4月28日至12月31日，区商务局举办2021北京消费季悦动海淀系列活动。系列活动包括中关村国际美食节、海淀品牌消费节、社区智能消费节、海淀区商业服务业职业技能风采大赛、扶贫消费节等文化、旅游、体育等促消费活动，以信息消费、数字消费为主题，市场消费保持良好增长。

（曹乐）

【“五一”假期零售市场全线回暖】 5月1日至5日，在北京消费季悦动海淀系列活动的带动下，海淀各商家促消费活动效应尽显，零售市场明显回暖。北京商业信息咨询中心海淀商联会分中心对区内100余家商超百货门店、电商平台企业监测，受监测企业共实现销售额5.02亿元，同比增长58.9%，其中商场类企业实现销售额3.07亿元，同比增长34.83%。服务顾客270万余人次，较2020年同期增加57万余人。其中，百货购物中心实现销售同比增长34.83%，基本恢复至2019年同期水平；超市实现销售额1.1亿元，比2019年同期增长1.87%。五道口、五棵松商圈成为时尚聚客地。据大数据对金源、中关村、五道口、五棵松、公主坟、上地六大商圈监测显示，客流实现848万人。其中，五道口商圈时尚网红、健康阳光的产品与服务特色凸显，聚客力位居首位；五棵松商圈的餐饮、健康文化、休闲娱乐体验备受年轻消费者喜爱，聚客力排名第二；公主坟、金源以及上地商圈客流相对平稳。百货商场类销售排名靠前的品类分别为首饰类、女装、户外运动服装、化妆品、旅游运动鞋类等；从品牌表现看，黄金珠宝饰品销售业绩位居前列。超市类销售排名增长较明显的是蛋奶、饮品，还有旅行装洗护套装、防晒霜、日常消杀、自加热火锅等出行类商品。

（钟冷）

【天猫全球美食盛宴直播活动】 5月15日，由市公园管理中心指导、颐和园与阿里巴巴集团主办的“百年新味颐和佳宴”暨“5·17”天猫全球美食盛宴直播活动在颐和园听鹂馆举办。活动包括听鹂馆天猫开店启动仪式、品质佳肴主厨PK赛和吃货节主题直播三个环节，联动具有影响力的直播达人共同打造特色美食盛宴，吸引消费者积极参与。

（田梦颖）

【第十五届海淀区商业服务业职业技能风采大赛】 5月28日，区商务局、区商联会、区精神文明办、区总工会以及区妇联联合举办第十五届海淀区商业服务业职业技能风采大赛。大赛以“风采展现价值，技能传承使命”为主题，以“线上培训+线下竞赛”相结合的形式多样化开展“银商大赛、十佳店长之橱窗美陈竞赛、服装服饰搭配”等商业一线员工岗位实操技能竞赛、直播带货之商业新主播竞赛、安全生产应急演练等商业服务技能项目7项，比赛场次6场，各类比赛培训4次。6月21日，由区商务局主办，区宣传部、区总工会、区精神文明建设委员会办公室、区金融办、区红十字会、区妇女联合会、区公安消防支队、区融媒体中心协办，区商联会承办的第十五届海淀区商业服务业职业技能风采大赛汇报演出——献礼中国共产党成立100周年在海淀区文化宫举行。大赛成果汇报演出的现场以诗歌朗诵的形式歌颂党领导下海淀商业、外贸及风采大赛15年来取得的累累硕果；商业老兵以激情演讲的形式分享自己从事零售业40余年的经历，阐述了超市发“传承、创新、引领、坚守、希望”的初心；以情景剧的形式还原商业服务业员工的工作现场，并对本届大赛获奖选手、服务明星及表现突出的企业进行表彰，穿插歌曲、舞蹈等多种文艺形式献礼建党100周年。评比出各类竞赛获奖者24人、服务明星11人、优秀组织企业奖12家。

（李哲）

【消费帮扶】 5月，区商务局制定“消费帮扶·温暖华夏”消费帮扶季工作方案，开展消费帮扶工作。为迎接春节、国庆等重大节日采购高峰，协调海淀区各消费扶贫分中心备货，开设消费帮扶专区，线上线下齐发力，实现销售额快速增长；指导海淀区各消费扶贫分中心参加第十七届海淀品牌消费节、植物园农科开放日、世纪金源农副产品展销等活动，帮扶产品与社区商业协会等社会组织对接，完成“七进活动”。7月至10月，会同区发展改革委、区教委、区卫生健康委、区市场监管局、区直属机关工委、区网信办和海淀公安分局等多个部门工会领导，以及11家海淀区消费扶贫分中心和华联、中石化等企业组成的商务团队，分4个批次到6个受援地区开展产销帮扶精准对接活动。6个受援地的产品全国销售金额为13.23亿元。其中，内蒙古敖汉旗销售金额为9亿元，内蒙古科右中旗销售金额为8648万元，内蒙古科右前旗销售金额为5396万元，新疆和田市销售金额为1.877亿元，新疆生产建设兵团第十四师皮山农场销售金额为2414万元，湖北省丹江口销售金额为7075万元。

（古海涌）

【“巢音来袭”暑期消费嘉年华活动】 7月12日至8月22日，“巢音来袭”暑期消费嘉年华活动在中关村壹号举办。活动以集装箱为表演形式，炫彩的灯光搭配各色的音浪，以6大主题，13场演出活动、1场七夕之约为主旋律，集合摇滚、流行、民谣、嘻哈、爵士、国潮等各色音浪，以探索音乐

7月12日至8月22日，“巢音来袭”暑期消费嘉年华活动在中关村壹号举办（中关村壹号 供图）

的多元。除音乐外，另有女团热舞、劲爆街舞、复古disco、独轮车表演等，周周不重样、周周新主题。中关村壹号作为中关村科学城北区重点的商业项目和重要的商业组成部分。“巢音来袭”暑期消费嘉年华，除音乐主旋律外，搭配丰富多样的潮玩市集，文创手工、特色饰品、精美乐器、美食小吃、甜品小站等中关村壹号商业广场30余个品牌加入，吸引无数园区员工及周边居民拍照留念。

（林琳）

【海淀区新业态伙伴工作联盟成立】 7月14日，海淀区新业态伙伴工作联盟正式揭牌成立。联盟坚持以“党建引领+服务创新”为主线，吸纳24家区属职能部门、1家垂直管理部门、4家平台企业、15家快递企业、29个街镇以及部分商圈、楼宇园区代表，是由政府职能部门、互联网平台企业、快递服务企业、属地街镇等多方主体，自愿组成的议事、沟通、交流平台，以共商、共建、共创、共享为特色优势，着力构建政府与新业态组织、新就业群体互融共促的社会治理伙伴关系。成立大会上发布“新就业群体伙伴行动计划”倡议书，倡议政府职能部门争做联系服务企业的“先行者”，倡议互联网平台企业、快递行业等新业态企业争做履行社会责任的“示范者”，倡议头部企业争做推动行业发展的“引领者”，倡议新就业群体争做融入城市治理的“志愿者”，推动新就业群体融入城市生活、融入基层治理。

（钟冷）

【消费帮扶企业培训班】 7月19日至23日，由区委组织部、区商务局、区委党校联合主办的海淀区2021年消费帮扶企业培训班在区委党校举办。来自新疆和田、皮山农场，内蒙古敖汉旗、科右前旗、科右中旗，湖北丹江口6个受援地区的50名消费帮扶受援地企业负责人参训。培训班课程设置具有针对性，教学形式采取理论讲授、专题讲座、现场教学、小组研讨等教学方式。三个现场教学点各具特色，中关村东升科技园展示海淀农村集体经济发展新模式、北京大北农集团是开启“科技+农业”新时代的典范、中关村国家自主创新示范区展示中心是落实创新驱动发展战略的展示窗口，帮助受援地培训干部了解北京、了解海淀。邀请中国社会科学院、中国农业科学院的专家学者，北京快手、车客家园等企业高管、创始人，从全面推进乡村振兴与城乡高质量发展、智慧农业关键技术与应用、短视频直播和数字化商业助力乡村振兴、加强食品分类及市场经营规范管理提升进京准入标准、乡村商品营销的问题与解决方案等方面授课。作为培训班延伸，区委党校与清华大学继续教育学院协作，免费开放“清华碧桂园乡村产业振兴领头雁培训计划”线上课程资源，至9月23日，学员在线观看20节高品质乡村产业振兴培训课程。

（钟冷　古海涌）

【“北京消费季”暨“北京智能消费节北京信息消费节”启动】 7月23日，2021年“北京消费季”暨“北京智能消费节”北京信息消费节在中关村壹号启动，市商务局副局长蔡小军、副区长林剑华出席。与会领导、嘉宾共同观看开场视频，视频介绍智能通讯、智能穿戴、智能家装等智能产品消费发展趋势，及智能和信息消费的新业态、新模式、新场景的普及应用。消费节持续至9月底，其间将聚焦智能场景发布、探秘体验、新品推介、产品惠购、团标认定5大板块，推广智能消费新产品、新场景，普及信息消费新技术、新模式的应用。联动全市10余个重点商圈、300余家品牌企业、2000余家门店，开展百余项促消费活动，发放10亿元智能消费券、信息消费券。通过高德地图发布北京智能和信息消费地图，上线500家左右北京智能体验店、信息消费体验中心的位置、开放时间、特色活动等信息，为消费者参观、体验、消费提供便利。通过公开课形式，引导消费者了解数字经济时代下的生活和工作趋势变化，为消费者提供优质的数字消费服务体验。

（林琳）

【第十七届海淀品牌消费节】 7月至12月，由区商务局支持，区商业联合会举办“2021北京消费季·悦动海淀”第十七届海淀品牌消费节。本届海淀品牌消费节围绕“新场景”“新趋势”“新能级”“新势力”“新体验”五新，与区内重点商圈企业联动，结合“暑期”、中秋节、国庆节等重要促消费节点，推出以“精品市集、‘文化+商业’、智能汽车展、商圈快闪促销活动、便民服务进社区、冬奥主题冰雪嘉年华”等缤纷主题促消费活动。全区八大商圈、上百家百货、购物中心、超市及专业卖场，汽车专委会76家会员积极参与全程活动。从海淀区重点监测商业企业样本数据来看，9月30日至10月6日，共实现销售7.11亿元，较2020年同期下降10.34%；超市类和生鲜类门店共实现销售额2.07亿元，较2020年同期下降3.21%，保持平稳态势。

（李哲）

【“央视北京对话会”播出】 9月4日，由区政府与央视财经频道《对话》栏目组主办、区商务局承办的服贸会特别节目——“央视北京对话会”在央视财经频道播出。“央视北京对话会”聚焦数字经济与服务贸易的结合，探讨在中国迈向第二个百年追求共同富裕的当下，如何在过往中国经济关注速度与效率的同时，更加注重公平、安全、可持续，如何通过高质量发展让人民的生活更加美好，探索数字化服务的底层新逻辑来试图寻找答案。邀请中科创达董事长赵鸿飞、中寰卫星CEO梁永杰、闪送联合创始人于红建、中科曙光总裁历军、瑞莱智慧科技CEO田天、居然之家董事长汪林朋6位嘉宾，聚焦数字化与生产类、生活类服务经济相结合的主题展开探讨和交流。副区长林剑华出席对话会并讲话，指出要推动在底层技术和关键核心技术方面去贡献更多的力量，真正成为原始创新的策源地；要使得数字经济成为推动区域高质量发展的一个引擎；未来将始终秉持有为政府和有效市场的理念，持续努力把这个生态营造得更好。

（钟冷）

【2021数字贸易发展论坛】 9月6日，由中国国际投资促进会、区商务局主办，北京市海淀服务贸易和服务外包企业协会承办的2021数字贸易发展论坛举办。2021数字贸易发展论坛为服贸会的分论坛之一，以“数字贸易新动力，全球贸易新格局”为主题，聚焦产业数字化，探析数字经济赋予的机遇。论坛通过现场演讲及视频连线的方式进行，以大数据、云计算、物联网、人工智能、区块链等新技术为切入点，聚焦人工智能+产业，与来自日本、菲律宾等国嘉宾及行业客户进行交流研讨。论坛公布海淀服务贸易和服务外包企业协会及相关行业机构共同发起的“2021服务贸易重点企业”活动名单，助力中国服务贸易企业开拓国际市场。演讲环节，服务贸易和服务外包企业协会理事长钟明博介绍2021中国数字贸易发展趋势：云外包、数字媒体、在线教育、在线娱乐、远程医疗、移动支付等新业态新模式加速成长，服务贸易数字化水平持续提升，中国作为数字贸易大国的地位正在逐步巩固，已晋升为全球十大数字贸易经济体。

（钟冷）

【第十九届中关村国际美食节】 9月24日，由市商务局指导、区商务局支持、海淀饮服协会主办的第十九届中关村国际美食节在九十九顶毡房（阜石路店）开幕，本次开幕式同时作为2021年北京消费季·悦动海淀分会场活动之一，举办云尚年夜饭、深夜食堂节、最佳婚宴接待餐厅评选、《海淀区餐饮企业光盘行动标准》发布、海淀国际美食狂欢节、香山德国啤酒节、俄罗斯美食节、城乡美食节、云尚火锅节等活动。至12月美食节期间，460家餐饮经营企业参与美食节各项活动，参与消费者近260万人次。抽样调查显示：60家企业实现销售收入1.98亿元，同比增长9.6%；商场购物中心美食活动、深夜食堂节、火锅节等美食促销费活动，吸引消费者近30万人/次，实现销售收入689万元。

（李哲　李利）

【服务冬奥餐饮服务业入店培训】 10月11日，海淀饮服协会组织服务冬奥餐饮服务业入店培训举办。活动分为食品安全政策解读与现场实操、奥运服务礼仪与现场实操两大部分，加强餐饮服务企业食品安全管理和服务品质，强化安全意识和操作流程规范。参与企业30余家。

（李利）

【粮食安全宣传周活动】 10月16日，是第41个世界粮食日，主题为“发展粮食产业助力乡村振兴”的2021年全国粮食安全宣传周开幕。区商务局联合区农业农村局、区教委、区妇联等部门，围绕“行动造就未来、更好生产、更好营养、更好环境、更好生活”以及“发展粮食产业助力乡村振兴”的主题，组织多场粮食安全知识宣传普及活动。宣传周期间，区商务局在超市发、锦绣大地、幸福荣耀等60余家主体保供企业同时开展粮食安全知识问答活动；在中关村街道社区开展优质粮油产品进社区活动，向市民普及粮食安全科普知识、营养健康知识；在全区中小学、幼儿园中开展“光盘行动”活动，引导学生坚持“餐餐不剩，年年有余”，坚决拒绝“舌尖上的浪费”；在军营中开展厉行节约反对浪费宣传活动，宣传节约光荣、浪费可耻的思想观念，树立“爱粮节粮”理念。

（钟冷）

【第四届俄罗斯美食节】 12月22日，由北京市海淀饮服行业协会主办的第十九届中关村国际美食节之第四

9月6日，2021数字贸易发展论坛举办（区商务局 供图）

12月22日，第四届俄罗斯美食节开幕（海淀饮服行业协会 供图）

届俄罗斯美食节在北京基辅罗斯餐厅启动。区工商联、区商务局以及北京市、朝阳区、西城区、丰台区餐饮协会和来自海淀区商场购物中心、餐饮企业的负责人60多人参加。在启动仪式上，展示俄罗斯特色食材，俄罗斯冰激凌、格瓦斯、伏特加、大列巴、俄式香肠、精酿啤酒等食材系首次引入国内市场。本次美食节作为2021年北京消费季·悦动海淀分会场活动之一，持续至2022年1月。

（李利）

对外经济贸易

【概况】 2021年，海淀区外贸进出口总额3170.1亿元，出口额1467.9亿元，实际利用外资62.43亿美元。以制度创新为核心，全面推动技术转让所得税优惠政策、"海英计划（升级版）"支持政策、外籍人才"两证联办"业务及外债便利化试点等政策落地。强化外资项目引进，形成多项顺应国家改革创新趋势、符合北京"两区"战略目标的创新实践案例。依托服贸会、海淀之夜、中关村论坛等平台，推动重大项目签约落地，取得一批对外开放项目成果。

（林琳）

【外资外贸】 年内，海淀区新设外商投资企业343家，吸引合同外资148.17亿美元，实际利用外资62.43亿美元，比上年增长10.30%，全市占比40.12%，继续稳居全市各区第一。全区外贸进出口总额3170.1亿元，比上年增长15.1%，其中进口额1702.2亿元，比上年增长12.8%；出口额1467.9亿元，比上年增长17.9%，占全市比重为24%，居全市各区第一。

（王静雯）

【外资外贸企业走访】 年内，区商务局发挥"一库四机制"作用，将优质项目和重点企业纳入"服务管家"机制，由区四套班子领导、区商务局领导带队定期走访，及时了解企业最新发展状况及诉求，联动相关委办局做好服务。对接联系和走访微软亚太研发集团、达佳互联、作业帮、小米通讯、纳通医疗、航天长城、同方威视等外资外贸企业100余家，为企业送服务、谋发展。联动协会、第三方机构，调研辖区外贸企业对营商环境、跨境贸易、政策扶持、外资研发中心建设等方面的期盼与诉求，并将企业反映集中的问题向市级部门反馈，帮助出口企业纾困解难。

（王静雯）

【政策宣贯】 年内，区商务局支持外贸企业提升国际化经营能力，指导企业申请商务部和北京市各类外贸资金和总部资金等。联合海关、行业协会、中信保公司，组织多场线上线下培训会，就企业关注的专项资金、RECP规则、服务业企业开拓国际国内市场等方面提出6条外贸稳增长和创跨境贸易便利化、AEO高级认证、出口信用保险、外汇风险防范等政策进行宣讲，累计培训万余人次。及时对接市商务局电子口岸处和中关村海关，了解单一窗口最新情况并向外贸企业线上线下进行宣传，在区政务局大厅发放"单一窗口"宣传手册，鼓励企业通过"单一窗口"办理通关业务。

（王静雯）

【外资利用】 年内，海淀区实际利用外资62.43亿美元，比上年增长10.30%，全市占比40.12%，继续保持全市首位。外贸进出口总额3170.1亿元，同比增长15.1%，占同期北京市外贸进出口的比重为10.4%。其中出口额1467.9亿元，同比增长17.9%，占比24%，超额完成1175亿元出口指标，出口额居北京各区第一。进口额1702.2亿元，比上年增长12.8%，占全市7%。科技创新片区海淀组团新增工商注册外资企业81家。合同外资金额21.67亿美元，实际使用外资金额3.6亿美元。

（宾智慧 刘雅丽）

【跨国公司认定】 年内，海淀区新增申请认定的跨国公司北京地区总部4家［小米通讯技术有限公司、微软（中国）有限公司、金瓜子科技发展（北京）有限公司（瓜子二手车）、纳恩博（北京）科技有限公司］，海淀区总部企业达到913家。国铁国际工贸有限公司、苹果广告（北京）有限公司、北京联影医疗科技有限公司、拟未（北京）科技有限公司等一批国际化企业落地。

（王静雯）

【全球专业视听和交互体验式通信技术盛会】 7月21日至23日，全球专业视听和交互体验式通信技术盛会Info Comm China 2021（北京国际视听集成设备与技术展）举办。海淀企业利亚德、随锐科技集团等企业提供的面向未来的创新专业视听和整合体验解决方案在展会上呈现。在Info

Comm China 2021展会上，利亚德展出现场体验“沉浸式远程会议”，全弧面P 0.9小间距无缝拼接屏，隐藏式目光对视摄影机，全方位扩声系统，打造沉浸式视觉体验；异地同桌，真人面对面，听声辨位技术，打造超强临场感，让远程会议更真实，让视频沟通更畅通。虚拟拍摄-XR空间展台通过虚拟拍摄技术，将人物与火星背景融合，呈现出人站在火星上的影像。随锐科技集团携旗下瞩目、会见、同联、新锐亚及云配件产品参展，展示通信云和行业管理云领域的主要产品，为智能世界相关产业提供创新解决方案。

（林琳）

【服贸会成交28个项目】 9月2日至7日，2021年中国国际服务贸易交易会举办期间，区商务局组织承办“央视北京对话会”、2021数字贸易发展论坛、2021“海淀之夜”专场推介活动、“望三山五园·融科创发展”主题展；在北京主题日参加“两区”建设一周年成果发布和“两区”项目签约仪式。组织近1万名观众参观服贸会。除线下参展外，310余家海淀企业在服贸会官网搭建“云展台”。科技、文化、商务、金融等多个行业的企业通过分享相册视频、展示在售展品、发布企业新闻、组织展台活动等图文与虚拟现实技术相结合的方式，向全球推介企业的发展亮点和特色，为云上用户提供身临其境的观展新体验。推动28个项目达成合作意向，其中投资类项目9个、成交类项目19个，意向签约金额超过15亿美元，位居北京各区之首。

（王静雯　钟冷）

【《海淀区外商投资指引》发布】 9月6日，由区商务局、相关部门共同编写的中英双语《海淀区外商投资指引》（简称《指引》）线上线下同步发布。《指引》分海淀概况、海淀经济、投资海淀、营商环境、人才服务、办事指南6个板块，展示海淀区的优势产业、发展方向、投资政策，为外国投资者和相关企业提供在海淀区投资、创业、发展的指南，具有很强的针对性、指导性和可操作性。

（王静雯）

【国际消费中心城市建设】 10月，海淀区组建海淀区国际消费中心城市建设工作专班，区商务局为专班办公室。出台《海淀区国际消费中心城市建设实施方案（2021—2025年）》，明确提出至2025年海淀区要打造形成具有国际影响力的科技消费示范区和高品质生活引领区，构建科技创新消费、人文商旅融合的消费体系。重点推进实施打造“数字+”科技消费新范本；实施消费新地标打造行动；开展文化、旅游、体育消费融合升级行动；提升教育医疗消费新供给；打造高品质生活典范区；优化消费发展环境。

（张世璞）

旅游业

2022
北京海淀年鉴

综述

【概况】 2021年，区文旅局开展旅游产业形势分析，发挥产业发展引导资金引导作用，稳步推进旅游行业复工复产，促进旅游经济恢复。通过举办“中国旅游日”海淀区专场主题活动，推荐文化和旅游消费集聚区、文化旅游体验基地等形式，挖掘区域旅游资源，完成冬奥测试赛住宿服务保障任务和常态化疫情防控措施，旅游市场安全稳定。采用线上、线下相结合的方式，为受援地河北省赤城县文旅局提供文化对口支援和帮助。

海淀区旅游综合收入732.6亿元，比上年增长50.3%，排名由上年的全市第四上升为第二。旅游接待人数5655.5万人次，比上年增长34.8%，排名保持全市第二。

（杨立辉　周辉）

【旅游行业统计】 年内，区文旅局组织区域内部分旅行社、住宿企业和景区328家行业企业进行旅游统计填报，统计填报分月报、季报和年报，需审核7244张报表。对未及时上报的企业，采取打电话催报、微信群催报、协调执法检查催报等方式，确保填报率和准确性保持全市前列。对照上年度发布的旅游统计数据，结合2021年数据，开展旅游经济形势分析研究，形成旅游经济形势分析季度简报和年报，对全区旅游产业发展方向和旅游产业资金使用重点等提供支持和帮助。

（汪湘）

【“五一”假日旅游工作部署会】 4月25日，海淀区组织召开2021年“五一”假日旅游工作会，区假日旅游工作领导小组相关成员、相关街镇、等级旅游景区等单位参会。会议传达市假日旅游工作会精神，分析“五一”假日旅游市场形势，介绍海淀区文旅行业复工复产情况和文化旅游市场供给情况，就高标准做好全区“五一”假日旅游工作进行部署。区卫健委、海淀交通支队、香山公园围绕各自职责就做好疫情防控、交通保障、安全管控、高品质服务等工作作交流发言。

（李海亮）

【国庆节假日旅游工作会】 9月29日，海淀区组织召开2021年国庆节假日旅游工作会，区假日旅游工作领导小组相关成员、相关街镇、等级旅游景区等单位参加会议。会议传达北京市中秋节、国庆节假日旅游工作会精神，分析国庆节假日旅游市场形势，介绍海淀区文旅行业复工复产情况和文化旅游市场供给情况，对做好全区国庆节假日旅游工作进行安排部署。区卫健委、海淀交通支队、青龙桥街道、圆明园管理处围绕各自职责就做好疫情防控、交通保障、假日安全管理、高品质服务等作交流发言。

（李海亮）

【区域旅游服务品质提升项目】 12月22日，区政府专题会议审议通过2021年海淀区旅游产业发展引导资金支持项目。区文旅局按照市文旅局《关于做好2021年旅游发展补助资金管理工作的通知》，研究讨论2021年旅游产业发展引导资金使用方向和重点，制定工作方案。按资金使用流程开展项目征集、评审、会商等支持冬奥保障酒店和抗疫酒店、旅游公共服务设施和服务品质提升等4类25个项目1014万元。

（汪湘）

旅游景点

【星级饭店、旅游区（点）】 2021年，海淀区辖域内共有旅游星级饭店61家，A级旅游区（点）17家。

表24　2021年海淀区星级饭店、旅游区（点）统计表

旅游星级饭店	数量（家）	旅游区（点）	数量（家）
五星	10	AAAAA	2
四星	20	AAAA	6
三星	26	AAA	8
二星	5	AA	1
一星	0	A	0
合计	61	合计	17

（杨立辉）

【17家A级旅游景区（点）名录[①]】

1.颐和园（AAAAA）
2.圆明园遗址公园（AAAAA）
3.北京植物园（AAAA）（内有曹雪芹纪念馆、卧佛寺）
4.香山公园（AAAA）（含碧云寺）
5.中央电视塔（AAAA）
6.玉渊潭公园（AAAA）
7.紫竹院公园（AAAA）

① 2021年，北京龙徽葡萄酒博物馆自行申请取消等级资质。

8.凤凰岭自然风景公园（AAAA）
9.太平洋海底世界（AAA）
10.北京林业大学实验林场（鹫峰国家森林公园）（AAA）
11.百望山森林公园（AAA）
12.西山国家森林公园（AAA）
13.北京西山大觉寺（AAA）
14.阳台山自然风景区（AAA）
15.皇家莱博物馆（AAA）
16.汇通诺尔狂飚运动休闲乐园（AAA）
17.稻香湖公园（AA）

（吕言博）

【颐和园】 2021年，颐和园服务游客1027.72万人次，比上年增长44.10%，完成内外事任务接待206批次。颐和园微览公众号发布微览50篇，阅览量15万余人次，总用户32131个。完善票务平台服务功能，票务系统增设“订、验、退”票量状态显示功能，调整导游购票单数和份额，控制旅行社、线上购票平台资源垄断行为。颐和园获评首批国家级文明旅游示范单位，被授予“北京市2021年度市级交通安全先进单位”。葛嘉荣获2021年北京市应急管理系统“十大青年榜样”称号，舒乃光、孙迪荣获“北京市红色故事讲解员大赛专业组、志愿组金牌”，舒乃光荣获“2021年公园红色故事讲解大赛一等奖”，邢文龙荣获“北京市职工职业技能大赛第三届金剪子大赛金奖”等。

（王祁）

【圆明园遗址公园】 圆明园遗址公园（简称圆明园）是全国文物保护单位、全国爱国主义教育示范基地、国家考古遗址公园、国家5A级旅游景区。2021年，接待入园游客530.36万人次，门票收入5019.48万元，经营收入5275万元。

遗址保护。圆明园管理处围绕三山五园国家文物保护利用示范区创建，成立大宫门保护展示工作专班。按照国家文物局批复要求和市文物局意见建议，深化保护展示和环境整治方案。编制《圆明园“十四五”规划》，启动修编《圆明园文物保护规划（2022—2035）》《圆明园国家考古遗址公园规划（2015—2049）》，编制舍卫城抢险保护方案。对如园、紫碧山房、文源阁等遗址现场进行踏勘调研，编制保护展示方案。完成“三一八”烈士墓保护展示方案并组织实施，完成线法桥文物保护工程、绮春园东墙抢修工程，开展并完成澹泊宁静二期考古发掘500平方米。全面梳理管理处成立以来的考古项目，建立台账，实现动态监测。

构建文物展示体系。实地勘查正觉寺、同乐园、西洋楼遗址区、展览馆展区，点对点研究改造方案。完善正觉寺展览大纲内容，调整上报安技防、消防、电气化改造方案。推进以正觉寺为核心的圆明园博物馆建设，完成展览馆内设展陈换展，推出“劫灰飞尽、笃行致远”爱国主义教育主题展。赴四川阆中参加“一园南北·三狮竞秀”主题展；与区文学艺术联合会合作举办“三山五园主题美术作品展”；积极策划“海淀圆明园——雅典卫城文物保护交流与合作项目”。

文物修复利用。完成第三期、第四期文物修复工作，共修复瓷器、琉璃构件等文物50件。开展圆明园流散文物调查、征集及回归，收到相关信息9条，接收市民捐赠文物10件。对狮子林石刻、御制诗石碑等23件馆藏珍贵文物进行仿制。完成马首数字化扫描，编写圆明园流散文物数字化工作方案，采集观水法、海晏堂现场文物数据。对西洋楼残雕沉思展区文物保护展示项目进行重新规划。从一亩园、福缘门等周边拆迁区域回收文物4839件。

学术研讨交流。出台《圆明园管理处学术委员会工作规则（试行）》《圆明园研究高校联盟科研项目管理办法（试行）》《圆明园内部科研课题管理办法（试行）》三个文件，鼓励职工和高校联盟成员申报圆明园研究课题。举办圆明园研究与保护国际学术研讨会暨第二届研究成果展，收录论文成果17篇。与北京大学、中国农业大学、中央美院、天津大学召开4场科研项目评审会。编印学术刊物《茹古涵今》12期近60万字。编写《圆明园植物》《圆明园水生态修复研究示范》获“2021北京水利学会科学技术一等奖”。

爱国主义教育活动。园内“三一八”烈士公墓、廉政基地、大水法、正觉寺等爱国主义教育基地接待近800家单位5万人次。举办曾宪梓纪念日活动，举办“云相聚·团圆中秋”活动，获评“中国华侨国际文化交流基地”。开展扎染、京剧脸谱制作、榫卯结构、民乐赏析等传统文化课程。组织“学子游走三山五园”之圆明园站游学活动，数所驻京高校新生走进遗址接受爱国教育；组织“新疆青年赴北京、共筑团结一家亲”活

2月8日，首届圆明园文创发布会举办（田峰 供图）

动；协助一零一中学举办高三学生成人仪式；支持区青少年活动中心、人大附中、通州北苑小学等机构、学校师生来园开展研学、参观、毕业典礼、视频制作等活动。

景区环境建设。改造提升门区、停车场、滨水观礼席位等142个点位无障碍设施建设。抓实垃圾分类工作，深化环境再提升和景区常态化管理。将三孔桥文创店、大水法文创店、拾光买卖街打造成集文创展示、餐饮休憩为一体的沉浸式文化体验场所。高效修复园内水生态体系，完成小南园前湖、花港观鱼区水生态修复及沉水植物补植近5万平方米。完成福海东南岸、长春园2条沿线约3万平方米绿化工程。完成节假日花卉布置、老化树木复壮、古丁香扩繁、花卉培育、柳絮整治等工作。

文化传播。参加海淀区三山五园及数字人民币展，展出内容涉及办公文创、服饰穿搭、纪念臻品、家居潮品、圆明御饮、古典摆饰等领域的文创产品。参加第十九届北京国际图书节并在海淀三山五园区展示系列文创产品。参加第五届中国“网络文学”大会专设IP文创市集活动。举办贺新春“把圆明园文创带回家——首届圆明园文创发布会”集中展示近年来圆明园文创精品成果。完成马首铜像回归版权登记，完成冰嬉图一鉴碧亭、海晏堂马首、卡通妃子、马首卡通形象著作权登记。完成12件圆明园十二时辰法系列插画网上著作权登记。推出马首系列纪念臻品、十二生肖纪念币、纪念邮折、纸胶带、明信片等20余种文创产品。策划组织“市民捐赠1933年圆明园实测形势图”“圆明园365张老照片发布会”“圆明园文创大赛大咖分享会”“大V走三山五园”等活动，讲好圆明园故事。开展“圆明大讲堂”等直播活动16场，总观看量128.2万人次。与北京电视台合作制作专题片《打卡圆明园》《圆明园的故事》等；在《博物》杂志刊登专题文章《圆明园里的荷花》《“荷花伴侣”：圆明园常见水生植物》。微信公众号发文2000余条，总阅读量541.4万次，阅读量过万文章203篇；“微博”发文480条，总阅读量1142.9万次。“新华号”发文514篇，总阅读量14507.61万次。“抖音”投放短视频61条，观看过万视频数24条，总观看人数约150万人次，点赞2.2万个。年融媒体点击总量达7.45亿次。

（胡晓薇）

【香山公园】 2021年，香山公园承担的《香山公园静宜园“样式雷”图档专题研究》《碧云寺植物景观调查与研究》课题通过验收。举办端午节、七夕节、中秋节、重阳节传统文化系列活动，“上元佳节，天官‘赐’福”“五彩沙燕伴我身”手工体验活动，“阅读自然”读书日主题活动，香山奇妙夜博物之旅科普夏令营等特色活动；完成红叶观赏期、第二十四届推广普通话宣传周活动。完成重大节日花卉环境布置、古树养护及复壮工程、黄栌胫跳甲卵块密度调查；开展“碧云寺文化与建筑”、自然笔记——寻找香山“春芽”、“香山古树之旅——自然笔记”、“烟树红云——黄栌的花与果”、“领略香山文化印记——摩崖石刻”、“山林菊香”主题科普活动。文创产品推出淘宝、微店线上直播。公园有关红色文化、皇家文化、福文化的文创产品参展第一届中国（广州）公园文创大会。完成玉华岫卫生间改造提升，白松亭供水水箱改建，全园山石、道路、栏杆、水电、无障碍等基础设施的日常维修。有关香山公园的新闻报道7万余篇次。微信公众号“香山公园”编发“香山红色日历”“弹幕鼻祖在香山”“薪火相传香山红色故事我来讲”等专栏微信337篇、微博538篇、北京号184篇，总阅读量679万次。全年接待游客68.74万人次。香山公园被评为2021年度海淀区科普基地。香山公园“传承香山红色基因·讲好香山红色故事”主题项目入选“红色旅游进校园”优秀案例，“虫虫总动员”和“轮胎乐园”两个设计作品分获“第二届北京国际花园节市民花园”大奖、银奖。香山公园获评“全国文明单位”“市直机关先进党组织”“首都绿化美化先进单位”“全国关心下一代党史国史教育基地”等。金牌讲解员贾莉获“中国梦·劳动美——永远跟党走 奋进新征程”2021全国职工演讲比赛银奖。

（李国红）

【北京植物园】 2021年9月14日，北京植物园与西山林场签订《关于后山林区域管理保障协议》协议，西山林场将后山林正式移交给北京植物园。全年举办“专家带您识花草——早春开花植物识别”专场线下活动、第三十三届桃花观赏季、2021春季植物精品展、世界珍稀濒危植物展、全国林草生物多样性保护成就展、第二十九届市花展等展示展览活动。开展“古树寻踪”绘制自然笔记科普活动、“爱绿一起——常青树的印记”自然探索活动、植物“云”科普——牛年植物迎新春活动、自然笔记系列活动、“专家带您识花草”系列月季专场及自然享乐探索系列“月季的故事”等科普活动。选送新疆野苹果、中甸刺玫等28种植物种子登上神舟13号载人飞船。栽植郁金香85个品种21.2万株、其他球根花卉18个品种1.2万株。联合北京林业大学对全园638株古树进行健康状况体检。全年接待游客313万人次。

北京植物园科普活动“春天的野菜”获“‘美丽中国，我是行动者’2020年青少年自然笔记征集活动”优秀作品奖。北京植物园芦圃学坊在2020年度北京特色书店（最美书店）评选活动中获评“特色书店”。北京植物园“北京日报客户端北京号”获评2020年度最具传播力奖。参展作品获扬州世园会月季国际竞赛金奖1项、银奖2项，获泗阳第十一届中国月季展览会金奖2项、银奖1项、铜奖1项。北京植物园“园艺疗法与康复景观在养老服务中关键技术研究与示范”等6项课题获北京市公园管理中心2020年科技奖项，其中一等奖1项、二等奖3项、三等奖2项。北京植物园被认定为“海淀区科普教育基地”，樱桃沟第二次蝉联“2021年北京网红打卡地榜单”自然景区类网红打卡地称号。

9月10日，北京植物园举办“专家带您识花草——水杉”专场活动（北京植物园 供图）

获得2021年度中国风景园林学会科学技术奖3项。《追忆与展望——汇聚》获“2021年北京市职工职业技能大赛绿心公园花境设计暨造园大赛”银奖，《锦映清溪》《园林新章》获铜奖。

（石鑫）

【玉渊潭公园】 2021年，玉渊潭公园接待游客978.94万人次。与海淀区相关部门成立联合保障工作指挥部，开展应急预案演练14次，完成庆祝建党100周年活动服务保障任务。提升红色文化品质，举办红色文化展、少儿书画展。组织开展爱国主义教育活动50余场次，接待学生和社会团体100余个，现场为2000余名中小学生提供志愿讲解服务。围绕党史学习教育，完成8项“我为群众办实事”项目。

启动西南部绿地提升工程，东湖生态景观提升一期工程面向游客开放。完成春季赏花活动暨樱花、鲁冰花花卉联展活动，历时58天，接待游客275.66万人次。举办光影艺术季活动，以及光影的故事之“春到玉渊潭”摄影比赛获奖作品展、“春暖玉渊 万物生辉”——玉渊潭公园第二届生态科普摄影展、“聚焦劳动者 致敬最美人”——玉渊潭公园先进职工工作纪实图片展、北京皇家园林书画研究会会员作品展暨携手彩绘迎国庆——园林七友画展、《笔墨丹青抒情怀》书画展、“时代记录 开创未来”职工摄影大赛获奖作品展等展览活动，开展“玉渊怀古寄端阳”等传统文化体验活动。

发表科技论文7篇，申报实用新型专利1项、软件著作3项，参编图书1项，参与科技成果（技术）的推广应用1项。开展科普活动127场次。玉渊潭公园5G+AR智慧场景互动应用上线，小程序包括景点介绍、动植物科普、文创体验等功能，为游客提供AR互动体验及公园信息展示。自研文创产品30种，首次进入商场销售。

玉渊潭公园获首都绿化委员会“首都全民义务植树先进单位”称号。中国少年英雄纪念碑被市委宣传部授予北京市爱国主义教育基地。

（刘丹）

【百望山森林公园】 2021年，北京市海淀百望山森林公园（简称百望山森林公园）举办全民义务植树四十周年文史资料展、碑林筹建三十五周年暨成立二十五周年回顾展。开展科普宣传教育活动37场。逐级签订森林防火责任书，建立防火安全隐患排查台账。收集、整理15家单位和23名个人捐赠的文史资料11988件。碑林微信公众号发布生态文明建设、园林绿化文化等主题文章24篇。接待游客97.52万人次，比上年减少16.28%，其中免票人数25.16万人次；门票收入345万元，比上年减少5.76%。百望山森林公园被市政府评选为“北京市节约用水先进集体”，首都精神文明建设委员会授予百望山森林公园“首都文明单位”称号。

（何慧敏）

【紫竹院公园】 2021年，紫竹院公园按照“生态建园”的建设理念，完成中心级重点折子任务“紫竹院水体修复治理工程（一期）”。针对公园竹子冻害等特点情况，分区分类制定修剪养护方案，发挥公园竹类研究优势，在华北地区竹子养护方面发挥引领作用。加强美国白蛾等病虫害防治工作，推进生态系统保护和修复，保持自然生态系统的原真性和完整性。推进《景观提升的竹林土壤改良技术研究》《紫竹院公园梅花应用初步研究》2项科研课题，获得专利证书2项。紫竹院行宫文化展、“挥笔落墨笔墨下的美”微展览、“远山春色——龙泉青瓷展”、“观宋——宋代文化主题展”等展览13场，展览涵盖书法、绘画、唐卡艺术、青瓷艺术、绘本艺术、传统艺术等内容，提供开放服务300天，服务游客15万人次。策划组织“我们的节日”“一园一品”等传统品牌活动52项。新建580平方米的科普画廊，形成以科普小屋、科普画廊、科普花园为核心的公园科普宣传阵地。围绕“七一”开展主题为“党的庆典，人民的节日”花卉环境布置，总用花量8万余株，布置面积2700余平方米。东门外广场设立1处立体造型花坛。持续深化“4+100”科普活动，以线下预约线上直播等形式，举办传统插花、古树自然笔记、认识牡丹等30余场科普活动，受众市民游客60余万人次。开通“北京市紫竹院公园官方抖音号”。公园官方微博、微信、抖音、北京号及时发布活动、美景等资讯368条，累计浏览量127.5万人次；线上直播42次，观看量133.4万人次。全年累计接待游客663万人次。

（黄代东）

【团城演武厅】 2021年，北京市团城演武厅管理处与北京市大觉寺管理处合并为北京大觉寺与团城管理处。“5·18”国际博物馆日开展三山五园之西山劲旅健锐奇兵——“小小巴图鲁”文化体验活动。在文化与自然遗产日开展“寻找红色记忆，献礼建党百年”主题宣讲活动。首次参展中国国际服务贸易交易会，提供文创产品展示。开展固定陈列展览筹备工作。对团城城墙内侧边墙鼓闪险情进行临时防护和安全监测。全年闭馆未开放。

（田硕苗）

【凤凰岭自然风景公园】 2021年，北京凤凰岭景区接待游客100万人次，旅游总收入1500余万元。围绕节日，推出春节7天免费游园优惠，举办过“五福”门、迎春灯笼大道、五彩四季景观、挂祈福牌、建党100周年“鼓”舞人心祈福鼓、系祈福丝带、摸百福墙等系列充满吉祥喜气和祈福色彩的文化活动；举办“光辉百年 红色纪念”凤凰岭清明节主题活动；举办两场“云”上过端午抖音直播互动和线下端午传统文化体验活动；举办“重阳话家风，孝道永传承”2021年海淀区“我们的节日·重阳”主题文化活动暨第九届金婚夫妇相聚凤凰岭公益活动。围绕庆祝建党100周年主题，举办最美山花、“杏”福雪糕、遇见春茶、最美赏花路等主题，开展百年党史展示、踏青赏花、品味甜蜜杏花雪糕、主题植树、茶文化体验、古装穿越、传统文化体验等文化活动；开展“生态绿 党旗红”主题保护生态、植树护绿活动；推出“凤凰岭上祝福建党百年”主题——《我们都是追梦人》短视频。举办凤凰岭第二十一届杏花节、第八届金秋山地登高节，开展金秋登高赏叶、凤凰岭国庆非遗展示活动、金婚公益活动、赏秋品茗、鲜果采摘等文化活动。

（刘峥）

【阳台山自然风景区】 2021年，阳台山自然风景区共接待游客约25万人次。开展“青山秀美间 红色苏家坨”主题打卡活动。举办以“忆百年红色足迹 展乡村旅游魅力”为主题的苏家坨镇乡村旅游文化节暨大西山红色旅游推广活动。成功设立“阳台山自然风景区”为大西山红色教育基地，开展各类丰富多彩的微党课、重走长征路等党建活动。除此之外，景区还被北京市文化旅游体验基地认定委员会授予“阳台山红色交通线体验基地”称号。

（魏敬）

【海淀公园】 2021年，海淀公园加强科技主题公园建设管理，各项智能设施保持良好状态，接待游客144万人次。无人驾驶小巴车接待16476人，未来空间展厅接待29350人，智能步道体验16461人次，智能导览机体验12264人次。加强公园文化品牌精品建设，举办中关村论坛午餐交流会、第十六届“舞动北京”群众广场舞蹈总决赛、百姓周末大舞台、海淀区“互联网+全民义务植树”（海淀公园）基地抚育尽责、数字经济网红打卡地探访、“中国网络文学+”大会（海淀IP文创市集）、海淀学区首届鼓乐团展示、“12·4”国家宪法日暨宪法宣传、雏鹰社八周年庆——亲子拓展、《海淀公园的枣树》自然学习等市区级活动10个，其中百姓周末大舞台演出60场、“互联网+全民义务植树”（海淀公园）基地抚育尽责活动19场，参与尽责446人次。

（车建国）

【翠湖国家城市湿地公园】 2021年，翠湖湿地公园推进公园湿地生态修复和保护，调整局部绿地、道路坡度和改良土壤，搭建监测设备监测土壤、大气、水文及生物多样性，完成2020—2021年中央财政项目《翠湖国家城市湿地公园湿地修复与生态监测项目》，实现翠湖湿地生态系统的持续监测。与市生态环境局合作完成《北京市生物多样性观测和调查结果分析应用项目（2021）——翠湖智慧观测示范区试点建设项目》，通过融合无线传输红外相机、全景扫描摄像机和AI图像识别等技术，实现野生动物及过境鸟类全天候监测、现场实况回传。加强病虫害防控，释放异色瓢虫、周氏啮小蜂、巴氏新小绥螨、赤眼蜂、蠋蝽、花绒寄甲、管氏肿腿蜂、白蜡吉丁肿腿蜂、蒲螨、草蛉等10种天敌。搭建小型生态系统本杰士堆[①]5处，拓展野生动物栖息空间。粉碎绿化废弃物260立方米，首年实现绿化废弃物100%再利用。开展《诗经》植物文化游、环保纪念日、爱鸟周、科技周、生物多样性日等科普活动，以线上直播方式开展以“保护湿地生态系统，共建多彩湿地家园”为

3月20日，海淀公园开展抚育基地活动（田峰 供图）

① 本杰士堆：人造灌木丛，以较粗的树木枝干、石块等材料为主体，覆盖枝条、藤蔓等作为保护屏障，其内部空间可以为小型野生动物和昆虫提供庇护，也可填充混合种子的泥土，吸引野生动物，为它们提供食物。

主题的科普讲座11次，160个亲子家庭参加活动。完成春秋两季鸟类环志工作，春季环志鸟类8目24科57种677只次，秋季环志鸟类9目23科49种1387只次，全年新环志白眉姬鹟、北灰鹟、扇尾沙锥、冠鱼狗9种鸟类。接待团体入园4607人、个人入园3080人，接待调研18批次633人。

（刘筱竹）

【北京石刻艺术博物馆】 2021年，经北京市文物局批准，北京石刻艺术博物馆增项《可移动文物修复资质证（石器、石刻、砖瓦类）》，增项后可移动文物修复范围包括：碑帖拓本类文物修复，石器石刻砖瓦文物修复3项。开展“朝阳区半壁店村出土碑刻保护”项目，为4件露天石刻实施修复。北京真觉寺金刚宝座（五塔寺塔）预防性保护项目启动。承担的市文物局延续性科研课题“北京地区露天、半露天石质文物保存环境与病害调查（第二期）”、与北京科技大学合作开展市文物局延续性科研课题“石墨烯增强纳米材料在石质文物保护中的应用研究（第二期）”通过专家验收。市文物局首家重点科研基地工作站在北京石刻艺术博物馆揭牌。与北京燕山出版社有限公司共同打造北京石刻艺术博物馆文创空间揭牌投入运营。与北京市西城区图书馆联合举办“初心如磐·砥砺未来——庆祝中国共产党成立100周年北京地区革命石刻展”。与北京郭守敬纪念馆联合举办“致敬——纪念郭守敬诞辰790周年”展览。举办第九届“端午文化嘉年华”线上系列活动。与“北京之声·博物馆”项目组合作，上线有声导览服务。签约200余名志愿者，现场服务观众12万余人。王宁宁、范纪萍2名志愿者获得“五星级志愿者”称号。开展古银杏树复壮项目，完成馆内树龄约600年的“两株古银杏树空洞应力波检测”。

（宋长忠　张云燕　闫霞）

【北京西山大觉寺】 2021年，北京西山大觉寺开通支付宝和微信预约、售票小程序，游客可线上预约、购票，全年接待观众20.19万余人次。开展古建修缮、古树养护、安全保卫、科研课题、展陈策划、社教宣教等工作。举办传统节日文化系列展览、“追忆百年 红色记忆——大觉寺及周边红色史迹展”，举办线上《大觉寺·云赏花》视频宣传活动9期、线上《大觉寺·云赏秋·银杏实况》系列直播活动13期。招募大觉寺讲解志愿者，服务观众1500余人次。在2021年服贸会上举办以大觉寺玉兰花为主题的“玉兰花团扇绘画体验活动”专场。配合央视纪录国际传媒拍摄《绿水青山》纪录片，配合中央广播电视总台拍摄《古寺新生》纪录片；配合北京卫视文艺频道拍摄“文化京津冀系列专题片”《漫步北京——大觉寺银杏》，配合报送北京冬奥会宣传素材。完成功德池清淤及水质净化养护工程。大觉寺微信公众号持续打造大觉寺特色文化品牌“大觉寺文化”，推送专题文稿32篇；开展“我和大觉寺”摄影作品征集和展示活动。

（孙熹）

【贝家花园】 2021年，贝家花园参与“两道一线”系列活动。更新“贝熙业事迹展”展板，调整为大事记、医治病人、赴法勤工俭学、自行车驼峰航线、晚年爱情等5个方面，系统展示贝熙业的生平事迹。提升沉浸式剧情体验《贝家花园1940》的游客体验和故事细节，接待82场次1476人次。配合相关单位宣传贝家花园音像录制工作。9月，被北京市归国华侨联合会授予“北京市华侨文化交流基地”称号。

（杨雪飞）

【大钟寺古钟博物馆】 2021年，大钟寺古钟博物馆结合“钟铃之声”活动主题，举办“致敬传统·魅力端午”“致敬传统·闻钟赏月”“致敬传统·九九重阳”“辞旧迎新 鸣钟祈福”等传统节日系列文化体验活动；结合“5·18”国际博物馆日、文化与自然遗产日，开展编钟演奏、觉生寺内寻宝游等主题活动，线上线下参与观众约100万人次。组织策划“兹兹讲堂”，开展专家讲座8场，其中线下讲座2场、线上讲座6场，参与人数千余人次。参加2021年北京科技周活动，举办360°看大钟和木板印刷两项互动活动，发放宣传资料4000余份，接待6500余人次。携手北京交通大学、北京林业大学、北京科技大学、北京师范大学、中央民族大学、北京联合大学等多所高校的青年志愿者协会，举办春季、秋季志愿服务项目，总服务时长约3414小时，服务线上线下观众2万余人次。与北京交通大学交通运输学院“扬帆”青年志愿者协会共同主办第十七届“钟王杯”志愿风采展示系列活动和《当钟铃礼乐遇上当代艺术——青年志愿者科普作品展》线上展览，线上参与观展、互动观众4371人。参加2021年服贸会，现场接受央视西语频道采访。参与拍摄的北京卫视大型纪录片《紫禁城》第三集《远路》在北京卫视的腾讯、哔哩哔哩等网络平台播出，观看

5月14日，大钟寺古钟博物馆举办“兹兹讲堂”（大钟寺博物馆 供图）

量约1400万次，大众评分9.6分。与北京卫视《档案》栏目组合作，设计制作专场直播活动，在北京卫视的抖音网络平台“北京卫视档案”直播，观看人数达3.3万人次。“钟韵紘紘·青春筑梦”大学生优秀传统文化志愿科普项目获“2021年首都志愿服务项目大赛铜奖”“2021年首都志愿服务项目大赛海淀分赛优秀奖”。

（杨巍）

【西山国家森林公园】 2021年，西山国家森林公园接待游客150万人次。以公园为载体，开展第九届森林文化节暨西山国家森林公园第十届踏青节、第九届北京西山森林音乐会、北京牡丹文化节、北京园林绿化系统科技周、“2021爱绿一起”首都生态文明宣传教育活动等系列经典生态体验文化活动。结合林场森林管护项目，补植各类小乔木、灌木3800余株，播种野花组合3500平方米。设立垃圾分类亭及宣传栏8座，发放宣传折页2万张、可降解垃圾袋7万个。对公园及林区防火路边坡管涵进行清淤，隐患治理9处2836.5平方米；修复裸露坡面近1000平方米。

（闫梦禹）

【西山无名英雄纪念广场】 2021年，西山林场依托红色资源，充分发挥西山无名英雄纪念广场党性教育、党员培训基地作用，完成中央统战部、中央台办、外交部、中组部、全国政协、全国总工会、最高检、国家安全局、联络局、财政局、国家机关事务管理局、中央广播电视、北京电视台、中央及驻京部队、香山公园、颐和园管理处等参观团队700余个，接待人次达7.8万，提供讲解服务400余次，收到表扬信1封、锦旗2面。

（闫梦禹）

旅游设施建设

【百望山森林公园绿色文化碑林建设】 年内，百望山森林公园加强绿色文化碑林建设，共计刻碑57通，其中选取古代有关植树诗词名句，请书法家书写后刻碑20通，安装在2号路望乡亭附近；选取岳飞书法碑刻的拓片前、后《出师表》2幅刻碑37通，安装在2号路东入口处。为留金园碑墙等100块碑刻作品制作二维码，方便游客欣赏。

（何慧敏）

【百望山森林公园制作英模浮雕】 年内，百望山森林公园开展绿色国防文化建设，拓展爱国主义宣传教育形式，将中央军委政治工作部印制的张思德、董存瑞、黄继光、邱少云、雷锋、苏宁、李向群、杨业功、林俊德、张超10位全军挂像英模图，设计制作汉白玉浮雕，安装于登山主路。每幅浮雕规格1.5米×1.5米，并制作二维码向公众宣传英模事迹。以军民造林人物为形象，设计制作规格3米×4米的汉白玉浮雕一面，安装于朱德亭处。

（何慧敏）

【百望山森林公园基础服务设施建设】 年内，百望山森林公园实施综合防控系统建设，安装高清摄像头40路、智能语音杆12根并投入使用；完成东门、北门两处公共厕所翻新改造面积198平方米；安装游客休憩桌椅5套、更新二分类垃圾桶10套、安装标志牌20个、更换科普宣教牌示11块；对朱德亭、望绿亭等游客休憩亭和休憩平台进行修缮，其中对木材面刷桐油养护面积2070平方米、更换木地板面积210平方米、对屋面进行除草除尘清理面积300平方米；对惠风桥和曲径烟深木栈道的钢结构进行除锈、粉刷养护面积1528平方米；对护坡围墙进行维修面积6080平方米，在黑山头、前山大道等处新砌护坡113.4立方米，修理路肩及路面150平方米，制作木质围栏长220米。

（何慧敏）

【百望山森林公园沟峪湿地恢复提升技术示范与推广项目建设】 年内，百望山森林公园依据国家林业和草原局入库技术成果“退化湿地恢复技术体系”，在东门原荷花池区域开展沟域湿地恢复提升技术示范与推广项目建设，建设规模总长度150米，面积约1.33公顷。项目拆除原有构筑物90.3立方米，利用拆除垃圾垒砌护坡44.4立方米；实施微地形整理114立方米，在水池、沟谷内铺设膨润毯867平方米；安装循环泵、爆气机各1套；实施道路透水铺装142.5平方米；安装水池护栏76米；安装木桩护坡16.5米，种植草格护岸108.5平方米，在草格内回填种植土，砌生态带护坡30平方米；安置景观石，形成溪流跌水景观。项目可改善公园内湿地生态质量，发挥涵养水源、净化水质、蓄洪抗旱、维护生物多样性等多种生态功能。

（何慧敏）

【百望山森林公园修缮朱德亭】 年内，百望山森林公园对朱德亭进行修缮。修复地面步道砖和仿古墙面砖面积15平方米，更新铁艺护栏长24.3

11月15日，修葺一新的百望山森林公园朱德亭（高源 摄）

米，修复吊顶、平台外围护坡墙、台阶步道，新建石步道及碎石路面积48平方米，改造下山步道面积6.8平方米，在亭子周边摆放景石14250千克、景观原木0.85立方米。朱德亭位于园区2号路与第八医学中心（原解放军309医院）登山路交汇点处的山腰间，亭子修建时间已无从考证。二十世纪六七十年代，朱德同志曾登山在此亭驻足眺望京城。2009年，309医院请朱德同志的女儿、女婿题写“朱德亭”安装于亭中，此亭由此得名。

（何慧敏）

【凤凰岭景区基础设施改造】 年内，凤凰岭景区对天梯观景平台进行维修改造，总面积约230平方米。对景区内防火路段进行维修改造，包含景区内北、中、南三条防火路段路面破损修复及破损护坡挡墙护栏修复等。完成两处河道改造工程。实施青灰岭风电110千伏送出线路工程穿越凤凰岭景区项目，规划设计6座高压线塔。

（刘峥）

【北京植物园基础服务设施建设】 2月22日，北京植物园科普馆改造项目开工，总建筑面积2582平方米，工程分科普馆维修改造工程及科普馆展览展陈。9月21日，工程竣工。6月，完成引水石渠修缮展示工程，再现清代河墙景观。启动植物园牌示、路椅等服务设施制作、花卉景观营造、园林景观提升等7个项目采购程序，对植物园宣传片拍摄、网站设计和票务系统升级进行合同复审。完成科普馆周边景观提升工作。升级专类园牌示、指引标识牌、景点介绍牌、全景导游牌示等多语种服务牌示530余块，更换分类垃圾桶230个，投放新式平板路椅88个。

（石鑫）

【西山大觉寺功德池净化养护工程】 3月20日，西山大觉寺功德池清淤及水质净化养护工程启动，4月2日竣工。工程内容包括清理沉积于池底的淤泥和净化池水水质。

（孙熹）

【旅游公共服务改造建设项目】 3月至12月，区文旅局完成2021年旅游公共服务改造建设项目。北京凤凰岭景区管理有限责任公司白塔水库厕所改造项目，实际补助金额28.6万元；百望山森林公园东门旅游厕所改造项目，实际补助金额22.9万元；百望山森林公园北门旅游厕所改造项目，实际补助金额19.1万元；大钟寺古钟博物馆广场西侧卫生间改造工程项目，实际补助金额13.3万元；大钟寺古钟博物馆北侧卫生间改造工程项目，实际补助金额19.1万元。5个项目合计补助资金103万元。

（南燕）

【贝家花园古建筑物维修】 4月12日至19日，区文保中心对贝家花园三组古建（碉楼、南大房、北大房）进行实地勘察，委托专业公司对三处古建的瓦面、墙面滋生的杂草进行清除、勾缝抹灰，维护避雷设施。

（杨雪飞）

【圆明园无障碍提升项目】 4月至10月，圆明园管理处实施无障碍提升项目。项目包括圆明园景区南门门区、东门门区、正觉寺、无障碍卫生间、无障碍路线导引、滨水观景席位等处，在园区形成4条无障碍路线，共计142个点位，融入无障碍坡道优化、无障碍卫生间改造、无障碍导览导引、无障碍标识提升、增设低位服务设施等元素。

（胡晓薇）

【颐和园厕所更新改造项目】 5月6日，文昌阁厕所、耕织图厕所更新改造项目开工，8月18日竣工。文昌阁厕所建筑面积190平方米，改造内容包括调整男女厕间比例，重做室内装修及配套水电工程，更换洁具，改造“第三卫生间”等。改造后男厕设19个侧位，女厕设27个厕位，配设第三卫生间1个、工具间2间、管理间1间。耕织图厕所建筑面积132平方米，改造内容包括调整男女厕间比例，重做室内装修及配套水电工程，更换洁具，改造“第三卫生间”等。改造后男厕设13个侧位，女厕设18个厕位，设第三卫生间1间、工具间2间、管理间1间。设计单位为北京清尚建筑设计研究院有限公司，施工单位为北京当代创新建设工程有限责任公司，监理单位为北京佳德建设监理有限责任公司。

（常耘硕）

【玉渊潭公园公共厕所配套化粪池升级改造工程】 5月12日，工程开工，11月15日，工程竣工。包括园内13处厕所化粪池改造以及配套污水检查井设置、排水管线敷设、路面拆除与恢复等。

（董跃）

【香山公园玉华岫卫生间改造提升工程】 6月23日，工程开工。卫生间建筑面积98平方米，改造内容包括屋面挑顶117.6平方米，墙面打点修缮，室内装修改造70.74平方米，洁具设备更换，重做给排水和电气系统，增设新风换气系统，增设第三卫生间，管理用房改造29.86平方米、室外地面铺装137.7平方米、室外电缆铺设110米。10月7日，工程竣工。工程设计单位为北京京业国际工程技术有限公司，监理单位为北京方圆工程监理有限公司，施工单位为北京市文物古建工程公司。

（牛宏雷）

【团城演武厅内侧边墙安全监测】 6月至12月，团城演武厅对团城西城墙内侧边墙墙体鼓闪开展险情临时防护及安全监测。在城墙顶部搭建防雨棚，减缓雨水持续下渗对墙体的破坏。在鼓闪影响的西侧值房搭建防护棚、架，防止鼓闪加剧造成对值房的伤害。通过技术手段完成文物本体的安全监测，获取监测数据成果，为后续抢险修缮提供支持。

（田硕苗）

【香山公园白松亭供水水箱改建工程】 8月30日，工程开工。工程主要包括拆除现有钢制储水箱，新做水箱为304级不锈钢水箱，容积238立方米；水箱中间新增隔板，改为两进两出式；新做阀门16个，均为DN150；增加DN150不锈钢管25米；水箱箱体配置加强筋3层，长度150米；新增紫外线消毒器1台。12月2日，工程竣工。工程设计单位为北京京业国际工程技术有限公司，监理单位为北京华林源工程咨询有限公司，施工单位为北京首龙科技有限公司。

（茹亮）

旅游活动

【“颐和讲堂”讲座】 年内，颐和园开展“颐和讲堂”讲座12期，讲座主题包括《圆明园遗址的考古发现与认识》《三山五园周边地区历史遗迹》《浅谈皇家官式古建筑营造技艺》《在古画中发现大运河》等。邀请市文物研究所、北京大学城市与环境学院、故宫博物院专家，面向公众和职工授课。每期讲座在颐和园和北京颐和园学会官方微博线上直播、回看，浏览量147079次。

（杨华）

【香山公园特色文创产品展卖】 年内，香山公园在淘宝、微店平台直播特色文创产品24次，在线观看人数2.2万余人次。参加北大红楼展，展示11件文创产品，用红色文创传承红色基因。参与筹备2021年“北京礼物”旅游商品及文创产品大赛，遴选香山闪闪红星系列文创、香山香囊、红色香山、双清红亭系列桌面文创参赛，其中香山闪闪红星、香山香囊系列文创产品获“北京礼物”旅游商品及文创产品大赛上榜作品。遴选4类183件产品，参展中国国际服务贸易交易会。以“千年香山红色圣地”为主题，进行2场线上直播，销售文创产品168件。12件文创产品参展北京国际图书节。举办中秋文创市集活动，现场免费为游人提供香囊药包，展卖13种文创产品，为游人讲解文创产品背后的故事。遴选3件红色文创参加第十七届中国（深圳）国际文化产业博览交易会线上展览，遴选7件红色文创新品参加云上文博会。遴选5类18件文创产品参展第二届三山五园主题线上艺术展。遴选9件红色文化、皇家文化、福文化的文创产品参展第一届中国（广州）公园文创大会。遴选9件“公园礼物”参展中国园林博物馆。

（杨玥）

【玉渊潭公园科普活动】 年内，玉渊潭公园开展线下科普活动18项、127场次，与新华网合作开展“观鸟赏花游湿地”爱鸟周主题活动，完成湿地导赏104场次，开展“自然笔记”活动4次、以湿地观察和自然游戏为主的生态体验系列课6项，以及《湿地课程》设计等，制作科普展板416块。线上发布科普文章32篇、科普视频7个、科普益智游戏4个、科普答题3期。总受众人数13万人次。

（梁莹）

【“金石大讲堂系列讲座”特色科普教育活动】 年内，北京石刻艺术博物馆围绕以金石碑拓、北京史地、遗产保护等内容，举办3场“金石大讲堂系列讲座”，现场参与听众200余人。金石大讲堂系列讲座前期选题策划、海报设计、宣发方案、现场主持、摄影摄像、设备调整、预约签到、观众满意度调查、档案整理等具体工作，建立起一套博物馆公益讲座科学化、规范化运行机制。

（闫霞）

【梅花主题系列科普互动活动】 2月1日至3日，颐和园在颐和园延庆花卉研究所开展梅花主题系列科普互动活动。活动内容包括点梅妆、包梅花饺子、制作梅花形糕点、国画梅花绘画学习等。以赏梅花，传承中国古典梅花文化为主线，讲授梅花品种和花型、花瓣特点的科普知识，通过传统科普项目讲述历史典故，传承园林文化，学习国画技法。

（颜素）

【梅花腊梅文化科普展】 2月11日至3月15日，颐和园在颐和园东堤沿线举办“傲骨幽香”——梅花、腊梅文化科普展。科普展放置展板50块，融合梅花腊梅生态知识、颐和园梅花腊梅的养护经验、颐和园梅花盆景制作、中国梅花文化等内容，制作科普展板，以线上线下相结合的方式，开展梅花腊梅专题科普宣传。

（颜素）

【玉渊潭春季赏花活动】 3月20日至5月16日，玉渊潭公园举办春季赏花活动暨樱花、鲁冰花花卉联展，接待游客275.66万人次。推出全新第六代樱花冰淇淋并持续热销，引发景区冰淇淋关注热度。在印象城商城集中展售公园文创产品，实现文创产品园外销售。活动期间，文创收入仅次于门票收入，首次超过游船经营收入。持续推出线上樱花导赏活动，通过科普文章和视频，为游客线上讲解樱花文化及科普知识。中央电视台对公园活动陆续报道5次，分别开展27个小时慢直播玉渊潭樱花盛花景观、《北京最美赏花地》移动直播、央视13频道“春日中国”将玉渊潭公园樱花景观与西溪湿地比肩播出。首次实现央视外语频道中英双语直播赏樱文化活动，全球345

年内，北京石刻艺术博物馆举办“金石大讲堂系列讲座”（闫霞 摄）

万名粉丝在线观看。

（董璐璐）

【2021北京国际光影艺术季（玉渊潭站）】 3月25日至10月10日，玉渊潭公园联合北京歌华文化发展集团有限公司举办2021北京国际光影艺术季（玉渊潭站）“万物共生——蔚蓝”户外光影艺术沉浸式体验展活动。活动延续上一届“万物共生”光影艺术季展览的经典主题，选取水元素为线索，创新研发声光互动装置，重编灯光控制软件，重新调整装置互动逻辑，更新全场视频音频文件、近百处舞美造型设计，升级整套总控系统，推出《启航》《星途》《微光》《斑斓》《唤生》等15个崭新作品。参观人数5.6万余人次。

（杨亮）

【“碧云寺文化与建筑”科普活动】 3月30日，香山公园开展“碧云寺文化与建筑”科普活动，15名古建文化爱好者参加。活动以碧云寺明清两代佛教建筑为线索，通过古建导赏、佛教文化讲解、互动游戏、学习任务书填写4个环节，引导参与者进行文化体验。沿山门殿、大雄宝殿、罗汉堂、金刚宝座塔路线，对沿途的古建石刻及相关文化内容进行讲解，重点对碧云寺的主要建筑进行导赏；在罗汉堂内开展“寻找自己的本命罗汉”和“寻找济公”互动活动，在金刚宝座塔下，请古建爱好者对学习任务书进行填写，对本次活动的科普内容进行反馈和总结。通过活动，古建爱好者体验到碧云寺浓重的历史积淀和深厚的文化底蕴，并提出建议。

（董昆）

【牛年说牛科普活动】 3月，颐和园开展“颐和风物，牛年说牛”主题科普活动。活动根据园藏关于生肖牛的精品文物为主线，讲述宝兽面纹三牺尊的历史价值和工艺特点，以及铜牛和青玉卧牛等颐和园生肖形象的文物赏析。结合制作三牺尊牺首部分图样作品，通过手工制作的方式，加深对文物知识的了解和认知。共20组家庭40余人参与。

（颜素）

4月7日，玉渊潭公园第二届生态科普摄影展

【清明主题科普互动活动】 4月3日至5日清明节期间，颐和园在颐和园谐趣园“引绿”亭内举办以“春满颐和·诗意清明”为主题的3项科普互动活动：“清明插柳”——柳树扦插（植物科普），“蹴鞠拼插”——传统文化互动（文化科普），“诗词魔方”——清明诗词组合游戏（文化科普）。游客在活动现场可参加清明主题诗词竞赛，学习柳枝扦插和DIY蹴鞠三项传统文化项目。将插柳、蹴鞠等传统文化活动及传统进行展示，通过工作人员的讲述和参与体验，体会插柳、蹴鞠和清明诗词的文化魅力。

（颜素）

【颐和园清明节节日文化直播活动】 4月4日，颐和园举办2021年我们的节日——“踏春清明，追寻红色印记”清明节节日文化直播活动。活动由中国公园协会公园管理专业委员会、颐和园等单位主办，37家全国红色文化突出的城市公园参与。活动直播连线、转播21家公园和单位在清明节期间举办的红色文化活动、传统文化活动及园林文化活动，展示中国传统文化、园林文化的历史风貌和文化传承。《中国日报》《光明日报》《北京日报》《北京晚报》等及各地方省市级广播电视台、日报及其他官方媒体等20余家单位、30余个媒体平台（含公园新媒体平台）转播报道，访问量510万人次。

（杨华）

【生物多样性保护科普宣传月活动】 4月至5月，颐和园在颐和园东堤开展“生物多样性保护宣传”系列科普展览之一——“岁岁花相似”颐和园相似花卉识别科普展览。选取园林植物中相似度高、易混淆、游客辨识不清的30种园林植物品种，以相邻的两块展板同一个设计背景，用对比的形式编辑展览内容，从树姿、叶形、花型、花色等部位，对比展开介绍，找出相似处和不同处，展出展板30张。5月至6月，颐和园在颐和园东堤沿线开展“生物多样性保护”科普主题系列展览之二——“处处闻啼鸟”颐和园常见相似鸟类对比科普展。展览选取园内常见并具有相似性的40种鸟种，以美图和简单易懂的表格形式，快捷地传递科普知识。同期完成雨燕环志科普展展板26块。展示内容包括北京雨燕品种知识介绍、北京雨燕分布及相近品种比较、北京地区雨燕保护工作介绍、野生动物保护法律法规、鸟类环志科研工作流程及要点科普、北京雨燕环志及雨燕保护成果介绍等。

（颜素）

【“中国旅游日”海淀专场主题活动】 5月19日，区文旅局举办“绿色发展·美好生活”“中国旅游日”海淀专场主题活动。联合全区10余家景区、酒店，发布22项惠民促消费活动；与区史志办合作，推出海淀区红色地图，全面推广区域红色旅游资源。活动在海淀融媒快手、抖音、今日头条等新媒体平台同步线上直播，累计在线观看达217万人次。

（温力宏）

【绘最美古树主题科普活动】 5月29日，颐和园在东宫门地区及万寿山后山区域，开展“园林历史的鉴证者——绘最美古树”主题科普活动。活动选取高大貌美的古树，开展自然笔记活动。通过讲授从东宫门至景福阁沿线的各种古树及遇见的树木品种，介绍园林植物常识；古树在年龄形态方面的科学知识以及如何制作自然笔记内容、如何细致观察、记录和绘画表现手法等。活动引导参与者制作完成颐和园最美古树的自然笔记作品14幅。

（颜素）

【颐和园古建科普活动】 5月30日，颐和园结合“一园一品”科普品牌建设，举办以“赏湖光山色 析雕梁画栋”——颐和园古建筑彩画初识为主题的科普活动。讲解员讲解颐和园历史，古建筑基础知识，清代官式彩画的基础知识，宫廷彩画分类、图案及色彩特点等内容，通过近距离接触古建筑，分清古建筑不同部位名称，了解清代古建筑彩画的主要特点，识别不同种类的清代官式建筑彩画，了解中国古建筑文化。

（颜素）

【“‘颐’你之名的芳华绽放”华服节】 5月30日，颐和园联合北京联通公司在颐和园听鹂馆举办“‘颐’你之名的芳华绽放”华服节活动。内容包括花船巡游、古风市集、华服爱好者同袍游园等环节，50余位华服爱好者参与活动，围绕国风服饰、中国乐器、传统文化展开。活动全程通过5G信号进行网络直播，由搜狐网、《民生周刊》、哔哩哔哩等多家媒体平台进行网络报道。

（田梦颖）

【五色五香——五塔寺端午文化嘉年华活动展览回顾】 6月3日端午节，北京石刻艺术博物馆（石刻馆）2021年度第九届“端午文化嘉年华”系列活动从线下转为线上主题活动，石刻馆官方微信公众平台推出“五色五香——五塔寺端午文化嘉年华活动、展览回顾”线上展览。展览分为活动篇与展览篇两部分，通过收集、展示历届“端午文化嘉年华”主题活动与展览的精彩瞬间，带领观众在一帧帧展现剪纸、葫芦烙画、面塑等非物质文化遗产的生动画面中，领略五塔寺别具一格的端午文化氛围。

（谢欣）

【圆明园“数字人民币游园会”主题活动】 6月11日，“京彩奋斗者 数字嘉年华”——圆明园“数字人民币游园会”主题活动在南门广场举行。游园会中，游客使用数字人民币在圆明园购买门票、文创产品、特色商品，参加互动游戏赢取圆明园文创礼品。

（胡晓薇）

【香山奇妙夜博物之旅科普夏令营活动】 6月12日至7月24日，香山公园举办7期香山奇妙之旅暑期活动，接待100组家庭。每期活动时间1天1夜，活动包括露营学习、营地讲座、园内考察、营地观察及总结四部分，根据香山特有乡土动植物特色，设计观察、拍摄、讲解、体验等多维度综合体验线路。亲子家庭参观营地展览，学习营地搭建、动植物知识、夜探常识。

（张寅子）

【香山公园传统文化系列活动】 6月13日，香山公园开展“夏日黄栌叶”手作香囊端午节活动，游客参与“黄栌叶香囊”材料包制作，进行“五彩香山品‘香’”配香囊、拴五色丝线展卖，现场设有免费“香囊DIY”专区，游客可配置“驱蚊虫”和“增强免疫力”两种不同功能的香囊，免费送出香囊600余份，30组家庭参与活动。8月14日，开展线上直播“爱满京城 相约幸福——‘七夕炫彩扎染’”主题活动，网络观看量1.08万人次。9月19日至21日，举办主题为“月圆京城 情系中华”中秋节活动，开展主题为“中秋静宜·花花万物”中秋节传统工艺文创市集，展示公园文创、传统非遗手工艺品、古风饰品、民俗文化衍生品、创意与潮流交融的设计品。9月19日，举办“汉服古韵迎中秋”中秋汉服游园会。9月20日，举办“黄栌团扇摇”传统手编扇体验活动。10月14日，举办“孝满京城 德润人心”主题重阳节活动，表演古典舞蹈、民乐、戏曲、合唱等节目，邀请青年演员、老年艺术家、游客约300人参与。

（张寅子）

【自然笔记科普活动】 7月19日，颐和园在东宫门至景福阁区域，开展第三期“园林历史的鉴证者——绘最美古树”自然笔记古树科普活动。活动选取沿途侧柏、桧柏、油松、楸树等姿态高大优美的古树进行自然笔记讲解及绘画活动，现场为小朋友们从讲授古树在树龄、树姿、外观特点、辨别要点等方面的科学知识，如何细致观察、记录树木形态特征，如何绘画表现古树形态，如何绘制完整的自然笔记。完成颐和园最美古树自然笔记作品12幅。12个家庭参与活动。

（颜素）

【紫竹院公园第二十八届竹荷文化展】 7月23日至8月22日，以“竹影幽幽·荷风送香”为主题的紫竹院公园第二十八届竹荷文化展暨紫竹院地区第十二届民族文化节举办。以官方微信公众号、微博开展线上直播和邀请央视新闻、《北京青年报》等媒体平台直播报道的方式，举办插花、科普、传统民俗等文化活动8场，观看量近65万人次。在主要门区及游览路线布置盆栽荷500盆，灯杆旗100面，造景及文化宣传展板30余处。接待游客48.31万人次。

（黄代东）

【香山公园红叶观赏】 10月15日至11月14日，香山红叶观赏期接待游客48.05万人次，同比下降52.41%。其中购票游客27.98万余人次，同比下降58.44%。网络预约入园平均占比58.23%，索道运送游客8.85万人次，香山革命纪念地（旧址）接待游客24.39万人次。香山公园做好服务安全保障工作：加大新冠疫情防控检查督查力度，检查21次，印发通报13期；密切关注疫情防控形势变化，迅速展开排查，全员核酸检测1次，重点岗位人群按期进行核酸检测。构建安全防线，实行入园安检，抽检游客31.9万人次。周六日区消防支队、森林消防大队派驻消防车、消防员在门区待命，森林消防队员协助公园开展防火巡查。公安、武警近200人，文明引导员、中心青年突击队、大学生志愿者约60余人，在园内义务咨询、劝阻旅客扎堆聚集。

（李爽　张寅子）

【4人获北京红色故事讲解员大赛奖】 11月30日，市文旅局举办“百年征程波澜壮阔，百年初心历久弥坚——2021年北京红色故事讲解员大赛”。各区选拔推荐的来自红色旅游景区和爱国主义教育基地的专业、志愿讲解员55名选手参赛，包括38名专业讲解员、17名志愿讲解员。大赛因疫情防控要求，采取线上征集、线上评比的形式，评选出5名专业组金牌讲解员和5名志愿组金牌讲解员。区文旅局推荐的香山公园管理处和颐和园管理处的4名选手作为专业组和志愿组讲解参赛，4名选手全部获“北京市金牌讲解员”称号。

（温力宏）

【圆明园拾光买卖街揭幕开街】 12月18日，“逛宫廷市集 寻圆明盛景”拾光买卖街揭幕仪式暨国风盛典活动在圆明园举行，市文旅局、市商务局、圆明园管理处、良业科技集团有关领导出席揭幕仪式。拾光买卖街以历史中真实的“圆明园买卖街”为蓝本，推出光影演艺、餐饮小吃和沉浸式主题商街三大板块，布局众多不同风格的体验空间，再现百年前的市井繁荣景象。街内设置文创产品、北京老字号小吃、网红美食，打造室内大型沉浸式光影宫廷市集，提取圆明园历史与文化元素，在实体布局中融入光影技术，唤醒圆明园《四十景图》，还原“买卖街”热闹繁华的“市井”商街氛围，包括《千机圆明》全景沉浸式飞行体验空间、“御园莺歌”光影互动体验、西洋幻境·拾光咖啡厅、三帝聚首、五帝赐福、宫廷集市、虚拟+实体换装体验等。12月18日至19日，买卖街推出“圆明拾光国风盛典”，打造集国风表演、国风手办、传统手工艺体验于一体的“国风市集”。

（胡晓薇）

【观宋——宋代文化主题展】 12月18日，紫竹院公园“观宋——宋代文化主题展”开展。展览通过“历史、书法、绘画、诗词、茶事、生活”6个部分对宋代文化及宋人生活主要方面进行展示。开展当天与国家图书馆联合举办公开课“千年回望王安石——纪念王安石诞辰1000周年”《百部经典》阅读推广特别活动。邀请北京大学人文社会科学研究院院长邓小南，华东师范大学古籍研究所教授刘成国，国家图书馆研究馆员、古籍专家林世田等参与互动。在文化和旅游部官网、央视新闻、《光明日报》客户端、搜狐网、今日头条、抖音等多个平台进行实时线上直播，638万余人次在线观看。展览持续至2022年2月27日。

（黄代东）

【颐和园“金光穿洞”5G慢直播】 12月20日至28日，颐和园联合中国联通，借助5G技术上线最美颐和园之5G奇妙景观“金光穿洞”慢直播，首次通过网络呈现颐和园十七孔桥“金光穿洞”实时景观变化。依托中国联通“5G+云网”技术，通过4K高清画面，网友可通过《人民日报》、新华社、央视新闻App、联通App、联通沃视频App等11家平台线上欣赏金光穿洞美景。12月21日，颐和园和《北京日报》合作推出《又是一年冬至日——颐和园“金光穿洞”迎来最美时刻》直播，颐和园相关负责人讲述颐和园造园艺术的魅力，邀请中国科学院国家天文台观测站专家从天文学角度讲解金光穿洞的成因。

（张梦妍）

【“致敬——纪念郭守敬诞辰790周年”展览】 12月21日至26日，北京石刻艺术博物馆（石刻馆）与北京郭守敬纪念馆在石刻馆西临展厅联合举办“致敬——纪念郭守敬诞辰790周年”展览。展览展出27块图文展板，并配有二维码音频讲解，以时间轴为序，分别展示郭守敬在不同时期所作的科学成果和伟大贡献，意在通过展览使观众了解郭守敬在水利、天文、历法、数学等领域所作出的卓越成就，弘扬其潜心探索、勇于创新的科学精神，牢固树立民族自信心与自豪感。多家媒体报道与转发。

（谢欣）

12月18日，圆明园拾光买卖街内景（圆明园 供图）

旅游行业管理

【旅游行业复工复产】 年内，区文旅局梳理文旅行业从业人员信息，统计9类863家旅游企业38373人，其中文化行业4类169家2116人，旅游行业5类694家36257人。组织24家星级饭店员工接种疫苗，督促未接种第二针疫苗的人员及时补种。定期向区复工复产组报送文旅行业执法检查情况。

（周辉）

【旅游景区防汛和应急处置演练】 6月24日，区文旅局在凤凰岭景区开展2021年山区旅游景区防汛和应急处置演练。13家涉山涉水旅游景区观摩。演练模拟两个场景：气象部门发布暴雨橙色预警信息，区域内发生暴雨泥石流事件，景区立即启动应急预案，组织应急救援队伍和驻园单位开展防汛应急处置；游客从山上下来，抄野道迷路并发生扭伤事件，景区协调上级救援力量和消防人员进行现场处置。演练历时35分钟，125人参与演练。

（李海亮）

【安全生产月“黄丝带行动”启动】 6月25日，区文旅局在国家农业图书馆报告厅召开2021年文化和旅游行业安全生产大会暨安全生产月“黄丝带行动”启动大会，区应急局、区消防救援支队应邀出席会议，海淀区文化和旅游行业安全工作负责人代表共381人参加会议。区文旅局、区应急局、消防救援支队等部门分别部署任务，明确要求，进行工作提示，行业代表发起倡议，专家进行安全生产培训。

（李海亮）

【垃圾分类专题培训】 7月14日，区文旅局举办海淀区文旅行业垃圾分类专题培训，中科信会议中心、君颐东方饭店、银泉大厦等20家宾馆饭店垃圾分类工作人员参加培训。邀请从事垃圾分类宣讲工作的专业老师，从分类意义、分类标准、收运流程、科学分类等方面进行专业指导，20位宾馆饭店优秀代表带来各自的先进经验和典型做法并进行交流。

（吕言博）

【旅游景区水上应急救援演练活动】 9月16日，区文旅局在圆明园组织开展海淀区旅游景区水上应急救援演练活动。区应急局应邀参加活动，颐和园、圆明园、玉渊潭公园、紫竹院公园等涉水旅游景区安全应急工作负责人到场观摩。演练围绕突发恶劣天气情况下进行游客施救和疏散转移、游船意外起火实施消防应急救援、游客落水紧急抢救三个科目实施。演练体现“实景”“实装”“实员”特点，检验人员的应急救援能力，锻炼应急救援队伍，为实际救援工作积累经验。

（李海亮）

城市建设与管理

2022
北京海淀年鉴

规划与自然资源管理

【概况】 2021年，北京市规划和自然资源委员会海淀分局（简称市规划自然资源委海淀分局）下设海淀区规划和自然资源执法队1个监察执法机构，海淀区不动产登记事务中心、海淀区规划和自然资源综合事务中心2个事业单位。市规划自然资源委海淀分局统筹调度固定资产计划投资项目总计26个，固定资产投资完成65.2亿元，占全年计划的122%；完成建安投资45.3亿元，占全年计划的104%。《北京海淀区西北旺镇HD00-0403街区控制性详细规划（街区层面）（2020年—2035年）》获得市政府批复。

接待查档万余人次，电话查档及咨询4000余次，提供档案查借阅5935册。接收来信来访530件次，比上年增长16%。诉求以项目规划和产权登记问题为主。收到信息公开申请1273件，比上年增长35.9%。接诉区城市管理指挥中心“接诉即办”转办件7802件，承办4839件，分别比上年增长63.77%、114.88%。办理行政案件160件（其中行政复议案件30件、行政诉讼案件128件、行政检察监督案件2件），比上年增长110.52%。有责败诉1件（不动产登记领域无责败诉8件），有责败诉率为0.62%。行政负责人出庭应诉9次。海淀区不动产登记事务中心获海淀区“十佳群众满意窗口服务团队”称号，获“窗口服务十佳”称号。

（张烁）

【2020年度海淀区城市体检评估报告完成】 年内，市规划自然资源委海淀分局依托责任规划师平台，推进街道自评，组织开展2020年度海淀区城市体检评估工作，形成城市体检评估报告。报告聚焦规划实施中的重点、特点和难点，结合典型案例总结经验和模式，分析存在问题，剖析问题背后原因并提出对策建议。

（张烁）

【《海淀区河湖蓝线规划（2017年—2035年）》编制完成】 年内，市规划自然资源委海淀分局落实新版城市总体规划“重点规划建设蓝网系统”，组织编制并完成《海淀区河湖蓝线规划（2017年—2035年）》，划定海淀区河道、雨水调蓄区、湿地的水域用地线（规划上口线）和水域控制线（滨水绿线），为分区规划“打造水清岸绿的优美水环境”提供空间保障。

（张烁）

【《海淀区综合管廊规划（2017年—2035年）》编制完成】 年内，市规划自然资源委海淀分局组织编制《海淀区综合管廊规划（2017年—2035年）》，落实北京市总体规划，综合统筹海淀区市政、交通、地上地下空间资源，构建一个集服务功能完备、运维安全高效、智能监控应急、展示教育于一体的综合管廊网络系统。

（张烁）

【综合审批】 年内，市规划自然资源委海淀分局受理审批服务事项284件，其中建设项目228件、地名16件；受理国有建设用地划拨决定书18件，划拨决定书补充条款2件，乡镇（村）企业使用集体建设用地2件；受理社会投资简易低风险项目18件。核发287件，其中核发各类建设项目230件、地名17件、国有建设用地划拨决定书18件、决定书补充条款2件、乡镇村企业使用集体建设用地2件、社会投资简易低风险项目18件。

（张烁）

【重点工程建设项目审批】 年内，“3个100”市政府重点工程建设项目中涉及海淀区房建项目共12项，其中需要规划自然部门审批事项8项，均核发建设工程规划许可证。

（张烁）

【优化营商环境】 年内，市规划自然资源委海淀分局配合区政务服务局，初拟建设工程规划许可证（社会投资房屋建筑工程）、建设工程规划许可证（市政交通基础设施工程）、建设工程规划许可证（政府投资房屋建筑工程）和临时建设工程规划许可证4个事项的区块链应用场景落地方案。通过“海淀通App”平台登录，利用区块链技术获取身份证、营业执照等信息数据，实现优化审批操作、核减材料提交、结果上链，窗口人员可利用区块链获取的营业执照信息对申请表进行核验优化提升。办理4类事项平均减少提交材料50%以上，减少跑动次数，实现网上报件。重点做好简易低风险项目改革政策落地，对于规模较小的简低项目快进快出，对于规模较大且能够实现拆建统一的简低项目，鼓励增加停车、公共服务设施，加快审批。全年办理完成38件简易低风险建设项目的建设工程规划许可证，完成全流程案例8个。联合税务部门在不动产登记事务中心开设专门的对公窗口，材料齐全的当天即可拿到不动产登记证书，压缩企业登记的办理时限；设置帮办代办专窗，全面提供纵向联动、横向协作的帮办代办服务；设置“办不成事”窗口，打造解决企业和群众办事难题的“直通车”。

（张烁）

【规划核验】 年内，市规划自然资源委海淀分局办理完成城镇建筑工程规划核验事项101件，共计708项单体，总建筑规模约524.43万平方米；完成城市地下管线规划核验备案事项42件，备案管线总长度约25217.47延米。

（张烁）

【自然资源资产所有权委托代理机制试点工作】 年内，市规划自然资源委海淀分局编制完成海淀区落实全民所有自然资源资产所有权委托代理机制试点实施方案，全面启动海淀区国有自然资源资产清查工作，向相关委办局和街镇印发工作方案。编制完成2020年度海淀区国有自然资源资产管理情况报告，针对区人大审议意见形成落实情况报告。

（张烁）

【城乡建设用地减量】 年内，市规划自然委海淀分局按照《北京市2021年度城乡建设用地减量实施计划》要求，开展海淀区城乡建设用地减量工作，2021年全区城乡建设用地净减量任务为120公顷，已按照全区“一盘棋”工作思路，将减量任务与2022年新一轮百万亩造林、“基本无违建区”创建、土地复垦、土地资源整理工作等统筹考虑、同步推进，全面组织梳理区城乡建设用地减量腾退地块。

（张烁）

【重点项目落地】 年内，市规划自然资源委海淀分局围绕总体规划落实和分区规划实施，聚焦“一村三山五园”建设，依托“一专班两平台”（供地专班、科指办固投平台、市区协作规划平台），确保市、区重点项目落地实施。海淀区纳入“3个100”项目共计17个（详见附表），中关村论坛永久会址项目设计方案正式取得市委、市政府批复同意，三山五园艺术中心项目等16个项目均完成规划手续。

表25　2021年海淀区“3个100”重点工程一览表

序号	项目名称	项目法人单位	建设地点	建设规模及内容
1	三山五园水系（北旱河、金河、万泉河）建设项目	海淀区水务局	海淀区—北旱河、金河、万泉河	三山五园地区北旱河、金河、万泉河水系连通工程
2	翠湖国际人才社区	北京翠湖城市空间有限责任公司	海淀区—苏家坨镇	国际人才社区，建设规模约16万平方米
3	海淀区苏家坨中心医院建设工程	海淀区卫生健康委员会	海淀区—苏家坨镇	建设规模约6.3万平方米，由5座建筑组成：门诊医技住院综合楼、垃圾站、液氧站、污水处理站和锅炉房。配套建设室外道路及广场、绿化、照明、地下管线敷设及相关配套设施，同步实施红线外市政等工程
4	首都医科大学附属北京世纪坛医院急诊急救综合楼建设工程	首都医科大学附属北京世纪坛医院	海淀区—羊坊店	建设规模约6.3万平方米，新建急诊急救综合楼
5	医物园养老项目	北京医物园置业有限公司	海淀区—四季青镇	建设规模约7万平方米，建设内容为老年养护院
6	三山五园艺术中心项目（海淀博物馆升级改造）	海淀区文化和旅游局	海淀区—新建宫门路	建设规模约2.4万平方米，建设具备举办当代艺术和美术展览的展厅
7	中关村大街城市客厅（公共空间改造提升）一期项目	北京中关村大街建设发展有限公司	海淀区—中关村大街	中关村大街道路两侧改造面积约6万平方米
8	中关村论坛永久会址（取得市委、市政府批复同意，尚未完成规划手续）	海淀区国有资产投资经营有限公司	海淀区—麦德龙地块	该项目位于海淀公园北侧、万泉河路西侧，项目总用地面积约7.6公顷，其中，东地块约5.7公顷，拟建设论坛主会场，南、北两地块共计约1.9公顷，拟改造为配套酒店
9	区块链先进算力实验平台	北京市经济和信息化局	海淀区—互联网金融中心	建设规模1000台专业服务器，以及配套存储相关设备，BaaS、DID、区块链网络编址和注册服务、监管服务、跨链服务、电子证照、电子签章、存证服务、数据共享与交换服务（目录链2.0）、城市码底座、eKYC底座、食品追溯等
10	5G+8K产品公共服务与制作技术支持平台	北京中联合超高清协同技术中心有限公司	海淀区—学院路	建设规模约7000平方米，建设5G+8K全链条技术验证和产品认证实验室集群
11	北京字节跳动公司总部产业园项目	北京中坤长业房地产开发有限公司	海淀区—北下关地区	建设规模约40万平方米，建设内容包括中坤广场外立面改造，地上装修改造，地下室改造，机电系统更新，新建地铁一体化工程与地铁12号线及13号线相连
12	农业中关村·翠湖智慧农业创新工场项目一期	北京翠湖农业科技有限公司	海淀区—上庄镇	建设规模约10万平方米，建设绿色示范工厂及配套设施

续表

序号	项目名称	项目法人单位	建设地点	建设规模及内容
13	北京协同创新园	海淀区苏家坨镇合作经济联合社	海淀区—苏家坨镇	建设规模约19万平方米，建设内容为商办用房及相关配套等
14	中关村东升科技园三期项目	东升新时代（北京）科技有限公司	海淀区—北沙滩桥西北角	建设规模约20万平方米，打造学研融合、创新引领为一体的科技创新园区
15	中关村移动智能服务创新园	北京首农信息产业投资有限公司	海淀区—西二旗中路	建设规模约34.6万平方米，建设内容为办公楼、研发中心、地下车库等
16	中关村创客小镇二期项目	北京兴泉资本有限公司	海淀区—温泉镇	建设规模约19万平方米，建设内容为产业办公、区域商业服务配套等
17	中国电科科技创新园（海淀区西八里庄0711-653地块）	中电科（北京）置业发展有限公司	海淀区—八里庄	建设规模约12.8万平方米，建设内容为商业办公及相关配套等

（张烁）

【违法用地违法建设整治】 年内，市规划自然资源委海淀分局统筹全区规自领域违法用地违法建设治理工作，将违法项目及各类专项底账全面整合，创新建立海淀区规自领域违法用地违法建设一本账，“落点落图”搭建区执法综合管理平台系统，在多层级调度的同时加强拆后利用的研究，形成精准治理、闭环管理的机制。通过每半月“一更新、一排名、一通报”，各街镇形成“赛马效应”，推动问题整改从“治标”向“治本”转变，实现任务联动、方式联动、成果联动，做到同频共振、同向发力、同步推进，不断提高全区规划和自然资源领域治理能力。上账的449个项目，整改到位274个，整改到位率61.02%；累计腾退土地2249.19亩，累计拆违19.7万平方米。

（张烁）

【自然资源督察问题整改】 年内，市规划自然资源委海淀分局推进2020年例行督察整改任务14个项目，均为重点工程项目未批先建和“一会三函”政策执行不规范问题，完成6个项目的整改工作。持续推进历年督察整改工作，其中限期整改类问题共456个，整改到位416个，到位率91.2%；推进持续整改类问题整治，完成219项目的整改工作。

（张烁）

【督办问题整改】 年内，市规划自然资源委海淀分局牵头全区规自领域问题专项治理工作。将减量任务与新一轮百万亩造林、拆违、土地资源整理工作等统筹推进。梳理汇总规自领域问题156项，整改完成130项。中央第十一巡视组巡视北京市委涉及海淀区反馈问题完成整改销账。针对大棚房进度缓慢、八一学校违法建设等4个挂账中纪委督办台账的重点项目完成销账。牵头完成违建别墅专项整治、绿地认建认养及公园配套用房出租专项整治、266宗大棚房备案、创无违法建设区专项行动年度任务、2020年约谈问责5个市级专项任务，其中颐和府、颐和九州2个挂账中纪委督办台账的重点项目完成拆除。

（张烁）

【不动产登记审批】 年内，海淀区不动产登记事务中心共受理各类不动产登记业务124797件、不动产登记档案查询业务12.9万件、权籍调查204件、权属审查112件，配合公检法机关办理司法查询190972人次，完成103824件不动产登记证书、证明的制作和发放，新增不动产登记档案101111卷，均全部质检上架并完成数字化归档。

（张烁）

【商品房类历史遗留登记项目实现“清零”】 年内，海淀区不动产登记事务中心新增解决15个历史遗留项目1.84万余套，超额41%完成市级下达的任务指标，全区商品房类历史遗留登记项目全部解决。清缘里小区解决案例被《北京晚报》、《北京日报》、学习强国等多家媒体报道，作为为民办实事案例接受《新闻联播》采访；花园新区项目被选为北京卫视“局处长走流程”拍摄案例。历时2年，海淀区7个项目2024套房屋已全部解决，实现商品房类遗留项目“清零”。

（张烁）

【不动产“全程网办”】 年内，海淀区不动产登记事务中心办理完成存量房买卖全程网上办理业务企业间2378笔、个人间159笔。网上办理抵押首次登记业务24542件、解押业务16938件。10月27日，全市首例全程网办社会投资低风险项目在海淀区不动产登记事务中心取得不动产权证书。

（张烁）

【“我为群众办实事”活动】 年内，市规划自然资源委海淀分局解决历史遗留登记问题被纳入海淀区第六批“强基础、解难题、促发展”党建工作组工作台账，为五福玲珑居3000余户回迁安置小区打通办证通道。海淀区不动产登记事务中心组建海淀不动产登记大厅“红绶带”服务小组，做到登记服务零距离。

（张烁）

【设施农业用地管理】 年内，市规划自然资源委海淀分局为推动首都农业高质量发展，上庄镇前章村翠湖智慧农业创新工场——绿色示范工场成为全市第一例高效设施农业试点项目，取得市级备案意见；配合完成“266大棚房清理整治”工作中上庄蔬艺园，东北旺3-4、3-5，苏家坨镇后沙涧经济合作社设施农业项目等设施农业用地备案。

（张烁）

【征地及农用地转用】 年内，市规划自然资源委海淀分局组织召开北京市区片综合地价（海淀区）网络视频听证会，听取社会各界的意见和建议；故宫博物院北院区等3个项目土地征收启动公告、新建北京至张家口铁路等9个项目征地补偿安置公告在相关镇村张贴。取得永丰产业基地（新）L地块土地一级开发项目等7个项目的市政府用地批复，涉及用地面积148.22公顷，新增建设用地65.42公顷；完成永丰产业基地（新）L地块土地一级开发项目等11个项目的征地结案工作，结案面积157.60公顷。

（张烁）

【区片综合地价管理】 年内，市规划自然资源委海淀分局配合市规划自然资源委开展区片综合地价制定工作，发布《北京市海淀区人民政府关于公布本区征收农用地区片综合地价比例的通知》，海淀区划分为3个区片，西北旺镇、温泉镇、上庄镇、苏家坨镇划定为一区片，四季青镇、海淀镇、东升镇、西北旺镇东北旺村和马连洼村划定为二区片，玉渊潭划定为三区片。

（张烁）

【土地供应】 年内，海淀区完成供地面积140.11公顷。其中，商品住宅用地27.38公顷，商服用地12.02公顷，研发设计用地23.55公顷，公共管理与公共服务及公用设施用地25.64公顷，交通运输用地51.52公顷。

（张烁）

【用地供应】 年内，海淀区租赁房用地供应任务17公顷，已供应17公顷，完成比例100%。商品住宅年度供应量为14公顷，树村棚户区改造项目B-1南、北地块，京昌路楔形绿地棚改项目（二期）631-1、631-2、633地块及永丰F1地块项目0003、0004、0005地块等6个商品住宅地块完成供应，供应面积共计28公顷，完成200%。

（张烁）

【高精尖产业项目供地】 年内，市规划自然资源委海淀分局完成学院路科技园东升园（G、H、I）地块项目、中关村软件园二期N5地块项目协议出让合同签订工作，受让主体分别为北京新东源中实投资管理有限公司和北京市园林绿化集团有限公司。

（张烁）

【保障房营利性配套项目用地】 年内，市规划自然资源委海淀分局完成六郎庄拆迁安置用房项目南地块、北地块2个保障房营利性配套项目土地出让合同签订工作。

（张烁）

【供后土地全生命周期监管】 年内，市规划自然资源委海淀分局加强供后土地全生命周期监管，在土地市场动态监测与监管系统中，共监管2018年至2021年共475宗项目，土地动态巡查率为98.32%。

（张烁）

【闲置土地处置】 年初，自然资源部通报海淀区闲置土地共16宗，面积75.2公顷。市规划和自然资源委海淀分局完成24宗出让合同变更和现状出让现场踏勘工作，完成整改10宗，面积62.2亩，处置率为82.7%。

（张烁）

【耕地保护】 年内，市规划自然资源委海淀分局编制《耕地耕作层土壤剥离工作的告知书》，向两园之间棚改安置房项目二期、海淀北部农村地区北安河安置房HD00-0602-0010地块幼儿园等6个项目发送告知书。组织对翠湖智慧农业创新工场项目表土剥离工作进行现场踏勘并将验收成果报区政府。加强耕地保护和耕地占补平衡，完成海淀北部地区永丰产业基地（新）L地块土地一级开发项目等5个耕地项目占补平衡项目，补充耕地面积2.68公顷，确保耕地保护和耕地占补平衡数量、质量、生态三位一体全面到位。完成耕地保护空间划定工作，实现永久基本农田全部为耕地的总目标。完成《海淀区开展“十三五”时期耕地保护责任目标履行情况暨2020年度耕地保护目标考核自查工作报告》。完成区镇、镇村耕地保护目标管理暨永久基本农田保护责任书33份的签订工作，涉及四季青等5个镇、26个村集体经济组织及2家国有农场。

（张烁）

【土地整治】 年内，市规划自然资源委海淀分局推进翠湖科技园（新）A1地块城乡建设用地增减挂钩项目拆旧区土地复垦工作，取得市级验收；温泉镇太舟坞村土地复垦项目（一期）取得区政府规划设计及项目预算等批复。

（张烁）

【土地污染防治】 年内，市规划自然资源委海淀分局28个项目通过多规合一平台推送生态环境局。在土地复垦及表土剥离工作中加大土壤污染状况调查力度，利用好难以再生的耕地耕作层土壤资源。向区生态环境局按时提交土壤污染防治月报、中报和年终工作总结。2021年，全年土壤环境质量总体良好，土壤污染风险得到有效管控。受污染耕地、污染地块安全利用率均达到100%。

（张烁）

【地质灾害防治】 年内，市规划自然资源委海淀分局对海淀区山区和半山区进行全面隐患巡查，对已有的37处地质灾害隐患点进行全面核查，对险村险户、泥石流沟、防火通道及旅游景区进行重点排查。根据调查情况更新隐患台账、完善防灾预案方案。对街镇主管干部、地质灾害群测群防员进行防灾培训，签订防灾责任书。5月12日，围绕“防范化解灾害风险，筑牢安全发展基础”主题，在阳台山景区开展我国第13个“防灾减灾日”防灾减灾宣传活动。6月25日，在香山街道办事处公主坟红叶俱乐部开展“防汛防灾应急处置演练”活动，提升群测群防员及险户的应急避险能力。会同市地研所、区气象局联合发布地质灾害气象预警17次，其中24小时蓝色地质灾害气象风险预警7次、48小时蓝色地质灾害气象风险预警6次、48小时黄色地质灾害气象风险预警4次，预警发布后及时做好避险撤离及预警应急响应各项准备工作。

（张烁）

【矿产资源管理】 年内，市规划自然资源委海淀分局开展日常矿产资源监督管理各项工作，将日常的土地执法检查与非法开采和私挖盗采巡查相结合，加强巡查检查，对非法开采和私挖盗采切实做到“早发现、早制止、早查处”，坚决遏制非法开采和私挖盗采违法行为。

（张烁）

【2020年度国土变更调查】 1月至3月，市规划自然资源委海淀分局按照自然资源部办公厅《关于开展2020年度全国国土变更调查工作的通知》《北京市关于开展2020年度全市国土变更调查工作的通知》要求，开展2020年度国土变更调查工作。国土变更调查图斑共计1672块，面积41567.74亩。与第三次全国国土调查统一时点地类相比，维持原地类图斑746块，变化图斑共计926块。

（张烁）

【第一次全国自然灾害综合风险普查完成】 4月12日，《第一次全国自然灾害综合风险普查海淀区地质灾害风险普查可行性研究报告》通过市规划自然资源委地质专家技术组评审。7月，市规划自然资源委海淀分局制订并印发《第一次全国自然灾害综合风险普查海淀区地质灾害风险普查实施方案》。12月20日，完成地质灾害隐患点遥感解译和孕灾地质条件以及所有地质灾害隐患点野外调查工作、数据库建设和汇交。12月30日，完成数据库录入和质检，同时绘制相关图件和编写成果报告，完成区级任务。通过本次普查，对海淀区地质灾害易发性、危险性和风险进行评价，在此基础上划定防治分区，并编制1：5万地质灾害相关图件，建设海淀区地质灾害风险普查数据库。

（张烁）

【京张铁路遗址公园一期获批复】 6月11日，《北京市海淀区京张铁路遗址公园项目使用铁路用地协议》签署，京张铁路遗址公园约13.03公顷铁路权属用地获得铁路授权。10月9日，京张铁路遗址公园一期作为“北京城市公共空间改造提升试点项目”，获得北京市发展改革委批复。

（张烁）

【五塔寺地区规划综合实施方案获批复】 10月，《海淀区北下关五塔寺地区规划综合实施方案》获市委、市政府批复。方案在实现规模减量的同时，新增绿地面积，统筹解决文物保护、冬奥保障、环境提升、产业新增等多重目标，获市政府批复肯定“海淀区在减量发展前提下，规划实施方式有重大突破。”

（张烁）

【第三次全国国土调查主要数据公报发布】 12月8日，经区政府批准，市规划自然资源委海淀分局与区第三次全国国土调查领导小组办公室、区统计局联合发布海淀区第三次全国国土调查主要数据公报。

（张烁）

房地产开发

【北京海淀科技园建设股份有限公司】 2021年，北京海淀科技园建设股份有限公司下属控股公司有北京德成置地房地产开发有限公司、北京德成兴业房地产开发有限公司、中关村青创（北京）国际科技有限公司、北京盛世翌豪房地产经纪有限公司。主要承担西北旺新村综合开发和冠城大通百旺府的开发建设，实现开复工面积419298.48平方米，完成销售面积95193.78平方米；西北旺村腾退项目腾退面积22757平方米，拆除面积12706平方米。公司开发建设的西北旺A3综合体项目取得实质性进展。公司成立的中关村青创［中关村青创（北京）国际科技有限公司］逐渐成为京港澳三地青年创新创业示范基地、三地青年创业互动平台、文化交流平台和成果转化平台。中关村青创（丹阳）防务科技园6月开园，规划占地面积200亩，建筑面积26.67万平方米，12家企业入驻。西北旺A3综合体项目主体结构全面封顶，获Leed for community金级认证奖牌，成为北京首个、全国第二个在该阶段取得正式认证的商业地产项目；在第五届GBE产业园区与办公建筑论坛暨GBE最佳办公建筑大奖2021颁奖典礼上，获“年度最佳可持续办公建筑奖”，获“北京市安全文明绿色施工样板工地”称号，1号办公楼获“北京市结构长城杯金奖”，其他楼栋达到北京市长城杯金奖质量标准。

（汪再兴）

【北京海开控股（集团）股份有限公司】 2021年，海开控股完成自主开发项目6项［两园安置房三期项目、瑞泽家园共有产权房项目、树村5号南地块项目（圆明天颂）、西三旗砖窑改造项目、中关村东升科技园二期项目、西北旺冠辉写字楼装修项目］，政府投资类项目14项，其中一级开发项目6项、环境整治项目8项，政府项目建设管理6项。实现利润总额3210.49万元，较上年增长344.32%，归属母公司所有者的净利润1997.33万元，归属母公司净资产收益率1.37%，营业收入增长率58.05%，已获利息倍数1.06倍。6月底，海开控股代管的中建投名下的中海双创二期基金、中关村启航创新基金、翠科基金和海国东兴基金移交给中建投公司管理；截至6月30日，4支基金收回本金15481.49万元，收回收益3951.74万元，总收回19433.23万元。其中上半年收回本金553.86万元，收益36.41万元，当年总收回590.27万元。

北京海开控股（集团）股份有限公司全资子公司海开智慧（北京）科技服务有限公司参投“北京海国睿鑫股权投资基金管理中心（有限合伙）”和“北京汇诚专项壹号创业投资合伙

企业（有限合伙）”两支科创基金，累计实缴3530.86万元，重点围绕大数据、集成电路、人工智能、高端装备制造等领域进行投资。参与“北京海国金岳快速成长基金投资中心（有限合伙）”基金的工商注册工作。以小马厂产权办理工作为契机，完成214项产权办理及资料收集审核工作，回收房改售房等款项540余万元；完成天秀花园地下车库移交等重点历史遗留问题，协助中建投完成稻香西里8号楼及展春园配套等遗留问题前期工作。

2020年12月30日，北京海开房地产集团有限责任公司（简称海开集团）重组，更名为北京中关村科技园区建设投资有限公司（简称中建投公司）；海开集团与其子公司北京海开房地产股份有限公司剥离重组，海开集团子公司北京海开房地产股份有限公司更名为北京海开控股（集团）股份有限公司（简称海开控股）。2021年6月28日，双方完成工商执照、公章等交接。截至2021年底，海开控股参股、控股16家企业，代管2家公司。

（王智）

【房地产企业资质审核31家】 年内，区住建委对房地产企业新设立事项核定6家，暂定级延续审核7家，暂定级升四级核定2家，四级资质延续审核16家。全区有效房地产开发企业179家，其中一级资质企业12家、二级资质4家、三级资质7家、四级资质131家、暂定级资质25家。

（张杨）

【商品住宅项目开工入市】 年内，区住建委组织供地项目协调会，为新摘地企业搭建对接平台，推进已供地商品住宅项目建设，主责的紫光科城、金茂府、圆明天颂、学府壹号院等11个开发项目形成市场供应，投资27.12亿元。

（张杨）

【工程竣工验收备案112项】 年内，区住建委办结竣工备案项目112项，总规模528.16万平方米，建筑单体647个。其中，房建工程73件，规模468.19万平方米；装修项目30件，规模59.17万平方米；市政9件，规模7991.24平方米。

（卞丽宏）

【商品住宅项目备案5项】 年内，区住建委完成建设方案备案5项，备案建筑面积87.07万平方米。配建配套公共服务设施10项，幼儿园4406.7平方米，社区卫生服务站772.46平方米，社区管理服务用房1866.86平方米，托老所1460平方米，老年活动站200平方米，社区助残服务中心209.43平方米，室内体育设施1168.73平方米，社区文化设施1247.46平方米，代征绿化用地1507.33平方米，代征道路用地21450平方米。

（卞丽宏）

【安全生产许可证57项】 年内，区住建委办理安全生产许可证57件，其中准予许可51件、不予许可6件，首次申请42件、重新核定15件。

（卞丽宏）

【建设政策性住房4585套】 年内，海淀区实现建设政策性住房4585套，竣工政策性住房8443套。

（张莹）

【绿色建筑标准建设】 年内，区住建委负责新建项目绿色建筑评价标识预评审二星级项目19个，建筑面积188.21万平方米。三星级项目9个，建筑面积123.56万平方米。对中坤广场新建地铁一体化项目、纳米集成技术与纳米制造综合研究平台项目、世纪坛医院急诊急救综合楼项目进行绿色建筑标准、技术等方面进行指导和服务。协同市住建委，对小米移动互联网产业园、中关村西三旗科技园配套公租房等6个项目进行绿色建筑运营标识评审，面积176.28万平方米。为企业发放2020年度绿色建筑设计标识和运营标识市、区两级奖励资金190万元。

（李政旸）

【棚户区改造】 年内，区住建委围绕疏解非首都功能部署，统筹调度和推动功德寺棚户区改造和环境整治项目、双新村棚户区改造和环境整治项目、宝山村回迁安置房地块（一期）、宝山村平衡资金地块（二期）等重点棚改项目落地实施。完成棚户区改造签约154户，超额完成市、区考核指标。

（赵晶）

【城市更新项目】 年内，区住建委梳理全区2021年城市更新实施台账，建立2022年海淀区城市更新项目清单和储备项目库。全区实施城市更新项目60项，包含老旧小区改造41项、危旧楼简易楼改造2项、老旧楼宇7项、传统商圈3项、老旧厂房3项、低效产业1项、棚户区改造3项。11个老旧小区项目完工，其余项目进展顺利。

（赵晶）

【老旧小区综合整治】 年内，区住建委基本完成双清路14号院等10个老旧小区综合整治项目，共计99栋楼约59.7万平方米。启动西三环北路82号院等19个小区的老旧小区综合整治项目，共计109栋楼8788户74.2万平方米。

（王亚昆）

【中央国家机关老旧小区综合整治】 年内，区住建委对接服务38个中央国家机关老旧小区改造项目和46个中直机关改造项目，总面积2.8万平方米。其中6个项目完工，完成产值约1.75亿元。

（王亚昆）

【危旧楼房改建试点】 年内，区住建委按照北京市危旧楼房改建试点组织流程，完成安宁庄后街13号院危旧楼房改建试点项目规划设计方案编制，通过规划自然资源委海淀分局技术审核，经向385户居民公示征询意见，同意率93.5%。完成勘察处甲乙丙危旧楼房改建规划方案编制，通过规划自然资源委海淀分局规划审批，经与居民协商签订改建协议，同意签约113户，签约率80.7%。

（王水生）

【农村房屋安全排查整治】 年内，区住建委继续开展推进农村房屋安全排查整治工作，完成22868户的排查工作，15户C、D级危房的整治工作。

（王亚昆）

【两园安置房三期项目开工】 年内，海开控股启动两园安置房三期项目自主开发项目，总投资规模约25亿元（其中建安投资约13.8亿元）。取得区住建委关于两园三期设计方案审查的确认函，取得区政府关于同意变更两园之间村庄棚改安置房三期项目开发建设主体相关事宜的批复，取得区委政法委社会稳定风险评估报告的评审意见，取得市发展改革委关于海淀区两园之间村庄棚改安置房三项目核准的批复，取得市交通委关于海淀区两园之间村庄棚改安置房三期项目交通影响评价审查意见的函，取得土地权属审查延期，取得两园三期代征道路“多规合一”协同平台初审意见的函，取得林木采伐许可证。完成签订征地协议。

（王智）

【瑞泽家园共有产权房项目开工】 年内，海开控股启动瑞泽家园共有产权房自主开发项目。瑞泽家园项目由北京建海汇合房地产开发有限公司开发建设，承建单位为北京城建建设工程有限公司及北京六建集团有限责任公司，计划投资规模51.43亿元，主要产品为共有产权房。完成住宅项目封顶，取得车位与仓储预售许可证。至12月31日，仓储线上住宅正签1458套，签约额45.96亿元，累计回款37.45亿元。

（王智）

【西北旺冠辉写字楼装修项目】 年内，海开控股完成西北旺冠辉写字楼装修自主开发项目。项目由北京海开控股（集团）股份有限公司投资，承建单位为北京创高建设工程有限公司，项目投资规模3390万元。

（王智）

【6项政府投资类项目（一级开发项目）】 年内，海开控股完成6项政府投资类项目（一级开发项目）。凤凰岭旅游设施土地一级开发项目电力外线工程：总投资12890万元，资金由市级统筹北部地区重点项目建设资金解决，承建单位为北京常青市政工程有限公司。凤凰岭旅游设施一、二期土地一级开发项目：凤凰岭旅游设施一期和二期总用地规模61.94公顷，其中建设用地29.84公顷，代征用地32.1公顷。其中，一期规划用地面积25.97公顷，二期用地面积为35.97公顷，北京海开房地产集团有限公司为项目实施主体。5月，凤凰岭一级开发项目完成五方竣工验收。五塔寺地区棚户区改造和环境整治项目：10月，取得《海淀区北下关五塔寺地区规划综合实施方案批复》。上地0702街区东部地块项目：10月，取得《关于HD00–0702街区东部地块一级开发项目加快开展前期工作手续的通知》和《关于HD00–0702街区东部地块安置房建设项目加快开展前期工作手续的通知》。巨山产业园项目和冷泉、韩家川项目无节点性进展。

（王智）

【8项政府投资类项目（环境整治项目）】 年内，海开控股进行8项政府投资类项目（环境整治项目）。笑祖塔院城中村环境整治项目：进入后期收尾阶段，尾户拆迁工作全部完成。中关村一小南侧平房项目：占地面积为5169.31平方米，土地性质为国有土地，房屋用途为住宅和非住宅，其中住宅涉及搬迁户数35户、非宅产权单位3家，项目总投资2.5亿元。住宅房屋签约34户（剩1户未签约），非住宅全部签约。融通集团总部办公地西侧住宅平房环境整治项目：占地面积约1500平方米，土地性质均为国有用地，总建筑面积为1220.71平方米，房屋产权性质为自管公房，搬迁户21户。总投资1.27亿元。截至年底，项目现场达到场干地净。五塔寺地区环境整治项目：占地面积14.6万平方米（不含五塔寺用地约1.7万平方米），总建筑面积约69291.55平方米，土地性质为片区2东南侧为集体用地，其余全部为国有用地。房屋用途为住宅与非住宅。采用房屋安置补偿方式，实际投资约18亿元，安置房约4万平方米。截至年底，完成签约412户，完成签约比例97%，五塔寺周边涉及园林交地部分全部达到场干地净。“边角地”环境整治项目（含学院南路乙10号楼北侧平房区项目、永定路一号院项目、志强园晒图厂宿舍环境整治项目、红联北村24号环境整治项目、红联南村33号平房环境整治项目）：学院南路乙10号楼北侧平房区项目，涉及15户承租户，11户同意搬迁，4户不同意，同意签约率未达到95%，故暂缓实施。永定路一号院项目：占地面积约2500平方米，房屋建筑面积约928.78平方米，房屋用途为住宅，24户住宅采用房屋安置方式，投资规模为8759.72万元。23户承租人全部完成预签约工作，均选择安置房补偿方式。志强园晒图厂宿舍环境整治项目：占地面积约1000平方米，房屋建筑面积约872.12平方米，房屋用途为住宅，包含4户私房与1户公房，采用货币补偿方式，投资规模为8923.28万元。4户私房全部完成签约，剩余1户居委会公房正在走资产核销流程，项目所在地已达到场干地净。红联北村24号环境整治项目：占地面积约500平方米，房屋建筑面积约203.91平方米，房屋用途为饭店，采用货币补偿方式，投资规模为1281.91万元，现场达到场干地净。红联南村33号平房环境整治项目：占地面积约400平方米，房屋建筑面积约307.8平方米，房屋用途为饭店，采用货币补偿方式，投资规模为1913万元，现场达到场干地净。国铁集团明光村职工住宅项目：安置房方案上报区住建委，通过初步审核。明光村首开地块环境整治项目：项目地块完成框架协议的签订，完成部分住宅入户调查。燕山石化北坞取水站搬迁腾退项目：完成与燕山石化框架协议签订。

（王智）

【政府项目建设管理】 年内，海开控股完成政府项目建设管理6项。区教委项目：管理费总计1233.67万元，年度回款540万元。区公安分局项目：项目管理费668.31万元，年度回款203万元；海淀区拘留所改扩建项目与执法办案管理中心项目，总投资21738.86万元，总建筑面积26516平方米，进入工程建设阶段；清河派出所改扩建项目，总投资14611.08万元，总建设用地面积3397.60平方米，进入工程建设阶段。海淀北部地区智能交通应急管理指挥中心项目：位于永丰产业基地HD00-0401-0133地块，总用地规模4600.05平方米，总建筑规模约为11834.67平方米。取得《关于海淀北部地区智能交通应急管理指挥中心项目“多规合一”协同平台初审意见的函》《建设项目用地预审与选址意见书》，项目完成立项报审。明光村安置房项目：地上建筑规模约16万平方米，地下规模约9万平方米，处于项目管理协议签订阶段。再生资源预处理中心：建筑规模约5万平方米，位于邓庄南里西延与上庄路交叉口东南角。配合甲方安排有序推进，列为2023年储备项目。唐家岭项目：推动项目收尾工作，回款40余万元。

（王智）

【西三旗砖窑改造项目】 6月10日，海开控股西三旗砖窑改造自主开发项目开工。项目由海开智慧（北京）科技服务有限公司投资及运营，承建单位为北京城建建设工程有限公司，成本预计约6700万元。截至年底，项目结构主体基本完工，完成投资2313万元。

（王智）

【中关村东升科技园二期项目建设】 8月27日，由海开控股承建的自主开发项目——中关村东升科技园二期1813-L25地块取得“多规合一”初审意见的函；9月2日，中关村东升科技园二期1813-L18地块取得“多规合一”初审意见的函，投资规模29亿元；12月1日，取得土地权属审查告知书；12月9日，在北京市公共资源交易服务平台发布方案设计、初步设计、施工图设计资格预审公告；项目投资规模51亿元。

（王智）

【树村5号南地块项目（圆明天颂）开工】 8月，海开控股启动树村5号南地块项目（圆明天颂）自主开发项目。项目由北京华大基业房地产开发有限责任公司开发建设，承建单位为北京建工集团有限责任公司，总投资额60.24亿元。取得《建设工程规划许可证》《建设工程施工许可证》《北京市商品房预售许可证》。11月17日，举行线上开盘仪式及线上集中选房，签约232套，成交总金额60亿元。

（王智）

市政基础设施建设

【概况】 2021年，海淀区住房城乡建设委协调推进重大民生发展工程，深化实施老旧小区综合整治，加快推进交通基础设施建设，积极统筹城市有机更新，优化提升建筑营商环境秩序，聚焦中关村科学城建设优化城市功能结构、提升城市品质颜值、改善群众居住条件。收到12345“接诉即办”平台案件5920件，直退4752件、处理1168件。受理群众来信和上级转办信访案件569件，接听投诉咨询电话3856次，接待来访群众238批810人次。

（刘源）

【北京市海淀区市政服务集团有限公司】 北京市海淀区市政服务集团有限公司（简称海淀市政集团）为海淀区国资委一级监管企业，集团下属9家公司：北京市新海园林工程有限公司、北京市海淀园林工程设计所有限公司、北京市时代市政工程有限公司、北京市超环海城市环境服务有限公司、北京市海环佳兴科技发展有限公司、北京市海淀环境工程有限公司、北京海淀固废发展有限公司（新成立）、北京海淀生态环保有限公司（新成立）、北京海淀固废中转处置有限公司（新成立）。整合中关村西区内清扫保洁、公厕、垃圾、楼宇保洁、路政、园林绿化等业务，新组建中关村西区城市物管事业部。完成集团和北京市海淀环境工程有限公司、北京市海环佳兴科技发展有限公司两家二级全资子公司高新技术企业的认定；完成集团和北京市海淀环境工程有限公司、北京市海环佳兴科技发展有限公司、北京市时代市政工程有限公司3家二级全资子公司中关村高新技术企业的认定；实现26项新申请专利的授权，23项专利的转入。完成第二批事业单位改革转企，2800余名人员平稳过渡。五大作业板块（环卫、路政、园林以及公厕保洁、垃圾清运）新签市场类合同76份。与清华大学签订绿植垃圾应急清运、绿化废弃物外运消纳等服务协议；与国家机关事务管理局—中央国家机关公务员住宅建设服务中心签订西三旗项目合作协议；应用新型的“模块化”公厕技术。

完成332条道路、174座天桥、32座地下通道的日常保洁任务，作业面积约2182万平方米；完成484条道路绿地、65处公园、56处生态林的日常养护任务，作业面积约1460万平方米；完成区属道路677条、桥梁93座的日常养护和维修任务，作业面积约1108万平方米；完成3733座垃圾站的清运工作，日均垃圾清运2469吨、垃圾压缩807吨、垃圾转运801吨；完成972座公厕的维保，日均粪便抽运1240吨、消纳处理1004吨。完成颐和园西侧三角地、功德寺地区、百旺三期等重点区域绿化项目约30万平方米；完成紫竹院路沿线冬奥会保障区域环境建设项目及2021年花卉布置工程项目。

受理接诉即办案件2944件，反馈率100%、满意率96.12%、解决率93.97%；处理区指考核评价案件10247件，网格化案件11229件，及时率和结案率均为100%。

荷清园绿地提升工程二期（施工）获“中国风景园林学会科学技术奖”（园林工程奖）铜奖、“北京市园林绿化行业协会科学技术奖—园林工程”银奖；作品《红船礼赞·美好生活》获“北京市‘职工技协杯’绿心公园花境设计暨造园大赛”金奖；“北太平庄街道北转河社区公园”项目获“2021年北京园林优秀设计奖评选”三等奖。

（赵玉辰）

【北京市海环佳兴科技发展有限公司】 北京市海环佳兴科技发展有限公司为北京市海淀区市政服务集团有限公司的二级全资子公司。主要职能为技术咨询服务、能源保障、专业物资经营。6月10日，成立监理事业部，运用大数据、智能监控等技术，实现数据监测、视频监督、员工管理和业务作业监测。同日，成立产品事业部，开发经营项目。成功申请佳兴智造商标。完成工地围挡研发设计项目、海淀区部分路段防护板更新设计制作项目、第二批剥离划转的密闭式清洁站和公厕标识设计等项目。逐步恢复招标代理业务，开拓外部招标代理业务。完成撬装加油设备升级改造项目，增加云端数据系统，实现全天候智能加油管理，完成2万余车次加油服务。后八家油站实现市场化运营。

（任君兰）

【北京市时代市政工程有限公司】 北京市时代市政工程有限公司为北京市海淀区市政服务集团有限公司的二级全资子公司。完成零修、小修道路养护5932处，维修道路36698.13平方米，其中沥青路面19269.2平方米、方砖步道17428.93平方米。完成桥梁养护222件、维修面积312平方米。负责99条道路、9032个车位的停车管理工作，占全区道路停车总量的47%，实现100%视频覆盖。受理“接诉即办”等非紧急救助服务系统案件926件，响应率100%，解决率92%、满意率96%。接办大城管考评案件13735件，考评上报12255件、信息员上报1480件，全部按要求落实。完成全国两会、庆祝建党100周年、国庆、北京冬奥测试赛等重大活动、重要节日、恶劣天气等道路保障任务。完成冬季道路养护及应急抢险1162起，302条道路，出动人员9694人次，出动车辆2064车次。投标30个项目，中标20个项目，中标金额14649.39万元。

（王晶）

【北京海融达投资建设有限公司】 北京海融达投资建设有限公司（简称海融达公司）是海淀区国有独资公司。2021年海融达公司完成全社会固定资产投资24.67亿元，其中建安投资13.8亿元；完成政府固定资产投资37.75亿元，实现建安投资18.61亿元，完成年度投资任务的153.02%。计划投资33.18亿元，实际投资26.22亿元，完成计划的79.02%。实现利润总额1468万元。承担171个建设项目，其中区住建委项目91项（正式33项、储备58项），区城管委项目26项（正式16项、储备10项），水务项目31项（正式5项，储备26项），园林项目13项（正式9项、储备4项），房建项目10项（正式项目4项，储备6项）。全社会固定资产投资建设项目39项，其中区住建委20项、投资16.44亿元，区城管委5项、投资3.58亿元，水务5项、投资0.78亿元。计划投资24.67亿元，实际完成投资37.75亿元，投资完成率153.02%，其中住建委项目完成投资19.33亿元、园林项目完成投资1.6亿元、水务项目完成投资1.9亿元、区城管委项目完成投资4.68亿元、无煤化项目完成投资0.02亿元、房建项目完成投资10.22亿元。实现通车里程1.6千米，新建管线32.6千米。

（郭欣）

【监管施工现场804个】 年内，海淀区在监施工现场804个，建筑面积为2255万平方米。其中，一般建筑工程758个，建筑面积2205万平方米；地铁工程23个标段，面积50万平方米，市政工程23个，长度3.9万延米。执法检查施工现场2842个次，发现并整改各类隐患4056条，行政处罚521起，罚款金额382.3万元。

（张宏宇）

【重大活动市政服务保障】 年内，海淀市政集团完成全国两会、北京冬奥测试赛、庆祝建党100周年、中关村论坛等重大政治保障任务91次，累计保障223天；参与防汛、大风扬尘、空气重污染、扫雪铲冰、道路病害等应急保障588次，出动车辆1614车次，抢险人员4185人次，处理垃圾101.18吨。全国两会期间，累计出动巡查人员525人次、巡查车261车次、巡查电动车111车次，巡查代表驻点及周边重点道路10688条次；出动作业人员27230人次、作业车辆3150车次。北京冬奥测试赛期间，围绕“两区五驻地六线”开展作业，出动保洁作业人员536人、作业车辆456辆；完成首都体育馆冬奥测试赛花卉摆放1000余盆；收运垃圾约7.6吨。2021年中关村论坛期间，出动作业人员923人次、出动作业车辆377辆、养护维修道路14处，确保环境卫生、绿化养护、道路养护质量。

（赵玉辰）

【市政集团第二批事业单位改革转企】 年内，海淀市政集团完成事企改革，2800余名人员平稳过渡，车辆、房屋土地资产、其他固定资产等相关资产平稳划入。按照条块、链条进行优化整合，新设北京海淀固废发展有限公司、北京海淀生态环保有限公司、北京海淀固废中转处置有限公司3家主业公司全面承接划转业务工作。划转业务包括全面承接原海淀环卫中心负责的其他垃圾（69万吨/年）及厨余垃圾（26万吨/年）运输工作，实现垃圾分类的无害化、资源化、减量处理。集团负责清运的密闭式清洁站共255座，其中由集团负责收运垃圾并运行垃圾楼的178座，其余77座由集团负责收运垃圾但不负责运行；其他垃圾压缩（活动）箱站清运数23座、桶站清运数362座；居民厨余垃圾站清运数1865座，覆盖2034个小区、184个平房村。海淀市政集团全面承接原海淀环卫中心负责的970余座区管公厕维修保洁及粪便清掏、运输及终端处理（约1600吨/天）等工作，实现区内公厕、粪便抽运的规范化管理，提高粪便无害化处理率及对粪便资源化利用水平。集团负责运行的区管公厕共计969座，其中独立式公厕910座、移动式公厕59座；其中一类公厕共414座、二类公厕共263座、三类公厕共292座。粪便日均清运量约1182吨（不含辅助作业的428吨/天），全部进入三星庄粪便消纳站和四季青粪便消纳站处理，同期日处理量分别为724吨、458吨，处理率为100%。

（赵玉辰）

【数字市政建设】 年内，海淀市政集团吸纳5G、物联网、大数据、云计算等前沿技术，围绕降本增效、管理提升、安全生产（风险可控）、智能决策4个方面，打造市政服务领域全市首家智慧化指挥调度平台。推进“互联网+”智能路侧停车项目。北京市时代市政工程有限公司静态交通管理分公司上线运营管理道路停车101条、8958个车位，占全区总量的49%，全部实现100%视频覆盖。引入资产管理平台系统和固定资产盘点系统，实现账、卡、物统一动态化管理。

（赵玉辰）

【交通路网优化】 年内，海融达公司完成前期86项行政审批手续，完成36个非住宅及21户住宅拆迁，拆除房屋建筑面积约12397平方米。巴沟路、阜成路北二街建成通车，实现通车里程1.6千米，新建各类管线32.6千米、改移管道16.2千米。深化设计地铁12号线剩余19间房屋腾退方案，地铁6号线西延项目完成47户居民签约工作，签约率99%。完成北京冬奥会配套重点项目安宁庄北路翔鲲水务公司、西三旗清洁站搬迁腾退，为保障冬奥配套管线顺利完工奠定基础。上庄路北段基本完成拆迁，全线进场施工，完成东半幅道路及管线施工，达到导行条件。邮电北路西段建设完工。巨山路项目管线完成82%，道路建设完成40%。

（郭欣）

【交通通行能力提升】 年内，海融达公司完成树村路、双清路、林语山庄、沙窝东街、安宁庄西路等13条道路移交工作，总面积219614平方米。打通断头路1条，完成上地班车接驳1号站、上地南路2项疏堵工程。完成7条道路大修，累计长度7千米，面积14万平方米。强化静态交通管理，完成20个街镇的58条道路、5617个车位的路侧停车设施建设，均上线运营。推进翠湖东路等12条新建道路智慧交通科技设施的前期工作。

（郭欣）

【公共空间景观提升】 年内，海融达公司承担的北大西门片区架空线入地工程完成电力、照明入地约2.5千米，道路大修约3.7万平方米，全线102盏多杆合一路灯正式亮灯。重点区域周边道路架空线入地工程完成检查井53座，管线1393米，顶管331米，完成总体工程量的30%，推动以玉泉山为中心区域的景观提升。完成30个美丽乡村实施方案编制，6个市级任务村、2个区级任务村通过验收考核，进一步提升海淀山后村庄整体环境。

（郭欣）

【绿化景观工程】 年内，海融达公司完成乔木栽植8994株，灌木11426株，地被256617平方米。基本完成新永丰景观提升工程建设；完成百旺三期景观提升工程等4项工程竣工验收；完成2018年平原造林四季青镇等4镇养护移交工作；完成上庄B-10地块绿化工程、四季青4s店拆除区域绿化工程、园外园三期一标段等11项绿化养护移交工作。

（郭欣）

【海融达新开工20个项目】 年内，海融达公司新开工20个项目：北清路提级改造拆迁项目、地铁13号线拆分工程项目拆迁、国网北京电力公司拆迁项目、巴沟路、巨山路、邮电北路、香山一期安置房周边市政道路（祁家村中路、祁家村东路、祁家村北街、黑塔中街）、中坞重点村资金平衡用地一级开发项目配套市政工程（祁家村东路、祁家村南街、黑塔中街）、海淀区2021年中关村片区道路大修工程、海淀区2021年新苑街道路大修工程、海淀区2021年蓝靛厂片区道路大修工程、海淀区2021年西三旗片区道路大修工程、新永丰片区景观环境建设工程、北辛庄排洪沟综合治理工程、海淀区2021年路灯完善工程——西木学堂路路灯工程、海淀区2021年路灯完善工程——厢红旗路北延等3条道路路灯工程、北大西门片区城市更新升级——颐和园路空间改造工程、重点地区（玉泉山周边）架空线入地工程、十一晋元中学雨水方沟项目、苏家坨中心医院工程。

（郭欣）

【北清路中水工程】 1月竣工。工程于2020年6月开工，位于温泉镇，全长1565米，总投资1181万元。北京海融达投资建设有限公司建设，北京禹冰水利勘测规划设计有限公司设计，北京市政路桥股份有限公司施工，北京恒达诚信工程咨询有限公司监理。

（郭欣）

【市政集团首次参展国际环卫展】 4月7日，海淀市政集团首次亮相在北京全国农业展览馆举办的国际环卫展，展示集团发展理念、运营模式以及在环卫、路政、园林等业务领域的自主研发新型产品。展出获北京市园林优秀设计二等奖的步入式微缩景观荷清园，一体化服务示范区中关村西区数字沙盘模型，垃圾资源化处理的生态驿站以及自主研发的新型防护板、围挡和密闭式清洁大箱等产品。

（赵玉辰）

【阜成路北二街改造工程】 4月17日竣工通车。工程于2020年4月13日开工，阜成路北二街项目南起阜成路，北至增光路，全长494.67米，宽30米。规划为城市次干路，总投资6035.59万元。建设内容包括道路及道路附属工程（交通、照明、绿化），同步实施雨水工程；环保措施安装隔声窗；进行拆改移工程（地上杆线改移、地下管线改移）及交通导行工程。北京海融达投资建设有限公司建设，北京市市政专业设计院股份公司设计，北京市政路桥股份有限公司施工，北京中建协工程咨询有限公司监理。

（连政　郭欣）

【西山新村北路道路大修工程】 5月28日竣工。工程于3月27日开工，西山新村北路西起规划小府路，东至南旱河路，设计全长13634米。规划道路等级为城市支路，设计速度30千米/小时，规划红线宽25米，现况道路横断面为单幅路型式，其中机动车道宽14米，两侧人行道各宽4米，人行道外侧均有1.5米左右绿化。道路总面积18810平方米，人行步道总面积8798平方米，总投资746万元。北京海融达投资建设有限公司承建，北京市时代市政工程有限公司施工，中科金石（北京）工程咨询有限公司监理。

（王晶）

【十一晋元中学雨水方沟项目工程】 5月竣工。工程于4月开工，位于田村山南路北侧北京十一晋元中学南门教学楼前，工程内容是改造全长40.24米的雨水方沟，总投资219.10万元。北京海融达投资建设有限公司建设，北京北排水务设计研究院有限公司设计，北京北排建设有限公司施工，北京致远工程建设监理有限责任公司监理。

（郭欣）

【周家巷沟（军庄路—温阳路）生态治理工程】 5月竣工。工程于2020年5月开工，位于苏家坨镇、温泉镇，全长4940米，总投资16356万元。北京海融达投资建设有限公司建设，北京禹冰水利勘测规划设计有限公司设计，北京京水建设集团有限公司、北京通成达水务建设有限公司施工，北京海策工程咨询有限公司监理。

（郭欣）

【翠湖片区循环补水管线工程】 5月竣工。工程于2019年10月开工，位于苏家坨镇，全长11850米，总投资23452万元。北京海融达投资建设有限公司建设，北京禹冰水利勘测规划设计有限公司设计，北京京水建设集团有限公司、北京诺和兴工程建设有限公司施工，北京燕波工程管理有限公司监理。

（郭欣）

【中关村软件园及后厂村路应急排涝工程】 5月竣工。工程于2019年1月开工，位于西北旺镇，全长1032.41米，总投资13932.71万元。北京海融达投资建设有限公司建设，北京禹冰水利勘测规划设计有限公司设计，北京京水建设集团有限公司、北京通成达水务建设有限公司施工，中水建管（北京）有限公司监理。

（郭欣）

【中标道路停车管理服务项目】 6月1日，北京市时代市政工程有限公司中标北京市海淀区城市管理委员会《2021年海淀区道路停车管理服务项目》1包，标的车位总数11791个，总金额10001.21万元，其中停车管理费8914万元，视频设备运维费1087.21万元。该项目服务内容包括停车秩序管理、政策宣传、停车引导、日常巡检、设备巡检、订单审核、异常订单处理、后台管理、接诉（咨询）即办事件的处理、管理既有及新加的高位设备等综合管理服务。

（王晶）

【无障碍环境建设—城市道路专项工程】 6月17日竣工。工程于3月20日开工，为步道坡化工作，涉及紫竹院南路、远大中路、采石北路、万寿寺路、北洼路、田村山南路等。铺设人行步道总面积2.4万平方米，总投资2598万元。北京市海淀区城市管理委员会承建，北京市时代市政工程有限公司施工，北京路建工程监理有限责任公司监理。

（王晶）

【停车位专项整治项目】 9月27日竣工。工程于7月1日开工，对区内46条道路处于“失管”状态的车位进行擦除。北京市海淀区城市管理委员会承建，北京市时代市政工程有限公司施工，北京路建工程监理有限责任公司监理。清除8124个车位、监控摄像设备16台、视频桩地笼16台，电源线管内保护套线内敷设400米，总投资238万元。

（王晶）

【巴沟路改造工程】 9月30日，竣工通车。工程于3月1日开工，改造工程西起蓝靛厂北路，东至万泉河路，道路长度1267米。道路规划等级为城市次干路。建设内容包括道路工程、交通工程、照明工程、绿化工程及雨水管线工程，同步实施道路红线范围内的现状物拆改移及征地拆迁工程。总投资约1亿元。北京海融达投资建设有限公司建设，北京市市政工程设计研究总院设计，北京市政建设集团有限责任公司施工，中科金石（北京）工程咨询有限公司监理。

（连政　郭欣）

【全市首家市政智慧化指挥调度平台上线运营】 9月，海淀市政集团借助信息化科技手段，依托大数据、云计算、人工智能等手段助力城市治理现代化，以道路清扫保洁板块为切入点，打通环卫、路政、园林以及公厕保洁、垃圾清运各板块业务壁垒，高标准打造全市首家智慧化指挥调度平台——海淀区城市综合服务智慧化指挥调度平台（简称平台），形成“1+1+N”的智慧管理模式①，初步实现从传统化管理向精细化管理的跨越。平台形成“大屏展示”“视频作战”“值守平台”“应急保障”“道路清洁车调度”五大模块，兼备数据监测、视频监督、接诉即办、视频指挥、多点指挥、员工管理及业务作业智能监测七大功能。平台实时收集人流、物流等信息，并进行精准数据统计分析，达到精准预判施策、智能优化决策；复盘追溯功能大大提升；打破传统的24小时专人值守运营模式，完成管理人员“一对多”的监管体系搭建，实现组织结构优化、企业降本增效的目标。平台陆续并入路政、园林板块等日常作业内容，嵌入作业人员、车辆、任务等业务信息模块，实现一线作业人员到岗情况透明化、作业车辆规范化、作业任务完成情况可视化。至年底，平台在重大活动、重点节日综合调度50余次，在汛期应急调度40余次，日常作业视频检查500余次，“接诉即办”案件辅助处理10余次。

（赵玉辰）

【五道口嘉园北路工程】 10月25日竣工。工程于5月29日开工，位于学院路街道，属于东西向支路。拟建五道口北路起点与展春园西路相接，城市支路，道路红线宽度为15米，起点桩号K0+000，路线向西行，终点与现状无名路相交，终点桩号为K0+194.846。路线全长0.195千米，

① 1+1+N：1个指挥平台、1个信息数据中心、N项智慧应用业务场景。

大致呈东西走向，沿线地势平坦。道路总面积1812.4平方米，人行步道总面积1111.2平方米，总投资311万元。北京市海淀区城市管理委员会承建，北京市时代市政工程有限公司施工，北京中景恒基工程管理有限公司监理。

（王晶）

【邮电北路整治工程】 10月26日竣工。工程于8月25日开工，北侧为北三环中路40号社区，南侧为北京师范大学，西侧起点与杏坛路相交，终点至北师大第三附属中学西墙。道路长303.1米，规划为城市支路，规划红线宽度20米。施工长度165米，终点为师大家属院北门。道路面积1630平方米，人行步道面积971平方米。总投资228万元。北京海融达投资建设有限公司承建，北京市时代市政工程有限公司施工，北京致远工程建设监理有限责任公司监理。

（王晶）

【西木学堂路路灯工程】 10月竣工。工程于9月开工，全长350米，总投资221.80万元。北京海融达投资建设有限公司建设，国网城乡电力设计研究（北京）有限公司设计，北京创安利市政建设（集团）有限责任公司施工，中科金石（北京）工程咨询有限公司监理。

（郭欣）

【厢红旗路北延等3条道路路灯工程】 10月竣工。工程于9月开工，全长670米，总投资188.2万元。北京海融达投资建设有限公司建设，国网城乡电力设计研究（北京）有限公司设计，北京路明路灯电气安装有限公司施工，中科金石（北京）工程咨询有限公司监理。

（郭欣）

【五塔寺路环境建设工程】 11月16日竣工。工程于9月6日开工，位于首都体育馆北侧，西起中关村南大街，北至极乐寺西街，全长732.4米，现状城市支路，规划红线宽20米，一幅路形式。道路南侧主要为首都体育馆、南长河、动物园等，北侧主要为国家体育总局冬季运动管理中心综合训练馆、首都滑冰馆、北京石刻艺术博物馆、动物园工作区等单位，承担着附近居民、沿线单位出行任务，同时兼有冬奥会场馆进出任务。道路面积6590.3平方米，人行步道面积2530平方米。总投资1250万元。北京市海淀区城市管理委员会承建，北京市时代市政工程有限公司施工，北京中景恒基工程管理有限公司监理。

（王晶　郑东虎）

【永泰庄北路道路修复工程】 11月20日竣工。工程于10月10日开工，道路呈东西走向，东起宝盛东路，西至永泰庄东路，全长961.5米，道路宽16米，步道两侧宽3.6米。道路面积4214.2平方米，人行步道面积733平方米。总投资386万元。北京市绿化隔离地区基础设施开发建设有限公司承建，北京市时代市政工程有限公司施工。

（王晶）

【道路中修工程】 11月25日竣工。工程于7月22日开工，总投资6548万元。简易中修工程：为城市道路，主要涉及清华西路、万泉庄路、西顶路、双清路、田村路等13条道路，道路总面积10871.1平方米，步道总面积1539.1平方米。道路中修工程：为城市道路，主要涉及军博西路、交大东路、马甸东路、西翠路、北太平路、月泉路、蓝靛厂中路、西二旗大街等20条道路，道路总面积198272.6平方米，人行步道总面积17815.6平方米。北京市海淀区城市管理委员会承建，北京市时代市政工程有限公司施工，北京中景恒基工程管理有限公司、北京路建工程监理有限责任公司监理。

（王晶）

【区属桥梁安全设施完善工程】 12月17日竣工。工程于8月1日开工，涉及56座桥梁，对桥梁护栏进行更换，对上地南路天桥进行维修养护以及二龙闸地下通道扶手更换。安装55套悬臂式限载标志，48套立柱式限载标识，84套桥头标识，2套限高架。更换方钢防撞护栏198米，桥面铺装75.2平方米，清洗栏杆63.2米，新建不锈钢扶手276.4平方米。总投资259万元。北京市海淀区城市管理委员会承建，北京市时代市政工程有限公司施工，中科金石（北京）工程咨询有限公司监理。

（王晶）

【地铁昌平线南延（西二旗站—清河站）部分开通运营】 12月31日，地铁昌平线南延（西二旗站—清河站）开通运营，长约1千米。昌平线南延工程北起西二旗站，南至蓟门桥站，线路长12.6千米，包括车站8座，工程全部位于海淀区。剩余11.6千米的工程建设在推进中。

（连政）

【地铁19号线一期工程开通运营】 12月31日，地铁19号线一期工程开通运营。工程南起新宫站，北至牡丹园站，全长22.4千米，海淀境内长约4.1千米，设北太平庄、牡丹园2站。

（连政）

【地铁16号线南段玉渊潭东门站开通运营】 12月31日，地铁16号线南段玉渊潭东门站工程开通运营。地铁16号线全长约50千米，其中海淀段约34千米。北段（北安河—西苑）20千米于2016年底通车。中段（西苑—甘家口）11千米于2020年底通车。南段（甘家口—木樨地）3千米，设玉渊潭东门站、木樨地站2个车站。

（连政）

房屋管理

【概况】 2021年，海淀区房屋管理局（简称区房管局）推进所属事业单位机构改革及住建房管系统执法机构改革工作，牵头组建成立海淀区房屋管理事务中心，调整优化海淀区住房保障事务中心内设科室，完成第一至第七房屋管理所、第九房屋管理所、第十房屋管理所9家下属事业单位的撤销，原信息与档案管理中心更名为房屋资源应用管理中心，第八房屋管理所更名为普通地下室管理所。设立中共北京市海淀区房屋管理局党组。全面落实《北京市物业管理条例》《北京市生活垃圾管理条例》，持续提升党建引领物业管理“三率”[①]，提前超额完成三年工作任务。保障住房需求，持续扩大覆盖范围，加快房源筹集，加大保障房分配力度，补贴发放依申请应保尽保。全程加强租售监管，规范新房销售市场秩序，实施存量房市场调控，强化房屋交易窗口服务，进一步规范净化市场环境。全域落实安全监管，做好海淀区第一次全国自然灾害综合风险普查房屋建筑承灾体调查工作。受理“接诉即办”群众诉求31405件。

（张亚含）

【北京市海淀区保障性住房发展有限公司】 2021年，北京市海淀区保障性住房发展有限公司（简称海保发公司）通过趸租、收购等方式新筹集房源446套，为保障家庭提供住房2919套，为企业人才和社会单位提供住房保障6757套，全年开展维修服务3.2万余次。推进保障房项目“一刻钟社区服务圈”建设，新建南区服务站点，扩大服务站辐射项目范围；对观林园等公租房项目进行社区环境优化提升；对三嘉信苑、福美苑等廉租项目设施进行安全性维护更新；追缴收回长期欠缴租金1442.08万元，实收租金6.88亿元；推动国际人才公寓项目工作，制定观林园国际人才公寓服务方案。推进海悦·青棠湾“海绵公园”型社区工程建设，启动海悦·青棠湾商业街区改造工作，不断推进智慧社区建设，打造保障性住房“海悦”品牌。探索多元化融资渠道，累计获得6个项目的银行借款，授信额度88.16亿元。完成上庄馨禧家园、天合家园等保障房建设收购项目存续贷款的提取工作，筹措资金23.3亿元。参与设立北京海国合创共享股权投资基金管理中心等基金合伙企业。

（王璇）

【北京海房投资管理集团有限公司】 北京海房投资管理集团有限公司（简称集团公司）为海淀区国资委一级监管企业。2021年，集团公司完成海房安泰注资2470万元，与天鸿集团就地下空间项目展开预研；与中开乐民（北京）成立医养结合产业发展平台公司，拓展经营和增盈创收。以“三标准一体化”为标准规范管理运营，原有项目相继续约，新开项目有序推进，“红色物业”品牌服务试点全面展开。房产测绘服务业务、交易中介服务和政府督办项目、重点民生工程项目以及拆迁测绘、工程测量、数字建模方面业务有所拓展，接收北京市勘察测绘所移交的测绘档案资料165件。持续推进直管公房政府购买服务和“三大行动”隐患排查清理整治，常态做好公租房管理、每周安全检查和普通地下室、人防空间周期性巡查；完成87部电梯定期检验和26处泵房二次供水水箱清洗消毒工作。接续做好直管公房转租转借、房改售房、甲乙丙项目签约等工作，协调处理直管公房租赁变更28件。推进会城门、57中东侧、汽修五厂宿舍、毛纺南小区平房五排等环境整治项目的签约补偿、现场绿化等工作；勘测处甲乙丙宿舍楼解危改造项目全面启动，总签约率达80%；万寿路街道老旧小区综合整治项目完成，通过区建委竣工联合验收及项目审计；区公安分局办公区项目完成消防系统、空调系统检修及立体车库安装调试工作；既有多层住宅增设电梯项目完成95部电梯主体施工工作，92个单元的管线改移，完成86部电梯验收工作并投入试运行，17部电梯开始运营收费。完成供热外管线应急救援抢修任务，应急接管中关村甲334号楼的供热、维修工作，完成33处锅炉房和15座能源站的冬季供暖工作。汛期巡查平房6036间次、楼房7099幢次，及时处理院落积水、地下室倒灌、平房楼房漏雨问题；对区房管局130处应急托管房屋全部做到雨中巡查、雨后普查，实现“不塌房、不伤人、少漏雨、少投诉”的防汛目标。

（张国辉）

【商品房住宅专项维修资金使用管理】 年内，区房管局审核审批商品房住宅专项维修资金270笔，审核审批维修资金14460.7万元，审减资金2454.1万元，审减率15.28%。解决37个小区107栋楼房屋漏水问题、12个小区31栋楼外墙裂缝渗漏和污水管破裂问题；完成23个小区85栋楼或单元157部电梯更新、大修；恢复16个小区消防功能；改造10个小区二次供水设备，恢复17个小区生活用水正常供应保障。

（黄思思）

【“社区伙伴行动计划”启动】 年内，区房管局牵头启动海淀区物业管理“社区伙伴行动计划”。由区物业行业综合党委、街镇党（工）委、社区党组织为发起人，重构物业服务企业的角色和定位，通过建立社区报到、多方议事、信息公开、诉求联办、社区开放日5项工作机制，形成社区多方主体的协作共商关系。建设第一批“伙伴小区”15个，涵盖商品房、房改房、回迁房等住宅小区类型，探索出万寿路街道“四民工作法”、曙光街道“六方联动共建机制”等协商议事机制。

（黄思思）

【住宅物业项目监督考评】 年内，区房管局通过属地评价与行业评价相结合的方式，开展住宅物业项目监督考评工作，对已实施物业服务的住宅小区2020年6月至2021年5月期间的物业服务质量进行评价。经区物业专班考评，确定符合考评条件的优秀住宅物业项目227个，发放奖励金额893.9万元，用于购买单项服务、维修改善硬件设施等小区公共支出。

（黄思思）

【物业行业安全生产专项整治三年行动】 年内，区房管局开展物业行业安全生产专项整治三年行动（2020年至2022年），落实物业行业安全生产标准化创建、“一企一标准，一岗一清单”、有限空间安全生产、火灾隐患

① 三率：提高业主委员会（物业管理委员会）组建率、物业服务覆盖率、党的组织覆盖率。

排查及消防通道堵塞治理等专项工作，检查物业项目安全生产5000余次。重点推进消防电动自行车及充电设施隐患排查，编写印发《电动自行车使用承诺书》，由各街镇组织签订8000余份；制作隐患排查统计上报小程序，物业项目填报自查数据近10万条。

（黄思思）

【物业“三率”提升】 年内，全区1178个物业管理区域，成立且正常运行的业主委员会（简称业委会）136个，组建物业管理委员会（简称物管会）1021个，业委会、物管会共1157个，业委会（物管会）组建率98.2%；522个物业服务企业成立党组织，全区党的组织覆盖率为100%；物业服务覆盖的物业管理区域1148个，物业服务覆盖率97.4%。提前超额完成三年工作任务，并在城六区中保持首位。

（黄思思）

【房改售房】 年内，区房管局完成中央、市区相关产权单位出售公有住房备案审批276家，涉及房屋5774套，面积62.75万平方米。

（高光）

【经济适用住房回购审核】 年内，区住房保障事务中心为409户申请家庭办理“对已购经济适用住房出具政府优先回购意见”的业务。

（庄华）

【公共租赁住房专项检查】 年内，区住房保障事务中心完成市住建委要求的50%公租房项目专项检查指标，检查28个公租房项目。

（庄华）

【保障性住房资格审核】 年内，区住房保障事务中心受理保障性住房资格申请1922户，完成7065户公租房资格备案满24个月轮候家庭、2893户专项配租家庭、5652户次公租房合同到期家庭资格复核工作，完成4252户保障家庭资格终止工作。

（史周青）

【“七有”“五性”住房保障工作】 年内，针对2020年12月31日前保障资格已备案的低保、低收入、大病、重残等特殊困难家庭，海淀区实现保障率100%，达到依申请应保尽保。对于保障资格已备案的所有家庭，通过轮候家庭复核、实物配租、市场化租房补贴发放等方式，推进总体保障率比上年提升10.58个百分点。

（史周青）

【保障性住房补贴发放】 年内，区住房保障事务中心完成保障性住房补贴资格备案1351户，完成补贴家庭资格变更1667户，完成补贴家庭资格终止2081户，完成补贴家庭资格复核5631户。向10870户家庭发放各类住房补贴共计16871万元。

（李红霞）

【保障性住房配租配售】 年内，区住房保障事务中心完成面向保障家庭配租房源4110套。按照全市“七有”“五性”工作要求，加快推进低保、低收入等特殊困难家庭专项配租工作。开展专项配租，针对特殊困难家庭的实际情况，及时调整公租房配租套型标准。面向全区低保低收入、大病、重残、老龄、优抚对象等优先配租家庭，提供文龙家园等21个公共租赁住房项目1601套房源开展专项配租，2893户备案家庭参加意向登记，1994户复核通过的家庭选定公租房1254套，签约入住995套。面向全区保障家庭开展海淀区第十九批公共租赁住房集中配租工作配租公共租赁住房3126套。

（贾晨）

【公共租赁房房源筹集】 年内，区住房保障事务中心通过趸租模式筹集房源506套，督促指导海淀区保障性住房发展有限公司完成八家嘉园续租工作。

（魏新平）

【共有产权住房出租管理】 年内，区房管局落实市住建委共有产权住房出租管理政策，会同区财政和共有产权住房代持机构研究会商报区政府审定批准，确定已交付入住的中铁碧桂园（丰锦苑）项目和永靓家园2个共有产权住房政府产权份额租金定额收益。

（高尚）

【商品房销售】 年内，区房管局受理商品房预售许可初审11件，现房销售备案76件，房产实测绘成果审核107件。新建商品房成交15146套，比上年上涨50%；成交面积139万平方米，比上年上涨60%；成交金额714亿元，比上年上涨70%；成交均价51404元/平方米，比上年上涨4%。

（裴冬梅）

【房地产经纪行业监管】 年内，区房管局在全市率先实施存量住房市场“因区施策”调控工作，联合、依托区房协采取行业自律方式，加强预期引导；组织指导中介机构规范管理、严禁炒作房价，支持商品房市场更好满足购房者的合理住房需求，有效遏制全区存量住房过快上涨势头，政策实施后当季存量住房价格环比下降1.7%。联合市住建委、区市场监管局等部门建立常态化联合执法检查机制，检查房地产经纪机构和租赁企业760家，责令整改36件，行政处罚38件，处罚金额53万元。

（李蛟龙）

【存量房屋交易】 年内，全区存量房签约26056套。区房管局房屋交易中心受理购房资格审核申请3154件，受理购房资格复查、复核1345件，网上合同信息录入4162套，网上合同信息注销653件，提供资金托管服务3.9亿元，其他个性化服务398件。

（刘宇思）

【既有建筑物信息采集更新】 年内，区房管局开展年度既有建筑物基础信息采集更新工作。结合自然灾害普查数据、区城管执法局查违数据、区城指中心遥感影像图更新既有建筑物基础数据，既有建筑物数据更新至16万幢，建筑面积1.95亿平方米。

（闫雪南）

【房管档案管理】 年内，区房管局归档各类档案27381卷3986件，其中行政审批类22326卷、其他类3529卷、资料类1526卷。完成27151卷档案的数字化加工、整理，档案库存总量为259055卷，4527件。

（林昭昭）

【房屋安全生产监管】 年内，区房管局落实安全生产专项整治三年行动工作，检查单位9019处次，其中物业项目3875处次、房屋安全1025处次、普通地下室4023处次、公租房项目96处次。推进安全生产法规、政策、常识宣传活动，根据区房管局制定的安全生产月活动方案，会同上地街道开展咨询日活动，现场宣传房屋安全等相关政策法规。组织相关行业企业全面宣传应急管理、安全生产、防灾减灾法律法规和常识，提升全民应急与安全意识，提高防灾减灾救灾能力。

（王锦仪）

【城镇房屋防汛工作】 年内，区房管局优化和完善城镇房屋防汛预案，建立隐患台账，开展应急演练，落实“在岗在职在责”，及时预警调度、持续排查检查。汛前，联合市住建委开展城镇房屋防汛应急演练；组织各街镇开展危旧房屋、低洼院落和地下空间的隐患排查工作。经排查，发现有隐患风险的危旧房屋116处、低洼院落35处、地下空间22处。上汛后，专项分指办公室密切关注雨情预警预报和强降雨信息，通过“区房屋防汛专项分指微信群”，加强预警提醒、防汛调度和险情处置调度。汛期专项分指调度重大预警33次，在岗值班值守累计3145人次，协调处置各类防汛问题465余处次。加强与属地街镇的沟通联动，统筹调度各街镇开展检查，检查平房8488间、楼房2926幢。主汛期，对重点布控的房屋、普通地下空间、低洼院落等67个点位加大排查检查力度。

（王锦仪）

【普通地下室安全检查】 年内，区房管局向各街镇发放《关于加强普通地下室安全检查的通知》《关于进一步加强普通地下室安全隐患排查整治的通知》等通知，要求各街镇加强辖区普通地下室隐患排查治理，持续做好自用性宿舍排查检查工作。组织召开普通地下室安全监管暨普通地下室动态监管系统培训会，就普通地下室安全使用和管理工作文件依据、检查注意事项及普通地下室动态监管系统使用功能向各街镇展开培训。持续开展普通地下室检查巡查工作，依托已形成的房管局、街镇、第三方联动检查机制加大巡查、复查的频次和力度，检查普通地下室6303处次。落实“吹哨报到”机制，加强属地街镇、部门的联合联动，开展联合检查204次。配合市住建委等市级部门检查、抽查全区普通地下室重点点位15处，未发现违规住人情况。

（缐昀林）

【房屋安全鉴定】 年内，区房屋安全鉴定站对拟作为新冠肺炎疫情防控医学隔离场所用房进行安全排查、安全评估，共排查疫情防控隔离场所43处；通过检验检测机构9项能力验证考核，两项测量审核；通过2021年质量管理体系换证审核，增加环境管理体系、职业健康安全管理体系认证。

（徐卫）

【城镇房屋安全检查】 年内，区房管局会同属地街镇组织物业服务企业和自管房单位，开展城镇房屋安全检查工作。检查房屋总面积1.12亿平方米，其中物业管理9094万平方米、单位自管2128万平方米。检查电梯20104部、二次供水水泵6679台、避雷系统41932个。

（王锦仪）

【“接诉即办”】 年内，区房管局咨询投诉平台共接收“接诉即办”群众诉求31405件；热线接听咨询电话22107个。严格落实首接责任制，局主要领导亲自把关审核案件42553件。建立案件四级承办、三级督办、“三率”回访以及案件办理奖惩通报机制，制定《海淀区房屋管理局“接诉即办”领导包案及电话回访工作办法》，制定下发《关于进一步推进落实市、区工作要求全力提升“接诉即办”工作成效的通知》，建立局“接诉即办”持续督办台账等工作文件。局领导班子不定期对12345市民热线电话群众诉求办理满意度回访32次，累计回访群众诉求221件，增加对未解决案件的持续督办力度，推进“结诉再办”。进一步健全区房管局“接诉即办”工作体制机制。坚持全局范围内每月工作调度、点评、培训及部署，召开各类局“接诉即办”工作会30余次；分享探讨政策法规8个、典型案例30余个。开展全局范围内《北京市接诉即办工作条例》宣贯及解读工作，发放《北京市接诉即办工作条例》手册。

（葛金赢）

【“每月一题”】 年内，区房管局作为2021年“每月一题”房屋漏雨及充电桩安装难等问题的牵头单位，统筹辖区各街镇及职能部门共同推动重点、难点诉求的解决。市住建委派发海淀区房屋漏雨等使用问题有效工单1544个，电动车充电桩可解决问题台账共涉及工单46个，全部解决。

（葛金赢）

【《海淀区普通住宅小区物业费用测算工作指引》发布】 4月30日，区物业管理协会在“海淀房管”公众号发布《海淀区普通住宅小区物业费用测算工作指引》（简称《指引》）。《指引》列出物业服务9类费用、31项明细的具体构成测算参考，增进社区各方主体对物业服务内容、成本的了解。

（黄思思）

【自然灾害房屋建筑承灾体调查】 8月至12月，区房管局开展海淀区第一次全国自然灾害综合风险普查房屋建筑承灾体调查，成立项目组，组建技术队伍，编制海淀区第一次全国自然灾害综合风险普查房屋建筑调查实施方案和实施细则，建立例会、巡查等制度，做好试点调查和宣传，完成调查资金申请、招标等工作。组织召开全区动员部署会和调查人员技术培训会，联系相关部门、街镇加强拒检协调，以边检查、边质检的方式推进，配合做好市级网络巡检和核查工作。开展区房屋建筑承灾体调查，完成调查14.1万栋（占比71.48%），其中城镇建筑6.7万栋、农村建筑7.4万栋。

（王锦仪　徐卫）

【创建无违法群租房小区试点工作】 10月18日，区房管局制定下发《海淀区关于创建无违法群租房小区试点工作方案》，组织各街镇开展全面摸排和试点创建工作，加大违法群租房整治力度，探索通过“以创促管、以创促治、以创提质”的工作思路，按照试点先行、逐步推广、全面铺开的模式，形成长效机制，推动违法群租房专项整治的精细化治理。创建28处无违法群租房小区。

（李建泽）

市容环境

【概况】2021年，海淀区城市管理委员会（区交通委员会）[简称区城管委（区交通委）]持续深化落实海淀区“两新两高”战略，完成市、区任务，加快推进城市治理体系和治理能力现代化水平。区城管委（区交通委）直属单位有区城管执法局（7月调整为区城管委行政执法机构）、区市政设施管理事务中心、六里屯垃圾填埋场。

会同中关村科学城管委会、区委宣传部建立中关村大街灯光展示活动联席会议机制，进行创新企业公益宣传，探索城市夜景景观，打造城市新轴线和科技走廊的新模式。策划冬奥会赛时景观布置工作，归纳提炼以“科技光韵·雪上丹青”为设计主题，实现“冰雪冬奥在北京，科技光影看海淀”的设计理念。完成冬奥保障重点区域检查、中关村论坛周边服务保障。区城管委（交通委）完成庆祝中国共产党百年华诞重大活动海淀停车指挥、调度等保障任务。取得《关于海淀区循环经济产业园再生能源发电厂厨余垃圾处理系统工艺变更的批复》，完成《海淀区绿地地下停车空间利用研究》。海淀区再生能源发电厂获批成为“北京市生态环境教育基地”。对12家市场化保洁作业单位、29个街镇及部分事业单位开展新冠疫苗接种、信息排查等统计工作，全区环卫行业人员接种率达98%。

（周亚男　刘承哲）

【停车场管理】年内，区城管委（区交通委）根据市级相关规定，通过现场约谈、电话协调等方式，对诱导数据异常停车场进行逐个督促整改，冬奥会场馆周边2千米范围内的81个备案停车场、全区范围内300个车位及以上的135个大型备案停车场的诱导数据全部接入市级诱导平台。

（王炎）

【停车行业管理】年内，区城管委（区交通委）建立健全停车管理考评机制，完成经营性停车场备案534个，车位13.6万余个，对备案停车场实施规范性检查。

（王炎　芃汀屈）

【停车设施建设】年内，区城管委（区交通委）执行《海淀区鼓励社会力量增加停车设施供给资金奖励办法（试行）》，完成多个立体停车设施建设项目，通过利用楼间空地、闲置场地实现停车自治；挖掘环线、轨道桥下空间新增停车位1140个；利用人防设施，新增人防停车位1161个，挖潜停车位5901个。推进落实翠湖组团创新园F地块，永丰G、H、J地块建设程序，采取PPP模式加快停车用地设施建设。新增共享停车场50个，为周边居民提供车位2907个。

（王炎）

【停车位管理】年内，区城管委（区交通委）完成58条路5600个车位的高位视频建设；对98条道路、9686个车位更换移动视频管理；撤除102条道路的不合理车位7978个。全区184条道路纳入电子收费管理，停车位1.92万个。完善道路停车收费机制，7月1日起全面实行年度趸交收费，全年办理趸交收费居住认证13774个。提升道路停车管理服务水平，将道路停车管理企业优化至4家。发送停车费催缴短信490413份，送达行政处罚决定书1120份。

（王炎）

【机动车停车治理】年内，区城管委（区交通委）统筹组织推进机动车停车综合治理工作。按照市、区政府工作要求，区城管委（区交通委）在相关部门和属地街镇支持配合下，多措并举，通过推进错时共享、挖潜建设、道路停车、违停执法等多种措施，坚持条块结合、部门联动、标本兼治、综合施策，统筹组织推进机动车停车综合治理工作，全面缓解停车矛盾。12月26日，《2021年海淀区机动车停车综合治理工作情况汇报》经区政府专题会审议通过。

（王炎　芃汀屈）

【颐和园周边地区交通现状研究】年内，区城管委（区交通委）完成《颐和园周边地区交通治理方案研究》，对玉泉山、颐和园、香山地区交通现状进行梳理，通过大数据分析及模型测算，中央党校西墙外路口渠化，增加右转车道；玉西路、颐西路增加交通设施；玉峰路口渠化，增加转弯半径；西苑桥调整交通组织等缓堵措施，改善三山五园地区交通拥堵的现状。

（徐晖）

【公共服务设施管理】年内，区城管委（区交通委）按照“牵头部门协调调度、行业主管部门组织、属地政府实施、权属单位落实”的治理要求，清除腾退报刊亭、电话亭46座，清除腾退地铁便利车27座，拆除首都体育馆周边、中关村大街、中关村南大街数字信息亭26个，继续做好6000个公共服务设施二维码的安装维护。

（张超　朱慧婧）

【重要节日景观布置】春节及元宵节期间，区城管委（区交通委）同各属地街镇，在150余条道路累计安装景观灯笼、中国结6231套，设置景观小品15处，区域亮化13处，天桥景观布置1座，串灯约6.1万米。围绕庆祝中国共产党成立100周年，确定“两环、三线、多周边”的核心保障区域，采用悬挂灯笼灯饰、布置花坛花卉，利用公益广告、户外显示屏及灯光秀等设施统一展示主题画面，夜景照明按照重大节日标准开启等布置形式。组织开展19条主要道路和重点大街景观灯饰布置工作，落实4处区属公益宣传设施布置工作；征用大型户外广告设施17处，落地灯箱55个，电子显示屏2

块，用于发布公益主题画面，营造隆重热烈的节日氛围。

（师鹏 赵婵）

【冬奥测试赛场馆周边道路养护】年内，区城管委（区交通委）、区交通支队对五棵松体育馆和首都体育馆两座场馆周边11条道路的交通设施情况进行排查，涉及五棵松体育馆周边道路6条、首都体育馆周边道路5条。对11条道路的交通设施进行养护提升，包括对7000余延米的中央隔离栏、机非隔离栏、步道隔离栏等进行油饰刷漆、护栏更换、挪移恢复、更换护栏桩头或新增护栏反光贴、油饰阻车桩等；对1.8万米的交通标志标线以及道路交通标志进行施划完善，各种地面标线全部采用热熔型反光材料；在场馆周边增设16面导引标识，优化道路交通环境；对自行车道沥青路面重新进行彩色铺装。重新施划的标志标线整洁清晰、醒目美观。

（王炎 赵婵）

【冬奥测试赛环境志愿服务】年内，全区在29个街镇注册街镇级志愿服务队29个，注册社区（村）级志愿服务队574个，街道、社区（村）志愿服务队覆盖率100%。区城管委（区交通委）组织开展垃圾分类志愿服务380项，组织垃圾分类培训245次，参与垃圾分类志愿服务及培训的志愿者28318名，垃圾分类志愿服务及培训的活动时长20.72万小时。部署街巷长、小巷管家参与全国两会、冬奥测试赛等重大活动环境保障，上岗"小巷管家"累计活动时长652450小时，处理各类事件6216件。

（朱慧婧）

【冬奥会保障区域环境整治】年内，区城管委（区交通委）按照"突出重点、精致细致、让城市慢下来"的总要求，针对重点赛区、重要联络线开展"2个区域、12条道路"周边环境整治，对首都体育馆、五棵松体育馆周边及阜石路、京藏高速、中关村南大街、紫竹院路沿线进行环境整治提升。完成71栋楼体粉刷、面积36万平方米，粉刷围墙围栏等外立面约5600平方米，8600平方米道路及步道整修，3.2万平方米景观建设及绿地整治提升，610平方米施工围挡整修，899套各类电力设施箱体粉刷整饰，7处高压开闭器迁移换新，京藏高速沿线6千米架空线梳理。

（朱慧婧）

【环境整治】年内，区城管委（区交通委）完成环境建设、背街小巷2类共105个环境整治任务。按照"十无一创建"[①]标准完成100条背街小巷环境精细化整治提升任务，其中精治类43条（含民生实事30条精品街巷）、达标类57条，常规环境建设项目5个。

（朱慧婧）

【城市清洁日活动】年内，区城管委（区交通委）于每月最后周的周六，动员全区开展城市清洁日活动。共动员辖区单位6882个，出动作业人员133291人次，清理机关大院858个，清理居民小区7026个，清理堆物堆料2447.25吨，取消地撮站、垃圾池740个，配置垃圾桶12106个，清理白色污染20491.14千克。"桶站值守"出动49477人次。

（闫齐）

【"厕所革命"改造项目】年内，区城管委（区交通委）牵头各街镇自2018年起开始的"厕所革命"改造项目全部竣工，12月通过竣工验收。至12月已完成交由管护单位（海淀市政集团和区环卫中心）进行运维管理。全年底共交接117座。

（苑伯祺）

【生活垃圾就地处理试点】年内，区城管委（区交通委）开展厨余垃圾就地处理试点项目。林业大学厨余垃圾就地处理项目建成投产，累计处理厨余垃圾1000余吨。试点项目起到垃圾源头减量的示范作用。10月29日起，《海淀区非居民厨余垃圾计量收费管理实施方案》实施。

（苑伯祺）

【道路尘土检测】年内，区城管委（区交通委）完成2372条道路尘土残存量检测工作，三级道路检测平均值为15.05克/平方米，二级路10.85克/平方米，一级路检测平均值为7.34克/平方米。北京市环境卫生管理事务中心检查均值约为8.4克/平方米。

（闫齐）

【道路设施维修】年内，全区投入5489.74万元，对西山新村北路等13条区属道路进行大修。组织对202条区管道路人行步道无障碍设施实施改造，铺设步道砖及盲道砖面积97571.35平方米，约9800余处点位。完成御风路、建安西路等10条道路路灯完善市级重要民生实事任务。接养31条道路48.1万平方米。接养代征道路用地面积9.88万平方米。实施文慧园北路、怡美路等10条代征道路用地完善工程。

（郑东虎 张晨亮）

【供暖管理】年内，全区集中供热总面积12164万平方米，其中居民7635万平方米、公共建筑4529万平方米，居民集中供热规模位居全市第二，约占全市五分之一。全区共有供热单位335家，区域锅炉房和换热站829座，约占全市的四分之一。19家供热单位自筹资金5612万元，更新更换29座锅炉房的供热室内外管线78451米，覆盖供热面积215万平方米，改善15497户居民供热条件。

（侯军平）

【垃圾分类信息化项目完成】2月26日，区城管委（区交通委）完成垃圾分类信息化项目招投标工作，中关村科学城城市大脑股份有限公司中标。项目被列入海淀城市大脑建设管理项目，4月7日开工建设。10月26日完成项目初步验收及专家评审。经2个月的试运行期，12月30日完成项目

① 十无一创建：无私搭乱建、无开墙打洞、无乱停车、无乱占道、无乱搭架空线、无外立面破损、无违规广告牌匾、无道路破损、无违规经营、无堆物堆料，创建五好文明街巷。"五好"指的是公共环境好、社会秩序好、道德风尚好、同创共建好、宣传氛围好。

竣工验收。

（苟晓光）

【背街小巷降尘治理试点】 3月，区城管委（区交通委）组织马连洼街道、青龙桥街道、海淀街道、万寿路街道、北下关街道、四季青镇等6个街镇，召开背街小巷降尘作业试点项目部署会，开展背街小巷降尘治理试点工作。部署会明确试点方式、作业工艺及专项经费使用要求，以降低背街小巷尘负荷为目标，强化落实大气污染防治攻坚战及重大活动保障任务要求。

（闫齐）

【架空线入地工程】 3月，区城管委（区交通委）启动冬奥沿线进行电力架空线入地工程——阜石路—阜成路电力架空线入地工程。11月底，工程完成全线入地，入地长度约14千米。

（王鲁明　杨胜）

【公共自行车退市】 4月16日，区城管委（区交通委）发布公共自行车退市公告。6月1日，海淀区公共自行车所有站点断电停运，1000辆公共自行车回收入库。8月2日，启动公共自行车退出运营自行车设备拆除和步道恢复工程。至8月31日，全区公共自行车停车桩等附属设施的断电、拆除、车辆清运和步道恢复工作完毕。

（李海鹏）

【液化气管理】 6月，区政府审议通过区城管委（区交通委）报送的《海淀区液化气特许经营实施方案》。10月，完成特许经营等招标流程。11月，经公开招标，确定北京市液化石油气公司为海淀区液化石油气特许经营主体。在合作期内负责特许经营区域范围内，向所有使用液化石油气的用户提供供气保障、抢修抢险、安全检查、宣传培训等服务，从根本上提升用户用气安全指数。12月，完成向社会公示工作。

（靳刚　徐丛涛　杨胜）

【共享单车管理】 7月1日，区交通工作领导小组印发《海淀区共享单车停放治理工作方案》。依托属地为主、部门协同、多方共治模式，通过拓展停放空间、加强科技管理、落实主体责任、统筹整合力量、加大引导宣传、典型经验推广6个方面21条具体措施，指导街镇持续开展辖区共享单车停放治理工作。组织街镇对共享单车停放需求全面摸排，对具有停放需求且具备施划条件的，按照“应划尽划”原则进行增划，对停放区标线脱落、缺失的及时进行补划、复划，力争做到“停车有位”。协助相关街镇施划、复划非机动车停车位2400余处，引导规范停放。全区32座地铁站出入口周边实现电子围栏嗅探监测。选取万柳、安河家园周边等片区，利用卫星定位+虚拟电子围栏技术，开展共享单车P点停放试点，效果初显。推进区、街两级“一巡多能”队伍建设。区级“一巡多能”队伍，统筹环卫、路侧停车协管员、网格巡查员力量，街（镇）级“一巡多能”队伍，充分发挥属地城市协管员、文明引导员、志愿者作用，对发现的共享单车乱点随手摆放整齐；对发现的大量淤积点位，及时派发企业，督促清理码放。组织相关街镇会同三家共享单车企业，开展多种形式的规范停放宣传活动30余次；利用3处户外大型公益广告栏及50块公交候车亭广告栏，开展文明骑行、规范停放宣传引导。

（朱立鹏）

【六里屯垃圾填埋管理】 9月24日，市生态环境局执法总队组织区城管委、区生态环境局在六里屯垃圾填埋场召开协调会，会议要求处理设施严格落实属地责任，做好厨余废水收运协调和污染监管工作。为此，区城管委（区交通委）采取3项措施：加强渗滤液处理设施除臭工作，在废水处理过程中，将井口玻璃钢盖板改为不锈钢水封，将配套除臭系统进行升级改造，加大除臭剂在运行期间的喷洒力度，在原达标排放的基础上继续减少对周边环境的影响；强化填埋场场区除臭工作，做好填埋堆体全密闭工作，减少臭气外逸，同时持续做好填埋气24小时收集发电工作，在控制臭味产生的同时实现资源化利用；做好群众接待与答复解释工作，针对填埋场周边小区居民反映异味扰民情况，通过电话沟通、现场接待讲解等方式，耐心向群众做好解释工作，相关接诉即办案件数量呈逐渐下降趋势。

（高楠）

【燃气管线泄漏事故】 9月30日6时57分，永定路街道新兴建设工地由于施工造成燃气管线泄漏事故。燃气公司立即组织应急抢险，于7时39分关闭气源截门，共影响下游居民用户568户、公服用户2户。接报后，区领导于军、王合生、李俊杰等到现场查看情况，并指示全力做好应急抢修工作。区城管委（区交通委）领导到现场调度，立即组织应急力量赶赴现场抢修。经初步勘查，判断为中压DN400燃气管线被打桩施工破坏。至21时完成燃气管线修复，次日零时30分恢复供气。此次事故造成40.88万元的经济损失。

（王鲁明　杨胜）

【五塔寺路环境建设项目】 11月3日竣工。项目于9月6日开工。五塔寺路冬奥会保障区域（中关村南大街至极乐寺西街）全长约640米，项目内容为路面整体向北拓宽，北侧绿地内新建步道。改造全线照明设施，多杆合一设置综合杆。

（郑东虎）

【市城管委检查冬奥保障工作】 12月4日，市城管委、市冬奥办领导到海淀区检查冬奥保障工作，听取区城管委（区交通委）关于首都体育馆周边及阜石路沿线保障情况的介绍。市城管委、市冬奥办领导对海淀区冬奥保障工作给予充分肯定，提出工作要求。

（张超）

【公厕管理】 12月29日，区城管委（区交通委）与海淀市政集团签订《海淀区2022年区管公厕运维管护工作协议》，由原区环卫中心管护的966座区管公厕，移交海淀市政集团负责管护，按照协议各项约定开展公厕运维工作。区城管委（区交通委）制定《海淀区区管公厕检查考评方案》，进一步完善区管公厕长效管护机制。

（漫辉）

环境卫生

【概况】 2021年，海淀区环境卫生服务中心（简称区环卫中心）启动第二次事业单位改革，建立市政环境领域政府统筹、事业监督、企业作业的政事企三位一体架构。截至年底，原区环卫中心下属环卫一队、环卫二队、环卫三队、环卫四队、环卫五队、五路居垃圾压缩转运站、垃圾转运堆放管理站、清洁车辆场、车辆修理厂、机械清扫队、基建维修站、科学研究所、粪便管理处及六五筹建处等14个单位撤销建制。新组建的区环卫中心为公益一类事业单位，有职工686人，下设14个科室、3个检查队。区养路队职能并入新环卫中心，新中心主要职能为：对全区环境卫生、道路养护等市政环卫作业进行监督检查，为政府提供政策调研、项目咨询及论证评审、新技术研发及引进、设施验收等技术服务。10月1日起，原中心所有业务全部划转至海淀区市政服务集团有限公司（简称海淀市政集团），编外职工2792人（包括编外职工、社招、劳务派遣）随业务全部转入海淀市政集团。涉及的事业单位在编人员根据自愿选择进入市政集团或留在事业单位，原中心及养路队共64名事业编制内人员进入海淀市政集团，699名留在新组建的区环卫中心，离退休职工1784人，全部划入新中心予以管理。办理"接诉即办"案件2753件。其中，协助调查非权属案件1122件，办理权属内案件1631件；处理区城市服务管理指挥中心网格化案件50件。所有案件的结案率均为100%。区环卫中心获"2020年度北京市生活垃圾分类推进工作先进集体""2020年度首都城市环境建设管理突出贡献单位""北京市2021年度市级交通安全先进单位"称号。二队、四队、五队、养路队获"首都文明单位"称号。张志宏荣获"北京市2019—2020年度'接诉即办'改革工作先进个人"称号、杜鹏荣获"北京市生活垃圾分类推进工作先进个人"称号。杜鹏、李剑、郝铮、李树泗、霍阳、赵士峰获"2020年度首都城市环境建设管理突出贡献个人"称号。

（李娜）

【北京绿海能环保有限责任公司】 2021年，北京绿海能环保有限责任公司负责海淀区循环经济产业园餐厨厨余垃圾处理厂项目、大工村厨余垃圾处理厂废水处理应急项目、海淀区六里屯填埋场风险防控项目、海淀区建筑垃圾循环利用综合处置项目、厨余垃圾就地处理项目等海淀区垃圾终端处理设施建设及运营工作。

海淀区循环经济产业园餐厨厨余垃圾处理厂项目：完成254立方米废水临时储存原水箱建设和1、2号厌氧罐清理、大修工作。完成餐厨厨余垃圾预处理应急备用线性能测试并正式交付使用，餐厨、厨余垃圾处理能力由原设计400吨/日提升至600吨/日。完成项目餐厨厨余垃圾卸料大厅、车间外墙、卸料平台等环境改造工作。处理餐厨厨余垃圾总量183508.05吨，其中餐厨垃圾93331.8吨、厨余垃圾90176.25吨、生产土壤调理剂18340.12吨、生产工业用粗油脂2068.28吨。

厨余垃圾就地处理项目：西北旺镇青棠湾2T液化处理项目全年处理厨余垃圾约621吨。北京林业大学6T液化处理项目全年处理厨余垃圾约968吨。

建筑垃圾智能绿色运输项目：组建全国首家国有企业新能源建筑垃圾智能绿色运输车队，车辆安装车载智能终端及监控系统，实现卫星定位、信息采集、数据传输、车辆载重检测、顶盖密闭状态检测、不良驾驶行为监测、疲劳驾驶监测、驾驶员身份识别、雷达测距提醒等功能。建立远程智能监控管理平台，实现对拆除和建筑渣土全过程管理。清运18个街镇建筑垃圾103万吨。转运建筑垃圾至北建工消纳场64.76万吨。

大工村厨余垃圾处理厂废水处理应急项目：位于循环经济产业园内，区政府投资建设餐厨厨余废水厌氧系统400吨/日、沼液全量处理系统600立方米/日。项目获区政府批准进入政府重大项目储备库。开展项目建议书（代可研）编制工作，启动详勘等前期工作。

海淀区六里屯填埋场风险防控项目：完成区政府投资建设储备库项目手续办理，编制项目建议书、可研报告，开展技术工艺路线论证并申报立项手续。开展阻隔详勘、堆体水量勘测、物探、测绘准备。

海淀区建筑垃圾循环利用综合处置项目：位于苏家坨镇大工村，占地约11公顷。设计年处置100万吨建筑垃圾（其中建筑垃圾89.8万吨、装修垃圾3万吨、炉渣约7.2万吨）。设置

11月25日，区环卫中心工作人员对居民进行固废垃圾分类培训（区环卫中心 供图）

2条处理线，一条用于建筑垃圾处理，另一条用于炉渣处理。开展项目概算调整、资金缺口梳理、协调多规合一路径等工作。启动第三方质检，开展结构及基础加固，设计变更工作。外围配套河道治理工程：环评、可研批复工作，完成初步设计概算评审及林木伐移工作。外围配套管线工程：完成红线外全部施工及红线内部分电力、水、热力和相关配套管线施工。外围配套道路工程：取得初步设计概算批复、道路用地权属审查批复、环评和水评批复、林木采伐移植批复并完成林木伐移工作。

（刘燕）

【北京市超环海城市环境服务有限公司】 北京市超环海城市环境服务有限公司为北京市海淀区市政服务集团有限公司的二级全资子公司。2021年，新签其他项目合同5个，合同总额120万元。承接上庄大街等3条道路清扫保洁作业服务项目、恩济西街等9条道路清扫保洁作业服务项目、西五环东辅路等4条道路清扫保洁作业服务项目、马连洼北路等8条道路清扫保洁作业服务项目、紫竹院街道地区保洁服务项目、北太平庄街道地区保洁外包项目（二次）、清华大学校园环境保洁服务项目、圆明园保洁服务项目，作业总面积564.89万平方米，合同总额3735.15万元。完成检查4000余路次，下达整改通知书14封。对29条道路进行尘土残存量测量，平均值11.1克/平方米，达标率94.6%。完成全国两会、北京冬奥测试赛、清华大学110周年校庆等保障任务30余次。办理"接诉即办"案件17件，反馈率100%、满意率98.8%、解决率94.2%。办理考评上报案件365件。

（李天朔）

【北京市海淀环境工程有限公司】 北京市海淀环境工程有限公司为北京市海淀区市政服务集团有限公司的二级全资子公司。2021年，完成应急保障工作101次、250天。保障工作97次，其中国家级保障25次、市级保障50次、区级保障22次，出动作业人员2078人，出动作业车辆1030辆。完成清理积水、清理交通事故现场残留处理等应急工作4次。处理盗卸垃圾2695次、垃圾104.98吨，出动作业人员4214人次，出动作业车辆1640车次。迎接市城管委检查64次，其中涉及城市道路125条次，清除小广告76条次，门前及其他责任区80条次。北京市环境卫生管理事务中心检测海淀区111条道路，涉及公司68条，其中达标道路58条。签约金泰项目楼宇保洁项目、国管局西三旗保洁项目，合同总额723.94万元。办理"接诉即办"案件435件，市级考核反馈率100%、解决率94%、满意率96%；办理海淀区考评上报案件3046件；办理海淀区信息采集员上报案件7835件，其中处理6633件，退回1202件。

（龙雨）

4月，海淀区循环经济产业园餐厨厨余垃圾处理厂设备日常检修维护（绿海能公司 供图）

【北京海淀固废发展有限公司】 2021年10月1日，北京海淀固废发展有限公司成立，为海淀区市政服务集团有限公司的二级全资子公司。全面整合原海淀环卫中心三队、五队、转运站和五路居密闭式转运站的垃圾业务板块，以环保固废产业为主体，负责海淀区其他垃圾、厨余垃圾和餐厨垃圾的分类运输和密闭式清洁站的保洁管理工作。包括海淀区178座自有密闭式清洁站（非压缩吊装设备清洁站96座、一体式压缩设备清洁站61座、分体式压缩设备清洁站21座）及94座外管密闭式清洁站的运维管理、2031个小区的居民和近1364家餐饮单位的非居民厨余垃圾收集。日均收运其他垃圾1722.80吨、居民厨余垃圾397.61吨、非居民厨余垃圾273.84吨，日均压缩转运垃圾796.30吨。为玉泉山、万寿路甲15号院、中央党校、钓鱼台国宾馆、京西宾馆、中央电视台、中国人民解放军四总部、清华大学和北京大学等重点单位和地区提供垃圾运输服务。签订北京市非居民单位厨余垃圾运输服务合同1364份，业务收入4892万元。完成其他垃圾转运15.84万吨，厨余垃圾清运3.65万吨。五路居密闭式转运站累计压缩垃圾7.32万吨，日均压缩796.30吨。五路居新建污水处理设施运行稳定，总处理污水1915.65吨。完成首体测试赛厨余、其他垃圾收运保障任务，收运厨余垃圾58.42吨，其他垃圾20.24吨。清运疫情封控社区芙蓉园垃圾15吨；完成玉泉山清山保障工作，收运垃圾210吨；绿馨家园核酸检测点其他垃圾28.65吨；西二里隔离垃圾17.5吨；育新隔离垃圾0.42吨；二炮防控保障垃圾3.49吨；清运封控社区富力桃园其他垃圾50.67吨。办理"接诉即办"案件72件，反馈率100%、满意率89.30%、解决率89.30%；办理考评上报案件1件。

（夏纯纯）

【北京海淀生态环保有限公司】 2021年10月13日，北京海淀生态环保有限公司成立，为北京市海淀区市政服务集团有限公司的二级全资子公司。公司全面整合原海淀环卫中心三队、四队、五队和八队的公厕、粪便业务板块，以公厕维保、粪便抽运、粪便消纳为主体，负责海淀区966座（截至12月31日）公共卫生间的日常维保、粪便抽运及粪便消纳工作。开展各类公厕日常检查1100座次。10月1日至12月底完成区环卫中心公厕革命升级改造77座（仅山前），拆除7座，接收公厕21座。厕所革命涉及的133座公共卫生间服务品质提升改造项目开工53座，完工验收8座。粪便抽运运往三星庄消纳站12642车次，完成消纳量处理5.82万吨；运往四季青消纳站7647车次，完成消纳量处理3.79万吨；其他疏通作业13742车次，完成消纳量处理4.78万吨。三星庄粪便消纳站处理量5.82万吨，日均632.15吨。污水排放6.71万吨，日均729.3吨。固液及絮凝出渣量166车次，处理量522.36吨，日均5.68吨。污泥处理38车次，处理量124.8吨，日均1.36吨。完成北京冬奥测试赛保障工作，其中涉及保障区域90座公厕。疫情期间为芙蓉里小区、万寿寺地区、京西宾馆、富力桃园C区、菊园、青龙桥街道等地提供公厕防疫保障、移动公厕等。办理接诉即办151件，办理98件，退回53件，响应率100%、满意率76%、解决率90%。

（崔子辰）

【新冠疫情常态化防控】 年内，区环卫中心在疫情期间，对密闭式清洁站、公厕、环卫车辆按工作规范进行全面消毒消杀，确保公厕每日消杀4次（重点地区6次），密闭式清洁站每车垃圾消杀1次。对密闭式清洁站、公厕、大型环卫设施开展新冠疫情防控专项检查200余次，提示整改问题20余个。

（李娜）

【农村人居环境整治考核通过验收】 年内，区环卫中心按照北京市美丽乡村建设工作要求，做好海淀区农村人居环境考核验收工作，成立环卫中心迎检专项工作小组，结合《北京市农村地区人居环境整治考核验收评分标准》，对区环卫中心管理的农村地区垃圾站点、公厕进行排查梳理，建立专项整治台账，有重点、分批次、全方位地开展环境整治和设施改造提升。以“4+8+X”检查体系为依托，加大环卫设施的检查整改力度，完成区环卫中心相关设施、台账点位的整改工作。通过农村人居环境整治考核验收。

（李娜）

【环境卫生应急保障】 年内，区环卫中心完成全国两会、中央市区领导视察路线环境保障等重大活动以及春节、国庆、五一等重大节日期间的环境保障共计60天，各类临时性保障任务20余次。北京冬奥会测试赛期间，完成五棵松体育馆和首都体育馆场馆内厨余垃圾及其他垃圾清运的场馆周边及主要沿线的公厕管护和垃圾清运，清运厨余垃圾4.8吨，其他垃圾6.7吨。完成建党100周年庆祝活动预演和正演时段各个集结疏散点的临时公厕设置、管护工作。

（李娜）

【垃圾分类】 年内，区环卫中心配合城管委构建分类投放、收集、运输、处理体系，充实细化垃圾分类系统中的运输子系统，提质分类运输软硬件管理。签订居住区厨余垃圾服务合同2070份，100%全面覆盖全部居住区，收运居民厨余垃圾13.13万吨，收运量比2020年增长141.8%；签订非居民厨余垃圾收运合同1312份，涉及餐饮单位1976家，收运非居民厨余垃圾7万吨，收运量比上年增长74.56%。探索收运优化方法，针对“多种类垃圾”收运工作，采用“多种车辆”、“多种区域”、跨区作业的模式，确保全区垃圾分类收运体系有序高效运转。配合“城市大脑”做好全流程排放登记系统建设，在密闭式清洁站、厨余垃圾运输车、其他垃圾运输车上安装身份识别和称重系统，实现生活垃圾的精准计量和溯源管理。完成165座密闭式清洁站、233辆厨余垃圾运输车、85辆其他垃圾运输车的身份识别及称重系统安装工作。

（李娜）

【公厕品质提升】 年内，区环卫中心按照区政府三年完成厕所革命的要求，梳理剩余未改造的公厕，确定改造公共卫生间133座，一期53座已完工，并投入使用。随着“公厕革命”推进，对重点地区、旅游景点、公交车站、街边公园、道路沿线的公厕，分两批进行试点开展延时保洁作业，涉及公厕358座，采取60分钟/次的巡回保洁方式开展。接收各街镇改造后公厕448座，进行统一管护。

（李娜）

【公厕维管及粪便清运】 年内，区环卫中心维保公厕806座，其中二类以上公共卫生间476座、达标公厕304座、三类公厕26座。全年粪便作业清运量38.11万吨，粪便集中处理率达到100%。

（李娜）

【垃圾站清运】 年内，区环卫中心维保垃圾站数量为3734座，其中243座密闭式清洁站、368座桶站、18座活动箱站、1725座厨余垃圾站、1380座餐厨垃圾站。共清运垃圾68.18万吨（含其他垃圾48.05万吨、厨余垃圾13.13万吨、餐厨垃圾7万吨）。

（李娜）

城市管理综合执法

【概况】 3月，海淀区城市管理综合行政执法局（简称区城管执法局）根据《中共北京市委机构编制委员会办公室关于同意调整海淀区部分行政执法机构设置的批复》，由正处级执法机构调整为区城市管理委管理的副处级行政执法机构，负责统筹指导、综合协调各街镇综合执法队行政执法工作，行使区级行政职权127项，其中包含4项行政强制权、3项行政检查权和1项其他职权。5月，撤销中共北京市海淀区城管执法局党组。7月2日，区城管执法局转隶工作会召开，城管执法体制改革全面启动。12月，完成转隶后的人员调整、机构调整和职能调整等项工作。

年内，区城管执法局以疫情常态化防控、城市精细化治理、环境秩序整治为主线，统筹推进疏功能、转方式、促发展等工作。立案查处各类违法行为2.2万余起，罚款2008万余元；拆除既有违法建设并达到场清地净销账面积236.4万平方米，腾退土地248.3公顷，超额提前完成市折子任务。强化对群众诉求问题的梳理，坚持“接诉即办”和主动治理相结合，案件签收率、处置及时率100%，响应率99.97%，解决率79.56%，满意率86.83%。建立“我为群众办实事”区级重点民生项目清单和四类实事清单，有效落实2项区级重点民生项目、5项党员领导干部实事清单项目、23项基层党支部实事清单项目、187项在职党员个人实事清单项目、4项机关企事业单位实事清单项目。组织电力及燃气安全执法、生活垃圾分类、《行政处罚法》等专题法制培训78期，培训人员3497人次。完成市城管执法局重点课题9个、区委区政府关注课题1个。全区城管执法系统8篇调研文章被收入市城管执法局2020年度《北京市城市管理综合行政执法调研报告汇编》，其中1篇调研文章评选为优秀。

（王淑凤）

【违法建设治理】 年内，区城管执法局以“基本无违法建设区”创建工作为主线，坚持“规划引领、依法治违、精准拆违、综合保障”的工作原则，对全区既存违法建设分类施策，精准治理。在严控新生违建的基础上，拆除既有违法建设并达到场清地净销账面积236.4万平方米，腾退土地248.3公顷，超额提前完成市折子任务，滨角园码头、颐安嘉园14号楼、玉渊潭公园北门等一批历史遗留、重点点位违法建设均完成拆除。

（王淑凤）

【占道经营违法行为治理】 年内，占道经营整治是全市“疏解整治促提升”专项行动任务之一。区城管执法局结合全市“接诉即办”“每月一题”工作要求，将占道经营治理情况纳入海淀区城市环境建设管理考核评价体系，用考核及督办强化方案执行。立案查处占道经营违法行为3870起，罚款总额158.6万元；处置占道经营类市民诉求2796件，比2019年下降27.15%，实现全区举报总量较2019年下降15%的工作目标①，推动解决重点民生诉求。

（王淑凤）

【大气污染防治】 年内，区城管执法局聚焦施工扬尘、渣土车泄漏遗撒、露天焚烧、露天烧烤等问题，持续开展大气污染防治攻坚行动。全区城管执法系统渣土运输类案件立案1443起，罚款310.2万元；施工扬尘类案件立案1011起，罚款842.4万元。

（王淑凤）

【生活垃圾分类专项执法】 年内，区城管执法局围绕执法宣传、执法处罚和“设桶、盯桶、管桶”等重点工作任务，开展三个波次的生活垃圾专项执法行动。深入社区、学校、工地、公园、餐饮等单位开展主题执法月活动，落实分类主体责任。全区城管执法系统检查生活垃圾各类单位16.7万家次，其中居住小区1.8万家次、餐饮企业8.8万次、其他单位6.17万家次；共立案6278起（个人警告5458起），罚款264.8万余元。

（王淑凤）

【疫情防控专项治理】 年内，区城管执法局以商务楼宇、商场超市、餐饮单位为重点，完成7大领域企业以及7小门店复工复产防疫检查工作，坚持不懈抓好常态化疫情防控，督促问题整改。全区城管执法系统现场检查各类场所21.4万处次，检查中发现4337家企业存在疫情防控措施落实不到位问题，对4098家问题现场未整改企业进行不合格公示。

（王淑凤）

【燃气专项整治】 年内，区城管执法局制定城管执法系统《2021年燃气安全专项执法工作方案》，指导各街镇从严查处非法从事液化石油气经营，非法购气交易等行为，排除燃气安全隐患，保障群众人身及财产安全。全

3月10日，城管执法队员检查中关村软件园复工复产防疫措施落实情况（刘天一 摄）

① 市城管执法局明确：2020年受疫情影响占道经营各项数据指标不具有参考性。

区城管执法系统检查餐饮企业及燃气使用单位8945家、5.8万家次，检查发现问题单位954家，问题发现率为10.7%。其中，检查瓶装液化石油气使用单位共1623家、8287家次，检查发现问题单位467家，问题发现率为28.8%；共立案处罚761起，罚款44.5万元。

（王淑凤）

【科技赋能城管执法】 年内，区城管执法局落实“智慧执法”要求，推动城市管理综合执法大数据平台应用，建立市、区、街乡镇三级视频会议系统与指挥调度体系，提升全区城管执法系统教育培训、业务指导等效率。利用“城市大脑”“建筑垃圾车辆运输管理系统”等科技手段，探索非现场执法方式，提升执法效能。执行无照经营、施工扬尘、违规渣土车、夜间施工等各类违法形态巡检11.7万余次，定点轮巡10余万次。

（王淑凤）

【“基本无违法建设区”创建工作启动】 3月8日，《北京市规划和自然资源委员会关于印发〈北京市创建“基本无违法建设区”三年行动计划（2021—2023年）〉的通知》（简称《通知》）公布。根据通知要求，海淀区要用2021年至2022年两年时间完成全区创建工作。根据国普筛查数据，综合全区各街镇历史上销账数据，认定全区两年内应拆除存量违法建筑建设面积不少于467万平方米，并达到“场清地净”的市级销账标准。4月14日，区委常委会审议通过《海淀区创建“基本无违法建设区”两年工作方案（2021—2022年）》，明确各部门职责分工、各街镇工作任务，海淀区“基本无违法建设区”创建工作全面启动。

（王淑凤）

【“基本无违法建设区”创建工作专班成立】 4月26日，在原有区治理违法建设领导小组不变的基础上，成立海淀区“基本无违法建设区”创建工作领导小组（简称领导小组），区委书记于军，区委副书记、区长王合生为组长，区委常委、副区长梁爽，副区长沙海江、林航、陈朝晖为执行副组长。领导小组下设工作专班（简称区创建办），区城管执法局（区治违办）、市规划自然资源委海淀分局主要负责人牵头负责区创建办各项工作，区政府办、区城管执法局、市规划自然资源委海淀分局各1名分管负责人任区创建办专职副主任专职办公。区城管执法局（区治违办）2至3人、区园林绿化局2人，市规划自然资源委海淀分局、区农业农村局、区水务局、区住房城乡建设委、区城市管理委、区司法局等成员单位各派1人（科级）专署办公。5月6日，“基本无违法建设区”创建工作专班正式合署办公。

（王淑凤）

电力供应

【概况】 2021年，国网北京市电力公司海淀供电公司（简称海淀供电公司）管辖区有开闭站151座，配电室1445座，电缆分界室1621座，配电变压器6111台；架混线路264条，总长1379千米；电缆线路1174条，总长6429千米。配电自动化覆盖率100%。发展总投入8.43亿元，其中电网投资7.95亿元。售电量160.8亿千瓦时，同比提高8.14%。营业收入100.85亿元，实现内部利润8.89亿元。

（韩旭东）

【优化电力营商环境】 年内，海淀供电公司高效推广“一网通办”“一证办电”，增强服务便捷性、精准性和实效性。开展“三零”“三省”，惠及客户3916户，完成接电3.46万千伏安。实施阳光业扩，严格执行供电服务“十项承诺”、员工服务“十个不准”。落实14项供电收费清理规范，开展“三指定”问题专项治理行动，完成迎接国家能源局营商环境督察任务。推广“网上国网”“电力微信”，新增注册完成率、线上办电完成率均达100%，提升线上服务能力。持续加强营配调专业协同管控，提升供电抢修服务质效，受理投诉比上年降低65.52%，“12345”业务管控指数达到97.91%。健全三级稽查监控管理体系，开展营销数据质量普查，核对各类客户基础档案4.5万余户，问题整改消缺率达80.28%。深化HPLC推广应用，完成3041个台区、31.69万户设备换装。

（韩旭东）

【电力安全生产】 年内，海淀供电公司加强参建配合队伍管控，严格无计划现场追溯，执行巡检任务3753项，下发违章通知单32张，提示整改违章及不规范问题173项。深化智能运维在线监测，加强电气火灾综合治理，精细开展定值核查分析，加快自动化设备迭代更新，新装2237台智能融合终端、1000台架空二遥故障指示器，完成185路电缆试验、12路架混线路综合检修，设备健康智能化水平持续提升。加强输配网隐患综合治理，联合相关委办局协同开展电力执法17次，及时规避外力、鸟害、树线等各类设备风险6000余处，供电可靠率同比提高0.0004个百分点，配网故障次数、用户平均停电时间分别同比压降13%和7%。科学调整运行方式，有序安排停电计划，合理制定拉路序位，确保电力供应。完成76座站室防汛大修，加装109套溢水报警装置。提级管控冬季重点输电通道，缩短供暖设备巡视周期，开展各类应急演练11次，成功应对308万千瓦冬季历史最大负荷考验，保障2563个6类供暖用户温暖度冬。

（韩旭东）

【电网规划与建设】 年内，海淀供电公司与区北部办就第二组团项目及合作模式达成初步共识，配套轨道交通香山、双槐树项目投资协议谈判取得突破进展。以永丰、东玉河输变电工程为试点，创新实践“四方征地”模式，节约征地时长9个月。土井、北安河、西埠头等工程落实区政府负责前期建场征拆政策，完成协议签订并顺利推进。修编电网空间布局与实施规划，站址和廊道资源指标纳入《海淀区详细规划街区指引》。分梯队全面启动“十四五”项目，在分区规划基础上新增2个腾讯区块链项目配套变电站建设用地指标并完成初步方案，收口东埠头等6项110千伏及以上项目可行性研究，完成香山、果庄子等项目稳评、环评、用地协议等前期计划重点任务16项，落实双槐树等4座变电站前期拆迁，联动市区两级规划系统推进东玉河等8座变电站多规手续办理。肖家河路10千伏配套切改竣工，35千伏肖钢路完成迁改，110千伏西埠头输变电开工进场。110千伏后屯输变电投产送电。肖庄等7座在运变电站完成永久水源接入，提升变电站及周边消防安全。中高考前投产玉渊潭中学、矿大附中、教进附属学校3个外电源工程，完成田园庄、魏公村开闭站等36座站室设备改造，推动万地名苑等5个老旧小区项目、馨瑞家园充电桩群等“新基建”基础设施工程竣工。

（韩旭东）

【电力经营管理】 年内，海淀供电公司开展增供扩销，持续推动降本增效。落实“三清理两提高”常态部署，清理长期挂账任务16项，完成外部资金工程转资1.5亿元，改扩建工程延寿减少计提资产折旧3135万元。4亿元生产成本精准投入到生产运营服务各环节，非生产性成本实现连续6年压降。北京冬奥组委确认VIK额度715万元，为北京市电力公司整体指标作出贡献。持续深化“三巩固、一提升”，综合线损率实现3.26%。打造“绿色海淀—清洁电厨”方案，综合能源创收1921.97万元，营收完成率113.06%。盘活废旧物资、房屋土地资源，电费完成全额回收。贯彻国有企业改革三年行动，推进2021年深化改革争先行动8个方面28项重点任务。响应代理购电政策，高压购售电合同签署率、市场化用户采集异常处理完成率均达100%，促成37户完成市场化交易合同换签。

（韩旭东）

【智慧能源建设】 年内，海淀区城市大脑智慧能源建设项目入选国家工信部大数据产业发展试点示范项目，获得全国2021年度电力人工智能与大数据优秀应用成果等省部级以上荣誉5个。海淀供电公司主动对接新型电力系统构建需求，智慧能源大数据综合体纳入街区控规，落实U12用地增加1万平方米指标，节约征地费用近2亿元。柔直双螺旋工程完成一期可行性研究，取得规划方案“多规合一”意见批复。搭建海淀城市大脑智慧能源IECB体系，促成电力环保数据共享与创新合作框架协议，上线“电力+双碳”等7板块23场景，为国网公司运监中心、海淀城市大脑智能运营指挥中心系统（IOCC）等上级部门提供决策支撑，电力增值收益良好。

（韩旭东）

气象

【概况】 2021年，海淀区气象局与海淀区发展改革委员会联合印发《海淀区“十四五”时期气象事业发展规划》，区气象局被纳入中国气象局区级高质量气象现代化建设先行试点单位。组织编制《海淀城市大脑气象局三年行动计划（2022—2024）》《创新市区联动先行先试新机制拓展服务供给打造精细服务新业态》，获评北京市气象局2021年度创新项目。区气象局获“首都文明单位标兵”称号。

完成建党100周年庆祝活动区人工影响天气保障领导小组任务、直升机紧急迫降点和海淀区3个主题庆祝活动保障，完成“相约北京”系列体育测试活动首都体育馆、五棵松体育馆以及酒店驻地气象服务保障。区气象局首次作为主体，完成2021中关村论坛、春运、双创周、科技周、疫情防控、中高考、重要会议等20余项保障工作，获得区冬奥测试赛组委会指挥部办公室、中关村论坛举办方的认可。获批市气象局青年基金类科技项目《海淀区建筑群对本区冠层动力与热力效应的研究》。申报市质量监督管理局《气象灾害风险调查技术规范第6部分：雪灾》地方标准二类预研究类项目。推进《海淀区降水决策信息共享系统》项目建设，完成《海淀区人工智能气象预报预警服务》《综合实况预报三维显示平台》项目验收，《海淀区智慧气象监测系统》项目作为“城市大脑”2021年建设项目正式立项。

开展执法检查208次，其中防雷安全执法129次、施放气球执法66次、人工影响天气执法2次、气象信息服务执法3次、气象预报发布与传播执法5次、气象设施与气象探测环境保护执法3次。办理行政审批4件，其中防雷装置设计审核2件、防雷装置竣工验收2件。为企业和个人开具气象灾害证明服务117件，理赔金额估损值近1.17亿元。

（李春玲）

【海淀区气候概况】 年内，区气象局根据海淀国家气象观测站数据统计，全区年平均气温13.2℃，接近常年[①]（13.1℃）同期。年极端最高气温37.3℃，出现在6月20日；年极端最低气温-18.7℃，出现在1月7日。其中，1月、5月、6月、7月、8月、10月气温偏低，4月、9月气温接近常年，11月、12月气温偏高，2月、3月气温明显偏高，2月20日极端最高气温21.5℃，21日极端最高气温26.7℃，连续打破海淀2月极端最高气温纪录。高温日数8天，比常年（9.0天）偏少。3月15日、3月28日、4月15日、5月6日，出现严重沙尘天气。年降水量1255.3毫米，较常年（586.3毫米）偏

① 12月1日，海淀区常年气候平均值由1981—2010年平均值更新为1991—2020年平均值。

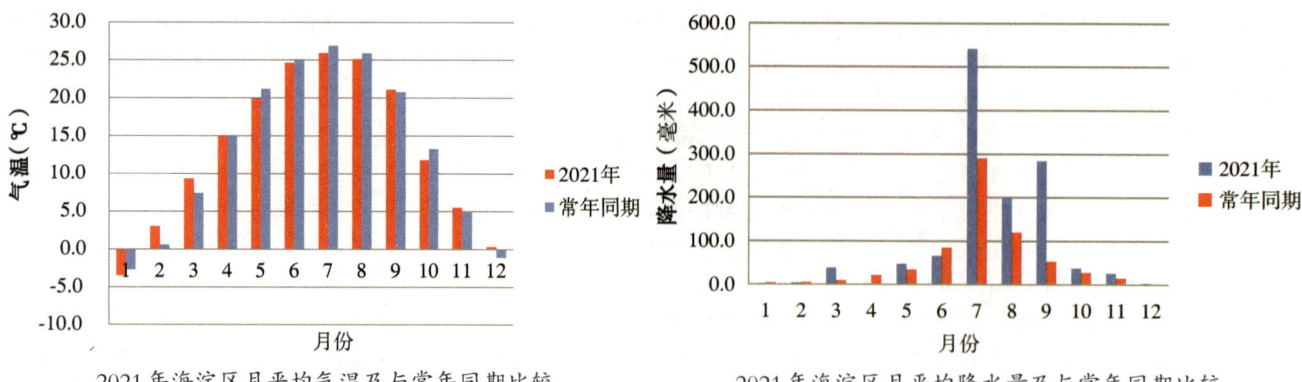

2021年海淀区月平均气温及与常年同期比较

2021年海淀区月平均降水量及与常年同期比较

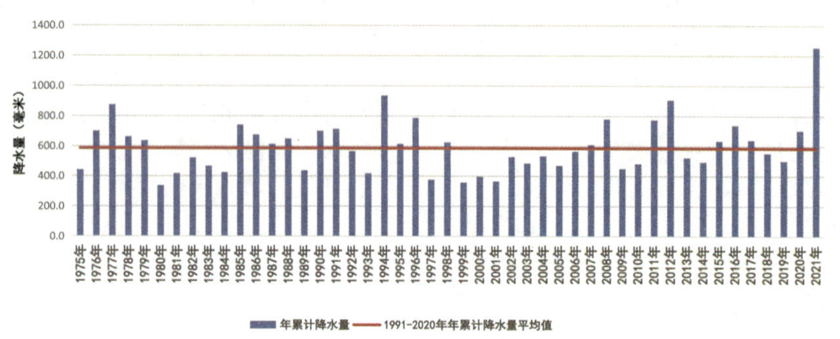

1975—2021年海淀国家气象观测站年累计降水量

多669.0毫米，较2020年（704.4毫米）偏多550.9毫米。其中7月降水量542.0毫米，居海淀有气象观测记录以来历史同期第2位；9月降水量284.7毫米，居海淀有气象观测记录以来历史同期第1位。7月1日，出现2次冰雹，最大冰雹直径20毫米。暴雨日数7天，最大日降水量为139.6毫米，出现在9月4日。年日照时数2095.1小时，比常年（2350.3小时）偏少255.2小时。春季（3月至5月）平均气温为14.7℃，接近常年平均值（14.6℃）；降水量为89.7毫米，比常年平均值（65.9毫米）偏多36%。夏季（6月至8月）平均气温25.2℃，比常年平均值（26.0℃）偏低；降水量为809.1毫米，比常年平均值（414.0毫米）偏多近1倍。秋季（9月至11月）平均气温12.8℃，接近常年平均值（13.0℃）；降水量为349.9毫米，比常年平均值（96.2毫米）偏多2.6倍。冬季（2020年12月至2021年2月）平均气温为-1.0℃，接近常年平均值（-1.1℃）；降水量为5.2毫米，比常年平均值（10.2毫米）偏少近5成。

（李春玲）

【重大活动气象服务】 年内，区气象局完成建党100周年庆祝活动气象服务保障。成立以副区长为总指挥，气象、应急、公安、人影基地属地政府等11部门为成员单位的海淀区重大活动人工影响天气保障领导小组，做好香山、凤凰岭人工影响天气试验基地2个固定点和七王坟1个流动作业点人影准备工作。为海淀区“奋进百年路礼赞新时代”“重走进京赶考路”“百年伟业正青春——驻区企业礼赞建党百年大型文化活动”3个主题活动和直升机紧急迫降地点提供精细服务，发布服务专报20余期。区委区政府主要领导以会议、批示等多种形式对气象服务保障工作给予高度肯定，区气象局在建党100周年全区服务保障总结大会上发言。完成北京冬奥系列测试活动气象服务保障。加密海淀区首都体育馆、五棵松体育馆2个赛事场馆和多家保障酒店天气实况监测，发布《冬奥气象服务专报》42期，包括中英双语26期，每日8次通过首都体育馆附近LED显示屏发布天气实况、预报、指数等服务信息，保障工作获区冬奥测试赛组委会指挥部办公室认可。完成中关村论坛气象服务保障。首次作为主体服务中关村论坛，探索中央台、市台和区气象台联合保障重大活动新模式，精准预报论坛开幕式和室外冷餐会天气，保障论坛如期顺利举行，获得论坛举办方高度认可。完成清河站、双创周、科技周、疫情防控、中高考等多项精细化气象服务保障任务。

（李春玲）

【气象预警信息发布】 年内，区气象局发布灾害性气象预警信号230期，暴雨预警33期（其中暴雨蓝色19期、暴雨黄色9期、暴雨橙色4期、暴雨红色1期），雷电预警58期（其中雷电蓝色36期、雷电黄色22期），冰雹黄色7期，高温蓝色3期，大风预警76期（其中大风蓝色64期、大风黄色12期），大雾黄色20期，道路结冰黄色3期，暴雪黄色1期，寒潮预警3期（其中寒潮蓝色2期、寒潮黄色1期），持续低温黄色1期，沙尘蓝色5期，沙尘暴黄色2期。联合市规划自然资源委海淀分局发布地质灾害气象风险预警18期（其中蓝色预警14期、黄色预警4期）。与区应急局联合发布大风预警提示信息14万余条，与市规划自然资源委海淀分局联合发布地质灾害气象风险蓝色预警2.6万余条、地质灾害气象风险黄色预警7500余条。发布预警短信3.35万余条、提示短信32万余条。

（李春玲）

【公众气象服务】 年内，区气象局与区融媒体中心和今日头条在常态化合作基础上拓展合作维度，天气情况和预警等气象服务产品直接对接“北京海淀”公众号，第一时间向公众推送。累计发布抖音短视频265篇，微信公众号文章43篇，微博110篇，新媒体累计关注2700余人，抖音累计浏览量达15万人次，单篇最高浏览量1.4万人次，公众号最大阅读数1771次，微博总阅读数7.5万次。

（李春玲）

【专业气象服务】 年内，区气象局与北京翠湖农业科技有限公司签订技术服务合作协议，为“农业中关村·翠湖智慧农业创新工场”建设提供气候资源和灾害风险评估，作为区气象局签订的第一份技术服务合作协议，创收11.23万元。

（李春玲）

【智慧气象建设】 年内，区气象局推进“海淀区降水决策信息共享系统”建设，完成苏家坨区域自动气象站建设，布设20套包含气温、湿度、气压、风向、风速、雨量、雨感七要素观测和全天空成像功能的小型智慧气象观测站。与区水务局共享水文数据，整合19个气象站、37个水文站、20个微型智慧站气象水文雨量数据，开发“气象水文信息共享平台”，实现降水信息采集、传输、处理和服务统一，并加载气象预报预警服务信息，同步发送至海淀区城市大脑指挥平台（IOCC），提升防汛调度处置效率，增强决策服务的时效性及防范应对能力。发挥“城市大脑”高密度高清视频探头优势，利用视频探头加强重点点位积水监测、监测站实况实景印证，与高新技术企业合作，开展基于机器学习算法智能识别降雨、降雪、冰雹等天气现象的研究，打造“海淀区智慧气象监测系统”项目，作为“城市大脑”2021年建设项目正式立项。

（李春玲）

【第一次全国气象灾害综合风险普查】 年内，海淀区开展第一次全国自然灾害综合风险普查工作。区气象局根据灾害调查类和评估区划类技术规范及相关要求，编制《北京市海淀区气象局气象灾害风险普查工作方案》，制定工作计划，落实区级普查经费90.92万元，有序推动气象灾害危险性调查、灾害评估区划工作。通过整理气象观测年报、《北京市海淀区志》、《北京海淀年鉴》、区应急局共享历史灾害事件调查等记录，普查1978年至2020年气象灾害事件，包括干旱、暴雨、大风、冰雹、低温冻害、雷电、雪灾、高温共8种气象灾害，收集气象灾害数据6000余条，完成全部致灾危险性调查及普查表格填写、审核和系统上传工作。

（李春玲）

【气象科普】 年内，区气象局联合清河高铁站区、北京科技大学等单位，开展“气象+”云会商直播活动，解密天气会商过程，普及气象行业法律法规，讲解气象证明理赔方法；创新开展以“海淀气象·精彩有你”为主题的天气随拍线上征集展播活动，活动单日浏览量达到2000余次，累计征集作品200余幅；利用微博、微信公众号、抖音等新媒体宣传矩阵，持续推送气象法规及防灾减灾科普知识，累计受惠人数9万人次。与区应急局、区司法局实现科普活动和平台联动，共享活动优势条件和队伍能力体系；与街道、学校及行业部门共同推动气象法律法规和科普知识融入生活，为民所用；将气象宣传科普工作与文明创建、志愿服务工作相结合，推进海淀区新时代文明实践基地气象分馆的建设工作。

（李春玲）

【重大气候事件】 年内，海淀区出现沙尘、大风、强对流天气、大雪4种重大气候事件。沙尘：3月15日，受蒙古国至我国西北地区大范围沙尘输送影响，7时前后PM_{10}浓度显著升高，出现沙尘暴天气，海淀国家气象观测站PM_{10}浓度最高值为9999微克/立方米（9时），最小能见度400米（8时）。3月28日5时至16时，本区出现沙尘天气，部分地区出现沙尘暴，海淀国家气象观测站PM_{10}浓度最高值为3078.0微克/立方米（6时），最小能见度1300米（5时21分）。4月15日，受冷空气、蒙古气旋和上游沙尘传输共同影响，出现沙尘、雷阵雨、大风天气，风力大、沙尘移速快、降雨并伴有雷电；15时前后出现分散性雷阵雨，为2021年初雷日，同时弱降雨伴随沙尘出现短时“泥雨”；15时至22时出现沙尘天气，海淀国家气象观测站PM_{10}浓度最高值1534.6微克/立方米（17时），最低能见度2.1千米（16时）。5月6日，受冷空气影响，自西向东出现大风和沙尘天气，6日12时至23时，PM_{10}浓度显著升高，出现沙尘，部分地区出现扬沙，海淀国家气象观测站PM_{10}浓度最高值为2375.4微克/立方米（19时），最小能见度1.1千米（19时36分）。大风：4月15日至17日，海淀区出现大风天气，阵风风力最大北安河9级（24.4米/秒，15日17时14分），凤凰岭达9级，阵风8级以上7个站。5月6日12时至7日8时，本区出现大风天气，阵风风力最大车道沟9级（23.5米/秒，6日19时34分），北安河、翠湖湿地、海淀国家气象站最大阵风达9级，凤凰岭、西小口、香山、永丰中学、箭亭桥阵风风力8级。11月21日9时至22日18时，海淀区出现大风天气过程，阵风风力最大北安河9级（23.3米/秒，21日23时33分），凤凰岭、车道沟、香山阵风风力也达9级，永丰中学、闵庄、翠湖湿地阵风风力8级。强对流天气：受高空槽和偏南气流影响，7月27日16时至28日4时，全区自南向北出现大雨、局地大暴雨，降雨主要集中在中西部山前和中部街镇；全区平均降水量31.4毫米，排名前三的站点是香山128.6毫米、香山街道（水文站）117.5毫米、四季青（水文站）115.0毫米，最大小时雨强出现在香山71.9毫米（27日17时至18时）；全区51个站点（包括气象和水文站）中，累计降水量超过100毫米的站点有10个，占比19.4%，超70毫米的站点有15个，占比29.4%。受弱冷空气及低层切变线影响，8月16日20时30分至17日3时海淀区自北向南出现大雨、局地暴雨，此次过程短时雨强大、雨量分布不均匀，并伴有7、8级短时大风；全区平均降水量41.1毫米，排名前三的站点是田村绿化带（水文站）96.0毫米、北长河水位站（水文站）88.0毫米、万寿路（水文站）87.0毫米，最大小时雨强出现在北长河站（水文站）87.5毫米（20时30分至21时30分）；全区51个站点中，累计降水量超过70毫米的站点有10个，占比19.6%；超过50毫米的站点有28个，占比54.9%，阵风风力最大8级，出现在西小口（18.6米/秒，20时51分），阵风风力7级以上站点有5个。受高空槽影响，9月4日4时至20时，本区出现暴雨、局地大暴雨，其中4时30分至12时期间降雨具有短时雨强大、降水效率高特点；全区平均降水量65.9毫米，排名前三的站点是中关村街道（水文站）142.5毫米、海淀公园139.5毫米、万泉庄（水文站）118.0毫米；全区51个站点中，累计降水量超过100毫米的站点有6个，占比11.8%；超过70毫米的站点有15个，占比29.4%；超过50毫米的站点有31个，占比60.8%，最大小时雨强出现在中关村街道（水文站）108.0毫米（6时30分至7时30分）。大雪：受冷空气影响，11月5日21时至7日08时，海淀区出现雨雪天气，全区平均降水量18.9毫米。其中，5日21时至6日18时30分为降雨阶段，全区平均降水量10.5毫米（中雨量级），最大降雨出现在海淀公园14.5毫米；6日18时30分至7日8时为降雪阶段，全区平均降雪量为8.4毫米（大雪量级），最大降雪出现在香山10.2毫米，平原地区积雪深度5厘米左右，高山地区积雪深度6—8厘米。

（李春玲）

【气象观测站建设】 5月26日，区气象局在北部新区实验学校中学部建成包含气温、湿度、气压、风向、风速、降水量六要素的自动气象站，命名为海淀苏家坨气象观测站。8月27日至9月29日，因玉渊潭公园绿地提升改造，完成玉渊潭区域气象站迁站，新址位置较原址向北迁移500米。9月17日，建成海淀四季青桥气象观测站，为气温、降水两要素温雨自动气象站，两站均通过市气象局观测与预报处业务准入，纳入区域气象站管理。

（李春玲）

【汛期气象】 5月入汛，主汛期自6月下旬持续至9月中旬，汛期共出现47次降水天气过程，比2020年多18次。全区平均降水量867.2毫米，17个气象监测站中有10个站降雨量超800毫米，累计总雨量大值中心集中在中部街镇，排名前三站点为海淀公园1094.0毫米、香山1045.4毫米、青龙桥997.4毫米，其中海淀公园国家气象观测站为1951年有气象记录以来最大值。海淀公园国家气象观测站7月累计降水量542.0毫米，较常年同期209.5毫米偏多1.6倍；8月累计降水量200.6毫米，较常年同期119.7毫米偏多近7成；9月累计降水量284.9毫米，较常年同期53.3毫米偏多4倍以上。汛期出现短时强降水（雨强≥20毫米/小时）13次，冰雹过程4次，6级以上短时大风过程13次。其中，7月27日下午至夜间，出现局地大暴雨，香山站27日16时至20时，4小时累计雨量为128.6毫米，达大暴雨级别，最大小时雨强达71.9毫米/小时（27日17时至18时）；8月16日前半夜出现入汛以来最强强对流天气，主要降雨时段20时30分至22时，闵庄21时5分雨量超过20毫米（历史罕见）；9月4日，中关村街道（水文站）最大小时雨强达108.0毫米/小时（6时30分至7时30分），区气象台升级发布暴雨红色预警。

（李春玲）

【汛期降雨量】 6月1日至9月30日为主汛期，海淀区汛期降雨量为有气象记录以来最大，全区17个气象站（包括国家站和区域站）各站汛期总降水量均达到历史最大。海淀国家气象观测站（海淀公园）累计降水量1094.0毫米，比2020年同期偏多93.3%，较常年同期偏多1.3倍。汛期出现13次短时强降水（雨强≥20毫米/小时），4次冰雹过程，13次6级以上短时大风过程。7月3日0时30分至8时，受低涡影响出现暴雨，降雨过程具有影响范围广、持续时间长、雨势相对平缓的特点。全区平均雨量59.5毫米，排名前三站点为：西小口87.0毫米、四季青镇锦绣大地（水文站）84.5毫米、香山干休所（水文）83.0毫米，最大小时雨强西三旗（水文）51.0毫米（出现时间2时30分至3时30分）。7月11日19时至12日22时，受低涡和偏南气流的共同影响，海淀区出现入汛以来最强降水天气，本次降雨具有持续时间长、累积雨量大、影响范围广、雨势相对平缓的特点。全区平均雨量114.5毫米（大暴雨），排名前三站点为：北安河159.0毫米、苏家坨（水文站）145.5毫米、温泉镇（水文站）142.0毫米，过程最大雨强稻香湖桥（水文站）50.0毫米（出现时间11日19时30分至20时30分）。7月16日21时至19日4时，受高空槽及低涡外围偏南气流的影响，海淀区出现大暴雨，本次降雨具有持续时间长、间歇性明显、累积雨量大的特点。全区平均雨量111.6毫米，排名前三为上庄闸（水文）244.5毫米（大暴雨）、翠湖湿地189.7毫米、上庄185.8毫米，小时雨强最大上庄闸（水文站）77.5毫米（出现时间18日6时至7时）。9月4日，中关村街道（水文站）最大小时雨强达108.0毫米/小时，区气象台首次发布暴雨红色预警。

（李春玲）

【防灾减灾信息员培训】 11月30日，区气象局组织召开“2021年海淀区气象信息员视频培训会”，对全区29个街镇的气象协理员和信息员500余人进行培训，介绍气象防灾减灾重点工作，讲解气象预警信号、气象灾害调查及灾情收集上报方法、雷达监测识别，解读《海淀区气象信息员管理办法》，宣贯《中华人民共和国气象法》《北京市气象灾害防御条例》等相关气象法律法规。

（李春玲）

【《海淀区“十四五”时期气象事业发展规划》印发】 12月22日，区气象局与区发展改革委员会联合印发《海淀区“十四五”时期气象事业发展规划》（简称《规划》）。《规划》确定“发挥海淀特色，创建智慧气象地方服务示范区”和“引领科技前沿，打造新业务新技术应用试验田”两大发展定位，着力提升气象精密监测、精准预报、精细服务、信息支撑、科技创新、防灾减灾、依法行政、文明实践等8项能力，大力推进海淀智慧气象监测系统建设、智能气象防灾减灾示范街区建设、基层智慧人影作业阵地建设、新时代气象文明实践基地建设四大工程。到2025年，基本建成智能化精密监测体系、精准化气象预报体系、特色化气象服务体系和合作型科技创新体系。

（李春玲）

消防救援

【概况】 2021年，海淀区消防救援支队执行安保勤务657场次，日均勤务1.8场次，累计投入执勤力量6850人次、消防车1550辆次驻点备勤，完成全国两会、建党100周年庆祝活动、北京冬奥测试赛等重大消防安保任务。接警5449起，接处火警1972起，抢险救援1502起，社会救助1975起，出动消防车16454车次，消防救援人员100262人次。全年实际发生火灾804起，较2020年上升14.53%；死亡6人，与2020年持平；伤3人，较2020年减少1人。检查单位2.34万家，整改隐患3.61万处，印发责令改正通知书2.03万份，“三停”（停止施工、停止使用或停产停业）单位168家，临时查封220处，罚款1552.42万元，拘留15人，清除整治一批火灾隐患顽疾。

（秦鹏宇　尚艺璇）

【全市首张《公众聚集场所投入使用、营业消防安全许可证》发出】 1月1日起，北京市全域试行公众聚集场所消防安全检查告知承诺制度，最大限度方便企业和群众办事。1月4日，区消防救援支队审查通过成都火山人文化传播有限公司北京复兴路分公司提交的公众聚集场所投入、营业消防安全检查申请，发放全市首张《公众聚集场所投入使用、营业消防安全许可证》。

（秦鹏宇　尚艺璇）

【消防工作联席会】 2月5日，区政府召开2021年第一次消防工作联席会暨冬防工作推进会，区消防救援支队及33个部门、29个街镇相关负责人参会。会上简要通报冬防工作以来全区火情形势，并对2021年春节、元宵节期间消防安全工作进行提示。5月9日，区政府召开火灾隐患集中排查整治专项行动部署会暨2021年第二次消防工作联席会，区属33个部门、29个街镇参会。区消防救援支队就消防安全主体责任落实、排查整治专项行动、重点及薄弱场所监管、建党百年庆祝活动服务保障、消防基础设施建设、消防宣传等方面进行提示。9月16日，区政府召开2021年第三次消防工作联席会，区属33个部门、29个街镇参会。区消防救援支队就当前消防工作开展情况、近五年火情形势及问题分析进行简要通报，并就做好迎接全国人大调研组就《中华人民共和国消防法》执法检查、中关村论坛、冬奥测试活动、国庆中秋节期间社会面火灾防控等工作进行提示。

（秦鹏宇　尚艺璇）

【疫情应急处置灭火救援实战拉动演练】 2月17日，区消防救援支队组织开展疫情应急处置灭火救援实战拉动演练。此次演练假设辖区一疫情隔离酒店发生火灾，3人被困（其中1人为疑似病例，2人为工作人员）需要消防力量到场处置。区消防救援支队接警后，迅速启动疫情处置行动预案、疫情响应程序，辖区疾控中心、公安、水电、医疗、卫生防疫等部门一并前往现场参与处置。演练设置接警出动、任务下达、警戒防护、侦查灭火、搜救转运、清理洗消、事后处置7个科目，重点检验支队应急处置队伍反应是否迅速、到场处置流程是否规范等相关情况。

（秦鹏宇　尚艺璇）

【集中消防安全夜查行动】 3月9日，区消防救援支队组织全区29个街镇开展重大活动期间消防安全夜查行动。重点对涉会场所、住地周边、路线两侧单位及重点场所、不放心、不托底区域开展消防安全夜查检查。共检查单位105家，发现并整改隐患126处，查封2处，罚款2万元，没收家用取暖器2具，清理电动车48辆、可燃物10吨，劝离占用消防车通道36辆，张贴消防宣传海报500余份，发放宣传材料500余份。

（秦鹏宇　尚艺璇）

【政府常务会专题审议消防工作】 4月13日，区政府召开第157次常务会，专题审议2021年第一季度消防工作情况和第二季度重点任务，区属46个部门、29个街镇参加会议。参会人员观看近期消防安全形势分析片，区消防救援支队汇报全区第一季度消防工作情况，并就第二季度重点工作进行提示。会议要求紧盯薄弱环节严密火灾防范，突出重点场所严格排查治理和强化应急力量，推进专项整治三年行动。

（秦鹏宇　尚艺璇）

【“平安1号”电动自行车领域夜查行动】 5月19日，区消防救援支队组织全区集中开展“平安1号”电动自行车领域夜查行动。出动10个检查组，重点对电动自行车堵塞占用、违规停放充电、楼内疏散通道畅通情况以及电动车室外停放充电场所建设使用情况进行集中排查整治。全区29个街镇组织相关行业部门推进整治行动。夜查行动共检查物业单位48家，发现并督促整改电动车违规停放充电数量139处，拟查封1处，处罚不作为物业单位6个，物业罚款5万元，清理电动车231辆、劝离占用消防车通道63辆，张贴消防宣传海报800余份，发放宣传材料1700余份。

（秦鹏宇　尚艺璇）

【消防安全集中整治专项行动】 6月，海淀区深入推动“防风险、除隐患、保平安”消防安全集中整治专项行动。实施“18+1”联督联战模式，由18个监管部门主导、消防救援支队指导，采取一对一方式，对各行业领域开展全方位督查检查。其间，区委、区政府主要领导和分管领导带队分片包干一线督导。各行业部门根据区级督导方案，制定本行业部门督导方案，进一步落实监管责任，深入各行业领域、各街镇、社区、村以及社会单位，重点围绕3大重点11类突出问题，开展实地查看专项行动部署推进情况，听取工作汇报，座谈经验体会，查阅工作台账，收集工作意见与建议。共检查单位1365家，排查整治隐患3675处，清理各类杂物60余吨、楼内违规停放充电电动自行车73辆，劝离占用消防车通道车辆125辆，清理不合规煤气罐52个，捣毁非法倒装倒灌液化石油气罐的“黑窝点”2个，取缔违法经营8家、清退185人、曝光10家。

（秦鹏宇　尚艺璇）

【氢能源事故救援实战演练】 7月15日，区消防救援支队在北京海珀尔氢能科技有限公司永丰加氢站开展氢能源事故救援实战演练。演练现场模拟氢气储罐泄漏事故，按照氢能源事故应急响应和处置流程，开展单位自救、疏散警戒、侦查评估、关阀断料、注氮保护、冷却稀释、防化洗消等7个实战环节演练。演练共调集支队全勤指挥部、3个消防救援站及单位专业技术处置队、7部消防车、36名指战员、2门移动炮参与演练，提升各级指战员对新业态、新领域事故处置的灭火救援实战能力。

（钟冷）

【事故控制目标及评价工作视频会】 8月17日，区政府召开事故控制目标及评价工作部署会，贯彻落实市级会议精神。区应急局、区住建委、区城市管理委、区房管局、区消防救援支队、海淀交通支队等部门及各街镇参会。区消防救援支队简要通报全区火灾形势，并就做好火灾事故防范工作进行提示。

（秦鹏宇　尚艺璇）

【森林火灾综合实战演练】 11月23日，区消防救援支队联合驻地森林消防机动支队、区应急局，在鹫峰国家森林公园组织开展森林火灾扑救综合实战演练。区消防救援支队应急通信保障分队、杨庄供水消防站、北安河消防站、凤凰岭消防站4部消防车、33名消防救援人员参演。演练过程共分为先期控火、协同灭火处置、现场清理3个阶段，包括紧急出动、火场指挥、通信保障、联动指挥、水炮压制、外围警戒6个科目。

（秦鹏宇　尚艺璇）

【消防知识宣教】 11月25日，区消防救援支队以“落实消防责任，防范安全风险”的主题，联合消防教育培训机构，利用抖音、快手等新媒体平台，开展消防安全知识现场直播和慕课录制活动。600余名消防安全经理人以及消防控制室值班操作人员，1500余名基层网格员及微型消防站负责人等重点人群收看。邀请专业人士对微型站日常巡查检查方式进行授课，通过理论讲述，对防火安全责任人的职责义务以及如何配合防火巡查检查、规范要求进行详细介绍，并借助实体设施，对建筑消防设施的维保管理要求，火灾自动报警系统的使用，自动喷水灭火系统的触发条件，室内外消火栓系统的检查方式，疏散设备设施状态，防火门、防火卷帘状态进行演示。自防自救力量建设平台已有1300余微型消防站（队）入驻，实现微型站所有的调研、演练、巡查、宣传以及火灾扑救工作实时记录。

（钟冷）

11月23日，区消防救援支队在鹫峰国家森林公园开展森林火灾扑救综合实战演练（路公强 摄）

【北京冬奥会和冬残奥会消防安保动员部署会】 12月3日，区政府召开2022年北京冬奥会和冬残奥会消防安保暨今冬明春社会面火灾防控工作部署会。区属35个部门和29个街镇参会。与会人员观看冬春火灾案例警示视频片；区消防救援支队通报海淀区火情形势，并就2022年冬奥会和冬残奥会消防安保暨今冬明春社会面火灾防控工作进行部署。

（秦鹏宇　尚艺璇）

防震减灾

【概况】 2021年，北京市海淀区地震局（简称区地震局）多举措保护地震监测设施和观测环境，加强震情趋势跟踪和监测台网运维管理，协调师达中学、中国农业大学、金河沟3号院社区在强震台内加装地震烈度速报与预警设备，协助市地震局推进国家地震烈度速报与预警工程北京子项目建设工作，加密海淀区地震烈度速报网。完成重大活动地震安全服务保障任务；配合市地震局做好监测预报预警重点项目实施和多规合一平台审查工作；推进建设工程减隔震技术推广和应用，提升建筑工程抗震设防能力；开展房屋设施信息采集和地震灾害风险普查工作；整合各类应急信息系统和资源，利用人防工程建设地震应急室内避难场所；修订完善应急预案，开展地震应急综合演练和地震应急志愿者队伍实操演练。首次尝试部门联合双随机抽查，与区应急局共同开展针对危险化学品厂库抗震设防情况的检查。通过网络公开课、视频报告会、新闻媒体直播、在线访谈、空中课堂等多种形式，面向社会公众普及地震灾害知识和防范应对基本技能；配合市地震局承办第三届“城市与减灾”学术交流会、举办“城市大脑赋能防震减灾”主题思想沙龙，提高防震减灾工作的社会影响力；编制派发《地震知识口袋书》《公众地震应急避险手册》科普宣传动画，开展科普示范学校、综合减灾示范社区、科普教育基地创建活动，提升全民灾害风险防范意识和能力。完成政务服务事项梳理，调整可在海淀区政务服务网上办事大厅办理事项的工作流程，5项办事项目全部实现全程网办“零”跑动。区地震局获“全国防震减灾工作优秀奖”称号，张建平被中国地震局表彰为“防震减灾工作先进个人”。

（吴智）

【人防工程应急避难场所试点建设】 年内，按照国家和北京市防震减灾的有关要求，区地震局合理利用全区人民防空工程资源，防御与减轻地震灾害，为居民提供地震应急避难空间，快速有序地安置居民，提升全区地震应急疏散安置能力。区地震局联合区人防办制定《海淀区人民防空工程兼作地震应急避难场所试点建设方案》，确定将海淀区青龙桥街道挂甲屯社区和花园路街道金尚嘉园社区的人防工程作为试点并实施挂牌建设，为辖区居民应急疏散安置又提供2处Ⅲ类应急避难场所。

（崔清山）

【综合减灾示范社区创建】 年内，区地震局聘请第三方专业服务机构到37个社区指导创建综合减灾示范社区，申报34个社区参加北京市综合减灾示范社区评审、3个社区参加全国综合减灾示范社区评审。马连洼街道如缘社区等16家创建单位被评为“北京市综合减灾示范社区”，永定路街道复兴路83号社区等60家单位通过“北京市综合减灾社区”复评。

（张建平）

【地震科普宣传资料编制配发】 年内，区地震局开展防震减灾工作“进机关、进学校、进企业、进社区、进农村、进家庭”的全新尝试，组织编制《地震知识口袋书》，全书分为地震科普、防震减灾工作知识两部分，以地震预防的重要性和区政府防震减灾工作部署为重点，介绍地震预防相关知识。编制《公众地震应急避险手册》（科普动画片），动画视频从震前准备、震时避险和震后逃生三个方面全方位讲解不同场景进行地震应急避险的知识，制作宣传光盘与公众号“海淀区地震局”进行链接绑定，以便公众观看。为区管400所中小学/幼儿园配发光盘800张，为29个街镇的648个社区、村和相关委办局配发1000张。

（满博成　崔清山）

【震情会商】 年内，区地震局完成周会商及加密会商50期、月会商12期、季会商4期，完成2021年半年和2022年度的地震趋势会商报告。

（楚晓兵）

【2021年海淀区震情】 年内，海淀区发生地震39次，最大地震为6月24日发生的1.6级地震。

（楚晓兵）

表26　2021年海淀区震情一览表[①]

序号	发震日期	发震时刻	纬度（°）	经度（°）	深度（千米）	震级	参考地点
1	2021-01-29	19:03:42.37	40.053	116.260	11	-0.6	北京海淀
2	2021-02-01	10:48:18.44	40.031	116.377	5	-0.2	北京海淀
3	2021-02-05	02:54:09.74	40.020	116.259	12	-1.0	北京海淀
4	2021-02-09	21:51:12.13	40.083	116.123	20	-1.5	北京海淀
5	2021-02-12	17:33:07.64	40.035	116.291	16	-0.8	北京海淀
6	2021-03-16	17:42:25.90	40.008	116.224	22	0.2	北京海淀
7	2021-03-18	10:09:17.16	40.046	116.177	28	-0.8	北京海淀
8	2021-03-30	07:53:34.76	40.057	116.185	18	-0.9	北京海淀
9	2021-04-22	00:15:19.85	40.052	116.306	13	-1.3	北京海淀

① 摘自中国地震台网统一地震目录。

续表

序号	发震日期	发震时刻	纬度（°）	经度（°）	深度（千米）	震级	参考地点
10	2021-04-25	02:27:47.09	40.047	116.293	10	-0.2	北京海淀
11	2021-05-02	22:47:01.40	40.096	116.236	15	-0.3	北京海淀
12	2021-05-07	14:00:28.12	40.096	116.126	8	-0.9	北京海淀
13	2021-05-26	21:46:37.66	39.998	116.257	11	-0.3	北京海淀
14	2021-05-27	07:43:29.49	39.984	116.240	10	-1.2	北京海淀
15	2021-06-05	02:12:37.04	39.987	116.264	5	-0.6	北京海淀
16	2021-06-10	20:34:17.03	40.048	116.298	19	-1.5	北京海淀
17	2021-06-24	05:48:43.34	40.092	116.233	16	-1.6	北京海淀
18	2021-07-04	03:25:35.80	40.094	116.213	15	-0.1	北京海淀
19	2021-07-06	13:32:31.58	40.045	116.217	12	-0.2	北京海淀
20	2021-07-09	17:13:31.98	40.042	116.203	13	0.2	北京海淀
21	2021-07-12	01:29:14.99	40.026	116.322	13	-1.2	北京海淀
22	2021-07-20	20:44:20.66	40.035	116.201	10	-0.9	北京海淀
23	2021-08-15	14:47:50.24	40.043	116.348	19	-0.2	北京海淀
24	2021-08-16	03:00:09.36	39.976	116.326	13	0.5	北京海淀
25	2021-08-18	04:19:37.68	39.979	116.355	10	-0.0	北京海淀
26	2021-08-18	05:07:23.67	40.027	116.408	17	-0.9	北京朝阳
27	2021-08-21	21:48:33.60	40.058	116.195	19	-0.4	北京海淀
28	2021-08-27	22:36:30.92	40.007	116.315	16	-0.7	北京海淀
29	2021-09-06	22:41:14.97	40.035	116.322	9	-0.9	北京海淀
30	2021-09-08	02:52:41.37	40.061	116.365	16	-0.4	北京海淀
31	2021-09-11	22:30:59.97	40.037	116.231	15	-0.2	北京海淀
32	2021-09-12	00:11:01.99	40.034	116.234	13	-1.1	北京海淀
33	2021-09-24	16:32:37.98	40.026	116.340	17	0.2	北京海淀
34	2021-10-16	17:53:57.78	40.042	116.330	15	-0.7	北京海淀
35	2021-10-24	09:20:16.02	40.053	116.353	18	0.3	北京海淀
36	2021-10-26	00:41:09.11	40.042	116.144	17	-0.9	北京海淀
37	2021-11-17	15:02:52.38	39.997	116.229	13	0.0	北京海淀
38	2021-12-03	22:12:18.21	39.972	116.353	20	-0.5	北京海淀
39	2021-12-07	01:52:38.25	40.015	116.227	8	-0.7	北京海淀

（楚晓兵）

【全国防震减灾科普讲解大赛获奖】 4月16日，第七届北京市防震减灾科普讲解大赛暨全国第五届防震减灾科普讲解大赛北京赛区选拔赛举行，北京各区14个单位的52位选手参赛，区地震局组织选派7名选手参赛。海淀区选手崔杰荣获一等奖，区地震局获大赛优秀组织奖。5月12日，海淀区选手崔杰、孔繁晨、刘奕辰代表北京市地震局参加在四川绵阳举办的第五届全国防震减灾科普讲解大赛全国总决赛，获二等奖，崔杰荣获最佳口才奖。

（张建平）

【防震减灾科普宣传系列活动】 4月30日，区地震局参加首都师范大学第二附属中学2021科技节活动，展区设置防震减灾知识宣传专区，展示地震横波与纵波、断层等多种具有科技感的地震监测互动模型，指导学校创建地震监测社团，将防震减灾科技知识带进学校。5月8日，联合区教委在中关村第三小学“梦想剧场”举办防震减灾进校园科普报告会，邀请专家以“地震科学与技术”为题授课，同步录制成科普课程，在区教委“空中课堂”平台发布，供全区中小学师生学习使用。5月12日，联合北京航空航天大学安全保卫处在学院路校区举办以“防范化解灾害风险，筑牢安全发展基础”为主题的防震减灾科普知识答题抽奖活动；联合清河站地区管理办公室、上地街道等单位，在清河火车站西广场开展“2021年清河站地区5·12防灾减灾日”现场宣传活动，播放地震科普知识短视频、发放防震减灾知识宣传折页等，宣讲地震灾害、应急处置、急救常识、普法宣传等地震应急基础知识。6月11日，联合东馨园社区向群众发放防震减灾宣传资料。7月16日，区地震局特邀市防震减灾宣教中心张宏宇在海淀公共安全馆，为参加暑期讲解员活动的30名小志愿者作地震科普知识讲座。11月29日至12月5日，全国第四个“宪法宣传周”期间，通过微信公众号平台，以问答形式解释在日常生活中和地震发生后容易碰到的防震减灾法等相关法规，向29个街道、镇发放防震减灾法海报及地震科普相关宣传海报和资料。12月3日，与市检察院四分院、上地街道、清河街道、市重点站区管委会清河站、公联枢纽、重点站区管委会、国铁清河站、清河站派出所8个单位，在清河站西侧广场联合开展普法宣传活动，宣传防震减灾法等法律法规并发放宣传材料。

（阮隐旭　满博成）

【“城市大脑赋能防震减灾”主题思想沙龙】 5月7日，区地震局举办“城市大脑赋能防震减灾”主题思想沙龙，邀请中国地震台网中心应急响应部研究员李志强、中国地震局工程力学研究所研究员林旭川，分别作题为《近期中国地震应急技术系统走向》和《实时监测数据与精细化模型驱动的城市震害在线仿真技术及其应用》的主旨演讲。沙龙在“海淀应急”快手号同步直播，17.6万余人次在线观看。

（张建平）

【“国际减灾日”防震减灾主题活动】 5月11日，区地震局举办纪念“5·12”汶川地震暨第13个全国防灾减灾日视频报告会，邀请市地震局副局长刘桂萍以《北京地震安全》为题，围绕地震科技进展及北京地区地震监测预测与风险防范作专题辅导报告，全区各单位主管领导和防震减灾工作人员参加会议。10月12日，区地震局举办“2021年国际减灾日海淀区防震减灾工作报告会”，邀请中国地震台网中心研究员孙士鋐以《面对灾害如何将风险降到最低》为题作专题报告，海淀区地震应急指挥部各成员单位及各街镇主管领导和防震减灾工作相关人员参加会议。10月13日，由中国地震局公共服务司（法规司）、中国科学技术协会科普部指导，市地震局、市应急管理局、中国灾害防御协会、市科协、海淀区政府联合主办，区地震局等单位承办的2021年“国际减灾日”北京市主题宣传活动暨第三届“城市与减灾”学术交流会举办，5位专家分别以《加强韧性城市建设提升城市公共安全》《加强韧性城市建设促进城市可持续发展》《极端天气的城市洪涝灾害应对策略》《地震预警服务与产业化发展》为题作主旨报告，12位专家和企业代表围绕“未萌讲坛”“安全之声”和“防灾技术应用报告”三个主题，探讨减灾之策，纵论安全之道，传播减灾思想。有关单位代表150余人参会，海淀融媒全程直播，观看量达96.7万人次。

（满博成　张建平）

【地震应急综合演练活动】 5月12日，区地震应急指挥部在海淀区城市大脑智能运营指挥中心组织开展地震应急综合演练活动。演练活动由区地震局和区应急局联合承办，采取“桌面推演+现场调度指挥”的模式，以温泉发生4.9级地震为背景，迅速启动预案，各部门立即展开灾害排查和救援行动。整个过程“演与练”相结合、“远程视频调度与室外协同报告”相结合、“群众避震自救与专业救援处置”相结合，全流程展示震情模拟、人员疏散、震情简报、灾情报告、启动预案等17个科目，首次把地质灾害排查和房屋损害调查纳入演练内容，检验全区地震应急预案、工作流程和指挥响应体系，检验区地震应急指挥部应急响应、调度指挥和部门联动水平。市应急局、市地震局以及区应急局、区地震局主要领导出席演练活动。区地震应急指挥部成员单位38个委办局、29个街镇领导及供电、燃气、通信等市政公服单位负责人分别在各自单位视频分会场远程观摩和参加演练活动。

（崔清山　樊雪华）

【海淀区地震智慧感知平台参展新唐山建设四十五周年成就展】 7月27日至29日，“防灾减灾救灾应用技术成果暨新唐山建设四十五周年成就展”在唐山举行，海淀区地震智慧感知平台模型展出。平台设有地震信息感知、震害评估应用、震后研判分析、灾情及减灾、决策指挥舱、地震大数据6个场景，通过与公安、交通、消防、气象等部门数据的深度融合，运用大数据、人工智能技术，实现从地震监测、预警、评估、研判，到辅助决策与救援指挥全业务链条的智能管理和智慧服务。

（张建平）

【房屋设施信息采集】 7月至12月，区地震局开展房屋设施信息采集工作。共收集学校类、住宅类、医院类、桥梁类、避难场所类加固工程采集量18个、新建工程采集量91个，录入信息109条。

（崔清山）

【地震灾害风险普查】 12月6日，区地震局组织召开海淀区地震灾害风险普查工作推进会议。12月16日，召开海淀区地震灾害风险普查项目活动断层探测实施方案专家论证会，专家组一致同意北京市震灾风险防治中心的项目方案通过论证，并从项目数据收集、探测范围、部署原则等方面提出针对性意见建议。截至12月底，完成海淀区活动断层补充调查、场地地震工程地质条件调查、房屋建筑抽样详查等各项任务，编制完成海淀区1：25万地震构造图、1：5万活动断层分布图、1：25万场地类型分区图和相应的报告。

（崔清山）

【应急救援实操演练】 12月25日，区地震局与中国矿业大学（北京）团委联合在沙河校区举办“2021年中国矿业大学（北京）地震应急志愿者队伍应急救援实操演练”。区地震局邀请北京汇众智达应急救援技术有限公司的专业人员给60名大学生（地震应急救援志愿者）授课，通过理论讲解和带领志愿者现场实操的形式，讲授初期火灾扑救、创伤急救、绳结技术、拯救心脏等内容。

（崔清山）

应急管理

2022
北京海淀年鉴

综述

【概况】 2021年，海淀区应急管理局全面推动“十四五”时期应急管理工作，为庆祝建党100周年创造安全稳定的社会环境。

防疫抗疫。开展工业企业疫情防控和复工复产专项执法检查行动，检查工业企业24524家次；调整海淀区应急救助指挥部领导成员、机构设置；紧急采购2947顶保温帐篷、2706台电暖器等应急保障物资，全力做好防疫物资保障。

安全生产。明确30项年度重点工作、43项年度任务指标。完成区安委会成员单位2020年安全生产综合考核，将各街镇、区级有关部门党政领导干部安全生产责任落实情况列入2021年考核细则并跟踪督办。完善落实海淀区安全生产督察制度，开展区级安全生产督察。

安全监管。基本实现重点行业领域安全生产风险评估工作全覆盖，完成重点行业领域安全风险评估企业20003家，完成7003家生产经营单位的安全风险评估及管控工作，完成9795家企业的安全风险动态管控工作，完成市安委会办公室交办的3家储能电站安全风险评估核查工作。推进海淀区第一次全国自然灾害综合风险普查。安全生产专项整治三年行动信息系统挂账问题隐患销账率为100%。开展液化石油气专项安全整治，海淀区非居民液化石油气基础台账动态更新为753家，排查发现问题隐患2555处，整改2555处，整改率100%。多维度严格开展专项执法检查，采取随机抽查和联合检查相结合等形式，开展储能电站和建筑施工单位专项安全检查、液化石油气非居民用户安全专项抽查和“四查四打一宣传”交叉暗访专项行动、外力破坏管线专项整治等执法检查。完成中央重要会议、全国两会等重大活动安全生产保障32次。检查生产经营单位4683家次，依法立案查处358家；受理群众举报投诉179件，办结率100%；现场处置各类突发事件49起。

直管行业企业监管。加强有限空间作业安全监管；持续推进安全生产标准化建设工作，完成三级标准化446家，小微企业达标1033家，任务完成率147.9%。推广应用隐患排查治理信息系统，5000家企业组织建立完成个性化隐患排查治理标准和岗位清单。推进海淀区非煤矿山安全专项整治三年行动工作，问题隐患和制度措施“两个清单”完成率100%。开展工业企业液化石油气瓶使用专项整治行动，对17家台账企业开展全覆盖检查。完成危险化学品经营许可84家，易制毒单位申请登记8家。

应急普法宣传。原创出品系列手绘漫画视频，在各平台累计播放超270万次；原创设计“海淀应急”专属卡通形象和表情包，广泛应用于宣传海报、宣传品等多场景。组织开展“应急先锋·北京榜样”“青年安全生产示范岗”先进典型推选活动，报送先进集体21个、先进个人61名。推进安全宣传“五进”活动，防灾减灾周期间举办两场快手直播活动，吸引超过56万名网友参与；开展防灾减灾知识进社区宣讲100场，社区居民直接参与5000余人。联合多部门举办“6·16安全宣传咨询日”活动。组织全区应急系统140名处级领导干部、223名科级及以下干部开展年度安全应急培训，组织开展全区6000名生产经营单位企业负责人和安全管理人员安全生产大培训。在《中国应急管理报》《北京日报》《劳动午报》等市级全媒体平台刊发安全生产相关报道40余篇，在《海淀报》“海淀有线”“海淀融媒”等区级全媒体平台刊发安全生产相关报道130余篇；“海淀应急”公众号发布内容600余篇，阅读量达23万余次；“海淀应急”快手号累计发布作品100余个，播放量达500余万次。

应急管理治理能力提升。制定印发海淀区“十四五”时期应急管理发展规划；持续完善应急管理体制机制建设，明确区、街镇两级应急响应和组织指挥体系；完善区应急委工作制度，健全议事协调工作机制，强化应急预案管理，建立高效权威的决策指挥体系；加强全区应急值守和响应，印发《北京市海淀区值班值守工作管理规范》和《北京市海淀区2021年应急值守工作要点》。

防灾减灾抗灾。统筹推进春季森林防灭火工作，做好海淀区常态化火灾防治管理，加快推进区级森林消防综合应急救援队伍建设。优化调整防汛指挥体系，落实防汛抢险队伍组建及物资储备，多渠道组织开展防汛宣传培训，提升优化防汛指挥调度信息化能力。开展防汛隐患排查整改，推进积滞水点工程治理。持续推进地震应急各项工作，对纳入台账的219处应急避难场所，强化日常管理。修订《海淀区地震应急预案》。开展基层应急能力情况调研，摸清基层应急队伍、基础设施等底数基数；开展自然灾害和灾害风险隐患信息员培训，推进灾害信息收集、报送、分析等工作更加规范和准确。荣获北京市总工会颁发的“首都劳动奖状”；海淀区被评为“2020年度北京市安全生产工作先进单位”；邵连双被评为“全国应急管理系统先进工作者”。

（刘红梅）

【安全生产专项整治三年行动】 年内，海淀区安全生产委员会办公室（简称区安办）以北京市下达海淀区的“问题隐患100%销账、目标任务100%落实”的目标任务为重点，督促各专项、专题牵头部门、成员单位，围绕危险化学品、非煤矿山、消防、交通运输、城市建设、城市运行、地下空间、危险废物等行业领域，开展全方位的安全隐患专项整治行动。安全生产专项整治三年行动信息系统挂账问题隐患2027项全部销账。其中突出问题2项、重大隐患14项，均已销账。本年度目标任务清单205项全部完成。

（姜路）

【二次生产经营单位基础信息普查】 年内，区应急局组织开展海淀区二次生产经营单位基础信息普查工

9月2日，区应急局检查危险化学品生产企业（区应急局 供图）

作（简称二安普）。普查采用分片、分组方式进行，派出普查人员26600余人次，街镇专职安全员384人，普查企业167722家（底册数161508家），普查任务完成率103.85%，新增21518家企业纳入台账管理。10月至11月，开展为期2个月的安全生产监管台账基础数据准确率抽查工作。核查入账企业1689家，核查任务完成率100%；完成区级现场质量抽查验收企业16449家（计划抽查16151家），总体合格率96.3%。

（王月菊）

【安全生产督察】 11月23日至12月3日，区安办牵头成立区委区政府安全生产督察组，对区国资委、区商务局、区卫生健康委、区体育局、区房管局、区人防办以及万寿路街道、甘家口街道、八里庄街道、北下关街道、中关村街道、马连洼街道、上地街道、温泉镇、苏家坨镇开展实地安全生产督察工作。督察组通过听取汇报、座谈交流和查阅材料，对被督察单位2020年至2021年安全生产等相关工作完成情况进行检查，将发现的问题予以反馈并现场指导整改。

（李婧）

【“十四五”时期应急管理规划完成】 12月6日，区应急局通过“十四五”规划前期课题研究，完成并印发《海淀区“十四五”时期应急管理事业发展规划》《海淀区“十四五”时期安全生产规划》《海淀区“十四五”时期防灾减灾救灾发展规划》三项子规划，实现“多规合一”，形成海淀区“十四五”应急管理规划体系。

（李婧）

安全生产监管

【危险化学品安全监管】 年内，区应急局聚焦危险化学品三年综合治理任务清单，以阶段性和重点工作为导向，多措并举，突出建党100周年安全保障和疫情防控，完成危险化学品安全监管各项工作任务。检查重点监管企业90家次，双随机检查124家次。

（卢泽华）

【烟花爆竹安全监管】 年内，海淀区根据辖区功能定位，未发放烟花爆竹经营（零售）许可证。为确保实现全区“禁放区禁住、限放区安全、社会面平稳”的工作目标，区应急局协调区公安分局、消防救援支队、海淀交通支队、区城管局、各街镇，全面加强烟花爆竹安全监管，检查烟花爆竹限放和禁放工作37家次，消除安全隐患13处。

（卢泽华）

【安全生产责任保险】 年内，区应急局分解下达安全生产责任保险任务指标，实地调研协调解决问题，创新开展安责险宣传方式，每季度通报督促任务落实，组织街镇安全员培训，利用安责险事故预防费为辖区投保企业开展事故隐患排查和安全培训教育，推广安责险制度。全年全区投保企业10360家，比上年增长99.69%；参保率40.47%，比上年增长93.82%，超额完成市级目标任务。

（李婧　姚志源）

【液化石油气专项整治行动】 1月至3月，区安办按照全市统一部署，在全区开展液化石油气专项安全检查工作。重点检查生产经营单位是否使用合法液化气供应站提供的瓶装液化气钢瓶、是否具有检验标识、是否超期未检、是否存在不安全使用液化气钢瓶、液化气瓶放置处是否安装燃气报警器和排风设施、消防器材配备、用电安全等。针对检查中发现的隐患问题，要求生产经营单位立即整改，严格落实主体责任，提高自查、自检意识，加强燃气设备的日常安全巡查和维护，开展燃气安全使用培训，提高员工的风险辨识能力。全区非居民液化石油气基础台账动态更新753家，排查发现问题隐患2555处，整改2555处，整改率100%。

（孙一僮）

【区领导检查安全生产工作】 2月9日，区委书记于军带队对海淀区商场超市和建筑工地各项安全措施落实情况进行检查，对疏散通道、消防安全措施、用电安全管理等情况进行现场查看，对企业提出具体工作要求。4月28日，区委常委、副区长梁爽带队检查海淀街道家乐福中关村店、食宝街、欧美汇购物中心、领展购物广场部分商业零售和餐饮企业，对营业场所安全疏散、应急处置等工作进行现场指导，督促企业落实安全生产主体责任。9月22日，于军以“四不两直”的方式，带队检查北京巨山创意园项目施工现场，重点检查现场安全用电、劳动防护用品、特种作业和安全防护等内容，提出工作要求。12月31日，区委书记于军、区长王合生带队，在北京液化气站魏公村供应站、中关村南大街11号院项目工地，对燃气安全管理和建筑施工现场管理等进行细致检查，现场听取企业负责人安全管理工作汇报，对安全管理工作提出要求。

（关彤彤）

【涉奥场馆安全检查】 2月23日，应急管理部安全协调司副司长李晓带队，对万寿路涉奥场馆进行安全检查。李晓听取场馆企业安全管理体系、安全管理架构建设等安全管理情况的工作汇报，现场检查配电室、二氧化碳制冷泵房等重点部位，并就危险源识别、有限空间作业、特种作业人员安全管理等相关情况提出具体工作要求，要求坚决杜绝发生任何安全生产事故，确保赛事顺利举办。市应急局、区应急局、万寿路街道办事处有关领导参加。

（关彤彤）

【储能电站安全检查】 4月17日，为深刻吸取丰台区“4·16”火灾事故教训，海淀区立即组成联合检查组，副区长沙海江带队，带领区应急局、区城市管理委员会、海淀消防救援支队及属地街镇组成联合检查组，深入储能电站现场，检查安全管理工作，详细询问相关设备设施安全运行及管理情况，在中控室、配电室等重点部位指导安全管理工作。

（关彤彤）

【安全评价机构执业行为专项整治行动】 5月至6月，区应急局开展辖区安全评价机构执业行为专项整治行动。组织辖区6家安全评价机构参加应急管理部召开的安全评价机构执业行为专项整治视频动员会，组织6家机构学习《北京市应急管理局关于安全评价报告评估情况的通报》，围绕专项工作方案进行部署、对重点工作任务进行提示。区应急局每月召开专项整治工作推进会，要求企业开展自查，根据问题建立整治行动问题督查督办清单；邀请专家会同检查组共同开展评价报告抽查，对安全评价不严格问题进行区内通报，并限期整改。通过整治行动，强化监管安全评价机构执业行为，着力化解风险隐患，有效提升行业规范化、专业化、诚信化。

（卢泽华）

【重大危险源企业督查】 6月22日，应急管理部司长孙广宇带队，由专家、记者及市应急局、区应急局组成联合检查组，对北京二商西郊冷冻厂开展督导检查工作。督导检查制冷机房，对操作系统、应急设施、安全标识进行重点检查，查看企业安全生产资料，对在场值班人员应急处置措施执行情况进行询问，对检查过程中发现的问题给出指导建议。12月8日，应急管理部副部长刘伟带队，对北京二商西郊冷冻厂开展调研检查。刘伟对企业动力机房进行实地调研，重点围绕城市更新项目规划，企业对废弃制冷设备的处置问题、冷库撤氨的安全问题、时间节点问题，以及消隐后企业职工的疏解安置问题进行问询，并提出工作要求。12月27日，应急管理部安全执法和工贸监管局副局长韩宇峰带队，对北京二商西郊冷冻厂前期液氨抽取转运工作进行督导检查。督导组听取企业相关负责人关于储存液氨抽取转运、设备拆除清理、重大危险源退出等工作的汇报，实地查看原储存设施和设备机房现场。现场询问设备停机安全保障措施、企业安全值守及监测系统运行监控等情况，提出具体工作要求。

（卢泽华）

【重大活动生产安全保障】 6月，区应急局对全国“两优一先”表彰大会驻地周边生产经营单位开展安全生产执法检查，对生产经营单位有限空间安全管理、特种作业人员持证上岗、劳动防护用品配发及使用、应急值守等情况进行检查，要求生产经营单位落实安全生产主体责任，持续抓好常态化防控工作，全力保障中央重要会议顺利召开。9月6日，区应急局对中关村国家自主创新示范区展示中心的临时设施搭建、施工作业人员个人安全防护、特种设备操作人员证件等安全管理情况进行检查，提出工作要求，做好2021中关村论坛安全服务保障工作。9月8日，区应急局成立“服贸会”安全生产和应急保障工作领导小组联合相关属地街镇安全生产检查队，对危险化学品、非煤矿山、工业企业、有限空间作业、人员密集场所安全监管情况进行抽查，重点对生产经营单位安全出口及疏散通道畅通、特种作业人员持证上岗、配发劳动防护用品、配电箱张贴安全警示标志、有限空间作业管理等进行检查，要求生产经营单位确保服贸会期间主要负责人在岗在位。10月17日，区应急局对2021年全国大众创业万众创新活动周暨启动仪式现场临时建筑开展安全生产专项执法检查，针对检查中发现的问题隐患，提出工作要求。10月17日，区应急局对冬奥测试赛事场馆周边加油站、餐饮、物业、商超等重点场所和人员密集企业开展安全生产专项执法检查。12月21日至22日，区应急局对北京冬奥会、冬残奥会赛事场馆临时设施搭建开展安全生产专项执法检查。

（关彤彤　卢泽华）

【城市安全隐患治理工作抽查】 7月19日至8月11日，由市安委会办公室委托的专业技术服务机构成立检查组，对海淀区109处2019年城市安全隐患治理三年行动、2020年安全生产专项整治三年行动挂账点位，全区生产经营单位企业台账中随机抽取的73家企业进行抽查核查。此次抽查共完成对海淀区109处挂账隐患点位及73家企业的核查任务。

（姜路）

应急救援

【“五一”劳动节安全服务保障】 4月27日，海淀区召开劳动节期间服务保障工作部署会，部署劳动节期间服务保障工作。4月28日，区应急办印发《关于进一步加强2021年“五一”劳动节期间全区公共安全和应急管理工作的通知》，对应急值守、安全生产、城市与森林防火、社会面稳控、交通疏导、城市运行等重点工作提出具体要求。4月30日，区应急办启动应急指挥车，进行实战化演练，现场测试视频会议调度、单兵系统、800兆无线电台、重点点位视频监控、车载广播照明等功能，各项测试均运行良好，达到预期目的。

（时野）

【市应急局调研应急管理工作】 9月10日，市应急局救援协调与预案管理处有关领导及专家，到区应急局调研应急管理工作。市局工作组在区政府应急指挥中心查看现场指挥的装备保障情况，在随后召开的座谈交流会上，听取区应急局有关现场应急指挥工作、预案体系建设及应急演练工作、专项应急指挥部办公室工作等相关情况汇报，并就海淀区所面临工作实际问题进行研讨。

（时野）

【重大活动应急保障演练】 9月13日，区应急办联合万寿路街道，开展重大活动应急保障演练。演练以实战为导向，对重大活动临时指挥部应急处置功能进行调试，与属地街道明确应急车辆、装备的部署情况，对应急指挥车各设备功能进行演练测试，实现区应急指挥大厅、应急指挥车、属地视频会议室、应急单兵系统间视频图像的快速联通，双方就现场考察和设备演练测试情况进行交流探讨。10月15日，区应急办联合北下关街道，开展重大活动应急保障演练。此次演练重点对重大活动临时指挥部应急处置功能进行调试，与属地街道明确应急车辆、装备的部署情况。对应急车视频会议、监控系统实时调度演练等设备的功能进行相关演练测试，基本实现区应急指挥大厅、应急指挥车、属地视频会议室间视频图像的快速联通。区应急办现场考察活动场馆附近的实际情况，并对后勤保障等相关工作进行沟通。

（时野）

【重大活动应急服务保障】 10月19日，区应急局会同北下关街道到首都体育馆，就外围应急服务保障情况进行实地调研。听取北下关街道冬奥专班负责人对首都体育馆外围应急服务保障工作的情况介绍，实地查看公安民警和街道干部值守点、交通文明引导岗、志愿者服务点等重点外围应急服务保障点位，详细了解属地街道冬奥专班组织架构，首体外围应急服务保障范围、保障计划、力量部署等情况。随后召开应急保障工作组工作协调会，各相关单位分别就前期工作开展情况进行汇报，并对后续的工作开展提出建议，区应急局提出相关要求。11月4日，海淀区召开十九届六中全会期间安全服务保障相关工作部署会，第一时间贯彻落实市级会议精神，对各街镇、各相关单位提出具体要求。

（时野）

防灾减灾救灾

【森林消防综合应急救援队伍建设】 年内，区森林消防综合应急救援队承担本区和跨区域森林火灾火场的勘察、火灾扑救和控制、受困人员救助、火场信息采集和报送等任务。区级森林消防综合应急救援队伍共80人，其中依托西山林场专业扑火队员50人，区应急局新招录队员30人。邀请机动支队海淀驻防中队骨干力量负责队伍日常训练，开展联防联训。两支区级专业森林消防综合救援队伍与驻扎在西山及北林大林场的应急管理部森林消防局机动支队及海淀区消防救援支队香山、四季青、温泉、苏家坨、凤凰岭中队协同配合，共同负责海淀区森林防火安全。

（齐寄）

【防汛指挥体系优化调整】 年内，区防汛办完成海淀区防汛抗旱指挥部领导成员、成员单位及职责调整工作。区环卫中心不再列入区防汛抗旱指挥部成员单位，其道路推水作业、清掏雨水箅子等职责划入区城管委，具体工作由市政服务集团承担。调整后，全区保持“1+10+29”的防汛指挥体系（1个区防汛抗旱指挥部+10个防汛专项指挥部+29个街镇防汛指挥部），区防汛指挥部成员单位调整为59个。

（邓凯）

【地震应急工作】 年内，区应急局持续推进地震应急各项工作，部署相关单位和街镇对全区范围内的应急避难场所进行摸排梳理、汇总统计，纳入台账共219处应急避难场所，强化日常管理；根据《北京市地震应急预案》修订《海淀区地震应急预案》。

（邓凯）

【综合减灾示范社区安全社区创建】 年内，区应急局聘请第三方专业服务机构，指导中关村街道创建安全社区，指导37个社区创建综合减灾示范社区，其中34个社区参加北京市综合减灾示范社区评审、3个社区参加全国综合减灾示范社区评审。通过示范社区创建工作，建立健全街道综合减灾与安全工作长效机制、综合减灾工作管理机制以及各项工作制度，完善基础设施和应急物资储备体系建设，提高全员安全意识与安全技能。马连洼街道如缘居社区等16个社区被评为“北京市综合减灾示范社区”，海淀区永定路街道复兴路83号社区等60家单位通过“北京市综合减灾示范社区”复评。

（殷灵智）

【森林防灭火检查】 年内春季森林防火期间（2020年11月1日至2021年7月5日），海淀区派出检查组556个2046人次，查处、制止违法用火行为69起；日常巡逻出动1685支队伍、40664人次，累计巡逻14356次，巡逻里程26.43万千米。

（齐寄）

【积滞水点隐患治理】 1月13日，区防汛办组织区水务局、区住建委、市规自委海淀分局、西北旺镇、市公联公司、市排水集团第三管网分公司相关负责人，调研邓庄南路积水点位。调研组听取西北旺镇关于邓庄南路积滞水情况和影响范围的汇报，实地查看邓庄南路南侧边沟、G7辅路西侧边沟及下游铁路排干排水沟等设施情况。3月22日，市防汛抗旱指挥部副指挥、市应急局副局长刘斌带队到海淀区调研，听取海淀区汛前准备工作情况汇报，实地查看黑山扈路、玉泉山路、砂石厂路等处积水点治理情况。4月27日，区防汛办领导带领检查组，到田村山南路、旱河路、后厂村路积滞水点，对友谊渠、周家巷沟水利工程防汛隐患部位及五七水库等涉水类防汛重点部位进行汛前准备专项检查。

（邓凯）

【应急管理部调研街镇社区应急能力建设】 4月1日，应急管理部监测减灾司减灾处处长曹榕带队，到海淀区马连洼街道开展基层应急能力建设调研。专题调研组听取马连洼街道关于街道基层应急管理组织机构设置、人员配备和日常应急工作情况的汇报，听取区应急局关于防灾减灾救灾工作开展情况以及基层应急管理体制机制改革中面临的困难、建议和经验做法。应急管理部调研组和市局有关领导高度肯定海淀区基层应急工作中好的做法和创新亮点，为进一步推动提升基层应急能力建设提供积极参考。

（殷灵智）

【抗洪抢险军地联动工作协调会】 4月21日，区防汛办副主任、区应急局副局长臧传厚主持召开抗洪抢险军地联动工作协调会。各行业主管部门介绍在发生重特大洪涝、地质灾害情况下驻区部队参与应急抢险救援的需求；区人武部简要介绍驻区部队情况、驻区部队参与防汛应急抢险人员力量调动程序及相关要求；各部门围绕确定纳入驻区部队支援地方防汛抢险行动方案重点保障部位展开交流讨论。区人武部、区水务局、区规自分局、区文旅局、区农业农村局相关科室负责人参加会议。

（邓凯）

【市防汛办检查防汛准备工作】 5月25日，市防汛办第五检查组到海淀区检查指导防汛准备工作，区防汛抗旱指挥部执行副总指挥、副区长沙海江及区应急局、区水务局、区文旅局、四季青镇、香山街道主管领导及相关科室负责人参加检查。检查组实地查看上庄水库大闸运行管理及行洪调度情况、玉泉山西路积滞水点工程治理进展、香山公园防汛准备及应急措施落实情况，听取区应急局、区水务局和区文旅局防汛准备工作汇报，调研城市大脑智能运营指挥中心，查看水务大脑及防汛指挥调度板块各项功能，并就做好防汛工作提出要求。

（邓凯）

【防汛抗旱】 6月1日至9月30日汛期，区防汛办进行防汛调度100余次，对强降雨应对工作进行部署。全区各单位、各街镇累计总巡查6万余人次，各街镇干部下沉基层数3000余人次。海淀区自主启动防汛预警响应次数32次，其中蓝色预警响应18次、黄色预警响应9次、橙色预警响应4次、红色预警响应1次。针对“7·1—7·2”“7·12”“7·16—7·19”“7·27”“8·16”“8·23”“9·4”等强降雨过程，指挥各街镇及相关委办局针对220处防汛重点部位安排1072人现场布控备勤。

（邓凯）

【应急物资储备调研】 6月9日，市粮食和储备局物资储备处负责人带队，到海淀区调研应急物资储备管理工作，听取海淀区应急物资储备库现状、应急物资储备库管理工作、海淀应急物资管理机制体制及物资管理办法等工作汇报。调研组表示，海淀区应急物资储备工作认识超前、方法先进、工作顺畅，走在全市的前列，为进一步推动全市“集中管理、统一调拨”的储备管理模式提供积极参考。

（殷灵智）

【森林火灾扑救应急演练】 6月24日，海淀区森林防火指挥部办公室（简称区森防办）在西山国家森林公园组织开展重大安保期间森林火灾扑救等多要素应急演练。演练采取桌面推演、视频巡控及队伍实操等形式，以西山森林国家公园出现人为纵火为背景，海淀区森林防火指挥部（简称区森防指）立即启动森林消防应急预案三级响应，各成员单位第一时间开展综合调度、火灾扑救、安全保卫、后勤保障、医疗救护等工作，进一步强化各指挥部应急联动能力。区森防指、区公安分局、区园林绿化局、香山街道、四季青镇、温泉镇、西北旺镇、苏家坨镇、西山试验林场、机动支队二大队六中队主要负责人观摩。

（齐寄）

【森林火灾防控工作部署会】 10月29日，区森防指组织召开2021年至2022年度全区森林防灭火工作动员部署会。会议落实国家森防指、市森防指关于全市森林防灭火工作暨护航冬奥动员会议部署，全面总结2020年至2021年度全区森林防灭火工作，梳理分析面临的形势任务，部署海淀区森林防灭火重点工作任务。区森防指执行总指挥、副区长徐振涛出席会议。12月22日，海淀区组织召开社会面消防和森林火灾防控工作部署会，会议结合当前森林防火形势，部署社会

11月23日，海淀区组织开展森林防灭火联合演练（区应急局 供图）

面火灾防控工作和森林火灾防控重点工作任务。12月30日，区森防办召开年度森林防火期第二次森林火灾防控工作部署会，各街镇、林场、有林单位交流汇报森林防火；公安分局森林公安大队、机动支队海淀驻防中队对林区治安形势及森林防灭火形势作出工作提示；林业工作总站对前期森林防火检查及平时值守点名情况进行通报；区应急局、区园林绿化局分别从火灾的预防和扑救两个方面对下一步工作做出部署。

（齐寄）

【森林防灭火训练】 11月23日，区森林消防综合应急救援中队与森林消防局机动支队二大队六中队、北安河消防救援站、温泉消防救援站、凤凰岭消防救援站等单位，在鹫峰国家森林公园联合开展森林防灭火训练。通过联合训练，有效提升驻地多部门、多支救援队伍处置森林火灾的协同作战能力，切实提高应急队伍的应急处置能力、安全意识和操作技能。

（齐寄）

宣传培训

【防汛业务培训】 4月1日至2日，区应急局举办2021年海淀区防汛业务培训，区防汛抗旱指挥部各成员单位分管防汛工作科级干部及相关工作人员100余人参训。培训邀请市应急局、区气象局、北京市水科学技术研究院、北京市地质研究所、北京城市排水集团第三管网运营分公司相关领导、专家进行授课，重点讲授2021年全市防汛工作体系及工作要点、气象、水务、地质灾害、排水应急管理等方面知识。

（邓凯）

【“防震减灾思想沙龙”直播】 5月7日，区应急局、区地震局携手城市大脑产业联盟举办“城市大脑赋能防震减灾”思想沙龙。直播邀请中国地震台网中心、中国地震局工程力学研究所专家发表主旨演讲。市地震局、区地震局、学院路街道、紫竹院街道、马连洼街道相关领导以及来自深圳防震减灾研究院、北京百度网讯科技有限公司、广联达科技股份有限公司、北京泛在云科技有限公司的代表参加活动。1.5小时直播吸引17.5万名网友参与互动。

（史惠铭）

【防灾减灾知识进社区活动】 5月10日至28日，区应急局聘请第三方专业服务机构进社区开展防灾减灾宣教服务工作。此次进社区宣教活动覆盖全区26个街镇，开展100场活动，培训社区居民3500余人。教官向社区居民普及防火知识、灾害应急避险，家庭日常急救等防灾减灾基本常识，指导居民预防、自救、互救等技能，并进行现场互动。通过宣教活动，增强海淀区社区居民防灾减灾意识、提升社区居民防灾减灾知识水平和自救互救能力，社区居民满意度高达95%以上。

（殷灵智）

【全国防灾减灾日宣传活动】 5月12日，全国防灾减灾日宣传活动，主题为“防范化解灾害风险，筑牢安全发展基础”。区应急局联合区融媒中心开展“5·12防灾减灾日”直播活动，超38万名网友在线观看。主持人带领网友学习地震基本理论知识，直观了解震级震感，VR互动式体验教学帮助网友学习求生逃生、自救互救技能。区应急局宣教科、防汛抗旱科、火灾防治管理科负责人为网友普及海淀区常见自然灾害类型以及区应急局服务保障情况。同日，区应急局在西三旗街道育新花园社区开展“第13个全国防灾减灾日”宣传演练活动暨海淀区“防灾减灾知识进社区”100场系列宣讲的首场宣讲，包括应急安全常识宣讲，居民楼火灾模拟、伤员搬运、止血包扎、心肺复苏等演练活动，以增强居民防灾减灾意识、提升防灾减灾知识水平和自救互救能力。

（史惠铭　殷灵智）

【自然灾害和灾害风险隐患信息员培训】 5月24日至27日，区应急局分4批开展2021年度海淀区自然灾害和灾害风险隐患信息员培训工作，818名灾害信息员参加培训。在5月24日的首场培训中，应急管理部、市应急局、全市各区应急局、海淀区各街镇主管领导参加。培训课程包括灾害风险隐患监测预警信息、灾害风险隐患监测预警信息报送系统、自然灾害情况统计调查制度、国家自然灾害灾情管理操作系统等，网上培训同步展开。通过线上线下培训，使全区在册灾害信息员及灾害风险隐患信息员掌握防灾减灾救灾基础理论、熟悉灾害信息报送流程，灾害信息收集、报送、分析等工作更加规范和准确，提升海淀区灾情管理能力和水平。

（殷灵智）

【“我为群众办实事”安全宣传“五进”活动】 5月至6月，区应急局以“安全生产月”为契机，在北京林业大学、区供电局和北京市勘察设计研究院，以《事故调查对安全生产工作的启示》为题，开展5场群众安全教育培训，围绕典型事故案例分析，敲响安全生产的警钟，警示要做好安全生产各项工作，严防安全生产事故的发生，累计培训937人。

（刘瑭）

【“6·16安全宣传咨询日”活动】 6月16日，区应急局联合学院路街道、北京科技大学开展题为“落实安全责任，推进安全发展”的安全生产宣传咨询日，咨询日主会场在北京科技大学举行。活动现场通过展板展示、分发资料、现场体验、科普汇演、互动咨询和有奖问答的方式，为参观群众提供“面对面、零距离、互动式”咨询服务。区文明办、区总工会、区司法局、区园林绿化局、区文旅局、区商务局、区市场监管局、区生态环境局、区气象局、区地震局、区城市管理委、区卫健委、海淀消防救援支队、海淀交通支队等部门主管领导及部分企业代表参加活动。设置28个分会场，以集中咨询、消防演练、线上培训、互动体验等形式，同步开展咨询日活动。“安全宣传咨询日”活动得到人民政协网、《中国应急管理报》、《科技日报》、《中国日报》、《劳动午报》、中国新闻图片网、《北京日报》、《中国应急管理报》、《海淀报》等主流媒体和门户网站的宣传报道。

（史惠铭）

【“安康杯”知识竞赛网络答题活动】 7月12日至10月21日，区应急局联合区总工会、区司法局、区市场监管局联合举办“安康杯”知识竞赛网络答题活动。活动以“强意识、查隐患、促发展、保安康”为主题，围绕安全生产、应急救援、消防安全、劳动保护、妇女权益保护、食品药品安全、汽车“三包”7个方面，引导全区职工群众学法、懂法。此次网络答题宣传受众范围达数千人，366人参与答题并获得奖项。

（王蕊）

【危险化学品行业专题培训会】 7月16日，区应急局在视频分会场召开危险化学品领域专题培训会，区应急局危险化学品安全监管人员和区内行业重点单位安全管理人员等80余人参加。培训主要围绕《全球化学品统一分类和标签制度》（GHS）、GHS制度主要内容、如何对产品进行危险性分类以及国内外实施情况等知识进行。行业专家通过大量实例对重点问题进行介绍，为参训人员更有效地掌握培训知识提供帮助。8月13日，区应急局在视频分会场召开危险化学品领域专题培训会议，区应急局危险化学品安全监管人员、区内化工企业及气体经营单位安全管理人员等20余人参加。培训主要围绕《安全生产等级评定技术规范第90部分：化工企业》（DB11/T 1322.90–2020）主要内容、标准的主要内容、基础管理和现场安全技术要求，以及实验室危险化学品的安全管理等专业知识进行说明和讲解，行业专家对化工行业等级评定等重点问题进行介绍。

（卢泽华）

【“小微企业安全生产文化”宣讲活动】 8月23日，“小微企业安全生产文化”宣讲活动在中关村软件园举行。此活动由区应急局牵头，联合区总工会、区人力社保局、区市场监管局、中关村科学城总工会、上地街道总工会共同开展。中关村软件园内共有700余家企业，通过向群众发放企业安全文化系列宣传手册，普及《北京市生产经营单位安全生产主体责任规定》等内容，切实提高企业员工安全意识，传播企业安全文化。

（王蕊）

【基层应急救援志愿者技能培训】 9月13日至18日，区应急局举办海淀区2021年基层应急救援志愿者技能培训班，培训覆盖香山街道、青龙桥街道、四季青镇所辖的51个社区（村）。培训分三批次进行，培训基层应急救援志愿者306名。培训采取课堂教学、实践训练、现场考评、实操演练等形式进行，组织开展在模拟各种灾害事故背景下，充分利用现有装备展开指挥调度、应急搜救、现场处置、伤员转移的全科目实操演练。

（殷灵智）

【生产经营单位安全生产大培训】 9月13日至10月25日，区应急局组织开展海淀区2021年度安全生产大培训。培训以新修订的安全生产法贯彻工作为主线，包含安全生产主体责任、突发事件应急基础知识等理论课程、现场徒手心肺复苏救护等实践课程，共计培训生产经营单位主要负责人和安全生产管理人员6350名。

（蒋勤敏）

【“应急宣传车”走基层活动】 9月17日，市应急局联合区应急局在上地街道开展“应急宣传车”走基层专场应急宣传活动，本次专场宣传活动包括安全应急知识课堂培训、应急宣讲、模拟体验等三部分。活动现场有近百名群众参与。

（张驰）

【应急救护技能提升培训】 10月11日至12日，区应急局分两批组织应急救护技能提升培训，全区各街镇相关工作负责人员及安责险参保企业负责人参训。培训采取集中授课和实训教学相结合的方式，邀请区红十字会的老师和教官为学员授课，培训内容包括心肺复苏和AED使用、创伤救护、绳索打结、暴恐袭击应对等项目。

（姚志源）

【“应急志愿服务高校行”开启】 10月16日，由市应急局、区应急局、学院路街道共同举办的“应急志愿服务高校行”活动首站走进中国矿业大学，近200名学生参加活动。活动通过现场授课、情景模拟、体验互动等形式，向大学生们普及逃生避险、自救互救知识。“海淀应急”快手平台进行现场直播，吸引近万名网友互动，线上学习应急救助常识。

（王蕊）

【政务开放日活动】 10月27日，区应急局在北京植物园开展以“森林防灭火·有你也有我”为主题的政务开放日活动。邀请市民参观海淀区森林消防综合应急救援队，走进应急安全保障一线，“零距离”感受区应急局的职能和应急管理形势等各工作情况。活动现场，区应急局相关科室负责人向现场群众介绍承担的主要业务及开展情况，就群众关心的问题进行现场互动，宣传政策，答疑解惑，加深市民群众对应急管理工作的认识和理解。

（崔晓鹏）

【全区应急系统干部培训】 10月，区应急局组织开展2021年度应急系统干部培训工作。此次培训分为处级领导培训班、科级及科级以下人员培训班。来自全区应急系统78家单位的140名处级领导干部和267名科级及以下干部参加培训。培训采取线上线下相结合的方式，围绕突发事件与应急管理基础、领导干部应急管理能力素质建设、灾害救助与应急救援等方面，进一步提高应急系统领导干部应急管理工作能力。

（史惠铭）

【专职安全员培训班】 10月至11月，区应急局分三批组织开展2021专职安全员培训班，培训对象包括负责安全生产检查工作的城市协管员和职能部门的专职安全员。培训聘请从事安全生产工作多年的专家进行现场授课，重点讲授《中华人民共和国安全生产法》（2021年修订）、工贸行业常见安全生产隐患、危化行业安全、燃气安全、有限空间基础知识。

（关彤彤）

生态环境

环境保护

【概况】 2021年，海淀区生态环境局（简称区生态环境局）继续实施污染防治攻坚战，有效防范生态环境风险，不断推进生态环境治理体系和治理能力现代化，实现“十四五”良好开局。全区生态环境质量持续改善，生态环境状况指数进一步提升。空气质量7年蝉联城六区第一，细颗粒物（$PM_{2.5}$）与臭氧（O_3）同步达到国家空气质量二级标准，大气6项主要污染物实现全面达标，地表水8个考核断面全部达到市级要求，土壤环境质量总体状况良好，噪声和辐射环境保持稳定，主要污染物总量继续减排，二氧化碳排放总量和强度实现“双控”。海淀区被生态环境部命名为第五批“国家生态文明建设示范区”。区生态环境局、区湿地和野生动植物保护管理中心、区水务局、东升镇人民政府4家单位被市委、市政府授予“首都生态文明建设先进集体”称号；7人被市委、市政府授予“首都生态文明建设先进个人”称号。

（李紫剑）

【《海淀区环境质量报告书（2016—2020年）》完成】 年内，海淀区环境监测站牵头编制完成《海淀区环境质量报告书（2016—2020年）》。报告书系统梳理、总结“十三五”期间生态环境保护工作，评价辖区生态环境质量，内容涵盖污染源、环境空气、水、声、土壤、生态、辐射、农村等环境质量，“十三五”期间存在的主要环境问题、对策及建议以及“十四五”环境质量发展趋势预测等内容。

（李紫剑）

【第二轮中央生态环境保护督察整改完成】 年内，海淀区开展第二轮中央生态环境保护督察反馈问题整改工作，区委、区政府印发实施《海淀区贯彻落实第二轮中央生态环境保护督察报告反馈问题整改方案》，围绕“督察反馈问题整改到位、生态环境质量持续改善、生态环境治理体系逐步健全”目标，明确5个方面13项主要措施，制定《海淀区贯彻落实第二轮中央生态环境保护督察报告反馈意见整改措施清单》，针对反馈的19项问题逐一明确整改目标、整改措施、责任单位及完成时限。截至年底，按要求完成17项整改任务，剩余2项任务完成时限分别为2022年和2025年，按时序推进。

（李紫剑）

【生态环境质量监测】 年内，海淀区空气中细颗粒物（$PM_{2.5}$）年均浓度为33微克/立方米，比上年下降8.3%；二氧化硫（SO_2）、二氧化氮（NO_2）和可吸入颗粒物（PM_{10}）年均浓度分别为3微克/立方米、30微克/立方米和54微克/立方米，保持稳定达标；降尘量4吨/平方公里·月，比上年下降21.6%；优良天数286天，比例达到78.6%，提前完成“十四五”规划目标；重污染天数4天，比上年减少5天。监测河流10条（段），总长79千米，河流中除万泉河因施工个别月份不具备采样条件、水质未达到其水体功能类别，其他河流均符合其相应水体功能类别，其中Ⅰ—Ⅲ类水质河长占监测总长度的75.2%；监测湖泊6个，水域面积427万平方米，其中团城湖和昆明湖水质达到其水体功能类别，八一湖、玉渊潭湖、圆明园湖和紫竹院湖水质均未达标；水源三厂、团城湖调节池2个集中式饮用水水源地水质稳定达到国家标准；大牛坊等4个地下水监测点位水质保持稳定。土壤环境质量总体良好、趋势平稳，土壤环境风险得到有效管控，受污染耕地、污染地块安全利用率均达到100%。声环境质量基本稳定，建成区的区域环境噪声、道路交通噪声平均值分别为52.9分贝和70.3分贝。辐射环境质量保持良好，电离辐射γ辐射空气吸收计量率年均值为90.8（nGy/h），处于北京市本底范围60.0—123.4（nGy/h）内；健壹景园、环保科技园、八里庄、光大家园4个电磁辐射自动监测站电场强度年均值分别为0.682、0.407、0.986、1.32（伏特/米），低于国家规定控制限值12（伏特/米）；八家村电磁辐射自动监测站电场强度年均值为23.34（伏特/米），低于国家规定控制限值4000（伏特/米）。生态环境状况指数（EI）为65.2。

（李紫剑）

【区级2020年污染防治攻坚战成效考核】 年内，海淀区开展区级2020年污染防治攻坚战成效考核工作。印发《海淀区贯彻〈北京市污染防治攻坚战成效考核措施〉实施方案》《海淀区污染防治攻坚战成效考核措施》《海淀区污染防治攻坚战成效考核指标评分细则》。主管区领导专题研究，区委生态文明委统筹组织，区委生态文明办组织8个牵头考核部门具体实施，29个街镇全面自查。考评结果纳入区政府绩效考核体系，倒逼污染防治责任落实，全面提升海淀区污染防治水平。

（李紫剑）

【监督执法正面清单调整】 年内，区生态环境局更新调整监督执法正面清单，对纳入清单的项目减少或免除现场执法检查，利用污染源在线监控、视频监控、污染物信息电话核查等方式，加大非现场执法比重。

（李紫剑）

【环境影响评价审批】 年内，区生态环境局落实环境影响评价文件“预审制”，对申报的建设项目通过先期介入预判，协助优化技术方案，避免出现重大方向性错误，支持项目落地的其他手续同步推进，在项目实质开工前完善环评批复手续。每季度组织专家对环评报告进行复核，对办公地点位于海淀区的环评单位进行抽检，倒逼环评单位提高环评质量。受理许可项目78个、网上备案1276个、自主验收备案148个。

（李紫剑）

【冬奥会和冬残奥会生态环境服务保障】 年内，区生态环境局成立冬奥会和冬残奥会生态环境保障工作指挥部，下设空气质量保障、场馆车站清废、环境安全保障和生态环境执法4个专班，以保障赛时细颗粒物（$PM_{2.5}$）日均浓度不高于75微克/立方米、保障重点管控生活垃圾100%无害化处置、保障辖区生态环境安全为目标，全力开展冬奥会和冬残奥会生态环境保障工作。

（李紫剑）

【二氧化碳排放控制】 年内，区生态环境局全区温室开展二氧化碳排放控制专项行动。配合市生态环境局优化完善碳排放权交易体系，开展2021年碳排放权交易试点工作。完成2020年度碳排放配额履约工作，122家重点碳排放单位履约率达100%。2021年全区碳排放总量和碳排放强度达到市级考核要求。

（李紫剑）

【挥发性有机物治理】 年内，海淀区持续深化挥发性有机物“源头替代—无组织管控—末端治理”全过程管控，检查企业园区、汽修集群单位340余家次，检查流通领域建筑涂料和胶粘剂类企业319家次，抽检成品油质量208组、抽检车用尿素32组，组织110余处政府投资工程使用低挥发性有机物含量原料。

（李紫剑）

【扬尘污染治理】 年内，区生态环境局持续实施施工扬尘、道路扬尘、裸地扬尘“三尘”精细化治理，降尘量4吨/平方千米·月（扣除沙尘影响），比上年下降21.6%。治理措施有：强化统筹调度，区政府主要领导高位推动，常务会播放扬尘警示片，主管区长定期调度，区委生态文明委大气及气候工作小组办公室统筹协调，持续推进扬尘管控重点工作；坚持定期排名通报机制，定期发送全区空气质量日报、扬尘污染防治月报，及时通报典型问题和排名情况；实施扬尘管控专项排查，开展各类工地出入口专项排查和“回头看”巡查检查，空气重污染预警和重大活动保障期间实施夜间排查，加大扬尘薄弱环节监管力度；完善闭环管理机制，建立协调、执法、督查联动工作机制，完善扬尘问题发现、通报、整改、反馈工作流程，依托海淀区大气污染防治精细化管理平台和“海淀空气宝”App，实现任务在线流转和整改反馈，提升扬尘问题整改时效；科技支撑提升扬尘监管效能，运用卫星遥感、雷达走航、TSP便携仪器、区级高密度监测网络、视频监管平台等科技手段，开展扬尘污染监测和污染源问题排查；强化帮扶指导，局领导带队主动对接排名落后街镇，走访调研编制“体检”报告，提出针对性改善措施，助力街镇科学治污；扬尘治理创新实践，开展抑尘剂等试点项目，分类施策治理裸地。试点背街小巷纯电动零排放小型机械化降尘作业，实施专业化管理、机械化作业、计量化考核，提升道路洁净度，推进减污降碳协同增效。

（殷英）

【饮用水安全保护】 年内，区生态环境局完成43个供水千人以上水源地保护区划定工作，设置新划定保护区标识牌129块、宣传牌43块，全区饮用水保护区累计达51个。完善水源保护区“一源一档”和定期巡查制度，动态清理保护区内风险源21处。开展5个镇级集中式水源地环境状况调查评估，综合评估结果从2016年度的良好等级提升至2020年度的优秀等级。

（张粉丽）

【饮用水水源保护区调整】 年内，区生态环境局开展水源三厂水源优化研究工作，编制完成《北京市水源三厂专项水文地质勘查成果报告》和《北京市水源三厂水源保护区优化调整研究报告》。市生态环境局综合海淀区前期研究成果和其他市级水源保护区情况，拟定《部分市级饮用水水源保护区拟调整方案》，水源三厂保护区调整后面积减少约20.3平方千米，南水北调（海淀段）水源保护区面积将减少14.82平方千米。

（张粉丽）

【地表水环境治理】 年内，区生态环境局深化河湖长制、监测评价、考核帮扶、区域补偿等工作机制，8个地表水考核断面全部达到市级要求。其中，长河白石桥、土城沟花园路、清河上段清河闸、团城湖调节4个国控断面水质均为Ⅱ类，全部达到优良水体标准；京密引水渠青龙桥为Ⅱ类，八一湖、南沙河玉河橡胶坝东、永引上段朱各庄桥4个市控断面水质均为Ⅳ类，得到持续改善。市级直接考核的29个街镇级断面达标23个，达标率79%，无劣Ⅴ类断面。

（李紫剑）

【土壤环境质量评价】 年内，区生态环境局围绕5个镇的农用地、3个市级和5个镇级集中式饮用水水源地以及11家重点企业、3个工业聚集区周边土壤布设325个监测点位，开展辖区土壤环境质量状况分析评价，结果显示：海淀区土壤环境质量状况总体良好。

（王超越）

【建设用地污染防控】 年内，区生态环境局严把“前端筛查”关，完成30家关停企业原址用地污染筛查，结果显示均符合《土壤环境质量建设用地土壤污染风险管控标准（试行）》（GB 36600-2018）；严把“后端利用”关，以用途变更为住宅、公共管理与公共服务用地的地块为重点，会同市规划自然资源委海淀分局完成24个地块土壤污染状况调查与评审。

（王超越）

【危险废物监管】 年内，区生态环境局依托国家固体废物综合管理系统，指导1222家产废单位如实上报危废产生种类、产生量等信息，形成“来源可查、去向可追”的链条体系，实现危险废物全过程信息化监管，办结电子联单10544份，确保2.61万吨危险废物得到安全处置。

（李紫剑）

【重点管控生活垃圾处置】 年内，区生态环境局坚持“日报告、日协调、日共享”机制，加强源头预防、信息共享、督导检查，持续做好疫情常态化形势下集中隔离医学观察点环境管理，确保14个区级、25个镇级隔离酒店产生的1200吨重点管控生活垃圾均得到无害化处置。

（李紫剑）

【移动污染源监察】 年内，区生态环境局贯彻实施《北京市机动车和非道路移动机械排放污染防治条例》，通过路检夜查、入户检查等方式，监测重型柴油车7.6万余辆次，公安交管、生态环境部门处罚超标车约3700辆次；检查非道路移动机械1428台次，处罚超标机械86台；巡查加油站573家次，抽测280家次，发放非道路移动机械编码登记条码478条，处罚违规加油站7家；淘汰国Ⅲ排放标准机动车9484辆。

（李紫剑）

【固定污染源监察】 年内，区生态环境局组织开展36项固定污染源专项执法行动，检查各类单位12865家次，立案查处环境违法行为286起，罚款约800万元；向各街镇移送案件18起；向法院申请强制执行3起。

（李紫剑）

【环境噪声监测】 年内，海淀区建成区有噪声网格监测点136个，达标网格数115个，达标率84.6%。区域环境噪声平均值为52.9分贝（A），低于国家55分贝的限值要求。建成区交通噪声监测路段60条，昼间达标路段32条，达标率53.3%；道路交通噪声昼间平均值为70.3分贝（A）。

（李紫剑）

【辐射环境安全监管】 年内，区生态环境局审批辐射安全许可证255件、放射性同位素备案99件。对677家辐射相关单位开展日常监督检查，依法从严监管。全区290枚在用放射源、1731台在用射线装置全部安全受控，无辐射事故和涉核恐怖事件发生，区域辐射环境状况良好。

（李紫剑）

【排污许可】 年内，区生态环境局对18个重点行业开展排污许可质量核查，确定158家发证核查清单和197家登记核查清单，通过“点对点”的方式，开展远程“云”指导和200余次现场核查。对照《固定污染源排污许可分类管理名录（2019年版）》，全面梳理已核发的排污许可证管理级别，指导排污登记变更填报，严查违规降级。完成98家重点管理企业排污许可证核查，完成618家企业排污许可证注销及填报登记管理，开展471家企业证后普查。

（李紫剑）

3月1日，区环境监测站技术人员对颐和山庄锅炉房锅炉烟气进行现场监测（张新爽 摄）

【第一轮中央环保督察反馈问题整改全部完成】 1月，区委生态文明委生态环境保护督查工作小组办公室会同区环保督察整改办公室，通过听取汇报、查阅档案、实地核查等方式，对区农业农村局负责的第48项城乡接合部地区环境综合整治任务完成情况进行检查验收。验收组认为整改措施有效，整改成效明显，符合整改目标要求，佐证材料齐全，同意此项整改任务通过整改验收，并上报市级主管部门办结。至此，第一轮中央环保督察向北京市反馈意见涉及海淀区的22项整改任务全部完成。

（李紫剑）

【国际生物多样性日宣传活动】 5月22日（国际生物多样性日），为进一步推动生态文明建设，提升公众生物多样性保护意识，海淀区围绕“呵护自然人人有责”宣传主题，筹划组织开展国际生物多样性主题宣传活动：加强组织发动，预热“COP15”。制定《海淀区2021年度国际生物多样性日宣传活动方案》，统一活动主题，明确活动要求，发动全区各街镇、各相关部门，围绕工作特点，开展形式多样的主题宣传活动；印制生物多样性宣传展板，展示生物多样性科普知识，发放宣传资料，增强公众对生物多样性重要性的认识，动员社会各界行动起来，积极参与生物多样性的保护，为迎接“COP15”营造浓厚氛围；走进翠湖湿地，探秘城市“绿肺”。5月22日，区生态环境局、区园林绿化局联合举办主题宣传活动，15组家庭一起走进翠湖国家城市湿地公园，详细了解翠湖湿地的基本情况、生物资源情况、野生动植物保护方法并通过观看宣传片、参观游览深入了解并感受翠湖国家城市湿地公园丰富的生物资源和优美的生态景观，进一步增强生态环境保护意识；发起环保倡议，共建和谐家园。活动现场，通过发放宣传材料、发表倡议、签名等方式，积极传播生物多样性保护知识，号召大家自觉践行绿色低碳生活，用实际行动参加环保行动、支持环保项目、贡献环保创意，通过点滴改变，保护生物多样性，共同守护美丽海淀。

（田茜茜）

【《电力环保数据共享与创新合作框架协议》签署】 5月26日，区生态环境局与国网北京海淀供电公司签署《电力环保数据共享与创新合作框架协议》，探索“生态环境+电力”合作新模式。根据协议，双方以海淀城市大脑为平台，协同推进“生态环境+电力”大数据在生态环境治理等领域的融合应用，开展“碳达峰、碳中和”联合行动，助力污染防治攻坚战。此次合作上线的是“电力+双碳”子板块，涵盖全行业监测、高能碳耗、大气防治、减碳排污、绿色能源5个方面9个分场景，是“电力看环保减碳”应用场景的又一次升级。电力数据累计为政府部门实现6000余次的研判支撑。

（李紫剑　钟冷）

【区委生态文明建设委员会第三次会议】 6月1日，海淀区召开区委生态文明建设委员会第三次会议。区委书记、区委生态文明建设委员会主任于军主持会议，会议审议通过《关于调整区委生态文明建设委员会部分组成人员的建议》《中共北京市海淀区委生态文明建设委员会办公室关于海淀区污染防治攻坚战2020年暨2021年一季度工作情况的通报》和《中共北京市海淀区委生态文明建设委员会2021年工作要点》，通报2020年度各街镇污染防治攻坚战成效考核结果。

（李紫剑）

【《2020年海淀区生态环境状况公报》发布】 6月2日，区生态环境局发布《2020年海淀区生态环境状况公报》（简称《公报》）。《公报》显示，2020年，全区空气中细颗粒物（$PM_{2.5}$）年均浓度为36微克/立方米，比上年下降10%，持续保持城六区领先地位；优良天数292天，优良率79.8%，位居全市各区第二，比2015年增加111天；空气重污染天数为9天，比2015年减少38天。水环境质量持续向好，地表水水质位居城六区首位。5个地表水考核断面水质全部达到北京市考核要求，南沙河玉河橡胶坝断面从2016年的劣V3类提升至目前的IV类，集中式饮用水水源地水源水质持续稳定达标，地下水环境质量保持稳定。全区土壤环境质量总体良好，声环境质量基本稳定，辐射环境质量保持正常，生态环境状况稳步提升，生态环境状况指数（EI）为60.3，比上年增长1.2，达到国家生态文明建设示范区创建指标要求。“十三五”期间，空气中细颗粒物（$PM_{2.5}$）、二氧化硫（SO_2）、二氧化氮（NO_2）和可吸入颗粒物（PM_{10}）分别下降55%、80.3%、44.7%和45.6%，完成规划目标。

（钟冷）

【突发环境事件应急演练】 6月24日，落实生态环境部“以案促建提升环境应急能力”要求，区生态环境局完成市生态环境局“不打招呼、不设脚本、直插现场”当场设定的模拟废弃化学品和放射性物质引发的突发环境事件检验性应急演练。演练围绕事故报告、应急启动、现场指挥、应急监测、现场调查、科学处置、全面报告等环节展开，检验区生态环境局在突发应急事件情况下的快速响应和应急处置能力。区生态环境局值班领导、值班员、应急值守人员和监测站、辐射科、应急管理科等业务负责人共12人参加演练，市生态环境局污染源管理事务中心8人全程现场观摩考核并提出点评意见。

（邢宇）

【生态文明建设专题培训班】 7月21日至23日，由区生态环境局、区委组织部、区委党校联合举办的2021年海淀区生态文明建设专题培训班在区委党校举行。区委生态文明委成员单位、29个街镇的主管领导及相关科室负责人、区生态环境局工作人员100余人参训。培训班邀请生态环境领域专家，围绕智慧生态环保、加强土壤污染防治工作、碳中和愿景下的应对气候变化行动等专题授课。参训人员围绕街镇生态环境监管难点及对策建议、如何进一步提升生态环境精细化管理水平、落实《海淀区生态环境保护工作责任分工规定》遇到的问题及建议等交流讨论。

（钟冷）

【《海淀区“十四五”时期生态文明建设规划》印发】 8月3日，区政府印发实施《海淀区“十四五”时期生态文明建设规划》（简称《规划》）。《规划》分3个部分10个章节，系统总结“十三五”时期海淀生态文明建设和生态环境保护的工作成效，紧密衔接国家和北京市“十四五”时期工作要求、生态环境保护规划以及《北京市海淀区国民经济和社会发展第十四个五年规划和二〇三五年远景目标纲要》，确立“十四五”时期生态文明建设的指导思想、基本原则、战略定位和发展目标，明确生态制度、生态安全、生态空间、生态经济、生态文化、生态生活等6个方面的重要举措，并配套编制重点工程项目表，是“十四五”时期全面推进海淀生态文明建设、创建国家生态文明建设示范区的纲领性、指导性文件。

（李紫剑）

【“两区”高质量发展环境管理方案出台】 10月26日，区生态环境局在全市生态环境领域率先制定实施《关于支持中国（北京）自由贸易试验区科技创新片区海淀组团（海淀服务业扩大开放综合试点示范区）高质量发展的环境管理方案（试行）》，深化环境影响评价制度改革，探索促进政策、项目双落地，着力构建“两区”生态环境现代化治理体系，协同推进生态环境高水平保护和经济社会高质量发展。

优化管理方式，助力环评审批提质增效。落实审批权限下放工作，全面承接市生态环境局下放的审批权限（生物医药、研发基地等），做好“两区”21.59平方千米范围内涉环评项目的前期准入；明确环评豁免实施范围，对实验和研究发展、房地产业等

6大类行业中13小类建设项目，免于办理环评手续；创新举措加速项目落地，试行环评审批与排污许可“两证合一”，建设单位在办理项目环评审批的同时，可同步申领（变更）排污许可证，平均缩减审批时限30天；创新评估评价方式，推行“区域评估+标准地+承诺制+政府配套”改革，在完成区域环境评估的地区，符合条件的建设项目可采取直接准入、备案制等多种方式简化管理。

提升服务水平，推动建设项目加快落地。建立重大项目环评审批绿色通道，对列入国家、市、区重大项目清单的建设项目，加强对建设单位的指导和服务；实行环评文件公示、技术评估和环评审批并联开展，实现环评要件材料和环评审批时限“双减”，环境影响评价报告书和报告表的要件材料分别减少至4项和3项，审批时限分别减少至30个工作日和15个工作日；实行环评受理“容缺后补”机制，对能够在规定时间内补齐申请材料的，可以在环评受理阶段“容缺”受理；加强改革政策的宣传和培训，加大对“两区”企业的服务和指导，着力优化营商环境。

强化环境监管，严守生态环境质量底线。坚持以改善生态环境质量为核心，加强事中事后监管和污染源日常监管；建立环境信用评价体系，实施分类监管、靶向监管，对生态环境信用良好的单位，加强指导和服务，减少环境监管和执法频次，对环境信用差、群众投诉反映强烈的单位严惩重罚；加大对生态环境第三方服务机构的监管，明确第三方服务机构的责任。

（袁鹏）

【2021年空气重污染应急减排清单编制】 11月，区生态环境局“四个加强”全面完成2021年空气重污染应急减排清单编制工作，清单涉及重点行业工业企业118家、施工工地235家、区级重点清扫保洁道路275条。措施有：加强培训，强化宣传指导。深入解读空气重污染应急减排相关政策和标准要求，系统梳理应急减排清单填报流程，全面指导企业做好填报工作，全区各行业主管部门、29个街镇和重点行业工业企业相关管理人员近600人参加培训；加强检查，突出重点领域。组织开展全区涉气源排查检查工作，建立涉气源企业“一企一档”基础台账，全面掌握辖区所有涉气源企业基础信息、生产线及生产工序、生产原辅料、能源消耗量、大气污染物排放量和应急减排措施等事项，实现对辖区涉气污染物排放总量的宏观管控；加强审核，深化绩效评级。联合区科信局组织重点行业工业企业报送相关材料，严格时间节点，规范报送流程，按时序推进审核报送工作；同时，以绩效评级为抓手，规范执行评级程序，通过材料预审、现场核准等方式，落实绩效分级工作，促进施工工地、重点行业转型升级、提质增效；加强复核，提高清单质量。组织开展应急减排清单现场复核，严格审核把关，确保应急减排清单内容规范、绩效分级合理、应急减排措施可操作等，并严格对照系统模板填报，不断完善清单信息，选准行业类型、搞准产量单位、核准涉气工序，确保应急减排清单的真实性、有效性和准确性。

（李梦桃）

【检测能力扩项】 12月29日，区环境监测站扩项工作通过北京市市场监督管理局资质认定评审组的现场评审，涉及水和废水中氨氮、总氮、硫化物和苯系物等4个项目。区环境监测站目前具备环境空气和废气、水和废水、土壤、固体废物、噪声、振动和机动车尾气等7大类96项检测能力。

（李昕芯）

园林绿化

【概况】 北京市海淀区园林绿化局（简称区园林绿化局）挂北京市海淀区绿化委员会办公室（简称区绿化办）、北京市海淀区林长制办公室（8月加挂，简称区林长办）牌子，下辖区园林绿化服务中心、区林业工作总站、区公园管理中心、区湿地和野生动植物保护管理中心4个事业单位。2021年，全区森林面积15285.04公顷，湿地面积1125.96公顷，森林覆盖率35.48%，湿地保护率34.55%；绿化覆盖面积13949.23公顷，绿地面积13703.42公顷，绿化覆盖率51.37%，绿地率50.48%，人均绿地面积43.76平方米，人均公园绿地面积14.63平方米（人均公园绿地面积按2020年市统计局发布的全市常住人口数据计算），公园绿地500米服务半径覆盖率91.72%。完成《北京市海淀区园林绿化专项规划（2020—2035）》编制工作并以区政府名义印发。全区创建7个首都全民义务植树先进单位、1个首都绿化美化先进单位、6个首都绿化美化花园式单位、3个首都绿化美化花园式社区，创建1个首都森林城镇、4个首都森林村庄。海淀区湿地与野生动植物保护中心获“首都生态文明建设先进集体”“2021年海淀区科普基地”称号。

（罗勇）

【北京市西山试验林场】 北京市西山试验林场管理处（简称西山林场）属北京市园林绿化局正处级公益一类事业单位，地跨海淀、石景山和门头沟3个行政区。主要负责：管理国有林场，促进林业发展；林场的计划规划编制，林木种苗生产供应，森林培育经营，护林防火，林业技术人员和管理人员培训，病虫害防治，林业科技研究，林业信息服务，森林旅游多种经营。

（闫梦禹）

【北京林业大学实验林场】 年内，北京林业大学实验林场接待北京林业大学74个班级30门课程实习，实习人数1万人次；接待中国农业大学、中国消防救援学院、北京建筑大学、中国石油大学4所院校实习人数2000人次左右。接待林学、水保、园林、自然保护区和工学院3000多人次的科研活动。林业大学与实验林场签订《劳动教育实践基地合作协议》，劳动教育实践基地正式挂牌。实验林场共有陆地植物121科447属955种（包括引种、变种），昆虫种类14目122科539种。营林管理工作重点为林相改造、护林防火和病虫害预防监测等生态维护。新植腊梅，移植补植玉簪、菖蒲、菊花等2200余株；完成1600株梅花管护工作。完成义务植树37215株。检修8.6千米防火公路；清理防火小道20千米，打设森林防火隔离带43万平方米。设置6个观测点、10处美国白蛾诱捕器、5处黑光灯，在林场重点区域、重点部位多次对病虫害进行药物防治。北京鹫峰国家森林公园接待游客6.37万人次，门票收入68.3万余元。

（乔永）

【北京市新海园林工程有限公司】 北京市新海园林工程有限公司为北京市海淀区市政服务集团有限公司的二级全资子公司。2021年，完成庆祝建党100周年、中关村论坛、北京科技周、全国两会、党的十九届六中全会、创建文明城市创建卫生城市、冬奥会冬残奥会等保障工作。处理应急抢险案件1480起。完成美国白蛾防治工作。完成区内园林绿化施工类市场化项目以及养护类专项投标38项，意向投标中标率100%，总中标金额26867.10万元，其中施工类项目28项、中标金额19102.60万元；养护类项目10项，中标金额7764.50万元。新开工11个项目，竣工10个项目。完成45处道路、公园绿地的等级提升审核。"接诉即办"案件办理1429件，反馈率100%、满意率97.02%、解决率93.20%。完成考评上报案件办理4871件，网格化案件办理4037件。荷清园绿地提升工程二期（施工）获"中国风景园林学会科学技术奖（园林工程奖）"铜奖、"北京市园林绿化行业协会科学技术奖—园林工程"银奖；公司获"2021年北京市职工职业技能大赛第三届金剪子大赛"金奖、银奖、铜奖、优秀组织奖，获"2021年北京市职工职业技能大赛绿心公园花境造园大赛"金奖；园林绿化养护精细化管理平台获"中国风景园林学会科学技术奖（科技进步奖）"一等奖。

（周灿）

【北京市海淀园林工程设计所有限公司】 北京市海淀园林工程设计所有限公司为北京市海淀区市政服务集团有限公司的二级全资子公司。2021年，方案及施工图设计69项，设计面积约258.6万平方米。其中区园林局委托项目46项，设计面积197.2万平方米，主要包括花卉布置、小月河滨水公共空间提升等；其他单位委托23项，设计面积61.4万平方米，主要包括永金里小区外侧绿色空间改造提升工程、武警总医院代征地绿化建设工程、西北旺A3地块项目景观设计等。配合完成政府投资项目的方案编制、专家评审、招投标等25项；施工配合项目18项，主要包括海淀区环境布置项目、绿地改造提升工程等。作品《红船礼赞·美好生活》获"北京市'职工技协杯'绿心公园花境设计暨造园大赛"金奖。北太平庄街道北转河社区公园项目获"2021年北京园林优秀设计奖"评选三等奖。

（王昕）

【新一轮百万亩造林绿化工程】 年内，海淀区完成造林绿化工程178.30公顷，其中新增造林绿化166.41公顷、改造11.89公顷，23项绿化工程栽植乔灌木13.5万余株。建设类型为景观生态林和公园绿地，其中新建景观生态林73.24公顷、新建公园绿地93.17公顷、改造公园绿地11.89公顷。

（史一然）

【"留白增绿"专项】 年内，海淀区"留白增绿"专项行动完成绿化面积15.32公顷，涉及海淀镇、苏家坨镇等地区12个项目82个点位，利用拆违腾退地、城市边角地，建成北安河风景林、厢黄旗公园、北长河小微绿地等公园绿地。

（史一然）

【森林健康经营示范工程】 年内，海淀区完成山区森林健康经营项目任务200公顷，其中一级经营作业区77.87公顷、三级经营作业区122.13公顷。项目位于苏家坨镇车耳营村、徐各庄村和南安河村山区，建设内容包括林木抚育建设和附属工程建设。林木抚育完成人工补植37.27公顷，疏伐32.73公顷，割灌除草7.13公顷，修枝24.73公顷，定株30.13公顷；附属工程完成作业道3000延米，增设指示标示5处、座椅10处、工程牌匾2块。

（徐薇）

【平原生态林建设】 年内，海淀区开展平原生态林村头片林改造提升和生物多样性保育小区营造，完成3处村头片林改造提升12.52公顷，其中上庄镇2处、温泉镇1处，建成林下广场3个共360平方米、健身步道830延米，设置休闲座椅12个、标志牌2个、宣传栏5个、路灯66个，灌溉管道2600米，栽种地被6.3公顷。营建生物多样性保育小区4处26.67公顷，其中苏家坨镇3处、上庄镇1处，建成小微湿地8处、本杰士堆（人造灌木丛）20个、人工鸟巢80个、昆虫旅馆20个，种植食源性蜜源性植物800株。

（徐薇）

【森林资源监测】 年内，区园林绿化局完成北京市园林绿化资源智慧管理平台林地动态监测图斑核查，通过影像判读、外业核实、业务叠加分析等方式，核实全区2019年至2021年的林地动态监测1292块图斑、面积365.94公顷，林木增加53个图斑、28.54公顷，林木减少599个图斑、189.65公顷，无变化633个图斑、459.61公顷，重复图斑7个、2.03公顷。

（徐薇）

【生态林管护】 年内，海淀区纳入生态林地补偿机制政策林地总面积6760.30公顷，其中精品公园面积209.80公顷、一般公园面积295.39公顷、一级林地面积136.94公顷、二级林地面积870.63公顷、三级林地面积1957.62公顷、四级林地面积758.68公顷、五级林地面积2482.76公顷、城区绿化无等级48.48公顷。拨付生态林地补偿机制政策资金32974.89万元，其中东升镇2114.79万元、海淀镇1211.12万元、四季青镇7959.89万元、西北旺镇4842.60万元、温泉镇3834.56万元、上庄镇3779.11万元、苏家坨镇8440.94万元、西农公司479.31万元、北京市海淀区市政服务集团有限公司305.34万元、玉渊潭农工商总公司7.23万元。因新生违章建筑、征占用林地、养护不到位等问题扣减政策资金约1900万元。设立政策资金600万元，用于镇、村两级年度考核奖励。完成林分结构调整227.8公顷，涉及西北旺镇（西玉河村）、西农公司、苏家坨镇（北京如景生态园林绿化有限公司）、温泉镇（东埠头村、太舟坞村）、上庄镇（后章村、西马坊村）、四季青镇（京香村、振兴村、西红门村）。完成林地巡查71.87万公顷、杂草清理4533公顷、乔灌木修剪251万株、乔灌木补植4.5万株、伐移乔木3600株、浇水7000公顷、清理及粉碎绿化废弃物1.50万吨。开展冬奥会重要联络线两侧生态环境整治，清理生态林地垃圾、枯枝干杈等绿化废弃物945立方米，清理危死树128棵，修剪苗木19327棵，抹芽除蘖3800余株，遮盖裸露地面9720平方米，清理杂草67.6公顷。

（徐薇）

【农村街坊路绿化】 年内，海淀区纳入农村街坊路绿化管理涉及上庄镇、苏家坨镇、四季青镇等3个镇26个村，绿地面积31.77公顷，下拨资金114.36万元。

（徐薇）

【花卉布置】 年内，区园林绿化局投资1699万元，完成花卉布置工程48297.02平方米，涵盖玉泉山地区、西北三环沿线、中关村地区、山后地区等区域，其中地栽花卉工程28768.80平方米、草坪恢复8581平方米，涉及紫竹桥区和健翔桥区2处重点桥区以及中关村大街、北坞村路、北清路、后厂村路、三环路、四环路、复兴路、中关村西区8处重点道路。花钵花卉工程10947.22平方米，涉及西四环路中央隔离带，万泉河路中央隔离带，万泉河路主辅路隔离带，北四环中关村1、2、3桥主辅隔离带，长春桥路中央隔离带等5处，布置花箱花钵3260个，栽植苏铁766株。

（于帅宇）

【森林防火】 年内，区园林绿化局建立森林防火联防联动机制，加强与森林公安、森林消防支队协调联动。划定森林防火区20074.07公顷，其中一级防火区11759.67公顷、二级防火区8314.38公顷。推广应用“互联网+森林草原防火督查”系统和森林防火码，全区森林防火码启用率达100%。增大森林防火视频监控覆盖率，在林区新建5路视频监控。开展野外火源治理和违规用火查处专项行动，查处违规野外吸烟15人，制止违规用火8起，排查整改火灾隐患19处。开展森林火灾综合风险普查，完成11个标准地和两个大样地的森林可燃物调查以及森林野外火源数据采集。开展林下可燃物清理和隔离带打割，打割隔离20万延米，清理林下可燃物637.47公顷。巡视巡查264次，检查防火岗亭2133个，检查瞭望塔159次，巡视防火道1.25万千米，巡视林地1300公顷，检查单位75家，下发隐患通知书50份，均整改完毕。强化森林防火宣传，在一级防火区内7个公园景区门口、22个检查站入口张贴森林防火宣传画报，设置34个森林防火码扫码宣传提示；举办防火宣传活动22次，印发宣传手册3万份，发放宣传品1.2万个，制作宣传横幅150条，受教育群众达7万余人。本防火年度无森林火灾、无人员伤亡。

（郭银超）

【林木有害生物防控】 年内，全区设置美国白蛾、白蜡窄吉丁、红脂大小蠹、松墨天牛等20种虫害区级监测点540个，在29个街镇的568个社区（村、公园）监测到美国白蛾成虫6483头，发现美国白蛾危害点位2070处，巡查发现危害树木17419株。推行以生物防治、物理防治为主的绿色防控措施，释放周氏啮小蜂、管氏肿腿蜂、异色瓢虫等生物天敌3亿余头，悬挂国槐小卷蛾诱捕器、粘虫板等物理防控用品3万余个（套），累计绿色防控面积2133.34公顷。完成春、夏、秋三季飞防作业130架次，累计防控面积1.3万公顷。开展有害生物应急处置99起，除治面积86.29公顷。出动巡防人员38721人次，巡视绿地22755块次，累计综合防治面积4.27万公顷。组织29个街镇开展林业有害生物识别与防控技术、林木种苗企业依法生产经营与安全管理培训2期，参训人员300余人，现场技术指导100余次。

（徐薇）

【植物检疫监管】 年内，区绿化园林局开展松材线虫病专项普查，涉及社区、公园等915个点位，发现死亡及高度疑似松材线虫病的松树19株，均未检出松材线虫。完成新一轮百万亩造林苗木质量监督检查，抽查42批次，涉及苗木2600余株。完成调入海淀区苗木随机检疫复检18批次，涉及苗木7600株。完成检疫出圃苗木7.8万余株、种子5800千克。开展林业有害生物执法检查592次。

（徐薇）

【野生动植物监测】 年内，海淀区开展生物多样性保护研究，建立野生动、植物资源本底数据库。完成北京西山国家森林公园、百望山森林公园、北京植物园、玉渊潭公园、颐和园、翠湖国家城市湿地公园、鹫峰、圆明园、紫竹院公园、香山公园、北坞公园等11个调查样点、样线调查。调查显示，海淀区有野生植物120科421属755种，其中蕨类植物7科9属21种；种子植物113科412属734种，包括裸子植物2科4属9种、被子植物111科408属725种，新记录2种被子植物（柱果苍耳、长柱斑种草）。发现国家Ⅱ级保护植物4种（野大豆、黄檗、软枣猕猴桃、大叶榉），北京市重点保护Ⅱ级植物29种（刺五加、穿山薯蓣、黑三棱等）。有陆生野生动物403种，占北京市陆生野生动物总数的约67.62%，其中兽类41种、两栖爬行类23种、鸟类339种，包括北京市新记录鸟种3种（灰冠鹟莺、黑脸噪鹛、紫背椋鸟）。依据《北京陆生野生动物名录（2021）》统计，海淀区共有国家一级保护野生动物17种，如青头潜鸭、大鸨等；国家二级保护野生动物64种，如豹猫、震旦鸦雀等；北京市一级保护野生动物28

种；北京市二级保护野生动物131种。

（周宇　白云）

【野生动植物保护】 年内，区园林绿化局对全区15065株古树名木开展健康体检，体检覆盖率100%，形成“一树一档”古树体检报告；对区管3533株古树实施专业性养护；建设世纪新景园古树社区；新增古树21株。妥善处置野生动物救助事件308起，救助野生动物284只，处置死亡野生动物37只。设置野生动物疫源疫病监测点5个，观测野生动物40余万只。检查陆生野生动物人工繁育场所、陆生野生动物疫源疫病监测站、野生动物市场经营场所121次。与北京市生态环境局合作完成《北京市生物多样性观测和调查结果分析应用项目（2021）——翠湖智慧观测示范区试点建设项目》，实现野生动物及过境鸟类全天候监测、现场实况回传。

（周宇　白云）

【湿地管理】 年内，区园林绿化局开展全区湿地斑块资源现状摸底调查，建立湿地资源管理台账。完成湿地资源动态监测区级自查，现地踏勘面积大于400平方米的斑块73块。经市园林绿化局审核，认定海淀区湿地总面积1125.96公顷，占全区国土面积的2.61%，湿地保护率34.55%。推进翠湖湿地公园湿地生态修复和保护，完成2020年至2021年中央财政项目《翠湖国家城市湿地公园湿地修复与生态监测项目》，实现翠湖湿地生态系统的持续监测。

（刘筱竹）

【园林绿化执法】 年内，区园林绿化局严厉打击破坏森林和野生动物资源的违法行为，立案17起，其中涉林木案件5起、涉林地案件6起、涉野生动物案件5起、涉植物检疫案件1起。行政处罚13起，罚款56.45万元，没收野生动物6只，责令恢复林地1500平方米，补种树木429株。

（庞晓岚）

【行政许可】 年内，区园林绿化局受理行政许可及服务事项1114件，办理行政许可及服务事项928件，承接市园林绿化局下放权限3项，接待咨询人员2885人、电话咨询3544次。区级审批林木伐移273件、树木伐移379件，通过优化方案减少采伐林木800余株、树木300余株。审批林地征占用52件，其中区级办理45件；公共绿地占用136件，其中区级办理6件。办理建设工程附属绿地咨询项目44件，其中多规平台办结39件，园林绿化资源动态监管系统办结5件。批准猎捕野生动物3件，涉及野生动物995只；办理野生动物财产损失认定2件，认定金额7360元；办理野生动物财产损失补偿2件，补偿金额7360元。办理“林木种子生产经营许可”14件，办理专门经营不再分装的包装种子备案1家，签发《产地检疫合格证》《植物检疫证书（出省）》13份。办理公共绿地建设工程竣工验收9件。

（白云　徐薇）

【公共绿地绿化设计方案审查】 年内，区园林绿化局审查万泉河生态治理工程、2021年海淀区平原重点区域造林工程、学院路道路隔离带绿化改造工程、阜石路景观廊道绿化建设工程、新永丰片区景观环境建设（C地块）工程、温泉路绿化改造工程、武警总医院代征绿地绿化建设工程、清河精品大街绿化景观提升工程、小月河滨水公共空间提升工程、海淀镇厢黄旗村拆迁区域绿化建设工程、橡林郡住宅小区项目代征绿地（鑫一德）、燕清体育文化公园绿化提升工程、海淀镇香山颐和东侧三角拆迁地块绿化工程、海淀镇北旱河北侧拆迁地块绿化工程、祁家豁子公园绿化建设工程、清河路C2商业金融用地项目代征绿地绿化建设工程（原和盈商务楼）、上地信息路重要区域城市空间重塑（上地公园）项目、上地信息路重要区域城市空间重塑（憩园）项目、五塔寺路冬奥会保障区域环境建设项目、五塔寺周边区域绿化建设工程、小米移动互联网产业园项目代征绿地绿化建设工程等21项公共绿地绿化设计方案，均取得市园林绿化局批复，总面积161.51公顷。

（马晓慧）

【代征绿地收缴】 年内，区园林绿化局接收清河医院医疗卫生用地项目（一期）、苏家坨北安河东区定向安置房（二期）等代征绿地16项，总面积53.03公顷。永丰产业基地代征绿地Ⅲ-3地块等14个地块取得《中华人民共和国不动产权证书》，完成代征绿地土地确权18.51公顷。

（马晓慧）

【集体林权制度改革】 年内，海淀区拨付生态公益林促进发展机制资金142.89万元，涉及面积2268.2公顷，拨付苏家坨镇91.58万元、西北旺镇0.85万元、温泉镇19.71万元、四季青镇30.75万元。完成四季青镇、西北旺镇、苏家坨镇、温泉镇3443.53公顷山区生态公益林的综合保险，投入保险金92975.4元，总保险金额6198.36万元。

（白云）

【种苗产业】 年内，全区有注册苗木生产企业36家，苗圃面积277.47公顷。实际育苗面积216.29公顷，苗木花卉总产量147.44万株。

（徐薇）

【蜂产业】 年内，全区有本地蜂农户8户，蜂群311群，蜂蜜产量6200千克，年收入20.1万元。抽查3个蜂蜜样本，经农业农村部蜂产品质量监督检验测试中心（北京）检测，均合格。

（赵险峰）

【森林项目建设】 年内，西山林场完成森林管护项目（中幼林抚育）抚育面积562公顷，其中间伐448.27公顷，补植130.73公顷，割灌113.73公顷，扩堰113.73公顷，修枝435.47公顷，处理抚育剩余物538公顷，清理林地113.73公顷。林业项目的实施，优化林分结构、促进林木生长发育、改善林木生长环境，为促进森林高质量发展奠定基础。完成2021年中央林业改革发展资金（森林生态效益补偿）项目，抚育面积61.1公顷，用于黑石头分场管理站、黑龙潭分场管理站。完成森林抚育项目（中央）抚育面积333.33公顷，用于黑石头分场管理站、魏家村分场管理站和卧佛寺分场管理站，森林资源质量稳步提升。

（闫梦禹）

【《联合国森林文书》项目启动】 年内，西山林场启动实施《联合国森林文书》项目，项目总期限为3年，内容包括提炼总结森林可持续经营模式、宣传片制作、对外宣传、员工培训、开展合作交流等。通过项目购买的红外监测设备拍摄到10种哺乳动物及26种鸟类，其中野猪、果子狸、褐头鸫、丘鹬为小西山地区首次记录，填补小西山地区物种记录的空白，进一步充实和完善本地资源数据。

（闫梦禹）

【林政资源管理】 年内，西山林场对“绿卫2019”森林执法专项行动整改情况进行再核查，全面排查辖区非法破坏森林资源行为。配合市园林绿化局完成森林资源管理“一张图”数据库更新工作。对重点项目办理使用林地审批，办理3件占用林地手续，占用林地面积3915立方米。办理5件采伐手续，采伐林木134921棵，采伐林木总蓄积3571.532立方米。处理8起林政事件，处理接诉即办事件2起，处理林地边界纠纷案件1起，配合律师处理民事诉讼2起。

（闫梦禹）

【森林防火】 年内，西山林场辖区内无森林火灾（情）发生。严格落实“五包”①责任制，全年共召开森林防火工作部署会议13次、上报市森防办信息60余条、全年共出动巡查人数约3500人次，出动巡查车辆约1200车次，巡查总里程4万余千米，无人机累计有效飞行104架次，防火码累计登记43208人次，本年度累计发放宣传材料500余份，张贴海报200余张，集中开展护林防火活动49次，累计受众1万余人。

（闫梦禹）

【有害生物防治】 年内，西山林场开展有害生物巡查57次，悬挂各类生物诱捕器1088套，监测面积5742.52公顷，利用天敌防治面积累计2725.15公顷。针对第三代美国白蛾防治工作，研究制定“物理+生物”的防控技术措施，释放周氏啮小蜂0.9亿头，剪除受害木枝、网幕，对发展网幕的林班小班进行消杀。

（闫梦禹）

【古树名木保护】 年内，西山林场对全场的古树名木建立“一树一档”，巡查古树名木生长状况7次，修补古银杏树干筑巢树洞13处。对黄栌跳甲、缀叶丛螟、黄栌黄萎病等进行多次人工敲打及修剪防治，对美国红枫、秋紫白蜡、北美红针栎等引进树种进行灌根、喷干、调节酸碱度等防治。

（闫梦禹）

【野生动植物保护】 年内，西山林场开展管护员野生动植物保护知识及相关法律法规培训等活动，切实提高野生动植物的保护力度。红外监测设备捕捉到10种哺乳动物及26种鸟类，其中野猪、果子狸、褐头鸫、丘鹬为首次发现，填补小西山地区的物种记录空白。

（闫梦禹）

【栎类种质资源保护】 年内，西山林场与北京林业大学建立长期合作实验室，加强林业科技研究，构建栎类种质资源圃。播种栓皮栎、槲栎种源14个家系，嫁接繁育优质栓皮栎50份，开展栎类基础研究3项，完成科研论文1篇，开展华山松新品种选育等6个试验项目，均已取得一定进展。

（闫梦禹）

【百望山森林公园林业有害生物防治】 年内，百望山森林公园开展有害生物监测调查和防控面积265.2公顷次，其中开展虫情调查55公顷次、病虫害防治面积210.6公顷次。实施生物防治，释放管氏肿腿蜂16万头防治针叶树蛀干害虫，释放赤眼蜂2400万头防治油松毛虫及黄栌跳甲，释放周氏啮小蜂600万头防治美国白蛾，释放花绒寄甲1万头防治彩叶树蛀干害虫天牛。悬挂桃潜叶蛾诱捕器500套，更换诱芯2500个。实施物理防治，悬挂黄绿粘板200张预防监测白蜡窄吉丁，悬挂黄色粘虫板2800张防治蚜虫、木虱等刺吸害虫。人工剪除美国白蛾网幕300余处，通过剪除、敲打方式防治黄栌缀叶螟和黄栌跳甲实施药剂防治，对秋火焰、秋日梦幻、北美红枫等330株重点彩叶树喷施“透翠”药剂4次防治蛀干害虫。

（何慧敏）

10月30日，百望山森林公园工作人员在林下查找美国白蛾虫蛹（杨俊 摄）

① 五包：单位一把手包主管领导；主管领导包各分场级单位；分场级单位领导包职工；职工包管护员；管护员包地块。

【新开工11个项目】 年内，北京市新海园林工程有限公司新开工11个项目：永金里小区外侧绿色空间改造提升工程、小米移动互联网产业园项目代征绿地绿化建设工程、2021年绿地节水改造项目、海淀区2021年冬季景观环境布置工程、新永丰片区景观环境建设工程项目（施工）、香山颐和东侧三角拆迁地块绿化建设工程、海淀区林业大学北路新增树池篦子工程、安宁庄路稻香湖路口等道路地块绿化工程、荷清路北清路西外大街等道路地块绿化工程、2021年海淀公园道路及铺装维修工程、永引北岸绿化建设工程。

（周灿）

【香山公园古树养护及复壮工程】 年内，香山公园制定《香山公园2021年古树复壮养护专项方案》并召开论证会，根据专家意见完善古树复壮养护方案。古树巡检6次，林间清杂1.3万余平方米，浇水648株次。完成58株古树复壮工程，包含支撑、拉纤、修补树洞、上树调查、挖穴复壮、围栏保护、枝条整理、摘果、缠麻等86项保护措施，对8株重点古树进行挖复壮沟并填埋复壮基质，改善古树立地环境，提高古树生长势，确保古树生长健康和景观效果。

（王俊）

【紫竹院公园古树大树复壮】 年内，紫竹院公园对园内25株古树及大树进行日常巡检、养护及检查工作。完成园内大树古树拉纤、支撑的检查和维护工作，新增拉纤5处，检修维护30处，修补树洞8处。召开专家会议2次，制定和完善古树大树的保护复壮方案，继续加强养护管理和古树档案整理工作。

（黄代东）

【古银杏树复壮项目】 年内，北京石刻艺术博物馆（石刻馆）内两棵古银杏树植于明永乐时期，树龄约600年，具有重要的历史、文化、生态及科研价值。2019年两棵古银杏树长势趋于衰弱，石刻馆于2020年进行两棵古银杏树（一级古树）的保护与维护（一期）项目，2021年在日常养护的基础上开展疏果、去除枯枝、修补树洞等工作，两棵古银杏树重焕生机，衰弱态势已有明显改善，古树保护成果也获得多家媒体的宣传报道。在园林科学院的帮助下，石刻馆完成“两株古银杏树空洞应力波检测”，发现树体存在不同程度的腐朽，树体安全性上仍存在隐患。

（谢欣）

【紫竹院水体修复治理工程（一期）】 年内，紫竹院公园通过增设生态浮岛、构建水下森林、放置沸石净化、增加水生植物等方式改善湿地生态，提升水体质量和生态景观。

（黄代东）

【玉渊潭公园樱花养护管理】 年内，玉渊潭公园及时应对极寒天气对樱花的伤害、对主景区樱花衰弱原因进行分析，加强樱花病虫害防治和后期养护。针对樱花栽培、樱花病虫害防控等开展新技术研究，结合课题，首次尝试土壤熏蒸技术在樱花栽植区域进行土壤处理，为樱花园主景区景观延续提供保障；完成67株樱花秋植工作，应对严冬全方位做好樱花防寒保护；对大山樱树洞进行清腐处理和仿真修复，扩大根系生长空间并进行土壤改良。通过籽播、嫁接、扦插等方式，繁育6个品种近300株樱花苗木；对基地土壤进行消杀处理，更新部分衰弱苗木，出圃樱花7个品种90株，提升公园樱花景观和品种丰富度。在“樱珞花谷”景区栽植羽衣甘蓝近4万盆株，呈现四季花卉景观的无缝衔接。

（孙玉红）

【玉渊潭公园节日花卉布置】 年内，玉渊潭公园做好春季赏花活动、“七一”建党百年至国庆节两个重要时段的花卉布置工作，总用花量37万余株。围绕“党的庆典、人民的节日”主题，

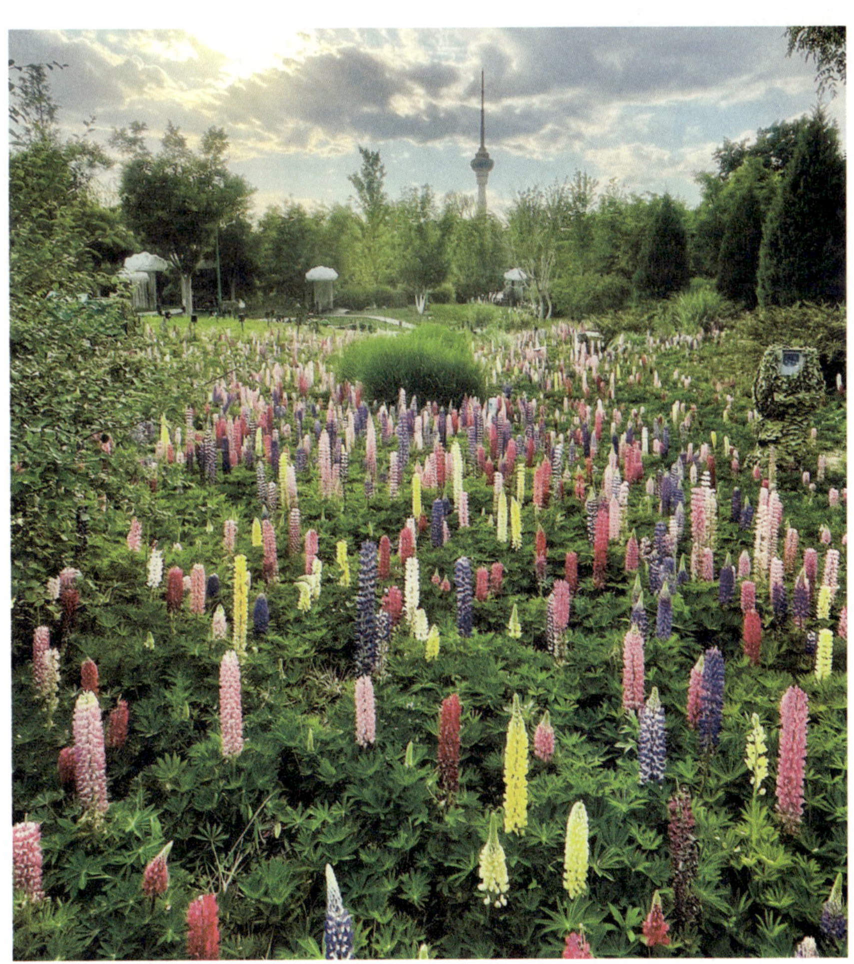

玉渊潭公园盛开的鲁冰花（玉渊潭公园　供图）

全园布置小品花坛6处、花带20余处，总用花量8万余盆株，布展总面积达7000平方米。在市公园管理中心花卉环境布置评比中，西门外花坛《辉煌百年》获立体花坛大奖，西门内花境《鱼水情深》获花境布置大奖。

（范友梅）

【玉渊潭公园古树名木保护】 年内，玉渊潭公园以市公园管理中心古树信息化管理平台为依托，加强古树每月一次的日常巡护，随时掌握树木生长状态，及时排查树木生长的安全隐患。组织古树大树复壮方案专家论证会，针对园内重点古树、名木和大树，采取铺设树篦子、更新围栏、调整增加支撑、修补朝天树洞等措施，加强古树大树景观保护，提升古树大树生态价值。

（赵晓娟）

【玉渊潭公园水体保护】 年内，玉渊潭公园在樱花小湖和湿地园栽植王莲、补植睡莲和千屈菜等水生植物，加强水生植物的养护管理，及时清理杂草和区域以外的植株，保证水体景观的清洁优美。全园设置6个点位，夏季高温时节两周采集一次水样，实时掌握水质情况，并有针对性地采取科学改善措施。协调区生态环境局安装光谱检测水质仪器，从整体水系宏观角度分析水质变化情况。

（赵晓娟）

【香山公园冬奥会环境布展】 年内，香山公园根据市公园管理中心《关于做好2022年北京冬奥会和冬残奥会赛时景观布置工作》通知要求，结合公园山林特色及环保理念，在索道下站、佳日园、枫林村等景区进行布展。布展总面积475平方米，利用绿化废弃物制作冬奥及冬季元素地景小品，完成“奔赴冬奥、梦幻冰雪、我爱自然”主题景观。

（王俊）

【全民义务植树】 3月30日，全国政协机关干部职工100余人，在海淀区西山国家森林公园昌华地块参加义务植树活动，栽植白皮松、侧柏、栾树等乔木400株。4月3日，海淀区开展以“植树造林、科学造林，全面建设国家森林城市”为主题的第37个首都义务植树日活动，区四套班子领导及机关干部群众100余人，在永定路街道永金里小区北侧绿地，种植油松、白蜡、银杏、紫叶李、山桃等树苗400余株。4月11日至12日，区公安分局、海淀区供电公司团委、北京大学后勤党委、中关村科学城独角兽企业党建联盟7个单位300余人，在上庄镇白水洼村海淀区平原重点区域造林绿化工程地块开展义务植树活动，栽植油松、国槐、元宝枫、栾树、山桃等树苗400余株。海淀区“互联网+全民义务植树”（海淀公园）基地开展多种形式的义务植树活动16场次，抚育面积9.23亩，折合义务植树株数共1026株，发放宣传材料2500余份。以全民义务植树40周年为主题，发动社区居民开展全民义务植树尽责活动10场次，600人次在家门口完成义务植树尽责。北京植物园园艺生活馆园艺驿站、清华附中永丰学校小学部园艺驿站开展线上、线下园艺活动41场，6000余人次参与。

（于帅宇）

【香山公园花卉布置】 春夏季，香山公园以“党的庆典，人民的节日”主题，在香山革命纪念地（旧址）沿线布置盆栽花卉9000余株，花槽20余组；完成东门“光辉历程”立体花坛布置1组；索道下站、佳日园、枫林村、知松园、翠微亭等景区以“北京情思”“春耕犁田”“童话乐园”“返璞归真”“希望田野”主题花境，使用“一园一品”花卉花毛茛8000株，地栽花卉2.4万株，小品10组（运用废旧树枝自制牛、松鼠、鹤的小品），布展面积2000余平方米。加强玉簪、萱草、无尽夏等宿根花卉养护，保障夏季花卉观赏效果。秋季，以彩叶秋景为观赏重点，保留六大景区布置，更换秋季花卉1.2万株，在双清别墅、双清东侧平房、来青轩等革命纪念地进行花堆、散摆等花卉布置，布置花堆7组、组合盆栽5处。

（王雪涵）

【百望山森林公园森林景观提升】 “五一”“十一”等节日期间，百望山森林公园摆花1.82万盆。栽植乔木865株、花灌木1137株、攀缘植物3000余株、宿根草花6500株、补植草坪面积0.05公顷、撒播花籽面积0.013公顷、播种山杏315粒、播种栓皮栎种子3500粒。对近3年新栽的1.6万株树木和播种幼苗进行扩堰浇水。开展森林抚育间伐，依据林木采伐许可证批复共采伐林木1140株。对抚育剩余物进行粉碎还林处理418立方米。对1200株树木刷涂白剂防虫防寒、300余株重点树种裹防寒布防寒、2.1万株树木浇冻水。开展古树鉴定和保护工作，园内符合北京市二级标准的古树共7株。将胸径尚未达到古树标准，但与古树胸径接近以及与古树集中成群分布的36株乔木（元宝枫、桧柏、国槐、榉树、油松）纳入古树大树养护管理。修复66株古树及近似古树的树洞。

（何慧敏）

【紫竹院路沿线冬奥会保障区域环境建设项目】 5月10日竣工。工程于3月15日开工，位于紫竹院路四季青桥至白石桥，包括主辅隔离带及机非隔离带内植物的移植及种植、人行步道内行道树树池加装ABS树池篦子。工程面积4500平方米，投资236万元。种植色带60500株，花卉12960株，安装ABS树池篦子691套。北京市海淀区园林绿化局承建，北京市海淀园林工程设计所有限公司设计，北京市新海园林工程有限公司施工，北京精诚华磊工程管理有限公司监理。

（周灿）

【林长制建立】 6月10日，海淀区印发《海淀区关于全面建立林长制的工作方案》，设立以区委书记和区长为总林长的区级林长27名、镇（街道）级林长204名、村（社区）级林长714名，成立区、镇（街道）级林长制办公室31个，全面建立区级林长、镇（街道）级林长、村（社区）级林长三级责任体系。8月11日，区园林绿化局加挂海淀区林长制办公室牌子。

（周宇）

【巴沟路（蓝靛厂北路—万泉河路）道路绿化工程】 6月30日竣工。工程于4月20日开工，西起蓝靛厂北路，东至万泉河路，全长1.3千米，为城市主干路，红线宽45米。工程面积9757.5平方米，投资398万元。树池围牙331.2米，盖板60套，园路1219.9平方米，路牙铺设205.18米。

（周灿）

【林长制工作】 7月1日，第1号总林长令《关于开展林长制巡林工作的通知》签发，至年底，区级林长完成巡林27人次，街镇级林长完成巡林200余人次。9月24日，第2号总林长令《关于开展美国白蛾防控和松材线虫病疫情秋季防治工作的通知》签发，至年底，7个镇22个街道266个社区（村、点）监测到美国白蛾成虫6484头，发现美国白蛾危害点位2060处，危害树木17374株，监测松墨天牛、红脂大小蠹、白蜡窄吉丁等其他20余种林木有害生物3622头。12月17日，第3号总林长令《关于全面加强森林防灭火工作的通知》签发，至年底，森林火灾防控出车巡视215次，出动巡查人员645人次，检查防火岗亭492个、乡镇防火检查站211个，检查瞭望塔101处，巡视防火道8693千米，巡视林地366.67公顷；开展森林防火宣传活动9次，发放宣传单及宣传手册2500余份，受教育群众7.5万余人。

（周宇）

【小月河滨水公共空间提升工程】 9月27日竣工。工程于5月25日开工，位于小月河西侧，五环与四环之间，北起银泉路，南至健翔园，绿地呈带状分布。包括绿化工程、土建工程、灌溉工程等，面积62469平方米，投资1511万元。种植及场内移植乔木330余株、灌木1000余株，灌溉管线3700余米。北京市海淀区园林绿化局承建，北京金都园林绿化有限责任公司施工，北京市海淀园林工程设计所有限公司设计，北京兰顿工程咨询有限公司监理。

（王昕）

【玉渊潭公园东湖生态景观提升一期工程】 9月30日竣工。5月8日，工程开工，10月3日向游客开放。该项目以原景重现的设计理念，重点对东湖东侧约300米驳岸进行生态化处理，对沿岸2000余平方米绿地进行植物丰富和景观提升。结合不同水深和景观需求，增加生态坡道4处，建设生态浮岛2329平方米、铺设木栈道4处，设置浅水区，营造滩涂的效果，打造近自然的生态景观，为鸟类和两栖动物创造良好的生活环境和栖息繁衍场所。栽植海棠、蛇莓等食源植物，千屈菜、荆芥等蜜源植物，招引鸟类和昆虫，提升该区域生物多样性。设置科普转筒、“昆虫之家”、本杰士堆等装置和设施，传播动植物科普知识及生物多样性理念，形成独具特色的生态景点。

10月7日，玉渊潭公园东湖生态景观提升一期工程完工，向游客开放（玉渊潭公园 供图）

（孙玉红）

【公园绿地无障碍设施改造项目】 10月9日竣工。工程于8月26日开工，涉及改造的公园绿地26个：西小口公园、尚峰尚水代征地、温泉体育中心绿地、温泉宝盛绿地、园外园三期工程、太舟坞安置房南侧绿地、辛店家园东侧绿地、阜石路南侧绿地、同泽春园、同泽秋园、五棵松奥林匹克文化公园、映月台绿地、南长河二期、健翔园、清林苑、颐源居、四季香山绿地、北京印象北侧绿地、五福玲珑居、焚香公园、前沙涧绿地、树村郊野公园、集成绿地、用友绿地、美丽经典、水云居，总投资112万元。安装太阳能电动门24套，导览图49个，亚克力导览牌53个，栏杆130.5米，无障碍通道门区土建恢复55处，喷漆56处。北京市海淀区公园管理中心承建，北京市海淀园林工程设计所有限公司设计，北京市新海园林工程有限公司施工，北京中建协工程咨询有限公司监理。

（周灿）

【花卉布置工程】 10月31日竣工。工程于4月15日开工，项目涉及范围为区域城市快速路、桥区及主干路，花卉布置包括地栽花卉布置、花钵花卉布置两部分。地栽花卉布置涉及紫竹桥区、健翔桥区2个桥区和中关村大街、北坞村路、北清路、三环路、复兴路、中关村西区等7条重点道路，面积26952.8平方米。花钵花卉布置包括四环路、万泉河路、长春桥路，面积10947.22平方米，总投资1983.14万元。整体以花卉为基底，以重大活动等节日景观为重点，兼顾春、夏、秋三季景观效果。北京市海淀区园林绿化服务中心承建，北京市海淀园林工程设计所有限公司设计，北京市新海园林工程有限公司施工，北京精诚华磊工程管理有限公司监理。

（周灿 王昕）

【《北京市海淀区园林绿化专项规划（2020—2035）》印发】 11月2日，区政府印发。根据规划，到2035年，

长春桥花钵花卉（海淀园林工程设计所有限公司 供图）

全区森林覆盖率由“十三五”末期的35.78%达到37%，人均公园绿地面积由“十三五”末期的13.99平方米提升到20平方米，建成区公园绿地500米服务半径覆盖率由“十三五”末期的91.52%提升至不低于96%，绿道长度由“十三五”末期的195千米提升到不低于410千米。

（马晓慧）

【采石北路口袋公园工程】 11月15日，公园一期工程竣工。工程于7月28日开工，投资93万元。12月30日，二期工程竣工。工程于12月15日开工，投资37万元。工程位于采石北路，包括庭院工程、绿化工程等。栽植常绿乔木13株、落叶乔木28株、灌木39株、绿篱165平方米、竹类239.4丛、地被473平方米。透水砖铺装224.75平方米、PC砖铺装127.6平方米、道牙铺设510.8米、塑胶铺地549.4平方米、硅PU篮球场321.4平方米、挡墙坐凳1座、沙坑坐凳1座、树池坐凳1座、休闲长廊1座、沙坑1座、防腐木木箱20个、矩形植物攀爬架7.5平方米、墙面喷刷涂料240平方米。永定路街道办事处承建，北京市海淀园林工程设计所有限公司设计，北京市新海园林工程有限公司施工，北京中环工程建设监理有限责任公司监理。

（周灿）

【西钓一期南侧代征绿地改造工程】 11月20日竣工。工程于11月6日开工，位于西钓鱼台御玺小区南侧绿地，包括土建拆除、渣土清运、铺装工程和绿化工程等，投资158万元。栽植乔木10株，色带686平方米，地被693平方米。北京市御水苑房地产开发有限责任公司承建，北京市海淀园林工程设计所有限公司设计，北京市新海园林工程有限公司施工。

（周灿）

【北旱河北侧拆迁地块绿化建设工程】 11月24日竣工。工程于6月8日开工，位于海淀镇，北邻香山路、南邻南旱河、西邻嘉瑞堂美术馆、东邻遗光寺2号院，包括绿化工程、园林喷灌、栏杆工程等，面积18295.42平方米，投资434万元。种植乔木500余株、灌木500余株，喷灌管线489米，栏杆工程163.1米。北京市海淀区园林绿化局承建，北京市新海园林工程有限公司施工，北京华林源咨询有限公司监理。

（周灿）

【中国教育科学研究院大门两侧环境提升项目】 11月30日竣工。工程于10月30日开工，位于中国教育科学研究院，包括绿化移植工程、种植工程、庭院工程等，工程面积626.3平方米，投资47万元。中国教育科学研究院承建，北京市新海园林工程有限公司施工。

（周灿）

【厢黄旗村拆迁区域绿化建设工程】 11月30日竣工。工程于5月14日开工，位于厢黄旗，农大南路南侧，七彩华园西侧，圆明园花园别墅东侧。包括绿化工程、土建工程、灌溉工程等，面积21743平方米，投资578.83万元。种植乔木800余株、灌木1000余株，灌溉管线3000余米。北京市海淀区园林绿化局承建，北京京林园林集团有限公司施工，北京市海淀园林工程设计所有限公司设计，北京诚佳工程管理有限公司监理。

（王昕）

【全龄友好公园南沙河滨水绿廊公园改造项目】 12月6日竣工。工程于9月15日开工，位于南沙河滨水绿廊公园，上庄镇上庄水库南侧，东起上庄大桥，西至稻香湖，全长3.5千米，面积32284.15平方米，投资446万元。栽植乔灌木13367株，色带30平方米，草坪268.2平方米，地被花卉31306.24平方米。增加体育设施7件，儿童娱乐设施7件，智慧科普系统1套，科普展示牌12件，生物多样性保护小区3处，更换木平台231平方米，修复新增园路145平方米，新增车位18个。维护配电箱8台，更换灯头50盏，更换电缆832米，水泵2台，加装门锁1套，井房外墙抹灰96平方米，新增井房屋顶16平方米。北京市海淀区园林绿化局承建，北京东方华脉工程设计有限公司设计，北京市新海园林工程有限公司施工，北京兰顿工程咨询有限公司监理。

（周灿）

【全龄友好公园园外园及周边公园改造工程】 12月27日竣工。工程于9月28日开工，位于园外园及周边公园，包括公园服务设施完善更新、生物多样性保护示范区建设、体育设施配建、智慧园林设施。工程面积2万平方米，投资773万元。北京市海淀区园林绿化局承建，北京市新海园林工程有限公司施工，北京政泰隆工程管理有限公司监理。

（周灿）

【武警总医院代征地绿化建设工程】 12月31日竣工。工程于6月8日开工，位于田村街道，砂石厂路与田村山南路交会处东南侧，海淀区和石景山区交界处以北，包括绿化种植工程、土方工程、土建工程、照明工程、喷灌工程，面积18939平方米，总投资526.06万元。移植苗木22株、种植苗木8990株、绿篱828平方米、地被花卉29831株，新建铺装2877平方米，埋设喷灌管线2789米，安装庭院灯29套。北京市海淀区园林绿化局承建，北京丹青园林绿化有限责任公司施工，北京市海淀园林工程设计所有限公司设计，达华工程管理（集团）有限公司监理。

（王昕）

【永金里小区外侧绿色空间改造提升工程】 12月31日竣工。工程于4月3日开工，位于阜石路南侧，永金里小区北侧，永定路东侧，永定河引水渠西侧。包括绿化工程、土建工程、灌溉工程及电气工程等。建设总面积59242平方米，总投资1936.86万元。种植乔木1941余株、灌木3256余株，敷设灌溉管线6879米，敷设电力电缆3110米，安装庭院灯96套。永定路街道办事处承建，北京市新海园林工程有限公司施工，北京市海淀园林工程设计所有限公司设计，北京化科工程管理有限公司监理。

（王昕）

【燕清体育文化公园绿化景观提升工程】 12月31日竣工。工程于6月25日开工，位于清河街道燕清体育文化公园内，南侧紧邻阳光南里小区，北侧紧邻橡林郡小区，东侧为燕语清园小区，工程面积23304平方米，投资277.69万元。种植乔木160余株、灌木1000余株，灌溉管线800余米。北京市海淀区园林绿化服务中心承建，北京京林园林集团有限公司施工，北京市海淀园林工程设计所有限公司设计，北京精诚华磊工程管理有限公司监理。

（王昕）

水资源保护与管理

【概况】 2021年，海淀区水务工作聚焦高标准服务国家和首都大局，围绕构建高品质新型城市形态、推进城市治理现代化建设、打造高颜值生态环境等“十四五”重点工作，推进海淀区“两新两高”战略，不断提升水务社会治理能力和公共服务水平。完成区总河长令的17项任务。南沙河水质长期稳定达标，年平均水质达到Ⅳ类。建设“三山五园”地区水网循环系统，“水清岸绿”行动计划建设呈现新亮点。全面启动《海淀区“水务大脑”规划建设方案（2021—2023）》项目建设。完成《海淀区节水行动实施方案》编制工作。永丰调蓄水厂实现通水。水务领域实际完成全社会固定资产投资4.2亿元，建安投资3.6亿元。

区水务局下属5个正科级事业单位：海淀区水务综合执法队（参公单位）、海淀区水利工程质量监督站（参公单位）、海淀区节约用水事务管理中心（全额拨款公益一类）、海淀区排水管理所（水土保持工作站）（全额拨款公益一类）、海淀区河道管理所（全额拨款公益一类）。

开展党史学习教育，完成“我为群众办实事”项目27项（其中区级民生实事项目3项），解决“双联系双报到”社区（村）突出涉水问题7个。《海淀区水务志（1991—2010）》通过北京水务志编委会办公室初审。完善《海淀区水务局新型冠状病毒感染疫情防控工作方案》。承办接诉即办涉水案件297件，响应率96%、解决率100%、平均满意率95%。城市管理承办案件3043个。主动公开政府信息135条。收到区政府转办市、区建议15件。区建议11件（8件主办，3件协办）、市建议4件（会办件）。区人大代表提出的“关于加快解决安河家园社区大市政供水问题的建议”被区政府列入本年人大重点督办件。在中央、市、区各级媒体刊发新闻123件。区水务局河长制工作科获“第二次全国污染源普查工作先进集体”称号。海淀区河长制办公室被授予“全面推行河长制湖长制先进集体”称号。海淀水务大脑“基于量子点光谱传感技术的水环境实时监管系统研究与应用”项目获评北京水利学会科学技术奖一等奖。海淀区“水务大脑”—“生态补水循环水网控制系统”被中国互联网协会数字孪生技术应用工作委员会评为2021年数字孪生城市典型案例。

（朱于蓝）

【水务行政执法】 年内，区水务局制定《2021年海淀区水务综合执法队执法工作实施方案》1个综合性的年度执法检查计划和《北京市海淀区水务局水资源专项执法行动实施方案》等3个专项执法行动方案，为提高执法质量和监管效能提供依据。水务综合执法队执法检查坚持日报制度，各部门执法检查坚持周报制度。开展执法检查18291件，比上年增长28.9%；办结案件221件，比上年增长16.9%；行政处罚额388万元，比上年增长16.7%。

（朱于蓝）

【水资源配置】 年内，海淀区新水计划指标30618万立方米，实际使用新水28066.58万立方米，结余2551.42万立方米。其中，区管21399.53万立方米，包含农业用水量340.97万立方米、工业及建筑业用水量828.44万立方米、公共服务5513.71万立方米、环境卫生1639.31万立方米、居民家庭生活13077.1万立方米。

（朱于蓝）

【地下水管理】 年内，区水务局继续开展地下水超采综合治理工作，加强重点区域地下水水量水质的动态监测，探索研究泉水保护等工作。截至年底，根据地下水监测数据，全区地下水平均埋深22.27米，与上年相比，回升5.94米。

（朱于蓝）

【自备井置换】 年内，区水务局持续开展自备井置换工作，完成中央党校东南角住宅区、北京科技大学教学区、安河家园小区、怡丽南园小区、蓝旗营小区、中国农业大学绿苑小区6处小区（单位）自备井置换。

（朱于蓝）

【市政供水】 年内，区水务局按照“吹哨报到”工作原则，对接市自来水集团，多次协调解决曙光街道、西北旺镇、香山街道、中关村街道、田村街道等老旧小区供水问题。配合区住建委，将老旧小区内部上下水管线改造纳入整体改造范畴，应对“水黄”问题。永丰调蓄水厂通水，中关村科学城北区市政水源有一定保障。正式推动罗家坟村市政接入报装工作。

（朱于蓝）

【节水型单位创建】 年内，区水务局完成52家区级节约型机关认定，完成32家市属事业单位创建及核查工作，完成21家节水型高校创建工作，完成10处示范性节水载体建设。

（朱于蓝）

【重点水务工程建设】 年内，区水务局以“分区规划，突出重点，滨水走廊，蓝绿交融”为原则，紧扣“水循环”与“水生态”两大主题，以生态治理、蓝绿交融为抓手，全面推进水利工程项目建设。完工11个项目，主要涉及河道治理、水系连通、生态修复、景观提升、防洪排涝等方面。以PPP模式开展稻香湖再生水厂二期工程建设。稻香湖再生水厂二期“土护降”完成30%，区水务局作为社会资本的“合作者”以及PPP项目的“监管者”，参与项目建设全过程。

（朱于蓝）

【河道综合治理与生态修复】 年内，区水务局完成金河、北长河、玉泉山路引水渠、南长河等一批河道治理工程，治理长度5.3千米、建设慢行滨水走廊20千米、缝合周边公园，实现108公顷的蓝绿融合。圆明园循环补水工程（一零一中学段）、南沙河下段中水补水项目等项目全面完工，有效支撑圆明园片区循环补水和海淀北部地区循环补水片区建设。大寨渠综合治理工程（画眉山雨水湿地公园）建设完成，开挖人工湖形成2万平方米的人工水域面积，并通过稻香湖再生水水厂进行管线补水，湖水汇入周家巷沟。以北辛庄排洪沟综合治理项目为代表的防洪排涝项目完工。通过新建穿路涵洞、开挖明渠及绿化修复等措施，有效解决香山南路及周边地区45.6公顷的防洪排涝问题，为后期防洪排涝体系的建设提供必要的条件。香山地区供水管网完善工程（“一会三函”项目）建设完成，改变香山地区长期依赖自备井供水的局面，解决香山地区居民吃水难的问题。

（朱于蓝）

【河湖水环境维护】 年内，区水务局开展河道日常养护保洁，实现有专项资金、有专业队伍、有监督检查、有考核奖惩的“四有”长效模式。落实区属河道养护经费2856.79万元，出动河道养护保洁人员5800人次、车辆10800台次，清理垃圾17980吨。落实“街镇吹哨，部门报到”运行机制，各级河长和职能部门齐抓共管，提升河湖水环境质量。各部门加强协作，为水污染治理、水环境建设等做好资金保障、技术保障和科技支撑。通过北京河长制信息系统，解决河道及周边环境问题1351件。

（朱于蓝）

年内，北长河环境整治后景象（区水务局 供图）

【污水处理】 年内，5座再生水厂、23座污水处理站、20座临时污水处理设施稳定运行，日均处理污水16万吨。区水务局加强对运营单位的监督考核，采取定期检查、不定期抽查的方式，开展日常安全监管，确保各再生水厂设施的安全运行，确保出水水质达标排放。海淀北部地区污水处理设施处理污水5843.0704万立方米，实现化学需氧量削减量7323吨、氨氮削减量1422吨。

（朱于蓝）

【生物多样性监测】 年内，区水务局持续开展崔家窑水库及周边水生物多样性监测工作。崔家窑水库以再生水为主要水源，库区初步形成较为完整的水生态系统，水生态生物多样性较为丰富。受库区面积、周边环境、水质等影响，鸟类种数低于同属南沙河流域的翠湖湿地和沙河水库，处于中等水平，种类结构符合北方湿地分布类型。单月观测鸟类种数最高为5月、90种，最低为3月、22种，与北京各水域监测趋势大体相符。监测显示，崔家窑野生鸟类主要以迁徙过境为主，夏季繁殖鸟和留鸟较少；库区陆生植物群落较为单一，种类多样性较低，坡岸以野生地被为主，周边为高大乔木，灌丛较少；水生植物种类较为单一，缺少浮水植物。

（朱于蓝）

【再生水利用】 年内，区水务局完成海淀北部地区再生水管网5处勾头连通和4处再生水应用示范点建设，完成科学城北区再生水管网管理养护及三座再生水泵房运营维护工作，保障科学城北区再生水使用单位的正常运行，提高再生水利用率，缓解自来水、地下水的水资源使用压力。海淀北部地区完成经由再生水管线泵送的再生水量为工业用水200万立方米，环卫绿化100万立方米，河道补水3800万立方米。

（朱于蓝）

【水土保持】 年内，区水务局完成76个水评项目的水土保持跟踪调查和报告编制工作。持续推进37处疑似水保违法图斑的核查与查处工作，协同水政科、水保站、执法队全面开展水土保持监督履职自查。

（朱于蓝）

【防汛准备】 年内，区水务局组织开展全区"清管行动"专项整治工作，参与人员2000余人次，清掏雨水管线334.75千米、雨水口（雨水箅子）12239处、检查井7528处，清掏垃圾污染物2000余立方米。联合专项行政执法，处罚乱排污、违法洗车等行为，累计执法82次，出动165人次。完成雨污混接错接点整治90处，整治率达50.8%；修订完善预案，落实抢险队伍、物资。修编中小河道防御洪水预案、五七水库防汛预案、重点积滞水点、在建水利工程防汛应急预案。购置排水泵、应急照明、雨伞、砂石料等防汛物资。组建水务专项抢险队，协调排水集团第三管网分公司以及街镇抢险队伍，负责道路积滞水、排水抢险、水利工程抢险、污水处理设施抢险等各类应急事件处置。对西山林语、田村东路铁路桥等易积水点，进一步完善"一点一策"预案，根据不同降雨预警等级，安排对应数量和能力的应急单元组，随时进行应急抢险。完成积水点位工程治理28处，缓解上地东路、玉泉山路、黑山扈路等道路积水难题。应急申请财政资金320万元，增加4支抢险队伍，保障汛期抢险需要；加强汛期布控备勤，及时进行应急抢险处置。做好城市排水河道、沟渠、入河口和雨水泵站、排水管线、雨水口（雨箅子）等排涝设施的巡查检查。加强对所辖区域内易积水点的巡查监控，提前做好专业抢险队伍值守备勤和力量布控，做到险情及时发现、第一时间处置，最大限度减少积水区域和积水时间。

（朱于蓝）

【2021年河长制任务清单】 年内，区水务局编制印发海淀区总河长令。以河长制治水责任制任务清单为抓手，聚焦市级和区级书记月度点评会难点问题、舆论热点及百姓关心问题，重点推进年度建设任务。按照小微水体年度整治计划，逐项落实治理措施，完成31条小微水体整治任务，按照"五无"[①]目标，强化小微水体日常管护。推进河湖"清四乱"[②]常态化规范化，实现新增问题动态清零，彻底清理河湖乱象。

（朱于蓝）

【河长制监督考核】 年内，海淀区开展河（湖）长制监督考核工作。按照检查通报机制，每月对各街镇河长制相关工作落实情况等进行通报，督促街镇将河长制工作做实做细。严格河湖保洁管护长效机制，召开季度点评会，交流互评，立行立改。在河长巡河日常监管工作中，利用"海淀区智慧河长信息管理平台"和"智慧水务App"系统，实时关注河长巡河情况，整合河湖及水利设施基础信息、河湖问题上报处置、考核管理等多项功能。搭建河湖保洁志愿服务平台，以海淀河湖保护为切入点，建立长效工作机制，联合属地和清华大学组织河道巡查、沿岸垃圾清理等志愿服务5次，打造水清岸绿的生态家园。

（朱于蓝）

【河道界桩标识设立】 年内，区水务局根据水利部和市水务局要求，开展36条河道管理范围及保护范围界桩标识设立工作，完成界桩标识设立189个，包括北旱河26个、南旱河34个、叉河10个、柳林河27个、白家疃排洪沟37个、沙涧河26个、前沙涧排洪沟29个。

（朱于蓝）

【海绵城市建设】 年内，区水务局印发《海淀区海绵城市专项规划》《海淀区推进海绵城市建设工作方案》《海淀区"十四五"期间海绵城市建设计划》。启动2021年海绵城市建设工作，组织编制8个小区的海绵化改造设计方案，总占地面积20.75公顷。启动海绵展览馆建设。

（朱于蓝）

【水库移民后期扶持】 年内，全区新增农业移民0人，减少68人，登记在册农业户口移民28人，涉及4个镇16个村。完成2021年度农村移民扶持人员的登记、核实和资金发放工作。按照600元/人·年的标准，为28名农村移民发放扶持资金1.68万元。

（朱于蓝）

【水务规划编制】 年内，区水务局编制《海淀区"十四五"时期水务发展规划》，在全面总结"十三五"规划完成的基础上，深入分析水务发展存在的问题，围绕国家全面深化改革、生态文明建设、首都城市战略定位对水务的新要求，开展未来5年工作的规划编制。编制《海淀区水生态空间管控规划》，建立国土空间多规合一的规划实施及管控体系，完成《2021年区级水生态空间管控规划编制任务清单》中的南沙河、北沙河、宏丰渠、万泉河、东埠头沟、周家巷沟和南旱河7条河流水生态空间管控规划编制。

（朱于蓝）

【行政审批】 年内，区水务局进一步取消审批事项，再造审批流程，压缩审批时限。临时用水指标办理与水影响评价手续脱钩，由12个工作日变为即时办理。建设项目水影响评价技术审查内嵌至行政审批，环节由申报2次减为1次，时限由26个工作日减为20个工作日。建设项目水影响评价审查（区域水评和规划水评范围内部分）完成告知承诺制改革，4个二级开发项目适用告知承诺制审批，办理时限由26个工作日缩短为0.5个工作日。办理行政审批服务事项428件，办件量比上年（339件）增长26%。

（朱于蓝）

【水法规宣传】 年内，在第二十九届"世界水日"、第三十四届"中国水

---

① 五无：无垃圾渣土、无集中漂浮物、无污水排入、无臭味、无违法建设。
② 清四乱：指清理整治河道治理范围内乱占、乱采、乱堆、乱建等突出问题。

周”和“城市节水宣传周”期间，区水务局围绕节约用水、河湖管理、水生态保护、饮水安全、清管行动等重点工作，开展集中普法宣传。以“深入贯彻新发展理念，推进水资源集约安全利用”为主题，开展地下水知识培训。根据行业特点，以国家工作人员、青少年、村居民等为重点，开展法律进机关、进学校、进企业、进社区、进农村等专项普法活动。5月12日，以“珍惜每滴水 海淀在行动”为主题，在南水北调团城湖启动第三十个“城市节水宣传周”活动。分批开展节水宣传进校园、进农村等系列活动。11月29日至12月5日（全国第四个“宪法宣传周”）、12月4日（第八个国家宪法日）开展系列宣传活动。

（朱于蓝）

【河长制工作】 1月30日，海淀区调整区级河长、湖长名单。区级总河长为区委书记于军、区长王合生，区级副总河长为区委副书记张强、常务副区长李俊杰，区级执行河长为副区长林航，区级河长共15人。以防治水污染、改善水环境、修复水生态、保护水资源为主要任务，建立“三查、三清、三治、三管”的河长制工作格局。各级河长主动担责、主动作为，高位统筹推进河湖水环境保护和治理。区级河长带头巡河督查，全区各级河长巡水治水责任得到有效落实。区级河长巡河20人次，街镇级河长巡河2819人次，村级河长巡河3624人次。

（朱于蓝）

【“水务大脑”规划建设方案出台】 2月1日，区政府专题会议审议通过《海淀区“水务大脑”规划建设方案（2021—2023）》，明确未来三年海淀水务信息化建设目标、建设重点和分年任务。“水务大脑”建设的整体目标：构筑“水务要素全面感知、基础底座融会贯通、数据资源深度共享、业务应用智慧协同、公众服务主动开放”的智慧化水务框架体系，在“水务大脑”的指挥下，使各项业务“可知、可视、可控、可预”，实现水务管理“控制自动化、管理协同化、决策科学化、服务主动化”。建设重点分为水安全、水资源、水生态、水工程、水行政5方面。

（朱于蓝）

【水资源管理】 3月，区水务局协调市水务局为园外园地区争取补水指标。北长河、柳林沟适度补给。结合已建成的稻香湖、翠湖循环补水工程，联合河长科、河道所、水务生态公司，制定常态化补水方案，以“有河有水”为目标，逐步实现南沙河流域常年有水景观。

（朱于蓝）

【智慧水务共享平台建成】 3月，海淀区智慧水务整合共享平台正式启动。按照“一网、一池、一图、一平台”①的建设思路，实现海淀区水务管理领域各类软硬件资源的科学有效整合，解决信息化系统分散、孤立等问题。3月底，完成项目初验，12月底，完成项目终验。防汛期间，中央电视台新闻直播间对“水务大脑”中的水旱灾害防御系统进行报道。接待北京市及全国各地的考察调研近10次。

（朱于蓝）

【降雨应对】 6月入汛以来，全区降雨频繁，强降雨多发易发。区水务局严格执行24小时值班和领导在岗带班制度。确保“在岗、在职、在责、在状态”，保持视频24小时在线，科学配置值班备勤人员，密切监视雨情、水情、汛情，提前预置应急值守和抢险力量。及时收集掌握汛情信息，按照实时报、过程报的要求，及时报送工作部署、监测预警、应急响应、工程调度、积水情况、抢险处置、工作总结等工作信息。截至10月31日，应对57次降雨天气过程，其中明显降雨天气过程30次。

（朱于蓝）

【水利建设质量考核】 7月14日，市水务局对海淀区2020年至2021年度水利建设质量工作进行考核，查看质量目标文件、质量规章制度、质量监管工作、项目法人质量管理、勘测设计质量保证、监理质量控制、施工质量保证等材料，对海淀区水利工程质量管理及监督工作给予充分肯定，同时指出存在的问题。10月16日，水利部质量考核组对海淀区凤凰岭沟治理工程进行考核，考核结果为A级。

（朱于蓝）

---

① 一网、一池、一图、一平台：统一的水务感知网、水务数据资源池、信息共享一张图、应用服务平台及防汛指挥中心。

交通　邮政　通信

2022

北京海淀年鉴

交通管理

【概况】2021年，北京市公安局公安交通管理局海淀交通支队（简称区公安交通支队）下辖中关村、清河、黄庄、公主坟、温泉5个执勤大队和1个机动中队。持续强化执法打击整治，突出隐患排查治理，努力净化道路交通环境。提升智慧交通工程应用水平和道路交通路面掌控能力。持续开展交通秩序整顿，全面事故落实预防“减量控大”各项措施，创建“交通文明示范路口”，不礼让斑马线等交通顽瘴痼疾整治成效显著。超标电动自行车整治取得成效。完成庆祝建党100周年系列活动、党的十九届六中全会、相约北京冬奥系列测试赛等重大活动安保任务。社会面交通秩序平稳向好。4名干警获评“北京市交管局安保之星”称号，3名民警获评“北京市交管局明星青年突击队员”称号。

（闫威）

【交通顽瘴痼疾整治】年内，区公安交通支队查处违法停车118.4万起，百警排名第一（北京市交管局直属10个支大队排名）；现场执法比上年提升9.3%，百警排名第一。其中，查处摩托车违法百警排名第一、查处货车违法百警排名第七、查处非机动车行人违法百警排名第一、查处酒后总量排名第二。在文明示范路口创建工作中，现场查处违法总量排名第二、百警排名第一，机动车不礼让行人处罚总量排名第一、百警排名第一。

（闫威）

【交通组织优化】年内，区公安交通支队对万柳中路南口、上地桥西路口、海东口等路口实施交通组织优化方案93项；结合四环辅路大修工程，将南沙窝桥至四季青桥路段非机动车道普遍加宽到3米以上。清除102条道路设置不规范车位7978个，增加居住区周边路侧停车位897个。会同区水务局等单位完善12段巡河路沿线禁停标志、禁停标线、非机动车优先标志等交通设施，对清河北滨河路、清河南滨河路、小月河东路、小月河西路等4条道路调整单行交通组织，畅通区域微循环。协调区级资金88.5万元，完善对五棵松体育馆、首都体育馆周边交通设施。

（闫威）

【交通安全监管】年内，区公安交通支队联合区交通运管、应急管理等部门，单独、联合约谈隐患企业1092家、企业负责人1002名。对5180辆逾期未检验未报废重点车辆进行追查，滚动摸排、清理“两客一危”、重型货车、营转非大客车违法未处理隐患5111辆。组织“一区一警”走访单位13545家，对存在交通安全隐患的2227家单位发放《责令限期改正通知书》，其中对1607家社会单位、620家专业运输单位采取责令限改措施，对1753家单位采取禁止机动车上路行驶措施，罚款处罚社会单位101家。

（闫威）

【交通安全宣传】年内，区公安交通支队围绕不同主题和群体开展交通安全宣传活动。举办“共绘文明海淀”大学生交通安全海报设计创意大赛，征集创意海报500张，评选获奖入围作品100张，宣传教育37万人次。联合区文明办、邮政、保险、驾校、物流快递、摩托车协会等部门，开展“安全出行，幸‘盔’有你”主题宣传活动，累计赠送头盔1075个，宣传教育1.7万余人次；深入专业单位检查安全带使用120余次，教育驾驶员2000人次。围绕“交通文明示范路口创建”活动，组织开展“礼让斑马线文明在海淀”宣传周等主题宣传，印制“礼让斑马线”宣传材料2.3万份、固定式宣传展板300个，印刷点赞式手持宣传牌160个，印制主题口罩5万个。全区开展宣传1406次，进村入户宣传66场。5处警保合作劝导站普及交通安全宣传知识约4万人，劝阻各类违法行为约3万起。

（闫威）

【交通秩序维护】年内，区公安交通支队在樱花节、桃花节、“五一”、“十一”、清明节等重要节日，分别制定专项维护方案，打通微循环通道，有效减缓交通压力。结合疫情防控要求，中考、高考期间，按照“一校一策一方案”标准，逐点位制定个性化的秩序维护方案，调整交通组织、加强疏导，完成交通维护任务。

（闫威）

【智慧交通】年内，区公安交通支队以交通管理“决策智能化、管理精细化、信息服务精准化”为目标，研究科研创新和成果转化，强化科技对交通的支撑作用。组建海淀支队远程事故处理中心，自主研发“闪绘”事故现场绘图软件，将海淀管界300余

9月1日，交警在万寿路路口开展文明交通执法（张洪军 摄）

个路口数据及路况图录入软件，方便民警快速绘图并且数据准确，缩短民警现场勘查处置时间。开发智能案件管理系统，将制式文书嵌入系统，统一文书填写、统一案卷材料，实现事故档案“电子一体化”管理。牵动海淀支队各大队做好PDA（民警移动警务终端）案管系统和刑事案件监管平台试用工作，为全市推行使用提供支撑。深度推进非现场执法效能，依托海淀区视图大数据平台现有模块和功能应用，利用微卡口系统和视频结构化网格化探头的技术优势，通过与局云瞳系统打通数据链路，创新违法采集模式，优化数据推送模式，升级取证方式，织密区建设备（海淀区政府出资建设的可以赋能应用于交通执法或者交通管理的视频监控设备）的非现场执法覆盖密度。结合基层交管业务痛点和应用场景，围绕设施管理、信访办理、施工监管、冬奥保障等14项业务领域开展科技创新探索，开展全息路口试点建设、执法记录仪语音监督检查系统、卫星空间信息系统等13项创新课题研究。

（闫威）

【重大活动交通保障】 3月，区公安交通支队进一步完善《特勤警卫工作规范》，坚持“一勤一部署”机制，逐项部署研究重大交通安保任务，落实重点岗位实名制管理，领导干部分片包段，突出指挥调度规范化、岗位管理科学化、路面管控立体化，将122报警系统、百度高德电子地图、网格化视频监控体系有机结合，确保勤务交通和社会交通和谐运转。完成首长勤务、复工复产、清明祭扫、两会安保、冬奥测试赛等重大活动特勤警卫任务。

（闫威）

交通运输管理

【概况】 2021年，海淀区有918户交通运输企业（含1家个体出租管理站、2家网约平台），其中货运企业480户，巡游出租企业33户（含1家个体出租管理站），旅游企业5户（含1户停业），租赁企业58户，修理企业328户，驾校7户，游船单位6户，网约平台2个（阳光出行、滴滴出行）。有18735辆（艘）营运车（船），其中货运营运车2188辆，出租巡游车运营车3593辆，出租网约车运营车3394辆，旅游运营车144辆，租赁运营车6235辆，教练车1852辆，游船1239艘。

北京市交通委员会海淀运输管理分局（简称海淀运输管理分局）承接辖区交通运输业务5753件，办结5146件，其中不予受理820件，补齐补正282件，予以通过3979件，不予通过65件；接待咨询6653件。发放证件4772个。完成执法检查3236件，出动执法人员6939人次。采取行政措施291件，其中现场改正235件、限期改正24件、约谈8件、移送24件。开展党史学习教育系列活动，完成10项“我为群众办实事”清单工作。开展交通运输企业“安全生产大讲堂”活动。完成重要节假日交通运输保障任务。运政大厅获得“2020—2021年度北京市青年文明号”荣誉。

（李倩　刘航麟）

【联合执法检查】 年内，海淀运输管理分局组织召开11次联席会议，与市交通运输综合执法总队第六支队、第十四支队，公交保卫总队，区卫健委、区生态环境局、区安全应急局以及相关街道，开展瓶装液化气运输专项联合检查、医疗废物运输安全检查等联合执法行动。组织市交通委联合执法行动24户次，牵头跨部门联合检查21户次。

（潘新瑞）

【清河站冬奥会筹备保障工作】 年内，海淀运输管理分局参加关于清河站北京2022冬（残）奥会保障专题工作会议10次，讨论部署清河站赛事保障、硬件设施建设、信息化建设等工作。5次现场探勘清河站新建设蓄车区、运力保障设施；联合区交通委、站区管委会执法队等单位开展联合执法检查3次。

（王哲）

【公交行业监管】 年内，海淀运输管理分局将公交行业数据库中26个车队的信息进行梳理，运用地图搜索功能进行具体位置定位，创建公交行业动态监管地图。优化公交行业入户监管流程，结合行业监管地图科学规划监管内容、频率，提升公交行业执法效能。

（王哲）

【交通运输行业疫情防控】 年内，海淀运输管理分局开展道路货运行业疫情防控大检查和冷链运输行业专项检查。组织辖区道路货运行业疫苗接种工作，从业人员第一针疫苗接种2083人次，接种率90.53%；第二针疫苗接种2083人次，接种率100%；第三针疫苗接种2083人次，接种率100%。旅游客运、汽车租赁行业应接从业人员344人，全部完成接种。

（郭玉彬　王睿）

【货运行业监管】 年内，海淀运输管理分局利用北京市联网联控平台，每月统计汇总辖区营运车辆超速、疲劳驾驶及轨迹完整率，形成《海淀区货运行业动态监控月报》，并进行通报。通过智慧货运电子运单子系统，开展化危企业非现场抽查474户次，对抽查中发现的问题，联合市交通运输综合执法总队第六支队开展化危企业电子运单使用情况专项检查，对企业长期不录入电子运单、有轨迹无运单现象采取限期整改3次，规范企业电子运单录入工作。编制《海淀区营运车辆动态监控记录册》，向企业发放550本。

（郭玉彬）

【运输行业绿色发展】 年内，海淀运输管理分局引导辖区道路货运企业申报“绿色货运企业”，4家企业被评为北京市绿色货运企业，享受通行优惠政策。引导企业更新使用新能源货车，辖区新能源车73辆，其中电动建筑垃圾运输车15辆、纯电动货车（中型）6辆、天然气燃料车1辆、纯电动牵引车1辆、4.5吨以下新能源货车50辆。宣传解读《北京市促进高排放老旧柴油货运车淘汰方案》，辖区营运性国三柴油货运车辆全部注销清零，清退高排放老旧柴油货车2083辆。投放第一批包车客运运力指标60个，所有车辆能源结构均为氢燃料电池客车。

（郭玉彬　王睿）

【货运企业人员安全考评】 年内，海淀运输管理分局组织道路货运企业参加安全生产两类人员考核，向企业宣贯《道路运输企业主要负责人和安全生产管理人员安全考核管理办法》，组织企业两类人参加安全考核8次，122人通过考核。推进道路货运企业千分制考评，完成入户考核51户次，企业平均得分642.47。

（郭玉彬　王睿）

【“文明驾车，礼让行人”专项整治活动】 年内，海淀运输管理分局组织交通运输行业开展“文明驾车，礼让行人”专项整治行动。开展学习培训、强化引导，增强礼让观念，做到路口遵守交通信号，驾驶车辆行经人行横道减速慢行，人行横道停车让行等文明交通规范。组织签订“文明驾车礼让行人”承诺书，张贴“文明驾车礼让行人”倡议海报100余份。

（王睿）

【机动车维修企业喷漆房改造】 年内，海淀运输管理分局组织机动车维修行业有钣喷资质的104户企业开展喷烤漆房改造等提质升级工作，完成漆房改造152台，打磨间改造76户，漆房排气筒达标改造5户。

（王靖翔）

【机动车维修企业考核】 4月，海淀运输管理分局组织符合条件的130家机动车维修企业开展维修质量信誉考核工作。通过初评，获AAA级企业90家，AA级企业43家，A级企业77家，B级企业20家。

（王靖翔）

【交通运输执法领域突出问题专项整治行动】 5月至11月，海淀运输管理分局集中开展交通运输执法领域突出问题专项整治行动。制定《海淀运输管理分局交通运输执法领域突出问题专项整治行动方案》，明确17项工作任务。报送简报47期，各类统计数据报表40份。

（潘新瑞）

【水路运输考核】 9月22日至24日，海淀运输管理分局每天出动4名执法人员，配合交通委安全应急事务中心及第三方机构，对6家有游船业务的单位开展千分制考核工作。玉渊潭公园978分，紫竹院公园931分，中和汇智文化发展有限公司907分，圆明园公园875分，北京市颐和园管理处830分，稻香湖景酒店719分。

（潘新瑞）

邮政

【概况】 2021年，中国邮政集团有限公司北京市海淀区分公司（简称海淀区分公司）服务区域为海淀区全域，服务人口近312万人。下属17个邮政支局、103个邮政所（其中有代理金融业务的支行73个）、25个村邮站、21个普邮投递部、30个揽投部以及寄递部、金融业务部、集邮与文化传媒部、渠道平台部4个专业经营部门，主要提供普遍服务、便民服务、直邮服务、集邮服务和文化服务五大类邮政业务服务。

（胡柏峰）

【邮政业务】 年内，海淀区分公司业务收入完成8.92亿元，比上年增加1.07亿元，增幅13.63%。金融收入完成2.71亿元，寄递收入完成2.69亿元，集邮收入完成1.4亿元，函件收入完成7366万元，发行收入完成5711万元，渠道平台收入完成3681万元。

（胡柏峰）

【专项主题营销】 年内，海淀分公司承办全国两会专项服务项目：投递报刊9.18万份，国内邮件2292件，快包邮件261件，国际邮件6件，实现业务收入约464万元。“赏邮票学党史”活动：为各级政府、社区、街道、校园、企事业单位、金融系统等148个单位提供邮政党建文化服务，服务人数达1万余人次。建党百年邮品预订项目：开展地推活动284场，实现线上邮品售卖111.7万元，线下售卖金额218.89万元；销售建党百年重点邮品《领航中国》纪念册3466册，实现销售额260万元；在下属17个支局销售《中国共产党成立100周年》纪念邮票。清华大学110周年项目：为清华在校师生及校友策划110周年校庆专属个性化邮票——清华历，与清华印象联合推出系列极具设计感、时尚感的个性化邮票产品，包括首日封、纪封、纪念邮折、纪念邮册等，实现收入878万元。

（胡柏峰）

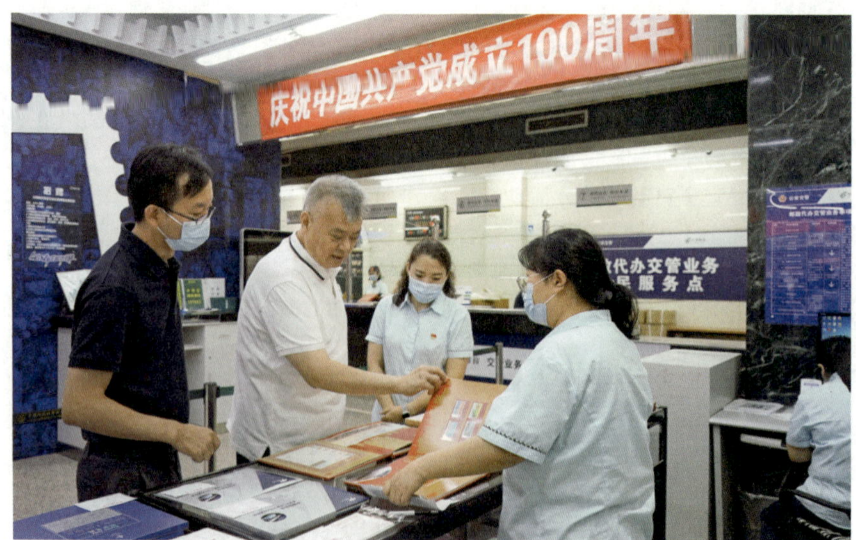

7月1日，《中国共产党成立100周年》纪念邮票预售（海淀区分公司　供图）

【邮政基础设施建设】 年内，海淀区分公司完成林业大学邮政所、田村路邮政所、宝盛里邮政所、花园东路邮政所、大运村邮政所、安宁庄南路邮政所、锦绣大地邮政所、丰智东路邮政所、苏州街支局、永定路支局10处网点整体改造，其中金融网点7处、邮政网点3处。形象提升工作62处、门头店招更新（网点的门头和招牌更新）77处，投入资金2308.32万元。

（胡柏峰）

【主题邮局】 5月8日，中国宋庆龄基金会与中国邮政集团有限公司共同主办“筑梦太空·寄语祖国”主题实践活动暨青少年邮局启动仪式，青少年主题邮局正式启动。6月1日，中国邮政集团有限公司、北京市邮政公司领导出席“永远跟党走筑梦新时代”全国少年儿童邮票创作设计作品征集活动颁奖暨《儿童画作品选》特种邮票首发活动。7月1日，《中国共产党成立100周年》纪念邮票北京首发活动在香山革命纪念馆举办。中国邮政太空邮局结合天和核心舱、天舟二号、神舟十二号、天舟三号、神舟十三号发射对接成功等航天任务，制作太空邮局集邮纪念封、函件纪念封、纪念邮折、邮册及彩色邮资签和彩色邮资机戳。太空邮局在上述航天任务节点，线上、线下举办销售日活动和上新日活动，业务收入584余万元，其中网厅线上收入176万余元。

（胡柏峰）

通信

中国联通北京市分公司

【概况】 中国联合网络通信有限公司北京市分公司（简称北京联通），隶属于中国联合网络通信有限公司，为北京市公众、商企和政府机构等客户提供包括固定电话、移动电话、数据传输、互联网、宽带接入等基础电信业务、增值电信业务以及与上述业务相关的行业应用、系统集成、技术开发、技术服务、信息咨询、工程设计施工等服务。

2021年，北京联通下设6个市区分公司，其中二区、八区、三区分公司为海淀区提供服务。二区分公司位于海淀区皂君庙9号，下辖11个营销服务中心，分别是中关村营销服务中心、北太平庄营销服务中心、上地营销服务中心、清河营销服务中心、西直门营销服务中心、皂君庙营销服务中心、二里庄营销服务中心、大有庄营销服务中心、温泉营销服务中心、西三旗营销服务中心、永丰营销服务中心。八区分公司位于海淀区茂林居甲14号，下辖9个营销服务中心，分别是五棵松营销服务中心、展览路营销服务中心、紫竹院营销服务中心、石景山营销服务中心、鲁谷营销服务中心、四季青营销服务中心、茂林营销服务中心、金顶街营销服务中心、恩济庄营销服务中心。三区分公司的西客站营销服务中心属于海淀区。在海淀区内的北京联通通信局所还有北京联通管线中心、北京联通移动中心、北京联通平台中心、北京联通网优中心。北京联通客户服务电话“10010”为客户免费提供7×24小时业务咨询、信息查询、投诉建议、业务办理等人工与自助的综合服务，“10011”为客户提供全国“一卡充”充值服务，“116114”信息导航平台，全方位提供查号、订餐、机票、预约挂号等便民服务。

（陈育红）

【5G建设】 年内，北京联通践行共建共享，实现5G网络规模和使用感知全国领先。围绕“SMART智慧冬奥”总目标，做好冬奥会筹备各项工作，推动冬奥权益赋能企业发展。逐年实施提速降费，普及千兆宽带。完成建党百年庆祝活动、全国两会、中关村论坛、“双十一”以及航空航天等重大活动和重要时点通信重保任务。公司承接的中航油项目获得“工信部第四届绽放杯5G应用大赛决赛全国二等奖”，科大讯飞、北邮智慧校园项目分别获得“工信部第四届绽放杯5G应用大赛决赛全国三等奖”和优秀奖，海淀区城市大脑IOCC项目被集团公司评为智慧城市优秀项目。

（陈育红）

【电信网络清理】 年内，北京联通推进“断卡行动2.0”，严厉打击电信网络诈骗，综合整治骚扰电话、垃圾短信，保质完成对“沉默卡”“高风险卡”“GOIP窝点”等专项清理和打击任务。断卡行动清理号码36079个，关停骚扰号码1925个，自查存量号码99358个、新入网号码50844个。骚扰电话有效压降，经工信部核查，公司未出现实名违规情况。

（陈育红）

【服务品牌提升】 年内，北京联通在全国首推WiFi承诺速率，服务响应缩短为2小时上门，首推7×24小时全天候服务，打造宽带服务标杆。优化正负面清单管控，问题定位穿透末梢；深化问题督办及通报机制，构建高标准、严管控的服务导向业绩考核体系，实现普通投诉率市区保持最低，行业投诉同比压降15%。深化落实宽带服务提升攻坚行动，针对影响宽带客户感知的业务办理、入户服务、网络质量等焦点问题，清单化推进解决，提升客户感知评价。开展助老助残活动，与区残联、聋协合作，多次为听障人士提供移动业务入网服务、上门办理业务。

（陈育红）

表27　2021年海淀辖区北京联通营业厅名单一览表

单位	序号	营业厅名称	地址
二区分公司	1	中国联合网络通信有限公司北京市分公司北太平庄营业厅	海淀区北三环中路33号
	2	中国联合网络通信有限公司北京市分公司温泉营业厅	海淀区温泉乡太舟坞
	3	中国联合网络通信有限公司北京市分公司上地营业厅	海淀区上地电话局
	4	中国联合网络通信有限公司北京市分公司中关村营业厅	海淀区海淀路54号
	5	中国联合网络通信有限公司北京市分公司清河营业厅	海淀区清河毛纺路清河电话局
	6	中国联合网络通信有限公司北京市分公司二里庄营业厅	海淀区志新路11号
	7	中国联合网络通信有限公司北京市分公司皂君庙营业厅	海淀区皂君庙路9号
	8	中国联合网络通信有限公司北京市分公司西三旗营业厅	海淀区西三旗建材城东路28号
	9	中国联合网络通信有限公司北京市分公司中关村东路营业厅	海淀区中关村东路1号院2号楼108室
	10	中国联合网络通信有限公司北京市分公司苏州街营业厅	海淀区苏州街55号101
	11	中国联合网络通信有限公司北京市分公司马连洼营业厅	海淀区马连洼兰园小区14号楼1层2-5号
	12	中国联合网络通信有限公司北京市分公司上地信息路营业厅	海淀区农大南路1号院2号楼B104A
	13	中国联合网络通信有限公司北京市分公司西直门营业厅	海淀区西直门北大街32号院1号楼1层106-第72至76号房间
	14	中国联合网络通信有限公司北京市分公司西土城路营业厅	海淀区西土城路10号综合楼1层
	15	中国联合网络通信有限公司北京市分公司中关村南大街营业厅	海淀区中关村南大街乙12号院1号楼1层1-17
	16	中国联合网络通信有限公司北京市分公司北科大营业厅	海淀区学院路30号2区10幢1层101室
	17	中国联合网络通信有限公司北京市分公司新街口外大街营业厅	西城区新街口外大街28号30幢28-16
	18	中国联合网络通信有限公司北京市分公司万柳中路营业厅	海淀区颐和园路5号北京大学校内29#学生集体宿舍楼地下1层内15号
	19	中国联合网络通信有限公司北京市分公司永泰中路营业厅	海淀区永泰东里52号楼首层4号北侧
	20	中国联合网络通信有限公司北京市分公司花园路营业厅	海淀区花园路B3号1层南侧
三区分公司	21	中国联合网络通信有限公司北京市分公司莲花桥营业厅	海淀区什坊院甲3号
	22	中国联合网络通信有限公司北京市分公司西客站营业厅	海淀区羊坊店路9-1号
八区分公司	23	中国联合网络通信有限公司北京市分公司五棵松营业厅	海淀区复兴路65号
	24	中国联合网络通信有限公司北京市分公司远大路营业厅	海淀区远大路1号金源时代购物中心1层1022、1069号
	25	中国联合网络通信有限公司北京市分公司田村营业厅	海淀区永定路乙1号院8号楼6单元101
	26	中国联合网络通信有限公司北京市分公司紫竹院营业厅	海淀区西三环北路昌运宫1号
	27	中国联合网络通信有限公司北京市分公司四季青营业厅	海淀区昆明湖南路12号
	28	中国联合网络通信有限公司北京市分公司茂林居营业厅	海淀区茂林居小区甲14号

续表

单位	序号	营业厅名称	地址
八区分公司	29	中国联合网络通信有限公司北京市分公司公主坟营业厅	海淀区复兴路21号国美大厦1层
	30	中国联合网络通信有限公司北京市分公司四通桥营业厅	海淀区中关村南大街1号
	31	中国联合网络通信有限公司北京市分公司恩济庄营业厅	海淀区八里庄路63号院1号楼1层08号

（陈育红）

中国移动北京公司城区三分公司

【概况】 中国移动北京公司城区三分公司（简称城区三分公司）隶属于中国移动通信集团北京有限公司（简称北京移动），是北京移动二级单位之一，为海淀区280万用户提供移动话音和流量、有线宽带、集团客户以及其他通信信息服务。2021年，城区三分公司建有4G基站1440个，5G基站1314个。完成庆祝建党100周年、北京冬奥会筹备、全国两会等重大活动的通信保障任务。城区三分公司志愿者参与属地街道社区志愿服务，开展社区防疫、科普、防范电信诈骗等活动30余场次。城区三分公司所属中关村西区营业厅获"全国青年文明号"称号。

（戴林轩）

【宽带建设】 年内，城区三分公司历经6年宽带建设，社区覆盖率达到89.7%。海淀区5G网络覆盖率达97.5%，5G站点数量4953个。持续投入网络建设，提升5G用户感知，海淀区实现城市、农村5G网络广覆盖，为智慧家庭构建提供网络基础。实施服务精细化管理，根据不同年龄层次客户需求，升级银发客户和校园市场特色服务。

（戴林轩）

【"相约北京"系列冬季体育赛事通信保障】 年内，为满足冬奥赛事通信业务需求，北京移动重保团队与五棵松体育中心场馆方合作开展馆内移动通信网络的建设、优化和改造工作。为提升场馆内的通信容量同时实现精准覆盖，北京移动选定赋形天线方案，赋形天线能够对无线电波的方向和能量进行更有效的管理，如期完成全部34面天线安装，既减少部分配重，又确保"质量更优，体重不增"。在"相约北京"系列冬季体育测试赛前实现五棵松体育馆内4G/5G网络100%覆盖，突破封闭室内场馆内网络覆盖、网络容量和同频干扰三重考验。一批新型通信基础设施将应用于冬奥保障工作，助力科技冬奥。

（钟冷）

【海淀辖区北京移动营业厅名单】 年内，海淀辖区有北京移动营业厅33个。

（戴林轩）

"相约北京"系列冬季体育赛事测试期间，中国移动北京公司城区三分公司工作人员在五棵松体育中心调试设备（城区三分公司 供图）

表28　2021年海淀辖区北京移动营业厅名单一览表

序号	营业厅名称	营业厅地址
1	永定路营业厅	海淀区永定路乙一号乐府江南乙1-20号底商
2	锦秋国际营业厅	海淀区知春路6号1层01A02
3	交大营业厅	海淀区交大东路18号院9号楼1层
4	清华营业厅	海淀区清华园街道清华大学16区

续表

序号	营业厅名称	营业厅地址
5	林大营业厅	海淀区清华东路35号北京林业大学校内信息楼东侧
6	科大营业厅	海淀区学院路30号6区北京科技大学学生公寓3号楼1层
7	紫竹桥营业厅	海淀区紫竹院路1号人济山庄D栋101号
8	中关村西区营业厅	海淀区彩和坊路8号天创科技大厦104、105商铺
9	北太平庄营业厅	海淀区北三环中路35号2层
10	首享大厦营业厅	海淀区学院路51号首享科技大厦1层
11	清河营业厅	海淀区清河家园东区1号楼108
12	主语国际营业厅	海淀区首体南路9号主语商务中心5号楼1层0101
13	北理工营业厅	海淀区北京理工大学内职消社超市2层
14	上地科实营业厅	海淀区信息路甲28号1楼1层F
15	五棵松营业厅	海淀区西翠路12号
16	枫蓝国际营业厅	海淀区西直门北大街32号枫蓝国际中心商场1层
17	北下关营业厅	海淀区大柳树富海中心2号楼101室
18	万柳营业厅	海淀区万柳东路9号106室底商
19	保福寺营业厅	海淀区北四环西路9号1层105、107单元底商
20	学清路营业厅	海淀区学清路38号金码大厦B座1层A2区
21	人大营业厅	海淀区中关村大街59号中国人民大学后勤集团餐饮管理部办公楼1层
22	北医营业厅	海淀区学院路38号
23	北航营业厅	海淀区学院路37号北京航空航天大学校园内
24	北师大西门营业厅	海淀区新街口外大街19号北京师范大学校内小西门旁底商
25	西山林语营业厅	海淀区冷泉林语山庄二区13号楼1至2层107
26	玲珑路营业厅	海淀区西四环北路160号
27	中关村软件园营业厅	海淀区东北旺西路8号院41号楼底商
28	永泰庄营业厅	海淀区永泰东里41号
29	民大营业厅	海淀区中央民族大学1号公寓南侧对面
30	北大营业厅	海淀区海淀路5号北京大学内45甲号楼地下1层
31	博雅西园营业厅	海淀区厢黄旗1号楼1层D04底商
32	公主坟城乡营业厅	海淀区复兴路甲23号1层1-02
33	远大路营业厅	海淀区远大路1号金源时代购物中心B段1层1125号

（戴林轩）

中国电信股份有限公司北京分公司

【概况】中国电信股份有限公司北京分公司（简称中国电信北京公司）成立于2002年，是中国电信集团有限公司（简称中国电信）31个省级分公司之一。中国电信北京公司坚持“服务首都、服务总部、服务民生”，致力于打造“信息时代智慧新型运营商”。2021年，中国电信北京公司积极履行社会责任，贯彻落实集团公司乡村振兴工作部署，结对帮扶新疆喀什疏附县。做好企业疫情常态化防控工作，全力配合属地政府，提供智慧化防疫防控服务。中国电信北京公司在海淀辖区有营业厅20个。

（乔婷婷）

【5G全覆盖】年内，中国电信北京公司在海淀区建立的5G室外站达2718个，MR（Measurement Report，测量报告）覆盖率96.49%，新增新型5G室分540套，覆盖686栋楼宇，覆盖面积约1260万平方米。

（乔婷婷）

【疫情通信保障】年内，中国电信北京公司应海淀区卫健委疫苗接种工作安排，承担海淀区流动接种队上门接种的视频保障任务。按照上门服务模式，完成临时接种点视频监控数据对接任务，阶段性完成疫苗接种保障任务。为部分街镇提供“数字哨兵”“智能门磁”防疫保障服务；为政府提供流调工作“来电名片”服务，为防疫工作保驾护航。

（乔婷婷）

【用户服务提升】年内，中国电信北京公司立足用户感知，从根本上变革服务模式，尝试探索“一人一站式服务”，首接触客服人员对用户问题从一而终，一跟到底，为用户提供解决方案，缩短用户问题解决路径，提升用户整体感知。衍生推出企业微信“陪伴服务”，在中国电信北京公司10000号“尊长专席”的基础上，主动引导来电咨询的老年用户添加专属1V1服务经理企业微信，通过微信为使用自助服务有困难的长者用户提供业务快捷办理、产品使用辅导、合约到期提醒、防诈关怀提醒等八大适老服务，打造管家式专属服务，提升老年人在数字化发展中的获得感、幸福感和安全感。在老百姓家门口的电信营业厅设立爱心驿站，面向老年人群体，快递小哥、外卖骑手、环卫工人等户外劳动者群体，办理业务的残疾人、孕妇等特殊群体，以及营业厅周边的过路人群体，提供智能科普、反诈宣传、饮水供给、餐食加热、手机充电等公益服务，把电信营业厅打造成老年人的“智慧站”，户外劳动者的“补给站”，残疾人的“公益站”，过路人的“便民站”，反诈行动的“宣传站”。

（乔婷婷）

表29 2021年海淀辖区北京电信自有营业厅名单一览表

序号	网点名称	详细地址
1	上地西路营业厅	海淀区上地三街9号金隅嘉华大厦B座120
2	稻香湖路营业厅	海淀区林风二路39号院4号楼1层108及2层208
3	马连洼营业厅	海淀区润千秋佳苑12号楼1层01-50
4	安河桥北营业厅	海淀区龙背村路101号第36号商铺
5	清河营业厅	海淀区清河嘉园东区1号楼-1层-107
6	上地营业厅	海淀区赢创动力大厦B座1层中国电信
7	永丰南营业厅	海淀区永丰路9号院1号楼1层1-115房间
8	悦界营业厅	海淀区永丰悦界商街2号楼1层101-101/201
9	海淀大街营业厅	海淀区海淀大街27号8号楼
10	航天桥营业厅	海淀区西三环北路88号1层2号底商
11	六道口营业厅	海淀区清华东路25号1号楼1层105室
12	明光桥营业厅	海淀区学院南路15号院10号楼1层0101-01
13	四通桥营业厅	海淀区中关村大街49号9号楼1层4-5号
14	田村营业厅	海淀区永定路乙1号院14号楼1层1-6-105/106

续表

序号	网点名称	详细地址
15	五道口营业厅	海淀区华清嘉园6号楼1层
16	西直门外营业厅	海淀区高梁桥斜街59号院5号楼1层107
17	杏石口营业厅	海淀区杏石路99号3幢103
18	长春桥营业厅	海淀区远大路1号金源时代购物中心2栋1层
19	中关村营业厅	海淀区北四环西路51-1号
20	莲花桥营业厅	海淀区西三环莲花桥东北角什坊院6号

（乔婷婷）

科　技

2022
北京海淀年鉴

综述

2021年，海淀区科学技术和经济信息化局（简称区科信局）围绕科技创新出发地、原始创新策源地和自主创新主阵地三大定位，深化区委“两新两高”战略，抢抓“两区”建设机遇，全面提升创新发展能级。高新技术企业总收入3.52万亿元，比上年增长19.3%。规模以上工业总产值3162.9亿元，比上年增长29.8%。研发投入强度6.8%。技术合同登记61323份，技术合同登记总额达2920.8亿元，比上年增长43.2%，占北京市的41.7%，居北京市首位，技术合同成交额2920.8亿元，比上年增长43.2%，占北京市的41.7%，专利授权量71703件，比上年增长17.7%，占北京市的36.1%；其中，发明专利授权量40455件，比上年增长19.6%，占北京市的51.1%；PCT专利申请量4085件，比上年增长16.8%，占北京市的39.4%。截至年底，全区有效发明专利拥有量193194件，占北京市的47.7%，每万人发明专利拥有量617.2件（按海淀区2020年常住人口313万人计算）。海淀区国家高新技术企业9776家，中关村高新技术企业11170家；独角兽企业50家；上市公司总数达253家，居国内地级市之首。北京量子信息科学研究院、全球健康药物研发中心、智源人工智能研究院、北京石墨烯研究院等新型研发平台加速发展。北京市自然科学基金——海淀原始创新联合基金支持68个项目，推进国家自然科学基金区域创新发展联合基金（北京）工作，海淀区企业联合参与27个项目。强化高校院所、企业等各类创新要素协同发展，促进科研成果市场化、效益化。推动北航、中国科学院北京分院、清华概念验证中心建设，成立全国首个临床医学概念验证中心——北医三院概念验证中心，推动科技成果转移转化；完善多元开放、高度聚合的区域创新体系。

（程晓荷）

科技产业与成果

【北京量子信息科学研究院】 年内，北京量子信息科学研究院成功研制国际首台量子直接通信原理样机，在2021年全国科技活动周暨北京科技周展示。制备出寿命超过500微秒的“长寿命超导量子比特芯片”，打破世界纪录，作为2021年中关村论坛重大科技成果发布。研发世界首台工业级超短超强太瓦（>10太瓦）激光器及超强激光驱动桌面同步辐射光源样机。引进并组建20支特色团队，专兼职工作团队达350人。整合北京现有量子物态科学、量子计算、量子通信、量子材料与器件、量子精密测量等领域优势资源，建设量子信息科技综合性实验和研发平台，开展重大科技任务攻关。

（陈晓曦　程晓荷）

【北京石墨烯研究院】 年内，北京石墨烯研究院完成A3薄膜2.5代工艺，实现单晶铜上石墨烯晶畴取向一致度95%以上。完成优质单晶晶圆的批量化生产，实现晶圆产品线制造的标准化流程。完成石墨烯玻璃纤维的批量化工艺攻关，保证装机评审的规定产品数量。国家石墨烯材料产业计量测试中心、国家市场监管技术创新中心（石墨烯计量与标准技术）、石墨烯制备科学基础科学中心等3个国家级平台获批启动建设。与京东集团建立联合创新实验室，支持开展电子器件石墨烯散热技术等应用开发。成立北京孵烯检测认证有限公司，推动材料市场化。

（谭修一）

【京津冀国家技术创新中心】 年内，京津冀国家技术创新中心建成高端装备、电子信息等6个产业协同创新中心和24名项目经理团队，组建智能制造、光电技术等5个专业研究所，组建227人的专职工程技术团队。遴选北京石墨烯研究院、天津清华高端装备研究院等5个高水平研发机构以及联想集团有限公司、北京超维景生物科技有限公司等16家高科技企业。实施科研项目171项，121项技术实现转移转化，培育企业108家。推进京津冀国家技术创新中心天津中心和河北中心建设。“京津冀联动的全球化协同创新服务模式”入选商务部《北京市国家服务业扩大开放综合示范区建设最佳实践案例》，并向全国推广。

（谭修一）

【实施自然科学基金联合基金计划】 年内，中关村科学城管委会扩大北京市自然科学基金——海淀原始创新联合基金的参与企业和研究领域，通过遴选新增北京纳通科技集团有限公司、北京数字工软科技有限公司，发布指南40项，通过资助项目68项，资助项目总金额2901万元。发布国家自然科学基金区域创新发展联合基金（北京）申报指南，有效申报89项，区内企业联合高校院所申报27项；完成编制2022年申报指南，14家领军企业提出的14个科学问题列入指南方向。联合市基金办举办“杰青来了”等系列活动，对接杰青和课题承担方的优秀科研成果，帮助优秀成果转化落地。3人入选北京市杰出青年科学基金项目，占全市的60%。

（孙猛）

【概念验证中心建设】 年内，海淀区建设全国首个临床医学概念验证中心——北医三院概念验证中心；完成首批概念验证项目评选工作，支持项目20个，支持总金额915万元。中关村科学城管委会推进已有的北京航空航天大学、清华大学、中科院北京分院3个概念验证中心建设。北航概念验证中心13个项目分4批获得海淀区概念验证立项和支持，海淀区财政累计支持项目资金724.5万元，其中6个项目达到预期的验证目标。在完成验证的项目中，3个项目通过技术转让获取社会资本组建公司，专利引资等形式实现落地转化，完成转化项目吸引融资及转化收益1300万元。清华概念验证中心首批4个项目进入概念验证环节，遴选5个项目待选。中科院北京分院概念验证中心组织4场概念验证创新大赛专场路演活动，2020年首批支持的8个项目进入概念验证环节，其中4个项目在海淀园区完成产业化公司注册，总估值为5.7亿元至6.2亿元。中国科学院北京分院概念验证中心挖掘一批中国科学院新的科研项目，重点筛选生物医药领域、航空航天领域、智能硬件领域、装备制造领域、新一代信息技术领域、工业自动化及新材料领域的重点项目，为项目匹配专属技术经理人，提供知识产权与法律顾问、入驻办公空间、产业资源与地方市场资源对接等服务，支持项目开展原型开发、市场价值验证和商业模式设计等工作，对中国科学院早期项目提供全方位支持，突破科研成果转化率偏低的瓶颈。

（谭修一 程晓荷）

【激光雷达绘物产品发布】 年内，北京北科天绘科技有限公司发布自主研发的星探、风蝶、C-Fans-256三款全新激光雷达产品。星探激光雷达系统拥有200米的核心三维测距，32万点每秒的脉冲点频，对一块5000平方米的作业区域，从数据采集到数据处理，仅需10分钟便可完成，解决激光雷达领域“最后一公里”问题。风蝶实现5厘米的高程精度，200米的最大作业高度，是360度无短板的微型激光雷达。C-Fans-256在微小障碍物探测方面通过ISO16750总计9类共31项测试的高车规符合性，用户仅需4个小时左右即可学会产品的SDK二次开发。

（林琳）

【获中国国际大数据大会大奖】 3月30日，2021第七届中国国际大数据大会在北京召开。会上举行大数据产业年度评选发布仪式，百度、融信数联、华为、北京移动、腾讯云、神州数码等国内外知名企业分获年度优秀大数据技术产品、企业、数字化转型解决方案等奖项。中关村科学城企业百度获2020数字化转型优秀解决方案、行业影响力奖、创新方案奖，融信数联获“2020年度大数据行业领军企业”“2020数字化转型优秀解决方案TOP20”“2020年度疫情防控优秀大数据解决方案”3项大奖。

（程晓荷）

【全球首款6nm 5G芯片虎贲T7520实现量产】 4月11日，海淀企业北京紫光展锐科技有限公司宣布6nm（纳米）5G芯片迎来突破，并实现量产。虎贲T7520全球首发6nm EUV工艺制造，拥有多层极紫外光刻技术加持，工艺光源波长缩短到13.5nm，接近X射线的精度，相比初代7nm晶体管密度提高18%，芯片功耗则可降低8%。虎贲T7520集成8个CPU核心，包括4个A76、4个A55，集成4个Mali-G57 GPU图形核心，内存支持2×16-bit LPDDR4X 2133MHz，存储则支持eMMC 5.1、UFS 3.0。虎贲T7520号称“全球首款全场景覆盖增强5G基带”，支持6GHz以下频段、NSA/SA双模组网、2G至5G七模全网通、双卡双5G、EPS回落、VoNR高清语音视频通话等先进标准和技术，SA模式下行峰值速率可超过3.25Gbps，上传则可达1.25Gbps。支持5G NR TDD+FDD载波聚合（平均下行峰值速率提升30%）、3.5GHz+2.1GHz频段上下行解耦（覆盖半径提升100%）、3.5+2.1GHz超级上行（近点峰值速率提升60%）、5G超级发射等，可解决增强型VR、4K/8K超高清视频直播等业务需要更大上行带宽的痛点。

（孙树昆 钟冷）

【巢生北京实验室正式运营】 4月27日，位于中关村东升国际科学园的巢生北京创新旗舰实验室正式启动运营。该实验室是由中关村科学城公司与巢生Nest.Bio联合打造的国际化生物医药创新服务平台，围绕生物医药早期创新项目，建设近3000平方米的“国际化”“现代范”创新空间，布局中心共享实验室、分子生物学实验室、细胞培养实验室、成像平台等一批专业设备平台，为入驻项目提供“空间+投资+孵化+研发”的立体服务支撑。首批10余家优质生物医药企业正式入驻。

（林琳）

【天问一号探测器首次成功着陆火星】 5月15日7时18分，驻区企业航天科技集团五院研制的天问一号探测器成功着陆火星乌托邦平原南部预选着陆区，标志着中国首次火星探测任务着陆火星取得圆满成功。中共中央总书记、国家主席、中央军委主席习近平致贺电，中共中央政治局常委、国务院副总理韩正在北京航天飞行控制中心观看天问一号探测器实施火星着陆情况。中国首次火星探测任务于2016年立项，天问一号探测器于2020年7月23日在海南文昌由长征五号运载火箭成功发射。2021年2月10日成功实施火星捕获，成为中国第一颗人造火星卫星。2月24日探测器进入火星停泊轨道，开展为期约3个月的环绕探测，相继完成着陆区预探测、轨道维持、自检等关键飞行控制任务。5月5日凌晨1时许，天问一号在火星停泊轨道上进入着陆窗口，随后探测器实施降轨，环绕器与着陆巡

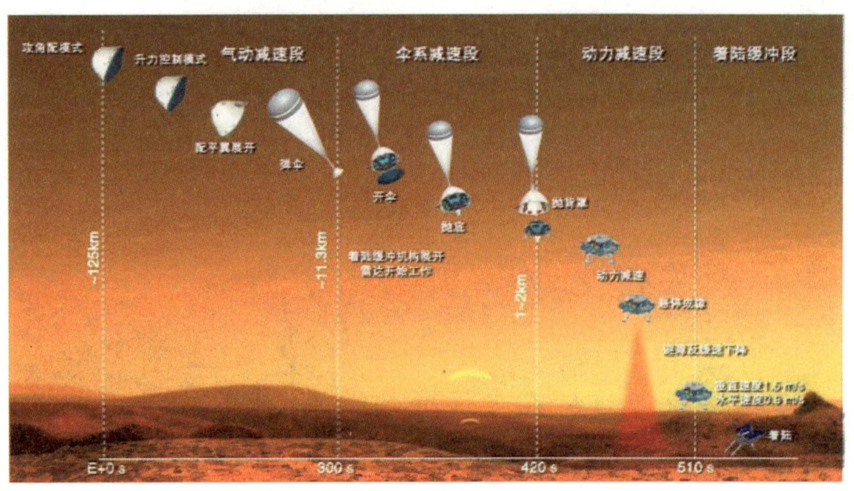

5月15日，天问一号探测器着陆过程示意图（林琳 供图）

视器开始分离，继而环绕器升轨返回停泊轨道，着陆巡视器运行到距离火星表面125千米高度的进入点，开始进入火星大气，于5月15日7时18分软着陆在火星表面。天问一号探测器成功着陆火星，系中国首次实现地外行星着陆，成为全球第二个成功着陆火星的国家。

（林琳）

【碳基射频电子器件研究成果发表】 5月22日，北京元芯碳基集成电路研究院在碳基射频电子器件研究中取得重要进展，研究成果以《基于阵列碳纳米管的射频晶体管器件》为题，在国际著名学术期刊《自然·电子学》以封面论文形式发表。在即将到来的第六代移动通信技术（6G）时代，碳基将会提供速度更快、性能更强、集成度更高、能耗更低的核心芯片技术，在传感、数字、射频领域都有广泛的应用，推动中国芯片产业和信息技术发展。

（田京京）

【34家企业参展2021年全国科技活动周】 5月22日至28日，2021年全国科技活动周暨北京科技周活动主场在中关村国家自主创新示范区展示中心举行，中关村科学城管委会围绕重点产业领域，面向重点科技企业征集展项，报送龙芯中科、银河航天视等17家科技企业参加临展厅主展区线下展览，34家企业参与线上展（含线下主展区17家）。

（李佳烨）

【中国首个原创虚拟学生“华智冰”诞生】 6月1日，基于全球最大智能模型“悟道2.0”诞生的中国首个原创虚拟学生“华智冰”在海淀诞生，并进入清华大学计算机科学与技术系知识工程实验室学习。“悟道2.0”由北京智源人工智能研究院牵头，智谱AI等多家机构共同研发的超大规模智能模型，参数规模达到1.75万亿个，是Openai的GPT-3模型的10倍，打破由谷歌预训练模型创造的1.6万亿个参数记录，并在多个国际人工智能基准测试榜单的9项任务上取得领先，实现中国在该领域的前沿引领。可以同时处理中英文和图片数据。该模型还引入大规模的知识图谱，构建数据与知识双轮驱动的人工智能框架，并通过这种框架分析、理解富含前沿技术信息的知识。“华智冰”由三方合作诞生，北京智源人工智能研究院领衔开发超大规模智能模型“悟道2.0”；智谱AI团队作为骨干参与开发“悟道2.0”，并主要开发平台应用生态；小冰公司提供全球领先的人工智能完备框架，同时负责声音、形象的开发应用。“华智冰”脸部、声音都通过人工智能模型生成，可以作诗、作画、创作音乐，具有一定的推理和情感交互的能力。与一般的虚拟数字人不同，华智冰拥有持续的学习能力，能够逐渐“长大”，不断“学习”数据中隐含的模式，包括文本、视觉、图像、视频等，从而变得越来越聪明。

（钟冷）

6月23日，北京航天飞行控制中心指挥大厅巨型LED显示屏显示神州十二号舱内情况（利亚德公司 供图）

【LED指挥显示系统保障神舟十二号“天地通话”】 6月17日9时22分，神舟十二号载人飞船在酒泉卫星发射中心发射成功。由海淀区企业利亚德光电股份有限公司提供LED指挥显示系统的酒泉卫星发射中心和北京航天飞行控制中心，实现多指挥厅协同控制与多部门信息互联互通，全方位保障发射任务顺利进行。6月23日，习近平总书记来到北京航天飞行控制中心，通过指挥大厅的巨型LED显示屏，同正在天和核心舱执行任务的神舟十二号航天员聂海胜、刘伯明、汤洪波进行跨越400千米的“天地视频通话”。LED指挥显示系统全部采用利亚德小间距（1.25毫米）LED高清显示屏及全分布式音视频拼接处理器，有效实现了海量音视频信号源的接入与小间距LED精准纳秒级同步显示，确保“天”“地”双方在显示屏上精准画、音同步无时差的对话效果，为航天员和国家领导人带来犹如“面对面”的交流体验。

（钟冷）

【无液氦稀释制冷机取得突破性进展】 6月24日晚，由中国科学院物理研究所自主研发的无液氦稀释制冷机成功实现10毫开尔文（绝对零度以上0.01度）下的极低温运行，这标志着中国在高端极低温仪器研制上取得突破性进展。无液氦稀释制冷机原型机实现10.9毫开尔文（零下273.1391度，即绝对零度以上0.0109度）的连续稳定运行，满足超导量子计算需要的条件，单冲程运行模式可低于8.7毫开尔文（零下273.1413度，即绝对零度以上0.0087度），基本达到国际主流产品的水平。无液氦稀释制冷机有别于传统的依赖液氦辅助降温的湿式稀释制冷机，无须液氦供应，样品空间大，连续运行时间长且运维方便，在最近十年迅速普及并成为市场主流。

（钟冷）

【百度飞桨跃居中国深度学习平台市场综合份额首位】 6月，数据调研机构IDC发布2021年上半年深度学习框架平台市场份额报告。调研显示，来自海淀的百度公司在中国深度学习平台市场中的综合份额持续增长，跃居第一。作为中国首个自主研发、功能丰富、开源开放的产业级深度学习平台，百度飞桨服务12万家企事业单位，覆盖农业、工业、林业、民生、通信、电力、公益、城市管理等数十个行业，创建36万个模型。助力培养AI人才，通过AICA首席AI架构师培养计划向业界输出190名高端复合型AI人才；面向高校的深度学习师资培训，助力全国超过200所高校开设AI学分课，惠及数万名学生。全球深度学习平台形成百度飞桨、Google、Facebook三足鼎立格局。

（钟冷）

【参展第七届军博会】 7月5日至7日，2021第七届中国（北京）军事智能技术装备博览会在京举行，中电太极、利亚德、洲明科技、摄星智能、北信源等近300家企业参展，海淀区共有30余家高科技企业、互联网企业、军事企业参展，参会人数达1.3万人。北京雷神博峰信息技术有限责任公司参展的VT30系列车机产品，开机仅需5秒就能进入用户界面，车机拥有诸如电磁兼容、抗击打、抗严寒、抗酷暑等高强度的环境功能测试，车机的所有元件均实现国产化，车机有多种接口，适配于各种不同型号的车辆。

（钟冷）

【美团配送无人机正式亮相】 7月8日，在2021世界人工智能大会上，中关村科学城企业——北京三快在线科技有限公司（美团）（简称美团）无人配送最新产品——美团无人机正式亮相。美团于2017年启动无人机配送场景的探索，完成自主飞行无人机、自动化机场及无人机调度系统的研发工作。截至2021年6月，美团无人机完成超20万架次的飞行测试，配送真实订单超过2500单。

（孙树昆）

【行业首个混合云操作系统发布】 7月13日，在“2021京东云峰会”上，京东云发布行业首个混合云操作系统“云舰”，将混合云的管理推向操作系统级别，实现数字化基础设施统一化管理和调度。依托“云舰”开放应用市场，发布行业首个全面开放的PaaS生态“云筑计划”，首期近30家企业入驻，涵盖数据库、中间件、容器、微服务、DevOps、低代码、大数据、安全、IaaS等技术领域。发布七大基础技术产品，包括新一代绿色数据中心、京刚第四代云主机、新一代弹性专有云JDStack 4.0、京东云智能视觉系列产品、京东万象+隐私计算平台、国产分布式数据库StarDB、自研DevOps工具平台等新产品，提升云计算的基础设施性能。

（孙树昆）

【国内首个XDR扩展威胁检测与响应平台产品发布】 7月22日，在2021年中关村创新创业季网络安全行业发展交流论坛上，北京未来智安科技有限公司发布国内首个XDR扩展威胁检测与响应平台产品XDR2.0。XDR2.0通过对多源异构数据的接入和治理，对安全事件进行快速响应、检测、回溯、分析，还原完整的攻击故事，找到系统安全弱点，采取统一的作战指挥和协同响应处置，最终实现让告警频率降低50倍，安全运营效率提升8倍，总体拥有成本降低44%。

（钟冷）

【龙芯3A5000处理器芯片发布】 7月23日，龙芯中科技术股份有限公司发布国内首款基于自主指令系统LoongArch的处理器芯片——龙芯3A5000，CPU核心、内存控制器及相关PHY、高速I/O接口控制器及相关PHY、锁相环、片内多端口寄存器堆等所有模块均为自主设计。处理器主频2.3GHz–2.5GHz包含4个处理器核心，比龙芯3A4000处理器性能提升50%，功耗降低30%。处理器核内设置专门机制防止“幽灵（Spectre）”与“熔断（Meltdown）”攻击，并在处理器核内支持操作系统内核栈防护等访问控制机制，拥有极高的安全性。

（孙树昆 林琳）

【“3D+AI”跳水训练系统助中国跳水队东京奥运会夺金】 7月25日，东京奥运会第二个比赛日，中国跳水队夺得首金。百度智能云为中国跳水队赛前训练打造的国内首个“3D+AI”跳水训练系统，让“复制粘贴”般完美入水成为经典。“3D+AI”跳水训练系统覆盖跳水训练的各个环节。百度智能云基于“3D+AI”技术，首次实现“云—边—端”软硬一体的AI辅助训练系统，通过AI技术对训练视频进行摘要、动作抽取、姿势纠正等处理，快速进行归纳整理，突破了体育运动定量评价与数据分析的难题，将竞技体育更精细化定格在时间和空间维度，让体育训练更加科学、智能、合理、有效，实现“看得清”“看得准”“看得全”“看得懂”四大核心能力。

（钟冷）

【征程5芯片发布】 7月29日，北京地平线信息技术有限公司发布地平线征程5芯片，同时发布全场景整车智能解决方案和全场景整车智能计算平台。征程5芯片AI性能跑分强，超越Nvidia Orin，是国内唯一支持快速量产的整车智能计算平台芯片。公司成为业界唯一能够覆盖从L2到L4全场景整车智能芯片方案的提供商。征程5芯片兼具大算力和高性能，单颗芯片AI算力最高可达128TOPS，支持16路摄像头感知计算，支持自动驾驶所需要的多传感器融合、预测和规划控制等需求，定位“数字发动机”。

（孙树昆）

【第二代百度昆仑AI芯片实现量产】 8月18日，在2021百度世界大会上，百度公司宣布自主研发的第二代百度昆仑AI芯片——昆仑芯2实现量产。芯片采用7nm制程，搭载自研的第二代XPU架构，相比第一代性能提升2—3倍。昆仑AI芯片拥有自研XPU架构及多项自主设计，与飞腾等多款国产通用处理器、麒麟等多款国产操作系统以及百度自研的飞桨深度学习框架完成端到端的适配，拥有软硬一体的全栈国产AI能力，适用于云、端、边等多场景。

（程晓荷）

【3款医疗机器人参展世界机器人大会】 9月10日至13日，2021世界机

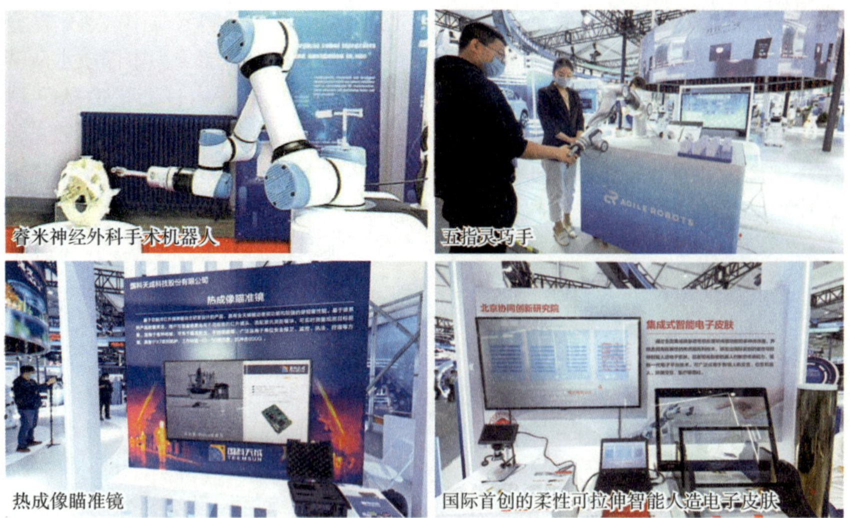
睿米神经外科手术机器人 五指灵巧手 热成像瞄准镜 国际首创的柔性可拉伸智能人造电子皮肤

9月24日至28日，2021第二十四届北京国际科技产业博览会上中关村科学城企业部分参展产品（中关村科学城 供图）

器人大会在北京举行。大会设立医疗专区，展示全球机器人领域的先进技术和科研成果，来自海淀的口腔手术机器人、神经外科手术机器人、天玑骨科手术机器人亮相。柏惠维康公司展出口腔和神经外科两个领域的机器人产品，精度误差控制在1度和0.5毫米以内。机器人内采用柏惠维康自主研发的光学跟踪定位技术，定位仪每分钟刷新1000次患者位置，超过0.1毫米的位移即可被检测，驱动机械臂快速锁定到正确的靶点和路径，实现快速精准的标准化种牙。睿米神经外科手术机器人，可用于辅助临床医生微创、精准、高效、安全地完成各类神经外科手术。机器人包含“脑”“眼”“手”三个重要部分，“手”臂展达1000毫米，机械臂720度自由转动，可自动到达活动范围内任意位置。平均手术用时仅十几分钟，定位精度0.8毫米以内。天玑骨科手术机器人，实现2D与3D图像精确配准、机器人随动算法、机器人力反馈安全控制算法、综合避障算法，在机器人控制、患者实时跟踪和路径自动补偿等领域实现重大突破，基于术中实时三维影像的机器人精准定位误差不到1毫米。

（钟冷）

【海淀高科技成果亮相科博会】 9月24日至28日，中关村科学城管委会在2021第二十四届北京国际科技产业博览会上设立智慧科技和医药健康两大展区，41项高科技成果参展，展示中关村科学城创新合伙人们的尖端科技。智慧科技展区以“智无止境、科创赋能”为主题，分为数字基础设施、关键底层技术、前沿产业布局、数字改变生活4个板块，展出长安链、昆仑二代芯片、思灵机器人、阿波罗极狐自动驾驶汽车等25个项目，其中长安链和人工智能生态2个项目作为领导巡展重点项目展出。医药健康展区以“使命驱动、创新引领”为主题，16个项目划分为新药研发、智能医疗、高端医疗器械、创新平台等4个板块，展示各领域前沿技术产品。新药研发领域聚焦疫苗、抗体、化学新药、中药新药，涌现出科兴、康辰医药、盛诺基等一批代表性企业。其中科兴公司的新冠病毒疫苗年生产能力达到20亿剂，向世界5个国家出口。区政府、中关村科学城管委会获科博会“优秀组织奖”，北京智源人工智能研究院、北京微芯区块链与边缘计算研究院、北京联影智能影像技术研究院获科博会“最佳展示奖”。

（孙树昆 金燕 程晓荷）

【97个项目获北京市科学技术奖】 9月25日，2020年度北京市科学技术奖名单公布，授奖14位科学家、150项成果。海淀驻区单位主持完成（第一完成单位）的97个项目分别获2020年北京市自然科学奖、北京技术发明奖、北京市科技进步奖，占北京市获奖总数的64.6%。其中，自然科学奖27个，其中一等奖8个、二等奖19个；技术发明奖8个，其中一等奖5个、二等奖3个；科技进步奖62个，其中一等奖22个、二等奖40个。驻区单位7位科学家分别获得杰出青年中关村奖与国际合作中关村奖，占北京市获奖总数的50%。

表30 2020年度海淀区获北京市科学技术奖名单

序号	奖种	获奖项目名称
1	技术发明奖一等奖	高通量众核处理器关键技术及应用
2	技术发明奖一等奖	无线网络高效融合管控技术及应用
3	技术发明奖一等奖	高电压、高安全锂二次电池先进功能材料技术及应用
4	技术发明奖一等奖	高水压越江海大直径盾构隧道开挖面稳定控制关键技术研究及应用
5	技术发明奖一等奖	复杂口腔修复体的人工智能设计与精准仿生制造

续表

序号	奖种	获奖项目名称
6	科学技术进步奖一等奖	宽带多端口馈电测试天线及电磁评测系统的研究与产业化应用
7	科学技术进步奖一等奖	三维光显控关键技术创新及应用
8	科学技术进步奖一等奖	开放环境下数字伪造内容检测关键技术与服务平台建设
9	科学技术进步奖一等奖	神经网络机器翻译核心技术及产业化
10	科学技术进步奖一等奖	工业物联网时序数据库管理系统关键技术及应用
11	科学技术进步奖一等奖	北斗三号综合电子计算机系统关键技术及应用
12	科学技术进步奖一等奖	高品质管材用钢洁净冶炼技术及应用
13	科学技术进步奖一等奖	古生代复杂碳酸盐岩油气藏油气成因与成藏富集规律及工业应用
14	科学技术进步奖一等奖	复杂环境地下工程安全控制爆破理论和关键技术研究与应用
15	科学技术进步奖一等奖	大型航天器舱体装调测集成系统关键技术研发及应用
16	科学技术进步奖一等奖	放射性粒子微创治疗肿瘤体系建立与临床应用
17	科学技术进步奖一等奖	蛋白质科学研究国家重大科技基础设施（北京基地）—凤凰工程
18	科学技术进步奖一等奖	分布式可再生能源交直流高效集成与互联关键技术、装备及应用
19	科学技术进步奖一等奖	提高复杂电网输电通道继电保护装备灵敏性和适应性的关键技术
20	科学技术进步奖一等奖	大型核电站核安全级数字化控制保护系统研制及产业化
21	科学技术进步奖一等奖	光阴极微波电子枪研制及应用
22	科学技术进步奖一等奖	建筑室内空气质量测评控关键技术和应用
23	科学技术进步奖一等奖	时速350公里复兴号中国标准动车组制动系统研制与应用
24	科学技术进步奖一等奖	高性能商用车燃料电池系统关键技术及产业化
25	科学技术进步奖一等奖	北京鸭育种技术创建与新品种培育
26	科学技术进步奖一等奖	西瓜分子育种技术创新与系列新品种选育及推广
27	科学技术进步奖一等奖	嫦娥探月立体书
28	自然科学奖一等奖	脑网络组图谱绘制和验证及其应用研究
29	自然科学奖一等奖	极化雷达目标特征提取与目标检测及分类
30	自然科学奖一等奖	密集无线网络的云边协同理论与方法
31	自然科学奖一等奖	有机和碳材料中电荷输运的理论研究
32	自然科学奖一等奖	智能纳米生物材料设计及其肿瘤微环境调控研究
33	自然科学奖一等奖	寨卡病毒暴发与致病机制研究
34	自然科学奖一等奖	肿瘤浸润T细胞的单细胞图谱
35	自然科学奖一等奖	放射性核素锶铯铀水污染的膜分离与吸附应用基础研究
36	技术发明奖二等奖	智能化软件开发关键技术——需求知识建模与代码自动推荐研究与应用

续表

序号	奖种	获奖项目名称
37	技术发明奖二等奖	航空发动机叶片自适应精密加工关键技术与应用
38	技术发明奖二等奖	铁路隧道防排水关键技术及工程应用
39	科学技术进步奖二等奖	远场声学信息人机交互关键技术及其应用
40	科学技术进步奖二等奖	星载宽刈幅干涉成像高度计技术及应用
41	科学技术进步奖二等奖	面向新一代移动智能终端的高效低功耗电源芯片技术研发及产业化
42	科学技术进步奖二等奖	大口径光学非球面制造检测全链路协同关键技术及应用
43	科学技术进步奖二等奖	工业级电力通信核心芯片关键技术及规模化应用
44	科学技术进步奖二等奖	复杂航天产品协同研发平台关键技术及应用
45	科学技术进步奖二等奖	多模态环境感知及适配交互技术与应用
46	科学技术进步奖二等奖	桥梁混凝土结构风险感知与智能评估关键技术研究与应用
47	科学技术进步奖二等奖	国际贸易单一窗口标准化建设与应用
48	科学技术进步奖二等奖	基于5G边缘云的强交互六自由度虚拟现实系统研发及产业化
49	科学技术进步奖二等奖	基于深度学习的智能数字营销技术研究与应用
50	科学技术进步奖二等奖	基于动态本体技术的大数据智能融合分析系统
51	科学技术进步奖二等奖	大规模跨语言代码安全检测技术及应用
52	科学技术进步奖二等奖	多情景跨领域中文文本智能校对关键技术及应用
53	科学技术进步奖二等奖	基于深度学习技术的肺癌/肺炎早诊早治的创新体系建设及推广应用
54	科学技术进步奖二等奖	大规模人工智能数据柔性生产关键技术及应用
55	科学技术进步奖二等奖	面向骨干网的异常流量多维治理技术研发及应用
56	科学技术进步奖二等奖	高纯V2O5绿色制造关键技术及产业化
57	科学技术进步奖二等奖	城市黑臭水体大范围遥感监测关键技术及应用
58	科学技术进步奖二等奖	北京市大气臭氧污染特征及控制途径研究
59	科学技术进步奖二等奖	风云二号系列气象卫星红外多模态定标关键技术及应用
60	科学技术进步奖二等奖	基于智能化的热轧薄带高强钢轧制稳定性控制技术及工业应用
61	科学技术进步奖二等奖	高灵敏特异性化学发光免疫分析技术的建立和临床应用
62	科学技术进步奖二等奖	智能电能表及其核心元器件质量一致性关键技术与产业化应用
63	科学技术进步奖二等奖	环北京地区新能源电力系统虚拟同步机关键技术、装备与应用
64	科学技术进步奖二等奖	面向化石燃料能源转换系统燃烧不稳定性预报、调控技术及工程应用
65	科学技术进步奖二等奖	高性能高压自起动和高功率密度的永磁电动机热控制关键技术及应用
66	科学技术进步奖二等奖	市政水处理紫外线消毒与污染物控制关键技术研究及应用
67	科学技术进步奖二等奖	岩土和砖石文物古建的高性能微生物修复技术及应用

续表

序号	奖种	获奖项目名称
68	科学技术进步奖二等奖	市政埋地管网轨道交通杂散电流干扰防控关键技术研究与应用
69	科学技术进步奖二等奖	地下空间工程服役实景探识及应急处置关键技术与应用
70	科学技术进步奖二等奖	遥感卫星数据接收站网协同规划关键技术及应用
71	科学技术进步奖二等奖	高铁动车组车轮无损检测关键技术研究及应用
72	科学技术进步奖二等奖	基于大客流的城市轨道交通运营安全保障与效能提升关键技术及应用
73	科学技术进步奖二等奖	大承载高精度平板式合成孔径雷达天线展开机构关键技术及应用
74	科学技术进步奖二等奖	畜禽养殖物联网关键技术和智能装备创制与应用
75	科学技术进步奖二等奖	全生物降解地膜产品研发与应用
76	科学技术进步奖二等奖	短生育期及高抗百合种质创新和高效繁育技术
77	科学技术进步奖二等奖	北京山区水资源保护植被生态调控技术
78	科学技术进步奖二等奖	环渤海湾地区设施蔬菜小型害虫成灾机理与绿色防控技术研究及应用
79	自然科学奖二等奖	宇宙加速膨胀和暗能量状态方程的直接测量哈勃参量方法
80	自然科学奖二等奖	不同框架下的多元逼近及信息基复杂性
81	自然科学奖二等奖	低功耗小型化硅基光电子器件机理与关键技术
82	自然科学奖二等奖	离散时间新型自适应估计、滤波与控制
83	自然科学奖二等奖	氧化镓外延薄膜及深紫外传感器件基础研究
84	自然科学奖二等奖	复杂异质网络化数据的建模理论与挖掘方法
85	自然科学奖二等奖	无人飞行器鲁棒最优协同飞行控制方法及应用
86	自然科学奖二等奖	面向广域公共安全事件的社会数字治理关键技术
87	自然科学奖二等奖	基于激光与物质非线性相互作用的新型激光加工方法
88	自然科学奖二等奖	高比能超级电容器的材料设计与性能调控
89	自然科学奖二等奖	多硫基主客体复合吸附剂的构筑及用于海水提铀和重金属高效捕获
90	自然科学奖二等奖	分子固态发光调控的多晶型与共晶组装策略
91	自然科学奖二等奖	纳米复合含硫正极材料构筑与锂硫二次电池性能调控
92	自然科学奖二等奖	太阳风暴在日球空间的传播与演化研究
93	自然科学奖二等奖	大气污染和气候变化关键气溶胶成分的遥感探测机制研究
94	自然科学奖二等奖	气溶胶污染的天气和气候效应
95	自然科学奖二等奖	基于闭环生态产业链的废弃资源可持续管理理论与方法
96	自然科学奖二等奖	城市多模式交通网络运行态势计算与预测研究
97	自然科学奖二等奖	空间机器人全局刚柔耦合动力学理论与控制方法

（陈晓曦　程晓荷）

【“长寿命超导量子比特芯片”创世界新纪录】 9月25日，在2021中关村论坛全体会议上，北京量子信息科学研究院研发的“长寿命超导量子比特芯片”作为重大成果面向全球发布。长寿命超导量子比特芯片成功使量子比特退相干时间达到503微秒，打破2020年3月由美国普林斯顿大学研究组保持的360微秒的世界纪录。该成果有望观测到原来无法观测的量子过程或现象，为超导量子计算走向实用化打下坚实的器件基础。

（程晓荷）

【3个项目入选中关村国际技术交易大会百项新技术新产品榜单】 9月27日，中关村国际技术交易大会发布“2021中关村国际技术交易大会——百项新技术新产品榜单”。百项新技术、新产品是从大会征集到的12个国家600余家机构的700余项新技术新产品中遴选出来的，其中国家部委推荐重大科技成果项目88项、中国科学院190项、工信部信通院43项。百项新技术、新产品包括新一代信息技术及集成电路领域28项、人工智能14项、智能制造5项、生物医药10项、高端医疗器械15项、新能源新材料16项、节能环保10项以及高端装备2项。其中，海外项目2项。海淀企业的3项新技术、新产品首发亮相，即国科环宇的嵌入式操作系统——望获系统填补技术空白；中科驭数的创新软件定义加速器技术，自主研发KPU芯片架构，打造业界首个拥有网络数据库一体化加速功能的DPU芯片和智能网卡系列产品；龙芯中科的集成安全可信商用密码模块——龙芯3C5000L服务器解决方案，是国内首次采用自主设计的指令集系统。

（钟冷）

【2021中关村国际技术交易大会】 9月27日至28日，中关村国际技术交易大会举行。中关村国际技术交易大会是2021中关村论坛的六大板块之一，包括开幕式、重点国别和地区技术转移对接活动、国际知名理工高校技术转移对接活动、全国技术转移交流对接专场活动、新技术新产品首发活动、数字化转型供需对接活动等17场系列活动。邀请40余个国家100余家国际技术转移机构、40余所国内外知名高校参会，汇集近3000项技术交易项目，700余项国内外新技术新产品和600余项数字化转型应用技术需求，促进科技成果转化和项目落地，构建“中关村国际技术交易生态圈”。科技部副部长邵新宇、北京市副市长王红、英国驻华使馆国际贸易部使节吴侨文出席大会开幕式并致辞，市科委、中关村管委会党组书记、主任许强作题为“先行先试、自立自强，努力建设世界领先的科技园区”的主旨报告。大会发布“2021中关村国际技术交易大会——百项新技术新产品榜单”“2021中关村国际技术交易大会——百项国际技术交易创新项目榜单”“2021中关村国际技术交易大会——百项数字化转型需求榜单”，推出中关村新技术新产品首发平台和中关村技术交易线上综合服务平台，发布100亿元规模的北京首发展华夏龙盈接力科技投资基金。

（钟冷）

【海淀科技助力冬奥测试赛】 10月至11月，亚洲花样滑冰公开赛、短道速滑世界杯冰球国内测试活动三项冬奥测试赛在海淀举行。针对“涉奥人员多、信息分散、协作单元多”等情况，海淀运用新技术、新产品，助力高效、精准地落实防疫举措，减少人力投入，规划管控流程，扫清监防盲区。围绕首都体育馆、五棵松体育中心的3场赛事，搭建海淀区科技冬奥信息平台，以冬奥场馆智慧运营中心为底座，搭载全员健康管理系统、智能体温计与大数据体温预警平台、智慧安全出入管理系统、智慧安全防卫管理系统、光场阵列相机解决方案，同时匹配公共空间生物气溶胶新冠病毒监测系统、病原体空气消杀系统，实现对场馆和酒店的人员健康管理、通行权限管理、防疫数据回溯、人员出入感知、智慧安防管理、病毒检测消杀等功能，主要服务涉奥人员管控、涉奥环境管理、安全防卫、服务型机器人4个场景。新技术、新产品主要包括：服务机器人上岗——布科思公司“战疫”消毒机器人、玮家技术公司的安全服务机器人、康力优蓝公司的导览机器人。传输转播更安全——随锐科技公司的协同办公软件解决方案及远程视频会议产品与服务，实现“面对面”跨地域沟通，新奥特公司的“云上冬奥转播中心”。涉奥环境更安全——真机智能公司的安防巡控机器人代替重复劳动力，汇路鑫公司的空气消杀系统让病毒无处藏身。人员管控更省力——微芯研究院的微小测温贴实时监控体温，拙河科技公司的“极目”识别数千人脸、星云环影公司的“法眼”安防工作更安全。

（钟冷）

【42个项目获国家科学技术奖】 11月3日，2020年度国家科学技术奖励大会在京举行，公布2020年度获国家科学技术奖项目。北京共有64个项目获国家科学技术奖，占获奖项目总数的30.3%。海淀区25家驻区单位（第一完成单位）的42个项目获2020年国家科学技术奖，占北京市获奖总数的66%，占全国获奖总数的16%。其中，获国家自然科学奖12项（二等奖12项），占北京市获奖项目的80%，占国家自然科学奖项目的26%；国家技术发明奖7项（一等奖1项、二等奖6项），占北京市获奖项目的70%，占国家技术发明奖项目的11.4%；国家科技进步奖23项（一等奖1项、二等奖22项），占北京市获奖项目的59%，占国家科技进步奖项目的14.6%。42项获奖成果分布在重大科学发现、关键核心技术突破、高精尖产业培育、数字经济新业态等方面，尤其是数字经济发展成效显著，以人工智能、大数据、互联网为代表的数字技术同产业深度融合，新基建加速落地，新模式加速涌现，新业态加速成长，科技创新驱动数字经济高质量发展。

表31 2020年度海淀区获国家科学技术奖名单

序号	奖种	等级	获奖项目名称
1	国家自然科学奖	二等	进霍奇理论及其应用
2	国家自然科学奖	二等	同余数问题与L—函数的算术
3	国家自然科学奖	二等	活细胞化学反应工具的开发与应用
4	国家自然科学奖	二等	单壁碳纳米管的可控催化合成
5	国家自然科学奖	二等	黄土高原生态系统过程与服务
6	国家自然科学奖	二等	水稻驯化的分子机理研究
7	国家自然科学奖	二等	视觉运动模式学习与理解的理论与方法
8	国家自然科学奖	二等	深度学习处理器体系结构新范式
9	国家自然科学奖	二等	基于结构基元的新电磁材料和新效应的发现
10	国家自然科学奖	二等	河流动力学及江河工程泥沙调控新机制
11	国家自然科学奖	二等	考虑非均匀结构效应的金属材料剪切带
12	国家自然科学奖	二等	具有界面效应的复合材料细观力学研究
13	国家技术发明奖	一等	超高清视频多态基元编解码关键技术
14	国家技术发明奖	二等	良种牛羊卵子高效利用快繁关键技术
15	国家技术发明奖	二等	小麦耐热基因发掘与种质创新技术及育种利用
16	国家技术发明奖	二等	高分子分散与高分子稳定液晶共存体系的材料设计、制备及应用
17	国家技术发明奖	二等	航天飞行器极端条件下主动热防护关键技术及应用
18	国家技术发明奖	二等	知识增强的跨模态语义理解关键技术及应用
19	国家技术发明奖	二等	预应力结构服役效能提升关键技术与应用
20	国家科学技术进步奖	一等	工业烟气多污染物协同深度治理技术及应用
21	国家科学技术进步奖	二等	玉米优异种质资源规模化发掘与创新利用
22	国家科学技术进步奖	二等	高产优质、多抗广适玉米品种京科968的培育与应用
23	国家科学技术进步奖	二等	南方典型森林生态系统多功能经营关键技术与应用
24	国家科学技术进步奖	二等	食品动物新型专用药物的创制与应用
25	国家科学技术进步奖	二等	畜禽饲料质量安全控制关键技术创建与应用
26	国家科学技术进步奖	二等	奶及奶制品安全控制与质量提升关键技术
27	国家科学技术进步奖	二等	奶牛高发病防治系列新兽药创制与应用
28	国家科学技术进步奖	二等	±800kV换流变压器自主化研制及工程应用
29	国家科学技术进步奖	二等	网源友好型风电机组关键技术及规模化应用
30	国家科学技术进步奖	二等	有载调容配电变压器关键技术、系列装备及规模化应用

续表

序号	奖种	等级	获奖项目名称
31	国家科学技术进步奖	二等	面向机动平台的高清晰精准光电探测关键技术与装备
32	国家科学技术进步奖	二等	智能型科技情报挖掘和知识服务关键技术及其规模化应用
33	国家科学技术进步奖	二等	国家超级计算基础设施支撑软件系统
34	国家科学技术进步奖	二等	复杂受力钢—混凝土组合结构基础理论及高性能结构体系关键技术
35	国家科学技术进步奖	二等	高速铁路Ⅲ型板式无砟轨道系统技术及应用
36	国家科学技术进步奖	二等	面向复杂数控装备的监测评估关键技术及标准体系
37	国家科学技术进步奖	二等	钢铁行业多工序多污染物超低排放控制技术与应用
38	国家科学技术进步奖	二等	区域/全球一体化数值天气预报业务系统
39	国家科学技术进步奖	二等	北方旱地农田抗旱适水种植技术及应用
40	国家科学技术进步奖	二等	主要粮食作物养分资源高效利用关键技术
41	国家科学技术进步奖	二等	大型复杂碳酸盐岩油藏高效开发关键技术及应用
42	国家科学技术进步奖	二等	自然资源卫星光学遥感测绘关键技术及立体中国应用

（陈晓曦　程晓荷）

【首颗国产全功能GPU芯片研发成功】 11月25日，中关村科学城企业摩尔线程智能科技（北京）有限责任公司宣布，首颗国产全功能GPU芯片研制成功，完成芯片的逻辑设计项目。该芯片内置自主研发的3D图形计算核芯、AI训练与推理计算核芯、高性能并行计算核芯、超高清视频编解码计算核芯等，能够运行AI、视频解码等应用、支持3D图形显示。

（钟冷）

【全球首个AI辅助诊断眼科多病种临床试验完成】 12月16日，北京协和医院发布眼科多病种辅助诊断AI的临床试验结果。这是全球首个通过人工智能对于眼底图像进行眼部多病种辅助诊断的临床试验，由中关村科学城企业北京致远慧图科技有限公司申办，中国医学科学院北京协和医院牵头在国内多家区域中心医院联合开展。眼科多病种辅助诊断AI是通过人工智能技术对眼部病变进行辅助诊断的 SaMD（Softwareas Medical Device）系统，通过先进的医疗人工智能算法、标准化的阅片工具和完整的过程质控，对眼底照片的特征和病灶尺寸、病变程度进行训练和学习。AI模型基于数十位眼科专家对数万张眼底照片的判读、圈点、标注，学习专家在眼部疾病领域专业的经验和丰富的知识，对眼部疾病进行自动识别，进一步对多种眼部病变的诊断提供辅助依据。临床试验结果表明，辅助诊断AI对于眼底多种疾病的诊断的精准度高，安全性和有效性可靠，能够提供准确有效的临床辅助诊断服务，AI在眼部病变方面的综合筛查诊断能力得到临床确认。

（钟冷）

【首个国产元宇宙产品——“希壤”发布】 12月27日，百度在线网络技术（北京）有限公司发布首个国产元宇宙产品——“希壤”。用户可通过手机App、VR一体机、PC桌面版客户端进入体验。作为首个国产元宇宙产品，“希壤”打造一个跨越虚拟与现实、永久续存的多人互动空间，在视觉、听觉、交互三大方面实现技术创新突破。其造型是一个莫比乌斯环星球，城市设计融入大量中国元素，中国山水、中国文化、中国历史都融入城市建设和互动体验中。用户可以创造一个专属的虚拟形象，在个人电脑、手机、可穿戴设备上登录设备参会、逛街、交流、看展等。

（钟冷）

智慧海淀建设

【概况】 2021年，中关村科学城管委会按照智慧海淀“十四五”“五个率先”的发展目标，推进智慧海淀项目建设。加强资源集约管理，在政务服务、城市治理、区域经济、政务办公、基础设施、智慧卫生和智慧教育7个领域取得成效。采取4项举措推进智慧海淀建设工作。推进区级大数据平台、统一认证系统、政务外网与互联网安全交换平台等公共基础设施建设，为全区数据共享、数据安全交换提供支撑。保障已建区级信息化基础设施运行稳定，包括区政务云平台、政务云平台备份中心、图像视频存储备份、政务光缆网运维、电子政务机房和网络安全设备、政务外网安全出口、统一视频会议系统、政务办公系统、网络安全监测服务等18项运维项目运行正常可靠。加快政务服务模式创新，通过海淀区一网通办平台三期项目建设，推进电子签章、电子证照在海淀区政务服务的应用，推动政务服务“一网通办”逐步向“全城通办”“跨省通办”延伸。建立政企融合的区域经济数据资源分中心，重点推进海淀区产业经济发展监测分析平台建设。

（程晓荷）

【资金安排】 年内，海淀区智慧海淀项目建设资金由智慧海淀专项资金、街镇体制经费、卫生经费、教育经费、市下拨资金和其他资金6部分组成。智慧海淀专项资金总计5亿元，安排基础设施等领域资金3亿元，安排城市治理领域资金2亿元。基础设施等领域资金用于基础设施等领域2021年前的续建项目和2021年的新建项目，共安排99个项目，总核定资金约29553万元。其中，安排新建项目52个，按50%比例拨付，需本年度支付资金19938万元；安排续建项目47个，需本年度支付资金约9615万元。城市治理领域资金2亿元，用于城市大脑领域2021年前的续建项目和2021年的新建项目。

（程晓荷）

【政务服务项目】 年内，中关村科学城管委会推进智慧海淀建设政务服务项目建设，深化“一网通办”服务，重点推进电子印章在区级政务大厅“一网通办”服务系统和街镇大厅的三级联动系统的应用，实现“跨省通办”在相关实体大厅受理；扩展区块链节点和鉴证服务应用范围，推动数据上链共享，实现“减材料”“减环节”等能力支撑。通过自助设备向镇街、园区部署，强化“自助办”“随时办”的服务能力。

（程晓荷）

【区域经济项目】 年内，海淀区建成产业经济发展数据资源中心，推进政务数据与社会数据的融合共用。建成产业经济发展监测分析平台，实现对全区近32万家在营企业进行全面监测和对重点企业的9类风险进行预警。

（程晓荷）

【政务办公项目】 年内，海淀区推进信访综合管理系统二期项目建设，搭建集投诉、办理、查询、跟踪、监督、评价于一体的互联网便民信访平台；推进市场安全监督综合管理阳光药店三期建设，打造政府、企业以及公众三方参与的药械安全共治平台；建成海淀区冷链行业人员精准防控系统，冷链行业人员从市场—商户—居住地等整个环节形成信息闭环模式。

（程晓荷）

【基础设施项目】 年内，海淀区统一认证系统，为海淀区公务员用户提供统一身份认证、数字签名验签、SSO单点登录等服务，促进海淀区网络信任体系的建设。新增单位政务外网接入，将基层社区卫生服务站（村卫生室）原有业务迁移到政务光缆进行承载，推进基层社区卫生服务站（村卫生室）信息化建设，实现其业务系统的稳定运行，为地震预报和地震科学研究提供基础支撑服务。政务外网与互联网跨网数据安全交换平台，通过建设应用服务区和安全隔离区，规范互联网及其他外部网络与政务外网互联接入的技术标准，完善管理细则。

（程晓荷）

【城市治理项目】 年内，区园林绿化局推进城市治理指挥系统三期项目建设，在13处重点林区及郊野公园进行视频监控建设，完成市级关于林区视频监控建设覆盖率85%、重点林区监控覆盖率100%的指标要求。新增摄像头的人流量统计、人脸识别、火灾识别等功能，实现13个林区公园共94个重要节点位置的人员管理和6个林区公园共13个节点的火灾监测预警。海淀区建设工程智慧监管平台实现工地机械、疫情防控、工地防汛等综合业务的智慧化监管。海淀区智慧平安小区第二批建设项目，完成剩余867个小区的建设任务，实现全区智慧平安社区全覆盖。

（程晓荷）

【智慧教育项目】 年内，海淀区重点推进基础教育均衡发展，按照市教委“互联网+基础教育”新样台，支持全区试点单位开展空中课堂、双师课堂和融合课堂建设，通过完善三个课堂开展的基础环境，配套线上线下学习资源，打造智慧课堂，消除传统教育教学的时空阻碍，促进优质资源均衡。

（程晓荷）

【智慧卫生项目】 年内，海淀区完成区属医疗机构统一电子认证系统，为8家区属医院及下辖的200余家基层卫生服务机构提供统一的数字证书发放与管理，规范各级医疗机构的电子认证业务流程。建成海淀区新冠疫苗接种摸排登记平台，为市民提供高水平、高质量、高效的疫苗接种服务，保障了市民正常有序地完成疫苗接种工作，提高人民群众的满意度和获得感。

（杨晓艳）

【城市信息基础设施建设】 年内，海淀区建成全市首个区级政务光缆专网，敷设光缆总里程6047千米，承载7个子网，接入区属单位共2100家。建成全国首家区级政务云平台，覆盖60个区属单位共计226个业务系统。搭建区政务大数据基础平台，打通市、区两级数据共享通道，累计共享22.77亿余条数据。建设5G基站2100余个，支持城市治理、智能网联汽车等重点领域创新。市、区联合推进北京市区块链先进算力实验平台建设，推进研发100台服务器所需互金中心空间，为产业生态建设和全市政务应用提供自主可控软硬件技术体系。强化网络基础设施保护和数据安全管理，统筹运维安全评估、风险通报等监管手段，加大网络安全防护检查和威胁治理力度，构建涵盖事前、事中、事后的闭环监管体系。

（程晓荷）

【城市大脑产业联盟创新机制】 年内，海淀城市大脑产业联盟探索专班、城市大脑研究院、建设运营平台公司和产业联盟的“四轮驱动”创新机制，汇聚中科大脑、百度、华为、腾讯等78家企业，全面覆盖算法、算力、大数据、云计算、基础设施运营商、物联网及智能设备等城市大脑领域产业生态。海淀城市大脑建设通过产业联盟，“合伙人”之间形成合力，上下产业互动，促进中关村国家自主创新示范区的建设与发展。

（程晓荷）

【网络安全产业】 年内，中关村科学城管委会采取两项举措，加快网络安全产业集聚发展。加大增量项目引入，对接网络安全龙头企业，引入深信服科技股份有限公司、杭州安恒信息技术股份有限公司落地北京建设区域总部，签订相关支持协议，提升龙头企业带动效应；加快国家网安园海淀园区建设，信通院网络安全卓越示范中心平台、圣博润公司等项目落地网安园核心区，推动铁塔总部入驻办公，完成烽台科技、摄星智能、中创信测、仿真实验室等一批企业落地孵化区，提升产业集聚效应。市政府批复核心区大楼涉及的水源保护地调整方案，重启工程建设，完成孵化区环境整治工程。

（程晓荷）

【全场景化智慧园区建设模式发布】 4月22日，“数智ONE”成果发布会暨中关村壹号智慧园区开放日活动举办，海淀区发布首个全场景化智慧园区建设模式。发布会上，“两区”政策服务包正式上线，推出10类共38项利好政策“集成包”；中关村5G创新应用大赛5G+智慧城市专题赛道启动仪式举办，5G+智慧城市专题赛道在中关村壹号进行初赛和决赛，获奖项目的应用场景将优先在中关村壹号落地实施，参与中关村壹号智慧园区建设。活动现场，实创股份与拉卡拉公司进行数字人民币项目的签约，双方以中关村壹号为示范，推进数字人民币在中关村壹号的试点。来自华为、软通智慧、优锘科技、氦氪科技等合作单位的企业嘉宾分别进行主题演讲；国信优易、声智科技、蜂语科技、邦道科技、Aibee科技等合作企业负责人进行现场圆桌对话，剖析智慧城市、智慧园区建设现阶段面临的难点和宏观环境利好，展望城市及园区未来的智慧化、数字化。500人次参观中关村壹号12个体验站、21个打卡点，深度体验智慧园区建设。

（钟冷）

【《“十四五”时期“智慧海淀”建设规划》出台】 12月21日，海淀区政府出台《“十四五”时期“智慧海淀”建设规划》及《“十四五”时期“智慧海淀”重大任务》，以聚焦民生服务和持续赋能海淀区产业数字化创新为主旨，围绕政务服务、城市治理（城市大脑）、区域经济、智慧教育、智慧卫生、政务办公、信息基础设施7大领域加“数字赋能”，形成“7+1”智慧海淀建设模式，旨在率先实现城市治理、经济发展、人民生活信息数据的全面标准化感知和中枢化治理，营造“万众创新”的普惠化数字创新生态，夯实国产化信息基础设施，将“智慧海淀”建设成为创新基础过硬、产业经济持续赋能程度高、百姓获得感强的一流新型智慧城市典型代表。

（程晓荷）

知识产权保护

【概况】 2021年，海淀区知识产权工作以国家知识产权示范城区和国家知识产权运营服务体系重点城市建设为抓手，落实国家和首都知识产权战略部署，聚焦知识产权高质量发展，提升知识产权创造质量，专利申请授权量持续增长。建设高价值专利培育运营中心，举办2021中国·海淀高价值专利培育大赛，推广高价值专利培育理念，交流高价值专利培育经验，宣传企业品牌与项目优势，搭建高价值专利转化实施平台，与建设银行中关村分行签署协议，推动银行为获奖单位提供1亿元知识产权质押贷款整体授信额度。开展高价值专利培育进园区活动，完成集成电路、空天、智能制造专利导航研究。促进知识产权价值实现，服务企业拓宽知识产权融资渠道，实施知识产权融资成本补贴专项，落实市知识产权保险试点政策，开展知识产权证券化工作，推进高校院所科技成果转化。优化知识产权服务体系，依托国际知识产权服务大厅，为企业“走出去”提供一站式知识产权服务，服务第四范式、兆易创新等153家海淀区企业，面向海淀区知识产权服务机构开展定制化培训、政策解读20余场次；推进外国专利代理机构在京设立常驻代表机构试点政策落地，培育知识产权运营服务机构，加强知识产权公共服务布局，推进国际知识产权服务，组织申报国家知识产权服务出口基地。优化知识产权发展环境，加大中关村知识产权保护中心专利预审服务范围，完善知识产权纠纷多元解决机制，统筹推进冬奥知识产权保护专项行动，推进知识产权维权援助工作。着力推进技术市场工作。海淀区知识产权局（中关村科学城管委会知识产权处）荣获“全国知识产权系统先进集体”称号。中关村知识产权保护中心获“全国专业竞赛团体优秀奖”荣誉。

（石蕾　程晓荷）

【中关村知识产权保护中心】 2021年，区知识产权局扩大中关村知识产权保护中心服务企业技术领域范围，增加医疗器械和生物信息等专利预审服务分类号，调整后可受理的IPC分类号为97个，洛迦诺分类号为20个，备案单位1167家。全年接收预审案件2580件，专利审结授权率86%，经预审结案、打标，进入国家知识产权局“快速通道”的专利案件，授权周期缩短。办理39项防疫专利预审加快业务，其中15项专利获授权，有效助推疫情防控产品技术快速应用。

（石蕾　程晓荷）

【专利申请与授权】 年内，全区专利授权量71703件，比上年增长17.7%，占北京市的36.1%。其中，发明专利授权量40455件，比上年增长19.6%，占北京市的51.1%。国际专利申请（PCT）量4085件，比上年增长16.8%，占北京市的39.4%。全区有效发明专利拥有量193194件，占北京市的47.7%，每万人发明专利拥有量617.2件（按海淀区2020年常住人口313万人计算）。

（石蕾　程晓荷）

表32 2021年度海淀区专利授权TOP10企业

企业名称	专利授权量（件）
北京小米移动软件有限公司	3890
百度在线网络技术（北京）有限公司	1425
联想（北京）有限公司	1420
北京百度网讯科技有限公司	1297
北京京东尚科信息技术有限公司	1273
大唐移动通信设备有限公司	1163
北京达佳互联信息技术有限公司	1002
北京奇艺世纪科技有限公司	665
北京嘀嘀无限科技发展有限公司	662
中国电力科学研究院有限公司	531

【技术合同登记】 年内，全区登记技术合同61323份，技术合同登记总额达2920.8亿元，比上年增长43.2%，占北京市的41.7%，居北京市各区首位。全年全区输出技术服务合同41708项，成交额2153.81亿元；技术开发合同16174项，成交额706.82亿元；技术转让合同1336项，成交额45.47亿元；技术咨询合同2105项，成交额14.73亿元。

（傅固安）

【高价值专利培训】 年内，区知识产权局推广高价值专利培训理念，举办高价值专利培育大赛，交流高价值专利培育经验，宣传企业品牌与项目优势，拓展企业融资渠道，搭建高价值专利转化实施平台，23家高价值专利培育运营中心培育高价值专利组合63个，高价值专利3000余件；新增PCT专利申请900余件；新增国际及国家标准120项。开展4场高价值专利培育进园区活动。与建设银行中关村分行签署协议，推动银行为获奖单位提供1亿元知识产权质押贷款整体授信额度。

（程晓荷 石蕾）

【知识产权保险试点政策落实】 年内，区知识产权局推进落实北京市知识产权保险试点政策，组织开展知识产权保险政策宣讲和保险业务培训2场，投保试点企业60家，投保专利521件，投保数位列全市各区首位。

（马慧泉 程晓荷）

【知识产权运营服务机构设立】 年内，区知识产权局推进国内、外国专利代理机构在京设立常驻代表机构试点政策落地，促成中钢新材料产业、百度网讯人工智能产业知识产权运营中心等知识产权运营服务机构落地海淀。组织申报国家知识产权服务出口基地，推进知识产权服务业和服务贸易发展。新设立中关村壹号、翠湖云中心、八家产业园3家知识产权公共服务工作站，与海淀区知识产权公共服务分中心形成“1+11”的知识产权投诉举报和维权援助公共服务体系。

（程晓荷）

【知识产权保护合作机制】 年内，海淀区知识产权局与区法院、区检察院、区文旅局、行业协会、公证机构等单位建立知识产权保护合作机制，设立协同保护公证联络站、知识产权检察联络站等。依托行业协会等调解组织调解案件1043件，结案945件。办理维权援助案件83件。接受企业委托提供侵权判定咨询服务，完成专利侵权判定咨询意见书37件。

（石蕾）

【冬奥知识产权保护专项行动】 年内，区知识产权局实施冬奥知识产权保护专项行动，制定冬奥知识产权保护工作方案，建立工作专班，梳理区域授权保护清单，向公众发放《保护奥林匹克知识产权倡议书》。巡查奥运场馆周边重点区域，排查冬奥特许商品零售店，指导字节跳动、快手、翠微集团、蓝景丽家等企业签订《保护奥林匹克标志承诺书》，为冬奥会顺利举办营造良好知识产权保护环境。

（石蕾）

【知识产权维权援助】 年内，区知识产权局办理维权援助案件83件。为企业提供侵权判定咨询服务，完成专利侵权判定咨询意见书37件。进驻2021年服贸会、科博会等展会，为企业提供知识产权保护咨询服务。

（石蕾）

【《知识产权协同保护合作框架协议》签署】 3月29日，区检察院与中关村知识产权保护中心举行知识产权协同保护合作签约仪式，共同签署《知识产权协同保护合作框架协议》。双方表示，用好知识产权检察联络站，将服务企业行业知识产权保护工作落到实处，协力推动知识产权行政保护与司法保护有效衔接，用活各项工作机制，为知识产权社会治理工作提供海淀经验。“知识产权检察联络站”同时揭牌。

（石蕾）

【新增3家知识产权公共服务工作站】 4月15日，海淀区新建的中关村壹号、翠湖云中心、八家产业空间3家知识产权公共服务工作站在北京市知识产权局知识产权公共服务工作推进会上获授牌。截至年底，海淀区依托产业园区共设立11家知识产权公共服务工作站，与海淀区知识产权公共服务分中心一起形成了“1+11”的知识产权投诉举报和维权援助公共服务体系，区域知识产权公共服务体系进一步完善。

（程晓荷）

【知识产权案件巡回审判】 4月20日，海淀区人民法院在中关村知识产权保护中心进行知识产权案件巡回审判，公开审理百度网讯科技有限公司诉被告深圳一优网络科技有限公司不正当竞争纠纷案。此次庭审采用“云模式”审理，通过线上模式进行知识产权案件审判。来自多家企业的中高层管理人员、知识产权事务负责人及相关人员旁听庭审。原告北京百度网讯科技有限公司（简称百度公司）是百度网（www. baidu. com）的运营者，百度公司每年投入大量的人力、物力、财力，不断优化搜索引擎算法，保证百度搜索结果的客观公正。被告深圳一优网络科技有限公司运营“SEO优化百度排名”淘宝店铺，通过制造虚假点击量的方式向用户提供百度搜索排名优化服务，上述行为干扰了百度搜索的自然结果排序，构成不正当竞争。

（石蕾）

【2021年中关村知识产权论坛】 4月26日，2021年中关村知识产权论坛在中关村国家自主创新示范区展示中心举办。论坛由中关村科学城管委会、北京知识产权法院主办，海淀区知识产权局、海淀区人民法院、中关村知识产权保护中心共同承办，知识产权业内专家学者及众多高科技企业、知识产权服务机构代表出席。论坛围绕“知识产权与高质量发展”主题，研讨提高知识产权意识，强化知识产权保护，加强知识产权宣传交流，推进知识产权文化建设。论坛现场，海淀区发布《海淀区知识产权白皮书（2020年度）》，启动2021中国·海淀高价值专利培育大赛，北京知识产权法院发布“知识产权十大科技创新典型案例”。市知识产权局、北京知识产权法院、区法院有关领导以及于军、吴计亮等区领导出席论坛。

（程晓荷）

【《海淀区知识产权白皮书（2020年度）》发布】 4月26日，在2021年中关村知识产权论坛上，《海淀区知识产权白皮书（2020年度）》发布。白皮书显示：2020年，全区发明专利授权量3.38万件，比上年增长26.3%，占北京市的53.5%。区域有效发明专利拥有量15.8万件，占北京市的47%，区域万人发明专利拥有量约504件，是北京市的3.2倍，是全国的31.9倍。区域汇聚2000余家知识产权服务机构，围绕科技创新的全链条知识产权服务资源优势凸显。依托产业园区和专业机构布局“1+11”知识产权维权援助网络，搭建多个知识产权海外维权援助站点，构建行政、司法、调解组织、行业协会、产业联盟等相互联动的知识产权协同保护体系。

（程晓荷）

【知识产权十大科技创新典型案例发布】 4月26日，在2021年中关村知识产权论坛上，北京知识产权法院发布知识产权十大科技创新典型案例。十大科技创新典型案例覆盖化学医药、光电等传统技术领域以及无线通信、大数据等新兴技术领域，分别是：北京德业云天酒店管理有限公司侵犯“环球影城”注册商标专用权案，北京豪力博科技开发有限公司假冒专利案，北京众易众达商贸中心侵犯建党百年标识案，北京首捷国际知识产权代理有限公司接受申请商标注册损害他人现有的在先权利的委托案，北京艺海中润文化发展有限公司销售侵犯“娃哈哈”等注册商标专用权的商品案，北京汤河文化发展有限公司侵犯奥林匹克标志专有权案，北京集百汇电子商务有限公司侵犯商业秘密案，刘某义销售他人擅自制造的“平谷及图”证明商标标识案，北京欧申纳斯科技有限公司不以使用为目的的恶意商标注册申请案，北京陈佳伟业商贸有限公司销售侵犯“牛栏山”注册商标专用权的商品案。

（程晓荷）

【2021中国·海淀高价值专利培育大赛】 4月26日，由区政府指导，区知识产权局和知识产权出版社有限责任公司共同主办的“2021中国·海淀高价值专利培育大赛”（海高赛）在中关村知识产权论坛上启动。大赛聚焦战略性新兴产业，引入全新专业赛事辅导环节和全新赛程赛制，关注参赛项目的知识产权金融对接服务、引导“沉睡专利”转化。大赛面向全国

4月26日，2021'中关村知识产权论坛举行（中关村科学城管委会 供图）

4月26日，海淀区发布《海淀区知识产权白皮书（2020年度）》（中关村科学城管委会 供图）

征集近百个项目，涵盖人工智能、高端装备制造、生物医药、新材料等领域。经过海选、复赛，选出8个项目进入决赛。12月24日举行颁奖典礼，现场举办2021“海高赛”获奖单位知识产权质押贷款整体授信签约仪式、知识产权质押融资签约仪式。8个入围决赛项目经过酷炫黑科技、项目路演、专利导航、评委提问等环节的展示和竞演，北京智芯微电子科技有限公司参赛项目“工业级安全芯片”获得一等奖，海杰亚（北京）医疗器械有限公司和银河水滴科技（北京）有限公司的参赛项目获得二等奖，安泰科技股份有限公司等5家单位的参赛项目获得三等奖；京东科技控股股份有限公司等11家单位获得优胜奖。获奖单位获得中国建设银行中关村分行的1亿元的知识产权质押贷款整体授信额度。获奖单位海杰亚（北京）医疗器械有限公司分别与中国建设银行中关村分行、北京银行上地支行签约共计获得1500万元的知识产权质押贷款。

（石蕾　程晓荷）

【全市首单专利许可知识产权证券化项目获批发行】 4月30日，北京市首单专利许可知识产权资产证券化项目在深圳证券交易所获批，总规模10亿元，“中技所—中关村担保—长江—1期知识产权资产支持专项计划”成功获批。12月28日，“中技所—中关村担保—长江—1期知识产权资产支持专项计划”正式设立，发行规模3.37亿元，为中关村科学城15家高新技术企业提供知识产权融资，包括5家节能环保企业、7家新一代信息技术企业、2家医药健康企业和1家现代农业企业，填补北京地区以专利作为底层资产的证券化产品空白，形成可复制、可推广的知识产权证券化“海淀模式”。该专项计划的实施，有效促进技术和资本要素融合发展，拓宽科技型企业融资方式，促进知识产权价值释放。中关村科学城管委会、海淀区知识产权局推进中技所知识产权资产支持专项计划10亿元储架设立和发行工作。

（程晓荷　石蕾）

【国家知识产权局领导调研】 9月2日，国家知识产权局保护司副司长王晓浒到中关村知识产权保护中心调研，副区长、中关村科学城管委会专职副主任林剑华，知识产权处处长张芳英、中关村保护中心负责人陪同调研。王晓浒参观中关村保护中心受理大厅、调解室、审理庭及办公区域，了解各区域的服务功能及使用情况，听取中关村知识产权保护中心工作情况汇报。王晓浒对保护中心的知识产权保护工作给予肯定，同时对知识产权快速协同保护工作提出意见和建议。

（程晓荷）

【职务科技成果赋权改革试点】 9月，海淀区贯彻落实《中华人民共和国促进科技成果转化法》《北京市促进科技成果转化条例》，海淀区政府出台《中关村科学城关于落实〈北京市促进科技成果转化条例〉的若干措施（试行）》，推进职务科技成果赋权改革试点工作。国家纳米科学中心作为驻区赋权改革试点单位，出台《国家纳米科学中心赋予科研人员职务科技成果所有权或长期使用权试点暂行管理办法》及一系列配套文件。首个科技成果赋权项目——“增强现实用衍射波导器件”成功落地，赋予科研人员70%成果所有权，并完成知识产权权属变更，取得职务科技成果赋权改革案例突破，同步推动成果转化落地。

（石蕾　程晓荷）

【知识产权融资成本补贴专项实施】 11月10日，中关村科学城管委会发布《关于启动2021年海淀区知识产权融资成本补贴专项的通知》及《2021年海淀区知识产权融资成本补贴专项资金申报指南》（简称《指南》）。根据《指南》，对在海淀区注册、纳税，并在海淀园纳统的中关村高新技术企业和国家高新技术企业，以知识产权质押方式向银行贷款或通过知识产权证券化产品融资的企业给予融资成本补贴，每年最高补贴100万元。对企业以知识产权质押方式向银行成功贷款，并还款完毕的企业，按照其融资成本的50%进行补贴，最高补贴100万元；对通过符合要求的知识产权证券化产品进行融资的企业，最高按照企业实际融资额的3.5%给予补贴支持。2021年，海淀区知识产权局组织开展知识产权质押融资入园惠企活动，联合中国银行等金融机构产业园区扩大知识产权质押融资惠及面和覆盖面。实施知识产权融资成本补贴专项，对171家符合条件的企业给予补贴，补贴金额4977.53万元。

（程晓荷）

【《知识产权保护合作备忘录》签约】 12月17日，中关村知识产权保护中心与区文旅局举行《知识产权保护合作备忘录》签约仪式。双方进一步加强知识产权保护协同联动、沟通协调及宣传推广等机制建设，在执法协助、纠纷调解、企业服务等方面加强合作，强化知识产权保护信息沟通和快速联动，形成知识产权保护合力，推进知识产权快速协同保护，不断提升知识产权保护能力，为中关村科学城建设和“两区”建设提供强有力知识产权保护支撑。

（石蕾 林琳）

【2021年专利导航成果线上宣讲会】 12月23日，中关村知识产权保护中心举行2021年专利导航成果线上宣讲会。会议简要介绍《专利导航指南》（GB/T39551-2020），超凡知识产权有限公司分享“空天产业专利现状解析及区域导航产业规划探讨”，北京知识产权运营管理有限公司分享海淀区智能制造产业升级路径及未来发展方向探索，北京本应科技有限公司汇报中关村科学城集成电路领域产业专利导航成果。来自高校科研院所、行业协会、高科技企业及知识产权服务机构等近百人参加。

（石蕾 程晓荷）

教　育

2022
北京海淀年鉴

综述

【概况】2021年，海淀区教育委员会（简称区教委）辖属教育单位457个，其中，幼儿园223所（教育部门办园30所、其他部门办园15所、地方企业办园5所、事业单位办园26所、部队办园36所、集体办园24所、民办园86所、具有法人资格的中外合作办学1所，另有9所附设幼儿班未计入总数），小学130所（教育部门办校103所、其他部门办校9所、民办校18所），初级中学6所（教育部门办校5所、民办校1所），完全中学38所（教育部门办校28所、其他部门办校4所、民办校6所），高级中学2所（其他部门办校1所、民办校1所），九年一贯制学校13所（教育部门办校11所、民办校2所），十二年一贯制学校28所（教育部门办校13所、其他部门办校2所、民办校13所），特殊教育学校2所，工读学校1所，中等职业学校1所，其他法人单位41个。招生102147人（幼儿园26942人、小学34066人、初中25521人、普通高中14813人、中等职业学校805人）；毕业78208人（幼儿园19871人、小学26606人、初中18839人、普通高中12224人、中等职业学校668人）；在校生385197人（幼儿园78210人、小学186638人、初中73840人、普通高中43714人、中等职业学校2310人、特殊教育学校485人）。教职工总数42793人（幼儿园13958人、小学10000人、中学18023人、中等职业学校428人、特殊教育学校384人），包括高级职称5123人、中级职称8905人。北京市特级教师205人、北京市骨干教师305人、北京市学科教学带头人63人。全年教育总投入152.58亿元。中小学固定资产总值1534012.962万元。新建小学2所、中学5所。设立学区17个。

优化区域教育资源配置。完成北大附中新馨苑九年一贯制学校、中关村二小科学城北区分校、田村路43号棚改安置房配套幼儿园等19项中小学、幼儿园新建改扩建项目，新建改扩建面积17.42万平方米。完成理工附中东校区、十九中阳春光华校区、海淀实验小学苏州街校区等10个综修项目，修缮面积7.36万平方米。新增小学学位7640个，中学学位2040个。实施操场修缮51块，修缮面积32.06万平方米。育英学校科学城北区分校实现招生，人大附中二分校、北京市第十九中学增设小学学段，清河中学增设高中学段，十一学校借址四十七中学设立十一学校北校区。

完善招生制度。做好生源预测，稳妥推进非本市户籍义务教育全学段审核，完善“六年一学位”及“19.1.1”多校划片实施细则，明确政策适用范围和实施方式。采取加快新建改扩建、借址办学、民办学校审批等举措，新增11所学校用于义务教育阶段招生，全力扩大学位供给。提出“22.1.1”户籍转入、九年一贯制学校“九年一学位”等政策预警，引导生源就近入学，有效抑制“学区房”房价。完成21500人中考、11280人高考保障任务。

教育质量提升。首次开展小学五年级语文和体育学业质量评价，以问题为导向，精准施策，在“双减”背景下，促进教学质量进一步提升。初中学业水平考试取得好成绩，全区及格率提升至98%以上，优质均衡发展成效显著。在全国五大学科竞赛中，海淀学子为北京市摘得多块奖牌。

东西部教育帮扶。采取全覆盖学校结对、派驻支援教师、指导建设教师发展中心、承接跟岗培训等方式，继续深化与新疆和田地区、北京延庆区、北京怀柔区教育合作关系，持续开展对疆藏蒙冀的教育支援工作。在结对帮扶地区新增手拉手结对学校34所，对内蒙古科右中旗43所学校开展教育帮扶，41名援疆、10名援蒙援冀、4名援藏干部教师继续开展支援工作。选派援藏教师5名、援蒙教师29名。

智慧教育。开展“智慧教育示范区”“基于教学改革、融合信息技术的新型教与学模式试验区”“人工智能助推教师队伍建设”试点工作和北京市“互联网+基础教育”建设工作。完成北部新区21所幼儿园新建校的信息化工程统建工作。完成全区5750间智慧教室建设工作。初步建成大数据支撑平台，实现区域教育数据的部分互通。启动全区互联网统一出口建设工作，进一步夯实信息化基础设施。制定《海淀区“三个课堂”建设2021年度工作方案》，提升信息技术教育教学融合能力。出台《海淀智慧教育建设管理细则》和《海淀区智慧教育项目竣工验收规范》，提升智慧教育建设管理规范化。

德育教育。合作建立北京市大中小学思政课一体化建设示范区，成为北京市第一个“大中小思政课一体化建设研究基地”，发挥立德树人的先行探索和示范引领作用。召开“永远跟党走”学科德育现场会，探究学科教学融合党史教育的方法路径。新增25所“绿色成长”学科德育项目实验校，推进跨学段一体化课例研究。开展“科技助力新时尚，创新引领新未来”为主题的垃圾分类“小手拉大手”活动。

学生身心健康。以区委办、区政府办名义出台《海淀区全面加强和改进新时代学校体育工作的实施方案（试行）》，增加体育课时，丰富体育课外活动，确保学生在校期间每天锻炼一小时。完成122所学校2.7万名五年级学生体质测试工作。进一步完善中重度心理问题学生“一人一策”工作机制，形成心理危机事件的预防、预警及干预制度，对所有中学和部分小学的心理健康教育与干预工作进行现场调研和检查评估。开设心理健康教育课程，促进学生身心健康成长。

劳动教育。制定《海淀区全面加强新时代中小学劳动教育的实施意见》，建设科技引领型全国中小学劳动教育实验区，评选出62所海淀区首批劳动教育“特色学校”“实验学校”“研究学校”。在课后服务时段开展劳动教育课程，在全国“以教育评价改革为牵引，推动五育并举，建设高质量教育体系”研讨会作经验交流，在北京市和全国基础教育发展中起到示范与引领作用。发布《海淀区3—18岁学生家庭劳动教育任务清单》，指导学生劳动实践。

教育交流合作。海淀区有10所高中与美国、英国、澳大利亚高中合作举办13个中外合作办学项目，包括AP、IB、A-LEVEL、中芬教育合作项目等，在读学生2700余人。

党史学习教育。按照区委统一部署，海淀区教育系统开展党史学习教育。党史学习教育面向全体党员，以校级领导干部为重点，抓好个人自学和集中学习、专题培训和集中阐释，将党史教育与教育系统实际相结合，开展主题突出、特色鲜明、形式多样的学习活动。将区域红色资源作为主题教育研学阵地，认真务实“学起来”；整合区域艺术教育资源，生动活泼“唱起来”；将名师大家作为主题教育的生动教材，真情实感“讲起来”；以创新活动作为有机载体，扎扎实实“做起来”。“永远跟党走”主题教育活动覆盖全区各中小学，20余万中小学参加相关活动。

疫情防控。全区教育系统全力落实疫情防控各项举措。1月11日北京新增1例本地确诊病例，立即采取多项措施确保师生健康及校园安全，迅速摸排重点人员信息、严格落实校园防控要求、加强监督检查、召开海淀区教育系统疫情防控工作视频会。各校根据学校实际情况，制定、采取包括通过学校公众号宣传疫情防控知识、加强校园管控、接受专项督导等多项疫情防控措施，保障师生安全。持续做好教育系统常态化疫情防控工作。年初起，分期分批启动全体教职工、全年龄段、全程的疫苗接种。以17个学区为单位，做好疫苗接种和核酸检测统筹；建立人员台账，追踪应接未接人员动态，加强宣传和动员，优化工作机制，教职工全程接种率达90.01%，加强针完成率达到99.94%。完成全员核酸检测。12—17岁人群第一针接种率99.21%；6—11岁第一针接种率91.66%；3—11岁人群第一针接种率86.16%。

陈晞、胡欣然入选2021年首都“新时代好少年”称号。

（尹涛　宋亚甫）

【寒假领导干部会】 1月20日，海淀区召开教育系统2021年寒假领导干部视频会。会议传达市教委基础教育系统工作会议精神，部署放假前和寒假期间工作，要求各单位要坚持防疫第一，守住安全底线，科学安排中小学寒假学习，并就校园安全管理、春季开学准备等工作提出具体要求。区教委作工作报告，回顾2020年海淀教育重点工作，总结“十三五”时期主要成就，明确“十四五”教育发展目标，对2021年工作要点进行部署。副区长林剑华对区委教工委、区教委在2020年所做工作表示充分肯定，从严把控校园疫情防控工作；严格管理校外培训机构，鼓励开展线上教育教学。区委教工委、区教委领导班子成员在主会场参加会议，机关科室负责人、海淀区各中小学、职高、幼儿园、直属单位、学区管理中心和青少年活动中心的党政正职、班子成员700余人在各单位分会场参加会议。

（宋亚甫）

【基层党组织书记述职会】 1月20日，海淀区教育系统召开2020年度基层党组织书记述职视频会。来自中小学、青少年活动中心9名党组织书记就如何抓基层党建工作履职情况、存在问题，以及下一步工作思路等内容交流经验、分享体会。与会区委教工委委员对每名书记述职情况做点评，党建督查员进行现场测评。区委组织部、区委教工委领导，部分区党代表、区人大代表、区政协委员、教育系统党建督查员以及区教育系统所属的基层党组织书记代表参会，海淀区各中小学、职高、幼儿园、直属单位、学区管理中心和青少年活动中心以及民办学校党政领导在各单位分会场参加会议。

（宋亚甫）

【教育系统心理健康教育工作大会】 1月27日，海淀区召开教育系统心理健康教育工作大会。会上，出台《海淀区教育系统心理健康教育与干预工作方案》《全面加强海淀区教育系统心理健康教育工作的指导意见》（海淀区教委制定）并进行解读。宣布区教育系统成立心理健康教育与干预工作12人领导小组，下设6个工作组，两委机关13个科室、4个直属单位参与其中，共同推动学校心理健康教育工作。通报《海淀区中小学生学习心理品质调查与研究项目》情况，对区教育系统心理健康教育工作提出指导建议。会议采取线上线下方式进行，区委教工委、区教委领导、相关科室负责人及中小学干部、教师850人参加会议。

（宋亚甫）

【“智慧教育示范区”建设启动】 2月1日，教育部公布2020年度全国“智慧教育示范区”创建项目名单，海淀区入围。5月12日，区教委举行“智慧教育示范区”启动大会。启动大会上，教育部科技与信息化司、市教委、区教委领导共同为“智慧教育示范区”创建项目揭牌。区教委主任王方作题为《智慧引领 聚众合力 共谋海淀智慧教育新篇章》的工作报告，为海淀区首批29所示范项目创建学校授牌，涵盖中、小、幼、职教各个学段。区教委授权智慧教育示范区创建执行单位区教科院分别与首都师范大学教师教育学院、北京师范大学互联网教育智能技术及应用国家工程实验室签约。与会专家作海淀智慧教育发展学术报告、《智慧教育助力“生态 智慧”课堂》发言。来自教育部、市区相关领导及合作高校、海淀各学区负责人、中小学书记校长500余人参加会议。2014年，海淀区提出“智慧教育”概念，出台《海淀区智慧教育中长期发展规划（2014—2020年）》和《海淀区智慧教育2.0行动计划（2019—2022年）》，2020年11月，海淀区向教育部提交“智慧教育示范区”创建申请报告。

（宋亚甫）

【校园食品安全专项整治】 2月22日至4月23日，区教委、区市场监管局、各学区管理中心联合开展春季学校食品安全专项整治工作。对全区605个在册中小学、幼儿园及社区办园点的食品安全工作全覆盖拉网式检查，重点整治供餐环节中疫情防控风险点、食堂冷链食品、食堂餐饮具、食品出锅温度检测、公用具容器等消毒效果的控制；加强配送学生餐品到校中心温度的监控；落实校园学生集中用餐陪餐制度。检查组深入学校食堂，对备菜、主食副食制作、成品存放、留样、送餐、消毒等制作供餐流程及餐厅环境进行细致检查，对发现的问题进行指导。要求各中小学、幼儿园建立就餐公开、菜谱公开机制，建立、畅通家长与学校间的信息沟通渠道，及时处置师生和家长反映的校园食品安全问题，确保学生满意、家长放心。

（宋亚甫）

【春季学期开学检查】 2月27日至28日，区委教育工委、区教委班子成员分赴17个学区的102个点位抽查春季学期开学准备工作。在海淀学区，检查组到人大附中、西颐小学、北京市健翔学校、福娃禧娃幼儿园和万泉小学，实地考察校园环境，走进教室、学生宿舍了解新学期教育教学准备工作情况，重点检查疫情防控工作落实情况。在中关村学区，对区政府机关幼儿园、中关村中学知春校区、明天幼稚集团第四幼儿园、人大附中实验小学、布布园幼儿园、双榆树第一小学、中关村二小进行安全检查，就师生健康状况、校园环境、食堂管理及消杀情况、疫情防控准备工作、教育教学准备工作等重点内容详细了解，听取各校防疫防控、健康检测、食堂工作、教育教学准备等工作汇报；在双榆树中心小学、中关村中学、智恒启明、中科启元学校、中科院第三幼儿园、北大附中6所学校，重点查检学校食堂用火、用电、用气安全，了解返京师生健康状况、防疫物资准备情况、校舍安全管理、食品饮水安全与卫生防疫管理、校园安全管理和教育教学工作准备情况，确保新学期顺利开学。重点检查校园环境、教室、食堂、实验室、图书馆等重点部位消杀情况，疫情防控物资准备情况，校门查证登记、体温检测仪器情况，食堂管理准备情况，教育教学工作准备情况，安全隐患排查情况等。各学区管理中心对学区内中小学、幼儿园及社区办园点进行全覆盖检查，检查内容包括未满14天返京上课师生健康状况监测台账，校园环境、重点部位消杀情况，疫情防控物资准备情况，校门查证登记、体温检测情况，食堂管理和教育教学准备情况，安全隐患排查等。检查结果显示，各相关单位对开学工作进行充分准备，未发现问题。3月1日，全区近36万名中小学生开学、幼儿开园。

（宋亚甫）

【中国传统文化教育系列首场活动】 3月11日，“研习国学经典 传承中华文化——海淀区高中中外合作办学项目中国传统文化教育系列活动”首场活动在一零一中圆明园校区举办。活动由区教委国际交流与合作办公室、区教科院课程研究中心共同主办，一零一中学承办。活动中，该校学生进行茶艺选修课表演、《诗经》吟唱、《中华文化学生素养读本》自编情景剧演出；国际部留学英国、美国校友通过视频，向学生们讲述中华文化在海外的传播以及对留学生活的影响，学校外教结合自身经历讲述学好本民族文化对海外生活的助力和影响；《中华文化学生素养读本》执行主编结合经典阅读“为什么读”“读什么”“怎么读”基本问题，讲解读本研发目的及过程，并给出具体使用建议；人大附中语文教师、一零一中学政治和历史教师分别就为什么要阅读经典、怎样结合实际阅读经典等问题作答。一零一中学国际部高一年级学生，海淀区高中中外合作办学项目、国际化特色民办学校及敬德书院教师150余人参加活动。

（张晓玉）

【中小学劳动教育论坛】 3月18日，区教委举办中小学劳动教育论坛。论坛由区教科院、《现代教育报》联合举办，主题为“新时代中小学劳动教育的实践与探索”，北京航空航天大学实验学校、二十一世纪国际学校及双榆树第一小学校长等，区教科院院长吴颖慧、北京师范大学教育学部教授兼学部学术委员会主席檀传宝等11名专家参加演讲，从不同视角阐述对于劳动教育的深度思考。海淀区中小学劳动教育项目学校干部教师50余人参加活动。

（宋亚甫）

【教学成果推广应用工作启动暨培训会】 3月27日至29日，区教委、海淀区教师进修学校举办基础教育国家级教学成果推广应用工作启动暨培训会。会议以“转化·融合·赋能”为主题，包含4个单元，共有5个主旨报告、4个专题报告、4场工作坊研修、1次案例分享、1次集中展示交流。会议采取“现场+直播”形式，启动仪式在中国教研网、“海淀教育”快手号、“海淀教育”央视频号、“海淀教育”微信视频号4个平台同步直播，全国超过2万人次同步在线观看。来自全国10个省市11个示范区教育行政领导、教研机构负责人、学科教研员、校长，内蒙古科右前旗、云南省怒江州、北京市延庆区和怀柔区等教育帮扶地区代表，海淀进修学校领导和教研员200余人参加现场会。2020年7月，教育部基础教育司启动国家级优秀教学成果推广与应用计划，海淀区教师进修学校研究成果“创建基于课程标准的区域教学改进体系”被全国10个省市11个示范区选择为推广应用成果。该成果研究历经7年，在中小学组织20个学科参与、50余位专家支持、2000余次各级各类研讨和现场会，150余所学校应用学业标准改进教学，293所学校（次）、62678名（次）学生参加学业水平测评，2.6万余名教师参与“5+M+N”研修。通过提升区域教师群体课程育人能力，促进区域整体育人质量提升，全方位改进教学。

（宋亚甫）

【团市委书记调研少先队工作】 4月14日，团市委书记李军会到海淀调研少先队工作。在海淀区民族小学，李军会了解学生学习和课余活动情况，观摩学党史主题中队会，围绕落实《中共中央关于全面加强新时代少先队工作的意见》，与少先队工作者和少先队辅导员代表座谈交流，听取民族小学、首师大附属小学、海淀区第二实验小学在少先队活动开展、组织建设和阵地建设等方面经验做法介绍，团区委、区少办负责人就进一步加强全团带队工作作发言交流。李军会肯定海淀区民族小学和海淀区少先队工作，强调要在“学”“思”“践”“悟”4个方面下功夫，切实推动党的少年儿童事业高质量发展。团市委、团区委、区委教工委、教育工会、团少工作主管领导以及团市委、区委教工委相关部门负责人20余人参加调研。

（宋亚甫）

【主题团日活动】 4月16日至23日，海淀教育共青团组织开展“建党百年正青春 跟党奋进新时代”主题团日活动。活动结合庆祝建党100周年、党史学习教育，推动学校团组织组织青年团员教师和学生团员开展相关活动：永定路学区团总支在学区开展党史学习专题会，清河学区团建协作委员会举办“学党史、强信念、跟党走”党史主题团课展示交流活动，海淀学区管理中心联合海淀学区团建协作委员会举办“聚享”大讲堂活动，上庄中心小学教工团支部开展纪念五四运动主题教育活动，一零一中温泉校区教工团支部开展“传承五四精神，不负青春誓言——纪念五四运动102周年主题活动”，万泉小学教工团支部组织“青春奋进 薪火相传”主题党史培训，永泰小学教工团支部开展“弘扬五四精神 争当优秀青年”纪念五四运动主题教育活动，海淀实验小学教工团支部开展青年教师讲党史故事活动，首师大附中一分校教工团支部开展“学党史、强信念、跟党走”学习教育活动，苏家坨镇幼儿园教工团支部组织线上自学《党史百年天天读》、集体学习《党史学习教育》，北大附中西三旗学校教工团支部组织青年教师“唱支歌儿给党听”主题活动。

（宋亚甫）

【设立首批6所垃圾分类示范教育基地校】 4月22日，区教委设立首批6所垃圾分类示范教育基地校，分别是双榆树第一小学、八一学校、第二十中学、北京交通大学附属小学、太平路小学、颐慧佳园幼儿园。太平路小学自主研发《垃圾分类，文明生活》《豆豆环保总动员》校本教材并融入课堂教学中，为学生树立保护环境、珍惜资源的意识；八一学校将校园内的枯枝落叶、厨余垃圾等废弃物进行处理，产出有机肥，把食堂污水及雨水净化为中水用于灌溉；双榆树一小学生通过绘制手抄报、写倡议书、制作垃圾分类标识等不同形式，学习垃圾分类、减量为生活带来的便利。海淀区已形成“教委和学校签约”“学校与家庭签约”顶层设计，落实垃圾分类重点工作、时间安排、推进效果，力争让学生带动家长，学校带动社会，形成整体的垃圾分类、减量的氛围。

（宋亚甫）

【劳动教育课程展示与经验交流活动】 4月23日，由区教科院、区教育学会等单位主办，区都市农业协会联合弗莱农庄、台头小学及智学素质教育承办的中小学劳动教育课程展示与经验交流活动举行，有关领导专家及学校师生80余人参加活动。活动中，台头小学与智学素质教育带来以“学农六艺·科学育苗师”为主题的劳动教育课程展示，北京市农林科学院专家为学生讲授科学育苗知识，带领学生动手实践，围绕配土、播种、栽苗、授粉进行分组练习。参与者听取台头小学介绍学校开展劳动教育情况，海淀区教科院介绍劳动教育项目组工作开展情况，共同探讨海淀区劳动教育和学农实践进一步推向深入所需政策、资金、资源、课程、师资等问题和解决建议。

（宋亚甫）

【“弘扬劳模精神 喜迎建党百年”主题活动】 4月28日，由区教育工会主办，区教科院、中小学综合实践教育中心、台头小学教职工劳动俱乐部承办的海淀区“弘扬劳模精神 喜迎建党百年”主题活动举行。活动邀请劳模、首都劳动奖章获得者身披红绶带走红毯，并在活动主题墙上签名、合影留念。在召开的劳模工作交流会上，与会劳模、首都劳动奖章获得者就立足本职工作更好地发挥引领辐射作用展开交流，在中小学综合实践教育中心开展劳动体验。市教育工会、区政协、区总工会、区委教工委等领导，区教育系统劳动模范、首都劳动奖章获得者、部分特邀退休劳模约100人参加活动。

（宋亚甫）

【“强基计划与拔尖创新人才培养”论坛】 4月28日，由区教委主办、区教科院等承办的“强基计划与拔尖创新人才培养”高端论坛举行。论坛分为主旨报告和专家圆桌对话两个环节。在主题报告环节，北师大专家从实施背景、政策目标以及应对策略3个方面对实施强基计划培养拔尖创新人才进行深入分析，提出相关应对策略；区教委从政策背景、模式探索、发展规划3个方面对海淀区以强基计划为契机，深化大中小贯通育人模式探索进行全面阐述；围绕强基计划背景下“大中衔接”探索与创新主题，2名高校专家及2名中学校长分别作主题发言。在“强基计划再认识：大学与中学的对话”圆桌对话环节，5名嘉宾针对“试点高校对强基计划背景下与中学的衔接沟通工作的理解与规划”“高中学校在强基计划背景下做好与高校之间的衔接沟通遇到的典型问题以及问题的破解之道”等问题进行解答和研讨。论坛采取网络直播方式举办，有关领导专家及海淀校长、教师100余人现场参会，全国各地专家学者及高中校长教师3000余人线上参会。

（刘志刚）

【“小学校·大教育”教育家办学实践研讨会】 5月18日，区教委在上庄中心小学召开“小学校·大教育”教育家办学实践研讨会。研讨会前，嘉宾走进中心小学的艺术社团展览区、英语展示区、汉字文化展示区、幼儿园展示区、操场体育展示区等特色活动展示区域，听取学生解说感受学校发展历程和育人特色。观看学校宣传片《爱让每一个孩子都有获得感》，上庄中心小学校长毛向军与北京大学教育学院副教授林小英以《诚敬仁爱 深耕乡土》为题，采取访谈形式讲述毛向军33年从教师到教学主任再到校长的成长历程，专家及该校教师4人共话成长，2名学生吟诵毛向军作品《爱之赋》。首都师范大学、北京大学教育学院专家分别通过视频和现场进行点评。有关领导专家及校长教师等200人参加研讨会。上庄中心小学地处海淀北部新区上庄镇，1955年建校，现有两个小学部和一所附属幼儿园，学生大多来自全国19个省、市、自治区。

（宋亚甫）

【一贯制学校办学经验研讨会】 5月19日，区教委召开一贯制学校办学经验研讨会。首师大附属玉泉学校、北京实验学校（海淀）、二十中学附属实验学校、十一学校一分校校长分别从“德育模式创新、家校共育方式创新、教师队伍建设与管理、课堂教学变革”4个方面做一贯制学校办学经验总结，北京师范大学教育学部专家作《论学校管理的微妙性均衡》主题培训。研讨会对海淀区一贯制学校下阶段发展提出4点建议：加强规划，不断完善学校贯通育人的治理体系和能力；加强交流，持续促进学段之间教育信息的融通和共享；加强整合，深度盘活并高效利用一体化学校育人资源；加强探究，借一贯制办学优势扎实落实“双减”工作。有关领导专家及海淀区一贯制学校校长教师100余人参加活动。海淀区一贯制学校（九年一贯制13所，十二年一贯制28所）在办学类型、办学思想、学校特色、德育优化、课程整合、教师专业发展等方面取得不同程度成果。

（宋亚甫）

【海淀香港STEM专题线上交流分享会】 5月20日至21日，区教委与香港特别行政区政府教育局合作举办“香港官立学校教师与北京海淀教师交流计划——STEM专题2021线上交流分享会”。会议由一零一中学承办，聚焦STEM教育主题，分中学组和小学组进行，双方41所学校的170余人参加。在中学组分享会上，一零一中学、玉渊潭中学、农大附中作主题报告，香港南屯门官立中学、伊利沙伯中学作专题发言。在小学组分享会上，香港南元朗官立小学、农圃道官立小学作主旨发言，中关村一小、中关村二小、西二旗小学分别进行主题分享。每个主题发言后安排问答环节，双方领导、教师就关注热点展开讨论，共同研讨切磋，彼此学习、借鉴在STEM教育上的创新理念和实践经验。2016年4月，区教委首次接待香港教育局中高层公务员教育交流团，初步达成持续交流意向。海淀区学校从2020年开始与香港姊妹学校进行线上互动，至2021年5月，全区10所中小学与香港姊妹校开展13次线上交流活动。两地学校分别针对学校管理者、教师、学生层面，开展线上姊妹校签约仪式、教学研讨、课堂共享、同唱一首歌、辩论赛、传统文化展示等活动。

（宋亚甫）

【红色学校党建联盟启动】 6月21日，海淀区红色学校党建联盟正式启动，十一学校、育英学校、一零一中学、八一学校、育鸿学校、北京理工大学附属中学、五一小学、七一小学、育鹰小学、玉泉小学、培星小学、六一幼儿院、育英中学13所学校为首批红色资源学校。对各校红色历史进行再发掘，总结各自特色的党建活动，让各校红色教育更丰富、更深入。启动会上，表彰海淀区教育系统优秀共产党员、优秀党务工作者、先进基层党组织；发布海淀区教育系统第一批党建品牌。市委教育工委、区委、区政府、区人大、区政协、区领导与区委教工委、区教委领导班子、教育系统基层党组织书记、校长以及“两优一先”代表、老党员、新党员代表1000余人参加活动。

（宋亚甫）

【海淀新加坡校长圆桌会议】 7月7日，区教委与新加坡教育部通过线下与线上融合方式举办第六届校长圆桌会议。会议以“培养学生面向未来的学习能力”为主题，新加坡、海淀区10名校长围绕会议主题，分享各自的思考、探索和成果。新加坡教育部学校司、海淀区教委、海淀区中小学干部研修中心领导，双方校长和教育工作者100余人参加会议。2006年，新加坡教育部与海淀达成教育交流合作意向，开展教育圆桌会议、互派校级干部挂职锻炼等合作项目。2007年至2021年，双方在两地共召开六届圆桌会议，海淀区共派出40名校级干部赴新加坡参加挂职锻炼项目。

（宋亚甫）

【红色教育实践探索新书发布会】 7月9日，海淀区红色学校党建联盟首次活动暨《传承红色传统、培育未来之星》红色教育实践探索新书发布会在培星小学举行。活动以“赓续红色基因 永远跟党走”为主题，由区委教工委主办，海淀区教育党校、郑瑞芳校长工作室和培星小学共同承办，培星小学学生表演红色校史情景剧《革命需要接班人》，党员教师和少先队员代表诵读红色家书，展示学校红色教育成果；中国人民大学出版社教育分社与海淀区教育党校签署“海淀红色教育资源丛书”出版框架协议，培星小学发布新书《传承红色传统 培育未来之星》，作为“海淀红色教育资源丛书”首部作品，该书呈现培星小学多年来在红色基因传承、党史教育和思政教育上的实践探索，将作为学校开展思政教育的校本教材。

（宋亚甫）

【表彰优秀教育工作者】 9月9日，以“赓续百年初心 担当育人使命”为主题的海淀区庆祝第37个教师节大会举行，向全区广大教师和教育工作者致以崇高敬意和节日问候。大会对北京市海淀区实验小学刘杨等102名优秀“四有”教师标兵、北京市八一学校靳荣等723名优秀“四有”教师、北京市海淀区北太平庄学区管理中心赵会淑等366名育人先进个人

9月9日，海淀区向52名教育工作者颁发“光荣从教40年”证书（区教委 供图）

予以表彰。大会宣读关于颁发“光荣从教40年”证书的决定，为清华附中永丰学校丁光成、台头小学王秀君等52位教育工作者颁发“光荣从教40年”证书。

（宋亚甫 郭君兮）

【教育协作座谈会】 9月14日，区教委与内蒙古自治区兴安盟科右前旗举行教育协作座谈会。科右前旗教育总督学从师资培训、教师发展、结对校交流、提升薄弱学校等方面提出相关需求，希望海淀区教委更加注重针对性和实效性，不断拓宽帮扶深度和广度。区教委表示，希望灵活运用信息化资源，线上进行教师培训，早日实现京蒙学生同上一堂课；线下利用好研修基地，培养出更多优秀的教师。9月17日，重庆市两江新区、海淀区教育交流座谈会召开。两江新区领导介绍两江新区教育发展，希望海淀区教委能够与两江新区学校建立友好学校关系，更好地提升教师职业发展水平，利用信息化平台进行学习交流。区委教工委、区教委介绍海淀区整体教育发展情况，表示建立友好学校是整合融通基础教育和高等教育优质资源、助力区域教育优质均衡发展的重要举措。

（宋亚甫）

【获首届全国教材建设10个奖项】 10月12日，由国家教材委员会主办、教育部承办的首届全国教材建设奖公布，海淀区教师获得10个奖项。首届全国教材建设奖分设全国优秀教材、全国教材建设先进集体、全国教材建设先进个人3个奖项。海淀区教师进修学校校长罗滨获首届“全国教材建设先进个人”称号，教研员苏明义、闫赤兵、吉小梅、王思锦作为执行主编或副主编的教材获得“全国优秀教材一等奖”1项，“全国优秀教材二等奖”8项。首届全国教材建设奖共评选出999项全国优秀教材（其中高等教育类399种、职业教育和继续教育类400种、基础教育类200种）、99个全国教材建设先进集体和200名先进个人。

（宋亚甫）

【海淀区科右前旗教育协作签约】 10月19日，区教委与内蒙古自治区兴安盟科尔沁右翼前旗签署东西部协作框架协议，海淀区立新幼儿园和科右前旗第四幼儿园签约成为“手拉手”合作学校。海淀、科右前旗双方将继续实施教师交流培训、实施学校提升工程、实施科研指导项目，助推科右前旗教育综合改革发展。2018年，海淀区教委与科右前旗教育局签署教育扶贫协作三年行动框架协议，手拉手结对学校，至2021年手拉手结对学校从14所增加到51所。双方在干部挂职培训、学习交流、教师培训和对口支教等方面开展更深入合作，实现在教育理念、资源、管理与成果上的互通互享，实现两地教育共赢发展。海淀区通过资金保障、支教、提供教师跟岗学习机会、帮扶成立科右前旗教师发展中心等方式，提升科右前旗师资队伍水平和学校办学条件。

（宋亚甫）

【海淀区敖汉旗协作框架协议签署】 11月22日，区教委与敖汉旗教育局网上签署《北京市海淀区教委 敖汉旗教育局东西部协作框架协议》。根据协议，海淀区将继续在实施教师交流培训、实施学校提升工程、实施科研指导项目三方面给予敖汉旗帮助，包括敖汉旗教育局选派骨干教师赴京跟岗学习，选派环节干部赴京跟岗学习；区教委为敖汉旗提供校级领导干部培训，每年选派基础学科教师赴敖汉旗进行短期、长期支教。两地结对校之间加大交流互访力度，在学校管理、师资水平等方面对敖汉旗各校（园）进行指导、助力提升，敖汉旗教育局在研学旅行、劳动教育、课题研究等方面为海淀学校提供场地和条件。海淀区在教学研究、教学指导、课程建设、师资培训、资源建设等方面提升研训学员能力水平。持续采取“一对一”“一对多”学校结对交流方式，助力敖汉旗教育发展。

（宋亚甫）

【《海淀区“十四五”时期教育改革和发展规划》发布】 12月31日，区教委发布《海淀区“十四五”时期教育改革和发展规划》（简称《规划》）。《规划》包括发展基础及形势要求、指导思想及基本原则、发展目标、主要任务和保障措施等方面内容。总目标是：教育现代化水平全面提升，建成更高水平、更高质量、更富活力、更具特色的教育强区，建成与海淀区建设北京国际科技创新中心核心区相适应的高质量教育体系，建成与建设高品质民生幸福城区相适应的高质量教育体系。10大工程：全面育人、质量提升、高中教育、义务教育、学前教育、特教发展、布局优化、人才强教、智慧教育、教育督导。12项指标：2020年至2025年学前三年入园率从90%到大于90%，普惠性幼儿园覆盖率从92%到等于大于92%，学前教育专职教师接受专业教育比例从85%到95%，义务教育公办学校就近入学率大于99%，义务教育专任教师中本科及以上学历人员比例由97%到98%，高中阶段专任教师中研究生及以上学历人员比例由43%到45%，职业教育“双师型”教师比例从80%到82%，新增劳动力平均受教育年限由16年到16.1年，中小学体质健康测试达标优良率从67%到70%，智慧校园覆盖率由85%到95%，绿色校园达标率2025年达到80%，平安校园达标率为100%等。15项主要任务：加强党对教育工作的全面领导，坚持“五育”并举培育时代新人，优化教育资源配置和空间布局结构，学前教育普及普惠安全优质发展，义务教育优质均衡发展，普通高中教育多样化特色发展，职业教育高质量发展，民办教育规范有序健康发展，特殊教育优先融合提质发展，终身教育多元立体融通发展，深化教育对外交流合作，建设高素质专业化创新型干部教师队伍，智能技术与教育教学深度融合，完善教育治理体系，深化新时代教育评价改革。

（宋亚甫）

学前教育

【概况】 2021年，海淀区有幼儿园223所（教育部门办园30所、其他部门办园15所、地方企业办园5所、事业单位办园26所、部队办园36所、集体办园24所、民办园86所、具有法人资格的中外合作办学1所），另有9所附设幼儿班。招生26942人，毕业19871人，在园78210人，有教职工13958人。

常态化疫情防控工作。按照市、区要求，区教委组织全区各类型幼儿园健全工作机制，完善管理制度，压实责任，做好常态化疫情防控各项工作。指导幼儿园继续落实《北京市海淀区幼儿园常态化疫情防控期间幼儿在园一日生活指南（试行）》，各园做好各项常规工作。

巩固《海淀区第三期学前教育三年行动计划（2018—2020年）》成果，持续扩增学前学位，新增小区配套园全部办成普惠园。全年新增15所普惠幼儿园、改扩建4所幼儿园，扩增普惠学位5640个。北部地区新建小区配套园引入北京明天幼稚集团、新区恩济幼儿园、中科院三幼等优质公办园承办。探索“央地合作”办园模式，推进区教委与中央党校合作办园（2021年区教委和中央党校签订协议，由中央党校提供办园场地，北京市六一幼儿院承办，园名为北京市六一幼儿院党校园，预计2022年9月底开园），为青龙桥地区补充优质学前教育资源。支持社会力量办园，新审批民办园10所，扩增学位2190个。

（宋亚甫）

【新小班保教人员及新生家长培训】 7月，区教委依托区教师进修学校，组成由北京教育科学研究院专家、北京市特级教师及部分幼儿园园长组成的研发团队，研制《海淀区新小班教师研修课程》《海淀区新小班幼儿家长培训课程》。研发团队针对小班幼儿年龄特点、教育策略、入园适应、常规培养、家园共育等方面，研制15个视频资源，进一步明确小班保教工作重点难点，提高教师师德修养、家庭指导能力和教育教学能力；支持家长多种形式学习，推出“海淀空中亲子乐园”，发布入园适应7个音频资源，为家长提供专业可行的指导建议，指导家长、幼儿做好包括心理准备、生活能力与交往能力等入园准备。8月，区教委组织实施面向全体新小班保教人员及新生家长全覆盖培训。培训采取线上录播和直播相结合的方式进行，全区各幼儿园、社区办园点组织教师登录在线研修平台学习，家长通过在线直播课程自主学习。至8月底，全区223所各类型幼儿园和125所社区办园点3532名小班保教人员和近2.5万名小班幼儿家长参与培训，家长在线直播点击量10.99万余人次。

（宋亚甫）

【北部地区5所幼儿园开园】 9月9日，海淀区红英阳光幼儿园举行揭牌仪式。该园坐落于西北旺镇大牛坊社区，为区教委直属公立幼儿园，12个教学班规模，可容纳幼儿360余名，暂开设2个小班，招收幼儿58人。9月10日，北京市六一幼儿院科学城园和海淀区科学城北区童心家园幼儿园正式开园。六一幼儿院科学城园位于西北旺镇，12个教学班规模，可提供360个学位，开设2个小班，共有42名在园幼儿。海淀区科学城北区童心家园幼儿园位于苏家坨镇前沙涧地区，为小区配套幼儿园，12个教学班规模，可提供360个学位。暂开设2个小班，在园幼儿近60名。10月20日，中国科学院第三幼儿园北安河分园举行揭牌仪式。该园位于苏家坨镇安河家园社区，是由中科院行管局承办、中科院三幼具体管理运行的公立幼儿园。15个教学班规模，可容纳幼儿450余名，现开设2个小班，首批招收55名幼儿。11月1日，海淀区海育幼儿园永靓分园正式开园。永靓分园位于西北旺镇永靓家园小区内，由海淀区属国企下设北京海国恒泰幼儿教育科技有限公司承办，为公办性质。幼儿园占地面积3335.17平方米，建筑规模9个班级，可容纳近270名幼儿，暂开设3个小班。

（宋亚甫）

【幼儿园园长办学实践研讨会】 9月16日，区委教工委、区教委在北部新区实验幼儿园举办幼儿园园长办学实践研讨会。研讨会主题为“播种·生长”，会上播放《三年叶花果，生木林森》专题片，海淀区北部新区实验幼儿园肖延红以《播种真爱 花开未来》为题作主题报告，4名青年教师讲述与幼儿园共同成长故事，与会领导专家对幼儿园文化建设理念及其可推广性进行评价和分析，可为学前教育发展建设带来启发。市教委学前处、北京教科院早期教育研究所、区委教工委书记以及教育两委机关科室负责人、全区幼儿园园长代表参加研讨会。相关单位党政负责人通过线上方式参会。

（宋亚甫）

【成志幼儿园开园】 10月25日，北京市海淀区成志幼儿园正式开园。成志幼儿园位于清河街道清河嘉园社区，为区教委直属公立幼儿园。占地面积4227平方米，校舍建筑面积9892平方米，设有功能室、丁香书苑、水木秀场、微笑农场、综合教室、艺术教室和体能教室。共设15个教学班，现开设5个小班，首批招收幼儿120人，有教职工28人。幼儿园以“为聪慧与高尚的人生奠基”为办园使命，依托清华附小教育品牌，秉承“让儿童站立学校正中央”教育理念高质量办园。

（宋亚甫）

【人大幼儿园田村分园开园】 12月20日，中国人民大学幼儿园田村分园正式开园。田村分园坐落于田村路街道田村路43号，是区教委委托中国人民大学承办的普惠公立幼儿园，占地面积3927.94平方米，建筑面积3085平方米，设有9个教学班，可容纳幼儿270余名，开设2个小班。

（宋亚甫）

基础教育

【美育研究中心落户交大附中】 1月27日，海淀区教育科学研究院美育研究中心落户北京交通大学附中。该中心作为区教科院下属教科研部门之一，将采用课题研究、项目推进的方式，负责全区中小学美育教育教学改革、课题或项目研究、学校活动组织、信息资源库建设、美育评价体系建设、美育成效评估等工作，不断提升教育科研服务能力，形成行政、科研和培训工作合力。美育研究中心采用专兼职结合方式，组成研究队伍，同时聘用国内外美育领域著名学者、专家组成学术委员会，共同开展美育学术研究、师资培训、教育实践等工作。揭牌仪式上，为5名美育指导专家颁发聘书。

（宋亚甫）

【春季学期开学工作会议】 2月26日，区教育系统召开春季学期开学工作视频会议。会议部署2020年至2021学年春季学期开学工作，强调各学校要落实好防控工作要求，确保师生健康状况监测管理到位、校园环境消杀到位、食品安全管理到位、防疫物资配备到位；严格按照课程标准和教学计划开展课堂教学，维护正常教育教学秩序；完善应急预案，确保校园安全稳定。区委常委、宣传部部长张劲林，副区长林剑华，区外办、区外联中心、区公安分局、区交通支队、区卫健委等部门与区委教工委、区教委领导及各科室负责人在主会场参加会议，各学区负责人、各小学书记校长及教育教学主管干部在分会场参加会议。

（宋亚甫）

【两份学生“提案”提交全国政协会议】 3月5日，海淀区两份学生“提案”上全国两会。北京一零一中学生模拟政协的两份“提案”经全国青少年模拟政协组委会推荐，由全国政协委员许怡、祝连庆提交第十三届四次全国政协会议。提案《关于将照护老人技能培训纳入高中劳动教育课程的建议》着眼于照护老人技能培训，以劳动教育课程为切口，通过学校对口连接，在区教委统一组织领导和区卫健委、教育部门协助下，建立长期有效的照护老人技能培训联动机制，可有效解决社会人口老龄化造成的“老无所依”问题，也可提高学生的社会和家庭责任感。提案《关于在全国推广食物共享理念减少食物浪费的建议》建议在全国推广食物共享理念，建立“食物银行”，收集过剩食物捐助给有需要的低收入人群，开发食物共享手机应用程序（App或小程序），将餐厅、超市等即将处理的食物低价卖给顾客，能够避免食物浪费，减少形成厨余垃圾造成的环境污染，还能帮扶困难群众，助力精准扶贫。

（宋亚甫）

【13人获全国儿童青少年近视防控征文赛奖】 3月16日，全国儿童青少年近视防控“我爱眼、我话眼”征文大赛获奖名单揭晓。北京邮电大学附属小学何桐羽《哭泣的眼睛》、中关村三小钟若滢《近视，你值得拥有》、中关村三小冯雅慈《眼睛的自白》获得小学组一等奖，花园村二小谈笑《老鹰与眼睛的故事》、图强二小钱水月《眼睛的深夜告白》获得小学组二等奖，8名学生获得三等奖。

（宋亚甫）

【少年先锋岗站岗活动】 4月1日，海淀团教工委、少工委在玉渊潭公园内中国少年英雄纪念碑启动“缅怀革命先烈 传承红色基因”2021年区级、校级少年先锋岗站岗活动。区级少年先锋岗站岗时间为4月1日至10月13日，每天上午站岗1小时，重要节日为上午、下午各1小时，站岗人员为海淀区各中学少先队员代表。玉渊潭公园“中国少年英雄纪念碑”站岗时间为4月至8月，西山国家森林公园“无名英雄纪念碑”站岗时间为9月

4月1日，玉渊潭公园少年英雄纪念碑护碑仪式举行（玉渊潭公园 供图）

至10月。

（宋亚甫）

【6名学生获北京市科学建议奖】 4月11日，第十二届北京市中小学生科学建议奖获奖结果揭晓，10个项目、12名学生获得科学建议奖，10个项目、14名学生获得科学建议提名奖。本届科学建议奖活动共征集8000多名中小学生提出的7710项建议，包括城市建设与管理、乡村振兴发展、生态环境保护、公共卫生与健康、冬奥文化传播、京津冀区域协同发展、防灾与安全等方面。一零一中学学生张维钧提出的《关于在北京市推广食物共享，减少食物浪费的建议》获得科学建议奖；中关村二小杨涵宇；翠微小学刘润达；育英学校齐昱程；育鹰小学宋一杨、张瀚予获得科学建议奖提名奖。

（宋亚甫）

【中小学心理健康教育活动月】 5月20日，区教委启动海淀区中小学心理健康教育活动月活动，发布面向学生、家长的心理活动月倡议书，提出8项倡议。活动月以“师生心理健康与心理危机预防”为主题，以“积极心理学理念”为主导，以“预防心理危机，提升心理品质”为目的，将因需提供面向学生、教师、家长的疏导、指导、培训、干预等多种心理服务。各校将聚焦主题，重点开展“五个一”活动，即一系列针对学生、教师的心理讲座，一次生命教育为主题的心理班会，一次校园心理减压活动，一次常见或突发心理问题研讨活动，一次家庭教育指导活动。来自北京师范大学、清华大学、北医六院等合作单位的专家从积极心理课程、家庭教育指导、学生心理问题识别等方面，介绍能够提供的服务内容及服务，交大附中作为学校代表介绍学校心理月实施方案。

（宋亚甫）

【申军红教育教学实践研讨会】 6月11日，区教委举办申军红教育教学实践研讨会。研讨会以“点亮·成长”为主题，现场播放短片《点亮》讲述申军红“以德育德”育人故事，申军红作题为《点亮·成长 从德育到育德》报告发言，从“发展性学生观”“浸润式德育观”“融合式学科德育实践”“进阶式师德培养实践”4个方面阐述对德育价值和内涵的理解，以及作为教育工作者如何在教育实践中落实育人目标和育人理念。微访谈环节以“擦亮‘金名片’的人”为主题，嘉宾在现场以视频方式，从不同角度讲述自己眼中的申军红，2名专家做点评。区教师进修学校教职员工，海淀区各学校德育副校长、教学干部，北京市骨干班主任，“绿色成长”学科德育实验学校负责人，海淀区名师工作站德育心理组导师、学员，以及特邀的专家及教育同仁400余人参会。申军红，海淀区教师进修学校常务副校长、海淀进校教育集团常务副校长，正高级教师，北京市优秀教师。中国教育学会普通高中新课程实施“领航计划”培训团队授课教师，教育部“国培计划”首期中小学名师领航工程海淀进校培养基地德育学科导师，海淀区名师工作站德育心理组组长、导师。长期从事德育、教师教育等工作，主持编写《中小学学科德育指导手册》，出版著作《中小学新任教师培训指南》《中小学骨干教师研修指南》。“创建基于课程标准的区域教学改进体系”获2018年基础教育国家级教学成果奖一等奖。

（宋亚甫）

【“绿色成长”学科德育现场会】 6月16日，海淀区“绿色成长”学科德育现场会在清华附中召开。会议聚焦“永远跟党走：新时代教师育德能力提升”主题，海淀区教师进修学校作海淀区“绿色成长”学科德育项目主题报告，清华附中介绍学校学科育人经验和做法。清华附中、人大附小、育英学校做学科德育主题研究课展示。清华附中语文特级教师进行七年级《太空一日》现场课展示，人大附小、育英学校2名教师就小学语文六年级《十六年前的回忆》、历史十年级《马克思主义中国化》进行说课。北京教科院、清华大学、北京师范大学、区教师进修学校、中关村三小专家校长围绕教师德育能力提升、学科德育探索与创新等内容展开研讨和交流。与会领导为25所海淀区“绿色成长”学科德育项目第二批实验校颁牌，对2021年“绿色成长”学科德育优秀案例进行表彰。与会领导对学科德育项目表示充分肯定，对学科德育深入开展与精准实施提出建议。中国教育学会、北京教科院、清华大学、北师大的专家学者，以及区委教工委、区教委、北京市各区代表、海淀区中小学教学干部骨干教师代表、海淀区“绿色成长”学科德育项目组成员300余人参加会议。2017年5月，海淀区启动“绿色成长”学科德育项目。

（宋亚甫）

【海淀中学生荣获多枚奖牌】 6月28日，人大附中学生邓明扬以满分第一名成绩获第三十三届国际信息学奥赛金牌。7月17日至25日，第五十一届国际物理奥林匹克竞赛在线举办，人大附中张致涵获金牌。7月20日，十一学校韦晨、人大附中陈锐韬获第六十二届国际数学奥林匹克竞赛金牌。10月5日，第三十届全国中学生生物学竞赛闭幕，本次竞赛100人获金牌，140人获银牌，157人获铜牌。包括十一学校2人、人大附中1人。11月29日，第三十五届中国化学竞赛决赛获奖名单公布，136人获金牌，181人获银牌，121人获铜牌。海淀区人大附中2名学生、十一学校2名学生获得金牌。12月3日，北大附中12名高中学生参加全国青少年信息学奥林匹克联赛（NOIP 2021），10人获得一等奖、1人获二等奖、1人获三等奖，其中，张景行获得满分、并列排名北京市第一。12月16日，第38届全国中学生物理竞赛决赛名单公布，本次共计144人获得金牌，168人获得银牌，168人获得铜牌。北京市代表队由16人组成，11人来自人大附中，4人来自十一学校，1人来自北师大附实验。最终，海淀区8人获得金牌、9人获得银牌，其中人大附中6人获金牌、5人获银牌，十一学校2人获金牌、2人获银牌。12月25日，北京代表队34人（海淀区学生32人）参加全国中学生数学竞赛（决赛），16人获得金牌，全部为海淀区学生，其中人大附中12人、十一学校3人、清华附中1人。

（宋亚甫）

【优秀种子教师工作站启动】 7月9日，海淀区优秀种子教师工作站启动。启动会上，为海淀区教科院授予工作站牌匾，为工作站30名理论导师、38名实践导师、15所领航学校代表颁发聘书和授牌。种子教师工作站与北京师范大学教育学部签署培养优秀种子教师的战略合作协议。清华附小、育英学校2名教师代表发言。工作站将实施“实践+理论”双导师制，按照学段分成若干学习共同体，设共同体负责人，利用高校教育资源为教师搭建高端学习平台，发挥教师发展中领航学校的示范作用。将通过通识文化课程、学术研究课程、教育实践课程和信息操作课程等系统设计，关注教师发展的全面提升。招收学员374名，覆盖中、小、幼等各个学段。区委教工委、区教委领导，清华大学、北京师范大学、首都师范大学、中国教科院、北京教科院等高校、科研机构专家学者及海淀区中小学教师400余人参加会议。作为海淀区教师教育工作重大项目之一，由区教委统筹领导，区教科院负责落实执行。海淀区优秀种子教师工作站前身是2013年海淀区教科院启动的教育科研种子教师研究项目，两届种子教师共计396人结业。

（宋亚甫）

【“红色志愿行”品牌活动启动】 7月16日，海淀教育共青团“红色志愿行”品牌活动启动。仪式上，播放视频短片介绍该志愿活动目的意义、各志愿服务基地概况、“红色”子项目内涵和志愿服务机制流程等内容，为学校志愿服务队授旗，为中小学生志愿者颁发讲解员聘书。学生志愿者代表和爱教基地负责人分别发言，全体志愿者进行宣誓。仪式后，来自理工大附中第一批“红色心声”讲解员在展示中心开展红色志愿服务。海淀教育共青团“红色志愿行”品牌下设“红色向导”文明指引员、“红色心声”志愿讲解队、“红色晚霞”爱老敬老团、“红心助力”垃圾分类公益行和“红色守护”赛事服务保障组等子品牌项目。青年学生将在海淀辖区10家爱国主义教育基地、养老服务机构以及街镇、社区多地开展志愿服务活动。

（宋亚甫）

【“传承·发展”教育家办学实践研讨会】 9月26日，“传承·发展”教育家办学实践研讨会在北京市第二十中学举办。研讨会由区委教工委、区教委主办，为第10场“成长中的教育家”办学实践研讨会。现场播放学校70年变化短片，校长陈恒华以《文化传承与实践创新》为题，分享学校发展历程，探索“脊梁教育”文化传承与实践创新。教师团队代表分享学校变革育人方式以及“脊梁教育”实践中的故事；课程与教学团队介绍“五彩课程体系”相关内容；德育副校长以《让德育给学生插上青春的翅膀》为题，介绍学校德育工作开展情况。北京师范大学、首都师范大学专家分别进行点评，对学校办学思想、增值性评价、优秀教师团队和管理模式4个方面给予高度评价。有关领导专家、海淀区中小学校长及二十中师生240余人参加活动。

（宋亚甫）

【师生心理测评】 10月15日，区教委召开中小学心理活动月总结及心理测评启动会，启动2021年度师生心理测评工作。测评本着“知情同意 自主自愿”原则，学生测评旨在通过全面调查，建立中小学生心理发展数据库，客观了解海淀区中小学生的学习、生活状况，针对性地开展心理辅导与干预，帮助学校按需为学生提供适切的心理健康服务与支持，打好学生健康底色。教师心理健康监测工作，有助于全面了解、分析不同教师群体的心理健康状况，为教育决策提供信息、依据和建议。教育部基础教育司德育处、区教委、区教科院领导及海淀区中小学德育干部、心理教师100余人参会。

（宋亚甫）

【3岁至18岁家庭劳动教育任务清单发布】 10月20日，区教委发布《海淀区3岁至18岁学生家庭劳动教育任务清单（2021年版）》。劳动清单分为学前3岁至6岁、小学7岁至9岁（1—3年级）、小学10岁至12岁（4—6年级）、初中13岁至15岁（7—9年级）、高中16岁至18岁（10—12年级）5个学段，按照劳动主题分为自我管理、与人相处、社会适应、创新发展四大块，四大主题分为劳动主题、劳动目标、评估标准及展示与交流。

（张纪元）

【科右前旗副校级干部培训班】 10月至12月8日，海淀区教育党校举办海淀区—科右前旗副校级干部培训班。培训班设计“党性教育”“教育理解和教育政策”“学校管理”“教育教学”“综合素养提升”5大模块课程，涉及党史教育、教育理论与教育思想、教育改革形势、经典管理理论和学校管理实务、校长领导力等领域。其间，围绕“听说读写、学思践悟”理念开展专题教学52次，工作坊教学3个，党性教育现场教学3次，综合人文素养考察2次，各种对话、研讨交流10余次，引入线上芬兰校长领导力国际培训项目。来自科右前旗的20名副校级干部学员参加学习。

（宋亚甫）

【中国—新西兰地方教育论坛】 11月10日至11日，“2021中国—新西兰地方教育论坛”在北京一零一中教育集团圆明园校区举办。论坛由区政府外事办公室、区人民对外友好协会、惠灵顿国际教育委员会支持，区教委国际交流与合作办公室主办，北京一零一中教育集团承办，新西兰森根国际集团、大惠灵顿区高中校长联盟协办。论坛采取线上线下相结合方式，来自海淀区、新西兰惠灵顿市的20余名中小学校长、专家、教师，围绕“激活生命·赋能未来：疫后全球化创新人才培养”主题展开对话交流。论坛分为开幕式、主旨报告、校长分论坛、教师分论坛及“国际教育分享”分论坛几个环节。中新双方线上与会人员达200余人次。

（宋亚甫）

【思政课一体化建设研究基地落户】 11月22日，北京市首个大中小学思政课一体化建设研究基地落户海淀。研究基地由市委教育工委、市教委领导指导，北京市学校德育研究会提供专业支持，区委教育工委、区教委负责建设管理，将统筹全市优质资源、创新研究成果，搭建相邻学段交流平台，探索大中小学思政课一体化建设的海淀模式，着力将海淀区教育资源富集的优势转化为辐射带动全市大中小学思政课一体化建设的新动能，为推动全市大中小学思政课一体化建设贡献海淀智慧、海淀成果、海淀经验。市委教育工委、海淀区委领导共同为研究基地揭牌，并为专家代表颁发聘书；北京市学校德育研究会与海淀区签署协议，合作建设“北京市大中小学思政课一体化建设实践研究示范区”。

（宋亚甫）

【6校上榜中华优秀传统文化传承学校】 11月25日，教育部公布第三批全国中小学中华优秀传统文化传承学校名单，海淀区清华附小（民族民间音乐）、中关村一小（戏曲）、八一学校（京剧）、民族小学（书法）、翠微小学（曲艺）、区教师进修附属实验学校（戏剧）6所学校上榜。海淀区累计9所学校上榜中华优秀传统文化传承学校。

（宋亚甫）

【义务教育优质均衡发展督导调研】 11月26日，海淀区接受2021年北京市推进区域义务教育优质均衡发展专题督导调研。汇报会上，听取海淀区义务教育优质均衡发展概况汇报，并对照海淀区监测结果进行全面分析梳理，聚焦突出问题，明确下一步工作举措。市专题督导调研组同与会人员就区域义务教育优质均衡发展达标情况和均衡发展情况进行座谈与交流。市教委督政处领导、北京教育督导评估院研究员，区教委、区教师进修学校以及相关科室和部门人员30余人参加调研会。

（宋亚甫）

【新任教师培训】 12月1日，区教委举办中小学新任教师区级培训。区教师进修学校对新任教师培训方案进行解读，区教委主任以《赓续百年初心 担当育人使命》为题，为新任教师上教委主任第一课，为新任教师成长工作室导师颁发聘书。北京教育学院专家作师德专题讲座。区委教工委、区教委，区教师进修学校领导以及2021至2022学年海淀区中小学新任教师代表等35人参加主会场培训，其他各校新任教师和负责教师队伍建设工作校级主管领导1500余人在分会场参加培训。全年共有1362名新任教师参加培训，其中中学620人、小学742人。

（宋亚甫）

【海淀家长学校成立】 12月2日，海淀家长学校正式成立。聘请来自北京师范大学、中国教科院等12所单位的20余名家庭教育领域资深专家为家长学校顾问，并颁发证书；为海淀家长学校总校和学区家长学校授铜牌；紫竹院学区介绍学区开展家庭教育指导服务的经验，十一学校校长分享学校家校共育经验。海淀家长学校总校和17个学区家长学校正式挂牌，构建“区级—学区—学校”三级家长学校服务体系，共同推进家庭教育工作的协同运行与发展。至12月底，家长学校分别与永定路学区管理中心、西三旗学区管理中心联合举办两期“海淀家长学校·家庭教育大讲堂”。区教科院举办线上线下“中小学家庭教育指导师”培训项目，受众3800余人。区教科院与清华大学社会治理与发展研究院、新东方教育科技集团有限公司三方合作，开发海淀家庭教育指导大纲，系统构建海淀家庭教育指导课程。

（宋亚甫）

【新时代劳动教育评价体系构建】 12月15日，海淀区构建新时代劳动教育评价体系，推进海淀科技引领型劳动教育。在中国教育学会举办“以教育评价改革为牵引，推动‘五育’并举，建设高质量教育体系”经验交流会上，区教委从三方面（以问题和需求为导向，建构新时代劳动教育评价体系；以效果和习得为目标，落实有区域特色和学校特点的评价体系；以评价和路径为指引，全面打造体现新时代特征的劳动教育体系）介绍海淀区劳动教育评价体系的实施方法。人大附中建立“一核心四模块”劳动教育课程体系，是以学生劳动素养为核心，包括日常生活劳动、生产劳动、服务性劳动及职业体验4个模块，各模块开设10门课程，学生自由选择4个模块中任意4门课程进行学习，如北斗气象站、虚拟现实导览图等。同时，学校还研发《人大附中劳动实践学习单》，通过学生自评与教师评价，考察记录学生劳动习惯养成及劳动价值观念的行为表现。玉泉小学建构以“真实学习场景”为依托的游戏化、结构化和立体化的农场劳动课程，以“博物学”为横向维度，以“四季节气”为纵向维度，通过7类课程50多个实践项目，将学生劳动实践中积极表现纳入综合素质档案，激励作用非常明显，让学生人人“想劳动、愿劳动、爱劳动”。十一学校龙樾实验中学基于初中生特点，以“龙樾未来小镇生态”支撑学生各种劳动方式的发生。以评价和路径为指引，全面打造体现新时代特征的劳动教育体系。来自全国各省、自治区、直辖市教育厅（委、局）、区教科院、学校代表参会。会议采用线上视频会形式举行。

（宋亚甫）

【中小学冬奥知识大赛】 12月16日，海淀区“冬奥有我，一战到底”中小学冬奥知识大赛举办。比赛由区教委主办，区体育运动与卫生健康促进中心承办，分设小学组、初中组、高中组三个组别，包含学校推荐、学区选拔赛和全区总决赛三个环节。学区选拔赛采用线上方式进行，来自全区的100余所中小学报名参加学区选拔赛。通过初赛和复赛，小学组、初中组前8名，高中组前6名进入区级决赛。

30日，总决赛采取必答和抢答结合方式，设置5个关卡，北外附校、一零一中学、科大附中分别获得小学组、初中组和高中组冠军，6所学校分获各组亚军，13所学校分获季军。

（宋亚甫）

【两名学生入选首都“新时代好少年”】 12月21日，2021年首都“新时代好少年”名单出炉。活动由首都文明办、市教委、团市委、市妇联、市关工委联合开展，各区推荐“新时代好少年”候选人89名，包括科技创新、防疫抗疫、热心公益、自强自立、助人为乐、孝老爱亲等类型。经初审、筛选、评委会评审，30名少年典型入选2021年首都“新时代好少年”。海淀区人大附小王陈晞、双榆树一小胡欣然2名学生入选。

（宋亚甫）

【8名学生获北京市中小学生科学建议奖】 12月26日，在第39届北京学生科技节闭幕式上，第十三届科学建议奖评选结果揭晓，10个项目获得北京市中小学生科学建议奖。海淀区3名学生的2个项目获科学建议奖，分别是人北联合实验学校六年级学生骆柏辰《关于在北京公园绿地中建设生态科学监测科普站点的建议》项目、人大附中实验小学四年级学生李岳霖和王薪然《关于在海淀公园设立小学生自然课堂的建议》项目；5名学生的4个项目获得科学建议提名奖。

（宋亚甫）

【“101科普小卫星”发射成功】 12月26日11时11分，由一零一中学学生参与开发研制的长征四号丙遥三十九运载火箭在太原卫星发射中心成功实施一箭两星发射，将5米光学卫星02星（资源一号02E星）和一零一中学科普小卫星送入太阳同步轨道。科普小卫星配置小型成像相机、智能处理设备、半导体温差发电实验设备等载荷，投入使用后将开展辅助地理教学、科学技术试验等中学生科普活动。一零一中学科普小卫星计划是中国国家航天局提出的中国与非洲国家和阿拉伯国家的航天科普合作计划，名称“希望”——HOPE，由一零一中学与航天科技集团五院航天东方红卫星有限公司联合倡议。作为中非“HOPE”科普合作计划的重要组成部分，科普小卫星将助力搭建中非中学生航天交流平台。“101科普小卫星”由航天东方红卫星有限公司研制，一零一中学8名学生参加力学测试、空间测试、气候测试、可靠性试验4项发射前性能测试。

（钟冷）

高等教育

【概况】 海淀区是全国高等院校最密集、高等教育最发达的地区。2021年，辖区有普通高等学校37所（校区）。有中共中央党校（国家行政学院）、中国人民解放军国防大学、中央社会主义学院、中央民族干部学院、中国青年政治学院5所党、政、军、团高级干部培训学府。辖区有北京天主教神哲学院和燕京神学院。

（钟冷　郭君兮）

【北京体育大学备战冬奥会】 年内，北京体育大学基本建成北体大国家冰雪运动训练科研基地，承担完成40余支国家集训队约3.9万人次的训练、测试等服务保障工作。完成国家训练基地智能化维修改造，建立体育大数据采集与分析平台，承办中芬科技冬奥对接会。组建40支科研团队参与冬季项目国家队科技保障服务。1000余名师生参加北京冬奥会志愿服务。编印出版《冬奥参考》45期，编印《奥林匹克资讯》等刊物共50余期约20万字。发布《北京2022年冬奥会和冬残奥会遗产报告（2020）》等。高质量完成跳台滑雪奥运积分选拔赛等8站共计46场次转播任务。

（马嘉悦）

【北京化工大学研发抗疫产品】 年内，北京化工大学组织全校科研人员攻克技术难点，“口罩荷电再生重复使用”成果得到中央领导的肯定及两次批示；“可复用高阻隔防护品用熔喷级聚丙烯制备技术及产业化研究”得到北京市领导高度关注。牵头完成国际首个《可重复使用民用口罩》标准，在全国团体标准信息平台发布和实施；防疫护目镜“3D复印”智能化生产线，实现新冠病毒防疫护目镜的高效率、高精度、智能化制造。学校自主立项支持“防疫抗疫”和“复工复产”等27个中试研究项目，多个成果在医院、社区、机关等投入使用。

（肖勇）

【北京林业大学获批林木育种与生态修复国家工程研究中心】 年内，北京林业大学林木育种国家工程实验室通过优化整合，升级为林木育种与生态修复国家工程研究中心并纳入国家工程研究中心新序列。林木育种与生态修复国家工程研究中心在原林木育种国家工程实验室基础上，以建设成全国林木育种与生态修复关键核心技术创新高地和产业孵化与转化中心为目标，围绕新时代国家战略与重大生态工程建设需求，布局建设林木育种科技创新与良种选育、林木良种高效繁育与智能化生产、森林资源高效培育与生态修复等3个研究方向。

（焦隆）

【北京舞蹈学院庆祝建党100周年系列活动】 1月1日，北京舞蹈学院启动“为人民而舞”庆祝建党100周年百部作品线上展播活动，展播优秀作品50部，全网观看量超725万人次；在官方微信公众平台展播48期，全网视频总播放量超700万人次。面向全国13个城市推出30余场主题为“为人民而舞——舞动经典”的演出，微博话题浏览量破亿人次。举办“为人民而舞——中国艺术发展之路”BDA舞蹈论坛，来自全国的近300位舞蹈专家探讨总结建党百年文艺政策与艺术教育政策的经验与方略。6月21日，公开出版《舞动百年——建党百年百部舞蹈作品思政案例》。该书是思政课程与课程思政育人同向同行的积极探索和“三全育人”工作成果的重要体现，有利于形成红色文化的传播合力，构建“大思政”育人体系。12月9日至11日，北京舞蹈学院“为人民而舞”百年百部舞蹈作品专场演出在国家大剧院演出。

（段晓萌）

【国际首个完整新冠病毒真实结构3D图像发布】 1月21日，由清华大学生命科学学院李赛实验室和奥地利纳米图形（Nanographics）公司、沙特阿拉伯阿卜杜拉国王科学技术大学伊万·维奥拉团队合作研发的国际首个完整新冠病毒真实结构3D高清科普图像问世，是迄今为止最完整的新冠病毒形象。在纳米尺度的图像上，平均直径约为100纳米的新冠病毒像一颗奇异的星球，表面分布着硕大的、可以自由摆动的刺突蛋白“触手”。在“星球”内部，超长的核糖核酸（RNA）链致密缠绕在有序排列的核糖核蛋白复合物（RNP）上。最新3D影像展示新冠病毒入侵人体细胞之初的瞬间：在接触细胞的刹那，新冠病毒与受体结合，并与细胞膜发生膜融合。

（徐思羽　钟冷）

【北京体育大学获批5G高新视频体育融合创新应用国家广播电视总局实验室】 2月4日，“5G高新视频体育融合创新应用国家广播电视总局实验室”暨5G高新视频助力“科技冬奥”行动发起仪式在北京体育大学举行。这是首个在高校设立的针对冬奥项目赛事转播与内容生产能力提升的省部级实验室，标志着“5G高新视频”与“冬奥体育项目”的融合发展迈入新台阶，30多家高新视频技术研发、设备生产、内容制作与应用等单位的代表出席。实验室以北京冬奥会为契机，推动“高新视频”和“体育”融合迈入新的时代，形成5G高新视频体育场馆智慧转播标准体系，开发5G高新视频体育场景应用，推动广播电视和体育赛事的深度融合，助力科技冬奥。

（马嘉悦）

【首都体育学院教师执裁邀请赛】 2月16日至26日，“相约北京”冬季体育系列测试活动2020年至2021年赛季全国高山滑雪、雪橇、雪车和钢架雪车邀请赛在延庆赛区国家高山滑雪中心及国家雪车雪橇中心举办。受国家体育总局冬运中心、北京冬奥组委体育部邀请，首都体育学院18名教职工以国内技术官员（NTO）的身份参加大赛的执裁任务。

（申珊）

【《李大钊年谱》新书发布会暨专家座谈会】 3月31日，《李大钊年谱》新书发布会暨专家座谈会举行。《李大钊年谱》为国家出版基金项目，由中国李大钊研究会和北京大学组织，中国李大钊研究会常务理事兼学术秘书、北京大学校史馆副研究员杨琥编著，由云南教育出版社出版。北京大学校长郝平，云南出版集团党委副书记、总经理杨志强，来自政府机关、兄弟高校、研究机构和出版界的领导和专家学者以及北京大学相关职能部门负责人出席。《李大钊年谱》分为上下两册，共135万余字，历时20年完成。年谱以李大钊生平事迹为核心，深入发掘有关李大钊的各种原始资料，旁及其他相关材料，内容包括：李大钊的生平事迹；李大钊的师友交往与社会、政治活动；李大钊的诗文系年与重要论著解析；李大钊的学术贡献与思想观念。年谱以时为纲，以事为目，逐年逐月记载李大钊的一生，每年分“谱主事略”“诗文系年”“时事纪要”三部分；某些年份增设“存疑”或“考辨”等部分，对社会上流传的错误说法进行辨析；在李大钊思想演变的关键年份，增设“思想演变”部分，对李大钊思想转变的内容做集中论述。发布会后召开专家座谈会，与会学者围绕李大钊研究、《李大钊年谱》的编撰出版、青年学者培养等话题进行研讨。7月，《李大钊年谱》获第五届中国出版政府奖。

（刘钊）

【学分银行试点业务实践项目】 3月，北京市学分银行管理中心面向服务体系建设单位开展学分银行试点业务实践项目申报，经遴选20个项目予以立项。7月，组织中期检查会。12月，根据各单位在学分银行信息平台存储与转换的数据量以及专家对实践报告评审打分两部分的结果，20项试点业务实践项目均验收通过，评选出特等奖1项、一等奖3项、二等奖4项、三等奖4项。12月17日，北京市教委发文表彰12个优秀实践项目单位。

（李玥）

【共建京津冀国家技术创新中心合作协议签署】 4月6日，北京航空航天大学与北京协同创新研究院签署共建京津冀国家技术创新中心合作协议。双方签署《北京航空航天大学、北京协同创新研究院共建京津冀国家技术创新中心合作协议》《京津冀国家技术创新中心、北京航空航天大学共建京津冀国家技术创新中心智能交互机器人前沿实验室协议》《京津冀国家

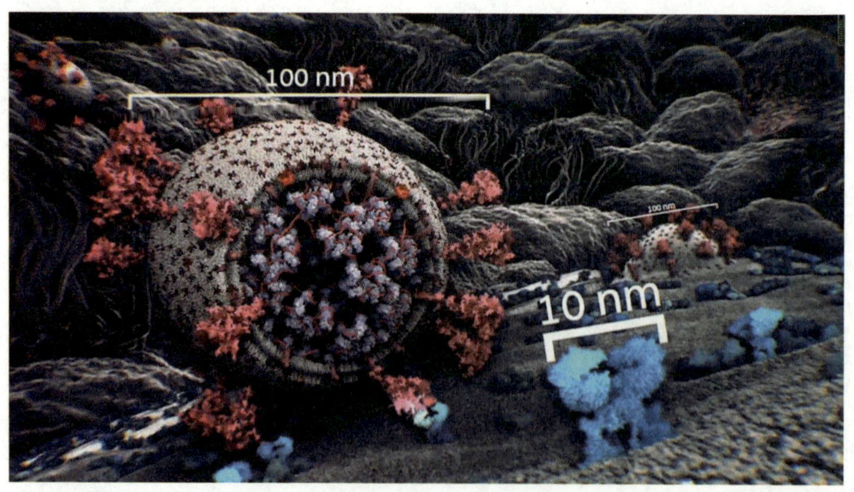

1月21日，清华大学生命科学学院李赛实验室联合发布新冠病毒高清科普影像，展示最完整的新冠病毒形象（清华大学 供图）

技术创新中心、北京航空航天大学共建京津冀国家技术创新中心结构功能一体化材料前沿实验室协议》。京津冀中心先进制造协同创新中心、京津冀中心结构功能一体化材料前沿实验室、京津冀中心智能交互机器人前沿实验室同时揭牌。

（朴悦嘉）

【清华大学建校110周年校庆系列活动】 4月12日至16日，分别以“开放”“创新”“公益”“可持续发展”“思想”为主题的5场“大学”系列论坛举行，重思大学的意义、价值和使命。4月19日至24日，2021大学校长全球论坛举行，发布《清华共识》，倡议建设更开放、更融合、更具韧性的大学。4月22日，清华大学110年校史展览开幕式暨校友捐赠仪式举行。4月23日，经国际天文学联合会小天体命名委员会批准，将小行星1997YC1（国际永久编号第10911号）正式命名为“自强不息星”。4月25日，清华大学举行110周年校庆庆祝大会和联欢晚会。

（徐思羽）

【“百年党史专题”课程】 4月14日，北京大学面向全校本科生和研究生开设“百年党史专题”选修课程。课程采用系列讲座形式，共8讲，课程邀请校内外8位党史研究专家围绕不同历史时期的重大事件讲述党史国史。首讲由中共中央文献研究室原副主任、北京大学马克思主义学院大钊讲席教授陈晋以《波澜壮阔一百年》为题解读百年党史，引导师生树立正确的党史观。马克思主义学院教授周良书从“中国为什么要选择马克思主义”“中国共产党究竟是如何创建的”“党的成立给中国带来了怎样的变化”等三方面进行讲授。马克思主义学院副教授张永聚焦大革命失败后的1927年至1937年，阐述中国共产党创造性地开辟“井冈山道路”的艰险历程。历史学系教授黄道炫以“抗日战争中的中流砥柱”为主题，阐释中国共产党在抗战期间所采取的“群众路线”，是改变战局的重要原因之一。上海交通大学历史系教授刘统以“为了新中国而奋斗”为主题，聚焦解放战争中中国共产党从谋求和平到坚决斗争再到获得胜利的艰难历程。课程采取主教室现场授课、直播+各校区线下集中上课的方式，校本部、医学部、深圳研究生院、软件与微电子学院同步开课。

（徐聪颖）

【北京城市学院社区“两委”班子成员能力提升项目】 4月15日至6月3日，西北旺镇党委、政府携手北京城市学院公共管理学部、北城心悦社会工作事务所，联合开展西北旺镇社区“两委”班子成员能力提升项目。项目涵盖社会工作专业培训、参观优秀社区学习工作经验、庆祝建党100周年党史学习主题团建等三大板块。通过授课式与互动式学习、典型案例与参观相结合，沉浸式社会工作专业介入，提升社区“两委”班子的专业服务水平与综合服务能力，增强基层政治意识和组织观念；组织党史学习主题团建，提高基层骨干自身素质。

（白梦然）

【许渊冲翻译思想与成就研讨会】 4月18日，北京大学举办“许渊冲先生翻译思想与成就研讨会”。校党委书记邱水平、校长郝平等校领导出席研讨会。相关高校领导、学科负责人，许渊冲的亲友、学生，国内翻译界的学者以及北大师生代表200余人出席。许渊冲的译作涵盖中、英、法等语种，被誉为“诗译英法唯一人”，曾获“中国翻译文化终身成就奖”和国际翻译界最高奖项之一的“北极光”杰出文学翻译奖。邱水平代表北京大学祝贺许渊冲先生百岁眉寿，回顾许渊冲先生与中国共产党同龄的百岁人生，高度评价许渊冲先生的翻译成就。郝平向许渊冲先生敬献百岁寿辰贺礼。与会嘉宾分享与许渊冲结缘的生动故事，并就许渊冲对中外文化交流的影响、人类命运共同体建设中的中国优秀文化外译与国际传播、当代中外文化交流的特点等问题进行深入研讨。6月17日，许渊冲先生在北京家中逝世，享年100岁。

（刘钊）

【2021大学校长全球论坛】 4月19日至24日，2021大学校长全球论坛在清华大学举行。论坛是清华大学110周年校庆重点活动之一，以“共创未来：大学的愿景与新使命”为主题，包含全体会议和“作为文化空间的大学：继往开来”“全球碳中和：大学责任与行动”“重思在线教育的未来与新使命”“全球大学领导力”4场分论坛，面向全球进行中英双语直播。联合国秘书长安东尼奥·古特雷斯向论坛致贺信。论坛采用线上线下方式进行，来自全球330多所大学，77家国际组织、学术机构、大学联盟、产业界的代表超过500人在线参会，来自中国70所大学和62所中学的校长以及清华大学师生代表共计300余人在清华大学主楼会议现场参会，活动

4月14日，北京大学“百年党史专题”课程首讲（北京大学 供图）

4月19日至24日，2021大学校长全球论坛举行，发布《清华共识》(清华大学 供图)

传播量超过2200万人次。全体大会由清华大学副校长、教务长杨斌主持，设置“更开放的大学”和“更融合、更有韧性的大学”两个主题发言和圆桌讨论环节。在“更融合、更有韧性的大学”主题发言环节，澳大利亚国立大学、新加坡国立大学、内罗毕大学、慕尼黑工业大学、智利天主教大学、耶鲁大学等6所大学校长发言；西安交通大学、武汉大学、南京大学、中南大学校长、中国科学技术大学5所国内大学校长，从大学历史发展、国际交流合作、教学科研等方面深度交流与探讨对建设更融合、更有韧性的大学的认识。论坛形成《清华共识》，倡议建设更开放、更融合、更具韧性的大学，共同致力于推动高等教育进一步发展。

（钟冷　徐思羽）

【全球规模最大互联网试验设施主干网开通】 4月20日，“未来网络试验设施国家重大科技基础设施：未来互联网试验设施FITI（Future Internet Technology Infrastructure）”高性能主干网开通仪式在清华大学举行。FITI是国内信息领域第一个国家重大科技基础设施项目——未来网络试验设施的重要组成部分，由清华大学等40所高校承建，以纯IPv6技术为主，可为各类用户提供未来互联网物理层、数据链路层、网络层、传输层、应用层的试验服务，支撑FITI成为仿真不少于4096个异构网络的超大规模未来互联网试验环境。此次开通的FITI高性能主干网覆盖全国31个省、自治区和直辖市的35个城市的40所高校核心节点，主干网核心节点间的最高带宽达200G，实现与国内外IPv4/IPv6试验设施的互联互通。

（徐思羽　钟冷）

【北京语言大学3项学术成果发布】 4月22日，北京语言大学语言资源高精尖创新中心举行线上学术发布会，正式推出世界语言和文字基本知识库、世界语言文字名称中文译写规则（简称“两库一蓝本”）、汉语语音点查询系统。世界语言和文字基本知识库重点展现世界上7000多种已知语言的存在状况和使用状况。世界语言文字名称中文译写规则为世界语言文字名称的中文翻译和文献检索提供学术蓝本。汉语语音点查询系统主要面向海内外汉语教师、普通话培训人员及相关研究人员等专业人士，主要提供以语音点为检索条件的词汇查询。

（杨威威）

【苏炳添创百米赛季亚洲最佳】 4月24日，在2021中国田径分区邀请赛（华东赛区）男子百米决赛中，中国短跑名将、北京体育大学2019级博士研究生苏炳添，以9秒98的成绩夺冠。此成绩创造4项纪录：创造亚洲男子百米本赛季最佳成绩、打破10秒04赛会纪录、创造国内赛事百米最好成绩、刷新个人本赛季最佳成绩。

（马嘉悦）

【地大李氏钨矿命名】 4月，国际矿物学协会新矿物、矿物命名及分类命名委员会（IMA-CNMNC）高票通过教授李国武团队的薛源等申报的新矿物李氏钨矿（liguowuite）。此次命名的新矿物李氏钨矿是以矿物学工作者名字命名的，以铭记在新矿物及矿物晶体学领域所做出的卓越贡献。新矿物命名获得IMA-CNMNC批准后将为世界各国所公认，永载矿物学史册。

（师昊）

【《北京开放大学志》出版】 4月，《北京开放大学志（1960—2019）》正式出版。此书由北京开放大学编纂，国家开放大学出版社出版，全书共80余万字，分8篇31章以及序言、概述、大事记、附录，客观全面地展示学校60年来的发展历程、办学特色和经验、取得的成就。编纂工作于2019年12月启动。

（李玥）

【中共党史学科建设高层论坛】 5月7日，由中国人民大学主办的中共党史学科建设高层论坛举行。论坛以“中国共产党百年历程与中共党史学科建设”为主题，来自国内高校、党校、社科院系统的领导及专家学者围绕习近平总书记关于加强党史研究和党史学科建设的重要论述研究，中共党史学科的布局和师资队伍建设，中共党史研究的前沿问题和重要成果，中共党史的学科体系、学术体系和话语体系建设等前沿问题展开深入研讨。

（吕鹏军）

【中国共产党百年新闻事业学术研讨会】 5月8日，由中国人民大学、中国高等教育学会新闻学与传播学专业委员会主办，国内12所新闻院校协办的“中国共产党百年新闻事业学术研讨会”在中国人民大学举办，百余位专家、学者线上线下参会，共话中国共产党新闻事业百年辉煌历程，为加强与改进党的新闻舆论工作提供智慧与力量。来自中央马克思主义理论研究和建设工程咨询委员会、复旦大学、中国人民大学、南京大学、广西大学、中国社会科学院、湖南师范大学、四川大学、北京大学、中国传媒大学、湖南大学、清华大学、中国新闻史学会的14位专家学者分别作主题发言。研讨会同时举行“中国共产党百年新闻教育院长论坛”“新闻传播学术期刊与中国共产党百年新闻事业：期刊主编论坛暨《国际新闻界》创刊六十周年研讨会”“中国共产党百年新闻事业与马克思主义新闻观教学论坛”以及以中国共产党新闻事业的百年辉煌、历史经验、创新发展为主题的三个线下学术论坛和一个线上论坛。

（钟冷　吕鹏军）

【“全球灾害数据平台（中文版）”上线】 5月12日，由应急管理部—教育部减灾与应急管理研究院（北京师范大学管理运行）、中国灾害防御协会、应急管理部国家减灾中心联合建设的“全球灾害数据平台（中文版）”（网址 https: //www.gddat.cn）上线。该平台涵盖全球灾害实况、重大灾害、灾害评估报告、灾害特征分析、中国灾害数据库5个板块，实时采集发布全球灾害数据、共享全球灾害分析评估产品、提供全球灾害风险管理决策支持。《2020年全球自然灾害评估报告（中文版摘要）》发布，显示2020年全球自然灾害总体呈较低水平，洪水灾害是影响全球的主要自然灾害。

（申政）

【首都体育学院成立冰雪运动学院】 5月13日，首都体育学院冰雪运动学院成立。冰雪运动学院以本科教学为主、逐步发展研究生培养，突出冰雪专业教学、训练、竞赛、科研与社会服务“五位一体”办学定位，完善冰雪相关的课程体系，逐步拓宽专业方向，力争快速建设成全国冰雪教学科研、训练、竞赛、理论科技研究中心。

（申珊）

【北京信息科技大学获机器人世界杯中国赛3项冠军】 5月19日至22日，2021 Robo Cup机器人世界杯中国赛暨亚太机器人世界杯天津国际邀请赛举办，清华大学、浙江大学、东南大学、西北工业大学、北京信息科技大学等多所高校参赛。比赛项目包括RoboCup足球机器人比赛、救援组比赛、家庭组比赛、RCAP CoSpace比赛等。北京信息科技大学机电学院Water机器人足球队获得机器人足球世界杯中国赛“中型组”冠军、“中型组”技巧挑战赛的冠军，光电学院I-Kid机器人足球队获类人组季军及技术挑战赛冠军。

（李萌）

【兰花科研成果获花卉博览会5项奖】 5月21日至7月2日，在第十届中国花卉博览会中，北京农业职业学院自主选育的国兰新品种“京紫”“京荷”“京华”分别获“第十届中国花卉博览会科技成果类（新品种研发）”银奖、铜奖及优秀奖；“国兰新品种选育与标准化栽培技术研究示范”获“第十届中国花卉博览会科技成果类（种质资源收集与保存）”优秀奖；腋唇兰获“第十届中国花卉博览会展品类（盆栽植物）”银奖。

（孙田田）

【第一届中外政党研究高端论坛】 5月22日，由中共中央对外联络部世界政党研究所、中国人民大学中国统一战线理论研究会政党理论北京研究基地、浙江（嘉兴）中外政党研究中心主办的第一届中外政党研究高端论坛“中国共产党百年与世界政党”在浙江嘉兴举办。来自中共中央党校（国家行政学院）、中央党史和文献研究院等单位及中国人民大学、复旦大学等高校的80余位专家学者围绕中国共产党百年成就、成功密码以及与世界政党的比较等开展研讨。

（吕鹏军）

【北京师范大学“未来教育家成长计划”启动】 5月23日，北京师范大学“未来教育家成长计划”启航仪式暨新时代校长高峰论坛举办。论坛以“教兴天下、育创未来”为主题，设置未来教育、教育家成长、新时代校长如何引领未来教育等议题，采用线上线下相结合方式举行，10万余人次参与。2名专家分别作《教育家的“样子”》《艰难的道路上不会拥挤》报告。在圆桌对话环节中，嘉宾就“新时代校长如何引领未来教育”展开探讨，并与“成长计划”学员交流。“未来教育家成长计划”项目是由中国陶行知研究会、北师大教育基金会及教育学部、广东省国强公益基金会共同发起面向基础教育的社会公益项目，计划用10年培养100位中小学校长和幼儿园园长。

（申政）

【中国首个雪上运动学院签约共建】 5月27日，河北省体育局、北京体育大学、涞源县人民政府在河北涞源签约共建北京体育大学中国雪上运动学院。三方将合作共建北京体育大学中国雪上运动学院，贯彻党中央、国务院和国家体育总局战略部署，对接河北省、涞源县“十四五”规划和北京体育大学改革发展需要，优势互补，资源共享，共谋发展。

（马嘉悦）

【中国农业大学共青团融媒体中央厨房揭牌】 6月11日，中国农业大学共青团融媒体中央厨房揭牌成立，为全国首家高校共青团融媒体中央厨房。融媒体中央厨房以“一次创作，特色加工，多平台推送”为理念，是集媒体策划、采访、制作、播发等多功能于一身的多媒体综合平台。

（孙桂凤）

【“辉煌与使命：百年交汇点上的中国共产党与世界”国际学术会议】 6月11日至12日，“辉煌与使命：百年交汇点上的中国共产党与世界”国际学术会议在中国人民大学召开。会议由中国人民大学、国际文化交流学术联盟主办，围绕政党政治、现代化道路、国际关系、全球治理等领域展开对话研讨，总结中国共产党管党治党、治国理政的百年历程、成就与经验，展望21世纪马克思主义理论与实践的发展前景。出席会议的南非、古巴、越南、尼泊尔、津巴布韦、巴西、阿根廷等多国政党政要和专家学者作主旨发言。大会举行“中国共产党百年奋斗史”“党的建设百年历程与经验”“世界社会主义运动与21世纪马克思主义”“百年未有之大变局与世界政党责任”4场分论坛，来自国内30多所高校300余名专家学者展开研讨交流。中共中央对外联络部副部长郭业洲，中国外文出版发行事业局局长杜占元，中国人民大学党委书记靳诺，中共中央宣传部对外推广局局长吴旭，当代中国与世界研究院院长于运全，教育部国际合作与交流司（港澳台办公室）二级巡视员余彬以及中国人民大学相关领导出席会议。

（钟冷　吕鹏军）

【北京交通大学获批交通强国建设试点单位】 6月15日，交通运输部发布《关于北京交通大学开展智能轨道交通平台建设与技术研发等交通强国建设试点工作的意见》，北京交通大学交通强国建设试点实施方案正式获批。学校将在智能轨道交通平台建设与技术研发、综合交通网络协调运营与服务研究平台建设、轨道交通安全保障平台建设与技术研发、国际交通人才培养等方面开展交通强国建设试点工作。

（高杰）

【北京体育大学编制《北京2022年冬奥会和冬残奥会遗产报告（2020）》】 6月23日，北京冬奥组委会召开新闻发布会，面向全社会发布《北京2022年冬奥会和冬残奥会遗产报告（2020）》，国际奥委会同步发布遗产报告国际版。受北京冬奥组委委托，北京体育大学会同北京冬奥组委总体策划部共同编制完成报告，报告以图、文和专栏的形式，总结提炼北京冬奥会自2015年申办成功以来筹办工作所形成的遗产成果。北京冬奥组委将会同北京体育大学和利益相关方陆续编制系列遗产成果报告和案例报告，更全面地介绍北京冬奥会筹办成果和遗产亮点。

（马嘉悦）

【矿山机器人创新应用联盟成立】 6月26日，矿山机器人创新应用联盟在中国矿业大学（北京）成立。矿山机器人创新应用联盟由国家矿山安全监察局安全基础司、国家安全生产应急救援指挥中心为指导，中国矿业大学（北京）、中信重工开诚智能装备有限公司联合发起，按“共建、共享、共赢”的原则，聚合全国36家高等院校、科研院所、矿山机器人与煤机制造企业、煤炭生产企业、科技研发企业，以采掘运、安控类、救援类矿山机器人研发与应用共性技术需求为导向，突出重点领域，形成联合攻关、协同创新、共谋发展的矿山机器人政研产学用一体化体系。来自全国36家机器人与煤机装备制造骨干企业、煤炭生产企业、高等院校、科研院所的代表共计100余人参加大会。

（杨恬）

【“百千万智慧助老”公益行动】 7月6日，北京开放大学启动“百千万智慧助老”公益行动。为解决老龄群体的“科技困境”，北京老年开放大学利用“线上+线下”的教学模式，开设智慧助老课程。12月，市校及系统分校在19个网络平台及视频终端开展线上培训及视频资源放送1038次，受众数达174574人次；开展线下“智慧助老”活动485场，参与志愿者731人次，覆盖全市16个行政区，316个社区，78家为老服务机构，辅导老年学员17651人次。全年线上线下服务老年人192225名，发放配套教材2526册。公益行动被人民网、光明网、中国教育新闻网、《北京日报》、《北京晚报》等主流媒体报道22次，被北京市政府网站转载。

（李玥）

7月6日，“百千万智慧助老”公益行动启动（北京开放大学 供图）

【“太极一号”卫星首批科学成果发布】 7月20日，中国科学院空间科学先导专项科学成果新闻发布会在北京举行。“太极一号”于2020年1月正式在轨交付中国科学院大学。第一阶段在轨测试和数据分析汇总结果在Nature子刊《通讯·物理》（Communications Physics）上发表，关键指标的实现验证空间引力波探测核心技术的可行性。世界科学出版社的《现代物理国际期刊》（International Journal of Modern Physics A）以专辑形式发布“太极一号”卫星的部分实验结果，包括26篇论文，来自180余位研究人员，30余家合作单位。太极团队在国际上首次提出利用“太极-LISA”进行联网观测的建议，有望将哈勃常数的准确度提高到千分之五。联网观测可对引力波波源的位置进行更快更准的定位，并有望提升精度达四个量级，该研究成果发表在《自然·天文》（Nature Astronomy）上。

（顾盼）

【中国高等教育学会劳动教育专业委员会】 7月23日，由中国劳动关系学院承办的中国高等教育学会劳动教育专业委员会成立大会召开。与会代表审议通过《中国高等教育学会劳动教育专业委员会工作规则》《中国高等教育学会劳动教育专业委员会表决与选举办法》。大会选举产生劳动教育专业委员会理事137名、监事1名，常务理事48名。中国劳动关系学院党委书记刘向兵当选为首届理事会理事长，清华大学党委常委、工会主席王岩等12所大学领导当选为副理事长。中国劳动关系学院劳动教育学院院长李珂当选为秘书长，中国地质大学（北京）党委副书记林善园当选为监事。秘书处挂靠在中国劳动关系学院。来自全国113家单位的170多位领导、专家学者和会员代表参加会议。

（周敏）

【杨倩夺得东京奥运会首金】 7月24日，在东京奥运会女子10米气步枪赛场上，来自清华大学经管学院2018级本科生杨倩以251.8环的成绩，为中国代表团夺得首枚金牌。7月27日，在东京奥运会射击10米气步枪混合团体决赛中，杨倩与队友杨皓然夺得冠军，为中国代表团揽入本届奥运会第九枚金牌。

（徐思羽）

【北京城市学院承担“优才计划”市级督导】 7月29日，2020年度北京市优秀社区社会工作专业人才培养试点（简称优才计划）工作总结会暨2021年工作推进会在北京城市学院航天城校区召开。市级督导团队总督导、北京城市学院公共管理学部党支部书记、副主任胡勇慧总结整体督导成效，4位优秀代表交流分享经验与收获。“优才计划”是北京“十四五”期间实施的社区社会工作人才培养计划。北京城市大学社工专业团队为第二批“优才计划”16个区28个试点提供专业督导与跟踪指导服务。

（白梦然）

【北京体育大学战队获东京奥运会残奥会50金】 8月8日，东京奥运会落下帷幕，中国代表团获38金32银18铜，其中由北京体育大学师生、校友组成的“北体战队”参加18个大项、35个小项比赛，夺得18金11银7铜。9月8日，东京残奥会落下帷幕，中国代表团拿下96金60银51铜，其中北京体育大学学子获得32金11银9铜，并打破多项世界纪录。

（马嘉悦）

【北京语言大学创立国内首个“语言资源学”学科】 8月20日，教育部公布完成备案的学位授予单位自设二级学科和交叉学科名单。北京语言大学整合语言资源高精尖创新中心、语言科学院等科研单位相关研发成果申报的独立二级学科“语言资源学”获得教育部备案，这是国内首个“语言资源学”学科。语言资源学以语言资源为研究对象，系统研究语言资源的类型、构成、分布、质量特征、使用状况及其与语言研究和社会发展之间的关系，下设语言资源理论与实践、语言资源应用技术、语言资源管理与伦理三个主要研究方向。

（杨威威）

【清华大学成立碳中和研究院】 9月22日，清华大学正式成立碳中和研究院，这是清华大学主动服务国家重大战略需求、深入贯彻国家关于碳达峰、碳中和的重大战略部署，发挥一流大学创新引领作用的责任担当，也是为推动构建人类命运共同体、实现全球可持续发展贡献智慧与力量的重要举措。研究院将围绕碳中和打造技术创新中心、高端智库战略中心、高层次人才培育基地、合作交流传播平台。清华大学碳中和研究院实现多院系多学科联合创新，集中优势资源加快突破“碳中和”领域关键核心技术攻关，攻克碳中和“卡脖子”关键核心技术。参与创新联合体建设，形成跨行业、跨领域、跨区域碳中和关键技术合作集成平台；深化校地合作，对接地方低碳发展与企业转型需求，合作共建绿色低碳示范企业、示范城市（群），促进科技成果转化。清华大学碳中和研究院院长由国家生态环境保护专家委员会副主任、中国工程院院士、清华大学环境学院教授贺克斌担任。第十一届全国人大常委会副委员长、清华大学战略发展委员会主任委员华建敏，中国气候变化事务特使解振华等出席成立仪式。

（徐思羽　孙树昆）

【北京国际电影节·第二十八届大学生电影节】 9月22日至30日，北京国际电影节·第二十八届大学生电影节举行。8日，在北京师范大学艺术与传媒学院举行启动大会。采取线下线上相结合方式，推出盛典活动、学术活动、“光影青春”优秀影片推选与大学生原创作品推选、影片展映4个模块。在北京市中间剧场举行的启动仪式上，举行“电影下乡——新时代大学生百乡电影支教行”出征授旗仪式，以电影作为文化传播载体推动文化乡村建设。仪式通过快手平台、电影频道融媒体全平台直播。其间，在中国电影资料馆举办34部“光影青春”优秀国产入选影片展映、线上系列主题影展，并在全国40余所高校分会场举办丰富的展映活动；举办聚焦电影实践与理论发展新形态的“技术变革、媒介融合与美学变迁”主题学术论坛，在珠海、澳门分会场举办“湖畔讲”“粤港澳大湾区影视产业的现状及展望”学术论坛，举办第二届“国际青年学者论坛”。

（申政　钟冷）

【《中华民族共同体研究》创刊】 9月，国家新闻出版署批准中央民族大学创办《中华民族共同体研究》中英文双刊物。该刊由国家民委主管，中央民族大学主办，年内征集稿件60余篇。

（周翊兰）

【“冯如三号”打破无人机续航时间世界纪录】 10月1日，国际航空联合会（FAI）正式认证北京航空航天大学“冯如三号”团队创造的25千克至100千克级油动固定翼无人机续航时间创造新的世界纪录。团队研发的“冯如三号-100型”无人机持续飞行80小时46分35秒，再次刷新由自己保持的世界纪录，成功超过由美国极光飞行科学公司研发的“猎户座”（Orion）油动固定翼无人机（重量2500千克至10000千克级）2014年创造的80小时2分52秒的世界纪录。“冯如三号-100型”翼展约10米，机身呈潜艇形，由碳纤维复合材料制成。

（朴悦嘉）

【“一带一路”中欧科技发展国际学术论坛暨第一届国际食品营养健康与风味创新论坛】 10月11日至12日，

北京工商大学举办“一带一路”中欧科技发展国际学术论坛暨第一届国际食品营养健康与风味创新论坛。本届论坛以“加强带路中欧科技交流合作，助力食品营养健康与风味科技创新”为主题，围绕当前食品营养和风味领域的最新研究成果开展深入探讨，设置大会报告和营养健康、风味感官、研究生专场三个分论坛，以线上线下结合的方式进行，邀请国内外相关研究领域的知名专家学者呈现58个学术报告。来自国内外政府部门、高校、科研院所专家学者及企业代表近200人参加论坛。同时启动2021年度食品创新创业大赛，主题为“科技赋能食品健康创领未来”，旨在通过大赛选拔出优质项目和人才，重点扶持、资源对接，更好地推动食品工业科技创新和产品创新，以数字化、智能化链接高质量发展的新未来。

（杨蓉　张凯伟）

【北京科技大学获大学生创新创业大赛金奖】 10月12日至15日，由教育部等主办的第七届中国国际“互联网+”大学生创新创业大赛在南昌大学举行。大赛于4月启动，主题为“我敢闯，我会创”，设置校赛、省赛、总决赛3个环节，主体赛事包括高教主赛道、“青年红色筑梦之旅”赛道、职教赛道和萌芽赛道，增设产业命题赛道。北京科技大学学生在总决赛中获得1金、6银、5铜，获得高教主赛道大陆项目金奖。

（于点）

【首届“A5联盟大学与国际组织论坛”】 10月14日，中国农业大学以线上线下方式，举办首届“A5联盟大学与国际组织论坛”，5联盟院校中国农业大学、美国康奈尔大学、加州大学戴维斯分校、巴西圣保罗大学、荷兰瓦赫宁根大学以及来自联合国粮农组织、联合国教科文组织、联合国南南合作办公室、联合国世界粮食计划署等国际组织的主要负责人参加。大会设置演讲和自由讨论两个环节，与会人员围绕后疫情时代的农业合作、全球公共品服务、携手应对全球挑战等话题进行深入探讨，形成“A5共识”：当前疫情使全球发展成果倒退，全球消除贫困和饥饿事业面临新的不确定性和挑战。A5联盟院校将担当科技教育推进全球减贫的历史责任。

（孙桂凤　钟冷）

【“一带一路”安全研究中心成立大会暨国际安全形势学术研讨会】 10月15日，国际关系学院“一带一路”安全研究中心成立大会暨国际安全形势学术研讨会在京举行，来自外交学院、中国社会科学院欧洲研究所、中国社会科学院俄罗斯东欧中亚研究所、中国社会科学院日本研究所、中国人民大学、对外经济贸易大学、国际关系学院的专家学者围绕“新冠肺炎疫情冲击下的国际安全新形势”“美、欧、俄、日等大国安全政策和外交政策的调整与变化”“‘一带一路’高质量发展面临主要安全风险挑战”“美国的国家安全威胁感知”“国际环境深刻变化背景下‘一带一路’的新认知”“国际关系学院‘一带一路’安全中心建设的科研保障”“‘一带一路’推进过程中的地缘政治风险”等主题分别作主旨发言，对“一带一路”安全研究中心工作开展和学科建设提出建议。

（任婉君　钟冷）

【中央民族大学庆祝建校七十周年活动】 10月16日，中央民族大学召开庆祝建校七十周年大会。校庆主题为“我从延安来 永远跟党走”。中央和国家机关、北京市委市政府、地方政府领导，国内50余所高校领导，各地校友代表，师生员工代表出席大会。推出“中央民族大学建校70周年校庆专题网站”，设立校庆动态、活动安排、民大情怀、校庆服务、回馈服务等栏目。10月13日，《光明日报》专版刊发题为《党史养料涵育民族团结之花——中央民族大学在党史学习教育中凝聚发展动力》系列文章，专题报道民族大学党史学习教育工作成效及特色亮点。10月15日，中共中央宣传部“学习强国”学习平台转载《中国民族报》刊发的题为《中央民族大学70周年校庆 以铸牢中华民族共同体意识为己任 赓续红色基因奋进世界一流——中央民族大学70年办学成就巡礼》新闻报道。

（周翊兰）

【《冬奥会体育项目名词》发布暨冬奥术语平台V3版交付使用】 10月27日，北京语言大学研制的《冬奥会体育项目名词》暨冬奥术语平台V3版交付使用。《冬奥会体育项目名词》和冬奥术语平台收录名词涉及北京冬奥会和冬残奥会全部竞赛项目，覆盖中、英、法、日、韩、俄、德、西班牙8种语言。《冬奥会体育项目名词》采用融合出版形式，纸质内容与冬奥术语平台融合联动，由北京冬奥组委和全国科技名词审定委员会支持和指导出版。

（杨威威）

【新冠肺炎无创快速筛查技术问世】 10月，北京大学环境科学与工程学院教授要茂盛与北京市朝阳区疾病预防与控制中心等单位合作，集成呼出气采样、气相色谱—离子迁移谱检测和机器学习模型，成功研发新冠感染的无创呼出气筛查系统（Test Breath Now-TBN）。研究团队利用该系统对74例新冠患者、30例非新冠呼吸系统感染患者、87位医务工作人员和健康受试者的呼出气样品及其背景环境空气进行分析，识别呼出气中12种关键VOCs标志物物种。研究发现新冠患者和其他呼吸系统患者呼出气中丙醇水平相比健康受试者显著升高，而新冠患者呼出气中丙酮水平相比其他呼吸系统感染患者和健康受试者显著降低。通过支持向量（SVM）、梯度加速（GBM）和随机森林（Random Forests）三种机器学习算法对12种关键呼出气VOCs标志物进行建模，可准确区分新冠患者和非新冠的其他呼吸系统感染患者，基于现有数据模型验证特异性和灵敏度达到95%以上，接收曲线下面积（AUC）>0.95。该测试方法的取样过程完全无创，被试者使用一次性呼吸袋，只需呼气30秒便可完成样品采集；无须任何检测试剂，结合机器学习模型最快能在5—10分钟实现新冠患者快速筛查，单次检测费用显著降低。10月，研究成果以《COVID-19 Screening Using Breath-borne Volatile Organic Compounds》为题，在*Journal of Breath Research*刊物上在线发表，并申请国家发明专利。

（徐聪颖）

【首届世界卫生健康论坛】 11月20日，由清华大学主办、清华大学万科公共卫生与健康学院承办的首届世界卫生健康论坛开幕。国务院副总理孙春兰在开幕式上发表视频致辞，世界卫生健康论坛主席、清华大学万科公共卫生与健康学院院长陈冯富珍，联合国前秘书长潘基文，比尔及梅琳达·盖茨基金会CEO马克·苏斯曼等中外有关政要、国际组织负责人、专家学者等约150人通过视频连线参加。论坛采用线上直播形式，设置4场全体大会、1场青年论坛。来自全球20多个国家和地区的13所中外知名高校、23家公共组织机构、国际组织、非政府组织、企业的50余位全球知名学者、国际组织负责人、国际智库专家、优秀企业家作为演讲嘉宾和讨论嘉宾作32场主旨报告，围绕“联合国2030可持续发展目标与全民健康覆盖”“大流行应对准备”“在快速变化的环境中确保人类健康”“大数据时代的卫生健康——新技术、新方法、新趋势”等议题开展交流与讨论，共同探讨疫情影响之下全球公共卫生与健康事业的当下和未来，增进国际交流与合作，促进全球公共卫生治理，推动可持续发展目标与全民健康覆盖的实现。

（徐思羽　钟冷）

【北京工商大学北京“两区”立法项目结题】 11月26日，由北京工商大学法学院承担的北京市“两区”立法项目结项会召开。“两区”立法项目经过近30次实地调研，结合北京市各组团的诉求和建议，形成《中国（北京）自由贸易试验区条例立法调研报告》《关于中国（北京）自由贸易试验区和北京地区综合保税区管理体制机制的研究报告》。通过近20次立法研讨会，吸收市人大、市“两区”办、市司法局以及其他“两区”成员单位的反馈意见，形成《中国（北京）自由贸易试验区条例（征求意见稿）》和《北京市关于建设国家服务业扩大开放综合示范区的决定（初稿）》。与会专家一致认为，该项目相关立法以北京“两区”总体方案为基础，全面落实方案要求；项目组在自贸试验区管理体制机制创新，以及数字经济、科技创新特色发挥等方面的研究成果都体现“两区”建设发展的实际需求，一致同意通过评审并结题验收。

（杨蓉　张凯伟）

【中俄马克思主义学术研讨会】 11月26日，中国青年政治学院与俄罗斯国立师范大学共同举办庆祝中国共产党成立100周年中俄马克思主义学术研讨会，会议主题为“中国共产党百年历史的重大意义、基本经验和世界影响”。来自中国与俄罗斯10余位学者及50余名学生参加。

（王钰璋）

【鲁迅文化论坛暨《阿Q正传》百周年国际学术研讨会】 12月2日，由北京语言大学、鲁迅文化基金会主办，北京语言大学鲁迅与世界文化研究院承办，中国文化译研网（CCTSS）平台支持的“鲁迅文化论坛暨《阿Q正传》百周年国际学术研讨会”在北京语言大学召开。2021年鲁迅诞辰140周年，《阿Q正传》发表100周年。全国政协副主席刘新成，北京语言大学校长刘利，鲁迅长孙、鲁迅文化基金会会长、北京语言大学鲁迅与世界文化研究院院长周令飞以及中国作协、教育部、鲁迅美术学院、中国鲁迅研究会、北京语言大学等相关领导、专家、社会知名人士百余人通过线上、线下的方式出席开幕式，聚焦鲁迅作品的当代价值和国际传播展开研讨。周令飞从当代视角出发，强调鲁迅传播和普及的重要性，呼吁让真实的鲁迅走进民心，成为可敬更可亲的民族魂。北京鲁迅博物馆鲁迅书店向北京语言大学捐赠鲁迅研究图书900册。同日，举行鲁迅雕像的落成和揭幕仪式，铜像是根据1927年至1930年间，鲁迅在上海光华大学讲演时剪影而塑，净高2.7米。铜像作者为中国著名雕塑家、中国国家美术馆馆长吴为山。

12月2日，中国美术馆馆长吴为山作品《文学家鲁迅》铜像落户北京语言大学（北京语言大学 供图）

（杨威威　钟冷）

【“中国共产党百年财经思想与实践”研讨会】 12月4日，由中央财经大学与北京市习近平新时代中国特色社会主义思想研究中心联合主办的“中国共产党百年财经思想与实践研讨会”召开，来自中共中央党校（国家行政学院）、清华大学、北京航空航天大学、中国财政科学研究院、中国财经出版传媒集团、北京市社科联等高校、研究机构的专家学者及《人民日报》、《经济日报》、中央广播电视总台、《中国财经报》、中国教育电视台的媒体代表参会。在主旨演讲环节，经济日报社副总编季正聚研究员、清华大学人文学院陈争平教授分别发表题为《深刻认识习近平经济思想的理论逻辑和科学体系》《中国共产党百年经济安全思想与实践发展》的主旨演讲。在主题报告环节，3位教授分别从民生货币功能理论、经济创新思想和财税治理视角，探讨党的百年财经思想与实践。在分论坛报告环节，专家学者从财税治理、金融监管、脱贫攻坚、对外开放和国家审计等视角对党的百年财经思想和实践进行深入研讨。会上，中央财经大学发布《财经中国》，系统梳理新中国成立以来财经发展改革领域的理论创造、演化逻辑、制度变迁、实践成就、发展轨迹和未来趋势，围绕经济体制改革等9个专题，总结中国共产党领导中国经济改革和发展的伟大成就和宝贵经验，充分体现党带领中国人民实现经济社会现代化的中国智慧和方案。

（王卉乔　钟冷）

【北京冬奥会火种展示活动】 12月9日，“圣火照耀 邮苑风华”北京冬奥会火种展示活动在北京邮电大学西土城路校区举办。这是北京冬奥会火种采集回国后首次走进大学校园。北京冬奥组委市场开发部、北京邮电大学、中国联通等相关领导出席，冬奥组委、中国联通、相关媒体和学校师生各方代表约80人参加现场活动。学校在新疆、贵州、四川的三个支教地中小学生通过视频连线观看活动。

（刘家杰）

【北京交通运输职业学院获“职业教育领军学校”称号】 12月15日，2021京津冀教育高峰论坛在京举办。论坛上首次颁发“我身边的好学校”“国际学校领军人物”“改革先锋教育品牌”等多个重量级奖项，北京交通运输职业学院获“职业教育领军学校”称号。

（赵蕊）

【北京国际奥林匹克学院揭牌】 12月16日，北京国际奥林匹克学院在首都体育学院揭牌，这是世界上第三所由国家政府决定成立的国际奥林匹克学院。北京国际奥林匹克学院将与首都体育学院资源共享，按照“高水平、小而精、国际化、服务型”的办学定位，承担普及奥林匹克知识、推广奥林匹克运动、传播奥林匹克文化和精神、开展奥林匹克教育研究、人才培养和国际交流合作等任务。

（申珊）

【《清华大学藏战国竹简（拾壹）》成果发布】 12月16日，发布会在清华大学召开，并在线向全球直播。《清华大学藏战国竹简（拾壹）》收录长篇战国竹书《五纪》。该篇共130简，全篇内容基本完整，近4500字，是前所未见的先秦佚籍，篇幅巨大，可称出土简牍之最。《五纪》借托后帝之口，以五纪（日、月、星、辰、岁）、五算为中心，确立天地万物的常规、法度。《五纪》将星辰历象与礼、义、爱、仁、忠五种德行，天神地祇所司所掌一一相配，而更大篇幅则集中于与之对应的人事行用，涉及树设邦国、礼仪祭祀、人伦德行、土工百物、兵戎战事、生育繁衍、人体疾祟等各个方面。全篇构建宏大而复杂的天人体系，是先秦时期对天人关系认识的综合与总结。

（徐思羽　钟冷）

12月16日，北京国际奥林匹克学院揭牌（首都体育学院 供图）

【罗翔入选“2021年度影响力人物”】 12月22日，《中国新闻周刊》2021年度影响力人物榜单揭晓，中国政法大学刑事司法学院教授、博士生导师、刑法学研究所所长罗翔入选年度法治人物。

（陈泉廷）

【《黄河流域生态文明建设发展报告（2020）》发布】 12月，北京林业大学发布《报告》，这是全国首部系统研究黄河生态文明的绿皮书。《报告》由北京林业大学90名教师和40余名研究生共同完成，主题是“统筹山水林田湖草沙冰系统治理”，全面梳理黄河流域生态保护和高质量发展的现实基础和最新进展，包括1个总报告和30个分报告，分为生态保护和治理篇、高质量发展篇和黄河文化篇3个篇章，内容涉及26个领域，总字数达35万字。《报告》将为“十四五”期间黄河流域生态保护和发展提供智力支持。

（焦隆）

【海淀辖区普通高等学校名单】 2021年，海淀辖区有普通高等学校37所（校区），其中本科普通高校33所、专科普通高校4所。

本科普通高校（校区）：

1. 北京大学
2. 清华大学
3. 中国人民大学中关村校区
4. 北京师范大学北京校区海淀校园
5. 北京航空航天大学学院路校区
6. 北京理工大学中关村校区、西山校区
7. 中国农业大学
8. 中央民族大学
9. 中央财经大学学院南路校区
10. 中国矿业大学（北京）学院路校区
11. 中国地质大学（北京）
12. 国际关系学院
13. 北京外国语大学
14. 北京交通大学本部
15. 北京科技大学海淀校区
16. 北京邮电大学西土城路校区
17. 中国政治学院
18. 北京林业大学

19. 北京语言大学
20. 北京体育大学
21. 中国劳动关系学院北京校区
22. 北京舞蹈学院
23. 北京信息科技大学小营校区、清河校区
24. 首都师范大学本部、北校区、东校区
25. 北京电影学院
26. 首都体育学院
27. 北京工商大学阜成路校区
28. 北京城市学院中关村校区、航天城校区
29. 中国政法大学
30. 中国科学院大学中关村校区
31. 北京化工大学西校区
32. 北京联合大学应用文理学院
33. 北京开放大学

专科普通高校：

1. 北京培黎职业学院
2. 北京艺术传媒职业学院
3. 北京交通运输职业学院海淀校区
4. 北京农业职业学院北校区

（林琳）

职业教育和继续教育

【海淀区职业学校】 北京市海淀区职业学校为区政府直属的公益二类事业单位，为全国重点就业训练中心、北京市下岗失业、农村劳动力转移人员定点培训学校，是市、区残疾人培训基地，是市应急管理局培训考核基地，是区委党校区直机关工委分校培训基地，是军地两用人才培训基地，主要培养中专学历人才和在职干部职工、下岗失业人员再就业和非学历教育的岗位培训以及专业技术培训。2021年，职业学校固定资产原值3698.55万元，固定资产净值1228.56万元。包括中关村北大街47号校区、北四环中路275号校区、知春东里15号楼校区3个校区，总占地面积45746平方米，建筑面积14840平方米。

会计继续教育培训。知春东里15号楼校区主要承担区财政局委托的会计考试相关工作、区属企业和对社会财会人员专业技术职称考前培训和财会人员的继续教育培训。

中专学历教育。中关村北大街47号校区承担中等专业学历教育，本年未招收全日制计算机专业学生；40名中专学生（2018级）毕业，全部就业。

技能培训。北四环中路275号校区承担职业技能培训工作，涵盖城镇下岗失业人员、农村富余劳动力、残疾人和助力官兵人才技能提升、区域内特种作业、社会职业技能、社区居民素质提升、农民职业技能提升等培训。

2021年完成培训6990人次，专业涉及计算机操作员、电工、焊工、危化、制冷、中西式面点、插花、绿化、茶艺、中烹、按摩、非遗传承类等。其中基层党员培训478人，特种作业人员培训2504人，下岗失业及农村劳动力培训130人，残疾人培训1075人，现役军人技能培训148人，会计人员继续教育培训1100人，社区及其他适应性培训1515人，校企合作培训40人。完成财政局、安监局及其他社会考试工作25503人次。开展送技能进社区、培训优惠等“我为群众办实事”活动。

（许文秀）

【中关村学院】 2021年，中关村学院（海淀区职工大学、北京市海淀区文明市民学校总校、北京开放大学海淀分校）以温泉校区为试点，推进“资产三级化管理”；清理盘点北四环和东王庄校区资产；完成中关村学院、北京市第九十九中学及原北京市海淀区社区教育指导中心三个单位的“事业单位国有资产产权登记”工作。完成北京市海淀区高教自考辅导学校、北京益通汽车驾驶学校（事业单位）、北京市海淀区高等职业技术教育培训中心、北京市海淀区职工中等专业学校、北京市广播电视中等专业学校海淀区工作站、北京市海淀区社区教育指导中心的注销工作。中关村学院当选为北京市老年教育示范校，获海淀区第十二届文明市民艺术节优秀组织奖，获2021年度社区教育、老年教育优秀教师评选活动“优秀组织单位奖”。4位老师获评2021年度社区教育、老年教育优秀教师；教师作品《岁月》获北京市总工会《翰墨飘香》书画作品展一等奖、海淀职工书画大赛一等奖。

（卞爱美）

【海淀区党支部书记学院】 2021年，党支部书记学院完成15期（第24期至38期）基层党支部书记培训班，其中7期培训，每期培训时间4天；8期（第27期至34期）“两新”党组织培训，每期培训时间2天，一年共计培训基层党支部书记（党务干部）1135人，1054人取得结业证书。至年底，累计培训2839人。培训涵盖海淀区直属机关、街镇组织系统、政法委系统、中关村科学城、民政局的基层党支部书记、副书记及党务干部。围绕党组织工作基本业务掌握和实操技能提升，开展《党支部的性质和基本任务》《党员管理工作实务》《怎样组织好“三会一课”及主题党日活动》《如何做好发展党员工作》《组织生活会和民主评议党员》《组织设置与支部换届选举》6门课程的教学，运用情景模拟、流程演练、案例教学、经验分享、座谈交流等教学形式，实现参训学员党务能力和党性锤炼“双提升”的教学目标。

（卞爱美）

【中关村学院混合式教学改革】 年内，中关村学院贯彻《中国教育现代化2035》《教育信息化2.0行动计划》精神，以混合式教学课程建设为载体，以信息化教学平台为依托，继续开展混合式教学教育改革工作，推进线下+线上相结合的混合式教学模式。全面修订专业教学计划，对课程体系和结构进行优化，组织教师建设线上课程资源。在线学习平台共上线课程195门，完成课程1870班次，上传资源9282个。

（卞爱美）

【农村劳动力职业技能培训】 年内，中关村学院推进农村劳动力职业技能培训工作。为促进农村劳动力平稳转

移，提高新型农民和退伍军人的就业概率，以技能培训为重点，在北部新区线上开展《家庭烘焙系列课程》《家庭中餐系列课程》《家庭面点制作系列课程》《咖啡饮品系列课程》《数字媒体制作》等课程，培训4028人次，其中268人通过结业考试并获取结业证书，占区人力社保局农村劳动力职业培训年计划的38.3%。

（卞爱美）

【海淀区第十二届文明市民艺术节】 4月至12月，海淀区第十二届文明市民艺术节举办。艺术节由区委宣传部、区文明办主办，中关村学院、海淀区文明市民学校总校承办，围绕纪念建党100周年主题，回顾党的光辉历程，讴歌党的丰功伟绩，倡导广大市民积极参与新时代文明实践活动。艺术节设置书法、国画、朗诵、摄影、唱歌、舞蹈6项比赛活动，分为初赛、复赛、决赛和闭幕式4个阶段，发放宣传海报2万余份。全区近3万人参加各项比赛，3800人进入决赛。唱歌比赛评选出一等奖1名，二等奖2名，三等奖3名，优秀奖5名；舞蹈比赛评选出一等奖1名，二等奖2名，三等奖3名，优秀奖5名；国画比赛评选出一等奖2名，二等奖4名，三等奖6名，优秀奖若干名；书法比赛评选出一等奖2名，二等奖4名，三等奖6名，优秀奖若干名；朗诵比赛评选出一等奖2名，二等奖4名，三等奖6名，优秀奖若干名；摄影比赛评选出一等奖2名，二等奖4名，三等奖6名，优秀奖若干名。

（卞爱美）

民办教育

【概况】 2021年，海淀区教委继续加强规范管理，坚守办学底线，切实做好民办教育监督管理、行政审批、违法办学查处及接诉即办等工作，促进民办教育持续健康发展。继续督促、检查各民办教育学校和校外培训机构落实疫情防控责任，校外培训机构确保在延期开学期间“零开课”。无证园治理取得良好效果，无证台账园所数已全部清零。支持社会力量办园，新审批民办园10所，扩增学位2190个；民办学校设立3所（民办中小学不涉及增加学位）。全区有民办学校127所，其中幼儿园86所、小学18所、中学23所；学位37057个。非营利性学科类机构17家。

（钟冷）

【校外培训机构精准管理】 年内，区教委规范校外培训机构管理，精准实施分类治理。实现校外培训无证机构动态清零。有证学科类校外培训机构从296址减至93址。17家营利性学科类培训机构完成“营转非”重新登记。进一步加大校外培训机构资金监管力度，在全市率先探索“一课次一消”和“风险储备金”资金监管模式，12家银行与127家校外机构签订资金监管协议，监管资金总计约5.8亿元。7家机构承诺实行“先培训后付费”。向社会公布第一批13家白名单机构的监管账户信息，压实银行的监管责任。实施“阳光教室”建设，将校外培训机构近3000路视频监控图像联网同步至区教委视频监管平台。出台《海淀区学科类校外培训机构规范办学工作指导手册》，引导规范办学行为。

（宋亚甫）

【培训机构风险防范】 年内，区教委做好培训机构风险防范处置，促进培训机构有序转型。召开培训机构风险防范处置专班会议43次，集体研判，约谈机构负责人，压实机构主体责任，提早防范风险；制定风险处置流程图，对“爆雷”机构实行“挂图作战”；设置群众接待点及时接待和处理来访人员。积极做好稳企服务，制定《支持学科类培训机构转型发展的若干措施》。依托国资委和属地街镇，协调区属国企和驻区企业，支持学科类机构平稳退租，减少损失约550万元。做好培训机构稳岗就业服务。搭建“海淀区校外培训机构兑换课公益超市”，14家机构提供748门课，各类学习用具物品9948件，已为家长兑课2563班次，金额达203.8万元。腾讯公司免费提供网上转课平台。

（宋亚甫）

【培训机构疫情防控工作】 1月，区教委联合多部门，对全区校外培训机构的疫情防控工作开展全覆盖实地检查，发现一些突出问题并将主要问题通报：北京市海淀区中文未来培训学校（银网中心校区）存在教职员工线下聚集，约谈后仍未全面整改；未落实测温、登记措施；消杀记录不全。北京市海淀区精锐培训学校（紫金大厦校区）、北京博师京誉教育咨询有限公司（和盛大厦校区）在全市要求培训机构暂停线下培训和集体活动后，存在线下培训行为。区教委对上述机构进行约谈，5日后再次复查，上述机构均做出整改。

（宋亚甫）

【首家营转非营校外培训机构落地】 9月30日，北京学易培训学校有限公司取得北京市海淀区学易学科培训学校“民办非企业单位法人登记证书”，成为海淀区首家完成营转非营登记工作的校外培训营利性机构。区教委、区民政局、区市场监督管理局等部门建立“同审联批”机制，进一步明确非营利机构设置标准和审批流程，对符合“双减”政策规定、办学规范且提出申请的机构，依法审批，推进现有营利性机构顺利平稳登记为非营利法人。北京市海淀区简明教育培训学校、北京市海淀区巧口培训学校、北京海帆培训学校有限公司、北京欣智培训学校有限公司、北京启赋培训学校有限公司、北京点燃培训学校有限公司、北京博洋培训学校有限公司7家校外培训机构承诺先培训后付费，让家长更放心。

（宋亚甫）

【校外培训机构公益互助资源库（公益超市）成立】 10月11日，海淀区校外培训机构公益互助资源库（简称公益超市）成立。该机构由区民办教育协会牵头，区教委、区教育环境综合治理中心和区教科院协助成立，公益超市旨在化解受疫情、政策和培训市场需求改变影响，经营不善培训机构运营困难、资金紧张，导致部分家长退费困难或者退费无门等难题。号召培训机构尤其是头部机构履行社会责任，成为公益超市资源单位，捐课捐学习用品、书籍等，丰富公益超市，让退不了费的家长有更多兑课方式，尽可能地将损失降到最低。截至12月31日，新东方、学而思和高思等15家机构累计提供785门课，高思、作业帮等7家机构捐赠各类书籍、学习用具物品10693件；6所问题机构的家长兑课3009班次，兑课金额近271.36万元，兑换书籍、学习用具等共564件。公益超市可供选择的教学形式多样，录播课、既有录播、同步直播课程、线下课程；家长可以兑换从学前到成人的全学段培训课程；课程内容包括学科类课程、素质类课程；可供选择的兑换“商品”包括大量培训课程、书籍、学习用品等。精锐培训机构的家长用5万余元学费兑换200多套四大中国古典名著，捐赠给湖北贫困山区孩子。

（金建花　宋亚甫）

【校外培训机构规范办学专题会】 10月15日，区教委召开区校外培训机构规范办学专题会。会上，区教委相关科室负责人强调对校外培训机构预付费资金监管工作，对校外培训机构培训时间、广告、安全、年检等工作进行再部署，提出具体要求。公安海淀分局、区金融办、区民政局、区市场监管局、区人力社保局等有关部门负责人，重点围绕校外培训机构资金监管、年检登记、广告和合同使用、合规用工、安全有序办学等日常行为，分别提出具体工作要求。区教委、区金融办、区公安分局等部门将联合行动，进一步加大机构监管账户信息的核查力度，引入第三方专业力量对重点机构进行审计，分批分类向社会公布校外培训机构资金监管账户等信息，接受社会监督。区委教工委、区教委领导，区教委相关科室、部门，海淀公安分局、区金融办、区民政局、区市场监管局、区人力社保局等有关部门负责人，全区学科类培训机构法定代表人或校长及相关金融机构负责人80人参会。

（宋亚甫）

特殊教育

【概况】 2021年，海淀区特殊教育持续凝练经验成果，形成普特共融、共生、共发展的教育生态。印发《海淀区关于加强特殊教育需要儿童少年融合教育工作的指导意见（试行）》，出台《海淀区残疾学生和家庭经济困难学生区级资助管理办法》，支持残疾学生和家庭经济困难学生上得起学、上得好学。完成自闭症康复基地、学习障碍、注意力缺陷多动障碍、特殊学生艺术治疗研修工作室启动工作，开通特需家庭义务咨询服务。探索学前三年基本教育康复服务模式，在全区逐步推开学前融合教育。

2021年，海淀区有特殊教育学校2所，工读学校1所；特殊教育学校有在校生485人，工读学校有在校生315人，有特殊教育教职工273人、工读教育教职工111人。海淀区已建成资源教室103间。为91所学校提供巡回指导，共筛查学生246人，全面教育评估164人。海淀区共为27所重难点单位、学校提供2909课时直接教学支持。在融合教育学校，62所学校的资源教师为250余名随班就读备案学生提供3万余课时的直接教学。为168名特殊儿童家长提供入学、升学和转学的支持，家长满意率100%。开展常态的教师培训，参训教师共计1030名。资源教师专职化，38名教师完成80课时的资源教师专项培训，取得资源教师上岗资格证书；培训形式多样化，500余名教师完成学习，实现区域融合教育全员培训；特教教师专业化，组织3次特教教师培训活动，完成12课时特教学校必修课程。中关村学区、育英学校、永泰小学、富力桃园幼儿园等10家单位的融合故事通过媒体进行宣传报道。

（莫琳琳　宋亚甫）

【北京市盲人学校】 2021年，北京市盲人学校加挂“北京市特殊教育学校”牌子（简称盲人学校），教育经费投入5232.68万元，学校信息化经费投入31.87万元。图书馆藏书3.05万册，包括盲文版书0.87万册。有多媒体教室19间，校园网出口总带宽100Mbps，数字资源量4TB，“信息技术”课程2课时/周。有教职工126人，包括高级职称34人、中级职称33人。专任教师87人，包括北京市骨干教师2人；其他专业技术人员13人。开设教学班18个（学前1个、小学7个、初中3个、职业高中7个）。毕业36人（小学11人、初中15人、职业高中10人）；招生47人（学前5人，小学7人、初中13人、职业高中22人）；在校生146人（学前5人，小学57人、初中41人、职业高中43人）。寄宿生72人。

2021年，盲人学校实施建设北京市视障教育资源中心、创设学前部等改革工作。编制完成《北京市盲人学校“十四五”时期事业发展规划纲要》。推进视障教育，夯实多重残疾儿童教育教学基础，探索个别化教学，实行分层分类教学，实施教学三级三段管理。推动党史学习教育向学生延伸，举办“八角讲堂”系列讲座、“‘党史进课堂·五感润红心’党史学习教育进课堂”系列主题党史课。拓展劳动教育有效途径，创新美育育人途径，加强心理健康教育，“五育并举”取得新成效。盲人学校被评为北京市心理健康教育先进单位，学生成长记录平台被评为北京市中小学综合素质评价“先进单位”。

（高爽　林先齐　李珊）

【北京市健翔学校】 2021年，北京市健翔学校（简称健翔学校）包括海培校区、牡丹园校区2个校区，教育经费投入9339.97万元，信息化经费投入431.15万元。

海培校区。在编教职工73人，其中正高级教师1人、高级教师12人、一级教师50人。专任教师72人，其中北京市特级教师1人、北京市骨干教师2人（含北京市骨干班主任1人）。博士研究生学历1人，硕士研究生学历14人，本科学历57人。开设教学班46个班（小学阶段32个、初中阶段13个、附设幼儿班1个）。毕业88人（初中阶段52人、小学阶段35人、幼儿班1人）；招生88人（小学阶段43人、初中阶段42人、幼儿班3人），在校生373人（小学252人、初中115人、幼儿班6人），其中智力残疾132人、精神残疾126人、多重残疾109人。无寄宿生。拥有计算机893台，校园网出口总带宽200Mbps，数字资源量12TB。“信息技术”课程中年级开设1课时/周、高年级2课时/周。申报2021年度北京市教育科学规划课题《基于视频示范技术的智力障碍儿童语言康复资源库开发与应用研究》《绘本教学提高智力障碍学生语言表达能力的研究》立项并开题。

牡丹园校区。由十三年一贯制听障部和三年制培智高中部组成。图书馆藏书45816册，电子图书5000册。教育经费投入894.61万元，信息化经费投入64万元。教职工78人，其中高级职称22人、中级职称31人。专任教师66人，包括特级教师1人、北京市骨干教师1人。开设教学班26个（小学1个、初中2个、职业教育23个）。毕业48人（初中11人、职业教育37人）；招生58人（职业教育58人）；在校生179人（义务教育12人、职业教育167人），包括寄宿生56人。有金贝鼓、古筝、萨克斯、合唱、戏剧游戏、特奥篮球、健翔舞团、版画8个社团。学校开设萨克斯、金贝鼓、空竹、书画、太极、乒乓球、篆刻、剪纸、缝纫、阳光体育等17项选修课程。培智部职业教育设置中餐烹饪、工艺制作、酒店家政、艺术休闲等专业。学校承担11项课题研究，其中中国教育学会课题1项、北京市教育学会课题2项；参与海淀区群体课题研究1项、重点课题3项、一般课题4项。手语中心4位老师参与市政府新闻办新冠疫情防控发布会等重大活动的手语新闻翻译，5名新闻手语翻译教师为央视体育台、北京电视台、海淀电视台等做手语翻译。听障部高三12名毕业生中，9名被全国多所特教高等学院录取。培智高中部高考班部分毕业生分别被北京农业职业学院、北京网络职业学院等高校录取。25名学生在海淀区中小学生叶画制作比赛中获奖，5名学生的作品入选北京市残疾人联合会举办的全国残疾青少年冬奥、残奥主题绘画作品征集活动。以庆祝建党100周年为契机，开展“讲党史 强信念 跟党走”团员、党员教师升旗仪式党史教育；围绕“建党百年”“党史学习”主题开展班会课展示，板报评比；萨克斯乐团和金贝鼓团参加“花园少年展风采 童心向党庆百年——花园路学区庆祝建党100周年”演出活动；举办“喜迎建党百年 共创多彩未来”校园嘉年华。牡丹园校区特奥足球队获全国第十一届残疾人运动会暨第八届特奥足球冠军，集体获“体育道德风尚奖”；培高特奥男子篮球队获全国第十一届残疾人运动会第八届特奥篮球比赛亚军。

（米洁　刘志利）

【北京市海淀寄读学校】 2021年，北京市海淀寄读学校（简称寄读学校）教育经费投入4874.09万元，信息化经费投入424.82万元。图书馆藏书2.56万册，电子图书3.3万册。有网络多媒体教室36个，校园网出口总带宽230Mbps，“信息技术”课程1课时/周（初中）、10课时/周（职高）。教职工107人（在编73人），正高级教师1人，高级职称28人（含正高1人），中级职称25人。专任教师73人，北京市骨干班主任1人。开设教学班15个（初中8个、职业高中5个、计算机实验班2个），毕业127人（初中90人、职业高中15人、计算机实验班22人）；招生154人（初中110人，职高44人）。在校生318人（初中194人、职高124人），全部住宿。外省市借读生23人。开设校本课程41门，有学生社团13个。开展以“学党史、悟思想、办实事、开新局”为主题的党史学习教育活动，举办“勇担当不忘百年初心 学榜样践行时代使命”七一主题党日活动。举办“大爱·奉献”教育家办学实践研讨会。参加海淀区青少年未来工程师竞赛并获奖。寄读学校志愿服务项目入驻海淀图书馆（北馆）。

（王常智）

【班主任素质提升活动】 年内，健翔学校牡丹园校区开展班主任素质提升活动，通过校级班会研磨展示、撰写家庭教育案例、德育经验交流分享等形式提高班主任教育理论素养，提升班级管理水平。本学年完成校级班会课10节，组内班会课27节。在学校“家庭教育案例”评比中，班主任撰写的家庭教育案例7篇获奖，其中1篇获一等奖、1篇获二等奖、5篇获三等奖。4名班主任老师在德育活动中作“当代中学生爱国情怀”“专业引领 携手同行”“快乐减压小课堂之音乐减压”等经验交流。

（李营营　曲亚迪）

【特色课程体系建设】 年内，健翔学校牡丹园校区致力于特殊教育学校的课程体系建设，形成以国家课程、地方课程、校本课程为架构的特普结合、普职结合的听障课程体系，面向升学、就业、居家生活三个方向的培智高中职业教育课程体系，课后服务课程与校本课程有机结合的特色选修课程体系，其中兴趣类选修课开设14门、社团活动类选修课开设8门、其他选修课3门。健翔学校牡丹园校区获2021年海淀区中学课程方案优秀成果三等奖。

（薛晓侠　曲亚迪）

【重大活动手语翻译】 2月，健翔学校牡丹园校区手语中心4位教师人选市政府新闻办新冠疫情防控发布会等重大活动手语翻译人员。8月24日至9月5日，牡丹园校区刘丹、杜秋娴、张畅三位老师承担第十六届夏季残疾人奥林匹克运动会中央广播电视总台体育频道《体育新闻》栏目的手语翻译工作，刘丹、张畅分别承担残奥会开幕及闭幕式的直播手语翻译工作，牡丹园校区手语翻译团队参与该栏目的新闻直播手语翻译工作。

（薛晓侠　曲亚迪）

【寄读学校志愿服务项目入驻海图北馆】 3月5日，寄读学校志愿服务项目——“践行雷锋精神，踏‘十四五’征程”志愿服务实践活动暨“海淀寄读学校志愿服务实践基地”揭牌仪式在海淀区图书馆（北馆）举行。志愿服务队在图书馆内举办雷锋红色知识沙龙会，图书馆文献部主任以“雷锋”为主题进行检索知识培训，对馆藏资源与检索信息进行简要的讲解与演示。志愿服务队开展学雷锋志愿服务，对图书馆进行公共消杀、整理图书。

（胡晓群）

【学前融合教育发展实地指导】 3月17日，海淀区教委开展学前融合教育发展实地指导。海淀特教中心、北京师范大学融合教育研究中心专家赴海淀新区恩济幼儿园，为学前融合教育和自闭症儿童同伴关系子课题进行实地指导，听取幼儿园教育理念、文化营造、环境建设、融合教育等工作介绍，参观幼儿园环境；深入小班和中班进行课堂观察，了解特需幼儿在区角活动、集体活动和户外活动中的表现，以及与同伴互动情况；课题组主要执行人汇报课题研究进展情况，课题组成员分享参与课题研究的收获，并提出日常教学活动中的困惑，专家肯定幼儿园融合教育理念和环境创设，并针对教师的困惑提出专业指导建议。北师大专家、海淀特教中心领导、幼儿园课题负责人及教师代表20人参加活动。

（莫琳琳　宋亚甫）

【自闭症日活动】 3月30日至4月2日，海淀区教委举办2021年海淀区自闭症日宣传周“‘星’语同画·献礼百年”线上画展系列活动。活动由海淀特教中心组织，在全区范围内打造出对自闭症学生包容、理解的融合氛围，促进海淀教育再上新台阶。面向55所学校发布微信公众号，37所学校提交电子版画作品135幅。

（莫琳琳　宋亚甫）

【团校开班】 3月至4月，健翔学校牡丹园校区第24期团校开班，15名入团积极分子进行为期8课时的团课学习。经过培养，15名学员以优异成绩获得团校结业证书。5月12日，王依宁、周冠两名同学光荣地加入团组织。

（李营营　曲亚迪）

【获市第二十四届学生艺术节铜奖】 4月21日，健翔学校海培校区学生合唱团参加由区教委主办的北京市第二十四届学生艺术节暨2021年海淀区学生艺术节合唱展演。合唱团成员15人参加合唱《让爱传出去》《妈妈格桑拉》，获铜奖。5月19日，合唱团参加北京市艺术节展演。

（吴晶）

【幼儿园办园质量督导检查】 4月28日，北京市幼儿园办园质量督导组专家莅临健翔学校海培校区校附设幼儿班，实地督评特教办园理念、园所环境、教师和幼儿精神风貌等。专家检查评语：设施设备条件利用及人员配备、卫生保健、保教三方面达到基本要求，特殊幼儿课程落实情况较好，有针对性。

（米洁）

【加挂“北京市特殊教育学校”牌子】 4月28日，盲人学校加挂“北京市特殊教育学校”校牌，面向全市特教学校和随班就读的轻度智力障碍学生及自闭症学生，开展以职业教育为主的高中阶段教育，开设符合残疾学生身心发展规律的专业课程、特色课程，搭建残疾学生义务教育阶段和高中教育阶段有效衔接的平台，使残疾学生有机会进入高中阶段学习职业技能。北京市特殊教育学校学段为高中（以职业教育为主），学制三年，招生对象为全市特教学校和随班就读的轻度智力障碍学生及自闭症学生。招生规模每个年级3个班，每班8人至12人，专业设置为中医康复保健和音乐表演。2021年首届招生22人。

（高爽）

【市重点课题现场会】 4月29日，北京市教育科学“十三五”规划重点课题“融合教育背景下个别化教育计划实践研究”现场会在海淀区图强第二小学举行。现场会以“个别化教育计划走进融合课堂”为主题，图强二小子课题负责人分享校内课题实践路径，展示语文、体育2节融合录像课，2名学科教师进行说课；人大附小子课题负责人介绍课题研究进展成果，科学课教师针对学生基础能力、课堂调整等说课。与会专家指出本次现场会将研究与实践紧密结合，具有很强的针对性与实效性。中国教育科学研究院、北京市特殊教育专家，海淀教师进修学校教研员及教师代表31人参加活动。

（莫琳琳　宋亚甫）

【特殊教育提升计划实施情况评估】 4月30日，市教委组织专家评估小组到健翔学校，实地调研评估海淀区就《北京市特殊教育提升计划（2017—2020年）》实施情况。于文校长、侯天新书记就学校对二期计划的落实情况进行汇报，专家组走进课堂听课，杜丽平老师执教一年级生活语文《我会吃饭》，王梅锦老师执教五年级生活数学《数的认识》，刘松岩执教八年级生活适应《我会正确就医》。专家评估组对健翔学校的落实工作给予高度认可，就特教学校师生比、“四免两补”政策、幼儿园及高中部办学以及存在的问题和困难展开座谈。海淀区委区政府高度重视特殊教育工作，把落实特殊教育提升计划作为特殊教育工作的重中之重。

（米洁）

【“北京市视障教育资源中心”成立】 4月，盲人学校成立北京市视障教育资源中心。北京市视障教育资源中心主要职能是协助市级教育行政部门开展视障教育指导、研究、服务，在教育行政部门、视障类特殊教育学校、视障类随班就读学校以及视障儿童家庭之间形成上下联动的工作机制。

（赵瑜）

【“风采杯”获奖】 4月至10月，健翔学校牡丹园校区4位教师参加海淀区“风采杯”（第四届）中学教师教学成果展示活动，分获课堂实录和教学设计一、二、三等奖。岳春艳老师初中物理《学生实验——探究物质的密度》获教学设计二等奖、课堂实录二等奖；曲亚迪老师高中语文《祝福——祥林嫂人物分析》获教学设计三等奖、课堂实录一等奖；杨小翠老师高中数学《指数运算复习》获教学设计三等奖、课堂实录二等奖；乔尹冰老师高中美术《大胆下笔，小心收拾——工笔花鸟画的收尾》获教学设计三等奖、课堂实录三等奖。

（薛晓侠　曲亚迪）

【骨干老师参加线上资源录制】 4月至12月，健翔学校海培校区组织20名骨干教师参加北京市自闭症儿童教育线上资源录制工作。老师们以完成微视频为成果导向，深入学习自闭症儿童教育相关知识和技能，梳理教师在自闭症教育中的成功教育经验。录制主题涵盖自闭症儿童沟通、感知觉、运动、教育策略、家庭教育及认识自闭症六大领域。20节自闭症教育线上资源被选用并发布在北京市特殊教育支持服务平台上。

（张瑶）

【“手言党史绘心声”专题栏目宣传】 4月至12月，为庆祝中国共产党建党100周年，健翔学校牡丹园校区党支部带领全体教职工和学生，制作出品公众号手语讲述党史专题栏目——《手言党史绘心声》。专栏总计推出21期，22名党员教师和9名优秀听障学生团员参与栏目录制。

（董金亮　曲亚迪）

【“大爱·奉献”教育家办学实践研讨会】 5月11日，区教工委、区教委在海淀寄读学校举行“大爱·奉献”教育家办学实践研讨会。研讨会以人物访谈的形式，围绕寄读学校校长肖建国的成长历程和教育实践，讲述他32年的教育人生。研讨会上，毕业生代表、在校生家长代表和教师代表参会。区教工委书记为肖建国颁发名校名家收录证书。肖建国著作《将适合的爱给特别的你》收录于海淀教育名校名家成果。

（王常智）

【法治副校长讲授法治课】 5月27日，寄读学校法治副校长、北京市人民检察院党组书记、检察长朱雅频为寄读学校的300余名学生讲授题为《以法护航 以法为度 走好未来人生路》的法治课。朱雅频从《未成年人保护法》《预防未成年人犯罪法》修订实施的重大意义角度，结合北京市未成年人犯罪及权益受侵害的案件，重点讲网络保护、学校保护、家庭保护以及预防未成年人犯罪特别是专门教育和分级干预的知识。

（王常智）

【检校共建机制座谈会】 5月27日，北京市检察机关、各区检察机关以及北京市6所专门学校在寄读学校召开实施《中华人民共和国预防未成年人犯罪法》推进检察机关与专门学校共建未成年人犯罪预防和矫治教育工作机制座谈会。北京市人民检察院副检察长张家贞主持座谈会，寄读学校校长肖建国介绍学校办学总体情况和近年来检校共建机制推进情况。海淀区人民检察院检察长刘惠介绍近年来海淀区检察院与专门教育学校共建推进机制情况。中国政法大学副教授苑宁宁解读《中华人民共和国预防未成年人犯罪法》涉及专门教育的相关规定。北京市人民检察院和寄读学校继续执行《北京市检察机关与专门学校未成年人犯罪预防与教育矫治合作框架协议》，在法治教育、教育矫治、观护救助、专题研究等4个方面实现检校共建全覆盖。

（王常智）

【北京市未成年人专门教育发展和专门学校建设专题调研会】 6月4日，由市人大社会建设委员会主办、市教委承办、区教委和寄读学校协办的北京市未成年人专门教育发展和专门学校建设专题调研会在寄读学校举行。调研会上，市教委汇报北京市六所专门学校的整体建设情况，介绍专门教育在创新方法、特色课程、辐射职能、专业力量等方面的举措。海淀寄读学校、古城职业学校、劲松第六中学分别汇报学校办学情况。与会人员就《未成年人保护法》和《预防未成年人犯罪法》贯彻落实进行研讨交流。市人大、市司法局、市民政局、团市委、市教委、市卫生健康委、市高级人民法院、市人民检察院、市公安局分管领导，东城、西城、海淀、朝阳、门头沟、丰台区相关职能部门领导，高校专家、北京教科院专家以及北京市6所专门学校校长近40人参会。

（王常智）

【走进十佳学校活动】 6月11日，海淀区教委特教中心启动走进十佳先进学校活动。活动首站走进十佳先进学校中科院附属玉泉小学。该校校长就学校师资队伍、融合教育课程、具体教育案例及最终效果等方面进行介绍，随后观看学校首届融合教育毕业生展示主题汇演，包括资源教师团队诗朗诵《与你牵手是一种幸福》，随班就读学生合唱《让我们荡起双桨》《群星闪烁》《永远》，英文演讲《Goodbye，Primary School》，相声表演《满腹经纶》等节目，学生代表、融合教育教师、家长代表分别发言。特教中心主任、北师大教授对本次活动给予高度赞扬。至年底，活动共走进中科院附属玉泉小学、图强二小、中法实验学校3所学校。北师大专家、特教中心教师、中科院附属玉泉小学师生及学生家长90人参加现场活动。

（莫琳琳　宋亚甫）

【校园嘉年华活动】 6月11日，健翔学校牡丹园校区举办“喜迎建党百年共创多彩未来”校园嘉年华活动。学生们在“人墙穿越”“眼疾手快”“足球飞镖”等运动游艺体验中挑战自我，发挥顽强拼搏和团结协作的精神，放松身心，释放压力，收获健康和快乐。

（李营营　曲亚迪）

【心理健康活动月系列活动】 6月，健翔学校牡丹园校区开展心理健康活动月系列活动。活动包括趣味体验活动、主题宣传教育和线上心理讲座三部分内容，帮助学生分析不良情绪的原因，认识不良情绪的影响，找到面对不良情绪的正确做法，积极调整生活学习的状态。

（王茜娜　曲亚迪）

【获区青少年未来工程师竞赛11项奖】 6月，在海淀区第十六届青少年未来工程师竞赛中，寄读学校学生在飞行项目和木梁承重项目中夺得6个一等奖、5个三等奖，教师王飞获得

"2021年海淀区第十六届青少年未来工程师竞赛优秀辅导员"称号，学校获"2021年海淀区第十六届青少年未来工程师竞赛优秀组织奖"。

（王飞）

【学区资源中心全面评估】 7月6日、8日，海淀区教委开展学区资源中心全面评估工作。评估工作由海淀特教中心组织，评估小组由北京师范大学特殊教育学院、中国教育科学研究院专家及区特教中心、区特教中心巡回指导教师7人组成，分别走进永定路、北太平庄、上庄西北旺、青龙桥4个学区融合教育资源中心，通过听取汇报、查阅档案材料和听现场课等形式进行全面评估。100余名资源教师专项培训班学员共同参加本次评估工作。

（莫琳琳　宋亚甫）

【"红领巾寻访"活动】 9月8日，健翔学校牡丹园校区少先队大队开展"红领巾寻访"活动。党员教师李东方为少先队员讲党史，少先队员为党员教师唱响红歌《没有共产党就没有新中国》。

（王茜娜　曲亚迪）

【区特教学科带头人、骨干教师研修培训】 9月24日至27日，海淀区教委举办2021年海淀区特殊教育学科带头人、骨干教师研修培训。培训由海淀特教中心组织，为期3天，研修活动以"聚焦教师专业发展"为主题，以"理论讲座+个案研究汇报+专家点评"形式进行，北京师范大学2名教授为学员开展专题讲座和个案指导，参加培训学员根据自身经验针对个案进行分享。海淀区特教学科带头人及骨干教师25人参加培训。

（莫琳琳　宋亚甫）

【康复课程改革】 9月起，健翔学校牡丹园校区将培智高一设为实验年级，建立课改项目组，启动课程体系改革。项目组把教育教学与全面康复相结合，在运动、艺术、语言沟通、心理、职业和社会等方面积极探索，力求建设专业的课程体系，培育专业的师资队伍，帮助特殊孩子在身体、心理、职业和社会等方面获得最大限度的康复，为终身发展奠定基础。聘请北京师范大学孤独症研究中心专家，对骨干班主任们进行每周一次的个别教育计划实操培训，切实提升教师们在教育教学中的实践运用能力。聘请中央音乐学院音乐治疗系专家为培智高一康复组学生开展音乐愈疗课，对健翔学校牡丹园校区音乐老师进行教学督导。

（孙艳　曲亚迪）

【互动康复教室投入使用】 9月，健翔学校牡丹园校区新建的互动康复教室正式投入使用。学校组织培智康复课教师接受游戏课程培训，该课程运用AI技术实现多感官人机互动，培养学生探索式、交互式的学习力和体验性、操作性的实践力，对学生进行有效的康复训练。

（董金亮　曲亚迪）

【海培校区管乐团参加展示活动】 10月13日，健翔学校海培校区少先队员管乐团参加海淀学区"铿锵鼓号齐鸣 尽展少年风采"首届鼓乐团展示活动，获得"最佳精神风貌奖"称号。

（孙云峰）

【国防教育活动】 10月13日至22日，健翔学校牡丹园校区开展国防教育活动。学生分为听障、培智擒敌拳、培智旗语、培智军歌4个方队，不同方队完成不同训练内容。训练结束后，各方队进行队形队列、军体拳、擒敌拳、旗语、军歌展示。36名同学被评为国防教育优秀学员。

（王茜娜　曲亚迪）

【"看见希望之光"音乐会】 10月15日（第38个国际盲人节），盲人学校协同青光侠基金会举办"看见希望之光"音乐会。邀请盲人学校毕业生、现美国印第安纳大学雅各布音乐学院钢琴演奏专业在职博士来佳俊演奏《巴赫意大利协奏曲BWV971第三乐章》，长春大学特教学院音乐系声乐专业毕业生刘宝萍演唱《玛依拉变奏曲》，盲人学校毕业生、中国第一位盲人双排键全国大赛总冠军程东昊演奏《歌曲串烧》，国内首位登顶珠穆朗玛峰盲人张洪演讲《让世界看见我》，盲人脱口秀演员程家家表演模仿秀。"看见希望之光"音乐会现场视频通过央视频、中国网等网络平台全网展播。中国残疾人艺术指导中心、青光侠基金会创始人、市教委、市残联、中央美院、中国音乐学院、中国传媒大学领导以及北京市青少年发展基金会等多家公益组织和企业代表，盲人学校师生和部分家长代表参加活动。

（茹甜子　高爽）

【"创新科技应用示范基地"签约揭牌】 10月18日，盲人学校与北京翠鸟视觉科技有限公司（简称翠鸟视觉公司）举办创新科技应用示范基地签约暨揭牌仪式。根据协议，校企双方开展多层次、多形式、多领域的合作，采取开放办学模式，走科、教、医、研一体化的道路，将翠鸟视觉公司最好的技术、经验以及产品带到、用于盲人学校建设发展。

（杨世峰）

【参加全国特殊奥林匹克运动会】 10月22日，中华人民共和国第十一届残疾人运动会暨第八届特殊奥林匹克运动会在陕西西安开幕。健翔学校牡丹园校区特奥足球队参赛，荣获H组冠军，集体获体育道德风尚奖；队员史昊倬、薛谨琦、陈昆全获体育道德风尚奖，袁铭徽、陈昆全获得个人技术赛第三名和第四名。健翔学校牡丹园校区特奥男子篮球队代表北京参加篮球比赛，获亚军；史昊倬、薛谨琦、尹铮获体育道德风尚奖。

（李成荫　曲亚迪）

【"请党放心 强国有我"主题少先队活动】 10月26日，健翔学校牡丹园校区少先队大队开展"请党放心，强国有我"主题少先队活动。中队辅导员组织九年级学生学习习近平总书记在庆祝建党100周年大会上的重要讲话精神；少先队大队辅导员带领六年级少先队员重温入队誓词、敬队礼等。

（王茜娜　曲亚迪）

【3人作品入选全国版画展】 10月，健翔学校牡丹园校区版画社团参加"2021第七届东海·全国少儿版画双年展"，3名学生作品入选，并荣登画册，即贺梓晗的《赏梅花》、刘海

亮的《快乐的一天》、潘越铭的《母子情》。指导教师王昆获优秀辅导教师称号。

（薛晓侠　曲亚迪）

【资源教师绘画治疗培训】 11月5日，海淀区资源教师绘画治疗培训班启动。本次活动由绘画治疗领域专家担任主讲，共开展7次，培训课程围绕“用绘画治疗读懂特殊孩子”主题，从树木画、房屋画、人物画、自由画的投射分析等4个方面展开针对性的培训，希望通过系列生动有趣、沉浸式的培训，让资源教师体验到绘画治疗的魅力，提高资源教师干预和教学策略。海淀区普通学校资源教师50人参加培训。

（莫琳琳　宋亚甫）

【学前部开班】 11月15日，育人学校学前部开班，首期招收5名大班幼儿。学前部按标准配备专业教室及玩教具，实现“两教一保”。以“教康结合”为教育理念，确定教育康复学习活动模式；以幼儿园科学、语言、艺术、社会、健康5个领域为主，开展幼儿一日教育活动。结合视障幼儿实际发展需要，开设定向行走康复课。

（孙欣）

【融合教育骨干教师研修工作室】 11月23日，海淀区融合教育骨干教师研修工作室启动。启动仪式在区特教中心举行，研修室总负责人为海淀特教中心主任王红霞，另外2人分别担任资源教师研修工作室、行为指导教师研修工作室负责人，特聘北京教育科学研究院特殊教育研究指导中心主任孙颖、北京师范大学教授贺荟中、中国教育科学研究院副研究员杨希洁担任专家。贺荟中教授作《资源教师的身份认同和角色期待》主题讲座，强调教师若想走远路，发亮光，就要先从身份认同开始，逐步创造自己的价值，只有点连点成线、连线成面、由面到体，才能真正做到点亮自己，点亮更多学生。至年底，融合教育骨干教师研修工作室共举办3次活动，75人次参加研修活动。北京市教科院、北师大、中国教科院专家、特教中心教师及研修室教师代表25人参加现场活动。

（莫琳琳　宋亚甫）

【绿色学校创建通过网评审核】 11月26日，健翔学校海培校区参加北京市绿色学校创建工作网评审核工作，从学校基本情况、创绿工作指导思想实施计划方案、创绿制度经费保障、各部门创绿工作实施4个方面介绍学校创绿工作。经过专家评审团的最终合议，在海淀区绿色学校创建工作中获得95分，通过网评审核。

（崔璐）

【图强二小融合教育展示活动】 12月2日，海淀区图强二小举办融合教育十佳先进展示活动。活动以“蓄力生命 点亮未来”为主题，介绍创设融合教育环境的经验及融合教育校本实践成果，线上线下同时进行，回顾8年来学校融合教育之路，以“让每颗星星都闪耀光芒”为育人理念，教师在课堂、兴趣社团及各种实践活动中，高度关注有特殊需求的孩子，并提供适合的学习内容；学校融合教育负责人以《把学生捧在手心》为题，介绍学校融合教育发展的具体路径，讲述学校“源于爱，奋力出发”“因为爱，想方设法”“执着爱，多元融合”“持续爱，跟踪赋能”的融合教育发展历程。图强二小随班就读学生与班里普通学生共同表演32秒内复原异形魔方、组装天文望远镜、参加班级合唱、抖空竹、表演英语剧《小蝌蚪找妈妈》、五米步枪射击等活动。2名随班就读学生家长现场分享孩子融入班级、取得进步、给家庭带来光明与希望的故事。2名教师代表分别介绍在开展融合教育中，耐心陪伴特殊孩子们成长，为孩子们创设良好环境，让每个孩子都散发自己光芒所作出的努力与付出。北京师范大学专家高度肯定图强二小在融合教育方面取得的成功，希望学校做好经验总结，立足海淀、放眼全国，将融合教育成果向全国辐射。区教委领导，北师大、北京联合大学专家，图强二小师生及学生家长代表80人参加现场活动。

（宋亚甫）

【资源教师中级培训班系列培训】 12月10日，海淀区教委举办资源教师中级培训班系列培训。培训以线上形式开展，区教委特教视导员、东方启音执行副总裁、区特教中心主任等出席开班仪式，随后，东方启音家庭治疗师以《特殊儿童的情绪问题》为题作专题培训。内蒙古科右前旗哈布尔学校教师、海淀区巡回指导教师和资源教师近100人参加培训。12月17日，东方启音家庭咨询师以《课堂管理和激励》为主题展开培训。12月24日，东方启音家庭治疗师就《如何与特殊儿童的家庭沟通》进行讲解。共计468人次参加本次线上培训。

（莫琳琳　宋亚甫）

10月，入选第七届全国少儿版画双年展的学生作品（健翔学校牡丹园校区 供图）

【冰壶体验活动】 12月13日，区文化馆志愿者和健翔学校牡丹园校区学生开展冰壶体验活动。志愿者们耐心细致地为学生们讲解有关冰壶的基本知识、规则、玩法以及投壶的动作与技巧，示范并手把手地教学生们如何投壶。

（李成荫 曲亚迪）

【校园纸飞机竞赛】 12月13日、20日，健翔学校牡丹园校区举办主题为“童心向党、礼赞百年”的校园纸飞机竞赛。比赛设置留空时间赛、直线距离赛两个项目，培智部、听障部学生165人次参加小学、初中、高中三个组别的比赛。经过激烈角逐，26人获一等奖、40人获二等奖、99人获三等奖。

（张桂萍 曲亚迪）

教育督导

【概况】 2021年，海淀区持续推进教育督导体制机制改革。以区委教育工作领导小组名义印发《海淀区教育督导体制机制改革实施方案》，完善督导委成员单位职责，督促学校建立健全内部督导长效机制。固化经验，出版发行《北京市幼儿园办园质量督导评估的实践探索——基于海淀区经验的指标解读》，完成142所幼儿园办园质量督导评估和318所注册园和社办点网络自评。完成2021年国家义务教育质量监测。持续开展责任督学挂牌经常性督导、主题专项督导、学科团队因需精准督导。探索督学专职化建设。完善职业高中督评工作。发布年度义务教育社会满意度调查结果。

（宋亚甫）

【注册园（社办点）网络自评】 年内，海淀区教委完成幼儿园（社办点）网络自评工作。区教育督导室联合海淀区教科院技术中心，为所有幼儿园（社办点）进行网络自评操作培训，并根据2020年自评经验，整理“海淀区自评工作关键点”，最终，完成318所幼儿园和社办点自评工作，其中注册园247所、社办点71所。

（宋亚甫）

【组织督学培训会】 年内，海淀区教委组织系列督学培训会。教育督导室针对新聘督学数量增加现状，加大督导政策、法律法规等通识培训，采用“观摩+实践”式督导实地和新老督学之间“传帮带”培训方式，使新督学快速熟悉、胜任督导工作，共组织3次全体督学培训会，5次小组沟通会。海淀区督学1000余人次参加活动。

（宋亚甫）

【首轮幼儿园办园质量督导评估工作】 2月至12月，海淀区完成首轮幼儿园办园质量督导评估工作。根据北京市督评工作“三年一轮”要求，2021年是第一轮收官之年，海淀区教育督导室以督促建，共完成142所幼儿园办园质量督导评估工作，其中申报A等级园80所、非A等级园62所。工作中坚持“支持性督导”模式，提前进行“需求性督导”，并进行现场反馈交流，提高督导实效。坚持客观、公平、公正原则，确定各园等级，形成全区幼儿园督评总结报告，并在海淀教育网公示各园督评等级结果。2019年，海淀区开展幼儿园办园质量督导评估工作，共组织专家、督学督评幼儿园236园次，其中88所幼儿园进行A等级督评，参加三年督导评估工作专家共计1703人次，其中外区市级专家459人次，本区市级、区级专家1244人次。

（宋亚甫）

【2所幼儿园办园质量A等级督导复评】 12月3日，海淀区教委完成2所幼儿园办园质量A等级督导评估复评。督政科组织督评组专家对中关村三小附设幼儿班和中央办公厅警卫局万寿路幼儿园进行幼儿园办园质量A等级督导评估复评工作，2所园督评组分别由3名外区市级专家和2名本区专家组成，对幼儿园班级、专业教室、食堂、户外等实地考察，查阅档案资料，听取园长汇报，依据《北京市幼儿园办园质量督导评估标准》，通过研讨为幼儿园各项工作进行评分和汇总督评意见，并进行口头反馈。

（宋亚甫）

“双减”工作

【概况】 7月24日，中共中央办公厅、国务院办公厅印发《关于进一步减轻义务教育阶段学生作业负担和校外培训负担的意见》（简称“双减”），要求切实提升学校育人水平，持续规范校外培训（包括线上培训和线下培训），有效减轻义务教育阶段学生过重作业负担和校外培训负担。7月30日，教育部办公厅发布《关于进一步明确义务教育阶段校外培训学科类和非学科类范围的通知》，明确义务教育阶段校外培训学科类和非学科类范围。8月，国务院教育督导委员会办公室印发专门通知，对各省“双减”工作落实进度每半月通报一次。海淀区的压力前所未有，海淀教育体量大、社会关注度高，学科类校外培训机构数量多、头部企业高度聚集，“双减”工作任务重。区教委高规格、一体化推进“双减”工作。成立区委书记、区长担任组长的海淀区“双减”工作领导小组，制定《海淀区“双减”工作实施方案》，通过周调度会、日报机制，协同联动、压实责任，统筹推进校内供给提质增效和校外培训机构规范治理。召开7场课后服务工作座谈会、5次全区“双减”工作推进会，召开学区代表和学校代表参与的3次调研会，有力推进“双减”工作开展取得阶段性战果。12月9日，《北京日报》以“升级课后服务——双减的首个学期校园更有吸引力”为题，整版报道海淀区开展课后服务的做法和经验。

（钟冷 宋亚甫）

【课堂教育教学提质】 年内，区教委强化学校教育主阵地作用，提高课堂教育教学质量。制定义务教育学校基本规范和义务教育学校提高课堂质量工作方案，优化教育教学视导工作制度。“大教研”范式强力支撑区域教育发展，推进课程服务系统化、调研服务专题化和课堂服务持续化，全面跟进课堂教学提质。制定《海淀区学科建设2.0行动计划》，结合海淀区大中小学思政课一体化建设行动，推动全区各学校加强学科建设，提高学生在校学习效率。推进学习科学研究，积极探索各类方式，提高学生课堂学习效率。

（宋亚甫）

【课后服务】 年内，区教委丰富课后服务供给，满足学生多样化学习需求。打造2.0升级版课后服务，着眼五育并举开展课后服务。协调动员教学管理、德育管理、教师研修、教育研究等校内外力量，精心设计课后服务内容，满足学生多样化学习需要，保障课后服务，并按需调整服务内容。全区98%的中小学生参加课后服务，1.9万名校内教师参与课后服务，占学段教师总数的97%。10家青少年活动中心的69名教师为28所学校提供课后服务。运用海淀区社会大课堂、高校、企业等资源，141所学校引入校外资源参与课后服务。召开7场小学课后服务座谈会、5场中小学推进会、19场“双减”工作现场会，通过实践探索，挖掘工作典型，切实做到提质增效。

（宋亚甫）

9月至11月，海淀区青少年活动中心为区域学校提供课后服务——送课上门（区教委 供图）

【作业减负】 年内，区教委研究制定中小学生作业、手机、课外读物、睡眠和体质等5项管理办法，减轻学生过重作业负担。以突出减轻学生作业负担为重要切入点，在“5+M+N”学科教研体系中增加作业设计与实施等必修内容，形成“海淀优秀学科作业案例库”。建立作业总量审核监管和质量定期评价制度。推出“作业文件制度、评价标准、工作坊建设、设计竞赛、成果汇编”5项举措。各义务教育阶段学校均制定作业管理制度。

（宋亚甫）

【家校社共促“双减”落地】 年内，区教委推进家校社协同育人共同体建设，广泛开展家庭教育。成立海淀家长学校，依托区级、学区及学校三级体系，规范中小学家长学校建设，提高家庭教育指导专业化水平，探索社会参与学校、家庭育人新模式。完善新时期家访制度，有效开展线上线下家访工作。指导各学校通过多种方式向家长宣传“双减”政策，介绍学校增强课后服务、提高教学质量的举措，引导家长正确认识“双减”政策，减轻焦虑。

（宋亚甫）

文 化

2022
北京海淀年鉴

综述

【概况】2021年，海淀区文化和旅游局（简称区文旅局）适应疫情新常态，服务保障2022年冬奥会和冬残奥会。围绕庆祝建党100周年主线，深耕海淀红色土壤、唱响时代最强音。推动海淀公共文化数字化智慧化建设。区文物局挂牌成立，推进国家文物保护利用示范区建设，文物和博物馆事业进入新阶段。围绕“百年百人百事”主线，庆祝建党百年文化活动。举办“音乐党课”“百家企业礼赞百年”“开往新中国的列车”等特色主题文化活动2168项，线上线下覆盖2267万人次。华熙LIVE·五棵松商业区上榜第一批国家级夜间文化和旅游消费集聚区，自2019年入选首批4个“夜京城”地标后，华熙LIVE·五棵松商业区再次入围由政府评选的夜间经济代表性街区名单。区文化市场综合执法大队获“2021年全国‘扫黄打非’先进集体”称号，获“2021年北京市‘扫黄打非’暨文化市场管理先进集体”称号。2月，区民族宗教办与区文旅局完成宗教执法工作的交接，区民族宗教办行使的宗教方面的全部行政处罚权及相关行政强制权，划归区文化和旅游局集中行使。

（杨立辉　高菲）

【北京海淀文化旅游产业发展集团有限责任公司】2021年，北京海淀文化旅游产业发展集团有限责任公司（简称海淀文旅集团）参与冬奥测试活动，推动冬奥市场开发，开展冰雪小课堂，举办校园冬奥主题运动嘉年华活动。承办海淀区庆祝第37个教师节大会、2021“智汇·海淀”人才主题周开幕式活动、中关村科学城企业文化交流汇报演出活动、区教育系统“两优一先”表彰大会、区国资委“建党100周年七一表彰大会”等活动。推出学校文化艺术订制服务包，开展文化艺术项目进校园活动。推进中小学校体育场馆社会化运营工作，开展首批试点运营学校的勘察摸底工作。聚焦庆祝建党100周年，推出红色文旅产品，开展党建活动40余场，接待活动人员2000余人次。

（刘垚）

【庆祝建党100周年文化活动】年内，区文旅局依托中关村国际青年艺术季、文化季等品牌文化季活动平台，围绕“百年百人百事”活动主线，深挖海淀特色资源，赓续红色血脉，统筹协调区级各馆、各街镇、相关委办局及社会单位，将红色文化、旅游、文物紧密融合，掀起海淀区庆祝建党百年文化活动热潮。举办“音乐党课”“百家企业礼赞百年”“开往新中国的列车”等庆祝建党100周年主题活动2000余场次。

（朱雪）

【文化科技企业调研】年内，区文旅局到30家文化科技企业，开展文化科技融合大调研活动，搭建起文化与科技融合互通桥梁，与13家科技企业达成初步合作意向。

（朱雪）

【文化机构改革】1月，根据市委编办《关于同意海淀区文化和旅游局加挂海淀区文物局牌子的批复》，经区委编委会研究决定，同意区文旅局加挂北京市海淀区文物局牌子，这是北京市第一个加挂文物局牌子的区。5月，海淀区文物保护中心增设考古研究部。12月21日，区文旅局正式加挂北京市海淀区文物局牌子。区委编委会研究决定，调整区文旅局编制、内设机构及职责，成立文物利用科，增加编制4人。

（朱玉京）

【区图书馆大数据智能分析平台推广】8月，区图书馆大数据智能分析平台上线。智能分析平台通过对服务数据的实时监控分析，打通评测各级公共图书馆服务效能的最后环节，为实现资源的优化配置提供翔实的参考依据。平台实现与Aleph操作系统的全过程衔接，比对数据5000余万条。

（张帆）

【海淀区推广中心成立】11月7日，文化和旅游部全国公共文化发展中心和中央民族乐团公布2021年度中国民族音乐普及推广中心名单，区文化馆入选。12月30日，中国民族音乐普及推广中心启动会暨北京市海淀区推广中心授牌仪式在海淀北部文化中心举行。文化和旅游部公共服务司、中央民族乐团、全国公共文化发展中心、北京市文化和旅游局、北京市文化馆、海淀区委宣传部、文化和旅游局等单位相关领导出席活动。张劲林部长、常林二级巡视员以及陈彬斌一级巡视员分别致辞。

（陆丽明）

文化设施

【海淀区文化馆】海淀区文化馆是国家一级文化馆。2021年，区文化馆采取线上线下相结合的方式，开展各类艺术培训课程，服务人员68万余人次。举办130余场线上线下文化活动，惠及群众1000万余人次，出版《红叶》杂志4期。举办“数字文创展——来自四维空间的线圈世界”展、“智能时代·女艺术家作品展”、“庆建党百年·展文旅风采”主题书画摄影展、非遗作品献礼建党百年——“红印百年”海淀区非遗项目巡展、“伟大的征程——纪念红军长征胜利85周年”图文展等18场展览活动，线下参观1万余人次，线上参观796106人次。举办6期线上培训班、录制17门“艺术+”线上课程、开设春秋两季线下培训班、面向全区26个街镇分馆和11家企业开展线上线下培训班。其中，线上直播培训招收5244名学员，培训人次52440人次；“艺术+”课程招收850名学员，通过文旅海淀公众号、快手、抖音、文化馆网站等平台同步推送的教学视频点击量50万余人次；春秋两季线下公益培训课程，培训学员3361人，线上培训学员23702人次；通过菜单式和订单式服务，向全区26个分馆配送线上线下艺术培训课程，培训学员77119人次；面向全区11家企业开设艺术辅导培训522班次，培训14220人次。组织文化志愿者和地区群众文艺团队，以线上线下相结合的形式，举办130余场惠民公益文化活动，包括“送福到家”新春文艺慰问演出专场活动、新春游园嘉年华线上活动、星期五艺术party、海淀区业余文艺大赛、第五届海淀广场舞达人秀、“致敬传统·闻钟赏月”——海淀区2021迎中秋主题文化活动、“品鉴民俗 巧手绘梦”系列文化活动、“绽放冰雪梦 唱响新征程”第二届云上好声音——京津冀歌唱评选活动、“一起向未来”中关村阿卡贝拉人声艺术汇等特色品牌文化活动。

（陆丽明）

【海淀区文化馆（北馆）】 2021年，海淀区文化馆（北馆）（简称北部文化馆）以线上线下相结合的方式开展各类文艺培训班334期，培训人员5.58万人次，其中老年培训班38期、少儿培训班81期。开展各类讲座、文艺演出活动131场次，观演群众161.1万人次，其中线下演出活动77场、线上活动31场、线上线下结合演出活动23场。举办展览19个。发布线上文艺培训“云端再现”82期、线上“文艺课堂”92期。开展“云端剧场”线上演出活动24场。“节日欢歌”系列演出活动19场次，惠及49万人次。举办2021年海之春新春文化季启动式，“云端迎春交响 送福欢歌回荡”2021“海之春”新春文化季系列活动，“乐之滥觞”系列讲座，第十三届中国音乐金钟奖北京选拔赛（声乐比赛），“青春在云端绽放”——百家企业礼赞百年大型文化活动，“百年百曲流百方”活动，歌从草原来——土默特左旗大青山教师合唱团专场音乐会，“协律·合鸣”未名室内乐团国庆专场音乐会，“书香海淀 E企阅读”活动，“运河两岸的歌声”民歌赏析音乐会活动，多姿多彩的民歌系列公益讲座，“助力企业 文化走亲”活动，青年男高音歌唱家魏广德独唱音乐会，“永远跟党走——百年伟业·红歌中国行”巡演音乐会，“7355KM——中德诗人的对话”中德声乐作品音乐会，永恒的经典——北京交响乐团音乐会。开展忆满京城情思华夏——“觅春意 寻春迹”作品征集活动。为群众文艺团队提供免费开放预约服务，预约订单1481个。“海淀北部文化馆”微信公众号发布活动信息432条，开辟文艺课堂、文化活动、展览展示等板块，关注量达到3.1万人次。依托“文化@海淀”数字平台，发布活动信息，设置活动预约抢票功能，发布活动数量493个，累计活动订单67340个，预约80779张电子票；开展线上课程120个，发布子视频128个。

（徐雅琪）

【海淀区图书馆（南馆）】 2021年，海淀区图书馆（南馆）（简称区图书馆）包括“2+29+37”总、分馆服务体系（即南馆、北馆2个总馆，29个分馆，37个社区、村图书馆）。南馆位于海淀镇丹棱街16号海兴大厦C座，365天免费开放，接待读者56万余人次，借阅文献58万余册次，解答读者咨询2.2万余人次。举办各类阅读活动2000余场，其中线上活动1300余场，受益读者600万人次。为南北两馆及基层图书分馆采购分编图书11万余册。

（张帆）

【海淀区图书馆（北馆）】 2021年，海淀北部文化中心图书馆（简称海图北馆）接待到馆读者近37.17万人次，文献借阅量26.28万册次，办理读者卡7066张。持续开展“走读海北”“幸福来敲门”“青青育苗”“青春之歌”“海北书院”等品牌活动。举办各类活动539场，包含大型活动12场、针对弱势群体活动143场、讲座146场、培训146场、传统文化活动35场、展览28场、其他活动29场。因疫情防控需要，加大线上活动的比例，举办的538场活动中，线上活动320场，线下活动140场，线上线下相结合78场。参与读者总计13.89万人次，其中线下参与读者46253人次、线上参与读者87663人次。媒体宣传投稿1425篇，公众号报道1420次，新闻媒体报道累计464次，其中网络媒体报道420次、纸媒刊发42篇、电台报道2次。接待参访37批次306人。“助残服务培训基地”“丝路美食文化项目”及“红色教育实践基地”等平台工作在图书资料、网络资源、参考咨询、信息服务、文化活动等方面实现共建共享。

（赵毅）

【海淀区文物保护中心（海淀区博物馆）】 2021年，海淀区博物馆继续推进海淀区三山五园艺术中心（海淀区博物馆新馆）项目建设，完成土护降工程施工并启动项目总包工程实施，开始项目底板施工作业。推进海淀区苏家坨镇大工村古桥修缮工程、海淀区慈恩寺修缮工程、海淀区隐修庵修缮工程、大慧寺文物保护规划、大慧寺消防升级改造项目及海淀区恩济庄关帝庙修缮工程等6项文物保护工程。完成海淀区慈恩寺地下管线应急改造工程，改移一条横穿慈恩寺文物红线内的自来水管道。完成7处不可移动文物应急抢险工作。推进1件馆藏珍贵可移动文物修复工作、3处不可移动文物认定工作、6次文物迁移处置。接收9件流散石刻和城墙城砖入库。配合完成市级文物保护单位认定（12处）项目全部工作。协助市公安局海淀分局侦破盗墓案件。成鹏获“国家文物系统全国石窟寺专项调查工作优秀个人”称号；郑昊然获“北京市年度最美文物守护人”称号。受新冠疫情影响，区博物馆全年闭馆。

（杨帆 任博）

【海淀区非遗展示中心（北馆）】 2021年，海淀区非遗展示中心（北馆）（简称海淀非遗北馆）围绕重大历史节点和传统节日，以红色文化、三山五园、非遗国粹等主题深耕细作，引领并组织非遗传承人进行主题性创作，引导市民在非遗文化的感知和体验中，知党史、颂党恩。以“动手体验”为亮点，深度挖掘非遗技艺的精妙之处，探索非遗作品的更多形式，开发更多与日常休闲生活、日常用品相结合产品，吸引更多群众亲身体验非遗文化，坚定文化自信。围绕庆祝建党100周年和北京冬奥会，以“非遗+党建”红色系列主题活动为重点，以“我们的节日”等传统节庆文化为核心，组织开展公共文化活动67项81场，线上、线下参与群众约300万人次。策划推出“祥瑞非遗过大年 福虎文化进万家”新春文化活动、“读红色家书，树红色家风”、品读“三山五园，传承文化遗产”等系列活动，持续开展“多彩非遗点亮冬奥之美”系列主题体验活动。

（李静磊）

【海淀剧院】 2021年，海淀剧院演出及会议243场，收入880余万元。受疫情影响，取消各类演出及会议80余场。电影放映约3600场，票房收入590余万元。受疫情的影响，停止放映200余场和取消电影包场102场。实现营业收入约1502万元，营业利润亏损246万元；利润总额约115万元（含转制补贴368.82万元）。

（张伟）

【中国知网】 2021年，中国知网以全面应用大数据与人工智能技术打造知识创新服务业为新起点，全面整合全球知识资源，加速构建“全球知识创新基础设施”（CNKI 2.0），通过与全球2万余家出版机构合作，初步建成融科学、社会、政府三大数据于一体的“世界知识大数据”，囊括75个国家和地区的重要全文文献2.8亿篇，摘要3亿多篇，知识元82亿条。取得技术专利、软件著作权300多个，打造覆盖数字化、网络化、大数据与人工智能各领域的知识管理与知识服务产品体系。服务56个国家和地区的教科研、党政军、工农卫、社团智库、公图文博等各行各业的3.6万家机构用户及1.7亿个人用户，年下载文献总量23.3亿篇，用户使用量居全球科教类网站前三名。中国知网获“2021—2022年度国家文化出口重点企业”“2021—2022年度国家文化出口重点项目”“在线教育十强”“知识驱动先锋企业”等荣誉。

（王涛）

【海淀美术馆（北馆）】 2021年，海淀美术馆（北馆）以稻香湖园区为依托，形成展、创、研、学为一体的综合人文艺术中心。开展线下线上公共文化活动44项208场，参与群众约213.5万人次。建立“雅风海淀”名人大讲堂直播间，播出26期、录播27期，首次受邀走进中国国家画院直播，点击量约70万余次。围绕庆祝建党100周年、北京冬奥会，筹备“红色的征程·新中国美术作品展系列”6个主题展。举办“千秋伟业百年追寻——丹青绘征程系列作品展”之“赵奇——《可爱的中国》绘画研究展学术研讨会”。

（李静磊）

【基层公共文化设施提档升级】 2021年，区文旅局会同区财政局，对八里庄街道党群文化活动中心、北太平庄街道文慧书苑、西三旗街道建材东里文化活动中心、甘家口街道公共文化服务场所提升改造项目、清华园街道双清苑社区文化活动中心项目和苏家坨镇后沙涧村文化活动中心6个基层公共文化设施提升改造项目予以资金支持，支持资金达1800万元。

（南燕）

【纳兰文化研究中心】 3月，海淀区纳兰文化研究中心被区民政局评定为3A级社会组织。持续推动纳兰家祠东岳庙的产权收回，促进北京纳兰性德纪念馆的落地，持续支持纳兰性德原创文学作品《纳兰容若传》创作。举办“梦里云归何处寻——2021纳兰文化艺术周”系列活动。根据刘子菲原创小说《纳兰容若传之人生若只如初见》改编的皮影戏《智擒鳌拜》首演，推动连台本皮影戏《纳兰容若传奇》的创作和排演。与北京体协民族骑射协会在纳兰性德的督牧之地延庆柳沟古城遗址旁，指导建立“纳兰舍”文化活动空间，为纳兰迷提供活动基地，为海淀特色“兰文化”提供新的宣传窗口。

（刘子菲）

文化产业

【概况】 2021年，海淀区945家规模以上文化及相关产业单位实现总收入9402.4亿元，同比增长23.2%，占全市比重53.5%。文化、体育和娱乐业收入合计757.6亿元，同比增长28.8%。海淀规模以上文化及相关产业单位占全市两成、从业人员占全市三成，收入超全市五成。16个文化新业态为代表的数字文化产业收入合计7535.0亿元，同比增长27.8%，占全市比重73.5%，占全国比重19.0%。23家文化企业入选2021年至2022年国家文化出口重点企业。字节跳动（今日头条）、微播视界（抖音）、腾讯文化、快手、百度、爱奇艺等骨干文化企业，排名在全市乃至全国居于领先地位，具有标杆意义。

（顾晓妍）

【颐和园推出“维他”联名款无糖茶饮】 1月，颐和园与阿里巴巴合作推出“维他”联名款无糖茶饮。适逢辛丑牛年，结合颐和园神兽铜牛、铜鹤、铜狮形象打造包装主题为“吸一口真牛气”的柠檬软包无糖茶饮料。农历新年前夕在各商超、线上商超平台等同步上线。

（范艺斐）

【颐和园推出联名款寝具系列产品】 4月，颐和园与北京国际设计周合作联名佳奥品牌推出“颐园佳梦”主题国风蓝鲸乐睡枕、“鲸动梦筑”主题国潮白鲸护腰垫、“六和太平”主题国韵蝶形靠枕、“颐然悦色”主题国色护颈U枕，共4种7款睡眠产品。产品在色彩上选用柔和的皇家园林色系，在设计上结合颐和园主要景观佛香阁、十七孔桥绘制包装图案。3款产品入选2021“北京礼物”旅游商品及文创产品大赛“TOP100总榜单”；3款产品获“2021中国旅游商品大赛入围奖”，国风蓝鲸乐睡枕获银奖，国韵蝶形靠枕获健康主题铜奖。

（范艺斐）

【颐和园推出联名款“颐和春茗”西湖龙井茶礼盒】 6月，颐和园与贡牌茶叶品牌合作推出的“颐和春茗”西湖龙井茶礼盒，在人民创意天猫旗舰店、贡牌茶叶旗舰店上线销售。茶叶礼盒外包装纹样取自园藏文物清光绪粉彩百花献瑞瓷杯，茶叶罐包装灵感来源于颐和园主要建筑佛香阁。天青色陶瓷罐身融入颐和园园林景观基调，良好体现颐和园“颐养”“福寿”等IP理念。

（范艺斐）

【“我们的节日·海淀文创市集”活动】 7月9日至11日，由区委宣传部、区文旅局指导，区文促中心主办的“我们的节日·海淀文创市集”活动在圆明园春泽斋举办。文创市集分为图书区与主题文创售卖区，文创区集中展示海淀特色文化，打造海淀文创市集亮点。圆明园“百年好荷”冰激凌、并蒂莲冰激凌、十二生肖冰激凌、圆明园系列图书、圆明园护照、圆明园邮票、马首系列纪念臻品等文创产品参加展售。

（胡晓薇）

【“颐和园听鹂馆 广垦粮油”发布会】 7月28日，颐和园联合广东省广垦粮油有限公司，在颐和园听鹂馆举办“颐和园听鹂馆 广垦粮油”发布会，发布由广东省广垦粮油有限公司与北京市颐和园管理处共同出品的“广垦·颐和园”皇家贡品系列有机冷榨山茶油、茶油调和油等8款新品。产品依托广东农垦优质油茶基地，采用低温压榨技术，融合传统宫廷饮食文化和健康生活理念，这是颐和园听鹂馆推出的首款宫廷膳食粮油文创产品。《北京日报》、腾讯网、《新京报》、人民资讯等多家媒体平台进行网络报道。

（田梦颖）

【颐和园推出定制文创雪糕】 7月，颐和园文创雪糕在园内商业店铺正式上市销售，颐和园文创雪糕共2种4款，分别是以十七孔桥为参考的浮雕窗花造型、以铜牛为参考的铜牛浮雕造型。口味设计上，窗花款有抹茶、水蜜桃两种口味分别对应颐和园春季青绿的湖光山色以及金秋盛景。铜牛文创雪糕有巧克力、芒果两种口味，分别对应铜牛原色以及冬至金光映射铜牛的美好景色。

（范艺斐）

【参展2021中国国际服务贸易交易会】 9月2日至7日，2021年中国国际服务贸易交易会文旅服务板块海淀展区在国家会议中心和首钢园区举办。活动以“望三山五园，融科创发展”为主题，通过“眺望胜区 乡愁重现”“御园风华 登峰造极”“三山刹园 林泉胜境”和“整体保护 示范全国”4个主题篇章的32件套数字展品，系统展示三山五园的历史风貌、发展脉络、艺术特色以及今后的发展格局，力促国际服务贸易领域更大范围、更深层次的交流与合作。

（顾晓妍）

【大西山文化季】 9月23日至10月7日，北京国际设计周北京西山森林音乐谷分会场暨大西山文化季活动在西山森林音乐谷举办。本次活动由区文促中心与北京格林天际文化发展有限公司共同举办。活动以“跨文化传播”为主线，举办研讨会、音乐沙龙、文献展、艺术展、市集、戏剧营、诗歌沙龙、阅读活动共8个丰富多彩的系列活动，推进海淀区文化艺术、创意设计行业发展，做好海淀文化推广，助力北京国际设计周举办。

（顾晓妍）

【颐和园推出桂花主题金银饰品】 9月，颐和园与北京菜市口百货股份有限公司合作推出的“一生颐饰”系列金银饰品迭代上新，包括“颐样美好”桂花主题项链、转运珠、耳饰、戒指等5款；“金贵有福”桂花主题项坠1款，共6款贵金属产品。产品参展2021年中国国际服务贸易交易会公园礼物展，在菜百首饰天猫旗舰店、菜百首饰小程序微店、颐和园菜百金饰店同步上市销售。

（范艺斐）

【颐和园推出中秋月饼礼盒】 9月，颐和园与冠生园品牌、露之喜品牌分别推出“福生颐和”“花好月圆”“桂兔望月”中秋月饼礼盒，颐和园听鹂馆与苏州稻香村品牌继续推出“彩云追月”中秋月饼礼盒，共4款。设计灵感均取材于颐和园著名的“借景”造园艺术手法，结合中秋圆月、金桂飘香等中秋元素，从不同视角打造礼盒包装。颐和园听鹂馆更是结合中华老字号宫廷风味饭庄的品牌优势，打造柿子、桂花等有吉祥含义的月饼造型。

（范艺斐）

【第一届圆明园文创设计大赛】 9月至12月，由圆明园管理处主办、北京交通大学建筑与艺术学院、圆明园研究高校联盟承办的“第一届圆明园文创设计大赛”，向全社会征集设计方案。大赛主题为“圆明印象、皇家‘游’礼”，设置“冬奥冰雪”“圆明瑞兽”“红色创意”“皇家生活”“跨界联名”“旅游演艺”6个类别，收到作品1281件。根据专家评审和网络投票，评选50件优秀作品，奖项分为“游礼完美设计奖”“最具圆明园特色奖”“优秀组织单位奖”。

（胡晓薇）

【2021第六届音乐剧学院奖】 10月5日，2021第六届音乐剧学院奖举行决赛及颁奖晚会。第六届音乐剧学院奖是由北京大学艺术学院主办，北京大学国际合作部合办，中国戏剧家协会、北京市海淀区文化发展促进中心支持，北京大学民族音乐与音乐剧研究中心、中国音乐剧孵化基地承办的音乐剧专业实践的公益活动，分为报名及作品征集、初评、复评、终评及颁奖晚会等环节。来自51所国内高校、13所国外高校和多家院团的近300人报名参赛，收到近200份作品。本届“音乐剧学院奖”设立“最佳表演团队”“最佳音乐剧男演员”“优秀表演团队”等多个奖项，以更好地激励广大青年学子。

（顾晓妍）

【“新技术、新文化、新生活”现场推介活动】 10月17日，区文促中心与北京博物馆之城沙龙秘书处在五棵松华熙举办现场推介活动。活动主题为“新技术、新文化、新生活”，来自5G、人工智能技术、数字技术等行业的专家、学者和企业精英约30人参加，以文博产业具体案例为线索，围绕新技术、新文化、新生活下的思维碰撞与趋势进行演讲、智库对话和交流研讨，参观“遇见敦煌光影艺术展”，体验数字光影技术成果。

（顾晓妍）

区域特色文化

【海淀文化沙龙】 1月至9月，区文促中心在海淀文化书店、北京汽车博物馆、贝家花园、培黎学院、创业公社阳光厅、长春园举办33场文化沙龙。围绕三山五园、文化产业促进、海淀红色文化、文化消费等主题，497人次参与，服务165家企业和单位。

（吴桐君）

【海淀文创市集】 1月至10月，区文促中心分别在中关村图书大厦、创业公社、村史馆、768创意产业园、海淀公园、百旺弘祥、圆明园、海淀悦界、首钢园、新国展、植物园、中关村展示中心举办线上线下15场海淀文创市集活动，与北京培黎职业学院、“文化产业评论”公众号合作完成直播20余场，成交金额40余万元，参与商家87家。市集平台总服务商家133家，参与率65%。

（吴桐君）

【“红色香山大讲堂”首场开播】 3月24日，香山街道发布“红色香山”新时代“赶考”计划，即“七个一”工程。“红色香山大讲堂”系列大型直播活动第一场《中国共产党的建党伟业》在区融媒体中心演播大厅开播。央视频、百度等平台收看直播的观众数量达380万人次。

（郭君兮）

【“开往新中国的列车”——文化主题活动】 3月25日，由区文旅局指导、区图书馆主办的“开往新中国的列车”——文化主题活动启动仪式在西郊线香山站举行，拉开全区庆祝建党百年系列文化活动序幕。首列主题为“开往新中国的列车”有轨电车从香山站出发，带领乘客游览“三山五园”沿线的优美风景，旅客可在车厢内扫描二维码，阅读精选的红色主题电子书，了解革命历史。“开往：香山”是北京公交有轨电车西郊线每一座西行车站的最明显标志。作为红色“列车”文化活动的延伸，区图书馆在李大钊烈士陵园、颐和园益寿堂、北京植物园樱桃沟等地举办12场“追寻红色足迹”活动。系列文化主题活动得到北京电视台、《北京青年报》等20余家媒体的重点宣传报道，360余万人次乘车打卡体验红色之旅。

（张帆　郭君兮）

【中国少年英雄纪念碑主题教育活动】 4月1日，玉渊潭公园中国少年英雄纪念碑护碑仪式启动。4月1日至8月1日，玉渊潭公园联合区教委，组织海淀区少先队员通过在中国少年英雄纪念碑站少年先锋岗的形式，在中国少年英雄纪念碑开展护碑行动。通过设立主题展览、建立红色课堂、开展爱国主义教育活动、成立“红领巾”志愿讲解队伍、与众多院校开展共建等形式，使青少年教育与学校教育、家庭教育、社会教育相互配合、相得益彰，发挥公园精神文明建设的阵地作用。6月26日，玉渊潭公园在中国少年英雄纪念碑广场举办“传承红色基因，放飞时代梦想”主题展览和爱国主义教育活动。展览分为“铭记”“信仰”“荣耀”“使命”4个章节，展示纪念碑建设历史、少年儿童运动发展史、少年英雄事迹，以及党和国家领导人对少年儿童的寄语等。展览现场，35名少先队员合唱《中国少年先锋队队歌》，讲述不同历史时期的少年英雄事迹，参观“传承红色基因，放飞时代梦想”主题展览，撰写感想体会。

（张轩）

【北京市第一届红色故事讲解大赛】 5月31日，由市公园管理中心和市政法卫生文化工会联合主办、香山公园承办的第一届红色故事讲解大赛暨党史学习教育实践活动举行。大赛经过初赛、复赛和决赛三个阶段比拼，15名选手进入决赛。决赛包括红色故事讲解和现场答题、专家点评、红色歌曲联唱、红色文艺作品互动竞猜等环节，评出一等奖3名、二等奖5名、三等奖7名。颐和园、天坛公园、北海公园、香山公园4家单位获团体奖。市公园管理中心、团市委机关工作部、市总工会职工发展部负责人，以及参赛选手、职工代表160余人参加。

（邵冀全）

【初心如磐·砥砺未来——庆祝中国共产党成立100周年北京地区革命石刻展】 6月25日至7月13日，北京石刻

3月25日，“开往新中国的列车”活动举办（田峰 摄）

艺术博物馆与西城区图书馆在图书馆北馆一层大厅联合举办“初心如磐·砥砺未来——庆祝中国共产党成立100周年北京地区革命石刻展”。展览采用石刻拓片与历史图片相结合的方式，集中展示新民主主义革命时期（1919—1949年）北京地区革命的石刻遗存，表达新民主主义革命时期以中国共产党为代表的革命者为中华民族的独立、自由、解放作出的巨大牺牲与贡献。展览为期18天，接待观众约6500人次，多家媒体平台报道并转发。

（谢欣）

【追忆百年红色记忆——大觉寺及周边红色史迹展】 7月1日至年底，追忆百年红色记忆——大觉寺及周边红色史迹展在大觉寺山门北侧展厅举办。展览由大觉寺管理处业务部策划，根据西山永定河博物馆、中共中央党校专家意见形成最新成果制作，从北京市第一批不可移动革命文物名录、大觉寺及周边选取10余处红色史迹，进行解读和展示，重温党和人民英勇奋斗的光荣历史、革命历程和感人事迹。在设计上突破以展厅墙壁、隔断为主要展示区的传统展陈形式，在展厅中设置象征红色丰碑、国之柱石的多根立柱，在立柱四周安装展板和玻璃反射幕墙，在玻璃反射效果下，形成“丰碑阵”，让观众在围绕“丰碑”“柱石”参观的过程中，接受党史和革命传统教育，培养爱国主义情操。展览共接待4万余位观众。

（孙熹）

【“1+13+6”红色教育体系构建】 9月3日，海淀区教育党校党支部开展“百年党史百日学”活动，依托中央电视台“百家讲坛”《党史故事100讲》，定期向党员推出一集《党史故事100讲》，通过专家讲解和情境教学让党员教师了解中国共产党百年奋斗历程。把党史学习与党建品牌建设相结合，逐步构建起“党史故事”“党的重要会议”“党建基础知识”等系列课程，通过微课堂进行传播；发掘海淀教育系统中的红色学校资源和海淀区域红色文化资源，逐步构建起教育党校党性教育基地、13个海淀红色学校联盟、6个海淀红色资源点的“1+13+6”的红色教育体系。

（郭君兮）

【第二届香山革命精神与历史文化理论研讨会】 9月9日，由市委宣传部和市委党史研究室、市地方志办指导，香山公园与香山革命纪念馆主办的第二届香山革命精神与历史文化理论研讨会在香山革命纪念地（旧址）举行。研讨会以“百年征程 香山华章”为主题，包括开幕式、主旨发言、代表发言、分组讨论、研讨会总结5个环节。共向全国征集理论学术文章120余篇，择优邀请65篇论文作者参会。会议围绕“香山革命精神与中国共产党百年初心使命研究”“香山革命纪念地研究”“革命文物保护与红色基因传承研究”“新时代革命类纪念馆历史使命与红色文化传播研究”“历史文化相关主题研究”5个专题进行研讨，阐明“香山革命精神”内涵，回顾中共中央在香山的革命历史与中国共产党百年初心使命的内在关联，探讨革命文物的保护与利用、纪念馆的发展前景与路径，对于深入研究香山革命历史，弘扬香山革命精神，讲好香山革命故事有新的思考和借鉴。中央党史和文献研究院和国家文物局、中共北京市委宣传部有关负责人，中国国家博物馆、中国共产党历史展览馆、中国政协文史馆、香山公园、市公园管理中心等部门相关人员，以及来自全国各地的专家学者出席。中央党史和文献研究院副院长柴方国、国家文物局副局长顾玉才、中国国家博物馆常务副馆长陈成军、市委宣传部常务副部长赵卫东分别致辞。

（李慧）

【话剧《香山之夜》实景演出】 9月27日，由市委宣传部、市文化和旅游局、北京人民艺术剧院联合推出的重大革命历史题材话剧《香山之夜》在香山公园双清别墅实景演出。该剧目是庆祝建党100周年的重点剧目之一，以1949年4月23日晚解放军强渡长江，占领南京的重要历史关头为时间节点，通过国共两党领袖人物毛泽东、蒋介石的“超时空心灵对话”，为观众展示了宏观的历史史诗画卷，展现共产党人立党为公、执政为民的高尚革命情怀。北京电视台、《北京日报》、《北京晚报》、《北京青年报》等媒体现场采访报道。

（李慧）

【第二届香山革命纪念地红色故事集中展示活动】 9月30日，第二届香山革命纪念地红色故事集中展示活动在香山革命纪念馆举办。国家机关事务管理局西山服务局、北京市委宣传部、中国人民抗日战争纪念馆、香山革命纪念馆等20多家单位有关领导出席活动。活动包括“红色电波中的领袖风范——毛泽东同志香山时期发布电报手稿专题展览”“云展览”移动端上线，红色故事集中展示，成立“红色香山宣讲联盟”，11位宣讲人讲述红色故事。此次活动是实现“中国共产党早期北京革命活动主题片区”“抗日战争主题片区”“建立新中国主题片区”三大片区融合式发展的一次尝试。观众关注“香山革命纪念馆”官方微信公众号，可观看“红色电波中的领袖风范——毛泽东同志香山时期发布电报手稿专题展览”“云展览”，这是打造数字化党史国史教育平台的新探索。

（钟冷　郭君兮）

【香山公园开展爱国主义宣传活动】 10月1日，香山公园开展爱国主义宣传活动。在双清别墅举办“国旗飘扬向祖国致敬”升旗仪式主题活动，通过升旗仪式、讲述红色故事、共唱《没有共产党就没有新中国》等形式，带领现场游客感受老一辈革命家的家国情怀，歌颂伟大的中国共产党，歌颂伟大的祖国；在双清别墅、山顶香炉峰、索道下站设立“我爱您中国”“我和国旗合个影”展板，发放手举国旗，张贴“我爱您中国”特色贴纸、国旗国徽知识问答，赠送红色气球等宣传品，让游客表达“心向祖国”的祝福之情；开展志愿服务。在4处学雷锋志愿服务站（岗）开展志愿服务活动，为游客发放手举国旗，张贴特色贴纸、提供热水，咨询指路、紧急救助等便民服务。香山革命纪念地8处旧址开展义务讲解37场、互动参与游客500人次、服务游客2000人次。

（杨雪）

【第十二届曹雪芹文化艺术节红迷嘉年华活动】 10月1日至5日，由北京曹雪芹学会、北京市植物园、北京市海淀区文化发展促进中心共同主办的第十二届曹雪芹文化艺术节在北京植物园黄叶村曹雪芹西山故里举办。艺术节以"《红楼梦》与生活"为主题，包括"《红楼梦》与生活"市集、《巡游大观园》主题游戏、沈琳《红楼梦》人物油画展、曹红文化互动装置体验展、《红楼梦》收藏家沙龙、"红迷会"公众号读者见面会、《红楼梦》中最美汝瓷展及展览开幕式等系列文化活动。其中，"梦之书""问津者语""《红楼梦》人物关系简图""曹雪芹年表""曹家世系表"等大型互动装置在黄叶村景区展出，展出内容为曹雪芹在西郊一带生活著书的传说故事、历史上知名评论家对《红楼梦》的点评等，为人们了解曹雪芹、阅读《红楼梦》提供重要帮助。大型实景游戏《巡游大观园》再度亮相，游戏集合曹红学知识、古典诗词、古代建筑等各类元素。《红楼梦》文创市集汇聚纳兰文化、艺连优品、MIEZ米兹文创、南锣书店等10家文创品牌。逾百余万人次参加活动，覆盖红迷和大众。

（吴桐君　钟冷）

【海淀全民阅读系列活动走进香山】 10月17日，由区文旅局和海淀图书馆主办的海淀全民阅读系列活动"追寻红色足迹"走进香山，30组亲子家庭到双清别墅聆听香山红色历史；开国少将吴烈之子吴时锋回忆1949年其父保卫中央机关和毛主席的工作往事；《诞生：共和国孕育的十个月》作者董伟分享1949年筹建新中国的红色故事，并向各家庭赠送此书。

（杨雪）

【纳兰文化推广项目】 11月13日，由北京市海淀区文化发展促进中心主办，北京七号乐园文化传媒有限公司承办，《中国民族美术》学刊、北京过云楼书院、北京铭昶文化艺术有限公司、五道口小美院、天津桐林书院协办的"初见·画扇——纳兰词中的花卉"活动线上直播写生，直播时长2小时，观众3.2万人次。12月18日，纳兰文化雅集在北京过云楼书院进行，包括诵纳兰词、赏古琴歌、闻香品茶、小学生花卉体验、初见画扇公益拍卖等环节。

（吴桐君）

【《西山红色交通线》微电影首映】 11月，舞台剧《西山红色交通线》微电影举行首映式。该剧由区史志办指导，区图书馆北馆支持，北京紫燕堂文化发展有限公司出品。舞台剧《西山红色交通线》微电影有5幕："巧过三角城""驼峰之路""贝家花园""中法情深""西山情未了"。展现法国医生贝熙业来到中国，先后担任法国驻北京公使馆医生、燕京大学校医等职，为了给八路军根据地送药，骑着自行车，装载着几十公斤的药品，冒着生命危险，在颠簸的山路上来回奔波的故事。他怀着一颗医者仁心，治好无数伤病员。

（钟冷）

【纳兰文化艺术成果展】 12月18日至24日，纳兰文化研究中心举办"梦里云归何处寻——纳兰文化艺术成果展"。通过"光影寻踪"纳兰家祠东岳庙摄影展陈、"梦里云归"纳兰书画展陈、舞剧《人生若只如初见》剧照展陈、纳兰出版物展陈、昆曲《纳兰》服饰展陈、纳兰文创产品展陈等，展示纳兰文化研究中心成立6年来取得的丰硕成果。展品包含纳兰族裔中国古典诗词研究专家、"影响世界华人大奖终身成就奖"获得者叶嘉莹赠送的"题饮水词三首"书法作品，纳兰文化研究中心主任刘子菲创作的8幅纳兰词书画作品，北京大学燕京学堂教授周东芬临摹的"纳兰容若手简"17米长卷，纳兰文化研究中心拍摄的32幅"纳兰家庙"及"古戏台"照片、9套昆曲《纳兰》服饰、舞剧《人生若只如初见》剧照、纳兰文化出版物、数十件纳兰文创展品。市、区相关领导，纳兰迷、文学爱好者及广大市民通过"线下观展+线上直播"的形式参加活动。抖音、快手、微视、火山、一直播等平台同步直播。线上观展人数3.5万余人，线下接待人数300余人。

（刘子菲　吴桐君）

【"梦里云归何处寻——2021纳兰文化艺术周"活动】 12月18日至26日，由区委宣传部和区文联指导，区文促中心和纳兰文化研究中心联合主办的"梦里云归何处寻——2021纳兰文化艺术周"活动在海淀区中关村

12月18日至26日，2021纳兰文化艺术周举办（纳兰文化研究中心 供图）

创业公社举办。主办单位相关领导以及纳兰族裔、纳兰文化专家学者、纳兰迷、非遗传承人、历史文学爱好者出席活动。艺术周包括开幕式暨纳兰文化活动基地授牌仪式、梦里云归何处寻——纳兰文化艺术成果展示、纳兰文化的现状与发展研讨会、纳兰文化大讲堂“柳沟晓发——纳兰性德的督牧生涯”专题讲座等活动。开幕式上，皮影剧《智擒鳌拜》首演，推出纳兰家祠东岳庙摄影作品展、纳兰文化艺术成果展以及纳兰题材书画作品。活动采取“线下活动+线上直播”的形式，抖音、快手、微视、火山、一直播平台同步直播，北京电视台等32家媒体进行报道。线上线下参与人数总计1.8万余人。

（刘子菲　王彬）

【纳兰文化大讲堂：“柳沟晓发——纳兰性德的督牧生涯”】 12月24日，纳兰性德文化研究中心举办“柳沟晓发——纳兰性德的督牧生涯”纳兰文化专题讲座。纳兰文化研究中心主任刘子菲讲述纳兰性德鲜为人知的督牧生涯、延庆柳沟与纳兰的关系以及纳兰在督牧期间创作的诗词。讲座采取“线下活动+线上直播”的形式，线下参加活动者有纳兰迷、延庆柳沟纳兰文化活动基地代表、京西皮影非遗园代表等约20人，一直播、抖音、快手等短视频平台同步直播，1.5万余人次线上观看。

（刘子菲）

文化活动

【概况】 2021年，区文旅局面对新冠疫情对线下活动的巨大冲击，统筹各方力量创新品牌活动季，确保公共文化产品高质量供给，精心策划一批主题突出、特色鲜明、内涵丰富、群众喜闻乐见的公共文化活动，提升基层公共服务效能。举办第十二届曹雪芹文化艺术节之“红迷嘉年华”活动，开展《听见·三山五园》原创音乐征集推广，助推区域特色文化高品质呈现。举办“海之春”新春文化季、庆祝建党100周年“开往新中国的列车”“音乐党课”等群众文化活动和“我们的节日”等文艺演出及文化惠民活动1460余场次，线上线下惠及群众430万人次。第九届英雄联盟高校联赛全国总决赛、使命召唤大师赛S2赛季总决赛和2021VR电子竞技国际大赛总决赛落地海淀。举办2021中关村舞剧展演、2021亚洲数字艺术展、第二届北京国际游戏创新大会、2021年中国文化产业新年论坛海淀对话会、服贸会文旅专题海淀区展览等重要文化活动。

（韩松　朱雪）

【音乐党课系列线上活动】 年内，区文化馆以“人间正道之歌”“青春之歌”为主题，深入挖掘红色资源中的革命人物和感人故事，结合重要历史事件和红色地标，推出音乐党课系列活动。将党课教育通过音乐作品、视觉画面、红色旅游多种形式进行艺术体现，生动传播海淀的红色文化，创新开展党课教育。音乐党课通过海淀融媒、文旅海淀公众平台、腾讯、抖音、快手等平台同步推送，网络浏览量达80万人次，其中青年人群互动尤为活跃。年内共举办2期。

（陆丽明）

【海淀业余文艺团队大赛】 年内，区文化馆开展2021年海淀业余文艺团队大赛。因疫情防控原因，大赛采用视频作品报送的形式进行。器乐、戏曲、舞蹈、合唱四个门类吸引134支团队参赛。经评比，各门类决出一、二、三等奖。其中器乐门类，和合之声民乐团等2支团队荣获一等奖；矿大社区快乐口琴队等4支团队获二等奖；前屯社区管乐队等6支团队获三等奖。合唱门类，军星爱乐合唱团等7支团队荣获一等奖；前哨老战士合唱团等7支团队获二等奖；雪韵女声合唱团等8支团队获三等奖。戏曲门类，双新评剧乐队等2支团队荣获一等奖；西三旗京剧队等4支团队获二等奖；夕阳红京剧队等5支团队获三等奖。舞蹈门类，好姐妹舞蹈队等6支团队荣获一等奖；北京橄榄枝艺术团等12支团队获二等奖；航天社区舞蹈队等15支团队获三等奖。

（陆丽明）

【传统文化节日——手工云畅享活动】 年内，区文化馆于元宵节、清明节、端午节、七夕节、中秋节、重阳节等传统节日期间，举办6场“品鉴民俗巧手绘梦”2021年海淀区传统文化节日——手工云畅享活动。活动采用线上教学、提前发放手工材料包形式，邀请非遗项目传承人带领观众云端学习彩灯、剪纸、插花、内画鼻烟壶等非遗手工技艺，感受传统文化魅力，拓展和深化中华民族博大精深的传统文化内涵。6场活动共发放1800份手工材料包，吸引72万人次在线观看。

（陆丽明）

【文化志愿者活动】 年内，区文化馆组织文化志愿者，举办“送福到家乐春牛耕作深”海淀区文化志愿者“送福到家”新春慰问活动、《新时代的雷锋在身边》学雷锋日摄影作品征集活动、“手机应用 智能生活”文化志愿服务活动、“爱·无障碍”助残日非遗主题活动、“青年之志 薪火相传”青年文化志愿者之歌演出、重阳节敬老助老活动、“梦想护航”特教学校主题日——年终文艺汇演、国际志愿者日主题活动等贯穿全年的志愿者文化活动，惠及200万人次。

（陆丽明）

【星期五艺术“party”活动】 年内，区文化馆以“青春心向党”为主题，举办20场2021年“星期五艺术party”活动。用经典红色舞剧、歌剧等作品和青年人喜爱的艺术形式，邀请大型情景史诗《伟大征程》《青春之歌》《黄河大合唱》《东方红》《长征组歌》《英雄儿女》等经典艺术作品的主创者、参与者、德艺双馨的艺术家通过线上线下相结合的形式，与观众一起分享鲜为人知的创作心路，讲述经典背后的故事，领略创作过程中的激情与深沉，体验作品所述时代的风云激荡。活动吸引680多万人次观看。

（陆丽明）

【原创书信诵读展演活动】 年内，区图书馆与延庆区图书馆、朝阳区图书馆、石景山区图书馆、张家口市图书馆、天津市南开区图书馆、天津市河北区图书馆、内蒙古兴和县图书馆等京张冬奥文旅走廊沿线图书馆联手打造“家书情长 添彩冬奥”原创书信诵读展演活动，并在活动开幕式上向冬奥主题图书馆捐赠具有地方特色的图书，活动征集了冬奥家书千余封，通过原创书信、音视频录制和文创产品设计的活动形式，让广大市民了解中国冰雪运动的发展历史及知识，感受冬奥文化情怀。

（张帆）

【基层分馆建设】 年内，区图书馆走访28个街道、镇，600余个社区，全区图书馆（室）全部实现上账管理。高标准完成2021年各街镇分馆破旧图书剔除量、图书下架转库量和新增图书需求量摸底普查工作，总分馆体系转库2万余册。全力打造基层图书分馆示范点位，清河街道图书馆、四季青镇图书馆获评北京市“十佳优读空间”。

（张帆）

【“三山五园”系列主题讲座】 年内，区图书馆与颐和园、圆明园建立常态化的合作机制，利用文源讲堂开展“三山五园”系列主题讲座8场。与区旅游咨询中心签署合作协议，通过提供立式屏资源和专业旅游期刊的方式，尝试文旅融合的创新性突破。

（张帆）

【“文化军营”建设】 年内，区图书馆支持驻区部队“文化军营”建设，集中调配2万余册图书支持遗光寺某部队阅读空间建设。该阅读空间辐射周边多个部队机关和家属区，惠及3000余名官兵、2万余名家属。

（张帆）

【2021“海之春”新春文化季系列活动】 2月4日，“云端迎春交响 送福欢歌回荡”2021“海之春”新春文化季系列活动之云端送福迎新春文艺演出在海淀北部文化馆剧场举办，演出邀请多位国家级著名演奏家、一级演员参演，线上观看5.5万人次。3月25日，北部文化馆举办“海之春”新春文化季系列活动之交响音乐会。由青年指挥家周丹执棒、北京交响乐团演绎多首中外名曲，线上线下观众达到27.72万人次。5月5日，北部文化馆举办“海之春”新春文化季系列活动之北京节日合唱团合唱赏析音乐会，线上线下13.3万人次观看。

（徐雅琪）

【新春民俗系列活动】 2月4日至28日，海图北馆举办“海之春”新春文化季——“春风丝路·文化列车”海图北馆美食文化季系列活动。包括开幕式，名嘴名厨聊美食、走读海北，美食文化来打卡、“中华美食文化记忆”系列讲座，中国美食美器文化展以及名厨陪你晒美食咬新春5个组成部分。以讲座、打卡、走读、展览等形式，将阅读融入美食，将文化嵌入旅行，多维度、多角度、多形式引导读者进行传统文化、民俗文化、美食文化的阅读推广，引领读者挖掘、探索、感知、保护优秀传统美食文化。特聘央视主持人那威、赵宝乐为海图北馆阅读推广大使。系列活动线上线下共有18580人次参与。北京电视台、海淀台、人民政协网等多家媒体进行现场报道，中国网、《首都图书报》、新浪网、区人民政府网进行转发报道。包括国家级、市级、区级等15家媒体进行报道，8家媒体转发。

（赵毅）

10月，四季青镇图书馆入选北京市“十佳优读空间”（区图书馆 供图）

【2021年“海之春”新春文化季启动】 2月9日，由区文旅局主办的2021“海之春”新春文化季启动式在北部文化馆举办。本次活动通过主播导赏进行云端、线上启动和空中送福。无人机编队呈现的空中送福集文化与科技、艺术与娱乐于一体，提升节日文化活动内涵，科技赋能让新春传统文化绽放现代光彩。启动式通过国家公共文化云、北京数字文化馆、“文旅海淀”快手App进行直播，30万人次观看。

（徐雅琪）

【新春游园嘉年华线上活动】 2月12日至14日，区文化馆以“牛”年为主题，举办“筑梦起飞 金牛全福”新春游园嘉年华线上活动。活动将海淀科技、企业、文化、历史、民俗等多种元素融于一体，通过“云端游园”的形式，在国家公共文化云、北京数字文化馆、腾讯视频等平台同步推送，吸引159.5万人次在线观看。

（陆丽明）

【“听年俗故事 鉴非遗御膳”系列活动】 2月12日至18日（正月初一至初七），区文化馆举办“辛丑祥瑞降海淀 非遗风采迎新春”——海淀区2021年新年“听年俗故事 鉴非遗御膳”系列活动。活动邀请高巍、李劲松等7位非遗和民俗专家在线讲述充满年味的民俗故事；邀请海淀区非物质文化遗产——宫廷御膳制作技艺传承人、颐和园听鹂馆饭庄老师傅在线教授群众制作原汁原味、充满吉祥寓意的宫廷臻品御膳，吸引39.43万人次在线观看。

（陆丽明）

【“乐之滥觞”系列讲座】 2月25日、3月27日，北部文化馆举办“乐之滥觞”系列音乐讲座，讲座邀请嘉宾有青年古琴演奏家刘亚东、昆曲青年表演艺术家王筱超。讲座秉持对中华民族深邃的音乐文化逐本求源、提升大众的音乐素养、弘扬中华优秀传统文化的宗旨，为广大热爱民族器乐的爱好者们从历史、文化、艺术表现等方面，多角度全方位地展现中华民族器乐的华彩。讲座线上观看897人次。

（徐雅琪）

【青少年国际舞蹈公开赛】 3月12日至11月6日，海淀文旅集团和日本芭蕾联合学会联合举办CYDC青少年国际舞蹈公开赛（北京）。通过举办舞蹈比赛、专业教师授课、中外舞蹈专家沙龙谈话等活动，吸引来自中日的120家机构1043名选手参加芭蕾及现代舞共17个组别比赛，最终在独舞、双人舞/三人舞、群舞类别比赛中，共计产生一等奖选手50名，二等奖选手67名，三等奖选手89名。

（刘垚）

【“觅春意 寻春迹”作品征集活动】 3月30日至4月15日，北部文化馆举办忆满京城 情思华夏——“觅春意 寻春迹”作品征集活动，征集内容包括但不限于文章、诗歌、摄影、书画、朗诵、歌曲、舞蹈视频等形式，征集作品通过线上通道上传并展示。活动征集到7个艺术种类126件作品，参与人数270人，作品于海淀北部文化馆公众号线上平台展示。

（徐雅琪）

【“共建书香海淀 礼赞光辉百年”全民阅读评审和组织工作】 3月，在区文旅局的指导下，区图书馆以“共建书香海淀 礼赞光辉百年”为主题，开展全民阅读评审和组织工作。活动由“红色记忆”“冬奥畅想”“一街一品”“赏山读园”“科技伴读”“书海扬帆”“名家讲堂”7个主题版块组成。至12月底，全民阅读系列活动共开展645场，线上参与307.16万人次，线下参与6.47万人次。

（张帆）

【清明节云文艺演出】 4月5日清明节期间，区文化馆承办“忆满京城 情思华夏”2021清明节专辑云文艺演出。特邀书法家庄培森、国家一级演员张爱、青年演奏家孙雅姝、艺术家张美琪等，以书法、器乐、诗朗诵、红色故事、歌曲等艺术形式，带领观众走进全国爱国主义教育示范基地——中共中央北京香山革命纪念地（旧址），一起追寻革命先辈的足迹，走进波澜壮阔的革命历史，重温百年奋斗征程路、接续谱写新的时代华章。线上观看人数2万人次。

（陆丽明）

【第十六届文津图书奖发布】 4月23日，由文化和旅游部、北京市委宣传部指导，国家图书馆和北京市公园管理中心主办的“行走在阅读的时空里”——第十六届文津图书奖发布暨北京公园阅读文化季启动活动在颐和园霁清轩举办。活动包括启动北京公园阅读文化季、“文津图书奖”评选结果发布、“颐和园书院·霁清轩”揭牌等环节。活动全程由人民日报客户端、光明网、新华社客户端、新华网、央视新闻客户端、文化和旅游部官网、北京广播电视台故事广播等新媒体平台进行现场直播。国家图书馆、北京市委宣传部、市公园管理中心、全国政协、颐和园等单位有关领导参加活动。

（田梦颖）

【第十三届中国音乐金钟奖北京选拔赛（声乐比赛）】 4月29日至30日，由市文联和市音乐家协会主办、北部文化馆和音乐全方位机构共同承办的第十三届中国音乐金钟奖北京选拔赛（声乐比赛）在北部文化馆以线上线下相结合的方式举办。本次选拔赛分为民族组和美声组两个组别，共计69人参赛，经过激烈角逐，陈淼、刘皓月分别获得美声组、民族组第一名，直接进入全国复赛。

（徐雅琪）

【迎百年华诞——走进基层红色经典咏诵系列活动】 5月9日，海图北馆与北京市委党校党史党建教研部等单位共同举办《永远在一起——走进基层红色经典咏诵系列活动（海淀唐家岭站）》大型演出活动。海淀区的少年儿童、社区百姓、烈士后代等1200人参与活动。北京电视台新闻频道、中国网、海淀区融媒体等进行相关报道。

（赵毅）

【《在那遥远的地方2514》首演】 5月20日，由海淀文旅集团、海淀剧院与白夜剧院联合出品的原创音乐剧——《在那遥远的地方2514》在海淀剧院完成首演。该剧以音乐人王洛宾经典民歌音乐作品和传奇人生为主题，有机融合音乐、历史、文学、诗歌等元素，以崭新的当代视角和艺术手法，讲述中国音乐故事，为观众带来震撼的视听体验。

（刘垚）

【公益演出】 5月至12月，区文旅局组织开展“百姓周末大舞台”“农村文艺演出星火工程”公益性演出，组织北京市曲剧团、北京民族乐团、北京评促评剧团等20余家专业院团，在海淀公园露天剧场和29个街镇、84个行政村举办演出286场。

（南燕）

【庆祝建党百年诗歌大赛】 6月6日，由区总工会主办，区委宣传部、圆明园管理处承办，海淀香山诗社协办的“永远跟党走奋进新征程”海淀区庆祝建党百年诗歌大赛在圆明园春泽斋举办。大赛征集到158篇原创诗歌，圆明园管理处的原创诗歌《不忘初心再启航》《“七一”颂歌》获一等奖。

（胡晓薇）

【“百年百曲流百芳”专场音乐会】 7月1日至12月20日，由区文旅局指导、区文化馆（北馆）主办的第十届中关村国际青年艺术季之“百年百曲流百芳”专场音乐会举办，此音乐会是庆祝建党100周年主题文化活动，以合唱、声乐、器乐的形式，共举办5场，以歌曲和器乐等艺术形式，赓续红色血脉，传承红色记忆，让经典永流传。

（徐雅琪）

【中关村科学城企业文化交流汇报演出活动】 7月2日至3日，由中关村科学城管委会主办、海淀文旅集团承办的“守望初心百年路，奋进科创新征程——中关村科学城企业文化交流汇报演出活动”在海淀剧院举行。来自中关村科学城的众多企业代表包括驻区央企、优秀民营科技型企业、金融机构、新型研发机构等近200家企业超600人参加活动。各企业以文化交流的方式，讴歌百年间在中国共产党的领导下国家发展、脱贫攻坚、防疫战汛等辉煌历程，表达中关村科学城企业携手奋进，开创科技创新新局面，共同谱写中关村科学城发展新篇章，为实现中华民族伟大复兴的中国梦不懈奋斗的坚定信念和坚强决心。

（刘垚）

【第十届中关村国际青年艺术季】 7月8日，由区委宣传部指导、区文旅局主办的第十届中关村国际青年艺术季开幕式举行。文化和旅游部全国公共文化发展中心主任白雪华、市文旅局副局长刘斌、副区长陈朝晖以及区委常委、宣传部部长张劲林出席开幕式。部分在党50年老党员、海淀区党员干部代表、驻区科技企业青年代表共同观看精彩的文艺演出。第十届中关村国际青年艺术季由开幕式和三个篇章共47个项目、426场活动组成，一直持续到10月底，惠及群众近300万人次。

（朱雪）

【庆祝建党100周年系列活动】 7月16日，海图北馆联合中关村创客小镇（北京）科技有限公司举办的“海淀红色印迹，走读红色书屋——庆祝建党百年系列活动”在中关村创客小镇开启，此为年内海淀区全民阅读系列活动“共建书香海淀礼赞光辉百年”之一。由海图北馆、中关村创客小镇（北京）科技有限公司、四海孔子书院共同打造的第一批2个红色书屋正式挂牌。

（赵毅）

【第二届云上好声音——京津冀歌唱评选活动】 7月27日至9月4日，区文化馆联合全民K歌平台举办“绽放冰雪梦 唱响新征程”第二届云上好声音——京津冀歌唱评选活动，吸引900多位K歌爱好者线上参与，27名选手进入决赛。评选活动设中老年组、青年组、青少组，每组评选金奖、银奖、铜奖、优秀奖4个奖级以及网络人气奖、最佳表现奖、最佳风采奖。决赛活动在国家文化云、文旅@海淀、北京数字文化馆等十几家媒体平台同步直播，吸引近120万人次在线观看。

（陆丽明）

【七夕节系列活动】 8月13日至20日，区文旅局主办，海图北馆承办“爱满京城相约幸福”为主题的“共话七夕，比翼双飞”系列活动举办。活动由“品阅七夕”“品读七夕”“寄语七夕”“体验七夕”4个板块组成。通过评书、访谈、朗诵、情景剧、绒花制作、知识竞赛、爱情箴言接龙等形式，探讨新时代的婚恋观，在书香中品阅别样七夕，和读者朋友们一起寻找“爱的秘笈”。640人次参与线上线下互动。

（赵毅）

【颐和园联合出品“最美中国戏”】 8月至12月，人民日报社《国家人文历史》杂志社联合北京广播电视台、北京市公园管理中心、颐和园等单位联合出品8集文化节目《最美中国戏》。节目立足颐和园标志性园林场景，以听鹂馆古戏台为核心打造“颐和戏社”，形成户外园林真人秀和戏曲实景创演秀相结合的沉浸式戏曲文化体验节目。节目单期最高收视率为1.39，8期节目平均收视率为0.84，收视率持续位居同期文化节目首位，网络播放量超10亿次，微博相关话题总阅读量19亿，结合人民日报媒体矩阵、抖音、微信等主打渠道，通过40多家媒体及互联网平台联动发布节目相关报道320余篇，全网曝光超30亿次。

（朱奕丹）

【“书香海淀E企阅读”活动】 9月14日至10月27日，北部文化馆举办“书香海淀E企阅读”系列活动。活动共分9场次，邀请朗诵艺术家走进中国钢研院、中国航空工业计量所、中国航发北京航空材料研究院、华为北京研究所、北京神舟航天软件、北京航空材料研究院、教育部留学服务中心、中公教育、贝壳找房等单位，以阅读经典、朗诵辅导等形式开展阅读分享活动。

（徐雅琪）

【《英明与雪儿》音乐剧首映】 9月18日，由海图北馆、西北旺镇文化服务中心、紫燕堂艺术团根据邹小燕原创出版书籍《档案人生》《雪儿》改编的原创音乐剧《英明和雪儿》首播。音乐剧主要讲述曾被旧社会迫害的雪儿得到我党的帮扶后嫁给党员英明，并与英明产生革命爱情。英明在一线完成任务时，雪儿一心为他打理家庭的后勤工作。后来英明由于工作调动，雪儿也毫无怨言地追随他并参加“识字班”，从最初“没文化的农妇”变成“纺织间的骨干劳模”。雪儿珍惜来之不易的幸福，英明珍惜雪儿为家庭的默默付出，他们相知相伴，风雨走过数十载，他们是那个时代的缩影，更是那个时代的精神面貌体现。这是阅读推广海淀北部地区文学作品的一次尝试。得到区史志办、《光明日报》、《博览群书》杂志社、华影神韵集团中国红色影视文化联合会的大力支持。首映活动线上线下参与人数达3400人次。

（赵毅）

【“品味‘习’语”进学区活动】 9月18日、9月28日，海图北馆联合航天城北京控制中心通信团走进北京市第一零一中学温泉校区、海淀寄读学校开展“品味‘习’语”庆祝建党百年主题教育活动。航天城北京控制中心通信团二营政治教导员赵禾为同学们做航空航天知识普及与党史回顾、“品味‘习’语”的报告，观看战士们党史舞台情景剧的演出视频。两次活动共有650名学生参与。

（赵毅）

【“奋斗百年路 启航新征程”文艺党课】 9月23日至12月4日，北部文化馆以“奋斗百年路 启航新征程”为主题，开展三场系列文艺党课活动，包括线上直播两场、走进基层一场，以党史讲解与展演相结合的方式，丰富党课载体形式，受到服务单位和群众的欢迎。

（徐雅琪）

【“到人民中去”系列之舞剧周专场活动】 10月1日至7日，海淀区开展“到人民中去”系列之舞剧周专场活动、“星期五艺术Party十一特辑重温红色经典”活动、“感悟传统，别具匠心”2021年十一特别活动等各级、各类公共文化活动130项、191场，线下参与20450人次，线上参与人次为406.34万，参与总人次为408.38万。各级公共图书馆（室）线下到馆13307人次，线上服务20205人次；各级文化馆、活动中心线下到馆4846人次，线上服务1949人次。开展“大家唱”活动8场，线下参与256人次，线上参与501人次，参与757人次；“广场舞”共14场，参与365人次。

（朱雪）

【敦煌秘境艺术展】 10月1日至31日，海淀文旅集团联合引力波科技公司举办敦煌秘境艺术展。展览以数字敦煌VR为主题，对敦煌的6个石窟进行VR手段的高度还原，500余名观众观展。

（刘垚）

【中关村舞剧展演艺术家论坛】 10月13日，中关村舞剧展演核心活动之一“艺术家论坛——舞剧艺术与科技赋能”在清华科技园启迪书院举办。论坛是“ICEE芭蕾美育计划”的组成部分，由区委宣传部主办，联合国教科文组织国际工程教育中心（ICEE）、清华大学社会科学学院、清华大学全球产业研究院、中关村国际舞蹈中心支持，北京寰宇芭蕾艺术中心承办。在“舞剧编创的时代思考”研讨环节，中国舞蹈家协会主席冯双白，俄罗斯艾夫曼芭蕾舞剧院团长、中国东方歌舞团艺术总监、原中国东方歌舞团团长何利山，上海歌舞团团长陈飞华分别发言，艺术总监鲍里斯·艾夫曼，波士顿芭蕾舞团团长、艺术总监米克·尼斯宁，格鲁吉亚国家芭蕾舞剧院团长、艺术总监妮娜·安娜尼娅什维利，中国歌剧舞剧院院长、舞剧团团长杨奕，世界著名编舞大师、荷兰国家舞蹈剧院（NDT）原编导尤马·埃罗，安徽省歌舞剧院副院长薛伟通过网上连线分别发言，与会嘉宾们围绕中国舞剧的创作、推广、科技尤其是新技术作用于艺术的影响等问题进行深入的交流和探讨。

（钟冷　郭君兮）

【第五届海淀广场舞达人秀活动】 10月14日，由市文化馆、区文旅局、新京报社、北京舞蹈家协会主办，区文化馆承办，北京市各区文化馆协办的“舞出中国红”全国广场舞展演暨2021“舞动北京”第五届海淀广场舞达人秀活动在海淀公园启动，活动围绕青春中国、冰雪冬奥、建党百年等主题，来自北京各区，涵盖各年龄层、不同职业的300多名舞者参加表演。启动仪式后，中老年组、青少组和青年组各年龄层的赛事活动展开，吸引市区127支队伍参赛。

（陆丽明）

【“我们的节日·重阳”主题文化活动】 10月14日，区文化馆联合凤凰岭景区举办“重阳话家风 孝道永传承”——海淀区2021年重阳主题文化活动。活动围绕传统习俗和孝老敬老主题，深挖重阳节文化内涵，由“岁岁重阳，今又重阳”“同舟共济，最美夕阳”“孝行天下，家风传承”三个篇章组成，邀请包括光荣在党50年的老党员夫妇、空军老飞行员夫妇、数十对金婚夫妇等在内的百余位老人参加。

（陆丽明）

【电竞北京2021使命召唤S2赛季全国总决赛】 10月16日，由市委宣传部指导、中关村电竞产业协会主办、海淀文旅集团下属北京海旅体育场馆运营管理有限公司承办的“电竞北京2021使命召唤S2赛季全国总决赛”在北京大学生体育馆举行。作为“电竞北京2021”及“数字文化中关村2021”重要赛事活动，近千名观众现场观赛，企鹅电竞、斗鱼、快手、虎牙、B站等平台同步开启直播。

（刘垚）

【电竞北京VR电子竞技国际大赛】 10月23日，由市委宣传部指导、中关村电竞产业协会主办、海淀文旅集团承办的“电竞北京2021”VR电子竞技国际大赛决赛在五棵松体育馆M空间举行。全国798支队伍报名参赛，广东TCK战队蝉联全球总冠军。该项赛事总决赛为“数字文化中关村2021”重点赛事，活动总曝光量逾500万次，总点击量105余万次，抖音视频播放量10万余次。

（钟冷）

【京津冀地区线上民族器乐大赛】 11月底至12月中旬，区文化馆与快手网络平台合作举办“云享国乐风华”2021京津冀地区线上民族器乐大赛。吸引来自京津冀地区及全国200余名民族器乐音乐爱好者参赛，选手视频线上播放量达50万次。经专家评选，27人进入总决赛暨展演活动环节。儿童组3人获金奖、3人获银奖、

10月14日，重阳话家风　孝道永传承——2021年海淀区“我们的节日”重阳节主题文化活动举办（区文化馆 供图）

4人获铜奖。少年组3人获金奖、3人获银奖、3人获铜奖。成人组2人获金奖、3人获银奖、3人获铜奖。

（陆丽明）

文化市场监管

【市场监管】 年内，区文化市场综合执法大队聚焦首都意识形态安全和文化安全核心使命任务，突出重大活动保障、重点地区防控、重要领域严打，集中开展专项行动13次，开展执法检查4985家次、立案272件，罚没款42.5万元。指导督促互联网网站查删有害信息8120.8万条；开展疫情全覆盖检查10轮次，督导整改问题211项；组织文化艺术培训机构台账摸排和备案监管工作，开展剧本杀业态摸底调研工作。受理群众举报投诉9406件，约谈企业负责人整改问题122人次。未发生文化安全生产责任事故和疫情问题。

（高菲）

【执法机构改革】 3月31日，区编办印发《关于北京市海淀区文化市场综合执法大队职责机构编制事项的通知》，6月18日，印发《关于区文化市场综合执法大队增加行政执法专项编制的批复》，明确执法大队的主要职责、内设机构和人员编制。区文化市场综合执法大队行政执法专项编制总数33名，设大队长1名（副处级），副大队长4名（正科级）。内设机构六队一科（执法一队、执法二队、执法三队、执法四队、执法五队、执法六队、综合协调科），内设机构科级领导职数7正7副。

（高菲）

【执法交流】 5月17日，为深化文化市场综合执法规范化建设，提高网络执法办案水平，安阳市文化市场综合行政执法支队到区文化市场综合执法大队开展交流座谈。两地执法骨干就网络执法办案心得与存在问题进行深入交流，通过实地走访、座谈交流等形式，全面深入了解相关互联网企业经营发展情况，与互联网企业管理人员及员工，就政企如何发挥作用，共同营造清朗的网络文化空间进行深入探讨。通过本次交流互动，进一步加强海淀区、安阳市两地沟通联系，有利于两地执法人员提升工作经验，拓宽工作思路，推动两地文化市场综合执法工作向前发展。

（高菲）

文化遗产保护

【概况】 2021年，海淀区有不可移动文物328处，比上年增加4处，其中国家级文物保护单位22处、北京市级文物保护单位28处、海淀区级文物保护单位101处、文物普查登记项目177处。公布新增5处不可移动文物名单：大护国保安寺遗址、管家岭大墙圈、孚郡王墓阳宅、青龙桥后营3号院古建筑、海军机关大院近代建筑。

（高五一）

【文物修缮保护】 年内，区文旅局使用文物保护专项资金465.13万元，支持圆明园澹泊宁静遗址考古（二期）、圆明园遗址线法桥抢险加固工程（二次）、周家巷关帝庙修缮工程等7个文物保护项目。有效支撑文物保护修缮、安防、研究利用等项目。加强对街镇文物保护项目的指导和支持，提升各属地和文物使用单位的保护利用积极性。

（高五一）

【6项地上文物保护工程】 年内，区文物保护中心完成海淀区苏家坨镇大工村古桥修缮工程前期审批工作。推进大慧寺文物保护规划项目的实施单位比选工作；完成更换大慧寺大殿监控设备采购工作；完成大慧寺内设备及院内环境整修工程；完成大慧寺普测项目，包括对大慧寺的高程测量、地下管线探测等工作；完成大慧寺消防升级改造工程。完成海慈恩寺、隐修庵修缮工程的全部施工工作。完成恩济庄关帝庙修缮工程整体进度的90%，将于2022年二季度完成全部工作。完成大工村元代摩崖石刻、凤窝摩崖石刻、莲花寺和尚塔群等新增10处不可移动文物保护标志牌制作安装工作。完成海淀区永山宅院室外阀门井闸阀及管网附件更换工程。

（杨帆　任博）

【7项地上文物应急抢险】 年内，区文物保护中心完成车耳营石佛殿屋面，翠微东里老城砖、香山八旗印房门垛、南羊坊南庙局部、贝家花园避雷设施及屋面、后沙涧西庙围墙及门楼、清河制泥厂办公楼装修的抢险修缮工作。

（杨帆　任博）

【6处流散石刻收集】 年内，区文物保护中心收集上地街道农大南路、花园路街道元大都城垣遗址公园、香山

5月21日，青龙桥后营3号院古建筑被认定为不可移动文物（高五一 摄）

街道香山南路、海淀镇青龙桥路、八里庄街道恩济庄路、四季青乡昆明湖南路6处流散石刻，接收流散石刻9件，城墙老城砖200余块。城砖已转送至市文物局，用于未来城墙类文物建筑修补使用。

（杨帆　任博）

【3处不可移动文物认定】 年内，区文物保护中心论证认定“海军大院近代建筑”“后营3号古建”及“转河碉堡遗存”3处不可移动文物，开展相关测绘、资料信息采集等工作。

（杨帆　任博）

【征集及捐赠移交藏品】 年内，区文物保护中心征集到藏品298件套，包括价购101件套及捐赠移交的197件套。其中含侯仁之院士子女捐赠的侯仁之先生所用相关物品65件套。

（杨帆　任博）

【提交三国·魏“铜弩机”保护修复计划申请】 年内，由于北京地区降水量严重偏多，整体空气湿度严重偏高，区博物馆馆藏一级文物铜弩机器物表面新增有害锈，致使该器物保存现状极不稳定，对此保管员及时进行详细记录，第一时间向部门主管领导汇报，经过多次观察比对，一致决定对此件文物尽快进行保护修复，并改善其现有保存环境（从展柜取出放回囊匣保存）。12月14日，区文物保护中心向国家文物局提交馆藏一级文物三国·魏“铜弩机”保护修复计划申请。

（杨帆　任博）

【北京石刻艺术博物馆文物征集】 年内，北京石刻艺术博物馆征集文物19件套，新征集文物涉及石碑、碑座、石雕、建筑构件等多种类型，具有一定的历史价值、艺术价值、科研价值，定级为一般文物。北京石刻艺术博物馆原有藏品1525件套，现为1544件套。

（史迪威）

【“北京地区革命石刻文物数字化采集和系列展教活动”项目】 年内，北京石刻艺术博物馆开展“北京地区革命石刻文物数字化采集和系列展教活动”项目，开展革命类石刻文物数字化的培训、馆内讲解、野外拓片教学、主题讲座、纪录片拍摄，进行数字化采集，留存资料。有200余名志愿者参与，服务时间7810小时。9月，首都文明委在全市开展宣传推选学雷锋志愿服务“五个100”先进典型活动。经过宣传发动、组织推荐、专家评审、网上公示等环节，12月2日，“北京地区革命石刻文物数字化采集和系列展教活动”项目获海淀区三等奖、北京市志愿服务项目大赛文化教育类银奖、北京市最佳志愿服务项目。

（闫霞）

【大钟寺古钟博物馆馆藏文物修复】 年内，大钟寺古钟博物馆启动馆藏文物“天宁寺铜钟”的修复项目，初步完成表面脱盐与锈蚀清理工作。继续开展《永乐大钟钟架结构监测》项目，完成监测数据采集4次。开展《永乐大钟钟架勘察探伤》项目，采用量具检量、雷达扫描、超声探测等无损手段，参照相关标准对大钟寺钟架主要木构件的残损状况进行详细勘察，检测并记录木构件的裂缝、外部腐朽和内部腐朽等信息，为永乐大钟钟架结构安全及长期展出永乐大钟提供安全保证的数据支撑。

（杨巍）

【金刚宝座预防性保护项目通过验收】 6月8日，北京真觉寺金刚宝座（五塔寺塔）预防性保护项目启动。真觉寺金刚宝座（五塔寺塔）建成于明成化九年（1473年），为中印建筑风格相结合的成功范例，是明代建筑艺术与石雕艺术的杰作，建筑历史学家梁思成称其为同类型建筑中“最精的代表作”。由于风化严重，金刚宝座表面的雕刻日渐漫漶，预防性保护项目迫在眉睫。项目由中兵勘察设计研究院有限公司实施，通过对真觉寺金刚宝座本体进行全面的现状信息采集、勘察、检测及监测工作，掌握金刚宝座病害现状的量化信息及变形情况，为后期不可移动文物保护工作提供科学依据。11月15日，项目通过专家验收。

（谢欣）

【文化遗产日活动】 6月11日，由区文旅局主办的海淀区2021年“文化和自然遗产日”主题宣传活动在李大钊烈士陵园举办。活动主题为“文物映耀百年征程——全面开展北京海淀三山五园文物保护利用示范区创建”，由“忆往昔：咏诵海淀红色故事”“展未来：描绘海淀文物蓝图”以及“共祈愿：纸鹤寄语祝福祖国祝福党”组成。来自首都师范大学实验小学的师生35人在李大钊烈士陵园宣誓成为文化遗产的守护者。5位小作者分别展示他们以“畅想未来三山五园”为主题创作的画作，并分享创作的初衷与灵感。画作中，有和平鸽飞舞，文化遗产守护者环抱着海淀美景的《守护者》，也有李大钊烈士远眺着海淀美景的《红色精神代代传》，还有党旗下的面人、剪纸等非遗传承的内容，孩子们的创意与表达充满童趣与爱国情怀。区文旅局授予首师大实验小学文化遗产保护支持单位称号。活动通过线上直播的形式进行。线上参与人数4782人，由海淀融媒直播报道。

（高五一）

【文化与自然遗产日主题宣传活动】 6月12日，颐和园举办2021年文化与自然遗产日的主题宣传活动。以文物映耀、百年征程为主题，以献礼建党百年传承红色基因、珍爱文物珍爱我们共同的精神家园为口号，在东宫门内设立咨询台，向游客介绍文物保护、革命历史文化知识；在益寿堂红色教育基地，向游客宣传讲解新中国早期革命文物、史迹和故事，增强公众世界文化遗产保护意识。

（高翠萍）

【颐和园爱国主义教育基地揭牌】 6月21日，颐和园在益寿堂举行北京市爱国主义教育基地揭牌仪式。益寿堂作为毛泽东同志率党中央进京“赶考”第一个落脚点，是缅怀革命历史、回忆北平和平解放进程、追寻“进京赶考”足迹的重要载体和实物见证。

（蔡佳雯）

【“六郎庄五虎棍”入选国家级非物质文化遗产代表性项目名录】 6月，海淀“六郎庄五虎棍”入选国家级非物质文化遗产代表性项目名录。国务院批准文化和旅游部确定的第五批国家级非物质文化遗产代表性项目名录（共计185项）和国家级非物质文化遗产代表性项目名录扩展项目名录（共计140项），由海淀区申报的“六郎庄五虎棍”入选第五批国家级非物质文化遗产代表性项目名录。

（郭君兮）

【“唐牡丹芦雁图壁画”保护修复】 7月16日，区博物馆取得《国家文物局关于北京市海淀区博物馆馆藏唐牡丹芦雁图壁画一级文物修复计划的批复》，国家文物局原则同意该壁画修复计划。区博物馆委托中国文化遗产研究院编制馆藏一级文物“唐牡丹芦雁图壁画”保护修复方案。2020年12月，区博物馆鉴于馆藏一级文物牡丹芦雁图壁画保存状态极不稳定的现状，向国家文物局提交“启动壁画保护修复项目”的申请，并附以该文物的藏品档案、保护修复项目计划书及病害细节照片等详细资料。此藏品为唐大中六年（852年）文物。最长290厘米，最高156厘米。1991年，海淀区八里庄唐代王公淑墓出土，是北京地区已经发现的唐代晚期花鸟题材壁画的重要代表之一，是了解唐代绘画发展水平十分难得的实物资料。

（杨帆　任博）

【“花园路街道非遗民俗文化游园会”活动】 7月，花园路街道联合王老吉凉茶北京博物馆，围绕“发挥首都文化示范作用，提高非遗保护传承水平”，举办“花园路街道非遗民俗文化游园会”活动。通过讲座和动手体验的形式，开展面塑、彩塑京剧脸谱、北京兔爷、香包制作等非遗项目，来自27个社区的60余名居民参加制作。来自花园路街道的非遗传承人现场为居民讲述海淀非遗故事。

（钟冷）

【非遗金秋游园会】 10月1日至5日，区文化馆主办的“文脉传久远凤凰迎丹霞”非遗金秋游园会活动在凤凰岭景区举办。涵盖非遗展示、非遗展演、传统游艺体验、民间文学故事会、非遗图文展览5大板块60余个非遗项目。邀请面塑、剪纸、京绣、毛猴、风筝、蒙镶等12项非遗传承人亲临现场展示教学，临清潭腿、魔术、抖空竹、飞叉、汉服表演等20余项海淀非遗项目进行现场展演。同时在现场展出包括海淀区民间文学、传统体育、传统技艺、传统医药、曲艺民俗等10大类共计130个海淀非遗项目的非遗文化主题展板，向群众展示海淀非遗文化的多样性和魅力。受惠群众5万余人。

（刘峥　钟冷）

10月1日至5日，凤凰岭景区“文脉传久远凤凰迎丹霞”非遗金秋游园会活动举办（崔蕊 摄）

【两处文保单位入选北京首批水利遗产名录】 10月，市水务局、市文物局发布北京市第一批水利遗产名录，海淀区的昆明湖（全国重点文物保护单位）和广源闸（全国重点文物保护单位）入选北京市第一批水利遗产名录。

（钟冷）

【“石墨烯增强纳米材料在石质文物保护中的应用研究（第二期）”课题】 11月26日，北京市文物局延续性科研课题“石墨烯增强纳米材料在石质文物保护中的应用研究（第二期）”通过专家验收。课题由北京石刻艺术博物馆与北京科技大学合作开展，在一期实验室阶段合成纳米石墨烯增强的纳米草酸钙仿生材料的基础上，针对实际环境中不同石材、不同微环境发生黑色结壳的石质文物进行治理和示范应用评价。通过定期监测和评估发现，采用制备的石墨烯复合纳米材料，使得石质本体得到加固，表面强度和耐腐蚀性增强，对黑色结壳和风化污染有良好的防护效果，是防治石质文物病害的良好选择。

（谢欣）

【文物工作专题培训】 12月16日至22日，区文旅局举办文物工作专题培训，培训采取线上培训方式。全区相关委办局、街道、镇、管理使用单位679名文物工作人员参加。培训内容包括文物工程管理、三山五园研究、革命文物保护、大运河文化带、文物鉴赏等。参与培训的全体学员按时完成课程培训，颁发结业证书准予结业。

（高五一）

【文物认定】 12月，根据《中华人民共和国文物保护法》《文物认定管理暂行办法》等法律法规，经区文旅局研究决定，将青龙桥后营3号院古建筑、海军机关大院近代建筑2处认定为尚未核定公布为文物保护单位的不可移动文物。

（高五一）

表33 海淀区域国家级文物保护单位一览表

编号	名称	公布时间	编号	名称	公布时间
1	真觉寺金刚宝座（五塔寺塔）	1961–3–4	12	大觉寺	2006–5–25
2	颐和园	1961–3–4	13	静明园	2006–5–25
3	圆明园遗址	1988–1–13	14	健锐营演武厅	2006–5–25
4	觉生寺	1996–11–20	15	万寿寺	2006–5–25
5	景泰陵	2001–6–25	16	辛亥滦州起义纪念园	2006–5–25
6	碧云寺	2001–6–25	17	摩诃庵	2013–3–5
7	大慧寺	2001–6–25	18	慈寿寺塔	2013–3–5
8	十方普觉寺	2001–6–25	19	大运河（广源闸、高梁闸）	2013–3–5
9	未名湖燕园建筑	2001–6–25	20	醇亲王墓	2019–10–16
10	清华大学早期建筑	2001–6–25	21	双清别墅	2019–10–16
11	元大都城墙遗址（海淀段）	2006–5–25	22	宋庆龄儿童科学技术馆	2019–10–16

表34 海淀区域市级文物保护单位一览表

编号	名称	公布时间	编号	名称	公布时间
1	魏太和造像	1957–10–28	15	梁启超墓	2001–7–12
2	三·一八烈士纪念碑	1984–5–24	16	上庄东岳庙	2003–12–15
3	李大钊烈士陵园	1984–5–24	17	孙岳墓	2003–12–15
4	黑龙潭及龙王庙	1984–5–24	18	承泽园	2011–6–13
5	广济桥	1984–5–24	19	普照寺	2011–6–13
6	旭华之阁及松堂	1984–5–24	20	贝家花园	2011–6–13
7	静宜园	1984–5–24	21	鹫峰地震台	2011–6–13
8	钓鱼台与养源斋	1984–5–24	22	上方寺遗存	2021–8–19
9	乐家花园	1984–5–24	23	恩佑寺山门	2021–8–19
10	达园	1984–5–24	24	恩慕寺山门	2021–8–19
11	孚郡王墓	1984–5–24	25	颐和园升平署	2021–8–19
12	定慧寺	1990–2–23	26	上义师范学校黑山扈校区旧址	2021–8–19
13	清河汉城遗址	2001–7–12	27	佟麟阁将军墓	2021–8–19
14	广仁宫（西顶）	2001–7–12	28	中央党校南院近代建筑群	2021–8–19

表35 海淀区级文物保护单位一览表

编号	名称	公布时间	编号	名称	公布时间
1	蓟门烟树碑	1981–3–13	31	吴家花园	2014–8–31
2	白塔庵塔	1981–3–13	32	蔚秀园古建群	2014–8–31
3	正蓝旗清代碉楼	1981–3–13	33	火神庙	2014–8–31
4	海淀镇彩和坊24号四合院	1999–1–27	34	湖山罨画坊	2014–8–31
5	北坞金山寺及戏楼	1999–1–27	35	树村清真寺	2014–8–31
6	香山八旗高等小学	1999–1–27	36	肖家河延福庵	2014–8–31
7	万寿寺龙王庙	1999–1–27	37	城子山东岳娘娘庙	2014–8–31
8	马甸清真寺	1999–1–27	38	高时明墓	2014–8–31
9	金仙庵	1999–1–27	39	护国佑民观音禅林	2014–8–31
10	鹫峰山庄	1999–1–27	40	莲花寺	2014–8–31
11	响塘庙	1999–1–27	41	范长喜宅院	2014–8–31
12	秀峰寺	1999–1–27	42	中法大学附属中学旧址	2014–8–31
13	龙泉寺	1999–1–27	43	西埠头兴善寺	2014–8–31
14	明照洞瑞云庵	1999–1–27	44	车耳营关帝庙	2014–8–31
15	香岩寺	1999–1–27	45	凤凰岭石刻	2014–8–31
16	熊希龄墓园	1999–1–27	46	凤凰岭旮旯庵及石窟遗址	2014–8–31
17	西禅寺	2001–11–01	47	龙泉寺万缘茶棚	2014–8–31
18	孙传芳墓	2001–11–01	48	北安河双关帝庙	2014–8–31
19	齐白石墓	2001–11–01	49	北安河玉皇庙	2014–8–31
20	怡贤亲王祠	2001–11–01	50	周家巷娘娘庙	2014–8–31
21	周云端和尚塔	2001–11–01	51	妙觉禅寺遗址	2014–8–31
22	龙王圣母庙	2001–11–01	52	妙峰山香道中北道遗址	2014–8–31
23	法华寺	2001 11 01	53	法海寺遗址	2014–8–31
24	立马关帝庙	2001–11–01	54	晏公祠	2014–8–31
25	妙云寺	2001–11–01	55	瑞王坟	2014–8–31
26	紫竹院行宫	2001–11–01	56	金河堤诗碑	2014–8–31
27	六郎庄真武庙	2014–8–31	57	门头新村甲8号四合院	2014–8–31
28	六郎庄烈士纪念碑	2014–8–31	58	万安公墓	2014–8–31
29	六郎庄田世光故居	2014–8–31	59	田村关帝庙	2014–8–31
30	六郎庄茶棚	2014–8–31	60	北坞关帝庙	2014–8–31

续表

编号	名称	公布时间	编号	名称	公布时间
61	功德寺遗址	2014–8–31	82	韩家川东庙	2014–8–31
62	小屯村侵华日军飞机掩体遗址	2014–8–31	83	冷泉福泉寺	2014–8–31
63	刘半农墓	2014–8–31	84	西北旺关帝庙	2014–8–31
64	镶白旗碉楼	2014–8–31	85	大牛坊关帝庙	2014–8–31
65	镶红旗碉楼	2014–8–31	86	唐家岭关帝庙	2014–8–31
66	刘天华墓	2014–8–31	87	蒋家胡同四合院	2014–8–31
67	梅兰芳墓	2014–8–31	88	治贝子园	2014–8–31
68	马连良墓	2014–8–31	89	黄庄双关帝庙	2014–8–31
69	一亩园娘娘庙	2014–8–31	90	佰王园	2014–8–31
70	隐修庵	2014–8–31	91	永山宅院	2014–8–31
71	慈恩寺	2014–8–31	92	公主坟门殿建筑	2014–8–31
72	大有庄小学四合院	2014–8–31	93	北玉河关帝庙	2014–8–31
73	东公所	2014–8–31	94	恩济庄关帝庙	2014–8–31
74	鲁班庙	2014–8–31	95	极乐寺	2014–8–31
75	董四墓娘娘庙	2014–8–31	96	清河制呢厂办公楼	2014–8–31
76	大高玄殿牌坊	2014–8–31	97	安宁庄兴隆寺	2014–8–31
77	温泉菩萨庙	2014–8–31	98	马甸黑寺	2014–8–31
78	显龙山石刻	2014–8–31	99	香山慈幼院址	2014–8–31
79	护国寺戏台	2014–8–31	100	正白旗北庙	2014–8–31
80	冷泉关帝庙	2014–8–31	101	普安塔	2014–8–31
81	韩家川西庙	2014–8–31			

（高五一）

表36 海淀区非遗项目保护名录一览表

序号	类别	项目名称	序号	类别	项目名称
1	民间文学	颐和园传说	7	民间文学	北京满族民间故事
2		圆明园传说	8	传统音乐	京西佛乐
3		香山传说	9		古琴艺术（泛川琴派）
4		曹雪芹（西山）传说	10		京西吹打乐
5		凤凰岭传说	11	传统舞蹈	海淀扑蝴蝶
6		民间气象谚语	12		西北旺少林五虎棍

续表

序号	类别	项目名称	序号	类别	项目名称
13	传统舞蹈	蓝靛厂少林棍	44	传统杂技与竞技	中幡（万柳）
14		六郎庄五虎棍	45		蹼跤
15		苏家坨太平鼓	46		太极拳（王其和式）
16		南安河武松打店棍会	47		六子联方
17		高跷秧歌	48		梅花拳
18		太少狮（京西蓝靛厂义振旗缘太少狮会）	49	传统美术	面人（北京面人郎）
19		翰林院五虎棍	50		传统插花
20		苏一二单槌大鼓	51		颖拓艺术
21		前沙涧少林子弟棍会	52		团花剪纸
22	传统戏剧	京西皮影戏	53		金属锻錾
23		西路评剧	54		彩塑京剧脸谱
24	曲艺	太平歌词	55		面塑（潘大洪）
25		单弦（荣派）	56		北京绢人（齐聪颖）
26	传统杂技与竞技	踢石球（蹴球）	57		面人汤面塑（海淀分支）
27		花样空竹表演技法	58		平刻微雕
28		传统弹弓术	59		剪纸（晓林剪纸张）
29		珍珠球	60		京剧脸谱（刘派）
30		纪氏太极拳法	61		京绣（海淀分支）
31		口技	62		面塑（贾会珍）
32		宋氏三皇炮捶拳	63		齐派篆刻
33		孙式太极拳	64		京派内画鼻烟壶（铁华）
34		吴式太极拳	65		内画鼻烟壶
35		屯佃中幡	66		京绣（于静）
36		白猿通背拳（海淀）	67		烙画
37		飞叉（海淀）	68		毛猴
38		临清潭腿	69		葫芦雕刻技艺
39		祁家通背拳（海淀）	70		蛋壳雕
40		五行通背拳	71		核雕
41		六合拳	72		连环画
42		少林五形八法拳	73		染色剪纸
43		霍元甲迷踪拳（霍氏练手拳）	74		剪纸（杨钺）

续表

序号	类别	项目名称
75	传统美术	北京雕漆
76		纸塑（胡青梅）
77		面塑（姚惠敏）
78		食品雕刻
79		石画
80		剪纸（倪巧凤）
81		鸟虫篆
82	传统技艺	京剧盔头制作技艺
83		曹氏风筝工艺
84		风筝制作技艺（北京风筝哈制作技艺）
85		绣花鞋技艺（王冠琴）
86		彩灯工艺（小灯张）
87		惠丰堂鲁菜制作技艺
88		京西水稻种植技术
89		颐和园听鹂馆寿膳制作技艺
90		宏音斋笙管制作技艺
91		绣花鞋制作技艺（蒋丽娟）
92		御膳制作技艺
93		蒙镶（郑旭映）
94		山石韩叠山制作技艺
95		中式盘扣技艺（海淀）
96		京式旗袍制作技艺
97		景泰蓝制作技艺
98		毛猴制作技艺
99		纸胎容器制作技艺
100		中山装制作技艺
101		八珍糕制作技艺
102		吹糖人技艺
103	传统技艺	制香技艺
104		绒布唐工艺
105		金镶玉制作技艺
106		盘扣制作技艺
107		普洱茶膏制作技艺
108		传统核桃油制作技艺
109		鹿胶膏制作技艺
110	传统医药	蔡氏脉象
111		程氏针灸
112		葛氏捏筋拍打疗法
113		正体复本术
114		连氏艾灸
115		千峰派内丹养生术
116		赵氏针灸
117		“又一新”养生药膳
118		刘氏正骨技艺
119		道医按摩正骨
120		邢氏利水散
121		中医膏滋制作技艺
122		连氏针法
123		高氏点穴
124		何氏通络开结术
125		连氏饮膳制作技艺
126	民俗	喜轿习俗
127		苏家坨立夏习俗
128		妙峰山香道
129		京西北坞村普兴万缘净道圣会
130		前沙涧灯棚习俗

媒体传播

【概况】 2021年，海淀区融媒体中心以建党百年宣传为中心，重点开展阵地拓展、内容建设、社会治理、品牌打造、机构改革、技术升级等6个方面工作。阵地建设取得新突破，“学习强国”海淀区学习平台获批。发挥区域主流媒体职能，开展庆祝建党100周年、冬奥会筹办、“两区”建设、疫情防控、中关村科学城建设、三山五园国家文物保护利用示范区创建等重大主题报道。实施精品新闻创作计划，原创作品数量大幅增加，传播效果显著提升，创作一批群众喜爱的作品。

探索“新闻+政务服务商务”模式。打造全媒体队伍，组建“行政、指挥、采访、编辑、技术、运营、发展”7个业务中心，构建“一核”即指挥中心，负责统筹指挥调度；“三驱”即采访中心、编辑中心、运营中心，组成核心业务科室；“三支撑”即行政中心、技术中心、发展中心，进行综合业务保障的运行体系，横向上破除媒体平台壁垒，纵向上形成开放式、扁平化管理格局，提高中心的整体运行效率和核心竞争力。贴近大局、贴近社会、贴近群众，打造品牌，发力产品集成，把分散的资源集中起来实现聚焦效应，形成“新闻+政务服务商务”新模式。

在“5G+4K/8K”超高清制播平台建设、“海淀云”应用、转播车升级、三山五园国家文物保护利用示范区官方网站开发等方面取得新进展。参与创建北京新视听示范应用试点。

推出海淀首届网络春晚“我在海淀过大年”系列活动、升级《接诉即办》栏目、举办“才聚云端”第二季17场线上招聘等活动，访问量、观看量近1.5亿人次。推出《海淀邀你云过年》《江初说疫苗》“相信相信的力量 全国科技工作者日，海淀首发《未来之光》MV”“海淀邀你来拆冬奥科技盲盒”“我在国兴家园”H5长图等系列产品，总播放量超3600万次。《海淀扶贫印迹》系列纪录片全网播放量超过1200万次，获“2021年第二期全国县级融媒体中心优秀作品双月赛”一等奖。沉浸式党史教育系列专题片《红耀海淀谱新篇》，首轮播出全网播放量超过1000万次。

（刘丹丹　韩松）

【全媒体队伍组建】 年内，区融媒体中心完成机构改革，改变按照报、台、网等分配资源的传统模式，打破原有的一线岗位划分，重新组建具备“采、写、编、评、摄”能力的全媒体记者队伍。区融媒体中心设置由经济科技新闻部、社会民生新闻部、街镇综合新闻部组成的采访中心，由报刊编辑部、电视节目编辑部、新媒体编辑部组成的编辑中心，由政务服务科、时政报道部、学习强国编辑部组成的运营中心，以海淀云为中枢，建设新型融媒体。

（刘丹丹）

【融媒工作】 年内，区融媒体中心守正创新取得突出成绩，获得中宣部等上级部门以及媒体的广泛关注和推广。中宣部征集县级融媒体中心建设案例，海淀融媒机构改革模式通过初选。《北京市海淀区：深化探索 守正创新 全力推进媒体融合》入选《宣传思想文化工作案例选编（2020年）》媒体融合板块。11月，区委常委、宣传部部长张劲林在全国宣传干部学院汇报区融媒体中心媒体融合最新实践和成果。《中国新闻出版广电报》以《超大城市区级融媒体中心如何“破圈”创新》为题，专访区委宣传部副部长、区融媒体中心主任佟志伟，报道海淀融媒三年来的融合实践和成果。《构建更多场景 服务更多用户》深度报道中关注海淀融媒建设平台、搭建场景、打造品牌等探索，获“北京市广播电视媒体融合典型案例”奖项。第二届广电媒体融合发展大会、2021红网媒体融合创新发展论坛，邀请海淀区融媒体中心作经验分享。“学习强国”学习平台“各地县级融媒体中心寻‘绩’基层治理”专题中，《北京海淀区融媒体中心：守正创新打造“融媒+社会治理”特色模式》阅读量达到227万人次。

（刘丹丹）

【《海淀扶贫印迹》纪录片开播】 2月24日，由区发展改革委与区融媒体中心联合拍摄《海淀扶贫印迹》系列纪录片首映礼举行。2月27日至3月6日，在海淀有线电视、海淀网、掌上海淀客户端及“北京海淀”“海淀融媒”人民号，“北京海淀”“海淀融媒”央视频等公众号开播。该片每集10分钟，包括《爱算账的“书生旗长”》《女县长的“赤城”之心》《大山里的人梯》《人未到事先行》《国有召人必到》《留下一支“带不走的医疗队”》《村里来了个“博士书记”》7集，全片通过大量真实的镜头向观众讲述海淀扶贫干部们从首都北京来到草原山区、坐在农家炕头、脚踏田间地头、走进百姓心头的感人扶贫故事。该片在央视频、微博、抖音、快手、今日头条等平台同步直播，超500万网友关注。海淀融媒传播矩阵全面发力海淀有线电视、海淀网、掌上海淀客户端等自有平台，人民号、央视频、北京号、时间号、微信、微博、抖音、快手、头条、百家号等平台密切联动，全网播放量超过1213万次。该片在“学习强国”学习平台2021年第2期全国县级融媒体中心优秀作品双月赛中获一等奖。

（刘丹丹）

【融媒体阵地建设】 3月，区融媒体中心获颁《信息网络传播视听节目许可证》。“学习强国”海淀学习平台是北京市首家正式批复的区级平台；《北京市海淀区：深化探索 守正创新 全力推进媒体融合》入选全国宣传干部学院组织编写的《宣传思想文化工作案例选编（2020年）》。海淀融媒当选为中国县市报研究会副会长单位。中心传播矩阵有一报——《海淀报》，一台——海淀数字频道，一网——海淀网，一刊《中关村》，一移动客户端“掌上海淀”等自有平台；开通“学习强国”、人民号、央视频、现场云、北京号等中央和市属媒体账号，以及微博、微信、抖音、快手、百家等商业平台账号。上线运行“海淀宣传”智能聚合平台，形成涵盖微信公众号、微博、抖音、快手、今日头条、百家号、央视频、西瓜视频等平台账号组成的多元化线上传播矩阵。运营境外社交媒体Beijing Haidian账号。传播矩阵用户突破1400万。“海淀融媒”抖音号粉丝接近350万，“海淀抖一抖”抖音号粉丝接近295万，“海淀融媒”快手号粉丝超过250万，“北京海淀”微信号粉丝达到40多万，“掌上海淀”移动客户端累计下载量超过300万。累计成立8家融媒体分中心。

（刘丹丹）

【《红耀海淀谱新篇》专题片播出】 3月，海淀区融媒体中心启动“红耀海淀谱新篇——庆祝中国共产党成立100周年”系列活动，策划拍摄跨屏沉浸式党史教育系列专题片《红耀海淀谱新篇》5集，每集近10分钟，包括《一片香山红 点染新中国》《中关村里党旗飘 科技筑梦新征程》《从马背上的摇篮到党旗下的课桌》《党建推动海淀速度 山后居民“悦”起来》《海淀人舞动奥运情 双奥城见证强国梦》。首轮播出全网播放量超过1013万次。9月26日至30日，在海淀有线电视、海淀网、掌上海淀客户端及“北京海淀”“海淀融媒”人民号、“北京海淀”“海淀融媒”央视频等公众号开播。北京广播电视台原版播出第5集《心有冬奥情 见证强国梦》。

（刘丹丹）

【3家融媒分中心成立】 5月26日，海淀镇融媒体中心（海淀融媒海淀镇分中心）挂牌成立，5月29日，海淀公安融媒体中心（海淀融媒公安分中心）揭牌成立，9月17日，海淀工商联融媒体中心（海淀融媒工商联分中心）作为北京市首个工商联融媒体中心揭牌成立。海淀工商联融媒体发布厅同步启动。至年底，全区共有8家融媒体分中心。为整合分中心资源，区融媒体中心派驻采编人员到分中心，通过“海淀云”系统对接融媒体中心各编辑部进行选题报送。

（刘丹丹）

档案

【概况】 2021年，海淀区档案局聚焦建党100周年庆祝活动及新修订《中华人民共和国档案法》的正式实施，围绕中心、服务大局，稳步推进档案工作“三个体系”建设。编制完成《北京市海淀区“十四五”时期档案事业发展规划》，并以区委办、政府办名义制发。开展档案基础业务知识培训10次，培训550余人次。

海淀区档案馆组织策划“初心如磐忆峥嵘 使命在肩续华章——讲述海淀档案中的红色故事”展览、《海淀这些“第一”了不起》画册、“庆祝百年华诞 助力学习教育——百名党员话党史”系列口述史采集活动、建党百年主题征集等庆祝活动。馆藏各类档案177个全宗1330749卷件，资料23844册；馆藏照片66446张，底图15435张；录音、录像磁带及影片档案1484盘，实物1995件。完成档案数字化227890卷件、扫描3236534页，完成历史数据校对及筛密664027条。全馆接待群众查档15951人次。完成50余家单位档案进馆工作，移交档案123117卷件，包括计划内单位19家、计划外单位5家以及16个疫情指挥部和12个百年党庆指挥部。持续推广“一网通办”，新增59家异地跨馆合作单位。“海淀档案”微信公众号发布文章149篇，阅读量3万余人次，其中“云游海淀”专栏25篇，阅读量11101人次。

（朱鹏 苏幼停）

【重点建设项目档案管理】 年内，区档案局转发《北京市档案局关于2020年度北京市重点建设项目档案管理登记情况的通报》及《北京市档案局关于做好2021年市重点建设项目档案管理登记工作的通知》，督促指导2021年纳入市重点工程的14家法人单位、8个新建项目单位、3个在建项目单位、4个计划竣工项目单位进行重点工程档案管理登记网上填报工作，并对填报数据进行审核，提交市档案局。

（朱鹏）

【档案执法】 年内，区档案局分析和梳理2020年档案行政执法实地检查情况，制发《北京市海淀区档案局2020年档案行政执法检查情况通报》全区，对2020年的34家受检单位出具书面反馈意见。制发《北京市海淀区档案局关于开展2021年档案行政执法检查工作的通知》，对区属46家单位进行执法检查。

（朱鹏）

【档案法治宣传】 年内，区档案局开展档案普法活动。根据疫情防控情况，法治宣传工作多采用线上形式进行，在“国际档案日”暨北京市第十四届“档案馆日”活动期间，将档案法和档案法治宣传漫画电子版及国际档案日宣传海报电子版通过“海淀档案”微信公众号和微信工作群进行宣传。在档案业务培训班上进行档案法规培训，培训200余人。

（朱鹏）

【档案监督指导】 年内，区档案局对区属涉改机构、临时机构、立档单位通过现场、电话、网络等形式进行档案工作业务监督指导3900余次。

（朱鹏）

【档案绩效专项考评】 年内，区档案局根据全年过程管理及年终考评情况，对全区2020年度各单位档案管理情况进行深入分析，撰写《海淀区2020年档案专项绩效分析报告》，对政府、党群、街镇等105家单位出具档案专项绩效考评意见。填报2021年档案工作专项绩效任务表。

（朱鹏）

【政务服务电子文件归档审批】 年内，区档案局根据北京市政务服务事项电子文件归档工作安排，联合区政务服务管理局3次召开会议，审核多家委办局单位和街镇单位报送的1100项政务服务事项归档配置申请。为统筹推进海淀区电子文件归档与电子档案共享利用作准备。

（朱鹏）

【档案信息化】 年内，区档案馆完成数字档案馆升级项目4个子模块的系统优化、试运行、培训及软件评测工作，数字档案馆升级项目和数字档案馆二期项目（第三包）音视频档案管理利用系统竣工验收；完成馆藏音视频档案的采集、编辑、转码和550小时的编目工作。筹备数字档案馆建设，制定数字档案馆建设推进方案，编制资金预算报告；对照《测评指标表》从软硬件基础设施、系统功能、档案资源、服务绩效等5个方面开展自测工作。

（苏幼停）

【档案鉴定】 年内，区档案馆梳理馆藏档案开放鉴定情况，完成馆藏1949年至1990年190774件档案的开放鉴定工作，经鉴定，开放18934件，开放比例为10%。完成1991年、1992年拟开放档案23948件鉴定工作，拟开放率约为16%。配合市档案局开展开放档案文件级目录因特网查询工作，上传6778条文件级目录至北京数字档案馆开放档案查询系统，对社会公众进行公布。

（苏幼停）

【档案利用】 年内，区档案馆累计接待群众查档15951人次，其中因公利用631人次、因私利用15259人次，开放档案查询61人次。因私利用中，婚姻类档案查询11875人次，占比77.8%（其中馆内利用1432人次，婚姻登记处利用10443人次）；房产类档案查询1314人次，占比8.6%；招工类档案查询215人次，占比1.4%；知青类档案查询138人次，占比0.9%；其他类档案查询1717人次，占比11.3%。全年共利用档案35628卷件，打印15508份、6442页，复印27842余页，利用信息公开场所查阅政府公开信息及政府公报约100余人次。为区人大、区政协、区委政法委等部门提供照片档案591张。

（苏幼停）

【民生档案跨馆利用】 年内，区档案馆主动与各省、市、县档案馆开展馆际合作，新增广东省梅州市档案馆、四川省内江市档案馆、四川省雅安市档案馆、四川省广安市档案馆等59家跨馆合作单位，跨馆合作累计达108家，帮助20余名群众异地查档。依托北京市民生档案跨馆利用平台，受理60余人次跨馆查询档案，协助其他区档案馆或婚姻登记处办理467人次查询档案。与区民政局婚姻登记处共享婚姻档案数据，共查询利用10443次。依托海淀区统一政务服务平台“海淀通”App，开设“档案查询”业务专区，受理40余名线上申请群众档案查询。

（苏幼停）

【档案管理】 年内，区档案馆校对照片档案66个全宗、19801张，核库抽查79个全宗、5524件，梳理原文档中心档案76285卷件，完成1–60号全宗4253卷会计档案录入、上架等操作，完成282册图书资料装盒、上架等操作。完成智能档案库房一体化管理系统项目竣工验收，部分库房实现“收、管、存、用”一体化。

（苏幼停）

【档案接收】 年内，区档案馆共完成50余家单位档案进馆工作，共移交档案123117卷件，数码照片11.6GB。结合新冠疫情防控要求，优化档案进馆指导方式，采用线上和线下相结合的方式开展进馆指导，网络指导800余次，现场指导90余次。

（苏幼停）

【档案征集】 年内，区档案馆开展建党百年主题征集和年度例行征集，共征集实物档案20件、图书资料72件、报纸13份、光盘1张。征集“党魂润华夏·民心大于天”纪念宝盘、“政协文史馆”匾额书法原件、史国良《大昭寺门前》手签授权版画、《中关村创新发展40年书画长卷》等实物档案20件。征集《陆平纪念文集》《石坚画传》《同心抗疫 守护家园 中关村街道2020年抗击新冠肺炎工作特写》等图书资料72件。举办“庆祝百年华诞，助力学习教育——百名党员话党史”系列口述采集活动，邀请来自海淀区卫生、政法、教育系统，街镇基层的101名党员代表讲述党史故事，制作“百名党员话党史”专题片，推出“百名党员话党史”专题画册，开设微信专栏发布25篇图文报道。

（苏幼停）

【档案编研】 年内，区档案馆编撰《海淀档案》电子杂志4期、《北京市海淀区2020年大事记》《2020年度领导政务活动汇编》7册、《百年路初心如磐 新征程行稳致远》微信公众号专辑、《初心如磐忆峥嵘 使命在肩续华章——讲述海淀档案中的红色故事》展览同名画册、《百名党员话党史》《海淀这些“第一”了不起》专题画册。

（苏幼停）

【“初心如磐忆峥嵘 使命在肩续华章——讲述海淀档案中的红色故事”展览】 年内，区档案馆举办《初心如磐忆峥嵘 使命在肩续华章——讲述

12月16日，海淀区档案馆服务大厅接待群众查档（区档案馆 供图）

海淀档案中的红色故事》展览，撷取372份红色档案，围绕4个篇章，展示海淀人民在党的领导下艰苦奋斗的光辉历程。接待团体预约参观23批238人，线上展览点击量11483人次。

（苏幼停）

【重大活动档案管理】 3月，区档案局制发《北京市海淀区档案局关于贯彻执行〈重大活动和突发事件档案管理办法〉的通知》《关于做好中国共产党成立100周年北京市海淀区庆祝活动档案工作的通知》等文件，督促指导全区13个指挥部进行建党100周年庆祝活动档案的收集、整理及移交进馆工作。9月，联合区冬奥办制发《关于做好北京2022年冬奥会和冬残奥会海淀区运行保障工作档案工作的通知》，与冬奥各相关工作组和单位建立联系，对冬奥档案工作规范开展进行指导和服务。继续按照《关于做好海淀区新型冠状病毒肺炎疫情防控档案工作的通知》，对疫情防控工作领导小组各工作组提出具体要求，确保档案工作与疫情防控同步开展，保障疫情防控文件材料应收尽收、应归尽归。

（朱鹏）

【“国际档案日”活动】 6月9日至15日，区档案馆围绕“档案话百年”主题，组织开展第14个“国际档案日”海淀会场宣传活动。依托“海淀档案”微信公众号，策划“国际档案日”微信专题栏目，推出展览展示、互动体验、档案开放等模块。组织全馆人员参加国家档案局举办的线上专题讲座，学习了解档案对于社会发展进步的重要价值。活动期间，发放宣传海报200余份。

（苏幼停）

地方志

【概况】 2021年，海淀区党史地方志办公室（简称区史志办）完成《北京市海淀区志（1996—2010）》照片、资料的分类汇总，收集整理有关资料，为第三轮修志做好准备。完成《社会生活与民俗》编辑初稿，更名为《海淀修志拾零》，约22万字，交至方志出版社。

年鉴工作。《北京海淀年鉴（2020）》获评中国地方志指导小组组织的第八届全国地方志优秀成果（年鉴类）一等年鉴。《北京海淀年鉴》工作获区委书记于军，区委常委、政法委书记、区委办主任吴计亮的批示肯定。在“方志中国”公众号发表文章，发挥精品品牌效应。向中指办报送题为“追求卓越品质 铸就年鉴精品”特色工作材料，在《方志中国》发表。为《中国地方志年鉴（2021）》提供相关条目。组织编纂出版《北京海淀年鉴（2021）》。

村镇志工作。按计划继续指导各镇志、村志的编写，给予《车耳营村志》终审稿修改建议，督促完成区级评议会修改意见的落实，为该书出版提供指导、建议。完成《古今妙峰山香道》《元大都——土城史话》的出版印刷、新书发布、发放工作。通过出版社为《丈量北京》《香山静宜园陈设档案》申请北京市文化引导基金项目，为出版印刷工作做好准备。

搭建志鉴管理平台。项目通过智慧海淀项目报批，与专业团队洽谈合作开始逐步实施，就平台的设置、使用等方面召开征求意见会。完成政协提案协调工作。

其他工作。完成2020年度北京市地方志系统统计上报工作。参加区规划展览馆布展的征求意见会，提出专业建议。完成《述说八里庄》评议工作，提出修改建议。配合区政府办提供二河开、北长河等北京市调研资料约3000字，图片20余张。参加北京市方志馆展览意见征集会，提出意见建议。为中共中央办公厅提供静明园历史舆图、百余本书目、电子书等史料约60万字，图片50余张。为中宣部提供苏州街史料6000字，图片10余张。参加京西稻协会《京西稻史》编纂筹备会。参加区文促中心举办的“中法论坛”活动筹备会。向首都图书馆春明簃阅读空间捐赠《海淀史地丛书》40余种80余本。

文化活动。指导艺术中关村2021——新具象·油画沙龙七周年展，联合举办“三山五园主题艺术展”。

（林琳）

【《北京市海淀区地名志》编写】 年内，区史志办对《北京市海淀区地名志》资料长编各分册进行继续修改完善，收集历史地名图片131张，补充地图、筛选书前彩插图片72页，增加序言、概述、大事记、章下述、地名文选、后记等内容。完成《北京市海淀区地名志初稿》（征求意见稿），约130万字，图片近1300张；将征求意见稿及时反馈给责编及相关专家征求意见。完成前插所用书画艺术作品的电子化。完成各篇稿件的修改意见并形成初稿合稿，约150万字，图片860余张。召开3次编辑会、3次专家征求意见会，对篇目设置，插图、条目排序等共性问题、具体内容进行研讨解读，提供多种可行性解决方案。

（林琳）

【西山方志书院】 年内，西山方志书院举办西山森林大讲堂讲座，邀请沈国舫院士作专题学术报告，线上线下受众达1万余人次。森林大课堂系列科普课程研发获得2020年度“北京林学会林业科普创新奖”一等奖、北京西山森林文化体验获得2021年度“北京林学会林业科普创新”二等奖。建设王九龄书屋，获赠生态、林业类书籍4000余册，书院藏书达1.1万余册。编印《森林大课堂课程手册》《追记台湾隐蔽战线的忠诚战士徐懋德》《万安山宝葫芦钩沉》。

（闫梦禹）

【《北京海淀年鉴》获区领导批示】 1月，区委书记于军，区委常委、政法委书记、区委办主任吴计亮分别对《北京海淀年鉴》工作做出批示。于军批示：“2020年区史志办的同志们延续多年的优良传统和作风，又获得多项殊荣。特别是以《北京海淀年鉴》为代表的优秀成果已经成为品牌和名片，也是我区工作高质量、高标准的一个代表！望继续努力，围绕中心和‘两新两高战略’开展研究和文化挖掘，为丰富我区文化和工作内涵做出新的贡献！”吴计亮批示：“请于军同志阅示。地方志同志默默奉献，成绩突出，深得各方认可。希望在今年的工作中继续发扬传统，争先创优。”2020年3月，《北京海淀年鉴（2019）》入选第四批中国年鉴精品工程“中国精品年鉴”，成为全国唯一一部四次蝉联中国精品年鉴的区县级综合年鉴；12月，获评第七届全国地方志优秀成果（年鉴类）特等年鉴，成为全国唯一一部五次蝉联特等年鉴的年鉴；12月，获评北京市第三届年鉴综合质量评审特等年鉴。

（林琳）

【年鉴工作交流座谈会】 3月3日，军事科学院解放军党史军史研究中心军事志研究室主任陈永红一行到区史志办，就年鉴工作进行交流座谈。区史志办主任李强介绍海淀区区情以及海淀年鉴工作取得入选中国精品年鉴、获得全国特等年鉴和北京市特等年鉴三项大奖，获得中指办、市委党史研究室地方志办和区领导的充分肯定。区史志办副主任赵习杰从如何确保稿件的收集和质量管控、队伍建设、如何提高撰稿人的积极性等方面作介绍。《北京海淀年鉴》执行主编钟冷作题为“追求卓越品质 铸就年鉴精品”的主旨发言，从框架设计、资料收集、编纂质量、制度保障4个方面，详细介绍打造“中国年鉴精品工程”的经验做法。科长田颖从齐、早、催、补4个方面对编纂工作作分享。陈永红主任介绍军科院军事志研究室承担的志、鉴工作开展情况，表示《北京海淀年鉴》成绩斐然，探索的一套行之有效的经验和做法值得学习和借鉴，希望双方建立联络机制，加强交流协作，推动军、地年鉴工作更上一层楼。双方与会人员就年鉴编纂规范、组稿、如何提升编纂质量、进度把控、编辑队伍和撰稿队伍培训等方面进行深入的交流和探讨，并就下一步工作交流与合作做出安排。

（林琳）

【“建党百年，学党史；思政教育，忆初心”共建活动】 6月7日，区史志办机关党支部与北京信息科技大学经济管理学院的管科学科研究生党支部开展“建党百年，学党史；思政教育，忆初心”共建活动。区史志办区志编研室主任以“李大钊与海淀”为题，从6个方面作专题报告，并就同学们提出的如何结合实际传承革命精神，如何学好党史、保持对历史学习的持续性等问题开展交流讨论。

（林琳）

【《北京海淀年鉴（2021）》出版】 12月，由海淀区政府主办，区史志办编纂的《北京海淀年鉴（2021）》由方志出版社出版。主编李强，执行主编钟冷。此卷为第20卷，全面记述2020年海淀区自然、政治、经济、文化、社会、生态方面的基本情况。卷首专题图片设大事要闻、新冠肺炎疫情防控、中关村科学城、“两区”建设、“三山五园”历史文化景区、对口帮扶、垃圾分类；正文设区情概览、特载、专文、大事记、中共海淀区委、海淀区人民代表大会、海淀区人民政府、政协海淀区委员会、中共海淀区纪委海淀区监委、民主党派、人民团体、法治、军事、中关村科学城、“三山五园”历史文化景区、“两区”建设、经济管理、农业农村、商贸服务业、旅游业、生态环境、城市建设与管理、应急管理、交通邮政通信、科技、教育、文化、卫生健康、体育、社会建设、社会生活、街道镇（地区）、人物荣誉、统计资料、附录35个类目，有207个分目、21个次分目、2361个条目，132.5万字。其中27个类目为“类目—分目—条目”三级层级，3个类目为“类目—分目—次分目—条目”四级层级。部分类目之首设综述，部分分目、次分目之首设概况。卷末附索引。全书有31张表格、37幅示意图、288张照片。该卷在突出海淀地域特色的同时，年度特点突出。增设新冠疫情防控专题图片和“两区”建设、垃圾分类专题图片和正文类目，突出反映年度新工作；在专文中收录“十三五”规划执行情况报告和“十四五”规划纲要，总体概括前五年取得的成绩，了解未来五年的远景目标。框架设置有所调整：撤销党和国家领导人与海淀类目；撤销中关村科技园区海淀园类目，内容并入中关村科学城类目；增设“两区”建设类目；海淀区人民政府类目下增设“接诉即办”工作分目；应急管理分目升格为类目；生态环境类目下增设市容环境、环境卫生分目，调整至城市建设与管理类目。在排版上有所调整，取消每个类目前的照片专题，代之以随文图；由四色印刷改为彩色印刷。

（林琳）

文联活动

【概况】 2021年，北京市海淀区文学艺术界联合会（简称区文联）下属北京市海淀区作家协会、北京市海淀区美术家协会、北京市海淀书法家协会、北京市海淀区摄影家协会、北京市海淀舞蹈家协会、北京市海淀区戏剧家协会、北京市海淀区四季书画协会、北京市海淀区楹联学会、北京市海淀区西山孟子书院、北京市海淀区纳兰文化研究中心、北京市海淀区香山诗社、北京市海淀区京华印社、北京市海淀区四知文化研究会、北京市海淀区西山文院、北京市海淀区电力行业企业家摄影协会、北京市海淀区枫林书画研究会等16个单位会员，注册会员3793人。

区文联以庆祝宣传建党100周年华诞为主线，紧紧围绕文化大区建设目标，不断加强“四力”，坚持“二为”方向和“双百”方针，促进海淀区文艺工作的深入发展。6次组织学习领会建党百年系列讲话精神，开展系列庆祝活动。推动《海淀区文联改革方案》，完成增加编制项目，区编委批复区文联增加编制6名和科级领导职数3名，设置办公室、组联部、创联部。下属协会克服疫情影响，通过线上线下等多种方式，开展各种活动共计120多场（次）。海淀作协组织、策划建党百年征文暨诗歌朗诵会，和猎户集团共同设立文化发展战略研究中心，组织参加第六届“文荟北京”群众文学创作活动，有11人获奖，海淀作协进行换届选举大会，和广西壮象木业有限公司联合开展以“稻子的故事”为主题的全国征文比赛圆满结束，小作协活动顺利开展；海淀美协开展多场学党史、颂党恩活动，组织多次主题画展；京华印社制作百余枚方印纪念建党100周年走进八里庄街道和上庄进行展览；龙在天皮影剧艺术剧院推出多部和建党百年有关的皮影戏，10月份签约台湖演艺小镇；四香书画院组织画家举办大美乡村七镇联合采风活动；海淀书协组织书法家进社区送福活动和庆祝建党100周年主题笔会；海淀楹联学会以诗书画联相结合的方式庆祝建党百年；孟子书院“借船出海”，拟推孟子文化出国门；纳兰文化研究中心党建活动走进革命老区南唐梅村。海淀摄协携手新浪农业慰问老艺术家于黛琴夫妇。廉政皮影戏《安得广厦千万间》喜获一等奖。龙岗安居里小区举办生活垃圾分类宣传活动。海淀美协举办党课讲座。著名画家杨永安艺术臻品展在京开幕。编辑出版《海淀文艺》6期、《稻香湖诗刊》4期，共计32万余字。

（王彬）

【孙晓材创作中国精神系列画作】 2月至5月，区政协常委，原海淀美协副主席孙晓材历经三个月，以红船精神、井冈山精神、长征精神、抗美援朝精神、“两弹一星”精神、脱贫攻坚精神、伟大抗疫精神等主题创作多幅画作庆祝建党百年华诞。《人民政协报》、《劳动午报》、新华网等有关媒体刊发和报道。

（王彬）

【“大美乡村”美术作品展】 4月15日至26日，区文联组织诗书画影爱好者、非物质文化遗产传承人20多人在区文化馆北馆举办庆祝建党100周年“大美乡村”美术作品展。展出庆祝建党百年的作品60多幅，千余人次前往观摩学习。

（王彬）

【诗的力量·首届北京稻香湖诗会】 5月9日，海淀作协组织策划庆祝建党100周年活动，以“诗的力量”为主题的首届北京稻香湖诗会在北京外研书店（东升科技园店）举办。现场参与人数60人，近千人通过腾讯直播收看，中国作家网、中国诗歌网、人人文学网等有关网站进行刊发报道。

（王彬）

5月10日，京华印社百枚红印篆刻作品微展览走进八里庄街道（区文联 供图）

【庆祝建党100周年系列宣传活动】 6月12日，区文联以“忆往昔、颂今朝、向未来”为主题，隆重庆祝党的百年华诞。诗歌爱好者，来自海淀区八一学校、北外附小等多所学校学生、艺术家共计100多人参加活动。6月19日，海淀区书法家协会在海淀北部文化中心举办庆祝建党100周年主题笔会，创作《遥思愈党联》《红船破浪斗方》等作品70余幅。6月22日至23日，区文联开展党史教育，组织本单位和各协会党员、入党积极分子，分批次前往中国国家画院美术馆，参观学习“情满大别山——大别山精神暨红25军历史题材写生创作展”，进行党史学习教育。七一前夕，区美协组织会员绘制100幅展现人民幸福生活、建设美好家园、守护自然生态的艺术作品。举办“永远跟党走”大型网络展，作品分为国画、油画、水彩等多个展区，作品创作来自海淀美协举行的“学党史·守初心、学党史·办实事、学党史·强才能、学党史·感党恩、学党史·寻足迹、学党史·跟党走”等一系列中国共产党党史主题教育活动。区京华印社组织会员制作百余枚方印，方印上的文字按编年选取，紧扣党缔造、建设新中国的伟大历程，如“共产党宣言”“中国共产党章程”“星星之火，可以燎原”等，篆刻出一部微党史。

（王彬）

【礼赞中国共产党百年华诞城市文化交流展暨海淀百景图南通站巡展】 7月9日，中国美术家协会主席范迪安、中国国家画院院长卢禹舜在内的101位中国画名家的佳作在南通报业传媒集团一楼展览大厅集体亮相。本次画展的部分作品是海淀文联2016年就开始筹划、2018年组织艺术家采风，在收集的500多张画作中优选的海淀百景图基础上，邀请一批大家、名家对海淀百景图进行的再创作。该活动由北京市海淀区委宣传部、江苏南通市委宣传部、北京市海淀区文联、南通市文联主办，南通报业传媒集团、北京海淀区美协承办，南通市通州区委宣传部协办。

（王彬）

【海淀区作家协会第四届会员代表大会】 7月18日，海淀区作家协会召开第四届会员代表大会，选举产生新一届主席团成员。北京作协副秘书长王虓，海淀区委宣传部副部长、区文联主席苗地出席会议并讲话。区委宣传部副部长刁伟梅、区文联副主席叶宏奇、门头沟区作协主席马淑琴、石景山区作协主席李金明等应邀出席大会。

（王彬）

【协会新媒体培训会】 8月23日，区文联组织摄影家协会、作家协会、书法家协会等下属协会的秘书长及副秘书长召开协会有关人员新媒体培训会，中关村数字艺术中心的郭翔向参会人员详细讲解中关村数字艺术网站的用法。该网站以数字科技的发展和全新的传媒技术为基础，相对于传统的传播方式，在传播、存储、复制等各个方面都有不可替代的优势。网站上线后，将会以各协会为单位，组织登记在册的会员网上注册账号，可以在此网站上传自己的作品。后期各协会将安排专门的工作人员对协会会员上传的作品进行监督和审查。讲解结束，郭翔对参会人员提出的问题进行耐心解答，大家对网站提出的可行性建议，为网站后期的管理提供了新思路。

（王彬）

【海淀区文学骨干创作辅导班第二讲——“用文字记录历史”】 9月23日，区文化馆主办，区文联协办“用文字记录历史”讲座。区文联副主席、作家叶宏奇从结合自己的创作实践出发，对报告文学这一文学体裁的定义、历史渊源、特点、典型塑造、和其他文学形式的异同、如何进行报告文学的采访和写作等方面进行阐述，运用大量实例，解读报告文学的创新与发展，拓宽海淀区作家和文学爱好者的写作视角，激发文学创作激情，为大家献上一场生动的写作课。这也是海淀区文学骨干创作辅导班第二讲。

（王彬）

【皮影戏《冰雪运动会》】 11月，区文联下属协会北京龙在天皮影艺术剧院创作的“冬奥”主题皮影戏《冰雪运动会》，登上中央电视台戏曲频道《一鸣惊人》栏目，院长王熙带领演员们现场表演“冬奥”主题皮影戏《冰雪运动会》，通过一个童话小故事，用皮影戏的方式，展示冰球、冰壶、花样滑冰等运动的表演技巧。

（王彬）

【百川汇海·作家大讲堂】 12月4日，“百川汇海·作家大讲堂”第二十四期举办，邀请著名作家、《北京文学》月刊社原社长兼执行主编杨晓升以“作家写作规划和投稿策略漫谈”为主题开讲，海淀区作家与文学爱好者70余人现场聆听讲座，300余位观众线上收看讲座并进行交流互动。

（王彬）

【海淀美协第六届会员代表大会】 12月12日，海淀区美术家协会召开第六届会员代表大会。会议审议并通过《关于修改章程的说明》《海淀区美术家协会第五届理事会工作报告》，选举产生海淀美协第六届理事会、监事会和主席团。在第六届第一次理事会上，选举苗再新为主席，14人为美协副主席。

（王彬）

卫生健康

综述

2021年，海淀区卫生健康工作以统筹推进常态化疫情防控和“健康海淀”建设为主线，以强化基层卫生建设为重点，促进海淀区经济社会健康发展和民生改善。公共卫生应急管理体系逐步完善，基层医疗服务能力持续增强，中医药传承创新迈出坚实步伐，人口家庭发展、妇幼卫生与健康老龄化工作稳步推进。完成建党100周年庆祝活动、中关村论坛、冬奥会测试赛等重大活动医疗服务保障任务。审批新增医疗机构118家，完成“我为群众办实事”509件。

健康海淀规划编制。将《“十四五”时期健康海淀建设规划》列为全区重点专项规划和海淀区重大行政决策事项，统筹推动规划研究编制工作。完成《海淀区智慧卫生“十四五”规划》编制。

公共卫生应急体系建设。健全公共卫生监测预警体系，设立253处监测哨点，累计监测28万余人次，物品19万余件。建设发热门诊24家、发热筛查哨点18家。推进全区二级以上公立医疗机构发热、呼吸、肠道门诊规范化建设，提高传染病多点监测和早期预警能力。推进区疾病预防控制中心标准化建设和能力建设。以海淀医院作为区级医疗救治定点医院，形成市级、区级定点救治医院和社区卫生服务中心以及其他医疗卫生机构构成的应急医疗救治网络。推进院前急救体系建设。新建急救站14个，改建急救站18个，呼叫满足率达到97%。建立公共卫生应急事件医用物资储备库，储备规模达到应急状态下1—3个月所需用量。推进建立多种不同类型的社会心理服务单元，利用“海淀区心理健康服务平台”和健康讲座双媒介开展心理健康科普服务。

医疗卫生基础设施建设。北部医疗中心、苏家坨中心医院、西三旗金隅科技园配套医院和海淀区中医医院建设项目正在稳步推进中。完成“一村一站（室）”村级医疗机构建设，新建16家站（室）开业运行，全区53个行政村实现“一村一室（站）、一村至少一医”。

提升基层卫生服务能力。全面提升中医药服务能力。建成13个海淀区社区卫生中医药服务示范中心、14个示范站、6个示范艾灸工作室；100%社区卫生服务站配备中医师并提供中医药服务。21家社区卫生服务中心达到国家级推荐标准，19家社区卫生服务中心建设市级特色专病科室25个。推进紧密型医联体建设和分级诊疗制度落实。在“6+5”医联体体系基础上，建成三个紧密型医联体试点。综合医联体核心医院和其他三级医院为基层预留号源比例由20%提高至30%。

家庭医生签约服务。全面探索“1+3+N”家庭医生签约服务模式，将家庭医生签约服务重心下移到社区（村），在10个社区（村）建成家庭医生巡诊工作室。试点在二级医院开展家庭医生签约服务，以购买服务形式补给社区卫生资源不足。家庭医生全年上门服务4.6万余次。

卫生监管。全面落实“双随机、一公开”监管模式，探索信用监管，加大对失信行为惩戒力度，构建卫生健康系统诚信体系。开展打击非法行医、医疗美容专项整治，完善打非长效机制，取缔无证行医。开展医疗废物、消毒产品专项执法、尘毒专项治理等监督工作。共监督101109户次，处罚1081件。

平安医院建设。狠抓医院安全秩序管理和隐患排查治理，探索警医联动长效机制，有效遏制事故发生。辖区119家一级以上医疗机构实施安检，106家一级以上医疗机构安装一键式报警装置，34家二级以上医疗机构建立警务室，初步实现人防、物防、技防有机融合的防控态势。

公立医院改革。学习推广福建省三明市医改工作经验，进一步探索海淀区公立医院改革路径，围绕规划、调研、培训、工作推进等全环节，强化“三医联动”工作机制。完成海淀医院、中关村医院理事会、监事会换届工作，公立医院治理、管理、运行机制进一步完善。

卫生健康帮扶。完成6个受援地区41家医疗机构的帮扶工作任务，帮助受援地区建立完善相关管理制度144个、输出医疗卫生技术77项，培训专业技术人才1816人次，接收来京培训专业技术人才108人次。

重大活动医疗保障。完成建党100周年庆祝活动医疗保障工作。建立“一办九组”的工作机制，组建涉及医疗救护、急救、流调、消毒、卫生监督等多个专业的医疗防疫保障队伍；明确6家医院作为定点救治医院，开通绿色就诊通道，顺利完成活动远端集结点和驻地保障等任务。完成北京冬奥会测试赛医疗服务保障及疫情防控任务。成立冬奥工作专班，组建涉及46家医疗机构192人的医疗防疫保障队伍，闭环管理服务3007人，派驻疾控、卫生监督和医护人员，保障紫玉饭店、西苑饭店等涉奥场所，累计健康监测8万余人次，核酸检测4.5万余人，环境检测2.4万余件，消杀面积161.6万平方米。

（张金玲）

卫生监督与管理

【概况】2021年，全区有医疗卫生机构1361个，其中非营利性558个、营利性793个。实有床位13761张。卫技人员40135人，其中执业（助理）医师14821人、注册护士17810人，其他人员6806人。全区户籍人口死亡14074人，其中男性死亡7960人，女性死亡6114人，死亡性别比为130：100，粗死亡率为5.8‰。海淀区居民死因前十位依次为：恶性肿瘤、心脏病、脑血管病、呼吸系统疾病、内分泌和营养代谢性疾病、损伤和中毒、消化系统疾病、神经系统疾病、泌尿生殖系统疾病和精神障碍。前十位死因总死亡人数为12811人，占全死因总数的91.03%；因病死亡人数为13601人，占全死因总数的96.64%。

新登记医疗机构151家（包括社区卫生服务机构16家、综合机构3家、眼科机构1家、医疗美容机构10家、口腔机构44家、中医机构3家、普通诊所24家、其他诊所6家、卫生站12家、医务室2家、医学检验实验室1家、康复医疗中心1家、护理站3家；中医备案制诊所20家、养老机构备案制2家、诊所备案制3家）；停业66家，解除停业18家，注销40家，遗失补办3家。医疗机构校验1039家，暂缓校验4家。办理医师类7826件次，护士6125件次。限制类医疗技术备案4项，均在海淀医院。有注册医疗机构1356家，床位17208张；区卫健委注册的医师8053名，护士13293名。办理母婴保健服务机构34件次，人员104件次（706人次）。组织计划生育和助产技术服务人员行政许可考核工作4场，办理129人的母婴保健证书。

2021年度，收入总计874178.39万元。其中：本年收入843356.76万元，使用非财政拨款结余7999.79万元，年初结转和结余22821.84万元。本年收入增加87555.84万元，增长11.58%。本年支出总计874178.39万元。其中：本年支出合计826504.18万元，结余分配37432.56万元，年末结转和结余10241.65万元。本年支出增加66316.44万元，增长8.72%。追加调整经费37笔，涉及经费27565.81万元。其中追加支持区属各单位发展经费7472.92万元；追加防疫物资经费197.15万元；核酸检测费6769.76万元；疫苗接种经费1875.57万元；追加人员补助8533.68万元；发热哨点建设经费120万元；“一村一站（室）”建设经费831.06万元。基建总投资32471万元，全部为财政投入。建筑面积266410平方米。项目进展为在施工，其中新建、扩建医疗用房项目5项，资金28966万元，面积252887平方米；新建社区卫生服务中心2处，资金2331万元，面积9709平方米；卫生服务站建设1项，建筑面积3814.5平方米，资金1174万元，完成12个社区卫生服务站装修改造工程。

1月30日，中共北京市海淀区卫生健康监督所委员会、北京市海淀区卫生健康监督所正式挂牌。海淀区标准化心脏康复建设平台暨“胡大一中关村名医工作室”成立。由区卫生健康委员会（简称区卫生健康委）、区妇幼保健院举办第二届中关村妇幼健康发展论坛暨区域妇幼健康管理创新论坛。海淀区妇幼保健院获评全国首批“产科麻醉与分娩镇痛优秀基地”。

（谭秋菊　李瑞新　马静）

【公立医院改革】 年内，区卫生健康委继续推动公立医院改革工作。召开海淀医院理事会、监事会第一次会议，完成海淀医院理事会、监事会换届工作。召开中关村医院第二届理事会、监事会第一次会议，完成中关村医院理事会、监事会换届工作。

（秦思）

【国际化医疗项目建设】 年内，区卫生健康委开展北京阜诚医院项目建设，为以专科技术为引领的国内一流的国际化社会办医的三级综合性医院，正在装修阶段。首创·光合健康荟项目建设，开拓性打造北京首个共享Medical Mall，整体内部施工改造全部完成。其中，北京聚鹿康复医疗中心和北京孔医堂中医门诊部完成验收工作；北京光合佳年国际门诊部、北京优脑银河诊所已领取《医疗机构执业许可证》；北京齿明口腔门诊部正在进行医疗机构设置的公示工作。

（陈麓）

【医疗工作】 年内，区属医院出院人次60495人次，病床使用率71.17%，平均住院日10.28日。住院手术人数27262人次，医护比例1∶1.24。启用集中隔离医学观察点49个，常态运行区级集中隔离点13个，可用医学观察房间常态保持在1923间。全面重启25个街镇级集中隔离点，储备可用于医学观察房间1911间。医学观察人员37811人，接收15批次入境进京人员12628人。统筹调配7家区属二三级医院、29家社区卫生服务中心的3000人次专业技术人员充实抗疫一线。

（谭秋菊　张金玲）

【医联体建设】 年内，区卫生健康委推进紧密型医联体建设和分级诊疗制度落实。在“6+6”医联体体系①基础上，建成世纪坛医院和羊坊店社区卫生服务中心、航天中心医院和永定路社区卫生服务中心、海淀医院和温泉社区卫生服务中心三个紧密型医联体试点。综合医联体核心医院和其他三级医院为基层预留号源比例由20%提高至30%。各医联体内基层上转患者10.6万人次，核心医院下转患者14.4万人次。

（谭秋菊　张金玲）

【公共卫生监督】 年内，辖区有公共场所4078户，应量化公共场所单位100%完成量化分级。经常性监督检查13107户次，覆盖率99.63%，合格率93.12%，处罚813户次，罚没款金额99.68万元。有生活饮用水单位3453户，经常性监督检查9470户次，覆盖率99.71%，合格率99.66%，农村自备井办证率100%。未发生生活饮用水污染事故。处罚75户次，罚没款金额22.25万元。对西北旺镇、苏家坨镇、上庄镇、温泉镇、四季青镇、海淀镇、东升镇等7个镇正在使用中的生活饮用水自备井开展水质检测，实现检测覆盖率100%。枯水期对154件自备井水样进行检测及复测，合格154件，合格率100%；丰水期对155件自备井水样进行检测及复测，合格149口，合格率96.13%。辖区内医疗机构1319户，监督检查34444户次，覆盖率99.62%，合格率99.85%，

① “6+6”医联体体系：6个综合医联体和6个专科医联体。6个综合医联体：海淀区东南部医联体、海淀区西南部医联体、海淀区中西部医联体、海淀区中东部医联体、海淀区西北部医联体、海淀区东北部医联体。6个专科医联体：海淀区精神专科防治医联体、海淀区中医专科医联体、海淀区老年康复专科医联体、海淀区口腔专科医联体，海淀区肿瘤专科医联体、海淀区中西医结合专科医联体。实现辖区二三级医院及社区卫生服务中心全覆盖。

处罚50户次，罚没款金额46.16万元。推进打击无证行医工作，处罚取缔无证行医点20户次，罚没款84.94万余元。开展打击非法行医、非法医疗美容整治、从业人员健康证办理、介入类诊疗技术临床应用、人类辅助生殖技术等专项监督执法。临床用血监督检查市血液中心、各临床用血医疗机构49户次。传染病防治检查37356户次。职业卫生监督457户次，学校卫生监督1679户次，放射卫生监督1994户次，计划生育监督97户次。“疏解整治促提升”专项行动由区卫生健康委主责的6户无证点位全部销账，完成无证点位核查17批次、334个点位。

（游水元）

【卫生应急工作】 年内，区卫生健康委完成各类大型活动、会议、考试等医疗防疫保障工作，包括庆祝建党100周年各项活动、2021中关村论坛、科技周等大型活动保障；全国两会、区党代会、区两会等会议保障；中高考、公务员考试、法律考试、初高中学考等考试保障；成年人、未成年人新冠疫苗接种保障；春节、国庆节、香山红叶节、清明节等各类节假日维稳保障。共发出1464车次、4725人次，疫苗保障323天。

（谢嘉沅）

【全国健康促进区完成国家级验收】 年内，海淀区通过全国健康促进区的国家级验收。自健康场所创建工作启动以来共创建健康社区355个，健康机关23个，健康企业5个，健康促进医院66家，健康促进学校169所。健康促进医院实现全面覆盖，辖区医疗机构健促医院覆盖率为100%。开展无烟家庭创建活动和北京市健康示范家庭创建活动，无烟家庭海淀区申报创建总数1455户，成功创建1004户；健康家庭成功创建1481家。开展北京市第四批控烟示范单位创建，创建71家区级党政机关。

（李玉莲　李丹宁）

【健康教育】 年内，海淀区医疗机构健康大课堂覆盖29个街镇，线下大课堂1713场，比2020年同期（990场）增长73.03%；受众人数114865人，比上年（58923人）增长94.94%。线上讲座995场，比上年（504场）增长97.42%。开展世界无烟日、全民洗手日等卫生主题日宣传活动。围绕卫生健康公约主题，“北京海淀健康教育”官方微博发布原创微博376条，转发微博714条，受众22138人次。完成全区200块宣传栏制作和更换6期，主题围绕传染病防治法，诸如病毒防控，新冠肺炎常态化防控等进行宣传。《健康海淀》完成13期动画制作，内容包括新冠疫苗接种宣传、结核防治宣传等，视频在大鱼号、企鹅号、爱奇艺、新浪微博、微信、微博等网站及医疗机构、社区等进行推广，累计阅读及播放量达400余万人次。启动“学《卫生健康公约》赢红包线上竞答活动”，注册88958人，参与竞答73442人。北京市第4次成人烟草调查，入户1010户，完成有效问卷840份；北京市儿童青少年幽门螺杆菌感染流行病学调查，调查720人；北京市青少年烟草流行监测调查，完成844份中学生问卷和1440份大学生问卷调查；360人参与高中生饮酒项目调查。

（李玉莲）

【食品卫生监测】 年内，区疾病预防控制中心组织食品食源性致病菌监测采集样品216件，监测项目12项，检测项目次数960项次。食品化学污染物及有害因素监测采集样品130件，其中海淀自采自检样品60件，采集送外区检测样品70件，检测项目75项，检测项目次数1300项次；接受外区送检样品50件，检测项目6项，检测项目次数300项次。海淀区2021年扩大监测：市售熟肉制品中食源性致病菌监测采集60件熟肉制品，监测项目10项，检测项目次数600项次；市售预包装果蔬汁饮料、果酱中展青霉素监测采集果蔬汁饮料、果酱60件，监测项目1项，检测项目次数60项次。

（李玉莲）

【食源性疾患疫情处置】 年内，区疾病预防控制中心处理疫情5起，采集样品154件，其中可疑食品82件，涂抹18件，肛拭子（便）53件，呕吐物1件，共出动36人次。7件样品检出致病物质，2起定性为食源性疾病事件。

（李玉莲）

【公共场所监测】 年内，区卫生健康委完成43家公共场所健康危害因素监测任务，其中住宿15家，商超7家，美容理发9家，游泳场所4家，候车室2家，健身房2家，沐浴场所4家。完成基本信息调查表43份，从业人员调查表407份，监测样本1089件，所有调查结果已上报中国疾控中心。

（李玉莲）

【饮用水水质监测】 年内，区卫生健康委开展辖区内市政水、二次供水、农村自备井水等监测工作。设置市政水监测点35个，实现辖区街镇全覆盖，全年共计检测水样340件，合格率为100%。二次供水监测点10个，共计检测水样60件，合格率为100%。农村自备井按要求开展枯、丰水期监测工作，共计检测水样309件，总合格率为98.1%。

（李玉莲）

【智慧卫生建设】 年内，智能语音辅助诊疗项目、区域影像平台提升项目、上地医院院内信息系统项目启动建设。智慧卫生一期项目、智慧卫生二期羊坊店医院信息化建设项目、智慧卫生二期海淀区精神卫生防治院信息化建设项目、海淀区社区心理健康管理系统网络平台升级改造项目完成竣工验收，正式投入使用。区域卫生及公共卫生平台、医疗平台基础服务及医疗联合体应用全部完成建设，区属社区卫生机构全部实现在线分时段预约挂号。完善智慧卫生项目顶层设计及项目管理工作，编制完成智慧卫生“十四五”规划；出台《海淀区卫生健康委信息化项目建设管理办法（试行）》，对区属各单位项目立项、项目审批、验收、测评、等级保护等各方面进行规范。确保系统网络安全，开展两次卫生专网网络安全大检查。

（吴涛）

【智慧卫生“十四五”规划编制完成】 年内，区卫生健康委完成《海淀区智慧卫生“十四五”规划》编制。推进智慧卫生领域智慧体系建设，提升群众获得感幸福感。以建设并丰富卫生健康领域感知体系为统领，以区域医疗中心及基础平台建设为框架，助力数字化健康服务产业发展，推动医学知识智能化、医疗信息云端化、健康服务远程化建设，探索健康服务产业的新业态和新模式：形成区域医学诊疗中心框架，强化基础能力建设；强化卫生健康终端感知应用，建立互联互通的智慧卫生数据服务体系；构建新型医疗服务和卫生管理模式，全面提升公共卫生管理信息化水平；加强卫健监管与安全保障能力。

（吴涛）

【医疗卫生基础设施建设】 年内，全区在建项目8项，建筑面积合计266410平方米。基建总投资32271万元，全部为财政资金。其中，医院建设6项，分别为海淀医院改扩建医技综合楼项目、中关村医院手术室改造项目、北部医疗中心项目、海淀医院改造项目、苏家坨中心医院建设项目、海淀医院发热门诊楼工程，总建筑面积252887平方米，投资28966万元。社区卫生服务中心项目2项，分别为永丰新H地块社区医疗服务中心、翠湖新增D21地块社区医疗服务中心，总建筑面积9709平方米，投资2331万元。卫生服务站建设1项，为12个社区卫生服务站装修改造工程，总面积3814.5平方米，投资1174万元。

（马静）

【中医药工作】 年内，全区基层医疗卫生机构应用中医药技术和方法开展健康管理，高血压患者管理率为72.86%，糖尿病患者管理率为75.93%，孕产妇管理率为82.06%，均超额完成市中医局管理率55%的考核目标。对新冠肺炎确诊密接人员投放中药预防性用药967人份（成人893人，儿童74人），专家远程会诊7人，给予个性化中药处方，用药均无不良反应，无一转为确诊病例。完成第一批海淀区名老中医药专家学术经验传承工作，22名传承人全部通过结业考核、取得出师证书。确定第二批20对师生人选。继续开展中医经方培训暨中医经方读书会活动，152人通过结业考核。举办2021年海淀区经方大赛。做好北京市中医医术确有专长人员医师资格考核初审工作，线上报名46人，通过初审、复审28人，通过考核12人。持续推进中医药文化进校园工作，与区教委联合印发《海淀区中医药文化进校园工作实施方案》，包括科普讲座、校本课程、学校社团、中草药种植、中医药抗疫视频观看等活动形式，学校覆盖率达到66%，超额完成市下达的60%覆盖率指标。举办首次中医药科技创新企业与医疗机构对接会，支持中医药科技创新企业在海淀区先行先试，推进科技产品赋能中医临床。9月，海淀区首批名老中医药专家学术经验继承人结业典礼暨第二批继承人拜师仪式举行，为22名海淀区首批名老中医药专家学术经验继承人颁发出师证书，为6名优秀继承人、6位优秀指导老师颁发荣誉证书。

（袁学勤　骆叶）

【献血工作】 年内，海淀区采集血液46654.50个单位，其中街头采集血液28971.75个单位，团体无偿献血17682.75个单位。其中，团体献血15723人，献血量17682.75个单位；全血献血13405人，献血量15192.25个单位；成分血2318人，献血量2490.50个单位。街头献血人次16173人，采血量28971.75个单位。

（刘红霞）

【医疗对口帮扶】 年内，区卫生健康委落实市、区两级健康扶贫主体责任，完成6个受援地区的41家医疗机构的医疗帮扶工作任务。共派出医务人员49人次，培训专业技术人才1816人次；在京（通过网络）开展远程医疗服务569人次；对当地重点人群开展义诊巡诊434人次。帮助受援地区医疗机构建立完善管理制度144个，输出医疗卫生技术77项。航天中心医院与受援医院均联通远程会诊，组织远程临床会诊10人次，远程临床急会诊2人次，远程专家门诊15人次，远程医学教育50场次，惠及人员386人次。

（翟培）

【老龄人口】 年内，海淀区常住人口313万人，其中60岁以上老年人口60.9万人，占常住人口总数的19.5%，65岁及以上老年人口46万人，占常住人口总数的14.7%。

（王艳红）

【老龄健康服务】 年内，辖区有养老机构32家，照料中心30家、社区养老服务驿站98家，其中29家为持有医疗机构和养老机构双资质的医养结合机构。辖区卫生系统组织开展主题为“关注口腔健康、品味老年幸福”老年健康周活动，各单位各系统组织多场“我教老人用手机”等大型宣传活动。组织2021年海淀区“孝顺之星”命名活动和推荐北京市“孝顺榜样”活动。海淀区老年健康和医养结合中心（中关村医院）持续开展老年医学各类人才培训工作。组织推动二级（含）以上综合医院、中医院开展老年医学科建设，建设率达94%；推动一级（含）以上综合医院、中医院、康复医院、社区卫生服务中心开展老年友善医疗机构建设。36家医疗单位完成创建工作，占比达93%；推动34家基层医疗机构完成，创建率71%。推动医养结合工作，1家民营医院转型为拥有100张床位的康复医院。推动三级老年认知障碍防治特色服务网络建设，试点机构达31家；建成2家市级安宁疗护示范基地，推动临终关怀科建设，安宁疗护服务覆盖范围逐步扩大。启动区级安宁疗护诊疗中心筹建。

（王艳红）

【家庭健康促进行动试点工作】 年内，海淀区计划生育协会成功申报“中国计生协家庭健康促进行动试点工作项目”，为全国十个试点地区之一。建立海淀区家庭健康服务中心，向居民提供优生优育、科学育儿、老年健康、三减三健、青春健康等健康指导与服务，开展活动160余场，受益人群2.6万人次。组建100人的家庭健康指导员队伍，开展急救、中医、优生优育、慢病管理等健康知识培训及考核，线上线下培训2000余人次。组织“三减三健”线上知识问答活动，参与6000余人次。开展“舌尖健康 杜绝浪费 美丽庭院”系列主题讲座6场，参与近8000人次。开展“舌尖健康 杜绝浪费 美丽庭院”主题摄影展览活动，展出作品150余幅。全区29个街镇累计举办家庭健康大讲堂约400场次，受益人群约3.8万人次。开展生殖健康咨询服务170余场次，受益人群约6400人次。开展家庭健康主题推进活动288场次，受益人群近3万人次。14家“宝贝计划”基地举办活动230余场，受益人群4000余人次。全区开发制作家庭健康宣传品150多种，发放数量11万余个。组织参与中国计生协“孕妈萌宝小鸟餐”活动，报送作品140余幅。组织参与北京市计生协健康示范家庭创建活动，创建1765户。在2021年中国家庭健康大会上，海淀区作为全国十八个分会场之一，展现全区健康工作成果。

（申卫东　姚雪莹　杨彩云）

【城乡老年人生活状况抽样调查】 年内，区卫生健康委完成400份第五次中国城乡老年人生活状况抽样调查工作，调查内容包括老年人口基本情况、健康医疗状况、照料护理服务状况、家庭成员信息、经济状况、社会参与状况、维权意识与行动状况、宜居环境状况、精神文化等9个方面，设计120—200个问题。

（申卫东　姚雪莹　杨彩云）

【2020年居民健康素养监测调查结果发布】 9月1日，区卫生健康委正式发布2020年海淀区居民健康素养监测调查结果。监测调查采用多阶段整群随机抽样方法，覆盖全区29个街道（镇），每个街道（镇）抽取3个居（村）委会，共计87个居（村）委会。监测对象为海淀区15岁至69岁常住人口（指过去一年内在海淀区居住并生活累计6个月以上的居民），共调查6960人，获得有效问卷为6464份，问卷有效率92.87%。监测结果显示，2020年海淀区居民健康素养水平为36.56%，约为全国居民健康素养水平23.15%的1.5倍，高于北京市居民健康素养水平36.4%。街道居民健康素养水平为40.63%，镇居民健康素养水平为31.00%。居民基本健康知识和理念素养水平为40.33%，健康生活方式与行为素养水平为35.82%，健康技能素养水平为45.99%。根据2018年和2020年海淀区居民健康素养监测结果显示，2020年海淀区居民健康素养水平显著高于2018年海淀区居民健康素养水平28.56%，比2018年提升8个百分点，2018年至2020年年均增幅4个百分点。

（钟冷）

基层卫生

【社区卫生】 年内，全区有社区卫生服务中心政府办28家、非政府办22家；社区卫生服务站政府办站142个，非政府办站67个。全区人群家庭医生签约132万人，签约率42.14%；其中重点人群签约70.58万人，签约率91.09%。开通北京市基层卫生预约转诊服务管理平台，完成预约转诊13人次。根据海淀区2021年七普数据，常住人口313万人，电子健康档案2517616份，电子建档率80.34%。其中规范化电子健康档案1920369份，规范化电子健康档案覆盖率61.28%。有动态使用的电子健康档案1390440份，档案动态使用率为55.22%。高血压患者区级管理任务量为20.5万人，常规监测报表平台显示海淀区共管理高血压患者241130人，其中规范管理170796人、规范管理率70.83%。糖尿病患者区级管理任务量为88500人，常规监测报表平台显示海淀区管理2型糖尿病患者112396人，其中规范管理79168人，规范管理率70.43%。培养家保员640名。完成辖区13家基层医疗卫生机构发热筛查哨点建设。

（尹杰）

【学校卫生】 年内，海淀区2020年至2021年共有中小学校（包括分校）207所，其中203所学校参加体检。在校生共290981人，实检人数281916人（体检率96.88%）。其中小学120所，学生179583人，实检人数175985人（体检率98.00%）；普通中学84所，在校生109366人，实检人数104019人（体检率95.11%）；职高3所，在校生2032人，实检人数1912人（体检率94.09%）。中小学生肥胖检出率16.47%，营养不良检出率5.04%，视力不良检出率66.75%，贫血检出率0.53%，恒牙患龋率为14.22%，恒牙充填率为62.41%。

（李玉莲）

【职业卫生】 年内，区卫生健康委对辖区放射性风险较高的三甲医院开展监测，杜绝职业性放射性疾病的发生。开展各级医疗机构放射诊疗设备医用辐射监测，医用辐射设备合格率由2013年的65.7%提高到2021年的100%。完成2家非医疗机构放射性危害因素监测调查工作，完成率100%。配合市疾控中心完成8家医用辐射机构放射性职业病危害因素检测，完成率100%。完成231家单位、5257人次的个人剂量监测工作。完成辖区160家企业4457名接触重点职业病危害因素工人的职业健康监测及风险评估工作。完成职业病诊断鉴定5例。登记、审核职业病、疑似职业病、农药中毒病例7例，其中新发尘肺病例1例、噪声聋3例、一氧化碳中毒2例、农药中毒1例。访视新确诊病例1例。

（李玉莲）

【农村卫生】 年内，全区7个镇设置社区卫生服务中心（乡镇卫生院）9个，社区卫生服务站71个，村卫生室7个，基本形成以社区卫生服务机构为主，村卫生室为辅的覆盖方式。8个村卫生室均为村办村管，辖区社区卫生服务中心（乡镇卫生院）对其进行业务指导。随着涉农地区拆迁改造进程逐渐加快，行政村以新建社区卫生服务站为主，不再新增村卫生室，村卫生室自然消减。全年参加海淀区乡村医生考核60人，全部合格。全区在册乡村医生93人，分布于8家社区卫生服务中心。乡村医生执业证书有效期5年。65名乡村医生完成技能操作培训及考试，达到合格。组织1名乡医参加乡村全科执业助理医师资格考试。完成“一村一站（室）”村级医疗机构建设，新建16家站（室）正式开业运行。全区53个行政村实现农村地区“一村一室（站）、一村至少一医”。

（陈巧丽　李娜）

【精神卫生】 年内，完成全国社会心理服务体系建设试点区创建，社会心理服务网络初步形成。多部门、各街镇设置多种不同形式的社会心理服务单元，建立涵盖心理咨询师、治疗师、心理健康教育教师的人才信息库，成立高校心理健康服务联盟，搭建海淀区心理健康管理系统网络平台，社会心理服务工作有效落实。落实严重精神障碍患者服务管理，持续开展免费服药、监护人补贴申领等救治救助工作，通过上门送药，电话视频访视、远程医疗会诊等形式，保障海淀区18个疫情封控社区、298名居家隔离患者得到规范的医疗服务管理。组建心理危机干预工作指导小组、心理救援专家指导组、心理救援医疗队和心理援助热线队伍，加大8小时心理援助热线（010－62409085）的保障力度，为海淀区集中医学观察中心及冬奥保障增设24小时心理援助热线电话，为有序开展紧急心理危机干预和心理疏导工作提供保障。全区在册严重精神障碍患者12059人，其中6类重性精神病患者11890人。报告患病率为3.725‰，严重精神障碍患者规律服药率为88.93%，规范管理率为94.85%，免费服药政策惠及患者8878人，政策惠及率为73.62%。

（侯林飞）

【爱国卫生运动】 1月初，海淀区被命名为“2018—2020周期国家卫生区”。全区22个街道创成北京市卫生街道，完成卫生域区、卫生镇、卫生街道三级创建全覆盖。全面落实《海淀区深入开展新时代爱国卫生运动三年行动方案》，持续推进爱国卫生组织建设，截至年底，全区建有各级各类爱国卫生组织22357家。区爱卫办与区文明办共同开展以“文明健康 绿色环保”为主题的第33个爱国卫生月系列活动。每月动员社会力量开展周末卫生日大扫除活动。对涉冬奥会场馆及场所进行爱国卫生专项督导检查。以“冬奥有我 爱卫同行”为主题，开展秋冬季爱国卫生运动和家庭灭虫害活动。在《首都市民卫生健康公约》宣传活动期间，全区7.3万余名居民参加并完成线上健康知识答题。

（李丹宁）

疾病防治

【传染病防治】 年内，海淀区甲类传染病累计报告法定传染病0例，无死亡病例。乙类传染病累计报告法定传染病2726例，死亡病例21例。甲乙类法定传染病发病率为87.00/10万。其中乙类传染病发病率前三位分别是肺结核、痢疾和梅毒，肺结核、痢疾和梅毒报告发病数（发病率）分别为844例（26.94/10万）、544例（17.36/10万）和530例（16.91/10万）。

（李玉莲）

【结核病防治】 年内，全区报告肺结核患者797人，收治管理563人，比2020年的365例增长54.2%，报告患者的登记管理率为70.6%，未达到85%的考核要求。定点医疗机构收治患者284人，病原学阳性144人，病原学阳性率50.7%，达到50%的考核要求。定点医疗机构管理新病原学阳性患者115人，115人均进行耐药筛查，耐药筛查率为100%，达到80%的考核要求。定点医疗机构管理耐多药高危患者65人，65人均进行耐药筛查，耐药筛查率为100%，达到95%的考核要求。定点医疗机构发现耐多药患者6名，管理6名，纳入治疗率为100%，达到75%的考核要求。登记管理活动性肺结核患者数283人，治疗成功269人，治疗成功率95.1%，达到90%的考核要求。

（李玉莲）

【性病艾滋病防治】 年内，巩固全国艾滋病综合防治示范区成果，新报告HIV/AIDS 261例。二、三级医疗机构筛查953914人次，较2020年801413人次增长19.0%，其中256例确认阳性，较2020年155例阳性增加101例。海淀区4家艾滋病免费自愿咨询检测门诊为1526人提供自愿咨询检测及性病诊疗、心理辅导、转介治疗等服务，发现阳性57人，阳性率3.74%。

（李玉莲）

【慢病防治】 年内，新开展23个高血压自我管理小组，覆盖586个居委会，覆盖率为88.8%。开展17个糖尿病同伴支持小组，覆盖260个居委会，覆盖率为39.4%。在16家社区卫生服务中心开展糖尿病患者弹力带操练习，通过弹力带抗阻训练运动干预达到控制血糖的目的。完成脑卒中高危人群5504人的随访干预工作，实际完成随访人数5112人，死因监测系统内核实死亡对象44人，随访率95.37%；完成电话回访286人，电话回访率100%，电话回访与现场随访回答内容一致率达95%。巩固国家慢性病综合防控示范区工作成果，以“三减三健”（减盐、减油、减糖、健康口腔、健康体重、健康骨骼）为核心，开展“学生营养日”“全国高血压日”“全国爱牙日”“骨质疏松日”“联合国糖尿病日”等宣传工作。以慢病示范区创建为契机，构建慢性病防控体系、推广健康生活方式，创建示范餐厅2家，示范食堂1家，健康主题公园1家，健康小屋5家。

（李玉莲）

【免疫规划接种】 年内，全区有预防接种门诊119个，其中免疫规划预防接种门诊81个（AAA级4个、AA级15个、A级61个，达标1个），产科接种单位19个，狂犬疫苗接种门诊8个，成人疫苗接种门诊10个，其他类疫苗接种门诊1个。发放免疫规划疫苗19种共计9444461支，非免疫规划疫苗64种共计858363支。应急接种麻腮风、水痘等5种疫苗772支。接种各类疫苗10301165剂次，是2020年的6.38倍。除新冠疫苗外，其他各类疫苗接种1432934剂次。报告疑似预防接种反应972例，是2020年的3.375倍。24小时报告率99.90%，48小时调查率100%。其中一般反应209例，异常反应250例，偶合症429例，心因性反应83例，待定1例。

（李玉莲）

【新冠疫苗接种】 年内，全区接种新冠疫苗8868231剂次，占全年所有疫苗接种量的83.09%，接报疑似预防接种异常反应828例，其中一般反应145例、异常反应210、心因性反应81例、偶合症391例、待定1例。

（李玉莲）

【流感疫苗接种】 年内，全区接种流感疫苗328738人，其中招标流感疫苗接种263531人。招标流感疫苗中学生应接种291342人，实际接种155025人，接种率为53.21%；60岁及以上老人应接种170000人，实接种91983人，接种率为54.11%。自费流感疫苗接种65207人。学生接种数较上年下降8.72%，老人接种数较上年下降23.12%，免费和自费流感疫苗接种总数较上年下降24.62%。全区69.08%（181/262）的中小学校完成接种率，达到50%的接种目标。

（李玉莲）

妇幼保健

【妇女保健】 年内，为9960名适龄妇女进行免费宫颈癌筛查，筛查方案为宫颈细胞学（TCT）+人乳头瘤病毒（HPV）联合筛查，诊断癌前病变66例，宫颈癌4例。为10348名适龄妇女进行乳腺癌筛查，诊断乳腺癌前病变7例，乳腺癌13例。继续承担国家农村妇女"两癌"筛查工作。宫颈癌TCT筛查项目8000例，确诊癌前病变15例，微小浸润癌2例；宫颈癌HPV试点项目4000例，高危型HPV阳性人数293人，感染率为7.33%；诊断宫颈浸润癌1例，宫颈癌前病变22例。乳腺癌筛查项目4000例，诊断乳腺癌前病变1例，乳腺癌5例。为11543位新人进行婚前医学检查，初婚婚检率为40.76%。检出疾病2092人，建议暂缓结婚55人。为13102人进行孕前优生检查，检查率为86.10%

（于巧）

【孕产妇管理】 年内，全区19家助产机构管理24012名孕妇，分娩24706名新生儿，分娩量呈现下降趋势，活产数较上年下降4.61%。其中剖宫产产妇8968名，剖宫产率为37.35%，比2020年下降3.71%。免费为28265名孕妇进行艾滋病、梅毒和乙肝检测，筛查出HIV阳性孕妇0例；梅毒感染孕产妇16例，均进行规范治疗；乙肝表面抗原阳性产妇373例，所娩活产数395例，出生6小时内注射免疫球蛋白395例，注射率100%。区社区卫生服务机构共管理孕产妇19668名，其中高危孕产妇16583人，占比84.31%，高危管理率100%，孕产妇系统管理率99.57%。

（于巧）

【儿童保健】 年内，管理辖区0—6岁儿童140311名，为138749名0—6岁儿童开展免费健康体检和残疾筛查，儿童保健覆盖率为98.89%；系统管理136216名儿童，系统管理率为97.08%。为24540名新生儿进行新生儿疾病筛查，确诊先天性甲状腺功能低下33人，苯丙酮尿症10人，高TSH血症11人，肾上腺皮质增生症1人；为24067名新生儿进行听力筛查，筛查率为97.41%。为24428名新生儿进行免费先天性心脏病的筛查，其中筛查阳性数为972例，确诊先天性心脏病98例。监测新生儿出生缺陷650例，缺陷率26.22‰，主要出生缺陷病种为先天性心脏病、外耳其他畸形、多指（趾）、隐睾、其他肾脏异常，其中严重新生儿出生缺陷2例。0—6岁儿童中单纯性肥胖儿童4787名，肥胖发生率为3.45%。5岁以下儿童贫血率2.55%，生长发育迟缓率为0.22%，多年维持在较低水平。托幼园所在册儿童71765名，系统管理率为99.95%。其他儿童分别在社区卫生服务机构管理。全年辖区孕产妇无死亡，新生儿死亡12人、死亡率0.87‰，婴儿死亡18人、死亡率1.31‰，5岁以下儿童死亡32人、死亡率2.32‰。

（于巧）

【婴幼儿照护服务】 年内，区卫生健康委持续提升3岁以下婴幼儿照护服务能力。北京市首家成功备案的托育机构在海淀落户，全区共有80余家托育机构，4701个托位。5家托育机构被评选为北京市托育服务示范单位。依托各街镇的"宝贝基地"，开展线上线下科学育儿讲座及活动230余场，受益人群4000人次。

（张金玲）

计生服务

【计生工作】 年内，区卫生健康委完成示范性托育机构创建工作，推荐的5家托育机构被评为北京市托育服务示范单位（2021—2023年）。开展海淀区托育机构规范化管理调查，对在市场监管部门登记注册，开展托育服务的51家0—3岁托育机构的经营设置建设情况、规范化管理（备案条件情况）、预付式消费、卫生安全、婴幼儿照护等进行调查督导，指导、督促托育机构完善备案材料、及时备案，提升托育机构备案率。对督导中发现的问题，督促托育机构及时整改。对1000名幼儿家长进行生育意愿和托育服务满意度调查。编印下发《婴幼儿照护服务文件汇编》。完成2021年度托育机构年报工作。开展海淀区母婴设施使用情况调查。

（江红英　牛光鑫　孙天琪）

【计生关怀】 年内，区卫生健康委为全区计划生育特殊家庭特扶对象缴纳2020—2021年度居家养老失能护理互助保险经费686.2458万元。参保人年满65周岁后如不幸达到失能标准，可根据轻度、中度、重度等失能等级享受专业照护服务机构以"实物"形式提供的每月900元、1400元、1900

元等相应标准的照护服务。自1月1日起，入住北京市二星级及以上养老机构的计划生育特殊家庭中的失能、失智老年人或年满70周岁的老年人，按照每人每月2800元予以补助，其中市财政通过专项转移支付方式给予每人每月1400元的市级定额补助，区财政给予每人每月1400元的补助。开展计划生育特殊家庭相关服务人员线上技能培训10场，参与1.3万人次。投入经费100余万元，加强全区27家“暖心家园”建设。指导街镇开展计生特殊家庭节日慰问、集体庆生、文体活动、交流联谊、知识讲座、心理疏导、踏青秋游等帮扶活动240余场，受益4700余人次。元旦春节期间走访慰问计生家庭6000余人次。

（刘萍）

【生育政策落实】 年内，区卫生健康委按照《中共中央 国务院关于优化生育政策促进人口长期均衡发展的决定》提出的“优化生育政策，实施一对夫妻可以生育三个子女政策”“落实生育登记制度，做好生育咨询指导”，2021年8月20日修改实施的《中华人民共和国人口与计划生育法》第十八条规定“国家提倡适龄婚育、优生优育。一对夫妻可以生育三个子女”，《北京市卫生健康委员会关于落实生育登记制度的通知》等政策，开展生育登记培训，推进生育登记制度有效落实。

（牛光鑫 江红英）

【计生奖励发放】 年内，全区符合计划生育奖励扶助政策的达43375人次，总发放金额6684.585万元。其中，独生子女父母奖励符合政策人数25768人，发放金额148.725万元；农村部分计划生育家庭奖励扶助标准为每人每年2100元，符合政策人数447人，发放金额93.87万元；独生子女父母年老时一次性奖励费标准为女方年满55周岁、男方年满60周岁时每人1500元，符合政策人数5805人，发放金额870.75万元；计划生育家庭伤残、死亡特别扶助金发放标准分别为每人每月590元、720元，发放金额4310.34万元；发放独生子女父母一次性经济帮助金170万元；发放独生子女特扶家庭养老帮扶金1007.4万元。计划生育困难家庭标准为每户5000元，符合政策家庭167户，发放金额83.5万元。

（高凌飞）

【计生药具服务管理】 年内，全区3014个免费避孕药具发放点累计发放药具520万个。举办街镇、村居“国家基本公共卫生服务项目——免费提供避孕药具”及“避孕药具管理应用系统”业务培训。优化更新智能免费避孕药具自助发放机52台、免费避孕药具易得发放箱100台，提高育龄人群药具可及性。完成国家基本公共卫生服务项目——免费提供避孕药具考核评估工作。

（申卫东 姚雪莹 杨彩云）

【计生保险】 年内，全区计划生育家庭意外伤害保险投保总额155万余元，财政补贴保费73万余元。其中计划生育家庭意外伤害保险总投保家庭3万余户（8万余人），投保金额近100万元，财政补贴投保家庭6175户，财政补贴保费17万余元；计生特殊家庭父母意外身故及住院补贴保险投保总人数5560人，财政补贴保费55.6万元。落实北京市计生协2021—2022年度“暖心计划”，向计划生育失独家庭发放暖心卡2628张。开展计划生育特殊家庭相关服务人员线上技能培训10场，累计参与1.3万人次。投入经费100余万元，加强全区27家“暖心家园”建设，指导街镇开展计生特殊家庭节日慰问、集体庆生、文体活动、交流联谊、知识讲座、心理疏导、踏青秋游等帮扶活动，全年累计活动240余场，受益4700余人次。元旦春节期间走访慰问计生家庭6000余人次。

（申卫东 姚雪莹 杨彩云）

【计生宣传】 年内，全区累计开展计生宣传活动1400余场，受益15万人次。报送宣传信息300余篇，市计生协网站采纳280篇，市级微信公众号采纳100余篇，国家级网站采纳近20篇。制发卫生健康宣传工作手册、科学育儿、家庭健康促进宣传折页等宣传资料约4.8万份。

（申卫东 姚雪莹 杨彩云）

新冠疫情防控医疗保障

【概况】 2021年，区卫生健康委贯彻落实国家、北京市决策部署和区疫情防控领导小组相关工作要求，持续筑牢“外防输入、内防反弹”屏障，完善“及时发现、快速处置、精准管控、有效救治”常态化防控机制，制定《海淀区（中关村科学城）加强公共卫生应急管理体系建设2021年重点任务清单》和2021年应急演练计

8月11日，区卫健委调研指导清河火车站疫情防控工作（区卫健委 供图）

划，提升应急处置能力，抓实抓细常态化防控措施。

（张金玲）

【集中医学隔离】 年内，全区启用集中隔离医学观察点49个，常态运行区级集中隔离点13个，可用医学观察房间1923间。全面重启25个街镇级集中隔离点，储备可用医学观察房间1911间。医学观察人员37811人，接收15批次入境进京人员12628人。统筹调配7家区属二、三级医院、29家社区卫生服务中心的3000人次专业技术人员，用于集中隔离点的力量支撑和服务保障。

（张金玲）

【核酸检测机构管理】 年内，全区落实医疗机构工作人员定期核酸检测工作制度，对医疗机构工作人员定期核酸检测实现全覆盖，对辖区各级各类医疗机构开展感染防控检查工作，确保病原微生物实验室生物安全稳定。全面严格管理病原微生物实验室生物安全，累计督导检查994户次；对37家开展新冠病毒核酸检测的实验室逐一进行实验室生物安全评估和指导检查、培训。

（张金玲）

【新冠病毒疫苗接种】 年内，根据北京市要求，区卫生健康委制定海淀区重点人群新冠病毒疫苗接种工作方案；建立“41+29+N”①疫苗接种点体系，抽调2400余名医护人员，成立29支街镇临时接种点常驻接种队和31支上门服务接种队伍开展接种服务。抽调16家二、三级医院人员、8个院前急救车组负责接种点现场保障，指定6家医疗救治定点医院，组建医疗救治专家组，开通救治绿色通道，累计接种898.3万剂次，基础免疫全程接种率94.16%。

（张金玲）

【核酸检测】 年内，区卫生健康委构建“2+29+12+1”共44家传染病检测实验室网络，其中2家疾控中心，29家二三级医院、12家第三方实验室、1家门诊部，日核酸检测能力达28.9万份。全年检测1638.7万人次。

（张金玲）

【专业人员防控】 年内，区卫生健康委全面加强院感防控和实验室生物安全管理，防范化解各类安全风险。落实医疗机构工作人员定期核酸检测工作制度，对医疗机构工作人员定期核酸检测实现全覆盖，对辖区各级各类医疗机构开展感染防控检查工作。多措并举确保全区病原微生物实验室生物安全稳定。全面严格管理病原微生物实验室生物安全，累计督导检查994户次；对37家开展新冠病毒核酸检测的实验室逐一进行实验室生物安全评估和指导检查、培训。

（张金玲）

① “41 + 29 + N”：41个医疗机构接种点、29个街镇临时集中接种点、N个上门接种服务点位。

体　育

2022

北京海淀年鉴

综述

【概况】2021年，海淀区体育局以服务冬奥筹办为主线，按照“聚合力、迎冬奥；强基础、抓基层；促发展、树形象”工作总目标，有序推进冬奥赛事筹备，竞技体育后备人才培养体系进一步完善，全民健身工作体系初建雏形，安全生产网格管理体系初步形成。下辖海淀区体育场馆管理中心、海淀区社会体育管理中心、海淀区体育局综合管理服务中心、海淀区体育科研所（海淀区全民健身科学指导中心）、海淀区体育运动学校、海淀区少年儿童业余体育学校（3月，海淀棋院并入）、海淀区少年儿童游泳业余体校、海淀区重竞技业余体校8个事业单位。

全力保障“相约北京”系列冬季体育赛事的测试赛和测试活动，持续优化全民健身公共服务体系以及积极培养竞技体育后备人才。海淀区运动员在北京市各项比赛中，取得117金、121银、139铜。海淀区有28个夏季竞技项目，5个冬季竞技项目，注册运动员8079人；现有2处国家级体育后备人才基地、6所国家级体育传统项目学校、30所北京市体育传统项目学校。注册冰雪项目业余运动员1897人，成立各年龄组别的区级青少年业余训练冬季项目队伍，包括花样滑冰、冰壶、冰球、短道速滑等冰上项目，单板滑雪和双板滑雪等雪上项目，更新全民健身路径300余套。核定评选2021年优秀全民健身团队500个。监督指导街镇创建全民健身示范街镇6家。新增10个运动项目的体育指导员千名。109所小学的2.5万余名五年级学生进行体质健康监测，平均分为83.85分，整体优秀率超过25%。

（高鑫鑫　钟冷）

【体育行业安全管理】年内，区体育局深化行业安全责任落实。首创海淀区体育行业安全生产特约监督员机制，29个街镇选派70余名特约监督员，以普通消费者身份进入场馆，开展监督检查187次，报送新增场馆150家（至年底，全区有体育健身场馆706家），报告存在安全隐患场馆5家。开展城市安全风险评估工作，体育行业注册单位267家，完成风险评估工作229家，查找风险源1316条。持续推动安全生产责任保险制度，完成安责险续保及投保62家。开展安全生产专项整治行动，围绕庆祝建党100周年、冬奥测试赛等重大活动以及重大节假日，对重点场所、重点领域周边开展执法检查，开具行政执法检查单250份，开具安全生产督查检查通知单750份，行政处罚2家企业。

（高鑫鑫　钟冷）

【体育社团管理】年内，全区有体育协会（分会）43个。区体育局清理社会非法组织，清理3个“僵尸”协会。完成10个项目1000名社会体育指导员培训，将培训项目向年轻人群喜欢的摔跤、柔道等竞技体育项目延伸；依据区域定位及高科技人群分布特征，在培训中开展桥牌、羽毛球等项目，吸引更多高科技人群加入，进一步提升社会体育指导员培训质量。全区有注册社会体育指导员18832人。推动群众基层体育组织建设，全区有1084支健身团队，平均每个街镇拥有健身团队37支。规范裁判员管理与培训。初步完成《海淀区体育竞赛裁判员管理办法（草案）》编制；审核二、三级裁判员网上注册516人次，组织武术、排球、击剑、滑雪、信鸽等项目裁判员培训，培训二级257人、三级158人。

（高鑫鑫）

【体育设施建设】年内，区体育局加强全民健身体育设施建设，不断完善以“15分钟健身圈”为基础的群众身边的健身设施网络，建设多功能运动场地43片，其中专项球类场地36片、棋苑7片；更新全民健身路径370套，配建全民健身工程1534套。有室外活动场地609处，专项球类活动场地310处，专项棋类活动场地584处，健身步道12条，各类足球场地136片。制定《海淀区体育局新建居住小区公共体育设施接收方案》，使配建体育设施能够为全区居民提供优质方便的服务。完成2017年和2018年建设的全民健身专项活动场地、健身路径等固定资产划拨。通过改善公共服务设施，整修老旧基础设施，加强区属场馆管理利用。加强竞技体育训练场地设施的使用保障，在温泉中心增设柔道等竞体项目。区属场馆完成10余支运动队的训练场地保障任务，服务训练6万余人次；承办网球青少年后备人才集训、区游泳救生大赛、区中小学生运动会、区桥牌比赛等各类活动及赛事20余项。区属场馆接待锻炼人数15万余人次，开放3万余场；其中服务低免收费人数7000余人次。

（高鑫鑫）

【体育产业】年内，区体育局对区内体育行业现状开展调查研究，形成《海淀区体育局2021年体育产业调查报告》，为制定政策、规划体育产业发展路径提供依据。建立辖区内体育经营单位基础名录库，2046家体育从业机构登记入库。组织召开体育发展科技化座谈会，探索依托“科技+体育”模式推动海淀体育产业发展。探讨社会力量参与公共体育场馆运行可行性。打造科技体育产业聚集地，为科技企业提供智能场景应用资源，促成“网球青少年训练信息反馈系统”在海淀体育中心应用落地。加强体育市场管理服务。推进《北京市体育健身行业预付费服务合同》《北京市体育行业预付式消费领域资金监管实施细则》落地落实，联合中国工商银行建立海淀区体育行业预付费资金监管平台，开立顶点账户，推行“一课一消”模式。130余家单位启用新版预付费合同，240余家单位推进启用新版预付费合同。推进智慧执法应用，基于海淀智慧体育平台开发执法应用系统，开展企业线上报备、安全自查及线下执法等工作。197家单位完成线上报备，线下执法流程也更加高效便捷。对问题企业开展约谈40余次，开展联合约谈5次。

（高鑫鑫）

【《海淀区体育局2021年体育产业调查报告》完成】12月，区体育局完成《海淀区体育局2021年体育产业调查报告》。海淀区2021年体育产业调查纳入1971家单位，根据国家统计局《体育产业统计分类（2019）》标准，分为11大类，其中，体育健身休闲活动类单位共计716家，占比36%；体育教育与培训类单位共计367家，占比19%；体育用品及相关产品销售、出租与贸易代理类单位共计357家，占比18%。在71小类中，海淀区体育产业单位在运动休闲活动、体育培训、体育用品及器材销售、体育表演服务、体育健康与运动康复服务5小类的占比较高。从体育产业分类结构层面看，目前基本形成以健身休闲为引领，体育培训、体育用品及器材销售、体育表演服务、体育健康与运动康复服务、体育咨询等多种业态共同发展的体育产业发展格局。

（高鑫鑫）

竞技体育

【概况】 2021年，区体育局备战市运会、市冬运会。各代表队在北京市田径、游泳、柔道、击剑、垒球、短道速滑、冰球等U系列及锦标赛中获得117金、121银、139铜。完成审核一级运动员109人，审批二级运动员163人，三级运动员6人。设有28个夏季竞技项目，5个冬季竞技项目，注册运动员8079人。

（高鑫鑫）

【北京市青少年锦标赛获146金】 年内，区代表队参加北京市青少年垒球锦标赛，获得1金1银；参加北京市青少年拳击锦标赛，获得4金5银7铜；参加全国男子冰球锦标赛，获得2金；参加北京市青少年篮球锦标赛，获得3金1银1铜；参加北京市青少年田径锦标赛，获得17金14银7铜；参加北京市青少年棒球锦标赛，获得1金1银；参加北京市青少年手球锦标赛，获得2金2银；参加北京市青少年曲棍球锦标赛，获得3金1铜；参加北京市青少年排球锦标赛，获得2金3银；参加北京市青少年足球锦标赛，获得3银1铜；参加北京市青少年游泳锦标赛，获得35金29银26铜；参加北京市青少年乒乓球锦标赛，获得10金5银6铜；参加北京市青少年网球锦标赛，获得6金9银3铜；参加北京市青少年武术套路锦标赛，获得15金11银7铜；参加北京市青少年高尔夫锦标赛，获得3银2铜；参加北京市青少年武术散打锦标赛，获得2铜；参加北京市青少年空手道锦标赛，获得4金4银15铜；参加北京市青少年柔道锦标赛，获得17金11银20铜；参加北京市青少年摔跤锦标赛，获得4金5银4铜；参加北京市青少年跆拳道锦标赛，获得10金3银5铜；参加北京市青少年击剑锦标赛，获得6金4银5铜；参加北京市青少年射击锦标赛，获得1铜；参加北京市青少年滑雪锦标赛，获得6银3铜；参加北京市青少年冰球锦标赛，获得4金；参加北京市青少年冰壶锦标赛，获得1银。

（高鑫鑫）

【中国中学生锦标赛获26金】 3月27日至29日，2020年中国中学生游泳锦标赛暨第十八届世界中学生夏季运动会游泳项目选拔赛举办。区游泳体校李嘉文获得2金2银、打破4个参赛项目纪录，校长、教练许聪获“体育道德风尚奖”。7月24日至26日，2021年中国中学生柔道锦标赛暨晋江2020世中运柔道项目选拔赛举行，来自全国各省市近百支青少年柔道队伍的1100名运动员参加比赛。海淀区8支代表队的86名运动员获得24金、16银、27铜。

（高鑫鑫）

【2021年北京市青少年U系列赛事获103金】 5月22日至12月5日，2021年北京市青少年U系列赛事举办。区代表队参加北京市青少年U系列少儿游泳比赛暨第三十一届北京市儿童游泳比赛，获得18金13银6铜；参加北京市青少年U系列武术套路比赛，获得18金6银7铜；参加北京市青少年U系列羽毛球比赛，获得1金2银；参加北京市青少年U系列高尔夫比赛，获得11银3铜；参加北京市青少年U系列柔道比赛，获得18金19银28铜，获团体总分冠军；参加北京市青少年U系列跆拳道比赛，获得8金4银6铜；参加北京市青少年U系列击剑比赛，获得6金4银4铜；参加北京市青少年U系列摔跤比赛，获得4金5银8铜；参加北京市U系列手球冠军赛，获得2金；参加北京市U系列曲棍球冠军赛，获得6金；参加北京市青少年U系列游泳冠军赛，获得7金8银15铜；参加北京市青少年U系列乒乓球冠军赛，获得5金7银2铜；参加北京市青少年U系列网球冠军赛，获得2金3银2铜；参加北京市青少年U系列空手道冠军赛，获得4金6银14铜；参加北京市青少年U系列花样滑冰冠军赛，获得3金2银3铜；参加北京市青少年U系列滑雪冠军赛，获得1金6银2铜。

（高鑫鑫）

【第十三届北京市体育大会获3个冠军】 6月5日至6日，第十三届北京市体育大会五人制手球比赛举行。本次赛事由北京市体育局主办，北京市体育总会、北京市手球运动协会承办。全市35支队伍约600人参赛，海淀参加U15男子组、女子组和U17男子组三个组别，共48名队员参赛，最终取得三个组别冠军。

（高鑫鑫）

【孙馨获第十四届全运会花样游泳自由组合冠军】 9月1日，区游泳体校输送的运动员孙馨作为主力队员，以总分91.3333分获得第十四届全运会花样游泳自由组合项目的冠军，为北京代表团摘得首金。

（高鑫鑫）

【杨钊煊获第十四届全运会1金1铜】 9月9日，第十四届全国运动会网球比赛项目结束，由区业体校输送的运动员杨钊煊获女子双打金牌、混双铜牌，这是杨钊煊继上届全运会夺得女子双打金牌之后，再次卫冕此项目金牌，也是北京网球项目在本届全运会获得的唯一一块金牌。

（高鑫鑫）

群众体育

【概况】 2021年，全区群众体育健身活动不断丰富。组队参加市级比赛活动5次，参加北京市《国家体育锻炼标准》测试赛、首届社区杯八人制足球赛、第十七届北京市民羽毛球挑战赛等赛事。组织实施区级群众体育活动4次，开展第十五届“和谐杯”乒乓球百团大战比赛、“中关村科学城”杯海淀区桥牌系列邀请赛、中关村国家自主创新示范区核心区体育健身（一区一品）骑跑两项系列活动等，5000余人参加。组织各协会参加、开展体育活动赛事8次，参加第五届北京市柔力球公开赛，组织“海淀杯”门球赛、海淀区老年人气排球比赛等，2000余人参加。

群众体育品牌标准化建设。推荐并指导紫竹院街道、马连洼街道创建北京市全民健身示范街道，推荐并指导四季青镇成功创建北京市体育特色镇。全区29个街镇已有10个街道、6个镇通过北京市全民健身示范街道和北京市体育特色镇的创建。围绕健身组织保障、体育文化宣传、全民健身赛事活动、健身团队社会影响力等方面，开展2021年度优秀全民健身团队评选工作，评选一星、二星、三星优秀全民健身团队共500支。

全民健身服务方式不断优化。依托“海淀体育”微信公众号，开展线上全民健身大讲堂10次，讲授科学健身、冰雪运动及运动损伤防治有关知识；录制并推出《花式健身》栏目46期，科学引导群众健身。完成区级体质测试中心免费开放工作，为全区居民及企业员工进行体质测试及健身与健康咨询。深入街镇社区完成3840余人次体质健康测试及运动能力评估，面向不同年龄层次人群开展12场国家体育锻炼标准测试。完成温泉社区卫生服务中心“体医融合”社区服务试点站模式搭建、人员培训等工作；开展“体医融合”线上讲堂5次；召开中关村“体医融合”科学运动联合实施研讨会，进一步探讨中关村科技园等重点区域“体医融合”联合实施模式。

（高鑫鑫）

【北京市首届社区杯八人制足球赛海淀区预赛】 3月27日，北京市体育局和区政府联合举办北京市首届社区杯八人制足球赛海淀区预赛。比赛设青年组（18至36岁）和中年组（37至55岁）两个组别，面向海淀区所辖街道、乡镇（含社区）人群。上庄镇（青年组）和上庄镇（中年组）进入市级决赛。5月15日至16日，首届北京市社区杯总决赛举行，海淀区代表队上庄青年近卫军3比2战胜通州队，2比2战平延庆队，以小组第一名进入青年组八强。上庄巡游者1比1逼平东道主通州、3比1击败延庆队，以小组第一名进入中年组八强。

（高鑫鑫）

【参加第十二届北京市职工象棋围棋系列比赛】 5月29日，第十二届北京市职工象棋围棋系列比赛暨第四十七届“京弈杯”围棋邀请赛举行。海淀区代表队夺得团体总冠军，邢万良获局二台冠军，傅绍林获正局级一台亚军，梁京获正处级二台季军，沈通获职工一台亚军，孙赛获职工二组季军。

（高鑫鑫）

【全民健身科学大讲堂开播】 7月8日，由区体育局、区体育科研所（区全民健身指导中心）联合录制的《2021年海淀区全民健身科学大讲堂》系列课程首期开播，北京体育大学运动医学与康复学院教师侯世伦在线上开讲《青少年运动习惯培养与近视防控》。2021年全民健身科学大讲堂结合冬奥预备赛、冬奥测试赛及体育发展趋势，针对不同人群的不同需求，推出“体教结合篇”“科学健身篇”“冬奥宣讲篇”“项目普及推广篇”“体医融合篇”五大版块课程。系列课程共10期，邀请10位专家、讲师，设“走进冬奥”系列大讲堂、运动项目普及推广大讲堂、体医融合协同创新大讲堂，分别从冬奥知识讲解、推广科学健身项目、加强体医融合和非医疗健康干预等方面进行讲解。共有1700人次听讲。

（高鑫鑫）

【海淀区第十三届全民健身体育节系列活动】 7月24日至25日，海淀区第十三届全民健身体育节系列活动，庆祝建党100周年——海淀区第十五届“和谐杯”乒乓球百团大战比赛决赛举行。活动由区体育局、区直机关工委主办，区社会体育管理中心、区乒乓球协会承办，全区23支代表队近300人参加决赛。甘家口街道、青龙桥街道、西北旺镇、紫竹院街道一队、燕园街道、香山街道、西三旗街道二队、紫竹院街道二队分获前八名。9月11日至12日，组队参加北京市第十五届“和谐杯”乒乓球总决赛，来自全市的135支乒乓球代表队参加本次比赛。甘家口街道、西北旺镇代表队分别获城区组男女混合团体对抗赛一等奖；四季青镇代表队获得京津冀公开组男子、女子单打第三名；中关村街道等17个单位获得优秀组织奖。

（高鑫鑫）

【体质测试与健康促进专项保障活动】 7月，区全民健身科学指导中心（区体育科研所）组织开展海淀区体质测试与健康促进专项保障活动。8月，海淀区体质测试与健康促进专项保障活动之区医保局开展的专项测试活动包含国民体质测试与健康风险筛查两大部分，包括身高、体重、肺活量、仰卧起坐、握力、呼吸方式检测等23项。9月3日，海淀区全民健身科学指导中心（海淀区体育科研所）2021年国民体质测试工作开启。11月19日，区科研所开展2021年国民体质测定、国家体育锻炼标准测试、体能训练、卫生室运营4个项目的验收工作。2021年国民体质测试人数3840人，健康风险筛查500人。

（高鑫鑫）

【“中关村科学城”杯海淀区桥牌系列赛】 8月8日，由区体育局、区体育总会主办，区社会体育管理中心、区桥牌协会承办的全民健身日“中关村科学城”杯海淀桥牌网络赛举行。

全区62个参赛队经过五轮50副牌的比拼，特邀嘉宾延庆区姚家营小学教工队和延庆桥协队分列前两名，北京石油勘探院队获得第三名。本次赛事特邀徐明、傅强、王爱军等国家级裁判执裁，国家队教练刘杰参与仲裁。8月28日，海淀桥牌系列赛医疗系统网络邀请赛举行，全区60个参赛队480人参赛，北京大学第三医院代表队荣获冠军，北京同仁医院队、北京大学口腔医院队分获亚军和季军。9月11日，海淀桥牌系列赛教育系统网络邀请赛举行，全区60个参赛队480人参赛，解放军医学院二队荣获冠军、海淀区桥牌协会队和北京大学医学部队分别收获亚军和季军。9月24日，海淀桥牌系列赛科研单位邀请赛在海淀区羽毛球馆举行，全区32个参赛队近200人参赛，联通数科有限公司队荣获冠军，新睿桥科技有限公司队和兵器科学院队收获亚军、季军。10月10日，海淀桥牌系列赛收官之作——“重阳节”老年桥友邀请赛举行，32支参赛队近200名老年桥友参赛。经过50副牌的较量，中国青少年中心老友队获冠军，铁总培训中心老年队获得亚军，学院路老年橙队获得季军。

（高鑫鑫）

【核心区体育健身（一区一品）骑跑两项系列活动】 9月11日，由区体育局主办，区社会体育管理中心、区自行车协会承办的2021年中关村国家自主创新示范区核心区体育健身（一区一品）骑跑两项系列活动（简称骑跑两项系列活动）举办。首场环保园站在齐物潭公园举办，800余名骑行爱好者参与。9月21日，骑跑两项系列活动第二站稻香湖站在稻香湖景酒店广场举行，来自园区企业400余名骑跑爱好者参加。10月16日，第三站中关村展示中心站在中关村国家自主创新示范区展示中心举行，400余名骑行爱好者参与。11月8日，骑跑两项系列活动第四站线上比赛举行，通过线上爬坡挑战赛的方式进行，来自百度、联想、芯盾、小米、汉邦高科等多家企业的300余名骑行爱好者参与。11月13日，骑跑两项系列活动第五站“线上骑行竞速赛”举行，比赛采用“互联网+骑行”的方式举行，300余名骑行爱好者参与。海淀区自行车协会“中关村核心区高知人群专项体育健身系列活动”获“全民健身志愿服务品牌活动”荣誉称号、“全国群众体育先进单位”称号。累计参加活动2200余人。

（高鑫鑫）

青少年体育

【概况】 2021年，区体育局推进体教融合，以区队校建的形式发展青少年三大球（足球、篮球和排球）等项目，三大球基层网点校29所、重点示范校18所。与区教委建立海淀区学校体育工作联席会制度，联合开展中小学生春季、秋季田径运动会及各项青少年体育赛事30余场，配合区教委全面落实义务教育阶段学生每天课外活动时间和技能培养。加强传统项目学校和青少年体育俱乐部建设，国家级青少年体育俱乐部10个，体育传统项目学校66所，其中国家级6所、市级30所、区级30所。

（高鑫鑫）

【海淀区中小学生春季田径运动会】 4月17日至18日、4月24日至25日，由区教委、区体育局主办的海淀区中小学生春季田径运动会在海淀体育中心举办。运动会分中学生专场、小学生专场，全区125所中小学校的2005名学生参赛。高中组和初中甲组各设17大项，初中乙组和小学甲组各设13大项，小学乙组设9大项。5项运动会纪录被打破：清华附中蒋依然以58.10秒成绩打破高中女子400米2008年创造的58.17秒纪录；一零一中学李雨桐以47.17米成绩打破高中女子组铁饼2002年创造的44.84米纪录；一零一中学宋嘉宁以41.60秒成绩打破初中男子甲组300米栏2014年创造的42.01秒纪录；交大附小学生周悦希以1887分打破小学女子甲组全能比赛2008年创造的1711分记录，以1.53米打破全能跳高比赛1998年创造的1.52米记录。

（宋亚甫）

【北京市体育传统项目学校棒垒球赛获6冠】 5月2日至30日，中国体育彩票杯2021年北京市体育传统项目学校棒垒球比赛举办。赛事由北京市体育局、北京市教委共同主办，26所体育传统项目学校的54支代表队近800名运动员参赛。比赛设棒球高中组、初中组、小学甲组、小学乙组和垒球初中组、小学软式组6个组别。海淀区万泉小学、北京大成学校、北京交大附中、中国教育科学研究院丰台实验学校获得各组别冠军；北京理工大

年内，学校开展课后体育活动（区教委 供图）

学附属中学获得垒球初中组冠军，海淀万泉小学获得垒球小学软式组冠军。

（高鑫鑫）

【北京市体育传统项目学校羽毛球赛获3冠】 5月15日至16日，中国体育彩票杯2021年北京市体育传统项目学校羽毛球比赛举办。赛事由市体育局与市教委主办，15所体育传统项目学校的47支代表队295名羽毛球运动员参赛。比赛设高中组、初中组、小学甲组、小学乙组、小学丙组5个组别，每个组别设男子单打、女子单打，高中组、初中组、小学组设混合团体比赛。北京航空航天大学实验学校包揽高中组、初中组、小学组混合团体冠军。

（高鑫鑫）

【北京市体育传统项目学校网球赛获16个第一】 5月22日至23日、5月30日，由市体育局、市教委主办，区网球运动协会协办的中国体育彩票杯2021年北京市体育传统项目学校网球比赛举办。来自北京市160多所中、小学校的715名运动员参赛。比赛设团体比赛、竞技组单项比赛、短式网球组比赛三个大项，另增加九华国际网球中心室22片室内网球场、首都师范大学附属育新学校的网球场进行竞技组和短式网球组比赛。海淀区获得高中男子组第一名、第二名，高中女子组第一名、第二名、第三名。初中男子组第一名，初中女子组第一名。小学男甲组第一名、第二名、第三名；小学女甲组第一名、第三名；小学男乙组第一名、第二名；小学女乙组第一名；小学男丙组第一名、第二名、第三名；小学女丙组第一名、第三名；小学男双甲组第一名、第二名、第三名；小学男双乙组第一名、第二名、第三名；小学女双甲组第二名、第三名；小学女双乙组第一名、第三名；团体比赛高中组第一名、第二名；初中组第一名、第三名；小学组第一名、第二名。

（高鑫鑫）

【北京市体育传统项目学校健美操赛获3冠】 5月29日至30日，中国体育彩票杯2021年北京市体育传统项目学校健美操比赛举办。本次赛事由市体育局与市教委主办，有10个区的41所学校374名健美操运动员参赛。比赛设高中组、初中组、小学组三个组别和少儿组、预备组、年龄一组、年龄二组四个级别。参赛运动员进行高中组、初中组、小学组团体和高中组、初中组、小学组单人操、混双、三人操、五人操、少儿组有氧舞蹈自选套路、FIG有氧舞蹈、FIG有氧踏板项目的比赛。海淀区万泉小学获得小学组的团体冠军，北京市第一零一中学获得初中组、高中组的团体冠军。

（高鑫鑫）

【北京市体育传统项目学校乒乓球赛获10个第一】 5月29日至30日、6月5日，中国体育彩票杯2021年北京市体育传统项目学校乒乓球比赛举办。比赛由市体育局和市教委主办，区乒乓球协会承办。分为高中男子组、高中女子组（团体、单打、双打、混双）；初中男子组、初中女子组（团体、单打、双打、混双）；小学男子甲组、小学女子甲组（团体、单打、双打、混双）、小学男子乙组、小学女子乙组（团体、单打、双打、混双）。来自北京市的30所乒乓球传统校370余名运动员参赛。海淀区获得高中男双组第二名，初中女单组第一名、第三名，初中女双组第二名，初中混双组第二名，小学男单甲组第一名、第二名、第三名，小学女单甲组第一名、第二名、第三名，小学女单乙组第一名、第二名，小学混双乙组第二名、第三名，小学男双甲组第一名、第二名，小学女双甲组第一名、第二名，小学女双乙组第一名，小学男团甲组第一名、第三名，小学女团甲组第一名，小学男团乙组第三名，小学女团乙组第一名。

（高鑫鑫）

【北京市体育传统项目学校游泳赛获10金】 6月12日至6月13日，中国体育彩票杯2021年北京市体育传统项目学校游泳比赛举行。比赛由市体育局、市教委、大兴区游泳运动协会承办。区游泳体校选派190人参赛，取得金牌10枚、银牌12枚、铜牌15枚。

（高鑫鑫）

【中小学生跳绳比赛】 12月11日，区教委举办2021年中小学生跳绳比赛。全区58所学校、2168名学生参加，设置单摇、双摇、10人跑8字等项目，由国际级、国家级、一级、二级裁判现场打分。海淀北部新区实验学校、人大附中二分校、清华附中永丰学校分获中学组前3名，西苑小学、苏家坨中心小学、中关村二小分获小学组前3名。

（宋亚甫）

【体育工作暨义教体育与健康考核评价会】 12月30日，区教委召开“双减”背景下学校体育工作暨义务教育体育与健康考核评价工作视频会。会议公布2021年海淀区小学五年级《国家学生体质健康标准》监测结果，全区109所小学五年级全体在校26151名学生参加，实测人数25079人，平均分为83.85分，跳绳和肺活量两个项目最好，较弱的两个项目为50米跑和50米×8往返跑。从评价等级来看，整体优秀率超过25%、良好率超过40%，优良率近67%，及格率超过97%，基本达到《“健康中国2030”规划纲要》提出“国家学生体质健康标准达标优秀率25%以上”的目标。会上，海淀区上庄中心小学、北京林业大学附属小学和北京二十一世纪国际学校分别作学校体育工作经验分享，区教委解读《北京市义务教育体育与健康考核评价方案》，区教师进修学校、八一学校作主题发言。区教委总结发言，强调在“十四五”规划中，专门把深入推进全面育人作为十大工程之一，进行专项实施和督导，列入考核项目。

（宋亚甫）

冰雪运动

【概况】 2021年，海淀区大力发展群众冰雪运动。不断推动冰雪运动进校园活动，冰雪项目校园辅导员达

500余名。推广群众冰雪运动，支持引导各街镇和各系统充分开展因地制宜、各具特色的冰雪活动。开展“迎冬奥”2021海淀张家口冰雪挑战季万人滑雪嘉年华，发放冰雪公益体验券，覆盖青少年、社区居民、农民、机关干部及企事业单位职工等不同群体近2万人，不断扩大冰雪运动的影响力和辐射范围。

提升竞技冰雪运动水平。设置包括花样滑冰、冰壶、冰球、短道速滑等冰上项目，单板滑雪、双板滑雪等雪上项目，各年龄组别的区级青少年业余训练冰雪项目队伍12支，注册冰雪项目业余运动员达1897人。举办冰球、女子冰球、短道速滑、花样滑冰、冰壶、滑雪等系列锦标赛。海淀区青少年冰球运动队参加2021年北京市青少年冰球锦标赛，88名运动队员获得4个竞赛组别冠军。利用“海淀体育”新媒体平台及大讲堂普及冬奥知识、观赛礼仪，上线“聚焦冬奥”“冬奥倒计时”“冬奥测试有保障海淀体育来护航”等专栏，发布冬奥知识，讲述海淀体育人参与冬奥筹备的故事，营造良好的冬奥氛围。

（高鑫鑫）

【北京冬奥会倒计时300天冰上展示活动暨首都体育学院冬奥驿站揭幕】 4月10日，由北京市教委主办，北京冬奥组委、北京市奥促会支持，首都体育学院与陈经纶中学联合举办的“携手共迎北京冬奥”——北京冬奥会倒计时300天暨“大手拉小手”北京市中小学生模拟冬奥会冰上展示活动暨首都体育学院冬奥驿站揭幕在首都体育学院滑冰馆举行。教育部体卫艺司、北京冬奥组委新闻宣传部、国家体育总局、北京市教委、北京市体育局、朝阳区政府等有关部门领导出席活动。首都体育学院校领导及师生代表、陈经纶中学各校区分管领导和学校师生、媒体代表共计300多人参加模拟冬奥会冰上展示活动。首都体育学院和陈经纶中学的师生们带来《冬奥阳光》《体育颂》《冰嬉》等冰上展示和冰球比赛，展示近年来北京市大中小学校推广普及冰雪运动的成果。首都体育学院与陈经纶中学举行合作共育冰雪人才签约仪式，两校将通过“大手拉小手”的深入交流合作，探索高校与中小学在冰雪体育运动中合作新途径，为高水平冰雪运动人才培养，以及冰雪运动在中小学中的推广普及做出有益尝试。首都体育学院冬奥驿站同时揭幕，“冬奥驿站”以宣传奥林匹克精神，弘扬奥林匹克文化为主线，采用多媒体技术手段，用实物与图片相结合的呈现形式，全面介绍冬奥筹办与冰雪运动相关知识。

（申珊 钟冷）

【2021年北京市青少年冰雪项目锦标赛获佳绩】 9月11日至12日、19日至20日，2021年北京市冰球锦标赛在北京华熙LIVE—冰上中心举办，设男子甲、乙组与男女混合丙组、男女混合丁组共4个竞赛组别，来自东城区、西城区、海淀区等11个区的600多名青少年选手参赛，海淀区青少年冰球运动队的88名运动队员分别参加4个竞赛组别，获得“大满贯”（4个组别冠军）。

（高鑫鑫）

4月10日，北京冬奥会倒计时300天“大手拉小手”北京市中小学生模拟冬奥会冰上展示活动暨首都体育学院冬奥驿站揭幕（首体体育学院 供图）

【“大V冬奥行”首站走进五棵松体育中心】 9月13日至17日，由北京冬奥组委主办，中央广播电视总台国际在线承办的“大V冬奥行”活动举行，来自巴西、克罗地亚、埃及、格鲁吉亚、俄罗斯、英国、委内瑞拉和危地马拉等国家的“大V”们，走进北京、延庆、张家口3大赛区，向世界展现新时代中国为办好北京冬奥会和冬残奥会，推动3亿人参与冰雪运动，促进国际奥林匹克运动发展作出努力。“大V冬奥行”首站来到五棵松体育中心，中心充分利用新科技、新理念、新材料，在场馆节能降耗、综合高效利用、竞赛观赛环境方面实现质的飞跃，可承接高水平职业篮球和冰球比赛，并在6个小时之内完成场地转换，外籍“大V”们对场馆的“冰篮转换”技术赞不绝口。在五棵松冰上运动中心，外籍“大V”们实地体验冰上运动，分组对抗体验旱地冰壶。外籍“大V”们表示，将通过感兴趣的故事、人物、场馆，用手中的镜头，传播中国声音、讲好冬奥故事，让世界更加直观、全面地了解北京冬奥会、冬残奥会的筹办工作进展情况。

（钟冷）

【“迎冬奥”2021海淀张家口冰雪挑战季万人滑雪嘉年华】 12月28日，活动启动。本届冰雪嘉年华活动由海淀区体育局主办。因疫情防控常态化需要，本次活动以发放冰雪公益体验券的形式进行，参与活动人员分散前往冰雪场地进行体验。冰雪体验的活动场地涉及北京西山滑雪场、昌平军都山雪场、金源冠军冰场、万象汇缤纷万象冰场、圆明园公园冰场、凤凰岭冰雪乐园等不同形式的冰雪场地。为给大众带来更好的冰雪体验，吸引更多不同人群参与，在西山雪场、军都山雪场、冠军、万象汇冰场等专业冰雪场地学习滑冰、滑雪专业技能的基础上，在北京凤凰岭景区冰雪乐园开展雪上趣味体验，提供滑雪圈、雪地旋转、雪橇、雪地坦克、雪地悠悠球、雪地碰撞球、雪地拔河等多项趣味雪上运动项目；在圆明园冰场开展丰富多样的冰上趣味体验、冰上项目，有单人冰车、双人冰车、冰上自行车、冰滑梯等。场地选择多样化，活动项目丰富，吸引更多的人群，同时达到冬季健身和传播冰雪文化的目的。本次活动从2021年12月持续至2022年3月，发放冰雪公益体验券近2万张，通过发放体验券，带动更多群众走向冰场、走进雪场。覆盖社区居民、农民、机关干部、企事业单位职工等喜欢冰雪运动的不同人群。活动也是第八届北京市民快乐冰雪季系列活动之一。

（高鑫鑫）

体育业训

【概况】 2021年，区体育局拓宽科学训练保障渠道，完成300余名青少年骨龄测试，开展康复治疗累计3088人次，开展体能训练960课时，为运动员选材、伤病预防、体能恢复提供服务保障。挂牌建立北京体育大学运动医学与康复学院科研教学实习基地、北京体育大学运动人体科学学院科研教学实习基地；邀请30余名专家加入“科技助力专家库”，为海淀体育后备专业人才培养和继续教育提供技术支持。强化风险及兴奋剂管理，完善保险购买机制，为512名运动员购买参赛训练意外保险。强化反兴奋剂宣传教育，印发《反兴奋剂知识手册》《运动员用药指南》，组织开展知识解读，避免运动员私用、滥用、误用兴奋性物品。与各体校校长签订反兴奋剂责任书。加大检查力度，成立反兴奋剂专项治理工作小组，全面系统地排查反兴奋剂工作存在的风险和隐患，全年未出现兴奋剂问题。

（高鑫鑫）

【柔力球社会指导员培训】 11月24日至26日，由区体育局主办，区体育科研所、区柔力球运动协会承办的2021年海淀区二、三级社会体育指导员培训柔力球项目举行。来自各街道、社区及健身站点的150名柔力球社会指导员参加培训，培训内容包括柔力球理论培训以及技能培训。

（高鑫鑫）

【健身气功社会指导员培训】 11月26日、11月30日、12月3日，由区体育局主办，区体育科研所和区首华健身气功运动协会承办的健身气功社会体育指导员培训班举办。133人参训，培训内容包括健身气功理论基础、五禽戏、八段锦。

（高鑫鑫）

【太极拳社会指导员培训】 11月27日至29日，由区体育局主办，区体育科研所区全民健康科学指导中心和区太极拳协会承办2021年海淀区二、三级太极拳社会体育指导员培训班举办。共计150人参加培训，其中有二级社会体育指导员50人。培训内容包括太极养生大智慧、二十四式太极拳、基本理论与技巧等。

（高鑫鑫）

【三级桥牌社会体育指导员培训】 12月11日至12日、12月18日，由区体育局主办、区体育科研所联合区桥牌协会承办的海淀区三级桥牌社会体育指导员培训班举办。培训邀请北京体育大学教授徐明、北京林业大学教授王元生、北京建筑大学教授何志洪、北京市桥牌协会副秘书长王爱军、中国桥牌协会普及推广大使张宁担纲主讲，参与培训100余人。培训内容包括桥牌文化与赢墩桥牌、迷你桥牌的打法、获取赢墩的技巧、桥牌竞赛的组织与实施、网络桥牌和桥牌软件的使用等五个专题。

（高鑫鑫）

【羽毛球社会体育指导员培训】 12月11日至25日，区体育局主办，区体育科研所、区羽毛球运动协会承办的2021年北京市海淀区羽毛球三级社会体育指导员培训举行。培训分为两期，培训内容为理论、实操及考核三部分，每期20学时，培训100名三级羽毛球社会体育指导员。

（高鑫鑫）

【乒乓球社会指导员培训】 12月13日至15日，区体育局主办，区体育科研所区全民健康科学指导中心以及区乒乓球协会承办的2021年海淀区乒乓球三级社会指导员培训举行。培训包含乒乓球基础理论、技术演练以及技术指导相结合三大版块，100余人参训。

（高鑫鑫）

【柔道社会体育指导员培训】 12月13日至15日，由区体育局主办，区体育科研所区全民健康科学指导中心与区柔道协会承办的柔道三级社会体育指导员培训举办。参训人数100人，培训内容包括柔道的基础动作与基本礼仪。

（高鑫鑫）

【广场舞社会体育指导员培训】 12月13日至15日，由区体育局主办，区体育科研所承办的海淀区广场舞项目二、三级社会体育指导员培训班举办。130余人参训，培训包括体育科学健身常识、广场舞竞赛规则、广场舞编排知识、广场舞技术动作的讲授及理论和技能考核等内容。

（高鑫鑫）

【排球社会体育指导员培训】 12月16日至18日，区体育局主办，区体育科研所区全民健康科学指导中心、区排球运动协会联合承办的2021年海淀区排球三级社会体育指导员培训举行。来自全区企事业单位、民营机构、大学院校的100名学员参加培训，培训内容包括中国对世界排球运动发展作出的贡献、战术基本理论、竞赛编排方法、基本技战术、专项体能。

（高鑫鑫）

【摔跤社会体育指导员培训】 12月25日至27日，区体育科研所区全民健康科学指导中心举办海淀区摔跤项目社会体育指导员培训，摔跤三级社会体育指导员100余人参训，开展课时20学时，包括理论、实操及考核三部分内容。

（高鑫鑫）

社会建设

精神文明建设

【概况】 2021年，海淀区精神文明建设工作围绕庆祝建党100周年主线，以培育和践行社会主义核心价值观为根本任务，持续深化新时代公民道德建设，统筹推进“五大文明”创建工程，培育担当民族复兴大任的时代新人，持续开展公共文明引导行动，提升区域文明程度和市民文明素质，为建设现代化国际化创新型宜居宜业城区和北京国际科技创新中心核心区奠定良好的社会文明环境。

全国文明城区年度测评中，海淀区测评成绩位于全国直辖市组别第十名，受到中央文明办通报表扬。杨孟飞、周儒欣获第八届全国道德模范奖及提名奖，宋婷婷、张建、李浩浩、吴佩芳上榜2021年“中国好人”榜；钟竞涛获全国学雷锋志愿服务最美志愿者，海淀区万寿路街道青年志愿者服务队获最佳志愿服务组织，海淀区北下关街道大柳树社区获评最美志愿服务社区，中国农业大学“服务三农育英才 志愿人生第一课”项目获最佳志愿服务项目。鲍硕获第八届首都道德模范提名奖，金黎平、李立新、张建、鲍硕、张洪亮、李仕敏、郝颖、李桓8人获“北京榜样”，香山革命纪念馆红色历史讲解员群体、“7·15”家缘小哥救援群体获2021年“北京榜样”团队特别奖。宋大我、赵伟、钟竞涛、武莉获评北京市“诚信之星”，王陈晞、胡欣然获评“首都新时代好少年”。海淀区“专项治理点亮诚信之光”获评“首都精神文明建设工作十佳优秀案例”。评选2021年度“感动海淀”文明人物10名、提名奖10名，文明集体7名，“感动海淀”子品牌“最美快递员”22名。

（王桂芳）

【全国文明城区创建】 年内，海淀区全国文明城区创建工作力争全国一流，高起点谋划精神文明工作，制定《海淀区关于进一步深化全国文明城区创建工作常态长效机制的意见》，出台《海淀区深化全国文明城区创建的三年行动方案（2021—2023年）》。成立深化全国文明城区创建工作指挥部，由四套班子主要领导担任总指挥、区委副书记担任常务副指挥，相关分管区领导担任副总指挥，指挥部下设1办8组，分别由四套班子领导担任组长，相关职能部门主要负责人担任副组长，形成党委统一领导、党政齐抓共管、人大政协监督、文明委组织协调、有关部门各负其责、全社会共同参与的文明城区创建领导体制。健全组织领导、责任包干、综合调度、测评考核、融入融合和工作保障6个方面的工作机制，明确区委、区政府每月专题研究、指挥部每月调度、创城办每月测评考核等工作机制。开展指标培训会4次，举办现场会3次，对全区500多个社区开展指标讲解和创建辅导，实现全覆盖。落实区领导包片督导制，区委书记带头通过“四不两直”方式检查点位80余次；成立5个督导组，落实“周检查周反馈”机制，督导整改落实；创建责任单位、各街镇成立创城分指挥部和工作专班，提供必要的人、财、物等保障措施。发挥海淀科技优势，增加“互联网思维”，开展智慧赋能创建行动。与海淀区市域社会治理试点、“接诉即办”、垃圾分类和爱国卫生等专项工作有机融入融合。分解测评体系指标任务，明确各创建主体的具体工作任务，通过九大专项行动补短板、强弱项。完善细化常态长效管理考核机制，建立“每日有巡查、每周有督查、每月有测评；每日有反馈、每周有汇总、每月有调度”的常态化检查与反馈机制，建立排名、点评、通报、约谈、问责等机制，将年度考核结果与年终绩效考核挂钩，与单位处级领导班子考核挂钩。海淀区通过全国文明城区复检，蝉联“全国文明城区”。

（王桂芳）

【群众性精神文明创建】 年内，区文明办统筹协调指导全区开展文明城区、文明单位、文明社区（村）、文明校园、文明家庭创建活动，全面迎接全国文明城区和全国未成年人思想道德建设工作先进城区的复检，蝉联“全国文明城区”。制定出台《海淀区深化新时代文明单位创建管理办法》《海淀区深化新时代文明村镇创建管理办法》，推进全区基础创建工作常态化、制度化。完成2021年度海淀区文明村镇、文明单位创建，创成区级文明单位123个（含文明社区52个），文明村镇6个。加强农村思想文化建设，培育农村文明新风尚。开展文明校园创建工作，推选中关村第二小学、北京交通大学附属中学为创建全国文明校园先进校园。与区妇联联合开展寻找“最美家庭”系列活动，扩大文明家庭创建覆盖面和参与度，引导党员干部带头做家庭美德的践行者，形成爱国爱家、向上向善、共建共享的家庭文明新风尚。

（王桂芳）

【新时代文明实践活动】 年内，海淀区作为新时代文明实践全国第二批试点和中宣部确定的10个重点联系区，持续探索建设“创新范”“科技范”“文化范”的新时代文明实践“海淀模式”。成立新时代文明实践联盟，驻区29所高校与29个新时代文明实践所签约结对，中宣部机关及直属15个单位与15个新时代文明实践所结对子。海淀区与福建省龙岩市开展新时代文明实践中心云结对共建活动。全区29个实践所、648个实践站按照有场所、有人员、有活动、有机制的“四有”标准建设。组建新时代文明实践“海淀友邻”宣讲团560余支，深入社区、学校、科技园区开展党史宣讲、文艺宣传活动100余场。“海淀友邻”宣讲团组建30余个“文明家庭”宣讲小分队、300余个“志愿家庭”服务小分队，结对走进实践所、站，宣传弘扬文明家风、传播文明风尚。开展线下党史知识竞赛、学党史专题讲座、读红色书籍等文明实践活动1万余次。在北京大学、清华大学、中科院计算机网络信息中心等102家单位设立文明实践基地的基础上，在222家贝壳找房链家门店设立文明实践友邻志愿驿站，在92个便利蜂门店设立文明实践驿站，开展新思想加油站、垃圾分类40余项志愿服务。成立15支科技企业志愿服务队。继续探索设立区级文明实践基金会，广泛吸纳中关村科技企业、两新组织和社会各界公益资金。将实践中心建设纳入绩效考核、文明评选、榜样选树，实现工作成效综合考量。海淀新时代文明实践工作被中央电视总台《新闻联播》报道，中央文明办《建设新时代文明实践中心怎么干》栏目以《以实践之力奏响新时代文明强音》为题介绍海淀区工作情况，《前线》《人民日报》《光明日报》《精神文明报》等刊发海淀工作经验。中央文明办委托中央新影集团为海淀拍摄《新时代文明实践》电视专题片。形成海淀文明实践典型案例40余个。

（王桂芳　韩松）

【公民思想道德建设】 年内，海淀区深入宣传社会主义核心价值观，推进公民思想道德建设。开展《文明有我健康行》《北京市文明行为促进条例》主题宣传活动，倡导争做文明健康北京人。开展“文明新风我践行”主题活动，制作“文明新风我践行”短视频30部；举办100场礼仪讲座进机关、进社区、进村镇、进校园。开展文明交通活动8场，其中文明交通直播受众达110万人。组织33所驻区高校参与“共绘文明海淀”大学生交通安全海报征集大赛，开展礼让斑马线活动10场，打造光盘行动示范街食宝街，制作宣传食品3万份。开展“文明养犬在行动”主题宣传实践活动暨“与萌宠随行 与文明相伴”随行赛，“文明养犬在行动”的口袋书成为可随身携带的文明养犬“迷你版百科全书”。制作刊播“文明有我健康行”系列主题公益广告，利用区融媒、海淀文明网等载体，采用海报、漫画、短视频、H5推文等形式，普及疫情防控知识。在文明海淀公众号开设海淀榜样、新时代文明实践中心、文明养成、文明动态、垃圾分类等栏目，开展光盘行动、网上文明祭扫、学雷锋在行动、好人365等专栏20个。海淀文明网全年更新信息4953条，报送首都文明网信息3389多条，被采纳3200条。

（王桂芳）

【礼遇道德模范活动】 年内，海淀区加强组织动员宣传，多渠道丰富道德模范选树。开展第八届全国道德模范、“中国好人”、“北京榜样”、2021年度“感动海淀”文明人物和文明集体等道德模范评选工作。4人荣登“中国好人”榜。8人登上2021年度“北京榜样”周榜榜单，8人登上月榜榜单。“7·15”家缘小哥救援群体、香山革命纪念馆红色历史讲解员2个群体荣获2021年度“北京榜样”集体奖。采取多种途径加大对道德模范的礼遇力度，对2020年度十大“感动海淀”文明人物、文明人物提名奖以及集体奖进行表彰。通过《海淀报》、海淀融媒体中心、海淀文明网等栏目及城市空间公益广告，持续宣传道德模范先进事迹。通过海淀文明网、文明海淀微信公众号、海淀电视台《文明海淀》栏目，集中报道2020“感动海淀”文明人物、2021海淀区“北京榜样”上榜人物、2021海淀区上榜“中国好人”先进事迹，提升道德模范选树知晓率。邀请道德模范参加“回首建党百年路 开启实践新征程”党史学习教育新时代文明实践活动暨海淀区新时代文明实践联盟成立仪式，参加“读好书 学党史”活动、“礼让斑马线”交通安全宣传总动员系列宣传活动和海淀原创舞剧《曹雪芹》体验活动。

（王桂芳）

【未成年人思想道德建设】 年内，海淀区围绕庆祝建党100周年，组织开展“童心向党”教育实践活动。开展“唱响主旋律，做好接班人”红色歌曲传唱活动、“从红船到巨轮”的主题讲座活动；“寻找共产党人的精神谱系”主题大队会活动、“红领巾讲党史”活动以及观看红色电影活动等。引导未成年人听党话、感党恩、跟党走，厚植爱党爱国爱社会主义情怀。深化“传承红色基因”系列教育活动。在传统节日、重要纪念日，通过签名寄语、祭扫献花、碑前宣誓、礼敬先烈等活动，为学生们注入“红色基因”，依托海淀文明网与中国文明网、首都文明网链接开展网上活动。清明节期间，全区未成年人及家长28万余人次在网上向革命先烈鞠躬献花、抒写感言寄语。开展“扣好人生第一粒扣子”主题教育实践活动。组织开展“新时代好少年”学习宣传活动，讲好“新时代好少年”的感人故事，引导未成年人向先进典型学习、向身边榜样看齐。北京市第十九中学程笑飞、北京市一零一中学亓子航、清华大学附属中学永丰学校（小学部）褚子萱获2021年度首都级“新时代好少年”称号。推选6名“新时代好少年”候选人参加2021年度首都级“新时代好少年”评选。国庆节期间，对未成年人进行《中华人民共和国国旗法》《中华人民共和国国歌法》和党史国史教育，开展升国旗唱国歌、“我和国旗合个影”等线上活动，30余万人次参与文明网“我向国旗敬个礼”活动。开展2021年度“首都未成年人思想道德建设创新案例”征集活动，推荐“童心向党颂党恩 红色基因代代传”“活跃在海淀教育大地上的心灵守护者”活动参与全市评选。做好未成年人思想道德建设测评体系指标迎检工作。细化分解《海淀区未成年人思想道德建设工作测评体系指标任务分解（2021年版）》，定期对未成年人思想道德建设情况进行测评和专项督查。

（王桂芳）

【志愿服务】 年内，海淀区志愿服务工作围绕开展庆祝建党100周年、冬奥城市志愿服务、疫情防控等重点工作任务，创新志愿服务工作机制、壮大志愿服务组织，牵头出台《海淀区关于进一步深化志愿服务工作长效机制建设的实施意见》，为打造海淀志愿服务模式提供制度指引。整合街镇、园区等红色资源，开展志愿服务百余场，服务10万余人次。培育专业领域志愿者管理人才和业务骨干。新吸纳海淀消防支队41个救援站，建立学雷锋志愿服务站，1200名消防官兵和区环卫中心全体人员加入。运用“科技+志愿”“互联网+志愿”“文化+志愿”等多种途径，组织形式多样、内涵丰富的惠民文化志愿服务项目，促进志愿服务与各领域业务工作深度融合。至年底，海淀区有实名注册志愿者87.6万人，志愿服务项目6.1万个，志愿服务团队1.2万个。全力服务保障庆祝建党100周年《伟大征程》文艺演出活动；组织528名机关干部、企事业单位人员参加2场主场观演活动；统筹400余名服务保障力量完成中关村国家自主创新示范区展示中心集结点运行保障工作，全流程、全方位、立体化筑牢织密海淀区观众组织工作服务保障网；调配345名公共文明引导员完成中央、市、区秩序维护、路线引导等志愿服务保障。《海淀千余志愿者服务冬奥测试》《“志愿蓝”“柠檬黄”共绘“文明绿”》报道引起社会热烈反响。

（王桂芳）

【公共文明引导】 年内，海淀区实现疫情防控、疫苗接种文明引导服务全覆盖，投入公共文明引导员4000余人次，累计服务2536小时，服务群众58.3万人次。开展“礼让斑马线”创建活动，1911名公共文明引导员在312个公交地铁站台、143个交通路口及各大公园、各重点社区开展文明乘车引导、交通疏导、秩序维护、义务指路、应急救助、助残服务等公共文明引导行动，公共文明“柔性引导”的服务模式发挥着不可或缺的独特作用。组织开展绿色冬奥“文明骑行 共建共享”活动，“绿色生活好市民”“环保公益组织”“文明礼让斑马线”广场舞比赛、“文明有礼好乘客”评选，推选海淀区学雷锋志愿服务“六个100”先进典型。持续开展“垃圾分类”“学雷锋日”“文明游园”等常态化志愿服务活动。在全国两会、春运、清明、五一、玉渊潭樱花节、香山红叶节等时间节点提供文明优质服务保障。

（王桂芳）

【诚信宣传教育主题活动】 年内，区文明委统筹、探索诚信建设新机制。制定《关于推进诚信建设制度化的意见》《关于开展诚信缺失突出问题专项治理行动的工作方案》，重点开展整治电信网络诈骗等10个专项行动，解决群众反映强烈的诚信缺失突出问题。区文明办牵头，中关村科学城综合事务部、区卫生健康委、区委社工委区民政局、区城市管理委、区文旅局、区市场监管局、区城管执法局、区商务局8个部门组成海淀区诚信建设活动领导小组，推树六类诚信典型118个，其中诚信行业6个、诚信单位65个、诚信示范街区3个、诚信经营示范店13个、诚信群体9个、诚信标兵22个，打造“诚信海淀”形象。开展诚信典型案例发布、政策权威解读、“信用日”宣传活动，开展进企业、进园区、进社区、进商圈、进校园“五进”信用宣传活动930次。信用管理讲座7场，信用进企业近300家，印制宣传折页、海报等宣传品3万余份，将中关村科学城北区打造成“诚信培育基地”。与市、区媒体建立诚信宣传联动机制，北京广播电视台《诚信北京》栏目、北京市诚信自律公共服务平台《每周一星》栏目对海淀区诚信建设工作进行跟踪报道20余次，通过精神文明导刊V公众号宣传海淀诚信建设进展情况及诚信典型事迹；与海淀融媒中心联合推出“共绘文明海淀”《海淀报》专栏诚信典型专访报道，在文明海淀微信公众号、海淀文明网、海淀宣传等媒体宣传诚信典型事迹。

（王桂芳）

【区域精神文明共建】 年内，区委常委会、区政府常务会4次专题研究区域精神文明共建重点工作。成立海淀区新时代文明实践高校联盟，驻区32所高校全部加入海淀区精神文明建设委员会。与中宣部、中央文明办等单位共同推动各街镇新时代文明实践所站工作，驻区文明委成员单位北京大学校史馆、北京航空航天大学博物馆被评为北京市新时代文明实践基地。协调驻区文明委成员单位参与助力全国文明城区等群众性“五大文明创建”工作，参加格致论道、市民高雅艺术殿堂行、文明就餐、文明礼仪培训等精神文明建设主题实践活动。在驻区文明委成员单位开展“阅读中国 悦读海淀”读书活动，通过“制止餐饮浪费、践行光盘行动”“我们的节日”等文明主题系列活动，引导师生争做贯彻文明行为的宣传者和文明健康的实践者。组织驻区文明委、全国文明单位联盟以及32所驻区高校，开展社会主义核心价值观公益广告宣传，合力推动海淀文明城区创建。航天科技集团有限公司第五研究院探月工程三期探测器系统总指挥、总设计师、中国科学院院士杨孟飞，北京北斗星通导航技术股份有限公司党委书记、董事长周儒欣分别获第八届全国道德模范及提名奖。北京快手科技有限公司副总裁宋婷婷获2021年“中国好人”称号，中国农业大学“服务三农育英才 志愿人生第一课”项目获全国学雷锋志愿服务“四个100”先进典型。

（王桂芳）

【科技公民“科技+文化”实践品牌活动】 年内，区委宣传部、区文明办推出科技公民“科技+文化”实践品牌活动——海淀·未来公民计划。海淀·未来公民计划旨在“弘扬创新精神，培养科技公民”，布局“激发兴趣→深度传播→融入基因→主动参与共建”的品牌IP建设规划，聚集区域科技和文化资源。从传承科学精神、传播科学理论、点赞科技生活三个方面，开展“献礼建党百年 实现中华民族伟大复兴”——“两弹一星与海淀”巡回展主题活动，“格致论道+海淀”“少年科学宣讲团”训练营，第二届“海淀·未来公民计划——科学梦/小时候的科学梦”活动，提升市民的创新意识和创新能力。3期“格致论道·海淀”科学文化演讲线上直播观看人次达到139万，演讲视频总访问量超过8000万。海淀未来，公民计划之联想未来体验营，12所高校学生参与，线下参与人数达1000余人次，校园传播辐射达20万人次。3期“少年科学宣讲团”训练营，170余名青少年学生参加。

（钟冷）

【中央文明办调研文明城区创建工作】6月24日，中央文明办二局局长薛松岩到北京调研文明城区创建工作，实地考察大兴、海淀相关点位。薛松岩实地检查羊坊店街道新时代文明实践所、中关村街道西里社区、海淀街道苏州桥西社区，并召开调研北京市文明城区创建工作座谈会，反馈上一轮测评中存在的问题。指出文明城区创建要始终把群众需求装在心里，通过创建彰显城市温度；在工作标准上提高用力准度、校正落实精度、培育文化厚度、延伸覆盖广度、加大整改力度；在工作方法上抓好常态长效。市委宣传部副部长、首都文明办主任滕盛萍，于军、王合生、张强等区领导以及16区主要领导、相关负责人参加会议。

（钟冷　郭君兮）

社区建设与管理

【社会建设资金使用管理】年内，区委社会工委区民政局贯彻市、区社会建设资金的使用要求，围绕加强社会领域党建、完善社会服务、改进基层社会治理方式、激发社会组织活力、改善社区服务用房等重点工作任务，通过征集、审核、报请区政府审批等程序，确定2021年度市、区社会建设专项资金支持项目42个，批复资金4362万元，重点支持基层党建、基层治理、社区服务用房、民生服务4类社会建设领域，支持项目22个。委托专业评估机构和审计事务所，采取实地查验、绩效跟踪、评价验收等措施，对全部项目进行监管和督导。

（梁超）

【基层政权建设】年内，区委社会工委区民政局完成586个居委会和40个村委会换届选举工作。换届选举各项指标均达到市级要求，其中居民直选或户代表直选比例达到85.3%，社区居委会成员本社区化率达到53.75%。指导街镇同步调整村（居）民委员会下属委员会以及村（居）务监督委员会，完成村规民约、居民公约修订工作。开展“北京市城乡社区治理先进集体和先进个人”评选工作，共评选北京市先进居（村）委会11个、北京市城乡社区共建先进集体14个、北京市优秀城乡社区工作者22人、北京市城乡社区共建先进个人22人。

（杜小倩）

【社区调整】年内，区委社会工委区民政局落实《北京市社区居民委员会设置标准》，完成羊坊店街道1个社区更名，马连洼街道1个社区职数调整，苏家坨镇2个社区规模调整，西三旗街道、上庄镇各新设立1个社区，西北旺镇新设2个社区。截至年底，全区共有593个社区。

（杜小倩）

【社区工作任务计划清单调整】年内，区委社会工委区民政局根据《北京市社区工作准入管理办法（试行）》《市级2021年度社区工作任务计划清单》《关于下发2021年度社区工作任务日常审核情况的通知》等要求，按照保留市级任务、列入区级任务、动态调整任务的方式，梳理印发《海淀区2021年度社区工作任务计划清单》，涉及25个部门的83项工作任务。

（杜小倩）

【社区楼门院治理】年内，区委社会工委区民政局确定16个街道的48个楼门院治理示范点，完善社区、小区、楼门院治理体系，发挥居民小组长、楼门院长、居民代表、在职党员等人员作用，坚持包片包楼和楼门院公示制度，完善日常联系和动员组织机制，强化社会动员，组织居民参与社区治理。

（杜小倩）

【社区服务空间开放式建设】年内，区委社会工委区民政局推进13个社区服务空间开放示范点、3个“社区之家”示范点、3个“国际化社区”示范点建设。围绕“办公空间最小化、服务空间最大化”要求，通过资源整合，优化居民公共活动空间。推进驻区单位内部资源优势和设施向社区居民开放。

（杜小倩）

【基层协商民主建设】年内，区委社会工委区民政局建设社区协商议事厅市级试点16个、区级试点20个。加强区、街、社区三级协商联动机制，扩大社区居民知晓度和参与率，通过协商推动解决居民关注的基础设施建设、环境改造、停车管理、垃圾分类、疫情防控、生活保障、便民服务等热点难点问题，切实打通社区治理“最后一米”。实施居民关注实事项目60个，梳理上报典型案例21个。

（杜小倩）

【社区垃圾分类动员发动试点建设】年内，区委社会工委区民政局选取甘家口街道航天社区等9个试点社区（小区），通过党建引领，依托社区协商议事工作机制，建立健全垃圾分类宣传引导、动员发动、奖励激励、提醒处罚、社会组织参与等全方位垃圾分类动员工作流程。各试点家庭源头分类质量和居民分类参与率、自主分类投放准确率、小区厨余垃圾分出率全面提升。居民垃圾分类知晓率达100%，参与率达95%，居民自主准确投放率接近90%。区委社会工委区民政局在全区推广试点社区的成功经验，形成良好的示范效应。

（杜小倩）

【第三届“社区邻里节”】10月16日至24日，区委社会工委区民政局组织开展海淀区第三届“社区邻里节”活动。本届邻里节以“同心向党　和睦邻里　喜迎冬奥　和谐社区”为主题，主会场设在曙光街道文化广场公园，由区委社会工委区民政局牵头、曙光街道协办。全区29个街镇分别设立分会场，每个社区结合各自特色举办两场主题活动。通过2000余场各具特色的主题活动，吸引居民走出家门，加强互动，增进邻里和谐，推动形成共建共治共享的社区治理共同体。

（杜小倩）

社会组织工作

【北京市海淀社会组织联合会】 北京市海淀社会组织联合会（简称联合会）由科技、经济、文体、服务、街道乡镇五大类63家社会组织构成。2021年，联合会在做好常态化防疫工作的同时，以党建工作为引领和抓手，服务政府，服务企业，为会员单位搭建交流平台，开拓合作渠道。在全国安全生产月期间，联合海淀区商业联合会、海淀区建筑行业协会开展安全生产演练活动。组织会员单位开展党史学习教育，每半月举行一次集体学习，在“学习强国”App或微信群组、小程序中，阅读党史材料，解答有关习题。联合北京中关村外商投资企业协会党委，组织党员、入党积极分子开展“传承红色基因 牢记初心使命”主题党日活动。举办建党100周年书画笔会，完成书法作品30余幅、绘画作品4幅。

（周恒）

【社会组织服务管理】 年内，全区登记在册的社会组织922个，其中社会团体186个，民办非企业单位736个。区委社会工委区民政局完成社会组织成立登记39件，注销登记21件，变更登记125件。其中，社会团体成立登记5件，注销登记3件，变更登记20件；民办非企业单位成立登记34件，注销登记18件，变更登记105件。备案社区社会组织6439家。办理社会组织年检659件次，其中社会团体年检146件次，民办非企业单位年检513件次。抽查审计100家社会组织，提升社会组织规范化建设水平。落实“双减”工作，完成17家学科类校外培训机构非营利法人登记。

（朱捷）

【社会工作队伍建设】 年内，区委社会工委区民政局根据街镇岗位需求或街镇专业社会服务项目需求，派驻专业社工，深入社区、家庭和困难群体，提供专业的社会服务。为进一步推进社会工作参与基层社会治理创新和民生保障服务工作，向专业社工机构购买专业社会工作岗位29个，指导街镇开展社工督导岗位建设。对29个岗位派驻人员统一管理，组织实施督导服务项目和定期培训，对工作开展情况督导考核，促进专业社工的专业技能、综合素质与服务能力提升。

（申琳）

【社会组织开展社会服务工作】 年内，区委社会工委区民政局鼓励、扶持社会组织（社会企业）参与社区治理、养老服务、垃圾分类、扶危济困等服务工作，重点扶持参与扶贫项目、社区治理服务且具有发展空间的社会组织的专业社会工作岗位40个。采取立项评审和过程跟踪、结项评估的方式，对所扶持的项目进行定期检查、验收评定。推动社会组织参与新业态、新就业群体服务工作，以区社会组织与发展中心为载体，围绕法律咨询、社工服务等内容，为新业态、新就业群体提供关心关爱相关服务。试点推动老年互助社建设，组织社区有特长、热心的健康老人以及社区社会组织、志愿者、志愿服务组织等，结成志愿服务联合体，为社区有需要的老年人提供服务。

（申琳）

社区工作者队伍建设

【社区工作者管理】 年内，区委社会工委区民政局研究制定《海淀区社区工作者跨区域调动管理办法（试行）》，规范社区工作者跨区域流动条件和审批程序。截至12月底，共办理区内调动38人，跨区调动22人。

（杜小倩）

【社区工作者招考】 年内，区委社会工委区民政局研究制定《海淀区公开招考社区工作者工作方案》，组织开展2021年社区工作者公开招考，其中面向社会人员招考980人，714人被录用；面向随军家属招考245人，155人被录用。全区社区工作者（党组织、居委会、服务站）配备职数为7318人，实有社区工作者6453人。

（杜小倩）

【社区工作者培训】 10月19日至27日，区委社会工委区民政局在区职工大学举办“2021年海淀区社区工作者能力提升培训班”，邀请专家学者，采取网上课堂、现场讲座、情景模拟等形式，围绕基层党建、专业知识、政策法规，并结合当前疫情常态化管理、垃圾分类、接诉即办等方面内容，对社区“两委”正职600余人分批进行培训，突出理论与实际结合，全面提高社区工作者履职能力和综合素质。

（杜小倩）

社会生活

2022

北京海淀年鉴

就业和社会保障

【概况】 2021年，海淀区人力资源和社会保障局（简称区人力社保局）采集空岗信息7.55万个，帮助2.7万余名城乡登记失业人员实现就业，其中2万余名就业困难人员通过再就业援助实现就业。建立用人需求档案6683户，新增参保创业单位7043户，创业带动就业岗位52002个。全区城镇登记失业率1.97%。区人力社保局被首都精神文明建设委员会评为“首都文明单位标兵”，区人力资源公共服务中心被北京市政府授予2020年度“北京市就业创业先进集体”称号，区人力资源和社会保障综合执法队被评为“2020年度劳动保障监察工作先进单位”“2020年度无拖欠工资工作先进单位”，综合执法队队长李政获评“全国根治欠薪工作先进个人”。

（张艺璇）

【就业帮扶】 年内，区人力社保局组织本地10家用人单位到内蒙古敖汉旗，联合当地对口部门举办扶贫协作现场招聘会，提供58个工种、491个岗位。通过网络平台，与河北省易县，内蒙古科右前旗、科右中旗地区的对口支援部门共同举办线上招聘会5场，76家单位提供招聘岗位4157个。7次向受援地推送招聘信息，涉及132家单位，430个工种、6193个岗位。帮助北京市生态涵养地区（延庆区、密云区、房山区、门头沟、怀柔区、昌平区、平谷区）的517名农民实现转移就业，超额完成开发500个公服岗位的指标任务。

（张艺璇）

【教培行业专场招聘】 年内，区人力社保局联合区教委，依托北京市人力社保局官网和区人力资源公共服务中心微信公众号，举办4场教培行业人才海淀区专场招聘会，150余家教育机构提供1070个岗位。平台点击浏览量35674次，简历投递922份。

（张艺璇）

【五项社会保险基金收缴】 年内，海淀区养老保险、失业保险、工伤保险、医疗保险、生育保险五项社会保险基金收缴1047.25亿元，比上年增长49.77%；支出483.57亿元，比上年增长14.95%。参保单位12.64万户，比上年减少2.79%；参保人数352万人，比上年增长3.03%。

（张艺璇）

【社保待遇调整】 年内，区人力社保局为34.18万名企业退休职工调整养老金，调整后人均养老金达到4676.49元/月，人均增加243.07元/月；为162名工伤职工调整定期待遇，人均增加387.5元/月；为501人调整工亡职工供养亲属抚恤金，人均增加200元/月；为1.4万人调整福利养老金，调整后人均达到784.23元/月，人均增加29.87元/月；调整城乡居民养老金，调整后人均达到1333.97元/月，人均增加36.44元/月，比全市标准高出380元，基础养老金水平位居全市各区之首。

（张艺璇）

【行政执法】 年内，区人力社保局检查用人单位4600家，查处劳动保障违法案件4600件，做出行政处罚105件，行政处理4件。受理社保稽核案件4986件，完成工伤认定3295件，办理行政复议82件，行政诉讼89件。

（张艺璇）

【“才聚云端”第二季云招聘系列活动】 4月15日，由区人力社保局、区融媒体中心联合举办的“学党史办实事海淀在行动”——中关村科学城“才聚云端”第二季云招聘系列活动在中关村国际人才会客厅正式启动。面向全球揽才，聚焦疫情常态化条件下企业用人需求，组织带岗直播招聘活动16场，吸引海淀区高新企业430家，提供岗位4.8万个。区融媒体中心通过“掌上海淀”移动客户端、今日头条、快手、抖音、百度、微博等8个平台全程直播，5220余万名网友参与直播互动。

（张艺璇　钟冷）

医疗保障

【概况】 2021年，海淀区参加基本医疗保险326.85万人，占全市参保人数的17.3%，基本医疗保险（含生育）收缴383.1亿元，比上年增长21.6%，占全市基金征缴的22.9%。基本医疗保险基金结算支付2345万人次、128.45亿元，跨省异地就医直接结算支付39.64亿元。

海淀区医疗保障局（简称区医保局）对全区城乡居民医疗保险参保者的财政补助，对低保、残疾等13类困难人群参保费实行全额补助，完成大病保险补助2071人，金额2825.56万余元。对困难群体实施医疗救助8860人次，拨付救助资金1553.23万元（含救助32个因病致贫家庭，救助金额40.64万元）。完成参保人员新冠肺炎应检尽检核酸检测费用补助62.71万人次，支付费用2469.65万元，涉及33家定点医疗机构。医保大厅入驻区政务服务分中心，构建区医保大厅、政务服务分中心、街镇便民服务中心三级服务体系。设立“办不成事”窗口，优化“自助服务区”，实行工作日“早晚弹性办”“午间不间断”和“周六不休息”延时服务，拓展无声叫号、“海淀小跑”机器人传单、“云交单”、微信公众号“线上预约”等服务，应用电子印章，实现21个经办事项“全程网办”。启用海淀医保服务热线新号码，设置自助语音查询，增加服务范围，开通非工作日时间留言，延长服务时间。提供延时服务5205次，延时受理单据12203份，提供电话咨询服务19.98万通。接件办理460件，市级考核响应率99.1%、解决率88.2%、满意率97.2%。组织编制海淀区“十四五”医疗保障规划。开展“政务服务体验员”活动，对提出的4类22个问题即时整改。开展医保电子凭证推广宣传月活动，至年底医保电子凭证激活率达58%。开展党史学习教育和“我为群众办实事”实践活动，建立全局、领导干部、党支部、党员“四级责任清单”，完成10项为群众办实事任务。开展庆祝建党百年系列活动。在“海淀医保”微信公众号发布工作信息，深入“双联系、双报到”社区开展市区街镇四级联动医保政策宣传活动，确保市、区决策部署落地见效。

（甘述玲）

【医保基金监管】 年内，区医保局健全医疗保障基金联合监管机制，开展辖区定点医药机构全覆盖现场检查；联合区卫生健康委、公安分局开展打击欺诈骗保专项行动，联合区卫生健康委、市场监管局开展不合理医疗检查专项治理工作；对提供住院服务的定点医疗机构开展专项治理“回头看”、打击“三假”专项检查等专项行动。聘请第三方会计师事务所完成30家定点医疗机构医保基金专项审计。配合市级部门开展飞行检查工作，组织定点医疗机构开展不合理使用医保基金自查自纠。核查定点医药机构1200余家次，查处违规费用2500万元。

（甘述玲）

【国家组织药品集中采购】 年内，区医保局健全药品集中采购常态化机制，落实第四批、第五批集采中选结果及第一、二、三批到期接续采购工作，涉及药品品种218种，价格平均降幅约50%，最高降幅超95%。帮助300余家医疗机构完成药品价格维护，协调医疗机构药品断货等问题，保障参保人员用药需求。

（甘述玲）

【定点医药机构续签协议】 年内，区医保局完成2021年定点医药机构协议续签工作，318家医疗机构签订北京市基本医疗保障定点医疗机构服务协议，83家零售药店签订北京市基本医疗保障定点零售药店服务协议，9家定点医疗机构签订工伤服务协议。新增29家定点医疗机构，含10家新建村（社区）卫生服务站。

（甘述玲）

【跨省异地就医门诊直接结算试点】 年内，区医保局加快推进跨省异地就医普通门（急）诊医疗费用直接结算试点工作，开展院端系统改造验收工作，295家定点医疗机构开通异地就医门（急）诊费用直接结算服务，异地门诊持卡结算系统运行平稳。跨省异地就医直接结算支付27.34万人次、39.64亿元，涉及全国31个统筹地区的253家定点医疗机构。

（甘述玲）

【智慧医保体系建设】 年内，区医保局围绕建设信息安全化、决策数字化、管理精细化、服务智能化的智慧医保体系，开展“新时期党建引领下的智慧医保体系建设”调研课题。持续推进“互联网+”医保服务，试点运行医保结算线上支付功能，探索再造“先诊疗后付费”新型医保就医流程。在互联网医院试点建设“云药房”平台，解决外购药处方线上流转、医保结算等问题。在街镇、社区（村）试点开展“互联网+医保+送药上门+护理服务”，依托家庭医生巡诊模式，患者自助使用智能药柜进行医保挂号、结算、取药，实现送药到社区。

（甘述玲）

【冠脉支架集采】 1月1日0时，国家冠脉支架集采政策落地实施。海淀区涉及12家定点医疗机构，完成医保系统和医院系统切换，全面执行新的冠脉支架中选价格和新的医保付费标准。此次集中带量采购共有8家企业的10个产品中选，其中7个国内企业产品、3个外资企业产品，临床常用的多个主流产品成功中选，中选产品全额纳入医保支付范围。首批低价优质冠脉支架中选价格平均降幅达90%以上，载药合金冠脉支架价格由平均1.3万元左右下降至700元左右，降幅约95%。

（钟冷）

【医保法制月宣传活动】 4月、10月，区医保局以“宣传贯彻《医疗保障基金使用监督管理条例》，加强基金监管”为主题，举办法制月宣传活动。深入20余家定点医疗机构和6家社区，开展“点对点、面对面、手把手”政策宣讲和业务指导。联合区融媒体中心推出《局长讲条例》5期普法电视栏目，利用“海淀医保”微信公众号、《海淀报》等媒介宣传医保法规及动态，向辖区全部定点医药机构和29个街镇统一配发宣传海报523套、宣传折页3万份、宣传手册6000份。

（甘述玲）

【9项医保业务划转】 10月31日，根据《中共北京市海淀区委机构编制委员会关于区社保基金管理中心、区医保事务管理中心职责及编制划转的通知》文件精神，区社保基金管理中心经办的9项医疗保险业务划转至区医保事务管理中心。根据《中共北京市海淀区委机构编制委员会关于印发〈北京市海淀区医疗保险事务管理中心机构职能编制规定〉的通知》，区医疗保障局下属参公事业单位北京市海淀区医疗保险事务管理中心事业编制由90名增至106名，内设科室由12个增加至20个。

（甘述玲）

民政事务

【概况】 2021年，在区委区政府的领导下，区委社会工委区民政局加大社会服务供给，创新社会治理方式，提高社会服务管理质量，各项工作取得显著成效。完成建党100周年服务保障工作，被北京市评为“2021年度接诉即办工作市级先进集体”。“搭建服务平台、引入专业力量、构建精准救助海淀新模式”项目代表北京市参加民政部社会救助领域创新实践案例评选，被评为优秀案例。

（张永峰）

【海淀区慈善协会】 2021年，海淀区慈善协会募集善款1562.56万元，使用善款1269.49万元，救助困难群众8487人次。

慈善宣传。开展以“弘扬慈善公益·促进共同富裕——海淀人在行动”为主题的宣传征稿活动，在区慈善协会季刊和网站上刊载。《海淀慈善》出刊4期（季刊），发稿60篇、图片50张。网站发布新闻35条，图片20张，制作活动漂浮窗2个。《海淀报》

刊登慈善工作稿件3篇，慈善工作专版1个。向北京市慈善协会、首都慈善组织联合会、《慈善北京》等投稿40篇次。各工作站利用“9·5”中华慈善日开展群众性重大活动，以宣传橱窗、张贴和悬挂标语等形式宣传慈善工作。

慈善筹募。持续开展“春雨行动”，募集善款180.83万元；117388名共产党员、16450名爱心群众和493家企事业单位、社团机构等社会组织参加“共产党员献爱心”捐献活动，共捐款1311.02万余元。区直机关党委组织“传承百年红色基因，助力慈善为民办实事”现场捐献，66家单位捐款52万余元。

慈善救助。救助生活困难群众1143人，使用善款33.86万元。慈善助学活动救助家庭生活困难中小学生240人、大学生119人，使用善款107.5万元。“一对一”定向助学3名求助困难学生，救助款0.7万元。配合市慈善协会救助39名困难学生，使用救助款7.8万元。“慈善情暖万家”活动救助生活困难群众1659人，使用善款152.8万元。使用“共产党员献爱心”善款434.78万元救助2905人。为海淀区47家星级养老机构捐助健之素牌泡腾片消毒用品，使用善款38.94万元；改造三家养老机构的用餐场所桌椅、电梯等设备设施，使用善款70万元；为28家社区服务中心、市民活动中心等单位捐助医用血压仪，使用善款39.06万元；对香山老年公寓实施救助，使用善款200万元。实施“携手助老送健康——慈善医疗卡”项目，为全区60岁以上低保老人每人发放500元医疗救助金，救助843人，使用善款42.03万元。为上地、羊坊店和甘家口街道、东升和温泉镇的5位生活困难的大病患者申请市慈善协会医疗救助12万元。使用“特困知青救助资金”定向救助善款42.8万元，救助特困知青64人。慈善工作站在扶贫济困、安老助孤、扶残助学、医疗救助等方面筹集善款180.77万元，救助困难群众640人，使用善款61.07万元。

（常欣欣）

【社会救助】 年内，区委社会工委区民政局加强分散供养特困人员照料服务工作，分散供养特困人员全部签订委托照料服务四方协议，强化落实分散供养特困人员探视巡访制度，街镇每月探视巡访不少于一次，社区（村）每周探视巡访不少于一次。全区生活不能自理特困人员集中供养率达65%。截至12月底，全区有城乡低保人员3303户5344人，特困供养人员184户188人，低收入家庭94户184人。海淀区最低生活保障标准从7月起由家庭月人均1170元调整为1245元，低收入家庭认定标准从8月起调整为2320元/月。全年累计支出低保金8191.62万元、特困供养资金794.22万元、低收入人员生活补贴12.61万元；实施教育救助156人、支出93.23万元；临时救助135户、支出63.1万元。对390名困难群众开展个案帮扶服务。救助流浪乞讨人员和暂时遇到困难人员671人次。在2021年民政部社会救助领域创新实践案例评选活动中，海淀区“搭建服务平台、引入专业力量、构建精准救助新模式”项目作为北京市唯一入选案例，获优秀案例奖。

（柯胜英）

【养老服务】 年内，区委社会工委区民政局完善养老服务政策支撑体系，制定《海淀区养老服务“十四五”专项规划》。新备案1家养老机构、20家社区养老服务驿站，新建13780张家庭养老照护床位。为80周岁及以上老人配置浴凳2000个，为2034户90周岁及以上高龄老人家庭进行适老化改造。健全完善老年助餐体系，鼓励社会餐饮企业拓展养老助餐配餐功能，建设老年助餐点84家。全年开展老年人巡视探访近6.6万人次。加大养老服务支持力度，对非营利性养老机构发放贷款贴息、房租补贴、运营补贴等共2200万元。开展服务质量提升行动与星级评定，新增五星级养老机构2家、四星级养老机构2家、三星级养老机构1家。开展养老服务机构安全生产及新冠疫情防控检查252家次。推进养老护理职业发展体系改革试点，探索建立养老护理人才行业认定、职级晋升、教育培训、岗位补贴、入职补贴、激励评价等制度机制，发放岗位津贴235.22万元。建立以实操训练为重点的养老服务从业人员轮训机制，培训专业护理人员2000余人。为全区享受困难老年人养老服务补贴、失能老年人护理补贴和高龄老年人津贴15余万人发放资金38818.42万元。

（赵迎春）

【儿童福利保障】 年内，区委社会工委区民政局贯彻落实新修订的《中华人民共和国未成年人保护法》，调整海淀区未成年人保护委员会办公室至区民政局，构建家庭、学校、社会、网络、政府、司法“六大保护”体系。全区享受困境儿童生活费补贴政策儿童有105人，发放困境儿童生活费209.54万元。向市级儿童福利机构拨付代养的71名生活无着儿童生活费236.17万元。保障17名65人次代养孤弃儿童的医疗救助需求，为符合“事实无人抚养儿童助学工程”条件的10名儿童发放助学金6.4万元。推进海淀区儿童福利院（综合福利院）建设。

（杨顺意）

【残疾人福利保障】 年内，海淀区率先完成全市首例残疾人两项补贴跨省通办异地申请的全流程环节，实现就近受理、联动同办、便捷高效人性化的服务。按照新低保标准1245元，对困难残疾人生活补贴进行调标并做好补发工作，完成调标4729人，补发资金50.8万元。

（王昭明）

【村务公开和民主管理】 年内，坚持以村民会议（村民代表会议）作为村议事民主决策形式，积极推进村委会规范化建设，监督村级“四议一审两公开”和“三务公开”制度落实，指导梳理村级重大决策事项清单，规范村级权力运行。

（杨萍）

【加强村规民约建设】 年内，印发《关于做好村委会换届选举后续相关工作的通知》，结合海淀农村特点，聚焦村民身边事，指导修订村规民约和村民自治章程，将移风易俗文明行为、开展爱国卫生运动、实施垃圾分类、常态化疫情防控、农村人居环境整治、农村土地管理、宅基地用地建房及拆违控违等内容纳入其中，引导村民行为规范，全面推进乡村治理。截至年底，全区现有53个村的村规民约和村民自治章程修订工作已全部完成，并在村务公开栏中长期进行公开。

（杨萍）

【2个行政村村委会建制撤销】 年内，依据相关法律法规和市委社会工委市民政局《关于开展撤村建居工作的指导意见》，经镇政府提出、村民会议同意，区政府批准，依法撤销六郎庄村和万泉庄村村委会建制。截至年底，全区原84个村委会，已撤销31个村建制，现有53个村民委员会。

（杨萍）

【超转和地退人员服务管理】 年内，区委社会工委区民政局接收海淀镇青龙桥村和树村整建制农转非超转人员352人。为全区33867名征地超转人员调增生活补助待遇，人均增加185.40元，人均月补2523.67元，人均涨幅7.93%。发放超转人员2020—2021年度采暖季住宅清洁能源分户自采暖补贴1476万元。发放超转人员生活补助费402031人次，生活补助费总支出101393万元。为999名地退人员调增基本养老金，人均每月由5981.1元调整为6199.9元。调整90名地退无收入遗属生活补助标准，每人每月由1462.5元调整为1556.25元。截至12月，全区有在册超转人员33283人，地退人员921人。

（朱静）

【见义勇为权益保护】 年内，区委社会工委区民政局确认见义勇为行为12起、不予确认2起，发放见义勇为行为确认一次性奖励金总计103万元。印发《海淀区见义勇为评审委员会议事规则》，建立区级见义勇为评审委员会机制。确认12起见义勇为行为，闫铁建、高金阳、王二伟、陈鑫江、夏喜增、李立新、王成、宋锦添、刘磊、田国志、王丽娟，以及韩云庆、韩晓、祖海涛（见义勇为群体）被确认为见义勇为人员。

（朱捷）

【既有多层住宅增设电梯】 年内，区委社会工委区民政局持续推进既有多层住宅增设（适老化）电梯工作。开工建设280个点位，完成201个点位电梯工程，涉及58幢楼，惠及3480户居民。

（董启春）

【殡葬服务】 年内，区委社会工委区民政局开展殡葬领域突出问题专项整治，印发《海淀区关于开展殡葬业价格秩序、公益性安葬设施建设经营专项整治工作的实施方案》，建立民政、卫生、市场、城管、规自、公安等部门联动机制，重点整治公墓、殡葬服务（中介服务）两类13项违法违规行为；印发《海淀区关于开展散坟专项治理及历史埋葬点提升改造三年行动计划的实施方案》，基本掌握各街镇管辖区内散坟及历史埋葬点底数、占地类别、地址等情况，为推进分步实施、分类整治、突出整治重点奠定基础。完成2021年清明节服务保障工作，11处扫墓点接待祭扫群众304950人，车辆117177辆。为北京市城乡无丧葬补助居民发放丧葬补贴1082人，541万元。对外地来京人员遗体运回原籍的批准11人。备案区属节地生态安葬定点服务单位开展节地生态安葬业务31份，支付区级财政补贴资金7万元。

（杨萍）

【扶贫送暖】 年内，区委社会工委区民政局开展“首善有我”主题社会捐助活动，海博慈善基金会接收捐款221.32余万元。在区民政局监管下，基金会对全区3800余户低保、低收入及特殊困难家庭发放米、面、油等基本生活必需品，支出63万余元。北京机械设备研究所向内蒙古自治区兴安盟科尔沁右翼前旗大石寨镇人民政府定向捐赠4.55万元，用于支持该地区建造幼儿园。

（李磊）

【婚姻登记】 年内，海淀区婚姻登记处办理结婚登记19467件，离婚申请10381件（离婚冷静期满后实际办理7459件），补领婚姻登记证5251件，收养登记（含解除收养登记）6件。

（李冽）

【社会心理服务站建设】 年内，全区已建18个海淀区社会心理服务中心及社会心理服务站，为社区居民提供专业、便利的心理服务。进一步完善公共法律服务网络平台，方便群众获得法律咨询、法律援助、人民调解等公共法律服务。已建社会心理服务中心及社会心理服务站：羊坊店街道铁西社区心理服务中心、马连洼街道梅园心理服务站、田村路街道西木学堂心理服务站、八里庄街道社会心理服务中心、八里庄街道颐慧佳园社区社会心理服务站、八里庄街道五福玲珑居社区社会心理服务站、甘家口街道进口社区社会心理服务站、永定路街道社会心理服务中心、中关村街道航勘社区社会心理服务站、海淀区社会心理服务指导中心、万寿路街道社会心理服务中心、紫竹院街道社会心理服务中心、北下关街道社会心理服务中心、海淀街道社会心理服务中心、清河街道社会心理服务中心、青龙桥街道社会心理服务中心、苏家坨镇社会心理服务中心、西三旗街道富力桃园社区社会心理服务站。

（申琳）

【街道工作】 年内，区委社会工委区民政局统筹协调区各责任单位完成39项街道工作年度重点任务。开展《关于加强新时代街道工作的意见》实施三年情况评估工作，形成《海淀区加强新时代街道工作重点任务开展情况评估报告（2019—2021）》。

（望少英）

【协管员规范管理工作】 年内，区委社会工委区民政局对2018年至2020年协管员相关政策文件、会议记录、统计数据、调研材料等重要工作资料进行归档整理，汇总形成《2021年度海淀区协管员队伍规范管理工作材料汇编》。以区政府办名义印发《海淀区协管员队伍规范管理工作实施方案》，其主要内容是：分类施策，整合优化现有协管员队伍；完善机制，逐步规范协管员队伍管理；社会参与，不断创新基层治理模式；压实责任，切实抓好基层工作落实。完成29个街镇的20490名城市协管员统一编号、标识工作。在充分调研和多方收集意见和建议的基础上，编写《海淀区城市协管员队伍规范管理示范点创建工作指南》，推动海淀区城市协管员示范点创建工作取得实效。

（王甫亮）

【新冠疫情防控】 年内，区委社会工委区民政局建立健全社区“三级包保”（即区级干部包街镇、街镇干部包社区、社区干部包户）、“五包一”（即街镇干部、网格员、基层医务工作者、民警、志愿者等共同负责落实社区防控措施）机制。推动楼门院（长）队伍建设，配齐配强34136名楼门（院）长。在街镇层面组建29支700余人的“防疫有我”社区工作者应急小分队。每周安排专人对街道、社区防控措施落实情况进行检查，检查22个街道、519个社区、2690个卡口15000余人次。建立街道核酸检测采样点督导工作机制，抽调9人组建专班，分组包片，对22个街道储备的大中型核酸检测采样场所进行全覆盖实地检查。开展针对街道平房区、筒子楼、简易楼等区域人员，冷链及大数据排查人员等核酸检测采样相关工作。对国内中高风险地区返京人员和重点地区服务行业重点人员核酸采样进行分区管理。10月，对区级核酸采样点进行硬件保障设施改造提升工程及搬迁建设工作，牵头建成1.9万平方米新的区级核酸检测采样基地，具备全天候运转保障能力，人员采样更加安全高效，具备同时接受多任务工作能力，场地日最大采样量提升至3万人次，完成核酸采样任务80余万人次。牵头成立“清河站区中高风险地区进京人员转运指挥部”，组建工作专班，处置特殊情况55件。全区22个街道有社区内“七小场所”1474家，累计复工1440家，复工率为97.69%。各街道累计检查人数120476人次，检查社区内“七小场所”219143家次。委局专班抽检街道144次、社区296个、门店1174家，发现问题及时向相关街道下发《社区内“七小场所”防控检查整改通知书》。10月，指导全区各街镇开展隔离点选址、改造工作，29个街镇除燕园街道和清华园街道两个大院街道外，均设置街镇级集中隔离点（香山街道与四季青镇共用一个点位），全区设置26个点位。

（张永峰）

退役军人事务管理

【概况】 2021年，海淀区退役军人事务局（简称区退役军人局）加强退役军人服务体系基层基础建设，提升提质退役军人接收安置和就业创业，弘扬英雄烈士精神，学习宣传贯彻《中华人民共和国退役军人保障法》，推动法律政策落实落地。完成51个事业单位的机构改革工作和21个军休所服务对象划分调整。完成接收安置军转干部报到90人、自主择业军转干部1463人、军休干部4688人。完成符合政府安排工作条件退役士兵、自主就业退役士兵安置任务。完成部分退役士兵养老保险接续办结任务。海淀区在年度服务中央单位和驻京部队工作满意度调查中，排名北京市16个区第一位。

整理烈士档案2万余份；建立烈士数据库；入库1600名烈士信息；出版《海淀烈士英名录》。“以首善标准开创拥军工作新局面”工作法被评为“全国退役军人工作十大示范工作法”，并向全国推广。在各级各类报纸、杂志、微信公众号等媒体上刊发稿件290篇。其中，在《人民日报》、学习强国、退役军人事务部网站等国家级媒体刊发16篇，市级媒体刊发58篇，区级媒体刊发216篇。协同《海淀新闻》制作电视新闻信息16条。制作视频《海淀战友——我的入党故事》，被《人民日报》及中国网、千龙网和海淀区官方抖音号、快手号、微博等转载，在北京市网信办举办的第二届“京彩”网络正能量精品评选活动中，被评为优秀“网络正能量音视频”作品。组织参加退役军人事务部开展的“老兵永远跟党走”系列庆祝活动，4人获知识竞赛活动二等奖、12人获三等奖，1人获作品征集活动优胜奖，1人获主题演讲活动全国比赛优秀奖。选送优秀军创企业、团队参加第二届北京市退役军人创业创新大赛，获3个一等奖。农大路军休所获“全国军休工作先进单位”称号，邢涛获“全国军休工作先进个人”称号，刘晓文获“全国退役军人服务保障先进个人”称号；王雅屏、廖长南、李凯城入选第六届十大“北京军休榜样”。

（张泽智）

【入选全国十大示范工作法】 年内，海淀区“以首善标准开创拥军工作新局面”工作法被评为“全国退役军人工作十大示范工作法”，并在全国推广。海淀区拥军工作实行区委书记、区长任双拥工作领导小组“双组长”，33个部委办局和驻区部队师级单位为成员，牵头部队派员与区双拥办合署办公；全区29个街镇成立党政“一把手”为组长，组成驻地中央、市属单位、部队领导参加的双拥领导小组，各级党政军机关、企事业单位共建立710余个双拥机构。坚持党委议军会、军政座谈会、双拥工作会、双拥专题会制度，出台领导小组工作规则、双拥工作指导意见，规范党委决策议事调查研究、论证评估和会议决定流程。创建长效机制，出台随军就业、子女入学、科技强军、抚恤优待、移交安置5类11项措施。发挥社会各类优质人力资源机构桥梁纽带作用，建立招聘动态调度制度，健全招聘常态化机制。开设“网上就业平台”“网上培训课堂”等，落实政府社区预留20%编制岗位招聘、高新企业双选措施，拓展随军家属就业空间。为烈士子女、边防军人子女跨区入学开通绿色通道，军地投入9亿余元新建1所九年一贯制学校。发挥海淀区科研力量资源优势，制定科技拥军行动计划和配套措施，带动区域创新主体助力国防建设。制定优抚对象和其他退役军人基本目录清单，拥军重难点任务协调清单，完成重大活动保障任务。集资1500万元为首都一线值班执勤等重点部队建成计算机室、图书室等270余个。

（卢萍）

【优待抚恤】 年内，区退役军人局为38位有需求的残疾军人配置包括轮椅、助听器、光学助视器等康复辅助器具，为全区3300余名残疾军人换发残疾军人证，各级退役军人服务站为伤残人员开展拍照、换证“双入户”服务。重大节日期间，走访慰问退役军人及其他优抚对象6500余人次，发放慰问金785万余元；为619名义务兵家庭发放优待金4695万元；为牺牲、病故军人遗属及老干部遗属发放一次性抚恤金4.2亿余元，为4400余位烈士遗属等各类优抚对象、困难退役军人发放抚恤补助金7200万余元。

（张政伟）

【双拥共建】 年内，海淀区办理驻区部队重点建设项目用地选址、建设规划、工程实施等审批事项13个；投入4000余万元支持部队训练场地、信息化设施和营院改造；回应涉军“接诉即办”案件32件。区退役军人局联合区人武部、属地街镇配合部队，为214个军人家庭送立功喜报，其中一等功1人、二等功5人、三等功123人、“四有”军人85人。协调区文旅局整合全区优秀文艺团队，走进驻区部队基层单位开展慰问演出10余场；组织军地开展“军民翰墨书党恩·盛世丹青忆初心”书画展活动，参展书画300余幅。健全工作在边海防基层一线的海淀区籍官兵台账，为86名官兵发放慰问品。巩固提升“优秀父母逛京城”“情系边海防官兵”特色品牌活动。组织引导各行各业、学校、社区、企事业单位、社会团体，围绕科技、教育、文化、卫生、金融、生活等领域开展系列拥军活动，推动形成全社会齐拥军的浓厚氛围。结成100多个军（警）民共建对子，开展国防教育、义务诊疗、解难帮困等拥军活动，推动双拥工作向基层延伸。委托海淀区职业学校，对220余名部队官兵进行职业技能培训。协调区医保局恢复5家军队基层医疗机构医保资质。协同区教委重点优待荣立二等功以上奖励和特殊岗位、特殊贡献军人子女入学。接收随军家属617人；探索“政策+协调”定向招聘随军家属新路子，协助区民政局完成245名随军家属社区工作者专场招聘审核考试录用工作；对200余名随军家属开展进入教育行业就业培训，其中30名随军家属签约意向学校。

（卢萍）

【军休服务】 年内，区退役军人局保障军休干部“两个待遇”，提升服务管理水平。打造“军休文化养老十个一”[①]新品牌。各军休所挖掘不同特色的“一所一品牌”，解放军总医院及各附属医院退休医护人员组成五棵松阳光服务队，“自发自愿，互帮互助”服务社会；解放军艺术学院军休干部文艺团体为退役军人开展公益演出。实行工作人员包人、包户、包党支部的服务管理模式，与军休干部建立长效联系机制，以更有温度和深度的服务，增强军休干部归属感。开展庆祝建党百年表彰大会暨《兵心向党旗帜飘扬》文艺演出活动，进行“两优一先”表彰和“光荣在党50年”纪念章颁发活动，表彰232名优秀共产党员、34名优秀党务工作者和34个先进基层党组织。举办“老党员入党志愿书和入党老照片”陈列展。组织军休干部成立“老兵宣讲团”，举办主题宣讲4场，700余人参加。

（邢涛）

【烈士纪念设施管理】 年内，区退役军人局开展烈士纪念设施整修维护工程。对28处烈士纪念设施、烈士墓管理保护工作现状及存在问题进行摸底排查，投入64万元；对12处烈士设施进行维修改造。

（张政伟）

【退役军人服务站建设】 5月20日，海淀区2021年全国示范型退役军人服务站创建工作推进会在曙光街道退役军人服务站召开，29个街镇退役军人服务站主管领导及有关负责人参会。年内，全区29个街镇退役军人服务站完成示范创建任务，香山街道、青龙桥街道、西北旺镇3家街镇服务站入选“全国百家红色退役军人服务站”。101家300人以上的社区（村）退役军人服务站接受市级复审验收。印制《北京市海淀区基层退役军人服务手册》1500余份，发放至全区各级退役军人服务站，以条目式清单对服务站工作职责和任务进行规范统一。全区有174名退役军人“兵支书”担任社区（村）“两委”成员。累计成立“首都老兵——海淀战友”等367支退役军人志愿服务队，有志愿者4000余人，全年开展新冠肺炎疫情防控、垃圾分类、防汛应急、基层治理等活动。

（王晓东）

【创业导师退役军人就业团队聘任】 6月18日，区退役军人局召开退役军人就业创业导师团队聘任会，举行退役军人就业创业导师团队聘任仪式。会议审议通过《海淀区退役军人就业创业指导团队工作规则》，导师团队由金融、法律、航空科技、医疗健康、农业等领域的32名专家和企业家组成，在退役军人职业规划、创业指导、吸纳就业等方面发挥指导作用。保障促进退役军人就业、引导支持退役军人创业。

（史小弘）

【就业创业培训】 7月6日，区退役军人局与中关村科学城四季科创中心签署战略合作协议，双方在政策宣导、人才交流与培养、服务保障等领域开展合作；启动第二届海淀区退役军人就业实训，13家企业提供商务经理、综合行政、智能开发、网络工程、市场营销等实训岗位，17名退役军人参与实训活动、4名退役军人入职签约。9月22日至23日，举办2021年政府安排工作退役士兵欢迎大会暨

---

① 军休文化养老十个一：一面精神旗帜、一个军休标识、一首军休之歌、一本刊物、一个网站、一个微信公众号、一所老年大学、一个军休宣讲团、一个军休艺术团、一个党员服务队。

7月6日，区退役军人就业创业基地战略合作签约（区退役军人局 供图）

就业能力提升培训班，36名符合条件退役士兵参加；邀请海淀区退役军人就业创业导师团队的多名专家讲师授课，内容涉及政策解读、职业规划、普法教育、心理健康等方面，并安排实地参观见学中关村科技创新企业。组织545名军转干部参加在清华大学、北京大学举办的就业创业研修班。

（史小弘 王晓东）

【海淀区军休老年大学揭牌】 7月20日，由退役军人事务部组织的全国首批军休老年大学揭牌暨网上军休老年大学开通仪式在海淀区军休老年大学举行。中央政治工作部主任助理兼退役军人事务部副部长方永祥、北京市政府副秘书长李志杰为海淀区军休老年大学揭牌。海淀区军休老年大学是全国首批6家挂牌成立的军休老年大学之一，秉持“政治建校、特色立校、服务兴校、从严治校”的办学理念，设置红色大讲堂、图书阅览室、文化活动室、网上直播室，以及书画、乐器、舞蹈等教室24间，总面积9533平方米；开设26项专业课程，长期聘请专家讲授政治理论、国防军事等内容；同时，开通网上教学课程，随时随地满足学员学习需求。截至年底，注册学员6800余名，累计学习1.2万余人次。

（邢涛）

【烈士公祭日活动】 9月30日，海淀区在万安公墓李大钊烈士陵园举行烈士纪念日公祭活动。活动现场设置海淀区烈士纪念设施专题展，深切缅怀为中国人民解放事业和社会主义建设英勇献身的革命烈士。区四套班子领导及驻区部队领导、烈士家属、机关企事业单位干部职工、学校师生代表以及驻区部队官兵、社会各界群众代表100余人参加公祭仪式。

（张政伟）

【《海淀烈士英名录》出版】 10月，区退役军人事务局编纂的《海淀烈士英名录》由中国社会出版社出版。此书分为烈士名录和烈士纪念设施两部分，收录海淀区1600名英雄烈士的革命事迹、23座革命烈士纪念设施。该书教育引导广大人民群众学习英雄、烈士事迹，传承英雄、烈士们的崇高品德和革命精神，树立崇尚英雄缅怀英烈的良好风尚。

（张政伟）

居民生活

【概况】 2021年，国家统计局海淀调查队（简称区国调队）完成3次海淀区“疏解整治促提升”专项行动民意调查，开展海淀区创建国家森林城市调研。参与海淀区“十四五”规划编制工作，“十四五”时期海淀区构建“七有”“五性”民生体系研究工作。结合经济社会发展需要和疫情防控形势变化，围绕百姓所盼、企业所困以及教育、养老、就业等民生热点难点问题，开展调研50余次，报送信息300余篇，撰写30余篇调研报告，被国家统计局统计网采用46篇、《中国信息报》采用17篇、《中国统计》杂志采用1篇、《海淀信息》采用4篇。区国调队完成的《北京市中小学生心理健康情况调研报告》被中共中央办公厅采用，调研报告《“双减”政策下，海淀家长的喜和忧》获区领导关注和肯定。

（李佳伟）

【居民收入】 年内，全区城乡居民人均可支配收入93478元，比上年增长7.8%。从全市范围内看，海淀区居民人均可支配收入绝对量居全市第二位，高出北京市人均可支配收入18476元；增长率位居城六区第二。从收入构成上看，在居民可支配收入4项组成中，工资性收入49995元，比上年增长10.3%；经营净收入人均绝对额1040元，比上年增长32.2%；财产净收入（成本法）21737元，比上年增长4.7%；转移净收入20750元，比上年增长4.2%。

（李佳伟）

【居民支出】 年内，全区城乡居民人均消费支出57482元，同比增长12.3%。从全市范围内看，全区居民人均消费支出绝对额居全市首位。消费增速高于全市平均水平0.1个百分点，在城六区中排名第三，分别低于丰台区、东城区0.3个百分点、0.1个百分点。从消费构成上看，居民消费支出的8项组成全线增长，其中生活用品及服务增速居首，达23.5%；医疗保健增速第二，达19.4%；居住类支出占比最大，达到46.5%，对总支出增长贡献率为32.4%。

（李佳伟）

【“疏解整治促提升”专项行动民意调查】 年内，区国调队开展2次“疏解整治促提升”（简称疏整促）专项行动民意调查，调查点覆盖全区29个街镇，每次样本1600个，在已完成疏解整治行动的地区随机拦访常住居民，对专项行动效果进行反馈评价，及时准确反映疏整促专项行动效果。调查结果显示，海淀群众普遍对专项行动高度支持，“疏整促”专项行动满意度持续保持在较高水平，整治效果明显。“疏解整治促提升”专项行动民意调查是区国调队服务区域发展的特色产品，通过定期调查广泛收集民声民愿，及时为区委区政府反馈调查结果，助力全区专项行动更好地呼应百姓需求。

（李佳伟）

【“双减”政策实施影响调研】 6月，区国调队开展“双减”政策实施影响调研，完成调研报告《“双减”政策下，海淀家长的喜和忧》。调研结果显示，“双减”政策的出台顺应学生和家长的减负需求，家长焦虑情绪得到一定缓解，但家长对教育考评机制改革、政策的持续稳定性以及配套辅助措施等三个方面仍存在担忧，期盼学校、社会、政府以及家庭协同联动，共同促进学生的全面发展和健康成长。调研报告被《海淀信息》评为9月份优秀信息。

（李佳伟）

【北京市中小学生心理健康情况调研】 8月，区国调队开展北京市中小学生心理健康情况调研，完成《北京市中小学生心理健康情况调研报告》撰写。调研结果显示：中小学生身心健康发展整体较好，抑郁、焦虑等心理问题还有不同程度存在，总体发生率不断上升，呈现随年级增长而增加、低龄化的发展趋势。学生对心理健康问题缺乏正确认识、家庭心理教育缺乏有效沟通和专业指导、学校心理健康教育师资力量和心理辅导课程有待加强等问题还需重点关注，建议家庭、学校和社会切实担起责任，共同促进中小学生心理健康成长。报告内容被中共中央办公厅采用。

（李佳伟）

表37　2021年海淀区居民人均可支配收入组成情况表

项目	绝对额（元）	占比（%）	同比增速（%）
可支配收入	93478	100.0	7.8
工资性收入	49995	53.5	10.3
经营净收入	1040	1.1	32.2
财产净收入	21737	23.3	4.7
转移净收入	20705	22.2	4.2

表38　2021年海淀区居民人均消费支出组成情况表

项目	绝对额（元）	占比（%）	同比增速（%）
人均消费支出	57482	100	12.3
食品烟酒	9717	16.9	12.1
衣着	2400	4.2	18.5
居住	26749	46.5	8.2
生活用品及服务	3073	5.3	23.5
交通通信	4737	8.2	14.4
教育文化娱乐	4441	7.7	17.0
医疗保健	5142	8.9	19.4
其他用品及服务	1223	2.1	15.3

（李佳伟）

民族宗教事务

【概况】 2021年，海淀区民族宗教事务办公室（简称区民族宗教办）学习贯彻中央、市委民族工作会议和全国、全市宗教工作会议精神，贯彻中央、市、区关于民族宗教工作的决策部署，以铸牢中华民族共同体意识为主线，推动新时代海淀区民族宗教工作高质量发展。

春节前夕，区委统战部、区民族宗教办走访慰问天主教、基督教、佛教、道教、伊斯兰教教职人员代表，向困难教职人员送去慰问金。区委统战部领导实地调研基督教海淀教堂、海淀清真寺，与宗教场所负责人座谈交流。召开宗教团体负责人座谈会，2021年民族宗教工作领导小组会议，海淀区与驻区高校、科技园区民族宗教工作座谈会。组织宗教界人士参观“伟大征程——庆祝中国共产党成立100周年特展”“党的光辉照边疆 各族儿女心向党——全国兴边富民成就展”。开展民族宗教政策法规宣传、“五个认同”主题教育活动、“参与冰雪、携手冬奥”民族体育冰雪项目进社区活动、“城市减负你我同心，垃圾分类你我同行”主题活动。41项民族宗教行政处罚权移交不同部门承办。召开基督教第五次代表会议、伊斯兰教第六次代表会议。举办古尔邦节、圣诞节等活动。指导、检查宗教活动场所疫情防控工作。

（王菁菁）

【民族事务】 年内，区民族宗教办推进民族团结“九进”①创建工作，增进各族群众交流交往交融。实施民族团结创建“六大工程”②。指导社区、学校开展民族团结创建“微活动”，开展“石榴花开美京城——‘铸牢中华民族共同体意识’北京民族团结进步主题展”巡展活动。7家餐饮企业被评为北京市规范化清真特色餐厅，1家被评为北京市规范化清真专柜。为清真餐饮企业申请北京市第一批少数民族经济发展（专项）资金150万元。中共中央北京香山革命纪念馆被评为北京市民族团结进步教育基地。推荐3所学校申报北京市民族团结教育示范学校，2所学校申报为北京市铸牢中华民族共同体意识主题教育实践活动试点学校。开展2021年海淀区“参与冰雪、携手冬奥”民族体育冰雪项目进社区活动。组织43名少数民族党员群众参加庆祝中国共产党成立100周年大会，组织300名海淀区各界群众观看全国少数民族文艺汇演开幕式。

（王菁菁）

【宗教事务】 年内，区民族宗教办开展以“四进”为主题的和谐寺观教堂创建工作。指导宗教界贯彻落实《宗教事务条例》《北京市宗教事务条例》等政策法规，开展《宗教团体管理办法》和市委统战工作领导小组印发的北京市宗教活动场所相关法律法规学习培训，落实宗教活动场所管理“四个办法”。完成区基督教三自爱国运动委员会、区伊斯兰教协会换届选举工作和清真寺寺管会调整工作。加强宗教团体队伍建设，举办政策法规培训班，进一步提升各团体、场所自觉依法开展工作的能力水平。抓好宗教领域常态化疫情防控工作，配合属地做好宗教教职人员和宗教活动场所工作人员新冠疫苗接种工作。做好重大宗教节日、重要时间节点的安全保障，持续开展安全隐患排查整治工作，及时消除隐患。倡议伊斯兰教、基督教、佛教组织与对口扶贫内蒙古敖汉旗民族地区开展帮扶活动，捐助资金24.05万元。

（王菁菁）

【民族宗教行政执法】 年内，区民族宗教办开展行政执法检查540次，“接诉即办”受理案件39件，协助相关部门办理群众诉求4件、网络舆情6件，接待来访群众15人次，电话咨询百余件，满意率达100%。

（王菁菁）

【民族宗教政策法规宣传】 年内，区民族宗教办举办街镇民族宗教工作轮训班1次，开展《北京市宗教事务条例》暨安全工作等培训班3次，组织委办局、街镇、社区（村）开展培训学习5次。制作发放清真食品生产加工经营许可证和变更民族成分的流程宣传折页，指导区伊斯兰教协会开展以《中华人民共和国民法典》《宗教事务条例》《北京市宗教事务条例》等法律法规为主要内容的政策培训。印发民族政策法规书籍2000余册、宗教政策法规手册8000余册、宣传海报2000余套。参加“12·4”国家宪法日宪法宣传周系列宣传活动。

（王菁菁）

【32项民族宗教行政处罚权移交】 2月8日，区编办组织区司法局、区民族宗教办、区文旅局召开专题会议，区民族宗教办移交宗教领域32项行政处罚权及相关行政强制权。各部门对移交内容、移交方与接收方各自职责、协同配合机制等具体事项进行明确，签订《行政执法事项交接清单》。全区宗教方面的32项行政处罚权、行政强制权及与之相关的行政检察权，由区文旅局综合执法部门行使。

（王菁菁）

【基督教第五次代表会议】 4月10日，海淀区基督教第五次代表会议召开，100名代表参加会议。会议审议通过区基督教三自爱国运动委员会第四届常委会工作报告、第四届监事会工作报告和团体章程修正案；选举产生区基督教三自爱国运动委员会第五届委员会委员31名，常委11名及主席吴伟庆，副主席边文爱、范国兴、王宾、吴惠明，秘书长边文爱（兼），监事长王教佺，监事张斌、曹广兰等。区委常委、区委统战部部长任武军，市民族宗教委宗教二处处长李祥伟，市基督教三自爱国运动委员会主席蔡葵等出席。

（王菁菁）

---

① 九进：民族团结进步创建活动进机关、进企业、进社区、进乡镇、进学校、进宗教活动场所、进服务窗口、进军营、进景区。
② 六大工程：精神家园工程、全覆盖工程、石榴籽工程、民生改善工程、示范引领工程、能力提升工程。

【"五个认同"主题教育活动】 4月26日，海淀区在香山革命纪念馆举办民族宗教界"共绘同心圆，永远跟党走"暨"五个认同"[①]主题教育活动，这是统战系统"中关村同心荟"品牌系列活动之一。市民族宗教委、区委统战部、区政协、香山革命纪念馆相关领导出席。区基督教三自爱国运动委员会主席吴伟庆牧师代表全区宗教界宣读《共绘同心圆，永远跟党走》倡议书，区民族宗教界代表赠送书画作品《孺子牛》和书法作品《同心同行》，市、区领导赠送"四史"——党史、新中国史、改革开放史、社会主义发展史的学习书籍。全体人员参观"红色电波中的领袖风范——毛泽东同志香山时期发布电报手稿"专题展览。区委常委、统战部部长任武军在讲话中强调，要深刻领会理解习近平总书记提出的"五个认同"，铸牢中华民族共同体意识，牢牢坚持宗教中国化方向，形成海淀区各宗教的生动实践。

（王菁菁）

【伊斯兰教第六次代表会议】 5月15日，海淀区伊斯兰教第六次代表会议召开，87名代表参会。会议审议通过区伊斯兰教协会（简称区伊协）五届常委会工作报告、五届监事会工作报告和协会章程修正案；选举产生区伊协第六届委员会委员25名、常委委员25名、监事5名及会长王吉惠，副会长杨信、马中兴、张国庆、夏秋际，秘书长马中兴（兼）、监事长杨建等。市民族宗教委副主任周景晓，区委常委、区委统战部部长任武军，市民族宗教委宗教四处二级调研员马嘉斌，市伊斯兰教协会副会长刘克杰等领导出席。

（王菁菁）

【古尔邦节活动】 7月20日，全区7座清真寺举办古尔邦节会礼活动，1799人参加，其中外籍穆斯林326人。区民族宗教办会同公安分局、消防、城管、交通等部门和属地街道共同完成服务保障工作。

（王菁菁）

【宗教活动场所疫情防控检查】 8月17日，市民族宗教委副主任丁希松、区民族宗教办主任田桂茹、区纪委派驻统战部纪检组组长赵红霞等领导到马甸清真寺和海淀清真寺，实地检查疫情防控"双暂停"措施落实情况，并与区伊协会长王吉惠阿訇、寺管会主任、阿訇、寺管会成员等人座谈，听取海淀区宗教活动场所疫情防控及伊斯兰教工作情况汇报。11月8日，市民族宗教委一级巡视员彭博、宣传处副处长刘霄羽一行到龙泉寺，检查宗教活动场所疫情防控和消防安全工作，并同龙泉寺僧委会成员座谈，听取龙泉寺介绍疫情防控及消防安全工作情况。

（王菁菁）

【市领导调研宗教事务条例实施情况】 9月13日，市委常委、统战部部长孙梅君，市人大常委会副主任李颖津及市人大常委会、市委统战部有关领导和市相关单位负责人，到海淀区专题调研《北京市宗教事务条例》（简称《条例》）贯彻实施情况。区委常委、统战部部长任武军，区人大常委会副主任杨莉陪同调研。调研组对海淀区宗教团体、宗教活动场所管理和宗教界队伍建设进行实地调研，详细了解《条例》贯彻实施情况。在调研座谈会上，海淀区汇报《条例》贯彻实施情况，在区域创新宗教工作机制上进行有益探索；调研组对加大《条例》学习宣传力度、依法管理宗教事务、维护宗教界权益、完善宗教领域行政执法制度机制等提出意见和建议。

（钟冷）

【市民族宗教委调研正福寺教堂复建工程】 11月4日，市民族宗教委到海淀区天主教正福寺教堂复建工程现场调研。市天主教爱国会、区民族宗教办、曙光街道、四季青镇有关领导陪同。调研组到正福寺教堂复建工程现场进行视察并听取目前建设情况汇报，并召开现场协调会，对建设过程中存在的重点难点问题进行协商。天主教正福寺教堂始建于1777年，1903年重建，复建工程于2019年10月开工。

（王菁菁）

【民族体育冰雪项目进社区活动】 12月10日，区民族宗教办响应国家"带动三亿人参与冰雪运动"号召，推广普及群众性冰雪运动，在紫竹院街道、马连洼街道、曙光街道、四季青镇举

11月4日，市民族宗教委调研正福寺教堂复建工程（张冰 摄）

① 五个认同：各族群众对伟大祖国、中华民族、中华文化、中国共产党、中国特色社会主义的认同。

办2021年海淀区“参与冰雪、携手冬奥”民族体育冰雪项目进社区活动，300余人参加。活动设置民族知识问答，民族传统体育项目柔力球、冰蹴球、旱地冰壶、花棍展示和体验。

（王菁菁）

【圣诞节安全服务保障工作协调会】 12月20日，区民族宗教工作领导小组办公室召开2021年圣诞节安全服务保障工作协调会，区委统战部、区公安分局、区应急局、区卫健委、区消防支队、区公安交通支队及重点街镇负责人参会。会议部署《2021年海淀区圣诞节安全服务保障工作方案》，区天主教爱国会、区基督教三自爱国运动委员会分别汇报圣诞节活动方案及疫情防控、人员组织、反恐防暴、消防安全等工作。参会各单位就做好节日期间疫情防控、场所周边安保、人员疏导、道路交通、消防安全、紧急情况处置等工作进行沟通交流，对做好安全保障工作提出指导意见。区民族宗教办就圣诞节安全服务保障工作进行提示，并对海淀堂等场所进行安全检查。

（王菁菁）

【圣诞节活动保障】 12月24日至25日，基督教海淀堂、天主教后八家教堂、天主教正福寺教堂、天主教西北旺弥撒点4处宗教活动场所举办15场圣诞节日活动，约2500人参加。24日晚，区委书记于军带队到基督教海淀堂慰问宗教教职人员。区民族宗教办协同区公安、消防、应急、卫生等部门和相关街镇，到各宗教活动场所值班值守，确保圣诞节活动安全有序进行。

（王菁菁）

残疾人事业

【概况】 2021年，海淀区29个街镇和持证残疾人10人以上的社区（村）均设立残联和残疾人协会，有579个社区（村）残疾人协会。在户籍人口中，有持证残疾人40608人，其中视力残疾3570人、听力残疾3023人、言语残疾254人、智力残疾3601人、肢体残疾21893人、精神残疾5883人、多重残疾2384人。

海淀区残疾人联合会（简称区残联）走访慰问困难老党员、高龄困难群众和困难家庭。协调各成员单位完成无障碍点位整改3005个，落实无障碍设施占用、损毁等执法整治39827件次，建设29处无障碍精品示范街区和一刻钟无障碍便民服务圈。搭建智慧无障碍平台，实现试点领域无障碍设施占用、损毁问题五秒钟反馈。开展“我为群众办实事”实践活动，梳理5类12项无障碍环境、残疾人证办理等实事清单，逐一落实便民措施。落实残疾儿童康复训练补助资金等1670余万元，完成5119人次康复辅具补贴、8898名精神残疾人免费服药，组织精神残疾人日间照料站活动1416次，开展区级、街镇级家庭康复培训252期、培训7600余人次。

建立60间资源教室，为183名困难残疾学生和困难残疾人子女申请义务教育补助，拨付扶残助学补助经费46.7815万元。开展“就业帮扶、真情互助”就业援助月和2021年“残疾人大学生就业助力计划”专项活动，为838名残疾人开展职业技能培训。核准6005家单位依法录用残疾人情况，安置残疾人就业18628名，拨付就业类补贴和奖励资金9000余万元，全区劳动年龄段有劳动能力残疾人就业率保持在95%以上。指导残疾人群体和36家温馨家园、职康站和13家民办康复机构的常态化疫情防控工作。

组织开展残疾人“童心向党”主题画展、“唱首红歌给党听”第八届残疾人艺术汇演和残疾人体育大会。海淀区运动员在第16届东京夏季残奥会获3金、1铜；在第十一届全国残运会获6金、4银、3铜。办理残疾人群体“市民非紧急救助”“企业接诉即办”案件178件，律师热线和当面解答法律诉求150余次；心理咨询师在线和当面调节、疏导200人次，有效案件反馈率100%，解决率84.14%，满意率96.18%。

（何文辉）

【盲杖捐赠】 3月4日，北京市慈善基金会“乐心残疾救助专项基金视障者帮扶项目”向海淀区捐赠盲杖仪式举行，此次捐赠盲用探路器（轮式盲杖）319根，区残联接收后由区盲人协会发放给有需求的困难盲人朋友。北京市慈善基金会代表、捐赠发起人北京好心情汽车服务中心总经理张文峰以及中国狮子联会北京代表处、区残联、区盲协相关负责人参加仪式。

（何文辉）

【社区康复协调员及残疾人专职委员培训班】 4月6日至9日、4月19日至20日，区残联分三期举办社区康复协调员及残疾人专职委员培训班。培训内容涉及制度建设、残疾人办证、康复服务办法、社保政策、经费监管、残疾预防、普法宣传、心理疏导、残疾人工作者职业道德素养9个方面。全区29个街镇残联理事长、社区康复协调员、残疾人专职委员近千人参训。

（何文辉）

【西点面点烘焙培训班】 4月21日至22日、4月26日，区残联残疾人家庭康复培训学校举办3期西点面点烘焙培训班，全区29个街镇家庭康复培训学校的老师及聋人朋友、听障人士90余人参加培训。

（何文辉）

【全国助残日主题宣传活动】 5月15日，区残联举办以“巩固残疾人脱贫成果提高残疾人生活质量”“爱·无障碍”为主题的第三十一次全国助残日宣传活动。活动现场搭建2019年至2021年无障碍环境专项行动宣传展板和政策咨询台以及康复辅助器具展示台，设置书画笔会、辅具器具展示、税收及惠残政策咨询、无障碍设施观摩体验、义诊及盲人按摩志愿服务，区残疾人艺术团举行文艺演出，爱心艺术家和区残疾人书画爱好者创作的10米主题长卷，吸引市民观看体验。区残联、圆明园管理处、爱心艺术家代表、社会各界爱心助残人士代表、残疾人朋友及亲友200余人参加活动。

（何文辉）

【第八届残疾人艺术汇演】 5月25日，区残联举办第八届残疾人艺术汇演，27个街镇选送的60个声乐、器乐、舞蹈、综合类节目参演。汇演决出奖项28个，学院路街道肢残人表演的《入党宣誓歌》、羊坊店街道视力残疾人葫芦丝表演《草原美》、青龙桥街道肢残人舞蹈《一条大河》、紫竹院街道肢残人京剧联唱《红灯记》分别获各组别一等奖。

（何文辉）

【康复服务监测工作推进会】 6月17日，区残联召开2021年康复服务监测工作推进会，29个街镇残联理事长及工作人员60余人参加。会议重点对全区2020年康复服务监测工作进行总结及通报，围绕残疾人康复需求统计、康复服务统计、康复服务系统录入及满意度调查等方面，对2021年工作进行详细讲解及工作安排，对监测评价系统操作进行培训。

（何文辉）

【无障碍环境建设督导检查】 8月12日，区委党史学习教育第三指导组督导检查区残联无障碍环境建设专项行动和全国文明城区创建等区级重点项目的完成情况。督导组对羊坊店茂林居小区楼门出入口的无障碍坡道、扶手、残疾人活动场所、无障碍设施标识等进行体验检查；在军博西侧室外公厕体验无障碍坡道、无障碍标识、无障碍抓杆、扶手、打理台、呼叫器及相关设施；步行查看体验复兴路沿线的主干道无障碍道路，实地体验盲道连接的通畅性、缘石坡道的合规性。

（何文辉）

【《公益项目合作协议书》签约】 8月24日，区残联与区政协委员徐锐经工作站举行残疾人法律援助的《公益项目合作协议书》签约仪式并授牌。根据协议约定，双方合作期限为两年，徐锐经工作站承担为群众提供专业法律服务，向残疾人提供免费法律服务讲座、法律咨询等5项工作。

（何文辉）

5月15日，区残联在圆明园举办第三十一次全国助残日主题宣传活动（区残联 供图）

【民办康复机构优秀教师经验交流会】 9月6日，区残联召开残疾人民办康复机构优秀教师经验线上交流会，海淀区雨露嘉禾儿童康复训练中心优秀教师韩晴雪以《信念坚定 教育为人》为题作报告，海伦儿童康复园于孟涵老师结合一年特殊教育工作经历以《激情满怀无私奉献》为题做交流，区康纳洲家庭教育支援中心、区小金豆儿童潜能开发中心和海淀区睿智全纳教育康复中心进行事迹经验交流；心理减压老师介绍学习减压方法；交流会还学习了市残联新出台的定点康复机构评估认定线上申请流程和各种制度。辖区13家康复机构的代表参会。

（何文辉）

【精神残疾人文娱交流活动】 10月13日，区精神残疾人及亲友协会在清华园街道日间照料站举办“我们在一起就会了不起”交流互助社区文娱活动暨第一期患者家属培训班，推介精神障碍患者家属专家交流互助康复项目。近30名精神残疾康复者、亲友和工作人员参加。

（何文辉）

【残疾人社会体育指导员培训班】 10月20日至21日，区残联举办2021年残疾人社会体育指导员培训班，29个街（镇）的残疾人体育工作负责人、社区（村）组织残疾人体育活动的负责人、自强健身示范点的体育工作者和温馨家园体育工作者80名学员参训。培训采取理论与实操相结合的方式，设置残疾人体育常识、常见运动伤病处理与预防、残疾人拂尘健身、残疾人旱地冰壶项目等课程。

（何文辉）

红十字事业

【概况】 2021年，海淀区红十字会（简称区红十字会）建立学校、机关系统、医疗卫生系统、国有企业、非公有制企业五大系统工作委员会，29个街镇和玉渊潭农工商总公司均建立基层红十字会，街镇覆盖率达100%，开展募捐救助、应急救护培训、献血捐髓、志愿服务、宣传传播等工作。举办近百场红十字业务培训班，建成1所“红十字博爱家园”、2所“红十字博爱校医室”。18名造血干细胞捐献者实现捐献，累计3万余人加入中华骨髓库。募捐收入293.50万元，募捐支出404.87万元（含市级专项资金），用于困难救助。购置总价值13.32万元爱心包，慰问新冠疫情服务保障人员。接收价值7万余元的抗疫捐赠款物，捐赠给武警部队北京总队、中关村科学城管委会。争取市红十字会物资，支持北部四镇疫情防控工作，向甘家口街道因疫情封控的国兴家园社区捐赠3万只口罩。

区红十字会获“首都文明单位”“海淀区先进应急党员群体”等称号。

（齐蔓）

【应急救护培训】 年内，区红十字会举办近百场应急救护培训班，拓展应急救护心肺复苏、创伤包扎等单项技能培训和救护员取证培训，3万余人参加培训，其中9154人取得应急救护技能证书。

（齐蔓）

【红十字阵地建设】 年内，区红十字会在中关村街道东里南社区建成“红十字博爱家园”，在首都师范大学附属玉泉学校、台头小学建成“红十字博爱校医室”，得到中国红十字总会领导高度评价。继续推广自动体外除颤仪（AED），在区、街镇政务服务中心、公园景区、教堂等人员密集场所安装24台。至年底，辖区已配备798台。

（齐蔓）

【人道救助】 年内，区红十字会在“博爱在京城”品牌项目基础上，改进和完善捐赠服务机制，加强与爱心企业、爱心人士的交流互动，收到个人捐款50万元、玉渊潭农工商总公司捐款30万元、北京阜康丽洁物业公司捐款10万元。全年募捐收入293.50万元，募捐支出404.87万元（含市级专项资金）。通过两节送温暖、红十字博爱海淀行、博爱助学，救助困难家庭1266户次、对口帮扶困难学生800户次。

（齐蔓）

【献血捐髓】 年内，区红十字会在高校开展献血、造血干细胞捐献知识讲座和志愿者招募活动11场，800余人新加入中华骨髓库，捐献18人，加入中华骨髓库累计达3万余人，累计捐献111例，涉及高校、科研院所、部队及科技公司等51家单位，加入中华骨髓库人数和成功捐献者人数居全市各区首位。

（齐蔓）

【新就业群体服务】 年内，区红十字会研究出台针对新就业群体中困难人员的救助管理办法，明确救助对象、救助范围、救助款来源、救助标准及工作流程等，为困难人群提供保障。联合街镇对接顺丰、邮政、京东物流等快递、外卖公司，开展调研、座谈12次，摸排新就业群体情况及需求，在中关村街道、曙光街道、学院路街道、青龙桥街道、八里庄街道，为300余名快递小哥开展应急救护培训，发放日常救护手册等宣传品，其中62人取得应急救护技能证书。

（齐蔓）

5月28日，区红十字会在香山街道北炮社区开展创伤包扎培训（齐蔓 摄）

【红十字公益文化宣传】 5月8日（世界红十字日）至17日，区红十字会举办“建党百年奋进 红十字砥砺前行”线上知识竞赛，3.7万人次参与。拍摄制作“永远跟党走 红十字与新时代同行”专题宣传片，通过微信公众号、抖音、快手等平台推送，播放量近5万次。

（齐蔓）

【区红十字会第八届理事会第九次会议】 5月25日，区红十字会第八届理事会第九次会议以电视电话会议形式召开。来自相关委办局、29个街镇、爱心企业、医院、学校等单位的79名理事参会。会议审议通过区红十字会《建党百年，砥砺奋进，奋力绘就海淀红十字事业新画卷》2020年工作报告和2020年度财务收支情况报告，部署2021年工作任务。选举副区长林航为海淀区红十字会会长。建立以29个街镇、玉渊潭农工商总公司、区卫健委、区教工委、区国资委等75个红十字理事单位为架构的组织体系。

（齐蔓　钟冷）

【中国红十字会领导到区调研】 12月1日，中国红十字会党组成员、副会长尹德明到海淀区调研考察。尹德明到“博爱家园”项目建设点中关村街道东里南社区服务站实地考察，了解项目选址及建设情况，并召开座谈会，听取社区关于社区基本情况、爱心募捐、志愿服务、博爱家园建设、应急救护培训等方面工作汇报和社区红十字会工作开展情况，听取海淀区红十字会关于学习贯彻党的十九届六中全会精神及“博爱家园”项目建设情况的汇报。尹德明对海淀区的红十字会工作给予充分肯定，要求把握好“博爱家园”建设方向，使红十字会工作与居民需求相契合，提升人民群众的幸福感和满足感。

（钟冷）

街道　镇（地区）

2022
北京海淀年鉴

万寿路街道

【概况】 2021年，万寿路街道辖区面积6.56平方千米（含位于丰台区的飞地“四顷地”0.04平方千米）。下辖27个社区居委会，常住人口约16万人。区域内中央单位、军事单位多，是服务保障中央政务功能的重要地区。辖区有企事业单位2700余家，其中重点企业15家，大型央企5家；有中小学7所，幼儿园11所，三甲医院2家，社区卫生机构3家。五棵松文化体育中心成为集商务办公、文化娱乐、科技体验、国际赛事于一体的国际化现代新商圈。五棵松体育馆成为“双奥运”场馆，占据着北京市大型室内演出80%的市场份额。

（牛晨宇）

【环境建设】 年内，街道以“服务冬奥、改善民生”为契机，将辖区内五棵松文化体育中心场馆周边的万寿路、玉渊潭南路、翠微路3条道路列入街道环境建设项目。按照“属地保外围、外围保核心、核心保场馆”的思路，成立五棵松场馆外围保障指挥领导体系，五棵松场馆外围保障工作方案得到国际奥委会、市冬奥组委会肯定，作为冬奥外围保障工作方案样板向全市推广。完成万寿路、翠微路、西翠路、玉渊潭南路4条道路及7条背街小巷环境整治提升以及38个老旧小区、51个“七小门店”无障碍改造任务，推动万寿庄路环境提升等一批重点民生工程。规范垃圾分类桶站354处，升级改造建设垃圾分类驿站32处，全部小区均设置大件、装修垃圾暂存点，建成复兴路22号院1处智能化全流程生活垃圾管理体系和中联部小区、百朗园小区等18个小区多座智能化驿站，5个小区创建为北京市生活垃圾示范小区。完成西街11号院和复兴路30号楼共10栋楼老旧小区改造工程，惠及居民810户。加快万寿路西街甲6号环境整治项目进度，完成对万寿路西街边角地的土地平整、绿化，拆除违法建设14755.23平方米，腾退土地面积10156.47平方米。完成自管的16个小区约15万平方米、18条道路约23万平方米的日常保洁。

（牛晨宇）

【平安建设】 年内，街道在春节、全国两会、建党100周年大会、冬奥测试赛等重大活动期间，发动街道、社区志愿者3000余名进行治安点位值守和安全生产检查，完成安保任务。采取“定点巡线控面”方式，发动6600余名保障人员、志愿者织密安全防护网，完成“相约北京”冬季体育系列测试活动和“相约北京”冰球国内测试活动的外围保障工作。制止重点点位无照占道经营行为近100起次，查处违法群租房83套、日租房17套，实现无照占道经营、群租房等动态清零。完成专项整治三年行动，销账隐患84条，考核隐患系统在账企业210家，安全生产大培训220家，隐患检查系统覆盖率和使用率均达100%。完成小型消防站建设并投入使用，安装电动自行车充电设施270个，实现辖区27个社区、117个居住小区充电设施全覆盖。开展火灾防控巡查3000余次，清理各类安全隐患点位1600余处。街道被评为“北京市应急工作先进单位”，安全生产检查队被评为市级先进安全检查队。开展扫黑除恶、扫黄打非等工作。

（牛晨宇）

【民生建设】 年内，街道为400名高龄独居老人购买免费家政服务，为上百名65岁以上老人开展免费上门体检，走访慰问205户特扶伤残家庭。完成老旧小区38个残疾人点位、“七小门店”51个点位的改造任务。加大严重精神障碍患者看护补贴申领和报告宣传力度，2021年患者报告率达95.99%，补贴申领率达86%。医疗救助439人，教育救助19人，供暖救助118户，对因意外、重病致贫的19户家庭开展送温暖活动，落实17户应保未保家庭的保障性住房工作。处理农民工讨薪事件10起，调解劳动人事争议30起，完成“一老一小”窗口新参保1374人、药费报销1029人。走访慰问困难退役军人及优抚对象755人，发放各类优抚对象补贴、慰问金33万元，完成18个服务对象超300人社区创建全国示范型社区退役军人服务站成果展示。发放失业保险金3850人次、808.5万余元，组建27个社区就业服务专员队伍，提供就业政策宣传249人，逐一匹配工作岗位122个。

（牛晨宇）

【社区建设】 年内，街道为7个“三无”小区[①]购买托底物业服务，引导物业公司承办“接诉即办”案件118件，物管会推动解决百朗园小区供暖等疑难问题。中联部小区等12个小区被评为“海淀区优秀住宅物业项目”，紫金长安和今日家园小区被确定为北京市第一批社区伙伴行动计划小区。新建社区商业e中心、便民早餐点各1家，生活便利店2家，增设3处暖心驿站，打造4家“伙伴食堂”，实现生活性服务业、“一刻钟服务圈”全覆盖。为社区更新安装健身器材36套，持续推进五人制足球场地建设，完成复兴路28号、翠微路21号社区新办公服务场所整体装修改造及多个社区会客议事厅、民情驿站、老年餐厅、多功能活动室等办公服务场所改造，提升居民宜居指数。

（牛晨宇）

【基层党建和精神文明建设】 年内，街道召开地区党建协调委员会2次，建成“复兴”党群服务中心，邀请专家学者开展专题党史学习讲座5次，街道党工委理论学习中心组学习67次。为1563名老党员颁发“光荣在

---

① “三无”小区：无主管单位、无物业管理、无人防物防的居民住宅小区。

党50年”纪念章。完成社区党组织137个二级党支部换届选举，选举产生二级支部书记137名，委员272名。开展党史学习教育，完成400余项“我为群众办实事”项目。举办“红歌汇”等大型文化活动4场，开文化惠民培训班800余次，文化活动惠及地区居民5万余人。开展庆党百年红歌汇演等活动。“幸福万寿路”微信公众号推送各类信息3300余条，其中党史学习教育信息400余条。在各级媒体上刊发稿件230篇，其中国家级媒体刊登17篇，“学习强国”刊登3篇。

（牛晨宇）

【新冠肺炎疫情常态化防控】 年内，街道全力做好常态化疫情防控，民情专员累计值守6.5万小时，完成大数据排查2.59万人，转运核酸检测样本7300余人，管理密接、次密接187人，落实居家防护措施846户。接种新冠疫苗36万剂次，18岁以上人群接种率达108.28%。加强核酸检测能力建设，地区基本具备应急状态下2天内完成全员核酸检测的组织和保障能力；加大复工复产检查力度，累计检查企业1.38万家次，发现问题678个。

（牛晨宇）

羊坊店街道

【概况】 2021年，羊坊店街道辖区面积6.61平方千米，有户籍人口12.8万人。设社区居委会31个，有卫生医疗机构41个，中小学校、幼儿园17所。辖区内有军事博物馆、世纪坛等知名建筑。有规模以上企业4600余家，其中中央企业58家。2021年总税收124.43亿元，区级税收24亿余元。

（牛昆）

【环境建设】 年内，街道全面开展生活垃圾分类执法检查，优化小区垃圾暂存设施，建成智能驿站68个、智能桶站165个，服务人员900余万人次、服务时长超4000小时。普惠北里、颐源居及中联部等8个小区获“全市垃圾分类示范小区”称号。确定吴家场地区管界市政、交通、园林等权属问题。茂林居社区、西木楼社区、普惠南里社区老旧小区改造项目竣工，涉及700余户5.78万平方米。完成羊坊店东路、五十七中南侧路及公主坟商圈普惠西街等5条背街小巷精细化整治提升。推进勘测甲乙丙危楼改造、会城门边角地等项目，五十七中学边角地项目列入“建党百年·服务百姓·营造属于你的百个公共空间”小微城市公共空间项目。拆除违法建设38处、18658.76平方米。对300余家餐饮单位、20多处工地进行日常巡查。44条自管道路清运垃圾700余吨。河长巡查发现、处置问题46处。养护绿地37块、95856.81平方米，补植1000平方米。改造升级翠微百货、印象城购物中心外围环境，规范引导城乡购物中心、翠微百货及印象城购物中心3家商场合法有序开展外摆经营。

（牛昆）

【平安建设】 年内，街道发起“迎接建党100周年，我为‘两会’站好岗”等活动，邀请驻区部队带练民兵，带动城乡贸易中心、翠微大厦、中国土木工程集团等20余家单位参与执勤。实行一级及以上等级防控90多天，发动社会力量32万余人次，完成全国两会、中国共产党成立100周年庆祝活动、冬奥会测试赛等服务保障任务。加快市级挂账社会治安重点地区整治进度。开展涉奥周边安全专项检查、电动自行车消防安全隐患排查专项整治及日常安全生产检查5500余家次，挂账隐患全部清零。智慧平安小区一期39个小区完成设备安装、信息采集等建设任务。配合“法之声”普法宣讲团、签约律所和村居法律顾问开展民法典讲座。调处矛盾纠纷100余件次，受理群众来信来访130余件，信访结案率100%。

（牛昆）

【民生建设】 年内，街道围绕“我为群众办实事”活动，完成“三个全覆盖”，即具备改造条件的老旧小区无障碍设施改造全覆盖、充电桩建设小区全覆盖以及垃圾分类桶站驿站建设全覆盖。调解办结劳动纠纷案件近70起，追回拖欠农民工工资200余万元。实现就业871人，就业率达区派指标的119%。走访慰问优抚对象300余人。按时发放低保金、特困供养人员护理补贴、救助金、民政对象慰问金700余万元，完成教育、医疗、采暖、临时救助及特困护工救助工作，救助300余人。

（牛昆）

【社区建设】 年内，街道针对区域多央产、国企、军产小区，物业配套服务管理滞后的实际，创新启动物业管理“社物”融合模式，天岳恒“驻街

年内，羊坊店街道实施老旧小区加装电梯惠民工程（羊坊店街道 供图）

经理”进入街道物业管理专班，解决“三供一业”移交过程中服务难、收费难、协调难问题，涉及5个物业项目、12个老旧社区、27个独立小区、9698户居民。开展社区干部培养“雁阵计划”，组织社区“一把手”、社区后备人才示范培训150余人次。以铁西社区为试点，打造羊坊店地区心理服务站，聘请专业机构开展心理建设活动讲座及团体活动，使社区工作者更专业地进行社区管理与社区服务工作。

（牛昆）

【基层党建和精神文明建设】 年内，街道完成31个社区“两委”换届工作，选举产生社区居委会委员179名。树立红色地标，将中华世纪坛、军事博物馆以及全国重点文物保护单位宋庆龄儿童科学技术馆等串联起来，打造24小时党史学习圈。开办红色讲堂，邀请彭湃、左权等革命前辈的后代开讲28期，每场参加人数超150人。引导各社区组织开展党史学习活动，累计参与12.57万人次。走访解放战争老党员、烈士遗属等6000余人，发放慰问金116万元。为1616名老党员颁发“光荣在党50年”纪念章。巩固全国文明城区创建工作常态长效机制，完成迎检工作。推进街道新时代文明实践所建设，升级改造吴家场文化活动中心。与中央文明办二局开展新时代文明实践所“党员服务群众”结对活动，在理论宣讲、走访慰问和文化帮扶上发力，打造融合共建新模式。地区有在册志愿者1.1万余人，开展爱国卫生日活动、养老驿站志愿服务、城市志愿者等系列活动。

（牛昆）

【新冠肺炎疫情常态化防控】 年内，街道制定《羊坊店地区关于新冠肺炎疫情突发应急管理预案》及社区子预案，开展疫情防控社区封控桌面推演。发动社区、物业、保安开展“敲门行动”，排查、动态管理疫情暴发区域返京人员2.5万余人，检查楼宇企业以及“七小门店”1.11万余户次，发现、整改问题514个。通过大规模核酸检测、社区流动点检测及上门检测等方式，检测2.2万余人。转运密接23人、次密接180人。成立“战旗党支部”，开展“疫苗进社区”活动，累计接种139237人。

（牛昆）

甘家口街道

【概况】 2021年，甘家口街道辖区面积6.49平方千米，人口14.9万人，设24个社区居委会。辖区中央和市属单位、科研院所及知名企业云集，有4所高等院校、5所医院和中央电视塔、玉渊潭公园等人文景观。深化楼宇经济建设，地区125栋非住宅办公类商务楼宇全部纳入海淀区楼宇监测平台，实现4458家平台单位数据共享。建立地区35家重点企业库、45家央企台账和服务联系制度，68家企业纳入市、区服务包政策体系。走访70家企业，组织召开20余次企业政策培训会，瑞泰人寿保险有限公司入驻腾达大厦。政务服务中心窗口办理业务50305件，使用“街镇综合业务受理审批系统”办理600件，政务服务个人事项网办量500人次。

（王毓京）

【环境建设】 年内，街道加强环境整治，打好蓝天碧水保卫战，地区细颗粒物$PM_{2.5}$均值为38.6微克/立方米，粗颗粒物TSP均值为97.7微克/立方米。落实“河长制”，加强与市属河湖管护单位的协调联动，做好“三清三查三治三管”，推动“水岸共治”。建设垃圾分类硬件设施，覆盖全辖区142个小区，其中，建设大件低值中转站1座，设置再生资源回收大货车23个点位，固定桶站投放点348组，小区六品类公示牌145个，大件垃圾暂存点136个。每日厨余垃圾分出桶数保持在400—500桶之间。成立“分小萌”垃圾分类志愿服务队、“六间房”青年网络文明志愿服务队等5支志愿服务队。推进爱国卫生工作，发动8000余人次参与环境卫生整治，清理背街小巷200余次，清除垃圾440吨。完成冬奥测试赛环境秩序保障任务，阜成路北二街南口腾退用地建成口袋公园。根据区冬奥环指办要求，开展“四大秩序”[①]专项治理工作、非机动车专项治理工作、环境秩序“百日行动”治理工作。

（王毓京）

【平安建设】 年内，街道推进全国市域社会治理现代化试点工作，完成38个小区出入口智慧化改造，推进社区智慧化管理。启动社会面等级防控90天，发动群防群治力量27万余人次。检查生产经营单位10112家次，完成安全生产隐患整改1784项，城市安全隐患治理三年行动挂账隐患整改率、核查率均实现100%。开发消防安全检查App，推进电动自行车充电桩安装，巩固地区消防安全。按照综合行政执法职权下沉要求（执法职权由海淀区行政执法局下沉到甘家口街道办事处），制定《甘家口街道办事处重大行政执法决定法制审核制度（试行）》等3项制度及2项规定，完成行政处罚案件合法性审查452件。启动“八五”普法，开展法治宣传活动200余场。征得30条养老民生问题建议及120条“接诉即办”工作建议，依法依规办理人大代表建议、政协委员提案10件；完成海淀区第十七届人大换届选举工作。开展矛盾纠纷多元预防调处化解，化解信访等各类矛盾纠纷241起。构建1个总指挥部、8个专业工作组的“1+8”组织机构，统筹做好场馆及驻地酒店外围的安全维稳、环境整治、交通秩序、保洁清扫等工作，完成“相约北京”系列冬季体育赛事服务保障任务。

（王毓京）

① 四大秩序：市容环境秩序、交通秩序、文化旅游秩序、市场经营秩序。

【民生建设】 年内，街道聚焦“就业优先”政策，深挖地区就业指标，帮助1000余名人员实现就业，完成区级任务的124.2%。为城乡居民参保、续保共计27755人。受理保障性住房登记、公租补贴、市场化租赁补贴等业务1700余户。落实社会救助政策，发放补贴、救助金、退休金和抚恤金共计1823余万元。甘家口街道退役军人服务站通过退役军人事务部“全国示范型退役军人服务中心（站）”验收。开展无障碍环境建设专项行动，整改完成台账点位140个。构建形成“3+6+24+N”养老服务模式，建立健全“配餐中心、取餐网点、就餐饭桌、送餐服务”于一体的甘家口老年餐助餐服务体系。挖掘错时停车资源，新增办理路侧停车认证1186个，缓解周边居民停车难问题。推动适老化电梯安装，启动水科院社区及甘东社区、机械院社区电梯安装项目，共安装适老化电梯11部。与内蒙古科右中旗代钦塔拉苏木建立对口协作关系，安排60万元资金支持代钦塔拉苏木产业发展。完成106名非京籍适龄儿童入学联审。

（王毓京）

【社区建设】 年内，街道完善考核督导机制，办理群众诉求9530件，坚持“党建引领，吹哨报到”工作机制，成立央产小区“接诉即办”党建协调专委会，统筹31家中央单位及其房产物业管理单位，搭建央产小区“接诉即办”问题共商共管平台。构建党建引领社区治理框架下的物业管理体系，成立业主委员会（物管会）36个，组建率97.3%，业委会（物管会）党组织工作覆盖率达100%。创建“无违建街镇”，拆除违法建设304处、约1.8万平方米，完成市折子工程任务的100%。开展违法群租房专项整治行动，持续整治群租、日租行为，处理群租房33套。西三环北路82号院、86号院申报为海淀区老旧小区综合整治项目（实施主体北京北控城市发展集团有限公司正在修改实施方案）。借助“建党百年·服务百姓·营造属于您的百个公共空间”小微城市公共空间项目征集活动，申报甘东社区的居民活动广场纳入北京城市公共空间改造提升示范工程试点项目（此工程已完成）。

（王毓京）

【基层党建和精神文明建设】 年内，街道全面加强党的建设，压实领导班子全面从严治党主体责任。指导基层支部落实“三会一课”，通过线上平台开展学习27次，累计培训党员1.31万人次。打造“甘红谊站”党建品牌，建成800平方米的实体街道党群活动服务中心，做优网上阵地——“甘红谊站”微信公众号，成立“两新组织”党建工作联盟，联盟成员单位与24个社区“红谊牵手”为群众办实事，非公党建新格局成型。依托区委党校街道分校、甘红谊站平台，开展线上线下培训120余期，培训党员4万余人次，开展主题活动上百场。制定《甘家口街道小微权力清单（试行版）》，开展监督检查300余次，组织1600余人参与廉政教育线上答题、发放廉政书籍800余册。组织庆祝中国共产党成立100周年廉洁文化作品展、打造社区廉政文化墙。推进国家公共文化服务体系建设，围绕庆祝建党100周年等主题，开展活动56场，覆盖人群200余万人次。通过“政府出资、地区单位参与”方式，为地区百姓提供免费的文体场所3000平方米。组织开展冰雪体验、冰雪知识竞赛、冰雪文化讲座等10余场群众冰雪活动。向《海淀信息》报送101篇信息，中央、市区等各类媒体刊发街道工作报道163篇。

（王毓京）

【新冠肺炎疫情常态化防控】 年内，街道组织3000余名志愿者卡口值守，筛查重点人员信息2.15万余条，转运人员57人，组织核酸检测1.42万余人次，第一针新冠疫苗接种135680剂次，第二针新冠疫苗接种133753剂次，加强针新冠疫苗接种68677剂次。国兴家园小区突发疫情，街道依托“1+6+12+24+N”①的战时指挥工作体系，成立战旗党组织，建立疫情防控青年志愿突击队，发挥党的基层组织优势和党员的先锋模范作用，在甘家口街道本级成立甘家口街道疫情防控总指挥部战旗党委，下设10支战旗党支部，构建形成“6+4+N”的党组织体系，即6支片区战旗党支部，4个专业服务战旗党支部，若干党员先锋队的组织工作体系，迅速吸纳近300名党员、10余家地区单位和企业，辐射带动百余名群众参与一线疫情防控，街道、社区共投入工作人员323人，其中党员255名，党员占比为78.9%。常驻国兴家园的街道、社区工作人员11人，其中党员10名，党员占比为90.9%，辖区居民安全得到充分保障。为地区139家企业发放防疫物资价值15万余元。

（王毓京）

八里庄街道

【概况】 2021年，八里庄街道辖区面积6.49平方千米，设32个社区居委会。有户籍人口100683人，流动人口45340人。有住宅楼宇649幢，重点非住宅楼宇42幢，工商注册企业11033家，第三产业规模以上单位373家。

（张怡萍）

【环境建设】 年内，街道完成“疏整促”年度清单，拆违市级销账141处，腾退土地11739.82平方米，疏解人口982人。完成阜成路99号（慧馨园绿地）违建整治工作。建立“宣传指导+全覆盖检查+靶向管控”垃圾分类工作模式，成功创建5个“北京市垃圾分类示范小区”。推动中电建、中电科园区建设，促进科技与昆玉河岸线八

① 1+6+12+24+N：“1”即指挥部办公室，“6”为6个封控小区现场工作组，“12”为后勤保障、就医保障、生活用品配送、常用药品配送等12个工作组，“24”即24个社区由社区专员、物业及产权单位、志愿者等构成的防控力量，“N”即指封控。

里庄新经济带有机结合。整治提升10条背街小巷环境秩序，完成2个老旧小区改造。

（张怡萍）

【平安建设】 年内，街道完善“大平安”工作体系建设。研究安全生产相关议题19次，召开季度例会4次，班子成员带队联合执法检查20余次。开展安全生产监督检查11105家次，深化电动车、危险化学品等重点领域专项整治。筑牢社会面防控体系建设，在全国两会、建党百年庆祝活动、冬奥会等重要时段，发动1.4万余人次开展防控11次、74天，维护地区社会稳定。成功创建37个“智慧平安小区”。推广“全民反诈”App。安装4077个电动自行车充电桩接口，小区覆盖率达90%，地区规模最大的恩济庄平房区充电驿站投入使用。

（张怡萍）

【民生建设】 年内，街道以“接诉即办”为抓手，实行每周调度、专员协调、六室督办、资金特批机制，承办案件11664件。建成“慧美八里”党群文化中心和集服务群众场景于一体的民生e站。帮助896名困难对象就业。与首都师范大学合作办园，增加120个普惠性学前教育学位。推进既有多层住宅增设电梯工作，定慧西里4部电梯已投入使用，恩济庄61号院4部电梯完成施工。推进9条道路路侧停车改革，规划车位981个，惠及周边28个社区；挖潜停车资源，联合定慧产业园、慧科大厦等地区单位开展错时共享停车，新增共享停车位50个。完成89名非京籍儿童入学审核。延时预约、帮办代办等8项便民举措惠及辖区10万余人次。残疾人走访慰问、康复训练、培训活动等助残覆盖率超过95%，温馨家园被评为“北京市冬残奥会示范家园”“残疾人之家先进单位”，入选北京市精准助残服务示范阵地。退役军人服务站入选北京市“红色百家”示范性服务站。街道采用“一中心两站点”模式，成功申报建立北京市社会心理服务中心。

（张怡萍）

【社区建设】 年内，街道抓好“头雁”工程，创新社区“大党委”机制，承接海淀区第二批“优秀书记工作室”项目，推荐3名优秀书记作为工作室主讲人，定期召开社区书记沙龙。发挥党建引领社区治理，确定“三抓三一样”物业管理体系建设路径及“1+1”会议制度，确定9个老旧小区引入专业物业管理试点。开展水文社区会客议事厅试点建设、楼门院建设示范点项目，以“社区会客议事厅”为平台，促进多元主体广泛参与。“小小议事员”活动获得北青网、人民在线、中国日报网多家媒体报道。探索八宝庄社区服务空间开放式试点建设项目，推进社区公共服务空间“共享化”。完成世纪新景修缮孝亲亭、中海雅园等社区安装路灯、美丽园健身广场等10余个项目。

（张怡萍）

5月29日，八里庄街道举行庆祝建党百年活动（许彩芳 摄）

【基层党建和精神文明建设】 年内，街道开展党史学习教育，推进259项“我为群众办实事”项目实施。《“我为群众办实事实践活动”实施方案》被区委组织部推荐到中组部备案。推进新兴领域党建覆盖工作，坚持“两真两有”工作模式，引导新就业群体融入基层党建格局，街道多次在市、区做经验分享。建强“两新”组织党组织体系，成立3个商务楼宇党群服务中心党委，构建“街道党工委—商务楼宇党群服务中心党委—两新党组织”三级组织架构。成立地区文科体联盟，举办“慧美八里好生活 百年峥嵘新征程”文艺汇演、“社区邻里节”、“慧美八里文化季”、“百姓周末大舞台”等文化品牌节目。中央、市区媒体报道160条，街道微信公众号推文1800余条，总阅读量超40万人次。出版《美好八里庄》36期。

（张怡萍）

【新冠肺炎疫情常态化防控】 年内，在街道“1+6+N”疫情防控体系基础上，建立“工委统领、人人参与、担当尽责、暖心关爱”的新常态疫情防控工作体系。2021年闭环转运各类风险等级核酸检测人员9644人，闭环转运境外返京、高风险进京集中隔离213人，接转管控密接、次密接304人，累计核实重点地区返京人员信息31630条，社区卡口值守系统累计打卡39613次；累计检查楼宇单位3800余家，社会面企业23618家次，查处隐患2894条；投入疫情防控资金约533余万元；开展平房区及筒子楼相关居民核酸检测，累计检测2584人；重点区域和人群累计核酸检测14732人；储备“37+2”核酸检测点；高效处置琨御府东区1例阳性病例涉及的突发疫情，对现场封闭管控并按照要求开展核酸检测，做好居家隔离居民生活保障；组织新冠疫苗接种，累计接种第一剂次121039人，第二剂次124054人，加强剂次74843人。

（张怡萍）

紫竹院街道

【概况】 2021年，紫竹院街道辖区面积6.23平方千米，常住人口约12.93万人，汇聚56个民族。设22个社区居委会，有高校8所、大型企事业单位18家，有万寿寺、紫竹院行宫、法华寺、广源闸与龙王庙等多处文物保护单位。各类经济主体8473户，其中内资7758户、外资178户、个体537户。新增各类主体690户。有科技园区3个，商务楼宇39个，楼宇单位959家，从业人员28775人。走访联系地区企业80余家。

（孙福玲）

【环境建设】 年内，街道建立22条社区民情专线，增强基层一线发现问题、解决问题的能力，确保小问题不出社区，大问题不出街道，矛盾不上交，打造新时代“枫桥式”街道。按照“十无一创建”标准，完成民族大学南路等15条路背街小巷环境整治，完成厂洼7号院和厂洼22号楼老旧小区综合整治，完成韦伯豪东街等6个环境建设项目。厂洼7号院等5个老旧小区项目分阶段稳步推进。巩固占道经营、无证无照、开墙打洞专项整治成果，查处无照经营违法行为63起，检查“门前三包”1500余次，实现专项整治动态清零目标。查处擅自散发小广告行为101起，没收小广告2万余张。拆除擅自安装地锁108处。规范园林绿化类违法行为87起。明确共享单车治理重点点位“1园2桥5轨10街”，组织人员对重点点位共享单车秩序进行引导、盯守、治理。出动执法力量9000余人次，执法车辆2500余车次，查处影响城市环境秩序安全的不良现象及违法行为，立案处罚574起，罚款金额76万余元。治理违法建设79处，拆除建设面积1.6万余平方米，完成年度台账任务的419.3%，实现静态台账任务超额销账和新生违建“零增长”的双重目标。检查施工工地521次，清理整治群租房47套，拆除隔断、清理上下铺127次。完成紫竹院路沿线冬奥会保障区域环境建设、魏公街国际时尚文化街、北京外国语大学地下通道节点设计、三虎桥文化微景观等项目。完成地区“公厕革命”改造项目4处，实现“旱厕”清零目标。推动垃圾分类工作，完成11个分类驿站、353个规范化桶站建设，新建1座大件低值再生资源回收中转站。两个小区获北京市生活垃圾分类示范小区称号。启动大气污染黄色及以上预警应急响应机制13次。处理河长制市区级督办案件6件，办结率100%。昆玉河、南长河、双紫支渠水体质量始终保持在Ⅲ类以上。

（孙福玲）

4月23日，紫竹院街道举办“守护成长·童心同行”系列活动，为内蒙古赤峰市敖汉旗丰收乡捐赠图书（紫竹院街道 供图）

【平安建设】 年内，街道以“平安紫竹360°”品牌建设推进市域治理现代化，搭建“一办十组”工作架构，党委领导、政府负责、民主协商、社会协同、公共参与、纵向治理工作格局基本形成。车南里社区综治中心建成投入使用。三类可防性案件[1]比上年下降100%、盗非警情同比下降72.2%、电信网络诈骗警情同比下降34.7%。开展平安大道（路）等基层平安创建活动，组织各类平安宣传活动52场，形成“平安环境人人共建、平安成果人人共享”的浓厚氛围。推进反恐十大体系建设，健全完善突发事件应急处突预案，开展反恐应急处置演练。推进小微型消防站建设，组织消防培训和情景模拟演练，提升防控能力。8个社区16个小区完成智慧平安小区一期工程建设。开展城市安全风险评估和城市公共安全风险评估，安装电动自行车充电接口2174个。组织开展地区全国第一次自然灾害综合风险普查。推进安全生产专项整治三年行动，地区无重大安全隐患问题，无生产安全事故。

（孙福玲）

【民生建设】 年内，街道完成49项“我为群众办实事”民生项目。落实低保、低收入、救急救难及特困家庭子女等困难群体服务保障，救助困难群众217人，救助金额36万元。发放养老服务补贴、津贴1700余万元。配发老年人浴凳，完成88名高龄老人家庭适老化改造，发放家庭床位补贴200余万元；发放特殊人群补贴340余万元。“七小门店”无障碍改造109处。2个社区温馨家园基本完成购买专项服务项目，服务残疾人443人。发放特殊家庭扶助金20余万元，

① 三类可防性案件：入室盗窃，入室抢劫，盗窃机动车。

惠及近700人。完成非京籍适龄儿童入学联审66人。挖掘资源错时停车，新增车位798个。办结12345市民服务热线群众诉求案件9703件，其中市级直派5998件，区级转派3705件。纳入考核评价7437件，响应7176件、响应率96.49%，解决4516件、解决率60.72%，基本满意531件、满意3325件、非常满意1718件，满意率73.52%。

（孙福玲）

【社区建设】 年内，街道落实《北京市物业管理条例》，在有物业服务的小区探索物业街巷管家服务模式；以无物业小区为试点，探索引进专业物业公司进行规范化管理。创新社区治理模式，“微治理+微创投”项目受益3万余人。楼门治理稳步推进，建成49个特色文化楼门。完善社区会客协商实践机制，提升议事协商能力，服务4000余人次。选择试点社区、试点项目，探索社区服务开放式空间建设，探索在社区和业委会（物管会）监督下、以物业公司为实施主体的工程新模式。推进既有多层住宅增设适老化电梯。完成社区居委会换届选举。

（孙福玲）

【基层党建和精神文明建设】 年内，街道完成社区“两委”换届选举和22个社区妇联换届选举，选举9名区党代会代表。街道党校分校举办集中培训15次，线上线下培训近4万人次，为3186名党员送学上门。以建党100周年为契机，开展“劲竹向党迎百年，凝心聚力再启程”系列活动。为450名党员制作“红船”政治生日贺卡，征集300余条“向党说句心里话”祝福寄语，表彰100余名先进人物和集体。为792名党员颁发“光荣在党50年”纪念章。成立“百年党史”明理堂，组织地区青年宣讲会、“百名党员说百年”专题宣传等活动，106名党员学党史、谈感悟，系列视频在海淀有线台同步开播。开展19次“学习百年党史·践行初心使命”主题理论学习中心组学习。开展“青春逐梦行”等活动，组织200余名志愿者服务5000余户居民。组织第十二届民族文化节等系列品牌文化活动，共计127场。累计惠及群众73万余人次。在区、市级以上媒体刊登信息80余条，出版《紫竹报》20期。举荐“北京榜样”人物7名。推进新时代文明实践所和22个社区新时代文明实践站规范化建设，开展丰富多彩的文明实践活动。深化文明城区创建检查。压实工作责任，推动全域创建。细化《紫竹院街道深化全国文明城区创建工作方案》。对照指标深入排查、及时精准发现问题、解决问题，集中整改重难点问题9次。制作发放各类宣传海报6000余张，并为每个社区、小区增设、维护精神文明宣传栏及宣传展板。持续深入开展具有紫竹特色的“融入式”创建活动，在全区介绍经验。

（孙福玲）

【新冠肺炎疫情常态化防控】 年内，紫竹院街道共核查辽宁、新疆等国内疫情重点地区及境外等人员651批，21067人，检测6709人次。高标准完成数据核对、现场接站、人员转运、集中安置和社区居家等各个流程，2021年全年共转运71人。组织各类人员核酸检测9700余人次。紧抓疫苗接种，建立接种固定点位1个，开设流动点位50场次，大学专场接种30场次。制定《紫竹院街道大规模人群新冠疫苗接种工作方案》和《紫竹院街道大规模人群新冠疫苗加强针接种工作方案》，全年累计接种加强针54917人，加强针接种率为50%；全人群完成全程接种121385人，全程接种率87.77%。截至11月底，12至17岁青少年接种第一针、第二针5248人，3岁至11岁儿童接种第一针3215人。

（孙福玲）

北下关街道

【概况】 2021年，北下关街道辖区面积6.04平方千米，设31个社区居委会，其中大院大所型社区12个、社会型社区19个，有蒙古、满、回等22个少数民族，地区常住人口16.5万人。完成冬奥测试赛及冬奥会首都体育馆外围服务保障工作。开展2022年北京冬奥会场馆周边环境建设及城市更新项目，打造五塔寺路“亲水亲绿”冬奥亮点，推进中坤广场改造升级。深化“放管服”改革，组织“护航企业，政策先行”惠企政策云解读，举办“中关村发展思考”“数字经济与中关村科学城创新”主题宣讲会，为服务企业提供政策支撑。实施金融安全及打击非法集资工作方案，助力企业强化风险意识。梳理“在京经营、京外纳税”企业，多维分析企业发展信息，深度挖掘税源增长点。地区新增注册企业758家，现存注册企业13763家。税收入库约125亿元，其中区级入库约25亿元。

（赵琳琳）

【环境建设】 年内，街道完善组织架构，编制“一图、一表、一册、一规章”，完成冬奥测试赛及冬奥会外围服务保障。拆除中坤广场改造项目B、C、D栋屋面装饰层，A地块甩项区域签约院落21.5个，签约建筑面积4700平方米，完成率89%。建立“计划管理+动态清零”工作机制，“以空间换空间”，拆除违法建设241处、62336平方米，腾退土地56079平方米。分类实施背街小巷整治提升，完成上园村路、交大附小南校区西侧路背街小巷改造。整治群租房77处，超额完成148%。占道经营实现动态清零。改造公厕3处，实现辖区旱厕清零。完成辖区317个桶站点位升级改造，富海中心小区、皂东社科院宿舍小区、交大嘉园小区、长河湾小区、高梁桥斜街13号院小区5个小区创建为“北京市生活垃圾分类示范小区”。登记路侧停车位682户。打好蓝天保卫战和污染防治攻坚战，重点做好冬奥首体工程、地铁12号线、四道口商业项目等工地的动态管理。受理“接诉即办”案件1.7万余件，比上年下降22.57%，创新“2+2”工作模式，最大程度提升解决率。

（赵琳琳）

【平安建设】 年内，街道与地区单位签订责任书、承诺书781份。开展房地产经纪、公共场所、海淀区新设企业等10余项市场主体抽查工作；对电动车、防疫用品、网络电商等重点领域开展专项整治10余次，检查商户130余家；辖区企业检查覆盖率100%，发现隐患消除率100%。启动社会面等级防控72天，动员社区治安志愿者、保安、巡防队员近3000人次，对辖区160个社会面点位、14座天桥、5个涵洞及6个地铁口巡逻看护，完成重要时期防控任务。推进“智慧平安小区”建设，首批涉及15个社区、42个点位进入试运行阶段。开展各类矛盾纠纷排查8次，历史积案化解7次，接待来访群众192人次，信访总量112件次，回复率100%。

（赵琳琳）

【民生建设】 年内，街道推动热点难点问题解决，拓展就业渠道，实现就业1014人，实现灵活就业460人；办理市场租房补贴174户，金额279.5万元。实现常见疾病救助165人次，重大疾病救助91人次。为150名困难残疾人发放慰问金15万元，发放特别帮扶金11.68万元。完成社区无障碍改造157个、七小门店无障碍改造179个。成立4个300人以上服务对象的全国示范型退役军人服务站，走访慰问地区伤残军人等优抚对象179人。推动“北下关康养体系”建设，签约家庭床位1373张，提供服务6万余人次。推进社会心理服务体系试点建设，完成非京籍线下联审，审核通过60人。落实“双减”政策，完成辖区194家校外培训机构3轮次检查。开展“我为群众办实事”实践活动，确立街道、社区、驻区单位等实事清单项目210余件。启动四道口桥下空间停车场试点建设，增加停车位110余个。

（赵琳琳）

【社区建设】 年内，街道以创新社区治理为亮点，畅通民主渠道，成功申请创建大柳树社区会客议事厅试点、楼门院治理示范点、大柳树北社区开放空间试点、社会心理服务中心试点4个试点项目，加强区、街、社区三级协商联动。实现物管会组建率100%、党组织覆盖率100%、物业服务覆盖率95.6%。结合冬奥会筹备工作，开展“冬奥零距离”活动，打造品牌栏目“胡同里的百家讲坛”。完成老楼加装电梯17部，在建电梯29部，惠及8个社区；在高梁桥斜街乙40号院试点开展老旧小区综合治理，涉及居民500户。举办便民服务市集9场，开通蔬菜直通车15辆。完成“北下关街道社会组织孵化基地”区级试点建设。

（赵琳琳）

【基层党建和精神文明建设】 年内，街道完成31个社区党组织换届；召开中国共产党北京市海淀区北下关街道代表会议，选举产生10名区党代会代表；完成人大代表换届选举，选举产生20名区人大代表；完成街道、社区两级妇联组织换届选举。持续推进“两个覆盖”，党组织覆盖非公企业867家，覆盖率88%，党的工作覆盖非公企业3399家，覆盖率100%。以“学党史、悟初心、诵经典、亮身份、做榜样”为主线，围绕“五个聚焦、五个维度”，开展讲党课活动30次，参与人数5.2万人次；大柳树社区党委获评北京市先进基层党组织。加强精神文明建设，打造新时代“北下关好人”文明人物评选活动品牌，继续开展第六届新时代“北下关好人”评选活动，发挥榜样模范的示范带动作用。做好感动海淀、北京榜样等文明人物推荐工作。在市区级以上媒体刊登新闻144条，改版“互动北下关”微信平台公众号，发布微信信息280期，共计2400余篇。

（赵琳琳）

【冬奥场馆周边环境建设】 年内，街道完成冬奥场馆周边一期、二期项目环境建设。街道将九龙商务中心、中鼎大厦环境整治纳入一期项目建设，并针对其问题开展外立面修复、清理刷漆、玻璃清洗养护、门面牌匾重新设计更换、门窗除锈刷新等项目。二期项目均紧邻首都体育馆，距首都体育馆不足1千米，主要包括对中外交流大厦外立面改造、停车场地面铺砖以及大厦西侧地铁站前广场的环境改造；对五塔寺消防站外墙破损问题进行施工；对石刻博物馆外墙破损问题进行修复；对动物园社区环境差等问题开展地面铺设透水砖、外围围墙施工、新设电灯及垃圾驿站等工程。

（赵琳琳）

【社会组织孵化基地建设项目试点】 年内，街道作为海淀区社会组织孵化基地建设项目试点单位，贯彻落实《北京市民政局关于社会组织培育孵化体系建设的指导意见》，根据《海淀区2020年街镇社会组织孵化基地（专业社会工作站）建设工作方案》，成立北下关街道社会组织孵化基地。社会组织孵化基地项目以孵化、培育、扶持辖区内的社区社会组织为抓手，以社会组织孵化基地为载体，通过精准调研、赋权增能、组织培育、项目运作、督导支持、互动联动、示范引领的七步工作法，完善社区治理服务体系的“整车系统”，构建“专业社会工作者+社区工作者+志愿者”三方联动工作机制，打造“党建引领、街道推动、基地运作、组织发力、多元参与、群众受益”的治理新格局。项目周期为2020年12月1日至2021年8月31日，完成10个社区社会组织孵化。

（赵琳琳）

【新冠肺炎疫情常态化防控】 年内，街道指导31个社区落实管控1万余人，组织大数据风险人群核酸检测3万余人次。转运入境进京及各类风险人员128次、600余人。接种新冠疫苗423582剂次，接种加强针99362剂，加强针接种完成率94.68%。

（赵琳琳）

北太平庄街道

【概况】 2021年，北太平庄街道辖区面积5.17平方千米，设32个社区居委会，户籍人口143212人，流动人口51766人。辖区内文化、教育、科研机构众多，北京邮电大学、北京师范大学等高等学府，中国铝业集团有限公司、中国节能环保集团等重点企业以及中冶建筑研究总院等科研机构均坐落于辖区内。地区有从事第二产业和第三产业的法人单位4566家，外资企业212家，个体工商户732家。税源总收入6.58亿元，比上年增长16.46%，引进税源企业34家。

（石婷婷）

【环境建设】 年内，街道推进文慧园西路（北段）、慧景路路侧居住型停车场建设，协调京能北太停车场、今典花园商业停车场实施“错时停车”，挖潜车位资源180余个。完成7个老旧小区、3条商业街、1个涉奥签约酒店周边等121处点位的无障碍设施改造。完成学院桥至西直门桥沿线冬奥会保障区域环境建设项目。推进河长制，推动“水岸共治”，改善转河景观长廊环境建设。开展“留白增绿”城市修补工作，为学院南路32号社区扩建1060平方米绿地。严格工地管理、渣土车运输和裸地扬尘管控。做好极端天气应急处置及防范工作，督促绿化、保洁、应急作业单位加大保障力度。设置固定桶站388组、分类收集车122辆、分类驿站3处。试点推出厨余垃圾积分兑换和再生资源回收服务，提高分类投放准确率，推进垃圾减量化。完成物业管理“三率”100%。

（石婷婷）

【平安建设】 年内，街道启动社会面等级防控11次、82天，完成春节、全国两会、建党100周年大会等重大节日、重要时期的保障任务。整治违法建设3487.20平方米，完成市级销账任务。查处施工遗撒、无照经营、悬挂违规牌匾等违法行为1030起，罚款90.3万元。保持清理散乱污、占道经营、群租房、开墙打洞等任务“动态清零”。开展电动自行车专项整治行动，完成60余部电梯阻车系统安装。清理违法出租房屋200余套次，拆除隔断间300余间。对1292家企业进行安全生产检查5622次，完成安全生产集中整治三年行动年度任务，销账101处隐患点位。为11个社区、21个居民小区安装视频监控、识别设备等智能安防设施。提高群众安全意识，组织开展反恐、反邪教、金融风险防范、消防、安全生产等各类演练及宣传活动160余场。

（石婷婷）

【民生建设】 年内，街道完成23个民生实事项目。在索家坟社区建立养老服务驿站试点，完成3个海淀商业E中心建设并正式运营，实现8项基本便民服务功能网点100%全覆盖。完成非京籍儿童入学线下联审88人，推出就业、社保、“一老一小”等政务服务网上办理服务。建立运行32个社区微信公众号，打造社区服务居民和社情民意“直通车”。建立矛盾纠纷排查台账，成功调解纠纷191件，为居民提供法律服务350余次。办结信访件126件，接待来访120人次。完成566家企事业单位及工程项目劳动用工执法检查，协调解决劳动人事争议案件11起，帮助务工人员追回工资及各项补偿14.75万元。开展电动自行车整治工作，新增充电设施719处，实现充电设施居民小区全覆盖。走访调查企业16家，举办招聘会3场，采集空岗3000个，搭建就业供需平台。办理“接诉即办”案件13472件。开展“我为群众办实事”实践活动，推动解决民生保障问题669项。

（石婷婷）

【社区建设】 年内，街道成立“我在北太”新就业群体联盟，建立明光之家新就业群体工作示范区，建设2个服务中心、31个服务站和70余个服务点，打造“我在北太”发展共同体。深化街镇责任规划师和创新合伙人作用，以学院南路32号社区、红联村、蓟门里为试点，开展“共筑北太——咱家这块地儿”社区公共空间更新活动，引导居民共同参与社区更新，解决居民的公共生活要求。完成新街口外大街5号院等4个小区16栋楼老旧小区改造。成立“家在北太”小区物业联盟，以学院南路32号院为试点，探索在多产权非经资产移交老旧小区实现物业服务市场化运作。组织社区疫情防控期间规范登记制度，全面清查排查，联合辖区派出所、市场监管所、房管所、卫生监督站等职能部门联勤联动，发现并督促整改各类问题。

（石婷婷）

【基层党建和精神文明建设】 年内，街道完成第十一届社区“两委”换届，产生新一届社区党组织成员162名、社区居委会委员168名。持续开展教学培训和学习交流，建强建优社区党组织书记、“两委”干部、党务工作者三支队伍。与中国电影资料馆合作开发“百年风华·影照初心”电影党课公开课，得到中组部、市委和区委组织部认可。拍摄《榜样·党员》典型人物系列短视频14部，获“北京市党员教育电视片观摩交流活动”三等奖。邀请来自地区各行各业的优秀党员代表录制党史关键词微党课100期。组建“杏坛讲师团”，开展习近平总书记“七一”重要讲话精神宣讲。摄制《我们的生活充满阳光》街道宣传片。组织开展理论学习中心组学习活动19次，组织地区党员参加专家讲座、党务培训、红色观影等线上线下活动13868人次。发展党员52名、转正党员37名。深化志强北园“四圆向心”、蓟门里“七色光”、锦秋知春“红色管家班”、枫蓝国际楼宇“党旗飘飘”“青年公寓功能型党支部”党建品牌影响力。打造以“文慧北太”微信公众号为主体的街道融媒体矩阵，推送重点工作推文900余篇，摄制亮点工作、榜样人物等系列短视频20余部。在各级媒体登载新闻248条，其中被市级以上媒体采用98条。线下开设书画、古筝、编织等课程350余场，线上推出老北京文化、艺术美感、健康养生、冬奥主题微课堂50期等微课堂32期，参与居民6200余人次。举办第七届北太平庄杏坛文化节、第三届“北太·杏坛杯”乒乓球团体赛、第三届社区邻里节系列活动32场，有2.5万人次参加。通过丰富多彩的文体活动，促进邻里关系，提升居民社区归属感、幸福感。

（石婷婷）

4月27日，北太平庄街道新冠疫苗接种点成立战旗党支部（北太平庄街道 供图）

【新冠肺炎疫情常态化防控】 年内，街道开展新冠疫情常态化防控工作。成立新冠疫苗接种点"战旗党支部"，采取"固定点+巡回点+上门接种点"灵活机动接种方式，提高疫苗接种率，接种疫苗354492剂次。转运密接人员67人次、次密接人员286人次；开展大数据排查25215人，核酸检测10332人次，完成113人次境外返京人员闭环转运及集中隔离工作。组织开展全区域疫情防控应急演练4轮、100余场。

（石婷婷）

海淀街道

【概况】 2021年，海淀街道辖区面积6.9平方千米，户籍人口12.1万人，常住人口12.3万人。有32个社区居委会，下属便民服务中心、市民活动中心、市民诉求处置中心3个事业单位。是区委、区政府所在地，辖区有中央党史研究室、北京市市场监督管理局等中央、市、区属单位190余个，中国人民大学、北京市八一学校等大、中、小学10所，医院2所，宗教场所2个。有注册企业1.8万家，其中上市企业18家，独角兽企业7家，规模以上企业868家，高新技术企业570家，汇聚了中钢集团、微软亚太研发集团、微芯研究院等81家企业总部。累计完成代征房产税额7050万元，位列全区街道系统第一名，成为北京市首家为辖区小微企业成功办理贷款贴息业务的街道。

（张小奎）

【环境建设】 年内，街道破解城市治理难题，扎实推进城市管理工作，年终考核位列全区建成街道首位。全年拆除违法建设面积6000余平方米，腾退土地面积近3000平方米，实现新生违法建设动态"零增长"。统筹辖区资源，重点整治海淀大街、丹棱街沿线车辆乱停乱放行为，在人大南路等重要路段增设路侧停车位518个，协调错时共享停车位200余个，缓解周边居民停车难问题。注重顶层规划设计，谋划建设"专家库、项目库、机制库"，打造全区街区环境提升样板范式。实施万泉庄南社区12.8万平方米综合整治项目，建设小南庄社区"儿童滑梯乐园"等城市更新项目，提升社区环境品质。抓好垃圾分类和物业管理两件"关键小事"。获"北京市生活垃圾分类推进工作先进集体"称号，怡秀园小区、苏州街77号院获评2021年北京市垃圾分类示范小区。探索物业管理新机制，牢固树立"首战必胜"意识，建立物业管理"信任制"，破解社区治理难题，实现物业管理效能最大化。协调推进鼎好电子市场B座疏解腾退工作，引入微芯研究院等科技型企业。

（张小奎）

【平安建设】 年内，街道共启动等级防控88天，发动群防群治力量4500余人，完成建党百年等重大活动安保任务。推动违法群租动态清零，共整治违法群租房68户，清退租住人员209人。开展反恐宣传、演练活动102次、安全生产消防培训课程88期，消防实操演练4000余人次。开展安全隐患排查整治，共检查生产经营单位14000余次，整改隐患3249项，辖区安全生产形势持续稳定。开展电动自行车安全管理专项工作，安装充电桩、充电柜500余处。全面推进依法行政，海淀南路北社区被命名为"第八批全国民主法治示范社区"。

（张小奎）

【民生建设】 年内，街道置顶接诉即办工作，落实四级办理机制，全年共办理群众诉求17590件，被评为"北京市2021年接诉即办工作先进典型、先进集体"。充分就业工作在连续4年获评市级先进集体的基础上，2021年荣获"第五批国家级充分就业社区"称号。开展2021年"文韵海淀弘国粹，光耀百年颂辉煌"主题系列文化活动，持续面向社会实行公共文化服务免费开放，地区居民的文化获得感不断提升。深入落实"七有""五性"要求，全年共为低保困难家庭、残疾人、老年人等发放各类慰问金、补助补贴2800余万元。完成区优先家庭专项配租和第十九批公租房配租意向登记500余户。进一步健全养老服务体系，全年开展450余次探访服务，家庭养老照护床位数月均保持在千张以上，切实把关心关爱送到群众身边。

（张小奎）

【社区建设】 年内，街道本着"群众自治、群众参与、群众共享"这一原则，打造社区"议事客厅""公共客厅""生活客厅"，创新社区治理模式，提升服务社区群众的能力和水平。建设合建楼、三义庙等社区会客议事厅示范点，让群众真正当好自己"家"，为社区大家庭"把好脉、开良方”。阳春新纪元社区服务站打造“家门口”一站式服务阵地，践行“办公空间最小化、公共空间最大化”的服务理念，把服务送到群众的心坎上。小南庄等社区发动群众参与社区治理，重点围绕社区停车难等问题，成立社区自管组织。苏州桥西社区打造“楼门文化”和“关键小事”楼门院治理品牌。选优配强、保质争先，完成第十一届社区居委会选举工作。本届共登记选民33533名，选举产生居民代表1151名，居委会成员180名。牵头启动2021年社区工作者集中培训，共组织开展业务专题讲座16次、廉政教育1次、心理辅导1次、拓展活动2批次，培训覆盖海淀街道240余名社工，参与人数达到1300人次。完成2021年面向社会公开招考社区工作者录用和入职分配工作，共招录60名社区工作者。

（张小奎）

【基层党建和精神文明建设】 年内，街道党工委被评为北京市优秀基层党组织。深耕“红帆”党建品牌内涵，发挥品牌辐射带动效应，成立全区首家“统战工作站”。创新开展新业态、新就业群体试点工作，成功打造“新速度、心服务”党建工作品牌。以新起点怡秀园、苏州桥西社区为试点，以“大党建、微治理”工作品牌为依托，深化落实“社区治理20条”措施，补齐基层治理短板，增强基层治理效能。开展“学史力行办实事”专项行动，投入经费2000余万元，为群众办实事476项，统筹地区党建工作协调委员会成员单位为民办实事156项，提升广大群众的幸福感、获得感。以区域楼宇经济发展监测分析平台为主阵地，全年走访119家企业，着力强化“管家”服务优势，激发企业发展活力。大力推进人才建设，以国际人才会客厅为纽带，举办中英双边经贸合作与职业发展论坛、“海淀才聚云端”等22场交流活动，持续增强国际人才会客厅影响力。

（张小奎）

【新冠肺炎疫情常态化防控】 年内，街道牵头完成公安派发数据的核查工作，累计摸排核查出各地中高风险地区返京人员共计8000余人次，落实完成相关人员的闭环转运、居家隔离、核酸检测等工作。共计有确诊病例的密切接触者257人、次密283人，均平稳度过观察期。设置31个社区机动采样点位及46个楼宇大厦机动点位，总计完成核酸检测24584人次。自1月6日启动疫苗接种工作以来，共计接种首针210009剂次，完成全程接种人数204913人，完成加强针接种5.1万剂。对接社区、楼宇及医疗机构持续送苗上门，开设专场60余次。10月24日，芙蓉里社区一居民确诊为新冠肺炎，街道第一时间对发生疫情的6号楼做临时封闭处理，快速响应、周密部署、严格防控、正向引导舆论宣传、实施人性化管理措施，实现疫情“零扩散”，管控“零投诉”。

（张小奎）

5月11日，海淀街道举行社区工作者业务培训（海淀街道 供图）

中关村街道

【概况】 2021年，中关村街道辖区面积5.28平方千米，设30个社区居委会，常住人口19.16万人，其中户籍人口14.19万人，流动人口4.97万人。辖区有科研院所29所，商务楼宇63座，两院院士115人，驻区高新技术企业及各类工商注册主体28856户。落实税源建设，确定129家税收贡献巨大或高成长性重点企业纳入“服务包”定制范围。完成人大代表、党代表和社区“两委”换届选举工作。“中关村众享荟生境花园”案例获“生物多样性100+全球典型案例”。辖区有文物保护单位2处，分别为大钟寺古钟博物馆和清华园火车站。

（沈成保　卢梦醒）

【环境建设】 年内，街道以城市精细化治理为核心，结合街区规划提升改造红色教育景点，投入资金约58万元，对原京张铁路清华园火车站遗址进行整改，建设改造路面修复700余平方米，墙面粉饰1200余平方米，接待参观1万余人次。推进14栋老旧小区改造、14处加装电梯，拆除违法建设17141.85平方米。建设垃圾桶车集中清洗消杀站，创建6个市级示范小区。双榆树公园试点加装广场舞噪声显示屏，在全国人大噪音污染防治法案座谈会上介绍试点经验。完成建筑垃圾场地转型，升级为社区小微生态示范基地——“中关村众享荟生境花园”。

（沈成保　卢梦醒　冯扬）

【平安建设】 年内，街道围绕市域社会治理现代化，成立中关村平安建设科技联盟，打造以联动共治为核心、社会力量为主体、科技力量为支撑的治理新模式。建设“1+30+N”[①]网格化管理体系，加强科技创安，启用“移动排查整治系统”。推进“智慧消防”项目建设，惠及100余栋楼1685户居民。完成3家社区北京市综合减灾示范社区创建。开展安全风险评估、风险分级管控、应急资源调查和应急能力评估，完成安全风险评估企业1208家，查找各类风险2166处。开展施工场地、危化品、有限空间、电动车违规停放充电等领域专项检查50余次。街道被命名为“2021年度北京市安全社区”单位，是全区唯一获此殊荣的单位。聚焦建党100周年庆祝活动、冬残奥筹办等重大活动保障，以首善标准发动社会面防控力量22万余人次。依托“3+X”[②]党建微治理机制深化诉源治理，3137名微治理成员排查发现隐患近3万处。整治重点领域隐患，累计出动检查16722人次，发现问题隐患8374项，整改率100%。排查生产经营单位9418家次，参与普查1460家次，查封违法违规单位9家，发现问题隐患3702项，覆盖率和隐患整改率均为100%。提升疫情防控常态化下区域公共安全智能化管理水平，实现辖区87个居住小区电动自行车充电设施全覆盖，接口累计达6000个，安装智能电梯阻车件100部，有效防范电动车上楼隐患。构建老旧小区“智慧消防”精准管理，安装物联网智慧设施1230只、消防细水雾灭火车4部，实现第一时间报警、监控、控制，5个社区被北京市和全国评为综合减灾示范社区。

（沈成保　卢梦醒）

【民生建设】 年内，街道受理群众诉求9156件，有效回访案件6028件，反馈率100%、解决率71.55%、满意率80.56%。社区业委会、物管会组建率98.6%，物业企业党组织覆盖率100%，物业服务覆盖率100%。建成家庭照护床位1674张、养老助餐点3个、家庭适老化改造113户。为困难群体发放救助1632.55万余元，办理各类保障住房申请2907户，办理非京籍适龄儿童入学143人，就业指标完成率141.5%。成立全市首家院地合作的社区级温馨家园，建成无障碍精品示范一条街、一刻钟无障碍便民服务圈。成立街道劳动人事争议调解中心，调解500多起劳动人事矛盾纠纷，接待劳动事务咨询2800余人次，处理案件130余件，涉及金额200余万元。调解中心被授予“北京金牌劳动人事争议调解组织”。实现对口帮扶支援的内蒙古科右前旗阿力得尔苏木6个深度贫困嘎查（社区）产业帮扶项目全覆盖，阿力得尔苏木被授予内蒙古自治区唯一“脱贫攻坚先进集体”称号。

（沈成保　卢梦醒）

【社区建设】 年内，街道持续发力推进社区治理能力现代化。完成社区“两委”换届选举，完成人大代表、党代表选举，是全市唯一一家全部社区直选单位。开展社区全周期人才培养，依托“社工培训超市”集训季，组建“社工讲师团”，开展小班培训工作坊。制定《社区走访日志》，落实包楼入户机制。完成市级社区服务空间开放建设试点、楼门院治理示范点等9个市级试点项目，社区政务服务窗口示范点工作流程在全区推广，东里南社区被评为北京市先进居委会。举办第三届社区邻里节、中关村科技艺术节，组织各类活动300余场。推进京台社区“微团聚”、京港连线等线上交流活动，实现交流常态化。长效推进文明城区创建复检工作，完成300余处问题点位整改。在辖区30个社区挂牌成立“温馨驿家服务站”，设立“新就业伙伴爱心角”，配备防疫物资、工具箱、爱心药箱、针线包、雨衣、饮用水、打气筒等用品。建立18个快递小哥“加油站”，提供休息、饮水等服务，建立新就业伙伴电动车充电站4处。建成银谷大厦文明快递小院、希格玛社区快递小院。

（沈成保　卢梦醒）

【基层党建和精神文明建设】 年内，街道构建“以党史学习为核心、研发培训为一体、课内课外相联动”的党史学习教育课程体系，开展理论学习中心组学习32次，研发“红雁”领航示范党课，组织党史知识竞赛，策划特楼党员科学家特展。实现社区党建阵地全覆盖，组织“红谊汇”企业家沙龙，挂牌成立文明快递小院，构建“四双”[③]体系助力新业态、新就业群体融入基层党建格局。围绕新业态、新就业群体建立企业台账和党员信息数据库。实施“青藤训练营”计划，加强年轻干部培养。落实全面从严治党主体责任，加强对党内政治生活、党的路线方针政策执行以及“三重一大”[④]议事决策机制运行情况的监督，强化班子成员“一岗双责”[⑤]履职意识。中关村村史馆被确定为海淀区科普基地、北京市党员教育培训现场教学点，与海淀区委党校合作现场教学10次，接待各级领导和单位参观调研50余场、近千人次。紧抓红色文化主线，搭建线上“红色文艺大舞台”，建设“奋斗百年路”主题作品展打卡地，挖掘清华园火车站红色资源，举办“礼赞百年”奏响“东方红”乐曲主题交响音乐会。举办“我在村里挺好的”“致骑手小哥们的一封信”“小哥疫苗加强针专场”等活动，累计为700多名新就业群体服务1800人次。党建引领1000余人次新就业人员参与社区疫情防控、垃圾分类、城市清洁日、平安宣传等志愿服务活动。结合中国共产党建党100周年和国庆节等重要节日，组织开展2场京港社区视频连线活动，2000多

---

① 1+30+N：1个街道平安建设党支部，30个社区平安建设工作组，N名参与党建微治理居民、职工。

② 3+X：街道、社区、楼门组长三级联动联治体系，搭建多个小矛盾、小隐患的基层综合治理“微平台”。

③ 四双：双小（高楼小院、社区小站）、双有（充电有桩、停车有位）、双惠（找寻商家“优惠减免”、开展丰富“文惠活动”）、双角（村里眼睛、都市骑士）。

④ 三重一大：重大事项决策、重要干部任免、重大项目投资决策、大额资金使用。

⑤ 一岗双责：“一岗”指一个领导干部的职务所对应的岗位；“双责”指一个领导干部既要对所在岗位应当承担的具体业务工作负责，又要对所在岗位应当承担的党风廉政建设责任制负责；也就是一个单位的领导干部应当对这个单位的业务工作和党风廉政建设负双重责任。

人次参与。举办“京台社区新春微团聚”主题活动和“京台社区网络大讲堂”“京港社区网络大讲堂”等经常性连线活动。

（沈成保　黄宇玲）

【法治宣传教育】 年内，街道完成法治宣传教育第七个五年规划（2016年—2020年）各项任务，获北京市法治宣传教育“先进集体”称号。组织理论学习中心组、机关100余次3000余人参加《中华人民共和国民法典》等法律法规学习教育。“法之声”宣讲团走进社区，开展以案释法宣讲33场次，30个社区全覆盖。开展“普法志愿行”等法宣活动39场次，受众3.5万余人次。法治副校长进校园10余次，通过开学第一课、法治班会课等形式，讲解《中华人民共和国未成年人保护法》、“预防校园欺凌”等法律知识，3万余名中小学师生受益。依托“乐活中关村”微信抖音号、社区微信群、电子屏、普法宣传栏等载体，结合疫情防控、垃圾分类等工作，线上线下融合打造多维度法宣平台。为驻区单位、楼宇企业的1万多人次提供法律服务。东里南、华清园、希格玛3个社区被北京市评为“民主法治示范社区”。

（沈成保　李延　许梦琪）

【新冠肺炎疫情常态化防控】 年内，街道聚焦常态化疫情防控工作，推进疫苗接种工作，实施管控措施50538人，转运7884人次。安排接种732场，累计接种465993人，其中第一针200525人、第二针181838人、加强针83630人。上门接种256场（楼宇78场，接种49389人；中科大学11场，接种13517人；科学院所15场，接种8501人；社区152场，接种27015人）。组织加强针上门接种76场（楼宇38场、社区38场）。

（沈成保　罗超红）

【中关村科技联盟成立】 3月23日，中关村科技联盟揭牌成立，为海淀区首家街道级科创服务平台。联盟通过集聚和配置地区创新资源，促进政产学研等多元创新主体高水平融合互动，疏通基础研究、应用研究和产业化双向链接的快车道。年内，举办“CAS概念验证计划”技术经理人专场培训会、“高价值专利挖掘与布局”知识产权培训会、中科院纳米研究所“快速超高分辨双光子显微镜”项目座谈会等科技创新服务活动17场，开展非正式科技服务类活动40余次，对接中国科学院过程所、理化所、声学所等11家科研院所，服务北京泛米科技公司等50余家企业。完成中科海芯集成电路专项培训计划项目孵化，重点服务“生命科学显微镜项目”、全球光谱设备龙头HORIBA项目。组织50余家企业的150余名高管以上人员对接交流，间接受益达2000余人。联盟受到《北京日报》、网易、腾讯等10余家媒体关注和报道。

（沈成保　张颖　鲁书明）

【“中关村众享荟生境花园”入选全球典型案例】 9月，街道组织20多场1000余人次的志愿活动，完成建筑垃圾场地转型，升级为低成本、低维护、可持续的社区小微生态示范基地——中关村众享荟生境花园。中关村众享荟生境花园面积约450平方米，采用新自然主义生态种植方式，将鸢尾、鼠尾草、千日红、滨菊等26种草本植物以拟自然化的形式组合种植，形成有机且稳定发展的群落式花园景观；刺猬、珠颈斑鸠、柑橘凤蝶等多种动物，形成自然家园。在9月27日—28日于昆明召开的联合国《生物多样性公约》缔约方大会第十五次会议（COP15）非政府平行论坛上，中关村众享荟生境花园入选“生物多样性100+全球典型案例”。

（沈成保　宁沙沙）

学院路街道

【概况】 2021年，学院路街道总面积8.49平方千米，设30个社区居委会，户籍人口18.5万人，流动人口4.9万人。是北京市及海淀区科技、文化、教育资源最为密集的地区之一，集聚80名两院院士、100多个国家和地区的8000多名外籍人士，10所高等院校、11所中小学、11家科研院所，7987家企业，其中新开业登记企业704家，上市挂牌企业26家。街道领导带队走访、联系重点关注企业117家，协助企业解决问题82件。启动街道首家社区政务服务站，优化营商环境。对口帮扶内蒙古科右前旗桃合木苏木，涉及2个项目，资金60万元。完成个人出租房屋租赁税代征1363万元。

（侯长城　王娅）

【环境建设】 年内，街道推进“疏整促”各项工作，拆除违建38处、9761平方米，腾退土地7895平方米，完成市级拆违腾地任务。改造、新建公厕4处。开展液化石油气专项整治工作，消除安全隐患45处。常规巡查地下空间2000余处。持续整治占

3月23日，全区首家街道级科创服务平台——中关村科技联盟揭牌（鲁书明　摄）

道经营，实现动态清零。开展防汛应急演练，落实河长制。对工地渣土运输、扬尘苫盖和露天烧烤开展高频次检查整治和联合执法。植树、养护树木8万余株，改造绿地2.5万平方米。落实网格化包片工作责任，37条大街小巷安装街巷长公示牌。巡查上报案件92315件。视频监控平台与应急指挥平台完成节日及常态化疫情防控等重要时段24小时全天候值守服务保障任务。五道口等4个区域加装共享单车电子围栏。设置志新西路、静淑苑路等4处路侧停车位441个。遴选4处地块建立立体停车楼，3处已投入使用，可提供停车位438个，其中1处立体停车楼建设典型案例全区推广，得到市委书记蔡奇关注。推进国际人才社区和成府路国际人才大道二期项目建设，优化成府路沿线绿色开放空间，完善围栏、座椅等街道家具及标识系统，增加人才服务设施，打造多语环境。

（侯长坡　王娅）

【平安建设】 年内，街道启动60天等级防控，在重点时期启动预判风险点、维稳安保工作。强化“校地警”“学地警”平安联盟建设，在疫情防控、应急互助等方面发挥积极作用。建立反诈“心防”工作体系，开展宣传360余次。建立街区工作站“四联”工作机制，解决群众诉求460余件，逐步探索出具有学院路特色的“市域社会治理现代化”新模式。落实属地责任，消防、安全生产检查4869家次，发现隐患1314处，整改率100%。新建充电桩、柜539个，可供10222辆电动车同时充电；在5个社区安装电梯阻车器。

（侯长坡　王娅）

【民生建设】 年内，街道组织“接诉即办”工作会商会、调度会90余次，督导“二次办理”诉求1800余件，汇总上报典型案例30个，《北京日报》等主流媒体报道13篇。受理诉求13921件。75个小区垃圾分类设施全覆盖，建立“3+3+3+3”机制①，垃圾分类从前端到后端实现全程管理。厨余垃圾分出率稳定在20%以上，再生资源月均2400吨。开展依法行政，落实包片社区责任，解决各类问题纠纷176件次。完成8项基本便民商业网点30个社区全覆盖。博雅学园幼儿园开园，新增学前学位500个。完成非京籍适龄儿童入学审核工作。完成“全国示范型退役军人服务站”创建工作，开展退役士兵就业创业专项行动。对低收入家庭、精神疾病等困难群众开展精准帮扶。依托残疾人“温馨家园”“职康站”，优化康复服务，拓展残疾人就业渠道。帮助619名农民工讨薪825万余元。建成“养防救”指挥平台，为2319名老人提供服务，形成11家养老机构服务格局。二里庄社区、地大二社区被评为国家老年友好型社区。推进多层住宅增设适老化电梯工作，投入使用111部，在建81部。

（侯长坡　王娅）

【社区建设】 年内，街道完成第十一届居委会换届选举工作，一次选举成功率100%。开展社区维修项目38项、配置办公用品336件。协调提供办公服务用房6处。推进学知园小区、清华东路27号院1700平方米地下空间改造建设。构建党建引领物业指导工作体系，建立“三师一员一顾问”联动机制，建立“二级专项指导员”制度，编制街道“一案三规三图”②。组建11家物管会，实现物业管理覆盖率91.38%，业委会（物管会）组建覆盖率98.3%，党的组织覆盖率100%。建立海淀“温馨驿家服务中心”“追梦小哥之家”“3+2聚空间”工作品牌。通过一街一站一中心和社区工作站、两新党建工作站两类站点，“追梦小哥夜校”开展活动30余次，引导外卖小哥等新就业群体融入基层治理。成功申请首家新就业群体“全国工会职工书屋”。探索新业态工作署名文章《以服促管增强城市基层治理力量——海淀区学院路街道推动新就业群体融入城市基层治理格局的探索》在《前线》杂志发表。

（侯长坡　王娅）

【基层党建和精神文明建设】 年内，街道开展中国共产党成立100周年庆祝活动。开展党史学习教育和班子成员讲党课活动，举办“院长讲习”沙龙，开展线上、线下培训72场，培训地区党员56250人次。形成区级、街道级、社区三级“我为群众办实事”清单546项。召开学院路街道党代表会议，完成党代表和人大代表换届选举工作，完成“两新”党组织7个党支部建制、3个党建工作站的升级改造。开展迎“七一”主题等活动60余场。开展青年团员活动10余场。组织参观“不忘初心、牢记使命”大型主题展览。打造五道口“学院路红色时光驿站”，开展深化全国文明城区创建集中整治提升月联合督导检查专项行动。“美丽学院路”微信公众号发布信息2400余条，媒体刊发稿件433篇。

（侯长坡　王娅）

【“三带一节”创新街区生态体系建设】 年内，街道立足地区高校科研院所众多的科技高地优势，打造“三带一节”创新街区生态体系，即环高校国际科创带、环高校校友文化带、环高校慢行系统带、学院路城事创新节。通过“疏整促”，打造“科技支撑+智能场景+青年群体+人文交流”的学院路国际人才实验室，形成科技时尚的公共服务空间，丰富学院路“三带一节”创新街区生态体系，激发周边青年人才活力。全年共开展4场系列活动：近1000名冰雪爱好者参与“三带一节”之校友文化带运动季（趣味冰雪体验活动）；16万余人次网友通过线上直播观看“三带一节”

① “3+3+3+3”机制：“街道—居委会—志愿者”三级发动机制、“硬件设施—智能化治理—积分兑换”三项保障机制、“示范引领—居民自治—区域共建”三个联动机制，“街道—巡查员—监督员”三层监督机制。

② 一案三规三图：“一案”为落实北京市物业管理条例行动方案，“三规”为物管会组建工作规程、业主大会成立和业委会选举规程、业委会换届工作规程，“三图”为对应工作流程图。

12月24日，学院路街道“三带一节”创新街区生态体系重要活动——学院路城事创新节启动（学院路街道 供图）

文化季开幕式暨“校友·青春·风采”文艺汇演；举办以“创新策源与活力共享”为主题的2021年学院路校友创新论坛，公布首批26名“学院路创新合伙人”名单；13个优秀项目参加校友创新赛事。

（侯长坡　王娅）

【新冠肺炎疫情常态化防控】 年内，街道发动2万余人次参与社区值守和巡逻。完成9批次全国主要涉疫情区域回京人员管控。累计排查密接644人、次密708人；协助医疗机构组织完成核酸检测81303人次。扎实完成境外、京外人员转运工作任务，累计转运境外人员150余人、京外9834人次。面对东王庄、西王庄、石科院和石油大院突发疫情，街道果断采取措施，确保疫情管控到位，及时总结防疫经验积极推广。把新冠疫苗接种工作作为重要政治任务抓紧抓好，强化“四区融合”，充分发挥“三个带头”[①]作用，截至2021年底完成两剂接种人数达21万余人，加强针接种13.2万剂。开通3岁以上儿童专场，60岁以上老年人绿色通道，移动疫苗接种车进社区、进楼宇、进单位、进园区，送“苗”到家，有效提升地区疫苗接种率。

（侯长坡　王娅）

【学院路校友创新论坛举办】 12月24日，学院路环高校“三带一节”创新街区生态体系的重要活动之一2021学院路校友创新论坛举办。论坛由区委、区政府、中关村科学城管委会共同指导，学院路街道主办，36氪集团·氪星创服协办，海淀区有关部门、学院路街道相关单位负责人及环学院路高校代表参加。国家科技部重大专项办原巡视员、中国生产力促进中心协会理事长刘玉兰致辞，北京林业大学党委书记王洪元代表辖区高校致辞，清华大学经管学院教授李纪珍，中国天使联合会荣誉会长、英诺天使基金创始合伙人李竹分别围绕“大学科技成果转化国际比较”“科技成果转化中创投机构作用及行业趋势”作主旨演讲。在创新策源校长论坛环节，中国农业大学、中国矿业大学（北京）、北京科技大学、中国地质大学（北京）、北京林业大学、北京语言大学6所大学的副校长，围绕高校更好服务国家和区域经济社会发展、国际校友文化交流、创新合作等方面进行交流。在活力校友圆桌环节，中国生产力促进中心协会监事长、中国驻比利时使馆原科技参赞韩丽娟、创新工场合伙人张丽君、UCL伦敦大学学院北京校友会主席张劲草，围绕“活力共享的国际化校友经济”主题进行讨论，对打通“母校、校友、城市”三者关系，形成三方共赢的创新共同体、合作共同体和利益共同体建言献策。学院路街道校友科技创新赛事、学院路城事创新节同时启动。中国网、央视频移动网、北京时间、新浪微博等媒体平台对论坛进行全程实况直播，累计在线观看量达120万人次。

（钟冷）

清河街道

【概况】 2021年，清河街道辖区面积9.37平方千米。有社区居委会29个。户籍人口约9.04万人，常住人口约14.7万人。辖区内有纳税企业1.1万余家。纳入服务包平台的企业36家，其中市级服务包企业8家，区级服务包企业3家，重点企业13家，财政500强企业5家，专精特新企业12家。集中开展服务企业活动，激发地区企业共建意识，开展企业交流互访活动，发挥企业责任助力疫情防控。针对中国石化润滑油有限公司提出的学习园区管理模式的诉求，组织到小米科技园、光华创业园交流，学习新型和传统两种模式的园区管理发展经验。

（宫磊）

【环境建设】 年内，街道健全违法建设巡查报告和执法联动协调机制，梳理违法建设台账，开展疏解、治理、拆违、腾地等工作，拆除燕清体育文化公园西侧等既有违法建设24处，面积5541.41平方米，腾退土地面积4696.53平方米。制定毛纺东路（南段）、财大（清河校区）南侧环境提升工作方案，查处无证无照经营，推动毛纺南小区5排、6排平房区棚户区改造。启动安宁庄13号院危房改建，完成儿童福利院职工宿舍楼上下水改造，完成智慧交通二期工程、京

① 三个带头：街道、地区高校、大单位、企业领导带头，地区党员带头，疫苗接种先进单位带头。

藏辅路环境整治提升工程，推动清河站东南侧环境提升和滨河公园以及西二旗文化景观墙建设。推进垃圾分类管理，确保厨余垃圾分出率稳定在18%以上，怡美家园小区垃圾分类示范小区建设通过市级验收。设置再生资源大货车回收点23处。

（宫磊）

【平安建设】 年内，街道加强安全预防和隐患排查治理，推进安全隐患专项治理三年行动，开展反邪教、反恐防暴、扫黑除恶、禁毒等宣传，上传监督检查记录811条。安装调试30个小区“四件套”①设施设备，建立276套群租房动态管理台账，跟踪治理群租现象。完善消防基础台账，梳理电动自行车充电设施安装情况，消除火灾隐患，开展4次消防演练培训，加强社区、企业消防安全宣传，夯实消防工作基础。完成文苑1号楼外立面护栏安装、电梯更换和维修，安宁里三层模块式小型消防站建成并投入使用。排查铁路沿线朱房西窑甲一号安全隐患。街道建设“接诉即办”、网格化城市管理、视频监控案件派发协调督导体系，提升“三率”②。城市管理共接收区级融合平台下发案件15447件，街道网格员上报案件26705件，社区微循环案件上报67199件。

（宫磊）

【民生建设】 年内，街道接诉即办接收14856件，市中心回访3861件，响应率均值98.73%，解决率均值87.60%，满意率均值90.67%。推动京童未来清河幼儿园（普惠园）正式落地，新增220个学前教育学位。践行新时代文明实践要求，通过清河友邻App组织7所中小学开展6大主题文明打卡活动。加强校园周边秩序维护，推行“六秒”下车法，缩短校门口接送时间，缓解拥堵，保障师生安全出行。梳理规模以上企业信息，整合2017年至2019年，3年规模以上企业按楼宇园区进行划分，分析财源分布情况。宣传惠企政策，完善为企服务，助力企业解决实际困难，帮助万象汇解决光伏项目补贴问题，协调解决小米科技园光污染问题和蜂巢工厂新风系统使用问题，落实地区企业办理首贷贴息政策，帮助有条件申请企业及时办理。助力招商对接，引荐品牌机构快速进驻新建合盈商场和上地·元中心。

（宫磊）

【社区建设】 年内，街道构建居民参与式物业管理新体系，组建9个物业管理委员会，利用“北京业主”App选举产生2个业主委员会，48个物业管理企业实现物业企业、党的组织、业委会（物管会）三个全覆盖。推动居民自治与准物业管理融合共进，为四街、西洼及力度平房区等无物业管理社区引入准物业公司；指导消防总队小区成立物管会，实现物业管理市场化。建设路侧停车试点，认证清河中街、西二旗西路256个路侧停车位。签订清河火车站地库和华润万象汇150个车位错时停车合同，缓解学府树小区周边小区停车难问题，治理小米科技园、智学苑和铭科苑小区周边共享单车乱停车问题。完善信访联席会议制度，开展矛盾纠纷动态排查、健全领导包案制度，领导接访下访，解决各类问题纠纷43件次。完成花园新区276户居民房产证办理各项前期准备，协商解决清河文苑小区房产证办理等历史遗留问题。深化基层矛盾解决机制，构建法治宣传、法律援助咨询、人民调解联动的工作格局，以“法律进机关”“法律进单位”为抓手，开展会前学法、法治讲座、普法宣讲、集中培训。完成“两类”③人员的接收流转工作。

（宫磊）

【基层党建和精神文明建设】 年内，街道坚持党建引领，创立“识别、融入、服务、宣教、引领”五步工作法，推动新就业群体融入城市生活、融入基层治理。制定《清河街道庆祝中国共产党建党100周年工作方案》，以“建党百年·共筑中国梦”为主题，以“传、展、庆”为工作路径，以“追寻·红色记忆”“弘扬·初心风采”“践行·为民服务”为主题，组织培训讲座、参观红色展览、观看红色电影、知识竞赛等专题活动。汇编《我的初心岁月——清河街道地区建设者献礼建党百年》地区书册，表彰先进典型，讲好红色党课，庆祝建党百年。开展党史学习教育、“我为

3月15日，清河街道力度家园社区平房区准物业入住（清河街道 供图）

① 四件套：扫码、出示出入证、测温、查看72小时核酸结果。
② 三率：响应率，解决率，满意率。
③ 两类：社区矫正对象和刑满释放人员。

群众办实事”实践活动，确定38项“为民办实事”清单，解决地区企业和群众急、难、愁、盼的重点问题。加强基层组织建设，提升各领域党建工作质量，完成社区党组织换届工作，实现选举一次成功率100%。加强规模企业走访力度和对“两新”组织独立党支部的工作指导和监督，开展“党旗领航”系列活动，成立非公独立党支部1个。线上线下同步开展党员培训，共培训党员6202人次。推进人大换届选举，参选率90.41%，选举产生区人大代表15名。发挥人大代表作用，召开代表座谈会研究工作重点，推动地区垃圾分类、养老驿站建设等重点工作，向人大代表征集2022年重要民生实事项目线索12条。

（宫磊）

【新冠肺炎疫情常态化防控】 年内，街道落实主要领导、主管领导和社区主管部门“三级调度”要求，建立“早上碰头会、晚上小结会”，全天勤巡查的工作机制，开设企业新冠疫苗接种专场，统筹疫苗接种工作。承担11.97万人次接种任务，截至12月31日，全域一剂接种137318剂次，全程接种131708剂次，加强针接种79615剂次，18岁以上全程接种率87.5%。完成密接人员、次密接人员管控工作。搭建核酸检测临时场地，共检测9362人。调度29个社区，优化87个小区卡口设置管理，开放164个出入口，拆除不必要的物理隔离31处，便利群众出行。企业积极践行社会责任，捐赠各类防疫物资1000余份，小米集团作为街道重点科技企业，捐资人民币10万元，并以科技助力抗疫，提供10台小米电动平衡车支援上林溪社区。

（宫磊）

青龙桥街道

【概况】 2021年，青龙桥街道辖区面积18.59平方千米，是“三山五园”历史文化景区核心区域。有20个社区居委会，下属便民服务中心、市民活动中心、市民诉求处置中心3个事业单位。常住人口7.4万人，户籍人口6万人。辖区内有颐和园、圆明园、中共中央党校（国家行政学院）、中国人民解放军国防大学、国际关系学院。

（吕丛菲）

【环境建设】 年内，街道完成地铁4号线安河桥北站C口、颐和园路沿街北侧、地铁16号线西苑B口绿地和董四墓口袋公园等点位改造提升项目。启动黑山扈自备井切换市政水改造工作，对西苑商圈“七小门店”进行无障碍改造。拆除违法建设7454平方米，协同推进厢白旗村、福缘门社区拆迁腾退工作。立案查处环境违法行为230余起，巡河350余次，开展汛前“清管行动”和易积水排水管线抢修工作，确保辖区安稳度汛。建立街道、社区两级“林长制”工作机制，与驻地部队开展共建双拥植树活动。在垃圾分类桶站安装照明、桶站监控、智能语音提示器，在分类驿站增加消防器材、称重设备、门头标牌，建立可回收物价格表、可回收物台账。在各社区开展居民旧物置换活动，深受社区和居民的欢迎。厨余垃圾分出率稳定在20%以上、分类设施达标率在98%以上、居民自主分类投放准确率在85%以上。

（吕丛菲）

【平安建设】 年内，街道完成54天一级加强、8天一级防控任务。做好社区矫正和安置帮教。协助派出所破案29起，其中治安类案件26起。通过联合执法打击违法行为，查处黑旅游案件1起、不合规旅游大巴70起、黑网约车488起。辖区内14个居民小区完成智慧小区一期建设。开展消防安全隐患集中排查，隐患销账率达100%。组织社区微型消防站紧急拉动演练120次。强化食品、药品、医疗器械、保健品、化妆品专项整治，监督检查辖区餐饮经营单位141户、食品流通经营单位90个、药品零售单位6户、医疗器械经营单位9户，快速检测样品80件，食品经营许可证延续现场核查26户，处理食品药品类投诉举报84件。

（吕丛菲）

【民生建设】 年内，街道做实就业就学、助残救困、优抚优待、慈善募捐等民生工程，申请保障住房68户，发放救助金、伤残金、生活补贴约698万元，超额完成年度就业指标982人。在办事大厅实行“延时服务”。加大力度规范辖区劳动用工。建立社会组织孵化基地，通过“引领志愿者”计划，大力开展理论宣讲志愿服务；依托“培育志愿者”计划，对接并引导林业科学研究院青年志愿协会研究生志愿者参与社区垃圾分类活动；推行“礼遇志愿者”项目，每周五启动为地区星级志愿者和新就业群体的服务，有技术高超的义务理发服务，有手艺娴熟的缝补衣物服务，有老中医的免费义诊等，让奉献者、享受者在温馨的氛围中有了更多的获得感、归属感和成就感。完成劳动力调查（5个样本社区、每个社区每月16户）、居民住户记账样本调查（2个样本社区、每个社区每月10户）、季度人口抽样调查（1个样本社区点位）、年度人口抽样调查（8个样本社区，最终上报700余户、1700余人）、北京市就业失业专项调查（19个社区、每个社区5户）、辖区内“疏整促”社会满意度调查、北京老年人养老状况调查等调查统计工作。办理非京籍儿童小学入学联审76人。承办“接诉即办”案件6720件，案件响应率100%，解决率90%，满意率94%。

（吕丛菲）

【社区建设】 年内，街道组织开展2021年社会工作者职业水平考试培训，共为14名助理社工师、14名社工师办理继续教育手续，发放社区工作者职业证书考试辅导材料近百套，为社区工作者创造必要的学习环境和条件，有效地调动了全体社区工作者的积极性。组织13个业务科室对20个社区的全部业务工作进行日常考核，对全体社工开展年终测评考核工作。举办以“喜迎建党百年 我为百姓做事”为主题的“青之行”系列便民、利民、惠民进社区活动39场，将志愿服务、文明宣讲、便民服务送到居民身边；组织“行走的维修店”进社区服务220次，引进14个蔬菜直通车，保障不便设立菜站的老旧小区的购菜需求，受益人数8万多人次。组织有技能的公共文明引导员提供“行走的理发店”和磨剪子戗菜刀服务，深入社区为有需要的居民服务达2000余人次。

（吕丛菲）

【基层党建和精神文明建设】 年内，街道完成社区“两委”换届工作。开展党史学习教育，组织党史“红色地标”现场教学活动，党工委书记作题为《百年正青春，今朝再起航——做赶考路上的青龙桥人》的专题党课，举办10期党史学习教育“红色讲堂”系列专题讲座。街道理论学习中心组学习29次。以“坚守红色信仰、砥砺奋发前行”为主题，开展庆祝建党100周年系列活动。举办“红色记忆与党同行”庆祝中国共产党成立100周年主题巡展等线上线下文体活动近500次。开展“我为小哥办实事”服务聚力活动，携手美团建立北京首家政企共建的“家缘驿站”，受到中组部和市委组织部的肯定，“家缘小哥救援队”获评北京榜样人物。组织地区居民文艺团体参加区第12届文明市民艺术节活动，取得优异成绩。指导社区获评市级、区级文明社区。街道文明实践所、20个社区实践站结合“我为群众办实事”广泛开展新时代文明实践活动，在弘扬社会主义核心价值观、传播正能量的同时切实服务了地区居民群众，提升了获得感。

（吕丛菲）

【新冠肺炎疫情常态化防控】 年内，街道开展进京人员管控、闭环转运、复产复工、全员核酸检测和疫苗接种等常态化疫情防控工作。成立新冠肺炎疫苗接种工作专班，科学设置接种场地，统筹安排保障力量，不断优化接种流程，开展社区巡回接种行动，开通爱心接种专车，协助行动不便居民接种疫苗，筑牢免疫屏障。全年全人群累计接种90425剂次、接种率101.37%，加强免疫接种39610剂次，接种率79.17%。科学设置核酸采样点位，全年协调组织开展二河开、槐树居甲2号、大有庄点位核酸检测采样5批次。全年核实涉疫人员信息1.2万条，闭环转运420人次，安装摄像头134台、管控密接次密人员241人次。

（吕丛菲）

香山街道

【概况】 2021年，香山街道辖区面积20.34平方千米，其中山林面积16平方千米。设6个社区居委会，地区总人口为42839人，其中户籍人数15259人，流动人口27580人（比2020年的23904人增加了3676人）。香山公园、北京植物园、碧云寺、卧佛寺等都坐落境内，受疫情影响，旅游人次600余万，比上年下降约20%。香山公园和北京植物园绿化率达98%。辖区内中央、市级单位多，安保任务重。

（高明远）

【环境建设】 年内，街道完善“大城管”体系，推进环境整治与提升工作，创建无违建街道，销账拆违面积16466平方米，完成全年任务的127%。开展背街小巷环境精细化整治提升三年行动，完成地区环境建设工程19项，提升人居环境质量。执行《北京市生活垃圾管理条例》，实行“巡回+站点式”垃圾收运模式，打造垃圾分类“小蓝车”巡回移动队伍上门回收，建立16个平房区域固定回收站点，提高垃圾分类实效。推进文明城区建设常态化工作，每月一次反馈整改，一次地区环境清洁，全面优化地区环境品质。完成全国文明城区迎检工作。

（高明远）

【平安建设】 年内，街道推进全国市域社会治理现代化试点建设，与北京市委党校联合开展全国市域社会治理创新课题研究，形成香山街道市域社会治理典型案例。推进综治中心建设，完成六号院社区全国市域社会治理现代化试点建设成果展示工作。推进“智慧平安小区”建设，在“雪亮工程”基础上，完成17个智慧平安小区建设工程，提升“全域覆盖、全时可用”水平。发挥党建协调委员会平台作用，破解煤厂后街无标准消防通道难题，建成符合消防要求上下行8米、宽150米长生命通道，打通校园周边、平房区6条救援通道。

（高明远）

【民生建设】 年内，街道建立“2+2+2+1”的“接诉即办”办理机制（社区和部门2天办理，社区书记和主管领导2天督办，主要领导2天亲办，城市管理办公室1天申报），持续推动“接诉即办”向未诉先办、主动治理深化，12345平台共受理案件2338件。践行“我为群众办实事”，建立基层党组织、领导干部、在职党员“我为群众办实事”民生项目清单128项，完成率100%。与地区单位签订战略协议，利用地区单位闲置用房开展社区居民活动。领导班子带队入户走访3990户居民，收集问题建议十大类2550项。包片主管领导主动参加“社区会客议事厅”，解决老百姓“急难愁盼”的民生问题。开设“办不成事”窗口，实现“延时服务+24小时”自助服务。新建公主坟居民停车场，新增车位64个；新增错时共享停车场3处，提供470个共享车位。

（高明远）

【社区建设】 年内，街道建立香山区实有人口管理系统，通过系统平台实现住户登记、访客登记、住户核查、隔离告警及人员统计分析的实时精细化管理，全面准确掌握各社区人口数量、居民基本情况、健康宝信息，实现“一码两清”，提高香山地区实有人口的智能化管理水平。整合地区单位资源，协调32081部队使用8号院小区平房作为6号院社区的服务活动用房。与西山林场签订《深化战略合作框架协议》，解决了厢白旗甲15号院作为四王府党员群众服务活动用房事宜。打造南植社区“好商量”会客议事厅。合理选址、统一标识，指导开展LOGO设计、书法比赛等活动。完成室内议事厅的标准化建设，翻新改造一号楼东侧户外“紫薇议事长廊”，改建12号楼前“邻里议事厅”，完成社区议事厅物理空间改造。成立社区议事协商委员会，成立由物业、辖区单位、居民代表、社区代表、相关专家等组成的社区议事协商委员会。构建社区协商共治体系。健全议事协商机制，按照五步循环法开展会客议事工作，全年召开议事协商会议19次，解决小区突出问题11件，提升议事协商实效。

（高明远）

【基层党建和精神文明建设】 年内，街道开展理论学习中心组专题学习18次，依托党校分校开展轮训14期，培训1292人次，提升党员干部党性修养和理论水平。完成“红色香山”微信公众号升级改版，全年发布266期905篇文章，累计阅读量达12万次。在人民网、学习强国等国家级媒体报道15次，《北京日报》等市级媒体报道63次。组织5场“红色香山大讲堂”、2场“红色香山网络行”并进行全网直播，开展“我和红色香山”短视频大赛，吸引网友云听讲、云打卡、云答题，点击量超过2000万次。邀请专家进行廉政授课2次，开展廉政谈话4次，参观学习1次，观看警示教育片2次，发放廉政宣传册137本，开展经常性廉政教育，提升干部廉洁自律意识。构建“1+10+N”①党建红色链条，打造“1+1+1+4”党建阵地，即1个一站式“红枫”社区服务站、1个“红色香山”主题党建公园、1个红枫党建文化阵地、4个“红色岗亭”志愿服务站。成立地区“红色宣讲联盟”，开展“七个一”红色传播活动。联合香山革命纪念馆、西山林场等地区单位，组建地区“红色宣讲联盟”，开展5次进街道、进社区、进地区单位的红色香山主题宣讲活动。打造“红色香山”特色品牌，其中“红色香山”直播全网点击量过千万次，“初冬相约红色香山”话题占据热搜榜37小时。

（高明远）

【新冠肺炎疫情常态化防控】 年内，街道组织机关干部、社区居干全员下沉19个社区卡口，做好疫情防控常态化工作。全年核酸检测3万余人。截至12月31日，人群全程接种率104.7%，加强针接种目标完成率123.47%。

（高明远）

西三旗街道

【概况】 2021年，西三旗街道辖区面积8.23平方千米，辖区为城乡接合部。有27个社区居委会，实有人口17.5万人，其中外来常住人口7.9万人。根据区委、区政府建设中关村智能制造基地的定位，街道以中关村西三旗（金隅）科技园、金隅智造工场为中心，加快智能制造创新基地建设，聚焦智能制造产业，形成西三旗创新要素聚集片区。加强重点项目的统筹协调与服务，中关村西三旗（金隅）科技园一期、二期2个固投项目顺利推进，完成固定资产投资18.82亿元；全面推进产业发展加速行动。梳理产业资源，挖潜空间，推动地区产业转型升级。落实地区企业领导包片制度和定期走访服务管理制度，助力企业发展。

（王小民）

【环境建设】 年内，街道开展区域环境提升行动，累计拆除违法建设150处、面积41088.1平方米，腾退土地面积27888.45平方米；制止新生违法建设6起，违法建设线索立案处理10起。开展街区环境秩序管控专项行动，更新街巷长公示牌50余处，整治背街小巷环境问题120余处。摸排出租房屋13002户，拆除违法群租房213套。开展黑车黑摩的专项整治，处罚违章停车21429起。开展街区更新及城市风貌概念性规划，从生态文明与绿色发展、打造舒适便捷的社区生活圈和促进产业升级转型三个层面，创建“丹碧智享，旗乐融融”幸福西三旗。完成悦秀园老旧小区、宝盛里老旧小区改造项目。建设润生园小区南侧、五星啤酒厂南侧两处共享停车场，新增停车位530个，解决富力桃园、瑞旗家园、旗胜家园小区居民停车难问题。

（王小民）

【平安建设】 年内，街道推进“平安三旗”构筑行动。完善立体治安防控体系，推进城市智能运行指挥中心及智慧平安小区建设；完成“两节”、全国两会等重要活动和节假日社会面维稳工作，累计出动社会防控力量18万余人次。共出动专职安全员1609人次，检查单位1730家次，下发限期责令整改通知书1730份、整改安全隐患1437项。排查各类安全风险点3925余项。新建电动自行车充电桩384组，27个社区覆盖率达100%。联合昌平区回龙观街道、霍营街道、东小口镇，朝阳区奥运村街道，探索共治共享基层社会治理新路径，协同处理海淀、朝阳、昌平三区“接诉即办”跨域诉求案件，涵盖城市管理、社会治理、民生保障、资源共享、规划协同、产业空间布局等方面，得到百姓的认可与称赞，得到市、区领导批示。全科网格员工作体系试运行，发现的297件问题全部解决。

（王小民）

【民生建设】 年内，街道完善“接诉即办”工作办理流程，通过领导包片包案、专题调度会、交流点评、约谈问责、惩罚激励等途径，提升案件办理速度和质量。网格化融合平台接转案件65890件，网格化城市服务管理平台接收案件12861件，城市管理综合考核评价系统接转案件669件，视频监控平台接收案件516件；受理市

① 1+10+N：“1”指“红色香山”党群服务中心；“10”指香山革命纪念馆、双清别墅、来青轩等10个红色纪念地联盟；“N”指6个社区党组织及其他党建协调委员会成员单位。

级直派案件7383件，区级转派3108件，办结率100%。开展全国精神卫生综合管理试点工作，完成精神卫生综合管理暨社会心理服务体系建设试点评估。医疗救助、因病致贫救助等救助958人次；慰问特殊群体2100余人次；开展个案帮扶18户。完成1118张家庭养老照护床位建设，发放家庭养老床位补贴433余万元。街道和社区成立退役军人志愿服务队，定期开展志愿服务活动。巡查650家用工企业，调处区仲裁院转办案件以及来访企业工资纠纷案件106起，为127名投诉人追讨欠薪246.1万元。政务服务办理业务44658件，其中窗口办理23635件，网办3478件，咨询17545件。帮助1069名失业人员实现再就业。新增民办普惠幼儿园一所，增加240个学前学位；对教培机构开展联合检查，助力国家“双减”政策落地。

（王小民）

【社区建设】 年内，街道完成27个社区“两委”换届选举工作。开展社区服务优化行动，提升地区物业管理水平，业委会（物管会）覆盖率100%，党的组织覆盖率100%，物业服务覆盖率98.3%。完成27个社区网点八项便民服务全覆盖的任务指标；推进华润万象汇、金隅翡丽等规模商业落地进程；通过街区协作、优势互补、提升品牌效应等，丰富公元九九、新都环岛、知本时代等7个集中连片商业街区的服务业态。推进垃圾分类工作，新建标准化桶站228处，提升改造固有桶站486处；升级改造94个小区和平房区的六品类公示牌、486处桶站的公示牌和部分宣传背板、提示牌；建设垃圾分类驿站18个；新建规范化分类驿站6个、改造大件和装修垃圾投放点6个，改造桶站3处；配合建设街道级大件低值、有害垃圾中转站1座。西三旗街道创建成为海淀区第三批生活垃圾分类示范片区；永泰庄北路20号院、永泰园新地标、清景园小区、水木天成小区等4个小区获评2021年北京市生活垃圾分类示范小区；北新集团社区居民委员会获评北京市生活垃圾分类推进工作先进集体。依托街镇责任规划师，实施社区微更新计划，以共商共建共治模式，在悦秀路80号院和永泰西里23号院两个社区实现小微空间。为21个社区更换27套健身路径；开展文化培训131场次、文化活动155场次、各类演出及展览17场次，惠及千余名地区百姓。

（王小民）

【基层党建和精神文明建设】 年内，街道全面推进党建引领深化行动。开展党史学习教育“我为群众办实事”实践活动，完成社区民生项目56项，党员领导干部民生项目17项，机关支部民生项目6项。围绕建党百年主题，结合党史学习教育，开展系列庆祝建党100周年主题活动。依托党校分校开展专题班、主体班、实地践学、电影党课等51次，培训党员干部4.2万余人次。完成海淀区第十七届人大代表换届选举工作。建成旗领·金隅智造工场党群服务中心和旗智人才会客厅，推进人才会客厅建设。成立西三旗街道新业态伙伴工作联盟及新就业群体流动党支部，推进新就业群体融入城市基层党建工作格局。“海淀西三旗”微信公众号推送信息1254条，总阅读量达到34.5万人次，获得公众点赞2500余次。建成街道级党建阵地，得到市、区领导肯定。落实网络意识形态工作责任制，加强线上线下监测研判预警，及时发现处置苗头性倾向性问题。为21个社区更换27套健身设备；开展文化培训131场次、文化活动155场次及各类演出、展览17场次，惠及千余名地区百姓。完成档案进馆工作，移交档案7000余件卷。积极推动半程马拉松步道建设和半程马拉松驿站——砖窑工业遗址公园建设，形成海淀区独有的边界线城市景观和环境品质。

（王小民）

【新冠肺炎疫情常态化防控】 年内，街道持续做好常态化疫情防控及突发疫情应急处置工作。完成建材西二里、富力桃园小区两轮疫情的应急处置工作，阻断病毒传播，严防疫情外溢。做好新冠疫苗接种工作，共接种335208人，其中第一针134396人、第二针131335人、加强针69477人。

（王小民）

马连洼街道

【概况】 2021年，马连洼街道辖区面积10.74平方千米，属于典型的城乡接合部。常住户籍人口62706人，流动人口54693人。设有20个社区居委会，3个产业园区，1万平方米以上独立写字楼1处，在营业商业楼宇2处，在建商业楼宇2处。截至年底，马连洼街道辖区内限额以上企业203家，比上年增加29家。完成为民办实事31件。代征房产税562万余元。

（王菁）

【环境建设】 年内，街道完成地区主干道节日美化和重点区域布置工作。完成安河桥北地铁站B口环境整治提升设计方案及招标前期工作。完成“圆明园西路路口提升行动”更新规划设计。选取农大社区和建设大学园区两个点位推进“玄关2.0”项目[①]。推进圆明园花园别墅旧改项目进程，楼体基本竣工。拆除违法建设185处、面积41816.01平方米，腾退土地29311.26平方米。新生违法建设零增长。助力后厂村、乔庄、兴隆庄、和平街等区域拆迁腾退。开展违法停车、“僵尸车”专项整治行动50余次，清理车辆74辆、劝离420余辆。

① 继2020年马连洼街道位于梅园东北一门的用环保材料内建成的社区玄关V1.0受到社区居民充分好评后，于2021年在建成后圆明园西路3号院小区北门和北京建设大学北门，继续搭建满足防疫需求、绿色环保、建造方便、以人为本的“回家第一空间”。

持续对软件园二期西门进行交通安全整治，安装3套临时红绿灯。完成天秀北路、安河桥北地铁站A口、马连洼南路乱停车现象整治，完成11条道路停车电子收费改革项目，交通微循环明显改善。完成农大创业园、亿城国际中心2处错时共享停车场建设。马连洼街道被评为北京市交通安全“先进单位”。

（王菁）

【平安建设】 年内，街道完成春节、全国两会、“建党百年”和国庆等重要节假日地区社会面稳定保障工作。地区三类可防性案件比上年降低75%，电信诈骗警情比上年降低33.7%，盗非警情发案量比上年降低80%。推进全国市域治理现代化试点工作，梅园“心语驿站”、古月园“诉源工作站”、警务工作站相结合，发挥心治前置作用，有效提前化解矛盾。完成农大附中家属院、古月园、竹园、菊花盛苑、梅园、七彩华园、圆明园花园别墅、百旺家苑等9个小区的监控设备硬件施工及信息采集工作，完成智慧平安小区2期的踏勘和初步设计工作。检查辖区生产经营单位590家，企业检查覆盖率100%，下达限期整改通知书800余份，隐患消除率100%；开展消防安全联合检查120余次，其中错时夜查40次，收缴不合格液化气罐100余个。开展3个专题和6个专项的整治工作，把企业单位的安全生产责任落实落细。申请区级资金，解决圆明园花园别墅小区雨污管线改造问题。主办完成区政协《关于马连洼社区增设停车场》提案。协办完成北京市人大关于《在北五环肖家河桥西侧匝道安装隔音屏》建议。联合地区政协小组提出的《关于城市更新推动“两新两高”战略实施，深化“马上清（青）西”城市品质提升成效的建议》《关于凝心聚力“马上清（青）西”活力重塑“一核两翼”为基础的科技城市新样板的建议》，分别被评为政协北京市海淀区第十届委员会第五次会议优秀提案和具有突出贡献提案。

（王菁）

【民生建设】 年内，街道提升物业管理三率，辖区29个物业服务项目、27个业委会（物管会）、24个物业服务企业，业委会（物管会）组建率93.1%，物业服务项目党组织覆盖率、物业服务企业党组织覆盖率、物业服务覆盖率均达100%。规范辖区物管管理，明确物业公司公示公开重大事项，接受业主监督。协调启用公维资金，加快解决七彩华园小区外立面墙体修复、枫涟山庄小区消防设施大修等问题。对现有驿站服务责任片区进行划分，确保责任片区内老年人有人管、服务需求能快速响应。为903位符合政策的老年人建立家庭养老床位档案，为1012位老年人提供服务。保障21户低保家庭生活，对低保人员进行医疗救助40人次，救助资金合计12.37万元。为300名高龄老人申请高龄补贴、为200多位老人申请失能补贴。协调完成1名困境儿童入住北京SOS儿童村工作，接收1名市属儿童福利机构孤儿。完成3个老旧小区、47个“七小门店”无障碍设施改造。检查用人单位400余家，涉及劳动者2万余人，纠正用人单位规章制度15条。接待来访、上派案件34起，涉及331人，解决金额482.14万元。完成175名非本市户籍适龄儿童接受义务教育入学材料的线下审核。为中小学校及幼儿园配备文体设施，保障学校课后拓展及文体活动开展。组织走访辖区重点企业100余次，采取上门服务方式，协调推进解决园区周边交通拥堵难题。街道总工会新挂牌6家暖心驿站、20家户外劳动者暖心驿站。

（王菁）

【社区建设】 年内，街道接办“接诉即办”案件10024件。每月对疑难案件、多人举报案件进行专题研究，加大资金投入，解决民生难题。古月园社区与海淀区人民法院共建诉源治理法官工作站，探索社区司法调处。在菊园社区及农科社区建设政务服务窗口，实现不出社区办理社会保障事项。梅园社区建设梅苑心语驿站二期，提升社区心理健康服务能级。兰园社区设立“美丽社区 金兰议友”会客议事厅，通过协商议事解决社区治理难题。芳怡园社区尝试服务空间开放式建设，满足居民多样化服务需求。启动国家营养健康试点工作，探索营养健康食堂建设的有效模式。梅园社区获全国最美志愿服务社区称号；4个社区被评为首都最美志愿服务社区，5个社区被评为首都文明单位。开展垃圾分类宣讲活动80余次，厨余垃圾分出率稳定在23%以上。建设完成桶站、驿站、大件装修垃圾暂存点、可回收物收集点等设施451处。在社区安装60余个废旧衣物回收箱，在12个小区推广京东厨余垃圾积分兑换活动，日均2000余户参与积分兑换。西山庭院、广泰、颐北家苑3个小区被授予“北京市垃圾分类示范小区”称号。

（王菁）

【基层党建和精神文明建设】 年内，街道完成海淀区第十七届人大换届选举工作，选举产生11名区人大代表。完成社区“两委”换届选举工作，选举产生新一届居委会成员166名，书记主任“一肩挑”比例达到100%。98个社区二级党组织选举产生新一届委员会委员254名。开展“十个一”庆祝建党百年系列活动。在“海淀马连洼”微信公众号开设《一起学党史》专栏，设置《党史天天学》线上课堂，开课66课。组织开展“两优一先”“光荣在党50年”评选表彰活动。为320名老党员颁发“光荣在党50年”纪念章。开展“我为群众办实事”实践活动，建立党员领导干部、社区党组织办实事清单，推进完成200余项。制定“献礼建党百年”党务干部能力提升培训计划，通过“每月一培训、每月一交流、每月一考核”，推进基层党建工作规范化。落实党建、党风廉政建设责任要求，履行“一岗双责”，推动形成齐抓共管的工作局面。完善地区物管会、业委会和物业企业党的组织与工作覆盖情况台账，实现党组织覆盖率100%。楼宇和社区党建指导员走访259家企业，“三率”[1]均为100%。街道党校分校推出“一常四新”五种形式，开课126期，党员6000余人次参加学习。成立新就业群体流动党支部，依托“红绿蓝”三色工作机制和“新连心”服务体系，打造全方位服务的“新”街区、实现新就业群体“心”归属。在共产党员、求是等网站发表230余篇评论文章；完成调研文章《党建引领拆违实践研究》。街道26位网评员进行58次集中网评活动，撰写稿件12篇，配合网信部门做好主题宣传。为营造创建文明城区氛围，设计制作5个首都文明社区和街道政务中心景观小品6处，在20个社区设计制作精神文明宣传展板39块，设计制作一刻钟便民服务圈地图26块；开展地区公益广告排查，梳理主次干道褪色破损公益广告176处，新增并更新公益广告255处，拆除破损老旧公益广告153处。为新时代文明实践站配备便民服务箱20个和新时代文明实践站卫生健康知识展板20块。为新时代文明实践志愿者2600人配备统一的服装和标识。组织25名新时代文明实践志愿者参加“礼让斑马线”志愿服务活动。组织2000余名新时代文明实践志愿者参与疫情防控。组织申报文明单位评选，马连洼街道、梅园社区、63919部队社区、农科社区、天秀花园社区、农大社区被评为首都文明单位。梅园社区被评为全国最美社区及首都文明养犬模范社区。农科社区、百草园社区、倚山庭苑社区、63919社区被评为首都最美志愿服务社区。竹园社区、百草园社区、百旺家苑社区被评为区级文明单位。

（王菁）

【新冠肺炎疫情常态化防控】 年内，街道常态做好疫情防控工作，党工委、办事处落实主体责任，聚焦重点区域、关键环节、重点人群开展常态化检查督导。组织开展核酸检测应急演练52场次。开展大数据核查和“敲门行动”，完成中高风险地区人员数据核查1.2万余条、核酸检测5万余人次、转运8890余人次。完成各类人员核酸检测58680人次。新冠疫苗接种345682剂次。完成菊园小区疫情应急处置工作，保障居民“菜篮子”供应和基本生活需求。针对小区独居老人、低保、残疾人等特殊困难群体，开展上门服务，发放“安神枕”、送“蔬菜大礼包”和“免费一日三餐”；协调解决居民外出就医难题，联系社区卫生服务站上门为患者打针、送药，全力保障居民医疗需求。

（王菁）

花园路街道

【概况】 2021年，花园路街道辖区面积6.33平方千米，社区居委会27个，户籍人口13.8万人，流动人口1.9万人。辖区内各类法人单位5000余家，高校、科研院所集中。在疫情防控常态化前提下，按照中央、市委、区委各项决策部署，通过强化成本管控及绩效管理，加大统筹财政资金，重点用于保障重大决策落地、支持疫情防控、扶持企业复工复产、加强民生服务、优化城市建设等重点领域。街道主要领导、主管领导带队走访重点企业121家，问需于企，助力企业创新发展。出资95万元，助力内蒙古科右中旗杜尔基镇、湖北丹江口牛河林业开发管理区巩固拓展脱贫攻坚成果。

（石悦）

【环境建设】 年内，街道拆除违法建设110处、1.2万平方米，完成年度“疏整促”任务。完成所有小区垃圾分类设施的改造提升工作，投入各类垃圾桶2000余个，改造提升固定桶站293个，建设生活垃圾分类驿站21座，建设大件、装修垃圾投放点97个。围绕垃圾分类主题，在市重点媒体、新媒体等平台发布宣传稿件400余篇（条），完成“小手拉大手”“垃圾分类我先行”等主题宣传活动，推出报道200余篇。完成龙翔路小区涉及2栋楼、221户老旧小区综合整治项目、市级试点牡丹园社区“印象牡丹”微空间改造项目。推进京张铁路遗址公园建设前期场地平整工作，破拆面积93034平方米，清运渣土72935立方米。

（石悦）

【平安建设】 年内，街道累计启动社会面等级防控13次，共计88天，发动群防群治力量17万余人次。全面查改辖区隐患，共检查生产经营单位及场所5334家，出动检查人员10668人次，发现问题隐患1681项，全部整改完毕。检查覆盖率、隐患整改销账率均达100%。完成小关西后街平房区简易喷淋工程建设，提高平房区应急消防救援能力。完成地区居民小区电动自行车充电设施全覆盖工作，新装电动自行车充电接口3834个。与学区管理中心联合成立工作专班，对辖区70家培训机构进行三天一覆盖的常态化检查。对餐饮、家政、教培等欠薪高风险行业开展专项日常巡查，为40名员工追回欠薪35万余元。街道被市人力社保局评为“劳动保障监察工作先进单位”。

（石悦）

【民生建设】 年内，街道受理“接诉即办”群众诉求1.21万余件。投资1814万元，完成40项为民办实事工程。为小关街5号楼、都景苑小区、塔院社区等近300户居民办理房屋产权证，解决20多年的历史遗留问题。推进坡道改建、文明志愿小屋建设。持续加速破解“停车难”问题，实行有偿错时停车，建成错时停车场5处，提供车位320个；规范14条道路路侧资源，整合新增路侧车位1386个；鼓励和引导有条件小区、单位新增立体停车设施7处，新增车位897个。

（石悦）

① 三率：业委会（物管会）组建率、物业管理覆盖率、党的组织工作覆盖率。

【社区建设】 年内，街道完成第十一届社区居委会换届选举工作，选举产生新一届居委会成员167人。辖区物管会（业委会）组建率97.14%，物业服务覆盖率98.57%，党的组织工作覆盖率100%。完成玉兰园社区“社区协商议事厅”“楼门院治理示范点”建设项目、北三环中路43号院社区“服务空间开放式”建设示范项目、防化社区市级“社区之家”规范化建设项目，开展“有颜值、有文化、有温度、有认同”的社区服务空间会客式建设，提升社区服务多元化供给水平。

（石悦）

【基层党建和精神文明建设】 年内，街道聚焦党建引领社会治理，深化“吹哨报到”改革和区域化党建工作，推动党建引领垃圾分类、物业和业委会参与社会治理工作。加强党史教育，履行意识形态责任制。依托区委党校花园路街道分校、花园融媒、花园路党员e家等平台，开展线上线下学习，开课57期，累计培训31868人次。成立“两新”组织独立党支部12个，联合党支部3个，覆盖23家企业。开展“我为群众办实事”工作，推进7类351项民生实事项目落地落实。组织开展“回望百年党史 对话百名党员”等庆祝建党100周年活动，为1147名党员颁发“光荣在党50年”纪念章。开展深化全国文明城区创建工作，到社区检查指导18次，开展13次专项整治工作。打造35家温馨驿“家”服务中心（站），服务新就业群体。实施“与人才对话”“送服务上门”“为共建搭台”“谋共赢发展”四项服务举措，营造地区良好的人才发展生态。

（石悦）

【新冠肺炎疫情常态化防控】 年内，街道全域摸排、核实疫情散发地入京人员及境外返京人员数据24657条，排查8937人，统筹指导社区严格落实居家医学观察管控措施。组织开展核酸检测应急演练4次，对重点区域、重点人群开展应急和大规模核酸检测20431人，全部为阴性。按照“应接尽接”的原则，采取“固定点+上门接种+流动接种”等方式，组织辖区单位员工、社区居民开展疫苗接种工作。累计完成疫苗接种438869剂次，其中第一针181548剂、第二针157389剂次、加强针99932剂次。根据疫情变化趋势，动态调整复工复产领域防控措施。对企业开展七天一轮全覆盖检查50轮，累计检查复工复产场所6万余家次，发现问题700余个，全部完成整改。助力园区楼宇5万余人次顺利复工复产。全年保持新冠肺炎零确诊、零疑似、零感染记录。

（石悦）

田村路街道

【概况】 2021年，田村路街道辖区面积6.79平方千米，属典型的城乡接合部。设27个社区居委会，实有人口10.8万人，其中户籍人口5.7万人、流动人口5.1万人。有各类企业商户3000余家，其中百余家中央、市属、区属企业单位，老字号和新业态并存。有10余所学校及幼儿园，德尔康尼骨科医院等医疗机构，解放军三军仪仗队等驻区部队；北京二商王致和食品有限公司、北京龙徽酿酒有限公司等老字号。街道总收入2.72亿元，总支出数为2.57亿元。编制完成《田村路街道国民经济和社会发展第十四个五年规划》（试行稿）。

（李晓雅）

【环境建设】 年内，街道深入推进垃圾分类工作，制定10余种专项工作方案。发动党组织、基层党员、志愿者、“一长四员”等参与宣传垃圾分类，引领广大群众和单位依法推行垃圾分类，推动实现生活垃圾减量化、资源化、无害化目标。开展垃圾分类普法监督员工作，赋予每一个桶站值守人员“垃圾分类普法监督员”身份。以垃圾分类为执法重点，立案查处136起，罚款6.08万元，查获个人偷倒垃圾10余起。探索沿街门店垃圾上门分类收运模式。阜石路11号院、永定路甲4号院东院、王致和小区及金玉府南里社区成功创建“北京市生活垃圾分类示范小区”。定期开展裸地检查，持续跟踪管控，以最严标准落实扬尘防控各项措施。地区细颗粒物（$PM_{2.5}$）累计浓度比上年下降3.4微克/立方米，粗颗粒物（TSP）累计浓度比上年下降8.3微克/立方米，道路残存量比上年下降15%。清理清劝巡河路长期停放车辆65台次、共享单车2600余辆。对田村明渠沿渠村民、半壁店第一社区居民的生活污水直排进行截污改造，实现永引渠田村路段问题台账清零。排查地下空间点位及人防工程，清理违规出租住户51户，违规占用地下空间、人防空间行为4处，疏解人口500余人。拆除新生违法建设6处，拆除上账违建，场干地净销账建设面积6418.13平方米，台账任务完成率达106.9%。推动地区边角地整治，24户阜一社区平房区居民全部签订腾退协议。

（李晓雅）

【平安建设】 年内，街道全力做好建党百年、党的十九届六中全会等重大节日、重要时段安全服务保障工作，组织各种群防群治力量1900余人开展社会面防控。派驻干部参与美泉宫酒店冬奥测试赛运行保障工作。推进反恐体系建设，开展反恐应急处置演练，健全完善突发事件应急处突预案。成立“首都老兵”田村路街道志愿服务队，打造具有田村路特色的服务品牌。智慧平安小区建设一期工程16个小区基本信息全部录入。重点落实地区防火安全工作，共检查单位824家，排除消除隐患978处，罚款35万余元；开展消防宣传96次，印发防火宣传海报3.5万余份，接火警17起，比上年下降20%。开展地区电动自行车消防安全隐患集中排查，建设电动自行车充电设施599组，有充电设施接口4753个，完成辖区85个小区电动自行车充电设施全覆盖。街道被授予“2021年度北京市基层安全生产检查先进单位”称号。发挥社区法律顾问、公共法律服务站为民服务作用，吸收物业管理、遗产继承等专业领域律师进入社区法律顾问队伍，提供服务咨询648次，有效缓解矛盾隐患的发生和扩大。开展法治宣传教育活动70场次，发放宣传资料3000余份，惠及群众5万余人。主动在汛期来临前完成2281户平房房屋及16处立交桥、低洼院落排查工作，制定防汛工作重点，重新修订防汛工作方案和应急预案，针对16处重点点位制定个案防汛抢险措施，制发地区防汛工作手册90册，补充防汛物资2000余件，将2支应急抢险队和3支保洁队纳入防汛工作队伍，建立街道防汛工作响应机制，完成辖区3000余处雨水篦子和雨水管道的清掏检查。据统计，2021年汛期地区共迎来72次降水过程，街道、社区、防汛队伍日夜兼程共同开展防汛工作，累计派出应急力量3000余人次。8月16日，突发极端强降雨，地区树木倒伏80余棵、地质灾害隐患点位4处，出现房屋漏雨积水进水等险情200余起，经过未诉先办，收到12345热线雨情相关仅18件，其中包括对街道处置险情表扬的6件，大大降低因极端天气引发的12345投诉量，全力保障地区安全平稳度汛。

（李晓雅）

【民生建设】 年内，街道投入资金5400余万元，实施34项为民办实事项目。开展东营房甲4号院西院楼前硬化改造、玉阜嘉园社区活动室改造等社区公益金项目20余个，涉及资金400余万元。基层党组织服务群众经费建设如玉泉北里、半二社区夜晚照明项目等共计410项，涉及资金1000余万元，覆盖地区所有社区。中国人民大学幼儿园田村路分园正式开园。位于田村路43号的棚改定向安置房项目交付。协助老厂区腾笼换鸟，龙徽1910文创园、小玩童教育园区进入招商阶段，位于天下城市场的“法廉科技园”开工建设。处理群体性劳资纠纷案件33起，涉及金额806万元。办理318件信访件，主要领导接访、下访60余次，街道被评为“北京市信访工作先进集体”。组织开展养老服务“双百活动”，即100名老人参加“智慧助老种子活动”和100名“最美老人志愿者”评选活动，增强地区老年人的获得感和幸福感。完成田村社区养老服务驿站新址建设，地区10家养老服务机构为7万余人次老年人提供居家保洁、医疗护理等服务，为地区3.7万余人次高龄、失能、困难老年人发放津贴共计800余万元。乐府家园社区成功创建“2021年全国示范性老年友好型社区”。帮助750人完成就业，就业完成率达133.9%；提供公益性就业援助125人次。完善社区公共卫生服务保障体系，落实海淀区“一键式”家庭医生式服务体系建设。依托“心灵家园”，关爱特扶家庭，共计发放慰问帮困金20余万元，为4244人次残疾人发放两项补贴共计164余万元。完成乐府家园社区36家“七小门店”无障碍改造工作，成为社区一刻钟便民服务圈无障碍示范工程，为864人次残疾人提供40次康复培训活动及日间照料康复活动400余次。温馨家园志愿者团队共提供73次志愿服务活动，服务近6000人次。完成街道年度人口抽样、准规模核查、年度基本单位增减变动等工作，开展第七次全国人口普查数据后期开发工作，开展“健康家庭”线上宣传等活动10余次，受众6700余人。政务服务中心全面落实179个事项的“一窗式”综合办理，受理业务量19738件，办结率达100%。推动对口协作，与内蒙古科右中旗巴彦淖尔苏木签订帮扶协议，组织社区、地区企业进行消费帮扶，助力乡村振兴。

（李晓雅）

【社区建设】 年内，街道承办12345案件突破7000件，采取“包片+网格+入户”“日常+吹哨+应急”“台账+处置+跟踪”的治理模式，建立“宜居田村路、刘芳来接诉”的快速反应通道，推动问题解决。在27个社区建立心理服务站、西木学堂建立心理服务中心站，开展心理健康促进工作。推进2022年冬奥会重点路线周边阜石路定慧桥—晋元桥段沿线6千米的环境整治提升，配合区园林局建设7处绿化景观，面积40余万平方米。田村山为海淀区冬奥赛时城市景观“一山、两区、多节点”布置重点区域，新增绿化面积约9000平方米。对玉海园五里、阜一社区等12处点位整治提升，粉刷22栋楼宇外立面，对2处荒地进行绿化及硬化。指导5个社区成立9个物管会（业委会），组建率达97.22%，成立的业委会和物管会党组织覆盖率均为100%，物业管理覆盖率达88.89%。把5个社区的10个无物业管理居住区引入准物业管理。通过专业分析研判、跟踪落实，办理2件人大代表建议。

（李晓雅）

【基层党建和精神文明建设】 年内，街道组织召开庆祝建党100周年表彰

9月7日，田村路街道人大代表换届选举宣传周活动启动（田村路街道 供图）

大会、党史知识竞赛、党史教育百姓宣讲等活动；制作田村路街道党史学习教育简报81期，组织创作一批党史题材的文艺作品，收集创作歌曲80余首，微信公众平台开设“党史百年天天读”专栏，发布文章135篇。完成社区“两委”换届选举，选举“两委”成员237人。5个社区8个物业管理委员会成立党支部。推动社区党建引领物业服务企业和业主委员参与社区治理工作。创新“三心”工作法①，助力新就业群体融入社会基层治理。建立田村路街道“田伙伴”温馨“驿”家服务中心（站、点）52个。组织开展《百年星火耀田村，礼赞建党100周年》系列文化活动，举办科普讲座36次。打造田村山体育公园红色教育宣传阵地，建立田村路街道户外标语横幅点位、微信公众号、公益性LED屏、社区宣传栏、公共空间艺术品等10项意识形态阵地台账。制作标语条幅77条，新时代文明实践宣传板60块，更换临街画面17块、社区公益广告67块、核心价值观宣传海报50张，印刷宣传单5500余份。组织街道网评员队伍传播正能量。制定《田村路街道深化全国文明城区创建的三年行动方案》，完成2021年度复检反馈问题整改54件。王致和社区、玉泉北里社区、新奥特集团申报海淀区区级文明单位。

（李晓雅）

【新冠肺炎疫情常态化防控】 年内，街道严格按照市委、区委的部署要求，持续做好社区疫情防控从严从速从快的常态化工作，以党员干部为衔接主体，同社区联动做好市派大数据下单人员排查、管控，累计排查全国各地进京人员数据13015条，自摸排进京人员7852人，协调转运、隔离密接人员38人、次密人员224人，转运境外进京人员162人。为防范内蒙古输入疫情传播，启动应急核酸检测机制，对相关点位开展2次大规模核酸检测，共计检测2万余人。全域新冠疫苗接种18.6万剂次，3岁以上人群全程接种率超过90%，加强针接种阶段性完成率达到83.6%。接种工作被中国教育电视台、学习强国、北京日报等中央、市、区媒体采访报道25次，西木学堂成为网红疫苗接种地。推进复工复产。街道领导班子带队走访企业，了解经营情况，协调解决困难。建立企业台账，通过划片到人、上楼入企、上街进店等措施进行拉网式排查，排查企业5万余家次。对检查结果不合格的企业坚决进行执法公示，确保防控漏洞整改到位。

（李晓雅）

上地街道

【概况】 2021年，上地街道辖区面积9.52平方千米，有13个社区居委会，共有居民17312户，实有人口84617人，流动人口45920人，户籍人口38697人，其中城镇户口38331人、农村户口366人。注册企业3.4万家，孵化器32家，高新技术企业520家。高新技术企业实现收入4179.8亿元，比上年增长16.4%；第三产业规模以上企业收入5789.2亿元，比上年增长16.2%，比全区增速高出3个百分点。

（任克红）

【环境建设】 年内，街道整治暴露垃圾5182处。在11个点位安装蓝牙嗅探设备和道钉设备，形成共享单车闭环管理，治理共享单车8973辆。协助处理公共设施维护1702处、应急抢修1645处、处理绿地问题5726处。开展12次城市清洁日活动，万余人参与“保护蓝天行动”。推进地区控烟工作，街道被北京市爱国卫生委员会评为2021年市控烟示范单位。处理非机动车占压盲道4156处，严查非法客运与违法停车现象，破解老旧小区停车难题。完善垃圾分类信息化管理系统，发动社区党员、志愿者“双报到”，形成多元主体参与的垃圾分类“合伙人”机制，初步构建起生活垃圾分类投放、收集、运输闭环链条，垃圾自主分出率提升至80%以上，厨余垃圾分出率提升20%，成功创建市级垃圾分类示范社区。推进生活垃圾分类执法检查和行政处罚工作，查处案件23起。加强空气污染应对和区域联防联控，组织环境监管网格化及培训、讲座各类会议21次，组织空气重污染黄色预警4次，开展空气污染过程应对7次，实施空气质量保障工作25天。

（任克红）

【平安建设】 年内，街道设置社会面防控点位36个，累计出动群防群治力量13万余人次，规范铁路护路联防工作站，建成平安铁路守护林、主题广场、社区“六治”宣传廊道，实现社会治理同企业发展、园区自治的有机统一。依托AI创新雪亮工程，完成城市秩序、应急指挥、人口大数据等多板块设计工作，实现“预案数字化、信息可视化、管理移动化、服务平台化”。完成“接诉即办”数据接入、安全隐患日常监控、网格员随手拍等工作，满足重点区域数据信息自动采集与分析。“智慧小区”建设成效显著，实现“人过留影、车过留牌、机过留号、卡过留痕”。推进无违建街道创建，建立违法群租房台账，拉网式排查出租房屋2192套，发现整治违法群租房73套；拆除唐家岭路55号院3700平方米、民营科技园2600平方米违法建设。推进安全生产责任落实，开展专项整治三年行动。检查生产经营单位5865次，督促安全隐患整改1454条，下达隐患整改责改书1022份。发放安全生产宣传挂图1200余份，推送安全生产信息近50条，举办“国家安全日”“全民反诈上地无诈”等宣教活动。

（任克红）

【民生建设】 年内，街道推行“一窗受理、集成服务”便民服务措施，包

---

① “三心”工作法：举办真心活动，提供暖心服务，带动热心小哥，推动新就业群体融入基层治理格局，实现“双向”服务（社会服务小哥，小哥服务社会）。

括房产税办理在内的158个大项、722个子项业务全部实现前台“综合窗口”受理，后台分类审批，提供爱心服务、帮办代办和协助网办服务8000余人次。设立“办不成事反映窗口”，提供全程陪同办理，切实解决群众的揪心事、烦心事和操心事。受理“接诉即办”3806件、办结率99.10%、反馈率100%。创新“嵌入式养老”服务模式，推进地区养老照料中心、驿站规范化、舒适化建设；创新养老服务补贴发放方式，精准分层发放补贴；推进困难老年人家庭适老化改造，开展后续跟踪服务。为地区群众提供个性化、人性化帮扶，依托困难群众救助服务所，引入专业社会组织力量，实施“助困暖人心”救助，为地区80余位困难群众发放救助金约12万元。受理遗属待遇[①]申领102件，支付金额491万余元。实施“菜篮子”工程，增设蔬菜直通车网点，改造现有商业网点空间，推动社区商业E中心建设，提高地区生活便利性。修理社区消防柜8件，安装烟感报警器672个，新增灭火器具400余组，基本完成小型消防站建设工作。组织社区供暖管线项目实施推进会，排除供暖设备安全隐患，确保居民温暖过冬。开展背街小巷精细化整治，将体育学院路、树村西路东侧路、东北旺中路等纳入区域三年整治计划台账。推广上地“东里模式”及科技园社区“聚爱平台”助力社区治理新途径、新方法，启动八一社区无障碍通道及北体大社区加装电梯项目，创建干净、整洁、舒适的宜居环境。

（任克红）

【社区建设】 年内，13个社区完成居委会换届选举及居务监督委员会推选工作，居民参选率96.75%。以上地东里第一社区为试点社区，搭建社区会客议事厅平台。梳理社区会客议事厅的相关机制、流程，形成规范模式，为全面建设社区会客议事厅，推进社区协商议事制度化打好基础。在上地东里第一社区创建3个市级楼门院治理示范点，发动居民小组长、楼门院长、居民代表、在职党员参与，完善日常联系和动员组织机制，把治理组织体系延伸到楼门院。公开招考21名社区工作者，做好社区工作者培训及15名持证社会工作者继续教育工作，提升社工持证率。举办10期上地街道“社区议事达人训练营”，约400人次参与，打造服务型社区。

（任克红）

【基层党建和精神文明建设】 年内，街道组织理论学习中心组学习45次，学习习近平总书记在庆祝中国共产党成立100周年大会上的重要讲话、党的十九届六中全会精神。基层党校分校平台开展党员轮训24次，受训党员达4万余人。召开“两优一先”表彰大会，表彰先进典型模范。举办“创新之地·创新之城——上地发展密码”主题巡展活动；建成“上地密码”文化墙，展示上地地区创新发展历程。编印《上地报》11期、特刊2期。“e动上地”微信公众号推送信息1358条、快手发布短视频40条、今日头条发布1046条，点击量破千万人次。“一园两中心六站”规模壮大，打造“红领”“兴戎先锋”“聚爱暖客厅”等党建品牌，建立“红领”党建疫苗接种服务队、人才服务队和党建宣传队等队伍。建设廉洁文化广场“莲”空间等微型廉洁教育基地；征集“党旗红·廉洁颂——庆祝中国共产党成立100周年”廉洁文化作品和“清风传家·廉以治家”家风家训作品73幅，营造风清气正的良好社会氛围。举办“上地欢歌·e路同行”曲艺演出、“建党100周年”书画展览等文化活动，丰富居民精神文化生活。开展三八女神节线上直播、“红色礼物——献给春天”清明亲子种植、端午五彩绳手工编织、五四青年节有奖问答等主题活动。推出“运动上地·健身型动”办公室健身和“客厅马拉松”居家健身运动，开设“e小时养生课堂”，联合主办“活力大上地，魅力软件园”骑跑等体育活动。开展街道公共法律服务云讲堂、“村居法律顾问”“上地法官工作站”“家庭律师进万家”“人和海淀”宣讲团等普法活动40余场次，提供法律服务百余次。开展心理辅导20人次，企业员工、居民、军人、青少年近4000人受益。开展矛盾纠纷排查2000余次，调解案件138件，成功率99%。

（任克红）

【新冠肺炎疫情常态化防控】 年内，街道守好地区“大门”、学校“校门”、社区“小门”、百姓“家门”四道防线，对地区近千家“三场所”“七小门店”开展每周防控检查。加强市场冷链食品排查，开展多轮病媒防治工作。对3万余人开展核酸检测大面积筛查8次。做好集中医学观察场所隔离酒店运维工作，平稳有序开展集中转运工作。成功处置八维学校1名学生核酸检测疑似阳性疫情和颐泉汇楼宇疫情，实现“零外溢、零扩散”。有序推动复工复产，以网格商圈疫情防控群和楼宇日报制度为工作抓手，严格扫码、验证、测温、登记，确保经营场所安全无“疫”。为百度、滴滴、快手、千方科技等企业和实创、嘉华大厦等楼宇提供新冠疫苗上门接种服务。地区累计接种新冠疫苗34万余剂次，第三剂目标完成率53.16%，其中送苗上门接种223次、10万剂次。

（任克红）

【上地国际人才会客厅开厅】 9月8日，上地国际人才会客厅正式开厅。在开厅仪式现场，参会领导向中关村技术经理人协会、中国技术创业协会孵化联盟、北京海归协会、36氪基金、鲸准等单位代表发放“上地国际人才会客厅协作联盟”邀约函。上地国际人才会作为全区人才工作“三厅一道”示范点位，覆盖周边1.5千米内，中关村软件园、百度大厦、数码科技广场、辉煌国际、科技大厦、融

① 遗属待遇：指2011年7月之后，享受北京市职工基本养老保险死亡的人员，其父母、配偶、子女这三类人员申请的补贴待遇。

9月8日，上地国际人才会客厅正式开厅（成绍全 摄）

科融智等大型园区和29个商务楼宇，企业2000余家。会客厅围绕首都四个功能定位、以“两新两高”战略为引领，以国际人才服务交流为导向，精准匹配《首都国际人才社区建设导则》，立足打造“小客厅、大服务、微窗口、广链接”的国际人才服务新地标。空间功能划分为综合政务服务区、交流路演分享区、新品展示发布区、自助业务办理区等。在上地街道企业聚集区，高标准打造集培训、展示、推介、路演、交流、宣传等功能于一体的综合服务平台，打造服务地区高层次人才的人才政策直通车、企业创新实验田、公共资源中转站、创新发展宣传点。

（林琳）

【“平安上地骑士”工作站揭牌】 12月22日，“平安上地骑士”工作站揭牌仪式在上地街道综治中心平安建设工作站举行，14名地区快递、外卖“小哥”代表见证这一难忘的“历史”时刻。这些快递、外卖小哥成为“平安上地骑士”后，在日常开展工作中，同时担任上地辖区社会治安联防联控的“巡逻兵”，在上地地区安全、文明派送过程中，发挥自己工作流动性强、接触面广、信息量大的职业特点，及时发现风险隐患、及时上报治安问题、及时报告扰序乱象、亲身参与社会治理，切实担当起基层社会治理和平安建设的“移动探头”。

（任克红）

曙光街道

【概况】 2021年，曙光街道辖区面积5.45平方千米，常住人口8.6万人，户籍人口7.5万人；下辖17个社区居委会，45个自然小区。辖区内企事业单位4995家，规模以上企业311家。地区法人单位3840余家（4年前经普数据）。

（吝晓婷）

【环境建设】 年内，街道全面深化垃圾分类工作，建设垃圾分类驿站9处，组织“三入”[①]系列宣传活动。赋予千余名桶站值守人员普法监督员身份，开展垃圾分类“执法进社区”行动，指导居民准确分类，提高自主投放准确率。居住小区厨余垃圾分出率达20%，自主投放正确率达80%。规范城市环境秩序，处置网格案件8.5万余件。巡查地下空间点位，消除安全隐患62处。开展非机动车集中整治，完成道路停车认证，新收费政策调整平稳过渡。建立林长制工作体系，落实河长制工作要求，切实守好绿水青山。

（吝晓婷）

【平安建设】 年内，街道完成建党100周年等重大活动服务保障任务，发动群防群治力量7万余人次，开展联合执法63次。组织重点时段、重大活动期间安全保障专项检查，地区生产经营单位检查覆盖率100%，发现隐患3641项，整改率达95%。安全生产检查队被评为“应急先锋，北京榜样”先进集体。运用党组织领导下的社会治理合伙人机制，将街道综治中心建设成为“一站式”矛盾调节中心，推动社区综治样板间试点及智慧平安小区一期建设，市域治理项目获市级先进，得到中央、市委、区委三级政法委认可。完成“疏整促”指标任务，疏解人口1104人，整治违法群租房71套，拆除隔断间98间，拆除并销账违法建设22处、5674.95平方米，腾退土地面积4195.81平方米，超额完成区级下达年度拆违任务。开展辖区非居民液化气专项整治行动，实现台账问题动态清零。开展消防安全及“两个通道”专项治理行动，发现火灾隐患1236处，整改率达99%。推进电动自行车专项整治行动，安装电梯阻梯系统83套，建成惠民电价充电桩347组，共计3470个插口，实现地区居民小区充电桩点位全覆盖。

（吝晓婷）

【民生建设】 年内，街道解决远大园堆物堆料、金雅园消防通道堵塞、怡丽南园自备井改造、北四环加装隔音屏等难点案件。在晨月园西侧停车场建成立体停车设施，增加车位180个。启用街道政务服务中心拓展线上业务，办理各类业务2万余次，街道政务服务中心窗口服务团队获评区政务服务系统2021年度“十佳群众满意窗口服务团队”，武警社区、空指社区成功创建“全国示范型退役军人

① 三入：入社区、入餐饮、入商圈。

服务站”。落实住房保障政策，完成95个点位的无障碍改造。妥善处置群体性讨薪事件4起，受理并解决劳资纠纷案件31件，涉及工资金额99万余元。新增1356张家庭照护床位，组织“健康曙光”知识讲座60余场。完成北医三院运行管理的曙光社区卫生服务中心交接，完善社区医疗卫生服务体系。对373名重症精神病患者进行风险评估，为其家庭提供全方位服务。向帮扶对象拨付支持资金120万元，动员企业捐赠款项38万元。启动“八五”普法工作，举办各类法律宣传活动457次，成功调解调处纠纷21件。受理市、区信访部门转办件52件，接待来访群众70余人次。

（吝晓婷）

【社区建设】 年内，街道以党组织领导下的社区治理合伙人机制为抓手，发挥社区议事厅和社区之家2个平台在破解社区治理难题中的作用，解决群众身边最为迫切的烦心事20余件。完成社区“两委”换届选举工作。一体推进26个社区公益金建设项目，完成进度达100%。18个物业管理区域业委会（物管会）组建覆盖率100%，提前完成“三年行动计划”进度任务。依托“家庭助力，亲情扶助”精准帮扶项目，确定41名社区扶助对象，招募87名社区义工。以学雷锋月和重阳节为契机，组织义工队伍开展精准帮扶活动。实施年轻干部“启明星”工程，推出新入职年轻干部下沉社区锻炼，推进地区人才工作。

（吝晓婷）

【基层党建和精神文明建设】 年内，街道开展党史学习教育、“我为群众办实事”榜单擂台赛、“接续百年荣光，绽放七彩曙光”等活动。接受区委第二巡察组对社区党组织的巡察，街道、社区完成整改。完善《规范化社区党建“十个一”活动工作方案》等一系列党建工作。成立3个非公党组织，坚持常态化“两个覆盖”摸排。完成优秀社区书记工作室建设。建立“一核三联四融入”新业态新就业群体党建工作机制，成立流动党支部，建设“1+3+N”温馨“驿”家服务体系，开展“温暖快递小哥，润色七彩曙光”系列主题活动，引导新就业群体融入基层社会治理。深化党组织领导下的社区治理合伙人和社会治理合伙人机制，建立“商圈治理合伙人”党建联盟，形成共治共建良好局面。做精做细“七彩曙光·人文蓝”文化平台，开展庆祝建党百年、午间音乐会等系列文化活动，推出“繁星闪耀新征程——曙光人物风采录”系列展示活动。编修《曙光街道志》，推进永山宅院文物保护利用。推广冰雪文化，推进冰雪运动进社区、进单位、进校园。

（吝晓婷）

【新冠肺炎疫情常态化防控】 年内，街道成立新冠疫苗接种专班，协调推进疫苗接种等防控工作。设立固定点、临时点、流动车等，组织开展疫苗接种进社区、进企业活动，共组织20余场新冠疫苗接种咨询宣传活动。开设儿童疫苗接种专场，对老年人、残障人士、患有基础病人员等目标群体，推出专车接送、循环小巴等多项暖心举措。截至年底，地区前两针接种率达91.71%，第三针接种率达66.59%。累计排查风险群体1.42万人次，转运入境进京人员62人。建立辖区核酸检测网格化管理机制，完成重点领域核酸检测任务9000余人次。完成街道集中隔离点建设。

（吝晓婷）

燕园街道

【概况】 2021年，燕园街道辖区面积约1.84平方千米，属于大院式街道办事处，受北京大学和海淀区政府双重领导。下辖中关园、燕东园、畅春园、蔚秀园、承泽园、燕北园、校内7个社区居委会。辖区户籍人口39390人，其中学生24806人；流动人口1729人。

（张盈）

【环境建设】 年内，街道拆除辖区违法建设13处、5005.77平方米；同北京大学建立协调机制，有效遏制违法建设，推进无违建街道创建。推进垃圾分类工作，通过北京市第三批垃圾分类示范片区验收，承泽园社区获评北京市第二批垃圾分类示范小区；家庭堆肥模式作为“校社联动搞科研”典型案例，被北京电视台报道。开展文明城区创建工作，清理堆物堆料35吨，新增生活垃圾分类投放容器76个，增建停车棚6个。完成燕东园柏油路面铺装、畅春园西院景观提升、承泽园排水系统改造、街道政务大厅内部改造、新建无障碍坡道等项目。落实河长制工作和“三清、三查、三治、三管”工作要求，协调区防汛办、北京大学动力中心等单位进行应急支援。组织社区集中清理过期宣传品、标语、广告；统一更新、更换室外宣传展板87块；拆除蔚秀园、畅春园社区两处废旧广告宣传牌；拆除燕南园64号院正东宣传栏及燕东园西门宣传栏。

（张盈）

【平安建设】 年内，街道围绕元旦、春节、全国两会、建党百年庆祝活动、冬奥会等重要节日和重大活动，开展服务保障工作，完成社会面等级防控11次，发动群防群治力量3000余人次，防火及安全生产检查800余次。开展“两个通道”[①]治理、“一警六员”实操实训。组织“平安1号”[②]“平安2号”[③]错时夜查专项行动。建立“校地警”联盟，开展反恐、反电诈、禁毒、反邪教、“全民国家安全教育日”等主题宣传活动。推动微型消防站改造和电动自行车充电桩安装工作，有微型消防站6个，完成翻

① 两个通道：社区消防车通道和楼内疏散通道。
② 平安1号：电动自行车领域错时检查夜查行动。
③ 平安2号：施工现场集中排查整治、错时检查行动。

新改造3个；建有电动自行车充电桩91套（接口902个），7个社区全覆盖。修订《燕园街道防汛抢险应急预案》，完善汛前培训、物资储备、应急演练、应急排险等工作。

（张盈）

【民生建设】 年内，街道受理政务服务业务3万余人次，接受2次“国务院大督查”实战检验；配合开展160项政务改革；开展“局处长走流程”专项活动。通过“全国示范型退役军人服务站”创建工作初审。街道被评为2020年度区级政府保障民工工资支付工作绩效考核表现突出单位，获评海淀区就业工作领导小组2020年人力资源和社会保障维稳工作出色单位。国企转移退休档案实现数字化管理，比上年增长380%。多项社保业务逐步实现“跨省通办”。发放居民救助、补贴金共计770万余元。就业指标完成率达120%。建立新就业群体“温馨驿家服务中心”，在中关园社区和校内社区依托快递站点建立新就业群体“温馨驿家服务站”。落实全面三孩政策。帮助务工人员解决问题100余人次，讨回拖欠工资600余万元。完成2021年北京市精神障碍患病及防治调查工作。完成北京大学革命烈士纪念碑整修保护工作。确立内蒙古赤峰市敖汉旗惠州街道喇嘛蒿村田间产业道路建设及种植基地配套水源建设帮扶项目，签订帮扶协议，提供帮扶款60万元。

（张盈）

【社区建设】 年内，街道组织7个社区相继完成社区妇联、社区团支部、社区残疾人协会的换届选举工作。12月29日，街道妇联成功召开辖区第三次妇女代表大会，圆满完成妇联执委会换届选举工作。承办“12345”诉求450件，解决率88.67%，满意率93.73%，案件类型涵盖疫情防控、民生保障、道路交通、安全保卫、设施维修、园林绿化、老旧小区改造等项目。街道成立专项工作组积极推进社区适老化电梯的安装，年底前，第一期39部适老化电梯全部开通运营，其中畅春园15部、蔚秀园6部、燕东园4部、中关园14部。完成社区全民健身器材的更新维护、破损路椅更新。推进社区家庭养老床位建设，服务对象在150人到200人之间。为独居、高龄、空巢、失能等有特殊需要的150名老年人建立专门台账，开展巡视探访工作。畅春园社区入选2021年全国示范性老年友好型社区。配合开展“首善有我”社会捐赠活动。落实“家庭助理 亲情扶助”义工行动项目。推进燕园街道社会组织孵化基地（专业社会工作站）建设。将“时间银行”作为“为民办实事”重点项目，开展“时间银行”平台建设工作，助力学校思政育人和新时代劳动教育工作。举办“YOU太极·YOU健康”燕园百人太极献礼建党百年活动。通过全年无间断人工便民服务热线为社区居民提供家政、维修、装修等3大类50余项服务。每月一次开展“便民零距离 服务无极限”便民服务日活动，参与人数比上年增长100%。与海淀区商委、海淀社区商业服务协会合作，举办“同心向党 重阳敬老 悦动海淀 和睦邻里”庆祝建党一百周年大型便民服务活动。各社区便民商业网点累计服务30.7万人次。开展“我为师生办实事、我为群众办实事”实践活动，项目涉及社区环境改造及雨水治理、柏油路铺装、政务大厅改造、排水系统维修、门禁系统安装、为辖区70周岁以上老人及特殊需要人群居家环境安装扶手、无障碍环境改造、社区微型消防站改造等与民生密切相关的工作。畅春园社区入选首届全国示范性老年友好型社区。

（张盈）

【基层党建和精神文明建设】 年内，街道组织开展党史学习教育，党史专题学习会、宣讲会，学习观看“首都百万师生同上一堂党史课”，上好党史教育“大思政”课。观看“教育系统抗疫斗争伟大实践影像、海报展”“英烈不朽，薪火百年——北京大学革命烈士纪念展”“不忘初心、牢记使命”大型主题展览。到李大钊故居、李大钊烈士陵园开展“学史增信”党史学习教育活动。推出微信公众号“追忆百年党史 传播红色故事”系列专栏，组织“永远跟党走”党史知识竞赛，完成“光荣在党50年”纪念章发放工作。整理制作《燕园街道战疫故事汇》。落实整改北京大学党委第七巡察组对燕园街道党工委的巡察反馈意见。推进“燕园街道北京大学学生思政实践基地”建设，46名党的知识培训班学员到7个社区，通过“我来社区当主任”“基层党建你我他”及志愿活动，参与社区换届选举、“便民服务日”等活动。开展新就业群体摸底建账工作，更新新就业群体党员台账。申报“共建共治共享格局与‘大思政’视域下的社区、高校协同育人机制研究”课题获北京大学教育研究中心“北大研究”立项资助。编印燕园街道成立四十周年文集《奋进四十年 启航新征程》《北京大学校报——燕园街道成立40周年专刊》。组织两次市区人大代表联系选民活动，收到养老服务建议9条、条例（草案）建议5条，向市、区人民代表大会提交建议7件，涉及养老、交通、“平安北京”、垃圾分类等方面。制作精神文明建设宣传栏16个，展板20块，制作公益宣传景观小品6个。完成4个社区新时代文明实践站建设；完成新时代文明实践所展板的设计和制作。微信公众号“走进燕园”推送稿件638篇。征集“美丽街巷我的家”摄影、绘画作品，“唱支山歌给党听”短视频作品，中国共产党人精神谱系相关线索；组织参加第十二届文明市民艺术节活动；组织李大钊烈士代表文章诵读、“永远跟党走”知识竞赛等精神文明创建活动。选树“六个100”先进典型、“海淀最佳志愿服务组织”“海淀最美志愿者”“绿色生活好市民”“文明养犬宣传员”等先进典型。

（张盈）

【新冠肺炎疫情常态化防控】 年内，街道通过领导关注、常态防控、日常检查、重点排查、应急联动等手段，保障辖区生产经营平稳。落实重点人群排查监控、核酸检测、疫苗接种等

5月30日，燕园街道举行“YOU太极·YOU健康”百人太极献礼建党百年活动（燕园街道 供图）

防疫工作，组织疫苗接种近百场，接种新冠疫苗106767剂次，首针接种率99.24%，第二针接种率95.72%，加强针接种率72.73%。持续做好社区疫情防控从严从速从快的常态化工作，累计排查全国各地进京人员数据约1.8万条。摸排社区涉疫人员128人，转运1086人。协调转运、隔离密接人员7人、次密接人员76人。开展辖区全员应急核酸检测，共检测2万余人次。

（张盈）

【庆祝建党百年活动】 5月30日，街道与北京大学联合主办“YOU太极·YOU健康”燕园百人太极献礼建党百年活动。来自北大未名太极社以及街道7个社区的太极拳爱好者、北大师生和社区居民500余人参加。活动以师生和社区居民百人太极展示为主体，结合红歌“快闪”，穿插八段锦、五禽戏、八式太极拳及歌舞表演。在百人太极展示环节，200余名太极拳爱好者同台表演。活动面向社会进行网络直播，在线观看人数达9万余人次。

（张盈）

清华园街道

【概况】 2021年，清华园街道面积3.49平方千米，辖区主体是清华大学校园，包括清华大学科技园。设10个社区居委会和1个家委会，常住人口2.8万人，流动人口6000余人。有两院院士近百人，教授、副教授4000余人。

（孟先梅）

【环境建设】 年内，街道开展病媒生物防制、垃圾分类、门前三包、控烟禁烟等工作，采取领导包片责任制，全流程、全环节监督。每月开展周末卫生日活动2次，辖区6个物业公司共出动保安、保洁人员700余人次，车辆50余台次，对社区卫生死角进行集中清扫，清理垃圾200余吨。街道干部、社区居民、志愿者参与卫生日活动超过3000余人次。

（孟先梅）

【平安建设】 年内，街道完成庆祝中国共产党成立100周年、清华大学校庆110周年、全国两会、春节、党的十九届六中全会等重大政治活动、重点节假日安保防控任务。协调或组织各重点点位安全联合检查30余次。制作、张贴、发放各类反恐防暴、扫黑除恶、反邪教、防集资诈骗和电信诈骗、禁毒等宣传海报3500余张，制作、发放宣传折页2000余份，制作主题宣传栏20余个，悬挂横幅20条，电子屏、微信公众号等发布信息30余条。

（孟先梅）

【民生建设】 年内，街道落实各项民生保障政策，关心关爱受疫情影响较大的高龄、独居、低保户、患病老人以及残疾人等困难群体。为824户2497人办理计划生育家庭意外伤害保险1252份、37560元，为765名女性办理女性大病保险822份、112120元。发放残疾人各种补贴慰问金125万余元、累计702人次。温馨家园开展活动238次，服务残疾人2493人次。政务服务、出入境证件受理等工作进一步简化流程，帮助当事人高效、安全办理业务。做好12345市民热线案件“接诉即办”工作，探索“未诉先办”“没诉也办”预估预判机制，处理案件807件，响应率100%、解决率98.7%、满意率98.5%。

（孟先梅）

【社区建设】 年内，街道推进辖区居家养老综合服务体系建设，建成双清苑社区养老驿站，实现辖区养老驿站服务面覆盖全部社区；保障蓝旗营、荷清苑、校内三家社区养老服务驿站平稳运行；建立清华园养老服务中心，完善居家养老组织保障体系。完成蓝旗营社区道路修复改造工程与无障碍设施建设，铺设翻修路面11577平方米；完成双清苑社区文化活动中心建设；改造照澜院南路，翻修路面1200平方米；完成西南楼社区道路整修与环境改造、东楼社区小广场藤萝架维修、六公寓东侧社区小广场环境整治；养护社区绿地斑秃4000余平方米；改造新林院、照澜院两处公厕。推进电动自行车集中充电桩建设，安装集中充电设施52处455个接口，实现所有社区全覆盖。排查液化石油气462户次，发现并整改隐患142处，为50余户居民更换减压阀、软管等配件。搭建社区共建共治平台，完善社区四方协商治理机制建设。通过社区党支部、居委会、业委会、物业公司四方协商，调动更多社区主体参与基层共建共治。

（孟先梅）

【基层党建和精神文明建设】 年内，街道理论学习中心组学习31次，将党史教育、时事政治与理论学习有机结合。结合建党100周年、清华校庆110周年、清华党组织建立95周年等大事，采用专题报告、党支部“三会一课”、主题党日、研讨会、读书班、调研实践、特色活动等形式，开展党史学习教育近百场，累计组织党员干部群众1000余人次参观中国共产党历史博物馆、李大钊革命纪念馆、香山革命纪念馆、北大红楼、清华大学校史馆、清华大学党史展等；与中国电影资料馆开展“四史教育”活动，在清华大学举办6场红色电影导赏活动，师生4000余人参与；与清华邮局、清华美院联合开展“邮票里的党史”教育。组织1000余名党员、社区居民参与北京市“永远跟党走”党史知识竞赛活动，引导全体党员干部树立正确党史观，切实做到学党史、悟思想、办实事、开新局。完成海淀区人大代表换届选举和社区“两委”换届选举工作，选民投票率达98.7%。“家住清华”微信公众号发文220篇，订阅用户数量首次突破1万人。3个社区图书馆图书借阅量1.57万册，服务8078人次，文化活动惠及近1.8万人。清华园社区阅读推广项目获评北京市委宣传部2021年全民阅读优秀项目，荷清苑社区获2021年全国书香社区称号，清华园妈妈志愿服务队获海淀区妇联“感动海淀”集体奖。

（孟先梅）

【新冠肺炎疫情常态化防控】 年内，街道落实属地责任，大数据排查与自主摸排相结合，做好社区人员管控，核查数据17881条。社区管控组依托京心相助、敲门行动、电话随访、楼门小组通知等形式，完成社区来返京人员自主摸排与登记工作，登记来返京人员12559人次，其中境外返京人员639人次。组织核酸检测采样37场次15.4万余人次，闭环转运414车5398人次。街道联合清华大学校医院、两办等机关部处，开展新冠疫苗接种122场次、超过18.9万剂次。

（孟先梅）

永定路街道

【概况】 2021年，永定路街道辖区面积4.69平方千米，总人口146217人，其中户籍人口117613人，流动人口28604人。航天二院、中国铁建、十一学校等单位均坐落于辖区内。

（邱济）

【环境建设】 年内，街道拆除并核销专项台账违建42处34884.43平方米，拆违台账完成率218%；腾退占地面积16160.50平方米，完成率134.70%。完成创建“基本无违法建设”各项准备工作，待市级验收。办结行政处罚案件586件，比上年增长161.06%；罚款70.38万元，比上年增长40.22%。处罚违规工地、违规运输车辆案件96件，执行罚款50.96万元。开展生活垃圾分类管理的投放、收运、消纳等执法检查4159次，罚款处罚118件23940元，警告处罚159件。推进冬奥大道阜石路沿线环境整治项目，改造提升区域面积9.48万平方米，建成集开放绿地、健身步道、篮球场、乒乓球场、足球场、网球场等活动场地于一体的“永建公园”。拆除采石北路长达20余年3000平方米违建，打造约1900平方米全年龄友好公共活动空间。会同玉渊潭公司完成黄家坟14户5000平方米腾退，规划建设多元复合的公交、商业一体化项目。开展有偿错时共享停车工作，协调120个停车位供居民停放车辆，改善地区停车位整体不足状况。开展辖区路侧停车规范管理，对五一小学欧洲公馆分校道路南、北两侧常年存在机动车乱停放问题进行规范。

（邱济）

【平安建设】 年内，街道制定《永定路街道市域社会治理现代化建设实施方案》，推动市域治理现代化，打造“石榴树下街坊议事厅”样板间。在全国两会、建党100周年、冬奥测试赛等重大活动期间，发动巡防队员30人、治安志愿者2800余人、维稳信息员180人、保安700余人维护治安秩序。查处、整治违法群租房10处，动态上账10处，疏解人口42人，实现“动态清零”。推进智慧平安小区建设，完成22个小区的设备硬件浇筑安装、小区楼盘信息统计核对和居民基础信息采集工作，在小区主要出入口、公共区域等部位安装智能安防设施。各小区门禁道闸设备全部启用。严格落实安全生产责任，出动检查人员6984人次、检查生产经营单位4023家次、排查隐患1142处、整改1123处，整改率98.37%。摸排辖区82个小区电动自行车集中充电设施基础数据，按照1∶3桩车比完成344组充电设施安装，实现辖区充电设施全覆盖。建立社区戒毒、社区康复人员台账11册，对裁定的社区戒毒、社区康复人员定期尿检和走访63人次。开展预防煤气中毒工作，摸底排查平房区217户。组织街道社区居委会观看扫黑除恶专题教育片，通过在辖区内电子屏循环滚动宣传标语、社区内悬挂横标等方式开展扫黑除恶宣传工作。成立联合执法组，组织黑车整治清理活动13次。在各社区、星期八公园、疫苗接种点、地铁周边、地区学校开展反邪教宣传活动。

（邱济）

【民生建设】 年内，街道六街坊社区被国家卫生健康委、全国老龄办评为国家级“示范型老年友好型社区”。开展“六街坊老年互助社品牌提升项目”和“六街坊老年互助社团队建设活动”，举办培训及活动20次。推进无障碍建设，完成老旧小区12个点位和38个“七小门店”、涉奥点位的无障碍改造工作，涉及5个社区和7家单位。完成九街坊社区西四环中路41号院、复兴路40号社区、玉泉路65号院共计8部电梯加装钢结构、玻璃幕等主体框架工程。完善落实永定路政务服务“3.5+1”延时错峰服务机制，延时服务时间段共办理业务1796起。在服务大厅设置“办不成事”反映窗口，设置“老年人帮办”服务窗口，细化暖心服务细节。成立永定路地区街域治理律师团，为25个社区、两处警务站各配备一名“专属律师”，解答7916次，参与调解案件412件、社区坐班456次、参与“接诉即办”案件206件、举办“法律大讲堂”活动60次、参与室外宣传38次、上门服务38次，为居民代写遗嘱、起诉状、起草协议等66次。成立“永定路法官工作站”，协助社区解答问题

8次，调处矛盾纠纷2件。

（邱济）

【社区建设】年内，街道完成25个社区“两委”及162个社区二级党支部换届选举工作。确定七街坊社区作为社区会客议事厅及特色楼门院建设试点社区，打造会客议事场地，形成会客议事制度及流程。确定九街坊社区作为社区服务空间开放式建设试点社区，坚持“办公空间最小化、服务空间最大化”的原则，提升社区服务环境、效率和质量。建立物业管理台账，将地区82个小区划分为73个物业管理区域，其中40个物业管理区域开展业委会（物管会）的组建工作，成立业委会1个，物管会37个，组建率95%。业委会（物管会）党组织与业委会（物管会）同步组建38个，党组织覆盖率100%。物管会召开会议180余次，解决社区物业相关问题130余件，内容涉及停车管理、垃圾分类、加装电梯、工程改造、服务提升等方面。

（邱济）

【基层党建和精神文明建设】年内，街道动员和组织广大社区志愿者参与垃圾分类、疫情防控、文明出行等志愿服务项目。开展党史学习教育，打造“永学·月讲坛”理论学习品牌，推出“百年大党”系列课程，与航天二院开展31场“联学共建”活动。首创“云长征”小程序，辖区7293人参与，1157人“走”完2.5万里。以党建引领推动新业态、新就业群体融入基层党建格局，建立22家“温馨驿家”服务站及5个“小哥加油站”。打造“1+25”新媒体区块链，以街道微信公众号为核心，以25个社区微信公众号为辅助，多媒体编发，多介质推送，建立互融互通、纵横交错的新媒体区块链。结合建党百年红色文化契机，举办多场系列文化汇演、线下演出展示等活动，3200余人现场观看。开设“云+公益课程”，开课150余场次，900余人参与，提交作业成果300余份。开设永定文坊线上平台公共文化服务，访问量25万次。完成社区社会组织孵化建设，备案376家社区社会组织，组建社区社会组织（社会工作者）孵化站，完成永定路地区社会组织联合会成立注册。综合文化中心开展志愿者公益兑换活动27场，每场10次共270课时，400余人次志愿者参与兑换。

（邱济）

东升镇（东升地区）

【概况】2021年，东升镇域面积54.6平方千米，东升地区辖区面积8.28平方千米，有2个村民委员会和9个社区居委会。全镇常住户籍人口25639人，其中非农业人口25040人、农业人口599人，流动人口32875人。全年集体经济总收入33.28亿元，集体经济纯收入14.64亿元。有4360家入驻企业，共计纳税960亿元。举办第九届“东升杯”国际创业大赛，全球招募2060个创业项目，经过国内外42个分赛区，400余个项目的复赛比拼，96个项目成功晋级全球半决赛，8个优质项目晋级全球总决赛。腾盛博药、同辉佳视、殷图网联、新纽科技等4家企业在科创板上市。为入驻的高科技优质企业提供320余套住房，有效缓解职住平衡。

（韩慧新）

【城乡一体化建设】年内，东升镇稳步推进重点项目建设，以项目实施推动地区高质量发展。小营西小口村、后屯村、塔院双泉堡地区陆续完成腾退，村民拆迁上楼，地区建设高科技园区中关村东升科技园二期和三期项目，已全部回迁入住，二期项目主体结构全部封顶，三期项目正在进行地下主体结构施工。学院路科技园东升园（G、H、I）项目预计年内取得施工许可证，全面启动地下主体结构施工。统筹推进集体租赁住房项目建设，利用存量土地资源建设东升科技园、清河市场、小营建材城、马坊宝盛里市场4个集体土地租赁住房项目，面积约34万平方米，项目充分利用15%配套指标，补充社区服务、商业、体育、文化等公服设施，完善城市功能，促进产城融合、职住平衡。推动东升北部片区实现规划，研究五环以北片区规划实施方案，其中东升镇朱房四街地块规划综合实施方案已编制完成，同步编制南部片区综合实施方案，推进南部片区城市更新。

（韩慧新）

【环境建设】年内，东升镇春节期间组织开展烟花爆竹专项清扫工作，启动扫雪铲冰预警7次，开展城市清洁日活动12次，开展节假日环境保障7次。完成全国两会环境保障任务。投资352.6万元，对西小口公园北一座公厕提升改造，解决游园群众如厕难问题。拆除违法建设15.6万平方米。建立垃圾分类长效工作机制，建成集在线监控、智能督导、智能开盖、智能识别、智能称重、智能积分、智能取证等功能于一体的垃圾分类智能化桶站，建立具备智能调度、满冒管理、积分管理、数据分析等功能的智能管理平台，形成从桶站智能化到管理智能化的转变，通过数据综合分析实现精细化服务与管理。建成“四有+三选配”桶站150座，其中120座安装智能化监控设备。为八家嘉园、观景园、观林园、宝盛北里西区、泰新苑小区建设垃圾分类驿站5座，增设垃圾桶清洗区、大件垃圾暂存区等功能区。在9个小区设置垃圾密闭暂存箱。建成大件低值再生资源回收中转站，累计交投大件垃圾4800余件，低值可回收物累计交投20余吨，有害垃圾累计交投190余千克。东升镇被评为北京市生活垃圾分类推进工作先进集体。文龙一里北区、观景园、八家嘉园、泰欣苑5个小区成功创建北京市生活垃圾分类示范小区，马坊河北村被评为北京市生活垃圾分类示范村。

（韩慧新）

【平安建设】年内，东升镇共派遣流转、督促整改区、镇两级城市管理案件45726件，办理“接诉即办”案件7678件，完成11个智慧平安小区建设任务。完成153家企业隐患排查治理信息系统应用推广、190家企业安全风险评估、79家微型企业达标创建、278家安责险投保、686户60周岁以上老人家庭和莱圳家园772个楼门洞独立烟感报警器安装。完成4个高层住宅小区243台电梯阻车系统和两个小区的13处车棚建设，督促市级挂账的8家非居民液化气使用单位、区级挂账的30部风险电梯实现隐患清零。推动2户30余间村民自建房实现电气线路穿管、烟感报警器加装。新增电动自行车266个充电接口。

（韩慧新）

【民生建设】 年内，东升镇救助困难群众237户，开展季度回访500人次，提供心理疏导、法律援助等个案帮扶5户，开展助困、助残、助幼、助老专项服务活动15场。完成221名老人的健康评估建档，服务老年人310人。开展慈善救助活动7次，救助2733人次，使用善款122.64万元。推进53处点位进行无障碍改造。受理劳动争议仲裁案件34件，组织劳动技能培训12人。

（韩慧新）

【基层党建和精神文明建设】 年内，东升镇平稳有序完成村、股份社、社区党组织换届，基层领导班子实现年龄学历“一降一升”。配合区委完成镇领导班子换届，各项指标达到市区要求。17个物业管理区域党组织覆盖率达100%，实现辖区内小区党组织、物业企业、物管会（业委会）三率100%。召开党建协调委员会11次。成立非公党支部13个。建成马坊村党群服务中心。各级理论学习中心组学习324次，举办线上线下理论学习讲座220场次，覆盖2万余人次。东升镇获“北京市理论宣讲示范基地先进单位”称号。在中央、市、区级媒体刊发转载新闻报道248篇，其中中央媒体108篇、市级媒体23篇、区级媒体117篇。“美丽东升”微信公众号发布信息2026条。

（韩慧新）

【新冠肺炎疫情常态化防控】 年内，东升镇推动“五有一网格两机制”落实落地。逐一对9个社区进行现场培训和指导，通过检查进行查漏补缺。强化社区对假期返京人员、外来人员、来自中高风险地区人员、入境人员等重点人群的信息登记和日常健康监测工作。督促落实好个人防护措施，强调出现发热等症状后的自我隔离和报告。加强巡回督查，发现异常情况及时了解、核实和报告。镇主要领导和主管领导参加区疫情防控工作领导小组会35次，区社区防控组工作例会36次。召开全镇疫情防控工作部署会16次，镇、社区防控组工作例会27次。累计接种（第一剂）85871人，接种率93.85%；全程接种（第二剂）79298人，接种率86.66%；完成加强免疫接种（第三剂）43760针。参考目标任务完成率78.49%，总目标任务完成率66.67%。

（韩慧新）

海淀镇（万柳地区）

【概况】 2021年，海淀镇辖区面积4.79平方千米，下辖2个村委会和2个居委会。实现集体经济总收入约9.9亿元，比上年增长13%；集体经济纯收入约4.5亿元，比上年增长14%；劳均所得6.58万元，比上年增长8%。坚持“优存量、促增量”的产业发展模式，40余万平方米存量产业空间持续改造升级、提质增效；增量产业建设加快推进，树村集体产业项目取得实施主体授权；功德寺集体产业项目报送“多规合一”平台初审；水磨集体产业项目取得实施主体授权批复及“多规合一”平台初审意见，完成钉桩和权属审查；“中关村论坛”永久会址主会场及相关配套项目平稳推进。集体资本开展镇域外投资尝试，位于海淀区永润路18号院的C4号楼智慧谷项目投入运营并成为新的经济增长点，位于昌平区朱辛庄的慧聪大厦项目完成主体结构施工，现已封顶，建成后可增加近6万平方米的办公和商业面积。

（范宏伟）

【城乡一体化建设】 年内，海淀镇完成三山五园地区（二河开）环境整治项目，累计拆除建筑面积约5.1万平方米，疏解流动人口3000余人。启动三山五园地区（福缘门）环境整治项目，腾退签约率约85%。三山五园地区（挂甲屯）环境整治项目完成人、地、房信息梳理。中央党校西墙外环境整治项目后续工作方案通过区政府专题会审议，正式列入区政府投资环境整治项目，完成项目实施方案编制。推进功德寺棚户区改造项目收尾，协调剩余5家社会单位腾退签约。一亩园棚户区改造项目安置房、中央党校西墙外环境整治项目安置房均交付使用，功德寺棚户区改造项目安置房基本封顶，配套幼儿园方案完成公示。六郎庄村、万泉庄村、树村和青龙桥村共计3618名村民完成整建制农转非，撤销六郎庄村、万泉庄村村民委员会建制。至此，海淀镇整建制农转非工作全部完成。

（范宏伟）

【环境建设】 年内，海淀镇落实“疏整促”专项任务，推进“无违建”街区创建，拆除违法建筑12.8万平方米，完成年度拆违任务的116.8%。加强城市治理体系和治理能力现代化建设，发挥大城管工作体系作用，巩固创卫成果。完成全国文明城区复查迎检；建成70个垃圾分类桶站，两个垃圾分类驿站，加强垃圾分类宣传引导。开展大气污染联合执法近40次。落实“河长制”，解决网格化问题687起。配合区园林绿化局开展留白增绿工作，新增绿地面积约2.3万平方米。

（范宏伟）

【平安建设】 年内，海淀镇发挥“四联防”工作机制作用，加强“智慧平安社区”建设，清理违法群租房70余处，三类可防性案件持续保持“零发案”，地区治安平安稳定。开展食药卫生专项检查60余次。开展安全生产监督检查，出动5000余人次，检查企业商户近3000家次。完成建党100周年活动、2021中关村论坛、2021北京科技周等重大活动、服务保障任务。

（范宏伟）

【民生建设】 年内，海淀镇完成8项为民办实事项目：为全镇社会化退休人员、“政策性”转居人员以及无业居民约2315人提供免费健康体检；为树村配备2辆微型消防车、2个微型消防站等消防设施，为青龙桥村等9个单位完备消防器材及基础消防设备设施，提高防火能力；为柳浪家园、丽景园、万和嘉园、裕和嘉园等安装电动自行车充电桩75台（675个插头）；对树村郊野公园、海淀公园周边及裕隆新村3地共5处公厕进行升级改造，新增除臭系统、空调及节水设备等；为地区老百姓购买文艺演出票1500张和电影兑换券2000张；引入标准化物业服务，为老旧小区配备保安和保洁人员；完善西苑操场甲1号院安全基础设施，安装智能安防设施；为镇域内小区加装70个垃圾桶站照明设施、配备18套大件垃圾及装修垃圾可折叠围挡，建设1个垃圾分类驿站，提升品类垃圾分出率。受理“接诉即办”案件3000余件。推进就业、教育、医疗、社保、社会救助等民生领域工作，新增就业167人。审核通过非京籍儿童入学资格19人。走访慰问1777人，扶贫济困209人。为91位老人提供居家养老服务，完成老年餐桌建设任务指标。通过全国示范型街镇退役军人服务站建设区级初审及市级验收。对口帮扶内蒙古科右中旗新佳木苏木和巴彦呼舒镇，助力实施乡村振兴。

（范宏伟）

【基层党建和精神文明建设】 年内，海淀镇建立海淀镇乡情村史馆，接待3500余人次。开展城市志愿者工作，镇雷霆应急救援队获第六批全国学雷锋示范点称号。举办庆祝建党100周年大型文艺演出，推出原创舞台剧《幸福海淀镇》。围绕建党百年主题，开展“最是书香致远，献礼建党百年”系列读书活动；举办“我们的节日”主题系列活动，丰富群众文化生活。9月选举产生现任第三届领导班子。海淀镇党委下辖基层党组织共30个，2个总支，28个支部，共有党员1058名，其中含2个村党支部，2个社区党支部，5个非公党支部。多年来，镇党委积极动员全镇各级党组织和广大干部群众，响应时代号召，弘扬建党精神，攻坚克难、持续奋斗，持续发展壮大集体经济，不断保障和改善民生，城市化进程稳步向前。

（范宏伟）

【新冠肺炎疫情常态化防控】 年内，海淀镇坚持常态化疫情防控，开展社区防控、大数据核查、核酸转运等工作。提高疫情应急处置能力，建设镇级集中隔离点，确保措施到位、人员到位、责任到位。加强疫苗接种宣传，全程接种67787剂次，全人群第一针接种率95.64%，加强免疫接种累计17796人，接种疫苗153725剂次。辖区未出现确诊病例、无症状感染者病例。

（范宏伟）

四季青镇（四季青地区）

【概况】 2021年，四季青镇辖区面积40.83平方千米，下辖10个村委会、12个社区居委会，有直属企事业单位20个，集团4个。户籍人口8.18万人，流动人口8.09万人。集体经济总收入46.82亿元，集体经济纯收入14.63亿元，比上年增加9651万元；集体账内劳均分配97422元，比上年提高6415元，增加7%。四季青镇获得首都文明镇、北京市扶贫协作先进集体、北京市“扫黄打非”暨文化市场管理工作先进集体。

（宫雪皎）

【城乡一体化建设】 年内，四季青镇落实北京市新版城市总规和海淀分区规划，推动宝山村、双新村腾退改造收尾，宝山完成楼房和宅基地930处，剩余6个院落正在积极推进腾退，完成腾退村集体非宅25.6万平方米，剩余1.7万平方米未拆除，按照冬奥会沿线环境保障任务要求完成阜石路沿线绿化景观提升；双新涉及民宅696个院落，全部腾退；梳理西冉、田村规划实施情况，为下一步搬迁腾退奠定基础；有序推进行政村撤村和社区规模优化调整。

（宫雪皎）

【环境建设】 年内，四季青镇累计拆除违法建设38.3万平方米，完成平台销账36.2万平方米，推进无证无照治理，审核销账市级点位8处，完成率100%，城市环境大幅改善。推进农村人居环境整治工作，清理农村生活垃圾219.78吨，清理河塘沟渠352条，改造厕所39座，农村面貌焕然一新。

（宫雪皎）

3月29日，海淀镇乡情村史馆揭牌（海淀镇 供图）

【平安建设】 年内，四季青镇完成“两节”、全国两会、建党百年庆祝活动维稳保障任务，开展安全生产、消防安全、森林防火等各类检查5300余次，督促整改隐患2600余个。处理26件农民工讨薪投诉，涉及715人；完成智慧社区试点项目建设，投入运行17个智慧平安小区和13个回迁房小区智慧社区系统。

（宫雪皎）

【民生建设】 年内，四季青镇落实“七有”“五性”要求，坚持为民办实事，全镇共建设垃圾分类桶站662组、职能驿站64组，建立垃圾分类村居互查机制，不断提升科学管理效能；新成立12个物管会，共组建物管会31个，有专业物业管理的小区86个，物业覆盖率97.73%，党组织覆盖率100%；推进常青幼儿园扩园、田村分园开园，收回鲁艺幼儿园，增加普惠性学前教育学位780个；发挥农业优势，在帮扶协作基础上深耕合作空间，在丹江口凉水河镇投资建设的工业园和植物园项目进展良好，脱贫攻坚战取得全面胜利。

（宫雪皎）

【基层党建和精神文明建设】 年内，四季青镇党委聚焦主体责任落实，召开57次党委会、36次理论学习中心组专题学习研究基层党建工作；成立党史学习教育工作领导小组，组织各级党组织开展宣讲、集中学习、调研等，扎实开展党史学习教育；以一把手工程谋划开展“我为群众办实事”，共梳理汇总154项“民生清单”，领导包片跟踪督办，100%办结；意识形态纳入全面从严治党主体责任体系，定期听取专题汇报，建立网络阵地管理、舆情应对、责任追究机制，围绕中心工作加强正面宣传和舆论引导，把握意识形态主动权；完成换届工作，精心制定村、社区“两委”、党委、人大、政府换届选举方案，严格遵循“十严禁”把牢人员审查关，选举工作均一次性完成，其中全镇10个村、12个社区党组织本次选举共产生党组织成员116名、村（居）委会成员各60名，35个选区投票选举产生91名镇第五届人大代表，其中11人当选为区人大代表，整体较上一届相比实现了年龄、学历“一降一升”；抓实“新就业群体”党建，建立四季青镇新就业群体综合党委，组建8个流动党支部，实现快递小哥党员100%纳入组织覆盖；建立“四聚焦四传递”工作机制，打通流动党员、党组织诉求表达通道；在全区规模最大、聚集快递网点最多的西冉村47号院建立党建小屋，打造微型党群服务阵地，配备流动餐车，在西山村打造小哥公寓。开展“庆党百年”红色文艺汇演、百姓宣讲等文化惠民线上线下活动600余场，惠及群众5万余人；以文化四季综合活动中心为龙头，完善“一中心多站点”党群服务阵地建设，推动党群服务、新时代文明实践、公共文化服务、社会养老助残、法律咨询服务融合发展、惠及群众。

（宫雪皎）

【新冠肺炎疫情常态化防控】 年内，四季青镇持续做好大数据核查、全员核酸检测、重点地区返京人员全闭环接转等工作。对辖区内89个小区卡口累计开展督导检查1300余次，抽调精干力量对5个农村平房地区进行精准防疫。完成境外返京人员及中高风险地区人员大数据排查2.3万余人次，含落实管控1.1万人次。协助组建镇级核酸检测点位31个，开展培训演练26次，组织核酸检测4.5万人次。巨山村镇级采样点先后4次代表海淀接受国务院、北京市专家组的检查并通过验收。开展新冠疫苗接种工作，建立“2+1+N”疫苗接种工作机制[①]，在接种点设立战旗党支部，以党建为引领不断升级优化疫苗接种服务工作。第一针接种166627剂；第二针接种155052剂；加强针接种69548剂。

（彭希）

西北旺镇（西北旺地区）

【概况】 2021年，西北旺镇面积51.09平方千米，辖20个村级股份经济合作社、17个社区居委会、8个村委会和2个社区筹备组（永靓家园社区筹备组和宫悦园社区筹备组）。有户籍人口51689人，外来人口146217人，常住人口164795人。全镇农村集体经济总收入完成15.5亿元，比上年增长10.6%。其中镇级集体经济总收入4.3亿元，与2020年同期相比减少0.1亿元；村级集体经济总收入11.2亿元，与2020年同期相比增加1.6亿元。编印《西北旺镇农村集体经济组织管理政策汇编》。编制完成《关于制定西北旺镇经济和社会发展第十四个五年规划的建议》，是镇史上第一个五年规划建议。

（何梦珂）

【城乡一体化建设】 年内，西北旺镇推进“一镇一园”旺悦云城、坤玉湾·启辰苑、绿地中央广场希尔顿酒店等项目建设。完成坤玉湾·紫星苑公租房项目交付配租。推进地区特色农业发展，百旺种植园成功创建海淀区首批全程农产品质量安全标准化基地。

（何梦珂）

【环境建设】 年内，西北旺镇继续巩固提升生态环境质量，$PM_{2.5}$数值比上年下降17.5%，利用卫星遥感等新技术治理裸地扬尘90余处，清理“散乱污”企业76家。全面落实河长制，镇、村两级11名河长累计巡河1608.72千米，巡河率100%。完成镇域10条主要河道和25条小微水体养护保洁工作。居民生活垃圾自主投放准确率由60%提升至80%以上，唐家岭T09小区、碧水家园小区被评为2021年北京市生活垃圾分类示范小区。开展农村人居环境整治，

① “2+1+N”疫苗接种工作机制：即西山地区和玉泉地区常设2个接种点，1辆流动接种车进社区、进企业进行接种，N是在有条件的社区、村，同时设立临时接种点。

通过市、区农村人居环境整治的考核验收。完善全国文明城区创建常态长效机制，日常开展楼道清理、“废旧自行车换大米”、周末社区清洁日等活动。推进市委、市政府折子工程违法建设拆除任务，销账违法建设面积57.78万平方米，拆除承包地内违法建设2.6万余平方米。

（何梦珂）

【平安建设】 年内，西北旺镇推进“智慧社区”建设，在11个社区出入口、2个村级区域安装人脸识别、车辆识别、智能道闸、高清监控等智慧门禁系统，申报建设156个视频监控点位。推进34个综治中心规范化建设，建立基层治理“四联防”工作机制。组织电信网络诈骗防范宣传活动12次。开展反恐宣传102次、演练26次、培训38次。在各社区建设650套消防设施及电动自行车充电设施。成立西北旺镇应急抢险大队，以防火和防汛为主开展综合性应急救援抢险，引入无人机助力森林防火。开展无证无照店铺联合整治行动，取缔无证无照经营店铺50余家次。开展非居民液化石油气专项整治工作，发现并整改隐患649项，整改率100%。

（何梦珂）

【民生建设】 年内，西北旺镇完成永丰屯村党建公园、屯佃村8座便民停车场建设。完成永靓家园社区和宫悦园社区筹建，落实社区办公服务用房及前期筹备工作。培育发展社区社会组织，完成备案345个，建立街镇级社会组织孵化基地。落实养老服务政策，家庭养老照护床位逐月递增，月平均床位169张，为188位老人提供助餐服务，送餐2800余份。开展镇域养老服务体系调查和研究，科学划分责任片区，完成近500位基本养老服务对象认领分配工作。推进六里屯社区养老服务驿站建设，小辛店社区入选北京市老年友好型社区。组织开展“敬老月”系列活动，表彰10位孝顺之星。暖心服务新业态新就业群体，成立红丰驿家服务站，开展专题服务活动15次。推进妇女之家、儿童之家建设，开展妇女议事会、婚姻家庭纠纷排查，西北旺镇妇联获评全国妇联系统先进集体。退役军人服务站开展形式丰富的专场活动，西北旺镇退役军人服务站被评为全国“建强百家红色退役军人服务站”。完成西山林语商业街七小门店和温馨家园无障碍整改74处。推进“厕所革命”，提升改造公厕11座。投入120万元支持内蒙古兴安盟科右前旗俄体镇、科尔沁镇扶贫协作项目建设。处理城市管理案件85231件，接诉即办案件29760件，形成“志刚工作室”等一批未诉先办工作机制。

（何梦珂）

【基层党建和精神文明建设】 年内，西北旺镇完成全镇8个村、17个社区、9个股份社党组织换届选举工作，选举产生150名支部委员，学历、年龄实现一升一降。完成党代表、人大代表换届工作、妇联组织换届选举任务。召开中共西北旺镇第五次党员代表大会、西北旺镇第五届人民代表大会第一次会议，选举产生新一届领导班子成员。紧抓党组织书记关键群体，构建“三查两会一考核”责任体系，形成一切工作到支部、分解责任到个人的鲜明导向。高标准组织开展庆祝中国共产党成立100周年系列活动，谋划回望来路强精神、赓续使命再出发、改革攻坚勇争先、恪守宗旨保本色四大主题活动，实施“20个一”专题项目，激发党员干部群众奋进新征程、建功新时代的澎湃思想伟力。表彰32名优秀共产党员、10名党务工作者和10个先进党组织。推动党史学习教育走深走实。成立以镇党委书记为组长的工作领导小组及5个专项工作组，构建理论学习中心组、初心读书班、党校分校“三位一体”理论学习体系，围绕“七一”重要讲话精神、建党精神开展主题党课47次，开展“红色经典信仰力量”诵读活动、“最美歌声献给党”合唱比赛及汇演活动，推出“永远跟党走”主题展。开展“一名党员一面旗”创建活动。开展日常监督和专项监督，召开全镇“以案为鉴、以案促改”警示教育大会，观看反腐影片，举办“学党史、守党纪、讲廉洁”线上党风廉政知识竞赛，举办“党旗红廉洁颂——庆祝建党100周年廉洁文化作品展”线上活动。开展电子竞技大赛、六一跳蚤市场活动、五月鲜花活动等活动。为17个社区建立微信公众号，定期发布信息。采取线上、线下相结合方式开展“百花闹新春”民间花会秧歌线上展播、全民健身“云”动会、文化惠民“云”课堂等线上文化体育品牌活动10余次。举办“红色记忆朗诵音乐会”“孝满京城·德润人心”重阳诗会等活动，丰富群众文化生活。

（何梦珂）

【新冠肺炎疫情常态化防控】 年内，西北旺镇开展疫苗“四进”工作百余场，累计接种新冠疫苗43.1万余剂，其中第二针16.9万余剂次，第三针8.6万余剂次。处理大数据信息5.6万余条，闭环转运1.44万余人次。检查“三类场所”及幼儿园、养老机构、公墓等单位疫情防控主体责任落实情况。

（何梦珂）

温泉镇（温泉地区）

【概况】 2021年，温泉镇域面积33.19平方千米，辖2个村委会、13个社区居委会、7个村级股份经济合作社。根据2020年第七次人口普查结果，地区人口规模69165人，其中户籍人口29897人、流动人口39268人。2021年地区产值约1，350亿元，上市企业28家，集聚高新技术人才近4万人。完成经济总收入16.32亿元，比上年增长7%；完成经济纯收入4.99亿元，比上年增长7%。股东人均收入37610元，比上年增长10%。7个村股东分红1.35亿元，人均分红14251元，比上年增长9.38%。东埠头村股份经济合作社在对口帮扶单位内蒙古科右前旗投资3600万元，建设奶牛养殖基地，资金回报率达21.9%，实现东埠头村股份经济合作社资产保值增值。

（王丹）

【城乡一体化建设】 年内，温泉镇落实区委、区政府“村地区管”工作要求，收回温泉科技园二期项目运营权，统筹“一镇一园”集体产业空间，提升集体经济组织空间运营、股权投资、科技服务、配套服务“四大能力”，打造集体经济经营管理特色的专业人才团队。加快温泉科技园二期建设和三期设计，二期项目东区主体结构基本封顶，西区取得开工证，三期项目开工建设，拓展产业发展空间。加强与华为公司、荣耀终端公司、九号公司、小米生态链公司等合作交流，引进一批优质企业落地，深化“1+3”产业发展格局，打造全球人才和科技创新高地。建立健全“服务管家”、领导包干联络服务机制，构筑协同创新服务平台，提升优化营商环境“软实力”。

（王丹）

【环境建设】 年内，温泉镇落实北京市总规及海淀分区规划，将城市功能与城镇特色有机融合，形成“一山一水两岸”的总体空间格局。辛庄村和高里掌村腾退收尾工作取得进展，腾退429户，腾退率78.6%。争取区级政策及资金支持，推进F、C地块定向安置房项目，白家疃村和温泉村前期腾退温泉科技园二期和三期等重点项目建设，加快新型城市化进程。推进D15地块社区商业中心建设，提升天兰商场、北部文化中心、C06等社区商业品质。推进温阳路、温泉路和白家疃西路等街区改造，打造漫享式全时商业聚落。完成翠湖东路、邓庄南路西延、白家疃路、太舟坞桥等新建道路和老旧路桥改造提升工程。开展“疏解整治促提升”专项行动，保持“开墙打洞”、散乱污企业“动态清零”。推动市折子任务，拆除建设面积6.49万平方米，腾地面积6.37万平方米，销账47处。规自领域违法用地违法建设“一本账”整改41宗，北辰香麓业主圈占绿地整改44户，提升城市面貌和环境秩序。推进“山水林田湖”生态系统提升工程，完成景观生态采摘园一期、南山果园公园化二期项目，全镇森林覆盖率42.65%，林木绿化率44.87%。完成颐阳东区北侧新建污水管线项目，开展三角地至福溪家园北污水管线工程。实施太舟坞休闲农业互动体验园项目，打造休闲采摘旅游观光综合体。完成东埠头沟公园、温泉公园三期、大寨渠滨水公园等8处景观提升工程，新增公园绿地面积约50公顷，有公园13个，人均公共绿地面积达16.8平方米。启动白家疃西路绿地改造项目，完成1600余平方米留白增绿任务，利用腾退地和边角地、废弃地、闲置地等增加一批街心公园、城市公园、小微绿地，完善慢行系统建设，共绘生态绿城。

（王丹）

【平安建设】 年内，温泉镇推进“数字城管”、智慧社区建设，完成温泉路45号院老旧小区改造，改善翠微小学北门等区域交通拥堵。构建电动自行车“5分钟充电圈”，联合供电部门、安装公司完成2个村及5个平房区的51处点位的实地踏勘工作，增加492个充电口。全镇电动自行车充电口累计达2772个。25个楼房小区、2个村及5个平房区，环保科技园、云中心及部分商业区的充电设施投入使用，形成“5分钟充电圈”。

（王丹）

【民生建设】 年内，温泉镇紧扣“七有”“五性”，强化就业、教育、医疗等民生保障，以养老、助残、扶孤、济困为重点，办理8项为民办实事项目。在白家疃村、温泉村推行准物业化管理，全面实施农村人居环境整治，新建停车场7个，新增机动车停车位860个，完成9座水冲厕所提升改造。全面推进生活垃圾分类，通过北京市第四批示范片区创建验收，304社区、北辰香麓小区成功创建北京市垃圾分类示范小区。推动解决颐阳一区供水困难、白家疃村煤改电设备故障、紫郡兰园市政供水问题等群众反映较为集中的诉求。

（王丹）

【基层党建和精神文明建设】 年内，中共温泉镇第六次党员代表大会召开，选举产生新一届党委委员和纪委委员。开展党史学习教育，围绕建党100周年、党的十九届六中全会精神学习开展系列活动，引导党员群众从党史中汲取智慧和力量，把学习成果转化为推动地区发展的强大动力。聚焦村和社区党组织建设，发挥基层党组织的战斗堡垒作用，统筹推进各领域基层党建工作。配合做好区委第五巡察组巡察村、社区、股份社，推动问题整改落实，全面提升基层党建工作。加强“文化温泉”建设，打造温泉镇“双红一创”文化品牌，原创话剧《周时》《曹雪芹》完成公演；开展红色原创诗词大赛、温泉文化科技艺术节等系列活动，进一步巩固文明城区建设成果。

（王丹）

【新冠肺炎疫情常态化防控】 年内，温泉镇在常态化的疫情防控管理中，积极应对各种突发事件。对应管控、健康监测人员全部落点落位，闭环转运人员按照要求全部进行核酸检测，检测结果均为阴性。通过开展核酸检测应急演练、农村地区平房村核酸检测、“一周两次”农村保洁人员核酸检测等工作，累计采样36170人次，完善核酸检测能力建设。全年共实施疫苗接种331场，推动实现“应接尽接”，全年全人群累计接种第一针77822人，接种率106.02%，全程接种76036人，接种率103.59%，其中3岁至11岁累计接种第一剂5309人，接种率82.81%，全程接种4155人，接种率64.81%，60岁以上累计接种第一剂9262人，接种率68.74%。截至12月31日，加强针完成区参考目标数48783人，完成率107.43%，全区排名第二，总目标完成率81.57%，全区排名第五。针对温泉物美超市（高里掌路店）冷链食品常态化核酸采样检测中，发现1例核酸检测阳性的情况，启动疫情防控应急预案，成立现场临时指挥部。连夜开展流调和对234人以及100处环境核酸采样工作。共采集人员核酸样本58件，采集物品核酸样本26件、冷库环境样本9件，核酸检测结果均为阴性。

（王丹）

苏家坨镇（苏家坨地区）

【概况】2021年，苏家坨镇面积84.57平方千米，下辖9个社区、10个村委会、9个股份经济合作社。全镇总人口7.8万人，其中户籍人口3.8万人，非户籍人口4万人。全镇集体经济总收入50959万元，其中镇级集体经济总收入27897万元，村级集体经济总收入23062万元。对口帮扶内蒙古赤峰市敖汉旗萨力巴乡老牛槽沟村，与延庆区刘斌堡乡形成结对协作模式。生态林地2440公顷，森林覆盖率58.67%；沿山地区有凤凰岭、阳台山、鹫峰等景区。

（徐瑶）

【城乡一体化建设】 年内，苏家坨镇完成拆违42.79万平方米，完成率100.7%；腾退土地51.07公顷，完成率100.2%。推动村庄腾退和“疏整促”进程，累计腾退村民6394户、17607人；建成前沙涧、北安河两大安置房片区进行回迁安置。协调推进“一镇一园”集体产业项目建设，“一镇一园”集体产业用地97.46公顷，规划建筑面积150.3万平方米，发展方向主要是研发设计、科技办公、人才公寓、综合商业、酒店度假等，落地建筑规模30余万平方米，形成“一镇一园”翠湖科技园区、前沙涧、北安河三大片区。开展安河家园西侧地块、大觉寺酒店地块和温阳路地铁站商业综合体项目规划研究。完成中关村翠湖休闲公园方案征集工作，推进方案和规划实施，同步开展集体产业项目研究。

（徐瑶）

【环境建设】 年内，苏家坨镇开展蓝天保卫战、碧水攻坚战、净土防御战，履行河长、林长、田长职责，实施“一微克”、水清岸绿、百万亩造林等行动。加强扬尘管控，治理餐饮业大气污染，对餐饮企业油烟净化设备清洗记录及安装情况进行检查；开展挥发性有机物（VOCs）专项治理行动，对涉及VOCs的企业进行检查。强化空气重污染应对工作，持续组织开展重点行业“一厂一策”按实施方案和公示牌监督检查。清退“散乱污”企业三家，对已经清退的“散乱污”企业进行复查，严控反弹；开展“六五环境日”环保宣传。平原造林地块面积共计31.8公顷，其中北安河村17.8公顷、苏一二村14公顷。开展河道水生植物种植工程、聂各庄村东排水沟治理工程、沙涧河水环境提升工程、车耳营水涵养工程、53条小微水体治理等边沟清淤工程，美化人居环境、提升村级排水沟排水能力。实行“林长制”，把关键区域以及森林资源和园林绿化资源保护发展问题较多或易发的地区作为巡林重点，多次进行巡林工作，保护森林资源和园林绿化资源。

（徐瑶）

【平安建设】 年内，苏家坨镇完成传统佳节、全国两会、庆祝建党百年大会等重点时期安全保障工作，累计出动检查人员6400人次，对镇域1550家企业开展安全检查，检查覆盖率100%。下达责改文书762份，排查整治隐患1651项，隐患核销率100%。针对建筑施工工地、起重机械安全、危险化学品、燃气安全、有限空间作业安全管理等领域，开展11个专项检查，涉及125家单位，排查隐患问题400余项。占道经营、开墙打洞、违法群租房“动态清零”。新增安河家园罗森便利店、乐家优鲜生活超市2家便民网点；建设4个老年餐桌服务点。推进文物修缮和隐患治理工作，确保地区文物安全。开展病媒防治及食品药品和农产品安全工作。

（徐瑶）

【民生建设】 年内，苏家坨镇引进并启用北京市育英学校科学城北区分校（小学部）、北京十一中关村科学城学校等四所学校教育资源，促进地区教育优质均衡发展。完成4名外省市户籍学生转学材料审核工作，138人通过非京籍幼升小审核，获得小学入学资格。实施“2+2+2+1”的“接诉即办”案件办理模式①，共受理12345群众诉求9667件。接收北京市网上信访信息系统信访件156件，按期办结率100%。接访243批次、2470人次。完成背街小巷整治等73个专项任务，拆除违法建设186万平方米、腾退土地249公顷；推进浅山区违建整改、违建别墅整治、乱占耕地建房拆除等工作，整治“大棚房”685处、32万平方米。开展“为民办实事”工程，试点推广安装简易喷淋设施44个，为7000户60岁以上老人家庭配发灭火毯7000个，补充安装1221个独立烟感报警器；安装电梯阻车系统259套，为33个居住区集中建设428组充电桩、3209个接口；为各村更换补充灭火器箱320个，灭火器320个，提升村庄火灾防控能力。完成老旧社区加装电梯14部，开工加装电梯30余部。实现“一村一室（站）”村级医疗服务全覆盖，从源头上缓解百姓“看病难、开药难”的问题。与区科协合作举办集科技、健身、休闲于一体的“科技周”系列活动。建成沙涧河公园、山水涧公园两处湿地公园。完成聂各庄村东村排水沟治理。完成第七次全国人口普查。启动镇域内定向安置房不动产权证办理工作，103户、303套安置房取得不动产权证。

（徐瑶）

【基层党建和精神文明建设】 年内，苏家坨镇加强党支部规范化标准化建设，推进软弱涣散村党组织及后进社区党组织整顿提升。完成村（居）“两委”换届；实施乡村人才振兴在校大学生“雏鹰计划”，启动“青苗计划”，储备后备干部。开展专项监督60余项、约谈提醒300余人次、办理区级转派案件146件，22人受到党纪

① “2+2+2+1”案件办理模式：第一个“2”即一次办理时限，要求各单位务必在2日内提交办理情况；第二个“2”即二次办理时限，针对一次回访是未解决或不满意案件，各单位“第一负责人”视情况继续办理；第三个“2”即主管领导、主要领导督办；“1”即考核申报时间。

政务处分；开展违纪案例警示教育。在阳台山打造涵盖“一条红色交通线、一个百年党史展、一个全方位学习平台、一系列知识竞赛、一系列沉浸式体验”等五大功能在内的党史学习教育新基地；在古香道两侧、健身步道设置百年党史、伟大建党精神等中国共产党精神谱系宣传阵地，接待100余个党组织、8000余名党员、3万余名游客参观学习，新华社、《北京日报》、北京电视台等10多家媒体报道。挖掘阳台山、贝家花园、莲花寺、秀峰寺、北安河烈士祠堂、凤凰岭六大点位红色资源和梁家园村具有400余年历史的大槐树资源，推介宣传大西山红色教育文化带。开发线上清明节祭扫小程序、举办端午节诵诗接力大赛、开展党史知识竞赛活动，丰富地区百姓精神文化生活；开设新时代文明实践活动专栏，发布基层文明实践动态120期。完成红歌比赛、“云端走跑”挑战赛、微视频大赛等291场次比赛；开展文体培训3954课时；完成“文艺演出星火工程”38场，播放数字电影865场及镇域和市、区级赛事活动。

（徐瑶）

【新冠肺炎疫情常态化防控】 年内，苏家坨镇严格落实中央和市、区委的决策部署，保持应急状态，落实卡口值守、数据摸排、核酸检测、居家隔离、人员转运等防控举措。开展疫苗加强针接种、重点人群核酸检测等疫情防控工作，完成新冠疫苗接种19万余剂，加强针免疫接种完成率达83.38%。闭环转运7391名进京人员进行核酸检测。抽调巡防队员保障狂飙乐园和各村居疫苗接种现场秩序，共计5000人次。从严抓牢社会面防控，累计执法检查“三类场所”28240余家次、施工工地1580余个次、市场经营主体16200余户次、医疗机构和公共场所13220户次。严格进口冷链食品监管，巩固“零输入、零感染、零报告”的防控成果。筹备集中隔离点建设，建成海淀区第一批启用的镇级集中隔离点。抽调10名镇机关工作人员分批次进驻隔离点，接收隔离人员116人。

（徐瑶）

上庄镇（上庄地区）

【概况】 2021年，上庄镇面积38.45平方千米，有常住人口71554人，其中农业户120人，非农业户30368人，流动人口41000余人。下辖19个村民委员会，5个社区居委会，6个事业单位，16个镇属公司。主要农产品有京西稻、食用菌、冬枣、草莓、樱桃、油桃、糯玉米等。深化农村集体产权制度和集体经济组织制度改革，组建镇股份经济合作联合社且进入实体化运行；完成村级股份合作社换届。成立农业科技公司及文化公司。完成全镇39家单位资产清查。推进经济合同整改专项工作，整改问题合同800余份，增加合同收入6000余万元，实现集体资产保值增值。启动上庄村整村腾退工作。上庄镇获评首都文明镇，9个村（社区）获评首都文明村（社区）。

（鲁文涛）

【城乡一体化建设】 年内，上庄镇落实北京城市总体规划，落地海淀分区规划，编制完成镇域发展战略研究、镇域空间利用规划、绿地系统及水系连通等专项规划，明确上庄作为“海淀高质量发展的生态涵养区和服务中关村科学城创新创业人才的田园生活区”的功能定位，确定“一核两带四区多点”[①]的空间格局。推动翠湖南路、上庄路等交通重点项目建设。支持各村将拆违清退土地收回统一规划利用，推进“一村一街一品”环境提升，推动完成村级环境提升工程19项。西闸村、李家坟村、后章村等利用拆后空间新建停车场，解决村内停车难问题，完成东马坊、皂甲屯、东小营、白水洼、永泰庄等村亲绿休闲公园建设，完成东马坊、八家、双塔、罗家坟等村级文化大院建设，完成梅所屯大庙文化广场、双塔村篮球场、后章村足球场等群众活动场地建设。完成水乡市场改造升级，新建和提升菜篮子等便民商业网点26家。上庄镇获评首都文明镇、9个村（社区）获评首都文明村（社区）。

（鲁文涛）

【环境建设】 年内，上庄镇完成罗家坟村美丽乡村建设项目，形成海淀区美丽乡村建设新样板；东马坊村美丽乡村建设项目进入施工阶段。全面实施生活垃圾分类条例，推动农村环卫作业市场化，拆除地搓式垃圾站94处，103处桶站全部升级改造达标，形成分散收集、暂存点集中存放、环卫定点运输的“分散+集中”双收运模式，西闸村被授予北京市生活垃圾分类示范村称号。落实北京市物业管理条例，组建物业管理委员会4个、业主委员会1个，物业覆盖率达100%。全面落实“河长制”，实施小微水体治理、沟渠整治和水质改善等项目，累计完成李家坟沟清淤等15千米镇、村两级沟渠清理疏浚及22条11.53千米河道沟渠治理。推行“林长制”，完成2021年平原地区重点区域421.87亩造林任务的全部林木种植工作，落实保护发展森林资源目标责任制。

（鲁文涛）

【平安建设】 年内，上庄镇开展安全隐患大排查大清理大整治专项行动，启动安全生产标准化创建工作。建成镇级小型消防站1座、村级微型消防站18座并投入使用，为各村购置消防车并建设消防水池，火灾火情持续保持低位。深化警民共建，平安建设工作站北区（白水洼警务工作站）投入运行。庆祝建党100周年、全国两会等重大活动服务保障任务。

（鲁文涛）

---

① 一核两带四区多点：“一核”为科创服务核心，“两带”为南沙河创新活力生态带、北沙河健康休闲生态带，“四区”为森林康养区、科技农业区、文创休闲区、科技绿心区，“多点”为镇中心区外的16个保留村庄。

8月26日，中关村科学城北区上庄镇上庄村腾退项目启动（上庄镇 供图）

【民生建设】 年内，上庄镇累计完成18个村整建制农转非，10351名农民转变身份、享受城镇职工社保待遇。完成第十一届、十二届村民委员会换届和第十届、十一届居民委员会换届，修订完善村（居）民议事规程与村（居）民公约，巩固基层民主制度。推动五十七中、清华附中落户上庄，地区优质教育资源实现历史性跨越。建成并启用11家村（社区）卫生服务站，为居民提供便捷有效的基本医疗卫生服务。制定完善“民生十三条”措施，健全民生保障兜底救助机制。建设温馨家园、心灵家园，实施一批公共场所及老旧小区无障碍改造。实施南玉河村腾退，回迁安置房如期建成并交付使用。

（鲁文涛）

【基层党建和精神文明建设】 年内，上庄镇持续夯实基层党建工作基础，落实“三会一课”、主题党日、组织生活会、民主评议党员等组织生活制度。开展理论学习中心组学习31次。组织建党100周年系列庆祝活动。深化全面从严治党，完成区委巡察整改任务36项。将“我为群众办实事”融入日常，制定实事清单逐一落实完成。完成镇村两级班子换届，完成党代表、人大代表选举。村和社区“一肩挑”比例100%，班子年龄学历“一降一升”，35岁以下青年干部配备率100%。初步搭建区域统筹、共建共享的新业态新就业群体党建组织体系。举办10余场庆祝建党100周年系列文艺汇演主题活动。举行“永远跟党走”百姓宣讲巡讲主题活动。成立镇级百姓宣讲团，到各村（社区）开展巡回宣讲活动12场次，宣讲上庄镇优秀老党员的优秀事迹，线上、线下5000余人观看；举办上庄镇“百年光辉党史、奋进崭新征程”成就展主题活动，2000余名党员群众参加。深化党史学习教育系列宣传报道，推出主题MV《革命人永远是年轻》，录制发布5期《青年学党史》、10期《身边的老党员》短视频，通过宣传栏、电子屏、海报、展板等，营造浓厚的党史学习教育氛围。

（鲁文涛）

【新冠肺炎疫情常态化防控】 年内，上庄镇召开疫情防控会议200余次，组织动员全镇2100余名志愿者日夜坚守，构建村（社区）疫情防控网。累计发放口罩65.4万余只，其他物资9426件。完成入户排查4.2万余人次、出动执法检查2.5万余次。居家观察1.9万余人次、闭环转运1003人次，协查转运密接和次密接150人；核酸检测7万余人次；完成疫苗接种5.9万余人，地区18岁以上新冠疫苗一针接种率达97.4%，加强针接种率达80%以上。全镇保持“零感染、零疑似、零确诊”的良好态势。

（鲁文涛）

玉渊潭农工商总公司

【概况】 玉渊潭农工商总公司（简称玉渊潭总公司）受玉渊潭股份经济合作社委托，对股份经济合作社所有资产进行经营与管理，是拥有酒店、物业、置业三大集团，集实业投资与资本运营于一体的集团企业。2021年，玉渊潭总公司完成集体经营收入24.14亿元，完成集体净利润5.72亿元，上缴国家税金3.22亿元。制定《玉渊潭2021—2025年发展规划》，明确“稳中求进，行稳致远”的发展总基调和“一个核心、两轮驱动、三级台阶、五类业务”的“一二三五”发展思路。通过聚焦总部经济、科技创新、高端商务等产业链高端要素，重点打造玉渊潭科技商务滨河长廊。

（孙雯）

【玉渊潭科技商务区建设】 年内，玉渊潭总公司加快玉渊潭科技商务区、中关村互联网文化创意产业园、定慧文化科技融合产业园建设，提升园区服务能力和商务环境建设，做好产业引进和优质客户对接服务。投资建设并委托洲际国际酒店集团管理的西南华邑酒店试营业，为北京市筹开的首家洲际华邑品牌酒店。阜石路敬老院项目进行精装修施工。又一村回迁安置房项目完成规划验收。中裕花园改造项目重新取得立项，达到土护降施工条件。玉渊潭实验幼儿园通过北京市幼儿园办园质量A级督导评估检查。玉渊潭培知培训学校贴近市场需求，开展多样化教育培训。推动五福玲珑居办理房产证事项。完成半壁店、小屯地区腾退扫尾工作。完成北京印象绿地内历史遗留房屋拆除及安置。加快推进玲珑巷整体项目建设，打造玉渊潭滨河科技商务长廊，构建以昆玉河为轴线，辐射带动两侧玉渊潭产业高端集聚的商务核心区。

（孙雯）

【基层党建和企业文化建设】 年内，玉渊潭总公司完成党委、纪委换届选举工作。开展“学习强国·学习之星”评选活动。开展党史学习教育活动，组织党员干部职工通过支部区域联建、“双联系双报到”等形式，参与属地街道和社区疫情防控、垃圾分类、环境整治等志愿服务活动。组织参观中国共产党历史展览馆、香山革命纪念馆、西山无名英雄纪念广场等党史旧址遗址，开展“我为群众办实事”活动，推进党史学习教育走深、走实。加强纪检监察力度，不断强化对“三重一大”事项、疫情防控、重点项目、“接诉即办”等工作的监督检查。举办2021年青年干部培训班，开展专题讲座15场。加强企业文化建设，充分发挥《玉渊潭》期刊和“玉渊潭资讯”微信公众号的宣传作用，提升品牌知名度。玉渊潭微信公众号发布文章近260篇。印发《玉渊潭》期刊5期。

（孙雯）

【冬奥测试赛服务保障】 年内，玉渊潭总公司服务冬奥环境建设，完成黄家坟地区环境整治项目住宅搬迁。四家酒店坚持最高规格、最优服务，落实落细各项服务保障方案，提供精准、规范、高效的闭环管理，完成冬奥测试赛服务保障工作，得到奥运场馆运营团队的肯定。

（孙雯）

【新冠肺炎疫情常态化防控】 年内，玉渊潭总公司坚决贯彻上级疫情防控部署要求，抓好常态化疫情防控。三家酒店第二次承担疫情防控集中医学隔离观察点重任。积极应对疫情影响，制定《应对市场变化促进经济稳定发展的若干举措》，出台包括“留住优质客户、减少空置面积、降低运行成本、加强自主经营、关注合同执行、落实保障措施”等措施，做好“一企一策”分析，确保经济稳健发展。

（孙雯）

人物 荣誉

先进人物

全国先进人物

全国五一劳动奖章*

李玉福 北京大北农科技集团股份有限公司
第五亚洲 北京北斗星通导航技术股份有限公司

全国三八红旗手

蒋 燕 北京旷视科技有限公司党委书记、副总裁
孙齐炜 香山公园党委书记、园长
陈 芳 中国农业大学农业部果蔬加工重点实验室副主任

全国道德模范

杨孟飞 航天科技集团有限公司第五研究院探月工程三期探测器系统总指挥、总设计师，中国科学院院士

全国道德模范提名奖*

周儒欣 北京北斗星通导航技术股份有限公司党委书记、董事长

全国巾帼建功标兵

何银萍（女） 北京何氏传承健康科技有限公司董事长

全国脱贫攻坚先进个人

马向涛 海淀区医院管理中心副主任
程 维 滴滴出行创始人、董事长兼CEO

中国好人

宋婷婷 北京快手科技有限公司副总裁，扶贫办公室主任
张 建 市公安局海淀分局经侦支队探长
李浩浩 中关村科学城城市大脑股份有限公司总裁
吴佩芳（女） 北京天宜上佳高新材料股份有限公司党支部书记、董事长兼总经理

北京市先进人物

首都劳动奖章

王世东 北京科技大学附属中学校长
王建伟（女） 北京优迅医学检验实验室有限公司董事长
田文江 北京市保安服务总公司海淀分公司宣传员
任晓娟（女） 北京市海淀区融媒体中心新闻编导部副部长
刘增山 北京北冶功能材料有限公司维修分厂钳工班副班长
闫昕卓 北京市公安局海淀分局中关村派出所社区警务四队副队长
李亚坤 北京中关村创业大街科技服务有限公司副经理、工会主席
李雪春 北京市海淀区人民政府海淀街道办事处社区建设办公室科长
杨齐文 北京市海淀区市场监督管理局广告监督管理科科长
杨魏赓 北京市海淀区人力资源和社会保障局综合执法队科员
郁博轩 北京石墨烯技术研究院有限公司实验室负责人
郑 禾 北京市海淀区农业科学研究所所长
郑东虎 北京市海淀区城市管理委员会道路设施科科长
胡大伟 中建三局集团有限公司北京科研管理中心等3项项目部技术负责人

标注*项2021卷记述时间有误。

徐　利　中国人民大学附属中学分校 党支部书记、校长
鲁景涛　万寿路街道办事处指挥分中心科长

首都道德模范提名奖

鲍　硕　北京航天飞行控制中心调度

首都“新时代好少年”

王陈晞　中国人民大学附属小学
胡欣然　海淀区双榆树第一小学

北京榜样

金黎平（女）　中国农科院蔬菜所马铃薯研究室副主任
李立新　空军特色医学中心退休士官
张　建　市公安局海淀分局经侦支队探长
鲍　硕　北京航天飞行控制中心调度
张洪亮　联考中国华侨港澳台培训学校创始人、北京市青年企业家协会副秘书长
李仕敏　中国梦登山队、中国梦登山志愿服务队发起人之一
郝　颖　“见听工作室”创始人
李　桓　中国儿童艺术剧院演员

北京市优秀共产党员

王小兰（女）　时代集团公司党支部书记、总裁
董　进　北京微芯区块链与边缘计算研究院院长
夏曙东　千方集团党委书记、北京千方科技股份有限公司董事长

“首都精神文明建设奖”获奖者

宋婷婷　北京快手科技有限公司副总裁
周儒欣　北京北斗星通导航技术股份有限公司董事长
赵　可　区司法局副局长（张家口市赤城县挂职常委副县长）
张　建　市公安局海淀分局经侦支队探长
杨　帆　海淀区文化和旅游局科长
魏　立　海淀区学院路街道二里庄社区书记兼主任
王笑晖　北京石油学院附属小学（援藏拉萨实验小学校长）
庞俊萍　海淀区万寿路中队公共文明引导员中队长

北京市优秀党务工作者

施　艳（女）　小米科技有限责任公司党委常务副书记
冯婷婷（女）　北京中公教育科技有限公司党委副书记、纪委书记

海淀区先进人物

中关村科学城创新工匠

冯　军　北京佳讯飞鸿电气股份有限公司
邢　悦　博彦科技股份有限公司
朱烨东　北京中科金财科技股份有限公司
安晓江　北京海泰方圆科技股份有限公司
余志良　北京清新环境技术股份有限公司
陈　昶　北京中保绿农科技集团有限公司
郑彩霞　安方高科电磁安全技术（北京）有限公司
梅红明　北京四方继保自动化股份有限公司
彭时涛　北京旋极信息技术股份有限公司
彭　菲　北京汉王智远科技有限公司

“感动海淀”十大文明人物

鲍　硕　北京航天飞行控制中心调度
巩立姣　国家队女子铅球运动员
江　初　海淀区疾病预防控制中心主任
王双玮　市公安局海淀分局指挥处科长
沈　腾　北京市帅和律师事务所主任律师
王一桦　海淀区医疗保障局党组成员、副局长
钟競涛　生命缘志愿服务总队创始人
阎　岩　北京嘀嘀无限科技发展有限公司乡村振兴工作负责人
张国兴　海淀区永定路街道复兴路83号社区居民
金鹏程　海淀交通支队公主坟大队民警

先进集体

全国先进集体

全国五一劳动奖状*

东华医为科技有限公司

全国工人先锋号*

北京清新环境技术股份有限公司技术中心

北京高能时代环境技术股份有限公司固废技术中心

全国巾帼文明岗

北京锦绣大地电子商务有限公司
北京市海淀区妇幼保健院儿科

全国妇联系统先进集体

海淀区西北旺镇妇联

全国脱贫攻坚先进集体

海淀区商务局粮食和物资储备办公室
美团（北京三快云计算有限公司）

全国先进基层党组织

海淀区委中关村科学城综合党委

第六批全国学雷锋活动示范点

海淀镇雷霆应急救援队

全国五四红旗团委

学院路街道团工委

全国党史和文献部门先进集体

区党史地方志办公室

北京市先进集体

首都文明单位标兵

海淀区卫生健康监督所

首都劳动奖状*

北京市海淀区应急管理局
北京佳讯飞鸿电气股份有限公司
北京市海淀区消防救援支队

首都精神文明建设奖

宋婷婷（女）　北京快手科技有限公司副总裁、扶贫办公室主任
周儒欣　北京北斗星通导航技术股份有限公司董事长
赵　可（女）　海淀区司法局副局长（张家口市赤城挂职常委副县长）
张　建　北京市公安局海淀分局经侦支队探长
杨　帆　海淀区文化和旅游局科长
魏　立　海淀区学院路街道二里庄社区书记兼主任
王笑晖（女）　北京石油学院附属小学（援藏拉萨实验小学校长）
庞俊萍（女）　海淀区万寿路中队公共文明引导员中队长

北京市工人先锋号*

北京市海淀区发展和改革委员会营商环境科
贝壳找房（北京）科技有限公司贝壳公益团队
北京安达维尔科技股份有限公司无线电导航项目组
北京当代商城有限责任公司中关村店物业部电工班
北京市易欣诚挚科技咨询有限公司健宫医院陪护中心
北京市海淀区教育科学研究院德育与心理教育研究中心

北京市就业创业工作先进集体

海淀区人力资源公共服务中心
海淀创业园

北京市先进基层党组织

北京旷视科技有限公司党委
大北农集团党委

“北京榜样”海淀团队特别奖

香山革命纪念馆红色历史讲解员群体
“7・15”家缘小哥救援群体

“感动海淀”集体奖

北京快手科技有限公司
海淀区人大常委会代表联络室
海淀区不动产登记事务中心
海淀区新冠疫苗接种团队
海淀区“庆祝建党百年”献词合唱团队
北京舞蹈学院《伟大征程》文艺演出参演团队
北京体育大学冬奥服务保障团队

统计资料

表39　2020年至2021年海淀区主要经济社会指标一览表

项目	单位	2020年	2021年
人口与就业			
人口			
年末户籍人口	万人	240.9	244.1
年末常住人口	万人	313.2	313.0
户籍人口自然增长率	‰	-2.1	-0.1
户籍人口机械增长率	‰	11.5	13.0
劳动就业			
城镇登记失业率	%	1.44	1.97
城镇登记失业人员就业率	%	57.7	65.1
宏观经济			
国民经济核算			
地区生产总值	亿元	8504.6	9501.7
第一产业	亿元	1.6	1.9
第二产业	亿元	680.0	831.3
第三产业	亿元	7823.0	8668.6
人均地区生产总值	美元	38398.4	47039.1
投资			
全社会固定资产投资	亿元	—	—
#房地产开发投资	亿元	—	—
#住宅投资	亿元	—	—
房地产业房屋施工面积	万平方米	1230.2	1086.2

注：1. 地区生产总值及各产业历史数据根据第四次全国经济普查结果进行修订。
2. 全社会固定资产投资为项目在地口径。
3. 年末常住人口2010年数据为第六次全国人口普查数据，2020年数据为根据第七次全国人口普查数据结果推算的年底数，2011—2019年数据根据两次普查数据进行了修订。

续表

项目	单位	2020年	2021年
房地产业房屋竣工面积	万平方米	232.5	304.8
财政			
区级一般公共预算收入	亿元	453.9	490.2
区级一般公共预算支出	亿元	612.7	637.0
产业			
农村经济			
农林牧渔业总产值	亿元	3.9	4.3
工业			
规模以上工业企业总产值	亿元	2634.1	3440.8
建筑业			
建筑业总产值	亿元	2025.2	1436.5
商业			
社会消费品零售总额	亿元	2718.1	2920.8
对外经济贸易			
新批项目数	个	249	343
合同外资额	亿美元	49.0	148.2
实际利用外资额	亿美元	56.6	62.4
海关进出口总额	亿美元	397.2	490.6
进口额	亿美元	218.0	263.4
出口额	亿美元	179.1	227.2
金融			
银行存款余额	亿元	39630.2	39384.0
#城乡居民储蓄存款余额	亿元	6259.4	7099.5
银行贷款余额	亿元	11576.3	12181.2
教育、科技、卫生			
教育			
中小学学校数	所	178	184
小学	所	87	89
普通中学	所	82	87
职业中学	所	9	8
中小学毕业生数	人	62254	59437

注：4.社会消费品零售总额历史数据根据第四次经济普查结果修订，2008年及以前为法人在地口径，2009年及以后为产业在地口径。

续表

项目	单位	2020年	2021年
小学	人	26537	26606
普通中学	人	33534	31063
职业中学	人	2183	1768
科技			
技术合同成交总额	亿元	2040.1	2920.8
专利申请数	个	95140	—
专利授权量	个	60929	71703
卫生			
卫生机构个数	个	1253	1361
卫生机构病床数	万张	1.35	1.38
卫生技术人员数	万人	3.82	4.01
每千人拥有执业医生人数	人	4.7	4.9
每千人拥有注册护士人数	人	5.4	5.7
每千人拥有医院床位数	张	4.3	4.4
生活与环境			
人民生活			
全区居民人均可支配收入	元	86742	93478
全区居民人均消费支出	元	51198	57482
劳动工资			
城镇单位从业人员平均人数	人	1747419	1609834
城镇单位在岗职工工资总额	亿元	3331.6	3760.0
城镇单位在岗职工平均工资	元	212241	233561
城市公共事业			
万元地区生产总值能耗	吨标准煤	0.08	0.08
城市绿化覆盖率	%	51.2	51.4
污水处理率	%	99.3	99.5
人均绿地面积	平方米	42.2	43.8
细颗粒物浓度（$PM_{2.5}$）年平均值	微克/立方米	36.0	33.0
高新技术企业			
总收入	亿元	29496.3	35197.0

注：5.劳动工资部分指标口径有所调整，2010年以后的数据包括了乡及乡以下非私营单位数据，与往年不可比。
6.从2015年起，全区居民人均收入指标口径调整，同期值相应调整。

表40　2020年至2021年海淀区地区生产总值一览表

单位：亿元

行　业	2021年	2020年	不变价增速
合计	9501.7	8492.0	8.8
按产业类型分			
第一产业	1.9	1.6	18.1
第二产业	831.3	693.0	17.6
第三产业	8668.6	7797.4	8.0
按行业类别分			
农、林、牧、渔业	1.9	1.7	15.4
工业	642.4	506.6	23.5
建筑业	190.3	187.5	1.7
批发和零售业	379.0	364.5	2.7
交通运输、仓储和邮政业	98.6	97.7	7.6
住宿和餐饮业	58.6	50.7	14.3
信息传输、软件和信息技术服务业	3816.0	3207.2	12.6
金融业	967.8	955.5	0.8
房地产业	359.8	315.6	13.0
租赁与商务服务业	306.7	285.4	8.3
科学研究和技术服务业	1183.1	1116.3	2.1
水利、环境和公共设施管理业	75.2	62.8	21.0
居民服务、修理和其他服务业	25.5	27.4	-5.6
教育	803.7	767.1	5.3
卫生和社会工作	147.5	138.4	9.4
文化、体育和娱乐业	258.4	230.2	13.2
公共管理、社会保障和社会组织	187.4	177.4	3.0

表41　2021年海淀区城镇单位从业人员与劳动报酬情况表

项目	从业人员平均人数（人）	从业人员劳动报酬总额（万元）	从业人员平均劳动报酬（元）
合计	1785782	39581052	221645
按行业分			
农、林、牧、渔业	531	5057	95195
采矿业			
制造业	81640	1903647	233175
电力、热力、燃气及水生产和供应业	1475	25931	175799
建筑业	82851	1270274	153320
批发与零售业	93746	1523077	162469
交通运输、仓储和邮政业	86796	1418562	163436
住宿和餐饮业	34551	300501	86974
信息传输、软件和信息技术服务业	570276	16098611	282295
金融业	42893	1300057	303093
房地产业	69665	793680	113928
租赁和商务服务业	84205	1590419	188874
科学研究和技术服务业	226726	4923760	217168
水利、环境和公共设施管理业	19006	278943	146769
居民服务、修理和其他服务业	8464	75004	88618
教育	239445	4934346	206074
卫生和社会工作	38563	842876	218571
文化、体育和娱乐业	43588	1349250	309548
公共管理、社会保障和社会组织	61361	947058	154341

表42 2021年海淀区工业企业主要经济指标一览表

单位：家、人、万元

项目	企业单位数（个）	#亏损企业（个）	工业总产值	平均用工人数（人）	资产负债				
					资产总计	流动资产合计	#存货	#产成品	#应收账款（净额）
合计	391	71	34408289	93864	64998435	43783964	9887861	2356870	10578333
按规模分组	375	68	34329901	93660	64890199	43692858	9871356	2351067	10541247
#大型	16	2	21727659	31630	24463126	20265119	5644309	1590878	4983619
中型	56	4	8124087	30011	24531154	14805045	2711653	316061	3353543
小型	303	62	4478156	32019	15895918	8622694	1515394	444128	2204085
按隶属关系分	62	6	4913496	22074	12884156	8335847	1865138	428469	1722821
中央	41	3	4347497	18014	11176122	7445811	1757070	390844	1538840
地方	21	3	566000	4060	1708034	890036	108069	37626	183981
按登记注册类型分	391	71	34408289	93864	64998435	43783964	9887861	2356870	10578333
内资	337	60	12568837	68423	41473807	24133681	5140366	1078741	5847823
国有	5	—	1311310	3092	3073235	2790581	623017	42640	598665
集体	—	—	—	—	—	—	—	—	—
股份合作	1	***	***	***	***	***	***	***	***
国有独资公司	12		1826423	7147	2829336	2464415	824086	244475	622670
其他有限责任公司	120	23	4463349	22257	10960514	8005241	2006809	313406	1700951
股份有限公司	50	2	2501701	16487	11858839	5276753	903730	236774	1249539
私营	149	35	2451852	19362	12735880	5581117	779780	239093	1671881
港澳台商投资	16	4	20040827	15876	20499513	17513605	4418977	1199540	4394768
外商投资	38	7	1798625	9565	3025116	2136677	328518	78589	335743

单位：家、人、万元

续表

项目	资产负债						
	固定资产净额	固定资产原价	负债合计	#流动负债合计	#应付账款	所有者权益合计	#实收资本
合计	2360776	4369554	31920811	30049630	13318594	33077624	8929803
按规模分组	2353441	4354969	31863652	29993653	13299434	33026545	8894068
#大型	914852	1611942	16122569	15301092	8802461	8340558	1261212
中型	707631	1441000	10719466	10146600	2906345	13811688	4198929
小型	730958	1302027	5021618	4545961	1590628	10874299	3433928
按隶属关系分	918377	1515666	6347194	5981167	1512476	6536962	1719244
中央	630841	1112063	5577179	5304101	1319469	5598943	1333758
地方	287536	403602	770015	677066	193007	938019	385486
按登记注册类型分	2360776	4369554	31920811	30049630	13318594	33077624	8929803
内资	1731537	3065052	17484387	16208613	4775084	23989419	7486579
国有	206867	339574	2775755	2724521	469569	297479	38587
集体	—	—	—	—	—	—	—
股份合作	***	***	***	***	***	***	***
国有独资公司	146247	287269	1356762	1289284	601613	1472574	540941
其他有限责任公司	609556	963481	5611271	5332522	1830647	5349242	2972241
股份有限公司	417270	823227	3358994	2955357	806700	8499845	1770134
私营	351375	651133	4375813	3901138	1062411	8360067	2154588
港澳台商投资	452603	713899	13571426	13107793	8289711	6928086	1053499
外商投资	176636	590603	864997	733224	253799	2160118	389725

单位：家、人、万元 续表

项目	损益								
	营业收入	营业成本	税金及附加	销售费用	管理费用	研发费用	财务费用	利润总额	应交增值税
合计	50076968	42295190	102404	2786454	1293419	1412183	24304	3365297	454953
按规模分组	49982108	42217301	102201	2783920	1286884	1408695	24094	3360654	453654
#大型	35804117	31948266	34955	1946670	502574	539694	24502	1594647	166217
中型	8455638	6113373	37374	468058	372202	469859	-15499	1262311	165058
小型	5722353	4155662	29872	369192	412108	399142	15091	503695	122379
按隶属关系分	5005029	4038388	25151	123603	242728	232168	-13790	454187	112082
中央	4258388	3419333	18544	81441	198459	212627	-9934	389292	98079
地方	746641	619055	6608	42162	44269	19541	-3856	64895	14003
按登记注册类型分	50076968	42295190	102404	2786454	1293419	1412183	24304	3365297	454953
内资	13983259	10537984	66328	751756	819706	970418	24264	1391312	263284
国有	954232	865503	1381	1864	43324	13619	1144	31145	1522
集体									
股份合作	***	***	***	***	***	***	***	***	***
国有独资公司	1978629	1630829	8377	18702	92191	67769	465	172036	48298
其他有限责任公司	5101391	3951579	20864	261055	221597	453429	-28376	297225	97166
股份有限公司	3118273	2193300	20343	264422	207028	198375	6692	581936	48175
私营	2816151	1883572	15330	205388	254924	237227	44251	308681	67946
港澳台商投资	34031818	30478895	22663	1883544	389547	307293	378	1528906	122406
外商投资	2061891	1278312	13413	151154	84166	134471	-337	445080	69263

表43　2020年至2021年高新技术企业主要经济指标增长情况一览表

项目	单位	2021年	2020年	2021年为2020年的%
总收入	亿元	35197.0	29496.3	119.3
#技术收入	亿元	11901.3	8676.4	137.2
产品销售收入	亿元	6583.3	5735.8	114.8
商品销售收入	亿元	11692.3	10948.6	106.8
实缴税费总额	亿元	930.0	794.3	117.1
出口总额	亿元	1428.0	1262.2	113.1
利润总额	亿元	2119.9	1870.9	113.3
园区企业数	个	10769	13726	78.5
#年收入亿元以上企业数	个	1587	1694	93.7
从业人员期末人数	万人	123.8	134.2	92.3
累计孵化企业数	个	26435	23255	113.7
加速器数	个	7	7	100.0
大学科技园数	个	19	19	100.0
#国家级大学科技园	个	13	13	100.0

表44 2020年至2021年高新技术产业情况一览表

项目	单位	2021年	2020年	2021年为2020年的%
总收入				
#电子与信息	亿元	28695.7	22970.1	124.9
生物工程和新医药	亿元	364.8	416.5	87.6
新材料及应用技术	亿元	1288.4	1094.4	117.7
先进制造技术	亿元	1122.9	1085.24	103.5
新能源与高效节能技术	亿元	639.7	596.3	107.3
环境保护技术	亿元	436.6	488.2	89.4
利润总额				
#电子与信息	亿元	1456.7	1162.0	125.4
生物工程和新医药	亿元	47.8	42.7	112.0
新材料及应用技术	亿元	106.3	79.3	134.0
先进制造技术	亿元	193.6	248.2	78.0
新能源与高效节能技术	亿元	72.6	9.0	807.0
环境保护技术	亿元	12.6	30.4	41.3
实缴税费总额				
#电子与信息	亿元	628.4	550.3	114.2
生物工程和新医药	亿元	45.7	18.6	245.7
新材料及应用技术	亿元	40.0	21.1	189.6
先进制造技术	亿元	41.8	39.5	105.8
新能源与高效节能技术	亿元	22.3	15.7	142.0
环境保护技术	亿元	22.0	20.2	109.0
出口创汇总额				
#电子与信息	亿元	1261.8	1023.1	123.3
生物工程和新医药	亿元	26.3	84.3	31.2
新材料及应用技术	亿元	53.2	30.2	176.1
先进制造技术	亿元	32.3	36.9	87.4
新能源与高效节能技术	亿元	5.2	6.5	80.7
环境保护技术	亿元	2.6	0.4	643.7

表45 2020年至2021年高新技术企业情况一览表

项目	单位	2021年	2020年	2021年为2020年的%
从业人员期末人数	万人	123.8	134.2	92.3
工业总产值	亿元	3181.6	2536.3	125.4
总收入	亿元	35197.0	29496.3	119.3
#技术收入	亿元	11901.3	8676.4	137.2
产品销售收入	亿元	6583.3	5735.8	114.8
商品销售收入	亿元	11692.3	10948.6	106.8
实缴税费总额	亿元	930.0	794.3	117.1
#增值税	亿元	432.2	398.5	108.5
所得税	亿元	299.5	281.7	106.3
出口总额	亿元	1428.0	1262.2	113.1
#三资企业	亿元	1129.0	852.9	132.4
利润总额	亿元	2119.9	1870.9	113.3
研究开发费用合计	亿元	2392.9	1987.1	120.4

表46 2020年至2021年对外交流及国际化程度一览表

项目	单位	2020年	2021年	2021年为2020年的%
国际化				
进出口总额	亿元	3255.1	2615.1	124.5
#出口总额	亿元	1428.0	1262.2	113.1
#技术服务出口	亿元	147.3	121.9	120.8
硕士学历以上人员	人	210882	207395	101.7
#留学归国人员	人	23190	22260	104.2
专利申请数	件	71119	62100	114.5
#欧美日专利申请数	件	5588	4235	131.9
专利授权数	件	39534	33275	118.8
#欧美日专利授权数	件	2521	1776	141.9
引进国外技术经费支出	亿元	0.3	0.2	160.1
#引进技术的消化吸收经费支出	亿元	—	—	—
外资企业情况				
企业数	个	583	711	82.0
资产总计	亿元	18484.1	12119.8	152.5
总收入	亿元	16006.8	12380.3	129.3
利润总额	亿元	990.9	705.6	140.4
实缴税费总额	亿元	313.8	195.6	160.4

表47　2020年至2021年北京市及城六区主要经济指标对比表

项目	单位	2021年	2020年	增速
北京市及城六区地区生产总值				
北京市	亿元、%	40269.6	36102.6	8.5
海淀区	亿元、%	9501.7	8504.6	8.8
朝阳区	亿元、%	7617.8	7037.9	7.5
西城区	亿元、%	5408.1	5061.1	8.1
东城区	亿元、%	3193.1	2954.7	8.0
丰台区	亿元、%	2009.7	1854.2	8.2
石景山区	亿元、%	959.9	855.5	9.2
北京市及城六区社会消费品零售总额				
北京市	亿元、%	14867.7	13716.4	8.4
朝阳区	亿元、%	3554.2	3221.7	10.3
海淀区	亿元、%	2920.8	2718.1	7.5
丰台区	亿元、%	1418.1	1318.9	7.5
东城区	亿元、%	1303.3	1213.5	7.4
西城区	亿元、%	1089.4	993.5	9.7
石景山区	亿元、%	439.9	399.5	10.1
北京市及城六区一般公共预算收入				
北京市	亿元、%	5932.3	5483.9	8.1
朝阳区	亿元、%	543.4	511.6	6.2
海淀区	亿元、%	490.2	453.9	8.0
西城区	亿元、%	428.1	413.8	3.4
东城区	亿元、%	195.5	181.4	7.8
丰台区	亿元、%	145.2	129.9	11.8
石景山区	亿元、%	73.3	65.7	11.6
北京市及城六区一般公共预算支出				
北京市	亿元、%	7205.1	7116.2	1.2
海淀区	亿元、%	637.0	612.7	4.0

续表

项目	单位	2021年	2020年	增速
朝阳区	亿元、%	557.3	503.4	10.7
西城区	亿元、%	414.4	418.0	-0.8
东城区	亿元、%	282.7	268.7	5.2
丰台区	亿元、%	262.8	279.6	-6.0
石景山区	亿元、%	125.5	113.9	10.2
北京市及城六区全区居民人均可支配收入				
北京市	元、%	75002	69434	8.0
西城区	元、%	96949	90286	7.4
海淀区	元、%	93478	86742	7.8
东城区	元、%	89804	83501	7.5
朝阳区	元、%	84770	78721	7.7
石景山区	元、%	84666	78656	7.6
丰台区	元、%	72170	66799	8.0
北京市及城六区全区居民人均消费支出				
北京市	元、%	43640	38903	12.2
海淀区	元、%	57482	51198	12.3
西城区	元、%	57396	51466	11.5
东城区	元、%	51918	46190	12.4
朝阳区	元、%	48922	44682	9.5
石景山区	元、%	44790	40096	11.7
丰台区	元、%	43334	38472	12.6
北京市及城六区工业总产值				
北京市	亿元、%	24416.3	20319.1	20.2
海淀区	亿元、%	3440.8	2634.1	30.6
朝阳区	亿元、%	758.4	734.3	3.3
西城区	亿元、%	597.2	556.1	7.4
丰台区	亿元、%	338.5	336.7	0.5
石景山区	亿元、%	306.4	264.1	16.0
东城区	亿元、%	40.1	30.9	29.8

附 录

海淀区2021年国民经济和社会发展统计公报

2021年，全区坚持以习近平新时代中国特色社会主义思想为指导，全面贯彻党的十九大和十九届历次全会以及习近平总书记对北京重要讲话和对中关村重要指示精神，坚持稳中求进工作总基调，科学统筹疫情防控和经济社会发展，深化落实“两新两高”战略，弘扬伟大建党精神和新时代中关村精神，高质量发展态势更加巩固，“十四五”实现良好开局。

一、人口

年末全区常住人口313.0万人，比上年末减少0.2万人。其中，常住外来人口107.1万人，占常住人口的比重为34.2%。常住人口出生率5.28‰，死亡率4.16‰，自然增长率1.12‰。年末全区户籍人口244.1万人，比上年末增加3.2万人。

表48 2021年末常住人口及构成情况表

指标	年末人数（万人）	比重（%）
常住人口	313.0	100.0
按性别分：男性	155.4	49.6
女性	157.6	50.4
按年龄组分：0—14岁	37.9	12.1
15—59岁	214.2	68.4
60岁及以上	60.9	19.5
#65岁及以上	46.0	14.7

二、综合

经济增长：初步核算，全年实现地区生产总值9501.7亿元，按不变价格计算，比上年增长8.8%。分产业看，第一产业实现增加值1.9亿元，增长18.1%；第二产业实现增加值831.3亿元，增长17.6%；第三产业实现增加值8668.6亿元，增长8.0%。三次产业构成为0.02：8.75：91.23。

财政收入：区级一般公共预算收入完成490.2亿元，比上年增长8.0%。其中，增值税152.9亿元，增长1.9%；企业所得税108.6亿元，增长25.9%。

金融：全区各类金融机构达3546家，其中银行机构737家，保险机构174家，证券机构155家。年末全区中资银行人民币存款余额39384.0亿元，其中个人存款7099.5亿元。人民币贷款余额12181.2亿元，其中短期贷款3818.9亿元，中长期贷款8097.2亿元。

三、人民生活和社会保障

人民生活：全年全区居民人均可支配收入93478元，比上年增长7.8%。全年全区居民人均消费支出57482元，比上年增长12.3%。

就业：年末实有登记失业人数14609人，其中，城镇户籍登记失业人员14527人，农村户籍登记失业人员82人。全区城镇登记失业率为1.97%；城镇登记失业人员就业率65.07%，比上年提高10.76个百分点。

表 49　地区生产总值一览表

指标	绝对数（亿元）	比重（%）	2021 年比 2020 年增长（%）
地区生产总值	9501.7	100	8.8
按产业分			
第一产业	1.9	0.02	18.1
第二产业	831.3	8.75	17.6
第三产业	8668.6	91.23	8.0
按行业分			
#工业	642.4	6.8	23.5
信息传输、软件和信息技术服务业	3816.0	40.2	12.6
金融业	967.8	10.2	0.8
科学研究和技术服务业	1183.1	12.5	2.1
教育	803.7	8.5	5.3

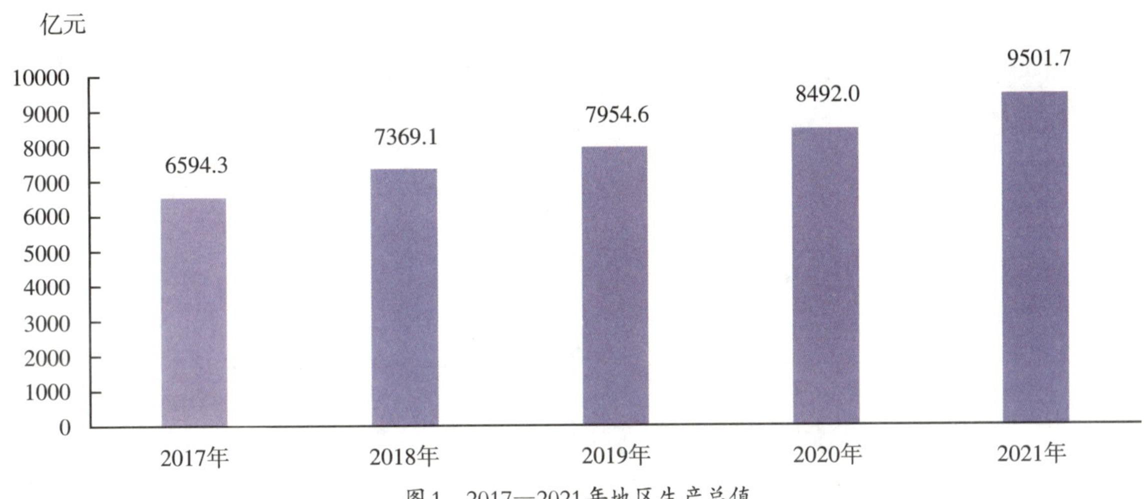

图 1　2017—2021 年地区生产总值

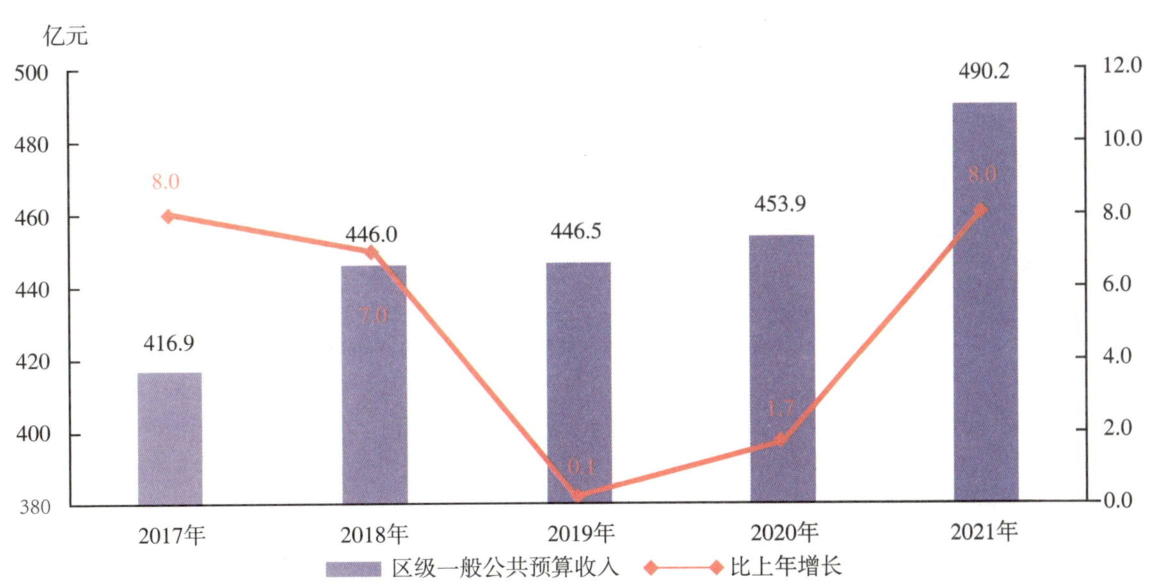

图 2　2017—2021 年区级一般公共预算收入及增速

表50 2021年末中资银行人民币存贷款余额一览表

单位：亿元

指标	年末数	比年初增加额
各项存款余额	39384.0	-246.2
单位存款	26181.6	-1305.6
个人存款	9246.7	900.8
其他存款	3955.7	158.6
各项贷款余额	12181.2	604.9
#境内短期贷款	3818.9	-233.1
境内中长期贷款	8097.2	738.5

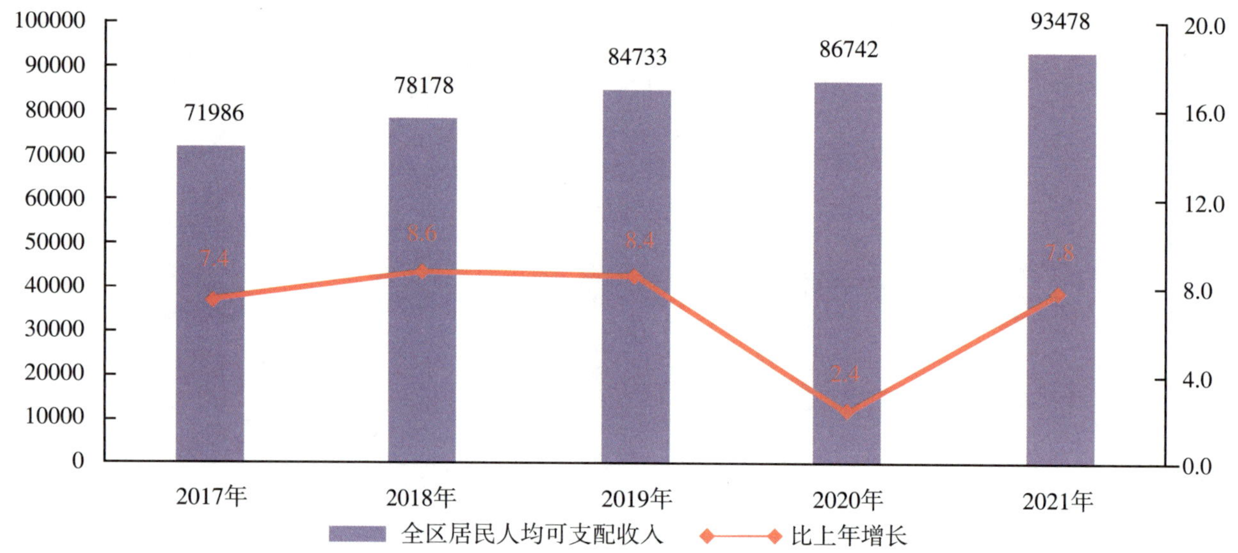

图3 2017—2021年全区居民人均可支配收入及增速

社会保障：年末参加基本养老、基本医疗、生育、失业和工伤保险人数分别为317.2万人、328.0万人、220.3万人、267.8万人和248.3万人，分别比上年末增长13.1万人、3.1万人、0.3万人、9.3万人和4.8万人。

年末参加城乡居民养老保险人数3.5万人。

全区享受最低生活保障的城市居民为63243人次，享受最低生活保障的农村居民为307人次。

四、农业

全区农业观光园87个，实现总收入9638.6万元，比上年增长12.9%。乡村旅游接待28.8万人次，比上年增长42.8%；实现总收入6058.5万元，比上年增长48.4%。全区实现农林牧渔业总产值4.3亿元，按现价计算，比上年增长10%。其中，农业实现产值2.3亿元，比上年增长46.9%。

五、工业和建筑业

工业：全年规模以上工业企业实现工业总产值3340.8亿元，比上年增长30.6%。其中，计算机、通信和其他电子设备制造业实现产值2324.6亿元，比上年增长37.0%。高技术制造业实现产值2675.1亿元，比上年增长34.6%。

建筑业：全区具有资质等级的总承包和专业承包建筑业企业完成建筑业总产值1436.5亿元，比上年下降29.1%。其中，在本市完成产值505.9亿元，比上年增长1.5%。实现竣工产值739.2亿元，比上年增长6.5%。

六、固定资产投资和房地产开发

固定资产投资：全年固定资产投资（不含农户）比上年增长10.8%。按产业分，第二产业投资下降38.0%；第三产业投资增长11.9%，其中，信息传输、软件和信息技术服务业增长43.5%。按构成分，建安工程投资增长5.2%，设备工器具购置投资增长89.8%。

房地产开发：全年房地产开发投资比上年增长23.6%。年末全区房屋施工面积1086.2万平方米，比上年末下降11.7%，其中，本年新开工面积128.0万平方米，下降43.5%。房屋竣工面积304.8万平方米，增长31.1%。商品

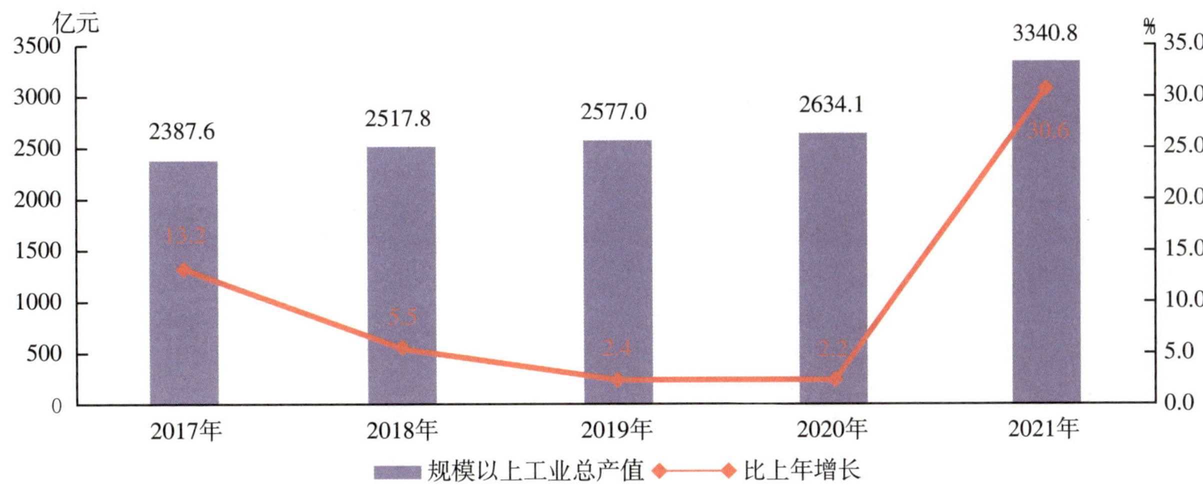

图4 2017—2021年规模以上工业总产值及增速

房销售面积100.5万平方米，增长57.9%。

七、市场消费、对外经济

市场消费：2021年全年实现社会消费品零售总额2920.8亿元，比上年增长7.5%。其中，限额以上商业企业实现零售额1775.0亿元，占全区社会消费品零售总额的60.8%。

对外经济：全区进出口总额490.6亿美元，比上年增长23.5%。其中进口额263.4亿美元，增长20.8%；出口额227.2亿美元，增长26.8%。全年吸收合同外资148.2亿美元，比上年增长202.2%；实际利用外资额62.4亿美元，增长10.3%。

八、教育、科技、卫生和体育

教育：全区共有普通中学87所，在校生11.8万人，毕业生3.1万人。小学89所，在校生18.7万人，毕业生2.7万人。幼儿园223所，在园幼儿7.8万人。中等职业学校8所，在校生7003人，毕业生1768人。特殊教育在校生485人，毕业生125人。

全区中小学幼儿园共有教职工4.2万人，其中特级教师、市级骨干教师和市级学科带头人共573人。35岁以下教师占比43.8%；高级以上职称教师占比18.2%。

科技：全区专利授权量为7.2万件，比上年增长17.7%。其中，发明专利授权量为4.0万件，增长19.6%。全年登记技术合同6.1万项，技术合同成交总额2920.8亿元，增长43.2%。

卫生：全区共有卫生机构1361个，比上年末增加108个，其中，医院101个，社区卫生服务中心50个。共有卫生技术人员4.01万人，其中执业医师1.55万人，注册护士1.78万人。医疗机构总诊疗3166.48万人次。婴儿死亡率1.35‰。全年报告甲乙类传染病发病率87/10万。

体育：全区公共体育场地共有372个；全民健身工程1532个；群众参与各类体育活动39.3万人次。全区运动员共获得全国性比赛及北京市级比赛奖牌794枚，其中金牌

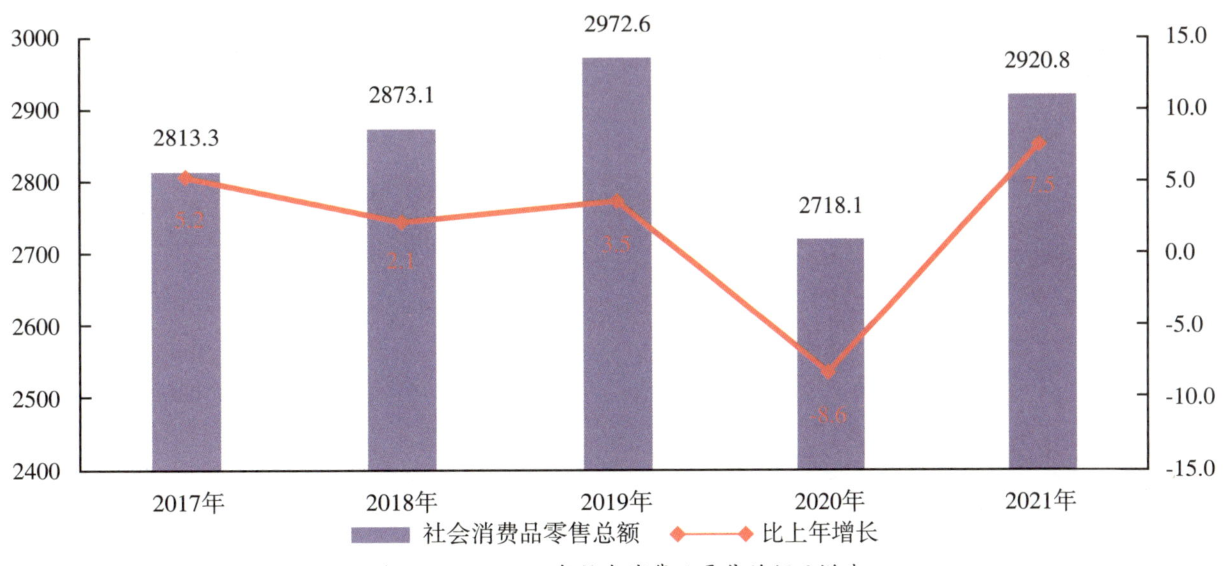

图5 2017—2021年社会消费品零售总额及增速

285枚、银牌251枚、铜牌258枚。

九、资源环境

水资源：全年水资源总量1.9亿立方米，比上年增长1.2%。全年总用水量3.2亿立方米，比上年增长8.6%，其中生活用水2.5亿立方米，增长10.6%；工业用水824万立方米，增长5.8%；农业用水341万立方米，下降24.2%。

环境：全区城市污水处理率为99.5%，比上年提高0.2个百分点。细颗粒物（$PM_{2.5}$）年均浓度33微克/立方米，下降8.3%；二氧化硫（SO_2）、二氧化氮（NO_2）和可吸入颗粒物（PM_{10}）年均浓度分别为3微克/立方米、31微克/立方米和54微克/立方米。

城市绿化覆盖率为51.37%，比上年提高0.15个百分点。全区人均公园绿地面积为14.63平方米，比上年增加0.64平方米。

公报注释：

1.本公报中2021年数据均为初步数。

2.地区生产总值及各产业增加值总量按当年价格核算，增速按不变价核算。

3.规模以上工业企业是指年主营业务收入2000万元及以上的全部法人工业企业；限额以上批发零售企业是指年主营业务收入2000万元及以上的批发企业和年主营业务收入500万元及以上的零售企业。

4.卫生机构和卫生技术人员等相关数据不含部队隶属医院数据。

5.公报中部分数据合计数或相对数由于计量单位取舍不同而产生的计算误差，均未作机械调整。

资料来源：

本公报中户籍人口数据来自北京市统计局；财政数据来自海淀区财政局；金融机构数据来自海淀区金融服务办公室；就业、社会保障数据来自海淀区人力资源和社会保障局、海淀区医疗保障局、海淀区民政局；进出口数据来自海淀区商务局；教育数据来自海淀区教育委员会；专利数据来自海淀区科学技术和经济信息化局；卫生数据来自海淀区卫生健康委员会；体育数据来自海淀区体育局；水资源及污水处理数据来自海淀区水务局；空气质量数据来自海淀区生态环境局；城市绿化数据来自海淀区园林绿化局；全区居民收支数据来自国家统计局海淀调查队；其他数据来自北京市海淀区统计局、北京市海淀区经济社会调查队。

2020年海淀区生态环境状况公报

（2021年6月2日发布）

一、综述

2020年，海淀区坚持以习近平新时代中国特色社会主义思想为指导，深入贯彻习近平生态文明思想，紧紧围绕市委市政府决策部署，深化落实“两新两高”战略，统筹推进疫情防控和生态环境保护工作，以改善生态环境质量为核心，坚决打好污染防治攻坚战，高标准推进落实生态环境保护各项工作，加快推进生态环境治理能力和治理水平现代化，圆满完成“十三五”规划和污染防治攻坚战阶段性目标任务，生态环境质量持续改善，为全面建成小康社会增添了绿色底色。

2020年，海淀区空气中细颗粒物（$PM_{2.5}$）年均浓度为36微克/立方米，首次实现“30+”，持续保持城六区领先地位。地表水水质持续改善，位居城六区首位，5个考核断面水质全面达到北京市考核要求。全区土壤环境质量总体良好，声环境质量基本稳定，辐射环境质量保持正常，生态环境状况稳步提升，环境安全得到有效保障。

二、生态环境质量

（一）大气环境

2020年，全区空气质量明显改善，四项主要污染物年平均浓度值同比均明显下降，细颗粒物（$PM_{2.5}$）年均浓度为36微克/立方米，同比下降10.0%，为有监测数据以来历史最低；二氧化硫（SO_2）、二氧化氮（NO_2）和可吸入颗粒物（PM_{10}），年均浓度分别为3微克/立方米、31微克/立方米和56微克/立方米，同比分别下降25.0%、18.4%和15.2%。“十三五”期间，海淀区空气质量大幅改善，细颗粒物（$PM_{2.5}$）年均浓度下降55%，SO_2、NO_2和PM_{10}分别下降80.3%、44.7%和45.6%，圆满完成了“十三五”规划目标。

表51　海淀区大气污染物年均浓度值比较

单位：微克/立方米

年份	二氧化硫（SO_2）	二氧化氮（NO_2）	可吸入颗粒物（PM_{10}）	细颗粒物（$PM_{2.5}$）
2020年	3	31	56	36
2019年	4	38	66	40
同比变化率	-25%	-18.4%	-15.2%	-10%
较2015年变化率	-80.3%	-44.7%	-45.6%	-55%

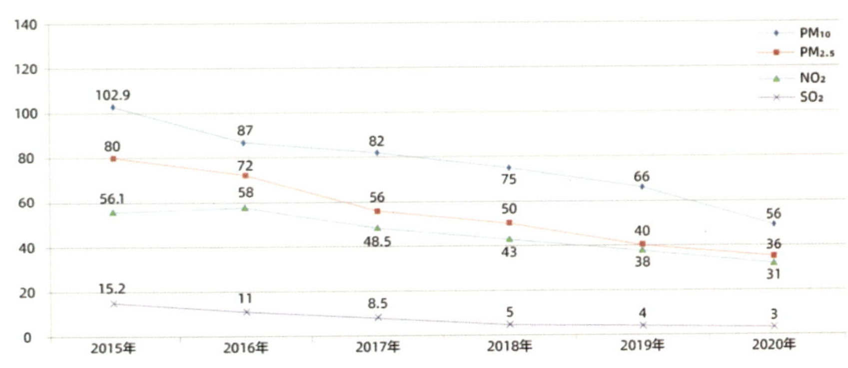

2015—2020年四项主要污染物年均浓度变化情况

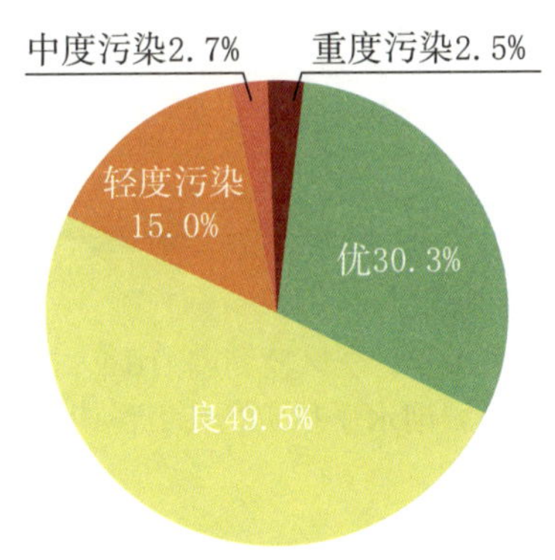

海淀区2020年空气质量各级别分布情况

2020年，全区累计优良天数292天，优良率79.8%，位居全市第二，同比增长8.3%，相比2015年增加111天，空气重污染天数为9天，占全年2.5%，相比2015年减少38天，蓝天“含金量”越来越高。

（二）水环境

2020年，全区水环境质量持续向好，5个地表水考核断面水质全部达到北京市考核要求，南沙河玉河橡胶坝断面从2016年的劣Ⅴ类提升至目前的Ⅳ类，水质实现跨越式提升，集中式饮用水水源地水源水质持续稳定达标，地下水环境质量保持稳定。

1.河流

2020年，全区监测河流10条段，共79公里，总体水质状况良好，达标河长首次实现100%。其中清河上段、清河下段、土城沟、万泉河、长河、小月河水质均优于其相应水体功能类别，南沙河、京密引水渠、昆玉河、永定河引水渠上段水质均达到其相应水体功能类别，与上年相比，河流水质改善明显。

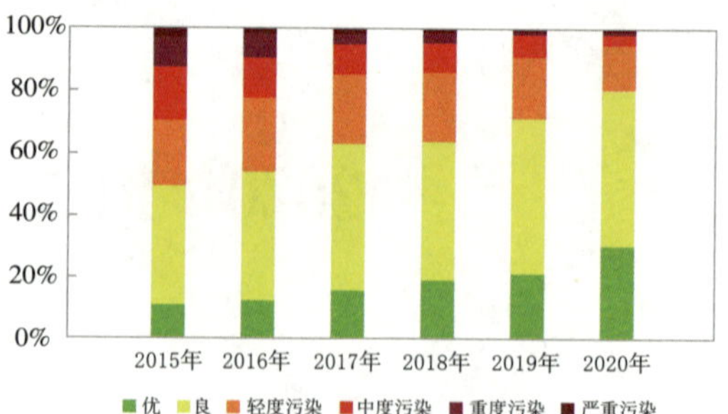

2015—2020年海淀区各级别天数占比（%）

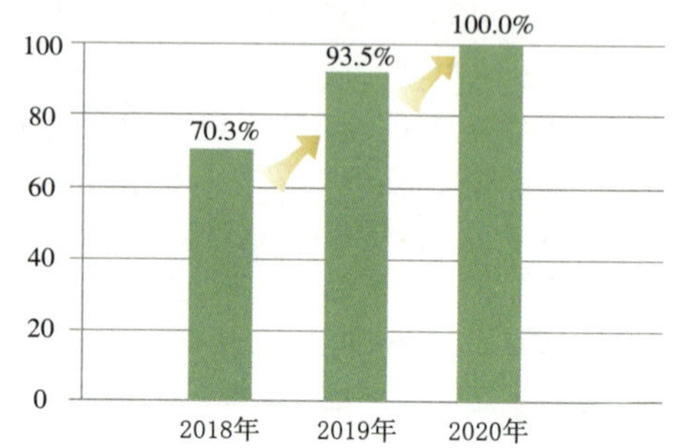

2018—2020年海淀区监测河流达标长度占比情况

表52　2020年海淀区河流水质评价结果

河流名称	水体功能类别	现状水质类别	达标状况
京引	Ⅱ类	Ⅱ类	达标
昆玉河	Ⅲ类	Ⅲ类	达标
清河上段	Ⅳ类	Ⅱ类	达标
清河下段	Ⅴ类	Ⅲ类	达标
土城沟	Ⅳ类	Ⅱ类	达标
万泉河	Ⅳ类	Ⅲ类	达标
长河	Ⅲ类	Ⅱ类	达标
永引上段	Ⅲ类	Ⅲ类	达标
南沙河	Ⅳ类	Ⅳ类	达标
小月河	Ⅳ类	Ⅱ类	达标

2.湖泊

2020年，全区监测湖泊6个，水域面积427万平方米，其中团城湖水质稳定达标，昆明湖、八一湖、玉渊潭湖、圆明园湖和紫竹院湖因生态补水不足、汛期面源污染、补水水质等因素影响，水质均未能达到水体功能标准，主要污染物指标分别为化学需氧量、生化需氧量和总磷。

表53　2020年海淀区湖泊水质评价结果

湖泊名称	水体功能类别	现状水质类别	达标状况	营养状态
团城湖	Ⅱ类	Ⅱ类	达标	中营养

续表

湖泊名称	水体功能类别	现状水质类别	达标状况	营养状态
昆明湖	Ⅲ类	Ⅳ类	未达标	轻度富营养
八一湖	Ⅲ类	Ⅳ类	未达标	轻度富营养
玉渊潭湖	Ⅲ类	Ⅳ类	未达标	轻度富营养
圆明园湖	Ⅲ类	Ⅳ类	未达标	轻度富营养
紫竹院湖	Ⅲ类	Ⅳ类	未达标	轻度富营养

（三）土壤环境

2020年，全区土壤环境质量总体状况良好，土壤环境风险得到有效管控，辖区受污染耕地、污染地块安全利用率达到90%以上。“十三五”期间，土壤环境综合污染指数均值为0.423，土壤环境等级为清洁（安全）级别，污染风险总体较小。

（四）声环境

2020年，海淀区声环境质量基本稳定。

1.功能区环境噪声

2020年，功能区环境噪声总体水平一般，1类区（以居住、文教机关为主区域）昼间噪声年均值53.3dB（A），与上年相比下降3.1dB（A），夜间噪声年均值为45.5dB（A），与上年持平。

2.区域环境噪声

2020年，建成区区域环境噪声总体水平较好，136个网格昼间区域环境噪声平均值为52.9dB（A），同比上升0.2dB（A），其中达标网格数116个，达标网格个数较上年增加4个，达标率为85.3%。

3.道路交通噪声

2020年，建成区道路交通噪声环境总体保持稳定，建成区交通噪声监测路段60条，昼间平均值为70.4dB（A），与上年相比，下降0.2dB（A）。

（五）辐射环境

2020年，海淀区辐射环境质量状况良好，保持正常水平。

1.电离辐射环境

2020年，海淀区辐射环境自动监测站环境y辐射剂量率连续监测月均值范围为89.0—90.5纳戈瑞/小时，年均值为89.8纳戈瑞/小时，与上年相比无明显变化，属正常环境水平。

2.电磁辐射环境

2020年，海淀区电磁辐射环境水平总体保持稳定，电磁辐射环境自动监测的月均值范围为0.013—0.887微瓦/平方厘米，年均值为0.191微瓦/平方厘米，电磁辐射水平远低于《电磁环境控制限值》（GB8702-2014）所规定的公众曝露控制限值。

（六）生态环境

2020年，海淀区生态环境状况为“良”，生态环境状况指数（EI）为60.3，在城六区范围内率先突破60，达到国家生态文明建设示范区创建指标要求，与上年相比，生态环境状况指数增长1.2，生态环境状况持续改善。

三、污染物减排

（一）大气污染物

2020年，海淀区完成了北京市下达的氮氧化物和挥发性有机物分别较上年下降9%和4%的年度减排任务。“十三五”期间，海淀区大气主要污染物排放量下降明显，截至2018年底，氮氧化物和挥发性有机物排放总量较2015年分别削减了2978吨和7012吨，降幅达26.7%和30.9%，提前超额完成减排目标任务。

（二）水污染物

2020年，海淀区完成北京市下达的化学需氧量和氨氮重点工程减排量200吨和20吨的年度减排任务。“十三五”期间，海淀区水主要污染物化学需氧量、氨氮减排成效显著，提前两年完成减排目标任务。

四、措施与行动

（一）污染防治攻坚

蓝天保卫战

2020年，海淀区坚持方向不变，力度不减，标准不降，深入实施“一微克”行动，聚焦重型柴油车、挥发性有机物、扬尘三大领域，狠抓精细化管理减排，推进多种污染物协同治理，推动空气质量进一步改善。推进移动源低排放化，将海淀全域划定为非道路移动机械低排区，推进非道路移动机械登记管理，累计发放非道路移动机械信息卡1432张；积极推动车辆结构和运输方式调整，加快推进高排放老旧柴油货车淘汰工作，推广使用新能源和清洁能源汽车。强化扬尘管控，围绕施工、道路、裸地“三尘”，

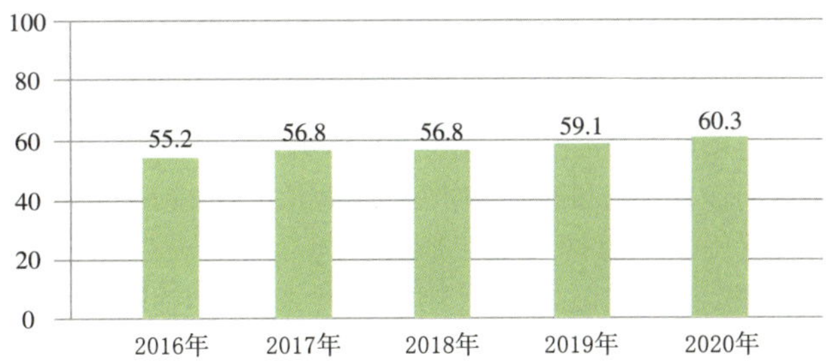

2016—2020年海淀区生态环境状况指数变化情况

着力提升扬尘精细化管控水平，严格施工场所监管，绿色工地达标率为99.8%，拓展道路清扫保洁机械化作业范围，城市道路“冲扫洗收”新工艺作业率达94%，全年降尘量5.1吨/平方公里·月，同比下降7%，城市洁净度明显提升。加强挥发性有机物科学治理，开展挥发性有机物专项治理行动，坚持源头替代、过程管理、末端治理，不断推进生产生活排放减量化。

碧水保卫战

坚持“保好水”和“治差水”并重，污染减排和生态扩容两手发力，统筹推动水资源保护、水环境治理和水生态修复。系统谋划，强化“综合治水”管护效能，印发实施《海淀区中关村科学城北区污水治理工作方案》，加大治污截污力度，启动了稻香湖再生水厂二期工程项目，全区污水处理率达到99.3%；强化入河排口分级分类管理，摸排建档了全区24条河流的排口，未发现污水直排现象，也未发现新增入河排污口。有序推进，发挥“生态治水”优势作用，完成了生态清洁小流域综合治理以及宏丰渠、团结渠生态治理工作；努力打通城市“毛细血管”水生态环境，完成了辖区34条小微水体的整治工作；统筹河湖水系循环补水总体布局，完成稻香湖片区、翠湖片区循环补水工程。压实责任，巩固“管理治水”良好成效，严格落实河湖长制考核机制，全年通过河长制系统累计解决水环境交办问题352件，进一步健全街镇级断面、村级断面的地表水监测评价体系。

净土保卫战

围绕加强源头管控、强化风险管理防控、细化农用地管理等领域，全力保障土壤环境安全。推进土壤环境污染勘察，编制《海淀区土壤环境质量状况分析评价报告》，结果显示辖区土壤环境状况良好。紧抓土壤污染源头管控，向社会公开土壤污染重点单位名录，深化重金属污染防治，实现了重点行业重点重金属排放总量比2013年下降8%以上的目标。狠抓建设用地污染风险防控，完成2019年关停企业原址用地筛查，完成326家历史关停企业基础信息核查上报工作，建立并完善建设用地土壤污染调查名录。严抓耕地污染防控，完成复垦农用地土壤环境状况调查评估，持续做好基本农田和耕地保护动态巡查，深入推进化肥、农药减量，建立科学高效的农药包装废弃物和农膜回收处理机制，农膜回收率达到80%以上。

（二）生态环境管理

环评审批

深化“放管服”改革，持续优化营商环境。落实环评审批正面清单，严格执行新增产业禁限目录，全年办理环评报告许可项目60项，梳理网上备案项目5000余项。积极推进排污许可发证登记和管理工作，实现全区124个行业、1742家固定污染源排污许可全覆盖，海淀区生态环境局荣获2020年全国固定污染源排污许可全覆盖工作中表现突出的集体。

环境安全

统筹推进疫情防控和生态环境保护，建立完善医疗废物、废水和重点管控生活垃圾的全覆盖、全流程、全链条监管机制，严守环境安全底线，不断加强危险废物和辐射安全管理，深化环境安全隐患排查整改，严格落实定期检查和备案管理制度，辖区环境安全得到有效保障。

应急保障

加强空气重污染应急工作，修订完善空气重污染工业源应急减排清单，按照“抓早、抓小、抓细”原则，对重点行业开展绩效分级、差异化管控，全年共实施4次空气污染过程应对和1次空气重污染黄色预警响应。加强应急值守和演练，全年未发生环境突发事件。

环境监测

大力加强监测能力建设，区环境监测站积极扩展3大类23项监测能力，涵盖空气和废气、水和废水等各领域。优化生态环境领域“城市大脑”顶层设计，综合利用大数据、云计算、人工智能等技术信息手段，全面提升城市生态环境治理智慧化水平。

督察整改

按时序完成第一轮中央环保督察22项和第一轮北京市环保督察26项整改任务。高标准完成第二轮中央生态环境保护督察迎检和配合工作，持续推进中央第二轮生态环境保护督察交办的228件信访案件办理工作。坚持跟踪问效，有力推进各项督察整改任务的按时完成。

污染源普查

高质量完成第二次全国污染源普查收尾工作，全面摸清辖区各类污染源的数量、结构和分布状况，掌握污染物的排放情况，完成9870余件污普档案归档工作，健全污染源档案和信息数据库，海淀区污普技术报告获评“全国污染源普查优秀技术报告一等奖”。

系统治理

严格落实“双控”“三线”要求，坚决守住城市发展的“天花板”“红线”，构建生态城市空间体系，完成自然保护地优化整合，全区自然保护地总面积3197.89公顷，城乡建设用地减量3平方公里，腾退土地136.7公顷，实施新一轮百万亩造林工程，造林绿化1626.7亩，改造绿地443亩。

（三）生态环境执法

固定源执法方面，严厉打击生态环境违法行为，按照“精准发力、精准打击、精细管理”的工作思路，推进落实13个方面66项重点任务，重点围绕大气、水、土壤、固体废物等污染防治攻坚领域开展专项执法、全时执法、“点穴式”执法、“双随机”执法，全年共组织专项执法行动33个，检查各类污染源企业7033家次，同比增长70%。优化执法方式，将56家企业纳入监督执法正面清单，通过开展线上培训加强帮扶指导，助力企业复工复产。全年调整退出一般制造业和污染企业14家，持续保持“散乱污”企业动态清零。

移动源执法方面，贯彻实施《北京市机动车和非道路移动机械排放污染防治条例》，加大移动源执法力度，严格开展重型柴油车路检夜查和入户执法检查，按照“环保取证、公安处罚”模式，检查重型柴油车6万余辆次，查处超标重柴车6180辆次，加强非道路移动机械监管，累计检查机械600余台次，查处超标机械48台次。强化加油站油气回收监管，巡查加油站523座次。加强机动车检测场检验检测行为全过程管理，强化检测场远程监控，累计监督检测机动车1.3万余辆次。

扬尘执法方面，狠抓施工、道路、裸地扬尘精细化治理，统筹推进落实行业主管部门和属地监管责任，搭建完善工地扬尘视频监管平台，新增视频设备243项，区住建、城管执法等部门通过多种方式对施工工地开展巡查检查5万余次，区城管执法局加大施工工地检查力度，严厉打击道路遗撒等违法现象，依法立案查处施工扬尘类案件240起、渣土车违规运输类案件510起。

（四）共同行动

全区各级党委、政府以及职能部门深化落实生态环境保护“党政同责、一岗双责”，按照职责分工，对标对表，有序推进各项任务措施，形成“条块结合、部门协作、上下联动”的工作格局。区委区政府加强部署调度，每季度听取污染防治工作汇报，部署下一阶段重点工作，区领导多次对大气污染防治、中央生态环保督察迎检保障、VOCs治理和秋冬季大气综合治理、河湖长制等相关工作进行部署调度、督导检查。明确职责任务，修订《北京市海淀区生态环境保护工作职责分工》，构建“横向到边、纵向到底”的生态环境保护责任体系，推动形成合力攻坚的生态环境保护格局，印发实施打赢污染防治攻坚战2020年行动计划、VOCs治理专项行动方案和秋冬季大气污染综合治理攻坚行动任务细化分解方案等系列工作方案，推动重点领域污染防治工作抓实落细。完善工作机制，通过建立健全定期通报、约谈、帮扶、考核等工作机制，进一步压紧压实属地监管责任，以成效考核为抓手，助推污染防治攻坚战各项工作提质增效。实行生态环境保护问题“清单化”管理，以第二轮中央生态环境保护督察转办信访案件整改落实为契机，加强督查督导，狠抓整改落实。

驻区企事业单位积极履行生态环境保护主体责任，主动适应生态环境保护新要求，积极开展技术改造、治污减排，努力减少污染排放，推动绿色发展。广大市民自觉践行绿色生活方式，节水节电、绿色出行、实行垃圾分类，生态环境保护意识不断增强，生态环保参与度进一步提升，同时，积极发挥监督作用，通过拨打投诉举报热线，反映身边的环境问题，一批群众的操心事、烦心事、揪心事通过“接诉即办”得到及时解决。

全区各单位各部门加强舆论宣传引导，通过新闻发布、媒体传播、宣传活动、信息公开等各种形式，大力宣传习近平生态文明思想，及时解读相关法规政策，持续讲好海淀环保故事，形成人人关心、支持、参与生态环境保护工作的良好社会氛围。

五、展望

2021年是中国共产党成立100周年，也是“十四五”规划的开局之年，海淀区将以习近平生态文明思想为指引，全面贯彻新发展理念，认真落实中央、北京市各项决策部署，以经济社会发展全面绿色转型为引领，以减污降碳为主抓手，深入打好污染防治攻坚战，持续改善生态环境质量，加快推动绿色低碳发展，协同推进经济高质量发展和生态环境高水平保护，为加快建设现代化国际化创新型宜居宜业城区和北京国际科技创新中心核心区提供优美的生态环境保障。

北京市海淀区第七次全国人口普查公报[①]

北京市海淀区统计局

北京市海淀区第七次全国人口普查领导小组办公室

（2021年6月7日）

根据《中华人民共和国统计法》《全国人口普查条例》规定和《国务院关于开展第七次全国人口普查的通知》（国发〔2019〕24号）要求，我国以2020年11月1日零时为标准时点进行了第七次全国人口普查[②]。在以习近平同志为核心的党中央坚强领导下，在国务院、市委市政府和区委区政府的统一领导下，在各有关部门的大力支持下，在各级普查机构和普查人员的共同努力下，在广大普查对象的积极配合下，海淀区第七次全国人口普查圆满完成普查现场登记和普查主要数据汇总评估工作。根据北京市海淀区第七次全国人口普查结果，现将2020年11月1日零时我区常住人口基本情况公布如下：

一、常住人口

全区常住人口[③]为3133469人，与2010年第六次全国人口普查的3280670人相比，减少147201人，下降4.5%，年平均下降0.5%。

全区常住人口中，外省市来京人口为1118215人，占常住人口的35.7%，与2010年第六次全国人口普查的1256145人相比，减少137930人，下降11%，年平均下降1.2%。

二、户别人口

全区常住人口中，共有家庭户[④]1118037户，集体户160762户，家庭户人口为2602895人，集体户人口为530574人。平均每个家庭户的人口为2.33人，与2010年第六次全国人口普查的2.39人相比，减少0.06人。

三、地区分布

全区29个镇、街道中，常住人口在15万人以上的有5个，分别是学院路街道、西北旺地区（镇）、北太平庄街道、四季青地区（镇）、西三旗街道；在10万人—15万人之间的有12个，分别是清河街道、北下关街道、花园路街道、八里庄街道、中关村街道、紫竹院街道、海淀街道、万寿路街道、羊坊店街道、马连洼街道、甘家口街道、田村路街道；在10万人以下的有12个，分别是永定路街道、曙光街道、青龙桥街道、苏家坨地区（镇）、上庄地区（镇）、温泉地区（镇）、上地街道、东升地区（镇）、清华园街道、燕园街道、香山街道、万柳地区（海淀镇）。

表54　海淀区各镇、街道常住人口

单位：人

地区	人口数
全区	3133469
万寿路街道	121453
永定路街道	90879
羊坊店街道	120302
甘家口街道	117946
八里庄街道	133400
紫竹院街道	129367
北下关街道	146366
北太平庄街道	163920
学院路街道	226315
中关村街道	130672
海淀街道	123191

① 本公报数据均为初步汇总数据。

② 普查标准时点为2020年11月1日零时，普查对象是普查标准时点在中华人民共和国境内的自然人以及在中华人民共和国境外但未定居的中国公民，不包括在中华人民共和国境内短期停留的境外人员。

③ 常住人口包括：居住在本乡镇街道且户口在本乡镇街道或户口待定的人；居住在本乡镇街道且离开户口登记地所在的乡镇街道半年以上的人；户口在本乡镇街道且外出不满半年或在境外工作学习的人。

④ 家庭户是指以家庭成员关系为主、居住一处共同生活的人组成的户。

续表

地区	人口数
青龙桥街道	84221
清华园街道	56592
燕园街道	29779
香山街道	27614
清河街道	147395
花园路街道	139362
西三旗街道	157643
马连洼街道	119022
田村路街道	108088
上地街道	67139
万柳地区（海淀镇）	2022
东升地区（镇）	58151
曙光街道	86181
温泉地区（镇）	69165
四季青地区（镇）	162700
西北旺地区（镇）	164795
苏家坨地区（镇）	78235
上庄地区（镇）	71554

四、性别构成

全区常住人口中，男性人口为1562094人，占49.9%；女性人口为1571375人，占50.1%。常住人口性别比（以女性为100，男性对女性的比例）由2010年第六次全国人口普查的106.8下降为99.4。

五、年龄构成

全区常住人口中，0—14岁[⑤]人口为371111人，占11.8%；15—59岁人口为2184011人，占69.7%；60岁及以上人口为578347人，占18.5%，其中65岁及以上人口为409319人，占13.1%。

与2010年第六次全国人口普查相比，0—14岁人口的比重上升4.1个百分点，15—59岁人口的比重下降11.3个百分点，60岁及以上人口的比重上升7.2个百分点，65岁及以上人口的比重上升4.7个百分点。

表55 全区常住人口年龄构成

单位：人、%

年龄	人口数	比重	
		2020年	2010年
总计	3133469	100.0	100.0
0—14岁	371111	11.8	7.7
15—59岁	2184011	69.7	81.0
60岁及以上	578347	18.5	11.3
其中：65岁及以上	409319	13.1	8.4

六、受教育程度

全区常住人口中，拥有大学（指大专及以上）文化程度的人口为1768882人；拥有高中（含中专）文化程度的人口为453957人；拥有初中文化程度的人口为469350人；拥有小学文化程度的人口为265419人（以上各种受教育程度的人包括各类学校的毕业生、肄业生和在校生）。

与2010年第六次全国人口普查相比，每10万人中拥有大学文化程度的由47081人增长为56451人；拥有高中文化程度的由18805人减少为14487人；拥有初中文化程度的由22738人减少为14979人；拥有小学文化程度的由6992人增长为8470人。

15岁及以上常住人口的平均受教育年限[⑥]为13.8年，与2010年第六次全国人口普查相比，提高0.8年。

全区常住人口中，文盲人口（15岁及以上不识字的人）为14362人，文盲率[⑦]为0.5%。与2010年第六次全国人口普查相比，文盲人口减少10412人，文盲率下降0.3个百分点。

七、城乡人口[⑧]

全区常住人口中，居住在城镇的人口为3058731人，占97.6%；居住在乡村的人口为74738人，占2.4%。与2010年第六次全国人口普查相比，城镇人口减少149832人，下降4.7%，年平均下降0.5%；乡村人口增加2631人，上升3.7%，年平均上升0.4%；城镇人口比重下降0.2个百分点。

八、民族人口

全区常住人口中，汉族人口为2977009人，占95%；各少数民族人口为156460人，占5%。与2010年第六次全国人口普查相比，汉族人口减少169112人，下降5.4%，年平均下降0.6%；各少数民族人口增加21911人，上升16.3%，年平均上升1.5%。

---

⑤ 0—15岁人口为387044人，16—59岁人口为2168078人。
⑥ 平均受教育年限是将各种受教育程度折算成受教育年限计算平均数得出的，具体的折算标准是：小学=6年，初中=9年，高中=12年，大专及以上=16年。
⑦ 文盲率是指常住人口中15岁及以上不识字人口所占比例。
⑧ 城镇、乡村是按国家统计局《统计上划分城乡的规定》划分的。

表56　2021年中共海淀区委部分文件目录

序号	文号	标题	印发日期
1	京海发〔2021〕1号	关于制定海淀区国民经济和社会发展第十四个五年规划和二〇三五年远景目标的建议	1月12日
2	京海发〔2021〕2号	关于印发《区委常委会2021年工作要点》的通知	2月26日
3	京海发〔2021〕3号	关于印发《中共北京市海淀区委常委会关于完善“三重一大”事项决策制度的实施办法》的通知	3月5日
4	京海发〔2021〕5号	关于印发《北京2022年冬奥会和冬残奥会海淀区运行保障指挥部工作方案》的通知	3月18日
5	京海发〔2021〕7号	关于成立中共北京市海淀区委区和镇领导班子换届工作领导小组的通知	4月26日
6	京海发〔2021〕8号	关于设立中共北京市海淀区房屋管理局党组的决定	5月10日
7	京海发〔2021〕10号	关于印发《中共北京市海淀区委关于弘扬新时代中关村精神深化落实“两新两高”战略加快建设北京国际科技创新中心核心区的意见》的通知	5月10日
8	京海发〔2021〕12号	关于表彰海淀区优秀共产党员、优秀党务工作者和先进基层党组织的决定	6月24日
9	京海发〔2021〕13号	关于设立区环境卫生服务中心等单位党组、撤销区城管执法局党组以及区城市服务管理指挥中心党组更名的决定	7月3日
10	京海发〔2021〕14号	关于中国共产党北京市海淀区第十三次代表大会代表选举工作的通知	8月16日
11	京海发〔2021〕15号	转发《区委宣传部、区司法局关于在全区开展法治宣传教育的第八个五年规划（2021—2025年）》的通知	8月22日
12	京海发〔2021〕17号	印发《关于贯彻落实〈中国共产党统一战线工作条例〉的实施方案》的通知	11月13日
13	京海发〔2021〕18号	关于印发《中国共产党北京市海淀区第十三届委员会常务委员会工作规则》的通知	12月18日
14	京海发〔2021〕19号	关于印发《海淀区党务公开工作实施方案（试行）》的通知	12月18日
15	京海发〔2021〕20号	关于十三届区委常委工作分工的通知	12月31日

表57　2021年海淀区人民政府部分文件目录

序号	文号	标题	印发日期
1	海政发〔2021〕1号	关于印发2021年《政府工作报告》的通知	1月28日
2	海政发〔2021〕2号	关于印发《海淀区公共信用信息管理细则》的通知	1月12日
3	海政发〔2021〕3号	关于印发《海淀区2021年第一批政府投资建设项目安排方案》的通知	1月19日
4	海政发〔2021〕4号	关于印发《海淀区小型工程建设项目管理办法》的通知	2月23日
5	海政发〔2021〕5号	关于印发本区海绵城市专项规划的通知	3月15日
6	海政发〔2021〕6号	关于印发本区政府工作规则的通知	3月5日
7	海政发〔2021〕7号	关于印发《海淀区积水内涝防治工作方案（2021—2025年）》的通知	3月31日
8	海政发〔2021〕8号	关于印发《北京市海淀区国民经济和社会发展第十四个五年规划和二〇三五年远景目标纲要》的通知	4月1日
9	海政发〔2021〕9号	关于印发本区2020年法治政府建设年度情况报告的通知	3月29日
10	海政发〔2021〕10号	关于印发《北京海淀三山五园国家文物保护利用示范区建设实施方案》的通知	4月2日
11	海政发〔2021〕12号	关于印发《海淀区2021年固定资产投资推进方案》的通知	5月7日
12	海政发〔2021〕13号	关于印发本区“十四五”时期老旧小区综合整治实施方案的通知	5月31日
13	海政发〔2021〕14号	关于印发《海淀区财政预决算编制及审批管理办法》的通知	6月4日
14	海政发〔2021〕15号	关于印发本区国家森林城市建设总体规划（2021—2035年）的通知	7月8日
15	海政发〔2021〕17号	关于印发本区“十四五”时期生态文明建设规划的通知	8月3日
16	海政发〔2021〕18号	关于印发本区促进产业高质量发展专项资金管理办法的通知	8月23日
17	海政发〔2021〕19号	关于印发本区园林绿化专项规划（2020年—2035年）的通知	11月18日
18	海政发〔2021〕20号	关于印发本区“十四五”时期农村城市化规划的通知	11月11日
19	海政发〔2021〕22号	关于印发本区“十四五”时期宣传思想文化旅游发展规划和二〇三五年远景目标纲要的通知	12月2日
20	海政发〔2021〕24号	关于印发《海淀区“十四五”时期法治政府建设规划》的通知	12月21日
21	海政发〔2021〕25号	关于印发《“十四五”时期“智慧海淀”建设规划》的通知	12月27日
22	海政发〔2021〕26号	关于印发《海淀区“十四五”时期妇女儿童发展规划》的通知	12月27日

表58　2021年海淀区行政区划基本情况一览表

序号	地区	社区居委会	村委会	辖区面积（平方千米）
	全区	593	53	430.77
1	万寿路街道	27	—	6.52
2	羊坊店街道	31	—	6.61
3	甘家口街道	24	—	6.49
4	八里庄街道	32	—	6.49
5	紫竹院街道	22	—	6.23
6	北下关街道	31	—	6.04
7	北太平庄街道	32	—	5.17
8	海淀街道	32	—	6.9
9	中关村街道	30	—	5.28
10	学院路街道	30	—	8.49
11	清河街道	29	—	9.37
12	青龙桥街道	20	—	18.59
13	香山街道	6	—	20.4
14	西三旗街道	28	—	8.23
15	马连洼街道	20	—	10.74
16	花园路街道	27	—	6.33
17	田村路街道	27	—	6.79
18	上地街道	13	—	9.52
19	曙光街道	17	—	5.45
20	永定路街道	25	—	4.69
21	燕园街道	7	—	1.84
22	清华园街道	10	—	3.49
23	温泉镇	13	2	33.23
24	上庄镇	7	19	38.45
25	苏家坨镇	11	10	84.51
26	西北旺镇	19	8	51.02
27	四季青镇	12	10	40.83
28	海淀镇	2	2	4.79
29	东升镇	9	2	8.28

组织机构负责人名录

中共海淀区委员会（第十二届）

书　记　于　军
副书记　王合生　张　强
常　委　鲍　雷　李俊杰　张劲林　任武军（9月免）
牟晓春（女，9月任）　吴计亮　梁　爽　张若冰

中共海淀区委员会（第十三届，12月）

书　记　于　军
副书记　王合生　张　强
常　委　鲍　雷　李俊杰　张劲林　吴计亮
张若冰　牟晓春（女）　刘传忠　林剑华

海淀区人民代表大会常务委员会（第十六届）

主　任　刘长利
副主任　杨　莉（女）　白建平　陈国启（满族）
吴琢如（女）　邓佑玲（女，土家族）

海淀区人民代表大会常务委员会（第十七届，12月）

主　任　刘长利
副主任　李　泉　吴宝华　魏开锋　李卫华
赵晓光（女）

海淀区人民政府（换届前）

区　长　王合生
常务副区长　李俊杰
副区长　梁　爽（10月免）　谭　权（10月免）
沙海江（10月免）　林剑华　林　航（女）
陈朝晖（女，10月免）　张小川（10月任）
岳　立（10月任）　徐振涛（10月任）
邸慧清（女，挂职至2021年4月）

海淀区人民政府（12月，换届）

区　长　王合生
常务副区长　李俊杰
副区长　林剑华　林　航（女）　张小川　岳　立
徐振涛　程培衡　马光耀（蒙古族）
梁　爽（10月免）
谭　权（10月免）　沙海江（10月免）
陈朝晖（女，10月免）　邸慧清（女，7月免）

中国人民政治协商会议北京市海淀区委员会（第十届）

主　席　刘　勇
副主席　丁志明　陈　双（女）
胡淑彦（女）　杨剑飞
王玉梅（女）　徐凤芹（女）

中国人民政治协商会议北京市海淀区委员会（第十一届，12月）

主　席　刘　勇
赵小云（女）　许　云　李　伟
曹先彬　安雪晖　叶培贵

中共北京市海淀区纪律检查委员会、北京市海淀区监察委员会（第十二届）

纪委书记　**监委主任**　鲍　雷
纪委副书记　**监委副主任**　张　磊　杜陈生　杨　科

中共北京市海淀区纪律检查委员会、北京市海淀区监察委员会（第十三届，12月）

纪委书记　**监委主任**　鲍　雷
纪委副书记　**监委副主任**　张　磊　杜陈生　杨　科

北京市海淀区人民法院

党组书记　**院长**　邵明艳（女）

北京市海淀区人民检察院

党组书记　**检察长**　刘　惠（女）

中共北京市委中关村科学城工作委员会
中关村科学城管理委员会
（对外保留中关村科技园区海淀园管理委员会牌子）

党工委　书记　于　军（兼）
副书记　王合生（兼）　李俊杰（兼）
张　强（兼）　林剑华（兼）
委员　梁　爽（9月免）　吴宝华
舒毕磊（9月免）　何建吾
王　斌（女）　申宏艳（女）
侯　育（女，4月任，9月免）
刘　莉（女）
管委会　主任　王合生（兼）
常务副主任　李俊杰（兼）
副主任　张　强（兼）　梁　爽（兼，9月免）
林剑华（兼）　金勤献（兼）
方海强（5月任）　陈爱清（6月任）
张　健（女，4月任，挂职）
专职副主任　吴宝华　舒毕磊（9月免）
何建吾（11月任）
中关村科技园区海淀园管理委员会（保留牌子）
主任　林剑华（兼）
海淀区科学技术和经济信息化局（与中关村科技园区海淀园管理委员会合署办公，加挂区知识产权局牌子）
局长　舒毕磊（10月免）　何建吾（11月任）
综合事务部　部长　吴宝华
科技创新部　部长　舒毕磊（9月免）　何建吾（11月任）
产业发展部　部长　舒毕磊（9月免）　何建吾（11月任）
创新服务部　部长　舒毕磊（9月免）　何建吾（11月任）
海淀区知识产权局
局长　舒毕磊（9月免）　何建吾（11月任）
综合事务部组织人事处兼非公党建工作处（统战部）
处长　王　斌（女）
综合事务部综合协调处兼财务审计处
处长　申宏艳（女）
区纪委区监委驻中关村科学城党工委、管委会纪检监察组
组长　刘　莉（女）
科技创新部规划发展处
处长　王春生
科技创新部科技发展处
处长　空缺
产业发展部产业促进一处
处长　空缺
产业发展部产业促进二处
处长　何建吾（11月免）
产业发展部产业空间管理处
处长　杜嘉宁
创新服务部服务体系建设处
处长　刘　钊
创新服务部交流合作与人才工作处
处长　侯　育（女，3月任，11月免）
创新服务部知识产权处
处长　刘向阳（6月免）　张芳英（女，7月任）
中关村科学城总工会
主席　王　晖
中关村科学城团工委
书记　李乾坤（5月免）
中关村国家自主创新示范区展示交易中心
主任　梁爱民
中关村国家自主创新示范区核心区发展研究中心
主任　宋洁尘

区委系统

区委统一战线工作部（挂区政府侨务办公室牌子）
部长　任武军（9月免）
牟晓春（女，9月任）
常务副部长　刘　珍（女）
中共北京市海淀区委台湾工作办公室（北京市海淀区人民政府台湾事务办公室）
主任　王　锋
区委办公室（挂北京市海淀区档案局、中共北京市海淀区机要局牌子）
主任　吴计亮
常务副主任　张红林（女）
区委组织部（挂区公务员局、区委非公有制经济组织和社会组织工作委员会牌子）
部长　张若冰
区委宣传部（挂区新闻出版局、区政府新闻办公室牌子）
部长　张劲林
常务副部长　黄　英（女）
区委政法委员会　书记　吴计亮
常务副书记　王勇禄
区委区政府研究室
主任　王　煜
区委网络安全和信息化委员会办公室（区互联网信息办公室）
主任　黄　英（女）
区委机构编制委员会办公室　主任　张京玲（女）
区委军融办　主任　杨　颖（女）
区直属机关工作委员会
书记　苏德琴（女，9月免）
田桂茹（女，满族，9月任）
区委巡察办　主任　陈　熙
区委老干部局　党总支书记　局长　赵静国
区人民武装部

政委　田敬军（5月免）
田明宇（12月任）
部长　黄世斌（5月免）
刘传忠（5月任）
区党史地方志办公室　主任　李　强
区委党校（区行政学院）
校长（院长）　张　强
常务副校长（常务副院长）　何昭瑾
区精神文明建设委员会办公室（设在区委宣传部）
主任　杨军昌（5月免）

区人大常委会机关

办公室　主任　王曼谕（女）
研究室　主任　俞昌吉（朝鲜族，10月免）
王俊明（10月任）
代表联络室　主任　孙大钧（10月免）
张　霞（女，10月任）
财政经济办公室　主任　白　莉（女，10月免）
那　梅（女，满族，10月任）
法制（社会建设、备案审查）办公室
主任　李友成（10月免）
王勇禄（10月任）
教育科技文化卫生办公室（2020年1月，由教育科技文化卫生体育办公室更名）
主任　郭景玉（10月免）
李　航（10月任）
城市建设环境保护办公室
主任　郭少东（10月免）
马朝勃（女，10月任）
农村办公室　主任　赵德法（6月免）
梁　珍（女，10月任）

区政府系统

区长助理　靳　晖
区政府办公室　主任　王伟丽（女）
区财政局　党组书记　局长　程培衡
区发展和改革委员会
党组书记　主任　李　泉
区人力资源和社会保障局
党组书记　局长　李卫华
区机关事务管理服务中心
党总支书记　主任　于　锋
区教育委员会（与区委教育工作委员会合署办公　挂区政府教育督导室牌子）　主任　王　方
区委教育工作委员会　书记　尹丽君（女，回族）
区政府教育督导室　主任　王　方（兼）
区教育科学研究院　院长　吴颖惠（女）
区人民防空办公室　党组书记　陆　平
主任　王京立
区民族宗教事务办公室
党组书记　主任　田桂茹(女，满族，9月免)
区委社会工委区民政局
工委书记　王玉方
局长　李大成
区司法局　党组书记　局长
区生态环境局　党组书记　局长　张洪雨
区住房和城乡建设委员会（挂区人民政府房屋征收办公室牌子）
党组书记　主任　张世芳（女）
区城市管理委员会（挂区交通委员会牌子）
党组书记　主任　赵　寒
区水务局　党组书记　局长　马光耀（蒙古族）
区农业农村局（与区委农村工作委员会合署办公）
工委书记　局长　张春明
区商务局　党组书记　局长　王　澎（女，10月免）
侯　育（女，11月任）
区文化和旅游局　党组书记　孙鹏利
局长　陈　静（女）
区委卫生健康工作委员会（与区卫生健康委员会合署办公）
工委书记　甄　蕾（女）
主任　李劲涛（蒙古族）
区退役军人事务局　党组书记　石立峰
局长　皇甫江
区应急管理局　党委书记　局长　刘磊刚
区市场监督管理局（加挂区食品药品安全委员会办公室牌子）
党组书记　局长　刘春梅（女）
区审计局　党组书记　局长　王彩霞（女）
区人民政府国有资产监督管理委员会
党委书记　主任　程培衡
区体育局　党组书记　局长　张彦祥
区统计局　党组书记　鲁贵黎
局长　钟福林
区园林绿化局（区绿化委员会办公室）
党组书记　局长（主任）　王志伟
区金融服务办公室
党组书记　主任　刘建民
区政务服务管理局
党组书记　局长　马学印
区信访办公室　党组书记　主任　赵立华
区医疗保障局　党组书记　局长　黄春明（4月免）
曹玉明（女，4月任）
区房屋管理局（挂区住房保障办公室牌子）
党组书记　局长　辛　果（4月任）
区城市服务管理指挥中心（3月，更名为区城市管理指挥

中心）

党组书记　主任　李　伟

区城市管理综合行政执法局

党组书记　局长　曹玉明（女，5月免）

张广玖（6月任）

海淀区北部地区开发建设委员会办公室

党组书记　主任　高志庆

区地震局　党组书记　局长　张燕辉

区农村合作经济经营管理站

党组书记　张春明（兼）

站长　赵仕伟（8月免）

裴文国（8月任）

区环境卫生服务中心　党委书记　莘雪林（6月免）

党组书记　莘雪林（6月任）

主任　莘雪林

区档案馆　党总支书记　馆长　刘　毅

圆明园管理处　党委书记　李博（2月免）

邱文忠（2月任）

党组书记　邱文忠（6月任）

主任　李　博（3月免）

邱文忠（3月任）

区职业学校　党总支书记　校长　冯清超

区融媒体中心　党组书记　主任　佟志伟（回族）

区政协机关

秘书长　张启兵

办公室　主任　刘　玲（女，3月免）

党慧海（3月任）

研究室　主任　党慧海（3月免）

周　伟（3月任）

专委会工作一室

主任　刘　彦（女，11月免）

石　峰（11月任）

专委会工作二室

主任　吴明波（11月免）

王　澎（女，11月任）

专委会工作三室　主任　刘秀荣（女）

专委会工作四室　主任　周文健（女，11月免）

孙国英（女，俄罗斯族，11月任）

专委会工作五室　主任　王欣焕[①]（女，3月免）

刘　玲（女，3月任）

专委会工作六室　主任　孙继光

垂直领导单位

北京市公安局海淀分局

局长　谭　权（8月免）

张小川（9月任）

政委　张小川（2020年7月任，2021年9月免）

北京市公安局公安交通管理局海淀交通支队

政委　（空缺）

支队长　赵　鑫（9月免）

祝宝华（9月任）

北京市海淀区消防救援支队

政委　赵　勇

支队长　李广耐

北京市海淀区税务局

党委书记　局长　武立煌（1月免）

张　翅（1月任）

北京市海淀区气象局

党组书记　局长　张晓鹏（女）

北京市规划和自然资源委员会海淀分局

党组书记　局长　陈朝晖（2020年12月免）

张　奇（1月任）

海淀区烟草专卖局（公司）

党组书记　局长（经理）　张秀武

中关村海关　关长　邢　巍

北京市交通委员会海淀运输管理分局

局长　董路加（11月免）

华　军（11月任）

国家统计局海淀调查队

党组书记　队长　周　明

民主党派　工商联

中国国民党革命委员会北京市海淀区工作委员会

主任委员　汤维建（6月免）

吴永常（6月任）

中国民主同盟北京市海淀区委员会

主任委员　张维佳（5月免）

曹光彬（6月任）

中国民主建国会北京市海淀区委员会

主任委员　王玉梅（女，6月免）

赵晓光（女，6月任）

中国民主促进会北京市海淀区委员会

主任委员　邓佑玲（女，土家族）

中国农工民主党北京市海淀区委员会

---

① 2021年卷免职时间记述有误。

主任委员 徐凤芹（女，6月免）
曹卫东（6月任）

中国致公党北京市海淀区委员会
主任委员 安雪晖

九三学社北京市海淀区委员会
主任委员 叶培贵

台湾民主自治同盟北京市海淀区工作委员会
主任委员 杨 旭

北京市海淀区工商业联合会
党组书记 卢克玉（2月免）
毕淑琴（女，4月任）
主席 陈 双（兼，女，12月免）
林 航（兼，女，12月任）

街 道

万寿路街道 党工委书记 聂俊杰
办事处主任 冯 军

羊坊店街道 党工委书记 孙笑庸
办事处主任 张 宇

甘家口街道 党工委书记 张俊峰（9月免）
孙 鹏（9月任）
主任 孙 鹏（11月免）

八里庄街道 党工委书记 曾 涛
办事处主任 李云驰

紫竹院街道 党工委书记 常增玉
办事处主任 付海涛

北下关街道 党工委书记 王凌志
办事处主任 周建瓴

北太平庄街道 党工委书记 齐明军（2020年5月免）
白 琳（2020年5月任，2021年9月免）
陈 兵（满族，9月任）
主任 王树彦（2020年11月免）
张 兵（2020年11月任，2021年5月免）

海淀街道 党工委书记 齐明军
办事处主任 文思君（苗族，3月免）
李 博（3月任）

中关村街道 党工委书记 许 云
办事处主任 董智杭

学院路街道 党工委书记 米 佳（2月任，5月免）
郑 鹏（7月任）
办事处主任 郑 鹏（8月免）
康 云（女，8月任）

清河街道 党工委书记 米 佳（2月免）
文思君（苗族，2月任）
办事处主任 陈 兵（满族，11月免）

青龙桥街道 党工委书记 张 伟
办事处主任 邬斌锋

香山街道 党工委书记 孙连红
办事处主任 刘来奇

西三旗街道 党工委书记 王世松
办事处主任 张 娟（女）

马连洼街道 党工委书记 王树彦
办事处主任 刘永泉

花园路街道 党工委书记 高 毅
办事处主任 杜荣贞

田村路街道 党工委书记 张之放
办事处主任 孙金春

上地街道 党工委书记 毕淑琴（女，4月免）
黄春明（4月任）
办事处主任 余新星（5月免）
张 兵（5月任）

曙光街道 党工委书记 冀国瑞（2020年12月免）
胡宏宇（蒙古族，2月任）
办事处主任 胡宏宇（蒙古族，3月免）
裴利杰（女，蒙古族，3月任）

燕园街道 党工委书记 杨学祥（回族）
办事处主任 杨兴文

清华园街道 党工委书记 高 斌
办事处主任 许立冬

永定路街道 党工委书记 杜 宇
办事处主任 王艳龙

镇（地区）

东升镇（东升地区）
党委（党工委）书记 武 凯
镇长（办事处主任） 刘 件（11月免）
赵仕伟（11月任）

海淀镇（万柳地区）
党委（党工委）书记 苏建华（女）
镇长（办事处主任） 朱海斌

四季青镇（四季青地区）
党委（党工委）书记 陈爱清（6月免）
薛飞飞（6月任）
镇长（办事处主任） 薛飞飞（6月免）
魏 星（6月任）

西北旺镇（西北旺地区）
党委（党工委）书记 赵小云（女）
镇长（办事处主任） 尹 刚

温泉镇（温泉地区）
党委（党工委）书记 方海强（4月免）
刘 件（4月任）
镇长（办事处主任） 张国斌（1月免）

余新星（5月任）

苏家坨镇（苏家坨地区）

党委（党工委）书记 张文涛

镇长（办事处主任） 刘培宝

上庄镇（上庄地区）

党委（党工委）书记 刘　涵（女）

镇长（办事处主任） 周　波

玉渊潭农工商总公司

党委书记　总经理 杨　琪

群众团体

区总工会　主席 胡淑彦（女，兼）

党组书记 牛爱忠

团区委　书记 文思君（苗族，2月免）

陈培宇（2月任）

区妇联　党组书记　主席 吴红蓉（女）

区文联　主席 苗　地

区侨联　主席 石　岳（女）

区残联　党组书记　理事长 朱利忠

区科协　主席 白春礼（中国科学院院长）

常务副主席 车苇歆（女，11月免）

张立红（女，11月任）

区红十字会

会长 张若冰（兼，5月免）

林　航（兼，女，5月任）

常务副会长 张立红（女，11月免）

张宇光（女，11月任）

索 引

说明

1.本索引采取主题索引也称内容分析索引法编制。主题词以《北京海淀年鉴（2022）》正文中出现的专业名词或名词词组、机构名等为主。

2.索引的文字部分称为标目，标目之后的数字为其在正文中出现的页码，数字后的英文字母（a、b、c）表示正文中的栏别（从左至右）。部分标目后面有若干个页码，则表示该标目均在这些页码出现。

3.本索引按汉语拼音音序排列，汉字打头的标目按首字母的音序音调依次排列，首字相同时，则以第二字排序，依此类推；以阿拉伯数字打头的主题词，排在最前面；以英文字母打头的主题词，列于其次。

4.类目中的《统计资料》《附录》栏目内容不在索引范围内。

1-9

A

B

D

E

F

G

H

J

K

N

P

Q

R

S

X

Y

Z